하도급분쟁사례해설

(A Study on Theory, Practice and Cases of Subcontracting in Korea)

-건설·제조 하도급 실무 분쟁을 중심으로-

저자: 법학박사 변호사 윤 성 철

도서출판 법과 교육

머 리 말

변호사로서의 삶을 시작할 때 가진 "변호사는 항상 공부하고 노력해야 한다"라는 초심을 항상 잃지 않고 살아 가려합니다. 변호사로서 21년째 강호에서 활동하면서 부동산, 건설 및 조세 분야에 대하여 평소 관심을 가지고 '도시재건축의 법적 쟁점'(2002년, 육법사)이라는 졸저 출간을 시작으로, 공공시설에 대한 민간투자법제연구(한국학술정보, 2006년), 상가분양 및 집합건물법 분쟁에 관한 "상가분쟁관계법"(2012, 도서출판 법과교육, 윤성철·이상엽 변호사 공저), 민간투자사업(Public-Private-Partnerships) 분야의 법적 쟁점과 분쟁을 담은 "민간투자사업분쟁관계법"(2014, 도서출판 법과교육, 윤성철·홍성필 박사 공저), 최신조세판례해설 (2014,도서출판 법과교육, 윤성철·장보윤 변호사 공저), 하도급분쟁관계법(2018, 도서출판 법과교육)을 저술하였습니다.

평소 건설분야에 관심을 가지고 있는 제가 현직 한국공정거래조정원 하도급분쟁조정협의회 위원으로 8년 전부터 현재까지 활동해오면서 하도급 거래의 중요성에 대하여 인식하고 그간의 실무경험과 사례를 엮어서 본 책을 출간하게 되었습니다. 특히 본 책은 하도급법령의 주요 쟁점을 중심으로 약20년 전부터 최근 2020. 2.까지 공정거래위원회 하도급재제처분 재결 취소와 관련된 서울고등법원 행정부 판결 및 대법원 관련 판결례를 빠짐없이 분석하고 또한 주요 하도급 민사판결과 공정거래위원회의 재결 등 각 이유와 법적 쟁점을 망라하여 사례 중심으로 소개하려고 노력하였습니다.

먼저 본 책의 출판에 이르기까지 저를 아껴주신 모든 분들에 감사말씀 올립니다. 특히 사법연수원 동기로 만나 바쁜 법원 업무에도 불구하고 항상 남편 옆에서 도움을 주는 사랑하는 아내(원정숙, 서울중앙지방법원 부장판사 영장전담)와 수현, 수민, 수영 세 아이를 키워주시는 어머니와 작고한 아버지에게 감사의 마음을 전합니다. 또한 법무법인 로베이스를 지켜주시는 건설부동산팀 최승준 변호사님에게도 늘 감사합니다. 특히 본 출판에 물심양면 도와주신 정희성 대표님과 멋진 책 디자인을 해주신 디자이너 이은주 선생님께 심심히 감사드립니다.

앞으로도 건설 분야에 관심을 갖고 법조계 및 하도급분야 관계자 여러분께 앞으로 더욱 연구하는 자세로서 살 것을 다짐하면서 여러분의 관심과 지도편달을 부탁드립니다. 본 책의 내용에 대한 질의(010-3915-2487, yoonsc30@hanmail.net)를 해주시면 감사하겠습니다.

2020년 4월

법무법인 로베이스 대표변호사 저자 윤 성 철 배상

차 례 (간략)

제1장 하도급법의 이해

제2장 원사업자의 의무사항

제3장 원사업자의 금지사항

제4장 발주자의 하도급대금 직접지급

제5장 하도급법 실효성 확보 절차

참고문헌 및 색인

차 례 (상세)

제1장 하도급법의 이해

제2장 원사업자의 의무사항

제3장 원사업자의 금지사항

제4장 발주자의 하도급대금 직접지급

제5장 하도급법 실효성 확보 절차

서 론

현재 하도급거래를 규율하는 단행 법률은 '하도급 거래 공정화에 관한 법률'이다. 본래 공정거래 및 독점규제에 관한 법률에서 불공정 하도급거래를 규율하였다가 1984. 12. 31.자로 법률 제3779호 하도급 거래 공정화에 관한 법률이 제정되고 1985. 4. 1.자로 시행된 이래 공정거래 분야의 개별 유형으로 하도급이 독자적으로 규율되어 오늘날에 이르고 있다.

비교법적 관점에서 법제도로 볼 때 하도급이 독립된 개별 법률로 시행하는 국가는 우리나라와 일본이 유일한 입법례로 보인다. 이는 하도급거래에 있어서 계약자유의 원칙이 지켜지지 않는 왜곡된 현실에 대한 반성적 고려를 통하여 수급사업자를 강하게 보호하려는 입법취지가 있다고 할 것이다. 지난 우리나라 하도급의 역사를 되돌아보면 하도급거래에 있어서 우월적 지위에 있는 원사업자가 수급사업자에 대한 일방적 불공정행위의 되풀이하는 과정이었다. 특히 하도급법령의 내용과 관련 공정거래위원회의 각종 고시와 지침은 현실에서 발생한 불공정 하도급거래를 유형화 한 성격이 크다고 할 것이다.

우리나라 하도급법은 지난 33년간 많은 개정을 거쳐서 수급사업자의 보호를 위하여 개정되어 왔다. 문재인 정부 취임 이후 하도급분야 '불공정 관행'에 대하여 갑을 관행 타파를 집중공략을 선언하였고 이에 하도급 분야의 불공정 행위를 근절하기 위해서 갑의 보복조치에 대한 징벌적 손해배상제 확대 등 제재 강화 노력을 하고 있다. 법제도가 아무리 수급사업자의 보호를 위한 정비가 잘 되어있다고 하더라도 중요한 것은 현실에서의 적용과 제대로 된 법집행이라고 할 것이다.

하도급 분야의 공정거래 질서를 확립하기 위하여 하도급법령에 대한 제대로 된 해석과 사례에 대한 구체적 이해가 필요하다는 것을 느꼈고 이러한 이유로 본 책에서는 하도급법의 공법적·민사법적 많은 판결들에 대한 상세한 소개와 분석을 통하여 기여하고자 한다.

위 문제의식 하에 본 책은 현행 하도급 법령의 내용을 중심으로 하도급법령의 구체적인 내용과 개별 쟁점을 논의하되 최근 20년 정도의 하도급분야 서울고등법원 공정거래위원회 재결취소 행정소송 판결과 민사하도급 주요 판결사례를 중심으로 판결계의 태도와 분석을 통하여 필요한 경우 비판 검토를 하여 실무에 도움이 될 수 있도록 하였다.

본 책에서는 하도급의 법적 문제에 대하여 하도급 관련법령의 순서를 중심으로

① 하도급법의 이해(하도급법의 기초), ② 하도급법상 원사업자의 의무사항, ③ 하도급법상 원사업자의 금지사항, ④ 발주자의 하도급대금 직접지급, ⑤ 현행 하도급법 위반에 대한 실효성 확보 절차의 순서대로 살펴보고자 한다.

세부적으로 각 장별 주요 내용을 언급해 보면,

제1장 하도급법의 이해(하도급법의 법적 기초)에서는 먼저, 하도급의 의의, 법적 성격, 일본의 하도급제도와의 비교, 우리나라 하도급 법령의 연혁, 하도급법령 주요 내용을 살펴보고, 하도급법령의 적용범위와 관련하여 적용대상거래, 당사자, 적용기간 순으로 살펴본다.

제2장 하도급법상 원사업자의 의무사항으로 하도급법상 원사업자에 강제되는 의무의 내용이다. 주요 사항으로는 (1) 서면발급 및 서류보존의무, (2) 선급금 지급의무, (3) 내국신용장 개설의무, (4) 검사 및 검사결과 통지의무, (5) 하도급대금 지급의무, (6) 건설 하도급위탁에 있어서 하도급계약이행보증의무 및 대금지급보증의무, (7) 관세 등 환급액의 지급의무, (8) 하도급대금의 조정 및 지급의무 등이다.

제3장에서는 원사업자의 금지사항에 대하여 살펴본다. 원사업자의 우월적 지위를 이용하여 계약자유의 원칙이 파괴되고 하도급계약을 왜곡시키는 행위를 하도급법에서 유형화하여 열거하고 있다. 주요 쟁점으로는 (1) 부당한 특약의 금지, (2) 부당한 하도급대금의 결정금지, (3) 물품 등의 구매강제금지, (4) 부당한 위탁취소 및 수령거부의 금지, (5) 부당반품의 금지, (6) 하도급대금의 감액금지, (7) 물품구매대금 등의 부당결제 청구 금지, (8) 경제적 이익의 부당요구 금지, (9) 기술자료 제공 요구 유용행위 금지, (10) 부당한 대물변제의 금지, (11) 부당한 경영간섭의 금지, 그리고 (12) 보복조치 및 탈법행위의 금지 등 각 주요 내용 및 쟁점을 살펴본다.

제4장에서는 하도급법상 발주자의 하도급대금 직접지급 의무사항이다. 주요 사항으로는 (1) 법적 성질, (2) 직접지급 사유와 각 법적 쟁점, (3) 직접지급청구에 따른 효과를 중심으로 법리와 판결례를 분석한다.

제5장에서는 하도급법의 집행의 효율성 확보를 위한 절차에 대하여 살펴본다. 주요 사항으로는 (1) 하도급 고소·고발 사건의 처리절차, (2) 하도급 분쟁의 조정절차인 하도급분쟁조정협의회의 법적 근거·운영·처리절차를 한국공정거래조정원을 중심으로 살펴보고, (3) 하도급법을 위반한 경우의 제재로서 공정거래위원회의 행정적 제재와 형사적 제재를 살펴본 후, (4) 공정거래위원회의 제재처분에 대한 불복절차(이의신청과 행정소송)와 (5) 손해배상책임의 문제 (6) 기타 관련 문제에 대하여 쟁점을 관련 판결례를 중심으로 살펴보기로 한다.

제1장

하도급의 이해

제1장
하도급법의 이해

Ⅰ. 하도급 제도 일반론

1. 하도급제도의 의의

가. 하도급제도 및 경제적 특성

하도급제도(下都給制度)'는 하도급 거래에 대한 법적 규율의 총체라고 할 수 있다. 하도급제도를 구성하는 하도급(subcontracting, 下都給)은 기본적으로 양당사자 사이에 도급(都給) 계약 거래에 있어서 도급을 받은 수급인이 하수급인에게 자신의 용역의 전부 또는 일부를 다시 도급주는 것을 의미한다.[1]. 이러한 하도급 법률행위 일체를 '하도급 거래'라고 할 것이다.

이와 같은 하도급은 '주문생산방식'(Job Order Production)에서 유래한 개념으로서 다음과 같은 경제적 특징을 가지고 있다. 즉 하도급은 완제품 생산과정에서 거래비용 절감을 위해 공정의 일부를 다른 기업에게 위탁하고 중간재를 납품 받는 '분업생산방식'으로서 일종의 중간재 조달방식으로서의 '순수시장구매'와 '기업내부생산'의 중간형태라고 볼 수 있다. 또한 각 공정을 분담하여 기업 간에 생산을 특화함으로써 생산비용을 절감하고 기술축적 효과를 통하여 분업의 원리가 작동된다고 할 수 있다.

나. 하도급의 법적 성격

도급 거래에서의 '도급'은 민법상 당사자 일방이 어느 일을 완성[2]할 것을 약정하고 상대방이 그 일의 결과에 대하여 보수를 지급할 것을 약정하는 계약(민법 제664조)으로 정의한다. 따라서 도급을 받은 수급인이 선량한 관리자의 의무에 따라서 일을 처리하였더라도 결과의 완성을 하지 못한 경우에는 채무불이행이 된다. 이러한 점에서 민법상 '위임'계약과 구별된다.

---

1) "당사자의 일방(수급인)이 어느 일을 완성할 것을 약정하고, 상대방(도급인)이 그 일의 결과에 대하여 보수를 지급할 것을 약정함으로써 성립하는 계약을 도급(都給)이라 하는데, 수급인이 자기가 인수한 일의 완성을 다시 제3자에게 도급시키는 것을 하도급이라 한다. 주로 건설업종에서 하도급공사형태로 수행된다."(네이버 지식백과 하도급 subcontracting, 下都給의 정의 http://terms.naver.com/entry.nhn?docId=47651&cid=128&categoryId=128).

2) 결과의 완성을 시켜야만 한다는 점에서 하도급을 포함한 도급대금청구권은 도급계약의 결과의 완성 후 도급대금의 지급의무가 발생하는 것이다. 다만 실무에서는 약정에 따라 건설하도급의 경우 기성고에 따라 대금을 분할 지급하는 효과를 가져오기도 한다.

다. 하도급 법령상의 하도급의 정의

현행 우리나라 하도급법의 정식명칭은 하도급 거래 공정화에 관한 법률[3](이하 '하도급법'이라고 한다)이다. 하도급법은 본래 공정거래법에서 불공정하도급거래를 규율하였다가 1984. 12. 31.자 법률 제3779호로 제정되어 1985. 4. 1.자로 시행된 이래 공정거래분야의 한 개별유형으로 독자적으로 규율되어 오늘날에 이르고 있다.

현행 하도급법에서는 "이 법에서 "하도급거래"란 원사업자가 수급사업자에게 제조위탁(가공위탁을 포함)·수리위탁·건설위탁 또는 용역위탁을 하거나 원사업자가 다른 사업자로부터 제조위탁·수리위탁·건설위탁 또는 용역위탁을 받은 것을 수급사업자에게 다시 위탁한 경우, 그 위탁을 받은 수급사업자가 위탁받은 것을 제조·수리·시공하거나 용역을 수행하여 원사업자에게 납품·인도 또는 제공하고 그 대가를 받는 행위를 말한다."(하도급법 제2조제1항)라고 정의하고 있다.

즉 하도급법에서의 하도급은 원사업자가 수급사업자에게 목적물의 제조(가공)·수리·건설·용역 등을 위탁[4]하고 수급사업자는 이를 수행하여 납품·인도하고 그 대가를 수령하는 행위라고 정의 할 수 있다.

라. 하도급거래 당사자 용어 정의

하도급은 '원도급의 재도급'이라는 성질을 갖는데, 하도급 법률관계에 대해서 규율하는 해당 법률에 따라 용어를 달리 정의하고 있다. 1) **민법**에 의할 때 도급인, 수급인, 하수급인으로, 2) **건설산업기본법**에 의할 때 발주자, 수급인, 하수급인으로, 3) **하도급법**에 의할 때, 발주자, 원사업자, 수급사업자로, 당사자 지위를 정의[5]하고 있다.

민법	도급인	수급인	하수급인
건설산업기본법	발주자	수급인	하수급인
하도급법	발주자	원사업자	수급사업자

3) **본 책에서 기준으로 삼은 하도급 법률은 [시행 2019. 11. 1.] [법률 제16423호, 2019. 4. 30., 일부개정]이다.** 다만, 개정 하도급법 [시행 2020. 5. 27.] [법률 제16649호, 2019. 11. 26., 일부개정] 은 시행예정이므로 관련 부분에 언급하고자 한다.

4) 다만, 위탁 중 일정한 경우만을 하도급법의 대상으로 하고 있는데 뒤에서 살펴보기로 한다.

5) 각각 법령에서의 개념정의에 대해서는 따로 살펴보기로 한다.

2. 하도급법령의 변천과 법적 성격

가. 하도급법의 제정 및 개정

하도급거래에 대하여 종래 공정거래법에서의 불공정거래의 한 유형으로 규율하다가 하도급거래에 대하여 독립하여 1984. 12. 31.자 법률 제3779호로 하도급법을 제정되어 현재까지 이르고 있다.

나. 하도급법의 필요성 및 하도급법의 법적 성격

하도급거래는 경제적 특수성을 가진다. 즉 수급사업자는 소수의 원사업자와 장기간 거래하며, 주거래 기업에 대부분의 매출을 의존하는 전속적 거래 관계에 속할 가능성이 높다. 따라서 수급사업자는 거래가 지속되면서 전속성(專屬性) 자산에 투자하게 되고, 이미 투자한 이후에는 거래선 전환이 어려워지게 된다. 이러한 속성으로 인하여 수급사업자가 원사업자에게 종속할 가능성이 커지게 된다[6].

이러한 배경에서 특히 경제적 지위가 열위에 있는 수급사업자는 민사법적인 원리와 달리 불평등한 계약관계를 맺게 되는 이유가 된다. 결국 공정거래법의 하도급 영역에서의 규제의 근거 및 정당성이 여기에서부터 시작된다. 특히 하도급법은 '사회법'의 영역의 성질을 가지게 되고 일정한 경우에 계약자유의 원칙이 수정되는 강행법의 성질도 가지게 된다.

첫째, 하도급법은 국민경제의 민주화라는 공익실현을 목적으로 국가가 사인에 대해 우월적 지위에서 개입하는 공법(경제법)의 성격을 가진다(**공법, 경제법**)[7].

둘째, 대등한 당사자 간 사적 계약관계 중 하도급거래라는 특정한 거래행위에 대해 규율하는 특별법으로서의 성격을 가진다(**민사특별법**)[8].

셋째, 공정거래법 제23조 제1항 제4호(거래상 지위 남용행위) 중 특정한 거래행위에 대해 규율하는 특별법의 성격을 가진다(**공정거래법의 특별법**). 즉 앞에서 언급한 것처럼 하도급법 제정(1984. 12. 31.) 이전에는 공정거래법 제23조에 의거 「거래상의 지위를 부당하게 이용하여 상대방과 거래하는 행위」의 한 유형으로 규제하였다.

---

6) 특히 건설위탁의 경우에는 발주는 정해져있고 수급사업자들의 숫자가 많고 제품의 경쟁력의 큰 차이가 없는 현실로 인하여 수주 여부가 전문건설업의 중요한 현실이어서 원사업자의 입김이 절대적으로 클 수 밖에 없는 구조이다.

7) 이러한 법적 성격으로 인하여 구체적인 차이점을 살펴보면, 예컨데 사인간의 하도급대금 분쟁은 민사소송의 대상으로서 민사법원의 관할이 되지만 공정거래위원회의 고시 및 처분은 거래당사자를 구속하는 강행적 성격을 지니게 된다. 특히 원사업자에 대한 과징금 부과처분 등 제재처분은 행정소송으로서의 항고소송 대상임은 물론이다.

8) 예컨대, 하도급법상 지연이자가 민법상법상 이자율보다 우선하는 것이 그 예이다(대법원 2010. 10. 28. 선고 2010두16561 판결 참조).

따라서 현재 하도급거래에 있어서는 하도급법이 '공정거래법의 특별법'이 된다.

넷째, 하도급법은 '건설산업기본법'보다 우선 적용된다(**건설산업기본법에 대한 특별법적 성격**)[9]. 따라서 하도급법의 내용이 우선 적용되므로 건설산업기본법에 하도급 규정은 하도급법이 없는 경우 또는 하도급법의 적용대상이 되지 않는 경우에 보충적으로 적용 된다. 이러한 점은 하도급법 제34조 "대중소기업 상생협력 촉진에 관한 법률, 전기공사업법, 건설산업기본법, 정보통신공사업법이 이 법에 어긋나는 경우에는 이 법에 따른다."에서도 명시하고 있다.

3. 비교법적 검토-일본의 하도급제도-

전세계적으로 하도급에 대하여 독립된 법률로 규율하고 있는 경우는 일본과 우리나라가 유일한 것으로 보인다. 우리나라와 마찬가지로 일본은 '**하청대금 지불지연 등 방지법**'이라는 단행 법률(昭和三十一年六月一日 法律 第百二十号, 1956년 6월 1일 법률 제120호)을 통하여 오래전부터 제정하여 하도급 제도를 규율하고 있다.

일본의 '하청대금 지불지연 등 방지법령'은 ① 법률(하청대금 지불지연 등 방지법), ② 시행령(하청대금 지불지연 등 방지법시행령), ③ 3개의 시행규칙 즉 하청대금 지불지연 등 방지법 제3조의 서면의 기재사항 등에 관한 규칙(平成 十五年 公正取引委員会規則 第七号, 2003년 일본 공정거래위원회규칙 제7호), 하청대금 지불지연 등 방지법 제5조의 서류 또는 전자적 기록의 작성 및 보존에 관한 규칙(平成十五年公正取引委員会規則第八号, 2003년 일본 공정거래위원회규칙 제8호), 하청대금 지불지연 등 방지법 제4조의2 규정에 의한 지연이자율을 정하는 규칙(昭和三十七年公正取引委員会規則第一号, 1962년 일본 공정거래위원회규칙 제1호)[10]이 있다.

일본 하도급법의 구성은 ① 제1조 목적, 제2조 정의 ② 제2조의2 하도급대금지급

---

9) 참고로 하도급법에서 규율되지 않는 건설산업기본법에서 하도급 관계를 규율하는 내용이 있다.: 본 각주 10의 조문표시는 건설산업기본법 및 동법시행령 규정이다.
1. 일괄하도급의 금지 (법 29조 1항, 시행령 31조)
2. 종합건설업자에 대한 하도급은 발주자 승낙 있는 경우로 제한(법 29조 2항)
3. 재하도급의 금지(법 29조 3항)
4. 전문건설하도급 발주자에 통지의무(법 29조 4항, 시행령 32조)
5. 하도급대금지급의무(법 34조)-준공금수령 후 15일내 하도급대금지급
6 발주자의 하도급대금직접지급(법35조)-국가, 공공단체계약 하도금대금1회연체 82% 미달금액 도급계약 (시행규칙29조)
7. 하수급계약의 적정성 심사(법 31조 및 시행령 34조, 82%미만 저가하도급 심사) 및 계약변경요구 및 계약해지권

10) 동 규칙에 의하면 하도급대금을 지연 지급하는 경우 연 14.6%의 지연이자를 지급하도록 규정하고 있다.

기일, 제3조 서면교부 등, 제4조 원사업자의 준수사항(1. 수급사업자의 귀책사유 없이 급부의 수령거부, 2. 하도급대금미지급, 3. 수급사업자의 귀책사유 없이 대금감액, 4. 부당반품, 5. 현저히 낮은 하도급대금결정, 6. 부당 물품 등 구입 강제, 7. 보복조치 등 금지) 및 원사업자의 경제적 이익의 부당요구금지 등, ③ 제4조의2 지연이자, 제5조 서류 등 작성 및 보존, ④ 제6조 중소기업청장관의 청구, ⑤ 제7조 일본공정거래위원회의 조치의무, ⑥ 제8조 일본 공정거래법(사적 독점의 금지 및 공정 거래 확보에 관한 법)과 일본하도급법과의 관계, ⑦ 제9조 일본 공정거래위원회의 보고 및 검사권, ⑧ 제10조에서 제12조 벌금 등을 규정하고 있다.

참고로 일본 하도급법의 특징은 법위반시 5십만엔 이하 벌금(법인과 행위자 양벌규정), 시정권고 및 위반내용 공포 등을 내용으로 하고 있어서 우리나라와 비교해 볼 때 낮은 수준의 제재를 특징으로 하고 있다.

4. 우리나라 하도급법의 역사

가. 하도급법의 개요 및 특징

현행 하도급법은 1984. 12. 31.자 법률 제3779호로 제정되어 현재까지 이르고 있다. 이하에서는 하도급제도의 변천과정에 관해 살펴보자.

나. 하도급법의 제정 및 주요 내용 -[1984. 12 .31.자 법률 제3779호로 제정]

신규제정 목적 및 이유를 살펴보면, “하도급거래에 있어서 원사업자의 부당한 행위를 억제하고 수급사업자의 열위적 지위를 보완하여 하도급거래가 상호보완적인 협조관계에서 이루어지도록 유도함으로써 분업화와 전문화를 통한 생산성의 향상에 기여”하도록 하려는 것이었다.

그 주요 내용을 살펴보면, ① 적용 대상 행위[11]를 제조위탁·수리위탁 및 건설위탁으로 하고, ② 적용대상자를 원사업자와 수급사업자로 나누며, ③ 원사업자의 의무사항과 수급사업자의 준수사항을 규정하고, ④ 원사업자와 수급사업자간의 분쟁에 관한 처리절차를 정함(1. 위반행위의 신고 등 누구든지 경제기획원장관에게 이 법 위반사실을 신고할 수 있도록 하고, 경제기획원장관은 직권조사를 할 수 있도록 함, 2. 대통령령이 정하는 사업자단체내에 하도급분쟁조정협의회를 설치하여 경제기획원장관이 요청하는 분쟁에 대한 사실 확인 및 조정을 하도록 함, 3. 직권인지사항과 분쟁조정협

11) 참고로 제정 당시는 용역위탁이 규정되지 않았다.

의회에서 조정되지 아니한 사항에 대하여 경제기획원장관이 공정거래위원회의 심의의결을 거쳐 시정권고 또는 시정명령을 할 수 있도록 함, 4. 공정거래위원회가 이 법 위반사건을 처리하는 절차와 처리결과에 대한 이의신청·소의 제기 등에 대하여는 "독점규제 및 공정거래에 관한 법률"의 관계규정을 적용.)

다. 하도급제도의 개정 및 변천

1) 하도급법 개정 -[시행 1993. 4. 1.] [법률 제4514호 1992. 12. 8. 일부개정]

주요 개정 골자 및 개정취지를 살펴보면, 원사업자가 일정기한을 초과하여 선급금 또는 하도급대금을 지급하는 경우 그 초과기간에 대하여 지연이자를 부담시키는 등 하도급거래에 있어서 수급사업자의 권리를 확대하고, 기타 현행규정의 운영상 나타난 미비점을 보완하려는데 있다.

- 주요 내용 -

① 원사업자의 범위 합리화: 대규모기업집단 소속계열회사의 경우 중소기업자에 해당하더라도 하도급거래에 있어서는 중소기업자가 아닌 사업자로 보아 원사업자의 범위에 포함되도록 함.

② 선급금 등 미지급시 지연이자 도입: 원사업자가 선급금 또는 관세등 환급액을 수급사업자에게 일정기한을 초과하여 지급하는 경우에는 그 초과기간에 대하여 이자제한법에서 정하는 최고이자율에 의한 이자를 지급하도록 함.

③ 어음지급시 할인료 지급기간의 조정: 종전에는 원사업자가 하도급대금을 어음으로 지급하는 경우 어음을 교부한 날부터 어음만기일까지의 할인료를 부담하였으나, 이를 목적물 수령일 부터 60일 이내에 하도급대금을 어음으로 지급하는 경우에는 목적물 수령일부터 60일을 초과하는 날 이후 어음만기일까지의 할인료를 부담하도록 하고, 그 할인률은 시중은행의 상업어음할인률을 참작하여 공정거래위원회가 고시하도록 함.

④ 조사기간의 신설: 공정거래위원회가 하도급법 위반행위에 대한 조사를 하는 경우 그 조사대상이 되는 하도급거래는 그 거래종료 후 3년 내로 한정.

⑤ 공탁제도 신설: 시정조치를 받은 원사업자가 수급사업자의 사정 등에 의하여 시정조치를 이행하기 곤란한 경우에는 공탁을 함으로써 그 이행의무를 면할 수 있도록 함.

2) 하도급법 개정-[시행 1995. 4. 1.] [법률 제4860호 1995. 1. 5. 일부개정]

주요 개정 골자 및 개정취지를 살펴보면, 공정한 하도급거래질서의 확립과 수급사업자의 보호를 위하여 법 적용대상이 되는 원사업자의 범위를 일부 조정하고, 소프트웨어의 개발 및 엔지니어링 활동 등 신산업분야에서의 하도급거래도 법 적용대상에 포함시키며, 어음할인료지급기한을 정하는 등 수급사업자의 보호를 위한 규정을 강화하고 기타 법 운영상 나타난 미비점을 정비·보완하였다.

- 주요 내용 -

① 원사업자의 범위 조정: 종전에는 상시고용종업원수가 100인을 초과하는 사업자가 상시고용종업원수가 100인 이하인 사업자에게 제조위탁등을 하는 경우에 이 법의 적용대상이 되도록 하고 있었으나 개정을 통하여 중소기업자중 연간매출액 또는 상시고용종업원수가 수급사업자인 다른 중소기업자의 연간매출액 또는 상시고용종업원수의 2배를 초과하는 자가 당해 중소기업자에게 제조위탁등을 하는 경우에 하도급법의 적용대상이 되도록 원사업자의 범위를 일부 조정함.

② 위탁의 범위 확장: 하도급법의 적용대상이 되는 제조위탁의 범위에 소프트웨어의 개발, 엔지니어링 활동 및 설계의 위탁을 추가하고, 제조위탁자의 범위에 건설업자를 추가함.

③ 표준하도급계약서의 도입: 공정거래위원회는 사업자 또는 사업자단체에 대하여 표준하도급계약서의 작성 및 사용을 권장할 수 있도록 함.

④ 원사업자가 수급사업자에게 목적물의 제조등에 필요한 물품등을 원사업자로부터 사게 하는 경우 원사업자가 구입 또는 제삼자에게 공급하는 조건보다 현저하게 불리한 조건으로 구매대금을 지급하게 하여서는 아니되도록 함.

⑤ 어음지급시 할인료 지급기간의 조정: 원사업자가 하도급대금을 어음으로 지급한 경우에는 수급사업자에게 할인료를 지급하도록 되어 있는 바 이 경우 할인료는 원칙적으로 어음교부시에 지급하도록 하되, 어음을 목적물의 수령일부터 60일 이내에 교부하는 때에는 목적물의 수령일부터 60일 이내에 지급하도록 함.

⑥ 계약금액조정: 원사업자가 설계변경등에 따라 하도급대금을 조정하는 경우에는 원사업자가 발주자로부터 금액의 조정을 받은 날부터 30일 이내에 하도록 함.

⑦ 시정명령공표: 공정거래위원회는 시정명령을 받은 원사업자에 대하여 시정명령을 받았다는 사실을 공표할 것을 명할 수 있도록 함.

⑧ 상습법위반자 영업정지 요청권 신설: 공정거래위원회는 관계행정기관의 장에게 이 법을 상습적으로 위반하는 건설업자에 대하여 건설업법 제50조의 규정에 의한 영업정지를 명할 것을 요청할 수 있도록 함.

3) 하도급법 개정-[시행 1997. 4. 1.] [법률 제5234호 1996. 12. 30. 일부개정]

주요 개정 골자 및 개정취지를 살펴보면, 건설공사의 하도급에 따른 하도급대금에 대한 지급보증제도를 신설하여 수급사업자를 보호하고, 이 법을 위반한 사업자에 대한 과징금제도를 도입하여 법위반행위를 방지하고 시정조치의 실효성을 높임으로써 공정한 하도급거래질서를 확립하려는 것임.

- 주요 내용 -

① 원사업자의 기준 합리화 : 현재는 다른 중소기업자에게 물품제조등을 위탁하는 중소기업자로서 일정 기준에 해당하는 자는 하도급법에 의한 원사업자로 보되 그 연간매출액 또는 상시고용종업원수가 일정 규모이하이면 원사업자에서 제외하고 있는 바, 이 경우 상시고용종업원수는 업종에 따라서는 기업 규모의 평가기준으로 삼기에 적합하지 아니

한 경우가 있으므로 이를 삭제하여 앞으로는 연간매출액만을 기준으로 원사업자의 범위로부터의 제외 여부를 결정하도록 함.

② 개정 전 건설위탁의 경우에만 원사업자가 발주자로부터 준공금이나 기성금을 지급받은 때에는 지급받은 날부터 15일 이내에 수급사업자에게 그 시공분에 상당하는 금액을 지급하도록 하고 있으나, 제조위탁의 경우에도 동 금액을 지급하도록 함.

③ 건설하도급대금지급보증 신설 : 건설공사의 원사업자의 불도나 하도급대금 미지급에 따른 수급사업자의 연쇄부도 또는 자금난의 초래, 부실공사의 유발 등을 방지하기 위하여 원사업자로 하여금 건설공사를 위탁하는 경우에는 건설공제조합이 발행하는 보증서등을 수급사업자에게 교부하도록 함으로써 건설공사의 하도급대금의 지급이 보장되도록 함.

④ 전문가 위촉 : 공정거래위원회는 제조·건설·설계·소프트웨어등 다양하고 전문적인 분야의 하도급거래에서 발생하는 분쟁의 처리 등에 관련된 전문성을 제고하기 위하여 자문위원을 위촉·활용할 수 있도록 함.

⑤ 하도급분야 과징금 제도 신설 : 하도급대금의 지급 등의 의무를 위반한 사업자에 대하여 과징금을 부과할 수 있도록 함.

4) 하도급법 개정-[시행 1999. 4. 1.] [법률 제5816호 1999. 2. 5. 일부개정]

주요 개정 골자 및 개정취지를 살펴보면, “하도급거래에 있어 어음결제의 비중이 증가하고 어음만기일의 장기화로 인한 자금난과 수취어음의 불도로 인한 연쇄도산의 위험으로부터 수급사업자를 보호하기 위하여 하도급대금 결제관련제도를 개선하는 한편, 현행제도의 운영상 나타난 일부 미비점을 보완”하려고 하였다.

- 주요 내용 -

① 건설산업기본법에서 정한 재하도급의 범위를 위반하여 거래한 수급사업자에 대해서는 이 법의 적용대상에서 제외하도록 함(법 제2조제9항).

② 서면교부의무: 원사업자가 수급사업자에게 제조등의 위탁을 하는 경우에는 일정한 사항을 기재한 서면을 사전에 수급사업자에게 교부하도록 의무화함(법 제2조제1항).

③ 현금결제비율 이상 지급 신설: 원사업자가 발주자(재하도급의 경우에는 원사업자)로부터 당해 위탁과 관련하여 결제 받은 현금비율이상으로 수급사업자에게 하도급대금을 지급하도록 의무화하고, 어음으로 결제하는 경우에는 발주자로부터 원사업자가 교부받은 어음의 결제기간을 초과하는 어음을 교부할 수 없도록 함(법 제13조제4항 및 제5항).

④ 직접청구권제도 신설: 발주자는 원사업자의 파산·부도 기타 대통령령에서 정하는 사유가 발생한 때에는 수급사업자 제조·수리 또는 시공한 분에 해당되는 하도급대금을 해당수급사업자에게 직접 지급하도록 하고, 대통령령에서 정하는 사유가 발생한 경우 발주자의 원사업자에 대한 대금지급채무와 원사업자의 수급사업자에 대한 하도급대금 지급채무는 그 범위 내에서 소멸한 것으로 보도록 함(법 제14조제1항).

5) 하도급법 개정-[시행 2004. 4. 21.] [법률 제7107호 2004. 1. 20. 일부개정]

주요 개정 골자 및 개정취지를 살펴보면, 선급금·하도급대금 등을 지연 지급하는 경우에 지연이자 산정의 기준이 되는 이자율을 종전에는 구체적인 범위를 정하지 아니한 채 공정거래위원회가 정하여 고시하도록 하였으나, 개정법은 연 100분의 40의 범위 안에서 은행법에 의한 금융기관이 적용하는 연체대출금리 등 경제사정을 고려하여 정하도록 하는 한편, 원사업자가 파산된 경우 등 발주자가 수급사업자에게 하도급대금을 직접 지급하여야 하는 경우를 구체적으로 정하는 등 현행 규정의 운영상 나타난 일부 미비점을 개선·보완함.

6) 하도급법 개정-[시행 2005. 7. 1.] [법률 제7488호 2005. 3. 31. 일부개정]

주요 개정 골자 및 개정취지를 살펴보면, 광고, 화물운송 등 서비스분야의 불공정한 하도급거래행위를 시정하여 투명하고 공정한 하도급거래질서를 정착시키기 위하여 하도급거래의 적용범위에 용역위탁거래를 추가하는 한편, 원사업자의 수급사업자에 대한 부당한 하도급대금의 결정행위 및 감액행위의 유형을 추가하려는 것임.

- 주요 내용 -

① 하도급거래의 적용범위 확대(법 제2조제1항, 동조 제11항 내지 제13항 신설)

-광고, 화물운송 등 서비스분야의 용역위탁거래를 하도급거래에 포함

-제조·수리 또는 건설위탁으로 제한된 법 적용대상에 용역위탁을 추가하고, 용역의 정의를 지식·정보성과물을 작성하거나 역무를 공급하는 것으로 규정

② 부당한 하도급대금결정행위의 유형 추가(법 제4조 제2항제6호 및 제7호 신설)

-원사업자가 수의계약으로 하도급계약을 체결함에 있어 정당한 이유 없이 직접공사비의 합계금액보다 낮은 금액으로 하도급대금을 결정하거나, 경쟁입찰에 의한 하도급계약을 체결함에 있어 정당한 이유 없이 최저가로 입찰한 금액보다 낮은 금액으로 하도급대금을 결정하는 행위 금지

③ 하도급대금의 부당감액행위 유형 추가(법 제11조제2항제6호 내지 제8호 신설)

-원사업자의 수급사업자에 대한 납품단가 인하압력 등 부당한 하도급대금 감액행위를 개선.

-하도급대금 지급시점의 물가나 자재가격 등이 떨어진 것을 이유로 하도급대금을 감액하거나, 경영적자 또는 판매가격 인하 등 불합리한 이유로 하도급대금을 감액하는 행위 등을 금지.

④ 경제적 이익의 부당요구 금지(법 제12조의2 신설)

-원사업자가 하도급거래를 함에 있어 우월적 지위를 이용하여 협찬금 등 수급사업자에게 법률상의 의무가 없는 부담을 강요하는 불공정거래행위를 금지하려는 것임.

-원사업자는 정당한 이유 없이 수급사업자에게 자신 또는 제3자를 위하여 금전, 물품, 용역 그밖에 경제적 이익을 제공하게 하는 행위를 할 수 없도록 함.

7) 하도급법 개정-[시행 2007. 10. 20.] [법률 제8539호 2007. 7. 19. 일부개정]

주요 개정 골자 및 개정취지를 살펴보면, 원사업자가 하도급 대금을 결제하는 수단으로 이용이 증가하고 있는 기업구매전용카드, 외상매출채권담보대출, 구매론 등을 어음대체결제수단으로 명문화함으로써 하도급대금의 결제수단을 다양화하고, 발주자·원사업자 및 수급사업자 간에 발주자가 하도급 대금을 직접 수급사업자에게 지급하기로 합의한 경우에는 수급사업자의 별도 요청 없이도 합의시점에 발주자의 직접지급의무가 발생하도록 함으로써 수급사업자의 재정적인 어려움을 완화하는데 기여하려는 것이다.

8) 하도급법 개정-[시행 2008. 9. 29.] [법률 제9085호 2008. 3. 28. 일부개정]

주요 개정 골자 및 개정취지를 살펴보면, 공정거래위원회는 하도급거래에 있어서 불공정거래행위 및 피해의 정도를 고려하여 대통령령으로 정하는 벌점을 부과하고, 대통령령으로 정하는 기준을 초과하는 경우에는 관계 행정기관의 장에게 입찰참가자격의 제한, 영업정지 그 밖의 조치를 요청하도록 함으로써 불공정거래행위에 대한 입찰참가자격의 제한 또는 영업정지 요청의 요건을 명확히 하고, 공정거래를 통하여 중소기업의 경쟁력을 높이려는 것이다.

9) 하도급법 개정-[시행 2009. 4. 1.] [법률 제9616호 2009. 4. 1. 일부개정]

주요 개정 골자 및 개정취지를 살펴보면, 하도급계약 체결 이후 원재료의 가격변동으로 하도급대금의 조정(調整)이 불가피한 경우 수급사업자가 원사업자에게 하도급대금의 조정을 신청할 수 있도록 하고, 원사업자는 정당한 이유 없이 조정 신청에 대한 협의를 거부하거나 게을리 하지 못하도록 하며, 상호간에 합의가 이루어지지 아니하는 경우 등에는 하도급분쟁조정협의회에 조정(調停)을 신청할 수 있도록 함으로써 원자재의 가격 상승에 따른 부담을 합리적으로 분담하도록 하는 등 하도급 제도의 운영상 나타난 일부 미비점을 개선・보완하려는 것임.

- 주요 내용 -

① 계약 내용 등을 명시(법 제3조제2항)

-하도급거래에 있어서 원사업자가 수급사업자에게 발급하는 서면에 하도급대금과 그 지급방법 등 하도급계약의 내용 및 원자재의 가격변동에 따른 하도급대금의 조정요건, 방법 및 절차 등 대통령령으로 정하는 사항을 명시하도록 함.

② 하도급대금의 조정(법 제16조의2 신설 및 법 제19조)

- 원재료의 가격변동으로 하도급대금이 조정(調整)이 불가피한 경우에는 수급사업자가 원사업자에게 협의를 신청할 수 있도록 하고, 10일이 경과할 때까지 협의가 개시되

지 아니하거나 30일이 경과할 때까지 합의가 이루어지지 아니하는 경우에는 하도급분쟁조정협의회에 조정(調停)을 신청할 수 있도록 함.

- 제16조의2에 따른 협의 및 조정신청을 이유로 수주기회를 제한하는 등의 보복조치를 하지 못하도록 함.

③ 하도급거래와 관련된 자문위원회 폐지

④ 양벌규정 내용의 합리화: 개정 전 양벌규정의 문언상 영업주가 종업원 등에 대한 관리·감독상 주의의무를 다하였는지에 관계없이 영업주를 처벌하도록 하고 있어 책임주의 원칙에 위배될 소지가 있으므로, 영업주가 종업원 등에 대한 관리·감독상 주의의무를 다한 때에는 처벌을 면하게 함으로써 양벌규정에도 책임주의 원칙이 관철되도록 하려는 것임.

10) 하도급법 개정-[시행 2010. 7. 26.] [법률 제9971호 2010. 1. 25. 일부개정]

주요 개정 골자 및 개정취지를 살펴보면, 하도급거래에서 계약서 없이 작업을 지시하는 구두위탁(口頭委託) 관행이 근절되지 않고 있는바, 이러한 관행으로부터 수급사업자를 보호하기 위하여 하도급계약 추정제도를 도입하고, 기술탈취·유용으로 인한 수급사업자의 피해를 방지하기 위하여 정당한 사유 없는 기술자료 요구행위를 금지하는 한편, 상습적으로 법을 위반하는 사업자를 공표하고 그 밖에 현행 제도의 운영상 나타난 일부 미비점을 개선·보완하려는 것임.

- 주요 내용 -

① 서면발급의무 규정 개선(법 제3조제3항·제4항 신설)

-정당한 사유가 있는 경우에는 원사업자가 하도급계약의 내용 등을 기재한 서면을 발급하지 아니할 수 있는바, 이를 보다 제한적으로 규정할 필요가 있음.

-원칙적으로 서면을 발급하도록 하되, 위탁시점에 확정하기 곤란한 계약사항으로서 정당한 사유가 있는 경우에만 해당 사항을 적지 아니한 서면을 발급할 수 있게 함.

-원사업자가 서면발급의무를 면탈할 소지를 줄여 구두위탁 관행을 개선.

② 하도급계약 추정제도 도입(법 제3조제5항부터 제8항까지 신설)

-개정 전 규정만으로는 구두위탁 후 일방적인 위탁취소, 대금감액 등 불공정행위에 따른 수급사업자의 피해를 구제하기 곤란한 문제점이 있음.

- 수급사업자의 구두계약 확인요청에 대하여 원사업자가 15일 이내에 부인하지 아니하면 계약이 있었던 것으로 추정함.

- 서면계약서 발급을 유도하는 한편 구두계약에 따른 수급사업자의 피해를 방지할 수 있을 것으로 기대됨.

③ 기술자료 제공요구 금지(법 제12조의3 신설)

- 원사업자가 수급사업자의 독자적인 기술자료를 탈취·유용함으로써 수급사업자의 기술경쟁력 축적이 어려운 문제점이 있음.

- 정당한 사유 없이 수급사업자의 기술자료를 요구하는 행위를 금지함.

- 기술자료 탈취를 방지하여 수급사업자의 기술경쟁력을 보호할 수 있을 것으로 기대됨.

④ 설계변경 등에 따른 계약금액 조정 내역 통지의무(법 제16조제2항 신설)

- 수급사업자가 발주자와 원사업자 간 계약금액 조정 사실을 알지 못하여 자신의 하도급대금을 조정받지 못하는 문제점이 있음.

- 원사업자가 발주자로부터 계약금액을 조정받은 경우 15일 이내에 그 사유와 내용을 수급사업자에게 통지하도록 함.

- 설계변경 등에 따른 하도급대금 조정이 투명하게 이루어질 수 있을 것으로 기대됨.

⑤ 하도급거래 서면실태조사(법 제22조의2 및 제30조의2제3항 신설)

- 개별 법위반행위 조사와의 차이를 감안하여 하도급서면실태조사 관련 절차·방법 등에 대한 규정을 별도로 마련할 필요가 있음.

- 하도급거래 서면실태조사 관련 규정을 신설하고 자료를 제출하지 아니하거나 거짓으로 자료를 제출한 원사업자에게 500만원 이하의 과태료를 부과하도록 함.

-피조사자의 예측가능성을 제고하는 한편, 신고를 기피하는 수급사업자의 피해구제에 도움이 될 수 있을 것으로 기대됨.

⑥ 상습법위반자 공표제도 도입(법 제25조의4)

직전연도부터 3년간 경고 또는 시정조치를 3회 이상 받은 사업자 중 벌점이 대통령령으로 정하는 기준을 초과하는 상습법위반 사업자의 명단을 공표하도록 함.

⑦ 조사방해 등에 대한 과태료 상한 상향(법 제30조의2제1항 및 법 제30조의2제2항 신설)

- 거액의 과징금이 예상되는 사건에서는 원사업자가 조직적으로 조사방해를 시도하고 자료제출을 거부하는 문제점이 있음.

-「독점규제 및 공정거래에 관한 법률」과 같이 과태료 상한을 조사방해·거부의 경우 법인 2억원·개인 5천만원, 자료제출 거부 등의 경우 법인 1억원·개인 1천만원으로 상향조정함.

- 공정거래위원회의 조사권 집행의 실효성을 제고할 수 있을 것으로 기대됨.

11) 하도급법 개정 [시행 2011. 6. 30.] [법률 제10475호 2011. 3. 29. 일부개정]

주요 개정 골자 및 개정취지를 살펴보면, 대기업과 중소기업의 상생협력에 의한 동반성장의 여건을 조성하고 불공정한 하도급거래를 근절시킬 뿐만 아니라 중소기업 간의 하도급거래에서도 보다 공정한 하도급거래질서가 정립·발전되도록 함으로써 중소기업의 경영환경을 개선하며 그 밖에 현행 제도의 운영상 나타난 일부 미비점을 개선·보완하려는 것임.

- 주요 내용 -

① 법이 적용되는 중소기업자 및 하도급거래 범위를 확대(제2조제2항).

② 원사업자가 위탁할 때 정한 하도급대금을 정당한 사유 없이 감액하지 못하도록 하

고, 정당한 사유로 감액한 경우 감액사유 등을 적은 서면을 수급사업자에게 미리 주도록 함(제11조).

③ 원사업자가 수급사업자의 기술자료를 요구할 경우에는 요구목적 등을 적은 서면을 수급사업자에게 미리 주도록 함(제12조의3제2항 신설).

④ 원재료 가격의 급격한 변동으로 조합원인 수급사업자의 하도급대금 조정이 불가피한 경우에는 중소기업협동조합이 하도급대금의 조정을 신청할 수 있도록 함(제16조의2제2항 신설).

⑤ 공정거래위원회로 하여금 하도급거래 서면실태조사를 실시하여 그 결과를 공표하도록 함(제22조의2).

⑥ 사업자단체에 설치하도록 되어 있는 하도급분쟁조정협의회를 한국공정거래조정원에 추가로 설치함(제24조 및 제24조의4).

⑦ 법 위반의 정도가 명백하고 중대한 경우 공정거래위원회로 하여금 고발을 의무화하는 등 전속고발제를 보완(안 제32조).

⑧. 원사업자가 기술자료를 유용하여 손해가 발생한 경우 발생한 손해의 3배까지 배상할 수 있도록 하고, 기술자료 탈취·유용에 대한 고의·과실의 입증책임을 원사업자에게 지움(안 제35조 신설).

12) 하도급법 개정[시행 2013. 11. 29.] [법률 제11842호 2013. 5. 28. 일부개정]

주요 개정 골자 및 개정취지를 살펴보면, “그동안 하도급거래의 공정화를 위한 여러 차례의 법률개정과 제도개선 노력에도 불구하고, 불공정 하도급 행위는 근절되지 않고 있고, 실제 하도급 현장에서 이루어지는 위반행위는 교묘하고 적발이 쉽지 않아서 상대적 약자인 하도급업체를 보호하지 못하고 있을 뿐만 아니라, 최근 세계경기 침체로 인해 열악한 중소기업의 어려움이 더욱 가중되고 있는바, 실손해배상 및 징벌적손해배상의 적용대상을 확대하고, 중소기업협동조합에 납품단가조정협의권 및 분쟁조정신청권을 부여하는 한편, 원사업자의 보복행위 등에 대한 처벌수준을 강화하는 등 현행 제도의 운영상 나타난 일부 미비점을 개선・보완”하려는 것임

- 주요 내용 -

① 중소기업협동조합에 원사업자와의 납품단가조정협의권을 부여하고, 협의 결렬 시 하도급 분쟁조정협의회를 통해 조정할 수 있도록 함(안 제16조의2제2항부터 제8항까지, 제24조의4제1항).

② 원사업자가 이 법의 규정을 위반함으로써 수급사업자에게 손해가 발생한 경우에는 그 손해에 대해 배상책임을 지도록 하고, 특히 현행 기술유용행위뿐만 아니라 하도급 대금의 부당한 단가인하, 부당한 발주취소, 부당한 반품 행위에 대하여 3배 범위에서 징벌적 손해배상책임을 부과하도록 함(안 제35조제1항부터 제3항까지).

13) 하도급법 개정-[시행 2014. 1. 17.] [법률 제11938호 2013. 7. 16. 일부개정]

주요 개정 골자 및 개정취지를 살펴보면, 현행법 제30조의 죄는 공정거래위원회

의 고발이 있어야 공소를 제기할 수 있도록 하고 있어 공정거래위원회가 고발하지 않을 경우 형벌이 전혀 부과될 수 없는데, 공정거래위원회가 고발 권한을 소극적으로 행사함으로써 불공정거래행위에 미온적이라는 비판이 있어 왔으며, 검찰총장에게 고발요청권을 부여하고 있으나 실제 검찰총장의 고발 요청은 거의 이루어지지 않고 있는 실정인바, 공정거래위원회가 고발 요건에 해당하지 않는다고 결정하더라도 감사원장, 중소기업청장이 사회적 파급효과, 수급사업자에 미친 피해 정도 등 다른 사정을 이유로 공정거래위원회에 고발을 요청할 수 있도록 하여 고발요청권을 확대하는 한편, 검찰총장을 포함하여 고발요청권을 가진 해당 부처가 공정거래위원회에 고발을 요청하는 경우 공정거래위원회로 하여금 반드시 고발하도록 하려는 것임.

14) 하도급법 개정[시행 2014. 2. 14.] [법률 제12097호 2013. 8.13. 일부개정]

주요 개정 골자 및 개정취지를 살펴보면, 최근 경기부진에 따라 부도·파산 등으로 원사업자가 하도급대금을 지급하지 못하는 상황임에도 불구하고 보증기관으로부터 보증금을 직접 받지 못하도록 하고 있어 수급사업자까지 연쇄도산 할 우려가 있고, 하도급대금을 미분양아파트, 건설자재 등 대물로 변제하면서 담보제공, 채권·채무 설정 등 자산에 대한 권리·의무관계를 확인하지 않을 경우 수급사업자의 피해로 이어질 수 있으며, 하도급거래계약 체결 시 원사업자가 수급사업자를 상대로 불리한 특수조건 등을 설정하여 수급사업자의 부담을 가중시키는 사례가 발생하고 있는 등 열악한 중소기업에 어려움이 더욱 가중되고 있는바, 원사업자의 부도·파산 등 일정한 사유 발생 시 보증기관이 수급사업자에게 보증금액을 지급하도록 하고, 하도급대금을 대물로 변제할 경우 권리·의무관계를 확인할 수 있는 자료를 함께 제시하도록 하는 한편, 원사업자가 수급사업자의 이익을 부당하게 침해하거나 제한하는 계약조건을 설정하지 못하도록 하려는 것임.

- 주요 내용 -

① 원사업자가 수급사업자의 이익을 부당하게 침해하거나 제한하는 계약조건을 설정하지 못하도록 하고, 부당한 특약의 유형을 법률에서 구체화 함(안 제3조의4 신설).

② 당좌거래정지, 부도, 영업정지 등으로 원사업자가 하도급대금을 지급할 수 없는 경우와 하도급대금을 2회 이상 지급하지 아니한 경우 하도급대금보증기관은 수급사업자의 보증금 지급 요청 시 30일 이내에 보증금액을 지급하도록 하되, 보증금 지급요건 충족여부 등에 대한 이견이 있을 경우 대통령령이 정하는 기간 동안 보증금 지급을 보류할 수 있도록 함(안 제13조2제3항 신설).

③ 원사업자가 하도급대금을 대물로 변제할 경우 소유권, 담보제공 등 물품의 권리·의무 관계를 확인할 수 있는 자료를 수급사업자에게 제시하도록 함(안 제17조제2항 및

제3항 신설).

15) 하도급법 개정[시행 2014. 11. 29.] [법률 제12709호 2014. 5. 28. 일부개정]

주요 개정 골자 및 개정취지를 살펴보면, “현행 하도급법은 건설위탁에 있어서 원사업자가 부도 등으로 수급사업자에게 공사대금의 지급이 어려운 경우를 대비하여 하도급대금의 지급 보증을 하도록 하고 있으나 그 기간을 명시하지 않아 일부 원사업자는 우월한 지위를 악용하여 하도급대금 지급보증을 하지 않는 문제가 나타나고 있고, 하도급분쟁조정협의회를 설치하도록 의무화하고 있으나 협의회의 운영에 소요되는 경비의 국가보조에 대해서는 규정하고 있지 아니하여 공정거래위원회의 내부지침에 근거하여 보조금을 지급하고 있는 실정인바, 이에 공사대금 지급보증 기한을 계약체결일로부터 30일 이내로 명시하도록 하고 공사대금 지급보증 예외사유가 소멸한 경우 일정한 기간 내에 공사대금 지급보증을 하도록 하는 등 하도급대금 지급보증에 대한 입법미비를 보완하는 한편, 하도급분쟁조정협의회의 운영에 소요되는 경비를 국가가 보조할 수 있도록 법적 근거를 마련함으로써 안정적으로 하도급분쟁조정협의회의 분쟁 조정을 지원하려는 것임. 또한, 중소기업자 중 원사업자와 수급사업자를 구분하는 기준 가운데 하나인 해당연도 시공능력평가액의 합계액의 경우 시공능력평가액 공시일 이전에는 전년도 시공능력평가액을 적용할 수밖에 없다는 점을 감안하여 하도급계약 체결 당시 공시된 시공능력평가액의 합계액을 기준으로 원사업자와 수급사업자를 구분하도록 명확히 규정하여 법률 적용에 있어서의 혼란을 방지하려는 것임”

- 주요 내용 -

① 중소기업자 중 원사업자와 수급사업자의 구분기준 중 현행의 "해당연도 시공능력평가액의 합계액"을 "하도급계약 체결 당시 공시된 시공능력평가액의 합계액"으로 변경함(제2조 제2항 제2호).

② 계약체결일로부터 30일 이내에 원사업자는 수급사업자에게 공사대금지급을 보증하도록 하고, 공사대금 지급수단이 어음인 경우에는 만기일까지, 어음대체결제수단인 경우에는 하도급대금 상환기일까지 대금지급보증을 하도록 함(제13조의2 제1항).

③ 공사이행 중 원사업자가 공사대금 지급보증을 하지 않아도 되는 사유가 소멸한 경우 소멸일로부터 30일 이내에 원사업자는 수급사업자에게 공사대금 지급보증을 하도록 하고, 다만 일정한 경우에는 보증하지 않아도 되도록 함(제13조의2제2항 신설).

④ 원사업자가 수급사업자에게 공사대금 지급보증을 하지 않은 경우 수급사업자가 한 계약이행 보증을 청구할 수 없도록 함 (제13조의2제8항 신설).

⑤ 하도급분쟁조정협의회의 운영에 소요되는 경비의 국가보조에 대한 근거를 마련함(제24조제9항 신설).

16) 하도급법 개정[시행 2016. 1. 25.] [법률 제13451호 2015. 7. 24. 일부개정]

주요 개정 골자 및 개정취지를 살펴보면,

중소기업자로서 연간매출액 또는 상시고용 종업원 수가 제조 등의 위탁을 받은 다른 중소기업자의 연간매출액 또는 상시고용 종업원 수보다 많은 경우 위탁을 한 해당 중소기업자를 원사업자의 범위에 포함하고 있으나, 상시고용 종업원 수가 많다고 하여도 거래상 지위의 우위를 담보하지 못하는 경우가 나타남에 따라 원사업자의 범위를 판단하는 기준에서 상시고용 종업원 수를 제외하고자 함.

원사업자가 하도급대금을 어음대체결제수단을 이용하여 수급사업자에게 지급하는 경우에 적용되는 수수료율 등을 원사업자가 금융기관과 체결한 어음대체결제수단의 약정상 수수료율 등으로 함으로써 공정거래위원회가 고시한 수수료율과 어음대체결제수단의 약정상 수수료율이 불일치함에 따라 발생하는 추가적인 수수료 부담 문제를 해결하고자 함.

현행법은 수급사업자의 범위를 「중소기업기본법」에 따른 중소기업으로 한정하고 있는데, 중소기업에는 포함되지 않으나 대기업 등에 비하여 규모가 작은 중견기업은 중소기업에 해당될 때 받은 각종 정부의 지원이 중단되는 점을 감안하여 연간매출액 규모가 상대적으로 작은 중견기업이 하도급대금을 지급받음에 있어서는 수급사업자의 지위를 부여함으로써 규모가 작은 중견기업을 보호·지원하고자 함.

현재 공정거래위원회는 불공정한 하도급거래 관행의 개선과 수급사업자 보호를 위해 매년 업종별로 하도급거래에 관한 서면실태조사를 실시하여 그 결과를 공표하고 있는데, 거래관계상 약자의 지위에 있는 수급사업자는 원사업자의 보복조치를 염려하여 서면실태조사에 적극적으로 응하기 어려움. 이에 원사업자가 이 법에 따른 하도급거래 서면실태조사를 위하여 공정거래위원회가 요구한 자료를 수급사업자가 제출한 것을 이유로 하여 수급사업자에게 거래의 정지 등 불이익을 주는 조치를 하지 못하도록 함으로써 하도급거래 서면실태조사의 실효성을 높이고자 함.

원사업자의 부당한 하도급대금 결정, 부당한 위탁취소, 부당한 반품, 부당한 하도급대금 감액 또는 기술자료 유용 등의 법 위반행위를 신고하거나 제보하고 그 위반행위를 입증할 수 있는 증거자료를 제출한 자에게 공정거래위원회가 포상금을 지급할 수 있도록 함으로써 하도급거래 관련 주요 불공정행위에 대한 개선의 실효성을 높여 공정한 하도급거래 질서를 확립하고자 함.

하도급분쟁조정협의회의 설치의무 대상에서 사업자단체를 제외하고, 사업자단체는 공정거래위원회의 승인을 받아 자율적으로 하도급분쟁조정협의회를 설치할 수 있도록 함으로써 하도급분쟁조정협의회를 설치할 필요가 없거나 운영할 역량이 되지 아니하는 사업자단체의 과도한 부담을 완화하고 자율성을 높일 수 있도록 함.

- 주요 내용 -

① 중소기업자 원사업자의 범위를 판단하는 기준에서 상시고용 종업원 수를 제외하도록 함(제2조 제2항 제2호).

② 원사업자가 하도급대금을 어음대체결제수단을 이용하여 수급사업자에게 지급하는 경우에 적용되는 수수료율을 원사업자가 금융기관과 체결한 어음대체결제수단의 약정상 수수료율로 함(제13조 제10항).

③ 연간매출액이 대통령령으로 정하는 금액 미만인 중견기업이 상호출자제한기업집단에 속하는 회사 또는 대통령령으로 정하는 사업자로부터 제조등의 위탁을 받는 경우에도 하도급대금 지급과 관련한 규정을 준용함(제13조 제11항 신설).

④ 하도급거래 서면실태조사를 위하여 공정거래위원회가 요구한 자료를 수급사업자가 제출한 것을 이유로 하여 원사업자가 수급사업자에게 거래의 정지 등 불이익을 주는 조치를 하지 못하도록 함(제19조 제3호 신설).

⑤ 공정거래위원회가 이 법 위반행위에 대하여 조사를 개시한 경우 그 조사개시일부터 3년이 경과하면 이 법 위반행위에 대하여 시정조치를 명하거나 과징금을 부과하지 아니하도록 함(제22조 제4항 신설).

⑥ 원사업자의 부당한 하도급대금 결정, 부당한 위탁취소, 부당한 반품, 부당한 하도급대금 감액 또는 기술자료 유용 등의 법 위반행위를 신고하거나 제보하고 그 위반행위를 입증할 수 있는 증거자료를 제출한 자에게 공정거래위원회가 포상금을 지급할 수 있도록 함(제22조제5항부터 제8항까지 신설)

⑦ 하도급분쟁조정협의회의 설치의무 대상에서 사업자단체를 제외하고, 사업자단체는 공정거래위원회의 승인을 받아 자율적으로 하도급분쟁조정협의회를 설치할 수 있도록 함(제24조제1항, 안 제24조제2항 신설).

17) 하도급법 개정[시행 2016. 3. 29.] [법률 제14143호 2016. 3. 29. 일부개정]

주요 개정 골자 및 개정취지를 살펴보면, 건설하도급 분야에서 원사업자가 거래상 우월적 지위를 이용하여 당초 계약에 없던 공사를 추가하거나, 설계 변경 등을 하면서 서면을 발급해 주지 않아 결국 이에 대한 비용이 수급사업자에게 전가되는 사례가 발생하고 있으나, 하도급법 제3조에서 서면발급에 관한 사항만을 규정하고 추가·변경위탁을 하는 경우 서면발급과 관련한 명확한 규정이 없다는 점에서 추가·변경위탁 시에도 서면발급을 하는 내용을 명문화하여 현장에서의 추가·변경위탁 시 발생하는 서면 미발급 문제를 해결하도록 함.

현행법은 하도급거래에 관한 분쟁의 조정이 성립된 경우 합의사항에 대한 이행여부를 확인하는 절차 없이 공정거래위원회가 시정조치를 한 것으로 보고 있어 이행여부를 확인할 수 없는 문제가 제기되고 있음에 따라, 이에 분쟁당사자가 조정에서 합의된 사항을 이행하고 그 이행결과를 공정거래위원회에 제출하도록 하여, 공정거래위원회는 이에 대한 이행이 이루어진 때에 시정권고 및 시정조치를 하지 않도록 규정하여 조정의 실효성을 확보하고자 함.

아울러 분쟁당사자의 동의가 있으면 하도급분쟁조정협의회의 조정기한을 60일 이내에서 90일 이내로 연장할 수 있도록 하고, 하도급분쟁조정협의회에 소회의를 둘 수 있도록 하는 등 하도급분쟁조정절차의 실효성을 제고하며, 중소기업협동조합이 조합원의 신청을 받은 날부터 7일 이내에 원사업자에게 하도급대금의 조정을 신청하도록 하고 있는데, 7일의 기간이 너무 촉박하여 이를 20일 이내로 연장하여 충분한 준비기간을 확보하도록 함.

그리고 신고된 사건이 공정거래위원회에서 각하, 기각 또는 취하된 경우에는 최고의 효력이 상실되도록 규정하고 있는데, 공정거래위원회의 사건처리 절차에서는 각하 또는 기각이라는 용어를 사용하지 않다는 점에서 이를 공정거래위원회의 사건처리 절차에 맞는 용어로 정비하고, 시정조치와 그 성격이 상이한 시정권고에 관한 사항을 별도의 조(條)에서 규정하려는 것임

- 주요 내용 -

① 제조등의 위탁을 한 이후에 해당 계약내역에 없는 제조등의 위탁을 하거나 계약내역을 변경하는 위탁을 하는 경우 서면발급 의무를 명문화함(제3조제1항).

② 중소기업협동조합의 원사업자에 대한 하도급대금 조정신청 기간을 현행 7일 이내에서 20일 이내로 연장함(제16조의2제3항).

③ 각하 또는 기각에 관한 용어를 공정거래위원회의 사건처리절차에 맞게 수정함(제22조제3항 단서).

④ 하도급분쟁조정협의회에 소회의를 설치할 수 있는 근거를 마련함(제24조의3).

⑤ 분쟁당사자 쌍방이 분쟁조정기한 연장에 동의한 경우 분쟁조정기한을 현행 60일 이내에서 90일 이내로 연장할 수 있도록 함(제24조의4제4항).

⑥ 분쟁조정 이행결과를 공정거래위원회에 제출하도록 하고, 합의된 사항을 이행한 경우 제25조제1항에 따른 시정조치 및 제25조의5제1항에 따른 시정권고를 하지 아니하도록 함(제24조의5제3항 및 제4항 신설, 현행 제25조제2항 삭제).

⑦. 시정권고 관련 조항을 별도의 조로 분리함(제25조제1항, 제25조의5 신설, 제27조).

18) 하도급법 개정 [시행 2017. 3. 21.] [법률 제14456호 2016. 12. 20. 일부개정]

주요 개정 골자 및 개정취지를 살펴보면, 현행 하도급법에 의하면 하도급계약 시 수급사업자는 원사업자에게 계약금액의 100분의 10에 해당하는 금액의 계약이행을 보증하여야하는데, 장기계속공사의 경우 총 공사금액이 크므로 이에 따른 계약이행 보증금액도 상당한데, 국가계약법이 적용되는 원사업자가 연차별 계약이 완료되면 당

초 계약보증금 중 이행이 완료된 부분의 계약이행 보증효력이 상실되어 당해 계약보증금액을 반환받는 것과 달리 수급사업자가 계약이행을 보증할 연차별 계약이 완료된 때 당초 계약이행 보증금 중 이행이 완료된 부분에 대해 반환받지 못하고 있어 이에 대한 부담이 상당한 실정을 감안하여 장기계속건설하도급계약에 따른 수급사업자는 연차별 계약에 해당하는 공사가 끝나 이행이 완료된 경우 원사업자에게 제공한 계약이행보증금 중 공사가 끝난 부분에 해당하는 부분을 반환받을 수 있도록 하고, 해당 부분의 계약이행 보증 효력은 상실되도록 하여, 장기계속건설공사의 수급사업자가 과도한 이행보증 부담을 지는 것을 방지하려는 것임

19) 하도급법 개정[시행 2017. 10. 19.] [법률 제14814호 2017. 4. 18. 일부개정]-

주요 개정 골자 및 개정취지를 살펴보면, “현행법에 따르면 원사업자는 수급사업자의 의사에 반하여 하도급대금을 물품으로 지급하여서는 아니 된다고 규정하고, 이를 위반하는 경우 하도급대금의 2배에 상당하는 금액 이하의 벌금에 처함으로써 대물변제를 원칙적으로 금지시키고 있는데, 원사업자가 하도급거래상 우월적 지위를 이용하여 수급사업자의 내심과 달리 대물변제를 원하는 것으로 의사표시를 하게 함으로써 합법적인 대물변제의 수단으로 활용되고 있는 실정을 감안하여, ‘수급사업자의 의사에 반하여’라는 문구를 삭제하여 하도급대금에 대한 대물변제의 여지를 원칙적으로 차단하고, 원사업자가 발행한 어음 또는 수표가 부도로 되거나 은행과의 당좌거래가 정지 또는 금지된 경우 등 제한적인 경우에만 대물변제가 가능하게 함으로써 수급사업자의 진의 아닌 의사표시에 의한 피해를 방지하려는 것”임.

20) 하도급법 개정[시행 2018. 5. 1.] [법률 제15016호 2017. 10. 31. 일부개정]

주요 개정 골자 및 개정취지를 살펴보면, “시행령에서 정하는 과태료의 부과기준에 대한 위임근거를 마련하고, 관계 공무원 등의 비밀엄수의무를 위반한 자에 대한 벌금액의 일반적 기준인 징역 1년당 1천만원의 비율로 개정함으로써 법정형의 편차를 조정하여 형사 처벌의 공정성을 기하는 한편, 수급사업자의 요청이 있는 경우 원사업자가 내국신용장을 대체할 수 있는 증서인 구매확인서를 의무적으로 발급하도록 함으로써 수급사업자가 용이하게 수출 혜택을 부여받도록 하려는 것”임

- 주요 내용 -

① 수출할 물품·용역에 대하여 수급사업자의 요청이 있는 경우 원사업자가 구매확인서를 의무적으로 발급하여 주도록 함(제7조제2항 신설).

② 관계 공무원 등의 비밀엄수의무를 위반한 자에 대한 벌금액을 징역 1년당 1천만원의 비율로 조정함(제29조).

③ 과태료의 부과기준에 대한 시행령 위임 근거를 마련함(제30조제5항).

21) 하도급법 개정 [시행 2018. 1. 16. 또는 시행 2018. 7. 17.] [법률 제15362호 2018. 1. 16. 일부개정][12)]

1. 주요 개정 골자 및 개정취지를 살펴보면, “1) 보호대상인 수급사업자의 기술자료의 범위를 「부정경쟁방지 및 영업비밀보호에 관한 법률」에 맞추어 ‘합리적인 노력’에 의하여 비밀로 유지된 자료로 확장하고, 하도급대금의 조정신청 및 협의 대상사유를 현행 원재료 가격의 변동에서 목적물 등의 공급원가 변동이 있는 경우로 확대하며, 원사업자가 정당한 사유없이 수급사업자의 기술자료 수출을 제한하는 행위 등을 부당한 경영간섭으로 보아 금지하고, 수급사업자가 공정거래위원회, 법원 및 수사기관 등 관계 기관의 조사에 협조한 행위를 금지되는 보복조치 원인행위로 신설하며, 현행 3배 배상제도의 적용대상 행위에 보복조치를 추가하여 수급사업자를 폭넓게 보호하려는 것임. 2) 또한, 하도급분쟁조정협의회에 대한 원 · 수급사업자 등 분쟁당사자의 분쟁조정 신청시 하도급대금 등 관련 채권의 소멸시효 진행이 중단되도록 하고, 조정절차를 통하여 조서가 작성된 경우 재판상 화해의 효력을 부여하며, 조정절차 종료 및 각하 사유를 구체적으로 규정하는 등 절차 규정 등을 정비하여 분쟁조정절차 이용을 활성화하는 한편, 3) 공정거래위원회에 두는 상습법위반사업자 명단공표심의위원회의 민간위원의 경우 수뢰죄 등 공무원에 관한 범죄에 대해서는 공무원 신분을 가진 자와 동일하게 취급하여 명단공표 심의 과정에서 발생할 수 있는 위법행위에 실효적으로 대응하려는 것임”

- 주요 내용 -

① 기술자료의 인정범위를 현행 ‘상당한 노력’에서 ‘합리적인 노력’에 의해 비밀로 유지된 자료로 확장함(제2조 제15항).

② 하도급대금 조정신청 · 협의 대상사유를 현행 ‘원재료의 가격 변동’에서 ‘목적물 등의 공급원가의 변동’으로 확대함(제3조제1항 및 제16조의2 제1항 · 제2항).

③ 원사업자가 정당한 사유 없이 수급사업자가 기술자료를 해외에 수출하는 것을 제한하는 행위 등을 부당한 경영간섭으로 간주함(제18조 제2항 신설).

④ 공정거래위원회, 법원 및 수사기관의 조사에 협조한 행위를 금지되는 보복조치의

12) 본 하도급법 개정은 2017. 12. 29.자로 국회에서 의결되어 법률 제15362호 2018. 1. 16.자로 일부개정된 것인데 그 내용에 따라서 일부는 공포 즉시, 일부는 6개월 경과 후에 시행되게 되었다.

원인행위로 추가함(제19조 제2호의2 신설).

⑤ 하도급분쟁조정협의회에 대한 원·수급사업자 등 분쟁당사자의 분쟁조정신청시 하도급대금 등 관련 채권의 소멸시효 진행이 중단되도록 하고, 조정절차를 통하여 조서가 작성된 경우 재판상 화해의 효력을 부여하며, 분쟁조정 관련 절차 규정 등을 정비함(제24조의4부터 제24조의7까지).

⑥ 3배 배상제도의 대상에 '보복조치'를 추가함(제35조).

⑦ 공무원의 직무에 관한 범죄에 대하여 상습법위반사업자 명단공표심의위원회의 민간위원을 공무원으로 의제함(제36조 신설).

22) 하도급법 개정[시행 2018. 10. 18.] [법률 제15612호, 2018. 4. 17., 일부개정]

주요 개정 골자 및 개정취지를 살펴보면, 원사업자가 수급사업자로부터 취득한 기술자료를 제3자에게 유출하는 행위 또한 기술자료 탈취행위의 별도의 유형으로 추가하여, 원사업자 및 제3자에 의한 기술유용 행위를 원천적으로 차단하고 수급사업자의 기술자료에 대한 보호를 강화하려는 것임.

또한, 기술자료 요구·유용행위에 한해서는 조사 시효를 현행 '거래종료 후 3년'에서 '거래종료 후 7년'으로 확대하여 원사업자의 부당한 기술자료 요구 및 유용으로부터 수급사업자를 장기간 동안 보호하려는 것임.

한편, 서면실태조사의 정확성과 실효성을 제고하기 위하여 원사업자가 수급사업자로 하여금 조사와 관련된 자료를 제출하지 못하게 하거나 거짓으로 자료를 제출하도록 요구하는 행위를 명시적으로 금지하고, 위반시 원사업자에게는 5천만원 이하, 그 원사업자의 임원, 종업원과 그 밖의 이해관계인에게는 500만원 이하의 과태료를 부과하려는 것임.

23) 하도급법 개정- [시행 2019. 11. 1.] [법률 제16423호, 2019. 4. 30., 일부개정] -현행 하도급법-

주요 개정 골자 및 개정취지를 살펴보면, 수급사업자의 임금·자재대금 등의 지급 지체를 방지하기 위하여 종전에는 원사업자가 발주자에 대하여 수급사업자의 임금·자재대금 등 지급 지체사실을 입증할 수 있는 서류를 첨부하여 해당 하도급대금의 직접 지급 중지를 요청한 경우 발주자가 그 하도급대금을 직접 지급하지 않을 수 있도록 하던 것을, 앞으로는 원사업자의 귀책사유로 그 지급 지체가 발생한 경우를 제외하고는 원사업자가 지급 지체 사실을 입증할 수 있는 서류를 첨부하여 직접 지급 중지를 요청한 경우 발주자가 그 하도급대금을 직접 지급하지 못하도록 하고, 이를 위반한 경우 과징금을 부과할 수 있도록 하려는 것임.

24) 하도급법 개정-[시행 2020. 5. 27.] [법률 제16649호, 2019. 11. 26., 일부개정]

주요 개정 골자 및 개정취지를 살펴보면, 현행법은 공급원가 변동으로 하도급대금의 조정이 필요한 경우 수급사업자가 원사업자에게 하도급대금의 조정을 신청할 수 있도록 하고 있으나, 수급사업자의 책임으로 돌릴 수 없는 사유로 납품시기 등이 지연되어 관리비 등의 비용이 발생한 경우 수급사업자와 원사업자가 그 비용을 분담하도록 할 수 있는 근거가 없어 이로 인한 비용부담을 수급사업자가 모두 떠안게 되는 문제가 있음.

이에 원사업자는 제조 등의 위탁을 한 후에 목적물 등의 납품 등 시기의 변동으로 인해 계약금액이 증액되는 경우 발주자로부터 증액 받은 계약금액의 내용과 비율에 따라 하도급대금을 증액하도록 하고, 수급사업자는 그의 책임으로 돌릴 수 없는 사유로 납품 등의 시기가 지연되어 관리비 등 공급원가 외의 비용이 변동되는 경우 원사업자에게 하도급대금의 조정을 신청할 수 있도록 하려는 것임.

Ⅱ. 하도급법의 개관

1. 하도급법령의 개관

하도급법은 하위 법령으로 하도급법시행령과 공정거래위원회 예규인 '하도급거래 공정화지침' 등의 각종 지침과 고시 등이 있다. 또한 하도급거래 적용 범위를 알기 위해서는 중소기업기본법과 건설산업기본법 등을 같이 보아야 한다.

- 법령 및 지침 -

하도급 거래 공정화에 관한 법률, 동법 시행령, 하도급 거래 공정화 지침[13)]

	고시(告示) 및 지침 등	비고[14)]
1	건설하도급 대금지급보증 면제대상 고시	※
2	선급금 등 지연지급 시의 지연이자율 고시	※
3	용역위탁중 지식,정보성과물의 범위 고시	

13) [시행 2020. 3. 9.] [공정거래위원회예규 제342호, 2020. 3. 9., 일부개정] 이하 같다.

	고시(告示) 및 지침 등	비고[14]
4	어음에 의한 하도급대금 지급시의 할인율 고시	※
5	용역위탁 중 역무의 범위 고시	
6	제조위탁의 대상이 되는 물품의 범위 고시	
7	부당한 하도급대금 결정 및 감액 행위에 대한 심사지침	※
8	기술자료 제공 요구, 유용행위 심사지침	※
9	하도급법 위반사업자에 대한 과징금 부과기준에 관한 고시	※
10	부당특약 심사지침	
11	하도급거래 공정화에 관한 법률 위반사업자에 대한 교육이수명령 지침	
12	하도급거래 내부 심의위원회 설치,운용 가이드라인	
13	협력업체 선정,운용 가이드라인	
14	대,중소기업간 상생협력을 위한 바람직한 계약체결 가이드라인	
15	하도급분쟁조정 지원을 위한 보조금 예산 편성 및 집행지침	
16	대,중소기업간 공정거래협약 이행평가 등에 관한 기준	
17	부당한 위탁취소, 수령거부 및 반품행위에 대한 심사지침	
18	기술심사자문위원회의 설치 및 운영에 관한 규정	
19	하도급대금 지급관리시스템 지정고시	
20	하도급법상 요구가 금지되는 경영상 정보의 종류 고시	

2. 하도급법의 체계(금지 및 의무사항)

가. 개요

<table>
<tr><td>서론</td><td colspan="2">1조 (목적), 2조 (정의) 적용범위</td></tr>
<tr><td>본론</td><td colspan="2">원사업자의 작위의무(8개), 원사업자의 부작위(금지)의무(13개), 발주자의 하도급대금 직접지급의무, 수급사업자의 서류보전의무 및 건설하도급대금 계약이행보증의무</td></tr>
<tr><td rowspan="2">위반시 제재</td><td>행정적 제재</td><td>• 시정조치(25조) •과징금(25조의3)
• 상습법위반사업자 명단공표(25조의4)
• 입찰참가제한요청,영업정지 요청 등(26조)</td></tr>
<tr><td>사법적 제재</td><td>• 벌칙(30조)-벌금
• 과태료(30조의2)
• 양벌규정(31조)-행위자, 법인 또는 개인
• 고발(32조) • 민사손해배상책임(35조)</td></tr>
</table>

나. 하도급법 당사자들 의무의 주요 내용

14) 주요한 고시는 ※과 같다.

원사업자와 수급사업자 그리고 하도급계약의 직접 당사자는 아니지만 일정한 경우 이해관계를 가지고 있는 발주자까지 삼자에 대하여 작위· 부작위 의무를 부여하고 있다.

하도급법의 규율 주요 내용 요약	
원사업자 작위의무	1. 서면발급, 서류보존 2. 선급금 지급 3. 내국신용장 개설 4. 검사 및 검사결과 통지 5. 하도급대금 지급 6. 하도급대금 지급보증 7. 관세 등 환급금 지급 8. 설계변경, 물가변동에 따른 하도급대금 조정 및 통지 9. 원재료 가격 변동에 따른 하도급대금 조정협의
원사업자 금지의무	1. 부당한 특약 2. 부당한 하도급대금 결정 3 물품 등의 구매강제 4. 부당한 위탁취소 5. 부당반품 6. 하도급대금 감액 7. 물품구매대금 등의 부당결제 청구 7. 경제적 이익의 부당요구 9. 기술자료 제공요구 10. 부당한 대물변제 11. 부당한 경영간섭 12. 보복조치 13. 탈법행위
발주자 의무	하도급대금 직접지급 의무
수급사업자 의무	서류보전의무 및 건설하도급대금 계약이행보증의무, 3. 신의칙 준수 및 원사업자의 위법행위 협조 거부

위 하도급법의 주요 규율 내용 중에서 <u>종래 하도급법 위반의 주요 유형</u>을 살펴보면, 1) 추가위탁, 변경위탁 계약서면미교부금지(제3조) (2016.3.29.자 개정), 2) 부당한 특약의 금지(제3조의 4) (2014.2.14.자 시행), 3) 하도급대금을 부당하게 결정하는 행위(제4조), 4) 부당하게 경제적 이익을 요구하는 행위(제12조의2), 5) 일방적으로 위탁을 취소하는 행위(제8조), 6) 부당하게 목적물을 반품하는 행위(제10조), 7) 하도급대금을 지급하지 않는 행위(제13조), 8) 납품대금을 감액하여 지급하는 행위(제11조), 9) 발주자가 하도급대금 직접지급을 거부하는 행위(14조), 10) 설계변경 등에 따른 하도급대금의 조정을 거부하는 행위(제16조) 등이다.

Ⅲ. 하도급법의 적용범위

1. 의의 및 목적

하도급법은 “이 법은 공정한 하도급거래질서를 확립하여 원사업자와 수급사업자가 대등한 지위에서 상호보완하며 균형 있게 발전할 수 있도록 함으로써 국민경제의 건전한 발전에 이바지함을 목적으로 한다."고 규정하고 있다(하도급법 제1조). 즉 하도급법은 하도급거래에 있어서 원사업자의 부당한 행위를 억제하고 수급사업자의 열등한 지위를 보완하여 공정한 하도급 거래 질서를 확립하여 대기업과 중소기업 간의 상호 보완적인 협조관계에서 균형발전을 도모하여 분업화와 전문화를 통한 생산성의 향상에 기여하려는데 그 취지가 있다(**하도급법의 목적**).

참고로 실무적으로는 하도급법의 고발제도 등을 통하여 원사업자가 제재를 받기 이전에 많은 사건이 지급합의를 하는 경우가 있어서 하도급법이 없었더라면 순전히 민사소송을 통하여 해결하는 경우 걸리는 시간과 비용을 고려할 때 현행 소송제도를 보완하여 중소기업자를 보호하는 측면이 있다고 할 것이다.

다만 이하에서 보는 바와 같이 하도급법은 모든 하도급 거래를 규율하는 것은 아니고 하도급법의 취지를 감안하여 일정한 요건[15]에 해당하는 경우(당사자 요건-원사업자, 수급사업자의 자격 요건, 하도급거래 요건, 기간 요건 등)에만 하도급법의 적용을 받도록 정하고 있어 적용 대상이 제한적인 것이 특징이다.

2. 하도급법의 적용 요건

가. 적용대상 거래

1) 관련 법령 (법제2조 제1항)

- 하도급법-

제2조(정의) ① 이 법에서 "하도급거래"란 원사업자가 수급사업자에게 제조위탁(가공위탁을 포함한다. 이하 같다) · 수리위탁 · 건설위탁 또는 용역위탁을 하거나 원사업자가 다른 사업자로부터 제조위탁 · 수리위탁 · 건설위탁 또는 용역위탁을 받은 것을 수급사업자에게 다시 위탁한 경우, 그 위탁(이하 "제조 등의 위탁"이라 한다)을 받은 수급사업자가 위탁받은 것(이하 "목적물 등"이라 한다)을 제조 · 수리 · 시공하거나 용역수행하여 원사업자에게 납품 · 인도 또는 제공(이하 "납품 등"이라 한다)하고 그 대가(이하 "하도급대금"이라 한다)를 받는 행위를 말한다.

⑥ 이 법에서 "**제조위탁**"이란 다음 각 호의 어느 하나에 해당하는 행위를 업(業)으로 하는 사업자가 그 업에 따른 물품의 제조를 다른 사업자에게 위탁하는 것을 말한다. 이 경우 그 업에 따른 물품의 범위는 공정거래위원회가 정하여 **고시**[16]한다.

15) 실무상 소송 과정에서 당사자들이 하도급적용대상이 아닌 하도급거래에 대하여 하도급법의 적용을 주장하는 경우가 있다. 따라서 당사자 요건이나 기간 요건 등을 잘 따져서 적용여부를 판단하여야 할 것이다.

16) 제조위탁의 대상이 되는 물품의 범위 고시

1. 물품의 제조
2. 물품의 판매
3. 물품의 수리
4. 건설

⑦ 제6항에도 불구하고 대통령령으로 정하는 물품에 대하여는 대통령령으로 정하는 특별시, 광역시 등의 지역에 한하여 제6항을 적용한다.

⑧ 이 법에서 "**수리위탁**"이란 사업자가 주문을 받아 물품을 수리하는 것을 업으로 하거나 자기가 사용하는 물품을 수리하는 것을 업으로 하는 경우에 그 수리행위의 전부 또는 일부를 다른 사업자에게 위탁하는 것을 말한다.

⑨ 이 법에서 "**건설위탁**"이란 다음 각 호의 어느 하나에 해당하는 사업자(이하 "건설업자"라 한다)가 그 업에 따른 건설공사의 전부 또는 일부를 다른 건설업자에게 위탁하거나 건설업자가 **대통령령**으로 정하는 건설공사를 다른 사업자에게 위탁하는 것을 말한다. 〈개정 2011.5.24.〉

1. 「건설산업기본법」 제2조제7호에 따른 건설업자
2. 「전기공사업법」 제2조제3호에 따른 공사업자
3. 「정보통신공사업법」 제2조제4호에 따른 정보통신공사업자
4. 「소방시설공사업법」 제4조제1항에 따라 소방시설공사업의 등록을 한 자
5. 그 밖에 대통령령으로 정하는 사업자

하도급법 제2조를 분석하면, 첫째, 하도급법상의 하도급거래는 **제조(가공), 수리, 건설 또는 용역을 위탁**하는 것을 말한다. 따라서 제조(가공), 수리, 건설 또는 용역 이외의 나머지 위탁은 하도급법이 규율하는 위탁이 아니다. 둘째, 하도급법상의 하도급의 **위탁 내지 재위탁을 포함**한다. 따라서 재위탁 즉 재하도급의 경우에도 하도급의 규율을 받으므로 수급사업자가 다시 위탁을 하는 경우에도 하도급법이 적용된다.

이하에서는 제조위탁(가공위탁 포함)·수리위탁·건설위탁 또는 용역위탁 각각에 대하여 살펴보기로 한다.

2) 건설위탁

'**건설위탁**'의 경우 건설업자가 그 업(業)에 따른 건설공사의 전부 또는 일부를 다른 건설업자에게 위탁하였어야 하도급법이 적용된다. 따라서 건설위탁은 **'원사업자' 및 '수급사업자' 모두** 건설업자의 요건을 충족하여야만 한다(하도급법 제2조 제9항).

여기서 "**건설업자**"란 건설산업기본법 또는 다른 법률에 따라 등록 등을 하고 건설업을 하는 건설사업자(건설산업기본법 제2조 제7호 및 동법 제8조 제9조)[17]를 의

[시행 2015.10.23.] [공정거래위원회고시 제2015-15호, 2015.10.23., 일부개정]

17) 건설산업기본법 제2조

미한다. 따라서 법령에 의하여 건설업등록을 적법하게 마치고 건설업(건설공사를 하는 업)을 하는 경우에만 하도급법이 적용되는 것이다[건설사업자(전기공사업자, 정보통신공사업자, 소방시설공사업자, 환경 관련 시설업자, 에너지 관련 건설업자)가 시공자격 있는 공종(자격 없는 부대공사 포함)을 자격 있는 다른 건설업자에게 시공 위탁한 경우][18].

따라서 건설업등록을 하지 않은 자에 대한 하도급거래[건설업자가 시공자격 없는 건설업자 · 무 등록 · 무면허업자, 시공참여자 또는 개인에게 위탁한 경우]는 하도급법이 적용되지 않는 불법하도급으로서 이러한 경우 원칙적으로 경미한 공사에 해당하지 않는 한 하도급법의 적용되지 아니한다.

다만, 건설업등록을 하지 않은 경우라도 하도급법이 적용되는 **"경미한 공사"**는 건설업 등록의 예외사유인데, 이는 법이 정하는 일정한 소규모에 해당하는 공사의 경우 건설업등록을 하지 않더라도 적법하게 공사를 할 수 있도록 한 것이다(건설산업기본법 제9조 제1항 단서 및 동법시행령 제8조, 전기공사업법 제3조 제1항 단서 및 동법시행령 제5조에서 정하고 있다)[19]. 따라서 경미한 공사는 건설업등록이 필요 없는

---

1. "건설산업"이란 건설업과 건설용역업을 말한다.
2. "건설업"이란 **건설공사를 하는 업(業)**을 말한다.
3. "건설용역업"이란 건설공사에 관한 조사, 설계, 감리, 사업관리, 유지관리 등 건설공사와 관련된 용역(이하 "건설용역"이라 한다)을 하는 업(業)을 말한다.
4. "건설공사"란 **토목공사, 건축공사, 산업설비공사, 조경공사, 환경시설공사, 시설물을 설치·유지·보수하는공사 및 기계설비나 그 밖의 구조물의 설치 및 해체공사 등**을 말한다. 단, 전기공사, 정보통신공사, 소방시설공사, 문화재 수리공사는 포함하지 아니한다.
7. "**건설사업자**"란 이 법 또는 다른 법률(전기공사업법, 정보통신공사업법, 소방시설공사업법, 문화재 수리 등에 관한 법률)에 따라 등록 등을 하고 건설업을 하는 자를 말한다.

18) 건설위탁이란 '건설업자'가 그 업에 따른 '건설공사'의 전부 또는 일부를 다른 건설업자에게 위탁하는 것이다. 따라서 예컨대, 설계는 '건설공사'가 아닌 '건설용역(용역위탁)'에 해당하므로 설계업자가 설계를 위탁하면 '설계용역'으로서 하도급법이 적용될 수는 있어도, 건설업자가 설계를 위탁하는 것은 하도급법이 적용되는'건설위탁'은 아니다.

19) 현재 경미한 공사의 범위는 요약하면 **종합건설공사 5천만 원 미만**, **전문건설공사 1천5백만 원 미만 공사**(시행령 제8조 2012.10.29.개정), 전기개폐기 보수 및 교환공사 등이다.

- 건설산업기본법 시행령 [시행 2017. 9. 22. 대통령령 제28325호 2017. 9. 19. 일부개정]-

제8조(경미한 건설공사 등) ①법 제9조제1항 단서에서 "대통령령으로 정하는 경미한 건설공사"란 다음 각 호의 어느 하나에 해당하는 공사를 말한다. <개정 1998.12.31., 2007.12.28., 2011.11.1., 2012.10.29.>

1. 별표 1에 따른 종합공사를 시공하는 업종과 그 업종별 업무내용에 해당하는 건설공사로서 1건 공사의 공사예정금액[동일한 공사를 2이상의 계약으로 분할하여 발주하는 경우에는 각각의 공사예정금액을 합산한 금액으로 하고, 발주자(하도급의 경우에는 수급인을 포함한다)가 재료를 제공하는 경우에는 그 재료의 시장가격 및 운임을 포함한 금액으로 하며, 이하 "공사예정금액"이라 한다]이 **5천만원미만인 건설공사**
2. 별표 1에 따른 전문공사를 시공하는 업종과 그 업종별 업무내용에 해당하는 건설공사로서 공사예정금액이 **1천5백만원미만인 건설공사**. 다만, 다음 각 목의 어느 하나에 해당하는 공사를 제외한다.

가. 가스시설공사
나. 삭제 <1998.12.31.>
다. 철강재설치공사 및 강구조물공사
라. 삭도설치공사
마. 승강기설치공사

적법한 것이므로 이러한 경우 건설업자 아닌 자에게 위탁하는 경우라고 할지라도 하도급법 적용이 가능하다.

[참조 판결]

–대법원 2003. 5. 16. 선고 2001다 27470 판결[20) [보증금]–

【판시사항】

[3] 하도급거래공정화에관한법률 제2조 제9항 소정의 '건설위탁'의 의미

【판결요지】

[3] 하도급거래공정화에관한법률 제2조 제9항 은 그 법에서 '**건설위탁**'이라 함은 동항 소정의 '건설업자'가 그 업에 따른 건설공사의 전부 또는 일부를 다른 건설업자에게 위탁하는 것과 건설업자가 대통령령이 정하는 건설공사를 다른 사업자에게 위탁하는 것을 말한다고 규정하고 있는바, 이는 같은 법 제2조 제9항 각 호의 건설업자 사이에 동일한 업종 내에서 전부 또는 일부를 다른 건설업자에게 위탁하는 경우(다만, 대통령령이 정하는 경미한 공사는 제외)를 가리키는 것이라고 해석함이 상당하다.

【판결이유】

한편, 건설산업기본법 제2조 제4호 에 의하여 전기공사와 소방시설공사는 건설공사에 포함되지 않는 것인바 기록 중의 증거들에 의하니, **원고들은 전기공사업법과 소방시설공사업의 면허를 받지 못하여 이 사건 제1, 4공사와 같은 전기공사와 소방공사를 할 수 없어** 한양전기에게 그 각 공사를 도급주었고, 그 중 전기공사는 구 전기공사업법시행령(1999. 6. 30. 대통령령 제16448호에 의하여 개정되기 이전의 것) 제3조 소정의 경미한 공사에 해당하지 아니하는 사실을 인정할 수 있고 반대되는 증거를 찾아 볼 수 없다.

그러하니 이 사건 제1, 4공사 도급계약은 하도급거래법 제2조 제9항 소정의 건설위탁에 해당하지 아니한다고 할 것이다.■

[참조 판결]

–서울고등법원 2006. 11. 9. 선고 2006누2420 판결[21)[시정명령취소]–

【판시사항】

하도급법상 제2조 제9항 소정의 '건설위탁'의 의미

【판결이유】

(1) **사실판단**

원고는 건설산업기본법 제2조 제5호의 규정에 의한 일반건설사업자인 대기업자(2003년 자본금 700억 원, 상시종업원수 640명, 2004년 시공능력평가액 1,569,546백만 원)로서 구 하도급거래 공정화에 관한 법률(2004. 12. 31. 법률 제7315호로 개정되기 전의 것, 이하

바. 철도·궤도공사
사. 난방공사
3. 조립·해체하여 이동이 용이한 기계설비 등의 설치공사(당해 기계설비 등을 제작하거나 공급하는 자가 직접 설치하는 경우에 한한다)

20) 원심 부산고등법원 2001. 4. 12. 선고 99나13515 판결. 본 사안에서 원고 주식회사 동일외1, 피고 전기공사공제조합, 일부 원고 승소 후 대법원에서 일부 파기 환송되어 2003.5.16.자로 확정(부산고등법원 2003나7277 판결)되었다.

21) 본 사안은 상고되었으나 대법원에서 2008. 10. 9.자로 청구기각되어 확정되었다(2006두19617).

'법'이라고만 한다) 제2조 제2항 제1호 소정의 원사업자이다.

성○건설산업 주식회사(이하 '성○건설'이라고만 한다)는 비계·구조물 해체 공사업 등을 주된 사업으로 하여 전문건설업을 영위하는 중소기업자(2003년 자본금 10억 원, 상시종업원수 35명, 2004년 시공능력평가액 38,792백만 원)이다.

(2) **원고의 주장**

법 소정의 '건설위탁'이라 함은 건설업자 사이에 동일한 업종의 전부 또는 일부를 다른 건설업자에게 위탁하는 것을 의미하는데, 원고는 비계·구조물 해체업 면허를 취득하거나 이를 목적으로 하는 업을 영위한 사실이 없기 때문에 원고와 성○건설 사이의 이 사건 계약은 동일 업종 내의 건설위탁에 해당하지 않는다. 따라서 성○건설을 법상 수급사업자로 볼 수 없다.

(3) **판단**

(가) 법상 '수급사업자'라 함은 법 제2조 제2항 각 호의 규정에 의한 원사업자로부터 건설위탁 등을 받은 중소기업자를 말하고, 법상 '건설위탁'이라 함은 건설산업기본법 제2조 제5호의 규정에 의한 건설업자(이하 '건설업자'라고만 한다) 등이 그 업에 따른 건설공사의 전부 또는 일부를 다른 건설업자에게 위탁하는 것과 건설업자가 대통령령이 정하는 건설공사를 다른 사업자에게 위탁하는 것을 말한다.

또한 건설산업기본법상 '건설공사'라 함은 토목공사, 건축공사 등 시설물을 설치·유지·보수하는 공사, 기계설비 기타 구조물의 설치 및 해체공사 등을 말하는데, 건설업은 일반건설업 및 전문건설업으로 구분하되, 일반건설업은 종합적인 계획·관리 및 조정 하에 시설물을 시공하는 건설업으로서 그 업종은 대통령령으로 정하며, 전문건설업은 시설물의 일부 또는 전문분야에 관한 공사를 시공하는 건설업으로서 그 업종은 대통령령으로 정한다고 규정되어 있고, 건설산업기본법 시행령 제7조에 따른 일반건설업의 업종은 토목공사업, 건축공사업, 토목건축공사업 등 5개로 구분되어 있고, 전문건설업은 실내건축공사업 등 29개로 구분되어 있다.

(나) 그렇다면, 이 사건 계약은 건설산업기본법 규정에 의한 건설공사에 해당하는 구조물의 설치 및 해체공사에 관한 것이고, **일반건설업자로서 토목건축공사업의 면허를 소지한 원고로서는 토목공사업과 건축공사업의 업무내용에 속한 공사를 모두 시공할 수 있으므로**, 이러한 원고와 전문건설업자인 성○건설 사이의 이 사건 건설위탁은 법 제2조 제9호의 규정에 의한 '건설위탁'에 해당한다고 할 것이다.

또한, 이 사건 건설위탁은 피고가 정한 '하도급거래공정화지침'에서 법 적용대상이 되는 건설위탁으로 예시된 '건설산업기본법 제9조에 의해 일반건설업 또는 전문건설업을 등록한 건설업자가 시공자격이 있는 공종에 대하여 당해 공종의 시공자격을 가진 다른 등록업자에게 시공위탁을 한 경우'에 해당하므로, 이와 다른 전제에 선 원고의 이 부분 주장은 어느 모로 보나 이유 없다.■

[참조 판결]

-서울고등법원 2001. 5. 10. 선고 2000누11910 판결[22][불공정하도급거래행위행정처분취소]-

22) 본 사안은 상고없이 확정되었다.

[에○비산업개발 사례]

【판시사항】

하도급법상 제2조 제9항 소정의 '건설위탁'의 의미

【판결이유】

(1) 원고의 주장

한○기연은 '폐기물 매립장 침출수 방지용 차수벽 설치공법'이라는 신기술을 보유하고 있는데 이 사건 공사와 같이 위 신기술을 사용하여야 하는 경우 소외 회사로부터 신기술사용 승인을 받은 회사만이 위 공사입찰에 참여하여 계약을 체결할 수 있으므로 오히려 한○기연이 원고 등의 공사업체를 결정할 수 있는 지위에 있다 할 것이고, 따라서 한○기연이 신기술을 사용하는 방편으로 원고가 수급받아온 공사를 하수급받는 형식을 취하였다고 하더라도 이는 하도급법 소정의 건설위탁이라고 할 수 없다.

(2) 판단

원고와 한○기연 사이에 체결된 신기술사용계약에 기초하여 원고가 한○기연에게 '함평군 농어촌 폐기물 종합처리시설 조성공사' 중 일부인 차수시설공사를 위탁하였음을 알 수 있고, 따라서 원고 주장과 같이 한○기연이 신기술을 보유하고 있고 그 신기술사용을 승인할 위치에 있다고 하더라도 이 사건 계약은 하도급법 제2조 제9항 소정의 건설위탁이라고 봄이 상당하다고 할 것이므로 원고의 이 부분 주장은 이유 없다.■

[참조 판결]

-서울고등법원 2000. 12. 5. 선고 2000누3797 판결[23][불공정하도급거래행위행정처분취소]-

[주식회사 동○ 사례]

【판결이유】

피고는 원고들과 화○전력사이의 전기공사 도급계약이 "건설위탁"에 해당함을 전제로 이사건 처분을 한 점은 앞에서 본 바와 같으므로 과연 원고들과 화○전력사이의 각 전기공사 도급계약이 건설위탁에 해당하는지에 관하여 본다.

하도급법 제 2조 제9항은 "이 법에서 '건설위탁'이라 함은 다음 각 호의 1에 해당하는 사업자(이하 '건설업자'라 한다)가 그 업에 따른 건설공사의 전부 또는 일부를 다른 건설업자에게 위탁하는 것과 건설업자가 대통령령이 정하는 건설공사를 다른 사업자에게 위탁하는 것을 말한다"고 규정하면서, 제1호로, 건설산업기본법 제2조 제5호의 규정에 의한 건설업자, 제2호로, 전기공사업법 제2조 제3호의 규정에 의한 공사업자, 제3호로, 정보통신공사업법 제2조 제4호의 규정에 의한 공사업자, 제4호로, 소방법 제52조 제1항의 규정에 의한 소방시설공사업의 등록을 한 자, 제5호로, 기타 대통령령이 정하는 사업자를 각 들고 있고, 법 시행령 제1조의 2 제6항은 "법 제2조 제9항 본문에서 '대통령령이 정하는 건설공사'라 함은 다음 각호의 1에 해당하는 공사를 말한다"고 규정하면서, 그 1호로, 건설산업기본법시행령 제8조(경미한 건설공사 등)의 규정에 의한 경미한 공사, 그 2호로 전기공사업법시행령 제3조(경미한 공사 등)의 규정에 의한 경미한 공사를 들고 있다.

23) 본 사안은 상고없이 확정되었다.

한편 구 전기공사업법(1999. 1. 29. 법률 제5726호로 전면개정되기 전의 것) 제3조는, "전기공사는 공사업자가 아니면 이를 할 수 없다. 다만 대통령령이 정하는 경미한 전기공사는 그러하지 아니하다"고 규정하고, 제5조는 "전기공사업을 영위하고자 하는 자는 대통령령이 정하는 바에 의하여 그 사업의 종류별로 통상산업부장관의 면허를 받아야 한다"라고 규정하고, 제22조는 "전기공사는 다른 업종의 공사와 분리 발주하여야 한다 다만, 특별한 사유가 있는 경우에는 그러하지 아니하다"라고 규정하고, 동법 시행령 제3조 제1항은 경미한 공사로서 ① 꽂임접속기·소케트·로우제트·시링부로크 ·접속기 또는 나이프스위치 및 기타 개폐기의 보수 또는 교환에 관한 공사 ② 벨·인터폰·장식전구 기타 이와 유사한 시설에 사용되는 소형변압기(2차측 전압 36볼트이하의 것에 한한다)의 설치 및 그 2차측 공사 ③ 전력량계 또는 퓨우즈를 부착하거나 이를 떼어내는 공사 ④ 전기기계·기구(배선기구를 제외한다. 이하 같다)의 단자에 전선(코오드 캡타이어케이블 및 케이블을 포함한다. 이하 같다)을 부착하는 공사 ⑤ 전압이 600볼트 이하이고 전기시설용량이 3킬로와트 이하인 단독주택 전기시설의 개·보수공사[다만, 전기기술자(전기기사 1급 및 전기기사 2급을 포함한다)가 하는 경우에 한한다]를 들고 있다.

위 하도급법, 건설업법(건설산업기본법)및 전기공사업법의 제 규정을 종합하여 보면, 건설공사에 있어서 발주자는 건설업법상의 건설공사와 전기공사업법상의 전기공사를 따로 분리하여 발주하여야 하고, 이를 함께 건설업법상의 건설업자에게 도급주어서는 아니되며, 전기공사면허를 소지하지 아니한 건설업자는 경미한 전기공사가 아닌 한, 전기공사를 할 수가 없으므로, 건설업법상의 건설업자가 전기공사를 함께 발주 받아, 다시 이를 다시 전기공사업자에게 공사 위탁(하도급)하는 것은 법률상 불가능한 것이 분명하다. 또한 **하도급법에서 말하는 건설위탁**이라 함은 건설업법상의 건설업자가 그 공사의 전부 또는 일부를 다른 건설업자에게 위탁하는 것, 그리고 전기공사업자가 그 공사의 전부 또는 일부를 다른 전기공사업자에게 위탁하는 것 등, 하도급법 제2조 제9항 각 호의 건설업자끼리 동일한 업종 내에서 위탁을 말하는 것임이 분명하다. 따라서 건설업법상의 건설업자가 그 건설공사와 관련된 전기공사를 전기공사업자에게 도급주는 것은 하도급법이 규정한 건설위탁의 범주에 들어가지 아니함이 명백하다.

나아가 전기공사면허가 없는 건설업자가 스스로 건설공사의 시공주인 경우라면, 그 발주자(시공주)인 지위에서 전기공사업자에게 전기공사 부분을 도급주는 것은 물론 가능하다고 할 것이나, 이는 어디까지나 시공주(발주자)의 지위에서 도급을 주는 것이지 건설업자의 지위에서 도급을 주는 것이 아님이 분명하여 하도급법 제2조 제9항이 규정한 건설업자로서 "그 업에 따른" 공사의 위탁을 하는 것에 해당하지 아니하므로 그와 같은 경우의 공사위탁은 하도급법의 규제대상이 아니라 할 것이다.

돌이켜 이 사건에 관하여 보건대, 갑제3호증, 갑제9호증의 1,2, 갑제10호증의 각 기재와 변론의 전취지에 의하면 원고들은 건설산업기본법에 의한 일반건설업 면허 소지자인데, 아파트 공사의 시공주로서 스스로 공사를 시행하면서, 원고들이 시공할 수 없었던 전기공사 부분을 전기공사면허를 소지하고 있던 화○전력에게 도급주었던 사실을 인정할 수 있고 반증 없으므로, 원고들과 위 화○전력 사이의 전기공사 도급계약은 하도급법 제2조 9항 소정의 건설위탁에 해당한다고 할 수 없다.

결국, 원고들과 화○전력사이의 전기공사 위탁이 건설위탁에 해당함을 전제로 한 피고의 이사

건 처분은 원고들의 다른 주장에 관하여 더 나아가 볼 필요도 없이 위법하다고 할 것이다. ■

‘건설위탁’의 개념과 관련하여, 건설산업기본법 제29조 제2항[24]의 건설공사인지 여부가 문제된 사안에서 창호제작 납품제작 및 설치계약이 전체적으로 볼 때 ‘납품계약’의 성질(매매계약으로서의 성질)을 가지므로 ‘건설공사 도급계약’으로 볼 수 없다는 판결이 있다(**서울고등법원 2017. 12. 15. 선고 2016누80382 판결 [입찰참가자격제한처분취소]**).

[참조 판결]

–서울고등법원 2017. 12. 15. 선고 2016누80382 판결[25][입찰참가자격제한처분취소]–

[대○○○에스씨○○○ 사례]

【판시사항】

건설산업기본법 제29조 제2항 소정의 '건설공사'에 해당여부

【판결이유】

(1) **이 사건 물품계약을 건설공사에 관한 도급계약으로 볼 수 있는지 여부**

이 사건 물품계약은 전체적으로 보아 금속제창의 제조, 납품계약이라 할 것이지 건설공사에 관한 도급계약이라고 볼 수 없다.

① 원고와 피고는 ‘물품계약서’에 의하여 이 사건 계약을 체결하였는데, 물품계약서에 품명, 수량, 단위, 납품기한, 인도조건 등 물품구매계약을 전제한 표현을 사용하고 있다. 물품계약서에 포함된 계약물품명세서에는 각 구매물품별 물품분류번호, 물품식별번호, 품명, 규격, 수량, 단가, 계약금액, 납품기한 등이 기재되어 있고, 특히 계약금액은 각 물품의 단가에 수량을 곱한 금액임을 명시하였다.

② 원고와 피고는 국가계약법 시행규칙 별지 제8호 서식인 물품구매표준계약서를 기본계약서로 하여 이 사건 물품계약을 체결하였는데, 물품계약서에 물품구매(제조)계약 일반조건, 물품구매(제조)계약 특수조건, 물품구매계약 품질관리특수조건, 우수제품계약 추가특수조건, 규격추가규격서 등을 첨부문서로 첨부하였다. 위 첨부문서들은 모두 물품구매계약을 전제로 하여 계약물품의 납품기한, 품질관리, 납품검사, 하자담보 등에 관하여 규정하고 있다. 특히 규격추가규격서에는 각 계약물품의 모델명, 형태, 제조 및 가공공정, 기능 및 성능 등이 상세하게 기재되어 있는 반면 현장설치에 관한 기재는 없다.

③ 이 사건 물품계약은 우수조달물품 지정에 따라 수의계약 및 제3자 단가계약의 방식으로 체결되었다. 이러한 계약의 경우 해당 업체가 피고가 운영하는 나라장터 종합쇼핑몰에 해당 우수조달물품으로 지정된 제품을 등재하면 수요기관이 구매하고자 하는 물품 및 수량을 선택하여 납품을 요구하고, 피고가 그에 따라 각 업체와 물품의 납품계약을 체결하는 방

24) 건설산업기본법 제29조 제2항은 “수급인은 그가 도급받은 건설공사의 일부를 동일한 업종에 해당하는 건설업자에게 하도급 할 수 없다.” 고 규정하고 있다.

25) 본 사안은 상고되었으나 심리불속행 기각되어 확정되었다(대법원 2018.4.12.자 2018두31009).

식으로 이루어진다. 따라서 수요기관의 구매 물품·수량 선택이 계약체결을 좌우하는 구조라고 볼 수 있다. 그런데 금속제창 우수조달물품 지정업체들의 나라장터 종합쇼핑몰 등재 화면을 보면 제품의 모델명, 크기, 형태, 기능, 재료, 납품기한, 계약기간, 원산지, 제조사, 단가 등이 기재되어 있고, 인도조건이나 설치 관련 사항으로는 단지 '현장설치도'라고만 기재되어 있을 뿐이다. 그렇다면, 수요기관이 특정 제품을 선택함에 있어서 제품의 구체적인 인도조건보다는 해당 제품의 품질, 가격 등에 주목하였으리라고 봄이 자연스럽다.

④ 금속제창에 대한 공공기관 경쟁입찰에 참가 및 납품하기 위해서는 금속구조물·창호공사업 관련 면허가 필요하고, 원고도 이러한 면허를 가지고 있기는 하지만, 공공조달에 있어서는 물품구매계약의 경우에도 인도조건이 현장설치도인 경우 해당 분야의 면허 소지업체일 것을 요구하는 경우가 일반적이다. 그러므로 금속제창에 대한 입찰참가에 금속구조물·창호공사업 면허가 필요하다는 점을 들어 이 사건 물품계약을 건설공사계약으로 단정할 수 없다.

⑤ 이 사건 금속제창에 대한 제품별 단위당 단가산출표에는 각 제품의 설치(공사) 원가계산서가 첨부되어 있고, 각 제품별로 재료비, 노무비 및 각종 보험료를 포함한 경비 등이 산출되어 있기는 하다. 그렇지만 시설공사계약의 경우 계약을 체결하면서 대금 지급시 실제 투입된 노무인력 및 기간에 따라 국민건강보험료, 국민연금보험료, 노인장기요양보험료 등을 사후 정산할 것을 약정하는 것이 일반적인데 반하여, 이 사건 물품계약의 경우 각 제품별 설치원가를 각 제품의 단위당 가격에 산입하였을 뿐이지 실제 투입된 노무인력 및 기간에 따른 사후정산 약정 등은 없다.

⑥ 피고도 이 사건 처분서에 '계약의 종류 : 물품구매'라고 기재하였다.

⑦ 일반적으로 공공계약에서의 공사입찰의 경우에는 적격심사를 거쳐 낙찰자를 결정하는데, 적격심사에 의할 경우 입찰참가자의 시공경험, 기술능력, 시공평가결과, 경영상태, 신인도 등의 항목을 평가하여 최저입찰자 순으로 일정 수준 이상의 평점을 받은 업체를 낙찰자로 정한다. 이 사건 물품계약의 체결은 이러한 절차와 거리가 멀다.

(2) **이 사건 물품계약의 성질에도 불구하고 원고를 '건설공사 수급인'으로 볼 것인지**

피고는, 이 사건 물품계약에 창호공사가 포함되어 있는 이상 원고를 건설산업기본법 제29조 제2항의 '건설공사 수급인'으로 봄이 타당하다는 취지의 주장을 한다. 그러나 침익적 행정처분의 근거 법령은 처분의 상대방에게 불이익하게 확장 또는 유추해석하는 것은 삼가야 한다는 점을 염두에 두고 앞서 든 증거 및 변론 전체의 취지를 종합하여 인정하거나 알 수 있는 아래의 사실 및 사정을 종합해 보면, 원고가 이 사건 물품계약을 이행하려면 창호설치 공정 중 일부를 수행하여야 한다는 점을 고려하더라도 원고를 건설산업기본법 제29조 제2항의 '건설공사 수급인'으로 볼 수 없다.

① 침익적 행정행위의 근거가 되는 행정법규는 엄격하게 해석·적용하여야 하고 그 행정행위의 상대방에게 불리한 방향으로 지나치게 확장해석하거나 유추해석하여서는 안 되며, 그 입법 취지와 목적 등을 고려한 목적론적 해석이 전적으로 배제되는 것은 아니라 하더라도 그 해석이 문언의 통상적인 의미를 벗어나서는 아니 된다(대법원 2008. 2. 28. 선고 2007두13791, 13807 판결 등 참조).

건설산업기본법 제29조 제2항 역시 위 시행령 제76조 제1항 제2호에 의하여 침익적 행정행위인 입찰참가자격제한의 근거법규로 기능하고 있으므로, "도급받은 건설공사"의 의미

역시 엄격하게 해석하여야 하고 행정행위의 상대방인 원고에게 불리한 방향으로 확장해석하거나 유추해석할 수는 없다.

② 이 사건 물품계약의 체결에 있어서 금속구조물·창호공사업 면허가 필요하다는 명시적인 자격요건은 없었다.

③ 이 사건 금속제창의 설치와 관련하여서는 물품계약서에 “인도조건 : 현장설치도”, “납품장소 : 수요기관 지정장소”라고만 기재되어 있을 뿐, 현장설치 방법 등에 관한 추가적인 기재나 하도급을 금지한다는 등의 특약은 전혀 없다. 이 사건 물품계약서에 첨부된 문서 중 하나인 우수제품계약 추가특수조건에도 같은 내용만 있을 뿐, 원고가 이 사건 금속제창의 설치 작업을 직접 수행하여야 한다거나 창호공사업 등록업체가 수행하여야 한다는 등의 제한 조항은 들어있지 않다. 그리고 피고는 물품인도조건을 현장설치도, 납품장소차상도, 납품장소하차도, 생산공장도, 생산공장상차도 등 다양하게 구분하고 있는데, 물품의 유통 단계에서 발생하는 물류비 항목과 비용부담자를 분명히 하려는 측면에서 위와 같이 세세히 구분하는 측면이 강하다는 점에서 이 사건 물품계약서의 “인도조건 : 현장설치도”라는 기재를 원고가 ‘직접’ 설치작업을 수행하여야 하는 근거로 보기 어렵다.

④ 이 사건 물품계약의 주요 내용은 수요기관의 납품요구가 있으면 60일 내에 해당 물품을 수요기관이 지정하는 장소에 현장설치도 방식으로 수요기관에 인도하는 것이다. 그리고 이 사건 물품계약은 화성 동탄에 개교하는 12개 초·중·고등학교의 신축공사 현장에 창호를 설치하려는 한국토지주택공사의 구입요청에 따라 이루어졌다. 피고가 원고에게 거의 동시에 개교하여야 하는 학교 신축공사 현장에 금속제창을 제조, 납품하도록 하면서 나아가 창호 설치 공사 중 창틀 고정 및 검수 공정을 직접 수행하도록 하려는 의사를 가지고 있었다면, 이를 명시적으로 표명하였어야 할 것이다. 만약 피고가 이러한 의사를 표시하였다면, 창호를 실제 설치할 수 있는 인력을 보유하고 있지 않은 원고로서는 피고와 이 사건 물품계약을 체결하지 않았을 것이다. 피고가 직접 설치 원칙을 고수한다면, 원고는 물론 동종의 타 업체들도 피고와 금속제창에 관한 물품계약을 체결하기 어려울 것으로 보인다.

⑤ 수요기관인 한국토지주택공사는 원고가 창호의 설치공정을 수행하는 과정에서 타 업체의 인력을 활용한다는 것을 인지하고도 이에 대하여 별다른 이의를 제기하지 않았다.

⑥ 피고는, 물품제조 계약시에도 별도의 계약조건으로 하도급 시 발주관서의 승인을 요하도록 하였다면 본 조항을 적용하여 하도급법 위반 등 부정하도급자로 제재할 수 있다고 유권해석을 한 바 있다. 그렇다면, 위와 같은 유권해석의 반대해석상 물품제조 계약의 경우에는 계약서에 ‘하도급 시 발주관서의 승인을 요하도록 하는 조건’을 포함시키지 않았다면 계약 상대방을 부정하도급자로 제재할 수 없다고 보아야 한다. 피고는, 3자 단가계약으로 납품하는 물품의 인도조건이 현장설치도일 때 시설공사에 해당하는지를 묻는 질문에 나라장터 종합쇼핑몰에 등재된 단가계약은 물품구매계약으로 보아야 한다는 답변을 한 바도 있다.

⑦ 원고로부터 창틀 검수 및 고정 공정을 하도급받은 신도는 금속구조물·창호공사업 면허를 취득한 업체이다. 따라서 원고의 신도에 대한 하도급으로 인하여 국가계약법 제27조 제1항의 ‘계약의 적정한 이행을 해칠 염려’가 발생하였다고 보기 어렵다.

⑧ 한국표준산업분류표, 산업재해보상보험법령 등에 의하면 원고가 금속제창을 제조하여 가설하는 일련의 사업은 제조 또는 판매업에 해당한다.

(3) 소결

앞서 본 바와 같이 ① 원고와 피고가 체결한 이 사건 물품계약은 기본적으로 건설공사에 관한 도급계약으로 볼 수 없고, 금속제창의 제조, 납품계약이라고 할 것인 점, ② 이 사건 물품계약의 이행 과정에서 수반되는 창틀 고정 및 검수 공정이 건설산업기본법상의 건설공사에 해당한다는 점에 주목하여 보더라도 건설산업기본법 제29조 제2항의 적용 범위를 원고의 경우까지 확대하는 것은 부당한 점 등을 고려하면, 원고가 건설산업기본법 제29조 제2항의 '건설공사를 도급받은 수급인'에 해당한다고 볼 수 없다.

따라서 피고가 이와 다른 전제에서 한 이 사건 처분은 그 처분사유를 인정할 수 없으므로 원고의 나머지 주장에 관하여 더 나아가 살펴볼 필요 없이 위법하다. ■

3) 제조위탁[26)]

'**제조위탁**'은 물품의 제조(가공포함), 판매, 수리, 건설업자가 그 업에 따른 물품의 제조를 다른 사업자에게 위탁한 경우이다. 예를 들어 사양을 지정 주문한 완제품, 부품, 금형, 포장용기, 라벨, 임가공 등을 들 수 있다.

<제조위탁이 아닌 경우>

-제조, 판매, 수리, 건설업자 외 다른 사업자가 물품의 제조를 위탁

-업(業)과 관련 없는 위탁(자가소비용 단순구매)

-위탁받은 목적물을 제3자에게 위탁하지 않고 단순 구매하여 납품

-물품의 생산을 위한 기계, 장비, 설비의 제조위탁 등.

참고로 건설업자가 건설위탁이 아닌 '**제조위탁**'을 하는 경우 건설(건축)공사에 소요(설치)되는 자재, 시설물 또는 부속시설물 등을 규격 또는 성능 등을 지정한 도면, 시방서 등에 따라 주문(제작)한 것을 들 수 있다[27)]. 예컨대, 방음벽, 가드레일, 표지판, 엘리베이터, 레미콘(시방서 등 불필요), 모델하우스, 주방가구, 신발장 등이 그 예이다[28)].

제조위탁과 관련하여, 원사업자는 김치냉장고와 에어컨 등의 제조업체인 주식회

---

26) 제조위탁의 대상이 되는 물품의 범위 고시
[시행 2015.10.23.] [공정거래위원회고시 제2015-15호, 2015.10.23., 일부개정]

27) 건설산업기본법 시행규칙 제27조의4는 "법 제32조 제4항에 따른 건설공사용 부품을 제작하여 납품하는 자는 건설공사에 소요되는 부품을 건설업자가 제시한 설계도, 시방서 등에 따라 주문받아 가공 또는 조립하여 납품하는 자를 말한다."라고 규정하고 있다.

28) 하도급법 및 건설산업기본법에 따른 직접지급청구를 한 사안에서 법원은 "원고는 철강제품 도·소매업을 영위하는 사업자로 사업자등록이 되어 있는 사실, 원고는 유형자산으로 토지, 건물 등 공장을 보유하고 있지 않은 사실, 유○건설이 원고에게 이 사건 물품에 대한 설계도, 시방서 등을 제시하였다고 볼 자료도 없는 점"등을 근거로 원고가 하도급법에서 정한 "제조위탁을 받은 수급사업자" 또는 건설산업기본법에서 정한 "제작납품업자"에 해당되지 않는다는 이유로 청구를 기각한 사안으로는 **서울중앙지방법원 2016. 9. 2. 선고 2015가합535775 판결 및 항소심 서울고등법원 2017. 4. 13. 선고 2016나2066309 판결**

사 위니아만도에게 김치냉장고용 플라스틱부품을 납품하는 회사인데, 수급사업자가 원사업자에게 위 플라스틱부품의 원재료가 되는 물품을 공급한 사안에서 '하도급법이 적용되는 제조위탁'이라는 판결이 있다(**서울고등법원 2008. 7. 16. 선고 2007누31661 판결 [시정명령등 처분취소]**)[29].

[참조 판결]

-서울고등법원 2008. 7. 16. 선고 2007누31661 판결[30][시정명령등 취소]-

【판결이유】

이 사건 물품은 위니아만도에 납품되는 김치냉장고용 플라스틱부품의 원재료로 사용될 목적만으로 제조된 것으로서, 원고가 승○화학에게 미리 샘플을 제시하거나 승○화학이 샘플을 만들어 원고로부터 제품공급에 대한 사전승낙을 받는 방법으로 원고가 제품의 색상과 강도 등을 미리 지정한 점, 원고가 이 사건 물품을 공급받지 않으면, 우연히 다른 업체가 이 사건 물품의 색상과 강도 등에 만족하여 이를 구입하지 않는 한 승○화학으로서는 다른 업체의 요구에 맞추어 색상이나 강도 등을 일부 변형하여 이 사건 물품을 판매할 수밖에 없는 점, 이 사건 기본공급계약서의 내용 등을 종합하여 보면, 원고가 승○화학으로부터 이 사건 물품을 공급받은 것은 하도급법 제2조 제6항에서 규정한 제조위탁에 해당한다. ■

의류제조업자가 원단의 규격 또는 품질 등을 지정하여 그 제조를 위탁하는 경우 다른 특별한 사정이 없는 한 하도급법이 적용되는 제조위탁이라는 판결이 있다(**서울고등법원 2004. 7. 15. 선고 2003누5602 판결 [시정명령취소]**).

[참조 판결]

-서울고등법원 2004. 7. 15. 선고 2003누5602 판결[31][시정명령취소]-

【판결이유】

하도급법 제2조 제6항에 의하면 물품의 제조를 업으로 하는 사업자가 그 업에 따른 물품의 제조를 다른 사업자에게 위탁하는 것을 제조위탁이라 하고, 위 규정의 위임에 의하여 피고가 제정한 제조위탁의대상이되는물품의범위고시 1. 나항은 물품의 제조, 수리과정에서 투입되는 중간재로서 규격 또는 품질 등을 지정하여 주문한 원자재는 대량생산품목으로 샘플 등에 의해 단순 주문한 것을 제외하고는 위 제조위탁의 대상이 되는 물품에 해당한다고 규정하고 있으며, 하도급거래공정화지침 Ⅲ-1. 가(1)(나)②는 법적용대상이 되는 제조위탁의 예시로서 섬유·의류 제조업자가 원단의 규격 또는 품질 등을 지정하여 제조를 위탁하거나 염색 또는 봉재 등 임가공을 위탁하는 경우를 들고 있으므로, 의류 제조업자가 원단의 규격 또는 품질 등을 지정하여 그 제조를 위탁하는 경우에는 그 원단이 대량생산품목으로 샘플 등에 의해 단순 주문한 것이라거나, 제조위탁을 받은 자가 위탁받은 목적물을 제3자에게 제조위탁하지 않고 단순구매하여 납품한 것이라는 등의 특별한 사정이 없는 한 제조위탁에 해

29) 본 사안에서 원고인 원사업자는 매매라고 주장하였으나 법원은 받아들이지 않았다.
30) 본 사건은 상고없이 확정되었다.
31) 본 사건은 상고되었으나 상고이유서 부제출로 기각으로 확정되었다(2004두9210).

당하는 것으로 볼 것이고, 이렇게 해석하는 것이 하도급법의 입법취지에 반한다거나 위탁자의 지위를 과도하게 불안정하게 한다고는 볼 수 없다.

갑 제1호증의 1, 2, 을 제2호증의 1 내지 3, 을 제6호증의 각 기재, 증인 이○원의 증언에 변론의 전취지를 종합하면 의류 제조를 업으로 하는 사업자인 원고는 2002. 5. 24. 대○월드와 사이에 원단의 단가, 소재(혼용율), 규격 등에 관하여 구두합의를 하고 대○월드에게 이 사건 원단을 발주를 하였으며, 2002. 6. 중순경 대○월드가 제조하여 온 원단견본을 보고 최종적으로 색상별 납품수량을 결정하였고, 이 때 최종 납품일을 2002. 7. 17.로 정하고, 최종 납품일로부터 일주일 후부터 하루 2%의 지연손해금을 납품대금에서 공제하기로 약정한 사실, 이에 따라 대○월드는 금○섬유라는 상호로 섬유제조업에 종사하는 소외 권○은에게 원단자재를 제공하고 그로 하여금 대○월드의 제직기에서 야드당 250원에 이 사건 원단을 제조하게 한 사실을 인정할 수 있는바, 위 인정과 같은 원고의 발주내용 및 지체상금을 약정한 취지, 대○월드의 이 사건 원단 제조과정 등을 종합하여 보면, 의류제조를 업으로 하는 사업자인 원고가 그 물품의 제조에 투입되는 중간재인 이 사건 원단을 그 규격, 색상 또는 품질 등을 지정하여 대○월드에 제조를 위탁한 것이라 할 것이다. 따라서 피고가 원고의 이 사건 원단 발주행위를 제조위탁으로 보고 하도급법을 적용한 것은 적법하다.■

컴퓨터 키보드 모니터를 주문자상표부착방식(OEM)으로 납품받은 경우 하도급법이 적용되는 제조위탁에 해당하는 판결이 있다(**서울고등법원 2001. 4. 6. 선고 2000누6376 판결 [시정명령처분취소청구]**).

[참조 판결]

-서울고등법원 2001. 4. 6. 선고 2000누6376 판결[32] [시정명령처분취소청구]-

[한국후○○ 사례]

【판결이유】 -제조위탁 해당여부

(1) **원고의 주장**

소외 회사는 모니터를 제조·생산할 시설과 능력을 갖지 못한 회사이고, 이 사건 계약 당시 원고와 소외 회사는 소외 회사가 소외 주식회사 모디스(이하 모디스라 한다)로부터 모니터를 납품받아 모니터상에 원고의 상호 등만 부착한 후 이를 원고에게 공급하기로 약정한 것이므로 이는 물품을 매입하여 납품할 것을 약정한 것에 불과할 뿐 하도급법 소정의 제조위탁이라고 할 수 없다. 또한 이 사건 계약의 목적인 모니터 등은 피고가 고시한 '제조위탁의 대상이 되는 물품의 범위'에 규정된 완제품 또는 물품의 제조, 수리과정에 투입되는 중간재 등에 속하지 아니하므로 이 점에 있어서도 제조위탁이라고 할 수 없다.

(2) **인정사실**

(가) 이 사건 계약을 체결하기 직전인 1999. 1.경 소외 회사는 원고로부터 주문자 상표부착(OEM) 방식에 의하여 컴퓨터 모니터와 키보드를 납품하여 달라는 연락을 받고, 모니터에 관하여 모디스의 제품과 다른 회사의 제품을 추천하였는데 원고와 소외 회사가 위 두 회사 제품의 성능을 협의한 결과 위 모디스 제품을 납품하기로 결정하였다.

---

32) 본 사건은 상고심에서 기각되어 확정되었다(대법원 2002. 4. 12. 선고 2001두3655 판결).

(나) 이 사건 계약 체결 당시 원고와 소외 회사는 모니터에 대하여는 ① 모델은 위 모디스의 GPCRT17로 하고, ② 모니터 왼쪽 하단부에 원고의 영문로고를, 모니터 뒷부분에 원고의 로고 및 모니터명을 각 인쇄하며, ③ 별도 제작한 모니터 박스에 원고의 로고와 상호를 인쇄하고, ④ 모니터 내부 사용설명서를 원고용으로 인쇄할 것을, 키보드와 그 박스에 대하여는 별도로 제작하여 원고의 로고를 인쇄할 것을 약정하였다.

(다) 위 약정에 따라 그 무렵 소외 회사는 모니터에 관하여 위 모디스와 주문자 상표부착 방식의 물품공급계약을 체결하면서 위 모디스로 하여금 원고의 로고가 인쇄된 모니터, 모니터박스, 사용설명서를 납품하게 하였고, 키보드에 관하여는 소외 회사가 수입제품을 직접 구입하여 거기에 원고의 로고를 인쇄하고, 원고의 로고가 인쇄된 키보드 포장용 박스를 별도로 제작하여 위 모니터와 함께 원고에게 납품하였다.

(라) 소외 회사가 납품한 위 모니터에 인쇄된 원고의 로고는 제조 공정의 마지막 단계에서 실크인쇄한 것으로 쉽게 제거할 수 없고, 약물 등으로 제거할 수 있지만 그로 인하여 상품가치가 손상될 가능성이 크다.

(마) 피고가 제정한 '하도급거래공정화지침'의 제Ⅲ의 제1항에는 하도급법 적용대상이 되는 제조위탁의 범위로서 '㉮ 사업자가 물품의 제조·판매·수리의 대상이 되는 완제품(OEM방식 제조포함)을 제조위탁하는 경우, ㉯ 물품의 제조·수리과정에서 투입되는 중간재(원자재, 부품, 반제품 등)를 규격 또는 품질 등을 지정하여 제조위탁하는 경우, ㉰ 물품의 제조에 필요한 금형, 사형, 목형 등을 제조위탁하는 경우, ㉱ 물품의 제조과정에서 도장, 가공, 조립, 주단조, 도금 등을 위탁하는 경우, ㉲ 수리업자가 물품의 수리에 필요한 부품 등의 제조를 위탁하는 경우, ㉳ 물품의 제조나 판매에 부속되는 포장용기, 라벨, 견본품 및 사용안내서 등을 제조위탁하는 경우, ㉴ ㉮부터 ㉳까지 관련하여 위탁받은 사업자가 제조설비를 가지고 있지 않더라도 위탁받은 물품의 제조에 대하여 전 책임을 지고 있는 경우에는 제조위탁을 받은 것으로 본다'라고 규정되어 있다.

(3) **판단**

위 인정사실과 같이 소외 회사의 책임 하에 원고의 로고 등이 인쇄된 모니터와 키보드를 납품하였고, 그 모니터 등에 인쇄된 로고는 쉽게 제거될 수 없는 것이어서 이를 원고 외의 다른 회사에 판매하는 것이 사실상 불가능한 점, 이 사건 모니터와 키보드는 피고가 고시한 '제조위탁의 대상이 되는 물품의 범위' 중 제1의 가.항에, 그 포장박스나 사용안내서 등은 위 고시 중 제1의 라.항에 해당된다고 보이는 점, 원고의 주장과 같이 직접 제조시설을 갖추지 아니한 수급사업자의 경우 일률적으로 제조위탁에 해당하지 아니한다면 원사업자가 제조업자와 직접 계약을 체결하지 아니하고 중간에 제조시설을 갖추지 아니한 별도의 사업자를 참여시킴으로써 하도급법의 적용을 회피할 가능성이 있는 점 등에 **하도급법의 입법취지 및 앞서 본 피고의 '하도급거래공정화지침'의 내용 등을 종합하여 보면 비록 소외 회사가 모니터 등의 제품을 직접 제조·생산한 것이 아니라고 하더라도 이 사건 계약은 하도급법 제2조 제6항 소정의 제조위탁이라고 봄이 상당하다**고 할 것이므로 원고의 이 부분 주장은 이유 없다.■

범용성이 있는 소프트웨어를 기반으로 하였다고 하더라도 원사업자의 상표를 부착하는 행위는 '가공위탁'으로서 하도급법 제2조 제1항의 '제조위탁'에 해당한다는 판결이 있다(**서울고등법원 2018. 1. 11. 선고 2017누64523 판결 [시정명령등 취소]**).

[참조 판결]

-서울고등법원 2018. 1. 11. 선고 2017누64523 판결[33]**[시정명령등 취소]-**

[퓨처○ 사례]

【판결이유】

가. 원고의 주장

이 사건 제품은 공용으로 사용되는 펌웨어가 담긴 음성펜에 원고가 의뢰한 소프트웨어를 탑재한 것에 불과하여 범용성을 가진 기성 제품이므로 하도급법이 적용되는 제조위탁(가공위탁을 포함)에 해당하지 않는다.

나. 판단

하도급법 제2조 제1항의 '제조위탁'은 '가공위탁'을 포함하는 개념인데, 이 사건 제품이 범용이 가능한 펌웨어를 기반으로 한 것이더라도 **원고(원사업자)가 의뢰한 소프트웨어를 탑재하고 원고의 상표인 'Let me fly'를 제품 겉면에 인쇄하도록 위탁하여 제작되고 공급**된 것이라면 이는 **반제품에 일부 공정을 추가하여 완제품을 만들어 낸 가공위탁으로서 제조위탁에 해당**한다(이 사건 제품에 인쇄된 상표를 지울 수 있다고 하더라도 가공위탁의 성격이 달라지지 않음). 또한, 이 사건 상품공급계약에도 원고가 시노텍코리아에 상품을 '제작'하도록 하여 '제조자'로서의 책임을 부담하도록 규정하였고, 그 대금에는 제작·개발·공급에 대한 대가를 포함하고 있다. 따라서 하도급법이 정한 제조위탁에 해당하지 않음을 전제로 한 원고의 이 부분 주장도 받아들일 수 없다. ■

수리장비를 납품한 행위가 주문에 의한 제작이 아닌 '구매행위를 통한 납품'이라고 보아 하도급법 제2조 제1항의 '제조위탁'에 해당하지 않는다는 판결이 있다(**서울고등법원 2018. 12. 5. 선고 2018누38378 판결 [시정명령취소]**).

[참조 판결]

-서울고등법원 2018. 11. 16. 선고 2018누38378 판결[34]**[시정명령취소]-**

[포○코건설 사례]

【판시이유】

1. 인정사실

가. 하도급계약 및 '성능유보금 조항' 설정 행위

원고는 브라질 CSP 제철소 건설 관련 구내운송설비 공종을 도급받은 후 10개 수급사업자와 사이에 11건의 하도급계약을 체결하였는데, 그 중 미○알엔티와 2014. 4. 18.자로 수리장비(Repair Equipment)에 대하여 하도급계약을 체결하였다.

33) 본 판결은 상고되었으나, 심리불속행기각으로 확정되었다(대법원 2018두34015 2018. 5. 15.자 심리불속행기각 판결).

34) 본 판결은 상고되었으나, 심리불속행기각으로 확정되었다(대법원 2019두31150 2019. 4. 25.자 심리불속행기각 판결).

위 11건의 하도급계약의 내용은 국내에서 기자재를 설계·제작·포장하여 FOB 조건으로 납품하는 '설비제작' 업무와 브라질 현지 건설 현장에서 공급된 기자재의 조립·설치 및 검사·시운전을 감독·지원하는 'Supervision' 업무로 구분되고, BRAZIL CSP 프로젝트 특별약관에는 [표 2] 기재와 같이 성능보증 유보금 명목으로 MC/SC/FC 단계별 각 5%씩 기기대금의 총 15%를 각 단계별 확인서 발급 이후 지급하는 조항(이하 '성능유보금 조항'이라 한다)이 포함되어 있다.

다만, 원고와 미○알엔티는 이 사건 하도급계약과 관련하여 현지 Supervison 업무를 수행한 사실이 없다.

나. 하도급대금 미지급 행위

원고는 미○알엔티의 공장에서 목적물에 대한 검수 완료 후 검사완료통보서(Inspection Release Note, 이하 'IRN'이라 한다)를 발급하고, 2015. 3. 8.과 2015. 5. 22.에 각 목적물을 수령하였음에도 하도급대금 합계 19,615,000원 중 13,092,000원을 목적물 수령일로부터 60일 이내(이하 '법정지급기일'이라 한다)에 지급하지 아니하였다(이하 '이 사건 하도급대금 미지급 행위'라 한다.

2. 피고 공정거래위원회의 처분

피고는 이 사건 하도급대금 미지급 행위는 하도급법 제13조 제1항에, 이 사건 하도급대금 지연이자 미지급 행위는 하도급법 제13조 제8항에 각 위배되어 위법하다고 판단하고, 이 사건 대금 미지급 행위에 대하여 하도급법 제25조 제1항에 따라 각 재발방지명령을 부과하였다(이하 '이 사건 시정명령'라 한다).

3. 원고 원사업자의 주장

원고는 미○알엔티가 범용으로 판매하는 여러 규격의 수리장비 제품의 카탈로그를 제공받아 그 중 필요한 제품을 선택하여 구매한 것에 불과하므로, 이 사건 제2하도급계약의 실질은 '구매계약'에 불과하며 이를 제조위탁으로 볼 수 없다. 따라서 이 사건 제2하도급계약에는 하도급법이 적용되지 않으므로, 미○알엔티에 대한 하도급대금 및 지연이자 미지급행위는 하도급법 제13조 제1항 본문, 제8항 위반이 아니다.

4. 법원의 판단

가. 인정 사실

BRAZIL CSP 프로젝트 특별약관에는 성능보증 유보금 명목으로 MC/SC/FC 단계별 각 5%씩 기기대금의 총 15%를 각 단계별 확인서 발급 이후 지급하는 성능유보금 조항이 포함되어 있는 사실, 이 사건 하도급계약서에는 S/V 업무에 관한 내용이 기재되어 있지 않으며 동○산업은 현지 S/V 업무를 수행하지 아니한 사실, 원고가 동○산업의 공장에서 이 사건 유수분리기에 대한 검수 완료 후 IRN을 발급한 사실, 원고는 2015. 3. 8. 동○산업으로부터 유수분리기를 수령하였음에도 법정지급기일 내에 하도급대금을 지급하지 아니하고, 법정지급기일을 초과한 2015. 11. 4. 하도급대금을 지급하면서 그 초과한 날부터 지급하는 날까지의 기간에 대한 지연이자를 지급하지 아니하여 이 사건 대금 미지급 행위를 한 사실은 앞에서 본 바와 같다.

나. 법원 판단

1) 갑 제3, 7호증, 을 제15, 18호증의 각 기재 및 변론 전체의 취지에 의하여 인정되는 아래 사실 및 사정을 종합하여 보면, <u>이 사건 하도급계약은 실질적으로는 단순 구매계약에</u>

가까우며 이를 제조위탁에 해당한다고 단정하기 어려우므로, 하도급계약의 내용이 '제도 등의 위탁'임을 전제로 하는 하도급법이 적용된다고 보기 어렵다.

가) 행정처분의 취소를 구하는 항고소송에서는 당해 처분의 적법을 주장하는 처분청인 피고에게 그 적법 여부에 대한 입증책임이 있다(대법원 1984. 7. 24. 선고 84누124 판결, 대법원 1983. 12. 13. 선고 83누492 판결 등 참조).

나) 하도급법이 적용되는 하도급거래의 일종인 제조위탁이란 물품의 제조, 판매, 수리나 건설을 업으로 하는 사업자가 그 업에 따른 물품의 '제조'를 다른 사업자에게 위탁하는 것을 의미하는데(하도급법 제2조 제6항 참조), 피고의 하도급거래공정화지침에서는 '위탁받은 목적물을 제3자에게 제조위탁하지 않고 단순 구매하여 납품한 경우' 또는 '무역업자가 제조업자의 요청으로 단순히 수출을 대행하는 경우'에는 제조위탁으로 보지 아니한다고 예시하고 있다[하도급거래공정화 지침 Ⅲ.1.가.(1).(가).(사) 참조].

다) 이 사건 하도급계약의 내용은 미○알엔티가 원고에게 19종의 수리장비(이하 '이 사건 수리장비'라 한다)를 납품하는 것이다. 그런데, ① 이 사건 수리장비에 대한 기술사양서(을 제15호증) 중 일부 제품의 사진에는 미○알엔티가 아닌 다른 회사의 이름이나 로고 등이 새겨져 있는 점, ② 미○알엔티의 카탈로그(갑 제3호증)에는 전기용접기(electric welder) 등 주요 장비에 관하여는 각 제품 군별로 일정한 사양이 제시되어 있어 기성품 내지 범용품을 필요에 따라 선택가능한 것으로 보이거나, 한 업체가 제조하는 것이 비효율적일 정도로 품목이 잡다한 반면 시중에서 쉽게 구매할 수 있을 것으로 보이는 점(이와 달리 원고가 특수한 사양을 지정하여 수리장비의 제조를 위탁하였다는 점을 인정할 증거가 없다), ③ 미○알엔티 측은 '당시 원고에게 제공한 물품들은 당사도 외부에서 구매하여 납품한 품목이고, 카탈로그에 정해진 스펙이 아닌 제품을 원하는 경우 주문에 의한 제작에 착수하는데, 원고와의 이 사건 거래에서는 주문에 따라 제작에 착수한 제품이 없었다(모두 외부에서 구입하여 제공)'는 내용의 진술서를 작성한 점, ④ 미○알엔티의 상시고용 종업원 수는 2명에 불과한 점 등에 비추어 보면, 이 사건 수리장비가 미○알엔티의 고유 사양 및 기술에 의하여 제작·생산된 것이라거나, 미○알엔티가 이 사건 수리장비의 제조과정에 관여하였다고 보기 어렵다.

라) 피고는 이 사건 하도급계약서에 납품 이후 성능보장 및 하자보증 의무가 있음을 이유로 이 사건 수리공구 판매계약이 제조위탁이라고 주장하나, 단순 구매계약의 경우에도 매도인은 매매계약에 따른 하자담보책임 등 각종 의무를 부담하는 점을 고려하면 이 사건 하도급계약상 미○알엔티에게 하자보증 등 의무가 부과되었다는 사실만으로 위 계약이 하도급법의 적용대상이라고 볼 수는 없다.

마) 원고는 미○알엔티가 제출한 검사계획서에 의한 검사를 거쳐 IRN을 발급하였는데, 위 검사계획서(을 제18호증의 5)는 이 사건 수리장비에 대한 검사로 VI[육안검사/세부내용: 외관, 유형, 모델, 용접 시각], pf[성능검사/세부내용: 기능(부하시험)], PK[포장검사/세부내용: 포장(선적표시 및 색상 표, 수량)], z[수입 및 전기부품 성적서 검토], on/off 검사 등을 예정하고 있으나, 이 사건 수리장비 중 검사계획서상 성능검사(pf)가 예정된 물품은 아래와 같이 3종류에 불과하다. 한편, 아래 항목 중 10Ton chain block에 대하여는 기술사양서에도 아무런 사양이 기재되어 있지 아니하여, 성능을 검사할 기준이 있었는지도 불분명하다.

따라서 원고가 이 사건 하도급계약과 관련하여 하도급법 제13조 제1항, 제8항을 위반하였다고 보기 어려우므로, 시정명령 중 미○알엔티에 관한 부분은 그 처분사유가 인정되지 않아 위법하므로 취소되어야 한다. ■

4) 수리위탁

'**수리위탁**'은 물품의 수리를 업(自家 수리업 포함)으로 하는 사업자가 그 수리행위의 전부 또는 일부를 다른 사업자에게 위탁하는 것이다. 예컨대, 차량수리업자가 차량수리를 다른 사업자에게 위탁하거나, 선박수리업자가 선박수리를 다른 사업자에게 위탁하거나, 발전기 수리업자가 발전기 수리를 다른 사업자에게 위탁하는 것을 들 수 있다.

5) 용역위탁

'**용역위탁**'은 지식·정보성과물의 작성 또는 역무의 공급을 업으로 하는 사업자가 그 업에 따른 용역 수행 행위의 전부 또는 일부를 다른 용역사업자에게 위탁하는 경우이다. 그 대상으로 '지식성과물'(소프트웨어 등 정보프로그램, 영화, 방송프로그램, 설계 등), '역무'(엔지니어링활동, 화물운송, 건축물 유지관리, 경비, 광고 등)이다[35]. 이에 대하여 **'용역위탁 중 역무의 범위 고시'([시행 2018. 12. 6.] [공정거래위원회고시 제2018-21호, 2018. 12. 6., 타법개정])**가 있다.

이와 관련하여, 개정 전 용역위탁 중 역무의 범위 고시에서 정한 제외사항에 해당한다는 이유로 역무성을 부정한 판결례가 있다(**대법원 2016. 9. 30.선고 2015두53961 판결**).

[참조 판결]

-대법원 2016. 9. 30.선고 2015두53961 판결[36][시정명령및과징금납부명령취소]-
[포스○ 사례]

【판결요지】

소프트웨어의 유지·보수에 관한 부분은 공정거래위원회가 정한 구「용역위탁 중 역무의 범위 고시」(2014. 12. 23. 공정거래위원회고시 제2014-16호로 개정되기 전의 것) 조항에서 정한 '역무'에 해당하지 아니한다.

【판결이유】

하도급법에서 '용역위탁'의 대상은 '지식 · 정보성과물의 작성 또는 역무의 공급'으로 되어 있고(제2조 제11항), 그 경우 '역무'에는 "공정거래위원회가 정하여 고시하는 활동"도 포함

---

35) 용역위탁과 관련하여 SI (System Integration)업체(예컨대, 삼성SDS, LG CNS, SK C&C 같은 회사가 그 예이다.)가 그 대표적인 경우이다. 최근에는 건설하도급과 같은 전통적인 하도급분쟁을 넘어 방송, 영화 업체간 하도급 분쟁이 많아지고 있다(예컨대, 방송국에서 제3자 업체에 하도급을 주는 경우).

36) 원심 서울고등법원 2015. 9. 17. 선고 2014누6939 판결

된다(제2조 제13항 제5호). 그에 따라 공정거래위원회가 정한 구 「용역위탁 중 역무의 범위 고시」(2014. 12. 23. 공정거래위원회고시 제2014-16호로 개정되기 전의 것, 이하 '이 사건 고시'라고 한다)에서는, "「소프트웨어산업 진흥법」 제2조 제4호의 규정에 의한 소프트웨어사업자가 다른 사업자에게 위탁하는 활동"으로서 "컴퓨터 관련 서비스를 업으로 하는 사업자가 수요자의 요구에 의하여 컨설팅, 요구분석, 시스템통합 시험 및 설치, 일정기간 시스템의 운영 및 유지·보수를 위탁하는 활동" 등을 용역위탁에 해당하는 '역무'에 속하는 것으로 규정하면서 "단, 하도급법 제2조 제12항 제1호에 의한 '정보프로그램'은 제외한다"고 규정하였다(위 고시 Ⅰ의 4. '가'항, 이하 '이 사건 고시 조항'이라고 한다). 그리고 거기에 인용된 위 하도급법 조항에서는 '정보프로그램'을 "「소프트웨어산업 진흥법」 제2조 제1호에 따른 소프트웨어, 특정한 결과를 얻기 위하여 컴퓨터·전자계산기 등 정보처리능력을 가진 장치에 내재된 일련의 지시·명령으로 조합된 것을 말한다"고 규정하고, 「소프트웨어산업 진흥법」 제2조 제1호는 '소프트웨어'란 "컴퓨터, 통신, 자동화 등의 장비와 그 주변장치에 대하여 명령·제어·입력·처리·저장·출력·상호작용이 가능하게 하는 지시·명령(음성이나 영상정보 등을 포함한다)의 집합과 이를 작성하기 위하여 사용된 기술서나 그 밖의 관련 자료를 말한다"고 규정하고 있다.

. 위와 같은 관련 규정의 문언과 취지를 앞서 본 법리에 비추어 살펴보면, 이 사건 고시 조항이 '컴퓨터관련 서비스를 업으로 하는 사업자가 수요자의 요구에 의하여 컨설팅, 요구분석, 시스템통합 시험 및 설치, 일정기간 시스템 운영 및 유지·보수'를 용역위탁 중 역무에 포함되는 것으로 정하였다 하더라도, 컴퓨터·통신·자동화 등 장비 중 컴퓨터 시스템에 관련된 것만이 거기에서 정한 역무에 해당된다고 볼 수는 없다. 그런데 이 사건 고시 조항의 단서에서 명시적으로 "하도급법 제2조 제12항 제1호에 의한 '정보프로그램'은 제외한다"고 규정하고 있으므로, 앞서 본 침익적 행정처분의 근거법령 해석에 관한 법리에 따르면 원사업자가 수급사업자에게 "컴퓨터·통신·자동화 등 장비에 대한 정보프로그램 즉, 소프트웨어산업 진흥법 제2조 제1호에 따른 소프트웨어의 유지·보수" 업무를 위탁하였다 하더라도 이는 이 사건 고시 조항에서 정한 '역무'의 공급으로 볼 수 없으므로 하도급법이 정한 '용역위탁'에 해당하지 아니한다고 보아야 한다. 그러므로 설령 원사업자가 수급사업자에게 소프트웨어 등의 유지·보수를 위탁하면서 수급사업자가 그 사무를 개시하기 전에 법령이 정한 서면을 교부하지 아니하는 등 하였다 하더라도 이를 들어 하도급법에 따라 시정조치를 하거나 과징금을 부과할 수는 없다고 할 것이다. ■

6) 하도급법 적용 대상 위탁거래 관련 판결례

첫째, **'재위탁'**과 관련하여, 재위탁계약이 체결된 경우, 실질적으로 재위탁을 받은 수급사업자('재수급사업자')가 원사업자에게 공사를 완성할 의무를 부담하고, 원사업자가 재수급사업자에게 재위탁계약이 정한 의무 이행의 대가를 지급하는 등 당초 원사업자와 수급사업자 간의 하도급계약이 형식적·명목적인 것에 불과하다고 인정되는 특별한 사정이 없는 한, 원사업자와 재수급사업자 간에 하도급법 제2조 제1항이 규정하는 '하도급거래' 관계가 형성된 것으로 평가할 수는 없다는 사례(서울고등법원 2019.

12. 11. 선고 2018누113 판결).

[참조 판결]

–서울고등법원 2019. 12. 11. 선고 2018누113 판결[37][시정명령취소]–

[동○건설 사례]

【판시이유】

1. 처분의 경위

피고 공정거래위원회는 위 2018. 1. 15. 의결 무렵 하도급법 제26조 제2항, 하도급법 시행령 제17조 제1항 [별표 3] 제2호에 기하여, 하도급 대금의 감액에 대하여 이 사건 제2 시정명령[38] 및 이 사건 고발 중 더 중한 이 사건 고발에 따른 3점의 벌점을 부과하였다.

원고는 위 의결에 따라 고발되어 하도급법위반의 형사사건(이하 '관련 형사사건'이라 한다)으로 조사를 받았으나, 서울중앙지방검찰청은 2017. 12. 21. '이 사건 합의서 중 감액의 대상은 기성금 지급의 기준이 되는 기성율에 대한 견해 차이로 인한 순수한 의미의 '기성금' 감액일 뿐 기존 하도급계약의 공사대금을 감액하는 것이 아니므로, 하도급법 제11조 제1항의 하도급대금을 감액한 것이라 보기 어렵고 달리 이를 입증할 자료가 없다'는 이유로 혐의없음(증거불충분)의 불기소처분을 하였다.

2. 인정사실

원고는 수급사업자 에○넷트시스템과 2010년부터 13개 공사 현장에 대하여 17건의 냉매배관, 멀티에어컨 및 세대환기공사 등의 하도급계약을 체결하였다(이하 '직접계약'이라 한다). 또한, 원고는 알펜시아 공사 중 시스템에어컨 및 환기유니트 공사(이하 '알펜시아 공사'라 한다) 등 7건의 공사 계약을 삼성전자 주식회사(이하 '삼성전자'라 한다)와 체결하였고, 삼성전자는 이 중 에어컨 장비 등의 설치공사 부분을 에○넷트시스템에게 다시 위탁하였다(이하 '재위탁계약'이라 한다).

에○넷트시스템은 2012. 11. 28.경 원고에게 직접계약 건 및 재위탁계약 건 중 총 11개 공사현장[39]에서 **기성금(유보금액 포함) 및 추가공사 금액** 등 **총 33억 원**의 하도급대금을 지급받지 못했다는 민원을 제기하였고, 원고는 에○넷트시스템 및 삼성전자와 함께 2012. 12. 27. **금25억 원**을 에○넷트시스템에게 지급하기로 하는 내용의 합의서를 작성(이하 '이 사건 합의'라 한다)하였다.

에○넷트시스템은 이 사건 합의 당시 기성금 1,689,082,585원(알펜시아 공사 498,520,000원 + 나머지공사 1,190,562,585원)을 요청하였다. 원고는 기성금으로 1,100,000,000원(알펜시아공사 100,000,000원 + 나머지 공사 1,000,000,000원)을 지급하고, **'연간 단가 현장 실투입 원가금액' 명목**으로 350,000,000원을 추가로 보전하여 주기로 하여 **총 1,450,000,000원을 기성공사에 대한 대가**로 지급하기로 하였다.

---

37) 본 사안은 상고되어 계속 중이다(대법원 2020두31217).

38) 원고는 에○넷트시스템 주식회사에게 '흑석6 재정비촉진구역 주택재개발정비사업' 등의 현장공사와 관련하여 냉매배관, 멀티에어컨 및 세대환기공사 등을 건설위탁하고 목적물을 인수한 후 정당한 사유 없이 기성금을 감액하는 것과 같은 행위를 다시 하여서는 아니 된다.

39) 직접계약이 체결된 13개 현장 중 계약기간이 종료되고 하도급대금의 지급이 완료된 '용인신봉', '동국대' 및 '용산센트레빌' 등 3개 현장을 제외한 10개 현장과, 재위탁계약이 체결된 '알펜시아' 현장을 의미한다.

3. 원고의 주장[40)]

이 사건 합의 중 재위탁계약 부분은 원고와 에○넷트시스템 간의 하도급거래로 볼 수 없으므로, 하도급법 제11조 제1항이 적용될 수 없다.

4. 판단

가. 관련법리

하도급법 제2조 제1항은 "이 법에서 하도급거래란 원사업자가 수급사업자에게 제조위탁·수리위탁·건설위탁 또는 용역위탁을 하거나 원사업자가 다른 사업자로부터 제조위탁·건설위탁 또는 용역위탁을 받은 것을 수급사업자에게 다시 위탁한 경우, 그 위탁을 받은 수급사업자가 위탁받은 것을 제조·수리·시공하거나 용역수행하여 원사업자에게 납품·인도 또는 제공하고 그 대가를 받는 행위를 말한다."고 규정한다. 그리고 같은 조 제10항은 "이 법에서 발주자란 제조·수리·시공 또는 용역수행을 원사업자에게 도급하는 자를 말한다. 다만, 재하도급의 경우에는 원사업자를 말한다."고 규정한다.

이러한 하도급법 규정의 문언과 내용 등에 비추어 보면, 하도급법 제2조 제1항의 '하도급거래'는 일반적으로 흔히 '하도급'이라고 부르는 즉, 원사업자가 다른 사업자로부터 건설위탁을 받은 것을 수급사업자에게 다시 위탁을 하는 경우와 원사업자가 수급사업자에게 건설위탁을 하는 경우와 같이 원사업자와 수급사업자 간에 직접계약이 체결된 경우를 의미한다고 봄이 타당하다.

따라서 재위탁계약이 체결된 경우, 실질적으로 재위탁을 받은 수급사업자(이하 '재수급사업자'라고 한다)가 원사업자에게 공사를 완성할 의무를 부담하고, 원사업자가 재수급사업자에게 재위탁계약이 정한 의무 이행의 대가를 지급하는 등 당초 원사업자와 수급사업자 간의 하도급계약이 형식적·명목적인 것에 불과하다고 인정되는 특별한 사정이 없는 한, 원사업자와 재수급사업자 간에 하도급법 제2조 제1항이 규정하는 '하도급거래' 관계가 형성된 것으로 평가할 수는 없다고 할 것이다.

당초 원사업자와 수급사업자 간의 하도급계약이 형식적·명목적인 것에 불과한지 여부는 계약의 명칭이나 형식에 구애받지 않고 재위탁계약의 체결 경위, 재위탁계약상의 기성고 검수 주체와 기성고 공사대금의 지급 과정 등에 비추어, 원사업자가 수급사업자의 존재에도 불구하고 재위탁계약의 공사 내용과 범위, 공사대금 등을 직접 결정하는 것으로 볼 수 있는지 등을 실질에 따라 판단하여야 하고, **그에 대한 증명책임은 원사업자와 재수급사업자 사이에 하도급거래 관계가 존재함을 전제로 불이익 처분을 한 피고(공정거래위원회)에 있다**고 봄이 타당하다.

나. 판단

이 사건 합의에는 원고와 에○넷트시스템 간의 직접계약이 체결된 공사현장 외에도 원고가 삼성전자에 하도급하고 삼성전자가 하도급받은 공사 중 일부를 에○넷트시스템에 재차 하도급한 공사현장도 포함되어 있다. 그러나 앞서 인정한 사실과 앞서 든 증거, 갑 제12, 13, 24, 25호증, 을 제5, 7, 10호증의 각 기재와 변론 전체의 취지에 의하여 인정되는 다음과 같은 사실 및 사정을 위 관련 법리에 비추어 살펴보면, 이 사건 합의 중 재위탁계약 부분

40) 피고의 주장: "원고는 형식적으로 삼성전자를 하도급거래 관계에 편입시켜 재위탁계약의 외관을 형성하였을 뿐 실질적으로 원고가 에○넷트시스템과 직접계약을 체결한 것이므로 재위탁계약 부분도 하도급 대금 감액 여부를 판단하는 대상에 포함된다."

은 하도급법 제2조 제1항이 정하는 '하도급거래'에 해당한다고 보기에 부족하고, 달리 이를 인정할 증거가 없다. 따라서 이 점을 지적하는 원고 주장은 이유 있다.

(1) 에○넷트시스템이 2010년 7월경부터 2013년 7월경까지 원고에 기성고와 관련하여 이메일을 보내거나, 세금계산서를 발급한 공사현장은 직접계약이 체결된 공사현장이고, 달리 에○넷트시스템이 직접 원고에 재위탁계약 공사현장의 세금계산서를 발급하는 등 그 공사대금 지급을 요구하였다고 볼 만한 자료가 없다.

(2) 삼성전자는 원고로부터 멀티에어컨 및 EHP 공조기 설치공사, 세대 환기 공사, 시스템에어컨 및 환기 유닛 공사 등을 하도급받았고, 그중 삼성전자가 공급하는 에어컨시스템 등을 제외한 나머지 설비 공사 등을 에○넷트시스템에 재위탁하였다. 또한 삼성전자는 에○넷트시스템과의 재위탁계약 공사대금 정산 과정에서 에○넷트시스템의 동의를 얻어 인천 계양 공사현장에서 발생한 에어컨시스템 구매대금 채권을 알펜시아 공사현장의 공사대금 채무와 상계하기도 하였다. 이에 비추어 보면, 삼성전자와 에○넷트시스템 간의 개별적 합의를 바탕으로 재위탁계약의 공사대금 결정과 지급이 이루어졌음을 알 수 있고, 그 과정을 원고가 실질적으로 지배·관여하거나 개입하였다고 인정할 만한 사정에 관한 피고의 충분한 증명이 없다.

(3) 삼성전자는 원고로부터 지급받은 하도급대금으로 에○넷트시스템에 재위탁계약의 공사대금을 지급하였다. 그 과정에서 원고는 삼성전자에 하도급대금을 제때 지급하지 못하였고, 이를 이유로 삼성전자는 에○넷트시스템으로 하여금 직접 원고에 미지급된 재위탁계약 공사대금을 청구하라고 하였다. 나아가 삼성전자는 이 사건 합의를 전후하여 원고로부터 약 21억 8,000여만 원을 지급받아 그중 약 20억 9,000여만 원을 에○넷트시스템에 지급하였다. 따라서 에○넷트시스템이 2012년 11월 말경 원고에 직접계약 및 재위탁계약 공사현장의 공사대금을 통틀어 민원을 제기한 사정만으로는 원고가 하도급법의 적용을 회피하기 위한 수단으로 삼성전자를 계약관계에 편입시켰다고 인정하기에 부족하다.

(4) 원고는 동자, 영덕, 응암 현장의 각 세대 환기 공사의 경우 계약금액이 10억 원 미만임에도 삼성전자에 해당 공사를 하도급하였다. 그뿐 아니라 동자 현장의 멀티에어컨 및 EHP 공조기 설치공사, 흑석 현장의 세대 환기 공사, 알펜시아 현장은 이 사건 합의 이후 원고와 삼성전자 간에 수차례 변경계약이 체결되었음에도 그와 관련한 삼성전자와 에○넷트시스템 간의 재위탁계약은 달리 변경된 바 없다. 이처럼 원고는 계약금액의 규모보다는 각 공사현장의 수요에 따라 삼성전자에 하도급을 준 것으로 보이고, 삼성전자와 에○넷트시스템 간의 재위탁계약은 원고와 삼성전자 간의 하도급계약이 변경되었음에도 별다른 영향이 없었다.

(5) 을 제4, 25호증의 각 기재 등 이 법원에 제출된 증거를 모두 종합하더라도 재위탁계약 공사현장에서의 원고와 에○넷트시스템 간의 관계가 하도급거래공정화지침(2017. 12. 28. 공정거래위원회예규 제291호로 개정된 것) Ⅲ. 1. 다. (10)항이 각 예시로 들고 있는 '사실상의 하도급거래'로 취급할 수 있는 사안이라고도 보기 어렵다. ■

둘째, '**건설회사의 제조위탁**' 행위와 관련하여, 하도급법령의 해석상 '**철근**' 발주행위는 규격제품의 구매에 해당하여 위탁을 부정하고 반면 '**레미콘**' 발주는 그 특성상 단순 구매가 아닌 위탁행위로서 하도급법의 적용 범위라는 사례(**서울고등법원 2018. 12. 19. 선고 2018누52756 판결**).

[참조 판결]

-서울고등법원 2018. 12. 19. 선고 2018누52756 판결[41]**[시정명령 등 취소]-**

[이○건설 사례]

【판시이유】

1. 피고 공정거래위원회의 처분

피고는, 원고가 ① 이 사건 어음할인료 미지급 행위, ② 이 사건 어음수수료 미지급행위, ③ 이 사건 하도급대금미보증 및 지연보증 행위(이하 '이 사건 각 행위'라 한다)를 함으로써, 각기 ① 하도급법 제13조 제6항, ② 같은 조 제7항, ③ 하도급법 제13조의2 제1항 본문을 위반하였다고 판단하고, 하도급법 제25조 제1항에 따라 각 행위에 대하여 향후 재발방지를 명하는 시정명령을 부과하였다(이하 '이 사건 시정명령'이라 하고, 위 각 행위에 대응하는 시정명령의 각 항을 특정할 때에는 '이 사건 시정명령 제○항'이라 한다).

2. 원고 원사업자의 주장

이 사건 제1, 2 수급사업자들 중 제일철강 등 21개 업체에 대하여는 원고가 건설 또는 제조를 위탁한 것이 아니라 건설에 필요한 자재들(철근, 레미콘 등)을 단순 구매한 것에 불과한 바, 이들과의 거래관계는 하도급법의 적용대상이 아니므로 이들에 대한 어음할인료 및 어음수수료 미지급행위에 관한 이 사건 처분은 위법하다.

3. 법원의 판단

가. 하도급법 적용대상 관련 규정

원고는 하수급인들 중 레미콘과 철근 공급업체와의 거래는 단순 구매에 불과할 뿐 하도급법 적용대상이 아니라고 주장하고 있고, 위 각 거래는 그 내용과 별지 관련규정들에 비추어 '건설' 내지 '수리·용역'의 위탁에는 해당될 여지가 없다고 할 것이므로, 위 각 거래가 하도급법이 적용되는 '제조위탁'에 해당하는지에 관하여 살핀다.

하도급법 제2조 제6항 본문 및 제4호에 따르면, '건설을 업으로 하는 사업자의 경우 "제조위탁"이란, 그 업에 따른 물품의 제조를 다른 사업자에게 위탁하는 것을 말하며, 그 업에 따른 물품의 범위는 공정거래위원회가 정하여 고시한다'고 규정하고 있다. 한편, 하도급법 제2조 제7항은 '(같은 조) 제6항에도 불구하고 대통령령으로 정하는 물품에 대하여는 대통령령으로 정하는 특별시, 광역시 등의 지역에 한하여 제6항을 적용한다'고 규정하며, 하도급법 시행령 제2조 제5항은 '법 제2조 제7항에서 "대통령령으로 정하는 물품"이란 **레미콘**을 말하며, "대통령령으로 정하는 특별시, 광역시 등의 지역"이란 수급사업자(수급사업자)의 사업장 소재지를 기준으로 하여 대구광역시, 광주광역시, 대전광역시, 세종특별자치시, 강원도, 충청북도, 충청남도, 전라북도, 전라남도, 경상북도, 경상남도 및 제주특별자치도를 말한다'고 규정하고 있다.

하도급거래공정화지침(2014. 1. 19. 일부 개정 공정거래위원회 예규 제203호) III.1.

41) 본 판결은 상고되었으나 심리불속행기각되어 원심이 확정되었다(대법원 2020두31938 판결 2019. 4. 24.자 기각).

가.(2)는 원고와 같이 '사업자가 건설을 업으로 하는 경우' 하도급법의 적용대상이 되는 제조위탁으로 다음을 예시하고 있다.

(2) 사업자가 건설을 업으로 하는 경우 (가) 건설에 소요되는 시설물을 제조위탁 하는 경우로서, 규격 또는 성능 등을 지정한 도면, 설계도, 시방서 등에 의해 특수한 용도로 주문 제작한 것 : 방음벽, 갑문, 수문, 가드레일, 표지판, 주차기, 엘리베이터 등 (나) 건축공사에 설치되는 부속시설물로서 규격 등을 지정한 도면, 시방서 및 사양서 등에 의해 주문한 것 : 주방가구, 신발장, 거실장, 창틀 등 (다) 건설자재·부품에 대하여 규격 등을 지정한 도면, 시방서 및 사양서 등에 의해 주문한 것 ① 거래관행상 시방서 등 성능, 품질, 규격 등을 지정한 주문서가 없더라도 **지정된 시간과 장소에 납품하도록 제조를 위탁**하는 것은 해당됨 : **레미콘**, 아스콘 등 ② 규격·표준화된 자재라 하더라도 특별히 사양서, 도면, 시방서 등을 첨부하여 제조위탁 하는 경우에는 포함됨 ③ 단순한 건설자재인 시멘트, 자갈, 모래는 제외되나 규격·품질 등을 지정하여 골재 등을 제조위탁하거나 석산 등을 제공하여 임가공위탁 하는 경우는 해당됨

나. 레미콘 구매거래

을제1호증의 기재에 변론 전체의 취지를 종합하면, 원고는 14건의 창고 및 아파트 신축공사와 관련하여 덕원산업 등 14개 수급사업자들로부터 레미콘을 납품받은 사실이 인정된다.

그런데 변론 전체의 취지에 의하면, ① 레미콘은 자갈의 최대치수, 압축강도, 슬럼프 등의 조합에 따라 100여개 이상의 규격으로 구분되고, 해당 공사별·용도별로 레미콘 규격제품의 사용기준이 정하여져 있는 점, ② 특히 레미콘은 제조 후 60분(최대 90분) 이내에 공사현장에 운반, 타설을 완료하지 못하면 폐기되는 한시성·비저장성 생산품이므로 대량으로 구매하여 건설현장에 보관한 후 필요시에 사용하는 방식에 의할 수 없는 점, ③ 이에 따라 건설사는 필요시에 레미콘 공급업체에 사용일자, 시간 및 수량 등을 지정하여 주문하고 레미콘 업체는 위 일자와 시간에 맞추어 레미콘을 생산하여 건설현장에 운반, 타설하는 방식으로 납품하게 되는 점 등을 알 수 있다.

그렇다면 이는 앞서 본 하도급법과 그 하위법령의 관련규정들이 **하도급법이 적용되는 건설업자의 '제조위탁' 중 '거래관행상 시방서 등 성능, 품질, 규격 등을 지정한 주문서가 없더라도 지정된 시간과 장소에 납품하도록 제조를 위탁하는 것'으로서, 위 규정이 명시하고 있는 '레미콘'에 대한 공급에 해당한다**고 보아야 한다.

따라서 이와 달리 레미콘 구매거래가 하도급법의 적용대상이 아니라는 전제에 선 원고의 이 부분 주장은 이유 없다.

다. 철근 구매거래

1) 갑 제1, 2, 3, 11 내지 19호증의 각 기재에 변론 전체의 취지를 종합하여 인정되는 아래 각 사실 및 사정에 비추어 보면, 원고와 제일철강, 인애철강, 포우스틸 사이의 각 철근 구매계약은 하도급법의 적용대상인 '제조위탁'에 해당한다고 볼 수 없는바, 원고의 이 부분

주장은 이유 있다.

원고는 아래 표 계약명 기재 현장에서의 건설공사를 수행하기 위하여 제일철강, 인애철강, 포우스틸(이하 '제일철강 등 3개사'라 한다)과 사이에 계약기간과 계약금액이 아래 표 해당 항목 기재(생략)와 같은 철근구매계약을 체결하고 이들로부터 철근을 공급받았다.

2) 원고는 제일철강 등 3개사에 견적서 및 구매계약서에 첨부된 명세서에 기하여 철근을 주문한 것으로 보이는바, 위 각 문서에는 철근의 품명[이형철근(고장력/초고장력/일반), 철근(고장력/초고장력)] 및 규격[HD-10, 13, 16, 19, 22, 25, 29 / SD 300, 350, 400, 500 등, SHD-25, 29, SSHD19, 22, 25 등]이 명시되어 있고 길이는 8m(제일철강, 포우스틸)로 명시되어 있는 등 규격·표준화된 철근의 품명과 규격을 적시하고 있는 반면, 이보다 더 상세하고 특화된 사양서, 도면, 시방서 또는 이에 준하는 문서에 의하여 주문이 이루어진 것으로는 보이지 아니한다.

3) 원고는 제일철강 등 3개사에 목적물 등의 수령일부터 60일을 초과하는 어음으로 철근대금을 지급하였는데, 그 초과기간에 대한 어음할인료로 및 어음대체결제수수료는 아래 표 기재(생략)와 같다.

4) ...(중략)... 한편, 이 사건 제1, 2수급사업자들 중 제일철강 등 3개사를 제외한 나머지 업체들은 모두 하도급법의 적용대상인 수급사업자에 해당하며, 이들에 대한 어음할인료 및 어음수수료 미지급행위는 각기 하도급법 제13조 제6항 및 제7항에 위반된다. 또한 원고가 과거 3년간 3회의 경고를 받았던 점과 이 사건 각 행위의 규모, 관련 수급사업자들의 수 등에 비추어 보면, 향후 동일 또는 유사한 행위과 반복될 우려가 있다고 할 것인바, 향후 재발방지명령을 할 필요성도 있다고 할 것이다.

그렇다면 이 사건 처분 중 제일철강 등 3개사에 대한 이 사건 어음할인료 및 어음수수료 미지급행위를 대상으로 한 부분은 위법하다고 할 것이므로, 취소를 면할 수 없다. ■

셋째, **하도급법상 '제조위탁' 여부**와 관련하여, 자동차의 제조를 업으로 하는 회사에 대하여 계약의 상대방이 행한 CWS[42]관리 업무가 하도급법이 정하는 제조위탁에 해당되는지 여부와 관련된 판결이다. 결론적으로 자동차 도장 공정에 CWS 관리 업무는 제조위탁의 대상이 되는 물품의 범위 고시의 해석상 용역에 해당하여 제조위탁이 아니고 또한 환수 악취 제거 등의 용역 업무는 용역에 해당한다고 할 것인데 하도급법 제2조 제11항이 용역위탁 중 구 하도급법의 적용대상이 되는 계약을 "지식·정보성과물의 작성 또는 역무의 공급을 업으로 하는 사업자가 그 업에 따른 용역수행행위의 전부 또는 일부를 다른 용역업자에게 위탁하는 것"으로 한정하고 있으므로, CWS 관리 환수 악취 제거 등의 용역 업무는 구 하도급법상 규율대상이 되는 용역위탁에 해당하지 않는다는 사례(**특허법법원 2010. 9. 6. 선고 2018나1305 판결**).

42) 자동차 제작 공정 중 도장부스(Painting Booth)(자동차 도장을 하는 설비)에 사용되는 순환수 시스템(Circulation Water System)

[참조 판결]

-특허법원 제25부 2019.9.6. 선고 2018나1305 손해배상(지) 판결[43)]-

[쟁점]

[현○자동차 사례]

[판결이유]

1. 기초사실

가. (당사자 지위) 원고는 미생물 및 화공약품의 제조, 판매업 등을 영위하는 법인이고, 피고는 각종 차량의 제조, 판매업 등을 영위하는 법인이다 .

나. (원피고 관계) 원고는 2003년 10월 무렵 피고의 아산 공장[44)]에서 피고의 자동차 제작 공정 중 도장부스(Painting Booth)[45)]에 사용되는 순환수 시스템(Circulation Water System, 이하 'CWS'라고 한다)[46)]의 악취 제거를 위한 기술설명회를 개최한 후 2003년 11월부터 2004년 1월까지 피고의 아산 공장에서 현장테스트를 실시하여 악취 저감에 성공하였고, 2004년경부터 2005년경까지 피고의 울산 공장에서도 추가로 현장테스트를 실시하여 악취 저감에 성공하였다. 원고는 그 무렵 피고의 6개 울산 공장[47)]에 도장부스의 악취 제거를 위한 수(水)처리제인 미생물처리제(제품명: 비제이씨-3100)와 페인트킬러제(제품명: 비제이씨-1100), 응집부상제(제품명: 비제이씨-2100), 캡슐라이저(제품명: 비제이씨-4100)(이하 페인트킬러제, 응집부상제, 캡슐라이저를 통칭하여 '케미컬제'라고 한다) 등을 공급하는 계약을 피고와 체결하고, 그때부터 피고 공장에 원고의 직원이 상주하며 미생물제, 케미컬제를 약품탱크에 용량과 농도를 조절하여 투입하며 CWS 공정의 일부를 처리하였다.

원고와 피고는 2006. 8. 14. '도장부스 수 처리 방법'에 관한 발명을 공동으로 출원하여, 2007. 8. 6. 별지 기재와 같이 특허 등록을 받았다(이하 위와 같이 등록받은 특허권을 '이 사건 특허권'이라 한다).

2. 원고의 주장 -원·피고의 계약관계 : 구 하도급법 제2조 제6항에 따른 제조위탁

CWS 관리 업무는 자동차 도장 공정에 부수적인 것으로서 제조위탁의 대상이 되는 물품의 범위 고시(공정거래위원회 고시 제2015-15호, 이하 '이 사건 고시'라고 한다)의 내용 중 '사업자가 물품의 제조, 판매, 수리를 업으로 하는 경우 물품의 제조·수리를 위한 도장, 도금, 주조, 단조, 조립, 염색, 봉제 등 (임)가공'에서 '도장 등'에 해당하므로, 피고가 자신의 CWS 관리 업무 중 순환수의 악취 제거 등 처리 업무를 원고에게 위탁한 것은 구 하도급법 제2조 제6항의 '그 업에 따른 물품의 제조 등'의 위탁에 해당한다.

3. 피고 원사업자의 주장

원고는 피고의 공장에 미생물제 및 케미컬제를 납품하였을 뿐이어서 원·피고의 계약관계는 매매에 해당한다. 설령 원·피고 간의 계약관계를 매매가 아니라 피고가 원고에게 물품의 제조나 용역을 도급한 것으로 보더라도, 피고는 미생물제 등의 제조·판매를 업으로 하는 사

---

43) 본 판결은 상고되어 대법원 계속 중이다(2019다270750).

44) 도장공장을 말한다. 이하 '공장'이라고 약칭하는 부분은 모두 도장공장을 의미한다.

45) 자동차 도장을 하는 설비이다.

46) 자동차 도장 후의 잉여 분무도료(Over Spray Paint)를 회수할 목적으로 도장부스에 수막 형태로 공급된 물이 집수조로 이동하여 정제공정을 통해 정제된 다음, 다시 도장부스로 공급되는 과정을 반복하는 시스템을 말한다.

47) 총 7개의 울산 공장 중 울산 3공장을 제외한 나머지 6개 공장이다.

업자가 아니라 단지 원고가 제공하는 물품 내지 용역을 소비하는 지위에 있었을 뿐이며, 이 사건 고시에 의하더라도 피고가 원고로부터 제공받은 것은 피고의 업인 '차량 등의 제조업'에 따른 물품의 범위에 해당하지 아니하므로 원·피고의 계약관계를 하도급법상의 '제조위탁'이라고 볼 수는 없다.

4. 법원의 판단

가. 관계법령

구 하도급법 제2조 제1항은 "이 법에서 '하도급거래'란 원사업자가 수급사업자에게 제조위탁(가공위탁을 포함한다. 이하 같다)·수리위탁·건설위탁 또는 용역위탁을 하거나 원사업자가 다른 사업자로부터 제조위탁·수리위탁·건설위탁 또는 용역위탁을 받은 것을 수급사업자에게 다시 위탁한 경우, 그 위탁(이하 "제조등의 위탁"이라 한다)을 받은 수급사업자가 위탁받은 것을 제조·수리·시공하거나 용역수행하여 원사업자에게 납품·인도 또는 제공하고 그 대가를 받는 행위를 말한다."라고 규정하고 있고, 같은 조 제2항은 원사업자를 "중소기업기본법에 의한 중소기업자가 아닌 자로서 중소기업자에게 제조등의 위탁을 한 자"로 규정하고 있으며, 같은 조 제3항은 수급사업자를 "원사업자로부터 제조등의 위탁을 받은 중소기업자"로 규정하고 있다. 한편 구 하도급법 제2조 제6항은 "이 법에서 '제조위탁'이란 물품의 제조, 판매, 수리 및 건설에 해당하는 행위를 업으로 하는 사업자가 그 업에 따른 물품의 제조 등을 다른 사업자에게 위탁하는 것을 말한다. 이 경우 그 업에 따른 물품의 범위는 공정거래위원회가 정하여 고시한다."라고 하고 있고, 위 법에 따라 제정된 이 사건 고시는 원사업자가 물품의 제조·판매·수리를 업으로 하는 경우 제조위탁의 대상이 되는 물품의 범위를 아래 표와 같이 정하고 있다.

가. 제조, 수리, 판매의 대상이 되는 완제품(단, **당해 물품의 생산을 위한 기계·설비는 제외**)
나. 물품의 제조·수리과정에서 투입되는 중간재로서 규격 또는 품질등을 지정하여 주문한 원자재, 부품, 반제품등(단 대량생산품목으로 샘플 등에 의해 단순 주문한 것은제외),
다. 물품의 제조를 위한 금형, 사형, 목형등,
라. 물품의 구성에 부수되는 포장용기, 라벨, 견본품, 사용안내서등
마. **상기 물품의 제조·수리를 위한 도장,도금,주조,단조,조립,염색,봉제 등 (임)가공**

나. 구체적 판단- 하도급법상 기술자료에 해당하는지 여부

원고가 제출한 증거들만으로는 원·피고간의 계약관계가 구 하도급법의 적용대상이 되는 제조위탁에 해당한다고 보기 어렵고, 달리 이를 인정할 증거가 없다.

1) 구 하도급법은 사업자가 다른 사업자에게 제조위탁을 하는 것을 하도급거래의 일종으로 규정하면서, 그러한 원사업자가 당해 법률을 위반한 경우 원사업자에게 시정조치(제25조), 과징금(제25조의3), 상습법위반사업자 명단공포(제25조의4), 형사처벌(제29, 30조), 과태료(제30조의2), 증액 손해배상책임(제35조 제2항)을 부담하도록 규정하고 있으므로, 위 법의 적용대상이 되는 '제조위탁'의 해석 역시 문언의 통상적인 의미를 벗어나서는 아니 된다고 할 것이다.

2) 구 하도급법 제2조 제6항과 이 사건 고시의 내용을 종합하여 보면, 구 하도급법이 규율

대상으로 하는 제조위탁은 원사업자가 "업에 따라 제조하는 물품"의 제조·판매·수리를 수급사업자에게 위탁하는 경우여야 하고, 위 제조의 개념 속에는 **임가공까지 포함**한다고 해석할 수 있다. 한편 한국표준산업분류(통계청 고시 제2017-13호)에 따른 **제조업**이란 원재료(물질 또는 구성요소)에 물리적, 화학적 작용을 가하여 투입된 원재료를 성질이 다른 새로운 제품으로 전환시키는 산업활동을 말하고, 그 상품의 본질적 성질을 변화시키지 않는 처리활동(상품을 선별, 정리, 분할, 포장, 재포장하는 경우) 등은 제조활동으로 보지 않는다. 그렇다면 제조 내지 가공에는 원재료에 물리적, 화학적 작용을 가하여 투입된 원재료를 성질이 다른 새로운 제품으로 전환시키는 행위 태양이 있어야 한다.

3) 이 사건에 관하여 살피건대, 앞서 인정한 사실에 의하면 원고는 단순히 미생물제와 케미컬제를 판매만 한 것이 아니라 원고의 직원이 피고 측 공장에 상주하며 약품 탱크에 이들의 용량과 농도를 조절하여 투입하였던 점 등에 비추어, **원고는 피고의 위탁을 받아 CWS 관리 업무 중 순환수 악취 제거 등의 용역 업무를 담당**하였던 것으로 인정된다. 그런데 피고는 각종 차량의 제조, 판매업을 영위하는 법인으로 CWS 관리 업무는 차량을 제조하는 과정에서 이용되는 순환수의 수질을 관리하기 위한 업무의 일환이므로 이는 피고가 업으로 제조·판매하는 물품(자동차)에 관한 내용이 아니라 **물품(자동차)을 제조하는 설비의 유지·관리에 관한 업무**라고 할 것이고, 이 사건 고시는 앞서 본 바와 같이 그러한 생산설비의 제조·수리·판매는 제조위탁의 대상이 되는 물품에서 배제하고 있다. 그리고 원고는 미생물 및 화공약품의 제조, 판매업 등을 영위하는 법인으로서, 원고가 위탁받아 담당한 업무는 자동차의 도장이 아니라 자동차의 도장 후 잉여 분무도료를 수거, 회수할 목적으로 사용되는 CWS 공정의 일부분에 불과하다. 그렇다면 원고의 위와 같은 행위를 차량이나 차량의 부품 등을 도장하는 것과 같이 투입된 원재료에 물리적, 화학적 작용을 가하여 성질이 다른 새로운 제품으로 전환시키는 차량의 제조활동이라고 볼 수는 없다.

4) 결국 원고와 피고 간의 위 계약의 실질은 CWS 관리 업무 중 순환수 악취 제거 등에 관한 '**용역계약**'에 해당한다고 볼 수 있는데, 구 하도급법 제2조 제11항이 용역위탁 중 구 하도급법의 적용대상이 되는 계약을 "**지식·정보성과물의 작성 또는 역무의 공급을 업으로 하는 사업자가 그 업에 따른 용역수행행위의 전부 또는 일부를 다른 용역업자에게 위탁하는 것"으로 한정**하고 있으므로, 원·피고 간의 위 계약이 구 하도급법상 규율대상이 되는 용역위탁에 해당하지 아니함은 명백하다.[48]

5) 한편 원고는, 원·피고 사이에 체결된 2013. 5. 14.자 기본거래계약서 제1조(기본원칙)에 "피고와 원고는 이 계약의 이행에 있어서 하도급법과 공정거래법 및 관련 법령의 제 규정을 준수하여야 한다."라는 내용이 기재되어 있는 점, 피고가 2016. 11. 23. 원고에게 보낸 이메일에도 원·피고가 위 계약에 구 하도급법이 적용되는 것을 전제로 하는 내용이 기재되어 있는 점 등을 들어 원·피고는 위 거래를 하도급거래로 인식하였으므로 원고와 피고를 구 하도급법이 적용되는 원사업자와 수급사업자로 볼 수 있다고 주장한다. 그러나 원고와 피고 사이의 거래에 구 하도급법이 적용되는지 여부는 법률 적용의 문제이므로, 양 당사자가 위 계약에 구 하도급법이 적용된다고 인식하였다고 하여 그러한 주관적 사정만으로 위 하도급법의 규정이 원·피고 간의 계약에 적용된다고 볼 수는 없다. 따라서 원고의 위 주장은 이유 없

48) 원고도 이러한 이유로 원, 피고 사이의 거래 계약을 '제조위탁'이라고 주장하는 것으로 보인다.

다. ■

나. 당사자

1) 관련 법령 (법제2조제2항)

하도급법 제2조 및 동조에서 규정하고 있는 관련 법률에서 하도급법의 적용을 받는 원사업자의 범위를 규정하고 있다.

- 하도급법 -

제2조(정의) ② 이 법에서 "**원사업자**"란 다음 각 호의 어느 하나에 해당하는 자를 말한다. 〈개정 2011.3.29., 2014.5.28., 2015.7.24.〉

1. 중소기업자(「중소기업기본법」 제2조제1항 또는 제3항에 따른 자를 말하며, 「중소기업협동조합법」에 따른 중소기업협동조합을 포함한다. 이하 같다)가 아닌 사업자로서 중소기업자에게 제조등의 위탁을 한 자
2. 중소기업자 중 직전 사업연도의 연간매출액[관계 법률에 따라 시공능력평가액을 적용받는 거래의 경우에는 하도급계약 체결 당시 공시된 시공능력평가액의 합계액(가장 최근에 공시된 것을 말한다)을 말하고, 연간매출액이나 시공능력평가액이 없는 경우에는 자산총액을 말한다. 이하 이 호에서 같다]이 제조등의 위탁을 받은 다른 중소기업자의 연간매출액보다 많은 중소기업자로서 그 다른 중소기업자에게 제조등의 위탁을 한 자. 다만, **대통령령**으로 정하는 연간매출액에 해당하는 **중소기업자는 제외**한다.

③ 이 법에서 "**수급사업자**"란 제2항 각 호에 따른 원사업자로부터 제조등의 위탁을 받은 중소기업자를 말한다.

④ 사업자가 「독점규제 및 공정거래에 관한 법률」 제2조제3호에 따른 계열회사에 제조등의 위탁을 하고 그 계열회사가 위탁받은 제조·수리·시공 또는 용역수행행위의 전부 또는 상당 부분을 제3자에게 다시 위탁한 경우, 그 계열회사가 제2항 각 호의 어느 하나에 해당하지 아니하더라도 제3자가 그 계열회사에 위탁을 한 사업자로부터 직접 제조등의 위탁을 받는 것으로 하면 제3항에 해당하는 경우에는 그 계열회사와 제3자를 각각 이 법에 따른 원사업자와 수급사업자로 본다.

⑤ 「독점규제 및 공정거래에 관한 법률」 제9조제1항에 따른 상호출자제한기업집단에 속하는 회사가 제조등의 위탁을 하거나 받는 경우에는 다음 각 호에 따른다.

1. 제조등의 위탁을 한 회사가 제2항 각 호의 어느 하나에 해당하지 아니하더라도 이 법에 따른 원사업자로 본다.
2. 제조등의 위탁을 받은 회사가 제3항에 해당하더라도 이 법에 따른 수급사업자로 보지 아니한다.

⑩ 이 법에서 "**발주자**"란 제조·수리·시공 또는 용역수행을 원사업자에게 도급하는 자를 말한다. 다만, 재하도급(再下都給)의 경우에는 원사업자를 말한다.

제13조(하도급대금의 지급 등) ⑪ 제1항부터 제10항까지의 규정은 **「중견기업 성장촉진 및 경쟁력 강화에 관한 특별법」 제2조제1호에 따른 중견기업**으로 연간매출액이 **대통령령**으로 정하는 금액(**제1호의 회사와 거래하는 경우에는 3천억원**으로 한다) **미만인 중견기업**이 다

음 각 호의 어느 하나에 해당하는 자로부터 제조등의 위탁을 받은 경우에도 적용한다. 이 경우 제조등의 위탁을 한 자는 제1항부터 제10항까지, 제19조, 제20조, 제23조제2항, 제24조의4제1항 및 제6항, 제25조제1항 및 제3항, 제25조의2, 제25조의3제1항, 제25조의5제1항, 제26조제2항, 제30조제1항, 제33조, 제35조제1항을 적용할 때에는 원사업자로 보고, 제조등의 위탁을 받은 중견기업은 제1항부터 제10항까지, 제19조, 제21조, 제23조제2항, 제24조의4제1항, 제25조의2, 제33조를 적용할 때에는 수급사업자로 본다. 〈신설 2015.7.24., 2016.3.29.〉

1. 「독점규제 및 공정거래에 관한 법률」 제9조제1항에 따른 **상호출자제한기업집단에 속하는 회사**
2. 제1호에 따른 회사가 아닌 사업자로서 **연간매출액이 대통령령으로 정하는 금액**[49]**을 초과하는 사업자**

[전문개정 2009.4.1.]

– 하도급법시행령 –

제2조(중소기업자의 범위 등) ① 「하도급거래 공정화에 관한 법률」(이하 "법"이라 한다) 제2조제2항제2호 본문에 따른 연간매출액은 하도급계약을 체결하는 사업연도의 직전 사업연도의 손익계산서에 표시된 매출액으로 한다. 다만, 직전 사업연도 중에 사업을 시작한 경우에는 직전 사업연도의 매출액을 1년으로 환산한 금액으로 하며, 해당 사업연도에 사업을 시작한 경우에는 사업 시작일부터 하도급계약 체결일까지의 매출액을 1년으로 환산한 금액으로 한다.

② 법 제2조제2항제2호 본문에 따른 자산총액은 하도급계약을 체결하는 사업연도의 직전 사업연도 종료일 현재의 대차대조표에 표시된 자산총액으로 한다. 다만, 해당 사업연도에 사업을 시작한 경우에는 사업 시작일 현재의 대차대조표에 표시된 자산총액으로 한다.

③ 삭제 〈2016.1.22〉

④ 법 제2조제2항제2호 단서에서 "**대통령령으로 정하는 연간매출액에 해당하는 중소기업자**"란 다음 각 호에 해당하는 자를 말한다.[50]

1. 제조위탁 · 수리위탁의 경우: 연간매출액이 **20억원** 미만인 중소기업자
2. 건설위탁의 경우: 시공능력평가액이 **30억원** 미만인 중소기업자
3. 용역위탁의 경우: 연간매출액이 **10억원** 미만인 중소기업자

⑤ 법 제2조제7항에서 "대통령령으로 정하는 물품"이란 레미콘을 말하며, "대통령령으로 정하는 특별시, 광역시 등의 지역"이란 수급사업자(受給事業者)의 사업장 소재지를 기준으로 하여 대구광역시, 광주광역시, 대전광역시, 세종특별자치시, 강원도, 충청북도, 충청남도, 전라북도, 전라남도, 경상북도, 경상남도 및 제주특별자치도를 말한다. 〈개정 2013.7.22〉

⑥ 법 제2조제9항 각 호 외의 부분에서 "대통령령으로 정하는 건설공사"란 다음 각 호의 어느 하나에 해당하는 공사를 말한다.

---

49) 2조원 [하도급법시행령 제7조의5 (원사업자로 보는 사업자의 매출액 기준)]

50) 2020.3.26.자 공정거래위위원회 보도자료에 의하면 조만간 하도급법시행령이 개정되어 시행령 제2조 제4상의 금액이 변동(확대)될 전망이다. 즉 향후 개정으로 **"하도급법 적용 면제 대상 중소기업**을 제조 · 수리 위탁의 경우 연간매출액 20억 원 미만에서 **30억 원 미만**으로, 건설 위탁의 경우 시공 능력 평가액 30억 원 미만에서 **45억 원 미만**으로 각각 확대**"** 될 전망이다.

1. 「건설산업기본법 시행령」 제8조에 따른 경미한 공사
2. 「전기공사업법 시행령」 제5조에 따른 경미한 공사

⑦ 법 제2조제9항제5호에서 "대통령령으로 정하는 사업자"란 다음 각 호의 어느 하나에 해당하는 사업자를 말한다. 〈개정 2011.10.28, 2015.7.24, 2016.8.11〉

1. 「주택법」 제4조에 따른 등록사업자
2. 「환경기술 및 환경산업 지원법」 제15조에 따른 등록업자
3. 「하수도법」 제51조 및 「가축분뇨의 관리 및 이용에 관한 법률」 제34조에 따른 등록업자
4. 「에너지이용 합리화법」 제37조에 따른 등록업자
5. 「도시가스사업법」 제12조에 따른 시공자
6. 「액화석유가스의 안전관리 및 사업법」 제35조에 따른 시공자

⑧ 법 제2조제15항에서 "대통령령으로 정하는 자료"란 다음 각 호의 어느 하나에 해당하는 것을 말한다. 〈개정 2016.12.27〉

1. 특허권, 실용신안권, 디자인권, 저작권 등의 지식재산권과 관련된 정보
2. 시공 또는 제품개발 등을 위한 연구자료, 연구개발보고서 등 수급사업자의 생산ㆍ영업활동에 기술적으로 유용하고 독립된 경제적 가치가 있는 정보

제7조의4(수급사업자로 보는 중견기업의 연간매출액 기준) 법 제13조제11항 각 호 외의 부분 전단에서 "대통령령으로 정하는 금액"이란 해당 중견기업의 주된 업종별로 별표 1의 구분에 따른 연간매출액을 말한다.

[본조신설 2016.1.22.]

[별표 1] 〈개정 2016.1.22.〉

주된 업종별 연간매출액(제7조의4 관련)

제조등의 위탁을 받는 중견기업의 주된 업종	분류기호	연간매출액
1. 의복, 의복액세서리 및 모피제품 제조업	C14	**3,000억원**
2. 가죽, 가방 및 신발 제조업	C15	
3. 펄프, 종이 및 종이제품 제조업	C17	
4. 1차 금속 제조업	C24	
5. 전기장비 제조업	C28	
6. 가구 제조업	C32	
7. 농업, 임업 및 어업	A	**2,000억원**
8. 광업	B	
9. 식료품 제조업	C10	
10. 담배 제조업	C12	
11. 섬유제품 제조업(의복 제조업은 제외한다)	C13	
12. 목재 및 나무제품 제조업(가구 제조업은 제외한다)	C16	
13. 코크스, 연탄 및 석유정제품 제조업	C19	
14. 화학물질 및 화학제품 제조업(의약품 제조업은 제외한다)	C20	
15. 고무제품 및 플라스틱제품 제조업	C22	
16. 금속가공제품 제조업(기계 및 가구 제조업은 제외한다)	C25	
17. 전자부품, 컴퓨터, 영상, 음향 및 통신장비 제조업	C26	
18. 그 밖의 기계 및 장비 제조업	C29	
19. 자동차 및 트레일러 제조업	C30	

20. 그 밖의 운송장비 제조업	C31	1,600억원
21. 전기, 가스, 증기 및 수도사업	D	
22. **건설업**	F	
23. 도매 및 소매업	G	
24. 음료 제조업	C11	
25. 인쇄 및 기록매체 복제업	C18	
26. 의료용 물질 및 의약품 제조업	C21	
27. 비금속 광물제품 제조업	C23	
28. 의료, 정밀, 광학기기 및 시계 제조업	C27	
29. 그 밖의 제품 제조업	C33	
30. 하수・폐기물 처리, 원료재생 및 환경복원업	E	
31. 운수업	H	
32. 출판, 영상, 방송통신 및 정보서비스업	J	
33. 전문, 과학 및 기술 서비스업	M	1,200억원
34. 사업시설관리 및 사업지원 서비스업	N	
35. 보건업 및 사회복지 서비스업	Q	
36. 예술, 스포츠 및 여가 관련 서비스업	R	
37. 수리(修理) 및 기타 개인 서비스업	S	
38. 숙박 및 음식점업	I	800억원
39. 부동산업 및 임대업	L	
40. 교육 서비스업	P	

비고
1. 해당 중견기업의 주된 업종 및 분류기호는 「통계법」 제22조제1항에 따라 통계청장이 고시한 한국표준산업분류에 따른다.
2. 해당 중견기업의 연간매출액은 직전 사업연도의 연간매출액으로 한다.
3. 제1호를 적용할 때 하나의 중견기업이 둘 이상의 서로 다른 업종을 경영하는 경우에는 그 중견기업의 연간매출액 중 가장 큰 비중을 차지하는 업종을 주된 업종으로 본다.

2) 원사업자 및 수급사업자 요건 (법 제2조 제2항)

하도급법 제2조 등에 하도급법의 적용을 받는 원사업자의 범위를 규정하고 있다.

첫째, **대기업(상호출자제한 기업집단 계열사 포함)이 중소기업에게 위탁**한 경우 하도급법이 적용된다. 즉 상호출자제한 기업집단 계열사는 대기업으로 간주되어 수급사업자보다 매출규모가 작다고 하더라도 원사업자의 요건이 충족된다.

둘째, **중소기업이 중소기업에게 위탁한 경우**에도 위탁자의 직전연도 매출액(건설은 하도급계약 체결일 현재 최근 고시된 시공능력평가액[51])[52])이 더 큰 경우에는 하

51) 매년 7월 말일에 발표되어 8월부터 효력이 발생하는 시공능력평가액 공시는 건설산업기본법 제23조 및 제91조, 같은법 시행령 제87조에 따라 국토교통부장관으로부터 대한건설협회가 위탁을 받아서 매년하고 있다.
[2019년도 종합건설업자 시공능력평가액, 토목건축공사업, 단위 : 백만원, 명]

연번	업체개요	시공능력평가액	시공능력평가액	시공능력가액	보유 기술자 수
	상호	(토건)	(토목분야)	(건축분야)	

도급법이 적용되어 원사업자의 지위를 가지고 수탁자가 수급사업자의 지위를 가지게 된다. 단, 이러한 경우에도 매출액이 너무 작은 중소기업자가 위탁자가 되는 경우에는 원사업자에게 제외된다(하도급법시행령 제2조 제4항). 즉 제조위탁·수리위탁의 경우: 연간매출액이 20억원 미만, 건설위탁의 경우: 시공능력평가액이 30억원 미만, 용역위탁의 경우: 연간매출액이 10억원 미만인 각 중소기업자는 자신보다 매출규모가 작은 중소기업자에게 위탁을 하였더라도 하도급법의 적용이 배제된다.

셋째, 중소기업의 범위는 '중소기업기본법령'에 정해져있다. 즉 중소기업기본법시행령 제3조 제1항 제1호의 규정[53]에 의하면 **'중소기업자'**의 범위는 ① 자산총액 5,000억 원 미만(시행령 제3조 제1항 제1호 나목)의 기업으로서 ② **해당 기업이 영위하는 주된 업종과 해당 기업의 평균매출액 또는 연간매출액(이하 "평균매출액등"이라 한다)이 별표 1의 기준**에 맞아야 한다. 후자의 요건과 관련하여 ① 의복, 모피제조, 가죽 가방 신발 제조, 1차 금속 제조, 가구제조 등의 경우 평균매출액 또는 연간매출액 1,500억 원 이하, ② **건설업**의 경우 평균매출액 또는 연간매출액 1,000억 원 이하, ③ 음료제조, 인쇄, 의약품제조, 의료 정밀기기제조, 수도 폐기물처리, 정보통신업 등은 평균매출액 또는 연간매출액 800억 원 이하, ④ 기계장비수리업, 전문과학 및 기술서비스업, 사업시설관리업, 임대서비스업(임대업제외) 등은 평균매출액 또는 연간매출액 600억 원 이하이다(중소기업법시행령 별표1)[54]. 따라서 자산총액과 업종별 연

1	삼성물산주식회사	17,515,287	7,943,089	15,587,231	3,920
2	현대건설(주)	11,737,234	7,492,652	9,905,856	4,320
3	대림산업(주)	11,004,279	5,774,060	9,714,599	3,615
4	지에스건설(주)	10,405,278	4,853,444	9,404,083	3,622
5	(주)대우건설	9,093,136	4,558,992	7,562,544	4,270
6	(주)포스코건설	7,779,222	3,705,597	7,033,196	3,040
7	현대엔지니어링(주)	7,356,363	1,651,290	7,098,509	2,176
8	롯데건설(주)	6,064,466	2,533,894	5,581,174	1,859
9	에이치디씨현대산업개발(주)	5,237,013	1,393,551	4,956,301	1,070
10	(주)호반건설	4,420,883	454,015	4,103,577	346

52) 종전에는 중소기업자의 판단에 '종업원 수'의 기준이 있었다. 즉 2016.1.25.자 개정 전에는 원사업자 판단기준에서 상시 고용 종업원수가 있었는데 개정을 통하여 이를 제외하였다. 그 취지는 상시 고용 종업원수가 많다는 점이 반드시 거래상 우월한 지위에 있다고 보기 어렵기 때문이다.

-개정 전 규정-

중소기업자(중소기업기본법시행령 제3조 제1항 제1호)

cf. 중소기업 제외자 (동 시행령 3조 1항 1호 단서) 상시 근로자 수 1000명 이상 또는 자산총액 5,000억 원 이상 또는 자기자본 1,000억 원 이상 또는 직전 3개 사업연도 평균매출액 1,500억 원 이상

①건설업 : 상시 근로자 수 300명 미만 또는 자본금 30억 원 이하 (시행령 별표1)

53) 중소기업기본법 시행령[시행 2017.10.17.] [대통령령 제28378호, 2017.10.17., 일부개정]

54) 중소기업기본법 시행령[시행 2017.10.17.] [대통령령 제28378호, 2017.10.17., 일부개정]

간매출액 양자의 요건을 모두 갖추어야만 중소기업자의 범위에 해당할 수 있다.

[참조 판결]

-서울고등법원 2008. 9. 3. 선고 2008누8507 판결[55] [불공정하도급거래행위시정명령취소]-

[경○○○○ 사례]

【판시사항】

하도급법상 수급사업자에 해당하는지 여부

【판결이유】

가. 사실판단

원고는 가정용 난방기구 제조업 등을 영위하는 회사로서 중소기업기본법 제2조 제1항의 규정에 의한 중소기업이 아닌 사업자이다. 주식회사 청○(이하 '소외 회사'라고 한다)은 1991. 1. 1. 설립된 보일러용 순환펌프 제조회사로서 상시 근로자 수는 300명 미만, 자본금 80억 원 이하로서 공정거래법 소정의 상호출자제한 기업집단에는 속하지 아니한다. 스위스에 소재한 다국적기업인 그런퍼스홀딩스(Grundfos Holdings AG)는 2002. 2. 22. 소외 회사의 발행주식 총수의 40%를 인수하고 2004. 10.경 나머지 주식 40%를 인수함으로써 발행주식 100%를 소유하게 되었다. 그런퍼스홀딩스의 자산총액은 5,000억 원을 초과하나, 증권거래법 소정의 주권상장법인 또는 협회등록법인에 해당하지 아니한다. 원고는 1996. 8.경부터 소외 회사에게 보일러용 순환펌프 등의 제조를 위탁하여 보일러용 순환펌프를 납품받았다.

피고는, 소외 회사가 중소기업기본법(2007. 4. 11. 법률 제8360호로 개정되기 전의 것, 이하 '중소기업법'이라 한다) 제2조 소정의 중소기업자로서 하도급법(2007. 7. 19. 법률 8539호로 개정되기 전의 것) 제2조 제3항 소정의 수급사업자에 해당함을 전제로 하여, 원고의 하도급대금 및 지연이자 미지급 행위는 하도급법 제13조 제1항, 제7항에 위반된다고 판단하고, 하도급법 제25조 제1항을 적용하여 2008. 2. 19. 원고에 대하여 의결 제2008-050호로 시정명령(이하 '이 사건 처분'이라 한다)을 하였다.

나. 원고의 주장

소외 회사는 자산총액 5,000억 원 이상인 그런퍼스홀딩스가 그 발행주식 총수의 100%를 소유하고 있으므로, 중소기업법 제2조, 구 중소기업기본법 시행령(2005. 12. 27. 대통령령 제19189호로 개정되어 2007. 9. 10. 대통령령 제20260호로 개정되기 전의 것, 이하 '2005년 중소기업법 시행령'이라 한다) 제3조 제2호 소정의 중소기업의 요건을 충족하지 못하게 되었다. 한편, 2005년 중소기업법 시행령 부칙 제2항은 종전규정에 의하여 중소기업에 해당하는 기업이 중소기업에 해당하지 않게 되는 경우 3년간 중소기업으로 본다는 내용의 경과규정을 두고 있으나, 하도급법상 수급사업자에 해당하는지 여부는 중소기업법 시행령의 본문만을 기준으로 판단하여야 하므로, 위 부칙규정은 적용되지 아니한다.

다. 판단

(1) 하도급법 제2조 제2항, 제3항에 의하면, 하도급법의 수급사업자에 해당하기 위하여는 중소기업법 제2조 제1항의 규정에 의한 중소기업자의 요건을 충족하여야 하므로, 소외 회사

55) 본 사안은 상고되지 않아 확정되었다.

가 중소기업자에 해당하는지 여부에 관하여 본다.

(가) 중소기업법 제2조 제1항, 같은 법 시행령(2002. 5. 20. 대통령령 제17606호로 개정되어 2005. 12. 27. 대통령령 제19189호로 개정되기 전의 것, 이하 '2002년 중소기업법 시행령'이라 한다) 제3조는 중소기업(제조업)에 해당하기 위한 **규모 요건**으로 "상시근로자수 300인 미만 또는 자본금 80억 원 이하"를(제3조 제1호 [별표1]), **소유경영의 독립성 요건**으로 "2005. 3. 31.까지는 공정거래법 제9조 제1항의 규정에 의한 상호출자제한 기업집단에 속하지 아니하는 회사일 것, 2005. 4. 1.부터는 제3조 제1호 나.목의 규정에 의한 법인이 발행주식 총수의 100분 의 30 이상을 소유하고 있는 기업이 아닐 것"(제3조 제2호 [별표2])을 각 요구하고 있고, 제3조 제1호 나.목은 "증권거래법 제2조의 규정에 의한 주권상장법인 또는 협회등록법인으로서 자산총액(직전사업연도 말일 현재 대차대조표에 표시된 자산총액을 말한다)이 5천억 원 이상인 법인"이라고 규정하고 있다.

그런데 소외 회사는 공정거래법 소정의 상호출자제한 기업집단에 속하지 아니하고, 그 대주주인 그런퍼스홀딩스가 증권거래법 제2조의 규정에 의한 주권상장법인 또는 협회등록법인에 해당하지 아니한 사실은 앞서 본 바와 같으므로, 소외 회사는 2002년 중소기업법 시행령 제3조 소정의 중소기업에 해당한다고 할 것이다.

(나) **2005년 중소기업법 시행령 제3조**는 중소기업(제조업)에 해당하기 위한 규모 요건을 종전과 동일하게 하면서도, 소유경영의 독립성 요건으로 "1. 제3조 제1호 나.목의 규정에 의한 법인이 발행주식(상법 제370조의 규정에 의한 의결권 없는 주식을 제외한다) 총수의 100분의 30이상을 소유하고 있는 기업이 아닐 것, 2.공정거래법 제14조제1항의 규정에 의한 상호출자제한 기업집단에 속하지 아니하는 회사일 것"(제3조 제2호 [별표2])을 각 규정하고, 제3조 제1호 나.목은 "자산총액(직전사업연도 말일 현재 대차대조표에 표시된 자산총액을 말한다)이 5천억 원 이상인 법인"이라고 규정하고 있다.

그런데 소외 회사는 공정거래법 제9조 제1항의 규정에 의한 상호출자제한 기업집단에 속하지 아니한 사실, 그 회사의 대주주인 그런퍼스홀딩스가 자산총액 5,000억 원 이상인 사실은 앞서 본 바와 같으므로, 소외 회사는 2005년 중소기업법 시행령의 시행에 따라 소유 경영의 독립성 요건을 충족하지 못하게 되었다. **그러나 2005년 시행령 부칙 제2항은 "이 영 시행당시 종전의 규정에 의하여 중소기업에 해당하는 기업이 이 영의 시행으로 인하여 중소기업에 해당하지 아니하게 되는 경우에는 이 영 시행일부터 3년간은 이를 중소기업으로 본다"는 내용의 경과규정을 두고 있으므로, 소외 회사는 위 부칙 소정의 경과규정에 의하여 위 시행령 시행일인 2005. 12. 27.부터 3년간 중소기업으로 간주된다**고 할 것이다.

(2) 한편, **원고**는 하도급법상 수급사업자에 해당하는지 여부는 중소기업법 시행령의 본문만을 기준으로 판단하여야 한다고 주장하나, **하도급법 제2조에서는 하도급법상 수급사업자의 요건인 중소기업자의 해당 여부는 '중소기업법 제2조 제1항의 규정에 의한 자'라고 명시적으로 규정하고 있으므로, 중소기업 해당 여부를 중소기업법 시행령 본문에 따라서만 판단할 수는 없다. 따라서 이에 반하는 원고의 주장은 받아들일 수 없다.**

(3) 그러므로 원고의 위 나.(1) (2) 기재 하도급대금 및 지연이자 미지급 행위 당시 소외 회사는 중소기업법 제2조 제1항 소정의 중소기업으로서 하도급법 제2조 제3항의 규정에 의한 수급사업자에 해당한다고 할 것이므로, 이를 전제로 하는 이 사건 처분은 적법하다. ■

등산복, 등산화 등 아웃도어 제품의 생산·유통·판매를 업으로 하는 중소기업자인 원사업자가 등산화 및 샌들 제품의 제조위탁에 대한 기본계약서를 체결한 후 향후 세부적인 주문은 자신의 계열회사를 통하여 개별계약을 통하여 한다는 계약을 체결한 상황에서 원사업자가 납기지연을 이유로 위탁을 취소하여 부당한 위탁취소인지 여부가 문제되었는데, "공정거래위원회의 처분 당사자가 자신이 아니라 계열회사가 되어야 함에도 불구하고 내린 위법한 처분"이라는 원사업자의 주장에 대하여 법원은 당사자 사이의 실질관계의 해석에 비추어 원사업자가 실질적 당사자로서 처분대상적격이 있다고 판결한 예가 있다(**서울고등법원 2016. 10. 20. 선고 2015누56160 판결[과징금부과처분취소]**).

[참조 판결]

-서울고등법원 2016. 10. 20. 선고 2015누56160 판결[56]**[시정명령취소]-**

[에코○○ 사례]

【판결이유】

갑 제1, 5, 10, 12, 13호증, 을 제1호증의 1 내지 3, 을 제2, 5, 9호증의 각 기재, 증인 나춘수의 일부 증언 및 변론 전체의 취지에 의하여 인정되는 다음과 같은 사정을 종합하면, 이 사건 하도급계약의 실질적인 당사자는 원고로 인정할 수 있다. 따라서 원고의 이 부분 주장은 이유 없다.

(1) 이 사건 하도급계약 진행단계에서 ① 원고의 나○수 이사가 직접 메○리아웃도어와 현대홈쇼핑 간의 상품판매계약 체결, 단가 및 납기 결정 등에 관여하였고, ② 원고의 윤○희 실장이 직접 이○스포츠와 협의를 진행하고 이 사건 하도급계약을 체결하였으며, ③ 메○리아웃도어가 발신자인 2012. 6. 11.자 발주서는 윤○희 실장, 나○수 이사, 조○근 대표이사가 결제하는 등 원고의 임직원들이 구체적으로 지시·관여하였다.

(2) 이○스포츠는 2012. 10. 18. 이 사건 하도급계약에 기한 물품대금채권 161,753,470원을 제3자인 가하물산에 양도하는 내용의 채권양수양도계약을 체결하였고, 원고가 가하물산에 위 대금 중 150,000,000원을 지급하라는 법원의 2013. 11. 29.자 화해권고에 원고와 가하물산이 동의하였다. 뿐만 아니라 이○스포츠 채권자들의 신청에 따른 법원의 2012. 11. 5.자 압류 및 추심명령 등에서도 제3채무자가 원고로 기재되어 있다.

(3) 원고 소속 김○균 부장은 피고 조사과정에서 사업자등록증상의 주소만 구분되어 있을 뿐, 원고와 메○리아웃도어는 한 건물 내에서 한 사무실을 사용하고 있고 부서만 구분되어 있으며 전화도 같이 사용하고 있다고 진술하였다.

(4) 원고의 임직원들(나○수, 윤○희, 김○균)은 원고와 메○리아웃도어의 특수 관계를 고

---

56) 본 사건은 상고되어 파기환송되었으나 파기환송의 내용은 과징금의 기준이 되는 하도급대금에 대하여 한 부분이서 위 법리와는 무관하다다(대법원 2018.10.4.선고 2016두59126 판결).

본 판결에서 "하도급법 제25조의3 제1항에서 규정한 과징금 산정의 기준이 되는 '하도급대금'은 '위반행위와 관련한 하도급거래의 계약금액 전액'을 의미하는 것으로 보는 것이 옳다. 하도급계약 체결 후 일부는 정상적으로 이행되고 일부 거래만 부당하게 위탁취소되었다고 하더라도, 여기에서 말하는 '하도급대금'이 부당 위탁취소 금액 부분에 한정된다고 볼 수는 없다."라고 설시하였다.

려할 때 신생법인인 메○리아웃도어에 업무 지원을 하기도 하고, 메○리아웃도어의 직위를 겸하고 있다고 진술하는 등 원고와 메○리아웃도어의 업무를 구별하지 않고 있다.

(5) 이○스포츠의 허○훈 대표이사는 원고의 조○근, 윤○희, 나○수를 만나서 2012. 2. 3. 이 사건 기본 계약인 여름철 판매용 샌들 납품용 계약을 체결하였는데 계약 당사자는 원고와 이○스포츠로 되어 있었다.

(6) 메○리아웃도어는 주로 원고가 생산하는 저가 등산용품의 판매 및 유통업무를 수행하기 위하여 2010. 3. 설립된 회사로, 원고의 대표이사인 조○근과 그 특수관계자들(가족)이 100% 지분을 보유하고 있고(조○근 63.3%, 조○라 16.6%, 조○우 16.6%, 정○회 3.4%). 법인등기부상 메○리아웃도어의 대표이사로 등재된 정○회가 대표이사로서의 직무 특히 이 사건 하도급 계약과 관련한 직무를 실질적으로 수행하였다고 볼 만한 자료는 전혀 없으며, 원고의 경영지원부 부장 김○균은 피고 조사과정에서 정○회가 과거 메○리 대리점을 운영했었고, 지금은 용인물류센터에서 각 매장으로 제품을 배송·반송하는 업무를 하고 있다고 진술하였다. ■

3) 발주자 요건 (법제2조 10항)

하도급법에서 "발주자"란 제조·수리·시공 또는 용역수행을 원사업자에게 도급하는 자이다. 재하도급(再下都給)의 경우에는 원사업자가 발주자의 지위를 가지게 되고 재재하도급의 경우에도 마찬가지의 기준이 적용된다.

이와 관련하여 건설공사 '자체공사'의 경우 하도급법 적용여부가 문제될 수 있다. 즉 **'자체공사'** 처럼 건설공사에서 발주자인 동시에 원사업자인 경우에 하도급법이 적용되는지 여부이다. 예컨대, 건설업을 영위하는 사업자가 아파트 신축공사 등 건설공사를 자기가 발주하여 다른 건설업자에게 공사의 전부 또는 일부를 위탁하는 경우이다. 이 경우에도 하도급법이 적용된다는 것이 판례의 태도이다(**대법원 2003. 5. 16. 선고 2001다 27470 판결 참조**)[57].

[참조 판결]

-대법원 2003. 5. 16. 선고 2001다 27470 판결[58] **[보증금]-**

【판시사항】

하도급거래공정화에관한법률이 원도급관계에 적용되는지 여부(적극)

【판결요지】

하도급법 제2조 제1항 은 일반적으로 흔히 하도급이라고 부르는 경우, 즉 원사업자가 다른 사업자로부터 제조위탁·수리위탁 또는 건설위탁을 받은 것을 수급사업자에게 다시 위탁을 하

57) 하도급법 제2조 제2항에 의하여 법률의 적용범위는 하도급관계냐 아니냐에 따르는 것이 아니라 원사업자의 규모에 의하여 결정됨을 할 수 있으므로 하도급법은 그 명칭과는 달리 흔히 말하는 하도급관계 뿐만 아니라 원도급관계도 규제한다고 판시하였다(대법원 2003. 5. 16. 선고 2001다 27470 판결 참조).

58) 원심 부산고등법원 2001. 4. 12. 선고 99나13515 판결. 본 사안에서 원고 주식회사 동일외1, 피고 전기공사공제조합, 일부 원고 승소 후 대법원에서 일부 파기 환송되어 2003. 5. 16.자로 확정되었다.

는 경우뿐만 아니라 원사업자가 수급사업자에게 제조위탁·수리위탁 또는 건설위탁을 하는 경우도 하도급거래로 규정하여 그 법률을 적용하도록 정하고 있고, 같은 조 제2항 에 의하여 그 법률의 적용 범위는 하도급관계냐 아니냐에 따르는 것이 아니라 원사업자의 규모에 의하여 결정됨을 알 수 있으므로 하도급법은 그 명칭과는 달리 일반적으로 흔히 말하는 하도급관계뿐만 아니라 원도급관계도 규제한다.

【판결이유】

하도급법 제2조 제1항은 일반적으로 흔히 하도급이라고 부르는 경우, 즉 원사업자가 다른 사업자로부터 제조위탁·수리위탁 또는 건설위탁을 받은 것을 수급사업자에게 다시 위탁을 하는 경우뿐만 아니라 원사업자가 수급사업자에게 제조위탁·수리위탁 또는 건설위탁을 하는 경우도 하도급거래로 규정하여 그 법률을 적용하도록 정하고 있고, 같은 조 제2항에 의하여 그 법률의 적용 범위는 하도급관계냐 아니냐에 따르는 것이 아니라 원사업자의 규모에 의하여 결정됨을 알 수 있으므로 하도급법은 그 명칭과는 달리 일반적으로 흔히 말하는 하도급관계뿐만 아니라 원도급관계도 규제하는 것이라고 봄이 상당하다(대법원 2001. 10. 26. 선고 2000다61435 판결 참조).■

4) 중견기업의 하도급 보호

중소기업법 등의 해석을 통하여 하도급법의 적용을 받기 위한 원사업자와 수급사업자의 요건을 살펴보았다. 그런데 법령의 개정을 통하여 종래 사각 지대에 있었던 중견기업을 하도급법상 수급사업자로 보호하게 되었다(하도급법 제13조 제11항, 2015. 7. 24. 일부개정, 2016. 1. 25. 시행).

새로운 중견기업의 보호의 취지는 일정규모 미만 중견기업을 하도급대금 지급과 관련하여 수급사업자로 보호하자는 것이다. 즉 현행법상 '**중견기업**'이란 중소기업, 공공기관 또는 상호출자제한 기업집단에 속한 회사가 아닌 기업('중견기업 성장 촉진 및 경쟁력 강화에 관한 특별법' 제2조 제1호)[59]을 의미한다[60].

본 법의 개정 배경은 중견기업은 중소기업과의 거래에서는 납품일로부터 60일 이내에 대금을 지급해야 하는 등 하도급법상 원사업자로서 각종 의무 부담하는 반면, 대기업과의 거래에서는 하도급법상 수급사업자로 보호받지 못하여 90일~120일 기한의 어음을 받는 경우가 적지 않은 현실을 고려하여 일정 범위의 중견기업을 하도급법

59) 제2조(정의) 이 법에서 사용하는 용어의 뜻은 다음과 같다. <개정 2016. 5. 29.>
1."중견기업"이란 다음 각 목의 요건을 모두 갖춘 기업을 말한다.
가. 「중소기업기본법」 제2조에 따른 중소기업이 아닐 것
나. 「공공기관의 운영에 관한 법률」 제4조에 따른 공공기관, 「지방공기업법」에 따른 지방공기업 등 대통령령으로 정하는 기관이 아닐 것
다. 그 밖에 지분 소유나 출자관계 등이 대통령령으로 정하는 기준에 적합한 기업

60) 2018년 12월 말 현재 총 4,635개(전체기업의 0.7%)로서 매출 약767조원(전체국내기업의 15.7%), 고용 141만명(전체 국내기업 총고용의 13.8%): 한국중견기업연합회 홈페이지 (http://www.fomek.or.kr/) 참조

의 보호대상에 편입시킨 것이다.

요컨대, 현행 하도급법령에 의하면 중견기업의 경우 1) 대기업으로부터 수급을 받는 중견기업이 연매출 3000억원 미만[61]인 경우 하도급법의 보호를 받게 되고(하도급법 제13조 제11항), 2) 대기업이 아닌 중견기업으로서 연매출 2조원을 초과하는 경우(소위 대규모중견기업)으로부터 소규모 중견기업(예컨대 건설업의 경우 2000억원 미만)이 위탁을 받는 경우에 하도급법의 적용을 받게 된다(하도급법 제13조 제11항 제2호 및 동법시행령 제7조의4. 별표1).

중견기업이 수급사업자로 보호되는 경우	비고
① 매출액 3,000억 원 미만인 중견기업이 상호출자제한 기업집단 소속 계열사로부터 위탁을 받는 경우 (법 13조 11항 1호)	* 매출액 3,000억 원 미만 중견기업 3,302개로 전체 중견기업의 약86%(2016년)
② 소규모 중견기업이 대규모 중견기업으로부터 위탁을 받는 경우 (법 13조 11항 2호) * 소규모 중견기업 : 중견기업법시행령 별표1 연간매출액 * 대규모 중견기업 매출액 기준; 2조원 넘는자(시행령7조의5)	* 소규모 중견기업: 건설 2000억원

다. 적용기간

하도급법상 공정거래위원회의 조사개시 대상이 되는 하도급거래의 시기상 제한이 있다. 즉, 거래 종료일(건설위탁은 공사 완공일, 제조위탁 등은 목적물 납품 또는 인도일)로부터 **3년 이내**일 것을 요한다. 단, 3년 이내에 공정거래위원회에 신고된 경우에는 조사과정에서 3년이 경과해도 적용된다(**하도급법 제23조 조사대상 거래의 제한**).

본 규정의 법적 성질과 관련하여 '소멸시효설'과 '제척기간설'의 대립이 있다. 살피건데, 하도급법위반으로 인한 제재는 행정적 처벌이라는 점에서 임의로 시효를 중단 정지를 시킬 수 없으므로 법적 안정성 측면에서 제척기간으로 해석된다(**제척기간설**). 따라서 수급사업자는 3년의 기간이 경과하기 이전에 공정거래위원회에 신고를 하거나 조정협의회에 신청을 해야만 할 것이다.

참고로 '3년' 으로 정한 기간의 의미이다. 건설공사와 같이 하도급의 경우 기본적으로 도급계약의 성질을 가지므로 도급받은자 즉 수급인의 공사대금 채권의 경우 민법상 단기소멸시효 3년이 적용된다. 즉 민법 제163조 제3호는 "3. 도급받은 자, 기사

61) 연매출 3000억원 이상의 중견기업이 전체 중견기업수의 14.9% 정도를 차지한다. 그중에서 연매출액 1조원이상이 1.9%를 차지하고 있다. : 한국중견기업연합회 2017. 1. '2016년 중견기업실태조사' 보고서
참고로 2020.3.현재 연매출액 3000억원 미만의 중견기업이 86.5%를 차지하고 있다.

기타 공사의 설계 또는 감독에 종사하는 자의 공사에 관한 채권"은 3년간 행사하지 아니하면 소멸시효가 완성한다고 규정하고 있다. 따라서 공사대금의 경우에 소멸시효 기간이 3년임을 고려할 때 이와 유사하게 하도급법에서 공정거래위원회에 하도급법위반의 행정제재를 발동을 구할 수 있는 제척기간을 같은 기간으로 정하고 있다고 볼 수 있다. 물론 공사대금채권의 경우 소멸시효 중단(민법 제168조)과 같은 사유가 있지만 공정거래 적용기간 3년은 해석상 제척기간으로 해석되므로 중단사유가 있다고 보기 어렵다는 점에서 차이는 있다고 할 것이다.

라. 관련 고시

하도급법 적용범위와 관련된 고시는 1) 용역위탁 중 지식, 정보성과물의 범위 고시, 2) 용역위탁 중 역무의 범위 고시, 3) 제조위탁의 대상이 되는 물품의 범위 고시가 있다.

1) 용역위탁 중 지식 · 정보성과물의 범위 고시[62)]

Ⅰ. 용역위탁 중 지식·정보성과물의 범위

1. 정보프로그램 작성을 업으로 하는 사업자가 다른 사업자에게 아래와 같은 성과물의 작성을 위탁하는 경우

가. 「소프트웨어산업 진흥법」 제2조제1호 규정에 의한 소프트웨어(패키지 소프트웨어(게임소프트웨어 포함), 임베디드 소프트웨어의 개발·공급 및 특정고객의 주문에 의하여 주문형 소프트웨어를 개발·공급(데이터베이스 및 웹사이트의 개발·공급을 포함한다) 및 상용소프트웨어 구매를 수반한 소프트웨어 설계·개발을 포함한다), 소프트웨어 개발을 위한 제안서·마스터플랜, 시스템구축 관련 설계(하드웨어, 소프트웨어, 네트워크 등), 시스템개발(하드웨어, 소프트웨어, 네트워크 설치 등 및 상용소프트웨어 구매를 수반한 시스템개발을 포함한다)

나. 「저작권법」 제2조제16호 규정에 의한 컴퓨터프로그램저작물

2. 영화, 방송프로그램, 그 밖에 영상·음성 또는 음향에 의하여 구성되어 지는 성과물의 작성 등을 업으로 하는 사업자가 다른 사업자에게 아래와 같은 성과물의 기획·편성·제작 등을 위탁하는 경우

가. 「영화 및 비디오물의 진흥에 관한 법률」 제2조제1호 규정에 의한 영화 및 동법

62) 용역위탁 중 지식·정보성과물의 범위 고시 [시행 2018. 12. 6.] [공정거래위원회고시 제2018-21호, 2018. 12. 6., 타법개정]
위 고시는 종전 고시 [시행 2015.1.1.] [공정거래위원회고시 제2014-15호, 2014.12.23., 제정]와 내용은 동일하고 재검토기한을 특정일자에서 '주기적' 즉 3년 재검토로 변경하였다.
- 부칙 -
부칙<제2018-21호,2018. 12. 6.> (일몰 정비를 위한 「구매안전서비스에 대한 통신판매업자의 표시·광고 또는 고지의 방법에 관한 고시」 등 일괄개정고시)
이 고시는 2018년 12월 6일부터 시행한다.

제2조제12호 규정에 의한 비디오물(컴퓨터프로그램에 의한 것을 포함한다)

나. 「게임산업진흥에 관한 법률」 제2조제1호 규정에 의한 게임물

다. 「방송법」 제2조제17호 규정에 의한 방송프로그램(텔레비전방송, 라디오방송, 데이터방송, 이동멀티미디어방송, 「인터넷 멀티미디어 방송사업법」 제2조제1호에 따른 인터넷 멀티미디어방송을 포함한다)]

라. 「음악산업진흥에 관한 법률」 제2조제3호 규정에 의한 음원, 동법 제2조제4호 규정에 의한 음반, 동법 제2조제5호 규정에 의한 음악파일, 동법 제2조제6호 규정에 의한 음악영상물, 동법 제2조제7호 규정에 의한 음악영상파일

마. TV, 홍보영상, 라디오, 신문, 잡지, 온라인광고 등의 광고제작·편집물 (콘티, 썸네일 등의 작업 및 편집, 음향 등 후반작업(Post Production)을 포함한다)

바. 전자상거래 콘텐츠

3. 문자·도형·기호의 결합 또는 문자·도형·기호와 색채의 결합으로 구성되어 지는 성과물(이들의 복합체를 포함한다)의 작성 등을 업으로 하는 사업자가 다른 사업자에게 아래와 같은 성과물의 기획·편성·제작 등을 위탁하는 경우

가. 「디자인보호법」 제2조제1호 규정에 의한 디자인

나. 「상표법」 제2조제1호 규정에 의한 상표

다. 「공간정보의 구축 및 관리 등에 관한 법률」 제2조제10호 규정에 의한 지도

라. 「저작권법」 제2항제17호 규정에 의한 편집물

마. 설계도면

4. 건축기술, 엔지니어링 및 관련기술 서비스 및 연구 및 개발을 업으로 하는 사업자가 다른 사업자에게 아래와 같은 활동을 위탁하는 경우

가. 기술시험(결과)서, 검사보고서, 분석보고서, 평가보고서 등의 작성

나. 번역물 등의 작성

다. 시장 및 여론조사보고서 등의 작성

5. 이상에서 열거한 지식·정보성과물의 공급을 작성을 위탁받은 사업자가 위탁받은 역무의 전부 또는 일부를 다른 사업자에게 위탁하는 경우

II. 재검토기한

공정거래위원회는 「훈령·예규 등의 발령 및 관리에 관한 규정」에 따라 이 고시에 대하여 2019년 1월 1일 기준으로 매 3년이 되는 시점(매 3년째의 12월 31일까지를 말한다) 마다 그 타당성을 검토하여 개선 등의 조치를 하여야 한다. ■

2) 용역위탁 중 역무의 범위 고시[63)]

---

63) 용역위탁 중 역무의 범위 고시[시행 2018. 12. 6.] [공정거래위원회고시 제2018-21호, 2018. 12. 6., 타법개정]

위 고시는 종전 고시[시행 2015.1.1.] [공정거래위원회고시 제2014-16호, 2014.12.23., 일부개정]와 내용은 동일하고 재검토기한을 특정일자에서 '주기적' 즉 3년 재검토로 변경하였다.

- 부칙 -

부칙<제2018-21호,2018. 12. 6.> (일몰 정비를 위한 「구매안전서비스에 대한 통신판매업자의 표시·광고 또는

Ⅰ. 용역위탁 중 역무의 범위

1. 「물류정책 기본법」 제2조 제2호 규정에 의한 물류사업을 업으로 하는 사업자가 다른 물류업자에게 아래와 같은 활동을 위탁하는 경우

가. 「물류정책 기본법」 제2조제2호 규정에 의한 화물운송업, 물류시설 운영업, 물류서비스업의 활동

나. 「항만운송 사업법」 제2조제1항 규정에 의한 항만운송 및 제2조제4항의 규정에 의한 항만용역업·물품공급업·선박급유업(船舶給油業) 및 컨테이너수리업의 활동

2. 「건축물분양에 관한 법률」 제2조제3호에 따른 분양사업자가 다른 사업자에게 분양업무 활동을 위탁하는 경우

3. 「건축법」 제2조제1항제16호의2 규정에 의한 건축물(주거용, 비주거용, 사업시설을 포함한다)의 유지·관리를 업으로 하는 사업자가 다른 사업자에게 아래와 같은 활동을 위탁하는 경우

가. 청소, 폐기물의 수집 및 처리, 운반 등의 활동을 위탁하는 경우

나. 조경 관리 및 유지 서비스 활동 (조경수 및 관목의 보호를 위한 활동을 포함한다)

4. 「소프트웨어산업 진흥법」 제2조제4호에 따른 소프트웨어사업자가 다른 사업자에게 아래와 같은 활동을 위탁하는 경우

가. 수요자의 요구에 의하여 컨설팅, 요구분석, 시스템통합 시험 및 설치, 일정기간 시스템의 운영 및 유지·보수(소프트웨어산업진흥법 제2조 제1항 제1호에 의한 정보프로그램(상용소프트웨어를 포함한다)의 운영 및 유지·보수 활동을 포함한다) 등의 활동

나. 전산자료처리, 호스팅 및 관련서비스, 포털 및 기타 인터넷 정보매개 서비스 또는 컴퓨터의 기억장치에 데이터를 저장하거나 이를 검색 또는 제공하는 등의 활동

5. 광고를 업으로 하는 사업자가 다른 사업자에게 아래와 같은 활동을 위탁하는 경우

가. 광고와 관련된 판촉, 행사, 조사, 컨설팅, (사진)촬영 등의 활동

나. 광고와 관련된 편집, 현상, 녹음, 촬영 등의 활동[64)]

다. 전시 및 행사와 관련된 조사, 기획, 설계, 구성 등의 활동

6. 「공연법」제2조 제1호 규정에 의한 공연 또는 공연의 기획을 업으로 하는 사업자가 다른 사업자에게 편집, 현상, 녹음, 촬영, 음향, 조명, 미술 등의 위탁을 하는 활동

7. 다음 각 호에 해당하는 활동을 업으로 하는 사업자가 다른 사업자에게 측량, 지질조사 및 탐사 등의 활동을 위탁하는 경우

가. 「건축사법」 제2조제3호에 따른 설계

나.「엔지니어산업진흥법」 제2조제1호에 따른 엔지니어링활동 중 설계

다. 측량, 지질조사 및 탐사, 지도제작

고지의 방법에 관한 고시」 등 일괄개정고시) 이 고시는 2018년 12월 6일부터 시행한다.

64) 수급사업자가 편집, 현상, 녹음, 촬영 등의 활동을 별개의 단위로 위탁받은 경우, 동 고시의 적용을 받으며, 편집, 현상, 녹음, 촬영 등의 활동을 포함한 TV, 홍보영상, 라디오, 신문, 잡지, 온라인광고 등의 광고제작·편집을 위탁받은 경우에는 「용역위탁 중 지식·정보성과물의 범위 고시」의 적용을 받는다.

8. 이상에서 열거한 역무의 공급을 위탁받은 사업자가 위탁받은 역무의 전부 또는 일부를 다른 사업자에게 위탁하는 행위

II. 재검토기한

공정거래위원회는 「훈령·예규 등의 발령 및 관리에 관한 규정」에 따라 이 고시에 대하여 2019년 1월 1일 기준으로 매 3년이 되는 시점(매 3년째의 12월 31일까지를 말한다) 마다 그 타당성을 검토하여 개선 등의 조치를 하여야 한다. ■

3) 제조위탁의 대상이 되는 물품의 범위 고시[65)]

I. 제조위탁의 대상이 되는 물품의 범위

1. 사업자가 물품의 제조, 판매, 수리를 업으로 하는 경우

가. 제조, 수리, 판매의 대상이 되는 완제품. 단, 당해 물품의 생산을 위한 기계·설비는 제외한다.

나. 물품의 제조·수리과정에서 투입되는 중간재로서 규격 또는 품질등을 지정하여 주문한 원자재, 부품, 반제품등. 단 대량생산품목으로 샘플 등에 의해 단순 주문한 것은 제외한다.

다. 물품의 제조를 위한 금형, 사형, 목형등

라. 물품의 구성에 부수되는 포장용기, 라벨, 견본품, 사용안내서등

마. 상기 물품의 제조·수리를 위한 도장, 도금, 주조, 단조, 조립, 염색, 봉제 등 (임)가공

2. 사업자가 건설을 업으로 하는 경우

가. 건설공사에 소요되는 자재, 부품 또는 시설물로서 규격 또는 성능등을 지정한 도면, 설계도, 시방서등에 따라 주문 제작한 것(가드레일, 표지판, 밸브, 갑문, 엘리베이터 등)

나. 건설공사에 투입되는 자재로서 거래관행상 별도의 시방서등의 첨부없이 규격 또는 품질 등을 지정하여 주문한 것(레미콘, 아스콘 등)

다. 건축공사에 설치되는 부속시설물로서 규격 등을 지정한 도면, 시방서 및 사양서 등에 의하여 주문한 것(신발장, 거실장, 창틀등)

II. 재검토기한

공정거래위원회는 「훈령·예규 등의 발령 및 관리에 관한 규정」에 따라 이 고시에 대하여 2016년 1월 1일을 기준으로 매 3년이 되는 시점(매 3년째의 12월 31일까지를 말한다)마다 그 타당성을 검토하여 개선 등의 조치를 하여야 한다.■

4) 위탁대상 관련 판결례

아파트 분양대행용역을 위탁한 사안에서 하도급법이 적용되는 용역위탁에 해당된다고 보아 하도급용역대금(분양대행수수료)을 60일이 경과하도록 지급하지 아니하여

---

65) 제조위탁의 대상이 되는 물품의 범위 고시
[시행 2015.10.23.] [공정거래위원회고시 제2015-15호, 2015.10.23., 일부개정]

목적물 수령일부터 60일이 지난 날 이후부터 실제 지급하는 날까지 연 15.5%의 이율에 의한 지급명령과 시정명령을 명령한 공정거래위원회의 처분에 대한 사례**[서울고등법원 2019. 11. 14. 선고 2019누39668 판결[시정명령취소]**.

[참조 판결]

-서울고등법원 2019. 11. 14. 선고 2019누39668 판결[66][시정명령취소]-

[부○생각 사례]

[판결이유]

1. 기초사실

가. 원고는 부동산 개발 및 분양 대행업을 영위하는 중소기업자로서 하도급계약 체결 직전 사업연도의 자산총액이 주식회사 올○디앤씨(이하 '올○디앤씨'라 한다)의 자산총액보다 많고, 그 업에 따른 아파트 분양대행 용역을 올○디앤씨에게 위탁하였으므로 하도급법 제2조 제2항 제2호의 원사업자에 해당하고, 올○디앤씨는 부동산 분양 대행업을 영위하는 중소기업자로서 원고로부터 아파트 분양대행 용역을 위탁받은 자이므로, 하도급법 제2조 제3항의 수급사업자에 해당한다.

나. 이 사건 관련 하도급계약 현황

1) 최초 하도급계약 체결

원고는 2016. 6. 10. 위탁자를 원고, 수탁자를 케이비부동산신탁으로 하는 '용인 하우스디 공동주택 신축사업 관리형토지신탁계약'을 케이비부동산신탁 등과 체결하였다. 이 신탁계약은 수탁자가 특정 토지(용인시 기흥구 중동 ****) 위에 공동주택을 건축하고 이로부터 이익을 얻어 수익자(원고 등)에게 지급하는 것을 목적으로 한다.

원고는 2016. 8. 23. 위 신탁계약에서 건축하고자 하는 '용인 하우스디 동백 카바나 아파트 총 284세대에 대한 분양대행 용역을 올○디앤씨에 세대당 분양대행수수료 3,841,000원(부가가치세 별도), 분양대행수수료는 계약금(분양대금의 10%) 완납시 청구일부터 10일 이내에 현금으로 지급 등의 조건으로 하도급대금 총 1,200,000,000원에 위탁하였다(이하 '이 사건 분양대행 계약'이라 한다).

원고와 올○디앤씨는 이와 별도로 2016. 10. 1. 당해 아파트 분양과 관련한 '광고 업무 대행 계약'을 체결하였고, 이에 따라 원고는 광고비 275,000,000원을 올○디앤씨에 선지급한 후 광고비 사용 내역에 따라 추후 정산하기로 하였다(이하 '이 사건 광고 업무대행 계약' 이라 한다). 이후 두차례에 걸쳐 분양대행계약의 변경이 있었다.

2016. 8. 23. 체결된 이 사건 분양대행 계약은 분양대행 대상 총 284세대 중 2017. 4. 20.까지 올○디앤씨가 147세대의 분양계약을 체결한 상태에서, 원고가 계약의 해지를 올○디앤씨에 통보하고, 올○디앤씨가 이를 받아들여 해지되었다.

계약이 해지되기 전까지 올○디앤씨가 분양계약을 체결한 147세대에 대한 분양대행수수료 및 영업운영비는 총 681,266,666원으로서, 원고는 이중 560,281,700원만을 지급하고 120,984,966원은 목적물 수령일부터 60일 이내로 정한 지급기일[67]까지 지급하지 않았다.

66) 본 판결은 상고되었으나 심리불속행기각되어 원심이 확정되었다(대법원 2019두33811 판결 2019. 5. 30.자 기각).

2. 피고 공정거래위원회의 처분

피고는 원고가 하도급법 제13조 제1항을 위반하였다는 이유로 2019. 2. 21. 의결 제2019-040호로 원고에 대하여 시정명령을 부과하고, 원고가 의결일까지 하도급대금을 지급하지 않은 점을 들어 올○디앤씨에 하도급대금 8,129,406원과 이에 대하여 해당 목적물 수령일부터 60일이 지난 날 이후부터 실제 지급하는 날까지 연 15.5%의 이율로 계산한 지연이자를 지급할 것을 명하였다(이하 시정명령과 지급명령을 통틀어 '이 사건 처분'이라 한다).

3. 원고 원사업자의 주장

올○디앤씨가 이 사건 광고 업무대행 계약에 따라 지출하였다고 주장하는 광고비 집행금액 162,144,440원 중 주식회사 그○에드에 지급한 '현수막1' 및 '현수막2' 등의 광고비 131,239,940원은 인정하나, 단○(대표자 유○)에 지급한 '현수막3' 광고비 30,904,500원(이하 '이 사건 광고비'라 한다)은 증빙자료가 없으므로 인정할 수 없다.

4. 법원의 판단

가. 올○디앤씨는 이 사건 광고비 명목으로 유○(단○) 명의의 부평농협 계좌로 2017. 4. 3. 21,904,500원, 같은 달 5. 9,000,000원 합계 30,904,500원을 각 입금하였고, 단디는 발행일자 '2017. 4. 3.', 공급자 '단디', 공급받는 자 '올○디앤씨', 공급가액 '28,095,000원', 세액 '2,809,500원이 기재된 전자세금계산서 1장을 발행하였다.

나. 그○에드의 이사인 유○종은 이 법원에 증인으로 출석하여 "올○디앤씨와 광고홍보용역계약을 체결하고 2016. 10.부터 같은 해 12.까지 올○디앤씨에 현수막을 납품하였다. 올○디앤씨로부터 2016년 10월, 11월에 대금의 일부를 받았으나, 30,904,500원을 지급받지 못한 상태로 그○에드가 폐업을 하게 되었다. 그○에드의 대표이사 박○희와 합의 하에 지급받지 못한 대금을 딸인 유설이 운영하는 단디라는 업체를 통해서 그 다음해 4~5월경 올○디앤씨로부터 지급받았다"라는 취지로 진술하였다. 단디의 대표 유설도 피고 조사 당시 유회종의 진술과 같은 취지의 확인서(을 제11호증)를 제출한 바 있다.

다. 그○에드는 2016. 10.부터 2016. 12.까지 올○디앤씨에 합계 84,578,120원 상당의 현수막을 납품하였고, 그중 30,904,500원 부분이 이 사건 광고비 부분이다. 올○디앤씨는 위 금액을 포함하여 이 사건 광고 업무대행 계약에 따라 총 162,144,440원의 광고비를 집행하였다.

라. 원고는 2017. 1.경 올○디앤씨로부터 제출받은 자료에는 이 사건 광고비 지출내역이 포함되어 있지 않았는데, 이 사건 광고 업무대행 계약이 해지된 후인 2017. 4. 21. 올○디앤씨가 이메일로 갑자기 이 사건 광고비를 추가한 광고비내역(갑 제6호증)을 보내면서 이에 따른 정산을 요구하였으므로, 이 사건 광고비를 지출하였다는 올○디앤씨의 정산내역서는 신빙성이 없다고 주장한다.

원고가 2017. 1.경 올○디앤씨로부터 제출받은 자료를 근거로 작성한 원고의 그○에드(단○)에 대한 광고비 집행내역(갑 제5호증)과 위 광고비내역은 아래 표와 같다.(단위: 원)

---

67) 분양대행 용역 계약서상 분양대행수수료의 지급은 '올○디앤씨가 매월 20일까지 월별 실적을 세금계산서로 청구하면 원고는 청구내역 확인 후 청구일로부터 10일 이내에 현금으로 지급'하기로 되어 있다.

구분	광고비 집행내역(갑 5)	광고비내역(갑 6)
현수막 1	3,496,020	3,496,020
현수막 2	50,177,600	50,177,600
현수막 3	11,088,000	30,904,500
현수막 4	5,588,000	-
현수막 5	-	-
현수막 6	7,205,000	-

위 표를 기초로 각 내역상의 금액을 비교하여 보면, 광고비 집행내역상 현수막 3~6 항목이 2017. 4. 21.자 이메일에 첨부되어 있는 광고비내역(갑 제6호증)의 '현수막3' 항목으로 통합된 것에 불과하다.

⑤ 원고는, 현수막의 경우 광고효과를 높이기 위하여 분양초기에 집중적으로 제작되어 사용되는데 올○디앤씨가 제출한 세금계산서는 2017. 4. 3. 세금계산서가 발행되고 그 무렵 대금이 지급된 점, 올○디앤씨는 이미 광고비를 선지급받은 바 있으므로 2017. 4.까지 그○에드에 결제를 미룰 이유도 없는 점에 비추어 보면, 이 사건 광고비는 올○디앤씨가 가공의 거래를 작출한 데 따른 것이라고 주장한다. 그러나 이 사건 광고비는 분양 초기라 할 수 있는 2016. 10.부터 같은 해 12.까지 납품된 현수막 대금인데, 올○디앤씨가 2017. 4. 3. 및 2017. 4. 5.에야 뒤늦게 지급한 것일 뿐이다. 나아가 원고가 올○디앤씨에 광고비를 선지급하였다는 사정만으로 이 사건 광고비 지출이 가공의 거래에 의한 것이라고 볼 수는 없다. ■

3. 타 법령에서의 하도급 규율

가. 의의 및 개요

-하도급법과 다른 개별법령 간의 적용 순위-

하도급법 이외에도 건설산업기본법이나 다른 개별 법령에도 하도급 위탁에 대한 제한 및 규제 규정이 많이 있다. 타 개별 법령과 하도급법의 적용에 있어서 그 관계가 문제된다.

결론적으로 하도급법은 하도급에 있어서 건설산업기본법이나 민법(상법)[68], 공정거래법[69]의 특별법이므로 우선 적용되지만, 하도급법에서 달리 규정하고 있지 않는

68) 민법 상법과 같은 사법(私法)에 대하여 경제적 불평등을 수정하고자 하는 경제법의 성격을 가지는 하도급법이 우선 적용되는 것은 그 본질상 당연하다. 따라서 사적자치의 원칙을 전제로 하는 민법 상법과 같은 사법(私法)에 하도급법의 규정이 우선된다(예컨대, 민법상의 지연이자에 하도급법상의 고시이자가 우선 적용된다는 판결로는 **대법원 2010. 10. 28. 선고 2010두16561 판결** 참조).

69) 본래 1984년 하도급거래 분야의 불공정행위를 개별적으로 규제하기 위하여 하도급법이 제정된 것이므로 특별법으로서 공정거래법에 우선하여 적용되는 것은 당연하다. 주의할 것은 원사업자의 부당한 행위가 하도급법상 규제되지 않는 행위라고 하더라도 면책되는 것은 아니고 특별법인 하도급법이 아닌 일반법인 공정거래법 제23조 제1항 제4호 거래상 지위남용행위로 처벌 할 수 있음은 당연하다고 할 것이다.

한 개별 법령에 하도급 특별규정(예컨대, 하도급제한에 대한 개별 규제 조항 등)이 있는 경우에는 그 규정이 하도급법에 앞서서 적용된다.

참고로 ① 하도급법 제28조(「독점규제 및 공정거래에 관한 법률」과의 관계)에서는 "하도급거래에 관하여 이 법의 적용을 받는 사항에 대하여는 「독점규제 및 공정거래에 관한 법률」 제23조 제1항 제4호를 적용하지 아니한다."고 규정하고 있고, ② 하도급법 제34조(다른 법률과의 관계)에서는 "「대·중소기업 상생협력 촉진에 관한 법률」, 「전기공사업법」, 「건설산업기본법」, 「정보통신공사업법」이 이 법에 어긋나는 경우에는 이 법에 따른다."고 규정하고 있다.

나. 하도급 규율 타법령의 내용

참고로 개별법령상의 하도급 제한과 그 내용을 간추려보면 아래 표와 같다.

법령	법령의 적용 범위 (규율 대상)	내용 (하도급제한 등)
① 건설산업기본법	○법 제2조 (정의) 4. **건설공사**: **토목공사,건축공사,산업설비공사,조경공사,환경시설공사,그 밖에 명칭에 관계없이 시설물을 설치·유지·보수하는 공사(시설물을 설치하기 위한 부지조성공사를 포함**한다) 및 **기계설비나 그 밖의 구조물의 설치 및 해체공사 등** [**제외**-전기공사업법에 따른 전기공사, 정보통신공사업법에 따른 정보통신공사, 소방시실공사업법에 따른 소방시설공사, 문화재 수리 등에 관한 법률에 따른 문화재 수리공사]	법29조1항(일괄하도급 금지) 2항(일괄하도급 금지) 3항(재하도급 금지) 법29조의2(건설공사의 하도급관리)
② 전기공사업법	○법 제2조 (정의) 1. "**전기공사**"란 다음 각 목의 어느 하나에 해당하는 설비 등을 설치 • 유지 • 보수하는 공사 및 이에 따른 부대공사로서 대통령령으로 정하는 것을 말한다. 가. 「전기사업법」 제2조제16호에 따른 **전기설비** 나. 전력 사용 장소에서 전력을 이용하기 위한 **전기계장설비**(電氣計裝設備) 다. **전기에 의한 신호표지** 라. 「신에너지 및 재생에너지 개발 • 이용 • 보급 촉진법」 제2조제3호에 따른 **신 • 재생에너지 설비 중 전기를 생산하는 설비** 마. 「지능형전력망의 구축 및 이용촉진에 관한 법률」 제2조제2호에 따른 **지능형전력망 중 전기설비**	법14조(하도급제한 등) 2항 (재하도급 금지)
③ 정보통신공사업법	○법 제2조 (정의) 2. **정보통신공사**: 정보통신설비의 설치 및 유지·보수에 관한 공사와 이에 따르는 부대공사(附帶工事)	법제31조
④ 소방시설공사업법	○법 제2조 (정의) 2. **소방시설공사업**: 설계도서에 따라 소방시설을 신설, 증설, 개설, 이전 및 정비(이하 "시공"이라 한다)하는 영업	법제22조
⑤ 문화재수리	○법 제2조 (정의) 1. **문화재수리**: 다음 각 목의 어느 하나에 해당하는 것의 보수·복원·정비 및 손상 방지를 위한 조치를 말한다.	법제25조

법령	법령의 적용 범위 (규율 대상)	내용 (하도급제한 등)
등에 관한법률	가. 「문화재보호법」 제2조제2항에 따른 **지정문화재**(무형문화재 제외) 나. 「문화재보호법」 제32조에 따른 **가지정문화재** 다. 지정문화재(가지정문화재를 포함한다)와 함께 전통문화를 구현·형성하고 있는 주위의 시설물 또는 조경(**대통령령**)	
⑥ 소프트웨어산업진흥법	○법 제2조 (정의) 3. **소프트웨어사업**: 소프트웨어산업 (소프트웨어의 개발, 제작, 생산, 유통 등과 이에 관련된 서비스 및 「전자정부법」 제2조제13호에 따른 정보시스템의 구축·운영 등과 관련된 산업)과 관련된 경제활동	법제20조의3
⑦ 승강기안전관리법	○법 제2조 (정의) **승강기 유지관리**–설치검사를 받은 승강기가 그 설계에 따른 기능 및 안전성을 유지할 수 있도록 주기적인 점검을 실시하고 승강기 또는 부품의 수리, 부품의 교체 등 승강기 안전관리활동	법제42조(구 법제11조의5)
⑧ 시설물의 안전및유지관리에 관한 특별법	○법 제2조 (정의) 5. "**안전점검**"이란 경험과 기술을 갖춘 자가 육안이나 점검기구 등으로 검사하여 시설물에 내재(내재)되어 있는 위험요인을 조사하는 행위를 말한다. 6. "**정밀안전진단**"이란 시설물의 물리적·기능적 결함을 발견하고 그에 대한 신속하고 적절한 조치를 하기 위하여 구조적 안전성과 결함의 원인 등을 조사·측정·평가하여 보수·보강 등의 방법을 제시하는 행위를 말한다. 8. "**내진성능평가(耐震性能評價)**"란 지진으로부터 시설물의 안전성을 확보하고 기능을 유지하기 위하여 「지진·화산재해대책법」 제14조제1항에 따라 시설물별로 정하는 내진설계기준에 따라 시설물이 지진에 견딜 수 있는 능력을 평가하는 것을 말한다.	법제8조의3

– 건설산업기본법[70] –

제29조 (건설공사의 하도급 제한) ① 건설업자는 도급받은 건설공사의 전부 또는 **대통령령**으로 정하는 주요 부분의 대부분을 다른 건설업자에게 하도급할 수 없다. 다만, 건설업자가 도급받은 공사를 대통령령으로 정하는 바에 따라 계획, 관리 및 조정하는 경우로서 대통령령으로 정하는 바에 따라 2인 이상에게 분할하여 하도급하는 경우에는 예외로 한다.

② **수급인은** 그가 도급받은 건설공사의 일부를 **동일한 업종에 해당하는 건설업자**에게 **하도급할 수 없다**. 다만, 발주자가 공사품질이나 시공상 능률을 높이기 위하여 필요하다고 인정하여 서면으로 승낙한 경우에는 예외로 한다.

③ **하수급인은 하도급받은 건설공사를 다른 사람에게 다시 하도급할 수 없다**. 다만, 다음 각 호의 어느 하나에 해당하는 경우에는 하도급할 수 있다. 〈개정 2013.3.23〉

1. 제2항 단서에 따라 종합공사를 시공하는 업종을 등록한 건설업자가 하도급받은 경우로서 그가 하도급받은 건설공사 중 전문공사에 해당하는 건설공사를 그 전문공사를 시공하는 업종을 등록한 건설업자에게 다시 하도급하는 경우
2. 전문공사를 시공하는 업종을 등록한 건설업자가 하도급받은 경우로서 다음 각 목의 요건을 모두 충족하여 하도급받은 전문공사의 일부를 그 전문공사를 시공하는 업종을 등록한 건

70) 건설산업기본법 [시행 2019. 12. 19.] [법률 제16415호, 2019. 4. 30., 일부개정]

설업자에게 다시 하도급하는 경우

가. 공사의 품질이나 시공상의 능률을 높이기 위하여 필요한 경우로서 국토교통부령으로 정하는 요건에 해당할 것

나. 수급인의 서면 승낙을 받을 것

④ 도급받은 공사의 일부를 하도급(제3항 단서에 따라 다시 하도급하는 것을 포함한다)한 건설업자와 제3항제2호에 따라 다시 하도급하는 것을 승낙한 자는 대통령령으로 정하는 바에 따라 발주자에게 통보를 하여야 한다. 다만, 다음 각 호의 어느 하나에 해당하는 경우에는 그러하지 아니하다. <개정 2012.6.1>

1. 제2항 단서에 따라 발주자가 하도급을 서면으로 승낙한 경우
2. 하도급을 하려는 부분이 그 공사의 주요 부분에 해당하는 경우로서 발주자가 품질관리상 필요하여 도급계약의 조건으로 사전승인을 받도록 요구한 경우

[전문개정 2011.5.24.]

제29조의2(건설공사의 하도급관리)

① 수급인은 도급받은 건설공사를 하도급하는 경우에는 하수급인이 제29조제3항을 준수하도록 관리하여야 한다.

② 수급인은 하수급인이 제29조제3항을 위반하여 도급계약을 체결하는 경우에는 그 사유를 분명하게 밝혀 그 도급계약 내용의 변경이나 해지를 요구할 수 있다.

③ 수급인은 하수급인이 정당한 사유 없이 제2항에 따른 요구에 따르지 아니하는 경우에는 해당 건설공사에 관한 하수급인과의 계약을 해지할 수 있다.

[전문개정 2011.5.24.]

– 전기공사업법[71] –

제12조(전기공사의 도급계약 등)

① 도급 또는 하도급의 계약당사자는 그 계약을 체결할 때 도급 또는 하도급의 금액, 공사기간, 그 밖에 **대통령령**으로 정하는 사항을 계약서에 분명히 기재하여야 하며, 서명날인한 계약서를 서로 주고받아 보관하여야 한다.

② 공사업자는 산업통상자원부령으로 정하는 바에 따라 도급·하도급 및 시공에 관한 사항을 적은 전기공사 도급대장을 비치(비치)하여야 한다. <개정 2013.3.23>

[전문개정 2008.12.26]

제14조(하도급의 제한 등)

① 공사업자는 도급받은 전기공사를 다른 공사업자에게 하도급 주어서는 아니 된다. 다만, **대통령령**으로 정하는 경우에는 도급받은 전기공사의 일부를 다른 공사업자에게 하도급 줄 수 있다.

② 하수급인은 하도급받은 전기공사를 다른 공사업자에게 다시 하도급 주어서는 아니 된다. 다만, 하도급받은 전기공사 중에 전기기자재의 설치 부분이 포함되는 경우로서 그 전기기자재를 납품하는 공사업자가 그 전기기자재를 설치하기 위하여 전기공사를 하는 경우에는 하도급 줄 수 있다.

③ 공사업자는 제1항 단서에 따라 전기공사를 하도급 주려면 미리 해당 전기공사의 발주자에

71) 전기공사업법 [시행 2020. 3. 24.] [법률 제17091호, 2020. 3. 24., 타법개정]

게 이를 서면으로 알려야 한다.

④ 하수급인은 제2항 단서에 따라 전기공사를 다시 하도급 주려면 미리 해당 전기공사의 발주자 및 수급인에게 이를 서면으로 알려야 한다.

[전문개정 2008.12.26.]

제15조(하수급인의 변경 요구 등)

① 제14조제3항 또는 제4항에 따른 통지를 받은 발주자 또는 수급인은 하수급인 또는 다시 하도급받은 공사업자가 해당 전기공사를 하는 것이 부적당하다고 인정되는 경우에는 대통령령으로 정하는 바에 따라 수급인 또는 하수급인에게 그 사유를 명시하여 하수급인 또는 다시 하도급받은 공사업자를 변경할 것을 요구할 수 있다.

② 발주자 또는 수급인은 수급인 또는 하수급인이 정당한 사유 없이 제1항에 따른 요구에 따르지 아니하여 전기공사 결과에 중대한 영향을 초래할 우려가 있다고 인정되는 경우에는 그 전기공사의 도급계약 또는 하도급계약을 해지할 수 있다.

[전문개정 2008.12.26]

– 정보통신공사업법[72] –

제25조(도급의 분리)

공사는 「건설산업기본법」에 따른 건설공사 또는 「전기공사업법」에 따른 전기공사 등 다른 공사와 **분리하여 도급**하여야 한다. 다만, 공사의 성질상 또는 기술관리상 분리하여 도급하는 것이 곤란한 경우로서 대통령령으로 정하는 경우에는 그러하지 아니하다.

[전문개정 2009.3.25]

제29조(공사의 도급 등)

발주자는 공사를 공사업자에게 도급하여야 한다. 다만, 제3조 제2호 또는 제3호에 해당하는 경우에는 그러하지 아니하다.

[전문개정 2009.3.25]

제31조(하도급의 제한 등)

① 공사업자는 도급받은 공사의 100분의 50을 초과하여 다른 공사업자에게 하도급을 하여서는 아니 된다. 다만, 다음 각 호의 어느 하나에 해당하는 경우에는 공사의 전부를 하도급하지 아니하는 범위에서 100분의 50을 초과하여 하도급할 수 있다. 〈개정 2014.5.28〉

1. 발주자가 공사의 품질이나 시공상의 능력을 높이기 위하여 필요하다고 인정하는 경우
2. 공사에 사용되는 자재를 납품하는 공사업자가 그 납품한 자재를 설치하기 위하여 공사하는 경우

② 하수급인은 하도급받은 공사를 다른 공사업자에게 다시 하도급을 하여서는 아니 된다. 다만, 하도급금액의 100분의 50 미만에 해당하는 부분을 대통령령으로 정하는 범위에서 다시 하도급하는 경우에는 그러하지 아니하다.

③ 공사업자가 도급받은 공사 중 그 일부를 다른 공사업자에게 하도급하거나 하수급인이 하도급받은 공사 중 그 일부를 다른 공사업자에게 다시 하도급하려면 그 공사의 발주자로부터 서면으로 승낙을 받아야 한다.

④ 제1항에 따라 공사업자가 하도급할 수 있는 공사의 내용 및 범위 등은 대통령령으로 정한

72) 정보통신공사업법 [시행 2020. 3. 24.] [법률 제17091호, 2020. 3. 24., 타법개정]

다.

[전문개정 2009.3.25]

제31조의2(하수급인 등의 지위)

① 하수급인은 하도급받은 공사를 시공할 경우 발주자에 대하여 수급인과 같은 의무를 진다.

② 제1항은 수급인과 하수급인 간의 법률관계에 영향을 미치지 아니한다.

[전문개정 2009.3.25]

제31조의3(하수급인의 의견청취)

수급인은 도급받은 공사를 시공할 때 하수급인이 있으면 하도급한 그 공사의 시공에 관한 공법·공정과 그 밖에 필요하다고 인정되는 사항에 관하여 미리 하수급인의 의견을 들어야 한다.

[전문개정 2009.3.25]

제31조의4(하도급대금의 지급 등)

① 수급인은 발주자로부터 도급받은 공사에 대한 준공금(竣工金)을 받은 경우에는 하도급대금의 전부를, 기성금(旣成金)을 받은 경우에는 하수급인이 시공한 부분에 상당한 금액을 각각 지급받은 날(수급인이 발주자로부터 공사대금을 어음으로 받은 경우에는 그 어음만기일을 말한다)부터 15일 이내에 하수급인에게 하도급대금을 현금으로 지급하여야 한다.

② 수급인은 발주자로부터 선급금을 받은 경우에는 하수급인이 자재의 구입, 현장근로자의 고용, 그 밖에 하도급공사를 시작할 수 있도록 그가 받은 선급금의 내용과 비율에 따라 하수급인에게 선급금을 지급하여야 한다. 이 경우 수급인은 하수급인이 선급금을 반환하여야 할 경우에 대비하여 하수급인에게 보증을 요구할 수 있다.

③ 수급인은 하도급을 한 후 설계변경 또는 물가변동 등의 사정으로 도급금액이 조정되는 경우에는 조정된 공사금액과 비율에 따라 하수급인에게 하도급금액을 증액 또는 감액하여 지급할 수 있다.

[전문개정 2009.3.25]

제31조의5(하도급대금의 직접 지급)

① 발주자는 다음 각 호의 어느 하나에 해당하는 경우에는 하수급인이 시공한 부분에 해당하는 하도급대금을 하수급인에게 직접 지급할 수 있다. 이 경우 발주자가 수급인에게 대금을 지급할 채무는 하수급인에게 지급한 하도급대금의 한도에서 소멸한 것으로 본다.

1. 발주자와 수급인 간에 하도급대금을 하수급인에게 직접 지급할 수 있다는 뜻과 그 지급의 방법·절차를 명백히 하여 합의한 경우
2. 하수급인이 수급인을 상대로 그가 시공한 부분에 대한 하도급대금의 지급을 명하는 확정판결을 받은 경우
3. 수급인의 지급정지·파산 등으로 인하여 수급인이 하도급대금을 지급할 수 없는 명백한 사유가 있다고 발주자가 인정하는 경우

② 수급인은 제1항제3호에 해당하는 경우로서 하수급인에게 책임이 있는 사유로 자신이 피해를 입을 우려가 있다고 인정되는 경우에는 그 사유를 명시하여 발주자에게 하도급대금의 직접 지급을 중지할 것을 요청할 수 있다.

③ 제1항제3호에 따라 하도급대금을 직접 지급하는 경우의 지급방법과 그 절차는 대통령령으로 정한다.

[전문개정 2009.3.25]

제31조의6(하도급계약의 적정성 심사 등)

① 발주자는 다음 각 호의 어느 하나에 해당하는 경우에는 하수급인의 시공능력 또는 하도급계약 내용의 적정성을 심사할 수 있다.

1. 공사의 규모와 전문성 등을 고려할 때 하수급인의 시공능력이 현저히 부족하다고 인정되는 경우
2. 하도급계약 금액이 대통령령으로 정하는 비율에 해당하는 금액 미만인 경우

② 발주자는 제1항에 따른 심사 결과 하수급인의 시공능력 또는 하도급계약 내용이 적정하지 아니하다고 인정되는 경우에는 그 사유를 분명하게 밝혀 수급인에게 하수급인 또는 하도급계약 내용의 변경을 요구할 수 있다.

③ 발주자는 수급인이 정당한 이유 없이 제2항의 요구에 따르지 아니하여 공사 결과에 중대한 영향을 미칠 우려가 있는 경우에는 해당 공사의 도급계약을 해지할 수 있다.

④ 제1항부터 제3항까지에 따른 하도급계약의 적정성 심사기준 및 심사방법, 하수급인 또는 하도급계약 내용의 변경요구 절차, 그 밖에 필요한 사항은 대통령령으로 정한다.

[본조신설 2014.5.28]

제32조(하수급인의 변경요구)

① 발주자는 하수급인이 그 공사를 시공하면서 관계 법령을 위반하여 시공하거나 설계도서대로 시공하지 아니한다고 인정될 때에는 대통령령으로 정하는 바에 따라 그 사유를 명시하여 수급인에게 하수급인의 변경을 요구할 수 있다.

② 발주자는 수급인이 정당한 이유 없이 제1항의 요구에 따르지 아니하여 공사 결과에 중대한 영향을 미칠 우려가 있다고 인정하는 경우에는 공사에 관한 도급을 해지할 수 있다.

[전문개정 2009.3.25.]

–소방시설공사업법[73]–

제22조(하도급의 제한)

① <u>제21조에 따라 도급을 받은 자는 소방시설공사의 시공을 제3자에게 하도급할 수 없다</u>. 다만, <u>**대통령령**</u>으로 정하는 경우에는 도급받은 소방시설공사의 일부를 한 번만 제3자에게 하도급할 수 있다.

② 삭제 <2014.12.30>

③ 삭제 <2014.12.30>

[전문개정 2010.7.23]

제22조의2(하도급계약의 적정성 심사 등)

① 발주자는 하수급인이 계약내용을 수행하기에 현저하게 부적당하다고 인정되거나 하도급계약금액이 <u>대통령령으로 정하는 비율에 따른 금액에 미달</u>하는 경우에는 하수급인의 시공 및 수행능력, 하도급계약 내용의 적정성 등을 심사할 수 있다. 이 경우, <u>국가, 지방자치단체 또는 대통령령으로 정하는 공공기관이 발주자</u>인 때에는 <u>적정성 심사를 실시하여야 한다</u>.

② 발주자는 제1항에 따라 심사한 결과 하수급인의 시공 및 수행능력 또는 하도급계약 내용이

73) 소방시설공사업법 타법개정 2017. 7. 26. [법률 제14839호, 시행 2017. 7. 26.]

적정하지 아니한 경우에는 그 사유를 분명하게 밝혀 수급인에게 하수급인 또는 하도급계약 내용의 변경을 요구할 수 있다. 이 경우 제1항 후단에 따라 적정성 심사를 하였을 때에는 하수급인 또는 하도급계약 내용의 변경을 요구하여야 한다.

③ 발주자는 수급인이 정당한 사유 없이 제2항에 따른 요구에 따르지 아니하여 공사 등의 결과에 중대한 영향을 끼칠 우려가 있는 경우에는 해당 소방시설공사등의 도급계약을 해지할 수 있다.

④ 제1항 후단에 따른 발주자는 하수급인의 시공 및 수행능력, 하도급계약 내용의 적정성 등을 심사하기 위하여 하도급계약심사위원회를 두어야 한다.

⑤ 제1항 및 제2항에 따른 하도급계약의 적정성 심사기준, 하수급인 또는 하도급계약 내용의 변경 요구 절차, 그 밖에 필요한 사항 및 제4항에 따른 하도급계약심사위원회의 설치·구성 및 심사방법 등에 관하여 필요한 사항은 대통령령으로 정한다.

[본조신설 2014.12.30]

제22조의3(하도급대금의 지급 등)

① 수급인은 발주자로부터 도급받은 소방시설공사등에 대한 준공금(준공금)을 받은 경우에는 하도급대금의 전부를, 기성금(기성금)을 받은 경우에는 하수급인이 시공하거나 수행한 부분에 상당한 금액을 각각 지급받은 날(수급인이 발주자로부터 대금을 어음으로 받은 경우에는 그 어음만기일을 말한다)부터 15일 이내에 하수급인에게 현금으로 지급하여야 한다.

② 수급인은 발주자로부터 선급금을 받은 경우에는 하수급인이 자재의 구입, 현장근로자의 고용, 그 밖에 하도급 공사 등을 시작할 수 있도록 그가 받은 선급금의 내용과 비율에 따라 하수급인에게 선금을 받은 날(하도급 계약을 체결하기 전에 선급금을 받은 경우에는 하도급 계약을 체결한 날을 말한다)부터 15일 이내에 선급금을 지급하여야 한다. 이 경우 수급인은 하수급인이 선급금을 반환하여야 할 경우에 대비하여 하수급인에게 보증을 요구할 수 있다.

③ 수급인은 하도급을 한 후 설계변경 또는 물가변동 등의 사정으로 도급금액이 조정되는 경우에는 조정된 금액과 비율에 따라 하수급인에게 하도급 금액을 증액하거나 감액하여 지급할 수 있다.

[본조신설 2014.12.30]

제22조의4(하도급계약 자료의 공개)

① 국가·지방자치단체 또는 대통령령으로 정하는 공공기관이 발주하는 소방시설공사등을 하도급한 경우 해당 발주자는 다음 각 호의 사항을 누구나 볼 수 있는 방법으로 공개하여야 한다.

1. 공사명
2. 예정가격 및 수급인의 도급금액 및 낙찰률
3. 수급인(상호 및 대표자, 영업소 소재지, 하도급 사유)
4. 하수급인(상호 및 대표자, 업종 및 등록번호, 영업소 소재지)
5. 하도급 공사업종
6. 하도급 내용(도급금액 대비 하도급 금액 비교명세, 하도급률)
7. 선급금 지급 방법 및 비율
8. 기성금 지급 방법(지급 주기, 현금지급 비율)

9. 설계변경 및 물가변동에 따른 대금 조정 여부
10. 하자담보 책임기간
11. 하도급대금 지급보증서 발급 여부(발급하지 아니한 경우에는 그 사유를 말한다)
12. 표준하도급계약서 사용 유무
13. 하도급계약 적정성 심사 결과

② 제1항에 따른 하도급계약 자료의 공개와 관련된 절차 및 방법, 공개대상 계약규모 등에 관하여 필요한 사항은 대통령령으로 정한다.

[본조신설 2014.12.30.]

–문화재수리 등에 관한 법률74)–

제24조(문화재수리등에 관한 도급의 원칙)

① 문화재수리등에 관한 도급(하도급을 포함한다. 이하 이 조에서 같다)의 당사자는 각각 대등한 입장에서 합의에 따라 공정하게 계약을 체결하고, 신의에 따라 성실하게 계약 내용을 이행하여야 한다.

② 문화재수리등에 관한 도급의 당사자는 계약을 체결할 때에 도급 금액, 수리기간과 그 밖에 대통령령으로 정하는 사항을 계약서에 분명하게 밝혀야 하며, 서명날인한 계약서를 각각 보관하여야 한다.

③ 수급인은 문화체육관광부령으로 정하는 바에 따라 문화재수리등에 관한 내용이 적힌 문화재수리 도급 대장, 실측설계 도급 대장 또는 감리 도급 대장을 주된 영업소에 보관하여야 한다.

제25조(하도급의 제한 등)

① 문화재수리를 도급받은 문화재수리업자는 그 문화재수리를 직접 수행하여야 한다. 다만, 종합문화재수리업자는 도급받은 문화재수리의 **일부**를 문화재수리 내용에 맞는 **전문문화재수리업자**에게 하도급할 수 있다.

② 제1항 단서에 따라 하도급을 하는 경우에는 도급받은 문화재수리 금액의 100분의 50을 초과하여 전문문화재수리업자에게 하도급할 수 없으며, 하도급을 한 종합문화재수리업자는 **대통령령**으로 정하는 바에 따라 발주자에게 그 사실을 알려야 한다.

③ 제1항 단서에 따라 종합문화재수리업자로부터 문화재수리의 일부를 하도급받은 전문문화재수리업자는 이를 다시 하도급할 수 없다.

④ 감리를 도급받은 수급인은 그 감리를 제3자에게 하도급할 수 없다.

제25조의2(하도급계약의 적정성 심사 등)

① 발주자는 다음 각 호의 어느 하나에 해당하는 경우에는 하수급인의 문화재수리 능력 또는 하도급계약 내용의 적정성을 심사할 수 있다.

1. 문화재수리의 규모와 전문성 등을 고려할 때 하수급인의 문화재수리 능력이 현저히 부족하다고 인정되는 경우
2. 하도급계약 금액이 대통령령으로 정하는 비율에 따른 금액에 미달하는 경우

② 발주자는 제1항에 따른 심사 결과 하수급인의 문화재수리 능력 또는 하도급계약 내용이 적정하지 아니하다고 인정되는 경우에는 그 사유를 분명하게 밝혀 수급인에게 하수급인 또

74) 문화재수리 등에 관한 법률 [시행 2019. 2. 4.] [법률 제13965호, 2016. 2. 3., 일부개정]

는 하도급계약 내용의 변경을 요구할 수 있다.

③ 발주자는 수급인이 정당한 이유 없이 제2항의 요구에 따르지 아니하여 문화재수리 결과에 중대한 영향을 미칠 우려가 있는 경우에는 해당 문화재수리의 도급계약을 해지할 수 있다.

④ 제1항부터 제3항까지에 따른 하도급계약의 적정성 심사기준 및 심사방법, 하수급인 또는 하도급계약 내용의 변경요구 절차, 그 밖에 필요한 사항은 대통령령으로 정한다.

[본조신설 2016.2.3]

제26조(하수급인 등의 지위)

① 하수급인은 하도급받은 문화재수리에 관하여는 발주자에 대하여 수급인과 같은 의무를 진다.

② 제1항은 수급인과 하수급인 간의 법률관계에는 영향을 미치지 아니한다.

제27조(하수급인의 의견청취)

수급인은 도급받은 문화재수리를 함에 있어 하수급인이 있는 경우에는 그 문화재수리에 관한 기법 및 공정, 그 밖에 필요하다고 인정되는 사항에 관하여 미리 하수급인의 의견을 들어야 한다.

제28조(하도급 대금의 지급 등)

① 수급인은 발주자로부터 도급받은 문화재수리에 대한 준공금을 받았을 때에는 하도급 대금의 전부를, 기성금(기성금)을 받았을 때에는 하수급인이 문화재수리한 부분에 상당한 금액을 각각 지급받은 날(수급인이 발주자로부터 문화재수리 대금을 어음으로 받았을 때에는 그 어음만기일을 말한다)부터 15일 이내에 하수급인에게 현금으로 지급하여야 한다.

② 수급인은 발주자로부터 선급금을 받은 경우에는 하수급인이 문화재수리를 착수할 수 있도록 그가 받은 선급금의 내용과 비율에 따라 하수급인에게 선급금을 지급하여야 한다. 이 경우 수급인은 하수급인이 선급금을 반환하여야 할 경우에 대비하여 하수급인에게 보증을 요구할 수 있다.

③ 수급인은 하도급을 한 후 설계 변경 또는 물가 변동 등의 사정으로 도급 금액이 조정되는 경우에는 조정된 문화재수리 금액과 비율에 따라 하수급인에게 하도급 금액을 늘리거나 줄여서 지급할 수 있다.

제29조(하도급 대금의 직접 지급)

① 발주자는 다음 각 호의 어느 하나에 해당하는 경우에는 하수급인이 문화재수리를 한 부분에 해당하는 하도급 대금을 하수급인에게 직접 지급할 수 있다. 이 경우 발주자의 수급인에 대한 대금 지급채무는 하수급인에게 지급한 한도에서 소멸한 것으로 본다.

1. 발주자와 수급인 간에 하도급 대금을 하수급인에게 직접 지급할 수 있다는 뜻과 그 지급의 방법 · 절차를 명백히 하여 합의한 경우
2. 하수급인이 수급인을 상대로 그가 문화재수리한 부분에 대한 하도급 대금의 지급을 명하는 확정판결을 받은 경우
3. 국가, 지방자치단체 또는 「공공기관의 운영에 관한 법률」 제4조에 따른 공공기관이 발주한 경우로서 다음 각 목의 어느 하나에 해당하는 경우

가. 수급인이 하도급 대금의 지급을 1회 이상 지체한 경우

나. 문화재수리 예정가격에 대비하여 문화체육관광부령으로 정하는 비율에 미달하는 금액으로 하도급을 체결한 경우

4. 수급인의 지급정지 · 파산 등으로 인하여 수급인이 하도급 대금을 지급할 수 없는 명백한 사유가 있다고 발주자가 인정하는 경우

② 수급인은 제1항제3호에 해당하는 경우로서 하수급인에게 책임이 있는 사유로 자신이 피해를 입을 우려가 있다고 인정되는 경우에는 그 사유를 분명하게 밝혀 발주자에게 하도급 대금의 직접 지급을 중지할 것을 요청할 수 있다.

③ 제1항제3호 및 제4호에 따라 하도급 대금을 직접 지급하는 경우의 지급 방법 및 절차는 문화체육관광부령으로 정한다.

제30조(발주자의 부당한 지시 금지 등)

① 문화재수리에 관한 도급을 체결한 발주자는 수급인이나 하수급인에게 이 법을 위반하여 부당한 지시를 하여서는 아니 된다.

② 수급인은 자신의 우월적 지위를 이용하여 정당한 사유 없이 하수급인에게 문화재수리와 관련된 불공정한 행위를 강요하여서는 아니 된다.

제31조(검사 및 인도)

① 수급인은 하수급인으로부터 하도급 문화재수리의 완료 또는 기성(기성) 부분의 통지를 받은 경우에는 10일 이내에 이를 확인하기 위한 검사를 하여야 한다.

② 수급인은 제1항에 따른 검사 결과 하도급 문화재수리가 계약대로 끝난 경우에는 지체 없이 이를 인수하여야 한다.

제32조(하수급인의 변경요구)

① 발주자는 하수급인이 문화재수리를 하면서 관계 법령을 위반하여 문화재수리를 하거나 설계도서대로 문화재수리를 하지 아니한다고 인정될 때에는 대통령령으로 정하는 바에 따라 그 사유를 분명하게 밝혀 수급인에게 하수급인을 변경하도록 요구할 수 있다.

② 발주자는 수급인이 정당한 사유 없이 제1항의 하수급인 변경요구에 따르지 아니하여 문화재수리 결과에 중대한 영향을 초래할 우려가 있다고 인정하는 경우에는 문화재수리에 관한 도급을 해지할 수 있다.

–소프트웨어산업 진흥법[75]–

제20조의3(하도급 제한 등)

① <u>소프트웨어사업자가 국가기관등의 장과 소프트웨어사업 계약을 체결하는 경우 사업금액의 100분의 50을 초과하여 하도급할 수 없다</u>. 다만, 다음 각 호의 어느 하나에 해당하는 경우에는 그러하지 아니하다. 〈개정 2017.7.26〉

1. 단순 물품의 구매·설치 용역 등
2. 신기술 또는 전문기술이 필요한 경우 등 과학기술정보통신부령으로 정하는 요건에 해당하는 경우

② 제1항에 따라 <u>하도급받은 소프트웨어사업자는 도급받은 사업을 다시 하도급할 수 없다</u>. 다만, 다음 각 호의 어느 하나에 해당하는 경우에는 하도급할 수 있다.

1. 하도급받은 사업의 품질 또는 수행 능률에 중대한 장애가 발생하여 이를 개선하기 위하여 불가피한 경우
2. 과업의 변경 등 하도급받은 사업의 여건 변화에 대응하기 위하여 불가피한 경우

---

75) 소프트웨어산업 진흥법 [시행 2018. 8. 22.] [법률 제15371호, 2018. 2. 21., 일부개정]

3. 그 밖에 하도급받은 사업의 수행을 위하여 필요하다고 **대통령령**으로 정하는 경우

③ 제1항, 제2항 단서에 따라 **하도급**하는 경우에는 **미리 국가기관등의 장으로부터 승인**을 받아야 한다.

④ 국가기관등의 장은 소프트웨어사업자가 하도급하려는 사업이 대통령령으로 정하는 사업금액 비율을 초과하는 경우에는 수급인에게 하수급인과 공동수급체로 참여할 것을 요청할 수 있다. 이 경우 요청을 받은 수급인은 특별한 사유가 없으면 이에 따라야 한다.

⑤ 제3항에 따른 하도급 승인 방법 및 절차 등에 관하여 필요한 사항은 과학기술정보통신부령으로 정한다. 〈개정 2017.7.26〉

[전문개정 2014.12.30.]

제20조의4(시정요구 등)

① 국가기관등의 장은 소프트웨어사업자가 다음 각 호의 어느 하나에 해당하면 시정을 요구하여야 한다.

1. 제20조의3제1항을 위반하여 하도급을 한 경우
2. 제20조의3제2항을 위반하여 하도급을 한 경우

② 국가기관등의 장은 제1항 각 호의 어느 하나에 해당하는 소프트웨어사업자에게 「국가를 당사자로 하는 계약에 관한 법률」, 「지방자치단체를 당사자로 하는 계약에 관한 법률」 등 관계 법률에 따라 입찰 참가자격을 제한하여야 한다.

[본조신설 2014.12.30][종전 제20조의4는 제20조의5로 이동 〈2014.12.30〉]

-승강기 안전관리법[76]-

제42조 (유지관리업무의 하도급 제한)[77]

유지관리업자는 그가 계약을 맺은 승강기의 유지관리업무를 다른 유지관리업자 등에게 하도급하여서는 아니 된다. 다만, 대통령령으로 정하는 비율 이하의 유지관리업무를 다른 유지관리업자에게 하도급하는 경우로서 승강기 관리주체(유지관리업자가 승강기 관리주체인 경우에는 그 승강기 소유자나 다른 법령에 따라 승강기 관리자로 규정된 자를 말한다)가 서면으로 동의한 경우에는 그러하지 아니하다.

[전문개정 2012.2.22.]

-시설물의 안전관리에 관한 특별법[78]-

제8조의3(하도급 제한 등)

① 안전진단전문기관, 유지관리업자 또는 공단은 관리주체로부터 안전점검이나 정밀안전진단 실시에 관한 도급을 받은 경우에는 하도급할 수 없다. 다만, 총 도급금액의 100분의 50 이하의 범위 내에서 전문기술이 필요한 경우 등 **대통령령**으로 정하는 경우에는 1회에 한하여 하도급할 수 있다.

② 제1항 단서에 따라 하도급을 한 자는 대통령령으로 정하는 바에 따라 관리주체에게 통보하여야 한다. [본조신설 2008.3.21.]

---

76) 승강기 안전관리법 [시행 2020. 3. 24.] [법률 제17091호, 2020. 3. 24., 타법개정]

77) 구 승강기시설 안전관리법 제11조의 5

78) 시설물의 안전 및 유지관리에 관한 특별법 [시행 2020. 2. 21.] [법률 제16497호, 2019. 8. 20., 일부개정]

다. 건설산업기본법과의 관계

첫째, 하도급법이 건설산업기본법에 대하여 특별법 우선의 원칙상 우선 적용된다는 점은 언급하였다.

둘째, 건설산업기본법상 허용되지 않는 '일괄하도급, 재하도급'의 경우에도 하도급법을 적용하는지 여부가 문제될 수 있다. 요컨대, 건설산업기본법상 일괄하도급과 재하도급 금지규정에 위반되어 제재를 받을 수 있는 것은 별론으로 하더라도, 하도급법의 적용과 관련해서는 일괄하도급과 재하도급이 건설업 등록을 한 건설업자간의 하도급거래이고 또한 하도급법 제2조에 의한 원·수급사업자 요건을 충족하는 경우에는 하도급법의 적용대상이 된다(**불법의 주장 금지**).

라. 민간투자사업과의 관계

첫째, 민간투자사업의 경우에도 도급을 받은 건설사(수급인)가 적법하게 하도급계약을 체결하는 경우 하도급을 받은 수급사업자와의 관계에서는 하도급법의 적용요건을 충족하는 한 하도급법이 적용된다.

둘째, 민간투자사업에 있어서는 발주자가 민간투자사업시행법인(Special Purpose Company)[79]이다. 즉 국가계약법(지방계약법)과 같은 공공발주(이하 '전자'라고 한다)에 있어서는 발주자가 국가, 자방자치단체 또는 공공단체(국가계약법 내지 지방계약법을 준용하는 경우)가 되는데 반하여 민간투자사업(이하 '후자'라고 한다)의 경우에는 주무관청이 발주자가 되지 아니하고 민간투자사업시행법인이 발주자이다. 따라서 양자는 계약에 있어서 당사자 관계가 달라진다. 즉 전자는 발주자가 국가 등과 수급인이 되고 건설사 등 원사업자, 하도급관계는 수급인과 수급사업자 사이에 체결되는 반면, 후자는 민간투자사업시행법인이 발주자(국가나 지방자치단체가 아니다)이므로 수급인은 민간투자사업시행법인과 공사도급계약을 체결하는 건설사가 되고 그 건설사(원사업자)와 사이에 하도급계약을 체결하는 수급사업자가 하도급계약 관계를 맺게 된다. 이러한 차이점으로 인하여 법적으로 다른 적용을 받게 된다. 예컨대, ① 전자는 건설산업기본법 제31조[80]에 규정된 하도급계약의 적정성 심사 등의 규율을 받게 되

79) 사회기반시설에 대한 민간투자법 제14조에 의하면 사업시행자는 법인이 아닌 개인도 가능하지만 대부분의 경우 특수목적법인을 설립하여 사업을 진행하게 된다.

80) 건설산업기본법 [시행 2019. 12. 19.] [법률 제16415호, 2019. 4. 30., 일부개정]
제31조(하도급계약의 적정성 심사 등) ① 발주자는 하수급인이 건설공사를 시공하기에 현저하게 부적당하다고 인정되거나 하도급계약금액이 대통령령으로 정하는 비율에 따른 금액에 미달하는 경우에는 하수급인의 시공능력, 하도급계약내용의 적정성 등을 심사할 수 있다.
② 국가, 지방자치단체 또는 대통령령으로 정하는 공공기관이 발주자인 경우에는 하수급인이 건설공사를 시공하기에 현저하게 부적당하다고 인정되거나 하도급계약금액이 대통령령으로 정하는 비율에 따른 금액에 미달하는

지만 민간투자사업은 그 적용을 받지 않는다. 또한 ② 하도급법 제14조에서 규정하고 있는 직접지급청구권의 행사와 관련하여 전자는 발주자인 국가, 자방자치단체 또는 공공단체를 상대로 수급사업자가 행사를 하게 되는 반면, 후자는 민간투자사업시행법인을 상대로 수급사업자가 하도급대금직접지급청구를 하게 된다.

셋째, 계약금액 조정 등의 차이점이다. 전자(공공발주)는 계약금액조정에 관한 일반 법령을 근거로 물가변동, 설계변경, 기타 사유(예컨대, 공기연장에 의한 간접비 등)에 의한 계약금액 조정이 적용되는데, 후자(민간투자사업)는 이와 달리 총사업비불변의 원칙[81]이 적용되어 계약금액조정이 인정되지 않는 것이 원칙이다. 후자의 경우 민간투자사업의 특수한 구조(정부지원금 등 재정지원과 향후 예상 수입 내지 정부지급금의 계산을 통한 예상수익률을 산정한 후 사업비가 결정되는 구조)를 가지고 있기 때문이다.

마. 관련 사례

종합건설업자가 발주자로부터 건설산업기본법 상의 건설공사(도로공사)에 추가하여 일부 전기공사(전기설비의 설치 및 유지, 보수를 위한 공사)를 같이 발주받은 후 이를 발주자의 승인하게 하도급을 한 사안에서 전기공사업법 일괄하도급법위반이 아니라고 본 판결이 있다(**서울고등법원 2017. 12. 13. 선고 2017누38180 판결[영업정지처분취소청구의소]**).

[참조 판결]

-서울고등법원 2017. 12. 13. 선고 2017누38180 판결[82][시정명령취소]-

[지○○건설 사례]

[판결이유]

1) 원고가 도급받은 이 사건 추가공사의 성격

경우에는 하수급인의 시공능력, 하도급계약내용의 적정성 등을 심사하여야 한다.

③ 발주자는 제1항 및 제2항에 따라 심사한 결과 하수급인의 시공능력 또는 하도급계약내용이 적정하지 아니한 경우에는 그 사유를 분명하게 밝혀 수급인에게 하수급인 또는 하도급계약내용의 변경을 요구할 수 있다. 이 경우 제2항에 따라 심사한 때에는 하수급인 또는 하도급계약내용의 변경을 요구하여야 한다.

④ 발주자는 수급인이 정당한 사유 없이 제3항에 따른 요구에 따르지 아니하여 공사 결과에 중대한 영향을 끼칠 우려가 있는 경우에는 해당 건설공사의 도급계약을 해지할 수 있다.

⑤ 제2항에 따른 발주자는 하수급인의 시공능력, 하도급계약내용의 적정성 등을 심사하기 위하여 하도급계약심사위원회를 두어야 한다.

⑥ 제1항부터 제3항까지에 따른 하도급계약의 적정성 심사기준, 하수급인 또는 하도급계약내용의 변경 요구 절차, 그 밖에 필요한 사항 및 제5항에 따른 하도급계약심사위원회의 설치·구성, 심사방법 등에 관하여 필요한 사항은 대통령령으로 정한다. [전문개정 2011.5.24.]

81) 민간투자사업은 물가변동과 사업수익률을 감안하여 사업참여자가 제안을 하고 협의하여 결정하기 때문이다.

82) 본 판결의 원심(서울행정법원 2017. 2. 3. 선고 2016구합68335 판결)은 일괄하도급 위반이라는 이유로 처분이 적법하다고 보았다.

원고는 이 사건 추가공사가 이 사건 도로공사의 부대공사로 추가된 이상 전체적으로 토목공사에 해당한다는 취지로 주장하나, ① 건설산업기본법 제16조 제3항, 같은 법 시행령 제21조는 부대공사가 건설산업기본법이 적용되는 건설공사임을 전제로 그 범위에 관하여 정하고 있는데, 건설산업기본법 제2조 제4호에 의하면 토목공사와 달리 전기공사업법에 따른 전기공사는 건설공사에 포함되지 않으므로 토목공사인 이 사건 도로공사와 전기공사인 이 사건 추가공사 사이에 주된 공사와 부대공사의 관계가 성립될 수 없는 점, ② 송도4교와 같은 사장교의 피뢰침과 항공장애등의 설치는 관계법령상 위 교량의 '개통 및 운용'을 위해 필수적일 뿐이지 이 사건 추가공사가 이 사건 도로공사의 '시공 과정'상 필수적으로 수반되는 것은 아닌 점, ③ 원고의 주장에 따르더라도 이 사건 추가공사 중 경관조명등 설치 부분은 교량의 야간 이미지 연출을 위한 것에 불과하여 도로공사의 부대공사라고 볼 수 없는 점, ④ 만일 공종간의 종속성 및 연계성, 공사의 수반성 등으로 인해 전기공사가 이 사건 도로공사의 부대공사로서의 성격을 지니고 있었다면 애당초 전기공사 또한 건설산업기본법 상 건설공사 종류의 하나로 규정되어 있었어야 할 것인 점 등을 종합하면, 이 사건 추가공사를 이 사건 도로공사의 부대공사로 볼 수 없으므로 원고의 이 부분 주장을 받아들일 수 없다.

2) <u>건설산업기본법 상 하도급 제한 규정의 적용 여부</u>

이 사건 추가공사의 실질은 전기공사인 점, 앞서 본 바와 같이 건설산업기본법 제2조 제4호에 따라 전기공사는 토목공사를 비롯한 건설공사에 포함될 수 없으므로 규정상으로는 전기공사와 토목공사의 성격을 겸유하는 공사가 존재할 수 없고 전기공사에 해당하면 전기공사업법에 따라야 하는 것이 명확한 점, 전기공사 자체의 전문성, 공사계약 당시 예상할 수 없는 위험의 발생가능성 등을 고려하면 발주자가 통합발주하였다는 사정만으로 전기공사를 건설산업기본법 상 건설공사로 의율할 수 없는 점 등을 종합하면, 이 사건 하도급에 건설산업기본법 상 하도급 제한 규정이 적용되어야 한다는 원고의 주장은 받아들이지 아니한다.

3) <u>처분사유의 존부</u>

가) 관련 규정

<u>**전기공사업법 제14조 제1항 본문**</u>은 "공사업자는 도급받은 전기공사를 다른 공사업자에게 하도급 주어서는 아니 된다.", <u>**같은 항 단서**</u>는 "다만, 대통령령으로 정하는 경우에는 도급받은 전기공사의 일부를 다른 공사업자에게 하도급 줄 수 있다."라고 각 규정하고 있고, 그 위임에 따라 <u>**같은 법 시행령 제10조**</u>는 <u>① 도급받은 전기공사 중 공정별로 분리하여 시공하여도 전체 전기공사의 완성에 지장을 주지 아니하는 부분을 하도급하는 경우, ② 수급인이 전기공사업법 제17조에 따른 시공관리책임자를 지정하여 하수급인을 지도·조정하는 경우 모두에 해당하는 경우</u> 공사업자가 도급받은 전기공사의 일부를 다른 공사업자에게 하도급 줄 수 있다고 정하고 있다.

나) 구체적 판단

<u>이 사건 쟁점공사는 전기공사 중 전기설비의 설치 및 유지, 보수를 위한 공사에 해당하므로 원고는 전기공사의 일부를 수행한 것으로 볼 수 있다. 따라서 이 사건 하도급은 전기공사의 일부 하도급으로서 이것이 전기공사업법 제14조 제1항을 위반하였다고 볼 수는 있어도 그 하도급이 전기공사의 전체 공정을 일괄 하도급 한 경우에 해당한다고 볼 수는 없다.</u> 그런데 피고는 원고가 위 전기공사의 전체 공정을 일괄 하도급 하였다는 이유로 이 사건 처분을 하였으니, 이 사건 처분 사유는 인정할 수 없고 따라서 원고의 이 부분 주장은 이유 있다.■

제2장

하도급법상 원사업자의 의무사항

제2장
하도급법상 원사업자의 의무사항

Ⅰ. 서면 발급 및 서류보전의무

하도급법 제3조에서는 원사업자의 첫 번째 의무사항으로서 '서면발급 및 서류보존의무'를 규정하고 있다.

1. 관련 법령

가. 관련 규정

하도급법 제3조 및 동법시행령 제3조, 제4조, 제5조 및 제6조에 규정하고 있다.

– 하도급법–

제3조(서면의 발급 및 서류의 보존) ① 원사업자가 수급사업자에게 제조등의 위탁을 하는 경우 및 제조등의 위탁을 한 이후에 **해당 계약내역에 없는 제조등의 위탁 또는 계약내역을 변경하는 위탁**(이하 이 항에서 "**추가·변경위탁**"이라 한다)을 하는 경우에는 제2항의 사항을 적은 서면(「전자문서 및 전자거래 기본법」 제2조제1호에 따른 전자문서를 포함한다. 이하 이 조에서 같다)을 다음 각 호의 구분에 따른 기한까지 수급사업자에게 발급하여야 한다. <개정 2016.3.29.>

1. 제조위탁의 경우: 수급사업자가 제조등의 위탁 및 추가·변경위탁에 따른 물품 납품을 위한 작업을 시작하기 전
2. 수리위탁의 경우: 수급사업자가 제조등의 위탁 및 추가·변경위탁에 따른 수리행위를 시작하기 전
3. 건설위탁의 경우: 수급사업자가 제조등의 위탁 및 추가·변경위탁에 따른 계약공사를 착공하기 전
4. 용역위탁의 경우: 수급사업자가 제조등의 위탁 및 추가·변경위탁에 따른 용역수행행위를 시작하기 전

② 제1항의 서면에는 하도급대금과 그 지급방법 등 하도급계약의 내용 및 제16조의2제1항에 따른 목적물등의 공급원가 변동 시 하도급대금의 조정요건, 방법 및 절차 등 대통령령으로 정하는 사항을 적고 원사업자와 수급사업자가 서명(「전자서명법」 제2조제3호에 따른 공인전자서명을 포함한다. 이하 이 조에서 같다) 또는 기명날인하여야 한다. <개정 2010. 1. 25., 2018. 1. 16.>[83]

83) 개정 하도급법 사항: ② 제1항의 서면에는 하도급대금과 그 지급방법 등 하도급계약의 내용 및 제16조의2제1항

③ 원사업자는 제2항에도 불구하고 위탁시점에 확정하기 곤란한 사항에 대하여는 재해·사고로 인한 긴급복구공사를 하는 경우 등 <u>정당한 사유</u>가 있는 경우에는 해당 사항을 적지 아니한 서면을 발급할 수 있다. 이 경우 해당 사항이 정하여지지 아니한 이유와 그 사항을 정하게 되는 예정기일을 서면에 적어야 한다. 〈신설 2010.1.25.〉

④ 원사업자는 제3항에 따라 일부 사항을 적지 아니한 서면을 발급한 경우에는 해당 사항이 확정되는 때에 지체 없이 그 사항을 적은 새로운 서면을 발급하여야 한다. 〈신설 2010.1.25.〉

⑤ 원사업자가 제조등의 위탁을 하면서 제2항의 사항을 적은 서면(제3항에 따라 일부 사항을 적지 아니한 서면을 포함한다)을 발급하지 아니한 경우에는 수급사업자는 위탁받은 작업의 내용, 하도급대금 등 **<u>대통령령</u>**으로 정하는 사항을 원사업자에게 서면으로 통지하여 위탁내용의 확인을 요청할 수 있다. 〈신설 2010.1.25.〉

⑥ 원사업자는 제5항의 통지를 받은 날부터 **<u>15일</u>** 이내에 그 내용에 대한 인정 또는 부인(否認)의 의사를 수급사업자에게 서면으로 회신을 발송하여야 하며, 이 기간 내에 회신을 발송하지 아니한 경우에는 원래 수급사업자가 통지한 내용대로 위탁이 있었던 것으로 **<u>추정</u>**한다. 다만, 천재나 그 밖의 사변으로 회신이 불가능한 경우에는 그러하지 아니하다. 〈신설 2010.1.25.〉

⑦ 제5항의 통지에는 수급사업자가, 제6항의 회신에는 원사업자가 **<u>서명 또는 기명날인</u>**하여야 한다. 〈신설 2010.1.25.〉

⑧ 제5항의 통지 및 제6항의 회신과 관련하여 필요한 사항은 **<u>대통령령</u>**으로 정한다. 〈신설 2010.1.25.〉

⑨ 원사업자와 수급사업자는 **<u>대통령령</u>**으로 정하는 바에 따라 하도급거래에 관한 서류를 **<u>보존</u>**하여야 한다. 〈개정 2010.1.25.〉

[전문개정 2009.4.1.]

제3조의2(표준하도급계약서의 작성 및 사용) 공정거래위원회는 이 법의 적용 대상이 되는 사업자 또는 사업자단체에 표준하도급계약서의 작성 및 사용을 권장할 수 있다.

[전문개정 2009.4.1.]

– 하도급법 시행령 –

제3조(서면 기재사항) 법 제3조제2항에서 ""하도급대금의 조정요건, 방법 및 절차 등 대통령령으로 정하는 사항"이란 다음 각 호의 사항을 말한다. 〈개정 2018. 7. 10.〉

1. 위탁일과 수급사업자가 위탁받은 것(이하 "목적물등"이라 한다)의 내용
2. 목적물등을 원사업자(原事業者)에게 납품·인도 또는 제공하는 시기 및 장소
3. 목적물등의 검사의 방법 및 시기
4. 하도급대금(선급금, 기성금 및 법 제16조에 따라 하도급대금을 조정한 경우에는 그 조정된 금액을 포함한다. 이하 같다)과 그 지급방법 및 지급기일
5. 원사업자가 수급사업자에게 목적물등의 제조·수리·시공 또는 용역수행행위에 필요한 원

에 따른 하도급대금의 조정요건, 방법 및 절차 등 대통령령으로 정하는 사항을 적고 원사업자와 수급사업자가 서명(「전자서명법」 제2조제3호에 따른 공인전자서명을 포함한다. 이하 이 조에서 같다) 또는 기명날인하여야 한다. 〈개정 2010. 1. 25., 2018. 1. 16., **2019. 11. 26.**〉

재료 등을 제공하려는 경우에는 그 원재료 등의 품명·수량·제공일·대가 및 대가의 지급방법과 지급기일

6. 목적물등의 제조·수리·시공 또는 용역수행행위를 위탁한 후 목적물등의 공급원가 변동에 따른 하도급대금 조정의 요건, 방법 및 절차

제4조(위탁내용의 확인) 법 제3조제5항에서 "위탁받은 작업의 내용, 하도급대금 등 대통령령으로 정하는 사항"이란 다음 각 호의 사항을 말한다.

1. 원사업자로부터 위탁받은 작업의 내용
2. 하도급대금
3. 원사업자로부터 위탁받은 일시
4. 원사업자와 수급사업자의 사업자명과 주소(법인 등기사항증명서상 주소, 사업장 주소를 포함한다. 이하 같다)
5. 그 밖에 원사업자가 위탁한 내용

제5조(통지 및 회신의 방법 등) ① 법 제3조제5항 및 제6항에 따른 통지 및 회신은 다음 각 호의 어느 하나에 해당하는 방법으로 한다. 〈개정 2013.7.22.〉

1. **내용증명우편**
2. **「전자문서 및 전자거래 기본법」 제2조제1호에 따른 전자문서로서 다음 각 목의 어느 하나에 해당하는 요건**을 갖춘 것

가. 「전자서명법」 제2조제3호에 따른 공인전자서명이 있을 것

나. 「전자문서 및 전자거래 기본법」 제2조제8호에 따른 공인전자주소를 이용할 것

3. 그 밖에 통지와 회신의 내용 및 수신 여부를 객관적으로 확인할 수 있는 방법

② 제1항에 따른 통지와 회신은 원사업자와 수급사업자의 주소(전자우편주소 또는 제1항제2호 나목에 따른 공인전자주소를 포함한다)로 한다. 〈개정 2013.7.22.〉

③ 공정거래위원회는 제1항에 따른 **통지와 회신에 필요한 양식**을 정하여 보급할 수 있다.[84]

제6조(서류의 보존) ① 법 제3조제9항에 따라 보존하여야 하는 하도급거래에 관한 서류는 법 제3조제1항의 서면과 다음 각 호의 서류 또는 다음 각 호의 사항이 기재된 서류(컴퓨터 등 정보처리능력을 가진 장치에 의하여 전자적인 형태로 작성, 송수신 또는 저장된 것을 포함한다. 이하 이 조에서 같다)를 말한다. 〈개정 2013. 7. 22., 2018. 7. 10.〉

1. 법 제8조제2항에 따른 수령증명서
2. 법 제9조에 따른 목적물등의 검사 결과, 검사 종료일
3. 하도급대금의 지급일·지급금액 및 지급수단(어음으로 하도급대금을 지급하는 경우에는 어음의 교부일·금액 및 만기일을 포함한다)
4. 법 제6조에 따른 선급금 및 지연이자, 법 제13조제6항부터 제8항까지의 규정에 따른 어음할인료, 수수료 및 지연이자, 법 제15조에 따른 관세 등 환급액 및 지연이자를 지급한 경우에는 그 지급일과 지급금액
5. 원사업자가 수급사업자에게 목적물등의 제조·수리·시공 또는 용역수행행위에 필요한 원재료 등을 제공하고 그 대가를 하도급대금에서 공제한 경우에는 그 원재료 등의 내용과

84) 하도급거래 공정화지침3-1. 하도급계약 추정제에서의 통지와 회신의 양식(법 제3조, 시행령 제5조제3항)(개정 : 2010. 10. 29.)에서 하도급법 시행령 제5조제3항에 따라 공정거래위원회가 정하여 보급할 수 있는 통지와 회신의 양식을 [서식1 위탁내용 확인 요청서]과 [서식2 위탁내용 확인 요청에 대한 회신]로 정하고 있다.

공제일 · 공제금액 및 공제사유

5의2. 법 제11조제1항 단서에 따라 하도급대금을 감액한 경우에는 제7조의2 각 호의 사항을 적은 서면의 사본

5의3. 법 제12조의3제1항 단서에 따라 기술자료의 제공을 요구한 경우에는 제7조의3 각 호의 사항을 적은 서면의 사본

6. 법 제16조에 따라 하도급대금을 조정한 경우에는 그 조정한 금액 및 사유

7. 법 제16조의2에 따라 다음 각 목의 어느 하나에 해당하는 자가 목적물등의 공급원가 변동에 따라 하도급대금 조정을 신청한 경우에는 신청 내용 및 협의 내용, 그 조정금액 및 조정사유

가. 수급사업자

나. 「중소기업협동조합법」 제3조제1항제1호 또는 제2호에 따른 중소기업협동조합(이하 "조합"이라 한다)

8. 입찰명세서, 낙찰자결정품의서, 견적서, 현장설명서, 설계설명서 등 하도급대금 결정과 관련된 서류. 다만, 현장설명서 및 설계설명서는 건설위탁의 경우에만 해당한다.

② 제1항에 따른 서류는 법 제23조제2항에 따른 거래가 끝난 날부터 **3년(제1항제5호의3에 따른 서류는 7년)간 보존**하여야 한다. 〈개정 2018. 10. 16.〉

② 제1항에 따른 서류는 법 제23조제2항에 따른 거래가 끝난 날부터 **3년간 보존**하여야 한다.

- 하도급거래 공정화지침-

3. 서면의 발급 (법 제3조, 시행령 제3조)

적법한 서면발급 여부에 관한 판단기준을 예시하면 다음과 같다.

(1) 기본계약서 또는 개별계약서에 위탁일, 품명, 수량, 단가, 하도급대금, 납기 등 법에서 규정하고 있는 중요기재사항을 담은 서면을 발급한 경우는 적법한 서면발급으로 본다.

(2) 빈번한 거래에 있어 계약서에 법정기재사항의 일부가 누락되어 있으나, 건별 발주 시 제공한 물량표 등으로 누락사항의 파악이 가능한 경우는 적법한 서면발급으로 본다.

(3) 법정기재사항의 일부분이 누락되었으나 업종의 특성이나 현실에 비추어 볼 때 거래에 큰 문제가 없다고 판단되는 경우는 적법한 서면발급으로 본다.

(4) (삭제 : 2010.7.23.)

(5) 기본계약서를 발급하고 FAX, 기타 전기 · 전자적인 형태 등에 의해 발주한 것으로 발주내용이 객관적으로 명백하다고 판단되는 경우 적법한 서면발급으로 본다.

(6) 기본계약서를 발급하고 수출용물품을 제조위탁 하는 경우 수급사업자가 원사업자에게 제출한 물품매도확약서(offer sheet)를 개별계약서로 갈음할 수 있다.

(7) 양당사자의 기명날인이 없는 서면을 발급한 경우는 서면미발급으로 본다.

(8) 실제의 하도급거래관계와 다른 허위사실을 기재한 서면을 발급한 경우는 서면미발급으로 본다.

(9) 1건의 하도급공사에 대하여 2종 이상의 계약서(계약서로 간주될 수 있는 서류 포함)가 존재할 때는 실제의 하도급거래관계에 입각한 서면을 적법한 것으로 본다. 다만, 실제의 거래관계를 구체적으로 입증하지 못하는 경우에는 계약의 요건을 보다 충실하게 갖춘 서면

(예 : 발주처에 통보한 서면 등)을 적법한 서면으로 본다.

(10) 추가공사의 위탁과 관련한 경우

(가) 경미하고 빈번한 추가작업으로 인해 물량변동이 명백히 예상되는 공종에 대해 시공완료 후 즉시 정산합의서로 계약서를 대체한 경우는 적법한 서면발급으로 본다.

(나) 추가공사 범위가 구분되고 금액이 상당함에도 불구하고 이에 대한 구체적인 추가계약서나 작업지시서 등을 발급하지 아니한 경우는 서면미발급으로 본다.

(다) 시공과정에서 추가 또는 변경된 공사물량이 입증되었으나 당사자간의 정산에 다툼이 있어 변경계약서 또는 정산서를 발급하지 아니하는 경우는 원사업자가 구체적으로 적시하지 않은 책임이 있는 것으로 보아 서면미발급으로 본다.

(라) 구체적인 계약서 형태를 갖추지 않았으나 원사업자의 현장관리자가 추가공사에 대한 금액산정이 가능한 약식서류 등을 제공한 경우는 불완전한 서면발급으로 본다.

3-1. **하도급계약 추정제에서의 통지와 회신의 양식**(법 제3조, 시행령 제5조제3항)

(개정 : 2010.10.29.)

하도급법 시행령 제5조제3항에 따라 공정거래위원회가 정하여 보급할 수 있는 통지와 회신의 양식은 [서식1]과 [서식2]와 같다. 끝

나. 취지

하도급 관계에서 원사업자가 우월적 지위를 이용하여 수급사업자와 구두계약의 체결을 통한 여러 가지 불합리한 관행[85]을 없애고 이를 통하여 수급사업자의 계약상 권리를 확보하고자 하도급법에서 원사업자의 하도급계약서 등 서면 교부의무를 규정하고 있다. 또한 하도급계약 관계의 권리의무의 명확화를 위하여 원사업자와 수급사업자 양 당사자 모두에게 서류 보존의무를 부과하고 있다.

이하에서 보는 바와 같이 서면미발급과 관련된 공정거래위원회의 불공정 하도급 거래 사례를 보면 동규정의 취지를 확인 할 수 있다.

-서면미발급과 관련된 불공정 하도급 거래 사례[86]-

① 구두발주로 인해 원사업자의 부당한 위탁취소 입증이 어렵게 된 사례<공공기관 종합 홍보영상 제작 대행(용역) 위탁 사례>

◇ 광고 및 홍보대행 업체인 A사는 B사에게 OO공단 홍보영상CG 제작 용역 등 3건을 B사에 위탁하면서 서면계약서를 교부하지 않음

◇ B사는 홍보 캠페인 제작을 위탁받기로 A사와 구두 합의한 후 30편이 넘는 기획안과 콘티 및 스토리보드, 100여개 이상의 참조영상자료 등을 A사에 제공하였고 A사는 동 자료를 바

85) 예컨대 계약서 작성 없이 구두로 작업을 지시하고 나중에 작업 결과에 대하여 합의된 하도급계약 내용을 부인하거나 대금의 삭감 등의 행위로 이어지는 사례 등을 들 수 있다.

86) 본 사례의 예시는 공정거래위원회가 2012. 1. 1.부터 '하도급 서면 발급 보존 가이드라인'을 시행하면서 예시한 내용이다.

탕으로 제안서를 제출하여 최종 낙찰자로 선정되었으나, 이후 구두합의를 어기고 타 업체에게 용역을 위탁하고 기획료 마저 미지급하였다고 주장(A사가 최종낙찰자로 선정될 경우 성공보수 명목으로 TV-캠페인 부문을 위탁하기로 하였다는 내용도 구두 합의하였다고 주장)

◇ 이에 대해 A사는 B사가 켐페인 영상물 납품 기한을 지키지 못해 B사의 제작물은 입찰에 사용하지 못했으므로 대금을 지급할 수 없고 C사에 용역위탁하기로 하였다고 주장

⇒ 신고인의 상기 주장에도 불구하고, 하도급 대금 및 지급방법, 목적물 등의 인도일 등 계약사항을 객관적으로 확인할 방법이 없어 부당한 위탁취소 등의 입증이 곤란

② 하도급대금 조정요건, 방법, 절차 등을 기록한 서면을 교부·보존하지 않아 원사업자의 하도급 대금 미지급 입증이 어려운 사례

〈크레인 부품 제조위탁 사례〉

◇ 크레인부품 회사인 D사가 부품 제조를 E사에게 위탁하면서 위탁품목, 위탁금액, 납기, 납품장소를 기재한 발주서만 교부하고 계약서를 미발급하였으며, 추가 위탁 사항에 대해서는 발주서도 교부하지 않은 채 구두발주

⇒ D사가 E사에게 계약서 교부 없이 추가로 제조 위탁함에 따라 양 당사자 간 미지급 대금에 대해 분쟁이 발생하였으나 사실확인이 곤란

〈자동차부품 제조위탁 사례〉

◇ 자동차부품인 기어가이드(Gear Guide)를 생산하는 F사는 기어가이드의 연마, 치수조정, 드릴링 작업 등 가공을 G사에게 위탁하면서 하도급대금 조정요건, 방법 및 절차 등을 기재한 계약서를 교부하지 않음

⇒ 이후, F사는 G사가 납품한 기어가이드의 품질 불량에 따른 재조립 비용은 G사의 부담이라고 주장하며 하도급대금을 미지급하고 있으나, 당사자 간 위탁계약서 등 입증자료가 없어 법위반 여부 판단이 곤란

③ 건설위탁 관련 서면계약서가 발급되지 않고 감액서면도 존재하지 않아 대금 감액 여부를 판단할 수 없는 사례

◇ H사는 발주처인 甲로부터 문화재 소방설비 관련 경화토 포장공사를 위탁받았으나, 기존에 J사로부터 동일한 포장공사를 위탁받아 작업하던 K사와 동일한 계약 조건(K사가 J사와 체결한 계약과 동일한 조건)으로 공사를 진행하기로 구두합의(계약)한 후 공사완료 시점까지 서면계약서를 미발급

⇒ K사는 총 하도급대금이 약 2억 1천만원이라고 주장하고 H사는 대금을 감액하여 그 중 일부인 1억 4천만원만을 인정하고 있으나, 서면계약서가 존재하지 않고 감액서면이 없어 사실 인정이 곤란

④ 기술자료 제공 요구서 등이 발급·보존되지 않아 수급사업자 기술탈취 여부에 대한 입증이 곤란한 사례

◇ B사는 ◇ 냉장고용 압축기 부품 제조사인 P사는 L사의 요청(제품 수요급증에 다른 공급부족 문제 해소)에 따라 금형을 3개월간 한시적으로 무상 대여하였으나, L사는 이후 3년 5

개월간 P사의 기술을 무단도용하고 다른 협력업체인 M사에게 제공하여 생산
◇ 이러한 사실관계에 대해 L사가 부인하고 있는 상황에서 당시 기술자료 요구범위, 목적, 권리귀속 관계, 비밀유지 사항, 대가 등을 규정한 기술자료 요구서가 없어 사실 확인이 곤란

2. 서면의 발급의무

가. 의의

원사업자의 서면 발급의무에 대해서는 하도급법 제3조 및 동법시행령 제3조, 제4조 및 제5조에 규정하고 있다. 동 법령의 기본 취지는 하도급계약에 있어서 열등한 지위에 있는 수급사업자의 입장에서 서면 계약체결을 원사업자에게 강력히 요구하기도 어렵고, 구두계약의 경우 원사업자가 계약내용을 충실히 이행하지 아니하면 그 내용을 입증하기도 어려우므로, 법으로 원사업자가 수급사업자에게 계약서면을 교부하도록 의무를 부과하여 양자 간의 계약내용을 명백히 하고 향후 분쟁발생시 사실 확인을 위한 기초자료로 활용함으로써 제조위탁 내용 등이 불분명함으로 인하여 발생하는 수급사업자의 불이익을 방지함과 동시에 당사자 간의 사후분쟁을 미리 막으려는 데에 있다[87]고 할 것이다.

하도급법은 원사업자의 최소한의 서면교부의무를 규정하고 있다. 즉 원사업자는 하도급계약 체결 이후 수급사업자가 계약의 이행의 제공하기 전에 하도급계약의 중요내용이 확정되어 삽입된 당사자의 서명 내지 기명날인된 하도급계약서를 수급사업자에게 발급할 것을 규정하고 있다. 즉 하도급계약은 민법상 계약의 원칙이 적용되는 만큼 문서로서만 체결되는 소위 '요물계약'은 아니므로 구두로도 얼마든지 계약의 성립[88]을 인정할 수 있다. 그러나 하도급관계에서 법률관계의 명확성을 담보하기 위하여 불평등관계의 왜곡을 방지하기 위하여 수급사업자의 이행의 제공 전에 당사자와 합의된 중요 내용이 기재된 하도급계약서를 사전에 교부할 것이 강제되어 있다.

87) 판결례 중에는 이러한 기반위에 "발주서로 자동차 부품 등의 제작을 위탁하고 추후에 영○테크가 작성한 마감내역에 따라 하도급금액을 정하는 관행이 있었고 이와 같은 방법으로 하도급대금 전액이 차질 없이 지급되었다는 사정만으로는 법정 기재사항이 포함된 계약서면을 수급사업자에게 교부하지 않은 것을 정당화할 수 없다."라고 설시하고 있다(**서울고등법원 2015. 12. 3. 선고 2015누32195 판결 시정명령취소 사건 참조**).

88) 계약의 성립이 법률적으로 중요한 이유는 계약의 체결 당시의 법령이 적용된다는 것이다. 즉 그 이후 제·개정된 법령에 의하여 원칙적으로 효력을 받지 않는다. 따라서 하도급계약 체결 후 하도급법령이 개정되었다고 하더라도 체결 당시의 법률이 적용되는 것이다. : "계약의 효력에 관하여는 그 체결 당시의 법률이 적용되어야 하고, 계약이 일단 구속력을 갖게 되면 원칙적으로 그 이후 제정 또는 개정된 법률의 규정에 의하여서도 변경될 수 없으며, 예외적으로 입법에 의한 변경을 하거나 계약 체결 후에 제정 또는 개정된 법률에 의하여 계약 내용이 변경되는 것으로 해석한다고 하더라도, 그러한 입법 내지 법률의 해석에는 계약침해 금지나 소급입법 금지의 원칙상 일정한 제한을 받는다."(대법원 2002. 11. 22. 선고 2001다35785 판결 [공사대금] 참조).

또한 서면교부의무가 하도급거래에 있어서 원사업자의 부당한 행위를 사전에 억제하여 상대적으로 불리한 위치에 있는 수급사업자를 보호하고, 나아가 하도급거래에 관한 분쟁을 사전에 예방하거나 합리적으로 해결하기 위하여, 계약서면을 작성·교부하도록 하는 의무를 원사업자에게 부과하고 있는 것이므로, 추가변경위탁 또는 계약종료 후 동일한 내용의 계약기간의 연장의 경우에도 이를 명시한 서면을 교부해야 할 것이다(**서울고등법원 2008. 9. 3. 선고 2008누2554 판결**[89] 등 참조).

또한 판결례 중에서는 당초 도급받은 공사대금이 나중에 발주받은 공사대금에 포함되는 방식으로 계약 체결이 되었다고 하더라도 늦어도 당초 공사착공 전까지 계약서 발급을 받아야 하며 이에 위반한 행위에 대한 시정명령은 적법하다고 본 판결이 있다(**서울고등법원 2013. 6. 28.자 선고 2012누38017 판결**[90] 참조).

위와 같은 종전 확립된 법리를 더욱 명확히 하기 위하여 하도급법의 개정을 통하여 위탁 뿐만 아니라 '**추가·변경위탁**'을 신설 포함시켰다[시행 2016.3.29.] [법률 제14143호, 2016.3.29., 일부개정]. 그 **취지**는 건설하도급 분야에서 원사업자가 거래상 우월적 지위를 이용하여 당초 계약에 없던 공사를 추가하거나, 설계 변경 등을 하면서 서면을 발급해 주지 않아 결국 이에 대한 비용이 수급사업자에게 전가되는 사례가 발생하고 있음을 고려하여 신설된 것이다. 물론 종래 하도급법 제3조에서 서면발급에 관한 사항만으로도 추가변경위탁도 서면발급의무의 대상이라는 점은 해석상 인정되었으나, 추가·변경위탁의 경우 서면발급과 관련한 명문 규정을 통하여 현장에서의 추가·변경위탁 시 발생하는 서면 미발급 문제를 해결하고자 하였다.

이하에서는 원사업자의 서면 발급의무에 대한 주요 쟁점과 관련 사례를 살펴보자.

나. 서면의 교부시기

수급사업자가 이행의 착수에 이르기 전에 하도급계약서를 교부해야만 한다(서면교부일). 하도급법은 각 위탁의 종류마다 **이행의 착수**를 규정하고 있다.

즉 1. 제조위탁의 경우: 수급사업자가 물품 납품을 위한 작업을 시작하기 전, 2. 수리위탁의 경우: 수급사업자가 계약이 체결된 수리행위를 시작하기 전, 3. 건설위탁

---

89) 본 사건은 상고되지 않아서 확정되었다.

90) 본 사건에서 재판부는 서면미교부와 관련하여 "위 법리에 비추어 이 사건을 보건대, 원고의 주장에 의하더라도 건화 관련 판넬공사는 원고가 발주처로부터 당초 도급받은 공사와 별개이므로, 비록 나중에 전자의 공사대금이 후자의 공사대금에 포함되는 방식으로 하도급계약이 다시 체결되었다 하더라도, 원고는 늦어도 전자의 공사 착공 전까지 소외 회사에게 이에 관한 계약서를 발급해 줄 의무가 있고, 또한 위에서 본 바와 같이 소외 회사가 추가공사를 한 사실이 인정되므로, 원고는 이 부분 공사에 관한 계약서도 발급해 줄 의무가 있다."고 판시하였다. 본 사건은 상고되었으나 심리불속행으로 기각되어 확정되었다(대법원 2013. 11. 14.자 심리불속행기각 2013두14948 판결).

의 경우: 수급사업자가 계약공사를 착공하기 전, 4. 용역위탁의 경우: 수급사업자가 계약이 체결된 용역수행행위를 시작하기 전이라고 규정하고 있다.

참고로 **'추가위탁'**의 경우에도 종래 해석론상 추가하도급위탁도 위탁계약의 법적 성질을 가지는 만큼 추가위탁의 이행에 착수하기 전에 하도급서면 발급의무를 가진다고 보았는데, 하도급법 제3조가 2016. 3. 29.자로 개정되어 이를 명시적으로 규정하고 있다.

다. 서면의 기재사항

하도급계약서에 담겨야 할 '**필수적 기재사항**'으로는 ① 하도급대금과 그 지급방법, ② 원재료의 가격변동에 따른 하도급대금의 조정요건, 방법 및 절차(**법 제3조 제2항**) 및 ③ 위탁의 내용, ④ 위탁의 목적물의 납품 등 이행의 제공 시기 및 장소, ⑤ 검사 방법 및 시기, ⑥ 하도급 대금의 지급방법 및 지급기일, ⑦ 원사업자가 원재료를 제공하는 경우 원재료에 대한 중요사항(원재료 등의 품명 · 수량 · 제공일 · 대가 및 대가의 지급방법과 지급기일), ⑧ 하도급위탁 후 원재료 등의 공급원가변동 등에 따른 하도급대금 조정의 요건·방법·절차 등이다(**시행령 제3조**).

특히 하도급법은 동서면에 원사업자와 수급사업자가 **서명**(「전자서명법」 제2조 제3호에 따른 공인전자서명을 포함한다) 또는 **기명날인**하여야 할 것을 규정하고 있는데(법제3조2항), 특히 수급사업자의 서명 또는 기명날인을 반드시 요구하므로 주의를 요한다.

라. 하도급계약 추정제도

하도급법은 2010.1.25.자로 '하도급계약 추정제도'를 신설하고 있다(2010. 7. 26. 자 시행). 원사업자의 사전 서면발급의무를 현실화하기 위하여 원사업자가 만일 서면교부를 하지 않거나 법령에서 규정된 사항이 누락된 서면을 교부하는 경우(서면 미교부 및 누락사항 서면 교부 포함)에는 수급사업자가 하도급계약의 내용에 대하여 확인요청을 할 수 있고 이에 대하여 원사업자가 회신을 하지 아니하면 수급사업자가 요청한 내용 그대로 하도급계약이 있었던 것으로 '추정'된다(**하도급계약 추정제도**, 하도급법제3조 제5항 및 시행령 제4조).

현행 하도급법상 하도급계약 추정제도의 법적 효과는 '간주(看做)'는 아니고 '**추정(推定)**'으로 되어 있으므로 반대의 사실을 입증하면 추정의 효과를 깰 수도 있다(**원사업자측에 입증책임 전환**). 그러나 하도급법제3조 제6항 단서의 취지 즉 '천재나 그 밖의 사변으로 회신이 불가능한 경우에는 그러하지 아니하다'는 법문의 취지를 고려할 때 일응 '**강력한 법률상 추정**'의 성질을 가진다고 해석된다고 할 것이다. 따라서 민사소송이든 행정소송이든 소송과정에서 원사업자가 사실과는 다르다는 명백한 입증을 하여 법관의 자유심증주의에 강한 확신을 주지 못하는 이상 원사업자의 불회신에 대한 제제로서의 추정의 효과를 번복할 수는 없다고 해석해야 할 것이다.

다만, 사실상 계약 성립을 의제하는 강력한 효과를 부여하는 만큼 그 통지와 회신의 형식과 관련하여서는 내용증명 우편과 같이 내용 및 수신여부가 객관적으로 명확히 확인될 수 있는 법령에 의한 방식으로 이루어져야 할 것이고 따라서 법에서 규정한 방식이 아닌 전자우편 등[91]은 인정될 수 없다고 할 것이다[92].

<table>
<tr><th colspan="4">전자문서 및 전자거래기본법 제2조 제1호에 따른 전자문서 통지 및 회신 요건</th></tr>
<tr><td>하도급법 시행령 제5조</td><td colspan="3">(통지 및 회신의 방법 등) ① 법 제3조 제5항 및 제6항에 따른 통지 및 회신은 다음 각 호의 어느 하나에 해당하는 방법으로 한다.
1. 내용증명우편
2.「전자문서 및 전자거래 기본법」 제2조제1호에 따른 전자문서로서 다음 각 목의 어느 하나에 해당하는 요건을 갖춘 것
가.「전자서명법」 제2조제3호에 따른 공인전자서명이 있을 것
나.「전자문서 및 전자거래 기본법」 제2조제8호에 따른 공인전자주소를 이용할 것
이하 (생략)</td></tr>
<tr><td>'전자문서'의 정의</td><td colspan="3">정보처리시스템에 의하여 전자적 형태로 작성, 송신•수신 또는 저장된 정보 (전자문서 및 전자거래 기본법 제2조 제1호)</td></tr>
<tr><td>공인전자서명 (전자서명법 제2조 제3호)</td><td>① 전자서명생성정보가 가입자에게 유일하게 속할 것 & ② 서명 당시 가입자가 전자서명생성정보를 지배 관리하고 있을 것 & ③ 전자서명이 있은 후에 당해 전자서명에 대한 변경여부를 확인할 수 있을 것 & ④ 전자서명이 있은 후에 당해 전자문서의 변경여부를 확인할 수 있을 것</td><td>및</td><td>공인인증서에 기초한 전자서명</td></tr>
<tr><td>공인전자주소</td><td colspan="3">- 전자문서를 송신하거나 수신하는 자를 식별하기 위하여 문자 숫자 등으로 구성되는 정보로서 전자문서 및 전자거래기본법 제18조의4에 따라 등록된 주소 (전자문서 및 전자거래 기본법 제2조 제8호)</td></tr>
</table>

91) 종래 전자우편(email)은 제외하고 있었으나, 2013. 7. 22.자 시행령 개정으로 '전자문서 및 전자거래기본법'에 의한 전자서명 등 요건을 갖춘 경우에만 가능하게 변경되었다.

92) 집합건물법상의 관리인 선임에 있어서 전자문서 및 전자투표에 의한 방식의 의사표시가 집합건물법 제41조 제1항의 서면에 속한다고 볼 수 없다는 대법원 판결(대법원 2012. 3. 29. 선고 2009다 45320 판결)과 맥을 같이 한다고 할 것이다.

○ **공인전자주소**를 이용한 전자문서로서 **통지 및 회신**하는 경우의 **절차**	
① 공인전자주소의 등록 신청	전자문서 및 전자거래 기본법 제22조 제1항에 따른 전담기관, 즉 정보통신산업진흥원에 ○ 개인 : 성명, 주소, 주민등록번호 또는 사업자등록번호 ○ 법인 : 법인명, 주된 사무소의 소재지, 대표자의 성명, 사업자등록번호 또는 고유번호제출하여야 함 (전자문서 및 전자거래 기본법 제18조의4 제1항, 제22조 제1항, 동법 시행규칙 제1조의3)
② 전담기관	전자문서 및 전자거래 기본법 제22조(전자문서· 전자거래 진흥 전담기관) ① 과학기술정보통신부장관은 전자문서 이용 및 전자거래의 촉진을 위한 다음 각 호의 사업을 효율적 체계적으로 추진하기 위하여 전담기관을 지정할 수 있다. [개정 2015. 6. 22.] [시행일 2015. 12. 23.] 1.~10. (생략) (전자문서 및 전자거래 기본법 타법개정 2017. 7. 26. [법률 제14839호, 시행 2017. 7. 26.]
③공인전자주소의 등록	공인전자주소의 등록(전자문서 및 전자거래 기본법 제18조의4 제2항, 제22조 제1항, 동법 시행규칙 제1조의4) - 전담기관은 등록신청을 받은 경우 아래 3가지의 적합여부를 검토, 적합하다고 인정할 때에는 등록신청인의 신원을 확인(전자적 방식의 확인 포함)한 후 등록 ① 전자문서의 유통에 관한 국제표준방식에 적합 여부, ② 과학기술정보통신부장관이 고시하는 공인전자주소의 구성(한글, 영문, 구분자 등), 체계 등에 적합 여부, ③ 전담기관이 공고하는 공인전자주소를 이용한 전자문서의 송신수신 기술규격에 적합 여부 - 전담기관은 공인전자주소의 등록 여부를 등록신청인에게 통보
④공인전자주소의 등록 수수료	(전자문서 및 전자거래 기본법 제18조의4 제3항, 제22조 제1항, 동법 시행규칙 제1조의5) - 전담기관은 공인전자주소 등록을 신청한 자로부터 수수료("등록수수료")를 받을 수 있는데, 이는 아래 3가지에 따른 금액을 기준으로 산정 ① 공인전자주소의 등록 및 관리에 필요한 시설장비의 구축 및 운용비 ② 공인전자주소의 등록 및 관리에 필요한 인건비 ③ 그 밖에 공인전자주소의 등록 및 관리에 필요한 실비(實費) - 전담기관은 등록수수료산정 후 그 결정관련 이해관계인의 의견수렴 위해 홈페이지에 20일간 내용 게시 - 전담기관이 등록수수료를 정하거나 변경하였을 땐 그 내용과 산정 명세를 홈페이지를 통해 공개하여야 한다.

마. '하도급거래 공정화 지침'의 주요내용

하도급법 제3조 및 시행령 제3조에 기한 공정거래위원회의 행정규칙인 '하도급거래 공정화지침'93)에서 언급된 판단 기준 중에서 중요한 것을 살펴보자.

1) 먼저 **부적법한 서면발급**의 예시와 관련하여, ① 양당사자의 기명날인이 없는 서면을 발급한 경우, ② 실제의 하도급거래관계와 다른 허위사실을 기재한 서면을 발

93) 참고로 이와 같은 하도급거래 공정화지침에서 규정하고 있는 내용은 '어떤 사실에 해당하는 경우에는 어떠한 경우로 본다'라는 간주의 형식으로 되어 있으나 공정화지침의 법적 성격상 이는 법규성이 없는 것이므로 사실상 강력한 판단의 근거가 될 수는 있지만 재판규범으로서의 대국민과 법원을 구속하는 법적 구속력은 없다고 할 것이다. 따라서 개별 사실관계에 따라서 그 판단효과는 달라진다고 할 것이다.

급한 경우, ③ 추가공사 범위가 구분되고 금액이 상당함에도 불구하고 이에 대한 구체적인 추가계약서나 작업지시서 등을 발급하지 아니한 경우, ④ 시공과정에서 추가 또는 변경된 공사물량이 입증되었으나 당사자간 정산에 다툼이 있어 변경계약서 또는 정산서를 발급하지 아니하는 경우(원사업자가 구체적으로 적시하지 않은 책임이 있음) 부적법 내지 서면미발급으로 예시하고 있고, ⑤ 구체적인 계약서 형태를 갖추지 않았으나 원사업자의 현장관리자가 추가공사에 대한 금액산정이 가능한 약식서류 등을 제공한 경우는 불완전한 서면발급으로 본다.

이에 반하여 2) **적법한 서면 발급**의 경우로서는, ① 기본계약서 또는 개별계약서에 위탁일, 품명, 수량, 단가, 하도급대금, 납기 등 법에서 규정하고 있는 중요 기재사항을 담은 서면을 발급한 경우, ② 빈번한 거래에 있어 계약서에 법정 기재 사항의 일부가 누락되어 있으나, 건별 발주 시 제공한 물량표 등으로 누락사항의 파악이 가능한 경우[94], ③ 법정 기재 사항의 일부분이 누락되었으나 업종의 특성이나 현실에 비추어 볼 때 거래에 큰 문제가 없다고 판단되는 경우[95], ④ 기본계약서를 발급하고 팩시밀리(FAX), 기타 전기·전자적인 형태 등에 의해 발주한 것으로 발주내용이 객관적으로 명백하다고 판단되는 경우, ⑤ 기본계약서를 발급하고 수출용 물품을 제조위탁 하는 경우 수급사업자가 원사업자에게 제출한 물품매도확약서(offer sheet)를 개별계약서로 갈음한 경우, ⑥ 1건의 하도급공사에 대하여 2종 이상의 계약서(계약서로 간주될 수 있는 서류 포함)가 존재[96]할 때는 실제의 하도급 거래 관계에 입각한 서면을 적법한 것으로 본다고 규정하고 있다. 또한 ⑦ 추가공사의 위탁과 관련하여 경미하고 빈번한 추가작업으로 인해 물량변동이 명백히 예상되는 공종에 대해 시공완료 후 즉시 정산합의서로 계약서를 대체한 경우는 적법한 서면발급으로 본다.

바. 표준하도급계약서

하도급법은 공정거래위원회가 표준하도급계약서를 만들어 사용권장을 할 수 있도록 규정하고 있다(법 제3조의2 표준하도급계약서의 작성 및 사용). 즉 공정거래위원회는 이 법의 적용 대상이 되는 사업자 또는 사업자단체에 표준하도급계약서의 작성 및 사용을 권장할 수 있다고 규정하고 있다. 이에 따라 공정거래위원회는 각종 하도

94) 예컨대 발주가 수시로 이루어지거나 단가 변동이 일어나는 경우 매번 변경계약서를 체결할 필요는 없고 기본계약서를 체결한 후 수량, 단가 변경 등에 대하여는 발주서 및 단가합의서를 작성하면 족할 것이다.

95) 참고로 공정거래위원회 실무상 이러한 사유로 적법한 서면발급을 인정하는 경우는 거의 없는 것으로 보인다 .

96) 계약법리에 의할 때 여러 개의 처분문서가 존재한다고 할지라도 양당사자의 실질적인 합의한 것이 진정한 것으로서 효력이 발생하는 것임은 당연하다. 당사자들의 진의와 다른 문서의 존재는 법규위반은 차치하고라도 진의와 표시가 불일치한 것으로서 그것의 존재가 양당사자 사이에 합의된 경우에는 민법상 통정허위표시에 해당 할 것이다(민법 제108조).

급영역의 표준안을 점차 만들어 권장하고 있다.

'표준하도급계약서의 법적 성격'과 관련하여 이는 구속적이거나 강행적인 성질을 가지지 아니한다. 따라서 하도급 당사자들 사이에서 계약자유의 원칙상 하도급법령에 위배[97]되지 않는 한 원사업자와 수급사업자사이에 자율적으로 계약 내용을 정하여 체결할 수 있다고 할 것이다. 따라서 표준하도급계약서를 사용하지 않는다는 이유만으로 하도급법 위반은 아니다. 다만 현행법은 표준하도급계약서를 사용하는 경우 벌점을 감점하는 등 가점제(인센티브제도)를 운영하고 있다(시행령 제17조 별표3 참조).

현행 공정거래위원회가 고시한 표준하도급계약서를 정리해 본다[98].

종류	시행 및 연혁
1.조선업종 표준하도급계약서	공정거래위원회 2018.12.28. 개정, 시행
2.조선제조임가공업종 표준하도급계약서	공정거래위원회 2018.12.28. 개정, 시행
3.자동차업종 표준하도급계약서	공정거래위원회 2019.11.18. 개정, 시행
4.해외건설업 표준하도급계약서	공정거래위원회 2018.12.28. 개정, 시행
5.가구제조업종 표준하도급계약서	공정거래위원회 2018.12.28. 개정, 시행
6.건설자재업종 표준하도급계약서	공정거래위원회 2019.11.18. 개정, 시행
7.경비업종 표준하도급계약서	공정거래위원회 2018.12.28. 개정, 시행
8.자기상표부착제품업종 표준하도급계약서	공정거래위원회 2019.11.18. 개정, 시행
9.전기공사업종 표준하도급계약서	공정거래위원회 2019.11.18. 개정, 시행
10.전기업종 표준하도급계약서	공정거래위원회 2019.11.18. 개정, 시행
11.전자업종 표준하도급계약서	공정거래위원회 2019.11.18. 개정, 시행
12.정보통신공사업종 표준하도급계약서	공정거래위원회 2018.12.28. 개정, 시행
13.해양플랜트업종 표준하도급계약서	공정거래위원회 2018.12.28. 개정, 시행
14.조경식재업종 표준하도급계약서	공정거래위원회 2019.11.18. 개정, 시행
15.화물운송업종 표준하도급계약서	공정거래위원회 2019.11.18. 개정, 시행
16.화물취급업종 표준하도급계약서	공정거래위원회 2019.11.18. 개정, 시행
17.방송업종 표준하도급계약서	공정거래위원회 2018.12.28. 개정, 시행
18..정보시스템개발구축업종 표준하도급계약서	공정거래위원회 2019.11.18. 개정, 시행
19.상용SW공급및구축업종 표준하도급계약서	공정거래위원회 2019.11.18. 개정, 시행
20.정보시스템유지보수업종 표준하도급계약서	공정거래위원회 2019.11.18. 개정, 시행

97) 하도급법령에 위배되어 공정거래위원회의 제재를 받는 것을 떠나서 추가적으로 위배 내용이 강행법규에 반하여 무효로서 계약으로서의 위배한 부분이 무효 내지 그로 인하여 전부 무효인지 여부는 개별적으로 판단해 보아야 할 것이다. 즉 원칙적으로는 하도급법에 위배한 합의는 강행법규에 반하여 효력이 없다고 보아야 할 것이고 이는 개별적으로 사안의 내용에 따라 무효인지 여부를 판단하여야 한다. 판례는 사안에 따라서 하도급개별법령에 위배하여 행정적 처벌을 받을 수 있더라도 사법상의 효력을 인정하는 경우도 있는데 이에 대한 검토는 후술한다.

98) http://www.ftc.go.kr/ 공정거래위원회 홈페이지 참조.

21.상용SW유지보수업종 표준하도급계약서	공정거래위원회 2019.11.18. 개정, 시행
22.건설업종 표준하도급계약서	공정거래위원회 2019.11.18. 개정, 시행
23.고무플라스틱제품 제조업종 표준하도급계약서	공정거래위원회 2018.12.28. 개정, 시행
24.의약품등 제조업종 표준하도급계약서	공정거래위원회 2018.12.28. 개정, 시행
25.기계(기타 기계장비)업종 표준하도급계약서	공정거래위원회 2018.12.28. 개정, 시행
26.섬유업종 표준하도급계약서	공정거래위원회 2018.12.28. 개정, 시행
27.소방시설공사업종 표준하도급계약서	공정거래위원회 2018.12.28. 개정, 시행
28.음식료업종 표준하도급계약서	공정거래위원회 2018.12.28. 개정, 시행
29.의료기기업종 표준하도급계약서	공정거래위원회 2018.12.28. 개정, 시행
30.정밀광학기기업종 표준하도급계약서	공정거래위원회 2018.12.28. 개정, 시행
31.제1차금속업종 표준하도급계약서	공정거래위원회 2019.11.18. 개정, 시행
32.출판인쇄업종 표준하도급계약서	공정거래위원회 2018.12.28. 개정, 시행
33.화학업종 표준하도급계약서	공정거래위원회 2019.11.18. 개정, 시행
34.건축물유지관리업종 표준하도급계약서	공정거래위원회 2018.12.28. 개정, 시행
35.건축설계업종 표준하도급계약서	공정거래위원회 2019.11.18. 개정, 시행
36.디자인(디지털 디자인)업종 표준하도급계약서	공정거래위원회 2018.12.28. 개정, 시행
37.디자인(제품,시각,포장)업종 표준하도급계약서	공정거래위원회 2018.12.28. 개정, 시행
38.디자인(환경)업종 표준하도급계약서	공정거래위원회 2018.12.28. 개정, 시행
39.광고(TV,라디오 등 제작분야)업종 표준하도급계약서	공정거래위원회 2019.11.18. 개정, 시행
40.광고(전시,행사,이벤트)업종 표준하도급계약서	공정거래위원회 2019.11.18. 개정, 시행
41.엔지니어링활동업종 표준하도급계약서	공정거래위원회 2018.12.28. 개정, 시행
42.철근가공업종 표준하도급계약서	공정거래위원회 2019.11.18. 개정, 시행
43.제지업종 표준하도급계약서	공정거래위원회 2018.12.28. 제정, 시행
44.게임용소프트웨어개발구축업종 표준하도급계약서	공정거래위원회 2019.11.18. 제정, 시행
45.애니메이션제작업종 표준하도급계약서	공정거래위원회 2019.11.18. 제정, 시행
46.동물용의약품제조업종 표준하도급계약서	공정거래위원회 2019.11.18. 제정, 시행

사. 서면교부의 적법성 관련 기타 쟁점

원사업자의 서면 발급의무 위반 여부에 대해서 판단기준 및 조치에 대하여 살펴보자.

먼저 위반여부 판단과 관련하여, 일단 하도급법과 동법시행령의 규정은 법규명령이므로 하도급법시행령 제3조에서 정한 6개의 서면기재사항(1. 위탁일과 수급사업자가 위탁받은 것(이하 "목적물등"이라 한다)의 내용, 2. 목적물등을 원사업자(原事業者)

에게 납품·인도 또는 제공하는 시기 및 장소, 3. 목적물등의 검사의 방법 및 시기, 4. 하도급대금(선급금, 기성금 및 법 제16조에 따라 하도급대금을 조정한 경우에는 그 조정된 금액을 포함한다. 이하 같다)과 그 지급방법 및 지급기일, 5. 원사업자가 수급사업자에게 목적물등의 제조·수리·시공 또는 용역수행행위에 필요한 원재료 등을 제공하려는 경우에는 그 원재료 등의 품명·수량·제공일·대가 및 대가의 지급방법과 지급기일, 6. 목적물등의 제조·수리·시공 또는 용역수행행위를 위탁한 후 원재료 등의 가격변동 등에 따른 하도급대금 조정의 요건, 방법 및 절차)을 한 개라도 누락한 경우에는 이는 부적법한 것으로서 서면미발급에 해당되어 하도급법위반으로 판단해야 할 것이다[99].

둘째, 서면교부의무를 준수하기 위하여 원사업자는 모든 하도급거래에 있어서 '기본계약서'를 교부해야 할 것이고, 만일 위 시행령에서 정한 6개의 중요내용이 기본계약서에 포함되지 아니하는 경우에는 반드시 이를 보충하는 서면을 교부해야 할 것이다. 그럼에도 불구하고 하도급대금 등 계약관계에 있어서 중요한 사항을 사전에 정하기 어려운 경우에는 적어도 그 사유 및 예정기일 등을 반드시 서면에 적시함으로써 정당한 사유를 계약서에 모색하여야만 할 것이다.

아. 판결례 (서면 발급의무 위반)

이하에서는 하도급 실무에 있어서 서면교부의무 위반 관련 사례를 살펴보기로 한다.

1) 추가공사에 있어서 서면교부의무 기준에 대한 대법원 판례

[참조 판결]

－대법원 1995. 6. 16. 선고 94누10320 판결[하도급거래공정화에관한법률위반행위에대한시정명령취소]－

[판결요지]

"하도급거래공정화에관한법률 제3조 제1항 규정에 의하면 건설위탁에 있어 원사업자는 건설위탁을 할 때에 수급사업자에게 계약서 등의 서면을 교부하여야 함이 원칙이나 늦어도 수급사업자가 공사에 착수하기 전까지는 이를 교부하여야 하고, 또 당초의 계약내용이 설계변경 또는 추가공사의 위탁 등으로 변경될 경우에는 특단의 사정이 없는 한 반드시 추가·변경서면을 작성·교부하여야 한다." ■

위 사건에서 대법원은 "이 사건 추가공사는 그 작업내용이 기존설계상의 작업내

99) 공정거래위원회의 경향을 보면 서면미발급 행위만으로도 과징금을 부과하고 있다(예컨대, 2011. 6. 15.자 삼성제약공업 주식회사에 대한 시정조치 사례).

용과 다른 점이 없어 단순히 작업물량만이 증가한 경우이고, 기본공사비에 관한 산출내역서가 계약내용의 일부로 되어 있어 추가공사가 있을 때에도 위 내역서상의 계약단가를 기준으로 공사비를 산출하도록 약정되어 있는 이상, 이 사건 추가공사의 위탁이 법 제3조 제1항 소정의 서면을 교부하여야 할 경우에 해당하는 것은 아니다. 가사 법 제3조 제1항 에 해당한다고 하더라도, 이 사건 추가공사의 공사대금에 관하여 당사자 간에 큰 차이를 보였고 원고가 추가공사에 관한 서면을 참가인에게 교부할 수 없었던 데에는 참가인에게도 상당한 정도로 책임이 있으며, 법 제33조는 원사업자의 위반행위에 관하여 수급사업자에게 책임이 있는 경우에는 시정조치를 함에 있어 반드시 참작하도록 되어 있는바, 이러한 사정을 참작하지 아니한 피고의 시정명령은 위법하다."라는 원심판결[100]을 파기하면서 서면교부의무를 엄격히 해석하고 있다(대법원 1995.6.16. 선고 94누10320 판결, 원심 서울고등법원 1994. 7.6. 선고 93구3037 판결 참조).

2) 대규모 건설공사에 있어서 하도급계약체결 여부에 관한 대법원 판례

[참조 판결]

– 대규모 건설하도급공사에 있어서는 공사금액 외에 구체적인 공사시행 방법과 준비, 공사비 지급방법 등과 관련된 제반 조건 등 중요한 사항에 관한 합의까지 이루어져야 비로소 하도급계약이 체결된 것으로 볼 수 있다는 사례[101]–

–대법원 2001.6.15. 선고 99다40418 판결[102]–

[판결요지]

• [1] 공사금액이 수백억이고 공사기간도 14개월이나 되는 장기간에 걸친 대규모 건설하도급공사에 있어서는 특별한 사정이 없는 한 공사금액 외에 구체적인 공사시행 방법과 준비, 공사비 지급방법 등과 관련된 제반 조건 등 그 부분에 대한 합의가 없다면 계약이 체결되지 않았으리라고 보이는 중요한 사항에 관한 합의까지 이루어져야 비로소 그 합의에 구속되겠

100) 본 판결에 대한 평석에서 "이는 계약단가에 관한 약정일 뿐이지 공사의 내용 및 작업의 양에 관하여 원고와 참가인 사이에 다툼이 있을 수 있고 또 실제 다투고 있는 이상, 하도급공사의 내용을 명확히 하여 위와 같은 분쟁을 미연에 방지하고자 하는 법 제3조 제1항 의 취지에 비추어 볼 때 이와 같은 경우에는 추가공사에 관한 서면을 교부하였어야 할 것이다....(중략) 원심이 추가공사가 있을 때에도 위 내역서상의 계약단가를 기준으로 공사비를 산출하도록 되어 있다거나 공사후 추가공사대금에 관한 원고와 참가인의 계산상의 차이가 있음을 들어 서면교부의무가 면제된다는 취지로 판단한 것은 서면교부의무 및 그 시기에 관한 법리를 오해한 것이다."라고 하면서 원심판결의 판시는 위법하고 대법원의 결론이 타당하다는 견해(조용호, 하도급거래공정화에관한법률에 있어서 해석상의 몇가지 문제, 대한변호사협회인권과 정의, 1995 제232호, 122쪽~123쪽)가 있다.

101) 본 판례는 원사업자가 대형 토목공사에 대하여 구체적 중요사항에 대하여 합의없이 수급사업자들에게 견적서만 받고 입찰에 참가하였다가 견적서 금액이 하도급공사를 시행하기 어려워 포기한 사안에서 원사업자인 원고가 수급사업자를 상대로 계약체결상의 과실을 주장하면서 손해배상을 구한 사안에서 원고 청구를 기각한 사례이다.

102) 본 판결의 원심은 서울고등법원 2000. 6. 23.선고 98나5908 판결

다는 의사의 합치가 있었다고 볼 수 있고, 하도급계약의 체결을 위하여 교섭당사자가 견적서, 이행각서, 하도급보증서 등의 서류를 제출하였다는 것만으로는 하도급계약이 체결되었다고 볼 수 없다고 한 사례.

[2] 어느 일방이 교섭단계에서 계약이 확실하게 체결되리라는 정당한 기대 내지 신뢰를 부여하여 상대방이 그 신뢰에 따라 행동하였음에도 상당한 이유 없이 계약의 체결을 거부하여 손해를 입혔다면 이는 신의성실의 원칙에 비추어 볼 때 계약자유 원칙의 한계를 넘는 위법한 행위로서 **불법행위**를 구성한다고 할 것이다.

[판결이유]

- 원심판결 이유에 의하면, 원심은, 그 채택한 증거들을 종합하여 판시사실을 인정한 다음, 원고의 채무불이행으로 인한 손해배상청구에 관하여는 원심의 인정 사실에 기초하여, 이 사건과 같이 공사금액이 거액이고 공사기간도 장기간에 걸친 대규모의 관급공사에 있어서는 공사금액 외에 구체적인 공사시행 방법과 준비, 공사비 지급방법 등과 관련된 제반 조건도 중요한 사항이라 할 것이므로 공사금액은 물론 공사조건에 관한 합의까지 이루어져야 계약이 체결되었다고 볼 것인바, 피고 D산업 주식회사(이하 '피고 회사'라고 한다)가 원고들에게 견적서를 수차례 제출하고 그 후 원고들이 조달청 입찰에 참가하거나 하도급계약서를 작성·날인하여 피고 회사에게 송부하였다는 사정만으로는 계약이 성립되었다고 볼 수 없다고 판단하였다. 기록에 비추어 살펴보면 원심의 그와 같은 사실인정은 정당하고, 거기에 필요한 심리를 다하지 아니하였거나 채증법칙을 위반하는 등으로 사실을 오인한 위법이 없다.

  또 원심이 적법하게 인정하고 있는 사실에 비추어 보면, 문제가 된 건설하도급공사는 공사금액이 수백억에 달하는데다가 공사기간도 14개월이나 되는 장기간에 걸친 대규모의 공사이므로 특별한 사정이 없는 한 공사금액 외에 구체적인 공사시행 방법과 준비, 공사비 지급방법 등과 관련된 제반 조건 등 그 부분에 대한 합의가 없다면 계약을 체결하지 않았으리라고 보이는 중요한 사항에 관한 합의까지 이루어져야 비로소 그 합의에 구속되겠다는 의사의 합치가 있었다고 보는 것이 당사자의 실제의 의사와 부합하는 해석이라 할 것이고, 한편 하도급계약을 체결하려는 교섭당사자가 견적서를 제출하는 행위는 통상 주문자의 발주를 권유하는 영업행위의 수단으로서 계약체결의 준비·교섭행위 즉 청약의 유인에 해당한다고 할 것이고, 이 사건에서 피고 회사가 견적서와 함께 제출한 이행각서는 그 문면에 의하더라도 하도급계약이 성립될 경우 최초 견적서 기재 금액 범위 내에서 공사를 수행하겠다는 취지에 불과한 것이고, 하도급보증서 또한 앞으로 하도급계약이 성립되면 그 이행을 담보하려는 목적으로 청약 유인의 차원에서 교부된 것에 불과하므로, 피고 회사가 견적서, 이행각서 등의 서류를 제출하였다는 사정만으로 원고들과 피고 회사 사이에 하도급계약이 성립되었다고 볼 수 없다.

  같은 취지의 원심 판단은 정당하고, 거기에 하도급계약의 성립에 관한 법리를 오해한 위법이 없다. 따라서 이 부분 상고이유의 주장은 이유 없다. ■

3) 건설위탁에 있어서 하도급계약체결의 성립을 부정한 판결

공정거래위원회가 원사업자에 대하여 하도급계약을 구두로 체결하여 서면미교부 및 부당한 위탁취소(하도급법 제8조1항)에 해당한다고 하여 시정명령을 한 사안에서 법원은 당사자 사이에 대금지급 방법에 대한 합의에 도달하지 못하여 계약 교섭 및 계약 체결 단계에서 공급대금의 지급방법에 관한 의사의 합치가 이루어지지 아니하여 계약에 이르지 못하였다는 이유로 공정거래위원회의 시정명령처분이 위법하다고 본 판결이 있다[서울고등법원 2006. 6. 21. 선고 2005누22540 판결[시정명령취소].

[참조 판결]

-서울고등법원 2006. 6. 21. 선고 2005누22540 판결[103]**[시정명령취소]-**

[삼○○○디에스 사례]

[판결이유]

1. 처분의 경위

가. 원고는 중소기업기본법 제2조에 의한 중소기업자가 아닌 사업자로서 소프트웨어 개발 등을 얼라○○○시스템(주)(이하 소외 회사라 한다)에게 위탁한 자인 하도급거래 공정화에 관한 법률(이하 "하도급법"이라 한다) 제2조 제2항 제1호의 규정에 의한 원사업자이고, 소외 회사는 중소기업자로서 하도급법 제2조 제3항의 규정에 의한 수급사업자이다.

나. 피고는 원고가 2004. 5. 19. 소외 회사에게 '대구은행 BPR 시스템 이미지엔진 소프트웨어 개발'에 대한 하도급계약(이하 이 사건 계약이라고 한다)을 구두로 체결하고, 소외 회사로 하여금 2004. 5. 19.부터 2004. 7. 12.까지 작업을 수행하도록 하였으며, 2004. 7. 27. 이사건 계약의 하도급대금에 대한 합의를 하여 이 사건 계약이 체결되었음을 전제로 하여, 2004. 8. 12. 소외 회사에게 책임을 돌릴 사유가 없음에도 이 사건 계약을 일방적으로 취소한 행위는 하도급법 제8조 제1항의 '제조 등의 위탁을 임의로 취소하거나 변경하는 행위'에 해당한다고 하여, 2005. 9. 9. 원고에 대하여 별지 기재와 같은 시정명령(이하 이 사건 처분이라 한다)을 하였다.

2. 판단

위 인정사실에 의하면, 원고 실무진이 소외 회사와 사이에 이 사건 계약을 체결하기 위하여 공급대금 등에 대한 협의를 하던 중 2004. 7. 27. 이 사건 계약의 체결과 관련된 부서인 법무팀, 재무팀 등과의 협의를 추진하는데 사용할 것을 전제로 소외 회사에게 엑스톰에 대한 공급대금은 11억 원으로 하되, 그 중 9억 원은 제2차 협약에 기하여 스펜오컴에 지급한 9억 원으로 지급에 갈음한다는 취지의 계약서를 메일로 송부하여 줄 것을 요청하였으나, 소외 회사가 공급대금은 11억 원으로 하면서, 2차 협약의 효력을 인정할 수 없음을 전제로 9억 원을 1차 협약에서 정리한다는 내용의 회신을 하여 대금지급 방법에 대한 합의에 도달하지 못하여 더 이상 협의가 진행되지 못하였고, 그 후 원고가 이 사건 계약을 체결하지 아니할 의사를 명백히 함으로써 이 사건 계약에 관하여 소외 회사와의 계약 교섭 및 계약 체결단계에서 공급대금의 지급방법에 관한 의사의 합치가 이루어지지 아니하여 계약에 이르지 못한 것이라고 할 것이다....(중략)... 원고가 소외 회사가 교부한 엑스톰에 대한 견적서를 이용하여 이 사건 사업을 낙찰받았다고 하여 원고와 소외 회사 사이에 이 사건 계약이 체결된 것이라고 보기 어렵고, 원고가 이 사건 계약을 체결하기 전에 소외 회사에게 이 사건 계약상의 의무 이행을 요청하였다고 하였더라도 그러한 요청은 이 사건 계약이 체결될 것을 전제로 납

103) 본 판결은 상고되었으나 심리불속행기각되어 원심이 확정되었다(대법원 2006. 10. 13.자 2006두12470 판결).

품기간의 준수 등을 요구한 것으로 볼 수 있으므로 그러한 사정만으로 원고와 소외 회사 사이에 구두로 계약이 체결되었다거나 계약의 체결에 따른 작업지시가 있었다고 보기도 어렵다.

가사 위 2004. 7. 27.자 공급대금 11억이 기재된 계약서 초안의 송부가 일응 원고의 이 사건 계약에 대한 청약으로 볼 여지가 있다고 하더라도, 소외 회사가 원고가 제시한 공급대금의 지급방법에 대하여 이의를 제기하였고, 이러한 원고와 소외 회사의 의견대립으로 인하여 이 사건 계약이 체결되지 아니한 사실은 앞서 본 바와 같은 바, 이러한 사실관계에 의하면, 소외 회사는 위 2004. 7. 27.자 원고의 청약에 대하여 그 내용 중 일부를 변경하여 승낙한 것이라 할 것이고, 이는 소외 회사가 원고의 청약을 거절함과 동시에 새로운 청약을 한 것이라고 할 것인데, 원고의 이의제기로 인하여 이 사건 계약이 체결되지 않은 이상, 원고와 소외 회사 사이에 이 사건 계약 체결에 있어서 청약과 승낙이라는 의사의 합치가 있었다고 할 수 없다. ■

4) 휴대폰 제조위탁에 있어서 서면미교부라고 본 판결

휴대폰 부품 제조위탁 하도급거래에 있어서 수급사업자들에게 **휴대폰 부품 제조를 위한 금형을 제조 위탁**하고 하도급대금 등을 기재한 서면(발주서)을 위 수급사업자가 작업에 착수한 후에야 교부한 사안에서 하도급법규정의 취지에 비추어 금형제작 발주도 사출과는 독립된 하도급계약인 점, 제조위탁 후 설계변경으로 그 대금도 변경된다 하더라도 새로이 서면을 교부하면 되는 점 등을 들어 공정거래위원회의 시정명령이 적법하다고 본 판결이 있다(**서울고등법원 2009. 11. 12. 선고 2008누11237 판결[시정명령등취소]**).

[참조 판결]

-서울고등법원 2009. 11. 12. 선고 2008누11237 판결[104]**[시정명령등취소]-**

[삼○전자 사례]

[판결이유]

1. 원고의 주장

원고가 금형제작 착수 이전에 수급사업자에게 하도급대금 등이 명시된 서면을 교부하지는 아니하였으나, 본건과 같은 **소물금형 제작**에 있어서는 발주단계에서 정확한 가격산정이 어렵고, 금형제작은 사출의 부수공정으로서 소물 금형제작은 사출업체의 사출관련 매출 중 1%의 비중에 불과하여 금형 제작대금의 사전 확정이 관심대상도 아니어서 원고의 서면교부 지연에는 **정당한 사유**가 있다.

2. 판단

하도급계약에 있어 불리한 지위에 있는 수급사업자의 입장에서 서면으로의 계약체결을 원사업자에게 강력히 요구하기 어렵고 구두계약의 경우 원사업자가 계약내용을 제대로 이행하지 아

104) 본 판결은 상고되었으나 심리불속행기각되어 원심이 확정되었다(대법원 2010. 4. 8. 선고 2009두23303 판결).

니하면 그 내용을 입증하기도 어려우므로 사전교부의무를 부과하도록 함으로써 **제조위탁내용이 불분명함으로 발생하는 수급사업자의 불이익을 방지함과 동시에 당사자간의 사후분쟁을 미리 막으려는** 법규정의 취지에다가 **하도급대금의 지급기일을 기재한 서면의 교부시기는 대금지급기일의 연장 및 지연이자 책임여부와도 중요한 관련**이 있는 점, **금형제작 발주도 사출과는 독립된 하도급계약**인 점, **제조위탁 후 설계변경으로 그 대금도 변경된다 하더라도 새로이 서면을 교부하면 되는 점**, 금형제작에 관한 **거래금액이 업체별로 각 4억 원대 내지 42억 원대에 이르는 적지 아니한 액수**인 점 등을 보태어 보면, 원고 주장과 같이 금형제조가 사출작업의 일부분이고 매출에서 차지하는 비중이 미미하다거나 서면교부를 지연하더라도 수급사업자에게 실질적 손해가 발생하지 않았다는 사정만으로는 원고가 서면교부를 지연한 데 대한 정당한 사유에 해당된다고 보기는 어려우므로, 원고의 주장은 받아들이지 아니한다. ■

5) 건설위탁에 있어서 추가변경 서면발급의무 위반은 아니라는 판결

김포시 하수관거정비 임대형 민간투자사업 건설위탁에서 배수설비공사의 위탁에 있어서 추가위탁분구의 공사장이 다르다로 하더라도 정당한 사유가 있다고 보아 추가변경 서면발급의무위반이 아니라는 판결이 있다[서울고등법원 2019. 1. 9. 선고 2018누56345 판결[시정명령취소].

[참조 판결]

-서울고등법원 2019. 1. 9. 선고 2018누56345 판결[105)][시정명령취소]-

[포○코건설 사례]

[판결이유]

1. 기초사실

가. 원고는 청정김포 주식회사(이하 '발주자'라 한다)로부터 '김포시 하수관거정비 임대형 민자사업 공사'를 도급받은 후, 공사구역인 김포시 전역을 8개 처리분구로 나누어 경쟁입찰을 통하여 하도급하였다. 8개 처리분구 중 '북변 및 사우 2개 처리분구의 하수관거정비 공사(이하 '이 사건 공사'라 한다)'는 코○콘산업이 최저가로 입찰하여 원고는 2012. 6. 21. 코○콘산업에게 공사기간 2012. 6. 21.~2014. 3. 8., 계약금액 1,009,000,000원으로 이 사건 공사를 건설위탁 하였다(이하 '이 사건 하도급계약'이라 한다).

나. 원고는 이 사건 공사 입찰시 이 사건 공사 중 일부인 배수설비 공사(이하 '이 사건 배수설비 공사'라 한다)에 대하여 발주자가 작성한 설계도면과 자신이 작성한 총자재 집계표[106)] 및 배수설비 제원표[107)] 등을 입찰참가 업체들에게 제공한 후, 배수설비 공사는 지하의 상황을 사전에 알 수 없으므로 입찰참가 업체들이 현장 확인 등을 걸쳐 각 가옥별 사정을 감안하여 적정한 단가를 제시하는 '가구당 1식'[108)] 방식으로 견적하도록 하고, 계약도

105) 본 판결은 상고되었으나 심리불속행기각되어 원심이 확정되었다(대법원 2019두33811 판결 2019. 5. 30.자 기각).

106) 일반 단독주택, 화장실이 수거식인 단독주택, 공동주택, 학교 등을 10개의 유형(type)으로 구분하여 각 유형별 예상 투입되는 자재(직관, 곡관 및 YT관)의 수량을 제시한 자료이다.

107) 배수설비 공사가 필요한 실제 각 가구마다 소요되는 예상 자재수량을 제시한 자료이다.

'가구당 1식' 방식으로 체결하였다.

다. 원고는 코○콘산업과 하도급계약을 체결하면서, 이 사건 배수설비 공사는 그 특성상 사전에 자재 투입 수량을 정확히 확정할 수 없으므로 공사에 투입되는 자재들에 대해서는 원고가 전액 부담하기로 하였다.[109] **그러나 이 사건 배수설비 공사는 지하의 실제 공사 상황이 당초의 설계도면과 달라 자재투입량이 당초 예상한 수량보다 직관은 약 1.7배, 곡관 및 YT관은 약 3.2배 정도 증가하여 공사 구간의 길이(m)도 증가**하였다.

라. 원고는 2013. 8.경 북변 및 사우 처리분구 인근 지역인 걸포 처리분구의 24가구에 대한 배수 설비 공사를 코○콘산업에게 위탁하였다(이하 '이 사건 행위'라 한다).

2. 피고 공정거래위원회의 처분

피고는 2018. 6. 18. 의결 제2018-218호로, 원고는 이 사건 행위에 관하여 하도급법 제3조 제1항에 따라 제3조 제2항에 정해진 서면을 발급하여야 할 의무가 있음에도 서면을 발급하지 아니하였으므로 이는 하도급법 제3조 제1항에 해당하여 위법하다는 이유로, 원고에게 하도급법 제25조 제1항의 규정을 적용하여 시정명령(이하 '이 사건 처분'이라 한다)을 하였다.

3. 원고 원사업자의 주장 - 처분사유의 부존재 주장

가. 이 사건 배수설비 공사는 사유지에서 이루어지므로 정확한 설계 및 물량산출을 할 수 없어 각 가구의 유형별로 **1식 단가**로 계약을 체결하므로 공사 물량은 '가구의 수'로 정해지고 공사 대금은 위 단가에 공사 가구의 수를 곱하여 정해진다.

나. 이 사건 배수설비 공사의 대상은 북변 및 사우 처리분구 일원의 약 375 가구였는데, 가구 소유자의 부동의 등으로 공사 대상 가구가 감소하자 원고는 코○콘산업을 위하여 걸포 처리분구의 24가구에 대해 코○콘산업이 시공하도록 조정하였고, 이미 약정된 것과 동일한 공사를 같은 단가에 실시하도록 한 것이며, '일정한 범위의 지역'을 가리키는 '일원'의 의미에 비추어 '북변 및 사우 처리분구 일원'에는 북변 및 사우 처리분구에 인접한 걸포 처리분구도 포함된다 할 것이므로 기존 계약과 별개의 공사를 하였다고 보기 어려워 이는 기존 계약의 물량증가에 해당한다.

다. 따라서 단순한 물량증가에 해당하는 이 사건 행위에 관하여는 추가·변경서면 발급의무가 발생하지 않는다 할 것이므로 이 사건 처분의 처분사유는 존재하지 않는다.

4. 법원의 판단

가. 인정사실

1) 이 사건 공사는 오수관거 공사, 우수관거 공사, 이 사건 배수설비 공사로 나뉘는데, 이 사건 공사에 관한 시공 구입 사양서와 현장설명자료에 의하면 각 공사의 개략수량을 오수관거 2,331m, 우수관거 75m, 배수설비 375개소라고 정하였다.

2) 김포시 하수관거정비 임대형 민자사업 공사의 배수설비 공사는 대상 가구를 총 10개의 유형(type-1 내지 type-10)으로 구분하여 유형별로 배수설비 정비 방법, 공사 금액 등을 정하였는데, 이 사건 배수설비 공사 중 북변 처리분구의 가구는 type-1, type-3, type-4, type-6 등 4가지 유형으로 이루어져 있고, 사우 처리분구의 가구는 type-1, type-2,

---

108) 단가를 세부공종별로 분류하여 작성하지 아니하고 총계방식으로 작성하는 방식이다. 즉, 이 사건 배수설비 공사와 관련하여 입찰참가업체들은 각 가구 유형별로 '1가구당' 소요되는 단가로 견적 및 계약하는 방식이다.

109) 배수관 중 '직관'은 원고가 직접 제공하고, '곡관 및 YT관'은 수급사업자가 구입하여 투입하되, 동 금액은 정산시 전액 원고가 지급하기로 하였다.

type-3, type-5, type-7, type-8, type-9 등 7가지 유형으로 이루어져 있다.

3) 이 사건 하도급계약에 따르면, 코○콘산업은 기성기준일인 매월 20일 기준으로 작성한 '검측서' 등 관련 서류를 매월 23일까지 원고에게 제출하고, 원고는 검측서 수량을 기준으로 기성 부분의 수량을 확인한 후 코○콘산업에 기성금을 지급하도록 규정되어 있다(시공 구입 사양서 3.8.1.항). 이에 따라 코○콘산업은 2012. 9. 제1회 기성금을 수령한 후 2013. 9.까지 총 10회의 기성금을 수령하였다. 그 과정에서 코○콘산업은 원고에게 2012. 12.경과 2013. 3.경 실정보고서를 제출하는 등으로 수시로 설계변경 사유가 발생하였음을 보고하고 그에 따른 추가 공사대금의 지급을 요구하였다.

4) 원고는 코○콘산업의 공사 일정이 정해진 일정보다 지연된다는 이유로 2012. 10.부터 이 사건 행위 전인 2013. 7까지 5차례에 걸쳐 코○콘산업에게 성실한 계약 이행을 촉구하는 서면을 보냈다.

코○콘산업이 2013. 10. 26. 제11회 기성(2013. 10.분)을 청구하였으나 원고는 기성 대비 투입비가 과다 계상되어 지급되었고 이 사건 하도급 계약은 적자 보전을 전제로 한 계약이 아니라는 이유를 들어서 제11회 기성금의 지급을 거절하였다. 제11회 기성금의 지급이 거절되자 이 사건 공사의 현장 근로자들이 2013. 10.분의 공사에 대한 급여 지급을 요구하며 작업을 중단하게 되었다.

5) 원고는 2013. 10. 30., 2013. 11. 7., 2013. 11. 13. 3차례에 걸쳐 코○콘산업에게 성실한 계약 이행을 촉구하는 서면을 보냈다.

6) 위 촉구에도 불구하고 코○콘산업이 작업 재개를 하지 않자 원고는 2013. 11. 20.경 코○콘산업에게 이 사건 공사 계약을 해지한다는 통지를 하였고, 위 통지는 그 무렵 코○콘산업에게 도달하였다.

7) 배수설비에 대한 공사는 개별 가구의 소유자들이 공사를 거부하는 경우 공사를 실시할 수 없는데, 이 사건 배수설비 공사 중 코○콘산업은 237 가구에 대한 공사를 완료하였고, 86 가구는 다른 업체가 공사를 완료하여 북변 및 사우 처리분구의 배수설비 공사는 총 323 가구에 대해 이루어졌다.

8) 걸포 처리분구는 원래 원고와 주식회사 신세계토건(이하 '신세계토건'이라 한다) 사이에서 건설위탁이 이루어졌는데, 원고가 코○콘산업에게 걸포 처리분구의 배수설비 공사를 추가로 위탁함에 따라 코○콘산업은 걸포 처리분구 가구 중 24가구(type-1 22가구, type-3 2가구)에 대해 배수설비 공사를 완료하였다.

다. 판단

앞서 인정한 사실, 앞서 든 증거와 변론 전체의 취지에 의하여 알 수 있는 다음과 같은 사정들을 위 법리에 비추어 보면, <u>원고가 코○콘산업에게 추가로 서면을 발급하지 아니한 것이 위법하다고 볼 수 없어 이 사건 처분사유는 존재하지 아니한다</u>.

1) ...(서면발급 하도급법 법리 중략)...이 사건 공사는 북변 및 사우 처리분구 지역에 대한 것인 점, 시공 구입 사양서 4.1.1.항의 '북변 및 사우 처리분구 일원'은 '일원'이 '일정한 범위의 지역'을 의미하므로, '북변 및 사우 처리분구'라는 일정한 범위의 지역을 가리킨다고 봄이 타당하고 여기에 걸포 처리분구가 포함된다고 보기는 어려운 점, 걸포 처리분구는 북변 및 사우 처리분구와 그 위치나 공사 범위가 달라 원고는 처음부터 다른 업체에게 하도급했던 점 등을 종합하면, 걸포 처리분구에 대한 배수설비 공사는 이 사건 배수설비 공사와는 별

개의 공사로 봄이 타당하다.

2) 그러나 아래와 같은 사정을 종합하면, 원고가 이 사건 행위에 관하여 서면 발급의무를 부담한다고 보기는 어렵다.

가) 원고는 코○콘산업의 공사 지연을 이유로 이 사건 하도급계약을 해지하였는데, 코○콘산업이 이 사건 공사를 지연하게 된 원인에는 입찰 및 계약 당시 원고가 제시한 설계도면이나 현장 여건이 실제와 달랐고, 공사에 투입된 직관, 곡관, YT관 등이 당초 설계와 다르게 현저하게 늘어나는 등의 이유로 지연된 측면이 있다.

나) 원고와 코○콘산업은 이 사건 배수설비 공사 대상을 개략적으로 약 375가구로 정하였는데, 일부 가구 소유자들의 공사 거부 등을 이유로 북변 및 사우 처리분구의 최종 공사 결과 실제 323가구만 배수설비 공사가 이루어졌다. 원고는 코○콘산업이 이 사건 배수설비 공사 중 237가구(공사 완료된 323가구 대비 약 73%)에 대해서 공사를 완료한 후 계약을 해지하였는데, 해지 당시에도 이미 공사를 거부한 가구들이 다수 존재하였을 것으로 보이고, 이로 인해 코○콘산업은 원래의 계약과는 달리 공사가 가능한 가구 수가 줄어들어 그에 따라 예기치 못한 손해가 발생할 위험이 존재했을 것으로 보인다.

다) 코○콘산업이 배수설비 공사를 한 걸포 처리분구는 위치상 북변 및 사우 처리분구와 붙어 있어서 공사 지역이 다르다는 것만으로 추가적인 비용이 소요될 것으로 보이지는 않고, 코○콘산업이 공사를 완료한 걸포 처리분구 24가구의 유형은 type-1, type-3으로 코○콘산업이 이 사건 배수설비 공사에서 수행한 유형에 포함되어 있다. 만약 코○콘산업이 이 사건 배수설비 공사를 끝까지 완료했을 경우 이 사건 행위에 의하여 위탁받은 가구 수를 더하더라도 코○콘산업이 공사를 완료한 가구 수를 합하면 347(= 323 + 24)가구로 여전히 원래 계약 가구 수인 375가구 범위 내이다.

라) 원고는 코○콘산업이 완료한 걸포 처리분구 24가구에 대한 가구당 단가를 기존의 신세계토건과 정한 가구별 단가가 아닌, 그보다 더 높은 코○콘산업과 정한 가구별 단가를 기준으로 코○콘산업에게 대금을 지급한 것으로 보이므로, 코○콘산업에게는 이 사건 행위로 인하여 불이익이 있다고 보기 어렵다.

마) 원고가 코○콘산업에게 지급한 걸포 처리분구 24가구에 대한 공사대금(약 2천만 원)은 이 사건 공사의 총 공사대금(약 10억 원)의 약 2% 정도에 불과한 점, 공사 일정을 지연하고 있던 업체에게 또 다른 공사를 맡긴다는 것은 위험부담이 큼에도 불구하고 원고는 코○콘산업에게 걸포 처리분구 일부의 배수시설 공사를 맡긴 점, 코○콘산업은 이 사건 행위 이전에 기존의 설계와 현장 여건이 달라 공사비용이 추가로 발생한다고 주장해 왔던 점, 이 사건 배수설비 공사 대상 가구수가 계약상의 가구 수보다 줄어들어 코○콘산업은 또 다른 손해를 볼 가능성도 있었던 점, 코○콘산업은 2014. 7. 14. 최초 신고를 하였고 2016. 10. 12. 재신고를 하였는데 이 사건 행위에 관한 내용은 포함되어 있지 않았던 것으로 보이는 점 등을 종합해보면, 원고는 이 사건 배수설비 공사 수행으로 인해 코○콘산업에게 발생하는 손해를 보전하는 측면에서 걸포 처리분구 일부 지역에 대한 배수설비 공사를 코○콘산업에게 수행하도록 하였을 개연성이 높다.

3) 이 사건 처분은 처분사유가 인정되지 아니하여 위법하다 할 것이므로, 원고의 나머지 주장에 대해서는 더 나아가 살펴볼 필요 없이 이 사건 처분은 취소되어야 한다. ■

자. 공정거래위원회 재결례(서면 발급의무 위반)

1) 원사업자의 사전 서면미교부행위에 대하여 과징금을 부과한 사례

공정거래위원회 2011.6.15. 의결 2011서건0453 시정조치 및 과징금(삼성제약공업(주)의 불공정하도급거래행위 사례)

[주문]

1. 피심인은 주식회사 D씨엔씨 등 39개 수급사업자에게 의약품 부자재 등의 제조를 위탁하면서 수급사업자가 물품 납품을 위한 작업을 시작하기 전에 하도급대금과 그 지급방법 등의 사항을 기재한 서면을 교부하지 아니하는 행위를 다시 하여서는 아니된다.
2. 피심인은 의약품 부자재 등 제조를 위탁한 <별지 1> 기재 20개 수급사업자에게 하도급대금과 그 지급방법 등 일정 사항을 기재한 서면을 지체없이 교부하여야 한다.
3. 피심인은 다음 각 호에 따라 과징금을 국고에 납부하여야 한다.
   가. 과징금액 : 110,000,000원
   나. 납부기한 : 과징금 납부고지서에 명시된 납부기한(60일) 이내
   다. 납부장소 : 한국은행 국고수납대리점 또는 우체국

[이유]-행위사실 및 위법성 판단

• (가) 행위사실

피심인은 아래 <표 3 2009. 7. 1.~2010. 6. 30. 기간동안 서면미교부 현황>의 내용과 같이, 2009. 7. 1.~2010. 6. 30.까지 (주)D씨앤씨 등 39개 수급사업자에게 의약품 부자재인 까스명수 박스 등의 제조를 위탁하면서 수급사업자가 물품 납품을 위한 작업을 시작하기 전에 위 수급사업자들에게 하도급대금과 그 지급방법 등의 법 시행령 제2조에서 규정하는 사항을 기재한 서면을 교부하지 아니하였다. 이러한 사실은 피심인이 제출한 '확인서' 및 '서면미교부 현황' 등의 자료를 통하여 인정된다.

• (나) 위법성 판단

하도급법 제3조 제1항의 규정에 의하면, 원사업자는 수급사업자에게 제조 등의 위탁을 하는 경우에 하도급대금과 그 지급방법 등 하도급계약의 내용 등에 대한 일정한 사항을 기재한 서면을 정당한 사유가 없으면 물품 납품을 위한 작업을 착수하기 전에 수급사업자에게 교부하도록 하고 있다. 이처럼 <u>사전에 서면계약서를 교부하도록 의무화한 것은 하도급거래와 관련하여 원사업자와 수급사업자간의 권리·의무관계를 분명히 하여 장래에 발생할 수 있는 분쟁을 사전에 예방하고 실제 분쟁 발생시 해결을 쉽게하기 위한 것</u>이다.

따라서, 피심인은 수급사업자에게 제조를 위탁하면서 하도급법이 정한 일정한 사항을 기재한 서면을 정당한 사유 없이 물품 납품을 위한 작업을 착수하기 전에 교부하지 아니한 행위로서 하도급법 제3조 제1항에 위반되는 불공정 하도급거래행위에 해당된다.

[이유]-처분

• (가) **시정조치**

통상 제조하도급 거래관계는 그 특성상 매월 또는 수시로 거래하는 빈번한 계속적인 거래관계를 유지하는 바, 원사업자가 수급사업자와 하도급거래 개시시점에 계약체결과 동시에 기본계약서를 교부한 후, 매월 또는 수시로 제조를 위탁하면서 발주서 등 개별계약서에 위탁

일, 품명, 수량, 단가, 하도급대금, 납기 등의 중요 기재사항을 기재한 서면을 발급하는 방식으로 거래하는 경우가 대부분이다. 그러나 이 사건 피심인은 수급사업자들에게 제조위탁하면서 기본계약서를 발급하지 않았고 발주서 등을 교부하면서도 중요 기재사항을 모두 기재하지 않고 불완전한 서면을 교부하였다.

따라서, 이 사건 피심인은 위 <표 2>의 39개 수급사업자 중 일부는 빈번한 하도급 거래관계를 유지하고 있고, 일부는 필요시 거래하는 하도급관계로서 상당한 기간 내에 다시 하도급거래를 할 개연성이 많은 것으로서 가까운 장래에 당해 법위반행위와 동일 또는 유사한 위반행위가 반복될 우려가 있으므로 행위를 금지하는 명령을 하는 것이 타당하다고 판단된다.

아울러, 피심인은 <별지 1> 기재 20개 수급사업자들과는 이 사건 심의일 현재 매월 또는 수시로 거래하는 계속적 의존적인 거래관계에 있는 바, 피심인이 서면을 발급하지 않을 경우 상대적으로 교섭력이 약한 수급사업자들은 불완전한 하도급거래관계에 놓이게 되고 피심인이 수급사업자들과 일방적으로 하도급 거래관계를 중단한다면 수급사업자들은 예측할 수 없는 피해가 발생될 수 있으므로 이러한 피해를 방지하는 등 실효적인 시정조치를 위하여 (주)두원메디텍 등 20개 수급사업자들에게는 추가로 서면을 교부하도록 명하는 것이 타당하다고 판단된다.

- (나) **과징금부과여부**

피심인은 <별지 2>의 내용과 같이 2009. 7. 1.~2010. 6. 30까지 (주)D씨엔씨 등 15개 수급사업자와 하도급거래금액이 5천만원을 초과하는 하도급거래를 하면서 사전에 서면계약서를 발급하지 아니하여 법위반행위가 중대하거나 그 파급효과가 크다고 판단되므로 하도급법 제25조의3 제1항 제3호, 같은 법 시행령 제14조의2 제1항 및 제2항, 하도급법 위반사업자에 대한 과징금 부과기준에 관한 고시(개정 2009. 7. 10. 공정거래위원회 고시 제2009-12호)를 적용하여 과징금을 부과한다. ■

2) 원사업자의 사전 서면미교부행위에 대하여 과징금을 부과한 사례

공정거래위원회 2014.6.2. 의결 2014서제0531 금지명령(디케이엘(주)의 불공정하도급거래행위 사례)

[주문]

1. 피심인은 수급사업자인 (주)○○에게 용역위탁을 하면서 수급사업자가 용역을 시작하기 전에 하도급거래 공정화에 관한 법률 제3조 및 같은 법 시행령 제3조에서 규정하고 있는 하도급계약에 관한 서면을 발급하지 아니한 것과 같은 행위를 다시 하여서는 아니된다.

[이유]-행위사실 및 위법성 판단

- (가) 행위사실

피심인은 수급사업자인 ㈜○○와의 사이에 천안출고센터로 출고되는 차량의 탁송업무를 위탁하는 최초계약(계약기간 : 2010. 1. 1.~2010. 6. 30.)을 체결한 후 최초 계약기간 중인 2010. 6. 11.에, 계약기간 만료일을 2010. 9. 30.로 하는 2차계약을 체결하였으며, 2010. 9. 30. 이후에도 계속하여 용역을 위탁하여 이를 수행하게 하였음에도 불구하고, 2010. 9. 30. 이후의 용역위탁에 대한 서면을 2011. 3. 7.까지 발급하지 아니한 사실이 있다.

• (나) 위법성 판단

피심인은 수급사업자와의 기존 계약기간 만료일 이후에도 수급사업자에게 계속하여 용역위탁을 하는 경우 기존 계약기간의 만료일 이전에 기존 계약기간의 연장에 관한 서면을 발급하여야 했음에도 불구하고 이를 발급하지 아니한 상태로 용역위탁을 하였으므로, 피심인의 이러한 행위는 하도급법 제3조 제1항의 규정에 위반되는 행위이다.

라. 피심인 주장 및 그에 대한 검토

• (라) 피심인 주장 및 그에 대한 검토

피심인은 기존 계약기간의 만료일 이전에 기존 계약기간을 연장하지 않았고 새로운 계약서면을 발급하지 않은 것은 사실이나, 수급사업자에게 기존 계약과 동일한 조건으로 전산시스템을 통하여 업무를 발주하였고 지엠차량 출고센터에서 차량 인수인계 확인서를 교부하였으므로 서면을 지연교부한 것에 해당하지 않는다고 주장하면서, 설사 서면을 지연교부한 것에 해당한다고 하더라도 당시는 수급사업자와의 사이에 새로운 계약체결을 위하여 계약기간 등을 협의하던 중이었고 계약내용에 대한 최종 합의가 이루어지지 않았던 이유로 서면교부를 지연한 것이므로 정당한 사유가 있는 것이라고 주장한다.

살피건대, 다음과 같은 점에 비추어 피심인의 주장은 이유없다.

첫째, 전산시스템으로 발주하는 내용 및 차량 인수인계 확인서는 탁송대상 차량의 차종, 차대번호, 차량 구매 고객명 등을 알려주는 것으로서 법정기재사항인 하도급대금과 그 지급방법 등 하도급계약의 내용이 기재된 것은 아니므로 하도급법상 서면으로 인정하기 어렵다.

둘째, 계약내용과 관련하여 수급사업자와의 사이에 협의가 진행 중이었다 하더라도 당해 시점까지 확정된 사항 및 확정되지 아니한 사항의 경우 해당 사항이 정하여지지 아니한 이유와 그 사항을 정하게 되는 예정기일을 기재한 서면을 수급사업자가 용역수행행위를 시작하기 전(종전 계약기간의 만료일 전)에 발급하는 것은 가능하므로 지연발급에 대한 정당한 사유가 있었다고 보기 어렵다.

[이유]-처분 -금지명령

피심인의 위 하도급거래에 관한 서면 지연 발급 행위와 관련하여, 향후 당해 하도급법 위반행위와 동일 또는 유사한 위반행위가 반복될 우려가 있으므로 재발방지를 위하여 향후 금지명령을 한다.■

3) 원사업자의 사전 서면미교부행위에 대한 금지명령 및 공사대금지급명령 처분을 한 사례

공정거래위원회 2014.10.7. 의결 2013광사제2952 금지명령(동마종합건설(주)의 불공정하도급거래행위 사례)

[주문]

1. 피심인은 수급사업자인 ○○○○ 주식회사에게 '중앙병원 신제주분원 조성사업 신축공사 중 방수공사, 미장공사, 조적공사'를 건설 위탁함에 있어 수급사업자에게 정당한 사유 없이 법정기재사항인 하도급대금이 누락된 서면을 발급하는 것과 같은 행위를 다시 하여서는 아니 된다.
2. 피심인은 수급사업자인 ○○○○ 주식회사에게 건설위탁 한 '중앙병원 신제주분원 조성사업

신축공사 중 방수공사, 미장공사, 조적공사'와 관련하여, 목적물을 인수하였음에도 불구하고 지급하지 아니한 하도급대금 161,582천 원과 이 금액에 대하여 법정지급기일을 초과한 날부터 실제 지급하는 날까지의 기간에 대한 연 20%의 지연이자를 지체없이 지급하여야 한다.

[이유]-행위사실 및 위법성 판단

- (가) 행위사실

피심인은 수급사업자인 ○○○○(주)에게 '중앙병원 신제주분원 조성사업 신축공사 중 방수공사, 미장공사, 조적공사'를 건설 위탁하면서 하도급대금을 확정하여 기재하지 아니한 서면 계약서110)를 공사 착공 전인 2012. 3. 7. 수급사업자인 ○○○○(주)에게 발급한 사실이 있다.

- (나) 위법성 판단

법 제3조 제1항에서 규정하는 불완전한 서면 교부 행위는 원사업자가 수급사업자에게 건설위탁을 하는 경우 정당한 사유 없이 법 제3조 제2항에서 규정하고 있는 하도급대금의 조정요건, 방법 및 절차 등 대통령령으로 정하는 사항(이하 '법정기재사항'이라 한다)을 기재하지 않은 서면을 발급하는 경우에 성립된다.

여기서 '정당한 사유'란 위탁시점에 확정하기 곤란한 사항이나 재해·사고로 인한 긴급복구공사를 하는 경우 등으로, 이러한 경우 해당 사항이 정하여지지 아니한 이유와 그 사항을 정하게 되는 예정기일을 서면에 적어야 한다.

- (다) 피심인 행위의 위법여부

이 사건 공사의 경우 재해·사고로 인한 긴급복구공사가 아니었고, 위탁시점에 이미 공사물량을 산정할 수 있는 도면 및 이에 따른 공정별 내역, 양 당사자가 협의하여 정한 공사단가가 존재하고 있어 하도급대금 산정이 가능하다는 점을 고려할 때 위 행위에 정당한 사유가 있었다고 할 수 없다.

- (라) 피심인 주장 및 그에 대한 검토

피심인은 이 사건 공사의 경우 추가 공사 진행으로 물량 견적이 불가능하였고, 양 당사자가 이 사건 공사 단가계약을 체결하고 계약 서면에 '단가계약(실투입정산), 부가세포함'이라고 기재하였으므로 부당한 행위가 아니라고 주장한다.

살피건대, 추가작업으로 인한 물량변동이 명백히 예상된다 할지라도 변경계약서를 작성하거나, 시공완료 후 즉시 정산합의서로 계약서를 대체할 수 있다는 점과 수급사업자가 계약공사를 착수한 후 하도급대금을 결정하고 있어 하도급대금이 부당하게 낮게 결정되더라도 이미 공사에 착수한 상태에서는 수급사업자가 이를 받아들일 수 밖에 없다는 점을 감안할 때 피심인의 행위를 정당하다고 볼 수는 없으므로 피심인의 주장은 이유 없다.■

4) 질의회신

사안】 복수의 계약서면 존재시 하도급 적용기준 계약서

○ 원사업자인 A사는 아파트 신축공사 중 일부를 수급사업자인 B사에게 제조위탁하고 계약금액이

110) 피심인은 계약서면에 총 계약금액을 '단가계약(실투입정산), 부가세포함'이라고 기재하고, ○○○○이 제출한 견적서(시멘트, 모래, 벽돌, 블록, 콘크리트, 몰탈 자재 비용 및 보강블럭 쌓기 시 철근 자재 비용 별도)를 첨부하였다.

서로 다른 2종의 계약서를 작성

○ 상기 2종의 계약서와 관련하여 B사는 하도급계약서상의 계약금액이 하도급계약금액이라고 주장하고, A사는 하도급계약서는 발주자에게 통지하기 위한 허위의 계약서로서 실제로는 제조하도급약정서상의 계약금액이 유효한 계약금액이라고 주장

문】 상기 2종의 계약서 금액중 하도급법 적용시 기준이 되는 계약금액은 어느 것인지

답】 원칙적으로 계약은 합의에 의하여 성립하며 합의된 내용에 따라 권리, 의무가 발생하게 되는 것으로서 그 합의내용을 증명하기 위하여 계약서면을 작성 교부하는 것임.

○ 본 사안의 내용과 같이 동일한 하도급거래에 있어서 계약서면이 2종 이상으로서 양당사자가 서로 다른 계약서의 효력을 주장하는 경우, 실제의 합의내용에 입각한 서면만 진정한 하도급계약서로서 인정받게 됨.

- 2종의 계약서중 실제의 합의내용에 입각한 서면이 어느 것이냐는 실제 제조한 부분과 부합되는 계약서를 근거로 하도급법을 적용하여야 할 것임.
- 실제의 합의내용에 입각한 서면이 아닌 다른 목적을 위하여 작성된 계약서면은 타법에 위반됨과는 별개로 진의와 표시가 불일치한 허위표시에 기한 가장행위로서 무효일 것임.■

문】 전자 제품을 제조하면서 표준하도급계약서를 사용하지 않았고, 계약 조건이 원사업자에게 일방적으로 유리하게 작성된 경우 그 계약이 유효한지 여부

답】

하도급법은 하도급거래에 있어서 일정한 의무를 규정하는 한편 이 의무를 위반하는 행위에 대해 시정조치, 과징금, 벌칙 등 제재조치를 취할 수 있도록 규정하고 있다.

- 따라서 계약조건이 원사업자에게 일방적으로 유리하게 작성된 경우 그 계약의 무효·유효 여부에 대해 하도급법에서 규정하고 있지는 않고 있으며 이는 법원에 의해 개별 사안별로 최종 판단되어야 하는 사안이다.
- 다만 하도급법상 원사업자의 의무 및 금지사항에 관한 규정을 강행규정에 해당하는 경우가 많으므로 동 규정들에 반하여 원사업자에게 유리하게 규정된 경우 무효인 계약내용에 해당할 가능성이 높다. ■

문】 원사업자가 발주처에 하도급계약을 허위 통지한 경우 하도급법 위반행위로 볼 수 있는지 여부

답】 하도급법은 원칙적으로 원사업자와 수급사업자간 하도급거래를 적용대상으로 하고 있으므로 발주자와 원사업자간의 허위 하도급통지에 관한 사항은 별도로 규정하고 있는 바가 없음. 따라서, 동 사항은 건설산업기본법, 전기공사업법 등 관련 법령에 의해 해결해야 함. ■

문】 발주가 시장상황에 따라 수시로 이루어지는 경우 그 때마다 하도급 계약서를 작성해야 하는지. 물가상승 등 내외적인 변수로 인하여 단가가 변동이 있을 경우 매번 변경계약서를 다시 작성해야 하는지

답】 납품이 빈번하고 단가변동이 수시로 일어나는 경우에는 하도급거래 기본계약서를 체결하고 수량, 단가 등은 발주서로 정함을 명백히 한 다음 이에 따라 발주서로 보완하면 될 것으로 사료됨 ■

3. 서면의 보존의무

하도급법 제3조는 서류보존의무를 선언하고 그 구체적인 내용은 시행령에 위임하고 있다. 이에 따라 시행령 제6조에서는 법제3조 제1항의 서면 및 시행령 제6조 제1항의 사항[111]이 기재된 서류(컴퓨터 등 정보처리능력을 가진 장치에 의하여 전자적인 형태로 작성, 송수신 또는 저장된 것을 포함)를 열거하고 있다.

이와 같은 서류는 **거래종료일로부터 3년간**[112]보존하여야 한다(시행령 제6조 제2항).

---

111) 1. 법 제8조제2항에 따른 수령증명서
2. 법 제9조에 따른 목적물등의 검사 결과, 검사 종료일
3. 하도급대금의 지급일·지급금액 및 지급수단(어음으로 하도급대금을 지급하는 경우에는 어음의 교부일·금액 및 만기일을 포함한다)
4. 법 제6조에 따른 선급금 및 지연이자, 법 제13조제6항부터 제8항까지의 규정에 따른 어음할인료, 수수료 및 지연이자, 법 제15조에 따른 관세 등 환급액 및 지연이자를 지급한 경우에는 그 지급일과 지급금액
5. 원사업자가 수급사업자에게 목적물등의 제조·수리·시공 또는 용역수행행위에 필요한 원재료 등을 제공하고 그 대가를 하도급대금에서 공제한 경우에는 그 원재료 등의 내용과 공제일·공제금액 및 공제사유
5의2. 법 제11조제1항 단서에 따라 하도급대금을 감액한 경우에는 제7조의2 각 호의 사항을 적은 서면의 사본
5의3. 법 제12조의3제1항 단서에 따라 기술자료의 제공을 요구한 경우에는 제7조의3 각 호의 사항을 적은 서면의 사본
6. 법 제16조에 따라 하도급대금을 조정한 경우에는 그 조정한 금액 및 사유
7. 법 제16조의2에 따라 다음 각 목의 어느 하나에 해당하는 자가 원재료 등의 가격변동 등에 따라 하도급대금 조정을 신청한 경우에는 신청 내용 및 협의 내용, 그 조정금액 및 조정사유
가. 수급사업자
나. 「중소기업협동조합법」 제3조제1항제1호 또는 제2호에 따른 중소기업협동조합(이하 "조합"이라 한다)
8. 입찰명세서, 낙찰자결정품의서, 견적서, 현장설명서, 설계설명서 등 하도급대금 결정과 관련된 서류. 다만, 현장설명서 및 설계설명서는 건설위탁의 경우에만 해당한다.

112) 서류보존의무의 3년 기간은 공정거래위원회에 의한 처벌기간인 3년과 그 궤를 같이한다(하도급법 제23조 조사대상 거래의 제한 "제22조 제2항에 따라 공정거래위원회의 조사개시 대상이 되는 하도급거래는 그 거래가 끝난 날부터 3년이 지나지 아니한 것으로 한정한다. 다만, 거래가 끝난 날부터 3년 이내에 신고된 하도급거래의 경우에는 거래가 끝난 날부터 3년이 지난 경우에도 조사를 개시할 수 있다.").

<table>
<tr><th></th><th>보존 대상 서면</th><th colspan="2">비고</th></tr>
<tr><td>①</td><td>기본계약서(추가·변경 계약서 포함)</td><td>법 제3조</td><td rowspan="7">의무
발급
서면</td></tr>
<tr><td>②</td><td>하도급계약 확인서면</td><td>법 제3조 제6항</td></tr>
<tr><td>③</td><td>감액 서면</td><td>법 제11조</td></tr>
<tr><td>④</td><td>기술자료 제공 요구서</td><td>법 제12조의3</td></tr>
<tr><td>⑤</td><td>목적물 등 수령증명서</td><td>법 제8조</td></tr>
<tr><td>⑥</td><td>검사결과 통지서</td><td>법 제9조</td></tr>
<tr><td>⑦</td><td>계약변경 내역 통지서</td><td>법 제16조</td></tr>
<tr><td>⑧</td><td>목적물 등의 검사결과, 검사 종료일 등이 기재된 서류</td><td>령 제6조 제1항 제2호</td><td rowspan="7">주요
하도
급
거래
내
용
등
기재
서
류</td></tr>
<tr><td>⑨</td><td>하도급대금의 지급일·지급금액 및 지급수단(어음결제 시 어음의 교부일·금액 및 만기일 포함)이 기재된 서류</td><td>령 제6조 제1항 제3호</td></tr>
<tr><td>⑩</td><td>선금금 및 지연이자, 어음할인료 및 지연이자, 관세 등 환급액 및 지연이자를 지급한 경우 그 지급일과 지급금액이 기재된 서류</td><td>령 제6조 제1항 제4호</td></tr>
<tr><td>⑪</td><td>원사업자가 수급사업자에게 목적물 등의 제조 등의 행위에 필요한 원재료 등을 제공하고 그 대가를 하도급대금에서 공제한 경우에는 그 원재료 등의 내용과 공제일·공제금액 및 사유를 기재한 서류</td><td>령 제6조 제1항 제5호</td></tr>
<tr><td>⑫</td><td>설계변경 등에 따라 하도급대금을 조정한 경우 그 조정한 금액 및 사유를 기재한 서류</td><td>령 제6조 제1항 제6호</td></tr>
<tr><td>⑬</td><td>원재료 등의 가격변동 등에 따라 수급사업자가 하도급대금 조정을 신청한 경우, 신청내용 및 협의내용, 그 조정금액 및 조정사유를 기재한 서류</td><td>령 제6조 제1항 제7호</td></tr>
<tr><td>⑭</td><td>입찰명세서, 낙찰자결정품의서, 견적서, 현장설명서, 설계설명서 등 하도급대금 결정과 관련된 서류</td><td>령 제6조 제1항 제8호</td></tr>
</table>

Ⅱ. 선급금의 지급의무

1. 관련 법령

원사업자의 선급금 지급의무에 대해서는 하도급법 제6조 및 관련 고시(선급금 등 지연지급 시의 지연이율 고시, 어음에 의한 하도급대금 지급시의 할인율 고시, 어음대체결제수단에 의한 하도급대금 지급시의 수수료율 고시) 및 하도급거래 공정화지침이 있다.

– 하도급법 –

제6조(선급금의 지급) ① 수급사업자에게 제조등의 위탁을 한 원사업자가 발주자로부터 선급금을 받은 경우에는 수급사업자가 제조 · 수리 · 시공 또는 용역수행을 시작할 수 있도록 그가 받은 선급금의 **내용**과 **비율**에 따라 선급금을 받은 날(제조등의 위탁을 하기 전에 선급금을 받은 경우에는 제조등의 위탁을 한 날)부터 **15일 이내**에 선급금을 수급사업자에게 지급하여야 한다.

② 원사업자가 발주자로부터 받은 선급금을 제1항에 따른 기한이 지난 후에 지급하는 경우에는 그 초과기간에 대하여 연 100분의 40 이내에서 「은행법」에 따른 은행이 적용하는 연체금리 등 경제사정을 고려하여 **공정거래위원회가 정하여 고시하는 이율에 따른 이자**를 지급하여야 한다. <개정 2010.5.17.>

③ 원사업자가 제1항에 따른 선급금을 **어음** 또는 **어음대체결제수단**을 이용하여 **지급**하는 경우의 **어음할인료 · 수수료의 지급 및 어음할인율 · 수수료율**에 관하여는 **제13조제6항 · 제7항 · 제9항 및 제10항을 준용**한다. 이 경우 "목적물등의 수령일부터 60일"은 "원사업자가 발주자로부터 선급금을 받은 날부터 15일"로 본다.

[전문개정 2009.4.1.]

제13조(하도급대금의 지급 등) ① 원사업자가 수급사업자에게 제조등의 위탁을 하는 경우에는 목적물등의 수령일(건설위탁의 경우에는 인수일을, 용역위탁의 경우에는 수급사업자가 위탁받은 용역의 수행을 마친 날을, 납품등이 잦아 원사업자와 수급사업자가 월 1회 이상 세금계산서의 발행일을 정한 경우에는 그 정한 날을 말한다. 이하 같다)부터 60일 이내의 가능한 짧은 기한으로 정한 지급기일까지 하도급대금을 지급하여야 한다. 다만, 다음 각 호의 어느 하나에 해당하는 경우에는 그러하지 아니하다.

1. 원사업자와 수급사업자가 대등한 지위에서 지급기일을 정한 것으로 인정되는 경우
2. 해당 업종의 특수성과 경제여건에 비추어 그 지급기일이 정당한 것으로 인정되는 경우

② 하도급대금의 지급기일이 정하여져 있지 아니한 경우에는 목적물등의 수령일을 하도급대금의 지급기일로 보고, 목적물등의 수령일부터 60일이 지난 후에 하도급대금의 지급기일을 정한 경우(제1항 단서에 해당되는 경우는 제외한다)에는 목적물등의 수령일부터 60일이 되는 날을 하도급대금의 지급기일로 본다.

③ 원사업자는 수급사업자에게 제조등의 위탁을 한 경우 **원사업자가 발주자로부터** 제조 • 수리

·시공 또는 용역수행행위의 완료에 따라 준공금 등을 받았을 때에는 하도급대금을, 제조·수리·시공 또는 용역수행행위의 진척에 따라 기성금 등을 받았을 때에는 수급사업자가 제조·수리·시공 또는 용역수행한 부분에 상당하는 금액을 그 준공금이나 기성금 등을 지급받은 날부터 15일(하도급대금의 지급기일이 그 전에 도래하는 경우에는 그 지급기일) 이내에 수급사업자에게 지급하여야 한다.

④ 원사업자가 수급사업자에게 하도급대금을 지급할 때에는 원사업자가 발주자로부터 해당 제조등의 위탁과 관련하여 받은 현금비율 미만으로 지급하여서는 아니 된다.

⑤ 원사업자가 하도급대금을 어음으로 지급하는 경우에는 해당 제조등의 위탁과 관련하여 발주자로부터 원사업자가 받은 어음의 지급기간(발행일부터 만기일까지)을 초과하는 어음을 지급하여서는 아니 된다.

⑥ 원사업자가 하도급대금을 어음으로 지급하는 경우에 그 어음은 법률에 근거하여 설립된 금융기관에서 할인이 가능한 것이어야 하며, 어음을 교부한 날부터 어음의 만기일까지의 기간에 대한 할인료를 어음을 교부하는 날에 수급사업자에게 지급하여야 한다. 다만, 목적물등의 수령일부터 60일(제1항 단서에 따라 지급기일이 정하여진 경우에는 그 지급기일을, 발주자로부터 준공금이나 기성금 등을 받은 경우에는 제3항에서 정한 기일을 말한다. 이하 이 조에서 같다) 이내에 어음을 교부하는 경우에는 목적물등의 수령일부터 60일이 지난 날 이후부터 어음의 만기일까지의 기간에 대한 할인료를 목적물등의 수령일부터 60일 이내에 수급사업자에게 지급하여야 한다.

⑦ 원사업자는 하도급대금을 어음대체결제수단을 이용하여 지급하는 경우에는 지급일(기업구매전용카드의 경우는 카드결제 승인일을, 외상매출채권 담보대출의 경우는 납품등의 명세 전송일을, 구매론의 경우는 구매자금 결제일을 말한다. 이하 같다)부터 하도급대금 상환기일까지의 기간에 대한 수수료(대출이자를 포함한다. 이하 같다)를 지급일에 수급사업자에게 지급하여야 한다. 다만, 목적물등의 수령일부터 60일 이내에 어음대체결제수단을 이용하여 지급하는 경우에는 목적물등의 수령일부터 60일이 지난 날 이후부터 하도급대금 상환기일까지의 기간에 대한 수수료를 목적물등의 수령일부터 60일 이내에 수급사업자에게 지급하여야 한다.

⑧ 원사업자가 하도급대금을 목적물등의 수령일부터 60일이 지난 후에 지급하는 경우에는 그 초과기간에 대하여 연 100분의 40 이내에서 「은행법」에 따른 은행이 적용하는 연체금리 등 경제사정을 고려하여 공정거래위원회가 정하여 고시하는 이율에 따른 이자를 지급하여야 한다. 〈개정 2010.5.17.〉

⑨ 제6항에서 적용하는 할인율은 연 100분의 40 이내에서 법률에 근거하여 설립된 금융기관에서 적용되는 상업어음할인율을 고려하여 공정거래위원회가 정하여 고시한다.

⑩ 제7항에서 적용하는 수수료율은 원사업자가 금융기관(「여신전문금융업법」 제2조제2호의2에 따른 신용카드업자를 포함한다)과 체결한 어음대체결제수단의 약정상 수수료율[113]로 한다. 〈개정 2015.7.24.〉

⑪ 제1항부터 제10항까지의 규정은 「중견기업 성장촉진 및 경쟁력 강화에 관한 특별법」 제

113) 어음대체결제수단에 의한 하도급대금 지급시의 수수료율에 대하여 종래 연7%로 일률적으로 정하였다가 원사업자가 금융기관과 체결한 어음대체결제수단의 약정상 수수료율로 변경되었다. : 어음대체결제수단에 의한 하도급대금 지급시의 수수료율고시[시행 2012.8.21] [공정거래위원회고시 제2012-41호, 2012.8.20, 일부개정]

2조제1호에 따른 중견기업으로 연간매출액이 대통령령으로 정하는 금액(제1호의 회사와 거래하는 경우에는 3천억원으로 한다) 미만인 중견기업이 다음 각 호의 어느 하나에 해당하는 자로부터 제조등의 위탁을 받은 경우에도 적용한다. 이 경우 제조등의 위탁을 한 자는 제1항부터 제10항까지, 제19조, 제20조, 제23조제2항, 제24조의4제1항, 제24조의5제6항, 제25조제1항 및 제3항, 제25조의2, 제25조의3제1항, 제25조의5제1항, 제26조제2항, 제30조제1항, 제33조, 제35조제1항을 적용할 때에는 원사업자로 보고, 제조등의 위탁을 받은 중견기업은 제1항부터 제10항까지, 제19조, 제21조, 제23조제2항, 제24조의4제1항, 제25조의2, 제33조를 적용할 때에는 수급사업자로 본다. 〈신설 2015. 7. 24., 2016. 3. 29., 2018. 1. 16.〉

1. 「독점규제 및 공정거래에 관한 법률」 제9조제1항에 따른 상호출자제한기업집단에 속하는 회사
2. 제1호에 따른 회사가 아닌 사업자로서 연간매출액이 대통령령으로 정하는 금액을 초과하는 사업자

[전문개정 2009. 4. 1.]

–선급금 등 지연지급 시의 지연이율 고시114)–

Ⅰ. 선급금 등 지연지급 시의 지연이율

법 제6조(선급금의 지급)제2항, 법 제11조(감액금지)제4항, 법 제13조(하도급대금의 지급 등)제8항, 법 제15조(관세 등 환급액의 지급)제3항의 규정에 의하여 선급금 등을 지연 지급하는 경우 적용되는 지연이율을 연리 15.5%로 한다.

– 어음에 의한 하도급대금 지급시의 할인율 고시115)–

1. 어음에 의한 하도급대금 지급시의 할인율

원사업자가 법 제13조(하도급대금의 지급 등)제6항에 따라 하도급대금을 어음으로 교부하는 경우, 원사업자가 부담하여야 할 할인료에 적용되는 할인율은 연 7.5%로 한다.

–하도급거래 공정화지침116)–

6. 선급금의 지급

가. **선급금의 지연지급에 대한 지연이자 계산**은 다음과 같다.

(1) 법정지급기일(원사업자가 발주자로부터 선급금을 지급받은 날로부터 15일, 제조 등의 위탁을 하기 전에 선급금을 받은 경우에는 위탁한 날로부터 15일)을 초과하여 선급금을 지급한 경우에는 법정지급기일을 초과한 날로부터 지급기일까지의 기간일수를 산정하여 이자를 부과한다. 다만, 원사업자가 발주자로부터 선급금을 지급받은 후 수급사업자에게 선급금지급보증서 제출을 요청한 날로부터 수급사업자가 선급금지급보증서를 제출한 날까

---

114) 현행고시 [시행 2018. 12. 6.] [공정거래위원회고시 제2018-21호, 2018. 12. 6., 타법개정]는 일몰정비를 위한 것이고, 본 **15.5%**는 **[시행 2015.7.1.]** [공정거래위원회고시 제2015-4호, 2015.6.30., 일부개정]으로 개정 및 시행되었다.

참고로 종래 개정 전에는 연20%였다가 인하되었다([시행 2014.1.1.] [공정거래위원회고시 제2013-6호, 2013.12.31., 일부개정]). 하도급계약 당시 시행되는 고시의 적용을 받기 때문에 고시의 이율의 변경을 숙지하는 것이 중요하다.

115) [시행 2012.8.21] [공정거래위원회고시 제2012-40호, 2012.8.20, 폐지제정]

116) [시행 2020. 3. 9.] [공정거래위원회예규 제342호, 2020. 3. 9., 일부개정]

지의 기간일수는 지연이자 계산 시 공제할 수 있다.

(2) 선급금을 지급하지 않은 상태에서 기성금을 지급하는 경우 선급금 일부가 당해 기성금에 포함된 것으로 간주하여 지급기일을 초과한 날로부터 당해 기성금 지급일까지의 기간에 대한 이자를 부과한다.

(3) 선급금지급에 대한 지연이자 등의 지급기준

선급금의 "법정지급기일"이라 함은 발주자로부터 선급금을 받은 날(또는 원사업자가 제조 등의 위탁을 한 날)로부터 15일째 되는 날을 말한다.

나. **원사업자가 발주자로부터 받은 선급금의 내용과 비율에 따른 판단 기준**

(1) 발주자가 선급금을 지급하면서 특정한 공사나 품목을 지정하여 선급금을 지급하는 경우에는 발주자가 지정하는 용도에 한정하여 원사업자는 수급사업자에게 선급금을 지급하면 된다.

(2) 발주자가 선급금을 지급하면서 특정한 품목이나 공사부문을 지정하지 않은 경우 원사업자는 전체 공사대금 중 하도급계약금액의 비율에 따라 수급사업자에게 해당 선급금을 지급하여야 한다. ■

2. 내용

가. 의의 및 법적 성질

하도급법은 원사업자에 대하여 일정한 경우 선급금 지급의무를 강제하고 있다. 원사업자가 이론적으로만 보면 발주자 사이에 체결하는 도급계약과 원사업자가 수급사업자와의 사이에 체결하는 하도급계약은 계약의 주체가 다르다는 점에서 양자 사이에 각 선급금이나 기성금액을 어떻게 약정할 것인지는 별개의 문제이다. 특히 계약자유의 원칙의 관점에서 비추어보면 원사업자가 선급금으로 얼마를 수령하는지의 문제는 원사업자와 수급사업자의 하도급계약의 선급금 등 대금지급약정과는 전혀 무관한 문제이다.

그럼에도 불구하고 하도급법은 원사업자의 우월적 지위에 비추어 도급계약에서 원사업자 자신은 도급금액의 전부 내지 일부를 수령하였음에도 불구하고 하수급대금을 받지 못하는 것은 하수급자의 열악한 지위를 고려하여 이를 강행법규로서 법적으로 보호하고 있다. 이에 따라 하도급법은 원사업자에게 하도급계약서에 명시 한지 여부와 상관없이 자신이 발주자로부터 선급금을 수령한 경우 수령한 날(위탁하기 전 선급금을 받은 경우 위탁한 날)로부터 15일 이내에 수령한 선급금의 내용과 비율에 따라 수급사업자에게 하도급대금을 지급할 것을 강제하고 있다(**강행규정**).

이하에서는 원사업자의 선급금 지급의무에 대하여 하도급법령과 공정화 지침의 내용을 중심으로 주요 쟁점에 대하여 살펴보기로 한다.

나. 주요 내용

원사업자는 수급사업자에게 제조 등의 위탁을 한 경우 원사업자가 발주자로부터 선급금을 받은 경우에는 수급사업자가 제조·수리·시공 또는 용역수행을 시작할 수 있도록 그가 받은 선급금의 내용과 비율에 따라 선급금을 받은 날(제조 등의 위탁을 하기 전에 선급금을 받은 경우에는 제조 등의 위탁을 한 날)부터 15일 이내에 선급금을 수급사업자에게 지급하여야 한다(법 제6조 제1항).

원사업자가 발주자로부터 받은 선급금을 15일을 초과하여 지급하는 경우 그 초과기간에 대하여 **연 15.5%**의 지연이자를 지급하여야 하고, 선급금을 어음 또는 어음대체결제수단을 이용하여 지급하는 경우 어음만기일, 어음대체결제수단 지급기일이 15일을 초과하는 경우 그 초과기간에 대하여 어음할인료(연 7.5%), 수수료를 지급하여야한다.

기본적으로 선급금은 수급인으로 하여금 공사의 원활한 진행을 위하여 도급인이 수급인에게 미리 지급하는 '공사대금'의 일부로서의 성질을 가진다(**공사대금성**)(**확립된 판례**)[117]. 따라서 하도급법에서 규정하고 있는 어음만기일 유지의무 내지 현금결제비율준수의무를 지켜야 한다.

[참조 판결]

-대법원 2003. 5. 16. 선고 2001다27470 판결[보증금]-

[판시사항]

공사도급계약에 있어서 수수되는 이른바 선급금이 하도급거래공정화에관한법률 제17조 소정의 하도급대금에 해당하는지 여부(적극)

[판결요지]

공사도급계약에 있어서 수수되는 이른바 선급금은 수급인으로 하여금 공사를 원활하게 진행할 수 있도록 하기 위하여 도급인이 수급인에게 미리 지급하는 공사대금의 일부이므로 하도급거래공정화에관한법률 제17조의 하도급대금에 해당한다. ■

다. 선급금의 내용과 비율의 의미

원사업자가 발주자로부터 받은 선급금의 내용과 비율에 따른 판단 기준이 문제된다. 그 의미는 "발주자가 선급금을 지급하면서 **특정한 공사나 품목을 지정**하여 선급

117) 선급금의 법적 성질에 대하여 공사대금성을 갖는다는 것이 대법원의 확립된 태도이다(대법원 1997. 12. 12. 선고 97다5060 판결, 대법원 1999. 12. 7. 선고 99다55519 판결, 대법원 2003. 5. 16. 선고 2001다27470 판결 등 참고).

금을 지급하는 경우에는 발주자가 지정하는 용도에 한정하여 원사업자는 수급사업자에게 선급금을 지급하면 된다."는 것이다[118]. 발주자가 선급금을 지급하면서 특정한 품목이나 공사부문을 지정하지 않은 경우에는 원사업자는 전체 공사대금 중 하도급계약금액의 비율에 따라 수급사업자에게 해당 선급금을 지급하여야 한다.

-예 제-

문: 발주자가 선급금을 지급하면서 특정한 품목이나 공사부문을 지정하지 않은 경우, 원사업자가 발주자와의 도급금액 3,465,960,000원, 원사업자가 받은 선급금 1,034,000,000원, 하도급금액 766,549,000원 이러한 경우 원사업자가 수급사업자에게 지급해야 할 선급금 액수는? 답: 금1,034,000,000원 X22%(도급금액 대비 하도급대금 비율)= 금227,480,000원

참고로 원사업자가 발주자로부터 선급금을 지급받기 이전에 기성금을 수급사업자에게 지급한 경우 처리방법이 문제된다. 즉, 원사업자가 수급사업자에게 기성금을 지급한 후 발주자로부터 선급금을 받은 경우에는 선급금을 얼마나 지급해야 하는지 여부이다.

이러한 경우에는 선급금은 공사대금의 성질을 가진다는 면에서 기지급한 부분에 대해서는 선급금 지급의무가 없다고 할 것이다. 따라서 원사업자는 다른 귀책사유가 없는 한 발주자로부터 받은 날로부터 15일 이내에 기 지급한 '기성대금을 공제'한 '잔여 하도급계약금액을 기준'으로 선급금을 지급하면 될 것이다.

라. 선급금의 지연지급에 대한 지연이자 계산 해석

선급금의 지연지급에 대한 지연이자 계산 문제이다. '법정지급기일'(원사업자가 발주자로부터 선급금을 지급받은 날로부터 15일, 제조 등의 위탁을 하기 전에 선급금을 받은 경우에는 위탁한 날로부터 15일)을 초과하여 선급금을 지급한 경우에는 법정지

118) A라는 토목건축공사에 토공사, 철근콘크리트공사, 조경석재공사, 승강기설치공사 등 4개의 전문건설공사가 있다고 가정할 경우, 선급금을 지급하면서 토공사와 철근콘크리트공사에만 사용하도록 공사부문을 지정하였다면 토공사와 철근콘크리트공사부문 수급사업자에게만 선급금을 지급하여야 하고, 철근자재 구입에만 사용하도록 품목을 지정하였다면 철근자재를 사용하는 공사부문 수급사업자에게만 선급금을 지급하여야 하며, 선급금지급대상 공사 또는 품목전체에서 해당 공사가 차지하는 금액비율로 수급사업자에게 선급금을 지급하여야 한다 (하도급거래 공정화 지침).

그런데 실무상 당사자들 사이에 명확하게 권리관계가 정리되지 아니하여 이러한 구분이 쉽지 않은 경우가 많다. 예컨대, 발주자가 도급인에게 특정한 공사부문 내지 품목을 지정했다(예컨대, 추가 비계사용에 대하여 대금을 지급한 경우)고 하더라도 수급사업자가 여러 명인 경우로서 서로 자신이 행한 추가 비계 공사라고 주장하는 경우가 그 예이다.

급기일을 초과한 날로부터 지급기일까지의 기간일수를 산정하여 이자(현재 공정거래위원회에서 고시된 지연이율은 **연리 15.5%**이다)를 부과한다.

다만, 이와 같은 지연이자에 대한 법적 성격은 '금전 대여에 대한 이식으로서의 이자'가 아니라 **'손해배상'**의 성격을 지닌다.

여기서 선급금의 "법정지급기일"이라 발주자로부터 선급금을 받은 날(또는 원사업자가 제조 등의 위탁을 한 날)로부터 15일째 되는 날을 말한다. 따라서 ① 수급사업자에게 법정지급기일을 초과하여 현금으로 지급하는 경우 : 법정지급기일을 초과한 날부터 지급일까지의 기간에 대한 지연이자 부과하고, ② 수급사업자에게 법정지급기일내에 어음 등으로 지급하는 경우 : 법정지급기일을 초과한 날부터 어음만기일까지의 기간에 대한 할인료 부과하며, ③ 수급사업자에게 법정지급기일을 초과하여 어음 등으로 지급하는 경우 : 법정지급기일을 초과한 날로부터 어음교부일까지의 기간에 대한 지연이자부과 및 어음교부일부터 만기일까지의 기간에 대한 할인료 부과하게 된다.

다만, 원사업자가 발주자로부터 선급금을 지급받은 후 수급사업자에게 선급금지급보증서 제출을 적법하게 요청하였음에도 불구하고 수급사업자가 제출을 늦게한 경우에는 제출을 요청한 날로부터 수급사업자가 선급금지급보증서[119]를 제출한 날까지의 기간일수는 지연이자 계산할 때 공제할 수 있다 **[수급사업자의 보증서 제출 지연과 이자계산 문제]**[120].

만일 선급금을 지급하지 않은 상태에서 기성금을 지급하는 경우 선급금 일부가 당해 기성금에 포함된 것으로 간주하여 지급기일을 초과한 날로부터 당해 기성금 지급일까지의 기간에 대한 이자를 부과한다.

마. 선급금의 공제문제

선급금은 하도급공사대금의 선지급의 의미를 가지므로, 하도급공사가 진행되어 공사기성금을 청구하는 경우 지급된 선급금액을 기성율에 맞추어서 공제해 나가는 것이 일반적이다[121]. 다만 공사대금의 법리상 선급금의 공제를 하는 방식은 도급계약

119) 참고로 건설공사표준하도급계약서 제22조 제3항에서 "을이 선급금을 지급받고자 할 때에는 제23조 제1항 각호에 해당하는 증서를 갑에게 제출한다."라고 규정하고 있고, 하도급계약서 '계약특수조건' 제12조 제1항도 같은 취지의 규정이 있다.

120) 공정화지침에 나타난 이자부과 일수 계산 예를 살펴보자.
예) 법정지급기일을 초과하여 지급한 일수(34일)-지급보증서를 요청한 날로부터 제출한 날까지 일수(23일)=11일 즉 지급보증서 제출 지연을 한 경우에는 그 지연된 기간(23일)을 전체 지연된 기간에서 공제하여 산정한 일수(11일)만 지연이자를 지급해야 한다.

121) 만일 그렇지 아니하고 선급금을 지급하고 다음 기성금에서 일괄공제를 하는 경우나 기성율보다 높게 선급금을

당사자의 합의[122]에 따라 정해지게 되어 있으므로, 원사업자가 수급사업자에게 선급금을 지급하고 나서 발주자로부터 받은 내용과 비율에 어긋나지 않는 액수의 공제라면 일괄공제 방식을 채택하던지 또는 기성률보다 높게 선급금을 조기공제하는 방식을 채택하더라도 하도급법 위반에 해당하지는 않는다고 해석된다.

또한 선급금을 지급한 상태에서 위탁계약이 중도 해제·해지되어 중도 타절된 경우 정산문제가 있는데, 이 경우에는 타절 시점을 기준으로 원사업자가 아직 공제하지 못한 선급금은 미지급공사대금에서 공제된다.

판례의 태도에 의할 때 기성공사대금채권이 가압류나 압류가 된 뒤에 도급계약이 해제 또는 해지되어 선급금 반환채권이 발생한 경우에도 가압류나 압류 전에 선급금을 지급하였다면, 가압류나 압류에도 불구하고 다른 특별한 사정이 없는 한 별도의 상계 의사표시 없이도 그 때까지의 기성고에 해당하는 공사대금 중 미지급액에 당연충당되고, 가압류나 압류의 효력은 그 당연충당되고 남는 공사대금에만 미치게 되는 것이다.

따라서 하도급대금 직불청구가 있는 경우에는 뒤에서 후술하는 바와 같이 하도급 직불청구의 규정이 하도급관계의 의제는 아니므로 하수급인(수급사업자)가 시공한 부분은 수급인(원사업자)의 이행보조자의 지위로서 결국 수급인(원사업자)의 기성공사금액에는 이행보조자인 하수급인의 기성공사부분이 포함되는 것이다. 따라서 선급금을 지급한 후 계약의 해제 또는 해지가 발생한 경우 하수급인(수급사업자)의 기성공사부분에 대한 공사대금이 포함된 수급인의 기성고를 선급금에서 공제하여야 하고, 그래도 남는 공사대금이 있는 경우에 한하여 하도급대금을 하수급인(수급사업자)에게 직접 지급하여야 한다[123].

결국 하도급대금 직접지급 규정은 다른 특별한 사정[124]이 없는 한 선급금으로써 '기성고에 대한 공사대금' 충당 후 남은 공사대금이 있을 경우 그 중 하도급대금을 하수급인(수급사업자)에게 직접 지급하여야 한다(**대법원 1997. 12. 12. 선고 97다5060 판결**).

[참조 판결]

-대법원 1997. 12. 12. 선고 97다5060 판결[125][보증채무금]-

조기공제하는 경우에는 법위반이 될 것이다.

122) 대법원 2004. 6. 10. 선고 2003다69713 판결, 대법원 2004. 11. 26. 선고 2002다68362 판결 참조

123) 같은 취지의 판결로는 대법원 2007. 9. 20. 선고 2007다40109 판결 참조

124) 특별한 사정이란 뒤에서 논의하는 바와 같이 소위 "예외적 정산약정"(선급금 충당 대상이 되는 기성공사대금의 내역에서 제외하기로 하는 약정)을 하는 경우인데 이에 대한 판결로는 대법원 2011. 3. 10. 선고 2009다39349 판결, 대법원 2013. 8. 22. 선고 2012다94278 판결 참조

125) 같은 취지의 판결로는 대법원 1997. 5. 13. 선고 2007다31211 판결 참조

[판결요지]

"공사대금의 지급에 관하여 규정하고 있는 공사계약일반조건 제21조와 제21조의3 제1항 제2호 및 선금이 지급된 경우에 그 처리에 관하여 규정하고 있는 공사계약특수조건 제14조의 규정과 원래 **선금급**은 자금 사정이 좋지 않은 수급인으로 하여금 자재 확보, 노임 지급 등에 어려움이 없이 공사를 원활하게 진행할 수 있도록 하기 위하여, 도급인이 장차 지급할 공사대금을 수급인에게 미리 지급하여 주는 **선급 공사대금**이며, 구체적인 기성고와 관련하여 지급된 공사대금이 아니라 전체 공사와 관련하여 지급된 선급 공사대금이라는 점에 비추어, 선금을 지급한 후 계약이 해제 또는 해지되거나 선금급 조건을 위반하는 등의 사유로 중도에 선금을 반환하게 되었다면 선금이 공사대금의 일부로 지급된 것인 이상, 하도급을 주었는지 여부를 불문하고 **선금은 별도의 상계 의사표시 없이 그 때까지의 기성고에 해당하는 공사대금에 당연 충당되고 그래도 공사대금이 남는다면, 그 금액만을 지급하면 되는 것이고, 거꾸로 선금이 미지급 공사대금에 충당되고 남는다면 그 남은 선금에 관하여 도급인이 반환채권을 가지게 된다**고 보는 것이 선금급의 성질에 비추어 타당하고, 하도급대금 직불에 관한 조항이 하수급인이 시공한 부분에 상당하는 금액에 대하여 계약자가 하수급인에게 대가 지급을 의뢰한 것으로 보아 당해 수급인에게 직접 지급하여야 한다고 규정하고 있는 것은 선금급으로써 기성고에 대한 공사대금에 충당하고 남은 공사대금이 있을 경우에 그 중 하도급대금을 하수급인에게 직접 지급하여야 함을 규정한 것으로 봄이 타당하다." ■

바. 부동산 대물변제 방식에 의한 선급금 지급의 유효성

선급금을 부동산 대물변제 방식으로 지급한 경우 유효성이 문제된다. 위에서 언급한 것처럼 선급금의 법적 성질이 공사대금의 성질이라면 이는 원칙적으로 하도급법 제17조에서 정하고 있는 부당한 대물변제 금지 조항에 해당된다고 볼 것이다.

특히 본 조항은 2017. 4. 18.자로 개정되어 2017. 10. 19.자로 시행되고 있는데, 그 개정의 핵심은 '원사업자의 대물변제가 수급사업자의 의사에 반하여 지급되었는지 여부'가 삭제된 것이다. 따라서 수급사업자의 정상적인 수령의사와 상관없이 객관적으로 원사업자의 대물변제행위가 하도급법 제17조 및 동법시행령 제9조의 4의 대물변제 예외조항에 해당하지 않는 한 이는 하도급법 위반이 된다.

문제는 본 규정에 반하여 지급된 대물변제가 강행규정인 하도급법 위반이 명백하여 위법이 되더라도 대물변제의 사법상 효과까지 무효로써 부인할 수 있는 지 여부이다. 특히 종전의 주관적 요건을 요구한 개정 전과 달리 객관적 요건으로만 불법 대물변제를 규정하고 있기 때문에 이 논의는 주관적 요건의 개정 후 논란이 있다.

-개정 전 후 규정의 비교-

제17조(부당한 대물변제의 금지) ①원사업자는 **수급사업자의 의사에 반하여** 하도급대금을 물품으로 지급하여서는 아니 된다. 〈개정 2013.8.13.〉 ② 원사업자는 제1항의 대물변제를 하기 전에 소유권, 담보제공 등 물품의 권리 · 의무 관계를 확인할 수 있는 자료를 수급사업자에게 제시하여야 한다. 〈신설 2013.8.13.〉 ③ 물품의 종류에 따라 제시하여야 할 자료, 자료제시의 방법 및 절차 등 그 밖에 필요한 사항은 대통령령으로 정한다. 〈신설 2013.8.13.〉 [전문개정 2009.4.1.]

제17조(부당한 대물변제의 금지) ①원사업자는 하도급대금을 물품으로 지급하여서는 아니 된다. 다만, 다음 각 호의 어느 하나에 해당하는 사유가 있는 경우에는 그러하지 아니하다. 〈개정 2013.8.13., **2017.4.18.**〉 1. 원사업자가 발행한 어음 또는 수표가 부도로 되거나 은행과의 당좌거래가 정지 또는 금지된 경우 2. 원사업자에 대한 「채무자 회생 및 파산에 관한 법률」에 따른 파산신청, 회생절차개시 또는 간이회생절차개시의 신청이 있은 경우 3. 그 밖에 원사업자가 하도급대금을 물품으로 지급할 수밖에 없다고 인정되는 대통령령으로 정하는 사유가 발생하고, 수급사업자의 요청이 있는 경우 ② 원사업자는 제1항 단서에 따른 대물변제를 하기 전에 소유권, 담보제공 등 물품의 권리 · 의무 관계를 확인할 수 있는 자료를 수급사업자에게 제시하여야 한다. 〈신설 2013.8.13., 2017.4.18.〉 ③ 물품의 종류에 따라 제시하여야 할 자료, 자료제시의 방법 및 절차 등 그 밖에 필요한 사항은 대통령령으로 정한다. 〈신설 2013.8.13.〉 [전문개정 2009.4.1.] [시행일 : 2017.10.19.]

종전의 해석론으로는 본 하도급법 제17조 위반한 대물변제의 사법상 효력의 여부와 관련하여 열등적인 위치에 있는 수급사업자가 원하지 않음에도 원사업자의 의사에 따라 장기적인 거래관계의 유지 등 여러 사정을 고려하여 어쩔 수 없이 하도급대금을 물품으로 지급하는 것에 동의 또는 승낙하는 경우에는 "의사에 반하여" 지급한 것에 해당하여 하도급법상의 과징금 부과 등 제재를 받는다고 하더라도, 이를 가지고 사법상 효과를 부인할 수 있는 것은 아니고 민법에서 요구하는 무효 또는 취소할 수 있는 정도의 강박이 있어야만 가능하다고 보는 것이 다수의 견해였다.

즉 의사에 반하여 지급된 경우 사법(私法)상 계약의 유효성 여부[126]에 대하여 기

126) 선급금이나 공사대금에 대한 대물변제에 대하여 종래에는 당초 하도급계약 체결 당시에 대물변제로 지급을 약정하는 것은 사적자치의 원칙상 유효하다는 입장(즉 사전에 대물변제의 약정을 상호 하는 경우인지 아니면 계약체결 후 나중에 공사대금의 지급을 대물변제 약정을 하는 경우인지 여부에 따라서 전자에 대해서 일반적으로 유효로 보는 입장)이 주류였던 것으로 보인다.

그런데, 최근에 공정거래위원회에서 주식회사 한양 사례로서, 하도급거래의 조건으로서 골프회원권 및 미분양 아파트의 구매를 전제로 현장설명확약서 및 입찰확약서를 요구한 사례에서 이를 하도급법 제12조의 2 (경제적

본적으로 '효력규정설'이 아닌 '단속규정설'의 입장이라는 것이 판례의 태도[127](대법원 2001다27470판결 등 참조)이다(**판례-사법상 계약 유효**).

사견으로는 주관적 요건을 삭제한 현행 개정된 하도급법의 입법취지[128]를 고려할 때 부당한 대물변제에 객관적으로 해당하는 경우에는 사법상의 효력을 부정된다고 해석해야 할 것이다(**효력규정설**). 그 이유는 첫째 공법상 위법성과 사법상 위법성을 계속 분리시켜 논의하는 것은 피해자 구제의 관점에서 바람직하지 않다는 점, 둘째 단절법률의 규정에 모든 사법상의 행위효력을 언급할 필요는 없기 때문에 효력규정으로 해석하는 것이 불가능하지 않다는 점이다. 효력규정설에 의할 때 수급사업자는 원사업자를 상대로 손해배상을 구할 것이 아니라 대물변제가 무효이므로 이유로 여전히 변제되지 않은 하도급대금을 청구할 수 있게 될 것이다(**공사대금청구설**).

[참조 판결]

-대법원 2003. 5. 16. 선고 2001다27470 판결 [보증금]-

[판결요지]

- 공사도급계약에 있어서 수수되는 이른바 선급금은 수급인으로 하여금 공사를 원활하게 진행할 수 있도록 하기 위하여 도급인이 수급인에게 미리 지급하는 공사대금의 일부이므로 하도급거래공정화에관한법률 제17조 의 하도급대금에 해당한다.
- 하도급거래공정화에관한법률 제17조 는 '의사에 반하여' 하도급대금을 물품으로 지급하는 것을 금지하고 있는바, 하도급거래공정화에관한법률의 제정취지가 "하도급거래에 있어서 원사업자의 부당한 행위를 억제하고 수급사업자의 열위(열위)적 지위를 보완하여 하도급거래가 상호보완적인 협조관계에서 이루어지도록 유도"하려는 데 있음에 비추어 볼 때 열위적 지위에 있는 수급사업자가 원하지 않음에도 원사업자의 의사에 따라 하도급대금을 물품으로 지급하는 것에 동의 또는 승낙하는 경우에는 '의사에 반하여' 지급한 것에 해당한다고 할 것이고 다만, 그 경우 무효 또는 취소할 수 있는 정도의 강박에 의한 것임을 요하는 것은 아니라

이익의 부당요구 금지) 위반으로 보아 과징금 제재를 한 사안이 있었다(2014. 3. 25.자 공정거래위원회 보도자료 참조). 법원의 판단을 종국적으로 받아야 할 것이지만, 특히 원사업자의 입장에서는 이와 같은 행위에 대하여 주의를 요한다고 할 것이다. 이에 대해서는 추후 상세히 논하기로 한다.

127) 하도급법의 입법취지 및 목적, 반도덕성에 대한 사회적 평가로서 단지 수급사업자가 원하지 않았다는 정도로 사법상의 효력을 전부 부인하는 것은 거래의 안전 등을 고려할 때 지나치므로 하도급법 제17조 위반이 사법상 효력까지 부인하는 효력규정이 아니라 하도급법위반으로 제재를 받는데 그친다고 보는 단속규정설을 취하는 견해가 있다(최복규, 부동산 대물변제 방식에 의한 선급금지급의 유효여부, 대법원판례해설 제44호, 법원도서관, 2003.5.16.).

128) 하도급법 개정취지를 보면 "현행법에 따르면 원사업자는 수급사업자의 의사에 반하여 하도급대금을 물품으로 지급하여서는 아니 된다고 규정하고, 이를 위반하는 경우 하도급대금의 2배에 상당하는 금액 이하의 벌금에 처함으로써 대물변제를 원칙적으로 금지시키고 있는데, 원사업자가 하도급거래상 우월적 지위를 이용하여 수급사업자의 내심과 달리 대물변제를 원하는 것으로 의사표시를 하게 함으로써 합법적인 대물변제의 수단으로 활용되고 있는 실정을 감안하여, '수급사업자의 의사에 반하여'라는 문구를 삭제하여 하도급대금에 대한 대물변제의 여지를 원칙적으로 차단하고, 원사업자가 발행한 어음 또는 수표가 부도로 되거나 은행과의 당좌거래가 정지 또는 금지된 경우 등 제한적인 경우에만 대물변제가 가능하게 함으로써 수급사업자의 진의 아닌 의사표시에 의한 피해를 방지하려는 것이다"라는 입법취지를 밝히고 있다(하도급법 개정 [시행 2017. 10. 19.] [법률 제14814호 2017. 4. 18. 일부개정]).

고 할 것이나, 당초부터 하도급대금을 물품으로 지급하는 것을 전제로 하여 하도급계약을 체결하는 것이 사적자치의 원칙상 금지되는 것은 아니고, 이러한 경우까지 하도급대금을 약정한 물품으로 지급하는 것이 '원사업자의 부당한 대물변제'에 해당하여 금지되는 것이라고는 할 수 없다.

- 하도급거래공정화에관한법률 제17조 는 "원사업자는 수급사업자의 의사에 반하여 하도급대금을 물품으로 지급하여서는 아니된다."라고 규정하고 있고, 같은 법 제20조 는 "원사업자는 하도급거래와 관련하여 우회적인 방법에 의하여 실질적으로 이 법의 적용을 면탈하려는 행위를 하여서는 아니된다."라고 규정하고 있으나, 하도급거래공정화에관한법률은 그 조항에 위반된 도급 또는 하도급약정의 효력에 관하여는 아무런 규정을 두지 않는 반면 위의 조항을 위반한 원사업자를 벌금형에 처하도록 하면서 그 조항 위반행위 중 일정한 경우만을 공정거래위원회에서 조사하게 하여 그 위원회로 하여금 그 결과에 따라 원사업자에게 시정조치를 명하거나 과징금을 부과하도록 규정하고 있을 뿐이어서 그 조항은 그에 위배한 원사업자와 수급사업자 간의 계약의 사법상의 효력을 부인하는 조항이라고 볼 것은 아니다. ■

사. 선급금으로 지급된 어음의 부도 발생의 법률관계

선급금을 어음으로 지급하였는데 어음이 부도 등 사유가 발생하여 현실적으로 지급되지 아니한 경우의 선급금지급의 유효성 문제이다. 검토컨대, 어음은 만기일에 결제되는 것이므로 설사 어음을 수령한 수급사업자가 할인 등의 방법으로 현금을 수령하였다고 하더라도 부도 등의 사유의 지급거절이나 소구책임을 당하는 등 결과적으로 변제기에 변제되지 아니한 경우에는 원사업자가 선급금을 지급하지 아니한 경우가 되어 하도급대금미지급이 된다.

3. 하도급거래 공정화지침의 내용 -<u>선급금</u> 6.

공정거래위원회의 하도급거래공정화지침에서 설명되는 선급금 조항을 언급하기로 한다.

가. 선급금의 지연지급에 대한 지연이자 계산은 다음과 같다. (1) 법정지급기일(원사업자가 발주자로부터 선급금을 지급받은 날로부터 15일, 제조 등의 위탁을 하기 전에 선급금을 받은 경우에는 위탁한 날로부터 15일)을 초과하여 선급금을 지급한 경우에는 법정지급기일을 초과한 날로부터 지급기일까지의 기간일수를 산정하여 이자를 부과한다. 다만, 원사업자가 발주자로부터 선급금을 지급받은 후 수급사업자에게 선급금지급보증서 제출을 요청한 날로부터 수급사업자가 선급금지급보증서를 제출한 날까지의 기간일수는 지연이자 계산 시 공제할 수 있다.

<예 시>

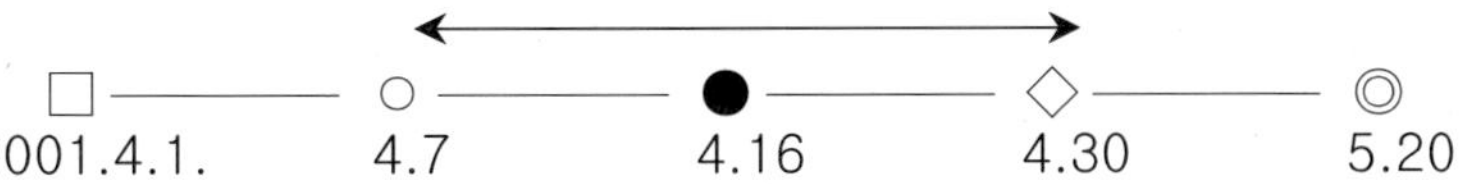

□ 발주자로부터 선급금을 지급받은 날
○ 선급금지급보증서 제출을 요청한 날
● 선급금 법정지급기일
◇ 선급금지급보증서를 제출한 날
◎ 원사업자가 선급금을 지급한 날

– 이자부과 일수 계산예
법정지급기일을 초과하여 지급한 일수(34일)–지급보증서를 요청한 날로부터 제출한 날까지 일수(23일)=11일

(2) 선급금을 지급하지 않은 상태에서 기성금을 지급하는 경우 선급금 일부가 당해 기성금에 포함된 것으로 간주하여 지급기일을 초과한 날로부터 당해 기성금 지급일까지의 기간에 대한 이자를 부과한다.

· 선급금을 미지급한 경우
총계약금액 : 5,000만원
선 급 금 : 1,000만원(공사금액의 20%)
발주자로부터 선급금을 지급받은 날 : 2010. 3. 17
선급금 지급기일 : 2010. 4. 1

구 성	기 성 금 액		당 해 선급금1』	선급금 기산일2』	선급금 지연일수3』	지연 이자4』
	일 자	금 액				
1회기성	2010. 4. 30	1,000	200	2010. 4. 2	29	3.1
2회기성	5. 31	1,000	200	〃	60	6.5
3회기성	6. 30	1,000	200	〃	90	9.8
4회기성	7. 31	1,000	200	〃	121	13.2
5회기성	8. 31	1,000	200	〃	152	16.6
계		5,000	1,000			49.2

주 1』 선급금×당해기성금/총계약금액으로 계산
2』 선급금 지급기일을 초과한 날
3』 기산일로부터 실제 기성금 지급일까지의 기간
4』 당해 선급금 × 15.5%(공정위가 고시하는 지연이자율) × 선급금 지연일수/365일

· 선급금을 일부만 지급하면서 지연지급한 경우
총계약금액 : 10,000만원

선 급 금 : 2,000만원 (공사금액의 20%)
선급금 지급기일 : 2010.4.30
선급금 지급금액 : 1,000만원 (2010.5.10일 현금 지급)
⇒ 지급지연일수 : 10일

○ 선급금중 1,000만원(공사금액의 10%)의 지연지급에 따른 지연이자 : 5.4만원

- 1,000만원×20%(공정위가 고시하는 지연이자율)×10(지급기일을 초과한 날로부터 실제 지급일까지의 기간)/ 365 = 5.4만원
○ 선급금 중 1,000만원을 미지급함에 따라 발생한 지연이자: 45.2만원

구 성	기성금액		당 해 선급금1』	선급금 기산일2』	선급금 지연일수3』	지연 이자4』
	일자	금액				
1회기성	2010.5.31	2,000	200	2010.5.1	31	3.4
2회기성	6.30	3,000	300	〃	61	10.0
3회기성	7.31	1,000	100	〃	92	5.0
4회기성	8.31	2,000	200	〃	123	13.5
5회기성	9.30	2,000	200	〃	153	16.7
계		10,000	1,000			45.2

주 1』 미지급한 선급금×당해기성금/총계약금액
2』 선급금 지급기일을 초과한 날
3』 기산일로부터 실제 기성금 지급일까지의 기간
4』 당해 선급금×15.5%(공정위가 고시하는 지연이자율)×선급금 지연일수/365일

(3) 선급금지급에 대한 지연이자 등의 지급기준

선급금의 "법정지급기일" 이라 함은 발주자로부터 선급금을 받은 날(또는 원사업자가 제조 등의 위탁을 한 날)로부터 15일째 되는 날을 말한다.

(가) 수급사업자에게 법정지급기일을 초과하여 현금으로 지급하는 경우 : 법정지급기일을 초과한 날부터 지급일까지의 기간에 대한 지연이자 부과

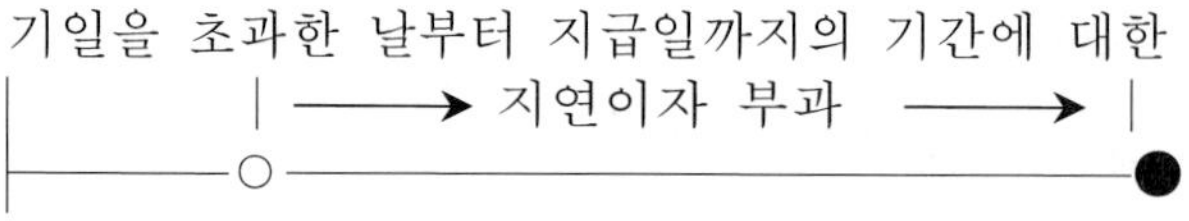

(나) 수급사업자에게 법정지급기일내에 어음 등으로 지급하는 경우 : 법정지급기일을 초과한 날부터 어음만기일까지의 기간에 대한 할인료 부과

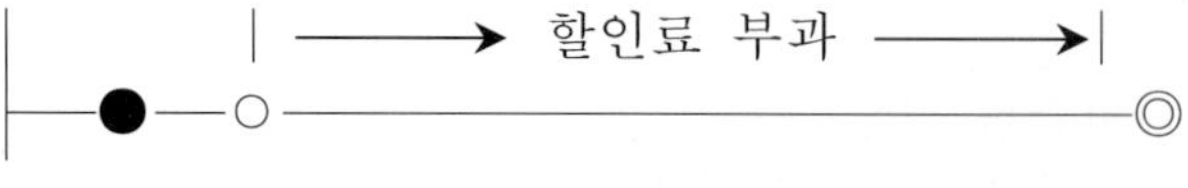

(다) 수급사업자에게 법정지급기일을 초과하여 어음 등으로 지급하는 경우 : 법정지급기일을 초과한 날로부터 어음교부일까지의 기간에 대한 지연이자부과 및 어음교부일부터 만기일까지의 기간에 대한 할인료 부과

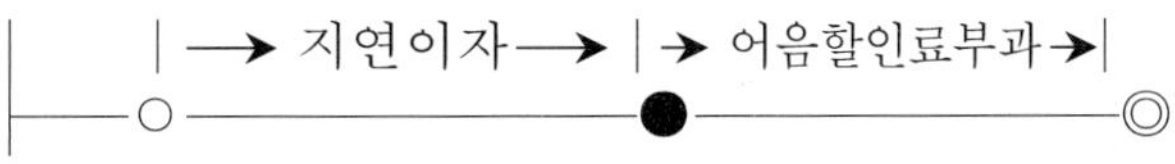

<범 례>

○ 법정지급기일 / ● 지급일(또는 어음교부일) / ◎ 어음만기일

나. 원사업자가 발주자로부터 받은 선급금의 내용과 비율에 따른 판단 기준

(1) 발주자가 선급금을 지급하면서 특정한 공사나 품목을 지정하여 선급금을 지급하는 경우에는 발주자가 지정하는 용도에 한정하여 원사업자는 수급사업자에게 선급금을 지급하면 된다.

A라는 토목건축공사에 토공사, 철근콘크리트공사, 조경석재공사, 승강기설치공사 등 4개의 전문건설공사가 있다고 가정할 경우, 선급금을 지급하면서 토공사와 철근콘크리트공사에만 사용하도록 공사부문을 지정하였다면 토공사와 철근콘크리트공사부문 수급사업자에게만 선급금을 지급하여야 하고, 철근자재 구입에만 사용하도록 품목을 지정하였다면 철근자재를 사용하는 공사부문 수급사업자에게만 선급금을 지급하여야 하며, 선급금지급대상 공사 또는 품목전체에서 해당 공사가 차지하는 금액비율로 수급사업자에게 선급금을 지급하여야 한다.

(2) 발주자가 선급금을 지급하면서 특정한 품목이나 공사부문을 지정하지 않은 경우 원사업자는 전체 공사대금 중 하도급계약금액의 비율에 따라 수급사업자에게 해당 선급금을 지급하여야 한다. ■

4. 관련 사례

가. 판례

건설도급계약 당사자 사이에서 공동수급체 일방이 탈퇴하면서 미정산선급금반환채무에 대하여 다른 일방이 승계하기로 포괄승계약정을 한 경우에 승계인이 발주자(도급인)에 대한 공사대금청구권과 발주자의 미정산선급금채권에 대하여 별도의 상계가 필요하다는 판결이 있다(**대법원 2010. 7. 8. 선고 2010다9507 판결**).

[참조 판결]

-대법원 2010. 7. 8. 선고 2010다9597 판결[129] **[부당이득금반환]-**

[송○개발 주식회사 사례]

【판시사항】

[1] 갑과 을이 공동수급체를 구성하여 도급받은 공사를 을이 주관사가 되어 선급금 등을 지급받고 진행하다가 포기함에 따라 갑이 도급인 병과 사이에 을의 탈퇴 뒤 잔여공사를 시행하기로 하면서 체결한 약정의 취지는, 갑이 을의 미정산선급금 수액을 확인하면서 향후 이를 다투지 않을 것을 약속함과 아울러 그 이행보증사가 미정산선급금을 반환하지 않더라도 병에게 이의를 제기하거나 별도의 지급청구를 하지 않겠다는 취지에 불과할 뿐, 병이 을에게 지급한 선급금에 대한 반환채무를 갑과 사이에 정산함에 있어 다툼이 발생한 경우까지 민사상 소송을 제기하지 않겠다는 취지로 볼 수는 없다고 한 사례

[2] 공사도급계약의 해제 또는 해지 등으로 수급인이 도중에 선급금을 반환하여야 할 사유가 발생한 경우, 별도의 상계 의사표시 없이 미지급 기성공사대금이 선급금으로 충당되는지 여부(적극)와 이때 선급금의 충당 대상이 되는 기성공사대금 내역의 산정 기준 및 정산하고 남은 선급금의 반환채무도 선급금과 같은 성질을 갖는지 여부(소극)

[3] **갑과 을이 공동수급체를 구성하여 도급받은 공사를 을이 주관사가 되어 선급금 등을 지급받고 진행하다가 포기함에 따라 갑이 도급인 병과 사이에 을의 탈퇴 뒤 잔여공사를 시행하기로 하면서 체결한 약정에 의해 그 약정 당시 갑과 병이 을의 병에 대한 미정산선급금의 수액을 확정하고 그 반환채무를 갑이 승계**하였다면, 병의 갑에 대한 그 미정산선급금 반환채권과 갑의 병에 대한 공사대금채권이 서로 상계적상에 있는 경우에 이를 상계, 공제하는 등으로 별도의 정산을 거쳐야 비로소 갑의 위 미정산선급금 반환채무가 소멸되는 것일 뿐, 위 미정산선급금이 을의 미수령공사대금에 당연 충당된 것으로는 볼 수 없다고 한 사례

【판결요지】

[1] 갑과 을이 공동수급체를 구성하여 도급받은 공사를 을이 주관사가 되어 선급금 등을 지급받고 진행하다가 포기함에 따라 갑이 도급인 병과 사이에 을의 탈퇴 뒤 잔여공사를 시행하기로 하면서, 갑은 을의 미정산선급금 반환채무의 수액을 확인하고 그 채무를 승계하여 이를 도급인과 정산하고, 을 및 그 이행보증사의 미정산선급금 반환 여부 또는 그 반환금액에 관하여 병에게 이의를 제기하거나 별도의 지급청구를 하지 않기로 하되, 병은 을이나 그 이행보증사로부터 미정산선급금을 반환받는 경우 즉시 이를 갑에게 지급하기로 약정한 사안에서, 그 약정의 취지는 갑이 을의 미정산선급금 수액을 확인하면서 향후 이를 다투지 않을 것을 약속함과 아울러 그 이행보증사가 미정산선급금을 반환하지 않더라도 병에게 이의를 제기하거나 별도의 지급청구를 하지 않겠다는 취지에 불과할 뿐, 병이 을에게 지급한 선급금에 대한 반환채무를 갑과 사이에 정산함에 있어 다툼이 발생한 경우에까지 민사상 소송을 제기하지 않겠다는 취지로 볼 수는 없다고 한 사례.

[2] 공사도급계약에 있어서 수수되는 이른바 선급금은 구체적인 기성고와 관련하여 지급된 공사대금이 아니라 전체공사와 관련하여 지급된 공사대금이고, 이러한 점에 비추어 선급금을 지급한 후 계약이 해제 또는 해지되는 등의 사유로 수급인이 도중에 선급금을 반환하여야 할 사유가 발생하였다면, 특별한 사정이 없는 한 별도의 상계 의사표시 없이도 그때까지의 기성고에 해당하는 공사대금 중 미지급액은 선급금으로 충당되고 도급인은 나머지 공사대금이 있는 경우 그 금액에 한하여 지급할 의무를 부담하게 되나(대법원 1999. 12. 7. 선고

---

129) 원심 서울고등법원 2009. 12. 10. 선고 2009나55749 판결

99다55519 판결), 이때 선급금의 충당 대상이 되는 기성공사대금의 내역을 어떻게 정할 것인지는 도급계약 당사자의 약정에 따라야 한다(대법원 2004. 11. 26. 선고 2002다68362 판결). 그리고 **그와 같이 정산하고 남은 선급금을 공사의 수급인이 도급인에게 반환하여야 할 채무는 선급금 그 자체와는 성질을 달리하는 것**이다.

[3] 갑과 을이 공동수급체를 구성하여 도급받은 공사를 을이 주관사가 되어 선급금 등을 지급받고 진행하다가 포기함에 따라 갑이 도급인 병과 사이에 을의 탈퇴 뒤 잔여공사를 시행하기로 하면서 체결한 약정에 의해 그 약정 당시 갑과 병이 을의 도급인에 대한 미정산선급금의 수액을 확정하고 그 반환채무를 갑이 승계하였다면, 병의 갑에 대한 그 미정산선급금 반환채권과 갑의 병에 대한 공사대금채권이 서로 상계적상에 있는 경우에 이를 상계, 공제하는 등으로 별도의 정산을 거쳐야 비로소 갑의 위 미정산선급금 반환채무가 소멸되는 것일 뿐, 위 미정산선급금이 을의 미수령공사대금에 당연 충당된 것으로는 볼 수 없다고 한 사례.

【판결이유】

원심이 인정한 바와 같이, **원고(갑)와 피고(병)가 이 사건 포괄승계약정 당시에 정암(을)의 피고(병)에 대한 미정산선급금을 193,108,030원으로 확정하고 그 반환채무를 원고(갑)가 승계**하였다면, 피고(병)의 원고(갑)에 대한 그 미정산선급금반환채권과 원고(갑)의 피고(병)에 대한 공사대금채권이 서로 상계적상에 있는 경우에 **이를 상계, 공제하는 등으로 별도의 정산을 거쳐야 비로소 원고의 위 미정산선급금반환채무가 소멸**되는 것일 뿐, 위 미정산선급금이 정암(을)의 미수령공사대금에 당연 충당된 것으로는 볼 수 없다고 할 것인데, 원고와 피고 사이에서 위와 같은 정산이 이루어졌다는 점에 관하여는 아무런 주장·입증이 없다.

그럼에도 원심은 위 미정산선급금이 정암(을)의 피고(병)에 대한 미수령공사대금에 당연 충당되어 원고가 승계한 그 미정산선급금의 반환채무가 소멸되었다고 판단하고 말았으니, 원심판결에는 선급금에 관한 법리를 오해하여 판결에 영향을 미친 위법이 있다고 할 것이다.■

건설위탁 하도급거래에 있어서 수급사업자가 원사업자와 사이에 선급금을 지급하지 아니하기로 약정하였다고 하더라도 하도급법 제6조의 강행규정상 발주자로부터 원사업자가 선급금을 지급받은 경우에 이를 수급사업자에게 지급하지 아니하였다면 하도급법위반이라는 판결이 있다(서울고등법원 2009. 11. 4. 선고 2009누7099 판결 [시정명령 등취소]).

[참조 판결]

-서울고등법원 2009. 11. 4. 선고 2009누7099 판결[130][시정명령등취소]-

[판결이유]

(가) 갑 제1호증, 을 제4호증, 을 제5호증의 1, 2, 3의 각 기재에 변론 전체의 취지를 종합하면, 원고가 2006. 10. 16. 삼육대학교와 사이에 이 사건 신축공사에 관하여 건설공사 도급계약을 체결하였는데, 당시 계약금액의 10%에 해당하는 선급금을 지급받기로 약정한 사실, 그럼에도 불구하고 원고가 삼육대학교로부터 위 계약에 따른 선급금을 지급받지 못하자,

130) 본 판결은 상고되었으나 상고기각되어 원심이 확정되었다(대법원 2010. 3. 25. 선고 2009두23181 판결).

2006. 11.경 삼육대학교에게 선급금의 지급을 청구한 사실, 원고가 2006. 12. 28. 삼육대학교로부터 위 계약금액의 10%인 710,000,000원을 지급받은 사실, 원고의 이사가 위 710,000,000원은 선급금 명목으로 지급받은 것이라는 내용의 확인서를 작성한 사실을 인정할 수 있고, 위 인정사실에 의하면, 원고가 2006. 12. 28. 삼육대학교로부터 교부받은 위 금원은 기성금이 아니라 선급금인 사실이 인정된다.

(나) 원고가 겨○석재(수급사업자)와 사이에 **선급금을 지급하지 아니하는 내용의 계약을 체결하였더라도**, 구 하도급법 제1항에 규정된 구 하도급법의 입법목적 및 원사업자가 발주자로부터 선급금을 받은 경우 예외 없이 수급사업자에게 선급금의 내용과 비율에 따라 선급금을 지급하도록 규정하고 있는 구 하도급법 제6조의 내용에 비추어 보면, 원고는 겨○석재에게 선급금을 지급하여야 한다고 봄이 상당하다.■

나. 공정거래위원회 심결례

[참조 사례]

- 원사업자의 산급금 지급의무 불이행에 대한 금지명령 및 지연이자 부과 사례-

공정거래위원회 2013.12.9. 의결 2012부사3438 금지명령 및 대금지급명령 (상○종합건설(주)의 불공정하도급거래행위 사례)

[주문]

1. 피심인은 수급사업자 주식회사 ○○에게 '10-S-01 시설공사' 중 '철근콘크리트 공사'를 건설위탁 함에 있어 선급금을 발주자로부터 지급받은 비율보다 낮은 비율로 법정지급기일을 초과하여 지급하는 것과 같은 행위를 다시 하여서는 아니 된다.
2. 피심인은 수급사업자 주식회사 ○○에게 '10-S-01 시설공사' 중 '철근콘크리트 공사'를 건설위탁 한 후 발주자로부터 선급금을 받았음에도 선급금을 법정지급기일을 초과하여 지급하면서 그 초과한 기간에 대하여 지급하지 아니한 지연이자 9,556천 원을 지체 없이 지급하여야 한다.

[이유]-행위사실 및 위법성 판단

• (가) 행위사실

1) 선급금 지연지급 및 선급금 지급비율 미유지 행위

① 피심인은 공동도급사와 함께 아래 <표 3>과 같이 발주자로부터 2010. 6. 28. 1차 선급금을 지급받고 수급사업자 ○○에게는 해당 선급금 84,318천 원을 2010. 12. 31. 및 2011. 2. 1. 2회에 나누어 지급함으로써 아래 <표 4>와 같이 법정지급기일(2010.11.9.)[131]을 각각 52일과 84일을 초과하였다.

② 피심인은 공동도급사와 함께 아래 <표 3>과 같이 발주자로부터 2011. 1. 31. 원도급금액의 30%에 해당하는 2차 선급금을 지급받고 수급사업자 ○○에게는 아래 <표 3>과 같이 30%에 해당하는 선급금 338,550천 원 중 19.5%인 220,000천 원을 2011. 5. 20. 지급함으로써 아래 <표 4>와 같이 법정지급기일을 94일 초과하였고, 발주자로부터 지급받은

131) 피심인은 수급사업자 ○○와 하도급계약 이전인 2010. 6. 28. 발주자로부터 선급금을 지급받았는바 수급사업자 ○○에게는 계약일부터 15일 이내인 2010. 11. 9.까지 지급하여야 한다.

비율(30%)보다 약 10.5% 낮은 비율(19.5%)로 지급하여 지급비율도 유지하지 않았다.

2) 선급금 지연지급에 따른 지연이자 미지급 행위

위 1) ① 및 ②에서 살펴본 바와 같이, 피심인은 공동도급사와 함께 수급사업자 ○○에게 법정지급기일을 초과하여 선급금을 지급하였음에도 이에 대한 지연이자 총 14,542천 원을 지급하지 않았다.

• (나) **위법성 판단**

위에서 살펴 본 바와 같이, 피심인과 공동도급사가 발주자로부터 2차례에 걸쳐 선급금을 지급 받았음에도 그 지급받은 날부터 15일 이내에 그 내용과 비율에 따라 수급사업자 ○○에게 선급금을 지급하지 아니한 행위는 불공정하도급거래행위에 해당된다.

라. 피심인 주장에 대한 판단

피심인은 수급사업자 ○○이 2011. 8. 31.부로 공사를 중단함에 따라 이미 지급한 선급금 중 기성금으로 공제되지 못한 피심인 채권 35,381천 원[132]과 선급금 관련 지연이자는 서로 상계되어야 한다고 주장하나, 이 사건 공사가 중도에 타절되면서 수급사업자 ○○이 공사대금 695,941천 원을 아직 지급받지 못하였다고 주장하고 있고, 이 사건 공사의 중도타절에 따른 정산금액, 추가공사의 인정 여부 및 추가공사 금액 등에 대해서는 당사자 간 공사대금 청구소송[133]이 현재 진행 중에 있어 총 공사대금이 특정되지 아니한 상태이며, 따라서 당사자 사이의 총 채권·채무액이 확정되지 않아서 선급금 미환수 채권과 선급금 지연이자 채무는 서로 상계되어야 한다는 피심인의 주장은 받아들이기 어렵다.

다시 피심인은, 전문건설공제조합으로부터 수급사업자 ○○의 채권이 가압류되어 있어 수급사업자 ○○에게 지연이자를 지급할 수 없다고 주장하나, 채권의 가압류는 제3채무자로 하여금 채무자에게 대금지급 하는 것을 금지하는데 그칠 뿐, 제3채무자의 채무 그 자체를 면하게 하는 것은 아니므로 비록 가압류가 되어있다 하여도 하도급채권의 이행시기가 도과한 때에는 제3채무자는 지체책임을 면할 수 없고, 이 경우 제3채무자는 공탁을 함으로써 하도급대금 지급의무를 면할 수 있다할 것이므로 피심인의 위 주장 역시 이유 없다.[134]

[이유]-처분 -금지명령

피심인의 위 2. 가.의 행위는 하도급법 제6조 제1항 및 제2항의 규정에 위반되므로 하도급법 제25조의 규정을 적용하여 주문과 같이 의결한다. ■

다. 질의회신

문】 발주처로부터 선급금을 지급받지 않은 상태에서, 원사업자가 수급사업자에게 기성금을 이미 지급한 경우, 추후 발주자로부터 지급받은 선급금에 따라 수급사업자에게 선급금을 지급하려면 하도급계약 전체 금액을 기준으로 지급하여야 하는지 아니면, 기성대금 지급분을 공제한 잔여 기

132) 피심인이 수급사업자 ○○에게 지급한 2차 선급금 220,000천 원 중 2차 공사 기성금에서 총 184,619천 원이 공제되고 남은 차액이라고 주장한다.

133) 대구지방법원 김천지원 2012가합1859호 사건 참조, 이 소송에서 피심인은 수급사업자 ○○의 공사대금은 1,211,095천 원이고 이미 지급한 금액이 1,218,381천 원이므로 수급사업자 ○○에게 지급할 채무는 없다고 주장하고, 수급사업자는 공사대금이 1,914,322천 원이므로 수령금액 1,218,381천 원을 제외한 차액 695,941천 원의 채권이 있다고 주장하고 있다.

134) 대법원 1994. 12. 13. 선고 93다951 판결 참고.

성금을 기준으로 지급하여야 하는지 여부

답】 원사업자는 선급금을 발주자로부터 지급받은 내용과 비율에 따라 수급사업자에게 지급하여야 하나, 선급금을 지급받기 이전에 이미 기성금을 지급한 경우에는 그 부분은 이미 선급금으로서의 의미가 없으므로, 원사업자는 이미 지급한 기성비율만큼을 공제하고 발주자로부터 지급받은 선급금의 내용과 비율에 따라 수급사업자에게 지급하면 됨. 즉, 원사업자가 발주자로부터 선급금을 지급받기 이전에 기성금을 지급한 경우에는 이미 지급한 기성금부분에 대하여는 선급금 지급의무가 없을 것임.■

문】 하도급계약일로부터 15일 이내에 선급금을 지급하여야 하나, 원사업자가 수급사업자에게 시간적 여유를 두고 선급금 지급보증서를 지참하고 선급금을 수령하라는 통지를 하였음에도 불구하고 수급사업자가 고의 또는 불가피한 사유로 계약 후 15일이 지난 후 또는 임박하여 보증서를 제출받아 선급금을 지급하는 경우, 하도급법 제6조 위반여부 및 지연지급에 따른 이자계산 문제

○ 원사업자가 선급금을 받고도 수급사업자에게 내용통지를 게을리하여 수급사업자가 선급금보증서를 늦게 제출했을 경우에는 어떻게 되는지 여부

답】 하도급법 제6조 제1항은 원사업자가 발주자로부터 선급금을 수령한 경우 그가 받은 내용과 비율에 따라 지급받은 날로부터 15일 이내에 수급사업자에게도 지급하도록 규정하고 있음.

– 이 경우 원사업자가 수급사업자에게 선급금 지급에 따른 지급보증서 등을 정상적으로 요구하였으나 수급사업자가 이의 제출을 지연하는 등 지연지급의 귀책사유가 원사업자에게 없는 경우에는 법위반으로 보지 않음.

○ 그러나 원사업자가 발주자로부터 선급금을 받은 사실을 수급사업자에게 알리지 않아 수급사업자가 늦게 보증서를 제출한 경우에는 법위반이 될 수 있음.

○ 그리고 선급금 지연지급에 따른 이자계산과 관련해서는 양당사자의 귀책사유에 따른 부분 등을 감안하여 구체적으로 판단해야 할 것임. ■

문】 선급금을 어음으로 지급했으나 부도가 발생한 경우는 선급금을 지급하지 않아도 되는지

답】 어음은 만기일에 결제되는 것을 전제로 채무가 소멸되는 것이므로 선급금으로 지급한 어음이 부도처리 되었다면 선급금을 지급하지 않은 것과 동일함. ■

문】 선급금의 현금결제비율 등의 유지 의무

답】 선급금은 선지급한 하도급대금의 일부이므로 하도급법에서 규정한 어음만기일 유지의무나 현금결제비율유지 의무를 준수하여야 함.

따라서, 원사업자가 발주자로부터 선급금을 받은 때에는 그 지급받은 현금비율이상으로 수급사업자에게 지급하여야 하며, 나아가 원사업자가 발주자로부터 선급금을 어음으로 지급받은 경우에도 교부받은 어음의 만기일(어음지급기간)을 초과하는 어음으로 수급사업자에게 지급하여서는 아니됨.■

문】 원사업자가 발주자로부터 선급금을 받은 경우에는 그가 받은 선급금의 내용과 비율에 따라 선급금을 지급받은 날로부터 15일 이내에 선급금을 수급사업자에게 지급하여야 한다는 규정(하도급법 제6조)이 하도급계약서에 명시되지 않아도 유효한지 여부

답】 하도급법 제6조 제1항에서는 수급사업자에게 제조 등의 위탁을 한 원사업자가 발주자로부터 선급금을 받은 때에는 수급사업자가 제조·수리 또는 시공에 착수할 수 있도록 그가 받은 선급금의

내용과 비율에 따라 선급금을 지급받은 날로부터 15일 이내에 선급금을 수급사업자에게 지급하여야 한다고 규정하고 있음.

◦ 이는 하도급계약서에 명기되었는지 여부에 관계없이 적용되는 강행규정임.■

문】 (1) 원사업자가 철근콘크리트공사 중 자재와 장비를 제외한 인건비 부분에 대하여 하도급계약을 체결하여 월 1회 현금으로 지급키로 계약체결을 한 경우 발주자로부터 선급금을 수령하였더라도 하도급자에게 선급금을 지급하지 않아도 되는지 여부

(2) 원사업자가 수급사업자에게 선급금을 발주자로부터 수령한 비율에 따라 지급하였고, 수급사업자의 선급금 사용계획서에 3개월 동안 사용하기로 계획하였을 경우, 원사업자가 3개월 후 기성금 지급시 선급금 전액을 정산하여도 되는지 여부

답】 (1) 원사업자가 발주자로부터 선급금을 받은 때에는 그가 받은 내용과 비율에 따라 수급사업자에게 지급하여야 하는 바, 발주자로부터 지급받은 선급금 내용에 인건비 부분이 포함되었다면 이를 지급하여야 함.

(2) 원사업자가 수급사업자에게 기성금을 지급하는 때에는 수급사업자가 선급금으로 시공한 분에 상당하는 금액을 정산하여도 무방할 것임.■

문】 선급금의 현금결제비율 등의 유지 의무

답】 선급금은 선지급한 하도급대금의 일부이므로 하도급법에서 규정한 어음만기일 유지의무나 현금결제비율유지 의무를 준수하여야 함.

따라서, 원사업자가 발주자로부터 선급금을 받은 때에는 그 지급받은 현금비율이상으로 수급사업자에게 지급하여야 하며, 나아가 원사업자가 발주자로부터 선급금을 어음으로 지급받은 경우에도 교부받은 어음의 만기일(어음지급기간)을 초과하는 어음으로 수급사업자에게 지급하여서는 아니됨.■

문】 원사업자는 발주처로부터 선급금을 지급받은 날(하도급계약시 계약일)로부터 15일 이내에 수급사업자에게 선급금을 지급하여야 하나, 수급사업자의 선급금 이행보증서의 발급지연으로 선급금을 법정지급기일 이후에 지급하게 되었을 때 지연이자에 대한 기산일은

답】 하도급법 제6조 제2항에서는 원사업자가 발주자로부터 받은 선급금을 법정지급기일을 초과할 경우에는 그 초과기간에 대하여 지연이자를 지급하도록 규정하고 있음.

- 그러나 질의와 같이 수급사업자가 선급금이행보증서를 제출하지 아니하여 선급금 지급이 지연되었을 경우에는
- 하도급법 제33조(과실상계) 규정에 의하여 선급금에 대한 지연이자 부과기간 산정시 법정지급기일 초과일수에서 수급사업자가 선급금이행보증서를 제출하는데 소요되는 기간(통보일로부터 제출일까지)을 공제할 수 있을 것임. ■

Ⅲ. 내국신용장(Local L/C) 개설 의무

1. 관련 법령

하도급법 제7조에 원사업자에 대한 내국신용장 개설 의무를 규정하고 있다.

– 하도급법 –

제7조(내국신용장의 개설)135) ① 원사업자는 수출할 물품을 수급사업자에게 제조위탁 또는 용역위탁한 경우에 정당한 사유가 있는 경우 외에는 위탁한 날부터 15일 이내에 내국신용장(內國信用狀)을 수급사업자에게 개설하여 주어야 한다. 다만, 신용장에 의한 수출의 경우 원사업자가 원신용장(原信用狀)을 받기 전에 제조위탁 또는 용역위탁을 하는 경우에는 원신용장을 받은 날부터 15일 이내에 내국신용장을 개설하여 주어야 한다. 〈개정 2017.10.31.〉

② 원사업자는 수출할 물품·용역을 수급사업자에게 제조위탁 또는 용역위탁한 경우 다음 각 호의 요건을 모두 갖춘 때에는 사전 또는 사후 구매확인서를 수급사업자에게 발급하여 주어야 한다. 〈신설 2017.10.31.〉

1. 원사업자가 개설한도 부족 등 정당한 사유로 인하여 내국신용장 발급이 어려운 경우
2. 수급사업자의 구매확인서 발급 요청이 있는 경우

[전문개정 2009.4.1.]

2. 내용

가. 의의 및 취지

내국신용장[內國信用壯, local L/C]136)은 해외에서 발급된 신용장을 담보로 하여

135) 하도급법의 개정을 통하여 수출할 물품·용역에 대하여 수급사업자의 요청이 있는 경우 원사업자가 내국신용장을 대체할 수 있는 증서인 구매확인서를 의무적으로 발급하여 주도록 하여 수급사업자가 용이하게 수출 혜택을 부여 받도록 하려는 것임(제7조 제2항 신설)(개정 하도급법 [시행 2018. 5. 1.] [법률 제15016호 2017. 10. 31. 일부개정]).

136) 수출업자가 수취한 수출신용장 등을 근거로 수출이행에 필요한 원자재 또는 완제품을 국내에 원활히 조달하기 위하여 국내 공급업자(제조, 생산자)를 수혜자로 하여 개설된 국내신용장(local Letter of Credit)을 말한다. 이는 국내 수출업자가 수출용 원자재나 완제품을 국내에서 조달할 때 외국환은행이 물품대금 지급을 보장하는 지급보증서로, 물품공급자를 수혜자로 하고 물품을 공급받는 자를 개설의뢰인으로 하여 발행된다. 내국신용장 개설은 해당 업체가 보유한 수출신용장, D/P·D/A 조건의 선수출계약서, 외화표시물품공급계약서나 내국신용장 등 융자대상 증빙이나 해당 업체의 상기 증빙에 의한 과거의 수출실적을 근거로 한다. 한편 보통 신용장(L/C)은 무역거래에 있어 대금 결제의 신속, 정확, 안정성을 확보하기 위해 수입업자의 거래은행이 유사시 지급을 보증한 증서이다. 수출업자는 수입업자에게 물건을 선적해 보낸 뒤 L/C를 자신의 거래은행에 맡기고 돈을 미리 받고, 수출업자의 거래은행은 L/C를 근거로 수입업자의 거래은행에서 대금을 회수한다. 이에 비해 내국신용장은 수출신용장을 확보한 수출업자가 수출을 목적으로 국내에서 자재를 구매할 때 은행이 대금 지급을 보증해 주는 것이다. 수출업자가 해외 수입업체로부터 받은 신용장 등을 근거로 수출용 원자재나 완제품을 납품하는 국내업체에 내국신용장을 발행하면, 국내 납품업체는 이 내국신용장을 은행에 제시하고 완제품 생산이

국내에서 개설해 주는 제2의 신용장으로서, 원사업자에 대하여 내국신용장 개설의무를 부과한 취지는 수출업자인 원사업자에 대하여 자신이 거래하는 거래은행에 수출품목에 대한 위탁을 받은 수급사업자에게 내국신용장을 발급할 의무를 부과하여 거래은행이 수급사업자의 하도급대금의 지급을 보증하게 하여 수급사업자의 대금확보를 하게 함이 있다.

나. 주요 쟁점

하도급법상 원사업자가 수출할 물품을 수급사업자에게 제조위탁 또는 용역위탁을 한 경우에 정당한 사유가 있는 경우를 제외하고는 위탁한 날로부터 15일 이내에 내국신용장을 수급사업자에게 개설해야 한다. 다만, 신용장에 의한 수출에 있어서 원사업자가 원신용장을 받기 전에 제조위탁 또는 용역위탁하는 경우 원신용장을 받은 날로부터 15일 이내에 내국신용장을 개설해야 한다(법제7조).

본 조와 관련하여 몇 가지 쟁점을 살펴보자.

첫째, 정당한 사유의 내용이 어떠한 경우 인정할 수 있는지가 문제된다. 검토컨데 수급사업자가 스스로 원하여 내국신용장 개설을 원하지 아니하는 경우 또는 원사업자가 내국신용장 개설이 불가능한 경우[137] 등을 정당한 사유로 인정할 수 있을 것이다.

둘째, 원사업자가 내국신용장 개설을 할 의무가 없는 경우가 있을 수 있다. 즉 내국신용장 개설을 위해서는 수급사업자의 물품매도확약서가 필요하므로, 수급사업자가 제조·위탁받은 날로부터 15일 내에 물품매도확약서를 제출하지 않은 경우에는 그 동안은 내국신용장 개설 의무가 없다. 따라서 수급사업자가 물품매도확약서를 늦게 지체하여 제출한 경우 원사업자가 매도확약서를 받은 후 지체 없이 내국신용장을 개설하여 주었다면 적법하다고 할 것이다.

나 원자재 구매에 필요한 자금을 미리 받을 수 있다. 따라서 수출용 원자재를 내국신용장에 의해 마련하는 수출업체는 원자재 구매 시 원자재 구매자금을 융자받아 결제할 수 있을 뿐만 아니라 은행이 공급대금을 지급보증한 것이므로 원활하게 원자재를 조달받을 수 있는 이점이 있다. 또한 내국신용장의 수혜자인 수출용 원자재나 완제품을 공급하는 업체는 내국신용장이 수출자의 거래은행이 그 공급대금의 지급을 보증한 것이므로 대금회수의 확실성이 보장될 뿐만 아니라 수취한 내국신용장을 근거로 공급물품을 제조·가공하는 데 필요한 자금(무역금융 : 생산자금 및 원자재자금)을 지원받을 수 도 있다. 아울러 내국신용장에 의한 공급실적은 수출실적으로 인정되며 관세환급, 부가가치세 영세율 적용 등의 혜택을 받게 된다.:[네이버 지식백과] 내국신용장 [內國信用狀, local L/C] (시사상식사전, 박문각)

137) 연체 내지 대지급 또는 개설한도 부족 등으로 인하여 개설이 불가능한 경우가 고려될 수 있을 터인데, 원사업자는 사유가 없어진 날로부터 지체없이 해주어야 할 것이다.

셋째, 원사업자는 내국신용장을 개설할 경우 검사 완료 즉시 물품수령증(인수증)을 수급사업자에게 교부하여야 한다. 참고로 내국신용장을 월 1회 이상 일괄 개설하기로 하는 합의도 유효하다고 볼 것이다.

참고로 개정 하도급법에 의하면 수출할 물품·용역에 대하여 수급사업자의 요청이 있는 경우 원사업자가 내국신용장을 대체할 수 있는 증서인 '구매확인서'를 의무적으로 발급하여 주도록 하여 수급사업자가 용이하게 수출 혜택을 부여 받도록 하였다(법 제7조 제2항 신설)(개정 하도급법 [시행 2018. 5. 1.] [법률 제15016호 2017. 10. 31. 일부개정]).

다. 하도급거래 공정화지침의 내용 -7. 내국신용장의 개설

공정거래위원회의 하도급거래공정화지침에서 설명되는 선급금 조항을 언급하기로 한다.

가. 원사업자가 수출할 물품을 수급사업자에게 제조위탁하면서 내국신용장을 미개설 하더라도 다음의 경우는 정당한 사유가 있는 것으로 본다. (1) 수급사업자가 내국신용장의 개설을 원하지 아니한 사실이 명백한 경우 (2) 원사업자가 내국신용장 개설은행에 연체 및 대지급 당한 상태에 있거나 개설한도 부족 등으로 인하여 내국신용장 개설이 불가능한 경우 나. 수급사업자가 제조위탁을 받은 날로부터 15일을 초과하여 물품매도확약서를 제출하는 경우 원사업자가 물품매도확약서를 제출받은 후 지체 없이 내국신용장을 개설한 경우에는 위법한 것으로 보지 않는다. 다. 월 1회 이상 일괄하여 내국신용장을 개설하기로 원사업자와 수급사업자가 명백히 합의한 경우에는 그 정한 날에 내국신용장을 개설하면 위법한 것으로 보지 아니한다. ■

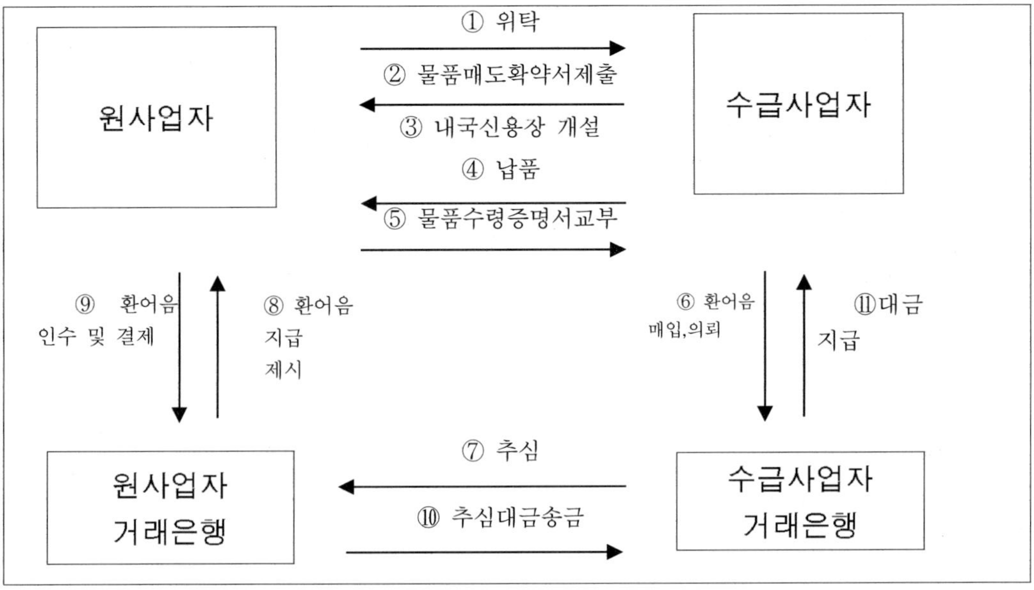

3. 질의회신

문】 수급사업자중 무역금융을 사용하지 않은 업체를 대상으로 내국신용장(Local L/C)거래를 구매승인서 거래로 변경하는 것이 정당한지 여부

답】 하도급법 제7조에서는 원사업자는 수출할 물품을 제조위탁하는 경우에 정당한 사유가 있는 경우를 제외하고는 위탁한 날로부터 15일 이내에 내국신용장을 개설해 주도록 의무화하고 있으므로, 정당한 사유*없이 내국신용장을 개설하지 아니하고 물품구매승인서로 대체하는 것은 하도급법 위반소지가 있음.

*정당한 사유(원사업자 입증) : 수급사업자가 명백히 내국신용장 개설을 원하지 아니하는 경우, 원사업자가 내국신용장 개설은행에 연체 및 대지급 당한 상태에 있거나 개설한도 부족 등으로 내국신용장 개설이 불가능한 경우 등■

Ⅳ. 검사 및 검사결과 통보의무

1. 관련 법령(법 제9조 등)

하도급법 제9조에서 원사업자에게 검사 및 검사결과 통보의무를 규정하고 있다.

– 하도급법–

제9조(검사의 기준·방법 및 시기) ① 수급사업자가 납품등을 한 목적물등에 대한 검사의 기준 및 방법은 원사업자와 수급사업자가 협의하여 객관적이고 공정·타당하게 정하여야 한다.

② 원사업자는 정당한 사유가 있는 경우 외에는 수급사업자로부터 목적물등을 수령한 날[제조위탁의 경우에는 기성부분(旣成部分)을 통지받은 날을 포함하고, 건설위탁의 경우에는 수급사업자로부터 공사의 준공 또는 기성부분을 통지받은 날을 말한다]부터 **10일 이내**에 검사 결과를 수급사업자에게 **서면**으로 통지하여야 하며, 이 기간 내에 통지하지 아니한 경우에는 검사에 **합격한 것으로 본다**. 다만, 용역위탁 가운데 역무의 공급을 위탁하는 경우에는 이를 적용하지 아니한다.

[전문개정 2009.4.1.]

–하도급거래 공정화지침–

8-1. 검사의 방법 및 시기(법 제9조)

가. 검사의 방법으로는 당사자 간에 합의가 있다는 전제하에 전수검사, 발췌검사, 제3자에 대한 검사의뢰, 수급사업자에게 검사위임, 무검사 합격 등이 있다.

나. 검사결과의 통지기간의 예외 사유로 인정될 수 있는 '정당한 사유가 있는 경우'에 대한 판단기준을 예시하면 다음과 같다.

(1) 일일 평균 검사물량의 과다, 발주처에의 납기 준수 등 통상적인 사유에는 인정되지 아니한다.

(2) 거대한 건설공사(댐 · 교량공사, 대단위 플랜트 공사 등), 시스템 통합 용역 등 복잡 · 다양한 기술적 검사가 필요하여 장기간의 검사가 불가피하게 요구되는 경우에는 정당한 사유로 인정할 수 있다.

2. 내용

가. 의의 및 취지

계약 법리상 수급사업자는 하도급을 받은 수급인의 지위에 있는 자로서 하도급계약의 내용에 본지에 따라 결과를 완성하여 계약이행을 하여야 한다. 즉 계약의 불완전이행이나 하자있는 제품을 납품하여서는 안되기 때문에 하수급인이 계약의 내용에 따라 이행의 제공을 한 목적물의 검사는 필수적인 절차이다[138].

종래 하도급거래에서 원사업자가 자신의 우월적 지위를 이용하여 하자 없는 물건임에도 이를 트집 잡아 반품하거나 도급인으로부터 불합격 당한 제품에 대하여 원인을 차치하고 일부 하수급인에게 전가하는 등 여러 불합리한 문제점이 지적되고 있었다. 이를 시정하기 위하여 하도급법은 원사업자에게 검사 및 검사결과 통보의무를 규정하고, 더 나아가 하도급법은 법령의 실효성 확보를 위하여 원사업자가 통보의무를 게을리 한 경우에는 합격을 간주(看做)하는 법적 효과까지 부여하고 있다.

다만 정당한 사유가 있는 경우에 통지의무 자체를 면제해 주는 것인지, 아니면 통지지연에 대한 구제를 한 것인지가 해석상 문제되는데, 결론적으로 이 규정의 법적 성질은 '검사결과의 통지 지연에 대한 구제규정'이라고 할 것이다. 즉 원사업자가 정당한 사유가 있는 경우에 10일의 기간 내에 통지하지 않았다는 지연 책임에 대한 구제의 길을 열어둔 것이고 통지의무 자체를 면하는 것은 아니라고 할 것이다[139].

---

138) 최근 일반 도급계약에 있어서 목적물의 인도 및 검사합격에 대한 판례를 소개한다.

-대법원 2019. 9. 10. 선고 2017다272486, 272493 판결 [물품대금·선급금] -

[1] 도급계약에서 목적물의 주요구조부분이 약정된 대로 시공되어 사회통념상 일반적으로 요구되는 성능을 갖추었고 당초 예정된 최후의 공정까지 마쳤다면 일이 완성되었다고 보아야 한다. 목적물이 완성되었다면 목적물의 하자는 하자담보책임에 관한 민법 규정에 따라 처리하도록 하는 것이 당사자의 의사와 법률의 취지에 부합하는 해석이다. <u>개별 사건에서 예정된 최후의 공정을 마쳤는지는 당사자의 주장에 구애받지 않고 계약의 구체적 내용과 신의성실의 원칙에 비추어 객관적으로 판단</u>해야 한다.

[2] 민법 제665조 제1항은 도급계약에서 보수는 완성된 목적물의 인도와 동시에 지급해야 한다고 정하고 있다. 이때 목적물의 인도는 단순한 점유의 이전만을 의미하는 것이 아니라 도급인이 목적물을 검사한 후 목적물이 계약 내용대로 완성되었음을 명시적 또는 묵시적으로 시인하는 것까지 포함하는 의미이다. 도급계약의 당사자들이 '수급인이 공급한 목적물을 도급인이 검사하여 합격하면, 도급인은 수급인에게 보수를 지급한다.'고 정한 경우 도급인의 수급인에 대한 보수지급의무와 동시이행관계에 있는 수급인의 목적물 인도의무를 확인한 것에 불과하고 '<u>**검사 합격**</u>'은 법률행위의 효력 발생을 좌우하는 조건이 아니라 <u>**보수지급시기에 관한 불확정기한**</u>이다. 따라서 수급인이 도급계약에서 정한 일을 완성한 다음 검사에 합격한 때 또는 검사 합격이 불가능한 것으로 확정된 때 보수지급청구권의 기한이 도래한다.

[3] 식각 장비 시스템(Glass Slimming System)의 제조·설치에 관하여 甲 주식회사가 乙 주식회사에 도급하고, 乙 회사가 丙 주식회사에 하도급을 하면서 제품은 견적서 등에 따라 제작하며, 중도금은 제품 입고 완료 후 14일 이내에, 잔금은 최종 검수 완료·승인 후 다음 달 말 지급하기로 하였으며, 이에 따라 丙 회사가 위 장비의 제작을 마치고 甲 회사의 공장에 이를 설치하기 시작하였는데, 乙 회사가 丙 회사에 견적서에서 정한 것과 다른 부품·수량으로 위 장비가 제작되었다면서 견적서에서 정한 대로 완전한 장비를 납품할 것을 요구한다고 통지하였고, 이에 丙 회사가 乙 회사에 중도금을 지급할 것과 남은 업무를 마칠 수 있도록 협조해달라고 요청하였으나 乙 회사가 이를 거부하고 위 하도급계약의 해제를 통보한 사안에서, 위 장비는 주요구조부분이 약정된 대로 시공되어 사회통념상 일반적으로 요구되는 성능을 갖추었고, 丙 회사가 이를 완성하여 설치를 시작하였으나 乙 회사의 비협조로 설치를 마치지 못한 것으로서 丙 회사로서는 위 하도급계약에서 예정한 최후 공정을 마쳤다고 볼 수 있으므로 견적서에 기재된 제조사·수량과 다른 PVC 플레이트(plate)와 노즐로 제작된 하자는 하자담보책임에 관한 민법 규정에 따라 처리하면 되고, 丙 회사는 위 하도급계약이 정한 대로 일을 완성하였으므로 잔금을 청구할 수 있으며, 또한 위 하도급계약에서 '최종 검수 완료·승인 후' 잔금을 지급하기로 정하였는데, <u>최종 검수의 완료·승인은 잔금 지급의 조건이 아니라 불확정기한이므로 丙 회사가 위 하도급계약에서 예정한 최후 공정을 마쳤는데도 乙 회사가 최종 검수를 거부하고 해제를 통보함으로써 '최종 검수 완료·승인'이 불가능한 것으로 확정되어 잔금청구권의 이행기도 도래하였으므로, 乙 회사가 채권자지체에 빠졌는지 여부나 민법 제538조 제1항의 요건이 충족되었는지 여부와 관계없이 丙 회사는 잔금을 청구할 수 있다</u>고 한 사례.

나. 주요 내용

먼저, 원사업자와 수급사업자 양 당사자 서로 자유의사에 기한 합의하에 수급사업자가 납품 등을 한 목적물 등에 대한 검사의 기준 및 방법을 정하되 그 기준 및 방법은 객관성·공정성·타당성이 담보되어야 한다(법제9조).

또한 원사업자는 다른 정당한 사유가 없는 한 수급사업자로부터 목적물 등을 수령한 날부터 10일 이내에 수급사업자에게 검사 결과를 서면으로 통지하여야 하고, 만일 10일 내에 검사결과를 통지하지 않는 경우 검사에 합격한 것으로 본다.

다만 합격간주의 예외로서 용역위탁 중 역무를 공급위탁하는 경우는 적용에서 제외된다. 그 이유는 검사결과의 통보에 대한 분쟁이 재화의 공급에 맞추어져있기 때문이다.

다. 개별 쟁점 검토

1) 검사기준과 방법

첫째, **'당사자 사이에 검사기준과 방법'**이다. 하도급법은 객관적이고, 공정하며, 타당해야 한다는 원칙을 정하고 있다. 이와 같은 일반 개념을 추상적이므로 결국 개별적 사안별로 판단할 수 밖에 없다.

공정화지침은 전수검사, 발췌검사, 제3자에 대한 검사의뢰, 수급사업자에게 검사위임, 무검사 합격 등의 검사 방법을 예시하고 있다. 제조업의 경우처럼 대량생산으로 납품하는 경우에는 전수검사는 사실상 어려움이 있으므로 샘플을 골라서 하는 발췌검사가 일반적이다.

2) 정당한 사유 인정 여부

둘째, 어떠한 경우에 **'정당한 사유'**를 인정할 것인지의 문제이다. 사견으로는 '정당한 사유의 내용'과 관련하여, ① 하도급법의 강행규정성, ② 판례의 엄격한 태도(즉 본 조의 통지의무에 대하여 통지 해태시 합격간주에 대하여 이행 제공의 목적물에 결과적으로 하자가 있어도 통지의무를 게을리 한 이상 합격간주되어 하도급대금 미지급

139) 같은 견해: 정당한 사유의 해석과 관련하여 "위 법규정은 정당한 사유가 있는 경우에는 10일의 기간에 구속을 받지 않고 그 기간을 도과하더라도 검사결과통지의무의 위반행위가 안 된다거나 합격간주로 되지 않는다는 것이지, 그 통지의무자체를 면제한다는 취지는 아닌 것으로 해석하여야 할 것이다. 이는 법규정에 비추어 명백하다. 따라서 하도급공사의 부실여부 등에 관하여 다툼이 있더라도 그 검사결과에 따른 합격 또는 불합격 여부는 통지하여야 하고, 그럼으로써 사후 부실공사의 책임소재에 관한 분쟁의 소지를 미연에 방지하고자 하는 취지이다. 결국 법 소정의 '정당한 사유가 있는 경우'는 검사결과의 통지를 지연한 데 대한 구제규정이지 그 통지의무 자체에 대한 면책규정은 아닌 것이다."라고 하면서 정당한 사유를 '검사결과통지 지연에 대한 구제규정'으로 해석하는 견해(조용호, 전게논문, 123쪽~124쪽)가 있다.

시 하도급법위반으로의 제재처분은 적법하다는 판결의 입장), 그리고 ③ 간주제도의 본질에 비추어 볼 때 특별한 사정이 없는 한 주관적인 사유에 의한 정당한 사유는 허용되지 아니하고, 객관적인 사유 즉 천재지변 등 객관적으로 통지를 할 수 없어 기대가능성이 없다고 판단되는 사유에 한정된다고 볼 것이다(**객관적 사유설**).

법문의 규정에 비추어 볼 때 정당한 사유의 존부에 대한 **'입증책임'**이 **'원사업자'**에게 있다(**대법원 2002. 11. 26. 선고 2001두3099 판결**).

[참조 판결]

-대법원 1995. 6. 16. 선고 94누10320 판결 [하도급거래공정화에관한법률위반행위에대한시정명령취소]- (호텔 ○○넨탈 사례)[140]

【판시사항】

나. 원사업자가 하도급거래공정화에관한법률 제9조 제2항 소정의 기간 내에 검사결과를 수급사업자에게 통지하지 아니한 경우의 효과

다. 원사업자의 수급사업자에 대한 하도급대금 미지급을 이유로 공정거래위원회가 원사업자를 제재함에 있어 그 미지급행위에 상당한 이유가 있는지 여부에 대하여 판단하여야 하는지 여부(소극)

[판결요지]

나. 수급사업자가 추가공사를 포함한 하도급공사를 종료하여 원사업자가 수급사업자로부터 시공완료의 통지를 받고서도 그 날로부터 10일 이내에 검사결과를 수급사업자에게 서면으로 통지하지 아니 하였다면, 원사업자가 그 통지의무를 해태한 데에 정당한 사유가 있는지 여부에 관하여 아무런 주장·입증이 없는 이상, 수급사업자의 하도급공사는 검사에 합격한 것으로 간주되고 그 결과 원사업자는 수급사업자에 대하여 공사잔대금을 지급할 의무가 발생한다.

다. 법 제13조가 원사업자의 하도급대금의 지급의무 등에 관하여 규정하면서 "상당한 이유가 있는 경우" 하도급대금의 지급거절이나 그 지연을 인정한다는 예외규정을 두고 있지 않는바, 법에 명문의 규정이 없는 사유를 들어 원사업자의 법 위반행위 여부를 판단할 경우 법의 입법취지 및 법 제13조의 규정취지에도 반하여 법의 실효성을 저해하는 점 등에 비추어 보면, 원사업자가 지급기일을 경과하여 수급사업자에게 하도급대금을 지급하지 아니하는 경우 그 자체가 하도급거래 공정화에 관한 법률 위반행위가 되어 제재대상이 되고, 따라서 공정거래위원회로서는 특단의 사정이 없는 한 원사업자가 대금지급기일에 하도급대금의 지급을 거절하거나 그 지급을 미루고 있는 사실 자체에 의하여 법 위반행위가 있는지 여부를 판단하면 되지, 원사업자가 하도급대금의 지급을 거절하거나 그 지급을 미룰 만한 상당한 이유가 있는

140) 본 판결은 그 사실관계를 볼 때 원사업자가 검사결과통지의무를 위배하였는데 그에 대하여 정당한 사유가 없다는 것이 아니다. 본 판결에서는 원심판결이 수급사업자(참가인)이 부실공사 등으로 인하여 손해를 입었기 때문에 이러한 경우 원사업자의 공사대금지급거절에 정당한 사유가 있다는 판단을 파기하였다. 판례의 취지는 하도급법 제13조가 원사업자의 하도급대금의 지급의무 등에 관하여 규정하면서 "상당한 이유가 있는 경우" 하도급대금의 지급거절이나 그 지연을 인정한다는 예외규정을 두고 있지 않기 때문에 하도급대금 미지급자체가 하도급법위반이라는 취지이다. 본 판결에서는 원심을 파기환송하면서 공사완료의 통지를 받고 그 날로부터 10일 이내에 검사결과를 참가인에게 서면으로 통지하였는지 여부에 대하여 심리미진으로 위법함을 설시하였다(대법원 1995. 6. 16. 선고 94누10320 판결 [하도급거래공정화에관한법률위반행위에대한시정명령취소]).

지 여부에 대하여 까지 나아가 판단할 필요는 없다. ■

3) 목적물 수령일의 의미

셋째, '목적물 수령일'의 의미이다. 즉 목적물 수령일은 문리해석상 입고일 즉 수급사업자가 납품한 목적물을 받아 사실상 원사업자의 지배하에 두는 것을 의미한다고 해석되므로 원칙적으로 '**입고일**'이라고 할 것이다(따라서 검수완료일이 아니다). 다만 이전이 불가능한 목적물인 경우에는 검사를 개시한 때를 수령한 때로 볼 수 있고, 이 경우 민법의 원칙에 의하여 수급사업자가 원사업자에게 통지한 '**통지일**'141)이라고 볼 것이다. 위탁의 내용과 관련하여, 건설위탁의 경우에는 준공 또는 기성부분의 통지를 받은 날이고, 제조나 수리위탁의 경우에는 기성부분의 통지를 받은 날이 될 것이다.

4) 검사기간 10일 연장 가능 여부

넷째, 검사기간 10일을 연장할 수 있는지 여부가 문제된다. 이는 하도급법 제9조 제2항에서 규정하고 있는 '정당한 사유'의 범위와 관련된 문제이기도 하다.

해석컨대, 하도급법상의 10일의 단기간을 규정한 취지는 목적물의 검사가 하도급대금의 지급과 필수적으로 연결되어 있으므로 결국 대금지급의 확보를 통한 하수급인의 보호에 있다고 할 것이므로 이를 원칙적으로 인정할 수 없다고 본다. 다만 예외적으로 객관적 사유 이외에 당사자 사이의 합의로서 기간연장을 인정하기 위한 요건으로는, ⒜ 사전에 위탁의 목적물의 내용을 객관적으로 볼 때 10일 내에는 검사가 부족하고 동시에 ⒝ 검사기간 연장을 상호 합의해야 하고 또한 ⒞ 그 합의된 기간도 계약 목적물의 성질에 비추어 합리적 기간 이어야만 통지의무의 예외를 인정 할 수 있을 것이라고 해석된다. 따라서 당사자 사이에 이와 같은 객관적 요건 없이 주관적으로 원사업자와 수급사업자 사이에 하도급계약서에 10일을 초과하는 검사결과통지의무 기간을 정하는 것은 정당한 사유에 해당하지 아니한다.

5) 통지의무 위반의 효과 -간주-

다섯째, 통지를 하지 않은 경우 효과로서의 '간주(看做)'제도이다. 민법상 간주142)

141) 다만 통지하여 검사를 개시하는데 필수불가결한 시간이 걸리는 경우에는 그 시간을 고려해주어야 할 것이다. 이 경우에도 물리적 객관적인 시간만 고려될 뿐 원사업자의 주관적인 사정은 고려되어서는 아니된다.

142) "공익 기타의 이유로 사실의 존재 또는 부존재를 법정책상 간주하는 경우가 있다. 간주라는 것은 일종의 법의 의제로서 그 사실이 진실이냐 아니냐를 불문하고 권위적으로 그렇다고 단정해 버리고, 거기에 일정한 법적 효과를 부여하는 것을 의미한다. 「간주한다」는 「본다」라고도 표현한다. 민법 제20조에서 「국내에 주소 없는 자에 대하여서는 국내에 있는 거소를 주소로 본다.」고 규정한 것이나, 민법 제989조에서 「제855조 제2항의

는 추정과 다르다. 즉 양자의 법적 차이는 추정(推定)은 반대사실의 주장과 입증으로 추정된 효과를 번복할 수 있으나 간주는 번복할 수 없는 것이다.

문제는 검사결과 통지의무를 게을리 한 경우에 나중에 원사업자가 자신의 손해배상채권을 자동채권으로 하여 상계를 하는 등 수급사업자의 공사대금채권이 존재하지 않는 경우에 어떻게 해석할 것인지가 문제된다. 이는 경제법이라는 하도급법의 효과와 민사대금을 다루는 민사실체법의 적용의 관계이다.

이와 관련하여, 판례는 하도급법 제9조 제2항에서 원사업자가 수급사업자로부터 목적물을 수령하고도 정당한 사유 없이 10일 이내에 수급사업자에게 서면으로 검사결과를 통지하지 아니한 경우에는 검사에 합격한 것으로 본다고 규정한 취지의 해석에 있어서 공정거래위원회가 처분 당시 하도급대금채무의 소멸(변제, 상계 등)이 되었음이 밝혀진다면 미지급하도급대금에 대한 원사업자에 대하여 시정명령을 할 수 는 없다고 보고 있다(**대법원 2002. 11. 26. 선고 2001두3099 판결[불공정하도급거래행위에대한의결및재결처분취소]**). 즉, 공정거래위원회가 하도급법 제25조 제1항에 의한 시정명령을 하는 경우에는 단순히 하도급대금의 발생 및 지급지연과 같은 법 제13조 등의 위반행위가 있었는가를 확인함에 그쳐서는 안 되고, 나아가 그 위반행위로 인한 결과가 그 당시까지 계속되고 있는지를 확인하여 비록 법 위반행위가 있었더라도 하도급대금 채무의 불발생 또는 변제, 상계, 정산 등 사유 여하를 불문하고 위반행위의 결과가 더 이상 존재하지 아니한다면, 그 결과의 시정을 명하는 내용의 시정명령을 할 여지가 없다고 보는 것이 판례의 태도이다(**대법원 2002. 11. 26. 선고 2001두3099 판결, 대법원 2010. 1. 14. 선고 2009두11843 판결 등 참조**).

6) 검사비용 부담 주체

여섯째, 검사 비용과 관련하여 원사업자와 수급사업자 사이에 별도로 달리 정함이 없는 한 원사업자의 부담으로 처리해야 할 것이다.

3. 관련 사례

가. 판례

규정에 의하여 혼인중의 출생자가 된 자에 관하여는 그 부모가 혼인한 때에 출생한 것으로 본다.」고 규정한 것은 그 예이다. 간주는 추정과는 달라서 반증을 들어 그 효과를 전복할 수는 없다. 따라서 앞의 예에서 거소나 주소로 간주해 버린 이상 반증으로써 이를 변경할 수 없다."[네이버 지식백과] 간주 [看做] (법률용어사전, 2011.1.15, 법문북스)

검사결과 통지의무 위반과 대금지급의무에 대한 대표적 대법원 판례가 **대법원 94누10320판결 및 2001두3099** 판결이다.

[참조 판결]

-대법원 2002. 11. 26. 선고 2001두3099 판결 [불공정하도급거래행위에대한의결및재결처분취소]-

[청○종합건설 사례]

【판시사항】

[1] 하도급대금의 발생 및 지급지연과 같은 하도급거래공정화에관한법률 제13조 등의 위반행위가 있었으나 그 결과가 더 이상 존재하지 않는 경우, 같은 법 제25조 제1항 소정의 시정명령을 할 수 있는지 여부(소극)

[2] 하도급거래공정화에관한법률 제9조 제2항의 '원사업자가 수급사업자로부터 목적물을 수령하고도 정당한 사유 없이 10일 이내에 수급사업자에게 서면으로 검사결과를 통지하지 아니한 경우에는 검사에 합격한 것으로 본다'는 규정의 취지

[판결요지]

[1] 하도급거래공정화에관한법률 제25조 제1항은, 공정거래위원회는 하도급대금의 지급 등에 관한 제13조의 규정에 위반한 원사업자 등에 대하여 하도급대금 등의 지급, 법위반행위의 중지 기타 당해 위반행위의 시정에 필요한 조치를 권고하거나 명할 수 있다고 규정하고 있는바, (1) 시정명령은 제13조 위반의 행위가 있음을 확인하거나 재발방지 등을 위한 조치를 취하는 것이 아니라, 당해 위반행위로 인하여 현실로 존재하는 위법한 결과를 바로잡는 것을 내용으로 하는 것이고, 이는 제25조의3 제1항 제3호에 의하여 공정거래위원회가 시정명령과는 별도로 제13조 위반행위 자체에 대하여 과징금을 부과할 수 있도록 한 것과 대비된다고 할 수 있으며, (2) 제30조 제1항 제3호에서 제13조의 규정을 위반한 자에 대하여 형사처벌을 하도록 규정하는 외에 제30조 제2항 제2호에서 제13조의 규정을 위반하였음을 이유로 한 시정명령에 따르지 아니한 자에 대하여 다시 형사처벌하도록 규정하고 있음에 비추어 보면, 공정거래위원회가 하도급거래공정화에관한법률 제25조 제1항에 의한 시정명령을 하는 경우에는 단순히 하도급대금의 발생 및 지급지연과 같은 제13조 등의 위반행위가 있었는가를 확인함에 그쳐서는 아니되고, 나아가 그 위반행위로 인한 결과가 그 당시까지 계속되고 있는지를 확인하여 비록 법 위반행위가 있었더라도 하도급대금 채무의 불발생 또는 변제, 상계, 정산 등 사유 여하를 불문하고 위반행위의 결과가 더 이상 존재하지 아니한다면, 그 결과의 시정을 명하는 내용의 시정명령을 할 여지는 없다고 보아야 한다.

[2] 하도급거래공정화에관한법률 제9조는 제1항에서, 수급사업자가 납품 또는 인도한 목적물에 대한 검사의 기준 및 방법은 원사업자와 수급사업자가 협의하여 정하되 이는 객관적이고 공정·타당하여야 한다고 규정하고, 제2항에서, 원사업자는 정당한 사유가 있는 경우를 제외하고는 수급사업자로부터 목적물을 수령한 날(제조위탁의 경우에는 기성부분의 통지를 받은 날을 포함하고, 건설위탁의 경우에는 수급사업자로부터 공사의 준공 또는 기성부분의 통지를 받은 날을 말한다.)부터 10일 이내에 검사결과를 수급사업자에게 서면으로 통지하여야 하며, 이 기간 내에 통지하지 않는 경우에는 검사에 합격한 것으로 본다고 규정하고 있는바, 하도급거래공정화에관한법률은 하도급거래질서를 확립하여 원사업자와 수급사업자가 대등한 지

위에서 상호 보완적으로 균형 있게 발전하도록 하는 것을 목적으로 하고 있는 점(제1조), 검사의 기준과 방법은 당사자가 협의에 의하여 객관적이고 공정·타당하도록 정하는 것이 원칙인 점(제9조 제1항), 민사상 대금채무의 발생과 소멸은 하도급거래공정화에관한법률의 영역이 아니라 민사법의 영역에 속하는 점 등을 종합하면, **제9조 제2항**에서 원사업자가 수급사업자로부터 목적물을 수령하고도 정당한 사유 없이 10일 이내에 수급사업자에게 서면으로 검사결과를 통지하지 아니한 경우에는 검사에 합격한 것으로 본다고 규정한 취지는 **검사에 합격한 것으로 봄으로써 하도급거래공정화에관한법률이 적용되는 범위 안에서는 그로 인한 대금채무도 발생한 것으로 본다는 의미**라고 풀이함이 상당하므로, 이러한 경우에 원사업자가 수급사업자에게 그 대금을 하도급거래공정화에관한법률이 정한 바에 따라 지급하지 아니하였다면, **달리 그 대금채무가 발생하지 아니하였음이 밝혀지지 않는 한** 공정거래위원회는 제25조 제1항에서 정하고 있는 시정명령과 제25조의3 제1항 제3호에서 정하고 있는 과징금 부과 등의 조치를 할 수 있다고 보아야 한다. ■

[참조 판결]

-서울고등법원 2008. 6. 18. 선고 2008누3816 판결[143] [시정명령등취소]-

[동○에프씨 사례]

【판시사항】

하도급거래공정화에관한법률 제9조 제2항의 '원사업자가 수급사업자로부터 목적물을 수령하고도 정당한 사유 없이 10일 이내에 수급사업자에게 서면으로 검사결과를 통지하지 아니한 경우에는 검사에 합격한 것으로 본다'는 규정의 취지

[판결요지]

하도급거래공정화에관한법률 제9조는 제1항에서, 수급사업자가 납품 또는 인도한 목적물에 대한 검사의 기준 및 방법은 원사업자와 수급사업자가 협의하여 정하되 이는 객관적이고 공정·타당하여야 한다고 규정하고, 제2항에서, 원사업자는 정당한 사유가 있는 경우를 제외하고는 수급사업자로부터 목적물을 수령한 날(제조위탁의 경우에는 기성부분의 통지를 받은 날을 포함하고, 건설위탁의 경우에는 수급사업자로부터 공사의 준공 또는 기성부분의 통지를 받은 날을 말한다.)부터 10일 이내에 검사결과를 수급사업자에게 서면으로 통지하여야 하며, 이 기간 내에 통지하지 않는 경우에는 검사에 합격한 것으로 본다고 규정하고 있는바, 하도급거래공정화에관한법률은 하도급거래질서를 확립하여 원사업자와 수급사업자가 대등한 지위에서 상호 보완적으로 균형 있게 발전하도록 하는 것을 목적으로 하고 있는 점(제1조), 검사의 기준과 방법은 당사자가 협의에 의하여 객관적이고 공정·타당하도록 정하는 것이 원칙인 점(제9조 제1항), 민사상 대금채무의 발생과 소멸은 하도급거래공정화에관한법률의 영역이 아니라 민사법의 영역에 속하는 점 등을 종합하면, 제9조 제2항에서 원사업자가 수급사업자로부터 목적물을 수령하고도 정당한 사유 없이 10일 이내에 수급사업자에게 서면으로 검사결과를 통지하지 아니한 경우에는 검사에 합격한 것으로 본다고 규정한 **취지**는 **검사에 합격한 것으로 봄으로써 하도급거래공정화에관한법률이 적용되는 범위 안에서는 그로 인한 대금채무도 발생한 것으로 본다는 의미**라고 풀이함이 상당하므로, 이러한 경우에 원사업자가

143) 본 판결은 상고되었으나 심리불속행기각으로 원심이 확정되었다(대법원 2008. 9. 25. 선고 2008두12948 판결).

수급사업자에게 그 대금을 하도급거래공정화에관한법률이 정한 바에 따라 지급하지 아니하였다면, **달리 그 대금채무가 발생하지 아니하였음이 밝혀지지 않는 한** 공정거래위원회는 제25조 제1항에서 정하고 있는 시정명령과 제25조의3 제1항 제3호에서 정하고 있는 과징금 부과 등의 조치를 할 수 있다고 보아야 한다.

이 사건에 관하여 보건대, 원고는 소외 회사에게 제조위탁한 가을·겨울용 남성 및 여성용 점퍼를 수령하고도 그 수령일부터 10일 이내에 검사결과를 소외 회사에게 서면으로 통지하지 아니한 사실은 당사자 사이에 다툼이 없고, 달리 그 대금채무가 발생하지 아니하였음이 밝혀지지 아니하였으므로, 하도급법이 적용되는 범위 안에서는 그로 인한 대금채무도 발생한 것으로 볼 것이다. 따라서 소외 회사의 귀책사유로 위 각 제품을 반품하거나 대금을 감액하였다는 원고의 주장은 받아들일 수 없다. ■

납품 상품에 일부 하자가 있다고 하더라도 그 하자로 인하여 이 사건 납품계약의 목적을 달성할 수 없을 정도의 수급사업자의 납품의무의 미이행으로 볼 수 없으므로 원사업자의 대금지급의무가 발생하였다고 보아 하도급법 제13조 제1항 및 제8항에 위배되는 하도급대금 및 지연이자 미지급행위에 해당한다는 사례가 있다(**서울고등법원 2017. 2. 1.선고 2015누48770 판결**[과징금부과처분취소]).

[참조 판결]

-서울고등법원 2017. 2. 1.선고 2015누48770 판결[144] **[시정명령취소]-**

[브이○○코 사례]

【판결이유】

가. 원고의 주장 -이 사건 하도급대금 지급의무가 발생하지 않았다는 주장

이 사건 납품상품 중 대부분[145]이 그 하자가 중대한 점, 참가인(수급사업자, 이하 참가인이라고 한다)은 원고로부터 사전에 승인받은 공장이 아닌 곳에서 생산한 제품을 납품한 점, 참가인은 납품상품 대부분에 중대한 하자가 있음에도 불구하고 외부 품질검사기관(FITI)을 회유함으로써 허위로 품질 검사에 통과하도록 하여 이를 납품한 점, 원고는 위와 같이 하자 있는 상품을 납품받음으로써 참가인과 사이에 제조위탁계약의 목적을 달성하기는커녕 결과적으로 막대한 손해를 입게 된 점 등을 고려하면, 참가인이 제조위탁계약에 따른 제품생산 및 납품의무를 이행하였다고 볼 수 없으므로, 그에 대한 원고의 이 사건 하도급대금 채무가 발생하였다고 볼 수 없다. 따라서 발생하지 아니한 이 사건 하도급대금 채무의 지급을 명하는 이 사건 지급명령은 그 사유가 부존재하는 것으로 위법하다.

나. 판단

① 하도급법 제9조 제2항은 원사업자는 정당한 사유가 있는 경우를 제외하고는 수급사업자로부터 목적물을 수령한 날부터 10일 이내에 검사결과를 수급사업자에게 서면으로 통지하

144) 본 사건은 상고되어 심리 중이다(대법원 2017두38553). 본 사건은 2017.3.9.자로 상고되었는데 3년이 경과한 현재까지도 대법원에서 법리와 쟁점을 검토 중이다.

145) 원고는 원고가 제조위탁을 의뢰한 8종의 골프의류 중 4종(4LFPT104, 4LFPT105, 4LFPT123, 4LFQ102)의 제품 대부분에 하자가 있고, 원고의 제조위탁 제품 중 위 4종 제품이 차지하는 비중은 97.89%(기획수량 기준) 또는 97.91%(납품수량 기준)으로, 원고가 제조위탁한 제품 거의 대부분이 하자제품이었다고 주장한다.

여야 하고, 이 기간 내에 통지하지 않는 경우에는 검사에 합격한 것으로 본다고 규정하고 있는바, 하도급법은 하도급거래질서를 확립하여 원사업자와 수급사업자가 대등한 지위에서 상호 보완적으로 균형 있게 발전하도록 하는 것을 목적으로 하고 있는 점(제1조), 검사의 기준과 방법은 당사자가 협의에 의하여 객관적이고 공정·타당하도록 정하는 것이 원칙인 점(제9조 제1항), 민사상 대금채무의 발생과 소멸은 하도급법의 영역이 아니라 민사법의 영역에 속하는 점 등을 종합하면, 제9조 제2항에서 원사업자가 수급사업자로부터 목적물을 수령하고도 정당한 사유 없이 10일 이내에 수급사업자에게 서면으로 검사결과를 통지하지 아니한 경우에는 검사에 합격한 것으로 본다고 규정한 취지는 검사에 합격한 것으로 봄으로써 하도급법이 적용되는 범위 안에서는 그로 인한 대금채무도 발생한 것으로 본다는 의미라고 풀이함이 상당하므로, 이러한 경우에 원사업자가 수급사업자에게 그 대금을 하도급법이 정한 바에 따라 지급하지 아니하였다면, 달리 그 대금채무가 발생하지 아니하였음이 밝혀지지 않는 한 공정거래위원회는 제25조 제1항에서 정하고 있는 시정명령 등을 부과할 수 있다고 보아야 한다(대법원 2002. 11. 26. 선고 2001두3099 판결 참조).

② 참가인은 2014. 1.경부터 2014. 3.경까지 원고가 지정한 검사기관인 FITI에서 품질검사를 실시한 후 합격한 상품만 정해진 일정에 맞추어 원고 직원의 확인을 받아 납품하였다. 원고는 2014. 4. 28.경 참가인이 2014. 2.경 납품한 4LFPT123 상품에 대하여 재검사를 요구한 것 외에는 이 사건 납품상품을 납품받은 후 3개월 이상 참가인에게 하자에 관한 문제를 제기한 사실이 없고 이를 판매해왔던 것으로 보인다.

③ 원고는 관련 민사사건 및 가압류신청사건에서도 이 사건 납품상품의 하자로 인한 손해배상채권만을 주장하였고, 참가인이 원고에 대하여 이 사건 납품상품에 관한 미지급 하도급대금 채권이 있음을 주장하는 데 대하여 납품상품의 하자로 인하여 참가인이 계약상 의무를 이행하였다고 볼 수 없어 원고의 하도급대금 채무가 발생하지 않았다는 취지로 다툰 사실은 없다.

④ 원고는 참가인이 원고로부터 승인받지 아니한 공장에서 이 사건 납품상품을 생산하였거나, 이 사건 납품상품을 납품하는 과정에서 품질검사기관을 회유함으로써 허위로 품질 검사에 통과하도록 하였다는 등의 사정을 들어 참가인이 계약상 의무를 이행하였다고 볼 수 없어 원고의 하도급대금 채무가 발생하지 아니하였다고 주장한다. 그러나 아래에서 보는 바와 같이 원고가 주장하는 위와 같은 계약상 의무의 위반이 인정된다고 보이지 않을 뿐 아니라, 설령 그와 같은 사정이 일부 인정된다고 하더라도 참가인이 이 사건 납품약정서에서 정한 바에 따라 품질검사를 거쳐 원고에게 납품상품을 모두 납품하였음이 인정되는 이상 참가인에게 손해배상 등의 책임을 묻는 것은 별론으로 하고 참가인이 이 사건 납품계약에 따른 의무의 이행 자체를 하지 않은 것이라고 평가할 수는 없다.

⑤ 원고는 참가인이 이 사건 납품계약에 따른 생산 장소인 중국 산둥성의 '쯔버' 지역이 아니라, '장쑤' 또는 '안휘' 지역에서 제품을 생산하여 납품하였으므로 참가인이 악의적으로 계약을 위반한 것으로 납품계약에 따른 의무를 이행한 것으로 볼 수 없다고 주장한다. 이 사건 납품거래약정 제3조 제1항이 '피고는 원고로부터 사전에 승인받은 공장에서만 생산하여야 하며, 승인받지 않은 공장에서 생산한 경우 납품을 거부하거나, 정상소비자 가격의 20%에 해당하는 금액을 손해배상하여야 한다'고 정하고 있음은 앞서 본 바와 같고, 피고가 원고에게 신규거래선 등록 신청서(갑 제13호증)를 제출하면서 '생산공장(시설) 현황'란에 자가공

장으로 한울 베트남 공장을, 외주공장으로 중국 산동성 쯔버에 소재하는 란티엔 공장을 각 기재한 사실이 인정되기는 한다. 그러나 신규거래선 등록 신청서상 생산공장(시설) 현황의 기재는 원고와의 신규거래를 희망하는 업체가 원고로 하여금 그 시설현황을 파악할 수 있도록 하기 위한 것으로 보이고, 향후 실제 거래를 하게 될 경우에도 위 신청서에 기재한 공장에서만 생산을 하기로 약정하는 의미까지 가진다고 볼 근거가 없으며, 달리 원고가 이 사건 납품상품의 생산과 관련하여 중국 산동성 쯔버에 위치한 란티엔공장만을 생산공장으로 승인하였다고 인정할 자료도 없고, 원고 직원과 참가인 직원 사이에 오고 간 이메일 등에 비추어 보면 원고는 이미 이 사건 납품상품이 신규거래선 등록 신청서에 기재된 공장과 다른 공장(중국 트리니티 공장)에서 생산하고 있음을 충분히 알면서도 생산공장에 관하여 문제를 제기하지 않은 것으로 보이므로, 원고의 이 부분 주장도 이유 없다.

⑥ 참가인이 납품할 제품들에 대한 품질검사를 실시한 FITI시험연구원은 원고가 지정한 검사기관인 점, FITI시험연구원이 참가인의 고의적인 불량품 납품 시도에 동조할 특별한 이유를 찾아볼 수 없는 점 등을 고려하면 원고가 제출한 증거만으로 참가인이 FITI시험연구원을 회유하여 고의적으로 원고에게 하자 있는 제품을 입고시켰다고 인정하기에도 부족하다.

⑦ 이 사건 납품약정서 제11조 제2항 본문은 "판매제품 중 5% 이상 불량 제품으로 판명시 갑(원고)은 이미지 관리 차원에서 전량을 반품 처리하며 을(참가인)은 별도 클레임 규정에 의거하여 배상하여야 한다."고 정하고 있는데, 원고가 제출한 증거만으로 판매제품 중 5% 이상이 불량제품으로 판명되어 원고가 이를 전량 반품처리하였다고 인정할 자료도 없다.

⑧ 원고는 이 사건 납품상품 대다수에 중대한 하자가 있다고 주장하나, 관련 민사사건에서 불량품의 확정을 위하여 채택한 한진통상의 감정결과에 의하면 이 사건 납품상품의 불량률은 9.07%이고, 불량품의 대부분(96,665개의 물품을 검사하여 8,774개가 불량품으로 판명되었고, 그중 8,211개는 수선 가능한 불량품, 563개가 수선 불가한 불량품이라고 감정되었다)이 수선 가능한 불량품이라는 것이며, 위 민사사건에서 이루어진 썬월드에프아이의 감정결과에 의하더라도 불량률은 38.58%라는 것이다. 이러한 결과만으로 이 사건 납품상품의 대다수에 중대한 하자가 있어 참가인이 납품의무를 이행하지 않은 것으로 평가해야 한다고 보기는 어렵고 달리 이를 인정할만한 증거가 부족하다.

⑨ 원고는 또한 원고가 이 사건 납품상품으로 막대한 손해를 입었으므로 참가인은 계약이행을 하지 않은 것으로 보아야 한다고도 주장한다. 그러나 앞서 본 사정에 더하여, 관련 민사사건에서 이 사건 납품상품의 하자로 인하여 발생한 참가인의 원고에 대한 손해배상책임은 26,986,070원 상당이라고 인정되었을 뿐인 점(결국 참가인의 원고에 대한 하자이행보증금 반환채권을 자동채권으로 하는 상계 항변을 받아들여 원고의 청구가 전부 기각되었음은 앞서 본 바와 같다), 원고의 매출이 다소 감소하였다고 하더라도 원고가 제출한 증거만으로 이러한 손해가 이 사건 납품상품의 하자 때문이라고 단정할 수 없는 점 등을 고려하면, 원고가 주장하는 사정을 모두 고려하더라도 참가인이 납품 의무 자체의 이행을 하지 않은 것이라고 보기는 어렵다.

나. 결론

이 사건 납품상품에 일부 하자가 있다고 하더라도 그 하자로 인하여 이 사건 납품계약의 목적을 달성할 수 없을 정도에 이르러 참가인이 납품의무를 이행하지 않은 것이라고 볼 수 없고 달리 이를 인정할 증거가 없다. 따라서 참가인이 이 사건 납품계약상 제품생산 및 납품

의무를 이행하지 아니하여 원고의 대금지급 의무가 발생하지 않았다는 원고의 이 부분 주장은 이유 없다. ■

나. 공정거래위원회 심결례

-원사업자의 제품 하자 주장에 대하여 검사결과통지 사실이 없다는 이유로 지급의무가 확정되었다는 사례-

공정거래위원회 2017. 6. 28. 의결 2016서제2763 [(주)퓨○북의 불공정하도급거래행위 사례)[146]

[주문]

1. 피심인은 수급사업자 주식회사 ○○○○○○에게 유아학습용 도구인 음성펜의 제조를 위탁한 후 목적물 수령일부터 60일 이내에 하도급대금을 지급하지 아니하는 것과 같은 행위를 다시 하여서는 아니 된다.
2. 피심인은 수급사업자 주식회사 ○○○○○○에게 <별지> 해당란 기재와 같은 미지급 하도급대금 합계 46,900,000원 및 이에 대하여 각 목적물 수령일부터 60일이 지난 날부터 실제 지급하는 날까지 연리 15.5%로 산정한 지연이자를 지체 없이 지급하여야 한다.

[이유]-행위사실 및 위법성 판단

셋째, 피심인은 수급사업자가 납품한 이 사건 제품의 하자로 인하여 자신의 거래처인 유아교육기관과의 계약이 파기되거나 향후 계약 체결이 어려워질 수 있는 등 재산상 손해가 발생하여 ○○○○○○에 대한 대금 지급을 보류하고 있는 것이므로 법 위반행위가 아니라는 취지로 주장한다.

살피건대, 법 제9조 제2항의 규정에 따라 목적물을 납품받은 날부터 10일[147]이 경과할 때까지 피심인이 ○○○○○○에게 검사결과를 통지한 사실이 없으므로 이 사건 제품은 검사에 합격한 것으로 보아야 하고 이에 따라 피심인의 하도급대금 지급의무는 확정된 것이며, ○○○○○○가 납품한 제품에 일부 불량이 있었다고 하더라도 피심인에게 현실적으로 발생하지도 아니한 예상 손해를 이유로 하도급대금 지급을 거부하는 것은 정당한 사유로 인정될 수 없으므로 피심인의 주장은 이유 없다. ■

---

146) 본 사건은 법원에서 심리중이다(서울고등법원 2018. 1. 11. 선고 2017누64523 판결[시정명령등 취소] 원고청구기각, 상고심 심리중 2018두34015).

147) 이 사건 상품공급계약 제6조 제1항은 "상품을 인도받은 날로부터 7영업일 이내에 검수를 완료하여야 하며, 위 기간을 초과한 후에는 검수에 합격한 것으로 간주한다."라고 규정하고 있다.

V. 하도급 대금 지급 의무

1. 관련 법령(법 제13조 등)

하도급법 제13조에서 원사업자의 하도급 대금 지급 의무를 규정하고 있다.

− 하도급법−

제13조(하도급대금의 지급 등) ① 원사업자가 수급사업자에게 제조등의 위탁을 하는 경우에는 **목적물등의 수령일**(건설위탁의 경우에는 인수일을, 용역위탁의 경우에는 수급사업자가 위탁받은 용역의 수행을 마친 날을, 납품등이 잦아 원사업자와 수급사업자가 월 1회 이상 세금계산서의 발행일을 정한 경우에는 그 정한 날을 말한다. 이하 같다)부터 **60일 이내**의 가능한 짧은 기한으로 정한 지급기일까지 하도급대금을 지급하여야 한다. 다만, 다음 각 호의 어느 하나에 해당하는 경우에는 그러하지 아니하다.

1. 원사업자와 수급사업자가 대등한 지위에서 지급기일을 정한 것으로 인정되는 경우
2. 해당 업종의 특수성과 경제여건에 비추어 그 지급기일이 정당한 것으로 인정되는 경우

② 하도급대금의 지급기일이 정하여져 있지 아니한 경우에는 목적물등의 수령일을 하도급대금의 지급기일로 보고, 목적물등의 수령일부터 60일이 지난 후에 하도급대금의 지급기일을 정한 경우(제1항 단서에 해당되는 경우는 제외한다)에는 목적물등의 수령일부터 60일이 되는 날을 하도급대금의 지급기일로 본다.

③ 원사업자는 수급사업자에게 제조등의 위탁을 한 경우 원사업자가 발주자로부터 제조 · 수리 · 시공 또는 용역수행행위의 완료에 따라 **준공금 등**을 받았을 때에는 하도급대금을, 제조 · 수리 · 시공 또는 용역수행행위의 진척에 따라 **기성금 등**을 받았을 때에는 수급사업자가 제조 · 수리 · 시공 또는 용역수행한 부분에 상당하는 금액을 그 **준공금이나 기성금** 등을 지급받은 날부터 **15일**(하도급대금의 지급기일이 그 전에 도래하는 경우에는 그 지급기일) **이내**에 수급사업자에게 지급하여야 한다.

④ 원사업자가 수급사업자에게 하도급대금을 지급할 때에는 원사업자가 발주자로부터 해당 제조등의 위탁과 관련하여 받은 **현금비율 미만**으로 지급하여서는 아니 된다.

⑤ 원사업자가 하도급대금을 어음으로 지급하는 경우에는 해당 제조등의 위탁과 관련하여 발주자로부터 원사업자가 받은 **어음의 지급기간**(발행일부터 만기일까지)을 **초과하는 어음**을 지급하여서는 아니 된다.

⑥ 원사업자가 하도급대금을 **어음**으로 지급하는 경우에 그 어음은 법률에 근거하여 설립된 금융기관에서 **할인이 가능**한 것이어야 하며, 어음을 교부한 날부터 어음의 만기일까지의 기간에 대한 **할인료**를 어음을 교부하는 날에 수급사업자에게 **지급**하여야 한다. 다만, 목적물등의 수령일부터 60일(제1항 단서에 따라 지급기일이 정하여진 경우에는 그 지급기일을, 발주자로부터 준공금이나 기성금 등을 받은 경우에는 제3항에서 정한 기일을 말한다. 이하 이 조에서 같다) 이내에 어음을 교부하는 경우에는 목적물등의 수령일부터 60일이 지난 날 이후부터 어음의 만기일까지의 기간에 대한 할인료를 목적물등의 수령일부터 60일 이내에 수급사업자에게 지급하여야 한다.

⑦ 원사업자는 하도급대금을 **어음대체결제수단**을 이용하여 지급하는 경우에는 지급일(기업구매전용카드의 경우는 카드결제 승인일을, 외상매출채권 담보대출의 경우는 납품등의 명세 전송일을, 구매론의 경우는 구매자금 결제일을 말한다. 이하 같다)부터 하도급대금 상환기일까지의 기간에 대한 **수수료**(**대출이자를 포함**한다. 이하 같다)를 지급일에 수급사업자에게 지급하여야 한다. 다만, 목적물등의 수령일부터 60일 이내에 어음대체결제수단을 이용하여 지급하는 경우에는 목적물등의 수령일부터 60일이 지난 날 이후부터 하도급대금 상환기일까지의 기간에 대한 수수료를 목적물등의 수령일부터 60일 이내에 수급사업자에게 지급하여야 한다.

⑧ 원사업자가 하도급대금을 목적물등의 수령일부터 60일이 지난 후에 지급하는 경우에는 그 초과기간에 대하여 연 100분의 40 이내에서 「은행법」에 따른 은행이 적용하는 연체금리 등 경제사정을 고려하여 **공정거래위원회**가 정하여 **고시하는 이율**에 따른 **이자**를 지급하여야 한다. 〈개정 2010.5.17.〉

⑨ 제6항에서 적용하는 **할인율**은 연 100분의 40 이내에서 법률에 근거하여 설립된 금융기관에서 적용되는 상업어음할인율을 고려하여 공정거래위원회가 정하여 고시한다.

⑩ 제7항에서 적용하는 **수수료율**은 원사업자가 금융기관(「여신전문금융업법」 제2조제2호의2에 따른 신용카드업자를 포함한다)과 체결한 어음대체결제수단의 **약정상 수수료율**로 한다.〈개정 2015.7.24.〉

⑪ 제1항부터 제10항까지의 규정은 「중견기업 성장촉진 및 경쟁력 강화에 관한 특별법」 제2조제1호에 따른 **중견기업**으로 연간매출액이 대통령령으로 정하는 금액(제1호의 회사와 거래하는 경우에는 3천억원으로 한다) 미만인 중견기업이 다음 각 호의 어느 하나에 해당하는 자로부터 **제조등의 위탁을 받은 경우에도 적용**한다. 이 경우 제조등의 위탁을 한 자는 제1항부터 제10항까지, 제19조, 제20조, 제23조제2항, 제24조의4제1항 및 제6항, 제25조제1항 및 제3항, 제25조의2, 제25조의3제1항, 제25조의5제1항, 제26조제2항, 제30조제1항, 제33조, 제35조제1항을 적용할 때에는 원사업자로 보고, 제조등의 위탁을 받은 중견기업은 제1항부터 제10항까지, 제19조, 제21조, 제23조제2항, 제24조의4제1항, 제25조의2, 제33조를 적용할 때에는 수급사업자로 본다. **〈신설 2015.7.24., 2016.3.29.〉**

1. 「독점규제 및 공정거래에 관한 법률」 제9조제1항에 따른 상호출자제한기업집단에 속하는 회사
2. 제1호에 따른 회사가 아닌 사업자로서 연간매출액이 대통령령으로 정하는 금액을 초과하는 사업자

[전문개정 2009.4.1.]

-하도급거래 공정화지침-

II. 용어의 정의

2. 할인가능어음

"할인가능어음"이라 함은 다음의 금융기관에 의하여 어음할인 대상업체로 선정된 사업자가 발행 · 배서한 어음 또는 신용보증기금 및 기술신용보증기금이 보증한 어음을 말한다.

가. 「은행법」 및 관련 특별법에 의하여 설립된 은행

나. 「종합금융회사에 관한 법률」에 의하여 설립된 종합금융회사

다. 「보험업법」에 의해 설립된 생명보험회사
라. 「상호저축은행법」에 의해 설립된 상호저축은행
마. 「여신전문금융업법」에 의해 설립된 여신전문금융회사
바. 「새마을금고법」에 의해 설립된 새마을금고
사. 「상법」에 의해 설립된 팩토링업무 취급기관

3. 기간계산

가. 법에서의 기간계산은 「민법」의 일반원칙에 따라 초일을 산입하지 아니하고 당해기간의 말일이 토요일 또는 공휴일에 해당하는 때에는 기간은 그 익일에 만료한다.(개정 2008.12.5.)

나. 이 지침에서 과거 1년간 또는 과거 3년간 등 기간산정의 시기(始期)를 결정함에 있어서 신고사건의 경우는 신고접수일을, 직권조사 사건의 경우는 직권조사계획 발표일 또는 조사공문 발송일 중 뒤의 날을 기준으로 한다.(개정 2010.7.23.)

11. 하도급대금의 지급(법 제13조)

가. 하도급대금을 어음으로 지급하였으나 지급받은 어음이 부도처리 된 경우에는 하도급대금을 지급하지 아니한 것으로 본다.

나. 하도급대금 지급 시 기산점이 되는 목적물의 수령일은 제조 · 수리위탁의 경우에는 원사업자가 수급사업자로부터 목적물의 납품을 받은 날, 건설위탁의 경우에는 원사업자가 수급사업자로부터 준공 또는 기성부분의 통지를 받고 검사를 완료한 날(법 제8조제2항 단서의 규정에 의한 목적물의 인수일)을 말한다. 다만, 납품이 빈번하여 상호 합의하에 월 1회 이상 세금계산서를 발행하도록 정하고 있는 경우에는 일괄 마감하는 날(세금계산서 발행일)을 말한다.

12. 현금비율 적용기준(법 제13조제4항)

가. 원사업자가 발주자로부터 지급받은 현금비율이 일정하지 아니한 경우 수급사업자에게 하도급대금을 지급함에 있어서는 하도급대금을 지급하기 직전에 원사업자가 발주자로부터 지급받은 현금비율 이상으로 지급하여야 한다. 원사업자가 발주자로부터 제1회 도급대금을 지급받기 전까지 수급사업자에게 하도급대금을 지급하는 경우에는 그러하지 아니한다.

다만 원사업자가 수급사업자에게 금회 하도급대금을 지급한 후 차회 하도급대금을 지급하기 전까지 발주자로부터 2회 이상 도급대금을 지급받은 경우에는 각각의 현금비율을 산술평균한 비율이상으로 지급하여야 한다.

도급대금 수령		하도급대금 지급	
수령일자	결제비율(현금:어음)	지급일자	현금결제비율
2. 1	50 : 50	1. 8	예외가능
5. 1	50 : 50	3. 5	50% 이상
5.15	60 : 40	4. 5	50% 이상
6. 1	20 : 80	7. 1	43% 이상 *」
8. 1	40 : 60	9. 1	40% 이상

주*」원사업자가 발주자로부터 5.1, 5.15, 6.1 지급받은 것을 산술평균한 비율 [(50+60+20)/3)]

※ 현금비율은 다음과 같이 산정한다.

ㅇ 원사업자가 발주자로부터 지급받은 현금비율 : 현금수령액/도급대금수령액

ㅇ 원사업자가 수급사업자에게 지급하는 현금비율 : 현금지급액/ 하도급대금지급액

ㅇ 금액단위는 천원으로 하고 천원미만은 버린다.

ㅇ 현금비율산정시 현금수령액(현금지급액)은 '현금', '수표', **'만기일이 채권발행일 바로 다음날 도래하는 외상매출채권'** 에 의한 수령액(지급액)의 합계액을 말한다. (**개정 : 2016.7.22.**)

나. 원사업자가 다수의 발주자에게 납품하는 물품을 다수의 수급사업자에게 제조 등을 위탁하는 경우에 특정 수급사업자가 납품한 물품이 공급되는 발주자가 명확한 경우에는 당해 발주자로부터 원사업자가 받은 현금비율을 적용하고, 불명확할 경우에는 원사업자가 다수의 발주자로부터 받은 현금비율을 산술평균하여 적용한다.

다. 원사업자가 발주자로부터 선급금을 받은 때에도 그 지급받은 현금비율 이상으로 수급사업자에게 지급하여야 한다.

라. 법 제13조 제4항에 의한 현금비율유지 및 제13조 제5항에 의한 어음만기일 유지는 1999.4.1 이후 하도급계약이 체결된 하도급거래에 적용한다. 하도급계약의 체결시점을 판단하는데 있어서 제조위탁의 경우 기본계약이 아니라 발주서 등에 의한 개별계약의 체결시점을 기준으로 하며, 건설위탁의 경우 원칙적으로 당초 하도급계약 체결시점을 기준으로 한다.

13. 어음만기일 유지(법 제13조제5항)

가. 원사업자가 발주자로부터 교부받은 어음의 지급기간(발행일로부터 만기일까지)이 일정하지 아니한 경우 수급사업자에게 하도급대금을 지급함에 있어서는 하도급대금을 지급하기 직전에 원사업자가 발주자로부터 교부받은 어음의 지급기간을 초과하는 어음으로 하도급대금을 지급하여서는 아니 된다. 원사업자가 발주자로부터 제1회 도급대금을 지급받기 전까지 수급사업자에게 하도급대금을 지급하는 경우에는 예외로 할 수 있다.

다만, 원사업자가 수급사업자에게 금회 하도급대금을 지급한 후 차회 하도급대금을 지급하기 전까지 발주자로부터 2회 이상 도급대금을 지급받은 경우에는 각각의 어음지급기간을 산술평균하여 적용한다.

나. 원사업자가 다수의 발주자에게 납품하는 물품을 다수의 수급사업자에게 제조 등 위탁하는 경우에 특정 수급사업자가 납품한 물품이 공급되는 발주자가 명확한 경우에는 당해 발주자로부터 원사업자가 받은 어음지급기간을 적용하고, 불명확할 경우에는 원사업자가 다수의 발주자로부터 교부받은 어음지급기간을 산술평균하여 적용한다.

다. 발주자가 타인발행의 어음으로 도급대금을 지급한 경우에 어음의 지급기간은 원사업자가 어음을 교부받은 날로부터 만기일까지로 본다.

라. 원사업자가 발주자로부터 선급금을 지급받은 때에 어음이 포함되어 있는 경우 교부받은 어음의 지급기간을 초과하는 어음으로 수급사업자에게 교부하여서는 아니 된다.

–선급금등 지연지급 시의 지연이율 고시[148]–

Ⅰ. 선급금등 지연지급 시의 지연이율

148) [시행 2018. 12. 6.] [공정거래위원회고시 제2018-21호, 2018. 12. 6., 타법개정]

법 제6조(선급금의 지급)제2항, 법 제11조(감액금지)제4항, 법 제13조(하도급대금의 지급 등)제8항, 법 제15조(관세 등 환급액의 지급)제3항의 규정에 의하여 선급금 등을 지연 지급하는 경우 적용되는 지연이율을 연리 15.5%로 한다.

– 어음에 의한 하도급대금 지급시의 할인율 고시[149] –

1. 어음에 의한 하도급대금 지급시의 할인율

원사업자가 법 제13조(하도급대금의 지급 등)제6항에 따라 하도급대금을 어음으로 교부하는 경우, 원사업자가 부담하여야 할 할인료에 적용되는 할인율은 연 7.5%로 한다.

–건설산업기본법–

제34조(하도급대금의 지급 등) ① 수급인은 도급받은 건설공사에 대한 준공금 또는 기성금을 받으면 다음 각 호의 구분에 따라 해당 금액을 그 준공금 또는 기성금을 받은 날(수급인이 발주자로부터 공사대금을 어음으로 받은 경우에는 그 어음만기일을 말한다)부터 15일 이내에 하수급인에게 현금으로 지급하여야 한다.

1. 준공금을 받은 경우: 하도급대금
2. 기성금을 받은 경우: 하수급인이 시공한 부분에 해당하는 금액

② 수급인은 하도급계약을 할 때 하수급인에게 국토교통부령으로 정하는 바에 따라 적정한 하도급대금의 지급을 보증하는 보증서를 주어야 한다. 다만, 국토교통부령으로 정하는 경우에는 하도급대금 지급보증서를 주지 아니할 수 있다. 〈개정 2013.3.23.〉

③ 건설공사의 도급계약 당사자는 제2항에 따른 하도급대금 지급보증서 발급에 드는 금액을 대통령령으로 정하는 바에 따라 해당 건설공사의 도급금액 산출내역서에 분명하게 적어야 한다.

④ 수급인이 발주자로부터 선급금을 받은 때에는 하수급인이 자재를 구입하거나 현장노동자를 고용하는 등 하도급공사를 시작할 수 있도록 수급인이 받은 선급금의 내용과 비율에 따라 선급금을 받은 날(하도급계약을 체결하기 전에 선급금을 지급받은 경우에는 하도급계약을 체결한 날)부터 15일 이내에 하수급인에게 선급금을 지급하여야 한다. 이 경우 수급인은 하수급인이 선급금을 반환하여야 할 경우에 대비하여 하수급인에게 보증을 요구할 수 있다. 〈개정 2012.6.1.〉

⑤ 제54조에 따라 설립된 공제조합 또는 다른 법령에 따라 보증업무를 담당할 수 있는 기관은 수급인에게 제2항에 따른 하도급대금의 지급을 보증하는 보증계약의 보증서를 발급(변경발급을 포함한다)하거나 보증계약을 해지한 경우에는 국토교통부령으로 정하는 바에 따라 즉시 발주자 및 하수급인에게 그 내용을 통보하여야 한다. 〈개정 2013.3.23., 2014.5.14.〉

⑥ 발주자는 제5항에 따라 통보받은 하도급대금 지급보증내용을 확인하여야 하고, 확인 결과 보증내용이 적정하지 아니할 경우에는 수급인에게 시정을 요구할 수 있다.

⑦ 발주자가 국가, 지방자치단체 또는 대통령령으로 정하는 공공기관인 경우에는 하도급대금이 보호될 수 있도록 수급인이 하수급인에게 제2항에 따른 보증서를 교부하였는지 여부를 확인하여야 한다. 〈신설 2016.2.3.〉

⑧ 수급인은 발주자로부터 받은 준공금, 기성금 또는 선급금을 제1항 또는 제4항에 따른 지급

149) 시행 2015. 10. 23. [공정거래위원회고시 제2015-15호, 2015. 10. 23. 일부개정]

일이 지난 후에 지급하는 경우에는 그 초과기간에 대하여 연 100분의 25 이내에서 「하도급 거래 공정화에 관한 법률」 제13조제8항에 따라 공정거래위원회가 정하여 고시하는 이율에 따른 이자를 지급하여야 한다.〈신설 2018. 12. 18.〉[150]

⑨ 국가, 지방자치단체 또는 대통령령으로 정하는 공공기관이 발주하는 건설공사(소규모공사 등 국토교통부령으로 정하는 공사는 제외한다)를 도급받은 수급인과 그 하수급인은 「전자조달의 이용 및 촉진에 관한 법률」 제9조의2제1항에 따른 시스템을 이용하여 공사대금을 청구하여 수령하여야 하며, 수령한 공사대금 중 하수급인, 건설근로자, 건설기계대여업자, 건설공사용 부품을 제작하여 납품하는 자 등에게 지급하여야 할 대금을 사용해서는 아니 된다.〈신설 2018. 12. 18.〉

[전문개정 2011. 5. 24.]

[전문개정 2011.5.24.]

2. 내용

가. 의의 및 취지

하도급 계약은 본질적으로 사법상 '도급계약'이므로 하수급인은 결과의 완성을 하고 이에 대하여 도급인은 하도급대금을 지급하여야 한다. 또한 계약자유의 원칙상 하도급대금 지급의 시기, 방법에 대하여는 당사자가 자유롭게 정할 수 있어야 한다. 그러나 하도급 현실에서는 원사업자들이 대금을 부당하게 지연하거나, 발주자로부터 원도급대금을 수령하지 못하였다는 이유로 대금지급을 거절하거나, 발주자로부터 현금을 수령하였음에도 불구하고 수급사업자에 대하여 어음 등을 발행하거나, 장기의 어음 등을 발행하여 수급사업자의 현금 유동성에 어려움을 겪게 하는 등 하도급 대금지급과 관련하여 잘못된 관행이 있었다.

이를 시정하기 위하여 하도급법은 일정기간 내 대금지급의무 등 엄격한 규정을 두고 있으며, 이에 따라 판례의 경우에도 대급지급의무를 불이행하면 그 자체로 하도급법 위반으로서 제재처분의 대상이라고 보고 있는 등 엄격한 태도를 유지하고 있다(**강행규정성**).

나. 주요 내용

하도급법령은 하수급인의 하도급대금의 확보를 위하여 ① 목적물 등의 수령일[건설위탁은 일수일, 세금계산서 발행일 등]로부터 60일 이라는 기간 이내의 기간 내에

150) 특히 동조 8항의 신설의 의미를 살펴보자면, 이에 의하면 하도급법의 내용과 같이 공정거래위원회가 정하는 이율(현재 15.5%)를 부담해야 하는데, 중요한 것은 하도급법이 적용되지 않는 하도급의 경우에도 건설산업기본법이 적용되어 수급사업자가 청구할 수 있게 되었다는 점이다.

지급의무를 규정하고, ② 지연시 연15.5%라는 고율의 이자를 지급해야 하며, ③ 원사업자가 발주자로부터 대금을 받은 경우에는 15일 이내에 지급하여야 하고 또한 현금비율 미만 지급을 금지하며, ④ 원사업자가 발주자로부터 받은 어음의 지급기간을 초과해서는 아니되고, ⑤ 어음으로 지급하는 경우 '할인가능어음'으로서 어음교부일부터 어음만기일까지의 기간 동안의 할인료(연7.5%)를 지급해야 하며, 또한 ⑥ 어음대체결제수단으로 지급하는 경우에는 '약정수수료'를 지급하도록 강제하고 있다. 단 60일 내 대금지급의 취지를 고려할 때, 목적물 등의 수령일로부터 60일 이내에 어음을 교부하거나, 어음대체수단을 이용하여 지급하는 경우에는 목적물 등의 수령일로부터 60일이 지난 날 이후부터 기산되어 할인료 내지 수수료를 지급해야 한다.

하도급법의 다른 여러 규정이 있으나 결국에 수급사업자의 가장 중요한 관심은 하도급대금의 확보에 있다고 할 것이므로 그 중요성은 말할 나위없다고 할 것이다. 위 규정과 관련된 수급사업자의 권리 내용을 중심으로 각 법적 쟁점을 구체적으로 살펴보자.

다. 하도급대금의 지급기일, 기산점 및 지연이자

먼저, 하도급법에 의할 때 원사업자의 대금지급기일 및 그 기산점 그리고 위반시 배상해야 하는 지연이자가 어떻게 되는지가 문제된다[151].

1) 대금지급기일의 기산점 및 변제기

먼저 목적물 등 수령일로부터 60일 이내의 짧은 기간이므로 각 용역의 위탁에 따라 '목적물 수령일'이 언제인지가 검토되어야 한다.

먼저, (a) 제조위탁: 목적물 등의 수령일, (b) 건설위탁: 인수일, (c) 용역위탁: 수급사업자가 위탁받은 용역의 수행을 마친 날, (d) 월1회 이상 세금계산서 발행일을 정한 경우: 세금계산서 발행일이다.

[참조 판결]

−서울고등법원 2018. 7. 5. 선고 2018누30749 판결[152][불공정거래행위처분 취소]− [보○건설 사례]

【판시사항】

건설위탁에 있어서 '부지조성공사'와 같은 불가분적 급부를 목적으로 하는 경우 목적물 인수

---

151) 기간계산에 대해서는 하도급법에 특별한 규정이 없으므로 민법에서 정한 기간 계산의 원칙에 따른다. 따라서 초일불산입의 원칙과 기간 말일이 토요일 국공유일에 해당하는 경우 그 다음날 기간이 만료하게 된다(민법 제157조, 제161조).

152) 본 사안은 상고없이 확정되었다.

일의 기준일에 대한 판단 [**세금계산서발행일이 아니라 인수일**]

【판결이유】

1. 처분의 경위

피고는 2017. 12. 1. 의결 제2017-366호로, 아래 2)의 사실을 전제로 원고가 목적물 수령일로부터 60일을 초과하여 하도급대금을 지급하면서 그 초과기간에 대한 지연이자를 지급하지 아니하였는데, 이는 하도급법 제13조 제8항에 위반되어 위법하므로 하도급법 제25조 제1항에 따라 재발방지명령을 하고 심의일까지의 미지급 하도급대금 지연이자 39,542,508원의 지급을 명하였다(이하 이를 통틀어 '이 사건 처분'이라 한다).

원고는 2013. 10. 24. 수급사업자 위○스건설에 '하기동 단독주택 신축지 부지조성공사(이하 '이 사건 공사'라 한다)를 건설위탁한 후 아래 [표2]와 같이 하도급대금 716,100,000원 중 169,200,000원을 목적물 수령일부터 60일을 초과하였음에도 지급하지 않았다.

[표 2] 위○스건설에 대한 하도급대금 지급내역 (단위: 천 원, 부가가치세 포함)

목적물 등 인수(세금계산서 발행)			하도급대금 등 지급		
회차	일자	금액	지급일	지급액	미지급대금
1차	2014. 1. 15.	110,000	2014. 1. 29.	110,000	169,200
2차	2014. 2. 28.	124,300	2014. 3. 18.	100,000	
3차	2014. 4. 8.	292,600	2014. 5. 15.	199,000	
4차	2014. 5. 30.	81,400	2014. 5. 16.	67,000	
5차	2014. 8. 29.	85,690	2014. 6. 13.	50,900	
6차	2015. 2. 27.	22,110	2014. 9. 5.	20,000	
합계		716,100		546,900	

이후 위○스건설은 자신의 협력업체들에 원고에 대한 하도급대금 채권을 양도하였는데, 원고는 위○스건설에 지급하지 않은 하도급대금 169,200,000원 중 위○스건설의 협력업체에 직접 지급하거나 공탁하는 등의 방법으로 합계 181,308,556원을 지급[153]하였으나 지연이자 51,651,064원[154]을 지급하지 않았다.

2. 원고의 주장

위○스건설이 이 사건 공사에서 철수한 2014. 8.경 또는 이 사건 공사로 조성된 부지상 신축건물의 사용승인일을 기준으로 산정한 2014. 12.경이 목적물 등의 수령일이다. 그러나 피고는 기성고에 따른 공사대금 지급기일을 기준으로 지연이자를 잘못 계산하였다.

3. 판단

피고는 이 사건 공사의 기성고에 따른 세금계산서 발행일을 기준으로 60일 이내에 위○스건

153) 원고는 위○스건설의 협력업체에 이 사건 지연지급 하도급대금 169,200,000원보다 12,108,556원이 많은 총 181,308,556원을 지급하였다.

154) 원고는 2차 이후 기성에 대하여 총 5회에 걸쳐 하도급대금을 지급하였는데 각 지급액으로 회차별 세금계산서상 기성금을 모두 변제하지 못하였다. 이에 대하여 동일한 수급사업자에 대하여 지급기일이 다른 수 개의 하도급대금 채무가 있고 이를 원사업자가 여러 번에 걸쳐 지급한 경우 어느 하도급대금 채무를 충당한 것인지 명확하지 않은데, 피고는 충당 방법에 관하여 원고와 위○스건설이 합의한 사실이 없고, 어느 일방이 충당 대상을 지정한 사실도 없음을 이유로 지급기일이 먼저 도래한 순서대로 하도급대금을 지급한 것으로 보아 합계액 51,651,064원의 지연이자를 산정하였다.

설이 청구한 공사대금이 지급되지 아니하였음을 전제로 지연이자 39,542,508원을 산정하였다.

그런데 하도급법 제13조 제1항은 '원사업자가 수급사업자에게 제조 등의 위탁을 하는 경우에는 목적물 등의 수령일(건설위탁의 경우에는 인수일을, 용역위탁의 경우에는 수급사업자가 위탁받은 용역의 수행을 마친 날을, 납품등이 잦아 원사업자와 수급사업자가 월 1회 이상 세금계산서의 발행일을 정한 경우에는 그 정한 날을 말한다)부터 60일 이내의 가능한 짧은 기한으로 정한 지급기일까지 하도급대금을 지급하여야 한다'고 규정하고 있다. **이 사건 공사처럼 '부지조성공사의 완성'이라는 불가분적 급부를 목적으로 하는 건설위탁은 '인수일'을 목적물 등의 수령일로 계산하여야 하고**, 원고와 위○스건설 사이에 기성고에 따라 세금계산서를 발행하였다고 하더라도 앞서 든 [표 2]의 5차, 6차 세금계산서 발행일을 고려하면 이를 '납품등이 잦아 원사업자와 수급사업자가 월 1회 이상 세금계산서의 발행일을 정한 경우'에 해당한다고 볼 수 없으므로[155], 피고가 하도급법 제13조 제1항의 건설위탁에 적용되는 '인수일'이 아닌 세금계산서 발행일을 기준으로 하도급대금의 지연이자를 산정한 것도 위법하다. ■

양 당사자 사이에 하도급대금 지급기일을 정한 경우[156]에는, 위 60일 보다 단기간으로 정한 경우에는 그 정한 기간이 하도급대금 변제기가 될 것이고, 위 60일 보다 장기간으로 정한 경우에는 하도급법 제13조 제2항에 의하여 목적물 수령일부터 60일 되는 날이 하도급대금의 지급기일이 된다(**강행규정으로서의 변제기의 의제**).

---

155) 피고 공정거래위원회는 하도급법 제9조 제2항에 따라 건설위탁의 경우 '기성부분을 통지받은 날'을 '목적물 등을 수령한 날'로 볼 수 있다고 주장하나, 위 제9조 제2항은 원사업자의 수급사업자에 대한 검사결과 통지의 기산일을 규정한 것으로서 이 사건 처분의 전제가 된 하도급법 제13조 제1항의 '목적물등의 수령일'과 그 정의가 다르다.

156) **대법원 2011.08.25. 선고 2010다106283 판결[하도급대금지급보증금]**

【판시사항】

[1] 하도급공사계약에서 당사자 사이에 공사대금의 지급기일에 관한 약정이 있는 경우, 그에 따라 지급기일을 정할 것인지 여부(적극)

[2] 갑 주식회사가 을 주식회사에 건물 신축공사 중 일부를 하도급하기로 하는 계약을 체결하면서 공사대금에 관하여 지급기일의 약정을 한 사안에서, 하도급계약에 따른 공사대금의 지급기일은 갑 회사와 을 회사 사이의 지급기일에 관한 약정에 따라 정하여야 하는 것이지 목적물 등의 수령일로 정할 것이 아니라고 하며, 이와 달리 본 원심판결에는 처분문서의 해석 및 하도급대금의 지급기일에 관한 법리오해의 위법이 있다고 한 사례

【이유】

원심판결 이유에 의하면, 주식회사 현진이 2008. 5. 1. 원고에게 경주 황성 현진에버빌 신축공사 중 석공사(이하 '이 사건 공사'이라 한다)를 하도급하기로 하는 건설공사 하도급계약(이하 '이 사건 하도급계약'이라 한다)을 체결하면서 그 공사대금의 지급에 관하여 "기성부분금은 목적물 수령일로부터 60일 이내 및 월 1회 어음으로 지급하되, 하도급계약 특수조건 제3조 제4항에 따른다."라고 약정하였고, 그 하도급계약 특수조건 제3조 제4항은 "공사대금으로 발행되는 어음은 세금계산서 및 계산서 발행일로부터 30일 이내 원고에게 지급하고, 어음의 만기일은 세금계산서 발행일 익월 말 기준 120일 어음으로 한다."고 규정하고 있음을 알 수 있으므로, 이 사건 하도급계약에 따른 공사대금에 관하여는 그 지급기일에 관한 약정이 있음이 명백하다. 따라서 이 사건 하도급계약에 따른 공사대금의 지급기일은 원고와 현진 사이의 위 지급기일에 관한 약정에 따라 정하여야 하는 것이지 목적물 등의 수령일로 정할 것이 아니다.

2) 대금지급기일 도과시의 효과

원사업자가 만일 60일이 경과하여 하도급대금지급을 지체한 경우에는 **연15.5%**의 지연배상을 해야 한다[157]. 하도급대금의 지연 지급하는 경우 정하고 있는 이자의 법적 성질은 소위 이식(利殖)에 의한 이자가 아니라 "**손해배상**"이다.

지연이자 지급과 관련하여 주의할 것은 예컨대, 무조건 60일까지는 하도급대금을 지급하지 않아도 되는 것도 아니고, 하도급계약상의 하도급대금 변제기를 도과하였다고 하여 무조건 하도급대금의 이자를 청구할 수 있는 것이 아니라는 것이다. 대금변제기 및 이자적용과 관련된 예상되는 경우를 정리해 보자.

첫째, 하도급계약 상의 변제기(예컨대, 목적물인수 후 15일)가 위 60일 이전이라면 약정에 의한 변제기는 약정한 변제기(예컨대, 목적물인수 후 15일)이다. 그러나 지급이자의 경우와 관련하여 약정 변제기를 도과한 경우 이자지급의 경우에는 통상 상행위의 성격을 가지므로 상사법정이자(연6%)가 적용되고(예컨대, 목적물 인수 후 15일부터 60일까지), 그 이후부터는 하도급법정기일 도과시 하도급법상 고시이자인 연 15.5%의 이자를 지급하여야 할 것이다.

둘째, 하도급법 이자보다 더 높은 이자를 당사자 사이에 약정한 경우(예컨대, 하도급 대금 지연시 연 20%의 이자지급 약정)에는 하도급법의 이자보다 더 높으므로 이자제한법상의 제한이율(현재 연25%)을 초과하지 않은 한 약정한 이자율이 적용된다.

셋째, 하도급법 이자보다 더 낮은 이자를 당사자 사이에 약정한 경우(예컨대, 하도급 대금 지연시 연 5%의 이자)에는 강행규정인 하도급법상의 이자가 적용된다.

넷째, 하도급법 제13조 제7항의 공정거래위원회 고시이자율 지급 규정은 원사업자가 수급사업자에 대한 하도급대금을 지급하는 경우에만 적용된다는 것이 판례의 태도이다. 판례는 직접청구권 행사시 고시이자율 지급을 부정하고 있다.

다섯째, 거래이후 공정거래위원회 고시이자율이 변경된 경우(현재까지 물가상승률 등을 고려하여 계속 낮아져 왔다. 예컨대 25=> 20%=> 15.5%)에는 변경된 고시이자율이 소급하지 않고 변경 전후에 걸쳐서 각각 적용된다. 이러한 법리는 소송촉진 등에 관한 특례법 적용의 법정이율이 변경된 경우에도 마찬가지이다.

---

157) 지연이자 계산공식: 지연이자=지연지급 하도급대금×지연이자율×지연일수/365일

현행 법령상 '이자(利子)'의 개요		
근거 법령 등	이자 내용	법적 성격
민법 제379조	년5%	민사법정이율
상법 제54조	년6%	상사법정이율 (상행위채무)
하도급법 13조제8항 및 선급금등 지연지급 시의 지연이율고시	년15.5%	하도급대금 등 지연이자
당사자 사이의 합의이율	약정이율	계약
이자제한법 제2조1항 및 이자제한법 제2조제1항의 최고이자율에 관한 규정	년24%	약정이율에 대한 제한
대부업 등의 등록 및 금융이용자 보호에 관한 법률 제8조	년24%	대부업을 하는 여신금융기관으로부터의 차용거래
근로기준법 37조, 동법시행령17조	년20%	근로기준법상 임금채권이자율
소송촉진 등에 관한 특례법 제3조 및 소송촉진 등에 관한 특례법 제3조제1항 본문의 법정이율에 관한 규정	년12%	법원에 금전채권 소를 제기한 경우

[참조 판결]

-대법원 2005.7.28., 선고, 2004다64050, 판결] [공사대금]-

[판시사항]

구 하도급거래공정화에관한법률 제13조 제7항 규정이 발주자가 수급사업자에게 하도급대금을 직접 지급하는 경우에도 적용되는지 여부(소극)

[판결요지]

위 구 **하도급거래공정화에관한법률 제13조 제7항** 소정의 "원사업자가 하도급대금을 목적물의 수령일부터 60일을 초과하여 지급하는 경우에는 그 초과기간에 대하여 공정거래위원회가 정하여 고시하는 이자율에 의한 이자를 지급하여야 한다."는 규정은, **원사업자가 수급사업자에 대하여 하도급대금을 지급하는 경우에 관한 규정**이어서, 이 사건과 같이 발주자인 피고가 원사업자의 파산 등으로 수급사업자에게 하도급대금을 직접 지급하는 경우에는 적용될 수 없다 는 원심의 판단은 정당하고, 거기에 상고이유에서 주장하는 바와 같은 법리오해 등의 위법이 있다고 할 수 없다.■

3) 추가 하도급대금 등에 대한 하도급법상 지연이자의 적용여부

하도급거래 중 '추가위탁'을 하면서 양 당사자가 거래대금을 확정하지 않은 경우에도 하도급법 제13조 제8항의 지연이자 규정을 적용할 수 있는지에 대하여 일부 논란이 있는 듯하다. 특히 이러한 문제는 추가공사대금의 불분명 문제로 인하여 건설공사하도급에 많이 발생하므로 이에 초점을 맞추어서 정리해보고자 한다.

견해의 대립이 있는 듯하다. 먼저 첫째, 추가공사대금에 대한 하도급법상의 지연이자 적용부정설이다. 이 견해는 ① 하도급법 제13조 제8항 위반의 경우 하도급법은 지연이자 이외에 공정거래위원회가 시정조치(하도급법 제25조), 과징금(하도급법 제

25조의 3)을 부과하거나, 법원이 벌금을 부과할 수 있도록 규정(하도급법 제30조 제1항과 제2항)하고 있다는 점에서 엄격하게 해석해야 한다는 점, ② 「소송촉진 등에 관한 특례법」은 그 이행의무의 존재 여부나 범위에 관하여 항쟁하는 것이 타당하다고 인정되는 경우에는 그 타당한 범위에서 지연이자를 적용하지 아니한다는 점 등을 유추 할 때 미확정 추가공사대금까지 지연이자를 적용할 수 없다는 논거이다.

검토컨대, 위와 같은 견해는 하도급법령 위반으로 인한 행정적 제재와 사법적 권리의 존부에 대하여 혼동하고 있는 경우라고 할 것이다. 즉 ① 수급사업자의 권리가 손해배상 등 다른 성질을 가지는 것이 아니라 '공사대금'의 성질을 갖는 것이라면 당초 발주한 것이든, 일의 진행과정에서 원사업자가 추가로 시킨 것이든 그것은 모두 공사대금이므로 이에 대하여 당초와 추가를 나누어 하도급대금의 미지급에 대하여 이자적용을 나눌 근거가 없는 것이라는 점(참고로 추가공사대금도 공사대금인데 이를 특별히 이자적용이 된다고 규정하는 것은 당연한 것에 대한 규정을 할 필요가 없으므로 하도급법제11조 제4항과 같은 별도의 규정이 있어야만 하는 것이 아니다. 오히려 감액에 대해서는 판례가 사법상의 실체법상 대금청구의 성질을 부정하고 손해배상청구권으로 보기 때문에 이에 대해서는 지연이자의 지급을 해야 한다는 규정이 반드시 필요한 것이다), ② 하도급법의 지연이자의 부과와 소송촉진등에 관한 특례법 양자는 성질을 전혀 달리한다는 점, ③ 앞의 부정설의 견해도 확정된 추가공사대금의 경우 하도급법상의 지연이자를 부정하지 않는 다는 점에서 부정설의 견해는 민사적으로 추가공사대금의 확정시기가 정해지는 민사적 문제와 행정적 제재와 혼동하고 있다고 판단된다. 예컨대 건설공사하도급에 있어서 완성한 하도급공사에 하자가 있어서 원사업자가 손해배상청구권으로 상계를 하는 경우 확정이 안되었다고 하여 공정거래위원회가 시정명령을 내리지 못하는 것이 아니다(**대법원 2002. 11. 26. 선고 2001두3099 판결 참조**). 즉 상계 후 남은 미지급 하도급 공사대금이 있다면 나중에 하도급법상의 지연이자를 포함하여 민사적(실체법적)으로도 배상해야 할 것이고, 시정명령의 행정적 제재를 받는 것이다(**대법원 2010. 4. 15.자 선고 2010두856 판결, 원심 서울고등법원 2009. 12. 2. 선고 2009누14509 시정명령취소청구 판결**). 만일 민사적으로 시정명령 당시 즉 처분시에 상계되고 남은 금액이 없음에도 시정조치를 한 경우 향후 민사법원에서 실체법적으로 이 부분이 확정되면 시정명령이 위법하게 될 것이다. 상계 후 남은 하도급대금청구권의 존부와 범위 조차도 이러한 법리가 적용되는데, 추가공사대금의 경우 확정되기 전까지는 지연이자의 적용을 받지 않는다는 것은 논리모순이다(**추가공사대금에 대한 하도급법상의 지연이자 적용긍정설**)[158].

라. 하도급대금 등 지급의무 위반과 시정명령의 위법성 판단

1) 문제의 제기

원사업자가 하도급대금 미지급을 하여 하도급법 위반이 인정되는 경우 공정거래위원회가 시정명령(하도급법 25조)을 발하는 경우와 관련하여,

첫째, 공정거래위원회가 시정명령을 할 때 원사업자의 하도급대금 미지급에 대하여 상당한 이유가 없을 것을 요건으로 하는지 여부,

둘째, 공정거래위원회의 시정명령이 변제 기타 사유로 하도급지급채무가 존재하지 않게 된 경우 법원은 이에 대하여 어떠한 요건에서 시정명령의 위법을 취소할 수 있는지가 문제된다.

2) 공정거래위원회가 시정명령을 할 때 원사업자의 하도급대금 미지급에 대하여 상당한 이유가 없을 것을 요건으로 하는지 여부(소극)

원사업자가 하도급법 대금지급의무에 위반한 경우 하도급법 위반은 엄격하다. **판례**는 공정거래위원회가 원사업자의 하도급대금지급의무가 법률상 존재하는 경우에는 하도급대금지급 불이행 내지 지체라는 사실만으로 바로 제재처분을 내릴 수 있으며 이를 판단하는데 원사업자가 하도급대금의 지급을 거절하거나 그 지급을 미룰만한 상당한 이유가 있는지 여부는 묻지 않는다는 태도이다(**대법원 1995. 6. 16. 선고 94누**

158) 이와 관련하여 대법원의 명시적 판례는 존재하지 아니하고 다만, 하급심에서는 인정한 판결례도 있고 부정한 경우도 있다. 인정한 판결에서 "원고가 2008. 2. 16. 이 사건 공사를 완료한 후 즉시 목적물을 소외회사에게 인도한 사실은 앞에서 본 바와 같으므로, 소외회사는 원고에게 공사잔대금과 PHC파일 추가공사비 및 테스트항타 비용에 대하여는 그로부터 60일을 경과한 다음날인 2008. 4. 17.부터, SHEET파일 추가사용료에 대하여는 그 이후로서 원고가 구하는 위 청구취지 및 청구원인 변경신청서 부본 송달 다음날인 2008. 11. 8.부터 각 다 갚는 날까지 연 25%[공정거래위원회가 하도급법 제13조 제8항 규정에 의거 고시한(제2004-6호) 이율]의 비율에 의한 지연손해금을 지급할 의무가 있다. 이에 대하여 피고들은, PHC파일 추가공사비와 테스트항타 비용은 불법행위 또는 채무불이행으로 인한 손해배상금으로서 공사대금에 해당하지 않고 위 각 공사대금에 포함되어 있는 부가가치세 상당액은 국가에 납부할 조세로서 원고가 수급사업자로서 지급받는 공사대금이라고 보기 어려우므로, 위 각 해당 금액에 대한 지연손해금은 하도급거래법 및 공정거래위원회의 고시에서 정한 이율을 적용할 수 없다고 주장한다. **하도급거래법상의 하도급대금**이란 수급사업자가 원사업자로부터 제조위탁·수리위탁·건설위탁 또는 용역위탁을 받아 그 위탁받은 제조·수리·시공 또는 용역을 수행하여 원사업자에게 납품·인도 또는 제공을 하고 받은 대가를 말하는 것인바(하도급법 제2조 제1항 참조), **PHC파일 추가공사비와 테스트항타 비용은 원래 계약에서 정한 작업 외에 원고가 공사 도중 추가로 위탁받은 작업을 수행하고 받게 되는 대가이므로 공사대금에 해당한다**고 할 것이고, 공사대금에 포함되어 있는 부가가치세 상당액 역시 시공에 대한 대가로 지급받게 되는 것이고 원고가 공사대금을 지급받은 후 그 중 일부로 부가가치세를 납부하는 것은 공사대금 처분방법의 하나에 지나지 않는다고 할 것이므로, 피고들의 위 주장은 전부 이유 없다."라고 설시한바 있다(**서울고등법원 2011. 2. 16.선고 2009나99459 판결 및 동판결의 1심 서울동부지방법원 2009. 9. 11.선고 2008가합4788 판결**).

참고로 수급사업자 일방의 공사해지 이후 소송과정에서 추가공사대금이 확정되었다는 사정을 들어 하도급법상의 지연손해금을 지급하지 아니하고 판결선고시까지 상법상의 6%만의 이자와 선고일 이후 소촉법상의 이자를 판결한 사례가 있으나 그 판시 이유를 보면 적용이 안된다고 부정할 뿐 아무런 근거가 없다고 할 것이다(**서울남부지방법원 2006. 2. 9.선고 2003가합2636 판시이유 참고**)

10320 판결, 대법원 1999. 3. 26. 선고 98두19773 판결, 대법원 2002. 4. 12. 선고 2001두3655 판결 등 다수).

요컨대, 이와 같은 판례의 취지는 다음과 같이 해석된다. 즉, ① 하도급법의 입법취지가 경제적 약자인 수급사업자를 보호하여 하도급거래의 공정 및 거래질서를 확립하고자 하는데 있는 점, ② 하도급법 제4조 (부당한 하도급대금의 결정 금지), 제5조 (정당한 사유 없는 물품 등의 구매강제금지), 제11조 제1항 (정당한 사유 없는 감액금지) 등 '부당한', '정당한 이유 없이' 등의 표현을 사용하고 있는 것과는 달리, 하도급법 제13조는 원사업자의 하도급대금의 지급의무 등에 관하여 규정하면서 '상당한 이유가 있는 경우' 하도급대금의 지급거절이나 그 지연을 인정한다는 예외규정을 두고 있지 않은 점, ③ 법에 명문의 규정이 없는 사유를 들어 원사업자의 법 위반행위 여부를 판단할 경우 하도급법의 입법취지 및 법 제13조의 규정취지에도 반하여 법의 실효성을 저해하는 점, ④ 한편 하도급법 제33조는 수급사업자의 책임이 있는 경우 시정조치 등의 단계에서 참작할 수 있도록 규정하고 있는 점, ⑤ 행정제재처분을 하는 공정거래위원회로 하여금 법위반행위 여부에 관한 요건사실 외에 공사의 책임 소재 및 손해배상액 등 당사자 간의 실질적인 분쟁의 내용까지 심리판단하게 할 수는 없는 점 등을 고려할 때, 원사업자가 지급기일을 경과하여 수급사업자에게 하도급대금을 지급하지 아니하거나 만기가 법정기일을 도과한 어음을 교부하면서 어음할인료를 지급하지 아니한 경우 그 자체가 하도급법 위반행위가 되어 시정조치의 대상이 되는 것이므로, 시정명령을 내리는 공정거래위원회로서는 특별한 사정이 없는 한 원사업자가 하도급대금이나 어음할인료의 지급을 거절하거나 그 지급을 미루고 있는 사실 자체로써 위반행위가 되는지 여부를 판단하면 되고, 원사업자가 그 지급을 거절하거나 지급을 미룰 만한 상당한 이유가 있는지 여부에까지 나아가 판단할 필요는 없다고 할 것이다.

따라서 시정명령 당시까지 대금지급의무가 소멸되었다는 위반행위의 결과가 제거된 사정이 보이지 않는 한 단지 동시이행항변권을 가지고 있다는 주장 또는 채무불이행에 기한 손해배상청구권을 가지고 있다는 사정만으로는 하도급대금 미지급이 정당화되는 것은 아니므로 공정거래위원회의 시정명령의 제재처분은 유효하다고 할 것이다.

이러한 차원에서 하도급대금 지급 관련 적용기준에 대하여 '하도급법 제13조 제1항 단서 각호의 예외'는 엄격하게 해석되어야 한다. 즉 (1) 원사업자와 수급사업자가 대등한 지위에서 지급기일을 정한 것으로 인정되는 경우나 (2) 해당 업종의 특수성과 경제여건에 비추어 그 지급기일이 정당한 것으로 인정되는 경우를 법상 열거하고 있는데, 이는 일반조항의 성질을 가지기 때문에 어떠한 경우가 이에 해당될 수 있는지는 개별적 구체적으로 사례별로 판단되어야 할 것이지만, 대금지급의 의제라는 강행적인 규정을 둔 하도급법의 취지를 고려할 때 엄격하게 인정되어야 할 것이다.

[참조 판결]

-대법원 1995. 6. 16. 선고 94누10320 판결 [하도급거래공정화에관한법률위반행위에대한시정명령취소]-

【판시사항】

나. 원사업자가 하도급거래공정화에관한법률 제9조 제2항 소정의 기간 내에 검사결과를 수급사업자에게 통지하지 아니한 경우의 효과

다. 원사업자의 수급사업자에 대한 하도급대금 미지급을 이유로 공정거래위원회가 원사업자를 제재함에 있어 그 미지급행위에 상당한 이유가 있는지 여부에 대하여 판단하여야 하는지 여부

[판결요지]

나. 수급사업자가 추가공사를 포함한 하도급공사를 종료하여 원사업자가 수급사업자로부터 시공완료의 통지를 받고서도 그 날로부터 10일 이내에 검사결과를 수급사업자에게 서면으로 통지하지 아니 하였다면, 원사업자가 그 통지의무를 해태한 데에 정당한 사유가 있는지 여부에 관하여 아무런 주장·입증이 없는 이상, 수급사업자의 하도급공사는 검사에 합격한 것으로 간주되고 그 결과 원사업자는 수급사업자에 대하여 공사잔대금을 지급할 의무가 발생한다.

다. 원사업자가 지급기일을 경과하여 수급사업자에게 하도급대금을 지급하지 아니하는 경우 그 자체가 하도급거래공정화에관한법률 위반행위가 되어 제재대상이 되고, 따라서 공정거래위원회로서는 특단의 사정이 없는 한 원사업자가 대금지급기일에 하도급대금의 지급을 거절하거나 그 지급을 미루고 있는 사실 자체에 의하여 법 위반행위가 있는지 여부를 판단하면 되지, 원사업자가 하도급대금의 지급을 거절하거나 그 지급을 미룰 만한 상당한 이유가 있는지 여부에 대하여까지 나아가 판단할 필요는 없다. ■

[참조 판결]

-대법원 1999. 3. 26. 선고 98두19773 판결 [시정명령처분취소]-

【판시사항】

공정거래위원회가 원사업자의 수급사업자에 대한 **하도급대금 또는 어음할인료 미지급**을 이유로 원사업자에게 시정명령을 내림에 있어 그 **미지급행위에 상당한 이유가 있는지 여부를 판단하여야 하는지 여부**(소극)

【판결요지】

원사업자가 수급사업자에게 하도급대금이나 어음할인료를 지급하지 아니하는 경우 그 자체가 하도급거래공정화에관한법률 위반행위가 되어 시정조치의 대상이 되는 것이므로, 시정명령을 내리는 공정거래위원회로서는 특별한 사정이 없는 한 **원사업자가 하도급대금이나 어음할인료의 지급을 거절하거나 그 지급을 미루고 있는 사실 자체로써 위반행위가 되는지 여부를 판단**하면 되고, **원사업자가 그 지급을 거절하거나 그 지급을 미룰 만한 상당한 이유가 있**

는지 여부에까지 나아가 판단할 필요는 없는 것이다. ■

[참조 판결]

-서울고등법원 2006. 11. 9. 선고 2006누2420 판결159) **[시정명령취소]-**

【판시사항】

원사업자의 기성공사대금 미지급 여부에 대한 판단

【판결이유】

1) 2004년 10월분 기성금 중 34,046,000원의 미지급 여부

살피건대, 위 인정사실에 나타난 다음과 같은 사정, 즉 ① 원고의 현장 공무담당자인 정건 등이 2004. 10. 31.경 작성한 위 기성산출서에는 원고가 인정하는 2004년 10월분 기성금인 2억 1,800만 원 이외에도 유보금 명목으로 34,046,000원이 명시되어 있는 점, ② 원고는 그 이전인 2004년 9월분까지의 기성금을 확정, 지급함에 있어 앞에서 본 바와 같은 매우 까다로운 실사 절차를 거쳐 성○건설이 청구한 기성금을 대폭 삭감하여 온 점, ③ 그럼에도 불구하고, 원고는 이 사건 기초구조물의 공사 포함 여부에 관하여 분쟁이 생기자 갑자기 그 이전에 실제 기성고보다 공정률을 후하게 인정해 주었다는 일방적인 사유를 들어 위 유보금 34,046,000원의 지급을 보류하였으나, 원고가 제출한 증거들만으로는 원고 주장과 같이 실제 기성고보다 위 유보금 상당의 금액이 초과 지급되었다는 사실을 인정하기에 부족한 것으로 보이는 점 등을 비롯하여 이 사건 변론에 나타난 제반사정을 종합하여 보면, 원고는 2004. 10. 31.경 기성 확정한 2004년 10월분 기성금 중 위 유보금 상당인 34,046,000원을 성○건설에게 미지급하였다고 할 것이므로, 원고의 이 부분 주장은 이유 없다.

2) 재활용골재 파쇄와 관련된 기성금의 미지급 여부

가) 법 제13조가 원사업자의 하도급대금의 지급의무 등에 관하여 규정하면서 '상당한 이유가 있는 경우' 하도급대금의 지급거절이나 그 지연을 인정한다는 예외규정을 두고 있지 않은바, 법에 명문의 규정이 없는 사유를 들어 원사업자의 법 위반행위 여부를 판단할 경우 법의 입법취지 및 법 제13조의 규정취지에도 반하여 법의 실효성을 저해하는 점 등에 비추어 보면, 원사업자가 지급기일을 경과하여 수급사업자에게 하도급대금을 지급하지 아니한 경우 그 자체가 하도급법 위반행위가 되어 시정조치의 대상이 되는 것이므로, **시정명령을 내리는 피고로서는 특별한 사정이 없는 한 원사업자가 하도급대금의 지급을 거절하거나 그 지급을 미루고 있는 사실 자체로써 위반행위가 되는지 여부를 판단**하면 되고, **원사업자가 그 지급을 거절하거나 그 지급을 미룰 만한 상당한 이유가 있는지 여부에까지 나아가 판단할 필요는 없다**고 할 것이다(대법원 2002. 4. 12. 선고 2001두3655 판결, 1999. 3. 26. 선고 98두19773 판결, 대법원 1995. 6. 16. 선고 94누10320 판결 등 참조).

나) 살피건대, 이 사건에서 원고가 성○건설에게 미지급한 재활용골재 파쇄와 관련된 기성금이 227,040,000원인 사실은 앞에서 본 바와 같고, 특별히 이 사건 처분 당시까지 위 대금지급 의무가 소멸하는 등 위반행위의 결과가 제거되었다고 볼만한 자료도 없다. 그렇다면 원고가 성○건설에게 법에 규정된 바에 따라 하도급대금을 지급하지 아니한 이상, 피고로서는 원고와 성○건설과 사이에 상계 정산이 완료되지 아니하여 민사상 채권채무관계가 확정되지 않았다는 사유 등으로 원고가 그 지급을 거절하거나 그 지급을 미룰만한 상당한 이유가 있는

159) 본 사안은 상고되었으나 대법원에서 2008. 10. 9.자로 청구기각되어 확정되었다.

지 여부에까지 나아가 판단할 필요는 없다고 할 것이므로, 원고의 이 부분 주장 역시 받아들일 수 없다.■

[참조 판결]

-서울고등법원 2006. 1. 11. 선고 2005누9417 판결[160] [시정명령취소]-

[진○텍스랜드 사례]

【행위사실】

원고는 부○산업에 의류용 원사의 제직 임가공을 위탁하고, 2003. 7.부터 2003. 9.까지 목적물을 수령하였으나, 다음 <표>에서 보는 바와 같이 하도급대금 27,694,000원과 이 금액에 대한 지연이자를 지급하지 아니한 사실이 있다.

【판단】

원고가 부○산업에 하도급법에 규정된 바에 따라 하도급대금을 지급하지 아니한 이상 원고가 부○산업에 대하여 손해배상채권을 가지고 있고 이를 자동채권으로 하여 하도급대금채무와 상계하였음을 이유로 이 사건 시정명령이 위법하다고 다툴 수는 없다.■

3) 공정거래위원회의 시정명령이 원사업자의 변제, 상계 기타 사유로 하도급지급채무가 존재하지 않게 된 경우 법원은 어떠한 요건에서 시정명령의 위법을 취소할 수 있는지에 대한 검토

전항에서 검토한 바에 의하면 공정거래위원회는 원사업자가 하도급대금미지급 사실이 확인되면 미지급의 정당한 사유에 대한 판단은 불필요하고 그 자체로 시정명령을 통하여 수급사업자에게 하도급대금의 지급을 명령할 수 있다.

재발방지를 위한 시정명령에 대하여 종래 판례는 부정설이었다. 즉, 판례는 공정거래위원회가 하도급법 제25조 제1항에 의한 시정명령을 하는 경우에는 단순히 하도급대금의 발생 및 지급지연과 같은 제13조 등의 위반행위가 있었는가를 확인함에 그쳐서는 아니되고, 나아가 그 위반행위로 인한 결과가 그 당시까지 계속되고 있는지를 확인하여 비록 법위반행위가 있었더라도 하도급대금 채무의 불발생 또는 변제, 상계, 정산 등 사유 여하를 불문하고 위반행위의 결과가 더 이상 존재하지 아니한다면, 그 결과의 시정을 명하는 내용의 시정명령을 할 여지는 없다고 보았다(**대법원 2002. 11. 26. 선고 2001두3099 판결 참조)[소위 '존속요건설'의 입장]**. 그 논거는 판례가 언급하는 것처럼, ① 시정명령은 법 제13조 위반의 행위가 있음을 확인하거나 재발방

160) 본 사안은 상고없이 확정되었다. 다만 본 판결에서는 판시이유에서는 손해배상채권을 상계 자체를 이유로 다툴 수 없다고 판시하고 있으나, 본 사안에서 원고의 자동채권(상계권)의 발생을 부정하였다.: "나아가 원고가 제출한 갑 제3호증의 1, 2, 갑 제4호증의 1 내지 3의 각 기재만으로는 원단 불량의 원인이 부○산업의 제직 과정에서 발생하였음이 명확하지 않으며, 부○산업이 그와 같은 원단 불량과 관련하여 원고와 사이에 하도급대금의 감액에 합의하였음도 불분명하므로, 이 사건 시정명령이 과실상계를 규정한 하도급법 제33조의 규정 취지에 위반된 것으로 볼 수도 없다."

지 등을 위한 조치를 취하는 것이 아니라, 당해 위반행위로 인하여 **현실로 존재하는 위법한 결과를 바로잡는 것을 내용으로 하는 것**이고, 이는 법 제25조의3 제1항 제3호에 의하여 공정거래위원회가 시정명령과는 별도로 법 제13조 위반행위 자체에 대하여 과징금을 부과할 수 있도록 한 것과 대비되며, ② 법 제30조 제1항 제3호에서 법 제13조의 규정을 위반한 자에 대하여 형사처벌을 하도록 규정하는 외에 제30조 제2항 제2호에서 법제13조의 규정을 위반하였음을 이유로 한 시정명령에 따르지 아니한 자에 대하여 다시 형사처벌하도록 규정하고 있기 때문이다.

주의할 것은 소위 '존속요건'이라고 함은 원사업자의 하도급대금 미지급 행위가 시정명령 처분시까지 존속해야 한다는 것이다. 만일 공정거래위원회가 처분시점에 특별한 사정 즉 하도급대금채무가 존속하지 않게 된 변제, 상계 , 면제 등 여러 사유가 있음에도 불구하고 이를 발견하지 못하여 시정명령처분을 하였다면 원사업자는 행정소송을 통하여 사실심 변론종결시(현재 서울고등법원의 전속관할 때문에 사실상 고등법원 재판의 변론종결시)까지 주장을 통하여 시정명령의 위법을 다툴 수 있다(**대법원 2002. 11. 26. 선고 2001두3099 판결 참조**. 따라서 원사업자는 **처분 당시의 사실상태 등에 대한 입증**을 통하여 사실심 변론종결 당시까지 시정명령의 위법을 얼마든지 주장 할 수 있는 것이고, 법원은 행정처분 당시 행정청이 알고 있었던 자료 뿐만 아니라 사실심 변론종결 당시까지 제출된 모든 자료를 종합하여 처분 당시 존재하였던 객관적 사실을 확정하고 그 사실에 기초하여 처분의 위법 여부를 판단할 수 있다(**대법원 1993. 5. 27. 선고 92누19033 판결 참조**).

따라서 공정거래위원회가 원사업자의 대금미지급에 대하여 적법하게 시정명령을 하고 난 이후 원사업자가 변제, 상계, 수급사업자의 면제의 사유(즉 시정명령 처분 후 사정의 변경사유)는 행정처분의 위법성에 대한 판단기준인 '**처분시설**'[161]에 입장에서 위법여부와 무관하므로 사실의 그 이후의 사실변동에 의하여 시정명령의 위법여부는 영향을 받지 않는다[162].

바꾸어 말하면 처분 당시 존재하였던 사실적 증거 임에도 불구하고 공정거래위원회에 증거로 제출되지 않은 경우에 이를 근거로 법원에서 시정명령의 위법성을 판단할 수 있고 따라서 처분 당시에 공정거래위원회에 제출되었던 자료만으로 위법 여부를 판

161) 행정처분의 적법 여부는 특별한 사정이 없는 한 그 처분 당시를 기준으로 판단하여야 하는데, 여기에서 판단기준시가 처분시라고 하는 의미는 그 처분이 있을 때의 법령과 사실상태를 기준으로 하여 위법 여부를 판단할 것이며 처분이 있은 뒤에 생긴 법령의 개폐나 사실상태의 변동에 영향을 받지 않는다는 뜻이다.

162) 시정명령의 처분시 이후에 상계항변이 행사되어 시정명령 처분이 적법하다는 판결로는 대법원 2008두16926 2009.05.28.자 상고기각 판결, 원심 서울고등법원 2009. 5. 28. 2007누27792 시정조치명령처분취소 판결이 있다.

단한다는 의미는 아니다.

[참조 판결]

-서울고등법원 2016. 11. 23. 선고, 2015누2187 판결[163][시정명령취소]-

[상○정공 사례]

【판시이유】

가. 원고의 주장

원고는 이 사건 시정명령 전 원고가 정○테크에 대하여 가지는 부당이득반환채권을 자동채권으로 하여 정○테크의 원고에 대한 이 사건 하도급대금 채권과 상계한다는 의사표시를 하여 위 상계의 의사표시가 정○테크에 도달하였으므로, 피고가 이 사건 시정명령을 할 당시 이 사건 하도급대금채권은 위 상계의 의사표시로 이미 소멸된 상태였다. 따라서 이와 달리 원고에게 이 사건 하도급대금 지급의무가 있음을 전제로 한 이 사건 시정명령은 위법하다.

나. 판단

1) 인정사실

① 원고는, 2012. 9. 11. 이 사건 하도급거래와 별개로 원고가 미국 TRW사로부터 도급받은 4개의 자동화설비라인 공사(원고가 설비라인을 제작하여 자체 설치한 다음 시운전을 하고 해체, 포장 후 현지로 운송하여 최종 설치하는 것을 내용으로 한다) 중 한국, 미국, 슬로바키아에 설치할 3개 라인에 관하여 시운전을 위한 설치, 시운전, 해제, 포장준비 부분 공사(이하 'TRW 공사 하도급거래'라 한다)를 정○테크에 하도급주면서 그 대금을 220,000,000원(= 미국 라인 74,000,000원 + 슬로바키아 라인 73,000,000원 + 한국 라인 73,000,000원)으로 정하였다. 이후 한국에 설치하려던 라인이 폴란드로 이전됨에 따라 2013. 1. 25.경 추가 공사대금을 31,000,000원으로 약정하였고, 발주처로부터 부품공급이 늦어짐에 따라 연장된 공사 기간에 대한 추가 공사대금을 38,950,000원으로 약정하였다.

② 원고는 정○테크에 위 TRW 공사 하도급거래에 따른 하도급대금을 모두 지급하였다.

③ 한편 원고와 정○테크는 이 사건 하도급거래가 이루어지는 경우 정○테크가 TRW 공사와 관련한 '3개 라인의 공통사항 7번 분해, 해체, 및 포장준비 작업'을 해주기로 미리 약정하였는데, 원고가 현대모비스로부터 'MDPS 3라인 LF 차종 개조'를 도급받아 그 일부를 정○테크에 이 사건 하도급거래로 위탁하였으므로, 정○테크는 위 약정에 따라 위와 같은 작업을 이행할 의무가 있다. 그러나 정○테크는 이를 이행하지 않았다. 원고가 TRW 공사 하도급거래와 관련하여 정○테크에 지급한 하도급대금 중 이 부분 작업과 관련한 대금은 20,679,300원 상당으로 보인다.

④ 원고의 대리인인 법무법인 우리하나로는 2014. 4. 30. 정○테크에 '2012. 9.경 TRW사의 3개 자동화설비라인 설치 건과 관련하여 귀사가 당사에게 반환하여야 할 용역대금(26,000,000원)의 일부와 이 사건 하도급거래와 관련하여 당사가 귀사에 지급하지 아니한 금액 11,000,000원[미지급한 19,600,000에서 귀사가 수행하지 아니한 부분에 해당하는 12,600,000원을 차감하고, 추가작업(대차박스 조립) 4,000,000원을 합한 금액]을 상계처리함을 통보한다.'는 내용의 통보서(을 제5호증, 이하 '이 사건 상계 통보서'라 한다)를 발송하

163) 본 사안은 상고없이 확정되었다.

여 위 통보서가 그 무렵 정○테크에 도달하였다. 또한 원고는 이 사건 하도급대금 미지급행위와 관련된 피고의 조사를 받는 과정에서 2014. 2.경 제출한 답변서에서도 '원고는 TRW 공사와 관련하여 정○테크가 계약상 의무를 미이행함에 따라 정○테크로부터 22,000,000원 이상을 반환받아야 하는바, 정○테크가 주장하는 이 사건 하도급대금 9,800,000원은 위 TRW 공사 채권과 상계되어야 한다.'고 주장하였고, 원고의 대리인, 피고 측 위원, 정○테크의 대리인 등이 참석한 피고의 2015. 7. 24.자 회의에서도 원고의 대리인은 '더 이상 이 사건 하도급대금으로 문제가 되고 싶지 않아 상계처리하고 끝내려고 한 것이다.'는 취지로 진술하며 이 사건 상계 통보서에 관하여 언급하였고, 이에 피고의 조사관은 '원고의 상계 주장은 이 사건 하도급거래와 전혀 다른 건인 TRW 공사 하도급거래 관련 채권으로 상계를 해야한다는 것이므로 받아들일 수 없다. TRW 공사와 관련하여 원고가 정○테크에 대하여 부당이득 반환채권을 가지는지 여부는 별도의 민사소송으로 해결해야 할 사안이다.'는 취지로 반박하였다. 한편 정○테크가 원고로부터 이 사건 상계 통보서를 받은 이후 또는 피고의 위 2015. 7. 24.자 회의에 참석하였을 당시 원고가 상계의 자동채권으로 주장하는 위 TRW 공사 하도급거래 관련 원고의 부당이득반환채권의 존재나 액수를 다투었음을 인정할 자료는 없다.

⑤ 원고는 TRW 공사 하도급거래와 관련하여 정○테크가 일부 공정을 미실시하거나 실시된 공정에 불량이 있다고 주장하면서 대구지방법원 서부지원에 정○테크의 대표 김○숙에 대하여 부당이득 반환으로 26,530,259원 및 이에 대한 지연손해금을 구하는 소(대구지방법원 서부지원 2015가단2625호)를 제기하였다. 이에 위 김○숙은 원고에 대하여 이 사건 하도급거래와 관련하여 2차 중도금(=이 사건 하도급대금) 및 잔금 등이 미지급되었다고 주장하면서 미지급된 대금 49,090,000원 및 이에 대한 지연손해금을 구하는 반소(대구지방법원 서부지원 2015가단15294호)를 제기하였다.

⑥ 위 법원은 2016. 5. 17. 원고의 본소에 대하여, '정○테크는 TRW 공사 하도급거래와 관련하여 3개 라인의 공통사항 7번 분해, 해체, 및 포장준비 작업을 이행할 의무가 있음에도 이를 이행하지 아니하였고, 이 사건 하도급대금 등을 지급받지 못하였다고 하여 그와 별개인 TRW 공사 관련 위 작업을 실시하지 않은 데 정당한 이유가 있다거나 원고가 위 작업 관련 대금의 반환을 구하는 것이 신의칙에 위반된다고 보기 어렵다'고 판단하면서 김○숙은 원고에게 정○테크가 미실시한 위 3개 라인 공통사항 7번 분해, 해체, 및 포장준비 작업 대금에 해당하는 20,679,300원 및 이에 대한 지연손해금을 부당이득으로 반환할 의무가 있다고 판단하였다. 한편 피고의 반소에 대하여, 정○테크가 이 사건 하도급거래 공사 중 일부 작업을 실시하지 않았으나 원고가 자신의 작업으로 위 작업을 실시하여 이 사건 하도급거래 공사가 일응 종료되었으므로 원고는 특별한 사정이 없는 한 정○테크에 2차 중도금과 잔금 및 대차 20대 제작비 합계 23,600,000원을 지급할 의무가 있다고 판단하면서, 다만 정○테크가 2013. 10. 31.까지 설치완료 작업을 하기로 하였음에도 2013. 10. 14. 작업 현장에서 철수하였으므로 미실시된 부분의 대금 1,360,000원을 공제하여야 한다고 보아 결국 원고는 피고에게 22,240,000원[164] 및 이에 대한 지연손해금을 지급할 의무가 있다고 판단하였다(이에

164) 이 사건 하도급대금 및 잔금과 현대모비스가 원고에 대하여 대차의 추가 제작을 요구함에 따라 피고가 추가로 제작한 대차 제작비 4,000,000원의 합계이다.

원고와 김○숙이 모두 항소하여 현재 항소심 계속중이다).

2) 판단

앞서 본 사실에 의하면 원고는 정○테크에 대하여 TRW 공사 하도급거래와 관련하여 20,679,300원 상당의 부당이득반환 채권이 있었다고 할 것이고(위 부당이득반환채권의 정확한 액수에 관하여는 다툼이 있을 수 있으나 적어도 이 사건 하도급대금인 10,780,000원을 초과함에는 별다른 의문이 없다), 원고가 이 사건 시정명령이 있기 전인 2014. 4. 30.경 정○테크에 위 부당이득반환채권을 자동채권으로, 정○테크의 원고에 대한 이 사건 하도급대금 채권을 수동채권으로 하여 대등액에서 상계한다는 상계의 의사표시가 기재된 이 사건 상계 통보서를 발송하여 위 상계 통보서가 그 무렵 정○테크에 도달한 사실은 앞서 본 바와 같다. 따라서 원고의 위와 같은 상계 의사표시에 의하여 정○테크의 원고에 대한 이 사건 하도급대금 채권 10,780,000원과 원고의 정○테크에 대한 TRW 공사 하도급거래 관련 부당이득반환채권은 상계적상 당시로 소급하여 대등액의 범위에서 소멸하였다고 할 것이므로, 결국 정○테크의 원고에 대한 이 사건 하도급대금 채권은 상계로 모두 소멸하였다고 봄이 타당하다.

피고는 이에 대하여 원고가 주장하는 자동채권인 TRW 공사 하도급거래 관련 부당이득반환채권에 관하여 원고와 정○테크 사이에 소송이 진행되고 있고 구체적 금액이 확정되지 않았으므로 원고의 위 상계 의사표시로 이 사건 하도급대금 채권이 소멸한 것으로 볼 수 없었다고 주장한다. 그러나 앞서 든 증거에 의하면 원고와 정○테크 사이에 TRW 공사 하도급거래 관련 부당이득반환채권의 구체적 금액에 관하여 다툼이 있다고 하더라도 원고가 상계 의사표시를 할 당시에 위 부당이득반환채권이 유효하게 존재 또는 특정되지 않았다고 볼 수 없고 위 채권액이 이 사건 하도급대금인 10,780,000원을 초과하고 있음은 넉넉히 인정되며 원고가 이 사건 상계 통보서에 의하여 상계 의사표시를 할 당시 상계 충당에 관하여 별도로 지정하지 않았으므로 상계충당의 법리에 따라 이 사건 하도급대금 및 잔금, 추가작업 대금 중 이행기가 가장 먼저 도래한 이 사건 하도급대금부터 상계 충당되어 소멸되었다고 할 것이고, 당사자간 채권의 존재 및 금액에 관하여 다툼이 있다는 사정만으로 원고의 상계 의사표시가 유효하지 않다고 보기 어려우므로 피고의 위 주장은 받아들일 수 없다.

3) 소결

이 사건 하도급대금은 이 사건 시정명령이 있기 전 원고의 상계 의사표시로 이미 소멸하였다고 할 것이다. 따라서 피고가 위반행위의 결과가 더 이상 존재하지 않음에도 이 사건 하도급대금의 지급을 명하는 시정명령을 한 것은 원고의 나머지 주장에 관하여 더 나아가 살펴볼 필요 없이 위법하므로 이를 취소하여야 한다. ■

[참조 판결]

-대법원 2002. 11. 26. 선고 2001두3099 판결 [불공정하도급거래행위에대한의결및재결처분취소]-

【판시사항】

[1] 하도급대금의 발생 및 지급지연과 같은 하도급거래공정화에관한법률 제13조 등의 위반행위가 있었으나 그 결과가 더 이상 존재하지 않는 경우, 같은 법 제25조 제1항 소정의 시정명령을 할 수 있는지 여부(소극)

[2] 하도급거래공정화에관한법률 제9조 제2항의 '원사업자가 수급사업자로부터 목적물을 수령

하고도 정당한 사유 없이 10일 이내에 수급사업자에게 서면으로 검사결과를 통지하지 아니한 경우에는 검사에 합격한 것으로 본다'는 규정의 취지

[판결요지]

[1] 하도급거래공정화에관한법률 제25조 제1항은, 공정거래위원회는 하도급대금의 지급 등에 관한 제13조의 규정에 위반한 원사업자 등에 대하여 하도급대금 등의 지급, 법위반행위의 중지 기타 당해 위반행위의 시정에 필요한 조치를 권고하거나 명할 수 있다고 규정하고 있는바, (1) 시정명령은 제13조 위반의 행위가 있음을 확인하거나 재발방지 등을 위한 조치를 취하는 것이 아니라, 당해 위반행위로 인하여 현실로 존재하는 위법한 결과를 바로잡는 것을 내용으로 하는 것이고, 이는 제25조의3 제1항 제3호에 의하여 공정거래위원회가 시정명령과는 별도로 제13조 위반행위 자체에 대하여 과징금을 부과할 수 있도록 한 것과 대비된다고 할 수 있으며, (2) 제30조 제1항 제3호에서 제13조의 규정을 위반한 자에 대하여 형사처벌을 하도록 규정하는 외에 제30조 제2항 제2호에서 제13조의 규정을 위반하였음을 이유로 한 시정명령에 따르지 아니한 자에 대하여 다시 형사처벌하도록 규정하고 있음에 비추어 보면, 공정거래위원회가 하도급거래공정화에관한법률 제25조 제1항에 의한 시정명령을 하는 경우에는 단순히 하도급대금의 발생 및 지급지연과 같은 제13조 등의 위반행위가 있었는가를 확인함에 그쳐서는 아니되고, 나아가 그 **위반행위로 인한 결과가 그 당시까지 계속되고 있는지를 확인**하여 **비록 법 위반행위가 있었더라도 하도급대금 채무의 불발생 또는 변제, 상계, 정산 등 사유 여하를 불문하고 위반행위의 결과가 더 이상 존재하지 아니한다면**, 그 결과의 시정을 명하는 내용의 시정명령을 할 여지는 없다고 보아야 한다.

[2] 하도급거래공정화에관한법률 제9조는 제1항에서, 수급사업자가 납품 또는 인도한 목적물에 대한 검사의 기준 및 방법은 원사업자와 수급사업자가 협의하여 정하되 이는 객관적이고 공정·타당하여야 한다고 규정하고, 제2항에서, 원사업자는 정당한 사유가 있는 경우를 제외하고는 수급사업자로부터 목적물을 수령한 날(제조위탁의 경우에는 기성부분의 통지를 받은 날을 포함하고, 건설위탁의 경우에는 수급사업자로부터 공사의 준공 또는 기성부분의 통지를 받은 날을 말한다.)부터 10일 이내에 검사결과를 수급사업자에게 서면으로 통지하여야 하며, 이 기간 내에 통지하지 않는 경우에는 검사에 합격한 것으로 본다고 규정하고 있는바, 하도급거래공정화에관한법률은 하도급거래질서를 확립하여 원사업자와 수급사업자가 대등한 지위에서 상호 보완적으로 균형 있게 발전하도록 하는 것을 목적으로 하고 있는 점(제1조), 검사의 기준과 방법은 당사자가 협의에 의하여 객관적이고 공정·타당하도록 정하는 것이 원칙인 점(제9조 제1항), 민사상 대금채무의 발생과 소멸은 하도급거래공정화에관한법률의 영역이 아니라 민사법의 영역에 속하는 점 등을 종합하면, **제9조 제2항**에서 원사업자가 수급사업자로부터 목적물을 수령하고도 정당한 사유 없이 10일 이내에 수급사업자에게 서면으로 검사결과를 통지하지 아니한 경우에는 검사에 합격한 것으로 본다고 규정한 취지는 **검사에 합격한 것으로 봄으로써 하도급거래공정화에관한법률이 적용되는 범위 안에서는 그로 인한 대금채무도 발생한 것으로 본다는 의미**라고 풀이함이 상당하므로, 이러한 경우에 원사업자가 수급사업자에게 그 대금을 하도급거래공정화에관한법률이 정한 바에 따라 지급하지 아니하였다면, **달리 그 대금채무가 발생하지 아니하였음이 밝혀지지 않는 한** 공정거래위원회는 제25조 제1항에서 정하고 있는 시정명령과 제25조의3 제1항 제3호에서 정하고 있는 과징금 부과 등의 조치를 할 수 있다고 보아야 한다. ■

다만, 2011. 3. 29. 하도급법 제25조 제1항의 개정 법률과 관련하여 논의가 필요하다. 즉 2011. 3. 29.자 하도급법 제25조 제1항이 개정됨에 따라 **공정거래위원회가 '향후 재발방지'를 위한 시정명령을 할 수 있는 명문상의 근거가 마련**되었다. 이에 추가하여 공정거래법은 제21조, 제24조, 제27조 등에서 공정거래법 위반행위에 대하여 공정거래위원회가 명할 수 있는 시정조치에 관하여 향후 재발방지를 명시적으로 열거하지 않고 '기타 시정을 위한 필요한 조치'라고만 정하고 있는데, 공정거래법에 따른 시정명령 제도를 둔 취지에 비추어 시정명령의 내용은 과거의 위반행위에 대한 중지는 물론 가까운 장래에 반복될 우려가 있는 동일한 유형의 행위의 반복금지까지 명할 수는 있는 것으로 해석되고 있는바(**대법원 2003. 2. 20. 선고 2001두5347 전원합의체 판결 참조**), 공정거래법과 위 개정된 하도급법의 시정명령의 취지는 기본적으로 동일하다고 보인다. 따라서 하도급법의 개정 경위, 공정거래법상의 시정명령에 대한 판례의 태도 등에 비추어 보면, 공정거래위원회는 이미 하도급법 위반행위의 결과가 제거된 경우라고 하더라도 재발방지를 위한 시정명령을 내릴 수 있는 것으로 보아야 할 것이다(**소위 '재발방지를 명하는 시정명령 긍정설'**)[165].

사견으로는, 일차적으로 공정거래위원회는 원사업자의 변제, 상계 기타 사유로 하도급지급채무가 존재하지 않게 된 경우라면 단순한 재발방지를 위한 시정명령을 발하는 것을 적절하지 아니하고 다른 부가적 사정이 있는 경우 예컨대 원사업자의 하도급대금의 미지급행위가 지속적 반복적으로 행하여져 왔고 이러한 고의적인 행위에 대하여 공정거래위원회가 조사 후에 비로소 지급하여 법위반을 회피하려고 하는 행위의 경우에 있어서 재발방지를 위한 시정명령을 긍정[166]하여야 할 것이다.

마. 원사업자의 하자보수 손해배상청구권 행사의 상계항변과 하도급대금지급의무

-건설공사하도급 쌍무계약에 있어서 지체상금, 하자보수에 기한 손해배상청구권의 상계항변과 하도급대금 지급의무 양자의 관계-

1) 문제 제기

---

165) 서울고등법원 2017. 3. 17. 선고 2016누38107 시정명령및과징금납부명령취소 사건에서 재발방지를 위한 시정명령이 적법하다고 판시하였고, 대법원에서 상고기각으로 확정되었다(대법원 2017.07.27. 심리불속행기각 2017두40822 판결).

166) 하급심 판결에서도 "원고의 지연이자 미지급 행위는 일회적인 것이 아니라 반복적으로 이루어졌고, 미지급 금액도 적지 아니하며, 원고는 정○씨앤씨가 원고의 행위를 2015. 3. 25. 피고에게 신고하고 피고가 원고의 하도급법 위반행위에 대한 조사를 시작한 후인 2015. 9. 24.경에야 지연이자를 지급한 점에 비추어 보면, 향후 이와 동일 또는 유사한 위반행위가 반복될 우려가 없다고 보기 어렵다. 따라서 피고가 원고의 지연이자 미지급 행위에 대하여 한 시정명령 부분은 적법하고, 원고의 이 부분 주장은 이유 없다." 라고 판시하면서 이를 긍정하고 있다(서울고등법원 2017. 3. 17. 선고 2016누38107 시정명령및과징금납부명령취소 사건).

하도급계약은 본질적으로 '도급계약'의 성질을 가지므로 하수급인은 수급인의 지위에 있으므로 일을 완성해야 하고 이에 대하여 하도급인은 도급인의 지위에서 하도급대금을 지급해야 한다. 일반적으로 건설도급 계약 법리에 있어서, '일의 완성'과 '미완성'이 구분되므로, 수급인이 일의 완성을 하지 않은 경우에는 지체상금이 문제가 되고 하도급 공사대금청구를 할 수 없는 것이고 만일 일의 완성을 하였다면 설사 그 이행에 하자가 있어서 도급인이 하자보수 내지 그에 갈음하는 손해배상청구는 별개로 하더라도 도급인의 공사대금지급의무는 발생한다.

여기서 문제되는 것은 건설하도급 위탁 관계에 있어서 수급사업자가 공사이행을 하였으나 그 공사에 하자가 있어서 하도급을 준 원사업자가 하자보수청구에 갈음하여 손해배상채권으로 상계항변을 하면서 하도급대금 지급을 거절하는 경우[167]이다. 특히 하자발생이 중대하여 하도급대금보다 손해배상채권이 더 큰 경우로서 결과적으로 상계를 행하게 된다면 오히려 하도급인이 하수급인에 대하여 받을 채권이 더 많은 경우도 있을 것이다. 이러한 경우 원사업자가 하도급법 제9조에 기한 목적물의 검사결과에 하자가 있음을 정당하게 기한 내에 통지 등 조치를 다한 경우로서 원사업자가 하자보수에 기한 손해배상청구권을 가지고 상계의 의사표시를 한 후 하도급대금지급의무가 없다고 항변할 수 있는지가 문제된다. 즉 이는 민법 제667조와 민법 536조 및 하도급법 제9조와 하도급법 제13조의 관계의 해석론과 관련된다.

2) 견해 대립

첫째, 하도급법 위반 긍정설[168]이다. 이 견해에 의하면 지체상금 등 공사지연으로 인한 손해와 부실공사 하자보수를 이유로 하도급대금지급을 거절할 수 없고 원사업자는 먼저 공탁 등 변제한 후 민사소송을 제기해야 한다고 해석하는 견해이다. 즉 수급사업자의 공사 부분에 하자가 발생하였다고 하더라도 공사가 완공되었으므로 수급인에게 공사대금청구권이 발생하고, 따라서 그 지급을 거부하는 것 자체가 위 법 위반이 된다는 견해이다[169]. 이 견해는 민사상 대급지급채무의 존부와 강행법규인 하

---

167) 따라서 원사업자가 공사지연지체상금 채권을 논의하는 경우에는 공사준공기한을 넘겨서 일을 완성한 경우라면 그에 해당할 것이다.

168) 원사업자의 구제방법과 관련하여 "원사업자는 민원보상비 또는 공사지연으로 인한 손해, 부실공사로 인한 하자보수 등에 관하여 다툼이 있음을 들어 하도급대금의 지급을 거절하거나 그 지급을 미루는 행위를 할 수는 없을 것이다. 이 경우 원사업자로서는 일단 계약상의 대금을 지급하거나 이를 공탁한 다음 수급사업자를 상대로 하여 민사소송으로 민원보상비 또는 공사지연으로 인한 손해배상 등을 청구하여야 할 것이다. 이것이 이 법의 취지라고 보여진다."라고 하면서 지체상금 등 공사지연손해와 부실공사 하자보수를 이유로 하도급대금을 거절할 수 없고 원사업자가 먼저 공탁 등 변제한 후 민사소송을 제기해야 한다고 해석하는 견해(조용호, 전게논문, 127쪽)이다.

169) 이러한 입장의 판결례를 보면 서울고등법원 2007. 8. 16. 선고 2006누12045 판결을 들 수 있다.

도급법위반의 제재와는 별개라는 점을 기반으로 한다고 볼 수 있다.

이 견해에 따르면 하도급법 하에서는 하자로 인한 손해배상청구권을 가지고 있다고 하더라도 원사업자는 하도급공사대금을 미지급하고 있으므로 하도급법상의 공정거래위원회의 제재처분을 받게 된다. 즉 원사업자가 하자보수에 갈음하는 손해배상청구권을 가지고 있더라도 하도급대금을 지불을 사실상 거절할 수 없고 따라서 별도로 민사소송 등을 제기하여 하자로 인한 손해배상청구를 해야 한다는 결론이 된다.

둘째, 하도급법 위반 부정설이다. 하자보수에 갈음하는 손해배상청구권이 수급사업자에게 지급할 공사대금액수를 초과하는 경우(만일 초과하지 아니하더라도 손해배상청구를 제외한 대금을 지급한 경우)에는 원사업자가 하도급법 제9조에 검사결과 통지의무를 다했다는 전제하에 상계항변을 행사한다면 그 위법행위의 결과가 제거된 것이므로 하도급법 위반이 아니라는 견해이다. 특히 상계권의 행사에 하자로 인한 손해배상청구권의 액수가 결과적으로 민사소송 등을 통하여 나중에 확정된다고 하더라도 확정되는 손해배상청구권의 범위 내라면 하도급법위반이 아니라는 것이다.

3) 판례의 태도

위에서 살펴본 바와 같이 '검사결과 통지의무 위반과 대금지급 의무'에 대한 대표적 대법원 판례(**대법원 1995. 6. 16.자 선고 94누10320 판결**과 **대법원 2002.11.26. 선고 2001두3099 판결**)의 종합해석상, <u>공정거래위원회는 하도급대금 **미지급행위에 상당한 이유가 있는지 여부에 대하여는 판단할 필요가 없이 대금미지급을 이유로 한 제재처분은 유효**하고,</u> 다만 대금미지급의 사실이 있더라도 하도급법위반 이후 시정명령 처분 당시까지 존재하였던 채무소멸 사유(변제 등 기타의 사유)가 있다고 한다면 법원은 이를 증거조사허여 사실심 변론종결시까지 시정명령의 위법을 인정할 수 있다[170].

4) 검토

검토컨대, 다음과 같은 이유를 종합할 때 '<u>하도급법 위반 **부정설**</u>'의 견해가 타당하다고 본다. 따라서 검사결과통지의무를 다한 경우로서 공사 하자의 손해배상청구권의 범위 내에서 상계 항변이 행사된 경우에는 공사대금 미지급의 제재를 받지 아니한다고 보아야 할 것이다. 즉 적어도 시정명령처분을 발할 당시 기준으로 손해배상청구권의 존재 즉 상계의 자동채권의 존재만으로는 안되고 현실적으로 상계권이 행사되어

---

170) 본 판결은 통지의무위반에 대한 검사합격 간주효로서 원원사업자의 공사대금지급의무를 긍정한 판결이며, 이를 가지고 판례가 하자보수에 갈음하는 손해배상청구권을 가지고 동시이행항변을 할 수 없고 공사대금을 선지급해야 하는 것으로 해석하는 것은 잘못된 확대해석이다.

공사대금채무가 소멸하여 위법한 결과가 제거된 경우에는 시정명령을 할 수 없다고 본다.

첫째, 하도급법(강행법규)와 민사법과의 관계의 문제이다. 하자로 인한 손해배상 청구권의 발생은 공사의 미이행이 아니라 완료를 전제로 한 것이므로 공사의 완료 즉시 공사대금청구권이 발생한다고 보아야 할 것이지만, 민사적으로 상계의 자동채권으로서 반대채권의 존재와 행사를 한다면 채무의 소멸을 인정하여야 할 것이다[171]. 즉 공법적 제재도 사법적 청구권을 전제로 하므로 하도급 공사대금 청구권의 존재를 전제하지 않는 하도급법 위반을 인정할 수 없다고 할 것이다.

따라서 원사업자가 검사결과통지의무를 다했고 상계의 의사표시를 하였다면 원사업자의 민사상 손해배상청구권이 수급사업자의 공사대금채권보다 많은 경우에는 하도급대금미지급으로 인한 하도급법위반이 되어서는 아니 될 것이다.

둘째, '형평성'의 문제이다. 대금지급의무 위반으로 인한 하도급법의 제재처분은 강력하다. 따라서 수급사업자의 잘못으로 인하여 공사 등 하자를 발생시켰고 이에 대하여 원사업자가 검사결과 통지의무를 다하였고 이로 인한 손해배상청구권으로 상계를 하였음에도 불구하고 원사업자가 하도급대금을 지불하지 않으면 하도급법 위반이라는 것은 결과적으로 원사업자에게 선이행의무를 강요하는 것이 되어서 가혹하다[172].

셋째, '하도급법 제9조의 입법취지'이다. 즉 원사업자가 검사결과 통지의무를 규정한 입법 취지는 수급사업자가 일의 완성을 하였음에도 불구하고 이에 대하여 검사결과를 지연하여 하도급대금을 받지 못하는 것을 법상 방지시키는 데에 있는 것이므로, 만일 원사업자가 도급계약의 성질상 하수급인이 하자있는 계약의 이행으로 인하여 손해가 발생하였고 이에 대하여 통지의무를 다하였다면 대금지급의무에 대하여 손해배상청구액과 동액상당의 범위 내에서 상계 항변을 할 수 있어야만 할 것이다.

---

171) 판례도 '공사대금청구권'과 '하자보수에 갈음(또는 함께)하는 손해배상청구권'(민법제 667조 제2항)을 행사하여 공사대금청구권과 상계할 수 있다는 태도이다(**대법원 2014. 8. 20.자 선고 2012다8697 판결**). 본 판결에서 대법원은 " 원심은, 이 사건 공사의 기성고 비율을 인정하고 그 비율을 이 사건 약정공사대금에 적용한 다음 부가가치세를 포함하여 산정한 기성공사대금에서 원고가 이미 지급받은 공사대금 일부, 하자보수에 갈음한 손해배상채권액, 하수급인들의 추심금액을 공제하면 피고가 원고에게 지급하여야 할 공사대금은 남아있지 않다고 판단하여 원고의 본소 청구를 기각하였다." 라는 원심의 판시를 적법하다고 설시하면서 확정하였다.

참고로 '**하자보수청구권**'과 '**하자보수보증금청구권**'은 구별을 요한다. 즉 하자없이 공사를 수행한 공사수급인(또는 하수급인)에 대한 하자보수보증금채권은 현금 또는 보증보험증권 제출로 이행가능 항변권이 있으므로 공사대금채권과 상계가 되지 아니함으로 양자는 구별을 요한다(대법원 2004. 12. 9. 선고 2003다59051 판결 참조), 단 이 경우에는 동시이행 항변의 대상이다.

172) 물론 실무상 원사업자가 실제 하자가 아니거나 경미함에도 불구하고 이를 트집 잡아서 하도급대금 지급을 미루는 행위가 있음은 부인할 수 없다. 이와 같은 것은 실제 원사업자가 지급의무가 있는 하도급대금액수보다 하자로 인한 손해배상액수가 작다고 한다면 이는 하도급법 위반이 될 것이다.

넷째, '시정명령제도의 취지'이다. 판례는 "공정거래위원회가 하도급법 제25조 제1항에 의한 시정명령을 하는 경우에는 단순히 하도급대금의 발생 및 지급지연과 같은 법 제13조 등의 위반행위가 있었는가를 확인함에 그쳐서는 안 되고, 나아가 그 위반행위로 인한 결과가 그 당시까지 계속되고 있는지를 확인하여 비록 법 위반행위가 있었더라도 하도급대금 채무의 불발생 또는 변제, 상계, 정산 등 사유 여하를 불문하고 위반행위의 결과가 더 이상 존재하지 아니한다면, 그 결과의 시정을 명하는 내용의 시정명령을 할 여지는 없다"고 보고 있다(**대법원 2002. 11. 26. 선고 2001두3099 판결, 대법원 2010. 1. 14. 선고 2009두11843 판결 등 참조**). 이러한 판례의 취지를 고려할 때 하자보수에 갈음하는 손해배상청구권이 상계권으로 현실적으로 행사되어 하도급대금청구권이 소멸한 경우에는 대금미지급의 하도급법위반의 책임을 물을 수 없다고 할 것이다.

결론적으로, 원사업자는 하도급공사대금채권에 대한 반대채권으로서 손해배상청구권 등 상계의 자동채권이 있다면 사법상 이를 행사(적어도 시정명령처분이 내려지기 전)한 후 공정거래위원회 조사 단계에서 이를 구체적으로 주장·입증 하여야 할 것이다. 그럼에도 불구하고 공정거래위원회가 원사업자에 대하여 시정명령을 하는 경우에는 원사업자는 공정거래위원회의 제재처분에 대하여 쟁송을 하면서 민사상으로 채무부존재확인소송을 진행하거나 상계 후 남은 손해배상청구를 하면서 사법상 공사대금채무의 소멸의 입증하여 행정소송에서 시정명령의 위법을 다투어야 할 것이다. 만일 원사업자가 손해배상청구권의 존부와 액수가 불분명하여 상계의 자동채권의 행사가 모호한 경우에는 적어도 최소한 하자라고 판단되는 배상액 범위를 공제계산 한 후 나머지 부분은 지급을 해야만 향후 시정명령의 위험에서 벗어날 것이다[173].

바. 현금 결제 비율 유지의무 (법 제13조제4항)

다음으로 하도급대금 지급과 관련하여 원사업자의 현금결제비율 유지의무의 내용을 살펴보자.

하도급법은 "원사업자가 수급사업자에게 하도급대금을 지급할 때에는 원사업자가 발주자로부터 해당 제조등의 위탁과 관련하여 받은 현금비율 미만으로 지급하여서는

---

173) 원사업자가 시정명령의 처분을 받기 전에 공사의 하자를 주장하면서 손해배상청구권으로 상계항변을 행사하였고 그럼에도 공정거래위원회가 미지급대금을 기준으로 시정명령을 하였는데 향후 진행된 민사소송에서 하자로 인한 손해배상청구권이 존재는 하였으나 그 액수(자동채권의 가액)가 원사업자가 주장하는 것보다 작게 확정되어 결과적으로 **상계 후 일부 지급할 하도급대금채무가 남았다는 이유로 시정명령이 남은 부분에 한하여 적법(일부취소)**하다는 판결로는 대법원 2010두856 2010. 4. 15.자 심리불속행기각 판결, 원심 서울고등법원 2009. 12. 2. 선고 2009누14509 시정명령취소청구 판결이 있다.

아니 된다."고 규정하고 있다(법 제13조제4항). 한편 하도급거래 공정화지침 제12조에서는 원사업자가 발주자로부터 지급받은 현금비율이 일정하지 아니한 경우 수급사업자에게 하도급대금을 지급함에 있어서는 하도급대금을 지급하기 직전에 원사업자가 발주자로부터 지급받은 현금비율 이상으로 지급하여야 한다고 규정하고, 다만 원사업자가 수급사업자에게 금회 하도급대금을 지급한 후 차회 하도급대금을 지급하기 전까지 발주자로부터 2회 이상 도급대금을 지급받은 경우에는 각각의 현금비율을 산술평균한 비율이상으로 지급하여야 한다고 규정하고 있다.

'현금비율의 계산 방법'은 원사업자가 발주자로부터 지급받은 현금비율은 현금수령액/도급대금수령액으로, 원사업자가 수급사업자에게 지급하는 현금비율은 현금지급액/하도급대금지급액으로 계산하도록 규정하고 있다.

본 규정의 해석과 관련하여, 원사업자가 발주자로부터 현금 또는 단기어음으로 결제를 받고도 그 우월한 지위를 이용하여 수급사업자에게는 장기어음으로 결제하는 경향이 빈번함에 따라 수급사업자는 수취어음 할인 시 경제적 손실이 크고 부도의 위험이 높아 이를 미연에 방지하고자 하는 하도급법 13조 4항의 입법목적 및 발주자로부터 원사업자가 받은 어음의 지급기간을 초과하여 어음을 지급하지 못하도록 하는 하도급법 제13조 제5항 및 어음을 지급한 경우 할인료를 지급할 것을 명하는 하도급법 제13조 제6항 규정과의 조화로운 해석 등을 고려하면, 하도급법 제13조 제4항은 '원사업자가 수급사업자에게 하도급대금을 지급할 때 지급수단 중 현금 비율은 발주자로부터 원사업자가 지급받은 도급대금 중 현금이 차지하는 비율 이상이 되어야 하는 것'을 규정하였다. 이는 원사업자가 발주자로부터 공사대금을 수령하는 주기 또는 수급사업자와의 약정 여부에 관계없이 적용되는 **'강행법규'**의 성질을 가진다.

원사업자가 발주자로부터 (1회)도급대금을 지급받은 이후에 현금결제비율을 준수하여야 할 것이므로 (1회)도급대금을 지급받기 전에 하도급대금을 지급할 경우에는 동 규정이 적용되지 않는다. 또한 원사업자가 발주자로부터 공사대금을 일부는 대물로 일부는 현금(또는 어음)으로 받았다면 본 규정에 따라서 비율유지의무를 준수하여 하도급대금을 지급하여야 할 것이다.

본 현금비율 적용과 관련하여 공정화지침의 '적용기준 예시'[174]이다.

---

174) ※ 현금비율은 다음과 같이 산정한다.
- ㅇ 원사업자가 발주자로부터 지급받은 현금비율 : 현금수령액/도급대금수령액
- ㅇ 원사업자가 수급사업자에게 지급하는 현금비율 : 현금지급액/ 하도급대금지급액
- ㅇ 금액단위는 천원으로 하고 천원미만은 버린다.
- ㅇ 현금비율산정시 현금수령액(현금지급액)은 현금 또는 수표에 의한 수령액(지급액)의 합계액을 말한다. (개정 : 2010.7.23.)

도급대금 수령		하도급대금 지급	
수령일자	결지비율(현금: 어음)	지급일자	현금결제비율
② 2.1.	50: 50	① 1.8.	예외가능
⑤ 5.1.	50: 50	③ 3.5.	50% 이상
⑥ 5.15.	60: 40	④ 4.5.	50% 이상
⑦ 6.1.	20: 80	⑧ 7.1.	43.4% 이상[175]
⑨ 8.1.	40: 60	⑩ 9.1.	40% 이상

이 규정의 적용과 관련하여 원사업자가 발주자로부터 공사대금을 한 푼도 받지 못했지만 수급사업자에게 우선 어음 등을 발행해 주거나 발주자로부터 수령한 현금보다 많은 금액을 어음 발행 등의 방법으로 수급사업자에게 지급하고 이에 상응하는 원도급대금을 발주자로부터 받기 전에 이를 현금으로 결제해 주었을 경우는 현금결제비율 유지의무 위반에 해당하지 않는다고 해석한 판결이 있다(**서울고등법원 2017. 3. 30. 선고 2016누37753 시정명령등취소 판결**[176]).

또한 발주자로부터 현금을 수령하고 수급사업자들과는 전액어음을 지급하면서 이를 숨기기 위하여 수급사업자 계좌로 송금한 후 출금한 행위는 하도급법 제13조 제4항의 현금결제비율유지 규정 위반 행위임과 동시에 하도급법 제20조 탈법행위에 해당한다는 이유로 과징금부과처분이 적법하다는 판결이 있다(**서울고등법원 2012. 4. 26. 선고 2011누38973 과징금납부명령취소의 소 판결**).

[참조 판결]

-서울고등법원 2012. 4. 26. 선고 2011누38973 판결[177]**[과징금납부명령취소의 소]-**

[울○○건설 사례]

【판시이유】

가. 인정사실

원고(원사업자)는 '오산세교 A4블럭 아파트건설공사 3공구 조적, 미장, 타일, 견출공사' 등의 공사와 관련하여, 발주자인 한국토지주택공사로부터 공사대금을 전액 현금으로 받았으나, 수급사업자인 민○건설과 가○스톤에게는 하도급 대금을 전액 어음으로 지급하였다. 원고는 이를 은폐하기 위하여, 민○건설과 가○스톤에게 지급한 어음과 동일한 금액을 아래 입·출금 내역과 같이 2009. 2. 24.부터 2009. 12. 23.까지 민○건설과 가○스톤 명의의 계좌에 입금한 후 즉시 수표로 출금하여 자신의 계좌로 재입금하였다.

피고(공정거래위원회)는, 2011. 10. 5. 원고의 위 행위가 하도급법 제13조 제4항이 규정하

175) 원사업자가 발주자로부터 5.1, 5.15, 6.1 지급받은 것을 산술평균한 비율 [(50+60+20)/3)]

176) 본 판결은 상고되었으나, 심리불속행기각으로 확정되었다(대법원 2017두41924 2017. 7. 27.자 심리불속행기각 판결).

177) 상고포기되어 확정되었다.

고 있는 현금결제비율유지 규정(이하 '이 사건 조항'이라 한다)의 적용을 회피하려는 행위에 해당한다는 이유로, 원고에게 별지 목록 기재와 같은 과징금납부명령(이하 '이 사건 처분'이라 한다)을 부과하였다.

나. 판단

원고는 하도급대금의 지급에 관하여 현금 비율을 유지하기 위하여 민지건설, 가원스톤의 계좌에 하도급대금을 송금하였다가 다시 인출하였다. 원고의 이러한 행위는 이 사긴 조항의 적용을 피하려는 행위임이 명백하고, 어음지급 등의 직접적 방법이 아닌 현금의 지급(계좌 송금)과 인출이라는 간접적인 방법을 사용하였으므로 우회적인 방법에 의한 것임이 인정된다. 따라서 원고의 위 행위는 하도급법 제20조가 규정하는 탈법행위에 해당한다. ■

사. 하도급 채권이 '가압류' 등 강제집행이 된 경우 원사업자의 대금지급의무의 효과

1) 가압류의 경우

수급사업자의 원사업자에 대한 하도급대금채권에 대하여 수급사업자의 채권자가 원사업자를 제3채무자로 하여 **'가압류'**를 한 경우로서 실무상 많이 일어나는 경우이다.

이 경우 채권의 가압류는 제3채무자(원사업자)에 대하여 채무자(수급사업자)에게 지급하는 것을 금지하는데 그칠 뿐 원사업자의 지급의무 그 자체를 면하게 하는 것이 아니고 또한 원사업자의 대금지급의무를 가압류가 해제 될 때 까지 유예하는 것도 아니므로, 하도급대금채무에 가압류가 있다 하여도 하도급대금지급채무의 이행기가 도래한 때에는 제3채무자(원사업자)가 지급하지 아니하면 민법상 이행지체의 책임을 면할 수 없다[178].

다만 제3채무자(원사업자)는 가압류의 효력으로 인하여 채무자인 수급사업자에게 지급해서는 안되므로 공탁을 함으로써 하도급대금 지급의무를 면할 수 있다. 따라서 수급사업자의 하도급채권이 가압류되었다고 하더라도 원사업자가 지급 하여야 할 하도급대금을 공탁하지 아니한 이상 하도급법 위반이다. 이와 같은 해석은 어음할인료에도 마찬가지로 적용된다.

2) 압류 및 추심명령의 경우

수급사업자의 채권자가 원사업자에 대한 하도급공사대금채권을 '압류 및 추심명령'[179]을 받은 경우의 하도급법 적용 문제이다.

---

178) 대법원 1994. 12.13.자 선고 93다951 판결 [부당이득금][집42(2)민,299;공1995.1.15.(984),463]

179) 압류명령 : 환가(채무자의 재산을 현금화하는 것)의 전제로서 압류대상인 권리의 처분을 금지하는 것으로서 금

이 경우에도 가압류의 경우와 마찬가지로 원사업자가 수급사업자에게 변제를 할 경우에 나중에 압류채권자에게 이중으로 변제해야 할 위험을 부담하게 되므로 원사업자는 수급사업자에게 직접 하도급채무를 변제할 수 없는 법률상 장애가 있으나, 압류 및 추심의 경우에는 가압류와 달리 추심권능이 있으므로 원사업자는 압류채권자의 채권추심시 하도급채무를 지급하거나 또는 압류채권자가 채권추심을 하지 않거나 지체할 때에는 공탁함으로써 하도급법을 준수할 수 있을 것이다.

[참조 판결]

-대법원 1994. 12. 13.자 선고 93다951 판결 [부당이득금]-

【판시사항】

가. 채권의 가압류가 있는 경우, 제3채무자가 이행지체책임을 면하는지 여부

나.'가'항의 경우 제3채무자가 민법 제487조의 규정에 의한 변제공탁을 할 수 있는지 여부 및 그 경우 채권 가압류의 효력

다.'가'항과'나'항의 법리가 악의의 수익자의 부당이득에 대한 이자지급책임에도 적용되는지 여부

【판결요지】

가. 채권의 가압류는 제3채무자에 대하여 채무자에게 지급하는 것을 금지하는 데 그칠 뿐 채무 그 자체를 면하게 하는 것이 아니고, 가압류가 있다 하여도 그 채권의 이행기가 도래한 때에는 제3채무자는 그 지체책임을 면할 수 없다고 보아야 할 것이다.

나.'가'항의 경우 **가압류에 불구하고 제3채무자가 채무자에게 변제를 한 때에는 나중에 채권자에게 이중으로 변제하여야 할 위험을 부담하게 되므로 제3채무자로서는 민법 제487조의 규정에 의하여 공탁을 함으로써 이중변제의 위험에서 벗어나고 이행지체의 책임도 면할 수 있다**고 보아야 할 것이다. 왜냐하면 민법상의 변제공탁은 채무를 변제할 의사와 능력이 있는 채무자로 하여금 채권자의 사정으로 채무관계에서 벗어나지 못하는 경우를 대비할 수 있도록 마련된 제도로서 그 제487조 소정의 변제공탁의 요건인 "채권자가 변제를 받을 수 없는 때"의 변제라 함은 채무자로 하여금 종국적으로 채무를 면하게 하는 효과를 가져다 주는 변제를 의미하는 것이므로 채권이 가압류된 경우와 같이 형식적으로는 채권자가 변제를 받을 수 있다고 하더라도 채무자에게 여전히 이중변제의 위험부담이 남는 경우에는 마찬가지로 "채권자가 변제를 받을 수 없는 때"에 해당한다고 보아야 할 것이기 때문이다. 그리고 **제3채무자가 이와 같이 채권의 가압류를 이유로 변제공탁을 한 때에는 그 가압류의 효력은 채무자의 공탁금출급청구권에 대하여 존속한다**고 할 것이므로 그로 인하여 가압류 채권자에게 어떤 불이익이 있다고도 할 수 없다.

다. '가'항과 '나'항의 법리는 부당이득반환채권이 가압류된 후에 제3채무자가 악의로 되어 그 받은 이익에 덧붙여 반환하여야 할 이자지급책임을 면하기 위한 경우에도 마찬가지라 할 것

전채권의 압류가 있게 되면 제3채무자는 채무자에 대한 지급이 금지되고 채무자는 채권의 처분과 영수가 금지된다. vs. 추심명령 : 강제집행절차에서 채무자의 제3채무자에 대하여 가지는 채권을 직접 추심할 권능을 압류채권자에게 부여하는 것으로서 강제집행 절차상 환가처분의 실현행위

따라서 전부명령과 달리 추심명령은 채무자가 제3채무자에 대하여 가지는 채권이 압류채권자에게 이전되는 것은 아니다.

이고, 또 채권자의 소재가 불명한 경우에도 채무자로서는 변제공탁을 하지 않는 한 그 이행 지체의 책임 내지 부당이득에 대한 이자의 배상책임을 면할 수 없음은 물론이다.■

3) 원사업자의 상계권의 행사 -수급사업자의 채권에 대한 가압류

민법 제498조는 제3채무자가 채권가압류명령 이후에 취득한 채권에 의한 상계로 가압류채권자에게 대항할 수 없다고 규정하고 있을 뿐이다. 따라서, 제3채무자와 채무자 사이의 상계의 효력 자체를 부정하는 것은 아니므로, 수급사업자의 하도급대금채권이 제3자(수급사업자의 채권자)에 의하여 가압류된 이후에 원사업자가 수급사업자에 대한 반대채권을 취득한 것이 원사업자의 수급사업자에 대한 상계에 어떠한 장애가 된다고 볼 수 없다(**서울고등법원 2019. 10. 24. 선고 2018누79072 판결 시정명령등 취소**)[180].

아. 하도급대금에 대한 전부명령, 채권양도 및 채무인수의 법률효과

수급사업자의 채권자가 수급사업자의 원사업자에 대한 하도급대금채권에 대하여 원사업자를 제3채무자로 **'압류 및 전부명령'**을 한 경우 또는 수급사업자가 자신의 채권자에게 하도급공사대금채권을 양도[**'채권양도'**]한 경우 문제이다.

1) 전부명령(轉付命令)

전부명령이란 집행법원(執行法院)이 채무자가 제3채무자에 대하여 가지는 압류한 금전채권을 집행채권과 집행비용청구권의 변제에 갈음하여 압류채권자에게 채권을 이전시키는 명령이다[181]. 하도급공사대금채권을 '압류 및 전부명령'이 확정된 경우 전부명령은 채권자의 지위에 이전된다는 점에서 유효하게 발생한 전부명령인 경우 원사업자는 수급사업자에게 하도급대금을 지급하여서는 안된다. 즉 수급사업자는 전부명령의 한도에서 자신의 채권자에 대한 채무를 면하게 되기 때문이다(**권리이전효 및 변제효**).

하도급대금채권에 대한 전부명령의 효력으로는 첫째, 권리이전효에 비추어 전부한 이후에는 하도급대금의 성질을 잃어버리므로 전부금채권으로서 '일반 민사채권'의

180) 본 판결에 대하여 상고심 계속 중이다(대법원 2019두58629).

181) 민사집행법상 전부명령은 압류채권자에 대한 만족과 동시에 그 위험(실제 변제의 수령 등)도 이전한다는 점에서 압류 및 추심명령(推尋命令)과 다르다. 즉 금전채권을 압류하였을 때, 압류채권자는 전부명령과 추심명령 중 하나를 선택하여 신청할 수 있는데(민사집행법 229조 1항), 전부명령은 다른 채권자의 배당가입이 허용되지 않고 압류채권자가 우선적 변제를 받을 수 있는 장점이 있다. 따라서 압류가 경합된 채권이나 이미 배당요구된 채권은 배당평등주의를 해치게 되어 전부명령을 발할 수 없다(민사집행법 제229조5항 참조). 전부명령에 대하여 즉시항고(민사소송법 제444조에 의하여 1주일 이내)를 할 수 있고 항고가 기각 또는 각하되어 확정된 경우 제3채무자에 송달한 때에 소급하여 효력이 발생한다.

성질을 가지게 된다. 따라서 전부채권자는 일종의 양도인의 지위를 가지는 수급사업자의 지위를 주장하지 못하게 된다고 보아야 한다[182]. 둘째, 변제효력에 비추어 수급사업자의 하도급대금채권에 대한 변제효력이 발생하여 공정거래위원회의 원사업자에 대한 하도급대금지급 시정명령의 실익이 없다고 할 것이다.

2) 채권양도

채권양도는 채권자가 임의적으로 타인(통상 채권자의 채권자)에게 이전하는 행위이다. 채권자 자신의 의사에 의한다는 점에서 위에서 언급한 전부명령과 다르다.

현행 민법은 채권양도에 대하여 '대항요건주의'를 취하고 있어서 양도인과 양수인 사이의 채권양도계약으로 채권은 이전하지만 채무자에게 대항하기 위해서는 채무자의 승낙 또는 채무자에 대한 통지(양립할 수 없는 이중채권양도 또는 채권질권, 채권 압류 등에 대항하기 위해서는 확정일자에 의한 증서에 의한 대항요건을 요함)가 필요하다(민법 제449조~제452조).

수급사업자가 원사업자에 대한 하도급공사대금채권을 양도한 경우 원사업자에 대하여 대금미지급에 대한 하도급법 위반을 이유로 시정명령을 할 수 있는지 여부(채권양도의 법률효과)가 문제이다. 기본적으로는 하도급대금지급 법정기한 즉 60일 이후에 원사업자가 하도급대금을 지급하지 않은 상태에서 수급사업자가 그 채권을 양도한 경우에 **'변제에 갈음한 채권양도'**[183]의 효과(양도 당시 하도급대금 및 하도급지연이자 전부 변제)가 발생하는 경우에는 하도급대금지급 등의 시정명령은 실익이 없다고 볼 것이다. 다만 채권양도인(수급사업자)와 채권양수인(수급사업자의 채권자) 사이의 양도계약의 내용에 따라 달라지게 될 것이지만 특별히 정한 바가 없다면 채권양도로 인하여 이자채권도 부종하여 함께 양도되었다고 볼 것이다.

[참조 판결]

-서울고등법원 2018. 7. 5. 선고 2018누30749 판결[184][불공정거래행위처분 취소]- [보○건설 사례]

【판시사항】

건설위탁에 있어서 수급사업자의 원사업자에 대한 공사대금채권 중 이자채권도 함께 양도되

182) 예컨대 수급사업자의 원사업자에 대한 하도급공사대금채권이 전부가 된 경우 그 지연손해의 경우 하도급법상의 이자가 아닌 상사채권 이자가 적용된다고 보아야 할 것이다.

183) 참고로 채권양도 행위로 인하여 무조건 채무소멸이 된다고 해석하는 것은 금물이다. 판례는 원칙적으로 채권양도는 채무변제를 위한 담보 또는 변제의 방법으로 추정하고 있다(대법원 1990. 2. 13. 선고 89다카10385 판결[양수금][공1990.4.1.(869),633] 참조). : "채권자에 대한 채무변제를 위하여 다른 채권을 채권자에게 양도한 경우에는 특단의 사정이 없는 한 그 채권양도는 채무변제를 위한 담보 또는 변제의 방법으로 양도되는 것으로 볼 것이고 채무변제에 갈음하여 양도되는 것으로 볼 것은 아니므로 원래의 채권은 소멸되지 않는다."

184) 본 사안은 상고없이 확정되었다.

었다고 보아 공사대금이자채권 지급의무불이행이라는 하도급대금지급의무 위반은 아니라는 판결

【판결이유】

1. 처분의 경위

피고는 2017. 12. 1. 의결 제2017-366호로, 아래 2)의 사실을 전제로 원고가 목적물 수령일로부터 60일을 초과하여 하도급대금을 지급하면서 그 초과기간에 대한 지연이자를 지급하지 아니하였는데, 이는 하도급법 제13조 제8항에 위반되어 위법하므로 하도급법 제25조 제1항에 따라 재발방지명령을 하고 심의일까지의 미지급 하도급대금 지연이자 39,542,508원의 지급을 명하였다(이하 이를 통틀어 '이 사건 처분'이라 한다).

원고는 2013. 10. 24. 수급사업자 위○스건설에 '하기동 단독주택 신축지 부지조성공사(이하 '이 사건 공사'라 한다)를 건설위탁한 후 아래 [표2]와 같이 하도급대금 716,100,000원 중 169,200,000원을 목적물 수령일부터 60일을 초과하였음에도 지급하지 않았다.

[표 2] 위○스건설에 대한 하도급대금 지급내역 (단위: 천 원, 부가가치세 포함)

목적물 등 인수(세금계산서 발행)			하도급대금 등 지급		
회차	일자	금액	지급일	지급액	미지급대금
1차	2014. 1. 15.	110,000	2014. 1. 29.	110,000	169,200
2차	2014. 2. 28.	124,300	2014. 3. 18.	100,000	
3차	2014. 4. 8.	292,600	2014. 5. 15.	199,000	
4차	2014. 5. 30.	81,400	2014. 5. 16.	67,000	
5차	2014. 8. 29.	85,690	2014. 6. 13.	50,900	
6차	2015. 2. 27.	22,110	2014. 9. 5.	20,000	
합계		716,100		546,900	

이후 위○스건설은 자신의 협력업체들에 원고에 대한 하도급대금 채권을 양도하였는데, 원고는 위○스건설에 지급하지 않은 하도급대금 169,200,000원 중 위○스건설의 협력업체에 직접 지급하거나 공탁하는 등의 방법으로 합계 181,308,556원을 지급[185]하였으나 지연이자 51,651,064원[186]을 지급하지 않았다.

2. 원고의 주장

수급사업자(위○스건설)이 협력업체들에 하도급대금 **채권을 양도**하여 원고의 위○스건설에 대한 **하도급대금 지급의무는 소멸**되었거나 **지연이자 채권도 함께 양도**되었다. 설령 지연이자 채권이 채권양수인에게 양도되지 않았다고 하더라도 이를 위○스건설에 지급하도록 명하는 것은 부당하다.

---

185) 원고는 위○스건설의 협력업체에 이 사건 지연지급 하도급대금 169,200,000원보다 12,108,556원이 많은 총 181,308,556원을 지급하였다.

186) 원고는 2차 이후 기성에 대하여 총 5회에 걸쳐 하도급대금을 지급하였는데 각 지급액으로 회차별 세금계산서상 기성금을 모두 변제하지 못하였다. 이에 대하여 동일한 수급사업자에 대하여 지급기일이 다른 수 개의 하도급대금 채무가 있고 이를 원사업자가 여러 번에 걸쳐 지급한 경우 어느 하도급대금 채무를 충당한 것인지 명확하지 않은데, 피고는 충당 방법에 관하여 원고와 위○스건설이 합의한 사실이 없고, 어느 일방이 충당 대상을 지정한 사실도 없음을 이유로 지급기일이 먼저 도래한 순서대로 하도급대금을 지급한 것으로 보아 합계액 51,651,064원의 지연이자를 산정하였다.

3. 판단

가) 피고는 원고가 목적물 등의 수령일로부터 60일을 초과하여 하도급대금을 지급하면서 그 초과기간에 대한 지연이자를 위○스건설에 지급하지 않았음을 전제로 이 사건 처분을 하였다. 원고의 주장 중 위와 같은 이 사건 처분의 전제 사실이 인정되는지를 살펴본다.

나) 채권은 양도되면 동일성을 유지하면서 양수인에게 이전된다. 채권양도로 이전되는 권리의 범위는 양도인과 양수인 사이의 **채권양도계약 내용에 따라 결정**되는 것이 원칙이나, 양도계약에서 특별히 정한 바가 없다면 원칙적으로 주된 채권에 부종성 또는 수반성이 있는 권리, 예를 들어 주된 채권에 대한 이자채권, 위약금 채권, 보증채권 등과 같은 종된 권리도 함께 이전한다. 다만 **채권양도 당시를 기준으로 이미 변제기에 도달한 부분적 이자채권, 현실화된 위약금 채권 등과 같이 독립화된 채권은 당연히 수반된다고 해석할 것은 아니다**.

한편 하도급법 제13조 등의 위반행위가 있었더라도 그 위반행위의 결과가 더 이상 존재하지 아니한다면 하도급법 제25조 제1항에 의한 시정명령을 할 수 없다고 보아야 한다(대법원 2010. 9. 30. 선고 2008두16377 판결, 대법원 2010. 11. 11. 선고 2008두20093 판결 등 참조).

다) **위○스건설이 협력업체들에 하도급대금 채권을 양도하면서 양도대상 권리에 이자채권도 포함한 것인지 관하여 특별히 정한 바 없으므로 원칙적으로 그 채권양도로 위○스건설의 원고에 대한 이자채권도 함께 양도되었다**고 봄이 상당하다. 더욱이 위○스건설은 자신의 협력업체들에 제때 대금을 지급하지 못하고 있었던 상황에서 채권양도를 하였던 점을 고려하면, 위○스건설과 협력업체 등 채권양수인 사이에 하도급법에 따라 산정된 이자채권을 독립화된 채권으로 삼아 이를 위○스건설에 유보하는 취지로 채권양도계약을 하였다고 보기 어렵다.

피고는 위○스건설의 채권양도에도 불구하고 이자채권은 여전히 위○스건설이 보유하고 있다고 주장하면서도 원고가 위○스건설의 협력업체에 직접 지급하거나 공탁한 181,308,556원은 위○스건설에 지급할 지연이자 12,108,556원을 초과하여 지급하였다는 이유로 원고에게 39,542,508원(= 51,651,064원 - 12,108,556원)의 지급을 명하였다. 그러나 피고의 이러한 처분은 위○스건설이 이자채권을 여전히 보유하고 있다는 피고의 주장과 일치하지 않는다. 채권이 양도되면 채무자인 원고로서는 적법하게 대항력을 갖춘 채권양수인 또는 적법한 채권자 중 1인에게 채무를 이행하거나 그 채권자를 알 수 없는 경우 적법하게 공탁하여 면책될 뿐이고 지연이자의 채권자가 위○스건설이라 보면서도 그 채권자가 아닌 채권양수인에게 지급한 부분을 당연히 공제할 수 없다.

따라서 이 사건 처분 당시 원고가 위○스건설에 이 사건 하도급대금의 지연이자를 지급할 의무가 남아있었다고 보기 어렵다.

라) 이에 관하여 피고는, 원고에게 지연이자 지급의무가 없어지는 것은 아니고 단지 지연이자 지급의 상대방이 위○스건설로부터 채권양수인들로 변경되는 것일 뿐 이 사건 처분은 채무이행의 상대방을 불문하고 지연이자 지급의무를 이행하라는 취지라고 주장한다. 그러나 이 사건 처분은 문언상 원고의 위○스건설에 대한 지연이자 지급의무가 있음을 전제로 한 것이지 그 이행의 상대방이 누구인지를 고려하지 않은 것이라 볼 수 없다. 더욱이 하도급법 제30조 제2항 제3호는 하도급법 제25조에 따른 명령불이행을 형사처벌 대상으로 삼고 있음을 고려하면, 피고의 위 주장은 불이익처분에 관한 엄격해석 원칙과 시정명령의 구체성·명확

성의 원칙에도 부합하지 않는다. ■

3) 채무인수

채무인수는 채권양도와 달리 채무자인 원사업자의 채무를 제3자가 인수하는 것으로서 채무자 지위의 변동이 있게 된다. 채무인수는 종래의 채무자의 채무를 면하고 인수인만이 채무자의 지위를 승계하는 '면책적' 채무인수와 채무자와 인수인이 함께 채무자의 채무를 부담하는 '병존적' 채무인수 두가지가 있다[187]. 후자는 기존 원사업자가 하도급채무를 면하는 것이 아니므로 특별히 문제될 것이 없으나, 전자는 채권자인 수급사업자의 면책에 대한 '승낙'이 있어야만 채무의 이전이 될 것이다.

면책적 채무인수의 경우 특별한 합의가 없는 한 인수자에 대하여 여전히 하도급법상의 책임(예컨대, 지연지급시 하도급법상의 지연이자지급)을 부담한다고 할 것이다. 만일 면책적 채무인수인이 하도급채무를 변제하지 아니한 경우 면책적 채무인수인에게 행정처분을 내릴 수는 없다고 해석되고 원래의 원사업자가 하도급법상의 시정명령 등 행정제제처분을 여전히 받는다고 해석하여야 할 것이다. 그렇게 해석하지 않는다면 민사적인 채무면책행위로 인하여 공법상의 제재조치를 좌우할 수 있게 되어 불합리하기 때문이다.

자. 재발방지를 명하는 시정명령의 인정여부

논의의 주제는 소위 '재발방지를 명하는 시정명령의 인정여부'이다. 즉 원사업자가 하도급대금을 미지급한 상태에서 나중에 완전한 채무변제(대금지급, 전부명령, 채권양도, 면책적 채무인수를 통한 변제 포함)를 한 경우에도 공정거래위원회가 원사업자의 하도급법위반으로 조사시 향후 재발방지를 명하는 시정명령을 할 수 있는지 여부이다. 특히 <u>2011. 3. 29. 하도급법 제25조 제1항의 개정 법률</u>의 해석과 관련하여 논의가 필요하다.

종래 판례는 부정설의 확고한 입장이었다. **판례**는, 하도급대금의 발생 및 지급지연과 같은 하도급법 제13조 등의 위반행위가 있었지만 그 결과가 더 이상 존재하지 않는 경우, 하도급 법 제25조 제1항 소정의 시정명령을 할 수는 없다고 보고 있었다 (**소위 '재발방지를 명하는 시정명령 부정설'**). 즉 제재처분 당시 위법행위의 존재가 존속요건으로 존재할 것을 요한다(**존속요건설**)(대법원 2002. 11. 26. 선고 2001두3099

187) 참고로 판례는 채무의 인수에 있어서 면책적 인수인지, 중첩적 인수인지가 분명하지 아니한 때에는 이를 중첩적으로 인수한 것으로 본다(대법원 1988. 5. 24. 선고 87다카3104 판결[부당이득금반환]).

불공정하도급거래행위에대한의결및재결처분취소 판결, 대법원 2008. 10. 9.선고 2006두19617 시정명령취소 판결, 대법원 2010. 9. 30. 선고 2008두16377 시정명령취소 판결, 대법원 2010. 11. 11. 선고 2008두20093 판결 [시정명령취소], 대법원 2011. 3. 10. 선고 2009두1990 시정명령 등 판결 등 종래 확립된 견해).

부정설의 취지는 하도급법이 제13조, 제16조 등의 위반행위 그 자체에 대하여 과징금을 부과하고(제25조의3 제1항) 형사처벌을 하도록(제30조 제1항) 규정하고 있는 것과 별도로 그 위반행위를 이유로 한 시정명령의 불이행에 대하여도 형사처벌을 하도록 규정(제30조 제2항 제2호)하고 있는 점 및 이익 침해적 제재규정의 엄격해석원칙 등에 비추어 볼 때 비록 하도급법 제13조, 제16조 등의 위반행위가 있었더라도 그 위반행위의 결과가 더 이상 존재하지 않는다면, 하도급법 제25조 제1항에 의한 시정명령을 할 수 없다는 것이 주된 논거이다.

[참조 판결]

-대법원 2002. 11. 26. 선고 2001두3099 판결 [불공정하도급거래행위에대한의결및재결처분취소]-

[대○건설 사례]

【판시사항】

[1] 하도급대금의 발생 및 지급지연과 같은 하도급거래공정화에관한법률 제13조 등의 위반행위가 있었으나 그 결과가 더 이상 존재하지 않는 경우, 같은 법 제25조 제1항 소정의 시정명령을 할 수 있는지 여부(소극)

【판결요지】

[1] 하도급거래공정화에관한법률 제25조 제1항은, 공정거래위원회는 하도급대금의 지급 등에 관한 제13조의 규정에 위반한 원사업자 등에 대하여 하도급대금 등의 지급, 법위반행위의 중지 기타 당해 위반행위의 시정에 필요한 조치를 권고하거나 명할 수 있다고 규정하고 있는바, (1) 시정명령은 제13조 위반의 행위가 있음을 확인하거나 재발방지 등을 위한 조치를 취하는 것이 아니라, 당해 위반행위로 인하여 현실로 존재하는 위법한 결과를 바로잡는 것을 내용으로 하는 것이고, 이는 제25조의3 제1항 제3호에 의하여 공정거래위원회가 시정명령과는 별도로 제13조 위반행위 자체에 대하여 과징금을 부과할 수 있도록 한 것과 대비된다고 할 수 있으며, (2) 제30조 제1항 제3호에서 제13조의 규정을 위반한 자에 대하여 형사처벌을 하도록 규정하는 외에 제30조 제2항 제2호에서 제13조의 규정을 위반하였음을 이유로 한 시정명령에 따르지 아니한 자에 대하여 다시 형사처벌하도록 규정하고 있음에 비추어 보면, 공정거래위원회가 하도급거래공정화에관한법률 제25조 제1항에 의한 시정명령을 하는 경우에는 단순히 하도급대금의 발생 및 지급지연과 같은 제13조 등의 위반행위가 있었는가를 확인함에 그쳐서는 아니되고, 나아가 그 위반행위로 인한 결과가 그 당시까지 계속되고 있는지를 확인하여 비록 법 위반행위가 있었더라도 하도급대금 채무의 불발생 또는 변제, 상계, 정산 등 사유 여하를 불문하고 위반행위의 결과가 더 이상 존재하지 아니한다면, 그 결과의 시정을 명하는 내용의 시정명령을 할 여지는 없다고 보아야 한다. ■

-대법원 2010. 11. 11. 선고 2008두20093 판결[188] [시정명령취소]-

[대○건설 사례]

【판시사항】

[1] 구 하도급거래 공정화에 관한 법률 제13조, 제16조 등의 위반행위가 있었으나 그 위반행위의 결과가 더 이상 존재하지 않는 경우, 같은 법 제25조 제1항에 의한 시정명령을 할 수 있는지 여부(소극)

[2] 원사업자가 하수급사업자에게 건설을 위탁한 하도급공사가 끝나고 약정한 하도급공사대금을 지급하였으나 물가변동을 이유로 한 증액조정분을 지급하지 않은 것이 구 하도급거래 공정화에 관한 법률 제13조, 제16조를 위반한 경우에 해당한다는 이유로 공정거래위원회가 원사업자에게 시정명령을 한 사안에서, 위 시정명령이 적법하다고 본 원심판결에 법리를 오해한 위법이 있다고 한 사례

【판결요지】

[1] 구 하도급거래 공정화에 관한 법률(2008. 3. 28. 법률 제9085호로 개정되기 전의 것) 제25조 제1항은 공정거래위원회는 같은 법 제13조, 제16조 등의 규정을 위반한 원사업자에 대하여 하도급대금 등의 지급, 법위반행위의 중지 기타 '당해 위반행위의 시정'에 필요한 조치를 권고하거나 명할 수 있다고 규정하고 있다. 위 법이 제13조, 제16조 등의 위반행위 그 자체에 대하여 과징금을 부과하고(제25조의3 제1항) 형사처벌을 하도록(제30조 제1항) 규정하고 있는 것과 별도로 그 위반행위를 이유로 한 시정명령의 불이행에 대하여도 형사처벌을 하도록(제30조 제2항 제2호) 규정하고 있는 점 및 이익침해적 제재규정의 엄격해석원칙 등에 비추어 보면, 비록 위 법 제13조, 제16조 등의 위반행위가 있었더라도 그 위반행위의 결과가 더 이상 존재하지 않는다면, 위 법 제25조 제1항에 의한 시정명령을 할 수 없다고 보아야 한다.

[2] 원사업자가 하수급사업자에게 건설을 위탁한 하도급공사가 끝나고 약정한 하도급공사대금 중 물가변동을 이유로 한 증액조정분을 지급하지 않은 것이 구 하도급거래 공정화에 관한 법률 제13조, 제16조를 위반한 경우에 해당한다는 이유로 공정거래위원회가 원사업자에게 시정명령을 한 사안에서, 하도급공사가 완공된 후 원사업자가 나머지 하도급대금 및 그에 대한 이자의 지급을 완료하여 위 위반행위의 결과가 더 이상 존재하지 않는데도 공정거래위원회가 위와 같은 행위를 다시 해서는 안된다고 명하는 내용의 시정명령을 한 것은 위법함에도, 이와 달리 본 원심판결에 법리를 오해한 위법이 있다고 한 사례.

【판결요지】

이 사건 하도급공사는 2007년 초에 완공되었고, 원고는 2007. 8. 27. 두○아이앤디 주식회사와 정산합의를 하고 이 사건 시정명령에서 문제가 된 하도급대금 및 그에 대한 이자의 지급을 완료하였다는 것인바, 이와 같이 이 사건 각 위반행위의 결과가 더 이상 존재하지 아니하였는데도 피고가 2008. 2. 19. 원고에 대하여 이 사건 각 위반행위와 같은 행위를 다시 하여서는 아니 된다고 명하는 내용의 이 사건 시정명령을 한 것은 앞서 본 법리에 비추어 위법하다고 할 것이다.

그럼에도 원심은, 이와 달리 이 사건 시정명령이 적법하다고 판단하고 말았으니, 이러한 원

---

188) 본 판결의 원심(서울고등법원 2008. 10. 8. 선고 2008누8316 판결).

심판결에는 하도급법 제25조 제1항에 의한 시정명령에 관한 법리를 오해한 잘못이 있다.■

-대법원 2010. 9. 30. 선고 2008두16377 판결 [시정명령취소]-
[대○건설 사례]

【판결요지】

원심이, 원고가 2007. 2. 8. 수급사업자인 유○건업 주식회사에 이 사건 공사와 관련한 손실의 보상으로 8억 원을 지급하여 이 사건 각 위반행위의 결과가 더 이상 존재하지 아니하였는데도 피고가 원고에 대하여 이 사건 각 위반행위와 같은 행위를 다시 하여서는 아니 된다고 명하는 내용의 이 사건 시정명령을 한 것은 위법하다고 판단한 것은 정당하고, 거기에 상고이유에서 주장하는 바와 같은 하도급법 제25조 제1항에 의한 시정명령의 요건 및 내용에 관한 법리오해의 잘못이 없다. ■

그런데, **2011. 3. 29.자 하도급법 제25조 제1항이 개정**됨에 따라 공정거래위원회가 '향후 재발방지'를 위한 시정명령을 할 수 있는 명문상의 근거가 마련되었다.

즉 공정거래법은 제21조, 제24조, 제27조 등에서 공정거래법 위반행위에 대하여 공정거래위원회가 명할 수 있는 시정조치에 관하여 향후 재발방지를 명시적으로 열거하지 않고 '**기타 시정을 위한 필요한 조치**'라고만 정하고 있는데, 공정거래법에 따른 시정명령 제도를 둔 **취지**에 비추어 시정명령의 내용은 과거의 위반행위에 대한 중지는 물론 가까운 장래에 반복될 우려가 있는 동일한 유형의 행위의 반복금지까지 명할 수는 있는 것으로 해석되고 있는데(대법원 2003. 2. 20. 선고 2001두5347 전원합의체 판결 참조), 공정거래법과 위 개정된 하도급법의 시정명령의 취지는 기본적으로 동일하다고 보인다. 따라서 하도급법의 개정 경위, 공정거래법상의 시정명령에 대한 판례의 태도 등에 비추어 보면, 공정거래위원회는 이미 하도급법 위반행위의 결과가 제거된 경우라고 하더라도 재발방지를 위한 시정명령을 내릴 수 있는 것으로 보아야 할 것이다(**소위 '재발방지를 명하는 시정명령 긍정설'**)[189].

[참조 판결]

-서울고등법원 2018. 7. 18. 선고 2018누36112 판결[190][시정명령등취소]
- [영○약품 사례]

【판결이유】

1. 처분의 경위

피고는 2018. 1. 15. 제2소회의 의결 제2018-032호로 이 사건 어음대체결제수수료 미지

---

189) 서울고등법원 2017. 3. 17. 선고 2016누38107 시정명령및과징금납부명령취소 사건에서 재발방지를 위한 시정명령이 적법하다고 판시하였고, 대법원에서 상고기각으로 확정되었다(대법원 2017.07.27. 심리불속행기각 2017두40822 판결).

190) 본 사안은 상고없이 확정되었다.

급 행위가 하도급법 제13조 제7항을 위반한 불공정하도급거래행위에 해당한다는 이유로 원고에게 별지 1 기재 제1항 시정명령[191]을 하고, 이 사건 지연이자 미지급 행위가 하도급법 제13조 제8항을 위반한 불공정하도급거래행위에 해당한다는 이유로 원고에게 별지 1 기재 제2항 시정명령[192]을 하였으며(이하 위 각 시정명령을 통틀어 '이 사건 각 재발방지명령'이라 한다), 이 사건 감액행위에 대하여는 하도급법 제11조 제1항을 위반한 불공정하도급거래행위에 해당한다는 이유로 별지 1 기재 제3항의 경고조치[193]를 하였다(이하 '이 사건 경고조치'라 한다).

2. 원고의 주장

원고는 이 사건 각 재발방지명령일 이전인 2017. 5. 11. 위 수급사업자들에게 미지급 어음대체결제수수료 및 미지급 지연이자를 전액 지급하였으므로 이 사건 어음대체결제수수료 미지급행위, 이 사건 지연이자 미지급행위와 관련하여 더 이상 위반행위의 결과가 존재하지 않는다. 하도급법 제13조 등의 위반행위가 있었더라도 그 위반행위의 결과가 더 이상 존재하지 않는다면 시정명령을 할 수 없다는 취지의 판례(대법원 2002. 11. 26. 선고 2001두3099 판결, 대법원 2015. 12. 10. 선고 2013두35013 판결 등 참조)와 하도급법 제25조의 개정 경위 등에 비추어, 향후 동일·유사한 하도급법 위반행위를 다시 저지를 개연성이 높은 예외적인 경우에만 재발을 방지할 필요성을 고려하여 재발방지명령을 할 수 있다 할 것인데, 피고는 위와 같은 요건이 갖추어져 있지 않음에도 이 사건 각 재발방지명령을 하였으므로 이 사건 각 재발방지명령은 위법하다.

3. 판단

가. 관련 법리

... 앞에서 본 바와 같이 2011. 3. 29. 개정된 하도급법 제25조 제1항은 개정 전 하도급법이 '하도급대금 등의 지급, 법 위반행위의 중지, 그 밖에 해당 위반행위의 시정에 필요한 조치'만을 명할 수 있도록 하였던 것과 달리 '하도급대금 등의 지급, 법 위반행위의 중지, 향후 재발방지, 그 밖에 시정에 필요한 조치'를 권고하거나 명할 수 있도록 하였는바, '향후 재발방지'를 명할 수 있도록 명시적 규정을 두었고, '그 밖에 해당 위반행위의 시정에 필요한 조치'를 '그 밖에 시정에 필요한 조치'로 개정함으로써 '시정에 필요한 조치'의 범위를 '해당 위반행위의 시정에 필요한 조치'에 한정하지 아니하고, 향후 재발방지 등도 포함할 수 있도록 넓게 규정한 것으로 보인다.

한편, 2011. 3. 29. 개정 이후의 하도급법 제25조 제1항에 관한 대법원 2015. 12. 10. 선고 2013두35013 판결이 '하도급법[194] 제25조 제1항은 공정거래위원회는 하도급법 제13조

191) 1. 원고는 이경호(염광산업 대표) 등 3개 수급사업자에게 의약품 라벨 등의 제조를 위탁하고, 하도급대금을 어음대체결제수단으로 지급하면서 목적물등의 수령일부터 60일이 지난 날 이후부터 하도급대금 상환기일까지의 기간에 대한 어음대체결제수수료를 지급하지 아니한 것과 같은 행위를 다시 하여서는 아니 된다.

192) 2. 원고는 최세규(알파바이오 대표) 등 3개 수급사업자에게 의약품 등의 제조를 위탁하고, 하도급대금을 목적물등의 수령일부터 60일이 지난 후에 지급하면서 그 초과기간에 대한 지연이자를 지급하지 아니한 것과 같은 행위를 다시 하여서는 아니 된다.

193) 3. 원고가 주식회사 유유제약에게 의약품 등의 제조를 위탁한 후, 단가 인하에 대한 합의를 하고 그 합의 성립전에 위탁한 부분에 대해서도 합의 내용을 소급하여 적용하는 방법으로 하도급대금을 감액한 행위에 대하여 경고한다.

194) 2013. 5. 28. 법률 제11842호로 개정되기 전의 하도급거래 공정화에 관한 법률을 가리킨다.

등의 규정을 위반한 원사업자에 대하여 하도급대금 등의 지급, 법 위반행위의 중지, 향후 재발방지, 그 밖에 시정에 필요한 조치를 권고하거나 명할 수 있다고 규정하고 있는바, 하도급법이 제13조 등의 위반행위 그 자체에 대하여 과징금을 부과하고(제25조의3 제1항) 형사처벌을 하도록(제30조 제1항 제1호) 규정하고 있는 것과 별도로 그 위반행위를 이유로 한 시정명령의 불이행에 대하여도 형사처벌을 하도록(제30조 제2항 제2호) 규정하고 있는 점과 이익침해적 제재규정의 엄격해석 원칙 등에 비추어 볼 때, 비록 하도급법 제13조 등의 위반행위가 있었더라도 그 위반행위의 결과가 더 이상 존재하지 않는다면 하도급법 제25조 제1항에 의한 시정명령을 할 수 없다고 보아야 한다(대법원 2011. 3. 10. 선고 2009두1990 판결 등 참조)'라고 판시하였는바, 위 판결은 '피고의 시정명령 전에 상계의 의사표시가 있어 해당 사건의 원고가 미지급한 하도급대금 채무 중 일부가 소멸한 사안'에서 피고가 상계로 이미 소멸한 부분까지 포함하여 미지급 하도급대금을 산정하고 그에 대한 지연손해금의 지급을 명하는 시정명령을 한 것은 위법하여 취소되어야 한다는 것으로, '위반행위의 결과가 더 이상 존재하지 아니한다면, 그 결과의 시정을 명하는 내용의 시정명령은 할 수 없다'는 기존 판례와 같은 취지이고, 위반행위의 결과가 제거된 후에 향후 재발방지명령을 할 수 있는지 여부에 관하여 판시한 것은 아니어서 이 사건에 적용될 수 있는 판례는 아니다.

결론적으로, 위와 같은 판례의 취지, 하도급법의 개정 경위 등에 비추어 보면, 피고는 현행 하도급법 제25조 제1항[195]에 따라 하도급법 위반행위의 결과가 제거된 후에도 '향후 재발방지'를 명할 수 있다 할 것이다.

나. 이 사건에 관한 판단

피고가 어떠한 경우에 '향후 재발방지'를 명할 수 있는지가 쟁점인바, 앞서 인정한 사실과 앞서 살펴본 법리에 의하여 알 수 있는 다음과 같은 사정을 종합하면, 피고로서는 '향후 재발방지'를 명할 필요성이 있다고 인정되는 경우 재발방지명령을 할 수 있다 할 것이고, 향후 동일 또는 유사한 위반행위가 반복될 우려가 있는 경우에는 위와 같은 필요성이 있다 할 것이며, 원고의 주장과 같이 향후 동일·유사한 하도급법 위반행위를 다시 저지를 개연성이 높은 예외적인 경우에만 재발방지명령을 할 수 있다고 볼 수는 없고, 이 사건의 경우 향후 동일 또는 유사한 위반행위가 반복될 우려가 있다 할 것이므로, '향후 재발방지'를 명할 필요성이 있다고 인정된다. 따라서 이 사건 각 재발방지명령은 요건을 충족하였다 할 것이다.

1) 앞서 살펴본 바와 같이 대법원 판례는 2011. 3. 29. 개정 이후의 하도급법 제25조 제1항에 따른 재발방지명령에 대하여는 판시하고 있지 아니하여, 대법원 판례가 '향후 동일·유사한 하도급법 위반행위를 다시 저지를 개연성이 높은 예외적인 경우에만 재발방지명령을 할 수 있다'는 원고의 주장을 뒷받침한다고 보기는 어렵다.

2) 공정한 하도급거래질서를 확립하여 원사업자와 수급사업자가 대등한 지위에서 상호보완하며 균형 있게 발전할 수 있도록 함으로써 국민경제의 건전한 발전에 이바지함을 목적으로 하는 하도급법의 목적, 하도급대금에 관한 어음대체결제수수료, 지연이자의 지급의무를 부과하는 하도급법 제13조 제7, 8항의 취지, 하도급법 제25조 제1항의 취지 등을 종합하여 '향후 재발방지'를 명할 필요성이 있다고 인정되는 경우에는 재발방지명령을 할 수 있다고 봄이 타당하다. 향후 동일 또는 유사한 위반행위가 반복될 우려가 있는 경우에는 위와 같은

---

195) 2016. 3. 29. 법률 제14143호로 개정되어 '특약의 삭제나 수정'도 명할 수 있는 것으로 되었다.

필요성이 있다 할 것이다. 하도급법 제30조 제2항에 따르면 제25조에 따른 명령에 따르지 아니한 자에 대하여는 1억 5천만 원 이하의 벌금에 처할 수 있으나, 이는 하도급법 제25조에 따른 재발방지명령 등의 실효성을 확보하여 위반자로 하여금 다시 하도급법 위반을 하지 못하도록 함으로써 하도급법의 목적을 달성하고자 하는 취지이므로, 재발방지명령에 따르지 아니하는 경우 벌금형을 받을 수 있다고 하여 재발방지명령을 예외적인 경우에만 해야 한다고 볼 수는 없다.

3) 원고의 어음대체결제수수료 및 지연이자 미지급행위는 일회적으로 그친 것이 아니라 2014. 5. 1.부터 2017. 2. 28.까지 장기간에 걸쳐 반복적으로 이루어졌다.

4) 원고는 3개 수급사업자에 대하여 어음대체결제수수료를 미지급하고, 3개 수급사업자에 대하여 하도급대금 지연이자를 지급하지 아니하였고, 하도급대금 지급이자 미지급 수급사업자 중 1개 수급사업자의 경우 미지급 기간이 1일에 불과하기는 하나, 미지급 대상 수급사업자의 수가 적지 아니하고, 미지급된 어음대체결제수수료 및 지연이자의 금액도 매우 경미하다고 볼 수는 없다.

5) 원고는 피고가 2017. 4. 27. 원고의 하도급법 위반행위에 대한 조사를 시작한 후인 2017. 5. 11.경에야 미지급 어음대체결제수수료 및 지연이자를 지급하였다. ■

차. 어음에 의한 하도급대금의 지급시 법률문제

하도급대금을 어음으로 지급하는 것 자체가 금지되는 것은 아니다. 다만 어음지급이 적법하기 위해서는 첫째, 할인 가능 어음 지급해야 하고, 둘째, 만기까지 어음할인료를 지급하여야 한다. 이와 관련하여 어음의 피사취, 부도 등 여러 이유로 어음에 의한 지급후 하도급대금수령이 이루어지지 않은 경우 하도급대금지급의 효력이 문제된다.

첫째, 할인가능어음과 관련하여 공정화지침에서는 이에 대하여 다음과 같이 열거하고 있다.

- 다 음 -

"할인가능어음" 이라 함은 다음의 금융기관에 의하여 어음할인 대상업체로 선정된 사업자가 발행 · 배서한 어음 또는 신용보증기금 및 기술신용보증기금이 보증한 어음을 말한다.

가. 「은행법」 및 관련 특별법에 의하여 설립된 은행
나. 「종합금융회사에 관한 법률」에 의하여 설립된 종합금융회사
다. 「보험업법」에 의해 설립된 생명보험회사
라. 「상호저축은행법」에 의해 설립된 상호저축은행
마. 「여신전문금융업법」에 의해 설립된 여신전문금융회사
바. 「새마을금고법」에 의해 설립된 새마을금고
사. 「상법」에 의해 설립된 팩토링업무 취급기관

둘째, 어음할인료는 하도급법 제13조 제6항 및 어음에 의한 하도급대금 지급시의 할인율 고시에 의하여 연 7.5%이다[196]. 특히 본 이자율은 고정이므로 시중금리가 변

동되어 어음할인율이 변동되더라도 그 변동을 반영할 수 없다.

셋째, 어음에 의한 하도급대금의 지급이 즉시 하도급법상 하도급대금지급에 의한 효력이 발생하는지 여부이다. 이는 어음이 피사취 등 부도가 되는 경우 소구의무 등이 발생하는 등의 경우에 문제된다. 요컨대, 할인가능어음으로서 어음수수료의 지급 등 정당한 요건을 갖춘 어음으로 하도급대금을 지급하는 경우에는 즉시 대금지급의 효력이 발생하고 다만 부도 등의 사유로 수급사업자가 정당한 변제를 받지 못한 경우에는 대금지급의 효과가 소급하여 소멸한다고 보아야 할 것이다(**해제조건부 대금지급설**).

따라서 원사업자가 어음으로 하도급대금을 지급한 후 수급사업자가 어음할인을 받아 대금을 수령하였는데 원사업자가 피사취신고를 통하여 결국 수급사업자가 소구책임(할인은행에 대하여 부도 처리된 약속어음의 환매의무 부담)을 부담하게 되는 경우에는 피사취 부도를 해제조건으로 하여 결국 어음지급 효력이 소급적으로 소멸하여 원사업자는 법정지급기일 내에 하도급대금을 지급하지 않은 것으로 확정된다[197].

카. 어음대체결제수단에 의한 지급시 수수료 지급의무

어음대체결제수단(기업구매 전용카드, 외상매출채권 담보대출 등)으로 하도급대금을 지급한 경우 종래 공정거래위원회가 고시하는 수수료율(종래 7.5%)을 일률적으로 정하고 이에 따르도록 하였다가 2015. 7. 24. 일부개정으로 원사업자가 금융기관과 약정한 실제 결제수수료율에 따르도록 변경하여 시행되고 있다(시행일 2016. 1. 25 .)[198]. 공정거래위원회가 일률적으로 수수료율을 고시하기보다는 실제 금융기관과 약

---

196) 연혁적으로 변천된 이자율(어음할인율은 시중은행에서 적용되는 상업어음할인율을 참작하여 공정거래위원회가 정하여 고시(법 제13조 제9항))을 정리하면 다음과 같다.

다 음 -

- 1998.5.12일 이후 1998.12.31일까지 교부된 어음은 연 17%(어음만기 90일 이내) 또는 연 19%(어음만기 90일 초과)의 할인율을 적용
- 1999.1.1일 이후 2000.5.31일까지 교부된 어음은 연 12.5%의 할인율을 적용
- 2000.6.1일 이후 2002.6.9일까지 교부된 어음은 연 9.0%의 할인율을 적용
- 2002.6.10일 이후 교부된 어음은 연 7.5%의 할인율 적용

197) 통상 어음법에 있어서 판례는 어음지급의 효과를 기존 채무의 "지급을 위하여" 또는 "지급을 담보하여" 수수된 것으로 추정하므로 당사자 간에 특별한 의사표시가 없는 한 채무변제 확보를 위하여 또는 지급방법으로 발행 교부한 것으로 추정하고 있다. : "기존채무에 관하여 채무자가 약속어음을 발행하거나 타인이 발행한 약속어음을 교부한 때에는 당사자간에 특별한 의사표시가 없는한 기존채무의 변제확보를 위하여, 또는 그 지급방법으로 발행하거나 교부한 것으로 추정하여야 하는 것이고, 한편 채권자는 기존의 금전채권에 대한 지급방법으로 약속어음을 교부받으면서 그 어음이 장차 결제될 것을 예상하여 미리 금전을 수령하였다는 뜻의 영수증을 교부하는 경우도 있는 것이므로, 어음의 수령과 상환으로 위와 같은 영수증을 작성 교부하였다거나 채권자가 그 어음을 제3자에게 양도하면서 채무자에게 자기 채무의 이행을 하였다고 하더라도 그것만으로 어음금의 지급 이전에 어음의 수수만으로 대금지급이 완결된 것으로 단정할 수는 없다."(대법원 1990. 5. 22. 선고 89다카13322 판결[가처분이의])"

198) 어음대체결제수단 수수료율 고시제도 폐지 (법 제13조 제10항) (2015. 7. 24. 일부개정, 2016. 1. 25. 시행)

정한 수수료가 지급되도록 하는 것이 합리적이고 타당하다고 할 것이다.

3. 관련 사례

가. 판결례

1) 공정거래위원회 고시 이자율이 발주자 직접 지급시 적용되는지 여부

하도급법은 목적물 등의 수령일[건설위탁은 일수일, 세금계산서 발행일 등]로부터 60일이라는 기간 이내의 가능한 짧은 기간에 지급의무를 규정하고 있고, 이를 지연한 경우 공정거래위원회가 고시한 이자를 추가하여 지급해야 하는데 이와 같은 의무는 원사업자에게 적용되는 것이고 발주자가 직접지급을 하는 경우에는 적용되지 않는다는 것이 판례의 태도이다.

[참조 판결]

-대법원 2005. 7. 28. 선고 2004다64050 판결 [공사대금]-

【판시사항】

[2] 구 하도급거래공정화에관한법률 제13조 제7항 규정이 발주자가 수급사업자에게 하도급대금을 직접 지급하는 경우에도 적용되는지 여부(소극)

【판결요지】-지연손해금에 관한 원고의 상고이유에 대하여

위 구 하도급거래공정화에관한법률 제13조 제7항 소정의 "원사업자가 하도급대금을 목적물의 수령일부터 60일을 초과하여 지급하는 경우에는 그 초과기간에 대하여 공정거래위원회가 정하여 고시하는 이자율에 의한 이자를 지급하여야 한다."는 규정은, **원사업자가 수급사업자에 대하여 하도급대금을 지급하는 경우에 관한 규정**이어서, 이 사건과 같이 발주자인 피고가 원사업자의 파산 등으로 수급사업자에게 하도급대금을 직접 지급하는 경우에는 적용될 수 없다 는 원심의 판단은 정당하고, 거기에 상고이유에서 주장하는 바와 같은 법리오해 등의 위법이 있다고 할 수 없다. ■

2) 공정거래위원회 고시 이자율 시정명령과 민사소송에서의 확정판결과의 관계

- 종전 규정-

하도급법 제13조 제10항 제7항에서 적용하는 수수료율(어음대체결제수단 수수료율)은 연 100분의 40 이내에서 법률에 근거하여 설립된 금융기관에서 적용되는 어음대체결제수단에 대한 수수료율 또는 대출이자율 등을 고려하여 공정거래위원회가 정하여 고시한다.

-어음대체결제수단에 의한 하도급대금 지급시의 수수료율 고시([시행2012.8.21.][공정거래위원회고시 제2012-41호])-

원사업자가 법 제13조(하도급대금의 지급 등) 제7항에 따라 하도급대금을 어음대체결제수단으로 지급하는 경우, 원사업자가 부담하여야 할 수수료에 적용되는 수수료율은 연 7%로 한다. 다만 법률에 근거하여 설립된 금융기관과 원사업자가 체결한 약정상 어음대체결제수단의 수수료율이 위 수수료율 보다 높은 경우에는 원사업자가 금융기관과 체결한 약정상의 수수료율로 한다.

둘째, 하도급법은 하도급대금지급 기한을 지체한 경우에는 현재 '연15.5%'라는 고율의 이자를 지급해야 하는데 이와 같은 이자는 상법상의 법정이자(연6%) 보다도 훨씬 높고, 소송촉진 등에 관한 특례법상의 법정이자(연12%)[199]보다도 높다.

다만 수급사업자가 민사소송에서 하도급법이 정한 지연이율보다 더 적게 청구하는 경우에는 처분권주의의 원칙상 청구하는 한도에 따라서 판단하게 될 것이다.

참고로 공정거래위원회의 지연이자를 명하는 시정명령 후 법원의 소송에서 법정이율에 의한 지연손해를 명하는 판결이 확정된 경우에 양자는 '별개효'로서 공정거래위원회의 처분이 위법하게 되는 것은 아니라는 것이 판례이다[200]. 즉 후자의 민사소송에서 법정이율의 청구를 하였다고 하더라도 수급사업자의 실체법적 권리가 변동된 것이 아니라는 것이다(**대법원 2010. 10. 28. 선고 2010두16561 판결, 대법원 2015. 12. 10. 선고 2013두35013 판결**).

[참조 판결]

-대법원 2010. 10. 28. 선고 2010두16561 판결 [의결처분취소]-

【판시사항】

공정거래위원회가 하도급대금의 지급을 지체한 원사업자에게 구 '하도급거래 공정화에 관한 법률' 제13조 제8항에 따라 자신이 정하여 고시한 이율에 의한 지연손해금의 지급을 명하는 시정명령을 한 후, 수급사업자의 원사업자에 대한 하도급대금지급청구소송에서 법정이율에 의한 지연손해금의 지급을 명하는 확정판결이 있는 경우, 공정거래위원회의 시정명령 중 고시이율에 의한 지연손해금의 지급을 명한 부분이 위법하게 되는지 여부(원칙적 소극)

【판결요지】

구 '하도급거래 공정화에 관한 법률'(2009. 4. 1. 법률 제9616호로 개정되기 전의 것)이 적용되는 하도급거래에서 발생한 하도급대금의 지급이 지체된 경우에 수급사업자가 원사업자를 상대로 청구할 수 있는 지연손해금에 대하여는 이에 관하여 규정하는 위 법 제13조 제8항에서 정한 다른 요건이 충족되는 한 위 법조항에 따라 공정거래위원회가 정하여 고시한 이율에 의할 것이고, 그 한도에서 민법 또는 상법상의 법정이율이나 그에 관한 보다 일반적인 특례인 '소송촉진 등에 관한 특례법' 제3조 제1항에서 정한 이율은 적용되지 아니한다. 그리하여 수급사업자는 애초 이와 같이 위 구 하도급거래 공정화에 관한 법률의 규정에 좇아 하도급대금에 관하여 고시이율에 좇은 지연손해금의 지급을 청구할 실체법상의 권리를

---

199) 2019. 6. 1.부터 시행하는 「소송촉진 등에 관한 특례법 제3조제1항의 법정이율에 관한 규정」(대통령령 제29768호, 2019. 5. 21. 공포, 2019. 6. 1. 시행)의 개정되었다. 즉, 금전채무의 전부 또는 일부의 이행을 명하는 판결(심판)을 선고할 경우 그 채무불이행으로 인한 손해배상액 산정의 기준이 되는 소송촉진 등에 관한 특례법(소송촉진법)상의 법정이율이 연 15%에서 연 12%로 인하되어 2019.6.1.부터 시행되었다.

참고로 종래 2019. 6. 1. 현재 제1심 변론이 종결되기 전인 금전지급청구 사건이나 향후 제기될 금전지급청구 사건 등은 2019. 6. 1.부터 변경된 연 12%의 소송촉진법상 법정이율이 적용되었다.

200) 이 경우 원사업자와 수급사업자 사이의 대금지급의 법률관계는 민사적 관점에서는 수급사업자의 지연이자에 대한 실체법상의 권리범위(연20%)보다 더 작게 확정(상사 법정이율 6%)되었다고 하더라도 법원의 판결 내용에 따라 확정된다.

가진다. 따라서 그가 고시이율과 법정이율의 차이에 상응한 부분의 지연손해금을 포기하여 그 권리를 상실하였다는 등의 특별한 사정이 인정되지 아니하는 한, **공정거래위원회의 시정명령 이후에 수급사업자의 원사업자에 대한 하도급대금지급청구소송에서 법정이율에 의한 지연손해금의 지급을 명하는 확정판결이 있었다고 하더라도 이는 수급사업자의 실체적법 권리 그 자체에 영향이 있는 것은 아니므로 그러한 사정만으로 공정거래위원회의 시정명령 중 고시이율에 의한 지연손해금의 지급을 명하는 부분이 위법하게 된다고 할 수 없다**. ■

[참조 판결]

-서울고등법원 2011. 2. 16. 선고 2009나99459 판결 [공사대금]-

【판시이유】 지연손해금 청구에 대한 판단

가. 소장 부본, 청구취지 및 청구원인 변경신청서 부본 송달일 이후의 지연손해금

하도급거래 공정화에 관한 법률 제13조 제2항은 '하도급대금의 지급기일이 정하여져 있지 않은 경우에는 목적물 등의 수령일을, 목적물 등의 수령일로부터 60일을 초과하여 하도급대금의 지급기일을 정한 경우에는 목적물 등의 수령일로부터 60일째 되는 날을 각각 하도급대금의 지급기일로 본다', 같은 조 제8항은 '원사업자가 하도급대금을 목적물 등의 수령일부터 60일을 초과하여 지급하는 경우에는 그 초과기간에 대하여 연 100분의 40 이내의 범위에서 은행법에 의한 금융기관이 적용하는 연체금리 등 경제사정을 고려하여 공정거래위원회가 정하여 고시하는 이율에 의한 이자를 지급하여야 한다'고 각 정하고 있고, 공정거래위원회가 위 규정에 의거 고시한(제2004-6호) 이율이 연 25%임은 이 법원에 현저한 사실이며, 원고가 2008. 2. 16. 이 사건 공사를 완료한 후 즉시 목적물을 소외회사에게 인도한 사실은 앞에서 본 바와 같으므로, 소외회사는 원고에게 공사잔대금과 PHC파일 추가공사비 및 테스트항타 비용에 대하여는 그로부터 60일을 경과한 다음날인 2008. 4. 17.부터, SHEET파일 추가사용료에 대하여는 그 이후로서 원고가 구하는 위 청구취지 및 청구원인 변경신청서 부본 송달 다음날인 2008. 11. 8.부터 각 다 갚는 날까지 연 25%의 비율에 의한 지연손해금을 지급할 의무가 있다.

하도급거래법상의 하도급대금이란 수급사업자가 원사업자로부터 제조위탁·수리위탁·건설위탁 또는 용역위탁을 받아 그 위탁받은 제조·수리·시공 또는 용역을 수행하여 원사업자에게 납품·인도 또는 제공을 하고 받은 대가를 말하는 것인바(하도급법 제2조 제1항 참조), PHC파일 추가공사비와 테스트항타 비용은 원래 계약에서 정한 작업 외에 원고가 공사 도중 추가로 위탁받은 작업을 수행하고 받게 되는 대가이므로 공사대금에 해당한다고 할 것이고, 공사대금에 포함되어 있는 부가가치세 상당액 역시 시공에 대한 대가로 지급받게 되는 것이고 원고가 공사대금을 지급받은 후 그 중 일부로 부가가치세를 납부하는 것은 공사대금 처분방법의 하나에 지나지 않는다고 할 것이므로, 피고들의 위 주장은 전부 이유 없다. ■

3) 하도급 대금 원본채권과 지연손해금의 소멸시효의 관계

하도급대금의 경우 원본채권과 지연손해금의 소멸시효와 관련하여, 하도급대금변제기 이후의 지연손해금채권의 소멸시효는 원본에 따르게 된다.

[참조 판결]

-서울고등법원 2014. 9. 24. 선고 2012누26748 판결[201] [시정명령등 처분취소]-
[우○ 사례]

【판시사항】

원본채권인 하도급공사대금채권이 소멸시효에 걸린 이상 지연손해금도 소멸시효에 걸림

【판시이유】

원고는, 이 사건 지연이자 지급채무는 피고의 시정명령 당시 모두 소멸시효가 완성되었으므로 그 지급을 명하는 이 부분 시정명령은 위법하다고 주장한다.

금전채무에 대한 변제기 이후의 지연손해금은 금전채무의 이행을 지체함으로 인한 손해의 배상으로 지급되는 것이므로, 그 소멸시효기간은 원본채권의 그것과 같다(대법원 2010. 9. 9. 선고 2010다28031 판결). 한편 공사도급계약에 따른 공사대금채권에 대해서는 3년의 단기소멸시효가 적용된다(민법 제163조 제3호).

그런데 앞서 채용한 증거에 의하면 이 사건 지연이자를 발생시킨 원본 공사대금채무는 2008. 1. 4.까지 삼명토건에게 모두 지급됨으로써 더 이상은 지연이자가 발생할 수 없게 되었음이 인정되고, 이 사건 시정명령은 그로부터 3년이 지난 2012. 8. 7. 이루어졌음이 인정된다.

따라서 이 사건 지연이자 채무는 이 사건 시정명령 당시 소멸시효가 완성되어 모두 소멸하였다고 봄이 옳고, 그러한 이상 그 지급을 명하는 이 부분 시정명령은 위법하다. ■

4) 60일 경과 전 원사업자의 자동채권이 존재하였으나 60일이 경과후 하도급 대금미지급이 발생한 이후 상계를 한 경우 하도급법위반 성립여부

하도급대금 지급기일 60일 경과 전 원사업자의 자동채권이 존재하였으나 60일이 경과하여 하도급 대금미지급이 발생한 이후 상계를 한 경우 하도급법위반이 아니라는 판결이 있다.

[참조 판결]

-서울고등법원 2016. 9. 23. 선고 2014누70831 판결[202] [시정명령등취소]-
[롯○알미늄 사례]

【판시이유】

상계는 무용한 절차를 생략하여 변제에 갈음해 쌍방의 채권을 소멸시키는 간이결제기능, 당사자의 변제상태의 악화로부터 자신의 채권을 보호하는 공평기능이 있고, 이러한 결과로 당사자가 동종 채권을 가지고 있을 때 변제를 확보하는 담보적 기능을 하게 된다. 즉, 채권자가 채권자평등의 원칙에 의하지 않고 수동채권의 한도까지는 자동채권의 회수를 도모할 수 있다는 점에서 상계는 담보적 기능을 가지고 있게 되는 것이다. 그리고 민법 493조는 상계의 의사표시가 있는 경우 각 채무는 상계할 수 있는 때에 대등액에 관하여 소멸한 것으로 보고 있는데, 이와 같이 민법에서 소급효를 인정하는 이유는 양 채권이 상계적상에 있을 때

---

201) 본 판결은 상고되었으나 본 점에 대해서는 기각 확정되었다(대법원 2017. 5. 11. 선고 2014두13966 판결).
202) 본 판결은 상고되지 않고 확정되었다.

에 당사자가 이미 결제된 것으로 생각하는 것이 통상적이기 때문이다. 이와 같은 상계의 담보적 효력 및 소급효를 고려한다면 채권 간에 상계적상이 있는 경우에는 단지 상계의 의사표시를 하지 아니하였다고 하여 하도급법에서 금지하는 지급지연행위라고 단정하기 어렵다. 또한 공정한 하도급거래질서 확립의 견지에서도 원사업자가 외부적으로 상계의 의사표시를 하였는지 여부에 따라 원사업자에 대한 법위반 여부를 결정하게 되는 것은, 수동채권의 채권자로시 그 스스로도 상계를 하여 하도급대금을 수령할 수 있었던 수급사업자를 지나치게 보호하는 결과가 된다.

따라서 원고가 수급사업자인 세○에 대한 자동채권을 가지고 있었고, 이 채권이 원사업자가 수급사업자에게 주어야 하는 하도급대금의 지급기일(목적물 수령일부터 60일 후) 이내에 상계적상에 있었던 이상 비록 상계 의사표시가 그 후에 이루어졌다고 하더라도 이 사건 처분일 이전의 적법한 상계의 의사표시로 하도급대금은 목적물 수령일부터 60일 이전에 해당하는 각 상계적상일로 소급하여 소멸하므로 하도급법 13조의 위반에 해당한다고 할 수 없다. ■

5) 원사업자가 60일이 경과하여 지연이자 및 어음할인료 지급명령을 받았는데 자동채권이 존재하였으나 상계를 하지 않은 경우 하도급법 위반 성립여부

원사업자의 자동채권이 존재하였으나 60일이 경과 후에도 상계를 하지 않았기 때문에 하도급법 위반에 해당하여 이에 대한 지연이자 및 어음할인료 지급명령처분이 적법하다는 판결이 있다.

[참조 판결]

-서울고등법원 2016. 9. 23. 선고 2014누70831 판결[203] [시정명령등취소]-

[롯○알미늄 사례]

【판시이유】

피고가 하도급법 25조 1항에 의한 시정명령을 하는 경우에는 단순히 하도급대금의 발생 및 지급지연과 같은 법 13조 등의 위반행위가 있었는가를 확인함에 그쳐서는 안 되고, 나아가 그 위반행위로 인한 결과가 그 당시까지 계속되고 있는지를 확인하여 비록 법 위반행위가 있었더라도 하도급대금 채무의 불발생 또는 변제, 상계, 정산 등 사유 여하를 불문하고 위반행위의 결과가 더 이상 존재하지 아니한다면, 그 결과의 시정을 명하는 내용의 시정명령을 할 여지는 없다고 보아야 한다(대법원 2002. 11. 26. 선고 2001두3099 판결 참조, 대법원 2008. 10. 9. 선고 2006두19617 판결, 대법원 2010. 1. 14. 선고 2009두11843 판결 등 참조).

한편, 상계는 상계적상에 있는 양채권의 당사자 일방이 상대방에 대하여 하는 상계의 의사표시에 의하여 비로소 그 효력이 발생하고, 양채권이 단순히 상계적상에 이르렀다는 사유만으로는 양채권이 자동적으로 상계되어 소멸하지는 않는다. 상계의 의사표시는 반드시 상계라는 용어를 사용하여 양채권을 대등액에서 소멸시킨다는 뜻이 명시적으로 표현되어야 할 필

203) 본 판결은 상고되지 않고 확정되었다.

요는 없으나, 적어도 상계할 자동채권과 수동채권을 특정하여야 할 필요는 있다.

다음과 같은 사정들에 비추어 보면 원고가 이 사건 처분일 이전에 원고가 세○에 대하여 원고가 주장하는 위 잔여채권으로 이 부분 지연이자 및 어음할인료를 상계하였다고 인정되지 아니하므로 원고의 이 부분 주장은 이유 없다.

㈎ 갑1, 2, 9, 14, 을21, 23, 24 및 변론 전체의 취지를 종합하면, 이 사건 처분일 당시 원고가 세○에 대하여 원고가 주장하는 바와 같은 잔여채권을 가지고 있었던 사실 및 세○이 원고에 대하여 지연이자 및 어음할인료 채권을 가지고 있었던 사실이 인정된다. 즉, 원고는 앞서 상계의 의사표시를 한 자동채권 외에도 세○에 대하여 ① 제천장락공사에 사용된 보일러대금 73,694,500원(2012. 11. 30. 무렵 발생), ② 구미동양한신공사의 지체상금 55,613,250원(2010. 10. 1. 무렵 발생) 중 이미 상계된 20,000,000원을 제외한 나머지 금액인 35,613,250원, ③ 대구지산보성공사에서의 지체상금 30,745,000원(2010. 10. 26. 무렵 발생), 합계 140,052,750원의 채권을 가지고 있었다. 한편, 원고는 별지5 기재와 같이 수급사업자인 세○에 대하여 8건의 공사를 건설위탁한 후 공사완료 후 세○으로부터 목적물을 인수하고 그 대금의 일부를 인수일부터 60일을 초과하여 현금 및 어음으로 지급하였으면서도 하도급법 6항 및 8항을 위반하여 위 지급액에 대하여 도과기간에 관한 지연이자 합계 55,158,000원 및 어음할인료 합계 9,136,000원을 지급하지 아니하였다.

㈏ 갑14에 의하면 원고는 이 사건 처분일(2014. 10. 29.) 이후인 2014. 11. 27. 무렵 내용증명 우편으로 세○에 대하여, 위 잔여채권을 자동채권으로 하여 원고의 세○에 대한 미지급 지연이자 및 어음할인료를 상계하겠다는 상계의 의사표시를 한 사실이 인정되나, 위 상계의 의사표시는 이 사건 처분 이후에 이루어진 것이므로 이로써 이 사건 처분 중 시정명령(즉, 이 사건 의결 주문 제3, 4항의 지급명령)의 효력에 영향을 미치지 아니한다. 한편, 갑14에 의하면 '당사(원고)는 귀사(세○)가 공정거래위원회에 신고한 이후 귀사에게 혹시 당사가 지급하지 못한 지연이자나 어음할인료가 있다면 당사가 귀사에게 가진 다른 채권으로 상계하겠다는 의사를 전달하였다.'고 기재하고 있고, 을20에도 원고에게 이 부분 지연이자 및 어음할인료에 대하여도 상계의사가 있음을 알 수 있는 기재가 있기는 하나(을20, 제18회 공정거래위원회 회의록 7쪽), 앞서 본 세○의 공사기성금에 대한 상계의 효력에 관한 것과 달리 이 부분 상계의 효력에 대하여는 원고와 세○ 사이에 어떤 다툼이 있었던 것으로 볼 만한 증거가 없는 점에 비추어 보면, 위 막연한 기재만으로는 이 사건 조사과정에서 원고가 세○에 대하여 이 부분 채무에 대하여 적법한 상계의 의사표시를 하였다고 인정하기에 부족하고, 달리 이를 인정할 만한 증거가 없다. ■

6) 현금결제비율 유지의무 위반에 해당하지 않는다는 사례

원사업자가 발주자로부터 공사대금을 한 푼도 받지 못했지만 수급사업자에게 우선 어음 등을 발행해 주거나 발주자로부터 수령한 현금보다 많은 금액을 어음 발행 등의 방법으로 수급사업자에게 지급하고 이에 상응하는 원도급대금을 발주자로부터 받기 전에 이를 현금으로 결제해 주었을 경우는 현금결제비율 유지의무 위반에 해당하지 않는다고 해석한 판결이 있다(**서울고등법원 2017. 3. 30. 선고 2016누37753**

시정명령등취소 판결).

[참조 판결]

-서울고등법원 2017. 3. 30. 선고 2016누37753 판결[204] [시정명령등취소]-

[두○건설 사례]

【판시이유】

1) 하도급법 제13조 제4항의 해석

갑 제12호증의 기재 및 변론 전체의 취지에 의하여 인정되는 아래 사정들을 종합하면, 원사업자가 발주자로부터 공사대금을 한 푼도 받지 못했지만 수급사업자에게 우선 어음 등을 발행해 주거나 발주자로부터 수령한 현금보다 많은 금액을 어음 발행 등의 방법으로 수급사업자에게 지급하고 이에 상응하는 원 도급대금을 발주자로부터 받기 전에 이를 현금으로 결제해 주었을 경우는 현금결제비율 유지의무 위반에 해당하지 않는다고 봄이 상당하다.

① 하도급법 제13조 제4항은 "원사업자가 수급사업자에게 하도급대금을 지급할 때에는 원사업자가 발주자로부터 해당 제조등의 위탁과 관련하여 받은 현금비율 미만으로 지급하여서는 아니 된다."고 규정하고 있는데, 위 문언을 하도급법 제13조 제1, 2, 3, 5항의 내용과 함께 살펴보면 원사업자 자신이 이미 공사대금의 전부 또는 일부를 현금으로 받은 것을 전제로 그 받은 범위 내에서 수급사업자에게 하도급대금의 전부 또는 일부를 현금으로 주어야 한다는 의미로 해석된다.

② 하도급법 제13조 제4항 신설 당시 작성된 국회 정무위원회의 심사보고서는 위 규정의 신설 취지에 관하여 "원사업자가 발주자로부터 현금 또는 단기어음으로 결제받고도 그 우월적 지위를 이용하여 수급사업자에게는 장기어음으로 결제하는 경향이 빈번함에 따라 수급사업자는 수취어음 할인 시 경제적 손실이 크고 부도의 위험이 높아 이를 미연에 방지하기 위한 것"이라고 기재되어 있다.

③ 피고의 '하도급거래공정화지침' 12.가.항은 "원사업자가 발주자로부터 지급받은 현금비율이 일정하지 아니한 경우 수급사업자에게 하도급대금을 지급함에 있어서는 하도급대금을 지급하기 직전에 원사업자가 발주자로부터 지급받은 현금비율 이상으로 지급하여야 한다. 원사업자가 발주자로부터 제1회 도급대금을 지급받기 전까지 수급사업자에게 하도급대금을 지급하는 경우에는 그러하지 아니하다."고 규정하고 있다. 원사업자가 발주자로부터 제1회 도급대금을 지급받기 전에는 현금 수령액 자체가 존재하지 아니하므로 직전 현금비율을 산정할 수 없고, 위 단서는 이와 같은 상황을 명확히 규정한 것이다.

④ 하도급대금 지급기일이 원사업자의 준공금이나 기성금 등을 지급받은 날보다 먼저 도래하는 경우에는, 원사업자가 발주자로부터 1회 도급대금을 지급받기 전 수급사업자에게 하도급대금을 지급하여야 하거나 원사업자가 수급사업자에게 그때까지 발주자로부터 수령한 현금보다 더 많은 하도급대금을 현금으로 지급하여야 하는 경우가 생길 수 있다.[205] 그런데

204) 본 판결은 상고되었으나, 심리불속행기각으로 확정되었다(대법원 2017두41924 2017. 7. 27.자 심리불속행기각 판결).

205) 예를 들면, 1회 도급대금이 1,000만 원(수령일 2.1), 2회 도급대금이 1,000만 원(3.1), 3회 도급대금이 2억 원(4.1)이라고 할 때, 하도급대금의 지급기일이 도급대금 수령일보다 먼저 도래하는 경우에는 1회 하도급대금 500만 원(1.2), 2회 하도급대금 500만 원(2.2), 3회 하도급대금 1억 원(3.2)을 지급하여야 하는데, 1회 하도급대금과 3회 하도급대금의 경우 발주자로부터 수령한 현금의 범위를 넘어선다. 따라서 3회 하도급대금의 경우

이와 같은 경우까지 원사업자가 현금결제비율을 유지하여 현금으로 지급하여야 한다고 해석한다면, 원사업자가 발주자로부터 1회 기성금으로 받아야 할 1원에 대하여 1원의 현금을 수령하였다면 그 다음 기성금을 지급받기 전까지 금액을 불문하고 수급사업자에게 현금 100%의 비율로 하도급대금을 지급하여야 한다는 불합리한 결과가 발생한다.

⑤ **원사업자가 수급사업자에게 발주자로부터 수령한 현금보다 많은 금액을 어음발행 등의 방법으로 수급사업자에게 지급하고 이에 상응하는 도급대금을 발주자로부터 받기 전에 현금으로 결제하여 주었다면, 원사업자가 수급사업자에게 지급하는 현금비율을 산정함에 있어 '현금지급액'은 해당 하도급대금 지급액에 상응하는 원 도급대금을 발주자로부터 받기 전에 결제가 이루어진 금액을 합산한 금액으로 보아야 한다**.[206)]

2) 취소의 범위 : 전부 취소

피고가 이 사건 금지명령 제4항의 근거로 삼은 현금결제비율 유지의무 위반에 관한 판단기준은 하도급법 제13조 제4항의 취지에 반하여 위법하고, 이 사건 금지명령 제4항에는 하도급법 제13조 제4항의 현금결제비율 유지의무 위반에 해당하지 않는 행위가 포함되어 있음에도 **그 대상 행위를 구체적으로 구분하여 특정할 수 없으므로** 이 사건 금지명령 제4항은 전부 취소되어야 한다.

피고는 이 사건 금지명령 제4항 중 일부 적법하지 않은 부분이 있더라도 현금결제비율 유지의무 위반이 인정되는 행위에 한정하여 일부 취소되어야 한다고 주장한다. 외형상 하나의 행정처분이라 하더라도 가분성이 있거나 그 처분대상의 일부가 특정될 수 있다면 일부만의 취소도 가능하고 그 일부의 취소는 당해 취소부분에 관하여만 효력이 생기는 것이기는 하나(대법원 1995. 11. 16. 선고 95누8850 전원합의체 판결 참조), 이 사건 의결서의 주문과 이유를 전체적으로 살펴보더라도 이 사건 금지명령 제4항의 대상 중 현금결제비율 유지의무 위반에 해당하지 않는 행위를 구체적으로 분리하여 특정할 수 없으므로, 피고의 위 주장은 이유 없다.■

7) 사실경위에 비추어 계약의 납품으로 인정할 수 없어 대금미지급으로 인정할 수 없다는 사례

원사업자가 수급사업자로부터 혼합골재를 납품받고 하도급대금 미지급하였다는 공정거래위원회의 판단에 대하여 법원은 경위, 내용, 상황에 비추어 수급사업자의 골재납품이 이루어지지 않았으므로 이를 전제로 한 하도급대금의 성립을 부정한 판결이

8,000만 원(1억 원-2,000만 원)의 범위 내에서는 어음 발행 등의 방법으로 수급사업자에게 지급하는 것을 허용하는 것이 하도급법 제13조 제4항의 취지에 부합한다. 다만 수급사업자에게 장기어음의 부도위험 등을 부담하게 하는 것을 방지하여야 하므로, 적어도 3회 도급대금을 지급받기 전에는 이를 현금으로 결제하여야 할 것이다.

206) 피고의 하도급거래 공정화지침은 현금비율산정 시 '현금수령액(현금지급액)'은 '현금 또는 수표에 의한 수령액(지급액)의 합계액'으로 한정하여 규정하고 있으나, '현금지급액'의 의미를 이와 같이 보다 넓게 해석하는 것이 하도급법 제13조 제4항에 부합한다. 예를 들어, 원사업자가 발주자로부터 1회 도급대금 1,000만 원을 2016. 2. 1. 현금으로 수령하였고, 2회 도급대금 5,000만 원을 2016. 4. 1. 현금으로 수령하였을 때 원사업자는 수급사업자에게 2016. 3. 1. 2회 하도급대금 2,000만 원 중 1,000만 원만 현금으로 지급하고 1,000만 원을 어음 등으로 지급할 수 있고, 다만 원사업자가 수급사업자에게 발행한 1,000만 원의 어음은 2016. 4. 1. 전에 현금으로 결제되어야 한다.

있다(서울고등법원 2014. 7. 16. 선고 2013누16700 시정명령취소 판결).

[참조 판결]

-서울고등법원 2014. 7. 16. 선고 2013누16700 [207] [시정명령취소]-

[태○건설 사례]

【판시이유】

가. 원고의 주장

원고는 경○인씨앤엘로부터 40mm 혼합골재를 납품받은 적이 없다. 경○인씨앤엘이 원고에 납품했다고 주장하는 이 사건 야적물은 한국수자원공사와 에스케이건설이 골재 생산 부산물의 외부 반출을 금지함에 따라 그것이 적체돼 쇄석골재 생산에 차질이 생기는 것을 막기 위해 다른 장소로 옮겨 놓은 것에 불과하다. 원고는 경○인씨앤엘에 하도급대금을 지급할 의무가 없으므로 그 미지급을 이유로 한 이 사건 처분은 위법하다.

나. 경○인씨앤엘이 원고에게 40mm 혼합골재를 납품했는지 여부

기초사실과 앞서 채택한 증거 및 갑 제7, 18호증의 2, 20, 21호증의 각 기재, 갑 제28호증의 일부 기재에 변론 전체의 취지를 보태 알 수 있는 다음의 사정들을 종합하면, 경○인씨앤엘이 2009. 11. 중순부터 2010. 6. 중순까지 원고의 요구에 따라 40mm 혼합골재를 납품했다거나, 원고가 2010. 4. ~ 5.경 이 사건 야적물을 사용했고 원고의 혼합골재 품질에 대한 이의제기 때문에 시험검사를 의뢰하게 됐다는 취지의 을 제2, 7호증의 각 기재와 증인 윤○억의 증언은 믿기 어렵고, 갑 제14 내지 17, 18호증의 3, 19호증, 을 제1, 8호증의 각 기재만으로는 원고가 경○인씨앤엘에 40mm 혼합골재 25,291㎥를 추가 발주해 납품받았다고 보기에 부족하며 달리 이를 인정할 증거가 없다.

① 이 사건 납품계약의 특약사항에 따르면 원고가 골재생산 현장을 확보해 경○인씨앤엘에 제공하며 경○인씨앤엘은 생산되는 골재 전량을 원고에게 납품하도록 되어 있는 등 경○인씨앤엘이 무상으로 제공받은 부지에서 생산한 골재를 다른 곳에 판매하는 것이 금지돼있었다. 그런데 경○인씨앤엘에 대해 불법 유통된 원석을 사용했다거나 무상 제공된 부지에서 생산한 물건을 다른 거래처에 판매해 경제적 이익을 취했다는 의혹이 제기되자 한국수자원공사와 에스케이건설은 2009. 11. 15.경 부산물조차 외부로 반출하지 못하도록 금지했다. 쇄석골재 생산 시 발생되는 부산물이 쇄석기 주변에 쌓이면 골재생산이 불가능했으므로 반출금지조치 이후에는 쇄석골재의 원활한 생산을 위해 부산물을 골재 생산 장소에서 영내의 다른 곳으로 옮겨둘 필요가 있었을 것으로 보인다.

② 원고가 경○인씨앤엘로부터 납품받기로 한 40mm 혼합골재는 도로의 보조기층재, 동상방지층재로 사용하기 위한 것이었는데 이 사건 공사내역 중 도로 보조기층의 포설은 2010년 9월 이후에야 진행될 예정이었으므로 2009. 12. 14.부터 2010. 4. 30.까지는 40mm 혼합골재를 사용할 필요성이 없었고 당초 28,733㎥를 납품받기로 계약하고 그 후 추가로 25,291㎥만큼 더 납품받을 만한 수요처 확대는 더욱 찾아보기 어렵다.

③ 피고가 경○인씨앤엘이 원고에게 40mm 혼합골재를 납품한 것으로 인정한 최종 시점인 2010. 4. 30.은 경○인씨앤엘이 야적물의 반출승인을 요청하고 에스케이건설이 반출을 승인

207) 본 판결은 상고되었으나, 심리불속행기각으로 확정되었다(대법원 2014.11.13.자 2014두40203 심리불속행기각 판결).

할 무렵인데 그 밖에 원고가 40mm 혼합골재의 납품 중단을 지시하거나 납품 완료를 확인한 것으로 볼만한 어떤 사정도 보이지 않는다. 그런데 경○인씨앤엘의 대표 윤○영은 이 사건 처분과 관련한 피고의 심사과정에서 혼합골재 야적물 약 7,900㎥을 삼호개발의 빈 공사부지로 옮겼으며 그 후 삼호개발이 이를 경○인씨앤엘의 소유로 생각해서 사용한 것으로 추정된다고 주장할 뿐 원고가 최종적으로 사용했다고 주장하지는 않았다.
④ 이 사건 납품계약의 일반사항 제15조 제1항에 의하면 원고는 경○인씨앤엘로부터 기성부분 검사의 요청이 있는 때에는 정당한 사유가 없는 한 10일 이내에 검사결과를 서면으로 통지해야 하고 그 기간 내에 통지하지 않으면 검사에 합격한 것으로 간주된다(이 내용은 하도급법 제9조 제2항에도 규정되어 있다). 기록상 원고가 서면으로 검사결과를 통지했음을 인정할 아무런 자료가 없다. 그렇다면 납품한 골재의 품질 적합성을 증명할 의무가 없는 경○인씨앤엘이 원고의 품질에 대한 이의제기 때문에 시험검사를 의뢰했다고 보기는 어렵다.
⑤ 이 사건 야적물은 원석을 쇄석기에 투입·파쇄해 40mm 쇄석골재를 생산하는 과정에서 배출된 알갱이와 토분, 석분 등으로서 별도 가공절차를 거치지 않은 부산물의 상태에 있어서 40mm 혼합골재 생산의 원료로 사용할 수는 있지만 40mm 혼합골재로서 생산된 완제품이라고 보기는 어렵다.
⑥ 본래 원석 확보는 경○인씨앤엘의 의무인데 경○인씨앤엘이 원석을 충분히 확보하지 못하자 원고는 2009. 10. 15.부터 같은 해 12. 24.까지 경○인씨앤엘에 쇄석골재 생산을 위한 원석 16,344㎥를 일단 제공했고 경○인씨앤엘은 같은 해 9. 15.부터 2010. 2. 26.까지 원고에 원석 28,359㎥를 반납했다. 원고는 자신이 경○인씨앤엘과 정산해야 할 원석 12,015㎥(= 28,359㎥ - 16,344㎥)에서 이미 제공한 원석 1,597㎥와 이 사건 야적물의 운반비용 32,940,000원을 10,000원당 원석 1㎥로 환산한 3,294㎥를 공제한 나머지를 반납하겠다고 통지했다. 그런데 경○인씨앤엘이 이런 원고의 주장에 대해 다투었다고 볼만한 사정은 기록상 나타나지 않는다. 한편 이 사건 납품계약의 특약사항에 따르면 혼합골재의 영내 운반비용은 원고의 부담으로 명시되어 있다. 그러나 생산과정에서 발생한 부산물의 정리는 경○인씨앤엘의 책임이므로 그 과정에서 운반이 필요하다면 그 비용 역시 당연히 경○인씨앤엘의 부담일 것으로 보인다. 따라서 위와 같이 이 사건 야적물의 운반비용을 경○인씨앤엘이 부담한 것으로 보이는 사정 등을 감안하면 이 사건 야적물은 혼합골재가 아닌 생산과정에서의 부산물이라고 판단된다. 원고가 경○인씨앤엘 소유의 부산물을 자신의 운반수단을 사용해 옮겨주고 추후 운반비용을 정산하기로 한 것을 감안한다면 송장과 확인서 등은 이 사건 야적물의 운반물량과 소유관계를 기록해 둔 것에 불과하다는 원고의 주장 역시 수긍할 수 있다.
⑦ 경○인씨앤엘이 2011. 10. 19. 원고에게 주장한 40mm 혼합골재 납품량은 78,996㎥, 같은 해 11. 22. 한국공정경쟁연합회에 분쟁조정을 신청하며 주장한 납품량은 77,100㎥로 일관성이 없고 피고가 인정한 납품량인 54,024㎥와도 차이가 큰 점, 원고가 40mm 쇄석골재에 대한 대금을 모두 지급한 점, 피고의 사실 인정에 따른다면 당초 계약물량(28,733㎥)에 대한 대금도 전혀 받지 못한 상태에서 거의 동일한 물량(25,291㎥)의 제품을 아무런 계약서도 작성하지 않은 채 구두로 주문받아 추가로 납품했다는 것이어서 매우 이례적인 점, 원고는 그 공정상 40mm 혼합골재가 필요했던 2011. 9.부터 2011. 12.까지 여러 업체로부터 이를 납품받아 대금을 모두 결제했으며 경○인씨앤엘이 납품했다는 40mm 혼합골재는 사용하지 않았는데 경○인씨앤엘의 대표인 윤○영도 자신이 납품했다는 40mm 혼합골재를 원고가

아닌 삼호개발이 사용했다고 주장했던 점, 윤○영은 2011. 11. 25. 원고, 에스케이 건설 등 세 당사자가 함께 모여 야적물 관련 정산에 관해 논의하는 과정에서 자신이 반출 금지 기간 중에도 야간을 이용해 야적물을 일부 반출했으며 야적물에 40mm이하 잔골재가 많이 섞여 있으므로 굵은 골재를 넣으면 다시 쓸 수 있다거나 야적물이 완제품은 아니지만 그 위에 완제품을 두 겹 정도 쌓아 올려두었다는 취지로 말하기도 했는데 이런 말들은 이 사건 야적물이 원고에게 납품한 것이라거나 40mm 혼합골재 완성품이라는 주장과는 상치되는 점, 경○인씨앤엘로서는 위 부산물은 가공하면 종국적으로 40mm 혼합골재를 생산할 수 있는 경제적 가치가 있는 물건인데 공기에 따른 수요 시기가 맞지 않아 원고에게 납품하지 못하는 상태에서 초기에는 이를 외부에 반출해 다른 수요처에 판매했는데 중도에 반출조차 금지되면서 많은 물량이 야적돼 재고관리나 자금회전 등에 어려움을 겪었을 것으로 보이는 점, 경○인씨앤엘은 피고의 주장에 따른 납품일로부터 1년 6개월여가 지나 자금사정이 악화된 2011. 10. 19.에 이르러서야 서면으로 혼합골재 납품을 주장하며 그 대금지급을 요청했고 그전까지는 혼합골재 대금이 아니라 부산물 반출 금지에 따른 손해보전을 주장했던 점 등에 비추어 볼 때 경○인씨앤엘 주장의 신빙성은 높지 않다.

다. 소결

원고가 경○인씨앤엘로부터 40mm 혼합골재를 납품받지 않은 이상 이에 대한 원고의 하도급대금지급의무가 인정되지 않는다. 그럼에도 불구하고 원고가 하도급대금 및 이에 대한 지연손해금을 미지급했음을 이유로 한 피고의 이 사건 처분은 위법하다.■

8) 건설도급 설계시공일괄계약(소위 Turn Key, 턴키 공사)에 있어서 책임시공약정(설계변경으로 인한 계약금액 조정을 하지 않기로 하는 약정)을 근거로 원사업자가 추가공사대금을 지급을 거절할 수 없다는 판례

원사업자가 수급사업자에게 시공을 위탁한 것에서 나아가 설계에도 참여하게 하였다는 사정만으로 책임시공을 인정한 것으로 볼 수 없어 설계변경으로 인한 계약금액조정을 하지 않기로 한 약정이 인정될 수 없으므로 이를 근거로 원사업자가 수급사업자에 대하여 당초 설계내역에 없던 공사를 추가하거나 설계를 변경하면서 추가된 공사의 내용 또는 설계의 변경사항을 반영한 서면을 발급하지 아니한 행위 및 이를 근거로 추가공사 하도급대금을 지급하지 아니한 행위는 하도급법 제3조 및 동법 제13조 위반이라는 것이 판례의 태도이다(**대법원 2018. 12. 13. 선고 2018두51485 판결 [시정명령등취소] 및 원심 서울고등법원 2018. 6. 14. 선고 2017누82088 판결 사례**).

[참조 판결]

-서울고등법원 2018. 6. 14. 선고 2017누82088 판결[208] [시정명령등취소]-

[지에○건설 사례]

---

208) 본 판결은 상고되었으나 대법원에서 기각되어 확정되었다(대법원 2018. 12. 13. 선고 2018두51485).

【판시이유】

가. 피고(공정거래위원회)의 처분의 경위

피고는 2017. 9. 5. 의결 제2017-297호로, 원고가 2010. 4. 30.경 발주자인 한국농어촌공사로부터 이 사건 도급공사를 설계·시공일괄입찰방식(소위 턴키방식)[209]으로 낙찰받고, 2011. 3. 25. 이 사건 하도급공사를 금○기업에게 제조 또는 건설위탁 하였는데, 금○기업에게 설계를 변경하여 제작·시공하는 과정에서, 당초 설계보다 물량이 증가한 추가 공사에 대한 하도급대금을 책임시공에 관한 합의를 하였다는 이유로 목적물 수령일부터 60일 이내에 금○기업에게 지급하지 아니하였다(이하 '하도급대금 미지급 행위'라 한다)는 이유로, 구 하도급법(2016. 3. 29. 법률 제14143호로 개정되기 전의 것) 제13조 제1항, 제25조 제1항, 제25조의3 제1항에 의하여 원고에게 시정명령 및 과징금 납부명령을 하였다

나. 인정사실

1) **원고 등의 이 사건 도급공사 수주**

가) 한국농어촌공사가 2009. 10. 30.경 이 사건 도급공사에 대한 입찰을 공고하자 원고와 삼성중공업 주식회사(이하 '주식회사' 생략), 계룡건설산업, 금호산업, 진양건설, 대저건설(변경 전 대저토건). 케이에스씨건설, 우석종합건설(이하 '원고 등'이라 한다)은 위 입찰에 참가하기 위하여 2009. 11. 24. 한국종합기술, 용마엔지니어링, 화신엔지니어링, 삼○, 죽림엔지니어링(이하 '삼○ 등'이라 한다)과 계약금액 4,746,000,000원으로 하는 이 사건 도급공사의 기본설계 용역에 대한 기술용역계약을 체결하였는데, 총 공사금액 중 삼○이 수행하여야 할 설계용역의 대가는 304,140,000원이다. 이후 원고 등이 이 사건 도급공사의 실시설계 적격자로 선정되자 2010. 4. 12. 삼○ 등과 계약금액 5,106,800,000원으로 하는 이 사건 도급공사의 실시설계 용역에 대한 기술용역계약을 체결하였는데, 총 공사금액 중 삼○이 수행하여야 할 설계용역의 대가는 444,976,000원이다.

위 기본설계 및 실시설계 용역 중 각 기계부문의 설계용역을 담당한 회사인 삼○은 2010. 4. 1. 그 중 이 사건 하도급공사(수문의 제작·설치공사)의 설계 부분을 수문 제작·설치를 전문으로 하는 업체인 금○기업에 하도급하여 수행하였는바, 삼○은 금○기업과 사이에 2010. 4. 1. 수문의 제작·설치공사의 기본설계에 대하여 계약금액 30,000,000원으로 하는, 2010. 10. 21. 위 공사의 실시설계에 대하여 계약금액 65,000,000원으로 하는 각 기술용역계약을 체결하였다.

원고 등은 삼○ 등이 납품한 기본설계 등을 바탕으로 위 가)항 기재 입찰에 참가하여 2010. 4. 30.경 한국농어촌공사로부터 이 사건 도급공사를 이른바 설계·시공일괄입찰 방식으로 낙찰받았고, 한국농어촌공사와 공동도급형태(각사의 지분율은 원고 34%(대표사), 삼성중공업 16%, 계룡건설산업 15%, 금호산업 10%, 진양건설 10%, 대저건설 5%, 케이에스씨건설 5%, 우석종합건설 5%이다.로 계약하였다. 이 사건 도급공사는 2015. 12. 1. 준공되었다.

2) **원고와 금○기업의 하도급계약 체결 등**

가) 이 사건 도급공사를 수주한 원고 등은 2011. 3. 16.경 현장설명회를 개최하여 금○기

---

209) 설계시공일괄입찰방식이란 발주처가 제시하는 공사 일괄 입찰 기본 계획 및 지침에 따라 입찰 시에 그 공사의 설계서 기타 시공에 필요한 도면 및 서류를 작성하여 입찰서와 함께 제출하는 입찰방식을 말한다(국가를 당사자로 하는 계약에 관한 법률 시행령 제79조 참조).

업에게 이 사건 하도급공사인 이 사건 도급공사 중 수문 제작 및 설치공사에 대한 현장설명서(이하 '이 사건 현장설명서'라 한다)를 교부하였다. 원고는 2011. 3. 25. 금○기업과 사이에 이 사건 하도급공사에 관하여 '공사기간 2011. 3. 26.부터 2012. 12. 31.까지, 계약금액 48,000,000,000원'으로 정한 하도급계약(이하 '이 사건 하도급계약'이라 한다)을 체결하였다. 이 사건 현장설명서 및 하도급계약 중 주요 내용은 별지 3 '관련 규정' 기재와 같다.

나) 이후 원고와 금○기업은 아래 기재와 같이 2012. 1. 20.부터 2015. 5. 30.까지 총 12 차례에 걸쳐 이 사건 하도급계약을 변경하였는데, 위와 같은 계약 변경은 물가변동 및 이 사건 추가공사 부분 이외의 대금증액 분을 반영하여 계약금액을 조정한 것이다.

- 이 사건 하도급계약 내역-

(단위: 천 원, 부가가치세 제외)

계약일	공사기간	계약금액	비고/변경내용
2011.3.25.	2011.3.26.~2012.12.31.	48,000,000	최초계약
2012.1.20.	2011.3.26.~2012.12.10.	47,315,200	어도수문/펌프 설계변경 및 E/S(2차)적용(Δ684,800천 원, 공사기간 21일 단축)
2012.12.9.	2011.3.26.~2013.9.30.	47,315,200	공사기간 9개월 21일 연장
2013.1.25.	2011.3.26.~2013.9.30.	48,531,500	어도수문/펌프 설계변경 및 E/S(3차) 적용 (1,216,300천 원 증액)
2013.8.30.	2011.3.26.~2013.9.30.	48,541,000	시운전 및 예비품 추가물량 반영(9,500천 원 증액)
2013.9.27.	2011.3.26.~2013.12.31.	48,541,000	공사기간 3개월 연장
2013.12.30.	2011.3.26.~2014.6.30.	48,541,000	공사기간 6개월 연장
2014.6.27.	2011.3.26.~2014.8.31.	48,541,000	공사기간 2개월 연장
2014.8.30.	2011.3.26.~2014.10.31.	48,541,000	공사기간 2개월 연장
2014.10.30.	2011.3.26.~2014.12.31.	48,541,000	공사기간 2개월 연장
2014.12.30.	2011.3.26.~2015.3.31.	48,541,000	공사기간 3개월 연장
2015.3.30.	2011.3.26.~2015.5.31.	48,541,000	공사기간 2개월 연장
2015.5.30.	2011.3.26.~2015.7.31.	48,541,000	공사기간 2개월 연장

다) 금○기업은 이 사건 하도급공사를 시행하고 원고에게 기성을 청구하여 원고로부터 기성금 등 하도급대금을 수령해 왔고, 이에 대하여 원고는 자신의 단독 명의로 세금계산서를 발행해 주었다.

3) **이 사건 추가공사와 관련한 원고의 행위 등**

가) 금○기업이 이 사건 하도급계약에 따른 공사를 시행하던 중, 원고는 금○기업에게 이 사건 하도급공사의 주요 공종인 이 사건 3개 공종에 대하여 당초 설계에 없던 공사를 추가하거나 당초 설계를 변경하여 제작·시공하도록 위탁하고, 물량증감을 수반하는 설계변경을 승인[210]하면서 이를 반영한 변경 서면을 발급하지 아니하였다.

---

210) 원고 등은 2010. 9. 17. 발주자로부터 실시설계서를 일부 보완하는 조건으로 이 사건 도급공사의 실시설계에 대한 조건부 승인을 받았다. 이에 따라 이 사건 도급공사에 관한 실시설계에 대하여 발주자인 한국농어촌공사가 심의 및 자문을 거쳐 원고 등에게 보완을 요청함에 따라 원고가 금○기업에게 수정을 요청한 사항들로서,

나) 원고는 이 사건 하도급공사와 관련하여 이 사건 3개 공종에 대한 설계를 변경하여 제작·시공하는 이 사건 추가공사 과정에서, 당초 설계보다 물량이 증가한 추가공사에 대한 하도급대금을 금○기업과 사이에 책임시공에 관한 합의가 존재한다는 이유로 목적물 수령일로부터 60일 이내에 금○기업에 지급하지 아니하였다.

4) **이 사건 추가공사 관련 원고와 금○기업 사이의 분쟁 등**

가) 금○기업이 2014. 9. 5.부터 2015. 8.까지 4회에 걸쳐 원고에게 이 사건 추가공사에 따라 추가 투입된 물량을 정산하여 계약금액을 증액하여 줄 것을 요청하였으나 원고가 그 요청을 거절하자, 2015. 8. 25. 원고를 상대로 한국공정거래조정원에 설치된 하도급분쟁조정협의회에 하도급법 제24조에 따른 조정을 신청하였다. 그 후 위 조정협의회는 2015. 11. 8. '원고는 금○기업에게 이 사건 추가공사로 인한 공사대금 6,465,419,000원(부가가치세 포함)을 지급하라'는 내용을 포함하는 조정안을 결정하였다.

나) 원고 등은 2016. 3. 17. 금○기업을 상대로 하여 서울중앙지방법원 2016가합514348 사건으로 이 사건 추가공사로 인한 하도급대금채무의 존부를 다투는 민사소송을 제기하였고, 서울중앙지방법원은 2017. 6. 16. '원고 등과 금○기업 사이에 이 사건 하도급공사에 대하여 책임시공 약정이 이루어졌다고 할 수 없고, 이 사건 하도급공사에 관한 설계오류가 존재한다 하더라도 그 책임은 금○기업이 아닌 삼○이 부담하여야 하므로, 원고 등의 금○기업에 대한 이 사건 하도급계약에 따른 추가 공사대금채무가 존재한다'고 판단하여 원고 등의 채무부존재확인 청구를 기각하는 판결을 선고하였으며, 위 판결은 원고 등이 불복하지 아니하여 2017. 7. 11. 그대로 확정되었다.

다) 한편, 원고는 2017. 7. 12. 금○기업과 사이에 '이 사건 추가공사대금 및 이에 대한 지연이자로 7,100,000,000원(부가가치세 포함)을 2017. 7. 13.까지 지급한다'는 등의 내용으로 합의하였고, 위 합의에 기하여 위 금원을 피고의 이 사건 심의 종결 전인 2017. 7. 13. 금○기업에게 지급하였다.

다. 원고의 주장 -'처분사유의 부존재'

이 사건 3개 공종에 대한 추가·변경 공사는 발주자인 한국농어촌공사의 실시설계 보완 요청에 따라 금○기업이 작성했던 실시설계상의 오류, 미비사항을 보완한 것으로서, 원고와 금○기업 사이에 위 공사에 대한 하도급계약을 체결할 당시 이미 하도급계약의 대상에 포함되어 있었던 것이고, 금○기업은 원고와 사이에 설계의 오류나 미비 등 설계변경으로 인한 계약금액의 조정을 하지 않기로 하는 **책임시공의 약정**을 하였다. 실제로 금○기업이 수행한 설계의 오류나 미비로 인하여 이 사건 추가공사가 이루어지게 된 것이므로, 원고는 추가공사와 관련하여 금○기업에게 서면을 발급하거나 추가공사대금을 지급할 의무가 없다.

라. 법원의 판단

위 인정 사실과 앞서 든 각 증거에 변론 전체의 취지를 더하여 알 수 있는 다음의 각 사정을 종합하면, '이 사건 추가공사가 하도급계약 체결 당시 이미 그 계약 내용에 포함되어

금○기업은 이러한 수정사항을 반영한 제작도면을 공종별로 작성하여 원고와 발주자로부터 승인을 받았다.

공종	수정내용	원고 승인일자	발주자 승인일자
1단 수문	롤러게이트 및 HOIST	2011. 5. 27.	2011. 5. 25.
2단 수문	롤러게이트	2011. 9. 8.	2011. 9. 6.
STOP LOG	메인 스톱로그	2012. 1. 12.	2012. 1.경

있었다거나, 원고와 금○기업 간에 설계변경으로 인한 계약금액의 조정을 하지 않기로 하는 책임시공 약정이 있었고, 이 사건 추가공사는 이 사건 하도급공사의 설계 책임을 부담하는 금○기업의 설계오류로 발생한 것이어서 그와 관련한 책임은 금○기업에게 있다'는 원고의 주장을 인정하기에 부족하고, 달리 이를 인정할 증거가 없다. 따라서 원고가 이 사건 하도급공사와 관련하여 서면 미발급 행위와 하도급대금 미지급 행위의 하도급법 위반행위를 하였다는 이유로 피고가 한 이 사건 시정명령은 적법하고, 원고의 이 부분 주장은 이유 없다.

가) 이 사건 하도급계약의 체결 시 작성한 처분문서인 이 사건 하도급계약서 중 일반조건 제14조의2 제1항에 '원고는 발주자의 요청 혹은 자신의 설계변경 등으로 인하여 공사량의 증감이 발생한 경우에는 당해 계약금액을 조정하여야 한다'고 명시적으로 규정되어 있다. 반면, 이 사건 하도급계약서 특수조건 등 어디에도 위와 같은 일반조건의 내용을 배제하고 원고가 주장하는 공사대금 변경금지 합의 등 책임시공의 약정을 규정한 내용이 없다.

나) 원고가 이 사건 하도급계약 체결 전에 금○기업에 교부한 이 사건 현장설명서에는 최우선되는 특수조건으로 '실시공 물량에 따른 물량정산 조건임'이라고 정산조건이 기재되어 있는 등 현장설명서의 내용에도 계약변경에 따른 물량증감 정산이나 설계변경에 따른 물량증감, 신규항목 단가의 협의 조정 등을 정함으로써 물량변동에 따른 정산을 전제로 하여 규정하였다. 그런데 원고가 이 사건 하도급계약의 체결을 위해 금○기업에게 사전에 이 사건 현장설명서를 교부하기 이전인 2010. 9. 17.에 원고 등은 발주자로부터 실시설계서를 일부 보완하는 조건으로 이 사건 도급공사의 실시설계에 대한 조건부 승인을 받아 설계변경 등이 충분히 예상되는 상태였다. 그럼에도 불구하고 이 사건 현장설명서나 그 후 작성된 이 사건 하도급계약의 계약서에 일정한 설계변경의 경우 그에 따른 공사대금을 금○기업이 부담한다는 원고 주장의 약정 등을 기재하지 아니하였다.

다) 갑 제5호증, 갑 제14호증, 갑 제18호증의 1, 2의 각 기재와 갑 제8호증, 갑 제9호증의 각 일부 기재에 의하면, 금○기업은 원고 등이 이 사건 도급공사에 대한 입찰에 참가하기 위하여 삼○ 등에게 기본설계 용역을 도급할 무렵인 2009년 말경부터 이 사건 하도급공사의 기본설계 과정에 참여하였고, 이후 실시설계에 이르기까지 그 설계에 상당 부분 관여한 사실은 인정된다. 그러나 이와 같이 시공자가 설계에도 참여하였다는 사정만으로 책임시공 약정이 당연히 존재하는 것으로 볼 수는 없다. 더욱이 앞서 살펴본 처분문서인 이 사건 하도급계약서의 명시적 내용과 함께, 이 사건 도급공사의 기본설계 및 실시설계에 대한 각 기술용역계약은 원고 등과 삼○ 등과의 사이에 체결되었고, 금○기업은 삼○으로부터 그 중 이 사건 하도급공사의 기본설계 및 실시설계에 대한 각 기술용역을 하도급받은 하도급업자인 점과 금○기업이 수문 제작·시공 전문업체로서 설계를 하는 엔지니어링 업체가 아님에도 이 사건 하도급공사의 설계에 관여한 것은 수문 제작·설치라는 이 사건 하도급공사의 전문성, 특수성 때문에 원고 등으로서도 설계 단계부터 금○기업의 도움이 필요하였고 금○기업 역시 원고 등에게 도움을 줌으로써 이 사건 하도급공사를 다른 업체보다 우선적으로 하수급할 수 있는 유리한 지위를 얻을 수 있는 등 쌍방의 이해관계가 합치되었기 때문으로 보이는 사정 등까지를 고려하면, 위 인정사실에서 더 나아가 당시 원고와 금○기업 사이에 원고 주장의 책임시공 약정 또는 금○기업이 이 사건 하도급공사의 설계 미비나 오류 등으로 인한 책임을 부담한다는 취지의 약정이 이루어졌다거나 이 사건 추가공사가 이 사건 하도급계약의 체결 당시 그 내용으로 포함되어 있었다는 취지의 갑 제8호증, 갑 제9호증의 각 일부 기재

와 갑 제11호증의 기재는 이를 그대로 믿기 어렵고, 달리 원고 주장의 책임시공 약정 등이 존재한다고 인정하기에 족한 증거가 없다.

라) 원고 등이 이 사건 하도급공사를 포함한 이 사건 도급공사의 기본설계 및 실시설계에 대한 각 기술용역계약을 체결한 당사자는 삼○ 등이고, 위 각 기술용역계약서에 의하면 삼○ 등은 수행한 용역 중 설계도면이나 수량산출 등의 오류, 누락 및 착오나 기타 설계하자로 판명된 경우 등 과업지시서에 적합하지 아니한 부분이 있을 때에는 원고 등의 시정요구에 응하여야 하며, 이 계약으로 인한 손해배상책임은 위 계약서에서 정한 계약금액(부가가치세 제외)을 한도로 한다고 규정하고 있는 반면, 금○기업은 원고와 직접적으로 설계에 관한 어떠한 계약도 체결한 바 없다. 설령 원고의 주장과 같이 이 사건 추가공사가 이 사건 하도급공사인 수문의 제작·설치공사의 기본설계 및 실시설계의 오류로 인한 것이라 하더라도, 그로 인하여 발생한 손해배상책임은 원고 등과 삼○ 등 사이에 체결한 위 각 기술용역계약서에 기재된 바에 따라 그 부분 설계용역을 담당한 삼○이 부담할 것이지, 그 책임을 위 각 기술용역계약의 상대방이 아닌 금○기업에게 부담시킬 수는 없다. ■

9) 건설위탁 마감공사 하도급 수급사업자에 대하여 사용승인을 받아서 목적물을 인수함에도 불구하고 보완시공을 하지 않았다는 이유로 60일이 경과하도록 하도급대금을 지급하지 않는 것은 하도급법 제13조 위반이라는 사례

원사업자가 수급사업자들에게 제조 또는 건설위탁을 했던 아파트에 관한 '**사용승인일**'을 그 '목적물 인수일'로 봄이 타당하고, 이와 달리 마감공사의 특수성을 이유로 추가 보완시공이 완료된 때에 하도급공사대금의 지급기일이 도래한 것으로 볼 것은 아니라는 판결(**서울고등법원 2019. 11. 27. 선고 2019누34892 판결 [시정명령등취소] 및 대법원 2018두51485 상소심 계속 중**)이 있다. 타당한 판결이라고 할 것이다.

[참조 판결]

-서울고등법원 2019. 11. 27. 선고 2019누34892 판결[211] [시정명령등취소]-
[현○산업개발 사례]

【판시사항】

건설위탁에 있어서 '**부지조성공사**'와 같은 불가분적 급부를 목적으로 하는 경우 목적물 인수일의 기준일에 대한 판단 [**세금계산서발행일이 아니라 인수일**]

【판결이유】

1. 처분의 경위

피고는 2019. 1. 9. 의결 제2019-011호로 원고에게 아래와 같은 이유로 별지1 목록 기재와 같은 시정명령과 과징금 납부명령(이하 '이 사건 처분'이라 한다)을 했다.

2. 원고의 주장

211) 본 판결은 상고되어 대법원에서 계속중이다(대법원 2019두61854).

> 원고는 '제12호선 담양-성산간(9공구) 공사' 등과 관련하여 하도급대금을 목적물 수령일인 사용승인일부터 60일을 초과하여 지급하면서 그 초과기간에 대한 지연이자 179,184,000원을 지급하지 않았다. 원고의 이러한 행위는 하도급거래 공정화에 관한 법률(이하 '하도급법') 제13조 제8항에 위반된다.
> 원고는 '부산명륜 ○○아파트 공사' 등과 관련하여 하도급대금을 어음대체결제수단으로 지급하면서, 목적물 수령일인 사용승인일부터 60일을 초과하는 날부터 그 상환기일까지의 기간에 대한 수수료 10,310,000원을 지급하지 않았다. 원고의 이러한 행위는 하도급법 제13조 제7항에 위반된다.

원고는 수급자업자에게서 기성 또는 준공통지를 받고 검사 완료를 한 때에 비로소 목적물을 인수하는 것이고, 이와 달리 주택법 또는 건축법상의 '사용승인'을 받는 때에는 아직 목적물을 인수하지 못한다. 아파트 신축 공사 중 마지막 공정인 마감공사(창호, 타일, 도장, 벽지공사, 가구 설치 등)는 하자를 육안으로 쉽게 발견할 수 있어 추가·보완시공이 필수적이다. 원고와 수급사업자는 계약 기간 종료 전에 목적물을 점검하여 보완시공이 필요하다고 판단한 경우에 서로 대등한 지위에서 계약 기간을 연장하는 변경계약을 체결한다. 이는 그 보완시공을 한 다음 그 보완시공까지 포함하여 정산하기 위함이다. 더욱이 수급인의 하자보수보증금예치 의무와 원고의 공사잔대금지급 의무는 동시이행관계에 있는데도, 수급사업자가 위 '사용승인일'까지 하자보수보증서를 원고에게 교부한 적이 없으므로, 지연이자가 그 사용승인일부터 발생할 수는 없다. 따라서 이 사건 처분 사유는 존재하지 않는다.

3. 판단

가. 인정 사실

1) 아파트 건축 공사의 시공 및 점검 절차

원고가 이 사건 처분과 관련하여 수급사업자에게 대부분 위탁한 아파트 건축공사에서는, 수급사업자가 시공을 완료하면 입주(예정)자들이 입주하기 전에 먼저 원고를 거쳐 아파트를 점검하여 하자 있는 부분을 찾아내어 원고에게 통지하고, 그에 따라 수급사업자가 추가 보완시공을 한 다음 원사업자인 원고와 함께 사용검사 및 사용승인(준공검사)을 받아 발주처와 입주민에게 아파트를 인계한다. 입주자들은 사용검사 및 사용승인 후 입주하여 추가 점검을 하고 하자 있는 부분에 대해 추가 보완 시공을 요구할 수 있다. 원고는 추가 보완시공이 대부분 완료되면 현장 직원을 철수시키고 시공·점검 업무를 서비스센터 직원들이 담당하도록 업무를 이관한다. 이와 같은 일의 진행 순서는 아래 흐름도와 같다.

수급사업자별 시공	입주(예정)자 사전 점검 (입주 시작일 전 30일)	추가 또는 보완 시공 (주체: 수급사업자)
사용승인 신청 및 사용검사	사용승인	입주 시작 (입주 지정기간: 43일~63일)
목적물 추가 검사 (주체: 입주민 또는 관리사무소)	추가 또는 보완 시공 (주체 : 수급사업자)	시설물 인수인계 (시공사 → 관리사무소)

현장업무 이관(현장 철수)
{현장(원고) →
서비스센터(원고)}

원고가 수급사업자들에게 제조 또는 건설위탁을 한 일부 공사는 아파트 건축 공사가 아니라 '현대백화점 무역점 기계식 주차장 설치공사', '수원 신풍지구 미술관 신축공사', '광교복합의료센터 신축공사', 논현동 렉스타워 신축공사', '충북대학교 생활관(BTL) 공사',·'포천 연천 국방부 BTL 공사' 등이다. 이와 같은 종류 위탁공사의 통상적인 현장에서는 수급사업자가 시공을 완료하면 발주처가 사용승인 등 준공검사를 주도하여 계약서, 설계도면, 시방서 등에 따라 목적물을 완성했는지 여부를 점검한다.

2) **행정청의 사용검사 후 사용승인**

원고는 아파트 건축공사와 관련하여 당초의 계약기간 종료 전에 수급사업자들로부터 시공완료확인서를 제출받아, 이를 첨부하여 관할 행정청에 주택법령에 따른 사용검사를 신청했다. 그 신청 시에는 주택법과 건축법의 관련 규정에 따라 사용검사 신청서, 공사 완료 보고서, 감리 완료 보고서, 소방시설 완공검사·전기 사용 전 검사·도시가스 시공감리증명서, 정보통신공사 감리 결과 보고서, 승강기시설 완성검사 등 각종 필증, 배수설비 준공검사 신청서를 제출했다. 그뿐 아니라 관할 행정청의 요구에 따라 대지 및 도로, 피난시설, 승강기와 급수시설 등 건축설비 등의 현장조사를 하여 관계 법령의 기준을 충족하는지 기재한 사용승인조사 및 검사조서, 수급사업자의 시공완료 확인서, 건축물 시공 완료에 따른 하자이행증권, 준공사진, 현장조사를 한 감리자의 감리의견서 등을 제출했다.

위와 같이 사용검사 신청을 받은 행정청은 감리 작성의 현장조사서나 감리완료보고서 등 원고 제출 서류들에 기초하거나 직접 현장 확인을 통해, 해당 공사가 사업계획승인대로 완료되었는지 여부와 건축물 사용에 지장은 없는지를 확인한 후에 원고에게 해당 주택건설사업이 주택법 관련 규정에 따라 사용검사가 되었다는 사용검사 확인증을 교부했다.

그뿐 아니라 아파트 외 건축물 공사와 관련하여 관할 행정청은, 해당 건축물이 건축법 관련 규정에 따라 사용승인되었다는 사용승인서, 사회기반시설에 대한 민간투자법 관련 규정에 따라 준공을 확인했다는 준공확인필증을 교부했다.

3) **원고와 수급사업자 사이의 변경계약**

원고는 수급사업자들 대부분과는 관할 행정청에서 위와 같이 사용검사 확인증을 교부받은 이후에 당초의 계약기간을 연장하는 변경계약서를 작성했고, 나머지 일부 수급사업자들과는 사용검사 확인증 교부 전으로 당초의 계약기간 종료 전 날 또는 1개월 내지 3개월 전에 계약기간을 연장하는 변경계약서를 작성했다.

한편 원고는 수급사업자인 서호건설과 변경계약을 체결하면서 공급가액을 당초보다 2억 1,000만 원이 넘게 감액했다.

4) **수급사업자들의 추가 보완시공, 하자보수보증서 제출**

입주자들이 사전 점검에서 또는 입주한 후에 아파트에서 하자를 발견하면 원고에게 추가 보완시공을 요구했다. 그러한 하자의 주된 내용은 '전기 스위치 작동 불량, 가스 차단기 작동 불량, 타일 손상, 배수 불량, 선반 비대칭' 등이었다.

원고는 공사현장별로 하자를 정리하여 AS 목록으로 관리하면서 수급사업자들에게 추가 보완시공을 하게 했고, 관리사무소에 아파트를 인계한 이후에도 서비스센터를 운영하면서 AS 목록 관리 업무 등을 계속 수행했다.

수급사업자들은 변경 계약기간 종료 후에 원고에게 하자보수보증서를 교부했다. 하자보수 책임기간은 변경계약상 계약 기간 종료일부터 약 8개월 또는 2년이었다.

5) **사용승인일 기준 지연이자와 어음대체결제수단 수수료**

원고는 '제12호선 담양-성산간(9공구) 공사' 등과 관련하여 2013. 12. 30.부터 2016. 2. 29.까지 발주자의 준공금 지급일부터 15일 또는 목적물 수령일부터 60일 지나 서천건설 등 158개 수급사업자들에게 하도급대금을 지급하면서, 그 초과기간에 대한 지연이자 합계 3억 3,771만 원을 지급하지 않았다. 그중 사용승인을 목적물 수령일로 보아 구체적으로 산정한 원고의 지연이자 미지급 내역은 아래와 같다.

사용승인일 기준

수급사업자	목적물 수령일	하도급대금	지연일수(일)	지연이자(원)
학선건설 등 64개 사업자	2013. 12. 30. ~ 2015. 11. 30.	6,008,013	1 ~ 177	179,184

그런데 피고가 사건 심사 착수를 보고한 2016. 4. 28. 전후로 원고가 수급사업자들에게 지연이자 조로 273,197,000원을 지급함에 따라 미지급 지연이자로 64,513,000원이 남아 있다.

또한 원고는 '부산명륜 ○○ 아파트 공사' 등과 관련하여 2013. 12. 30.부터 2016. 2. 29.까지 다우산업 등 138개 수급사업자들에게 하도급대금을 어음대체결제수단으로 지급하면서, 발주자의 준공금 지급일부터 15일 또는 목적물 수령일부터 60일을 초과하는 날부터 상환기일까지의 수수료 93,620,000원을 지급하지 않았다. 그중 사용승인일을 목적물 수령일로 보아 구체적으로 산정한 원고의 수수료 미지급 내역은 아래와 같다.

사용승인일 기준

수급사업자	목적물 수령일	지급액(원)	지연일수	수수료(원)
다우산업 등 36개 사업자	2013. 12. 30. ~ 2016. 2. 12.	1,683,449	2 ~ 76	10,310

그런데 피고가 사건 심사 착수를 보고한 2016. 4. 28. 전후로 원고는 89,099,000원을 관련 수급사업자들에게 지급했다. 이 부분과 관련하여 원고가 미지급한 수수료는 4,521,000원이다.

나. 법원의 판단

1) **'사용승인일'이 '목적물 인수일'인지**에 관하여

원고가 수급사업자들에게 제조 또는 건설위탁을 했던 아파트에 관한 사용승인일을 그 목적물 인수일로 봄이 타당하고, 이와 달리 마감공사의 특수성을 이유로 추가 보완시공이 완료된 때에 하도급공사대금의 지급기일이 도래한 것으로 볼 것은 아니다. 이 부분 원고 주장은

이유 없다.

① 주택법상 사업주체 또는 입주예정자는 사용검사를 받은 후가 아니면 주택 또는 대지를 사용하게 하거나 이를 사용할 수 없고, 건축주는 사용승인을 받은 후가 아니면 건축물을 사용하거나 사용하게 할 수 없다. 그리고 주택법상 사용검사를 받으면 건축법상 건축허가가 의제되고 해당 사업의 사용승인을 받은 것으로 본다.

② 아파트 건축 공사의 경우, 원고는 수급사업자가 시공을 완료하면 입주(예정)자들에게 사전 점검을 하도록 하고, 지적 받은 하자 부분은 수급사업자들에게 추가 보완시공을 하게 한 뒤 사용승인을 신청했으며, 주택법상 사용검사 확인을 받은 후에 곧바로 입주(예정)자들에게 입주가 가능함을 통보했다.

원고는 사용검사 확인 등 준공검사를 받아 발주처와 입주자들에게 건물 등을 인계함으로써 발주처에 대한 계약상 의무의 이행을 완료하고, 입주자들에게 아파트 입주가 가능함을 통보함으로써 건물 등의 관리지배권을 발주처나 입주자들에게 이전한다. 따라서 원고가 입주자들에게 입주 가능을 통보할 수 있는 '사용검사 확인을 받은 때'를 목적물을 수령(인수)한 때로 봄이 타당하다.

원고가 사용검사 확인을 받은 후에도 입주자들의 추가 점검과 수급사업자들의 추가 보완시공이 이루어지기는 한다. 하지만 이는 원고가 이미 수급사업자들로부터 건물 등의 관리지배권을 인수 받아 입주자들에게 인계하고 후의 하도급 계약상 부수적인 의무 이행의 문제로서, 건물 등의 관리지배권 이전 문제와는 별개의 문제에 불과하다.

③ 아파트 건축 공사 외의 일반적인 제조 또는 건축위탁에서는 수급사업자가 시공을 완료하면 발주처가 사용승인 등 준공검사를 받는다. 원고가 사용승인 전에 건물 등 목적물에 대한 관리지배권을 취득하여 발주처에 이전해 주었다고 보인다. 따라서 늦어도 사용승인일에는 원고가 목적물을 수령(인수)했다고 봄이 타당하다.

④ 원고는 입주(예정)자들로 하여금 입주 후로도 하자 검사를 할 수 있게 하고 수급사업자들에게 입주(예정)자들 지적의 하자에 대하여 추가 보완시공을 하게 했다. 이러한 하자 검사와 추가 보완시공 자체는 장기간에 걸쳐 이루어지고, 원고가 입주자들이나 아파트 관리단 등에 아파트를 인계한 이후에도 입주자들의 추가 보완시공 요구에 대하여 업무를 처리한다. 이에 따르면, 아파트의 마감공사는 특정한 기일을 정하여 이행을 완료할 것을 약속할 수 있는 성격의 공사로 보기 어렵다.

⑤ 원고와 수급사업자들이 체결한 변경계약을 단순히 수급사업자들이 이행지체 및 하자보수책임을 부담하는 대신 계약 기간을 연장한 것으로 해석할 경우, 수급사업자는 경미한 하자를 이유로 거액의 하도급 대금 전부를 지급받을 수 없게 되어 그의 열세의 지위를 더 악화시키는 결과를 초래한다.

2) **'동시이행항변권의 존재에 의해 지연이자 발생이 저지되는지'**에 관하여

하도급법 제13조 제1항은 본문에서 "원사업자의 하도급대금을 '목적물등의 수령일(건설위탁의 경우에는 인수일)부터 60일 이내의 가능한 짧은 기한으로 정한 지급기일까지 지급해야 한다."고 규정하면서, 단서에서 그 예외를 두면서도 수급사업자의 하자보수보증금예치의무를 규정하고 있지 않다. 이는 수급사업자가 원사업자보다 열세의 지위에 있음을 고려하여 원사업자가 수급사업자를 착취하거나 일방적으로 손실을 부담하게 하는 행위를 금지하고 있는 것이다. 원고가 목적물을 인수하고도 수급사업자와 지급기일을 늦추는 변경계약을 체결하였

기 때문에 수급사업자들이 하자보수보증서를 발급받지 않고 있다가 그 변경계약기간 종료일 이후에 발급받아 제출했으며, 당초의 계약기간 이후 변경계약 기간 동안 하자보수 의무를 실제로 이행했으므로 하자보수보증서를 발급하여 제출할 이유가 없었다.

따라서 원고는 수급사업자에게서 목적물을 인도받음에 따라 수급사업자에게 하도급대금을 지급해야 하고, 수급사업자가 하자보수보증금을 예치할 의무가 있다는 사정만으로 이와 달리 볼 것은 아니다. 그러므로 이 부분 원고 주장은 이유 없다. ■

나. 공정거래위원회 심결례

– 원사업자의 산급금 지급의무 불이행에 대한 금지명령 및 지연이자 부과 사례[212] –

공정거래위원회 2015. 7. 15. 의결 2014서3177 금지명령 및 대금지급명령 [현대모비컴 사례]

[주문]

2. 피심인은 수급사업자인 ○○○○ 주식회사에게 “TOP IT-350 다스용 M-700HL 블랙박스 케이스” 등의 제조위탁과 관련하여 기 지급한 하도급 대금에 대한 지연이자 1,447,669원과 미지급 하도급대금 55,818,600원 및 이 금액에 대하여 <별지>의 지연이자 기산일부터 실제 지급하는 날까지의 기간에 대하여 **2015. 6. 30.까지는 연 20%의 지연이율을 적용**하고, **2015. 7. 1.부터는 연 15.5%의 지연이율을 적용한 지연이자를 지체 없이 지급**하여야 한다. ■

다. 질의회신

문】 원사업자는 발주자로부터 대금을 지급받지 못하였는데도 불구하고, 수급사업자에게 목적물 수령일로부터 60일 이내에 하도급대금을 지급하여야 하는지 여부

또한, 원사업자가 도급계약의 기성금 지급조건과 동일하게 하도급대금을 지급하는 경우의 하도급법 위반 여부

답】 하도급계약은 원도급계약과는 별도의 계약이며, 하도급법에서 하도급대금은 목적물 수령일로부터 60일 이내의 가능한 짧은 기한 내에 지급하도록 규정하고 있으므로 원사업자는 발주자로부터 도급대금을 지급받지 않은 경우에도 하도급대금을 위 법정 지급기한 이내에 수급사업자에게 지급하여야 함.

오히려, 원사업자가 발주자로부터 도급대금을 지급받은 경우에는 지급받은 날로부터 15일 이내에 하도급대금을 수급사업자에게 지급하여야 함.

한편, 하도급대금 지급주기 자체를 원도급계약과 동일하게 정하는 것은 관계없으나, 하도급대금 지급기일이 하도급법상 하도급대금 지급기한인 목적물 수령일로부터 60일을 초과하게 되면 원

212) 현대모비콤 사건: 개정이율 고시 사례
참고: 2015. 6. 30. 개정된 고시(공정거래위원회 고시 제2015-4호)의 지연이율은 연리 15.5%이고, 2015. 7. 1.부터 적용

칙적으로 하도급법 위반임.■

문】 하도급법 제13조 제1항 제1호 및 제2호에 규정된 "대등한 지위" 또는 "당해업종의 특수성" 해석에 대한 구체적 판단기준을 예시하여 주시기 바람

답】 ○하도급법 제13조 제1항 제1호 및 제2호는 하도급대금을 지급함에 따른 지급기일(목적물 수령일(건설위탁일 경우에는 인수일)로부터 60일 이내)의 예외 조항으로서,

○원사업자와 수급사업자간의 "대등한 지위"라 함은 먼저 회사의 외형규모인 자본금, 종업원수, 매출액 등을 비교하여 상호 대등하다고 객관적으로 판단되는 경우와 업종의 특성에 따른 독점도, 생산능력 및 기술수준, 제품의 경쟁력 등을 종합적으로 고려하여 대등한 위치에서 상호 합의가 있는 경우 등을 말할 수 있으며,

○ "당해업종의 특수성"이란 당시의 경제여건과 관련하여 고려하여야 할 사항으로서 당해업종의 고유한 관행 및 경제현상의 비정상적인 여건으로 인하여 정상적인 대금지급기일을 지킬 수 없을 경우 등으로 말할 수 있을 것임.

○그러나 상기 예외규정의 적용은 하도급법의 입법 취지로 볼 때 신중이 필요함.■

문】 발주처로부터 3개월에 1번씩 수금하기로 도급계약을 체결하고 하도급업체에게도 3개월에 1번씩 기성금을 법정지급기일 내에 지급하여도 되는지 여부

답】 원사업자와 수급사업자간 기성대금 지급주기에 대해서는 하도급법에서 별도로 규정하고 있는 바가 없으므로 이는 양당사자가 하도급계약에 의해 결정되어야 할 것임.■

문】 건설하도급에 있어 수급사업자가 매월 말일에 원사업자에게 기성청구서를 제출하고 있는 경우에 목적물인수일은 언제로 되는지

답】 하도급법 제8조 제2항 단서에서 건설위탁의 경우 검사가 종료되는 즉시 목적물을 인수하여야 한다는 규정에 의하여 수급사업자의 기성청구에 따라 원사업자가 기성검사를 하여 기성을 확정해 준 날이 목적물인수일이 될 것임.

한편, 하도급법 제9조 제2항에서 검사는 수급사업자로부터 공사의 준공 또는 기성부분의 통지를 받은 날로부터 10일내에 해주도록 되어 있으므로 늦어도 다음달 10일까지는 목적물을 인수하여야 할 것임.■

문】 (1) 하도급법 제13조 제1항에 의한 하도급대금의 지급과 관련하여 "월 1회 기성정산 후 60일 이내 지급"과 동조 제3항의 "발주자로부터 기성대금을 지급받은 후 그 지급받은 날로부터 15일 이내 지급" 중 어느 조항으로 적용 또는 우선하는지

(2) 위 질의(1)과 관련하여 만약 원사업자가 발주자로부터 기성대금을 수령하지 못하였을 경우라도 수급사업자는 공사대금을 지급받을 수 있는지

답】 (1) 하도급법 제13조 제1항은 원사업자가 발주자로부터 대금을 수령하였는지 여부에 관계없이 하도급대금을 목적물 인수일로부터 60일 이내의 가능한 짧은 기한으로 정한 지급기일에 지급하여야 함을 규정한 것이며, 제13조 제3항은 동조 제1항의 보완조항으로서 원사업자가 발주자로부터 대금(기성금 또는 준공금)을 수령하였을 경우 수급사업자가 시공한 분에 상당하는 금액을

원사업자가 지급받은 날로부터 15일(제1항의 대금지급 기일이 그전에 도래할 경우에는 지급기일)이내에 지급토록 규정한 것임.

(2) 원사업자가 발주자로부터 대금수령을 하였는지 여부에 관계없이 원사업자는 수급사업자가 시공한 분에 대하여는 하도급대금을 지급기일내에 지급하여야 함.■

문】(1) 원사업자가 준공금, 기성금을 발주자로부터 지급받은 후 15일 지나서 목적물수령일로부터 60일 이내에 어음으로 수급사업자에게 하도급대금 지급하여도 되는지

(2) 상기 질의 (1)의 경우로서 15일이 지났더라도(목적물 수령후) 60일 이내에 현금으로 지급하여도 무방한지

답】(1) 하도급법 제13조 제3항의 규정에 의하면 원사업자가 발주자로부터 준공금과 기성금을 지급받았으면 동조 제1항의 규정에 불구하고 준공금과 기성금을 지급받은 날로부터 15일(하도급대금의 지급기일이 그 전에 도래하는 경우에는 지급기일) 이내에 수급사업자에게 지급하여야 하므로, 발주자로부터 준공금과 기성금을 지급받은 후 15일이 지나서 목적물 인수일로부터 60일내의 어음으로 준공금 및 기성금을 지급한 경우에는 15일(지급기일) 이후 어음지급일까지의 지연이자와 어음지급일 이후 만기일까지의 어음할인료(연리 7.5%)를 부담하여야 함.

(2) 목적물인수일이 4.30.이고 준공금 수령일이 5.10.이므로 하도급대금은 5.25.까지(목적물인수일부터 60일은 6.30.일 이내이지만, 발주자로부터 준공금, 기성금을 이미 수령한 상태이면 15일 후인 5.25. 지급해야 하는 날짜임)는 지급하여야 함.

이 기간이 지난 5.27.에 34일 만기의 어음으로 지급하였으면 5.26.~5.27. 기간에 대해 하도급법 제13조 제5항에 의한 지연이자(연리 20%[213])와 5.28. 이후 어음만기일(6.30)까지의 기간에 대해서는 하도급법 제13조 제6항에 의한 어음할인료(연리 7.5%)를 부담해야 할 것임. ■

문】(1) 하도급대금 지급은 원사업자가 수급사업자에게 목적물인수일로부터 60일 이내에 지급하여야 하나, 60일이 되는 날 전액 현금지급 뿐만 아니라 30일 지난 후 30일 어음으로 지급하여도 무방한지 여부

(2) 원사업자가 하도급대금 지급을 기성금과 준공금으로 발주자로부터 수령 후 15일 이내 지급하여야 한다는 것은, 목적물 인수일로부터 60일 지나서 기성금과 준공금을 수령한 후 지급하면 지연이자를 지급해야 하는지 것인지

답】(1) 하도급법 제13조 제1항에서는 하도급대금은 목적물수령일로부터 60일 이내 지급토록 규정하고 있으며, 이 경우에 그 지급방법은 현금(또는 수표), 어음 모두 유효하며, 다만 어음으로 지급하는 경우에는 만기일이 목적물 수령일로부터 60일을 초과하게 되면 초과기간에 대한 할인료를 부담하여야 함.

(2) 원사업자가 발주자로부터 준공금을 받은 때에는 하도급대금을, 기성금을 받은 때에는 수급사업자가 시공한 분에 상당하는 금액을 그 지급받은 날로부터 15일 이내에 수급사업자에게 지급하여야 하는 바, 하도급대금 지급기일을 초과하여 지급하였다면 하도급법 제13조 제3항의 단서 규정에 해당되어 지연이자를 지급하여야 함. ■

문】원사업자가 하도급대금을 신용카드로 결재하고자 하는 경우

---

213) 현재는 연15.5%가 적용된다.

- 하도급대금의 지급일은 카드승인일이 되는지 아니면 카드대금 납부일이 되는지 여부
- 카드승인(입고일로부터 35일)과 함께 일정의 수수료(약 2%)를 공제한 납품대금을 수급사업자가 받게 될 경우 하도급법 위반여부

답】원사업자가 하도급대금을 신용카드방식에 의해 결제하는 경우 하도급법상 하도급대금 지급기일은 카드사를 통해 수급사업자에게 실제 하도급대금이 입금되는 날로 보아야 할 것임.

○ 또한 수급사업자가 카드사용 수수료를 부담하는 것에 대해서는 카드결제방식이 아래와 같은 요건 하에서 이루어진다면 하도급법 위반으로 보기는 곤란할 것임.

① 카드결제방식에의 가입은 원사업자의 실질적 강요행위없이 수급사업자의 자유로운 의사에 의해 이루어져야 한다.

② 원사업자는 카드결제방식에 가입하지 않은 수급사업자에 대해서 그것을 이유로 부당하게 거래조건 또는 기타 불리한 취급을 하여서는 아니된다.

③ 카드결제방식에 가입한 수급사업자가 이를 원하지 않게 되었을 경우에는 자유로이 탈퇴할 수 있어야 한다. ■

문】(1) 하도급법의 새로운 적용대상업종(전기공사 · 전기통신공사 및 소방시설공사)에 해당하는 하도급에 있어서 그 거래는 법시행일전에 이루어졌으나 법시행일 이후까지도 하도급대금을 지급하지 않고 있는 경우에 동 하도급대금지급지연행위가 하도급거래공정화에관한법률의 적용대상이 되는지의 여부

(2) 적용대상이 된다면「하도급법 제13조」의 규정에 의한 대금지급지연이자기산일은 어느 시점인지의 여부

답】

(1) 원칙적으로 법시행일전에 체결된 하도급거래에 대하여는 이 법을 적용할 수 없을 것이나 목적물의 인도 · 인수가 법시행일 후에 이루어졌다면 그에 따른 대금지급에 관하여는 이 법을 적용하여야 할 것으로 생각됨.

(2) 하도급법에 의한 대금지급지연이자기산일은「동법 제13조 제5항」의 규정에 의하여 목적물의 수령일로부터 60일을 초과하는 날부터 기산하여야 할 것으로 생각됨.

【이유】

(1) 하도급법 이 동 법률시행일 이전의 행위에 관한 경과조치를 둠이 없이 시행되고, 하도급거래계약은 법시행일 전에 체결되었으나 법시행일 후까지 동 대금이 지급되지 않고 있는 경우에 그 하도급 거래에 관련한 행위들에 하도급법을 적용할 수 있는가의 여부를 판단함에 있어서는 도급이 사법적 계약으로서의 성질을 가진다는 점과 하도급법이 행정적 차원의 규제입법인 동시에 거래당사자간의 사적 자치의 일부를 제한하는 입법이라는 점을 종합적으로 고찰하여야 할 것인바, 민법상 도급이란 당사자 일방이 어떤 일을 완성할 것을 약정하고, 상대방은 그 일의 결과에 대하여 보수를 지급할 것을 약정함으로써 성립하는 유상 · 쌍무계약으로서 도급계약의 내용은 당사자간의 합의에 의하여 정하여진다 할 것이나, 하도급법은 수급인의 지위를 보호하기 위하여 목적물의 인수와 대금지급기일에 대한 제한규정을 두어 하도급거래계약을 체결함에 있어서 원사업자에게 목적물의 인수일로부터 가능한 짧은 기한으로 대금의 지급기일을 정하도록 강제하고, 지급일이 정하여져 있지 않은 경우에는 목적물의 인수일을, 목적물의 인수일로부터 60일을 초과하

여 하도금대금의 지급기일을 정한 경우에는 목적물의 인수일로부터 60일째 되는 날을 하도급대금의 지급기일로 못박고 있는 점을 비추어 볼 때 하도급의 적용대상이 되는 도급거래에 있어서는 목적물의 인수와 대금지급은 하도급거래의 공정화란 행정목적달성상 중요한 의의를 갖는 법률사실로 봄이 상당하다고 생각되며, 따라서 목적물의 인수라는 법률사실을 그 기본이 되는 도급계약이라는 법률요건과는 별개로 하도급법의 적용이 되는 법률사실로 봄이 합당하다 할 것이므로 하도급거래계약과 이에 따른 목적물의 인수가 법시행일 전에 이루어졌다면 하도급법을 적용할 수 없을 것이나 하도급계약이 법시행일 전에 이루어졌더라도 그에 따른 목적물이 인수가 하도급법 시행일 이후에 이루어졌다면 그 목적물의 인수에 따른 하도급대금지급에 관련된 행위에 대하여는 하도급법을 적용하여야 할 것으로 생각됨.

(2) 따라서 하도급법에 의한 대금지급지연이자기산은「동법 제13조 제5항」의 규정에 의하여 목적물의 수령일로부터 60일을 초과하는 날로부터 기산하여야 할 것으로 생각됨. ■

Ⅵ. 건설하도급 계약이행보증의무 및 대금지급보증의무

1. 관련 법령(법13조의 2)

- 하도급법-

제13조의2(건설하도급 계약이행 및 대금지급 보증) ① 건설위탁의 경우 원사업자는 계약체결일부터 30일 이내에 수급사업자에게 다음 각 호의 구분에 따라 **해당 금액의 공사대금 지급을 보증**(지급수단이 어음인 경우에는 만기일까지를, 어음대체결제수단인 경우에는 하도급대금 상환기일까지를 보증기간으로 한다)하고, 수급사업자는 원사업자에게 계약금액의 100분의 10에 해당하는 금액의 계약이행을 보증하여야 한다. 다만, 원사업자의 재무구조와 공사의 규모 등을 고려하여 보증이 필요하지 아니하거나 보증이 적합하지 아니하다고 인정되는 경우로서 **대통령령**으로 정하는 경우에는 그러하지 아니하다. <개정 2014.5.28.>214)

1. 공사기간이 4개월 이하인 경우: 계약금액에서 선급금을 뺀 금액
2. 공사기간이 4개월을 초과하는 경우로서 기성부분에 대한 대가의 지급 주기가 2개월 이내인 경우: 다음의 계산식에 따라 산출한 금액

$$\text{보증금액} = \frac{\text{하도급 계약금액} - \text{계약상 선급금}}{\text{공사기간(개월 수)}} \times 4$$

3. 공사기간이 4개월을 초과하는 경우로서 기성부분에 대한 대가의 지급 주기가 2개월을 초과하는 경우: 다음의 계산식에 따라 산출한 금액

$$\text{보증금액} = \frac{\text{하도급 계약금액} - \text{계약상 선급금}}{\text{공사기간(개월 수)}} \times \text{기성부분에 대한 대가의 지급주기 (개월 수)} \times 2$$

② 원사업자는 제1항 각 호 외의 부분 단서에 따른 공사대금 지급의 보증이 필요하지 아니하거나 적합하지 아니하다고 인정된 사유가 소멸한 경우에는 그 사유가 소멸한 날부터 30일 이내에 제1항에 따른 공사대금 지급보증을 하여야 한다. 다만, 계약의 잔여기간, 위탁사무의 기성률, 잔여대금의 금액 등을 고려하여 보증이 필요하지 아니하다고 인정되는 경우로서 **대통령령**으로 정하는 경우에는 그러하지 아니하다. <신설 2014.5.28.>

③ 다음 각 호의 어느 하나에 해당하는 자와 건설공사에 관하여 장기계속계약(총액으로 입찰하여 각 회계연도 예산의 범위에서 낙찰된 금액의 일부에 대하여 연차별로 계약을 체결하

---

214) 하도급법 제13조의2 제1항(개정 2014. 5. 28. 시행 2014. 11. 29.)
:건설위탁에 있어서 원사업자가 부도 등으로 수급사업자에게 공사대금의 지급이 어려운 경우를 대비하여 하도급대금의 지급 보증을 하도록 하고 있으나 그 기간을 명시하지 않아 일부 원사업자는 우월한 지위를 악용하여 하도급대금 지급보증을 하지 않는 문제가 나타나고 있어, 공사대금 지급보증 기한을 계약체결일로부터 30일 이내로 명시하도록 하고 공사대금 지급보증 예외사유가 소멸한 경우 일정한 기간 내에 공사대금 지급보증을 하도록 하는 등 하도급대금 지급보증에 대한 내용을 보완

는 계약으로서 「국가를 당사자로 하는 계약에 관한 법률」 제21조 또는 「지방자치단체를 당사자로 하는 계약에 관한 법률」 제24조에 따른 장기계속계약을 말한다. 이하 이 조에서 "장기계속건설계약"이라 한다)을 체결한 원사업자가 해당 건설공사를 장기계속건설하도급계약을 통하여 건설위탁하는 경우 원사업자는 최초의 장기계속건설하도급계약 체결일부터 30일 이내에 수급사업자에게 제1항 각 호 외의 부분 본문에 따라 공사대금 지급을 보증하고, 수급사업자는 원사업자에게 최초 장기계속건설하도급계약 시 약정한 총 공사금액의 100분의 10에 해당하는 금액으로 계약이행을 보증하여야 한다. 〈신설 2016.12.20.〉

1. 국가 또는 지방자치단체
2. 「공공기관의 운영에 관한 법률」에 따른 공기업, 준정부기관 또는 「지방공기업법」에 따른 지방공사, 지방공단

④ 제3항에 따라 수급사업자로부터 계약이행 보증을 받은 원사업자는 **장기계속건설계약**의 연차별 계약의 이행이 완료되어 이에 해당하는 계약보증금을 같은 항 각 호의 어느 하나에 해당하는 자로부터 반환받을 수 있는 날부터 30일 이내에 수급사업자에게 해당 수급사업자가 이행을 완료한 연차별 장기계속건설하도급계약에 해당하는 하도급 계약이행보증금을 반환하여야 한다. 이 경우 이행이 완료된 부분에 해당하는 계약이행 보증의 효력은 상실되는 것으로 본다. 〈신설 2016.12.20.〉

⑤ 제1항부터 제3항까지의 규정에 따른 원사업자와 수급사업자 간의 보증은 **현금**(체신관서 또는 「은행법」에 따른 은행이 발행한 **자기앞수표**를 포함한다)의 지급 또는 다음 각 호의 어느 하나의 기관이 발행하는 **보증서**의 교부에 의하여 한다. 〈개정 2010.5.17., 2014.5.28., 2016.12.20.〉

1. **「건설산업기본법」에 따른 각 공제조합**
2. **「보험업법」에 따른 보험회사**
3. **「신용보증기금법」에 따른 신용보증기금**
4. **「은행법」에 따른 금융기관**
5. 그 밖에 **대통령령**으로 정하는 보증기관

⑥ 제5항에 따른 기관은 다음 각 호의 어느 하나에 해당하는 사유로 수급사업자가 보증약관상 필요한 청구서류를 갖추어 보증금 지급을 요청한 경우 30일 이내에 제1항의 보증금액을 수급사업자에게 지급하여야 한다. 다만, 보증금 지급요건 충족 여부, 지급액에 대한 이견 등 **대통령령**으로 정하는 불가피한 사유가 있는 경우 보증기관은 수급사업자에게 통지하고 **대통령령**으로 정하는 기간 동안 보증금 지급을 보류할 수 있다.〈신설 2013.8.13.[215], 2014.5.28., 2016.12.20.〉

1. 원사업자가 당좌거래정지 또는 금융거래정지로 하도급대금을 지급할 수 없는 경우
2. 원사업자의 부도 · 파산 · 폐업 또는 회사회생절차 개시 신청 등으로 하도급대금을 지급할

215) 하도급법 제13조2 제3항(신설 2013.8.13., 시행 2014.2.14.)
: 원사업자가 부도, 파산 등으로 하도급대금을 지급하지 못하는 상황임에도 불구하고 보증기관으로부터 보증금을 직접 받지 못하도록 하고 있어 수급사업자까지 연쇄도산 할 우려가 있으므로, 원사업자가 하도급대금을 지급할 수 없는 경우와 하도급대금을 2회 이상 지급하지 아니한 경우에 하도급대금 보증기관은 수급사업자의 보증금 지급 요청 시 30일 이내에 보증금액을 지급하도록 함.

수 없는 경우

3. 원사업자의 해당 사업에 관한 면허·등록 등이 취소·말소되거나 영업정지 등으로 하도급대금을 지급할 수 없는 경우

4. 원사업자가 제13조에 따라 지급하여야 할 하도급대금을 2회 이상 수급사업자에게 지급하지 아니한 경우

5. 그 밖에 원사업자가 제1호부터 제4호까지에 준하는 지급불능 등 **대통령령**으로 정하는 사유로 인하여 하도급대금을 지급할 수 없는 경우

⑦ 원사업자는 제5항에 따라 지급보증서를 교부할 때 그 공사기간 중에 건설위탁하는 모든 공사에 대한 공사대금의 지급보증이나 1회계연도에 건설위탁하는 모든 공사에 대한 공사대금의 지급보증을 하나의 지급보증서의 교부에 의하여 할 수 있다. 〈개정 2013.8.13., 2014.5.28., 2016.12.20.〉

⑧ 제1항부터 제7항까지에서 규정한 것 외에 하도급계약 이행보증 및 하도급대금 지급보증에 관하여 필요한 사항은 **대통령령**으로 정한다. 〈개정 2013.8.13., 2014.5.28., 2016.12.20.〉

⑨ 원사업자가 제1항 각 호 외의 부분 본문, 제2항 본문 또는 제3항 각 호 외의 부분에 따른 공사대금 지급보증을 하지 아니하는 경우에는 수급사업자는 계약이행을 보증하지 아니할 수 있다. 〈개정 2013.8.13., 2014.5.28., 2016.12.20.〉

⑩ 제1항 또는 제3항에 따른 수급사업자의 계약이행 보증에 대한 원사업자의 청구권은 해당 원사업자가 제1항부터 제3항까지의 규정에 따른 공사대금 지급을 보증한 후가 아니면 이를 행사할 수 없다. 다만, 제1항 각 호 외의 부분 단서 또는 제2항 단서에 따라 공사대금 지급을 보증하지 아니하는 경우에는 그러하지 아니하다. 〈신설 2014.5.28., 2016.12.20.〉

[전문개정 2009.4.1.]

-하도급법시행령-

제8조(건설하도급 계약이행 및 대금지급 보증) ① 법 제13조의2제1항 각 호 외의 부분 단서에서 "대통령령으로 정하는 경우"란 다음 각 호의 어느 하나에 해당하는 경우를 말한다. 〈개정 2013.8.27., 2013.11.27., 2016.12.27.〉

1. 원사업자가 수급사업자에게 **건설위탁**을 하는 경우로서 **1건 공사의 공사금액이 1천만원 이하**인 경우

2. 원사업자가 「자본시장과 금융투자업에 관한 법률」 제335조의3에 따라 신용평가업인가를 받은 신용평가회사가 실시한 신용평가에서 **공정거래위원회가 정하여 고시하는 기준 이상의 등급**을 받은 경우

3. **법 제14조제1항제2호**에 따라 **발주자가 하도급대금을 직접 지급**하여야 하는 경우

4. 하도급대금의 지급을 전자적으로 관리하기 위하여 운영되고 있는 시스템(이하 "하도급대금 지급관리시스템"이라 한다)을 활용하여 발주자가 원사업자 명의의 계좌를 거치지 아니하고 수급사업자에게 하도급대금을 지급하는 경우

② 법 제13조의2제3항제5호에서 "**대통령령으로 정하는 보증기관**"이란 「전기공사공제조합법」에 따른 **전기공사공제조합**, 「정보통신공사업법」에 따른 **정보통신공제조합**, 「주택도시기

금법」에 따른 **주택도시보증공사** 및 「소방산업의 진흥에 관한 법률」에 따른 **소방산업공제조합**을 말한다. <개정 2015.6.30., 2016.1.22.>

③ 법 제13조의2제4항 각 호 외의 부분 단서에서 "보증금 지급요건 충족 여부, 지급액에 대한 이견 등 대통령령으로 정하는 불가피한 사유가 있는 경우"란 다음 각 호의 어느 하나에 해당하는 경우를 말한다. <신설 2014.2.11., 2016.1.22.>

1. 보증기간 동안의 원사업자 및 수급사업자의 계약이행 여부가 불명확하여 자료보완이 필요하다고 인정하는 경우
2. 지급하여야 할 기성금(명칭을 불문하고 계약이행에 따른 대가로 지급되는 것을 말한다)에 대하여 원사업자와 수급사업자 사이에 이견이 있는 경우

④ 법 제13조의2제4항 각 호 외의 부분 단서에서 "대통령령으로 정하는 기간"이란 30일을 말한다. 다만, 수급사업자와 합의한 경우 15일의 범위에서 한 차례만 그 기간을 연장할 수 있다. <신설 2014.2.11., 2016.1.22.>

⑤ 법 제13조의2제4항제5호에서 "**제1호부터 제4호까지에 준하는 지급불능 등 대통령령으로 정하는 사유로 인하여 하도급대금을 지급할 수 없는 경우**"란 다음 각 호의 어느 하나에 해당하여 하도급대금을 지급할 수 없는 경우를 말한다. <신설 2014.2.11., 2016.1.22., 2016.4.29.>

1. 원사업자가 「기업구조조정 촉진법」 제5조제2항에 따라 관리절차의 개시를 신청한 경우
2. 발주자에 대한 원사업자의 공사대금채권에 대하여 제3채권자가 압류·가압류를 하였거나 원사업자가 해당 공사대금채권을 제3자에게 양도한 경우
3. 법 제2조제14항에 따른 신용카드업자 또는 금융기관이 수급사업자에게 상환청구를 할 수 있는 어음대체결제수단으로 하도급대금을 지급한 후 원사업자가 해당 신용카드업자 또는 금융기관에 하도급대금을 결제하지 아니한 경우
4. 원사업자가 수급사업자에게 하도급대금으로 지급한 어음이 부도로 처리된 경우
5. 원사업자가 수급사업자로부터 지급기일 이후 2회 이상 하도급대금 지급에 관한 최고를 받고도 이를 이행하지 아니한 경우

⑥ 제1항제4호에 따라 대금지급 보증의무 면제대상이 되는 하도급대금지급관리시스템의 종류는 공정거래위원회가 정하여 고시한다. <신설 2016.12.27.>

[제목개정 2013.11.27.]

-건설하도급대금 지급보증 면제대상[216]-

1. 건설하도급 대금 지급보증 면제대상

하도급법시행령 제8조(건설하도급 계약이행 및 대금지급보증) 제1항 제2호에서 규정하고 있는 “공정거래위원회가 고시하는 기준 이상의 등급"이란 「자본시장과 금융투자업에 관한 법률」 제335조의3에 따라 신용평가업을 인가받은 2개 이상의 기관이 발급한 다음 각 목의 등급 중 어느 하나를 획득한 경우이다. 단, 동 등급은 유효기간 이내의 것이어야 한다.

가. 회사채에 대한 신용평가 등급 A0 이상

216) [시행 2017. 1. 1.] [공정거래위원회고시 제2016-18호 2016. 12. 20. 일부개정] 공정거래위원회(건설용역하도급개선과)

나. 기업어음에 대한 신용평가 등급 A2+ 이상 (회사채 신용평가 인가를 받은 신용평가회사에서 기업어음 신용평가 등급을 받은 경우로 한정한다)

2. 재검토기한

「행정규제기본법」 및 「훈령 · 예규 등의 발령 및 관리에 관한 규정」(대통령훈령 제334호)에 따라 이 고시에 대하여 2017년 1월 1일 기준으로 매 3년이 되는 시점(매 3년째의 12월 31일까지를 말한다)마다 그 타당성을 검토하여 개선 등의 조치를 취하여야 한다.

–하도급거래 공정화지침–

14. 건설하도급 대금지급보증 (법 제13조의2)

원사업자의 하도급대금지급 보증과 관련한 위법성 판단기준을 예시하면 다음과 같다.

가. (삭제 : 2014.11.29.)

나. 원사업자는 하도급대금이나 공사기간이 조정되어 그에 따른 지급보증 변경이 필요한 경우 그 조정 시점에서 변경된 내용에 따라 수급사업자에게 추가로 대금지급을 보증하여야 한다. 다만, 추가공사의 공사금액이 1,000만원 이하의 경미한 공사인 경우에는 예외로 한다.(개정 2013.12.18.)

다. 하도급대금의 지급을 이미 보증한 사업자와 합병을 하거나 상속, 영업양수 등을 통하여 그 지위를 승계한 원사업자는 수급사업자에게 동 하도급대금에 대하여 별도의 지급보증을 하지 않아도 된다. 다만, 대금지급보증의무 대상사업자가 대금지급보증면제대상 사업자의 원사업자 지위를 승계한 경우에는 수급사업자에게 승계당시 잔여공사에 대하여 하도급대금의 지급을 보증하여야 한다.

라. 하도급계약 체결 후, 원사업자에 대한 신용평가등급이 변경되어 하도급대금 지급보증 면제대상에서 제외된 경우에는 기존의 하도급계약에 대하여는 지급 보증을 하지 않아도 된다.

마. 보증의무가 면제된 원사업자가 면제등급에서 제외된 후, 대금에 관한 변경계약을 체결하는 경우에는 변경계약으로 추가된 대금에 대하여 지급보증을 하여야 한다. 다만, 추가금액이 1,000만원 이하 인 경우는 예외로 한다.(개정 2013.12.18.)

바. 평가대상인 회사채는 원칙적으로 무보증회사채를 기준으로 하며, 회사채에 대한 신용평가등급은 당해 평가의 유효기간 내에서 효력이 있다.

사. 원사업자의 하도급대금 지급보증의무는 수급사업자와의 합의로 면제되지 아니한다.

2. 내용

가. 의의 및 취지

하도급법은 '**건설위탁**'[217]의 경우에 원사업자에 대하여는 공사대금지급보증의무를, 수급사업자에 대하여는 계약이행보증의무를 규정하고 있다. 전자의 의무를 법으로

217) 하도급법 제2조 제9항에서 말하는 건설위탁에는 건설산업기본법에 따른 건설업자, 전기공사업법에 따른 공사업자, 정보통신공사업법에 따른 정보통신공사업자의 등록을 한 자 등이 포함되는 것은 당연하다.

강제함으로써 수급사업자의 공사대금채권을 확보하고 장기적이고 계속적인 하도급제도의 유지를 가능하게 할 목적으로 규정하였다.

하도급법 제13조의2 규정은 '**강행규정**'이다. 따라서 원사업자와 수급사업자 사이에 상호 보증을 하지 않기로 합의하더라도 원사업자의 지급보증의무가 면제되는 것은 아니다[218].

또한 원사업자의 대금지급보증의무가 수급사업자의 계약이행보증의무와의 관계에서 선이행의무인지 아니면 동시이행의무인지가 문제될 수 있으나, 원사업자와 수급사업자의 보증의무의 양자의 관계는 "동시이행 의무"로 해석된다. 왜나하면, 법문의 규정 하도급법 제13조의2 제1항에 "원사업자는...공사대금 지급을 보증하고, 수급사업자는.. 계약이행을 보증하여야 한다" 라고 규정하고 있기 때문이다. 따라서 원사업자의 공사대금 지급보증의무 불이행시 수급사업자 계약이행보증거절은 정당하다고 해석된다.

나. 보증의 내용 및 방법

보증의무의 각 내용은 위에서 언급한 법령 등에 상세히 기술되어 있다. **원사업자와 수급사업자의 보증의무내용**은 '원사업자'는 계약체결일 후 30일 이내 하도급 공사대금 지급보증을, '수급사업자'는 계약이행보증(계약금액의 10/100)을 하여야 한다(법제13조의 2 제1항).

'**보증금액**'은 공사기간 4개월을 기준으로 아래 표와 같다.[219]

공기 4개월 이하 : 보증금액 [계약금액-선급금] **공기 4개월 초과, 기성 대가 지급주기 2개월 이내** => **보증금액**[(계약금액-선급금)/공사기간(개월수)]×4 **공기 4개월 초과, 기성 대가 지급주기 2개월 초과** (계약금액-선급금)/[공사기간(개월수)×기성주기(개월수)×2]

'**보증방식**'은 현금(자기앞수표) 또는 보증서로서, 그 기관은 법령으로 정해져있다.

1. 「건설산업기본법」에 따른 각 공제조합,
2. 「보험업법」에 따른 보험회사,
3. 「신용보증기금법」에 따른 신용보증기금,
4. 「은행법」에 따른 금융기관,

---

218) 공정거래위원회의 실무도 같은 입장이다.

219) 건설공동수급체의 공동이행방식(공동도급)의 경우 공동원사업자는 지분비율에 의해 보증금액 결정된다.

5. 그 밖에 대통령령으로 정하는 보증기관으로서, 「전기공사공제조합법」에 따른 전기공사공제조합, 「정보통신공사업법」에 따른 정보통신공제조합, 「주택도시기금법」에 따른 주택도시보증공사 및 「소방산업의 진흥에 관한 법률」에 따른 소방산업공제조합(시행령 제8조 제2항).

다. 지급보증의 면제되는 예외 및 수급사업자의 보호

원사업자에게 일정한 경우 건설하도급대금지급보증의무를 면제하고 있다. ① 1건 공사금액 1천만 원 이하(2013년 개정, 종전 4천만원이하)(시행령 제8조 제1항)이거나, ② 원사업자의 신용등급이 2개 이상 신용평가전문기관의 회사채 평가 A0 이상이거나, ③ 원사업자의 신용등급이 기업어음에 대한 신용평가등급 A2+ 이상이거나, ④ 발주자 ·원사업자·수급사업자간 직접지급 합의[220]를 한 경우이다. 이와 같은 공사대금지급보증이 필요하지 아니하거나 적합하지 아니하다고 인정된 사유가 소멸한 경우에는 그 사유가 소멸한 날부터 30일 이내에 제1항에 따른 공사대금 지급보증을 하여야 한다.

하도급법의 개정을 통하여 장기계속건설계약의 경우 수급사업자 보호 규정을 신설하였다(하도급법 제13조의2 제4항). 즉 발주자가 국가 또는 지방자치단체 등(공공기관의 운영에 관한 법률에 따른 공기업, 준정부기관, 지방공기업법에 따른 지방공사, 지방공단)으로서 원사업자가 건설장기계속계약을 체결한 후 하도급위탁을 한 경우, 수급사업자로부터 계약이행 보증을 받은 원사업자는 장기계속건설계약의 연차별 계약의 이행이 완료되어 이에 해당하는 계약보증금을 위 발주자로부터 반환받을 수 있는 날부터 30일 이내에 수급사업자에게 해당 수급사업자가 이행을 완료한 연차별 장기계속건설하도급계약에 해당하는 하도급 계약이행보증금을 반환하여야 한다. 이 경우 이행이 완료된 부분에 해당하는 계약이행 보증의 효력은 상실되는 것으로 본다고 규정하고 있다.

라. 보증기관 지급의무 발생사유

수급사업자가 보증기관에 하도급대금청구를 할 수 있는 사유로는 ① 원사업자가 당좌거래정지 또는 금융거래정지로 하도급대금을 지급할 수 없는 경우, ② 원사업자의 부도·파산·폐업 또는 회사회생절차 개시 신청 등으로 하도급대금을 지급할 수 없는 경우, ③ 원사업자의 해당 사업에 관한 면허·등록 등이 취소·말소되거나 영업정지 등으로 하도급대금을 지급할 수 없는 경우, ④ 원사업자가 제13조에 따라 지급하여야

220) 원사업자와 수급사업자와의 양자의 합의만으로는 면제되지 아니한다(강행규정).

할 하도급대금을 2회 이상 수급사업자에게 지급하지 아니한 경우, ⑤ 그 밖에 원사업자가 제1호부터 제4호까지에 준하는 지급불능 등 **대통령령**으로 정하는 사유로 인하여 하도급대금을 지급할 수 없는 경우(1. 원사업자가 「기업구조조정 촉진법」 제5조제2항에 따라 관리절차의 개시를 신청한 경우, 2. 발주자에 대한 원사업자의 공사대금채권에 대하여 제3채권자가 압류·가압류를 하였거나 원사업자가 해당 공사대금채권을 제3자에게 양도한 경우, 3. 법 제2조제14항에 따른 신용카드업자 또는 금융기관이 수급사업자에게 상환청구를 할 수 있는 어음대체결제수단으로 하도급대금을 지급한 후 원사업자가 해당 신용카드업자 또는 금융기관에 하도급대금을 결제하지 아니한 경우, 4. 원사업자가 수급사업자에게 하도급대금으로 지급한 어음이 부도로 처리된 경우, 5. 원사업자가 수급사업자로부터 지급기일 이후 2회 이상 하도급대금 지급에 관한 최고를 받고도 이를 이행하지 아니한 경우) 이다.

마. 건설산업기본법에 따른 하도급공사대금 보증

건설산업기본법에도 하도급시 수급인의 대금지급보증과 하수급인의 계약이행보증 의무를 규정하고 있다. 하도급법상의 의무와 마찬가지로 건설산업기본법의 경우 양자의 의무는 "**동시이행의무**"라고 해석된다[221].

-건설산업기본법-

제34조 (하도급대금의 지급 등)

① 수급인은 도급받은 건설공사에 대한 준공금 또는 기성금을 받으면 다음 각 호의 구분에 따라 해당 금액을 그 준공금 또는 기성금을 받은 날(수급인이 발주자로부터 공사대금을 어음으로 받은 경우에는 그 어음만기일을 말한다)부터 15일 이내에 하수급인에게 현금으로 지급하여야 한다.

1. 준공금을 받은 경우: 하도급대금
2. 기성금을 받은 경우: 하수급인이 시공한 부분에 해당하는 금액

② 수급인은 하도급계약을 할 때 하수급인에게 국토교통부령으로 정하는 바에 따라 적정한 하도급대금의 지급을 보증하는 보증서를 주어야 한다. 다만, 국토교통부령으로 정하는 경우에는 하도급대금 지급보증서를 주지 아니할 수 있다. 〈개정 2013.3.23.〉

③ 건설공사의 도급계약 당사자는 제2항에 따른 하도급대금 지급보증서 발급에 드는 금액을 대통령령으로 정하는 바에 따라 해당 건설공사의 도급금액 산출내역서에 분명하게 적어야 한다.

④ 수급인이 발주자로부터 선급금을 받은 때에는 하수급인이 자재를 구입하거나 현장노동자를 고용하는 등 하도급공사를 시작할 수 있도록 수급인이 받은 선급금의 내용과 비율에 따라 선

221) 건설산업기본법 제34조의2에 "수급인은 제34조제2항에 따른 하도급대금 지급보증서를 교부하는 경우 하수급인에게 국토교통부령으로 정하는 바에 따라 하도급금액의 100분의 10에 해당하는 금액의 하도급계약 이행보증서의 교부를 요구할 수 있다."라고 규정하고 있기 때문이다.

급금을 받은 날(하도급계약을 체결하기 전에 선급금을 지급받은 경우에는 하도급계약을 체결한 날)부터 15일 이내에 하수급인에게 선급금을 지급하여야 한다. 이 경우 수급인은 하수급인이 선급금을 반환하여야 할 경우에 대비하여 하수급인에게 보증을 요구할 수 있다. 〈개정 2012.6.1.〉

⑤ 제54조에 따라 설립된 공제조합 또는 다른 법령에 따라 보증업무를 담당할 수 있는 기관은 수급인에게 제2항에 따른 하도급대금의 지급을 보증하는 보증계약의 보증서를 발급(변경발급을 포함한다)하거나 보증계약을 해지한 경우에는 국토교통부령으로 정하는 바에 따라 즉시 발주자 및 하수급인에게 그 내용을 통보하여야 한다. 〈개정 2013.3.23., 2014.5.14.〉

⑥ 발주자는 제5항에 따라 통보받은 하도급대금 지급보증내용을 확인하여야 하고, 확인 결과 보증내용이 적정하지 아니할 경우에는 수급인에게 시정을 요구할 수 있다.

⑦ 발주자가 국가, 지방자치단체 또는 대통령령으로 정하는 공공기관인 경우에는 하도급대금이 보호될 수 있도록 수급인이 하수급인에게 제2항에 따른 보증서를 교부하였는지 여부를 확인하여야 한다.〈신설 2016.2.3.〉

⑧ 수급인은 발주자로부터 받은 준공금, 기성금 또는 선급금을 제1항 또는 제4항에 따른 지급일이 지난 후에 지급하는 경우에는 그 초과기간에 대하여 연 100분의 25 이내에서 「하도급거래 공정화에 관한 법률」 제13조제8항에 따라 공정거래위원회가 정하여 고시하는 이율에 따른 이자를 지급하여야 한다. 〈신설 2018. 12. 18.〉

⑨ 국가, 지방자치단체 또는 대통령령으로 정하는 공공기관이 발주하는 건설공사(소규모공사 등 국토교통부령으로 정하는 공사는 제외한다)를 도급받은 수급인과 그 하수급인은 「전자조달의 이용 및 촉진에 관한 법률」 제9조의2제1항에 따른 시스템을 이용하여 공사대금을 청구하여 수령하여야 하며, 수령한 공사대금 중 하수급인, 건설근로자, 건설기계대여업자, 건설공사용 부품을 제작하여 납품하는 자 등에게 지급하여야 할 대금을 사용해서는 아니 된다. 〈신설 2018. 12. 18.〉

제34조의2 (하도급계약 이행보증 등) ① 수급인은 제34조 제2항에 따른 하도급대금 지급보증서를 교부하는 경우 하수급인에게 국토교통부령으로 정하는 바에 따라 하도급금액의 100분의 10에 해당하는 금액의 하도급계약 이행보증서의 교부를 요구할 수 있다.

② 수급인이 다음 각 호의 어느 하나에 해당하는 사유로 하도급계약을 일방적으로 해제 또는 해지한 경우 수급인은 제1항에 따른 하도급계약 이행보증서를 발행한 기관에 대하여 하도급계약 이행보증금의 지급을 요청할 수 없다. 다만, 하수급인의 귀책사유가 있는 경우는 제외한다.

1. 수급인이 하도급대금을 도급계약이나 관계 법령에서 정한 기일 내에 지급하지 아니하여 공사기간이 지연된 경우
2. 제36조의2제1항에 따른 추가·변경공사 등의 정산에 관한 합의의 지연으로 인하여 하도급계약 불이행이 발생한 경우

바. 관련 판결

1) 본조의 적용범위 - 원도급관계에서 적용여부-

하도급법 제13조의 2 규정은 원도급관계에 적용된다(판례).

-대법원 2001. 10. 26. 선고 2000다61435 판결 [계약이행보증금]-

【판시사항】

하도급거래공정화에관한법률 제13조의2가 원도급관계에 적용되는지 여부(적극)

【판결요지】

하도급거래공정화에관한법률 제2조 제1항에 의하면, 일반적으로 흔히 하도급이라고 부르는 경우, 즉, 원사업자가 다른 사업자로부터 제조위탁·수리위탁 또는 건설위탁을 받은 것을 수급사업자에게 다시 위탁을 하는 경우뿐만 아니라, 원사업자가 수급사업자에게 제조위탁·수리위탁 또는 건설위탁을 하는 경우도 하도급거래로 규정하여 위 법률을 적용하고 있음을 알 수 있고, 같은 조 제2항에 의하면, 위 법률의 적용 범위는 하도급관계냐 아니냐에 따르는 것이 아니라, 원사업자의 규모에 의하여 결정됨을 알 수 있으며, 같은 조 제10항에서 발주자라는 개념을 원사업자와 구별하여 사용하고 있기는 하나, 같은 조항에 의하면 **위 발주자라는 개념 속에는 재하도급의 경우의 원하도급인도 포함됨을 알 수 있으므로, 발주자라는 개념이 있다고 하여 위 법률이 적용되는 하도급거래를 구성하는 원사업자의 개념을 발주자가 아닌 경우로 한정하는 것은 아님이 분명하다** 할 것이어서, 위 법률은 그 명칭과는 달리 일반적으로 흔히 말하는 하도급관계뿐만 아니라, 원도급관계도 규제하는 것이라고 봄이 상당하고, 따라서 **위 법률 제13조의2 또한 원도급관계에 적용된다**. ■

2) 공사대금채권의 양수도와 보증인의 동의 여부

공사도급계약서에 "계약상의 권리의무를 양도할 때 보증인의 동의를 얻는다"고 규정하더라도 채무승계와 달리 공사대금채권양도의 경우 보증인의 동의가 필요하지 않다는 것이 판례의 입장이다.

-대법원 2001. 10. 26. 선고 2000다61435 판결 [계약이행보증금]-

【판시사항】

공사도급계약에 계약상 권리 또는 의무를 제3자에게 양도하거나 승계할 때에는 보증인의 동의를 얻도록 규정하고 있는 경우, 수급인이 도급인에 대한 기성금청구채권을 하수급인들에게 양도함에 있어 보증인의 동의를 요하는지 여부(소극)

【판결요지】

공사도급계약에서 "이 계약으로부터 발생하는 권리 또는 의무는 제3자에게 양도하거나 승계할 수 없다. 다만, 상대방의 서면승낙과 보증인의 동의를 얻었을 때에는 그러하지 아니하다." 고 규정하고 있다 할지라도, 원칙적으로 **의무의 승계**에 있어서는 의무이행자가 누구인가 하는 것이 보증에 있어서 중대한 요소이므로 보증인의 동의를 요한다고 봄이 상당할 것이나, **권리의 양도로 인하여 보증인에게 어떠한 책임이 가중되거나 하는 일은 없으므로, 권리의 양도에 보증인의 동의를 요한다고 보기는 어렵다** 할 것이어서, 도급인과 수급인이 수급인의 기성금 청구채권을 하수급인들에게 양도함에 있어 위 도급계약조항에 의하여 수급인의 보증인의 동의를 요한다고 할 수는 없다. ■

3) 공사대금보증약관 조항의 해석- 발주자의 타절 기성검사 규정-

하도급 공사대금 지급보증 약관에 대금지급조건으로 '원도급 발주자의 최종 타절 기성검사'를 규정한 경우에 이러한 요건이 충족되지 않는다고 하더라도 보증인이 책임이 무조건 면책되는 것은 아니라는 것이 판례의 태도이다.

-대법원 2009. 7. 9. 선고 2008다21303 판결[보증금등]-

【판시사항】

하도급대금지급보증약관에서 건설공제조합이 지급하여야 할 보증금액의 산정 기준으로 '원도급의 발주자가 최종적으로 행한 타절기성검사'를 규정한 경우, 발주자의 타절기성검사가 없다는 사정만으로 건설공제조합이 면책되는지 여부(소극)

【판결요지】

건설산업기본법에 따라 건설공제조합이 조합원으로부터 보증수수료를 받고 조합원이 다른 조합원 또는 제3자와 하도급계약을 체결하는 경우 부담하는 하도급대금 지급채무를 보증하는 보증계약은 그 성질에 있어서 조합원 상호의 이익을 위하여 영위하는 상호보험으로서 보증보험과 유사한 것으로, 건설공제조합은 보증서에 기재된 보증기간 내에 발생한 보증사고에 대하여 보증금액의 한도 안에서 보증책임을 부담하게 된다. 이때 건설공제조합이 지급하여야 할 보증금액은 보증채권자가 보증기간 개시일부터 주계약에서 정한 계약이행기일까지 실제 시공으로 발생한 하도급공사 인정금액을 기준으로 산정하여야 하는데, 하도급대금지급보증약관에서 그 구체적인 기준으로서 '원도급의 발주자(자체사업의 경우 감리자)가 채무자의 공사이행 기성고를 확정하기 위하여 최종적으로 행한 타절기성검사'를 규정하고 있는 경우, **발주자의 타절기성검사 여부는 전적으로 발주자의 의사에 달려 있는 것**이므로 발주자의 타절기성검사가 없다는 사정만으로 곧바로 건설공제조합이 보증책임을 면하는 것으로 해석하는 것은 하도급대금의 지급을 보장하기 위하여 지급보증제도를 도입한 관계 법령의 취지에 반하고, 하도급공사의 기성금액에 관한 증명방법을 과도하게 제한하여 상당한 이유 없이 보증인의 책임을 배제하는 것이 되어 약관의 규제에 관한 법률 제6조 제2항 제1호의 '고객에 대하여 부당하게 불리한 조항'으로서 무효가 될 수 있다. 그러므로 **위 약관에서 정한 '발주자의 타절기성검사'는 보증사고 발생시 하도급공사의 인정금액을 평가하기 위한 원칙적인 방법으로서 제시된 것이라고 해석**하여야 하고, 그와 같은 발주자의 타절기성검사가 없는 경우에는 이에 준하여 보증사고 발생일까지의 **실제 하도급공사의 기성금액을 객관적으로 적정하게 평가할 수 있는 자료**가 있다면 건설공제조합으로서는 이를 기준으로 보증금을 산정하여 지급하여야 할 의무가 있다.■

4) 건설공동수급체의 하도급 계약시 보증사고의 판단기준

원사업자가 건설공동수급체로서 하도급공사계약을 체결한 경우 건설공동수급체 일부가 지급불능에 빠진 경우 보증사고로 볼 수 없고 '전부'를 기준으로 판단해야 한다는 것이 판례의 입장이다.

-대법원 2010. 8. 19. 선고 2010다36599 판결 [보험금 지급]-

건설공제조합이 하는 하도급대금지급보증계약의 법적 성질 및 그 계약의 당사자

【판시사항】

甲 주식회사와 乙 주식회사가 공동수급체를 구성하여 도급받은 공사의 일부를 丙 주식회사에 하도급을 주고, 위 공동수급체의 대표자인 甲 주식회사가 건설공제조합과 하도급대금지급보증계약을 체결한 사안에서, 위 보증계약에 기한 보증사고가 발생하였는지 여부는 공동수급체의 구성원으로서 하도급대금의 연대채무자인 甲 주식회사와 乙 주식회사 전부를 기준으로 판단하여야 하므로, 甲 주식회사가 지급불능 상태에 빠졌다는 사유만으로 보증사고가 발생한 것으로 볼 수 없다고 한 원심의 판단을 수긍한 사례

【판결요지】

甲 주식 피고가 하는 하도급대금지급보증은 피고의 조합원이 하도급계약을 체결하는 경우 하수급인에게 부담하는 하도급대금지급채무를 보증하는 이른바 제3자(하수급인)를 위한 계약이므로 그 계약의 당사자는 피고와 그 조합원이라 할 것이다.

원심이 인정한 사실관계에 의하면, 주식회사 A(이하 'A'라 한다)와 B 주식회사(이하 'B'이라 한다)가 공동수급체를 구성하여 2007. 5. 25. 건설공사 6공구의 토건공사를 도급받고 A를 위 공동수급체의 대표자로 하기로 약정한 다음 2007. 7. 20.경 그 중 토공사를 원고에게 하도급을 준 사실, A는 2007. 7. 26. 피고와 사이에, A의 원고에 대한 공사대금 지급을 보증하기 위하여 보증금액을 350,170,360원(하도급금액 전액인 2,500,800,000원을 기준으로 하도급거래 공정화에 관한 법률 제13조의2 제1항 제2호에 의하여 계산)으로 하는 하도급대금지급보증계약(이하 '이 사건 보증계약'이라 한다)을 체결한 사실, 이 사건 보증계약의 약관 제1조는 "피고는 계약자가 당좌거래정지 또는 파산으로 인하여 앞면 기재 계약의 하도급대금지급채무를 이행하지 못하게 된 경우 그 상대방에게 부담하는 채무를 이 보증서에 기재된 사항과 약관에 따라 지급하여 드립니다."라고 규정하고 있는 사실을 각 알 수 있다.

사실관계가 위와 같다면 A와 B의 공동수급체는 민법상 조합의 성질을 가지므로 특별한 사정이 없는 한 하도급채무에 대하여도 연대채무를 부담하고, 한편 그 대표자인 A는 공동수급체를 대표하여 보증계약을 체결할 수 있고, A가 이 사건 보증계약을 체결할 당시 공동수급체를 대표한다는 표시를 하지 않고 자신의 명의로만 계약을 체결하였다고 하더라도 상행위인 이 사건 보증계약에는 상법 제48조가 유추적용되어 공동수급체 전체에 그 효력이 미치는 것이므로, 위 보증사고가 발생하였는지 여부는 공동수급체의 구성원으로서 하도급대금의 연대채무자인 A와 111 전부를 기준으로 판단하여야 할 것이다.

원심이 같은 취지에서 A가 지급불능 상태에 빠졌다 하여도 위 공동수급체의 다른 구성원인 B 역시 지급불능 상태에 빠졌다는 점에 관하여는 아무런 주장·입증이 없으므로 결국 공동수급체가 지급불능 상태에 빠졌다고 볼 수 없다고 판단한 것은 정당하고 거기에 상고이유가 주장하는 위법이 있다고 할 수 없다.■

5) 도급인의 보증의무와 수급인의 계약이행보증의무 양자의 관계

도급인의 보증의무와 수급인의 계약이행보증의무에 대하여 그 적용이 각각 별개라는 판례가 있다.

[참조 판결]

-대법원 2001. 10. 26. 선고 2000다61435 판결 [계약이행보증금]-

【판시사항】

도급인이 도급계약에서 정한 보증인을 세울 의무를 이행하지 않았다 하더라도 하도급법 제13조의2의 규정에 따라 수급인의 계약이행보증금 지급을 보증한 자는 그 책임을 면할 수 없다고 한 사례

【판결요지】

도급계약상 "당사자는 보증인을 세워야 하며, 보증인은 당사자의 계약불이행으로 인하여 발생하는 금전채무에 대하여 당사자와 연대하여 책임을 진다."는 규정에서 말하는 당사자의 보증인 중 '수급인의 보증인'이란 하도급법 제13조의2에 따라 계약이행보증금의 지급을 보증한 자를 가리키는 것이 아니라, 위 계약서상 별도로 명기된 '수급인의 보증인'을 가리키는 것이라 할 것이므로, 도급인이 보증인을 세우지 않았다 하더라도 위 계약조항을 내세워 수급인의 계약이행보증금의 지급을 보증한 자가 그 책임을 면할 수는 없다고 한 사례.■

6) 도급인의 대금보증의무 거절의 정당성 여부

건설공사 하도급계약 관계에서 최초 하도급계약이 타절되어 원사업자가 후속 수급사업자에게 '이중지급보중의 위험'으로 인하여 하도급대금 지급보증을 거부한 것은 도급인의 대금지급보증의 정당한 사유로 볼 수 없다는 판결이 있다(**서울고등법원 2013. 12. 26. 선고 2012누19368 시정명령취소 판결**[222] **참조**).

서울고등법원 2013. 12. 26. 선고 2012누19368 시정명령취소 판결

[요◯건설 사례]

[판결이유]

① 원고 주장과 같이 최초 수급업체인 정◯건설 대표의 도피 등으로 지급보증서를 발급받는 것이 현실적으로 불가능하였는지 명확하지 않다. 설령 그러한 사정이 있다고 하더라도, 이는 원고와 정◯건설 사이의 내부문제로서 후속 수급사업자 하◯건설과는 관계가 없고, 원고로서는 지급보증서 발급 대신에 현금(자기앞수표)을 지급하는 방법으로 지급보증을 할 수 있었는데도 이를 하지 않았다.

② 피고는 원고가 위와 같이 지급보증을 하지 않은 행위가 하도급법 제13조의2 제1항의 규정에 위반되어 시정조치의 대상이 되지만 하도급법 위반의 정도가 경미한 점, 하도급 거래가 이미 종료되어 시정조치의 실익이 없는 점을 감안하여 이 사건 경고 처분만을 하였다.

---

222) 본 판결은 상고되었으나 심리불속행기각되었다(대법원 2014. 5. 16. 심리불속행기각 2014두1857 판결).

③ 과거 원고의 하도급법 위반행위 전력에 따른 벌점 누적 등 원고가 불이익을 얻게 되는 것은 위반행위에 상응하는 결과로 보일 뿐이다.

이 사건 경고 처분은 비례원칙 등을 위반하여 재량권을 일탈·남용한 위법이 있다고 볼 수 없다. 이 부분 원고의 주장은 받아들이지 않는다.■

7) 원사업자의 공사대금지급보증의무의 불이행을 이유로 보증인에 대한 공사대금지급보증청구를 기각한 사례

원사업자가 가입한 지급보증기간이 하도급대금의 지급기일 이전에 종료되도록 단기로 정해진 경우 위 지급보증기간이 연장되거나 갱신되지 않은 채 그대로 도과된 나머지, 계약이행보증금의 청구사유가 발생한 시점을 기준으로 수급사업자가 보증기관을 상대로 보증책임을 물을 수 없게 되었다면, 원사업자로서는 처음부터 하도급대금 지급보증을 받지 아니한 경우와 마찬가지로 하도급법 제13조의2 제8항 본문에 따라 보증기관에 대하여 계약이행 보증에 대한 청구권을 행사할 수 없다는 판결이 있다(**대법원 2019. 7. 25. 선고 2018다213644 계약이행보증금 판결**[223]).

대법원 2019. 7. 25. 선고 2018다213644 계약이행보증금 판결

[제○건설 사례]

[판결이유]

1. 가. 구 하도급법(2016. 12. 20. 법률 제14456호로 개정되기 전의 것) **제13조의2 제1항 본문**은 건설위탁의 경우 원사업자는 계약체결일부터 30일 이내에 수급사업자에게 공사대금 지급을 보증하고 수급사업자는 원사업자에게 계약금액의 100분의 10에 해당하는 금액의 계약이행을 보증하여야 한다고 규정하고 있고, **하도급법 제13조의2 제8항 본문**[224]은 제1항에 따른 수급사업자의 계약이행 보증에 대한 원사업자의 청구권은 해당 원사업자가 공사대금 지급을 보증한 후가 아니면 이를 행사할 수 없다고 규정하고 있다.

또한 **하도급법 제13조의2 제1항 본문의 괄호**는 대금의 지급수단이 어음인 경우에는 만기일까지를, 어음대체결제수단인 경우에는 하도급대금 상환기일까지를 각 공사대금 지급의 보증기간으로 한다고 규정하고 있고, **하도급법 제13조의2 제4항**[225]은 수급사업자가 지급보증금을 청구할 수 있는 사유로서 제4호에서 '원사업자가 제13조에 따라 지급하여야 할 하도급대금을 2회 이상 수급사업자에게 지급하지 아니한 경우'를, 제5호 및 그 위임에 따른 구 하도급법시행령(2016. 12. 27. 대통령령 제27702호로 개정되기 전의 것) 제8조 제5항 제5호[226]는 '원사업자가 수급사업자로부터 지급기일 이후 2회 이상 하도급대금 지급에 관한 최고를 받고도 이를 이

223) 원심 서울고등법원 2018. 1. 19. 선고 2017나2043617 판결, 제1심 서울중앙지방법원 2017. 7. 21. 선고 2017가합508357 판결

224) 현행 하도급법 제13조의2 10항

225) 현행 하도급법 제13조의2 6항

226) 현행 하도급법시행령 제8조 5항 5호

행하지 아니한 경우'를 각 들고 있으며, 하도급법 제13조는 하도급대금의 지급기일에 관하여 구체적으로 규정하고 있다.

나. 이와 같이 하도급대금의 지급수단이 어음이나 어음대체결제수단인 경우에는 수급사업자가 하도급대금을 실질적으로 상환받을 수 있는 기한이 지급보증기간에 포함되도록 명시하고 있을 뿐 아니라, 수급사업자가 하도급법 제13조에 따른 하도급대금의 지급기일이 지나도록 대금을 지급받지 못하는 것이 지급보증금의 청구사유 중 하나로 되어 있다. 그리고 하도급법에서는 원사업자에 비해 상대적으로 열위적 지위에 있는 수급사업자가 하도급대금을 지급받지 못하는 위험 내지 그 불확실성에 노출되는 것을 해소하고자 하도급대금의 지급보증을 의무화하고 있는데, 이를 통하여 입법자는 하도급대금의 지급기일이 도과하여 원사업자가 이행지체에 빠지는 경우 등과 같은 전형적인 사유의 발생 시 보증기관으로 하여금 지급보증책임을 이행하게 함으로써 수급사업자가 하도급대금 상당액을 안정적으로 지급받을 수 있게 한 것으로 보인다. 이러한 사정을 고려하면, 하도급대금의 지급수단이 **현금**인 경우에도 특별한 사정이 없는 한 **하도급법 제13조에 따른 하도급대금의 지급기일**은 하도급법 제13조의2 제1항 본문에 따라 **원사업자가 의무적으로 받아야 하는 지급보증의 보증기간 내에 포함**되어야 한다.

나아가 원사업자가 가입한 지급보증기간이 하도급대금의 지급기일 이전에 종료되도록 단기로 정해진 경우 위 지급보증기간이 연장되거나 갱신되지 않은 채 그대로 도과된 나머지, 계약이행보증금의 청구사유가 발생한 시점을 기준으로 수급사업자가 보증기관을 상대로 보증책임을 물을 수 없게 되었다면, 원사업자로서는 처음부터 하도급대금 지급보증을 받지 아니한 경우와 마찬가지로 하도급법 제13조의2 제8항 본문에 따라 보증기관에 대하여 계약이행 보증에 대한 청구권을 행사할 수 없다고 봄이 타당하다. 이는 하도급대금 지급보증을 받지 않았던 원사업자가 수급사업자와의 정산합의 등을 통해 대금 지급을 마침으로써 하도급대금을 제때 지급받지 못한 수급사업자의 손해가 사후적으로 전보되었다고 하여 달리 볼 수 없다.

다. 원사업자가 하도급대금의 지급보증을 받아야 할 의무를 스스로 지키지 않은 채 계약의 구체적인 이행 과정에 들어갔다가 당초의 약정 내지 사후의 변경 합의에 따른 하도급대금을 지급하는 것은, 하도급대금의 지급보증을 받지 아니할 수 있는 예외사유를 정하고 있는 하도급법 제13조의2 제1항 각 호 외의 부분 단서와 하도급법 시행령 제8조 제1항 각 호 중 어느 것에도 해당하지 않는다. 만일 이러한 경우까지 하도급대금 지급보증을 받지 않고도 계약이행 보증청구를 할 수 있다고 보게 되면, 하도급대금 지급보증을 통하여 수급사업자를 보호하고자 한 하도급법 제13조의2 제1항 본문 및 제8항 본문의 취지가 몰각될 수 있다. 원사업자로서는 보증수수료 부담 등을 이유로 하도급대금 지급보증을 기피하다가 계약이행 보증청구를 할 필요가 있는 경우와 같이 자신에게 유리한 경제적 유인이 있는 시점에 이르러서야 비로소 하도급대금을 지급하는 것을 선택할 수 있고, 이 과정에서 이루어지는 수급사업자와의 합의 역시 양 사업자가 대등한 지위를 가진 상태에서 체결된다거나 그 내용의 공정성이 항상 확보된다고 보기는 어렵기 때문이다. 하도급대금의 지급보증이 없는 상태에서는 수급사업자가 하도급대금을 지급받지 못하는 위험 내지 불확실성을 떠안게 되어 그만큼 원사업자보다 열위적 지위에 놓일 뿐 아니라, 이로 인하여 대금의 액수 및 지급시기 등과 같은 각종 거래조건들을 정함에 있어서도 원사업자와 대등한 위치에 서기 어렵다. 이러한 상태에서 불공정한 내용으로 추가 합의가 이루어질 경우 수급사업자의 열위적 지위가 고착화되거나 심지어 악화될 우려마저 있다.

2. 가. 원심판결 이유와 기록에 의하면 다음과 같은 사실을 알 수 있다.

1) 원고는 2015. 12. 28. 주식회사 보림건설산업(이하 '소외 회사'라고 한다)에 유성 오투그란데 리빙포레 신축공사 중 형틀목 공사에 관하여 계약금액(부가가치세 포함, 이하 같다) 90억 원(기성부분급), 공사기간 2015. 12. 28.부터 2017. 6. 30.까지로 정하여 하도급(이하 '이 사건 제1 하도급계약'이라고 한다)을 하였다.

또한, 원고는 2016. 3. 25. 소외 회사에 원곡 제일 오투그란데 신축공사 중 형틀목 공사에 관하여 계약금액 80억 5,000만 원(기성부분급), 공사기간 2016. 3. 25.부터 2017. 8. 31.까지로 정하여 하도급(이하 '이 사건 제2 하도급계약'이라고 하고, 이 사건 제1, 2 하도급계약을 통틀어 '이 사건 각 하도급계약'이라고 한다)을 하였다.

2) 소외회사는 피고와 사이에, 2016. 2. 15. 이 사건 제1 하도급계약에 관하여 보증금액 9억 원, 보증기간 2015. 12. 28.부터 2017. 6. 30.까지를 보증기간으로 하는 계약이행 보증계약을 체결한 데 이어, 2016. 5. 31. 이 사건 제2 하도급계약에 관하여 보증금액 8억 500만 원, 보증기간 2016. 3. 25.부터 2017. 8. 31.까지를 보증기간으로 하는 계약이행 보증계약을 체결하였고, 그 무렵 피고로부터 각 보증서를 발급받아 원고에게 내주었다.

3) 소외 회사는 2016. 10. 25.경 원고에게 이 사건 각 하도급계약에 관하여 '자금사정으로 인한 공사수행 불가능'을 이유로 한 공사 포기 각서를 제출하였고, 같은 무렵 원고는 소외 회사와 사이에 정산합의를 마친 뒤, 기지급된 공사대금과 위 정산합의에 따른 공사대금의 차액을 소외 회사에 지급하였다.

4) 원고는 2016. 10. 28.경 소외 회사에 대하여 위 공사 포기를 사유로 이 사건 각 하도급계약을 해지한다는 의사표시를 통지하였고, 이는 그 무렵 소외 회사에 도달하였다.

5) 한편, 원고는 2015. 12. 31. 주택도시보증공사로부터 이 사건 제1 하도급계약에 관하여 보증기간을 2015. 12. 28.부터 2016. 8. 29.까지로 하는 공사대금 지급보증서를 발급받았으나, 위 보증기간이 지난 이후로는 지급보증기간을 연장하거나 갱신하는 등의 조치를 취하지 않았고, 이 사건 제2 하도급계약에 관하여는 처음부터 공사대금 지급보증서를 발급받지 않았다.

6) 원고는 소외 회사가 2016. 10. 25.경 공사를 중도에 포기하였음을 들어 보증기관인 피고를 상대로 계약이행보증금을 청구하였으나, 피고는 원고가 하도급법 제13조의2 제8항 본문을 위반하여 하도급대금의 지급보증을 받지 아니하였다는 이유로 계약이행보증금의 지급을 거절하였다.

나. 이러한 사실관계를 앞서 본 법리에 비추어 살펴보면, 원고는 이 사건 제2 하도급계약에 관하여는 하도급법 제13조의2 제1항 본문이 요구하는 지급보증을 아예 받지 않았고, 이 사건 제1 하도급계약에 관하여도 해당 공사기간(2015. 12. 28.부터 2017. 6. 30.까지) 내지 하도급대금의 지급기일 전인 2016. 8. 29.까지를 지급보증기간으로 하여 지급보증을 받았을 뿐, 계약이행보증금의 청구사유가 발생한 2016. 10. 25.경을 기준으로는 위 지급보증기간이 이미 도과되었으므로, 하도급법 제13조의2 제8항 본문의 적용에 있어 원고는 이 사건 각 하도급계약 모두에 대해 지급보증을 받지 아니한 상태라고 보아야 한다. 원심이 같은 취지에서 하도급법 제13조의2 제8항 본문에 따라 원고가 계약이행보증에 대한 청구권을 행사할 수 없다고 본 데에 상고이유 주장과 같이 하도급대금 지급보증 제도의 목적 및 그 해석, 하도급법 제13조의2 제8항 본문의 취지와 적용범위, 하도급법상 계약이행보증 등에 관한 법리를 오해하거나 필요한 심리를 다하지 아니하는 등의 잘못이 없다.

3. 그러므로 상고를 기각하고 상고비용은 패소자가 부담하도록 하여, 관여 대법관의 일치

된 의견으로 주문과 같이 판결한다. .■

3. 심결 사례

- 원사업자의 대금지급보증미이행에 대하여 반복금지명령을 부과한 사례-
공정거래위원회 2013.12.30. 의결 2013서건1223 시정명령(아이에스동서(주)의 불공정하도급거래행위 사례)

[주문]

피심인은 「하도급거래 공정화에 관한 법률」 제13조의2 제1항의 예외규정에 따른 공사대금 지급보증 의무 면제사유가 없음에도 불구하고, 수급사업자 ㈜○○(대표자 ○○○)에게 "수원광교 B-7BL 에일린의 뜰 신축공사 중 수장공사(도배, 바닥재, 장판공사)"를 건설위탁 함에 있어 공사대금 지급보증을 이행하지 아니한 것과 같은 행위를 다시 하여서는 아니 된다.

[이유]-행위사실 및 위법성 판단

- (가) 행위사실

피심인은 수급사업자인 ○○○○○○에게 건설위탁한 '수원광교 B-7BL 에일린의 뜰 신축공사 중 수장공사(도배, 바닥재, 장판공사)'와 관련하여, 수급사업자는 피심인에게 해당 공사에 대한 계약이행을 보증하였음에도 피심인은 수급사업자에게 공사대금 지급보증을 하지 아니한 사실이 있다.

- (나) 위법성 판단

피심인은 '수원광교 B-7BL 에일린의 뜰 신축공사 중 수장공사(도배, 바닥재, 장판공사)'를 수급사업자에게 위탁함에 있어 법 시행령 제8조 제1항 각 호에 해당되지 아니하여 보증의무 면제사유가 없음에도 불구하고, 수급사업자에게 공사대금 지급보증을 하지 아니하였으므로 피심인의 행위는 법 제13조의2 제1항에 위반된다.

[이유]-처분

- **반복금지명령**

피심인의 행위는 법 제13조의2 제1항의 규정에 위반되므로, 법 제25조 제1항의 규정을 적용하여 주문과 같이 의결한다. ■

Ⅶ. 관세 등 환급액의 지급의무

1. 관련 법령(법15조)

- 하도급법-

제15조(관세 등 환급액의 지급) ① **원사업자가** 수출할 물품을 수급사업자에게 제조위탁하거나 용역위탁한 경우 「**수출용원재료에 대한 관세 등 환급에 관한 특례법**」에 따라 관세 등을 환급받은 경우에는 **환급받은 날부터 15일 이내**에 그 받은 내용에 따라 이를 수급사업자에게 지급하여야 한다.

② 제1항에도 불구하고 수급사업자에게 책임을 돌릴 사유가 없으면 **목적물등의 수령일부터 60일 이내에 수급사업자에게 관세 등 환급상당액을 지급**하여야 한다.

③ 원사업자가 관세 등 환급상당액을 제1항과 제2항에서 정한 기한이 지난 후에 지급하는 경우에는 그 초과기간에 대하여 연 100분의 40 이내에서 「은행법」에 따른 은행이 적용하는 연체금리 등 경제사정을 고려하여 **공정거래위원회가 정하여 고시하는 이율**에 따른 이자를 지급하여야 한다. 〈개정 2010.5.17.〉

[전문개정 2009.4.1.]

-선급금등 지연지급 시의 지연이율 고시-

Ⅰ. 선급금등 지연지급 시의 지연이율

법 제6조(선급금의 지급)제2항, 법 제11조(감액금지)제4항, 법 제13조(하도급대금의 지급 등)제8항, 법 제15조(관세 등 환급액의 지급)제3항의 규정에 의하여 선급금 등을 지연 지급하는 경우 적용되는 지연이율을 연리 15.5%로 한다.

- 하도급거래 공정화지침-

15. 관세 등의 환급(법 제15조)

관세 등 환급액의 지연지급에 해당되지 않는 경우를 예시하면 다음과 같다.

가. 수급사업자가 기초원재료납세증명서 등 관세 환급에 필요한 서류를 원사업자에게 인도하지 아니하거나 지연하여 인도한 경우

나. 기초원재료납세증명서등 관세 환급에 필요한 서류상의 기재내용이 실거래와 상이하여 관세 환급을 받을 수 없는 경우

다. 수급사업자가 직접 관세 등을 환급받는 경우에는 수급사업자로부터 관세 등 환급에 필요한 환급위임장의 발급을 요청받았을 때 원사업자가 이를 지체 없이 발급해 준 경우

2. 내용

가. 의의 및 취지

관세환급(Custom Refund)이란 세관에서 징수한 관세 등을 특정한 요건에 해당하는 경우 그 전부 또는 일부를 돌려주는 것을 말하는데, 여기서 관세 등이라 함은 관세뿐만 아니라 개별소비세, 주세, 교통세 등 수입할 때 납부하는 모든 세금을 뜻한다. 참고로 수입할 때는 이들 세금 외에도 부가가치세를 납부하지만 부가가치세는 부가가치세법에 따라 별도로 환급이 되므로 관세환급의 대상에서는 제외된다.

하도급법 제15조의 경우에는 관세환급의 종류 중에서 수출품 제조 목적으로 원재료를 수입하면서 납부한 관세 등을 후에 수출에 제공한 때에 수출업자에게 되돌려 주는 것을 말한다. 이러한 경우 관세는 원자재를 수입한 자가 최종 수출자가 되는 경우에 한하여 환급받을 수 있는 것이 원칙이다. 그러나 내국신용장 거래의 경우 수출로 간주되어 관세를 환급받을 수 있게 된다.

따라서 원사업자의 관세 등 환급액의 지급절차는 원재료 수입자가 수입시 납부한 관세를 수출자에게 전가하고 이를 전가받은 수출자로 하여금 환급받도록 하는 절차를 밟게 된다. 즉, 관세를 납부한 원재료 수입업자가 수출자로부터 받은 내국신용장을 관할 세관에 제시하면 세관은 수입시 관세를 납부했다는 기초원재료납세증명서(소위 "기납증")를 발급하는데, 기납증을 발급받은 수입자는 동 기납증을 내국신용장개설의뢰인에게 양도하고 최종 수출자는 수출완료 후 수출면장과 내국신용장 수혜자로부터 양도받은 기납증명서를 세관에 제시하여 관세를 환급받는다.

이와 같이 원재료수입자와 최종 수출자가 다른 경우 발급받은 기납증은 국내업체간 거래를 내국신용장이나 구매승인서에 의해 이루어진 경우에 한해 발급받을 수 있는 것이다.

현행 하도급법은 법정기일(환급받은 날로부터 15일, 목적물 수령일로부터 60일)을 초과하여 수급사업자에게 관세 환급액을 지급할 경우 원사업자는 하도급대금 지연이율에 따른 지연이자(연리 15.5%)를 부담하여야 한다.

나. 내국신용장 개설과 관세환급의 흐름도

		하도급법 규정	적용범위
내국 신용장 개설	발주서 (제조위탁)	→ 15일이내 내국신용장 개설	하도급법 제7조
	매도확약서 제출 (Offer Sheet)		
	내국신용장 개설 (Local L/C)		
	물 품 수 령	→ 즉시(통상 10일이내 인수증 교부)	하도급법 제8조
	인수증 교부		
관세 환급	기초원자재 납세증명서 제출	→ 60일이내 관세액 지급	하도급법 제15조
	완제품 수출		
	수출자의 관세환급	→ 15일이내 관세액 지급	하도급법 제15조
	하도업체에 관세지급		

3. 관련 사례

가. 판례

하도급 보인다.

[참조 판결]

-대법원 2005. 7. 28. 선고 2004다64050 판결 [공사대금]-

【판시사항】

[2] 구 하도급거래공정화에관한법률 제13조 제7항 규정이 발주자가 수급사업자에게 하도급

대금을 직접 지급하는 경우에도 적용되는지 여부(소극)

【판결요지】

위 구 하도급거래공정화에관한법률 제13조 경우에는 그 초과기간에 대하여 공정거래위원회가 정하여 고시하는 이자율에 의한 이자를 지급고이유에서 주장하는 바와 같은 법리오해 등의 위법이 있다고 할 수 없다. ■

나. 질의회신

문】 관세 등 환급액의 지급에 관하여

- ◦ 수급사업자가 기초원재료납세증명서(이하 "기납증"이라 함)를 지연 제출하여 수급사업자에 대한 관세 등 환급상당액을 목적물의 수령일로부터 60일 이내에 지급할 수 없는 경우의 관세 등 환급상당액 지급시기
- ◦ 수급사업자의 기납증 지연제출로 관세 등을 환급받을 수 없게 된 경우의 관세 등 환급상당액의 지급의무 여부

답】 하도급법 제15조(관세 등 환급액의 지급) 제1항은 원사업자가 수출할 물품을 수급사업자에게 제조위탁한 경우에 「수출용원재료에 대한 관세 등 환급에 관한 특례법」에 의하여 관세 등을 환급받은 때에는 그 받은 날로부터 15일 이내에 받은 내용에 따라 이를 수급사업자에게 지급하여야 한다고 규정하고 있고,

동조 제2항은 제1항의 규정에 불구하고 수급사업자에 대한 관세 등 환급상당액의 지급은 수급사업자에 책임을 돌릴 사유가 없는 한 목적물의 수령일로부터 60일을 초과할 수 없다고 규정하고 있다.

- 따라서, 수급사업자가 기납증 등 관세환급에 필요한 서류를 원사업자에게 지연하여 인도하는 등 수급사업자의 귀책사유로 인해 원사업자가 목적물수령일로부터 60일을 초과하여 지급한 경우에는 관세 등 환급액의 지연지급에 해당되지는 아니할 것임.
- 다만, 이 경우 원사업자는 수급사업자로부터 기납증 등 필요서류를 인도받게 되면 지체없이 관세 등을 환급받기 위한 필요조치를 취하여야 하며, 관세 등을 환급받은 즉시 수급사업자에게 관세 등 환급액을 지급하여야 할 것임.

◦ 수급사업자의 기납증 지연 제출로 관세 등을 환급받을 수 없게 된 경우에는 원사업자가 수급사업자에게 관세 등 환급액을 지급하지 않더라도 하도급법 위반으로 볼 수는 없을 것임. ■

Ⅷ. 하도급대금의 조정 및 지급의무

1. 관련 법령(법16조 및 법제16조의2)

- 하도급법-

제16조(설계변경 등에 따른 하도급대금의 조정) ① **원사업자**는 제조등의 위탁을 한 후에 다음 각 호의 경우에 모두 해당하는 때에는 **그가 발주자로부터 증액받은 계약금액의 내용과 비율에 따라 하도급대금을 증액하여야 한다**. 다만, 원사업자가 발주자로부터 계약금액을 감액받은 경우에는 그 내용과 비율에 따라 하도급대금을 **감액할 수 있다**.〈개정 2010. 1. 25., 2019. 11. 26.〉

1. 설계변경, **목적물등의 납품등 시기의 변동**[227]또는 경제상황의 변동 등을 이유로 계약금액이 증액되는 경우
2. 제1호와 같은 이유로 **목적물등의 완성 또는 완료에 추가비용**이 들 경우

② 제1항에 따라 하도급대금을 증액 또는 감액할 경우, 원사업자는 발주자로부터 계약금액을 증액 또는 감액받은 날부터 **15일 이내에 발주자로부터 증액 또는 감액받은 사유와 내용을 해당 수급사업자에게 통지하여야 한다**. 다만, 발주자가 그 사유와 내용을 해당 수급사업자에게 직접 통지한 경우에는 그러하지 아니하다. 〈신설 2010.1.25.〉

③ 제1항에 따른 **하도급대금의 증액 또는 감액**은 원사업자가 발주자로부터 계약금액을 증액 또는 감액받은 날부터 **30일 이내에 하여야 한다**. 〈개정 2010.1.25.〉

④ 원사업자가 제1항의 계약금액 증액에 따라 발주자로부터 추가금액을 지급받은 날부터 15일이 지난 후에 추가 하도급대금을 지급하는 경우의 이자에 관하여는 제13조제8항을 준용하고, 추가 하도급대금을 어음 또는 어음대체결제수단을 이용하여 지급하는 경우의 어음할인료 · 수수료의 지급 및 어음할인율 · 수수료율에 관하여는 제13조제6항 · 제7항 · 제9항 및 제10항을 준용한다. 이 경우 "목적물등의 수령일부터 60일"은 "추가금액을 받은 날부터 15일"로 본다. 〈개정 2010.1.25.〉

[전문개정 2009.4.1.]

제16조의2(원재료의 가격 변동에 따른 하도급대금의 조정)

① 수급사업자는 제조등의 위탁을 받은 후 다음 각 호의 어느 하나에 해당하여 하도급대금의 조정(調整)이 불가피한 경우에는 원사업자에게 하도급대금의 조정을 신청할 수 있다. 〈개정 2018. 1. 16., 2019. 11. 26.〉[228]

1. **목적물등의 공급원가[229]가 변동**되는 경우
2. **수급사업자의 책임으로 돌릴 수 없는 사유로 목적물등의 납품등 시기가 지연되어 관리비**

---

227) 2019. 11. 26.자 개정([시행일 : 2020. 5. 27.] 으로 "목적물들의 납품등 시기의 변동"을 신설하였다.

228) 2019. 11. 26.자 개정([시행일 : 2020. 5. 27.]

229) 개정 전에는 "제조등에 필요한 원재료의 가격이 변경"으로 규정되어 있었다. 즉 종전규정 "① 수급사업자는 제조등의 위탁을 받은 후 목적물등의 제조등에 필요한 원재료의 가격이 변동되어 하도급대금의 조정(調整)이 불가피한 경우에는 원사업자에게 하도급대금의 조정을 신청할 수 있다."라고 규정되어 있었다.

등 공급원가 외의 비용이 변동되는 경우

② 「중소기업협동조합법」 제3조제1항제1호 또는 제2호에 따른 **중소기업협동조합**(이하 "조합"이라 한다)은 원재료 가격의 급격한 변동으로 조합원인 수급사업자의 하도급대금의 조정이 불가피한 사유가 발생한 경우에는 해당 수급사업자의 신청을 받아 **대통령령**으로 정하는 원사업자와 하도급대금의 조정을 위한 협의를 할 수 있다. 다만, 원사업자와 수급사업자가 같은 조합의 조합원인 경우에는 그러하지 아니하다. 〈개정 2013.5.28.〉

③ 제2항 본문에 따른 신청을 받은 조합은 신청받은 날부터 20일 이내에 원사업자에게 하도급대금의 조정을 신청하여야 한다. 〈개정 2013.5.28., 2016.3.29.〉

④ 제1항에 따라 하도급대금 조정을 신청한 수급사업자가 제2항에 따른 협의를 신청한 경우 제1항에 따른 신청은 중단된 것으로 보며, 제1항 또는 제3항에 따른 조정협의가 완료된 경우 수급사업자 또는 조합은 사정변경이 없는 한 동일한 사유를 들어 제1항부터 제3항까지의 조정협의를 신청할 수 없다. 〈개정 2013.5.28.〉

⑤ 제2항에 따른 신청을 받은 조합은 납품 중단을 결의하는 등 부당하게 경쟁을 제한하거나 부당하게 사업자의 사업내용 또는 활동을 제한하는 행위를 하여서는 아니 된다 〈개정 2013.5.28.〉

⑥ 제2항 본문에 따른 불가피한 사유, 수급사업자의 신청 및 조합의 협의권한 행사의 요건·절차·방법 등에 관하여 필요한 사항은 대통령령으로 정한다. 〈신설 2013.5.28.〉

⑦ 원사업자는 제1항 또는 제3항의 신청이 있은 날부터 10일 안에 조정을 신청한 수급사업자 또는 조합과 하도급대금 조정을 위한 협의를 개시하여야 하며, 정당한 사유 없이 협의를 거부하거나 게을리하여서는 아니 된다. 〈신설 2013.5.28.〉

⑧ 원사업자 또는 수급사업자(제3항에 따른 조정협의의 경우 조합을 포함한다. 이하 이 조에서 같다)는 다음 각 호의 어느 하나에 해당하는 경우 제24조에 따른 하도급분쟁조정협의회에 조정을 신청할 수 있다. 다만, 제3항에 따른 조합은 「중소기업협동조합법」에 따른 중소기업중앙회에 설치된 하도급분쟁조정협의회에 조정을 신청할 수 없다.〈신설 2013.5.28.〉

1. 제1항 또는 제3항에 따른 신청이 있은 날부터 10일이 지난 후에도 원사업자가 하도급대금의 조정을 위한 협의를 개시하지 아니한 경우
2. 제1항 또는 제3항에 따른 신청이 있은 날부터 30일 안에 하도급대금의 조정에 관한 합의에 도달하지 아니한 경우
3. 제1항 또는 제3항에 따른 신청으로 인한 협의개시 후 원사업자 또는 수급사업자가 협의 중단의 의사를 밝힌 경우 등 대통령령으로 정하는 사유로 합의에 도달하지 못할 것이 명백히 예상되는 경우

[본조신설 2009.4.1.]

– 하도급법시행령 –

제9조의2(조합의 하도급대금 조정협의 등) ① 법 제16조의2제1항 및 제2항을 적용할 때 공급원가는 재료비, 노무비, 경비 등 수급사업자가 목적물등을 제조·수리·시공하거나 용역을 수행하는데 소요되는 비용으로 한다. 〈신설 2018. 7. 10.〉

② 법 제16조의2제2항 본문에서 "대통령령으로 정하는 기준"이란 다음 각 호의 어느 하나에

해당하는 기준을 말한다. 이 경우 변동비율의 기준이 되는 재료비, 노무비, 경비 등의 기준일은 하도급계약을 체결한 날(하도급계약 체결 후에 계약금액을 조정한 경우에는 직전 조정한 날을 말하고, 경쟁입찰에 따라 하도급계약을 체결한 경우에는 입찰한 날을 말한다. 이하 이 조에서 같다)로 한다. 〈신설 2018. 7. 10.〉

1. 특정 원재료에 소요되는 재료비가 하도급 계약금액의 10퍼센트 이상을 차지하고 그 원재료 가격이 변동된 경우: 10퍼센트
2. 원재료의 가격 상승에 따라 재료비가 변동된 경우: 나머지 목적물등에 해당하는 하도급대금의 3퍼센트
3. 노무비가 하도급 계약금액의 10퍼센트 이상을 차지하는 경우로서 「최저임금법」 제10조에 따라 고용노동부장관이 고시하는 최저임금이 변동된 경우: 최근 3년간의 평균 최저임금 상승률. 다만, 최근 3년간의 평균 최저임금 상승률이 7퍼센트를 넘는 경우에는 7퍼센트로 한다.
4. 임금상승에 따라 노무비가 변동된 경우: 나머지 목적물등에 해당하는 하도급대금의 3퍼센트
5. 공공요금, 운임, 임차료, 보험료, 수수료 및 이에 준하는 비용 상승에 따라 경비가 변동된 경우: 나머지 목적물등에 해당하는 하도급대금의 3퍼센트

③ 법 제16조의2제2항 본문에서 "대통령령으로 정하는 원사업자"란 원사업자 중 다음 각 호의 어느 하나에 해당하는 자를 말한다. 〈신설 2013. 11. 27., 2014. 7. 21., 2016. 1. 22., 2018. 7. 10.〉

1. 「독점규제 및 공정거래에 관한 법률」 제9조제1항에 따른 상호출자제한기업집단에 속하는 회사
2. 「중견기업 성장촉진 및 경쟁력 강화에 관한 특별법」 제2조제1호에 따른 중견기업으로서 직전 사업연도의 연간매출액(관계 법률에 따라 시공능력평가액을 적용받는 거래의 경우에는 하도급계약 체결 당시 가장 최근에 공시된 시공능력평가액의 합계액을 말하고, 연간매출액이나 시공능력평가액이 없는 경우에는 자산총액을 말한다)이 3천억원 이상인 자

④ 법 제16조의2제2항에 따라 조합은 조합원인 수급사업자가 하도급계약을 체결한 날부터 60일 이상 경과하고 제2항 각 호의 어느 하나에 해당하는 기준 이상으로 공급원가가 변동된 경우에는 해당 수급사업자의 신청을 받아 원사업자와 하도급대금의 조정을 위한 협의를 할 수 있다. 〈개정 2013. 7. 22., 2013. 11. 27., 2018. 7. 10.〉

1. 삭제 〈2018. 7. 10.〉
2. 삭제 〈2018. 7. 10.〉

⑤ 제4항에도 불구하고 다음 각 호의 어느 하나에 해당하는 경우에는 하도급계약을 체결한 날부터 60일이 경과하지 아니하여도 조합은 해당 수급사업자의 신청을 받아 원사업자와 하도급대금의 조정을 위한 협의를 할 수 있다. 〈신설 2013. 11. 27., 2018. 7. 10.〉

1. 수급사업자의 하도급 계약기간이 60일 이내이고, 제2항 각 호의 어느 하나에 해당하는 기준 이상으로 공급원가가 변동된 경우
2. 하도급계약을 체결한 날을 기준으로 원재료의 가격상승에 따른 재료비의 변동금액이 하도급 계약금액의 5퍼센트 이상인 경우
3. 하도급계약을 체결한 날을 기준으로 임금상승에 따른 노무비 변동금액이 하도급 계약금액

의 5퍼센트 이상인 경우

4. 하도급계약을 체결한 날을 기준으로 공공요금, 운임, 임차료, 보험료, 수수료 및 이에 준하는 비용 상승에 따른 경비의 변동금액이 하도급 계약금액의 5퍼센트 이상인 경우

⑥ 법 제16조의2제2항 본문에 따른 신청을 하는 수급사업자는 신청서에 다음 각 호의 서류를 첨부하여 자신이 조합원으로 소속되어 있는 조합에 제출하여야 한다. <신설 2013. 11. 27., 2018. 7. 10.>

1. 제4항 또는 제5항의 요건을 충족하였음을 확인할 수 있는 서류
2. 하도급계약서 사본(계약금액이 조정된 경우에는 이를 확인할 수 있는 서류를 포함한다)
3. 경쟁입찰에 따라 하도급계약을 체결한 경우에는 이를 확인할 수 있는 서류
4. 그 밖에 원사업자와의 하도급대금 조정에 필요한 서류

⑦ 제4항 또는 제5항에 따라 조합이 원사업자와 하도급대금의 조정을 위한 협의를 하려는 경우에는 총회 또는 이사회의 의결을 거쳐야 하며, 다음 각 호의 서류를 첨부하여 원사업자에게 제출하여야 한다. <개정 2013. 11. 27., 2018. 7. 10.>

1. 제6항제1호부터 제4호까지의 서류
2. 총회 또는 이사회의 의사록 사본
3. 조합원 중 제4항 또는 제5항의 요건을 충족하는 수급사업자 목록
4. 삭제 <2013. 11. 27.>
5. 삭제 <2013. 11. 27.>
6. 삭제 <2013. 11. 27.>

[본조신설 2011. 6. 27.]

[제목개정 2013. 7. 22., 2013. 11. 27.]

- 하도급거래 공정화지침 -

16. 설계변경 등에 따른 하도급대금의 조정(법 제16조)

가. 원사업자가 발주자로부터 설계변경 등에 따른 하도급대금의 조정을 받은 경우 추가금액의 내용과 비율이 명확한 경우에는 그 내용과 비율에 따라 수급사업자에게 지급하여야 하고, 내용이 불명확한 경우에는 발주자가 지급한 평균비율을 적용 지급하여야 한다.

나. 원사업자가 발주자로부터 물가변동 등 경제상황의 변동에 따른 하도급대금의 조정을 받은 경우, 하도급계약이 발주자로부터 조정받기 이전에 체결되었다 하더라도 발주자로부터 조정 받은 기준시점 이후 잔여공사에 대하여 수급사업자에게 대금을 조정해준 경우에는 적법한 것으로 본다.

다. 발주자로부터 조정 받은 기준시점 이후에 체결된 하도급계약분에 대하여는 수급사업자에게 대금을 조정해 주지 않아도 적법하다, 다만, 조정기준시점 이전에 이미 선시공 등 사실상 하도급거래가 있었다는 객관적인 사실이 입증되는 경우에는 상기 "가"항에 따라 적용한다.

라. **원사업자가 발주자로부터 물가변동과 관련 추가금액을 지급받고도 원사업자와 수급사업자간 약정이나 국가를 당사자로 하는 계약에 관란 법률 시행령 제64조(물가변동으로 인한 계약금액의 조정)를 이유로 조정해주지 않은 경우에는 법 위반행위로 본다**.

마. 물가변동과 관련 발주자로부터 조정 받은 추가금액을 수급사업자에게 조정해주는데 있어서 물가변동조정기준시점이전에 지급한 선급금은 물가변동조정대상금액에서 제외할 수 있다.

바. 원사업자가 발주자로부터 물가변동 등의 이유로 추가금액을 지급받은 때, 일부 공종에 있어 하도급금액이 원도급금액을 상회한 경우에도 하도급금액을 기준으로 증액해 주어야 한다.

16-2. 원재료가격 변동에 따른 하도급대금의 조정(법 제16조의2)(폐지 : 2014. 1. 1.)

2. 하도급대금 조정의무

가. 의의 및 취지

하도급법에서는 원사업자가 수급사업자와 하도급계약을 체결한 후에 설계변경 또는 경제상황의 변동 등을 이유로 원도급 계약금액이 증액되는 경우 원사업자는 수급사업자에게 증액의 내용과 비율에 따라 증액해 주어야 한다고 규정하고 있다.

본 규정의 취지는 원사업자가 계약금액 조정 등을 통하여 증액을 받았음에도 불구하고 수급사업자에게 증액을 해주지 않는 경우를 방지하고 수급사업자를 보호하기 위함이다.

나. 법적 성격

하도급법 제16조의 성격에 대하여 '강행규정'인지 아니면 '단속규정'인지가 문제된다. 전자는 위반시 사법상의 행위까지 무효로 하는 반면 후자는 공법상의 제재는 받더라도 사법상의 행위효력에는 영향이 없게 된다.

판례의 입장은 본 조항에 위배된 경우라도 하더라도 사법(私法)상의 효력을 부인하는 것은 아니라는 입장이다(**단속규정설**). 즉 판례는 사법상 체결된 하도급 계약이 하도급법 제16조의 규정에 위반하여 행정적 재제를 받는다고 하더라도 그로 인하여 사법상의 효력까지 부인하는 것은 아니라는 입장이다(**대법원 2007. 7. 28. 선고, 2000다20434, 판결 등**).

-하도급법 제20조에 위반한 계약의 사법(私法)상의 효력 여부(유효)-

[참조 판결]

-대법원 2000. 7. 28. 선고 2000다20434 판결 [공사대금]-

【판시사항】

구 하도급거래공정화에관한법률 제16조에 위반된 하도급약정의 사법상의 효력(유효)

【판결요지】

구 하도급거래공정화에관한법률(1995.1.5. 법률 제4860호로 개정되기 전의 것) 제16조에는 원사업자가 제조 등의 위탁을 한 후에 발주자로부터 설계변경 또는 경제상황의 변동 등의 이유로 추가금액을 지급받는 경우 동일한 사유로 목적물의 완성에 추가비용이 소요되는 때에는 그가 받은 추가금액의 내용과 비율에 따라 하도급대금을 증액하여야 한다는 취지로 규정되어 있으나, 그 법은 그 조항에 위반된 하도급약정의 효력에 관하여는 아무런 규정을 두지 않는 반면 위의 조항을 위반한 원사업자를 벌금형에 처하도록 하면서 그 조항 위반행위 중 일정한 경우만을 공정거래위원회에서 조사하게 하여 그 위원회로 하여금 그 결과에 따라 하도급분쟁조정협의회에 조정 등을 요청하게 하거나 원사업자에게 통지·최고하게 하거나 그 위반행위의 신고를 각하 또는 기각하게 하도록 규정하고 있을 뿐이어서 **그 조항은 그에 위배한 하도급인과 하수급인 간의 계약의 사법상의 효력을 부인하는 조항이라고 볼 것**은 아니다. ■

다. 주요 내용

하도급법 제16조에 의하면 원사업자는 제조 등의 위탁을 한 후에 1. 설계변경 또는 경제상황의 변동 등을 이유로 계약금액이 증액되는 경우, 2. 제1호와 같은 이유로 목적물 등의 완성 또는 완료에 추가비용이 들 경우로서 발주자로부터 원도급계약금액의 증액을 받은 경우 그 증액받은 계약금액의 내용과 비율에 따라 하도급대금을 증액하여야 한다(**하도급대금증액의무**)고 규정하고 있고, 반면 원도급계약이 감액된 경우에는 원사업자가 감액할 수 있다(하도급법 제16조 제1항)고 규정하고 있다.

즉 '**증액의무와 감액규정의 형식의 차이**'를 두고 있는 것이 특징이다.

이와 같이 원사업자가 원도급계약금액의 변경을 통하여 계약금액이 증액 또는 감액받은 경우 그 날로부터 **15일 이내**에 발주자로부터 증액 또는 감액받은 사유와 내용을 수급사업자에게 통지하여야 한다**[원사업자의 통지의무](2010. 7. 26.자 시행)**. 다만, 발주자가 그 사유와 내용을 해당 수급사업자에게 직접 통지한 경우에는 원사업자 통지의무의 예외로 인정하고 있다. 참고로 건설산업기본법령[230]에서는 발주자[231]의

230) 건설산업기본법 제36조 (설계변경 등에 따른 하도급대금의 조정 등) ① 수급인은 하도급을 한 후 설계변경 또는 경제 상황의 변동에 따라 발주자로부터 공사금액을 늘려 지급받은 경우에 같은 사유로 목적물의 준공에 비용이 추가될 때에는 그가 금액을 늘려 받은 공사금액의 내용과 비율에 따라 하수급인에게 비용을 늘려 지급하여야 하고, 공사금액을 줄여 지급받은 때에는 이에 준하여 금액을 줄여 지급한다.

② 발주자는 발주한 건설공사의 금액을 설계변경 또는 경제 상황의 변동에 따라 수급인에게 조정하여 지급한 경우에는 대통령령으로 정하는 바에 따라 공사금액의 조정사유와 내용을 하수급인(제29조제3항에 따라 하수급인으로부터 다시 하도급받은 자를 포함한다)에게 통보하여야 한다.

[전문개정 2011.5.24.]

건설산업기본법 시행령 제34조의6 (공사금액 조정사유 등) ① 삭제 <2010.5.27>

②법 제36조제2항의 규정에 의한 통보는 발주자가 설계변경 등에 따라 수급인에게 공사금액을 조정하여 지급한 날부터 15일 이내에 하여야 한다.

③ 제2항에 따른 통보의 내용 및 방법 등에 관한 구체적인 사항은 국토교통부령으로 정한다.

통보의무를 규정하고 있다.

또한 '증액'인 경우에는 원사업자가 발주자로부터 추가금액을 지급받은 경우 지급받은 날로부터 15일 내에 증액된 하도급대금을 지급해야 하고 그렇지 않은 경우 선급금 미지급과 마찬가지로 이자를 더하여 지급해야 하고, 어음 또는 어음대체결제수단의 경우도 마찬가지이다(**하도급법 제16조 제4항**).

라. 금지행위 유형분석 -관련 판결례 -

1) 원사업자가 수급사업자 사이에 발주자와의 원도급계약이 설계변경 등에 따라 계약금액이 변동되는 경우에 하도급률을 곱하여 하도급대금을 정산하기로 한 특약은 부당감액이라고 볼 수 없다는 사안- 적법-

-서울고등법원 2010. 10. 13. 선고 2009누31429 판결[232] [시정명령등 처분취소]-
[삼○건설산업 사례]

【판시이유】

가. 원고의 주장

원고와 피고가 이 사건 하도급계약을 통하여 원도급 순공사비 총액에 하도급비율 85.95%을 적용하여 이 사건 하도급 공사대금을 정산하기로 약정하였는바, 발주자의 설계변경의 사유로 원도급계약의 순공사비가 2,640,558,034원으로 변경되어 원고가 이 사건 하도급 공사대금을 2,269,559,630원(=2,640,558,034원×85.95%, 부가가치세 포함 금액 2,496,515,593원)으로 정산한 것은 이 사건 하도급계약으로 약정한 바에 따라 감액한 것이므로 부당한 감액 행위가 아니라고 주장한다.

<신설 2008.12.31, 2013.3.23>
[본조신설 2005.6.30.]
[제34조의5에서 이동, 종전 제34조의6은 제34조의7로 이동 <2014.11.14.>]

231) 종래 본 규정이 신설된 2004. 12.31.자 개정된 건설산업기본법 규정(제36조 제2항)은 종래 '**공공발주자**'에게만 통지의무를 부과하고 있었고, 이에 따라서 종래에는 공공공사의 수급사업자들만 조정내역을 통지 받을 수 있다. 그러다가, 건설산업기본법 개정[시행 2010. 6. 30.] [법률 제9875호 2009. 12. 29. 일부개정]을 통하여 공공기관이외의 발주자에게도 확대하였다.

건설산업기본법 제36조 (설계변경 등에 따른 하도급대금의 조정 등 <개정 2004.12.31.>) ① 수급인은 하도급을 한 후 발주자로부터 설계변경 또는 경제상황의 변동에 따라 공사금액을 증액하여 지급받은 경우 동일한 사유로 목적물의 준공에 비용이 추가되는 때에는 그가 증액하여 받은 공사금액의 내용과 비율에 따라 하수급인에게 비용을 증액하여 지급하여야 한다. 이 경우 공사금액이 감소된 때에는 이에 준하여 감액하여 지급한다.
② 국가·지방자치단체 또는 대통령령이 정하는 공공기관은 발주한 건설공사의 금액을 설계변경 또는 경제상황의 변동에 따라 수급인에게 조정하여 지급한 경우에는 대통령령이 정하는 바에 의하여 공사금액의 조정사유와 내용을 하수급인에게 통보하여야 한다. <신설 2004.12.31.>

건설산업기본법 시행령 제34조의3 (공사금액 조정사유 등) ①법 제36조제2항에서 "대통령령이 정하는 공공기관"이라 함은 국가 또는 지방자치단체가 출자 또는 출연한 법인을 말한다.
② 법 제36조제2항의 규정에 의한 통보는 발주자가 설계변경 등에 따라 수급인에게 공사금액을 조정하여 지급한 날부터 15일 이내에 하여야 한다.
[본조신설 2005.6.30.] [시행 2005.7.1.] [대통령령 제18918호, 2005.6.30., 일부개정]

232) 본 판결은 상고되었으나 기각되어 원심이 확정되었다(대법원 2011. 1. 27.자 선고 2010두24050 판결).

나. 인정사실

(1) 원고는 2007. 3. 26. 주식회사 장○티엔시(이하 '장○티엔시'라 한다)와 사이에, 원고가 발주자로부터 도급받은 서울 은평구 진관외동 479-211 일대의 토지에 진관배수지를 건설하는 공사 중 구내배관 공사 및 송·배수관로 공사로 구성된 상하수도공사를 장○티엔시에 하도급주기로 하되, 향후 설계변경으로 이 사건 하도급 공사대금을 변경하여야 하는 경우에도 원도급계약의 공사대금 중 이 사건 하도급공사에 해당하는 순공사비 총액 대비 기존요율(하도급비율 85.95%)을 적용하여 산정되는 금액으로 이 사건 하도급 공사대금을 정산하기로 약정하였다.

(2) 원고는 서울지방조달청장으로부터 도급받은 진관배수지 건설공사 중 이 사건 하도급공사 부분에 해당하는 순공사비는 3,257,639,517원(= 구내배관 공사비 66,018,140원 + 송·배수관로 공사비 3,191,621,377원)이었는데, 이에 하도급 비율 85.95%를 곱한 금액(3,257,639,517원 × 85.95% = 2,799,941,165원)과 거의 같은 2,800,000,000원(부가가치세 제외)을 이 사건 하도급 공사대금으로 정하였다.

(3) 원고는 발주자와 사이에, 설계변경 등을 이유로 2007. 12. 24. 및 2008. 9. 10. 아래 <표 2> 기재와 같이 원도급계약의 공사대금을 각 변경하기로 약정하였다.

<표 2>

도급계약 내역 변경 현황표 (순공사비 기준, 원)

공종	당초의 도급계약	2007. 12. 24. 변경	2008. 9. 10. 변경
구내배관 공사	66,018,140	66,018,140	66,018,140
송·배수관로 공사	3,191,621,377	2,981,412,380	2,560,139,894
추가공사 (안전진단비용)	0	0	14,400,000
합계	3,257,639,517	3,047,430,520	2,640,558,034

(4) 한편, 원고는 2007. 6. 15.부터 2008. 9. 16.까지 장○티엔시에게 이 사건 하도급 공사대금으로 합계 2,519,344,890원(실제 지급액에서 추가 공사대금 80,245,110원이 제외된 금액이다)을 지급하였다.

다. 판단

원사업자인 원고와 수급사업자인 주식회사 장○티엔시는 발주자의 설계변경 등에 따라 이 사건 하도급 공사대금을 정산하여야 하는 경우 이 사건 하도급공사에 해당하는 원도급계약의 순공사비 총액에 하도급금액 비율 85.95%를 곱한 금액으로 하도급대금을 정산하기로 하는 특약(이하 '이 사건 특약'이라 한다)을 하였는데, 이 사건 특약이 구 하도급거래 공정화에 관한 법률(2010. 1. 25. 법률 제9971호로 개정되기 전의 것. 이하 '법'이라 한다) **제16조 제1항**에 위배되거나 우회적인 방법으로 실질적으로 **법 제11조 제1항의 적용**을 피하려는 것으로 볼 수 없고, 이 사건 특약에 의하여 이 사건 하도급 공사대금이 부당하게 감액되었다고 인정하기 부족하다. ■

2) 하도급법 제16조가 원도급금액을 초과하여 하도급금액을 정하고 이를 지급하는 것 자체를 금지하는 것은 아님 - 적법 -

판례는 하도급법 제16조가 원도급금액을 초과하여 하도급금액을 정하고 이를 지급하는 것 자체를 금지하는 것은 아니라는 입장이다(**대법원 2007. 5. 31. 선고 2005다74344 판결 [중재판정취소의소]**)[233]

3) 건설하도급에 있어서 원사업자의 하도급대금 조정사유 미통지 행위로 하도급법 제16조 제2항 위반을 인정한 사례

원사업자가 발주자로부터 설계변경 등을 이유로 2차례 도급 계약금액의 조정을 받았음에도 조정받은 날부터 15일 이내에 발주자로부터 조정받은 사유와 내용을 수급사업자에게 통지하지 않은 행위로 하도급법 제16조 제2항 위반이라는 판결이 있다(**서울고등법원 2019. 1. 31. 선고 2018누46386 시정명령등취소 판결**).

-서울고등법원 2019. 1. 31. 선고 2018누46386[234][시정명령등취소]-
[대○산업 사례]

【판시이유】

1. 인정사실

원고는 서남현장에서 발주자인 서울시 도시기반시설본부로부터 아래와 같이 설계변경 등을 이유로 2차례 도급 계약금액의 조정을 받았음에도 조정받은 날부터 15일 이내에 발주자로부터 조정받은 사유와 내용을 한○건설에 통지하지 아니하였다(이하 '하도급대금 조정사유 미통지 행위'라 한다).

2. 피고 공정거래위원회의 처분

피고는 하도급대금 조정사유 미통지 행위가 하도급법 제16조 제2항을 위반하였다는 이유로 2018. 4. 11. 원고에 대하여 의결 제2018-125호로 시정명령을 하였다.

3. 원고 원사업자의 주장

가. 이 사건 처분 중 1차 도급변경계약 관련 미통지 행위 부분은 1차 도급변경계약에 따라 도급계약금액이 변경되지 않았음에도 그 금액이 증액된 것으로 처분의 전제 사실을 오인한 위법이 있다.

나. 원고는 도급변경계약일 이전에 이미 한○건설에 발주자로부터 계약금액을 조정받은 사유와 내용을 통지하였고 한○건설은 그에 따라 변경공사를 수행하였으며, 도급변경계약 체결일로부터 15일 이내에 도급설계변경에 관한 내용을 재차 설명하였으므로 원고의 하도급대금 조정사유 미통지 행위는 하도급법 제16조 제2항 위반에 해당하지 않는다.

---

233) **【판시사항】** 구 건설산업기본법 제36조 및 구 하도급거래 공정화에 관한 법률 제16조가 원도급금액을 초과하여 하도급금액을 정하고 이를 지급하는 것 자체를 금지하는 취지의 규정인지 여부(소극)
【판결요지】 구 건설산업기본법(2004.12.31. 법률 제7306호로 개정되기 전의 것) 제36조 및 구 하도급거래 공정화에 관한 법률(2005.3.31. 법률 제7488호로 개정되기 전의 것) 제16조는 하수급인의 보호를 위한 규정으로서 원도급금액을 초과하여 하도급금액을 정하고 이를 지급하는 것 자체를 금지하는 취지는 아니다.

234) 본 판결은 상고되었으나 심리불속행 기각되어 확정되었다(대법원 2019두37165 2019.6.19.자 심리불속행기각).

다. 원고는 도급변경계약 체결 전후에 한○건설에 관련 내용을 충분히 설명하였고, 도급변경계약 체결일로부터 30일 이내에 하도급대금을 조정하였으므로 위법성의 정도가 매우 미미하다. 그런데 원고는 이 사건 처분으로 벌점을 받아 현재 피고의 입찰참가자격제한의 요청이 예정되는 등 이 사건 처분으로 인하여 원고가 입게 되는 불이익은 매우 중대하다. 따라서 이 사건 처분은 그 위법성에 비하여 지나치게 과도하여 재량권을 일탈·남용한 위법이 있다.

4. 법원의 판단

가. 인정사실

갑 제3 내지 6, 8, 14호증, 을 제7호증(각 가지번호 포함)의 각 기재, 증인 정○식의 증언에 변론 전체의 취지를 종합하면, 다음 사실이 인정된다.

① 2013. 4. 25. 1차 도급변경계약에서 신규 발견 지장물 철거, 우수관 계획고 및 접합방식 변경, 진입도로 연약지반 골재 치환 항목의 공사금액이 증액되었고, 지장물 관보호공 및 L형 측구 삭제 등 현지여건 변경 항목의 공사금액은 감액되었다. 이에 따라 수급사업자인 한○건설이 담당하는 토목공사비는 53,779,000원이 증액되었고, 원고와 한○건설은 2013. 5. 24. 이를 반영하여 하도급변경계약을 체결하였다. 한편 위와 같이 변경된 공사내역은 수급사업자의 2013. 2.분 또는 2013. 4.분 기성내역서에 반영되었다.

② 2014. 5. 30. 2차 도급변경계약에서 건설기계대여대금 지급보증 수수료를 반영한 금액이 증액되었고, PHC파일 시공정산과 가시설 공법변경 항목의 공사금액은 감액되었다. 이에 따라 수급사업자인 한○건설이 담당하는 토목공사비는 466,558,000원이 감액되었고, 원고와 한○건설은 2014. 6. 27. 이를 반영하여 하도급변경계약을 체결하였다. 한편 원고는 2013. 8.경 건설기계대여대금 지급보증 수수료 반영에 관한 사항을, 2014. 1.경 가시설 공법변경에 관한 사항을 각 한○건설에 통지하였고, PHC파일 시공에 관한 사항은 2014. 3.경 시공이 완료되었다.

③ 2013년경 한○건설에서 공무 업무를 담당하였던 증인 정○식은, '한○건설은 원고로부터 설계변경 내용, 사유에 관한 설명과 함께 설계변경 도면 등을 제공받아 해당 공사를 수행하였고 이는 도급변경계약 전에 이미 진행되었기 때문에 한○건설로서는 향후 발주처와 원고 사이의 도급변경계약 및 그에 따른 원고와 한○건설 사이의 하도급변경계약이 이루어질 것을 당연히 예상할 수 있었다', '2013. 4.분 기성내역에 설계변경공사 항목을 반영하기 위하여 원고 공무 담당자와 해당 항목의 기성반영 사유와 단가 및 수량 등에 관하여 협의하였다', '2013. 4. 25.경 원고가 서남현장에서 발주자로부터 설계변경 등을 이유로 도급계약금액의 조정을 받았다는 사실을 그 당시에는 몰랐고, 위 조정받은 날로부터 15일 이내에 원고로부터 도급계약금액을 조정받은 사유와 내용을 통지받은 사실은 없다', '자신은 원고와 한○건설 사이에서 일어났던 일만 알고, 원도급사와 원고 사이에서 있었던 내용은 잘 모른다'는 취지로 진술하였다.

나. 법원의 판단

가. 하도급법 제16조 제2항은 수급사업자가 발주자와 원사업자 간 계약금액 조정 사실을 알지 못하여 자신의 하도급대금을 조정받지 못하는 문제를 방지하기 위하여 원사업자가 발주자로부터 계약금액을 조정받은 경우 15일 이내에 그 사유와 내용을 수급사업자에게 통지하도록 규정하고 있다. 하도급법 제16조 제2항의 의무는 같은 조 제1항과 제3항에 따른 원사업자의 하도급대금 증액 또는 감액 의무와는 별개의 독립된 의무로서, 발주자와 원사업자간

의 설계변경 등의 사유와 내용에 대한 충분한 정보를 수급사업자에게 제공함으로써 수급사업자가 변경된 공사를 수행하고 하도급대금을 조정하는 과정에서 수급사업자의 불이익을 사전에 방지하기 위한 것이다.

나. 위 인정 사실과 앞서 든 증거들에 변론 전체의 취지를 종합하여 인정할 수 있는 아래 ①~④의 사정들을 하도급법 제16조 제2항의 내용과 취지에 비추어 살펴보면, 원고의 하도급대금 조정사유 미통지 행위는 하도급법 제16조 제2항을 위반한 것으로 보아야 하고, 이에 대한 시정명령 부과에 달리 재량권을 일탈·남용한 위법이 있다고 볼 수 없다. 따라서 원고의 이 부분 주장은 모두 받아들일 수 없다.

① 하도급법 제16조는 설계변경 등에 따른 하도급대금의 조정에 관한 조항이므로 수급사업자와 관련된 공사비가 변동된 경우 원사업자는 제2항에 따라 하도급대금 조정 사유와 내용을 통지하여야 한다. 1차 도급변경계약으로 인한 총 도급 계약금액은 변동되지 않았다 하더라도 수급사업자인 한○건설과 직접적으로 관련이 있는 토목공사비 항목은 증액되었으므로 원고는 한○건설에 통지의무를 부담한다.

② 원고와 발주자 사이의 도급변경계약이 있기 전에 변경되는 해당 공사내역에 관하여 수급사업자에게 통지가 이루어졌거나 변경된 내용에 따라 공사가 수행되었음은 앞서 본 바와 같다. 그러나 하도급법 제16조 제2항은 발주자와 원사업자 사이에서 발생한 공사금액 변경 등의 내용을 수급사업자에게 통지하라는 것이므로, 원고가 도급변경계약이 체결되기 이전에 그 내용에 관하여 한○건설과 논의하거나 협의하였다 하더라도 하도급법 제16조 제2항에서 정한 통지의무를 다하였다고 볼 수 없다. 원고가 추가 공사 등 추후 설계변경에 따라 반영되어야 할 사항을 미리 수급사업자에게 지시하고 이에 대한 기성금을 지급하였다 하더라도 수급사업자는 발주자와 원사업자 사이에서 조정된 하도급대금에 관한 사항을 알 수 없게 되므로 하도급법 제16조의 취지에도 어긋난다. 결국, 하도급법 제16조 제2항의 통지는 원사업자와 발주자 사이에서 도급변경계약이 체결되어 그 내용이 확정된 후에 이루어져야 한다.

③ 각 도급변경계약 체결 이후 15일 이내에 원고가 한○건설에 그 내용을 통지하였다고 볼 증거가 없고, 한○건설은 설계변경에 따른 공사를 수행하였음에도 원고와 발주처인 서울시 사이의 공사금액 조정 내역을 알지 못하고 있었다.

④ 원고는 하도급대금 조정사유 미통지 행위의 위법성이 미미하여 시정명령이 아닌 시정권고나 경고조치만으로도 행정상 목적을 달성할 수 있음에도 불구하고 시정명령 처분을 한 것은 과도하다는 취지로 주장하나, 하도급법 제16조를 위반한 행위는 시정조치의 부과 대상이며(하도급법 제25조 제1항), 피고의 시정명령은 피고의 재량의 범위에 속하는 사항이므로 이 사건에서 시정명령을 하였다는 사실만으로 재량권의 일탈·남용이 있다고 볼 수 없다. 원고는 하도급대금 조정사유 미통지 행위가 위법하지 않다고 다투고 있어 향후 유사한 위반행위가 반복될 우려가 있고, 한○건설이 사후에 하도급대금을 조정받았다고 하더라도 한○건설은 추가공사를 수행하고 하도급대금을 조정받는 과정에서 원고와 발주자 사이의 조정 내용을 알지 못하고 있는 것만으로도 불리한 지위에 있는 것이므로 한○건설의 피해가 없다고 볼 수 없다. ■

3. 하도급대금조정신청권(법제16조의2)[235]

가. 의의 및 취지

본 규정은 수급사업자의 열악한 지위를 고려하여 하도급법에 수급사업자와 중소기업협동조합에 '조정신청권'을 부여하였다(2009. 4. 1.자 신설).

위와 관련된 하도급법에서의 규율 내용을 살펴보기로 한다.

나. 주요 내용

첫째, 수급사업자는 제조 등의 위탁을 받은 후 목적물 등의 제조등에 필요한 원재료의 가격이 변동되어 하도급대금의 조정(調整)이 불가피한 경우에는 원사업자에게 하도급대금의 조정을 신청할 수 있다(법 제16조의2 제1항)(**조정신청권 부여**).

둘째 수급사업자의 신청을 통하여 중소기업협동조합은 **일정한 규모 이상의 원사업자**[236]와 하도급대금조정협의를 할 수 있는 신청권 자격을 가지게 되었다(법 제16조의2 제2항)(**중소기업협동조합**[237]**에 조정대리권 부여**).

---

235) 최근 중소기업 협동조합을 통한 하도급대금 조정신청의 확대 및 활성화를 위하여 공정거래위원회는 하도급법 시행령 개정안을 발표하였다(2020.3.26.자 보도자료). 그 주요 골자는 다음과 같다.

- 다 음 -

가. 중소기업 협동조합을 통한 하도급 대금 조정 활성화(안§9조의2③항2호, 현행 §9조의2④항·⑤항 삭제)

□ 현행 법령은 하도급 업체가 중소기업 협동조합을 통해 원사업자에게 하도급 대금 조정을 신청할 수 있도록 하면서,(법§16조의2②항)

ㅇ 신청 대상 원사업자를 '상호출자제한 기업집단 소속회사 또는 연간 매출액 3,000억 원 이상 중견기업', 신청 기간을 '계약 체결 후 60일 이상 경과한 이후' 로 제한하고 있다.(시행령§9조의2③항)

□ 그러나, 조정 신청 요건이 까다로워 중소기업 협동조합을 통한 대금조정이 활성화되지 못하고 있다.

* 2019년 하도급 서면 실태조사 결과 수급 사업자가 대금 조정을 신청한 경우(34.6%) 중소기업 협동조합을 활용한 경우는 0.9%에 불과함.(조정 신청 경험이 있는 911개 수급 사업자 중 8개만 조합을 활용)

ㅇ 전체 중견기업의 86.5%를 차지하는 매출액 3,000억 원 미만의 중견기업이 제외됨에 따라 신청 대상이 매우 제한적인 상황이다.

□ 이에 개정안은 중소기업 협동조합을 통해 **조정 신청할 수 있는 대상**을 **'상호출자제한 기업집단 소속회사 또는 전체 중견기업' 으로 확대**하고 **'경과 기간 없이' 바로 신청**할 수 있도록 했다.

236) 하도급법시행령 제9조의2(조합의 하도급대금 조정협의 등) ① 법 제16조의2제2항 본문에서 "대통령령으로 정하는 원사업자"란 원사업자 중 다음 각 호의 어느 하나에 해당하는 자를 말한다. <신설 2013.11.27, 2014.7.21, 2016.1.22>

1. 「독점규제 및 공정거래에 관한 법률」 제9조제1항에 따른 **상호출자제한기업집단에 속하는 회사**
2. 「중견기업 성장촉진 및 경쟁력 강화에 관한 특별법」 제2조제1호에 따른 **중견기업**으로서 직전 사업연도의 연간매출액(관계 법률에 따라 시공능력평가액을 적용받는 거래의 경우에는 하도급계약 체결 당시 가장 최근에 공시된 시공능력평가액의 합계액을 말하고, 연간매출액이나 시공능력평가액이 없는 경우에는 자산총액을 말한다)이 **3천억원 이상인 자**

237) 중소기업협동조합법 [시행 2017.7.26.] [법률 제14839호 2017. 7. 26. 타법개정]

제3조(종류 등) ①중소기업협동조합의 종류는 다음 각 호와 같다.

1. 협동조합(이하 "조합"이라 한다)
2. 사업협동조합(이하 "사업조합"이라 한다)
3. 협동조합연합회(이하 "연합회"라 한다)

중소기업중앙회 등 중소기업협동조합법 제3조에서 정하는 협동조합에 조합원의 조정신청에 대한 대리권을 부여한 '취지'는 수급사업자가 원사업자에게 하도급대금 조정신청을 하는 경우에 따른 원사업자의 거래중단, 물량감소 등의 위험으로 인해 수급사업자가 대금증액조정신청을 꺼려하는 경우를 감안하여 도입한 제도이다.

셋째, 중소기업협동조합은 ① 조합원인 수급사업자가 계약체결일로부터 60일[238] 이상이 경과한 상태에서 수급사업자의 신청을 받아 조정대리를 할 수 있는 경우(1. 하도급 계약금액의 10퍼센트 이상을 차지하는 원재료의 가격이 하도급계약을 체결한 날을 기준으로 10퍼센트 이상 상승한 경우, 2. 하도급계약을 체결한 날을 기준으로 원재료의 가격 상승에 따른 변동금액이 나머지 목적물 등에 해당하는 하도급대금의 3퍼센트 이상인 경우)(시행령 제9조의2 제2항)와 ② 그 기간이 60일이 경과하지 아니하더라도 할 수 있는 경우(1. 수급사업자의 하도급 계약기간이 60일 이내이고, 시행령 제9조의2 제2항 각 호의 어느 하나에 해당하는 사유가 발생한 경우, 2. 하도급계약을 체결한 날을 기준으로 원재료의 가격상승에 따른 변동금액이 하도급 계약금액의 5퍼센트 이상인 경우)(시행령 제9조의2 제3항)가 있다.

넷째, 원사업자는 위 신청이 있은 날부터 10일 안에 조정을 신청한 수급사업자 또는 조합과 하도급대금 조정을 위한 협의를 개시하여야 하며, 정당한 사유 없이 협의를 거부하거나 게을리 하여서는 아니 된다고 규정하고 있다(법 제16조의2 제7항)(**원사업자의 충실의무**).

다섯째, 일정한 경우(1. 원사업자 또는 수급사업자[조합 포함]가 협의 중단의 의사를 밝힌 경우, 2. 원사업자 및 수급사업자(조합 포함)가 제시한 조정금액이 상호 간에 2배 이상 차이가 나는 경우, 3. 합의가 지연되면 영업활동이 심각하게 곤란하게 되는 등 원사업자 또는 수급사업자에게 중대한 손해가 예상되는 경우, 4. 그 밖에 이

---

4. 중소기업중앙회(이하 "중앙회"라 한다)

② 조합, 사업조합 및 연합회를 설립할 수 있는 업종의 분류는 대통령령으로 정한다.

238) 참고로 하도급법시행령 제9조의2가 2013.7.22.자 개정되기 전에는 90일 이었다.

-개정 전 하도급법 시행령([시행 2013.3.23.] [대통령령 제24436호 2013. 3. 23. 타법개정])-

제9조의2(중소기업협동조합의 하도급대금 조정신청 등) ① 법 제16조의2제2항에 따른 중소기업협동조합(이하 "조합"이라 한다)은 조합원인 수급사업자가 하도급계약을 체결한 날(하도급계약 체결 후에 계약금액을 조정한 경우에는 직전 조정한 날을 말하고, 경쟁입찰에 따라 하도급계약을 체결한 경우에는 입찰한 날을 말한다. 이하 이 조에서 같다)부터 90일 이상 경과하고 다음 각 호의 어느 하나에 해당하는 사유가 발생한 경우에는 원사업자에게 하도급대금의 조정을 신청할 수 있다. 다만, 수급사업자의 하도급 계약기간이 90일 이내인 경우에는 하도급계약을 체결한 날부터 90일이 경과하지 아니하여도 조합은 하도급대금의 조정을 신청할 수 있다.

1. 하도급 계약금액의 10 퍼센트 이상을 차지하는 원재료의 가격이 하도급계약을 체결한 날을 기준으로 15 퍼센트 이상 상승한 경우
2. 하도급계약을 체결한 날을 기준으로 원재료의 가격 상승에 따른 변동금액이 나머지 목적물등에 해당하는 하도급대금의 3 퍼센트 이상인 경우

에 준하는 사유가 있는 경우) 원사업자 또는 수급사업자는 '하도급분쟁조정협의회'에 조정신청을 할 수 있다(법 제16조의2 제8항 및 시행령 9조의 3)(**하도급분쟁조정협의회 조정신청권**)[239].

4. 관련 사례

가. 판결례

건설공동수급체가 공동이행방식으로 발주자로부터 수급을 받은 후 하도급 건설위탁을 한 경우 하도급법 제16조의 하도급대금 조정의무 및 통지의무가 업무집행조합원만이 아니라 공동이행방식의 전체 구성원에게도 발생하고 하도급대금지급의 연대의무를 부담한다는 점에서 구성원을 전부 동일하게 처분하더라도 평등의 원칙에 반하지 않는다는 판결이 있다[**서울고등법원 2019. 5. 30. 선고 2018누36966 판결[시정명령취소]**.

사견으로는 건설공동수급체의 하도급법상 조정 및 통지의무위반의 의무가 공동이행방식의 전원에게 있다는 점에서는 위 판결의 태도는 나름데로 옳다고 볼 것이다. 그러나, 업무집행자는 조합원의 3분의 2 이상의 찬성으로 선임(민법 제706조)되는 다수지분권자가 통상 민법상 조합원으로서의 소위 업무집행조합원(실무상 '주간사'로 통칭함)으로서 대외적으로 업무를 행한다는 점 또한 업무집행의 대리권을 가지고 있는 것을 추정(민법 제709조)되는 점을 고려할 때 업무집행조합원과 그렇지 않은 조합원 사이의 하도급법위반에 대한 제재는 형량이 달라야 할 것이라고 판단된다. 따라서 양자를 동일하게 처벌하는 본 공정거래위원회의 처분과 위 법원의 결론은 구체적 타당성을 잃은 것이라고 본다.

[참조 판결]

-서울고등법원 2019. 5. 30. 선고 2018누36966 판결[240][시정명령취소]-

[한○공영 사례]

[판결이유]

1. 기초사실

가. 원고와 현○건설은 2009. 4. 17. 발주자인 한국철도시설공단으로부터 울산-포항 복선전철 7공구 노반신설공사(이하 '이 사건 원도급공사'라 한다)를 공동이행방식으로 공동으로

239) 일종의 'Fast Track'이라고 할 수 있다.

240) 본 판결은 상고되었으나 심리불속행기각되어 원심이 확정되었다(대법원 2019두44224 판결 2019.9.26.자 심리불속행기각).

도급받아(출자비율 원고 20% : 현○건설 80%) 그중 토공구조물공사, 나원터널 및 연약지반 토공사 등을 2013. 2. 27. 수급사업자 대○개발에게 건설위탁하면서 하도급계약서에 공동원사업자로 날인하였다. 그 하도급계약서 제6의 다항에는 설계변경, 경제상황변동 등에 따른 대금조정은 '발주자로부터 조정받은 날로부터 30일 이내에 그 내용과 비율에 따라 조정'하도록 되어 있다.

나. 원고와 현○건설은 수급사업자 대○이 사건 원도급공사 중 토공구조물공사, 나원터널 및 연약지반 토공사를 건설위탁한 후 2013. 12. 27., 2014. 12. 29. 발주자로부터 이 사건 원도급공사의 설계변경으로 계약금액을 증액받았음에도 수급사업자에게 하도급대금을 조정하지 아니하거나 발주자로부터 계약금액을 증액받은 날부터 15일을 경과하여 조정하였다.

다. 원고와 현○건설은 2014. 12. 29. 대○개발에게 건설위탁한 공사 중 '운반거리변경', '터널 바닥면 고르기' 항목(이하 '이 사건 하도급공사'라 한다)과 관련하여 발주자로부터 설계변경으로 계약금액을 증액받았음에도 그 내용과 사유를 수급사업자에게 통지하지 아니하였다.

2. 피고 공정거래위원회의 처분

피고는 하도급대금 미조정 행위는 하도급법 제16조 제1항, 제3항을, 계약금액 조정사유 및 내용에 관한 미통지 행위는 하도급법 제16조 제2항을 각 위반하였다는 이유로 2018. 10. 30. 원고와 현○건설에 대하여 의결 제2018-324호로 시정명령[241]을 하였다.

3. 원고 원사업자의 주장

가. 자기책임의 원칙 위반

원고는 이 사건 원도급공사와 관련한 발주자와의 변경계약, 대○개발과의 이 사건 하도급공사 계약 어느 것에도 관여한 바 없고, 공동수급체 대표사인 현○건설이 해당 업무를 담당하였다. 따라서 대○개발에 대한 하도급대금 조정의무와 계약금액 조정사유 및 내용에 관한 통지의무(이하 '이 사건 하도급대금 조정의무 및 통지의무'라 한다)의 이행주체는 현○건설만이고 원고는 아니라고 보아야 하므로, 원고에 대한 이 사건 처분은 자기책임의 원칙에 반하여 위법하다.

나. 재량권의 일탈·남용

대표사인 현○건설이 발주자 및 수급사업자에 대한 관계에서 공동수급체를 대표하여 설계변경 및 계약금액 증액을 결정하였고, 원고에게는 하도급계약서 또는 변경합의서에 형식적인 서명날인만 허용되었을 뿐 하도급계약 변경 권한 내지 능력이 없었으며, 현○건설이 설계변경 및 계약금액 증액 내용을 원고에게 통지하지 않았기 때문에 원고로서는 그 내용이나 사유를 인식할 수 없었다. 그럼에도 불구하고 피고는 이러한 사유를 고려하지 않은 채 이 사건 처분을 하였으므로 재량권을 일탈·남용한 위법이 있다.

---

241) 시정명령

1. 원고와 현○건설 주식회사는 수급사업자 대○개발 주식회사에게 건설위탁한 '울산-포항 복선전철 7공구 노반신설공사' 중 토공구조물공사, 나원터널 및 연약지반 토공사와 관련하여 발주자로부터 설계변경으로 계약금액을 증액받았음에도 증액받은 내용과 비율에 따라 수급사업자에게 하도급대금을 증액하지 아니하거나 발주자로부터 계약금액을 증액받은 날부터 15일을 경과하여 조정하는 것과 같은 행위를 다시 하여서는 아니 된다.
2. 원고와 현○건설 주식회사는 수급사업자 대○개발 주식회사에게 건설위탁한 '울산-포항 복선전철 7공구 노반신설공사' 중 토공구조물공사, 나원터널 및 연약지반 토공사와 관련하여 발주자로부터 계약금액을 조정받은 내용과 사유를 수급사업자에게 통지하지 아니하는 것과 같은 행위를 다시 하여서는 아니 된다. 끝.

다. 평등의 원칙 위배

원고와 현○건설의 법 위반 행위에 현격한 차이가 있음에도 이를 고려하지 않고 원고와 현○건설에 대하여 동일한 내용의 제재를 부과하였으므로 이 사건 처분은 평등의 원칙에 반한다.

4. 법원의 판단

가. 자기책임의 원칙 위반

행정법규 위반에 대하여 가하는 제재조치는 행정목적의 달성을 위하여 행정법규 위반이라는 객관적 사실에 착안하여 가하는 것이므로 반드시 현실적인 행위자가 아니라도 법령상 책임자로 규정된 자에게 부과되고 원칙적으로 위반자의 고의·과실을 요하지 아니하나, 위반자의 의무 해태를 탓할 수 없는 정당한 사유가 있는 등의 특별한 사정이 있는 경우에는 이를 부과할 수 없다(대법원 2000. 5. 26. 선고 98두5972 판결, 대법원 2014. 10. 15. 선고 2013두5005 판결 등 참조).

위 인정 사실에 더하여 갑 제2, 8, 9호증, 을 제7호증의 각 기재 및 변론 전체의 취지를 종합하여 알 수 있는 아래와 같은 사정들을 위 법리에 비추어 살펴보면, 이 사건 하도급대금 증액의무 및 통지의무의 이행주체는 현○건설일 뿐 원고가 아니라고 보기는 어렵다.

1) 하도급법 제16조는 '원사업자는 제조 등의 위탁을 한 후에 설계변경 또는 경제상황의 변동 등을 이유로 계약금액이 증액되는 경우 발주자로부터 증액을 받은 날부터 30일 이내에 발주자로부터 증액받은 계약금액의 내용과 비율에 따라 하도급대금을 증액하여야 하고(제1항, 제3항), 하도급대금을 증액할 경우, 원사업자는 발주자로부터 계약금액을 증액받은 날부터 15일 이내에 발주자로부터 증액받은 사유와 내용을 해당 수급사업자에게 통지하여야 한다(제2항)'라고 명시적으로 원사업자의 하도급대금 조정의무 및 통지의무를 규정하고 있다. 반면, **공동이행방식으로 도급을 받은 원사업자들이 공동수급체의 대표자를 정한 경우 대표자만 위와 같은 하도급대금 조정의무 및 통지의무를 부담하고, 대표자가 아닌 원사업자는 그러한 의무를 면한다고 규정한 내용은 없다**.

2) 원고와 현○건설 사이에서 작성된 공동수급표준협정서의 기재에 의하면, 이 협정서의 목적은 공동수급체 구성원이 재정·경영 및 기술능력과 인원 및 기자재를 동원하여 공사·물품 또는 용역에 대한 계획·입찰·시공 등을 위하여 일정 출자비율에 따라 공동연대하여 계약을 이행할 것을 약속하는 협약을 정하기 위함이고(제1조), 공동수급체 구성원은 제1조에서 정한 목적을 수행하기 위하여 성실·근면 및 신의를 바탕으로 하여 필요한 모든 지식과 기술을 활용할 것을 약속하며(제5조), 공동수급체 구성원 중 일부 구성원이 단독으로 하도급계약을 체결하고자하는 경우에는 다른 구성원의 동의를 받아야 하고(제7조), 발주기관과의 계약내용 변경에 따라 계약금액이 증감되었을 경우 출자비율을 변경할 수 있다(제9조 제2항).

3) 공사 업무와 변경 계약에 대한 협의 등 대부분의 공사 관련 업무를 공동수급체 대표인 현○건설이 수행하였고, 원고는 직원 1명을 공사현장에 파견하여 자재 검사, 콘크리트 품질검사 등의 품질관리 업무만을 수행하였고, 현○건설이 공사비용을 집행하고 사후적으로 출자비율에 따라 원고가 정산한 사실은 인정된다. 그러나 이와 같이 현○건설이 공사 관련 업무를 수행하였다는 사정만으로 원고가 하도급대금 증액의무 및 통지의무를 면한다고 볼 수는 없다. 오히려 원고는 현○건설과 공동으로 이 사건 원도급공사를 도급받아 공동으로 대○개발에게 이 사건 하도급공사를 건설위탁한 자로서 설계변경에 따른 하도급대금의 조정에

관하여 계약상 현○건설과 함께 **연대책임**을 지는 점, 대○개발이 현○건설을 상대로 기성금을 청구하고 세금계산서를 발행하였으며, 하도급대금도 현○건설이 지급하였으나, **원고는 현○건설과 함께, 발주자로부터 설계변경으로 인한 계약금액을 조정받았고, 하도급대금을 비롯한 모든 비용도 사후 정산하는 방법으로 분담하였던 점** 등을 고려하면, 원고도 이 사건 하도급대금 조정의무 및 통지의무를 부담한다고 보아야 한다.

4) 원고는 하도급계약의 체결 및 관리, 대금지급 등의 전 과정이 현○건설의 주도하에 이루어졌고, 원고는 현○건설의 결정사항이 담긴 계약서 또는 변경합의서에 단순히 형식적으로 서명날인을 하는 것만 허용되었으므로 하도급대금 증액에 관한 권한이 없었고, 설계변경이 이루어진 공사부분이나 해당 부분의 공사를 담당하고 있는 하도급업체가 누구인지, 발주자로부터 언제 증액통보를 받았는지 인식할 수도 없었으므로 이 사건 하도급대금 조정의무 및 통지의무를 이행할 수 없는 정당한 사유가 있었다고 주장한다. 그러나 원고가 하도급계약에 관한 결정 권한이 없었다고 하더라도, 적어도 공사도급변경계약서에 서명날인을 할 당시에는 원도급계약금액이 증액되었다는 사정을 인식하였으므로, 현○건설 또는 발주자에게 문의하여 변경이 이루어진 공사부분의 내용이나 담당 하도급업체가 누구인지 파악하는 것이 곤란하였다고 보이지는 않는다. 그럼에도 불구하고 원고는 현○건설이 이 사건 하도급대금 조정의무 및 통지의무를 이행하였는지 여부를 확인하거나 이행을 촉구하는 등의 최소한의 조치조차 이행하지 아니하였다.

나. 재량권의 일탈·남용, 평등의 원칙 및 비례의 원칙 위배

1) 제재적 행정처분이 사회통념상 재량권의 범위를 일탈하였거나 남용하였는지 여부는 처분사유인 위반행위의 내용과 당해 처분행위에 의하여 달성하려는 공익 목적 및 이에 따르는 제반 사정 등을 객관적으로 심리하여 공익 침해의 정도와 그 처분으로 인하여 개인이 입게 될 불이익을 비교·형량하여 판단하여야 한다(대법원 2007. 9. 20. 선고 2007두6946 판결 참조). 행정청의 재량행위라 하더라도 사실오인 등에 근거하여 이루어졌거나 비례의 원칙 또는 평등의 원칙 등에 위배되는 경우에는 재량권을 일탈·남용한 것으로서 위법하게 되므로 그 취소를 면치 못한다(대법원 2001. 7. 27. 선고 99두8589 판결, 대법원 2008. 12. 11. 선고 2007두18215 판결 등 참조).

2) 하도급법은 하도급거래에 있어서 원사업자의 부당한 행위를 억제하고 수급사업자의 열위적 지위를 보완함으로써 공정한 하도급거래질서를 확립하여 원사업자와 수급사업자가 대등한 지위에서 상호보완관계를 형성할 수 있도록 하기 위한 목적에서 제정되었다. 하도급법 제16조 제1항, 제3항은 발주자와 원사업자 간 계약금액이 조정되는 경우 이를 원사업자와 수급업자 간 계약금액에도 반영하게 함으로써 하도급대금의 적정성을 담보하기 위한 것이고, 하도급법 제16조 제2항은 위 하도급대금 조정 의무와는 별개의 독립된 의무로서, 발주자와 원사업자 간의 설계변경 등의 사유와 내용에 대한 충분한 정보를 수급사업자에게 제공하게 함으로써 수급사업자가 변경된 공사를 수행하고 하도급대금을 조정하는 과정에서 수급사업자의 불이익을 사전에 방지하기 위한 것이다.

위 인정사실과 앞서 든 증거들에 변론 전체의 취지를 종합하여 인정할 수 있는 아래 사정들을 하도급법 제16조의 내용과 취지에 비추어 살펴보면, 피고가 재량권의 행사로서 원고에 대하여 한 이 사건 처분에 재량권을 일탈·남용한 위법이 있다고 볼 수 없다. 따라서 원고의 이 부분 주장은 역시 이유 없다.

가) 원고는 이 사건 하도급대금 조정의무 및 통지의무를 이행할 수 없는 정당한 사유가 있었다고 주장하나, 앞서 본 바와 같이 이를 인정하기 어렵다. 오히려 원고는 원사업자로서 수급업자에 대하여 이 사건 하도급대금 조정의무 및 통지의무를 이행하여야 할 지위에 있음에도 불구하고, 현○건설에게 모든 책임을 전가하고 만연히 의무이행을 해태하였다.

나) 하도급 거래의 공정화를 도모하는 것은 현재의 수요독점 또는 과점 상태로 인하여 왜곡되어 있는 시장 구조와 기능을 개선하는 역할을 하는 동시에 우월한 지위를 가진 대기업과 상대적으로 열위에 있는 중소 하도급 업체의 상생협력관계의 구축이라는 측면에서 달성하고자 하는 공익이 중대한 점, 하도급법 위반행위에 대한 제재로서의 실효성을 확보할 필요가 있는 점, 피고가 위반의 정도를 고려하여 과징금을 부과하지 않은 점 등을 고려하면, 달성하고자 하는 공익에 비하여 원고가 입게 되는 불이익이 더 크다고 볼 수 없어서 비례의 원칙에 위배된다고 볼 수 없다.

다) 원고와 현○건설 사이에 지분비율이나 업무역할 등에 차이가 있다고 하나, 이는 당사자 사이의 자유로운 의사결정에 따른 내부적 업무분담 문제에 불과하고, 수급사업자에 대하여 동일한 하도급대금 지급의무를 연대하여 부담하는 공동 원사업자라는 점에서는 차이가 없다. 따라서 이와 같은 사정만으로는 원고에 대하여 현○건설과 동일한 내용의 처분을 한 것이 평등의 원칙에 위배된다고 볼 수도 없다. ■

나. 공정거래위원회 심결례

- 원사업자의 하도급대금증액미이행에 대하여 반복금지명령을 부과한 사례-

공정거래위원회 2014.7.1. 의결 2013서건2932 시정명령[(주)티지오의 불공정하도급거래행위 사례]

[주문]

2. 피심인은 수급사업자인 (주)○○텔레콤에게 "국방 광대역 통합망 구축공사 중 전송망 구축 및 장비설치/시험(7-1공구) 공사"를 건설위탁하면서 발주자로부터 **설계변경 등에 따른 공사대금을 증액**받았음에도 불구하고 증액받은 날부터 30일 이내에 수급사업자에게 하도급대금을 증액해 주지 아니한 것과 같은 행위를 다시 하여서는 아니된다.

[이유]-행위사실 및 위법성 판단

- (가) 행위사실- **나. 설계변경 등에 따른 하도급대금 조정의무 미이행**

피심인은 2009. 9. 21. 발주자와의 사이에 이 사건 공사에 대한 도급계약을 체결한 후, 추가공사 등에 따라 2010. 12. 16. 및 2011. 8. 23. 두차례의 변경계약을 통하여 계약금액을 당초 1,149,400천 원(부가가치세 제외)에서 1,418,900천 원(부가가치세 제외)으로 증액받았음에도 불구하고 그 증액받은 도급계약금액의 내용과 비율에 따라 수급사업자와의 하도급계약금액을 증액하지 아니한 사실이 있다.

- (나) 위법성 판단

위 2. 나. 1)에서 살펴본 바와 같이 피심인은 발주자인 ○○○○건설(주)로부터 추가공사 등에 따라 계약금액을 증액받았음에도 수급사업자와의 하도급계약금액은 증액하지 아니하였으므로, 피심인의 이러한 행위는 하도급법 제16조 제1항의 규정에 위반된다.

[이유]-처분

- 반복금지명령

피심인의 위 2. 가. 내지 다. 의 행위는 하도급법 제3조 제1항, 제16조 제1항 및 제13조의2 제1항에 위반되므로 하도급법 제25조 제1항을 적용하여 주문과 같이 의결한다. ■

- 원사업자의 하도급대금증액통지 및 조정미이행에 대하여 반복금지명령을 부과한 사례-

공정거래위원회 2014.6.10. 의결 2012건하4445 시정명령[한전케이피에스(주)의 불공정하도급거래행위 사례]

[주문]

1. 피심인은 주식회사 ○○산업 등 11개 수급사업자에게 '하동화력 기계설비 경상정비하도급공사' 등 14건을 건설위탁한 후에 발주자로부터 물가변동에 따라 조정 받은 계약금액의 조정사유와 내용을 조정 받은 날로부터 15일 이내에 해당 수급사업자에게 통지하지 아니한 것과 같은 행위를 다시 하여서는 아니 된다.
2. 피심인은 주식회사 ○○산업 등 11개 수급사업자에게 '하동화력 기계설비 경상정비하도급공사' 등 14건을 건설위탁한 후에 발주자로부터 물가변동에 따라 조정 받은 계약금액의 내용과 비율에 따라 조정 받은 날로부터 30일 이내에 해당 수급사업자에게 하도급대금을 조정해주지 아니한 것과 같은 행위를 다시 하여서는 아니 된다.

[이유]-행위사실 및 위법성 판단

- (가) 행위사실- 나. 물가변동 계약금액 조정 등에 따른 하도급대금 증액 통지 및 조정 의무 미이행

위 '2. 가. 행위사실'에 적시된 바와 같이 피심인은 물가변동을 이유로 발주자인 하동화력본부 등 6개 발전소로부터 2010년부터 2011년까지 기간 중 세 차례에 걸쳐 계약금액을 증액 받았으나 해당 수급사업자에게 증액사유와 내용을 통지하지 아니하였고, 증액 받은 날부터 30일 이내에 해당 수급사업자들에게 하도급대금을 증액해 주어야 함에도 불구하고 위 <표4>에서와 같이 수급사업자들에게 94일에서 537일 초과하여 하도급대금을 증액해 주었으므로 이러한 피심인의 행위는 법 제16조 제2항 및 제3항에 위반된다.

[이유]-처분

- 반복금지명령

피심인의 위 2. 가.의 행위는 법 제16조 제2항 및 제3항의 규정에 위반되므로, 법 제25조 제1항을 적용하여 주문과 같이 의결한다. ■

다. 질의회신

문】 건설공사에 소요되는 거실장, 신발장, 씽크대와 같은 시설물을 도면 및 시방서 등에 의하여 제조위탁한 경우, 위 시설물을 제작납품만 하고 설치는 원사업자가 직접 설치한 경우 물가변동에 따른 하도급대금 증액(ESC)의무가 있는지 여부

답】 하도급법 제16조의 물가변동분 반영의무는 제조위탁의 경우에도 적용되므로, 해당 위탁물을 제

조하는데 원사업자가 발주자로부터 도급금액의 ESC 증액 조정을 받았다면 발주자로부터 적용받은 내용과 비율에 따라 수급사업자에게도 ESC 증액 조정을 하여야 할 것임.■

문】 경제상황의 변동에 따른 하도급대금의 조정 문제

○ 원사업자가 발주자로부터 「경제상황의 변동에 따른 하도급대금의 조정(이하 "ESC" 라 함)」을 받지 않은 상태에서 자발적으로 당초 하도급계약을 수정하여 계약금액을 증액시켰고, 그 이후 발주자가 원사업자에 대하여 ESC를 반영시켜 준 경우

– 원사업자는 수급사업자에 대하여 발주자로부터 받은 ESC 비율대로 다시 정산하여 추가금액을 지급해야 하는지 여부

답】 원사업자가 자발적으로 ESC를 반영하여 주었다고 할지라도, 그 금액이 발주자로부터 조정받은 내용과 비율에 따른 ESC보다 부족한 경우에는 발주자로부터 조정받은 내용과 비율대로 다시 ESC를 정산하여 추가금액을 지급하는 것이 타당함.■

제3장
원사업자의 금지사항

Ⅰ. 부당한 특약의 금지
Ⅱ. 부당한 하도급대금의 결정금지
Ⅲ. 물품 등의 구매강제금지
Ⅳ. 부당한 위탁취소 및 수령거부의 금지
Ⅴ. 부당반품의 금지
Ⅵ. 하도급대금의 감액금지
Ⅶ. 물품구매대금 등의 부당결제청구의 금지
Ⅷ. 경제적 이익의 부당요구금지
Ⅸ. 기술자료 제공 요구· 유용행위 금지
Ⅹ. 부당한 대물변제의 금지
Ⅺ. 부당한 경영간섭의 금지
Ⅻ. 보복조치 및 탈법행위의 금지

제3장
원사업자의 금지사항

-개요 및 특징-

본 장에서는 하도급법에서 정하는 원사업자의 금지 사항에 대하여 살펴보기로 한다. 하도급법은 원사업자에 대하여 일정한 행위유형을 금지하고 있다. 1.부당한 특약의 금지, 2. 부당한 하도급대금의 결정금지, 3. 물품 등의 구매강제금지, 4. 부당한 위탁취소 및 수령거부의 금지, 5.부당반품의 금지, 6.하도급대금의 감액금지, 7. 물품구매대금 등의 부당결제청구의 금지, 8. 경제적 이익의 부당요구금지, 9. 기술자료 제공요구· 유용행위 금지, 10. 부당한 대물변제의 금지, 11. 부당한 경영간섭의 금지, 12. 보복조치 및 탈법행위의 금지가 그것이다. 특히 최근에 부당한 하도급 대금의 결정금지(법제4조) 관련 첨예한 분쟁 사례가 많다.

하도급법에서 위와 같은 원사업자의 금지사항을 규정하고 있는 취지는 종래 원사업자가 수급사업자에게 하도급계약을 체결하면서 우월적 지위를 이용하여 여러 가지 부당한 특약을 설정하는 행위를 통하여 수급사업자의 이익을 부당하게 침해하거나 제한하는 불공정한 관행을 시정하고자 함에 있다. 특히 이러한 금지행위의 유형들은 종래 공정거래위원회가 하도급 분야에 관행화되어온 불공정 사례를 유형화 시켜 입법으로 만든 것이다.

이하에서는 원사업자의 금지사항으로서의 각 행위 유형 및 이에 대한 법리와 판결례 등을 살펴보기로 한다.

Ⅰ. 부당한 특약의 금지

1. 관련 법령(법3조의 4)

하도급법은 제3조의 4 및 동법시행령 제6조의 2 에서 부당한 특약의 금지에 대하여 규정을 하고 있고, 공정거래위원회는 부당특약에 대한 심사기준으로 '부당특약 심사지침'을 제정하여 운영하고 있다.

– 하도급법–

제3조의4(부당한 특약의 금지) ① 원사업자는 수급사업자의 이익을 부당하게 침해하거나 제한하는 계약조건(이하 "부당한 특약"이라 한다)을 설정하여서는 아니 된다.

② 다음 각 호의 어느 하나에 해당하는 약정은 부당한 특약으로 본다.

1. 원사업자가 제3조제1항의 서면에 기재되지 아니한 사항을 요구함에 따라 발생된 비용을 수급사업자에게 부담시키는 약정
2. 원사업자가 부담하여야 할 민원처리, 산업재해 등과 관련된 비용을 수급사업자에게 부담시키는 약정
3. 원사업자가 입찰내역에 없는 사항을 요구함에 따라 발생된 비용을 수급사업자에게 부담시키는 약정
4. 그 밖에 이 법에서 보호하는 수급사업자의 이익을 제한하거나 원사업자에게 부과된 의무를 수급사업자에게 전가하는 등 대통령령으로 정하는 약정

[본조신설 2013.8.13.]

– 하도급법시행령–

제6조의2(부당한 특약으로 보는 약정) 법 제3조의4제2항제4호에서 "이 법에서 보호하는 수급사업자의 이익을 제한하거나 원사업자에게 부과된 의무를 수급사업자에게 전가하는 등 대통령령으로 정하는 약정"이란 다음 각 호의 어느 하나에 해당하는 약정을 말한다.

1. 다음 각 목의 어느 하나에 해당하는 비용이나 책임을 수급사업자에게 부담시키는 약정

가. 관련 법령에 따라 원사업자의 의무사항으로 되어 있는 인·허가, 환경관리 또는 품질관리 등과 관련하여 발생하는 비용

나. 원사업자(발주자를 포함한다)가 설계나 작업내용을 변경함에 따라 발생하는 비용

다. 원사업자의 지시(요구, 요청 등 명칭과 관계없이 재작업, 추가작업 또는 보수작업에 대한 원사업자의 의사표시를 말한다)에 따른 재작업, 추가작업 또는 보수작업으로 인하여 발생한 비용 중 수급사업자의 책임 없는 사유로 발생한 비용

라. 관련 법령, 발주자와 원사업자 사이의 계약 등에 따라 원사업자가 부담하여야 할 하자담보책임 또는 손해배상책임

2. 천재지변, 매장문화재의 발견, 해킹·컴퓨터바이러스 발생 등으로 인한 작업기간 연장 등 위탁시점에 원사업자와 수급사업자가 예측할 수 없는 사항과 관련하여 수급사업자에게 불합리하게 책임을 부담시키는 약정

3. 해당 하도급거래의 특성을 고려하지 아니한 채 간접비(하도급대금 중 재료비, 직접노무비 및 경비를 제외한 금액을 말한다)의 인정범위를 일률적으로 제한하는 약정. 다만, 발주자와 원사업자 사이의 계약에서 정한 간접비의 인정범위와 동일하게 정한 약정은 제외한다.
4. 계약기간 중 수급사업자가 법 제16조의2에 따라 하도급대금 조정을 신청할 수 있는 권리를 제한하는 약정
5. 그 밖에 제1호부터 제4호까지의 규정에 준하는 약정으로서 법에 따라 인정되거나 법에서 보호하는 수급사업자의 권리 · 이익을 부당하게 제한하거나 박탈한다고 공정거래위원회가 정하여 고시하는 약정

[본조신설 2014.2.11.]

2. 내용

가. 의의 및 법적 성질

본 규정의 특징은 법률에서 일정한 사항에 해당하는 경우 이를 '부당특약 간주'('법률에 의한 의제')를 하고 있다는 점이다. 즉 하도급법 제3조의 4 제2항 및 동법시행령 제6조의2 그리고 부당특약심사지침(공정거래위원회 예규)에서는 부당하게 침해하거나 제한하는 경우 부당특약에 해당함을 간주하고 있다[242].

본조의 취지는 하도급거래계약 체결 시 원사업자가 수급사업자를 상대로 불리한 계약조건 등을 설정하여 수급사업자의 부당한 의무를 부과하는 경우가 많이 발생하고 있어 원사업자가 수급사업자의 이익을 침해하거나 제한하는 계약조건을 설정하지 못하도록 법령 및 공정거래위원회의 규정을 통하여 '부당 특약'의 유형을 구체화하도록 하고 있다. 이하에서는 법적·실무적 쟁점을 살펴보기로 한다.

참고로 하도급법 제3조의 4, 동법시행령 제6조의 2 및 부당특약심사지침에서 부당특약의 기준에 대하여 상세히 규정하고 있으므로 항을 달리하여 별도로 법령과 부당특약심사지침의 주요 내용을 살펴보기로 한다.

나. 부당특약과 사법상 효력의 문제

먼저, 부당특약의 사법적 효력과 하도급법의 관계가 문제된다. 즉 검토컨대, 하도급법 제3조의4 제1항은 '수급사업자의 이익을 부당하게 침해하거나 제한하는 계약조건을 설정하는 행위'를 금지하고 있을 뿐이고, 그 약정의 사법적 효력과는 별개이다(**단속규정설**). 즉 부당한 특약의 효력의 유무, 부당한 특약에 따른 비용 전가 가능성

242) 본 조항은 2013. 8. 13.자 신설되었다.

유무를 전제로 부당특약의 하도급법상 제재를 받는 것은 아니므로 부당특약이 사법상 무효가 되어야만 하도급법상의 제재를 받는 것이 아니다.

즉 공정거래위원회가 하도급법의 관점에서 수급사업자에 대하여 부당한 특약이라고 판단되는 경우 원사업자는 하도급법상의 제재를 받는 것이다.

다. 현장설명서 설명과 부당특약의 관계

실무상 원사업자가 '현장설명회'를 개최하면서 '현장설명서'[243]를 제공하는데, 이러한 경우 부당특약을 하는 경우가 있다. 즉 현장설명서를 통하여 입찰에 참여하는 수급사업자에 **견적 특약사항**('어떠한 원가요소들을 어떤 품목단가에 포함해 견적하라' 또는 '을을 부담으로 한다' 등의 내용)을 기술하면서 향후 수급사업자가 부당하다고 할 경우 이러한 비용일체를 설명하였다고 항변하는 경우가 그것이다[244].

이러한 경우 하도급법상의 부당특약에 해당할 여지가 많은데, 이러한 경우 부당특약이 될 것인지 판단의 일차적 기준은 현장설명서에 언급된 내용이 하도급계약서에 편입되어 반영되었는지 여부 즉 '서면발급'이 기준이 된다. 따라서 견적 특기사항의 내용이 추후 하도급계약서에 명시되지 아니한 경우 원사업자는 현장설명서 등의 서류에 기재되어 있다는 이유로 추가공사를 요구하는 경우 이는 하도급법령 및 심사지침에서 정한 부당특약에 해당되어 법위반이 될 것이다.

---

243) **'현장설명서'**란 입찰 전에 공사가 수행될 현장에서 현장 상황, 설계도면 및 시방서에 표시하기 어려운 사항 등 입찰 참가자가 입찰 가격의 결정 및 시공에 필요한 정보를 제공, 설명하는 서류를 말한다.

244) 현장설명서를 근거로 원사업자는 추가비용부담약정의 유효성을 주장하지만 이는 하도급법 위반이다. 따라서 수급사업자는 분쟁의 여지가 없도록 하도급계약 체결 전에 반드시 현장설명서에 포함된 내용이 실제 하도급계약서의 내용에 반영되어 있는지를 살펴서 누락부분이 없도록 해야 할 것이고 누락된 경우 이를 요구하여야 한다.

3. 부당특약 심사지침[246]

부당특약 심사지침[245]

[시행 2020. 1. 1.] [공정거래위원회예규 제336호, 2019. 12. 31., 폐지제정]

Ⅰ. 목 적

이 심사지침은 「하도급거래 공정화에 관한 법률(이하 "법" 이라 한다)」 제3조의4(부당한 특약의 금지), 같은 법 시행령(이하 "영" 이라 한다) 제6조의2(부당한 특약으로 보는 약정) 및 부당특약 고시 규정의 운용과 관련하여 법령의 내용을 보다 구체적이고 명확하게 규정함과 아울러 불공정하도급거래행위에 해당될 수 있는 사례를 예시함으로써, 위법성을 심사하는 기준으로 삼는 한편 원사업자들의 법위반행위를 예방함에 그 목적이 있다.

이 심사지침은 원사업자의 부당한 특약(이하 "부당특약" 이라 한다) 중에서 공통적이고 대표적인 사항을 중심으로 규정하였으므로 이 지침에 열거되지 아니한 사항이라고 하여 법 제3조의4에 위반되지 않는 것은 아니다.

Ⅱ. 심사대상

법 제3조의4, 같은 법 시행령 제6조의2 및 부당특약 고시에 규정한 부당특약의 심사대상은 원사업자가 수급사업자에게 제조·수리·건설 또는 용역(이하 "제조 등" 이라 한다)의 위탁과 관련하여 원사업자와 수급사업자 간의 권리·의무관계에 영향을 미치는 모든 계약조건이다.

Ⅲ. 용어의 정의

1. **"부당특약"** 이란 원사업자가 수급사업자에게 제조 등을 위탁할 때 교부하거나 수령한 설계도면, 시방서, 유의서, 현장설명서, 제안요청서, 물량내역서, 계약 및 견적 일반조건·특수조건, 과업내용서, 특약조건, 도급업무내역서, 발주서, 견적서, 계약서, 약정서, 협약서, 합의서, 각서 등 그 명칭이나 형태를 불문하고 원사업자와 수급사업자 간의 권리·의무관계에 영향을 미치는 약정을 통해 설정한 계약조건으로서 수급사업자의 이익을 부당하게 침해하거나 제한하는 것을 말한다.
2. **"원사업자가 부담하여야 할 비용이나 책임"** 이라 함은 제조 등의 위탁과 관련된 법령(고용보험 및 산업재해 보상보험의 보험료 징수 등에 관한 법률, 대기환경보전법, 건설산업기본법, 산업안전보건법 등), 발주자와 원사업자 간의 계약조건, 당해 업종의 통상적인 거래관행, 수급사업자가 위탁받은 것(이하 "목적물 등" 이라 한다)의 내용 및 특성 등으로 볼 때 원사업자가 부담하는 것이 타당한 비용이나 책임을 말한다.

---

245) 【제정·개정이유】
「하도급거래 공정화에 관한 법률(이하 "법"이라 한다)」 제3조의4(부당한 특약의 금지) 및 법 시행령(이하 "영" 이라 한다) 제6조의2(부당한 특약으로 보는 약정)에 규정된 부당특약 유형 뿐 아니라 부당특약 고시에 추가된 부당특약 유형을 구체적으로 규정하고, 불공정하도급거래행위에 해당될 수 있는 사례를 제시하여 부당특약 설정 행위를 억제하고, 신속한 피해구제를 도모하기 위함
◇ 주요내용

<참고사항>

- **원사업자가 부담하여야 할 법정경비** : 고용보험료·산업재해보상보험료(고용보험 및 산해재해 보험료 징수법 제9조 제1항, 단 근로복지공단의 승인을 받은 경우에는 제외), 산업안전보건관리비(산업안전보건법 제30조 제4항) 등
- **원사업자가 수행하여야 할 각종 신고** : 비산먼지발생사업 신고(대기환경보전법 시행규칙 제58조 제1항), 특정공사의 사전신고(소음·진동규제법 시행규칙 제21조 제2항), 사업장폐기물배출자의 신고(폐기물관리법 시행규칙 제18조 제1항 제4호) 등

3. **"서면"**이라 함은 원사업자가 수급사업자에게 제조 등의 위탁을 할 때 법 제3조 제1항의 규정에 의한 기한까지 수급사업자에게 발급한 서면(전자문서를 포함한다)을 말한다. 서면은 위탁일과 목적물 등의 내용, 목적물 등의 납품 · 인도 시기 및 장소, 검사방법 및 시기, 하도급대금의 지급방법과 지급기일, 원사업자가 수급사업자에게 원재료 등을 제공하려는 경우 품명 · 수량 · 제공일 · 대가 및 대가의 지급방법과 지급기일, 원재료의 가격변동에 따른(법 제16조의2) 하도급대금의 조정요건, 방법 및 절차 등 법 제3조 제2항의 기재사항을 모두 명시하고 원사업자와 수급사업자가 서명(전자서명법 제2조 제3호에 따른 공인전자서명 포함한다) 또는 기명날인한 것이어야 한다. 원사업자와 수급사업자가 목적물의 완성에 필요한 제반사항에 대하여 충분한 협의를 거쳐 서면의 일부로 포함시킨 부속서류를 포함한다.

4. **"입찰내역"**이라 함은 원사업자가 수급사업자에게 위탁하는 목적물 등의 구성요소와 관련되는 품명, 물량, 규격, 수량, 단위 등의 자료나 정보를 제공하고 이를 바탕으로 입찰참가예정자가 입찰금액 또는 계약금액을 세부적으로 산출한 내역서(명칭 여하를 불문한다)를 작성하여 입찰시 원사업자에게 제출하여 추후 낙찰자로 결정된 경우 그 내역서(이하 "산출내역서"라 한다)를 말한다.

Ⅳ. 서면과 입찰내역(산출내역서)의 적용기준

원사업자의 행위가 법 제3조의4 제2항 제1호(서면에 기재되지 아니한 사항)와 제3호(입찰내역에 없는 사항)에 모두 해당되는 경우 하도급대금의 단가 · 구성항목과 직접 관련되는 부당특약은 제3호(입찰내역에 없는 사항)를, 그 밖의 부당특약은 제1호(서면에 기재되지 아니한 사항)를 적용하는 것을 원칙으로 한다.

Ⅴ. 부당특약에 대한 심사기준

1. **법 제3조의4 제1항**에 따른 부당특약 판단기준

원사업자는 수급사업자의 이익을 부당하게 침해하거나 제한하는 계약조건(이하 **"부당한 특약"**이라 한다)을 설정하여서는 아니된다.

가. **"수급사업자의 이익"**이라 함은 수급사업자가 원사업자와 하도급거래를 함

으로 인하여 얻게 되는 이윤발생, 기업성장, 사업확대, 종사원의 소득증대, 기술축적 등의 다양한 유무형의 경제적인 혜택을 말한다.

나. 위법성 판단기준

법 제3조의4 제1항의 위법성 판단기준은 원사업자와 수급사업자 간에 제조 등의 위탁과 관련하여 체결한 하도급거래의 계약조건이 공정하고 타당한지 여부를 기준으로 판단한다. 즉, 제조 등의 위탁과 관련된 계약조건이 원사업자와 수급사업자가 서로 동등한 입장에서 충분한 협의과정을 거쳐 결정하였는지 여부, 원사업자가 수급사업자에게 목적물 등의 품명, 내용, 규격, 수량, 재질, 공법 등 하도급대금을 결정하는데 필요한 자료·정보를 성실하게 제공하였는지 여부, 당해 업종의 통상적인 거래관행에 어긋나는지 여부, 이 법 및 건설산업기본법 등 관계법령의 취지에 부합하는지 여부, 목적물 등의 내용 및 특성, 수급사업자가 입은 불이익의 내용과 정도 등을 종합적으로 고려하여 판단한다.

2. **법 제3조의4 제2항**의 규정에 의한 부당특약 해당여부 심사기준

다음 각 호의 어느 하나에 해당하는 약정은 부당한 특약으로 본다.

가. 법 제3조의4 제2항 제1호(원사업자가 제3조 제1항의 서면에 기재되지 아니한 사항을 요구함에 따라 발생된 비용을 수급사업자에게 부담시키는 약정)에 대한 판단기준

법 제3조의4 제2항 제1호의 위법성은 서면에 명시되지 아니한 사항에 대하여 현장설명서 등의 서류에 기재되어 있음을 이유로 원사업자가 수급사업자에게 제조 등의 위탁수행을 요구하고 이로 인하여 발생되는 비용을 수급사업자에게 부담시키는 약정에 해당하는지 여부를 기준으로 판단한다.

<서면에 기재되지 아니한 사항에 포함되는 경우>

○ 원사업자가 입찰참가예정자 또는 수의계약예정자에게 배부한 서류 중 하도급계약 체결시 서면에 포함되지 아니한 다음의 각종 서류에 기재된 사항

– (예시) 현장설명서, 입찰 및 견적 일반조건·특수조건, 설계도면, 시방서, 물량내역서, 유의서, 입찰제안요청서 등

○ 하도급계약 체결과정에 서면과 별개로 작성된 다음의 각종 서류에 기재된 사항

– (예시) 계약 일반조건·특수조건, 계약 특약조건, 도급업무내역서, 환경에 관한 협약서, 하자보수에 관한 협약서, 안전관리 및 품질관리에 관한 협약서, 제조물책임에 관한 협약서, 각서, 확약서, 합의서 등

<부당특약 예시>

① 철근, 원심력 철근 콘크리트관(흄관) 등 자재(발주자 또는 원사업자가 수급사업자에게 지급한 자재를 말한다)의 하차비, 추가 장비 사용료, 야적장 임대료(보관·관리비) 등의 모든 비용은 수급사업자가 부담한다는 약정이 서면에는 기재되지 않고 현장설명서에만 기재된 경우

② 서면에 기재되지 아니한 추가공사 또는 계약사항 이외 시공부분에 대한 비용은 수급사업자가 부담한다는 약정

나. 법 제3조의4 제2항 제2호(원사업자가 부담하여야 할 민원처리, 산업재해 등과 관련된 비용을 수급사업자에게 부담시키는 약정)에 대한 판단기준

(1) **"민원처리와 관련된 비용"**이라 함은 제조 등의 위탁과 관련하여 발생하는 소음·분진·진동 등으로 인한 환경민원, 용지보상 분쟁 및 이와 유사한 각종 민원에 대한 민·형사상의 분쟁 등을 해결·처리하는데 소요되는 비용을 말한다.

(2) **"산업재해와 관련된 비용"**이라 함은 제조 등의 위탁과 관련하여 수급사업자 소속 근로자가 업무와 관계되는 작업을 수행하는 과정에서 사망, 부상, 질병 등의 재해를 입은 경우 이에 대한 치료비, 보상금, 합의금 등에 소요되는 비용을 말한다.

(3) **법 제3조의4 제2항 제2호의 위법성**은 관계법령(고용보험 및 산업재해 보상보험의 보험료 징수 등에 관한 법률·산업안전보건법·산업재해보상보험법 등), 당해 업종의 통상적인 거래관행, 목적물 등의 특성 등을 고려할 때 원사업자가 부담하여야 할 민원처리 및 산업재해비용을 수급사업자에게 부담시키는 약정에 해당하는지 여부를 기준으로 판단한다.

<부당특약 예시>

① 하도급공사를 하는 도중에 발생하는 모든 민원을 수급사업자의 비용으로 처리하여야 한다는 약정

② 수급사업자는 하도급계약의 이행과 관련하여 어떠한 민원이 발생하더라도 수급사업자의 비용으로 최우선적으로 처리하여야 하고, 원사업자에게 일체 이의를 제기하지 못한다는 약정

③ 수급사업자 소속 근로자의 산업재해로 발생한 진료비, 노무비, 산업재해자 및 유가족과의 합의, 산업재해 처리와 관련된 관계기관과의 업무협의 등에 소요되는 비용은 전적으로 수급사업자가 부담한다는 약정

④ 산업재해를 입은 근로자가 산업재해보상보험법에서 인정하는 금액 외에 추가적으로 요구하는 민형사상의 요구 및 부대비용을 수급사업자가 전적으로 부담한다는 약정

⑤ 수급사업자는 하도급공사 중에 발생하는 모든 산업재해에 대하여 전적으로 책임지며, 산업재해사고 발생 및 처리를 이유로 원사업자에게 추가금액이나 공사기간연장을 요구할 수 없다는 약정

다. 법 제3조의4 제2항 제3호(원사업자가 입찰내역에 없는 사항을 요구함에 따라 발생된 비용을 수급사업자에게 부담시키는 약정)에 대한 판단기준

법 제3조의4 제2항 제3호의 위법성은 원사업자가 **산출내역서** 외의 다른 서류에 반영한 사항이나 산출내역서에 포괄적으로만 반영한 사항에 대하여 수급사업자에게 제조 등의 위탁수행을 요구하고 이로 인하여 발생되는 비용을 수급사업자에게 부담시키는 약정에 해당하는지 여부를 기준으로 판단한다. 다만, 원사업자가 수급사업자에게 입찰금액을 산출하기 위한 자료나 정보를 충분히 제공하였음에도 불구하고 수급사업자의 견적 누락(단가 미기재 등) 또는 견적 착오(규격·수량·단위 등 오기) 등으로 발생한 비용을 수급사업자에게 부담시킨 경우는 제외한다.

<부당특약 예시>

① 현장설명서 등에 명기된 사항이 산출내역서에 없더라도 공사수행상 당연히 시공하여야 할 부분이 있는 경우 수급사업자가 전적으로 비용을 부담하여 시공한다는 약정

② 시방서에 특별히 지정되지 않은 품목이라도 전체공사 시공에 필요하다고 인정되는 품목은 산출내역서에 포함된 것으로 본다는 약정

③ 원사업자가 수급사업자에게 배부한 물량내역서에 구체적인 항목·수량·단위 등을 제시하지 아니하고 견적금액 또는 견적단가에는 하도급공사에 필요한 모든 비용이 반영된 것으로 간주한다는 약정

④ 주요 자재항목으로 구분되지 않은 소형강재(건설공사 등의 재료로 쓰기 위하여 압연의 방법으로 가공을 한 강철) 등의 자재비는 시공비에 반영되어 있다는 약정

⑤ 수급사업자는 입찰전 현장 답사, 설계도면 및 시방서를 충분히 숙지하고 입찰내역서를 작성하므로 원사업자에게 어떠한 경우에도 추가비용을 요구할 수 없다는 약정

3. 법 제3조의4 제2항 제4호 및 영 제6조의2에 따른 "부당특약" 심사기준

가. 영 제6조의2 제1호의 규정에 의한 부당특약 해당여부 심사기준

다음 각 목의 어느 하나에 해당하는 비용이나 책임을 수급사업자에게 부담시키는 약정

영 제6조의2 제1호의 위법성은 제조 등의 위탁과 관련하여 발생하는 비용이나 책임이 관계법령 등 제반사항을 고려할 때 원사업자가 부담하는 것이 타당함에도 불구하고 이를 수급사업자에게 부담시키는 약정에 해당하는지 여부를 기준으로 판단한다.

(1) **영 제6조의2 제1호 가목(관련 법령에 따라 원사업자의 의무사항으로 되어 있는 인·허가, 환경관리 또는 품질관리 등과 관련하여 발생하는 비용)**의 판단기준

(가) **"인·허가와 관련된 비용"**이라 함은 제조 등의 위탁과 관련된 법령(건축법, 도로법, 지하수법, 하수도법 등)에 따른 각종 신고, 허가·승인· 인가·면허 등의 취득, 명령 또는 각종 수검의무 이행 등에 소요되는 비용을 말한다.

(나) **"환경관리와 관련된 비용"**이라 함은 제조 등의 위탁과 관련한 대기오염, 수질오염, 소음, 진동, 악취 등의 제거를 위하여 관계법령(대기환경보전법, 소음·진동관리법, 폐기물관리법, 하수도법, 지하수법 등)을 준수하는데 소요되는 비용을 말한다.

(다) **"품질관리와 관련된 비용"**이라 함은 건설기술관리법 등 제조 등의 위탁과 관련된 법령에 따른 품질관리활동(자재시험·품질시험·성능검사·계측·교육 등)에 소요되는 비용을 말한다.

<부당특약 예시>

① 관청으로부터의 건축허가를 수급사업자의 비용으로 받아야 한다는 약정

② 수급사업자는 하도급공사 진행중에 야기되는 관공서 및 관계기관(한국전력

공사, 한국전기안전공사 등)에 대한 인 · 허가 수속, 각종 수검 · 협조업무를 수급사업자의 책임하에 행하고 그 소요비용은 수급사업자가 일체 부담한다는 약정

③ 공사현장에서 발생하는 환경오염물질(폐기물 · 소음 · 진동 · 먼지 · 오수 · 폐수 등)의 처리 및 재활용과 관련된 각종 비용은 수급사업자가 일체 부담한다는 약정

④ 수급사업자가 환경관련 법령(폐기물관리법, 소음 · 진동관리법 등) 위반시 기성금 공제 등의 불이익에 대하여 원사업자에게 일체 이의를 제기하지 않기로 한다는 약정

⑤ 발주자 또는 원사업자가 수급사업자에게 지급한 자재의 품질 및 시공검사를 위한 시험절차 등에 소요되는 비용은 수급사업자의 부담으로 한다는 약정

(2) **영 제6조의2 제1호 나목[원사업자(발주자를 포함한다)가 설계나 작업내용을 변경함에 따라 발생하는 비용]**의 판단기준

(가) "**설계의 변경에 따른 비용**"이라 함은 수급사업자가 하도급계약을 이행하는 도중에 발주자 또는 원사업자의 지시이나 요구에 의해 당초 설계를 변경함으로 인하여 발생하는 비용을 말한다.

(나) "**작업내용의 변경에 따른 비용**"이라 함은 수급사업자가 하도급계약을 이행하는 도중에 발주자 또는 원사업자의 지시나 요구에 의해 제조방법, 시공공법, 자재 등을 변경함으로 인하여 발생하는 비용을 말한다.

<부당특약 예시>

① 수급사업자가 설계변경에 따른 추가공사를 하였더라도 원사업자가 발주자로부터 설계변경에 대한 기성금을 받지 못한 경우 수급사업자에게 추가공사로 증액된 금액을 지급하지 않는다는 약정

② 발주자의 요청에 의한 하드웨어 구성, 소프트웨어 개발, 장비규격의 변경 등으로 발생한 비용은 설계변경 없이 수급사업자가 부담하여야 한다는 약정

③ 수급사업자는 설계도면과 현장을 사전에 충분히 확인하고 하도급계약을 체결하였으므로 작업내용의 변경으로 경미한 공사가 발생하는 경우에 소요되는 비용을 원사업자에게 요청하지 못한다는 약정

④ 수급사업자가 발주자의 지시나 요구에 의한 작업내용의 변경으로 계약사항 외에 시공한 부분에 대한 비용은 수급사업자의 부담으로 한다는 약정

⑤ 원사업자의 지시로 사토장(흙을 버리기 위한 장소)까지의 거리가 증가하여 발생한 추가비용을 수급사업자가 원사업자에게 청구하지 못한다는 약정

(3) **영 제6조의2 제1호 다목[원사업자의 지시(요구, 요청 등 명칭과 관계없이 재작업, 추가작업 또는 보수작업에 대한 원사업자의 의사표시를 말한다)에 따른 재작업, 추가작업 또는 보수작업으로 인하여 발생한 비용 중 수급사업자의 책임 없는 사유로 발생한 비용]**의 판단기준

(가) "**재작업으로 인한 비용**"이라 함은 수급사업자가 하도급계약, 설계도면, 시방서 등에 적합하게 제조 등의 위탁업무를 수행하는 과정에 수급사업자의 귀책사유 없이 원사업자의 지시 또는 요구에 따라 수급사업자가 이미 수행한 위탁업무를 다시 작업함으로 인하여 발생되는 비용을 말한다.

(나) "**추가작업으로 인한 비용**"이라 함은 수급사업자의 귀책사유 없이 하도급계약에 포함되지 않는 업무내용에 대하여 원사업자의 지시 또는 요구에 따라

수급사업자가 별도로 작업을 수행함으로 인하여 발생되는 비용을 말한다.
(다) "**보수작업으로 인한 비용**"이라 함은 수급사업자가 목적물 등을 완성하여 원사업자에게 납품·인도 또는 제공한 후 수급사업자의 귀책사유 없이 당해 목적물이 파손·훼손된 경우 원사업자의 지시 또는 요구에 의해 수급사업자가 보수작업을 수행함으로 인하여 발생되는 비용을 말한다.
(라) "**수급사업자의 책임없는 사유**"라 함은 수급사업자가 제조 등의 위탁업무를 수행하는 과정에서 하도급계약, 설계도면, 시방서 등에 기재된 작업공법, 자재, 품질·성능검사 절차 등을 철저히 준수한 경우를 말한다.
<부당특약 예시>
① 원사업자 소속 현장소장의 지시로 수급사업자가 재작업을 수행한 비용은 일체 인정하지 않는다는 약정
② 입주자의 요구에 따라 재료의 재질(색상 등)이 변경되는 경우 수급사업자의 부담으로 재작업하여야 한다는 약정
③ 수급사업자가 원사업자의 지시로 추가작업을 수행함으로 인하여 발생하는 비용이 총 계약금액 대비 일정비율(예, 5%)을 초과하지 아니하는 경우 그 추가비용은 수급사업자가 부담한다는 약정
④ 원사업자의 지시에 따라 수급사업자가 돌관공사(예정된 공사기간보다 공사기간을 단축하기 위한 목적으로 급하게 하는 공사를 말한다)·휴일공사를 수행함으로 인하여 발생된 추가공사비용은 수급사업자의 부담으로 한다는 약정
⑤ 수급사업자가 원사업자에게 목적물을 인도한 후부터 원도급공사 준공시까지 당해 목적물이 훼손된 경우 공사비 증액없이 보수작업을 하여야 한다는 약정
⑥ 수급사업자는 비록 설계도면에 명시되지 아니한 사항이라도 공사의 경미한 변경이나 구조상 필요한 경미한 공사에 대하여는 계약금액 범위내에서 시공하여야 한다는 약정

(4) **영 제6조의2 제1호 라목(관련 법령, 발주자와 원사업자 사이의 계약 등에 따라 원사업자가 부담하여야 할 하자담보책임 또는 손해배상책임)**의 판단기준

(가) "**발주자와 원사업자 사이의 계약**"이라 함은 발주자가 제조·수리·시공 또는 용역수행을 도급하기 위하여 원사업자와 체결한 계약을 말한다.
(나) "**하자담보책임**"이라 함은 목적물 등에 하자가 있을 때 관련 법령 등에 따라 발주자 또는 구매자 등에 대하여 부담하는 담보책임을 말한다.
(다) "**손해배상책임**"이라 함은 제조 등의 위탁과 관련하여 고의 또는 과실로 타인 등에게 손해를 입힌 경우 그 손해를 배상하여야 할 책임을 말한다.
<부당특약 예시>
① 수급사업자가 완성하여 소비자에게 판매된 제품의 하자처리와 관련한 모든 비용은 수급사업자의 부담으로 한다는 약정
② 수급사업자의 하자보수보증증권 상의 보증기간은 하도급계약으로 정한 하자담보책임기간보다 몇 년(예, 1년)을 더 길게 산정하여야 한다는 약정
③ 수급사업자는 원사업자가 하자라고 확정한 경우, 이에 대하여 일체의 이의를 제기할 수 없다는 약정
④ 원사업자가 제공한 재료로 수급사업자가 가공했을 경우 해당 제품의 하자에

대해서는 수급사업자가 일체의 책임을 진다는 약정
⑤ 목적물의 하자로 볼 수 없는 경우까지 수급사업자는 원사업자가 요구한 시한 이내에 수급사업자의 비용으로 당해 목적물(예, 소프트웨어)과 동일한 사양으로 교체하여야 한다는 약정
⑥ 수급사업자가 하자담보책임기간 중에 하자보수의무를 이행하지 아니하여 원사업자가 이를 시행하는 경우에는 당해 보수비용의 몇 배(예, 3배)를 원사업자에게 지불해야 한다는 약정

나. 영 제6조의2 제2호(천재지변, 매장문화재의 발견, 해킹·컴퓨터 바이러스 발생 등으로 인한 작업기간 연장 등 위탁시점에서 원사업자와 수급사업자가 예측할 수 없는 사항과 관련하여 수급사업자에게 불합리하게 책임을 부담시키는 약정)에 대한 판단기준

(1) "**위탁시점**"은 원사업자와 수급사업자가 제조 등의 위탁과 관련하여 작성한 하도급거래계약서에 서명 또는 기명날인한 날짜(이하 "체결일"이라 한다)를 말한다. 다만 실질적인 위탁시점이 하도급거래계약서 체결일보다 빠를 경우에는 원사업자와 수급사업자가 상호 합의한 날짜를 위탁시점으로 본다.
(2) "**예측할 수 없는 사항**"이라 함은 태풍·홍수·지진·기타 악천후 등 천재지변 또는 전쟁·사변·화재·전염병·폭동, 제3자의 전국적인 노조파업, 매장문화재 발견, 해킹·컴퓨터 바이러스 발생 등 원사업자와 수급사업자의 통제범위를 벗어나는 경우를 말한다.
(3) "**수급사업자에게 불합리하게 책임을 부담시키는지 여부**"는 원사업자와 수급사업자의 책임형량에 기초하여 판단한다. 즉, 정상적인 거래관행상 공정성과 타당성을 결여하여 수급사업자에게 책임이 무겁게 지워진 경우가 여기에 해당하는 것으로 본다.
<부당특약 예시>
① 하도급계약기간 중에 수해 눈피해 등이 발생하더라도 공사기간연장은 없다는 약정
② 전염병(예, 조류독감)의 창궐시 이를 예방하기 위한 의약품, 의료소모품 등을 구입하는데 소요되는 모든 비용은 수급사업자가 부담한다는 약정
③ 제3자의 전국적인 노조파업에 따른 하도급공사의 공사기간연장으로 발생한 추가비용은 수급사업자가 전적으로 부담하여야 한다는 약정
④ 수급사업자가 건물 부지를 파는 도중 문화재가 발굴되더라도 작업의 중지, 공사기간연장 등으로 인해 추가적으로 발생하는 비용은 수급사업자의 부담으로 한다는 약정
⑤ 수급사업자가 전사적 자원관리시스템(ERP)을 제작하는 도중에 신종 바이러스가 출현하더라도 시스템 대응방안 마련을 위한 작업기간의 연장은 인정되지 않는다는 약정

다. 영 제6조의2 제3호[해당 하도급거래의 특성을 고려하지 아니한 채 간접비(하도급대금 중 재료비, 직접노무비 및 경비를 제외한 금액을 말한다)의 인정범위를 일률적으로 제한하는 약정. 다만, 발주자와 원사업자 사이의 계약에서 정한 간접비의 인정범위와 동일하게 정한 약정은 제외한다]에 대한 판단기준

(1) **"하도급거래의 특성"**이라 함은 하도급거래 계약기간, 투입 인력수, 업종형태(토공, 기계설비 등), 작업지역(서울 또는 울릉도), 작업환경(평지 또는 산지 등), 목적물 등의 종류 · 규격 · 품질 · 용도 · 원재료 · 제조공정 · 시공공법 등의 차이를 말한다.
(2) **"간접비"**라 함은 제조 등의 위탁과 관련한 직접비 항목(재료비, 직접노무비, 경비)을 제외한 간접노무비, 일반관리비(사무실 직원의 급료, 복지후생비 등) 및 이윤 등 명칭 여하를 불문하고 제반 관리활동부문에서 발생하는 비용을 말한다.
(3) **"인정범위"**라 함은 원사업자가 지정한 간접비의 금액 또는 총 계약금액에서 간접비가 차지하는 비율의 상한을 말한다.
(4) **"일률적 제한"**이라 함은 하도급거래의 특성을 고려하지 아니하고 간접비의 인정범위를 동일하거나 일정한 기준에 따라 획일적으로 제한하는 것을 말한다. 다만, 당해 업종의 통상적인 거래관행, 하도급거래 규모, 목적물의 특성 등에 비추어 적정하다고 인정되는 경우에는 제외한다.
<부당특약 예시>
① 안전관리비, 퇴직공제부금(일용근로자의 고용개선을 위하여 도입된 제도로 인하여 발생되는 비용을 말한다)은 반드시 견적기준을 준수하여 입찰하여야 하고 이 기준을 초과할 경우 원사업자가 입찰금액을 조정할 수 있다는 약정
② 수급사업자의 공과잡비(일반관리비, 이윤)는 직접공사비 대비 견적기준(예, 토목현장 6%, 건축현장 4%)을 초과하지 못한다는 약정
③ 수급사업자의 이윤은 별도 산정하지 않고, 직접공사비의 각 공종단가에 포함한다는 약정
④ 수급사업자의 일반관리비는 직접공사비의 일정비율(예, 5%) 범위 내에서 계상하되, 각종 이행보증수수료(계약이행, 선급금이행, 하자이행) 및 사용자배상책임보험(민간 보험회사가 의무가입이 아닌 사용자를 대상으로 산재보험과 유사한 내용을 담아 판매하는 사보험을 말한다)료를 포함한다는 약정
⑤ 수급사업자는 일반관리비, 이윤, 안전관리비, 사용자배상책임보험료, 고용보험료, 산재보험료 등을 간접비로 별도 표기하지 않고 견적단가에 포함하여 견적하여야 한다는 약정

라. 영 제6조의2 제4호(계약기간 중 수급사업자가 법 제16조의2에 따라 하도급대금 조정을 신청할 수 있는 권리를 제한하는 약정)에 대한 판단기준

(1) **"계약기간"**이라 함은 원사업자와 수급사업자 간에 하도급거래계약을 체결한 날로부터 목적물 등을 원사업자에게 납품 · 인도(제조 · 수리위탁 및 지식 · 정보성과물), 완료(역무공급), 완공(건설위탁)한 날까지를 말한다. 다만 원사업자와 수급사업자가 합의한 유효기간이 있을 경우에는 이를 계약기간으로 본다.
(2) **"하도급대금 조정을 신청할 수 있는 권리"**이라 함은 법 제16조2에 근거하여 수급사업자가 원재료의 가격변동에 따른 하도급대금의 조정을 원사업자에게 직접 신청하거나 중소기업협동조합으로 하여금 원사업자와 하도급대금의 조정을 협의할 수 하도록 중소기업협동조합에 신청할 수 있는 권리를 말한다.

<부당특약 예시>
① 수급사업자는 원사업자에게 하도급계약기간 중 어떠한 사유로도 계약금액의 증액 등 조정을 일체 요구하지 못한다는 약정
② 원사업자와 수급사업자가 하도급대금의 조정에 관하여 합의에 이르지 못한 경우 양 당사자는 하도급분쟁조정협의회에 조정을 신청하지 않겠다는 약정
③ 중소기업협동조합이 수급사업자에게 원사업자와의 하도급대금을 조정하기 위한 협의신청을 요청하더라도 이에 응하지 않는다는 약정
④ 수급사업자는 인건비 상승 등 기타 어떠한 경우에도 계약된 하도급금액 이외 공사비의 증액을 요구하지 않을 것이며, 이를 이유로 공사지연 및 공사거부행위를 일절 하지 않겠다는 약정
⑤ 하도급계약기간 중 원부자재 인상으로 납품단가의 변동이 발생시 하도급계약기간이 만료된 이후 납품단가를 재조정할 수 있다는 약정
⑥ 수급사업자는 자신이 소속된 중소기업협동조합에 원재료의 가격변동에 따른 하도급대금의 조정협의를 신청하지 않겠다는 약정

4. 법 제3조의4 제2항 제4호, 영 제6조의2 제5호 및 부당특약 고시에 따른 "부당특약" 심사기준

가. 부당특약 고시 Ⅱ. 부당특약의 유형 제1호에 대한 판단기준

법에 규정된 수급사업자의 권리를 제한하는 경우

(1) **부당특약의 유형 제1호 가목**[수급사업자가 법 제3조 제5항에 따라 위탁내용의 확인을 요청할 수 있는 권리를 제한하는 약정]의 판단기준

(가) "**법 제3조 제5항에 따른 위탁내용**"이라 함은 원사업자로부터 위탁받은 작업의 내용, 위탁받은 일시, 하도급대금, 원사업자와 수급사업자의 사업자명과 주소 등 수급사업자가 과업을 수행함에 있어 필요한 내용을 말한다.

(나) "**확인을 요청할 수 있는 권리**"라 함은 수급사업자가 위탁내용을 내용증명우편, 전자문서 등 서면으로 통지하고, 원사업자가 통지를 받은 날부터 15일 이내에 그 내용에 대한 인정 또는 부인의 의사를 서면으로 회신하도록 요청하는 것을 말한다.

<부당특약 예시>
① 수급사업자는 원사업자에게 어떠한 경우에도 위탁내용의 확인을 일체 요청하지 않기로 한다는 약정
② 계약서면에 위탁내용이 명확하게 기재되지 않았더라도 원사업자가 이미 서면을 교부한 경우에는 위탁내용 확인 요청에 응하지 않겠다는 약정
③ 수급사업자의 위탁내용 확인 요청으로 인한 공기 또는 납기 지연 등의 문제가 발생할 경우 수급사업자가 전적으로 책임을 져야한다는 약정

(2) **부당특약의 유형 제1호 나목**[수급사업자가 법 제13조의2 제9항에 따라 계약이행 보증을 아니 할 수 있는 권리를 제한하는 약정]의 판단기준

(가) "계약이행 보증"이라 함은 수급사업자가 원사업자에게 하도급계약 내용

을 신의성실의 원칙하에 이행한다는 것을 유가증권 형태로 보증기관의 명의로 보증하는 것을 말한다.

(나) "법 제13조의2 제9항에 따라 계약이행 보증을 아니할 수 있는 권리"라 함은 원사업자가 계약체결일(지급보증 면제사유가 소멸한 날 또는 최초의 장기계속건설하도급계약 체결일을 포함)로부터 30일 이내에 공사대금의 지급이행을 보증기관의 명의로 보증하지 않는 경우 수급사업자가 계약이행을 보증하지 않을 수 있는 권리를 말한다.

<부당특약 예시>

① 발주자인 동시에 원사업자에 해당하는 경우 하도급법 제14조에 따라 하도급대금을 직접 지급하는 것으로서 원사업자는 공사대금 지급보증이 면제되고, 수급사업자는 계약이행을 보증해야 한다는 약정

② 발주자가 원사업자 명의의 계좌를 거치는 하도급대금지급관리시스템을 이용하여 대금을 지급하는 경우, 원사업자는 공사대금 지급보증이 면제되고, 수급사업자는 계약이행을 보증해야 한다는 약정

③ 원사업자가 하도급대금지급보증서를 미리 교부하지 않았음에도 수급사업자의 계약이행보증서 제출기한을 특정하여 이행보증을 요구하는 약정

(3) **부당특약의 유형 제1호 다목**[수급사업자가 법 제19조 각 호의 어느 하나에 해당하는 행위를 하는 것을 제한하는 약정]의 판단기준

(가) "법 제19조 각 호의 어느 하나에 해당하는 행위"라 함은 원사업자의 하도급법 위반 행위를 관계기관에 신고하거나, 관계기관에서 요구한 자료를 제출하는 등 조사에 협조하는 행위 등을 말한다.

<부당특약 예시>

① 법 제19조 각 호의 어느 하나에 해당하는 행위로 원사업자에게 업무방해 및 명예훼손 등 불이익을 초래한 경우 계약의 전부 또는 일부를 해제 또는 해지할 수 있다는 약정

② 수급사업자가 관계기관에 신고하거나 조사에 협조할 경우 원사업자의 협력업체에서 배제시키거나 수급사업자의 신용등급을 하향 조정한다는 약정

③ 수급사업자가 반복적으로 진행되어왔던 거래 관행에 대해 관계기관에 신고할 경우, 모든 민형사상의 책임을 져야한다는 약정

나. 부당특약 고시 Ⅱ. 부당특약의 유형 제2호에 대한 판단기준

수급사업자의 기술자료 등에 대한 권리를 제한하는 경우

(1) **부당특약의 유형 제2호 가목**[수급사업자가 하도급거래를 준비하거나, 수행하는 과정에서 취득한 정보, 자료, 물건 등의 소유, 사용 등의 권리를 원사업자에게 귀속시키는 약정. 다만, 원사업자가 수급사업자의 취득 과정에 소요되는 제반비용의 상당한 부분을 부담하거나, 동종 또는 유사한 것에 대해 동일 또는 근접한 시기에 정상적인 거래관계에서 일반적으로 지급되는 대가를 지급하기로 하는 등 정당한 사유가 있는 경우는 제외한다.]의 판단기준

(가) "일반적으로 지급되는 대가"는 원사업자와 수급사업자가 서로 동등한 입

장에서 충분한 협의를 거쳐, 정상적인 거래관행에 비추어 일반적으로 지급되는 대가인지 여부를 고려하여 판단하고, 신규 기술과 같이 동종 또는 유사한 것이 존재하지 아니하거나 그것을 알 수 없는 경우에는 공신력 있는 평가전문기관의 가치평가에 따라 산출한 대가를 기준으로 판단한다.

(나) "정당한 사유" 에 해당되는지 여부는 원사업자가 소유권을 주장할 만한 객관적이고 합리적인 근거가 있는지 여부 등을 종합적으로 고려하여 판단한다.

(다)부당특약의 유형 제2호 가목의 위법성은 수급사업자가 하도급거래를 준비, 수행하는 과정에서 취득한 정보, 자료, 물건 등이 원칙적으로 수급사업자에게 귀속되는지 여부(이 때 원사업자가 제공한 정보, 자료 물건 등은 제외한다), 정보 등에 대한 권리귀속관계, 제공 및 활용 범위 등을 사전에 공정하게 협의하였는지 여부, 원사업자가 소유권을 주장할 만큼 정당한 대가를 지급하였는지 여부 등을 종합적으로 고려하여 판단한다.

<부당특약 예시>

① 수급사업자가 제조 등의 위탁을 수행하는 과정에서 취득한 지식재산권, 노하우 등의 소유권은 모두 원사업자에게 귀속된다는 약정 (단, 취득한 지식재산권 등의 개발을 본래 목적으로 하는 연구개발 위탁 등은 제외)

② 수급사업자가 원사업자로부터 목적물 설계를 위해 별도의 연구개발비 등이 아닌 단순 노무비를 지급받은 경우에도 원사업자에게 설계도면 등에 대한 소유권이 있다는 약정

③ 원사업자의 위탁사양 등에 대한 정보를 담은 자료(예, 승인도) 등에 대해 원사업자에게 지속적으로 확인·점검을 받은 경우에는 공동의 결과물로 간주하여 원사업자에게도 소유권이 있다는 약정

(2) **부당특약의 유형 제2호 나목**[하도급거래를 준비하거나, 수행하는 과정에서 취득하는 상대방의 정보, 자료 등에 대한 비밀준수의무를 수급사업자에게만 부담시키는 약정. 다만, 수급사업자만 정보, 자료 등을 취득하는 경우는 제외한다.]의 판단기준

(가) "비밀준수의무" 라 함은 정보, 자료 등에 대해 비밀이라고 인식될 수 있는 표시·고지하는 행위, 자료에 접근할 수 있는 대상자나 접근방법을 제한하는 행위, 자료에 접근한 자에게 비밀유지의 의무를 부과하는 행위 등을 모두 포함하는 것을 말한다.

(나) "수급사업자만 정보, 자료 등을 취득하는 경우" 라 함은 수급사업자가 하도급거래를 준비하거나 수행하기 위해 원사업자의 정보, 자료 등을 원사업자로부터 제공받는 반면, 원사업자에게 수급사업자 자신의 정보, 자료 등은 제공하지 않는 경우를 말한다.

<부당특약 예시>

① 수급사업자가 원사업자에게 서면 등을 통해 정보, 자료 등에 대해 비밀 준수를 하도록 요청할 수 없다는 약정

② 원사업자와 수급사업자 간 체결한 비밀유지계약서에서 원사업자에게만 계약내용에 따르지 않을 수 있는 예외 사유(예, 업무상 필요)를 두어 사실상 수급사업자에게만 비밀준수의무가 부과되는 약정

다. 부당특약 고시 Ⅱ. 부당특약의 유형 제3호에 대한 판단기준

> 수급사업자의 의무를 법이 정한 기준보다 높게 설정하는 경우

(1) **부당특약의 유형 제3호 가목**[정당한 사유 없이 법 제13조의2에 규정된 계약이행 보증 금액의 비율을 높이거나, 수급사업자의 계약이행 보증기관 선택을 제한하는 약정]의 판단기준

(가) "정당한 사유"에 해당되는지 여부는 목적물의 특성과 그 시장상황, 수급사업자의 귀책사유 존부, 보증 기관의 재무상태, 보증 영역, 불공정 약관 여부, 수급사업자의 추가 비용 발생 여부 등 제반 상황을 종합적으로 고려하여 판단한다.

<정당한 사유의 예시>

① 특정 보증기관의 약관이 공정위 등 관계부처로부터 불공정약관 결정을 받았으나 시정되지 않은 상황에서 그 보증기관으로부터 보증서를 발급받는 것을 제한하는 경우

② 보증기관의 재무상태, 보증 영역 등을 고려할 때 수급사업자가 제출하고자 하는 보증기관이 해당 공사를 보증하는 것이 불가능하여 그 보증기관으로부터 보증서를 발급받는 것을 제한하는 경우

(나) "법 제13조의2에 규정된 계약이행 보증 금액의 비율"이라 함은 계약금액의 100분의 10에 해당하는 금액을 말한다.

<부당특약 예시>

① 다른 보증기관에 비해 수급사업자에게 불리한 조건을 적용하고 있는 특정보증기관의 보증서를 발급받아야 한다는 약정

② 수급사업자에게 2개 이상의 보증기관으로부터 보증서를 발급받는 것을 요구하는 약정

(2) **부당특약의 유형 제3호 나목**[수급사업자가 법 제13조의2 규정에 준하여 계약이행을 보증하였음에도 수급사업자가 아닌 자로 하여금 계약책임, 불법행위책임에 대해 연대보증을 하도록 하는 약정]의 판단기준

(가) "계약책임"이라 함은 민법 제390조에 근거하여 원사업자와 수급사업자 간 계약관계를 전제로 수급사업자의 계약 위반 행위에 대한 책임을 말한다.

(나) "불법행위책임"이라 함은 민법 750조에 근거하여 수급사업자가 계약관계 없는 불특정다수인 사이에서 발생 가능한 가해행위를 했을 경우, 그 가해행위에 대한 책임을 말한다.

(다) "연대보증"이라 함은 보증인이 주채무자와 함께 채무를 부담함으로써 주채무의 이행을 담보하는 보증 채무를 말한다.

<부당특약 예시>

① 수급사업자가 법인인 경우 법인의 실질지배자 등 제3자가 수급사업자의 모든 채무에 대하여 연대보증을 하여야 한다는 약정

② 고가 사급재의 멸실·훼손 등을 방지하기 위해 수급사업자 대표이사 개인의 연대보증을 요구하는 약정

라. 부당특약 고시 Ⅱ. 부당특약의 유형 제4호에 대한 판단기준

원사업자의 의무를 수급사업자에게 전가하는 경우

(1) **부당특약의 유형 제4호 가목**[법 제9조 제2항의 목적물등의 검사 비용을 수급사업자에게 부담시키는 약정]의 판단기준

(가) "검사 비용" 이라 함은 수급사업자가 원사업자에게 납품 등을 한 목적물에 대한 최초 검사의 비용을 말한다. 단, 검사의 불합격에 따라 수급사업자가 목적물 등을 보완한 이후 재검사를 실시한 경우의 검사비용은 제외한다.

(나)부당특약의 유형 제4호 가목의 위법성은 하도급계약의 이행으로 납품한 목적물의 검사 비용을 원사업자가 원칙적으로 부담하도록 하였는지 여부와 특별한 사정이 있어 사회통념상 합리적인 범위 내에서 검사 비용 중 일부를 수급사업자에게 분담하였는지 여부를 기준으로 판단한다.

<부당특약 예시>

① 검사항목, 검사기관 등 납품한 제품의 검사방법을 미리 정하지 않고 검사에 소요되는 비용을 수급사업자에게 부담시키는 약정

② 수급사업자가 납품한 제품이 원사업자의 검사에 불합격하는 경우에는 수급사업자의 귀책사유 여부와 관계없이 검사에 소요된 모든 비용을 수급사업자가 부담해야 한다는 약정

③ 수급사업자가 납품한 제품이 원사업자의 검사에 합격하더라도, 발주자의 검사에 불합격하는 경우에는 원사업자의 검사에 소요된 모든 비용을 수급사업자가 부담해야 한다는 약정

④ 수급사업자의 귀책사유가 없음에도 검사에 필요한 비용과 검사를 하는 과정에서 발생하는 파손 등 손상에 관한 모든 비용을 수급사업자가 부담하여야 한다는 약정

(2) **부당특약의 유형 제4호 나목**[법 제9조 제2항의 목적물등의 검사결과 통지에 대한 수급사업자의 이의제기를 제한하는 약정]의 판단기준

(가) "검사결과 통지" 라 함은 원사업자가 수급사업자로부터 목적물 등을 수령한 날(제조위탁의 경우에는 기성부분을 통지받은 날, 건설위탁의 경우에는 준공 또는 기성부분은 통지받은 날)부터 10일 이내에 검사 결과를 수급사업자에게 통지하는 것을 말한다.

<부당특약 예시>

① 목적물에 대한 검사결과, 원사업자로부터 불합격 통지서를 받더라도 일체 이의를 제기하지 않기로 한다는 약정

② 수급사업자와 협의하여 원사업자가 제3자에게 검사를 의뢰한 경우에는 검사결과에 대해 일체 이의제기를 할 수 없다는 약정

③ 검사결과에 대한 이의제기하는 경우 재검사 비용은 수급사업자가 모두 부담하여야 한다는 약정

(3)**부당특약의 유형 제4호 다목**[원사업자가 부담하여야 할 안전조치, 보건조치

등 산업재해예방 비용을 수급사업자에게 부담시키는 약정]의 판단기준
(가) "안전조치"라 함은 제조 등의 위탁과 관련하여 수급사업자 소속 근로자가 업무와 관계되는 작업을 수행하는 과정에서 발생할 수 있는 발화 · 추락 · 충돌 등 인재 또는 천재지변으로 인한 위험을 예방하기 위해 필요한 조치를 말한다.
(나) "보건조치"라 함은 제조 등의 위탁과 관련하여 수급사업자 소속 근로자가 업무와 관계되는 작업을 수행하는 과정에서 사망, 부상, 질병 등 건강장해를 입는 것을 예방하기 위해 필요한 조치를 말한다.
<부당특약 예시>
① 수급사업자가 현장을 관리하는 경우 작업을 수행하는 과정에서 발생할 수 있는 안전위해요소의 제거에 관한 모든 비용을 수급사업자의 부담으로 한다는 약정
② 원사업자의 다른 수급사업자와 공통적으로 필요한 안전 · 보건조치 외에 수급사업자 소속 근로자가 사용하는 안전장비 또는 수급사업자의 단독 공정에 사용되는 안전장비 등에 관한 모든 비용은 수급사업자가 부담해야 한다는 약정

마. 부당특약 고시 Ⅱ. 부당특약의 유형 제5호에 대한 판단기준

수급사업자의 계약상 책임을 가중하는 경우

(1) **부당특약의 유형 제5호 가목**[계약내용에 대하여 구체적인 정함이 없거나 당사자 간 이견이 있을 경우 계약내용을 원사업자의 의사에 따라 정하도록 하는 약정]의 판단기준
(가) "계약내용"이라 함은 원사업자와 하도급업체가 체결한 하도급계약서에 포함된 하도급대금과 그 지급방법, 하도급대금의 조정요건, 방법 및 절차 등 제조 등의 위탁과 관련한 제반 사항을 말한다.
(나)부당특약의 유형 제5호 가목의 위법성은 당해 업종의 통상적인 거래관행, 하도급거래 규모, 목적물 등의 특성 등을 고려할 때 원사업자가 계약내용을 정함에 있어 수급사업자와의 협의를 거쳤는지 여부와 계약내용이 공정성과 타당성을 결여하여 수급사업자에게 부담이 되는지 여부를 기준으로 판단한다.
<부당특약 예시>
① 하도급계약서에 기재되지 아니한 사항은 원사업자의 규정 또는 지침에 따라 정한다는 약정 (단, 원사업자의 특정 규정 및 지침이 계약 체결 시 또는 계약 이전에 교부된 경우는 제외)
② 계약내용에 대해 당사자 간 이견이 있을 경우 그 분쟁의 발생 원인이나 내용을 불문하고 원사업자의 결정에 따른다는 약정
③ 계약의 조문해석에 쌍방 협의가 이루어지지 않을 경우 원사업자의 유권해석에 따르기로 하는 약정

(2) **부당특약의 유형 제5호 나목**[수급사업자에게 발주자와 원사업자 간 계약조건이 제공되지 않은 상황에서 이를 원사업자와 수급사업자 간 계약에 적용하기로 하는 약정]의 판단기준

(가) “발주자와 원사업자 간 계약 조건”이라 함은 발주자가 제조·수리·시공 또는 용역수행을 도급하기 위하여 원사업자와 체결한 계약서에 포함된 위탁내용과 대금지급조건 등 위탁과 관련한 제반 사항을 말한다.
(나) “원사업자와 수급사업자 간 계약”이라 함은 원사업자가 제조·수리·시공 또는 용역수행을 하도급하기 위하여 수급사업자와 체결한 계약을 말한다.
(다) 부당특약의 유형 제5호 나목의 위법성은 발주자와 원사업자 간 계약 조건을 수급사업자의 노력만으로 알 수 없는 상황에서 위 계약 조건에 수급사업자의 이익 또는 의무사항이 귀속되어 있어 수급사업자에게 불합리한 책임을 부담시켰는지 여부를 기준으로 판단한다.
<부당특약 예시>
① 계약보증금, 하자보증기간 등에 대한 구체적인 수치를 명시하지 않고, 발주처와 원사업자 간 계약조건과 동일조건으로 한다는 약정
② 원사업자와 수급사업자의 계약조건에 대해 이견이 있을 경우 발주처와 원사업자의 계약조건을 그대로 적용한다는 약정

(3) **부당특약의 유형 제5호 다목**[원사업자의 손해배상책임을 관계법령, 표준하도급계약서 등의 기준에 비해 과도하게 경감하거나, 수급사업자의 손해배상책임, 하자담보책임을 과도하게 가중하여 정한 약정]의 판단기준
(가) 부당특약의 유형 제5호 다목의 위법성은 목적물 등의 특성, 원사업자와 수급사업자의 거래상 지위, 거래규모, 거래의존도, 거래기간, 해당 업종의 통상적인 거래 관행 등을 종합적으로 고려할 때, 객관적이고 합리적인 사유 없이 관계법령, 표준하도급계약서 등의 기준에 비해 손해배상책임, 하자담보책임에 대해 수급사업자에게 불리한 내용이 설정되었는지 여부 등을 기준으로 판단한다.
<부당특약 예시>
① 수급사업자의 책임 있는 사유로 원사업자에게 손실이 발생할 경우에 표준하도급계약서상 손실 범위를 초과하여 계약이행보증금(계약금액의 10%) 전액이 원사업자에게 귀속된다는 약정
② 계약이행보증 이외에 수급사업자의 채무불이행(예, 노무, 자재, 장비)에 대비하여 추가 지급(이행)보증 또는 현금예치를 요구하는 약정
③ 하자담보책임에 대한 기산점을 수급사업자의 위탁종료일이 아닌 원사업자의 위탁종료일로 한다는 약정

(4)**부당특약의 유형 제5호 라목**[원사업자가 수급사업자에게 제공한 자재, 장비, 시설 등(이하 "자재등"이라 한다)이 수급사업자의 책임없는 사유로 멸실, 훼손된 경우에도 수급사업자에게 자재등에 대한 책임을 부담시키는 약정]의 판단기준
(가) “수급사업자의 책임 없는 사유”라 함은 원사업자가 수급사업자에게 제공한 자재 등이 멸실, 훼손된 사정이 원사업자나 외부환경의 변화에 있고, 수급사업자에게는 귀책사유가 없음을 말한다.
(나) 부당특약의 유형 제5호 라목의 위법성은 수급사업자가 자재 등을 계약상 용도에 맞게 사용하였는지 여부, 제3자에게 사용수익하게 하였는지 여부, 수급사업자의 소유의 자산과 명확히 구분하여 관리하였는지 여부 등 수급사업자의 선량한 관리자의 주의 의무 준수 여부와 자재 등의 멸실, 훼손에 대한 원사업자의

귀책사유와 수급사업자에게 불가항력적인 사유의 존부 등을 기준으로 판단한다.
<부당특약 예시>
① 원사업자가 지급한 자재 등이 멸실 또는 훼손되는 경우 수급사업자의 책임 여부와 관계없이 수급사업자가 변상해야 한다는 약정
② 천재지변 등 위탁시점에서 원사업자와 수급사업자가 모두 예측할 수 없는 사유로 자재 등이 멸실 또는 훼손된 경우에도 수급사업자가 전적으로 변상해야 한다는 약정

(5) **부당특약의 유형 제5호 마목**[계약 해제 · 해지의 사유를 원사업자의 경우 관계법령, 표준하도급계약서 등의 기준에 비해 과도하게 넓게 정하거나, 수급사업자의 경우 과도하게 좁게 정하는 약정]의 판단기준
(가) 부당특약의 유형 제5호 마목의 위법성은 제5호 다목과 마찬가지로 목적물 등의 특성, 원사업자와 수급사업자의 거래 상황, 해당 업종의 통상적인 거래 관행 등을 종합적으로 고려할 때, 계약 해제 · 해지의 사유가 객관적이고 합리적인 사유 없이 관계법령, 표준하도급계약서 등의 기준에 비해 수급사업자에게 불리한 내용이 설정되었는지 여부를 기준으로 판단한다.
<부당특약 예시>
① 약정 기한보다 지연될 경우 원사업자는 계약해지를 요청할 수 있으며, 수급사업자는 이의 없이 수용해야 한다는 약정
② 수급사업자는 계약을 체결한 후 물가상승, 납품조건 및 도면내용에 대한 견적누락 등을 이유로 계약변경 및 해제를 요구할 수 없다는 약정
③ 수급사업자가 원사업자로부터 발주서, 작업지시서 등 서면을 전달받은 이후에는 어떠한 사유로도 계약을 해지할 수 없도록 제한하는 약정
④ 원사업자가 부도 등으로 발주자와의 계약을 이행할 수 없는 경우에는 하도급계약과 관련한 수급사업자의 권리 일체 또한 즉시 포기하여야 한다는 약정

(6) **부당특약의 유형 제5호 바목**[원사업자가 수급사업자에게 제공한 자재 등의 인도지연, 수량부족, 성능미달 등 수급사업자의 책임없는 사유에 의해 추가로 발생한 비용, 지체책임을 수급사업자에게 부담시키는 약정]의 판단기준
(가) "수급사업자의 책임 없는 사유"이라 함은 추가 비용, 지체책임 등이 발생하게 된 사정이 원사업자나 외부환경의 변화에 있고, 수급사업자에게는 귀책사유가 없음을 말한다.
(나) 부당특약의 유형 제5호 바목의 위법성은 수급사업자가 자재 등을 수령한 후 신속하게 검사하여 품질, 수량 등을 확인하는 등 선량한 관리자의 주의 의무 준수 여부와 인도지연, 수량부족, 성능미달 등에 대한 원사업자의 귀책사유와 수급사업자에게 불가항력적인 사유의 존부 등을 기준으로 판단한다.
<부당특약 예시>
① 원사업자가 공급한 자재 등이 불량으로 판정되더라도 납기일은 반드시 준수해야 한다는 약정
② 공급받은 자재 등의 수량이 부족하여 수급사업자가 원사업자에게 추가 공급을 요청하더라도 운반 · 보관비용, 지체상금 등은 별도로 수급사업자가 부담해야 한다는 약정

> ③ 납기지연일자를 산정함에 있어 분할할 수 있는 기성부분 또는 목적물 수령거부지연 등 원사업자의 귀책사유가 있는 부분이 있음에도 불구하고 이를 고려하지 않고 손해배상액, 지체상금 등을 산정하도록 하는 약정
>
> Ⅵ. 유효기간
> 이 지침은「훈령·예규 등의 발령 및 관리에 관한 규정」(대통령훈령 제394호)에 따라 이 지침을 발령한 후의 법령이나 현실여건의 변화 등을 검토하여야 하는 2022년 12월 31일까지 효력을 가진다.
>
> **부칙** <제336호, 2019.12.31.>
> 제1조(시행일) 이 지침은 2020년 1월 1일부터 시행한다.
> 제2조(종전 예규의 폐지) 종전 「부당특약 심사지침」은 이를 폐지한다. ■

4. 관련 사례

가. 판결례

1) 감액금액의 2배 상계약정 부당하다는 사례

수급사업자의 귀책사유로 인하여 원고가 발주자로부터 지급받는 공사대금이 감액되었다고 하더라도 감액 금액의 2배에 해당하는 금액을 수급사업자의 하도급대금에서 무조건 상계하도록 하는 것은 부당 특약으로서 위법하다는 판결이 있다(**서울고등법원 2016. 12. 21. 선고 2015누2040 판결**).

[참조 판결]

-서울고등법원 2016. 12. 21. 선고 2015누2040 판결[247] **[시정명령및과징금납부명령취소]-**

[대○정보통신 사례]

[판결이유]

1) 부당특약 설정 행위 관련

수급사업자의 귀책사유로 인하여 원고가 발주자로부터 지급받는 공사대금이 감액되었다고

가. 부당특약 고시에 새롭게 규정된 부당특약 유형에 대한 심사기준 마련
- ㅇ 부당특약 고시에 대한 자의적 해석을 방지하기 위해 개념을 명확히 정의하고, 위법성 판단 기준에 필수적으로 고려해야 할 요소를 명시
- ㅇ 법 집행의 예측가능성과 법 위반 행위에 대한 억지력을 제고하기 위해 새로운 부당특약 유형에 대한 구체적인 예시를 마련

246) 연혁: [시행 2014. 2. 14.] [공정거래위원회예규 제188호, 2014. 2. 12., 일부개정], [시행 2017.1.1] [공정거래위원회예규 제258호, 2016.9.30., 일부개정], [시행 2020. 1. 1.] [공정거래위원회예규 제336호, 2019. 12. 31., 폐지제정]

247) 본 판결은 상고없이 확정되었다.

하더라도 감액 금액의 2배에 해당하는 금액을 수급사업자의 하도급대금에서 무조건 상계하도록 하는 것은 원고가 부담하여야 할 금액에 비하여 현저히 과다하다. 또한 수급사업자는 용역을 위탁받은 후 용역수행에 필요한 원재료의 가격이 변동되어 하도급대금의 조정이 불가피한 경우에는 하도급대금의 조정을 신청할 수 있어야 하며, 계약상 업무 범위를 벗어난 추가 업무 또는 수급사업자의 귀책사유 없이 추가로 발생한 업무를 수행함으로 인하여 발생하는 비용에 대하여는 원사업자인 원고에게 비용을 청구할 수 있어야 할 것이다. 따라서 앞서 본 표2의 특약조항 내용과 같이 발주자가 감액한 금액의 2배에 해당하는 금액을 수급사업자의 하도급대금에서 무조건 상계하도록 하는 조항과 원재료의 가격변동에 따른 가격 인상 요구를 제한하거나 계약범위를 벗어난 추가 업무 또는 수급사업자의 귀책사유 없이 추가 업무를 수행함으로써 발생하는 모든 비용을 수급사업자에게 부담시키는 조항은 수급사업자의 이익을 부당하게 침해하거나 제한하는 내용에 해당한다. 또한 **위 특약조항이 실제로 실현된 적이 없고 실현가능성이 없다고 하더라도 하도급법 제3조의 4에서는 수급사업자의 이익을 부당하게 침해하거나 제한하는 계약조건을 설정하는 행위 자체를 금지**하고 있으므로 원고가 주장하는 사유만으로는 원고의 이 부분 위반행위가 하도급법 위반이 아니라고 할 수 없다.

또한 앞서 본 바와 같이 원고가 주장하는 일부 수급사업자를 원고보다 거래상 우월한 지위에 있었다고 볼 증거가 부족하고, 가사 그렇게 볼 수 있다고 하더라도 이 부분 부당특약의 내용에 비추어 이 부분 특약과 관련하여서는 일부 수급사업자들이 원고보다 우월한 지위에서 그와 같은 특약을 설정하였다고 보기 어려울 뿐 아니라 그와 같은 지위에 있지 아니하는 나머지 수급사업자가 상당수 있음을 고려하여야 하고, 이 부분에 관한 과징금 역시 앞서 본 바와 같이 이 부분 위반행위와 관련된 위반금액 부분이 최종 과징금 산정 과정에서 반영되지 아니하였으므로 결과적으로 과징금납부명령에 아무런 영향을 주지 않았다고 할 것이므로, 이 부분 위반행위와 관련된 시정명령 및 과징금납부명령에 어떠한 잘못이 있다고 할 수 없다.■

2) 원사업자가 부담해야 할 비용을 수급사업자에게 전가하는 '안전관리약정'은 하도급법 제3조의 4 제1항 부당특약에 해당한다는 사례

원사업자와 수급사업자가 체결한 안전관리약정이 원사업자가 부담하여야 할 민원처리, 산업재해 등과 관련된 비용을 수급사업자에게 부담시키는 약정으로서 하도급법 제3조의4 제1항의 '수급사업자의 이익을 부당하게 침해하거나 제한하는 계약조건('부당한 특약')을 설정한 것에 해당한다는 판결이 있다(**서울고등법원 2017. 3. 30. 선고 2016누37753 시정명령등취소 판결**).

[참조 판결]

-서울고등법원 2017. 3. 30. 선고 2016누37753 판결[248][시정명령등취소]-

248) 본 판결은 상고되었으나, 심리불속행기각으로 확정되었다(대법원 2017두41924 2017. 7. 27.자 심리불속행기각 판결).

[두○건설 사례]

【판시이유】

갑 제4호증의 1, 2, 갑 제5호증의 1, 2, 갑 제6호증의 1, 2, 갑 제27호증의 1, 2의 각 기재 및 변론 전체의 취지에 의하여 인정되는 아래 사정들을 종합하면, 이 사건 각 안전관리약정은 원사업자가 부담하여야 할 민원처리, 산업재해 등과 관련된 비용을 수급사업자에게 부담시키는 약정으로서 개정 하도급법 제3조의4 제1항의 '수급사업자의 이익을 부당하게 침해하거나 제한하는 계약조건(이하 '부당한 특약'이라 한다)을 설정한 것에 해당한다고 봄이 상당하다.

① 개정 하도급법 제3조의4 제1항은 '수급사업자의 이익을 부당하게 침해하거나 제한하는 계약조건을 설정하는 행위'를 금지하고 있을 뿐이고, 부당한 특약의 효력의 유무, 부당한 특약에 따른 비용 전가 가능성 유무를 전제로 하고 있지 않다.

② 피고의 '부당특약 심사지침' V.2.나.항은 개정 하도급법 제3조의4 제2항 제2호의 판단기준과 관련하여, 부당한 특약의 예로 산업재해를 입은 근로자가 산업재해보상보험법에서 인정하는 금액 외에 추가적으로 요구하는 민·형사상의 요구 및 부대비용을 수급사업자가 전적으로 부담한다는 약정, 수급사업자 소속 근로자의 산업재해로 발생한 진료비, 노무비, 산업재해자 및 유가족과의 합의, 산업재해 처리와 관련된 관계기관과의 업무협의 등에 소요되는 비용은 전적으로 수급사업자가 부담한다는 약정을 들고 있는데, 이 사건 각 안전관리약정은 전형적으로 이에 해당한다.

③ 근로기준법(2014. 1. 21. 법률 제12325호로 개정되기 전의 것) 제90조는 별지 2 관계법령 기재와 같이 규정하면서, 여러 단계의 도급에 따라 행하여지는 경우에 각 도급 단계에서 고용된 근로자로 하여금 근로기준법상의 재해보상을 안전하게 받을 수 있도록 원수급인을 재해보상책임을 지는 '사용자'로 의제하고 있다. 원수급인이 하수급인에게 보상을 담당하게 하더라도 원수급인은 여전히 사용자로서 근로기준법상의 책임을 부담하는 경우가 있을 수 있다. 이 사건 각 안전관리약정은 동○건업 등의 보상능력의 유무를 불문하고 근로기준법상 재해보상금을 포함하여 해당 분쟁 등을 해결·처리하는 데 소요되는 비용 일체를 부담하도록 하고 있으므로, 원고가 부담하여야 할 근로기준법상 사용자로서의 책임도 동○건업 등에게 전가하는 측면이 있다.

④ 원고가 동○건업 등과 체결한 각 하도급계약은 '이 계약의 내용과 배치되는 타 계약에 대해서는 이 계약에 의한 내용을 우선하여 적용한다. 다만 제31조(특수조건)에 의거 이 계약에서 정하지 아니한 사항에 대하여 원고와 수급사업자가 대등한 지위에서 합의하여 특약으로 정한 내용은 그러하지 아니 하다'(제1조 제3항), '원고가 산업재해보험에 일괄 가입하였을 경우 수급사업자가 책임이 있는 경우를 제외하고는 원고가 재해발생으로 인한 모든 책임을 져야 한다'(제27조 제5항), '이 계약에서 정하지 아니한 사항에 대하여는 원고와 수급사업자가 대등한 지위에서 합의하여 특약으로 정할 수 있다'(제31조)고 규정하고 있다. 그런데 원고가 동○건업 등과 체결한 각 하도급계약 제27조는 '보험가입 등'이라는 제목 아래 보험가입 의무자와 보험료 부담자를 정하는 것을 주요 내용으로 하고 있으나 이 사건 각 안전관리약정은 수급사업자에게 안전사고가 발생하지 않도록 안전조치를 취하고 안전시설을 설치할 의무를 부담하게 하고 안전사고로 인한 근로자들의 근로기준법상 재해보상 청구 및 민·형사상 청구 등에 대한 책임을 수급사업자가 부담한다는 것을 주된 내용으로 하고 있으므로 이 사건

각 안전관리약정을 위 각 하도급계약 제27조에서 정한 내용을 구체화하기 위하여 체결한 부가적인 약정 또는 위 각 하도급계약 제1조 제3항의 '타 계약'에 해당한다고 볼 수 없다.
⑤ 설령 견해를 달리하여 위 각 하도급 계약 제27조 제5항이 이 사건 각 안전관리약정에 우선하여 적용된다고 하더라도, 이 사건 각 안전관리약정은 원고와 동○건업 등 사이의 구상권 행사의 근거 또는 위 제27조 제5항에 따라 처리되는 산업재해보험 관련 비용 이외의 각종 비용에 관한 최종적인 책임의 주체를 정하는 근거가 될 수도 있으므로 아무런 효력이 없는 것이라 단정할 수 없다. ■

3) 하도급계약 체결시 '성능보증유보금' 명목으로 공사대금을 법정 대금지급의무기한 내에 지급하지 아니하는 약정의 하도급법 제3조의 4 제1항 부당특약 해당 여부 관련 사례

본 사례는 브라질 현지 CSP제철소 현장에서 원사업자와 수급사업자가 체결한 하도급계약에서 설정한 MC/SC/FC 각 단계별 기기대금의 5%씩 총 15%의 대금을 성능보증 명목으로 유보하는 조항을 체결하였는데, 당해 특약 자체가 수급사업자의 이익을 부당하게 침해하거나 제한하는 계약조건인지 여부에 대한 판결이다.

본 판결에서 서울고등법원은 하도급계약체결의 업무 내용이 원사업자에게 제품을 납품한 이후 현장에서의 목적물 설치 및 성능검사를 위하여 업무가 수행될 것을 예정하고 성능유보금 조항을 둔 것일 경우라고 인정되는 경우에는 하도급법 제3조의4 제1항의 '수급사업자의 이익을 부당하게 침해하거나 제한하는 계약조건('부당한 특약')에 해당되지 않고 오히려 하도급법 제13조 제1항 단서 제2호의 '해당 업종의 특수성과 경제여건에 비추어 그 지급기일이 정당한 것으로 인정되는 경우'에 해당되고, 반면에 당해 수급사업자의 업무관련성이 인정되지 않는 불필요한 업무조항을 이유로 성능유보금 조항을 설정한 행위는 위법한 것으로서 수급사업자의 대금지급청구권을 지나치게 제한한 것으로 봄이 타당하다는 기준을 설시하였다(**서울고등법원 2018. 11. 16. 선고 2017누46556 시정명령 및 과징금납부명령취소 판결**). 또한 같은 맥락에서 브라질 현지 CSP제철소 현장 원사업자의 동종 하도급사례에서 '유수분리기' 제조납품행위와 관련하여 성능유보금 설정행위에 대하여 "원고와 동○산업 사이의 계약은 처음부터 브라질 현장에서의 S/V 업무[249]를 포함하지 아니한 것으로 보이고, 위와 같이 계약 내용에 S/V 업무가 포함되지 아니하였음에도 이를 전제로 한 성능유보금 조항을 이유로 원고가 이 사건 대금 미지급 행위를 한 것은 하도급법 제13조 제1항 단서 제2호의 '해당 업종의 특수성과 경제여건에 비추어 그 지급기일이 정당한 것으로 인

249) Supervision 의 약자이다.

정되는 경우'에 해당한다고 할 수 없어 동○산업에 대한 원고의 이 사건 대금 미지급 행위는 하도급법 제13조 제1항 본문, 제8항 위반에 해당한다."고 판시하였다(**서울고등법원 2018. 12. 5. 선고 2018누38378 시정명령취소 판결**).

검토컨대, 사견으로는 일응 위 판결의 결론에 동의한다고 하더라도 업무관련성만을 가지고 성능유보금의 부당특약을 판단해서는 아니된다고 할 것이다. 즉 ① 성능유보금이 정당화되기 위해서는 당해 하도급계약이 수급사업자의 용역의 범위가 일정한 성능을 담보하는 '**결과채무**'가 계약의 조건일 것[250]이어야 하고(**개별적 요건**), 또한 ② 하도급법 제13조 제1항 단서 제2호의 '해당 업종의 특수성과 경제여건에 비추어 그 지급기일이 정당한 것으로 인정되는 경우'에 해당되어야만 할 것이다(**일반적 요건**). 따라서 원사업자는 그 결과채무의 이행여부는 용역의 제공을 완료한 후 특별한 사정(예컨대, 도급계약서에서 성능검사실시일의 하도급계약서의 사전확정)이 없는 한 하도급법 제9조에서 정한 목적물등 수령일로부터 10일이 경과한다면 원사업자는 하도급대금을 지급할 의무가 있다고 할 것이다.

[참조 판결]

-서울고등법원 2018. 11. 16. 선고 2017누46556 판결[251][시정명령 및 과징금 납부명령취소]-

[포○코아이씨티 사례]

【판시이유】

1) **인정사실**

가) **'성능유보금 조항' 설정 행위**

원고는 2014. 5. 30.부터 2014. 10. 16.까지 화성이앤티 등 3개 수급사업자와 브라질 CSP 제철소 건설 관련 '브라질 CSP 제강 Panel&Box 구매' 등 3건의 하도급계약(이하 '이 사건 제1 CSP 관련 계약들'이라 한다)을 체결하면서, 아래 <표 3>의 기재와 같이 성능유보금 명목으로 'MC/SC/FC 단계별[252] 로 각 5%씩 기기대금의 총 15%를 각 단계별 확인서 발급 이후에 지급'하는 계약조건을 설정하였다(이하 위 계약조건을 '이 사건 특약'이라 하고, 이

---

250) 따라서 성능검사에 대한 비용은 사전에 계약의 내용으로 시행 및 비용부담의 주체가 합의되어야 한다. 그렇지 아니하고 성능검사조항을 이유로 수급사업자에게 성능검사의 비용을 전가하는 것은 부당특약으로 볼 것이다.

251) 본 판결은 상고되었으나, 심리불속행기각으로 확정되었다(대법원 2018두66807 2019. 3. 28.자 심리불속행기각 판결).

252) 각 단계는 브라질 현지 CSP제철소 현장에서 발주자에 의해 이루어지는 것이며, 그 내용은 다음과 같다.
① MC(Mechanical Completion)단계는 도급계약 단위별로 완성된 목적물에 대한 설치, 확인, 시운전, 성능점검 및 테스트 등이 이루어지는 단계
② SC(Substantial Completion)단계는 종합준공의 개념으로 제철소 가동 후 문제점 등을 확인하고, 손해발생, 지체상금 등을 계산하여 정산이 이루어지는 단계
③ FC(Final Completion)단계는 FAT(Final Acceptance Test) 이후 양산되고 있는 슬라브 등 생산결과물에 대한 품질제고 등을 위한 최종승인 단계

사건 특약을 설정한 행위를 '이 사건 특약 설정 행위'라 한다).

<표 3> 하도급계약서의 특약조항의 내용

구분	특약조항 내용
구매계약특별약관 제1조(대금의 지급) (가)설비비	성능유보금: 기기대금의 15%
	기기대금의 15%는 "매수인"의 각 확인서(MC: Mechanical Completion, SC: Substantial Completion, FC: Final Completion) 발급 후, "매도인"의 청구에 의거하여 대금의 지급기준에 따라 지급한다.
	Mechanical Completion Certification 발급 후: 기기대금의 5%
	Substantial Completion Certification 발급 후: 기기대금의 5%
	Final Completion Certification 발급 후: 기기대금의 5%

나) 손해배상책임 조항 설정 행위

원고는 2014. 7. 3.부터 2015. 6. 26.까지 대신이엔에스 등 58개 수급사업자와 '광양5고로 동부 및 해안변전소 개조용역 1식' 등 70건의 하도급계약을 체결하면서, '수급사업자가 원고의 종업원 또는 제3자의 생명, 신체, 재산에 대하여 상해 또는 피해를 야기케 하였을 경우에는 그 사고로 인한 일체의 손해배상 책임을 부담'하도록 하는 계약조건을 설정하였다.

2) 피고 공정거래위원회의 처분

1) 피고는 이 사건 특약은 수급사업자의 이익을 부당하게 침해하거나 제한하는 내용이므로 이 사건 특약 설정 행위는 하도급법 제3조의4 제1항에 위반되어 위법하였다(다만, 손해배상책임 조항 설정 행위는 위 규정 위반이 아니라고 판단하였다).

3) 원고 원사업자의 주장

이 사건 제1 CSP 관련 계약들의 목적물들은 브라질 CSP 제철소에 설치되고 다른 설비들과 상호 연동되어 작동될 필요성이 있으므로 위 브라질 현장에서 목적물 설치 및 성능검사가 이루어져야만 수급사업자들이 위 계약상 의무를 실질적으로 이행하였다고 볼 수 있고, 성능검사 등 실질적 검수절차는 MC/SC/FC 단계에 이르러 이루어진다. 위와 같은 이 사건 제1 CSP 관련 계약의 특수성에 비추어 볼 때 위 계약에서 성능유보금 조항을 설정한 것이 수급사업자의 이익을 부당하게 침해하거나 제한하는 것이라 할 수 없으므로, 이 사건 특약 설정 행위는 하도급법 제3조의4 위반이 아니다.

4) 법원의 판단

1) 갑 제10, 15 내지 17, 19, 21호증의 각 기재, 증인 이**의 증언에 변론 전체의 취지를 더하여 보면, ① 원고의 '구매계약 특별약관'(갑 제10호증) 제6조에는 'S/V 업무 수행에 대한 제반조건은 브라질 CSP 프로젝트 S/V 구매사양서 추가사항 등에 따른다'고 규정되어 있고, 원고와 화성이앤티, 비젼, 시스템콘트롤은 이 사건 제1 CSP 관련 계약들을 각 체결하면서 위 '구매계약 특별약관' 및 S/V 업무에 관한 문서인 '브라질 CSP 프로젝트 S/V 구매사양서 추가사항'(갑 제16호증)을 계약첨부문서로 정하였던 사실, ② 이 사건 제1 CSP 관련 계약들의 목적물은 브라질 CSP 제철소에 설치된 다른 설비들과 연동되어 있는 사실, ③ 비젼의 직원 이**은 비젼이 원고에게 제품을 납품한 이후인 2016. 3. 7.경부터 2016. 4. 3.경까지 브라질 현장으로 출장을 가서 비젼이 납품한 제품(DP & LOB)과 관련한 S/V 업무를 수행한 사실을 인정할 수 있다.

2) 먼저 이 사건 특약 설정 행위 중 **비젼에 관한 특약 설정 행위**에 대하여 보건대, 위 인정사실에 변론 전체의 취지를 더하여 인정할 수 있는 사정들, 즉 ① 비젼이 납품한 제품(DP & LOB)은 브라질 CSP 제철소에 설치된 다른 설비들과 연동되어 작동되는 것으로 보이는 점, ② 원고와 비젼은 계약을 체결하면서 S/V 업무에 관한 사항을 규정하였을 뿐만 아니라 실제 비젼의 직원인 이태형이 브라질 현장에서 S/V 업무를 수행한 것으로 보이는 점, ③ 피고의 주장과 같이 다른 전기기술자들이 이**을 대신하여 S/V 업무를 수행할 수 있었다고 하더라도, 그와 같은 사정만으로 사후적으로 당사자들이 S/V 업무 수행이 필요하다고 판단하여 계약에 S/V 업무에 관한 사항을 규정하고 실제 S/V 업무 수행이 이루어진 것이 부당하거나 불필요하다고 단정하기 어려운 점 등에 비추어 보면, 피고가 주장하는 사정들만으로 원고와 비젼이 체결한 계약 중 S/V 업무에 관한 부분이 부당하거나 불필요하다고 보기 어렵다. 따라서 비젼이 원고에게 제품을 납품한 이후 현장에서의 목적물 설치 및 성능검사를 위하여 S/V 업무가 수행될 것을 예정하고 성능유보금 조항을 둔 것이 부당특약 설정 행위에 해당한다고 단정하기 어렵다. 이 사건 특약 설정 행위 중 비젼에 관한 부분에 대한 원고의 주장은 이유 있다.

3) 다음으로 이 사건 특약 설정 행위 중 **화성이앤티, 시스템콘트롤에 관한 각 특약 설정 행위**에 대하여 보건대, 원고는 화성이앤티, 시스템콘트롤과 계약을 체결하면서 첨부문서의 형식으로 S/V 업무에 관한 사항을 규정하였음은 앞서 본 바와 같다. 그러나 원고는 시스템콘트롤이 브라질 현장에서 S/V 업무를 수행하지 않았음을 자인하고 있는 점, 원고는 S/V 업무 수행과 관련된 증거를 소지하고 있을 것이고 화성이앤티가 브라질 현장에서 S/V 업무를 수행한 것은 원고에게 유리한 사정임에도 원고는 당심 변론 종결 시까지 화성이앤티의 S/V 업무 수행에 관한 증거를 제출하지 않은 점 등에 비추어 보면, 화성이앤티와 시스템콘트롤은 브라질 현장에서 실제 S/V 업무를 수행하지 않은 것으로 보인다. 이와 같이 화성이앤티와 시스템콘트롤이 브라질 현장에서 실제 S/V 업무를 수행하지 않은 사정에 비추어 볼 때, 원고와 화성이앤티 및 시스템콘트롤의 각 계약 중 S/V 업무에 관한 조항을 규정한 부분은 불필요하였던 것으로 보이고, 위와 같은 **불필요한 S/V 업무에 관한 조항을 전제로 성능유보금 조항을 설정한 행위**는 수급사업자인 화성이앤티와 시스템콘트롤의 **대금지급청구권을 지나치게 제한한 것**으로 봄이 타당하다. 따라서 이 사건 특약 설정 행위 중 화성이앤티와 시스템콘트롤에 관한 부분에 대한 원고의 주장은 이유 없다. ■

[참조 판결]

–서울고등법원 2018. 11. 16. 선고 2018누46556 판결[253][시정명령취소]–

[포○코건설 사례]

【판시이유】

1. 인정사실

가. 하도급계약 및 '성능유보금 조항' 설정 행위

원고는 브라질 CSP 제철소 건설 관련 구내운송설비 공종을 도급받은 후 10개 수급사업자와

253) 본 판결은 상고되었으나, 심리불속행기각으로 확정되었다(대법원 2019두31150 2019. 4. 25.자 심리불속행기각 판결).

사이에 11건의 하도급계약을 체결하였는데, 그 중 동○산업과 2014.9.2.자로 유수분리기에 대하여 제조위탁을 하였다.

위 11건의 하도급계약의 내용은 국내에서 기자재를 설계·제작·포장하여 FOB 조건으로 납품하는 '설비제작' 업무와 브라질 현지 건설 현장에서 공급된 기자재의 조립·설치 및 검사·시운전을 감독·지원하는 'Supervision' 업무로 구분되고, BRAZIL CSP 프로젝트 특별약관에는 [표 2] 기재와 같이 성능보증 유보금 명목으로 MC/SC/FC 단계별 각 5%씩 기기대금의 총 15%를 각 단계별 확인서 발급 이후 지급하는 조항(이하 '성능유보금 조항'이라 한다)이 포함되어 있다.

다만, 원고와 동○산업은 이 사건 하도급계약과 관련하여 현지 Supervison 업무를 수행한 사실이 없다.

나. 하도급대금 미지급 행위

원고는 동○산업의 공장에서 목적물에 대한 검수 완료 후 검사완료통보서(Inspection Release Note, 이하 'IRN'이라 한다)를 발급하고, 2015. 3. 8.과 2015. 5. 22.에 각 목적물을 수령하였음에도 하도급대금 합계 19,615,000원 중 13,092,000원을 목적물 수령일로부터 60일 이내(이하 '법정지급기일'이라 한다)에 지급하지 아니하였다(이하 '이 사건 하도급대금 미지급 행위'라 한다.

2. 피고 공정거래위원회의 처분

피고는 이 사건 하도급대금 미지급 행위는 하도급법 제13조 제1항에, 이 사건 하도급대금 지연이자 미지급 행위는 하도급법 제13조 제8항에 각 위배되어 위법하다고 판단하고, 이 사건 대금 미지급 행위에 대하여 하도급법 제25조 제1항에 따라 각 재발방지명령을 부과하였다(이하 '이 사건 시정명령'라 한다).

3. 원고 원사업자의 주장

이 사건 하도급계약의 목적물인 **유수분리기**(이하 '이 사건 유수분리기'라 한다)는 <u>① 브라질 현지에서 폐유가 포함된 폐수를 사용하여 성능검사를 실시해야 하고, ② 브라질 CSP 제철소에 설치되어 다른 설비들과 상호 연동되어 작동될 필요성이 있으므로 브라질 현장에서 목적물 설치 및 성능검사가 이루어져야만 수급사업자가 계약상 의무를 실질적으로 이행하였다고 볼 수 있는바, 유수분리기는 국내에서 성능검사를 완료하여 완제품의 형태로 납품할 수 있는 기자재에 해당하지 아니한다</u>.

이에 따라 이 사건 하도급계약을 체결하면서 브라질 현장에서의 목적물 설치 및 성능검사를 위하여 위 계약에 Supervision 업무(이하 'S/V 업무'라고 한다)에 관한 규정을 두었던 것이므로, 원고가 이 사건 하도급계약에 성능유보금 조항을 둔 것은 하도급법 제13조 제1항 단서 제2호의 '해당 업종의 특수성과 경제여건에 비추어 그 지급기일이 정당한 것으로 인정되는 경우'에 해당하므로 동○산업에 대한 하도급대금 및 지연이자 미지급행위는 하도급법 제13조 제1항 본문, 제8항 위반이 아니다.

4. 법원의 판단

가. 인정 사실

BRAZIL CSP 프로젝트 특별약관에는 성능보증 유보금 명목으로 MC/SC/FC 단계별 각 5%씩 기기대금의 총 15%를 각 단계별 확인서 발급 이후 지급하는 성능유보금 조항이 포함되어 있는 사실, 이 사건 하도급계약서에는 S/V 업무에 관한 내용이 기재되어 있지 않으며 동○산업은 현지 S/V 업무를 수행하지 아니한 사실, 원고가 동○산업의 공장에서 이 사건 유수분리기에 대한 검수 완료 후 IRN을 발급한 사실, 원고는 2015. 3. 8. 동○산업으로부터 유수분리기를 수령하였음에도 법정지급기일 내에 하도급대금을 지급하지 아니하고, 법정지급기일을 초과한 2015. 11. 4. 하도급대금을 지급하면서 그 초과한 날부터 지급하는 날까지의 기간에 대한 지연이자를 지급하지 아니하여 이 사건 대금 미지급 행위를 한 사실은 앞에서 본 바와 같다.

나. 법원 판단

위 인정사실과 위에서 든 증거, 갑 제4, 5호증, 을 제3, 4, 5, 10, 18호증의 각 기재 및 변론 전체의 취지에 의하여 인정되는 아래 사실 및 사정을 종합하여 보면, 원고와 동○산업 사이의 계약은 처음부터 브라질 현장에서의 S/V 업무를 포함하지 아니한 것으로 보이고, 위와 같이 계약 내용에 S/V 업무가 포함되지 아니하였음에도 이를 전제로 한 성능유보금 조항을 이유로 원고가 이 사건 대금 미지급 행위를 한 것은 하도급법 제13조 제1항 단서 제2호의 '해당 업종의 특수성과 경제여건에 비추어 그 지급기일이 정당한 것으로 인정되는 경우'에 해당한다고 할 수 없어 동○산업에 대한 원고의 이 사건 대금 미지급 행위는 하도급법 제13조 제1항 본문, 제8항 위반에 해당한다.

가) 포○코엔지니어링 대표이사가 작성한 확인서(을 제4호증)에는 '2. 하도급계약 목적물 수령 및 대금지급 등 과정 설명', '나) 하도급의 위탁범위'와 관련해 '③ 하도급계약 중 Supervision(검사/감독) 부분 위탁 범위'에서 'Supervision 부분의 하도급계약 범위는 수급사업자의 공급설비가 브라질로 운송된 후 브라질 현지에서 브라질 설치·시공업체(Satori Servicos)에 의하여 설치·시공한 기계설비 목적물의 설치·시공 상태 점검 및 성능확인 등의 업무 수행하고, 원발주자(CSP), 발주자(원고)와 도급계약상의 M/C, S/C, F/C 확인서 발급받기 위한 시운전 업무 지원 등을 수행하기 위하여 하도급 위탁 범위에 포함'이라고 하여 하도급계약 중 S/V 업무에 관한 내용이 기재되어 있기는 하다.

그러나 ① 위 확인서의 기재만으로는 모든 하도급계약의 내용을 모두 동일하게 해석할 수는 없고, 각 하도급계약의 내용에 S/V 업무가 포함되는지 여부는 각 하도급계약별로 따로 판단하여야 할 것인 점, ② 앞서 살핀 바와 같이 이 사건 하도급계약서(을 제3호증의 10)에는 S/V 업무에 관한 내용이 기재되어 있지 아니한 점, ③ 이 사건 하도급계약을 제외한 나머지 수급사업자들과의 각 하도급계약은 S/V 업무를 포함하고 있음을 명시적으로 기재하고 있는 점, ④ 각 구내운송설비 관련 하도급내역서(을 제10호증의 1 내지 11) 중 동○산업의 하도급내역(을 제10호증의 4)에는 S/V 업무에 관한 기재가 없는 반면, 동○산업을 제외한 나머지 수급사업자들의 하도급내역서에는 S/V 업무 및 관련 비용이 기재되어 있는 점, ⑤ 원고는 동○산업이 브라질 현지에서 S/V 업무를 수행하지 아니하였음을 자인하고 있고, 동○산업 역시 같은 취지의 진술서(갑 제8호증)를 작성한 점, ⑥ 이 사건 하도급계약의 계약금액은 36,932(천원)으로 브라질 현지에서 S/V 업무를 수행한 다른 수급사업자들의 계약금액인 207,216(천원) ~ 5,329,806(천원)에 비해 현저히 적어 직원 파견 등 다액의 비용이 소요되는 S/V 업무가 포함된 것으로 보이지 않는 점, ⑦ 원고가 S/V업무 미이행을 이유로 동○산업에 계약상의 책임을 물은 사정도 보이지 아니하는 점 등에 비추어 보면, 원고와 동○산업사이에 체결된 하도급계약은 S/V 업무를 포함하고 있지 아니한 것으로 보인다(원고는 S/V 업무를 실제로 수행하였는지 여부는 성능유보금 조항과 대금지급기일을 연동한 것이 적법한지 여부를 판단하는 기준이 될 수 없다고 주장하나, 앞서 살핀 바와 같이 S/V 업무의 실제 수행 여부는 원고와 동○산업 사이의 하도급계약의 내용에 S/V 업무가 포함되었는지 여부를 판단하기 위한 자료에 불과하고 원고의 주장과 같이 단순히 S/V 업무의 실제 수행 여부를 기준으로 성능유보금 조항과 대금지급기일을 연동한 것이 적법한지를 판단한 것이 아니므로 원고의 이 부분 주장은 이유 없다).

나) 동○산업이 원고에게 제출한 검사계획서(을 제18호증의 4)에 따르면 유수분리기에 대한 성능 관련 검사에는 아래에서 보는 바와 같이, 누수/누출검사[LK, leakage test(water flooding & air tightness)] 및 무부하 성능검사[FC, function(no load test)]만이 포함되어 있을 뿐이고, 부하 성능검사[PF, performance(load test)] 등 다른 성능검사는 포함되어 있지 않으며, 나머지 검사 항목들은 물품 자체의 화학·기계적 성질(MA)이나 규격(DM), 외관(VI), 조립(PA), 표면(SP), 도색(PP), 포장(PK) 검사에 불과하다.

위와 같은 검사계획서의 내용 및 원고가 위 검사계획서에 따른 검사를 거쳐 발급한 IRN(갑 제5호증)의 Packing List에는 'Oil-water separator 1 unit, Spare parts 1 unit'이 포장되어 선적된 것으로 기재되어 있는 점에 비추어보면, 이 사건 유수분리기는 국내 현장에서 완제품 형태로 납품 가능한 설비인 것으로 보이고, 원고는 국내에서 유수분리기에 대한 성능시험을 완료한 것으로 보인다.

다) 원고는 이 사건 유수분리기는 브라질 CSP 제철소에 설치된 Compressor system(압축공기 공급설비) 등의 설비들과 연동되어야만 성능확인이 가능하다는 취지로 주장하나, 이를 인정할 아무런 증거가 없고 오히려 위 유수분리기는 국내에서 완제품 형태로 납품 가능한 것이고 검사절차까지 마친 상태에서 납품된 것으로 보이므로, 브라질 현지에 설치된 후에야 비로소 유수분리기의 성능확인이 이루어질 수 있다는 원고의 이 부분 주장은 받아들이지 아니한다.

라) 원고는 이 사건 유수분리기가 선적되어 브라질 현지에 설치되는 시점까지 1년 이상의 기간이 소요되기 때문에 국내에서는 깨끗한 물로 성능검사를 할 수 밖에 없고 브라질 현지에 설치된 이후 실제 폐유가 포함된 폐수로 성능검사를 다시 하여야 하므로 국내에서의 검사만으로 성능보장이 되었다고 볼 수 없으므로 성능유보금 조항에 의해 법정지급기일을 도과하여 하도급대금 및 그 이자를 지급한 것이 타당하다고 주장한다.

그러나 원고의 위 주장을 뒷받침할 만한 증거가 부족한 반면, 갑 제4호증, 을 제3호증의 10의 각 기재에 의하면, 이 사건 하도급계약은 계약종료익일부터 12개월까지 계약금액의 10%에 해당하는 하자이행보증금을 두고 있는 사실, 기술사양서에도 하자보증과 관련하여 '하자보증 기간 내에 공급자의 잘못으로 인하여 발생되는 고장 또는 성능상의 문제 발생시에는 공급자가 무상으로 즉시 수리 또는 교환토록 한다. 하자보증기간은 준공후(2016년 2월 29일 예상) 1년간으로 한다(단, 하자보수보증기간 내 하자발생시 보수부분은 보수완료일로부터 1년간 연장하며 본 기간 동안 보수 및 교환 등 필요한 모든 조치는 공급자가 시행한다)'는 내용이 기재되어 있는 사실이 인정되는바, 이 사건 유수분리기에 대한 브라질 현지 성능검사 및 성능 하자는 하자이행보증으로 담보될 수 있는 것으로 보이므로, 원고의 위 주장은 받아들이지 아니한다. ■

4) 원사업자의 부당특약 설정행위에 대하여 매입 세금계산서 관련 항목 공제주장을 배척하고 부당특약을 인정한 사례

원사업자가 수급사업자에게 건설하도급 위탁을 하면서 체결한 하도급계약에서 설정한 내용이 부당특약에 해당하고 따라서 원사업자의 현장소장이 확인서에 교부된 추가공부비 증액금에 대하여 미지급한 행위는 하도급대금미지급으로서 이에 대한 시정명령이 적법하다는 판결이 있다(**서울고등법원 2018. 9. 13. 선고 2018누36563 시정명령취소 판결**).

[참조 판결]

-서울고등법원 2018. 9. 13. 선고 2018누36563[254][시정명령취소]-

[송○건설 사례]

【판시이유】

1. 인정사실

가. 부당특약 설정 행위

원고는 이 사건 공사를 아이○건설에 건설위탁하면서, 2015. 1. 28. 현장설명서를 통해 아래 <표 3>과 같이 ① 현장소장 또는 담당 기사의 지시에 불응하거나 임의작업 시에는 어떠한 조치를 가하여도 이의제기가 불가하다는 계약조건, ② 오견적 또는 임금인상 등을 이유로 한 공사비 증액이나 계약변경·해지를 금지하는 계약조건, ③ 안전관리 및 산업재해 등과 관련한 책임을 전적으로 수급사업자가 부담하도록 하는 계약조건, ④ 품질관리와 관련된 비용을 수급사업자에게 부담시키는 계약조건, ⑤ 설계변경 등에 따른 비용을 수급사업자에게 부담시키는 계약조건, ⑥ 추가 작업지시 등에 따른 비용을 수급사업자에게 부담시키는 계약조건, ⑦ 하도급대금 조정을 신청할 수 있는 권리를 제한하는 계약조건을 각각 설정하였다(이하 이를 통칭하여 '부당특약 설정 행위'라 한다).

<표 3> 안전관리 및 산업재해에 따른 책임과 관련한 현장설명서 기재 내용

구 분	조 항	내용[255]
현장지시 및 임의작업	일반조건 6. 내용 37)	현장소장 또는 담당 기사의 지시에 불응 또는 임의작업 시에는 어떠한 조치를 가하여도(일방해약 및 손해배상청구) 이에 대한 민・형사상 이의를 제기하지 아니한다.
오견적 또는 임금인상에 따른 공사비 증액	본공사 참여 시 유의사항 6. 정산조건 다)	본 공사 계약 후 견적 잘못이나 임금인상 등의 이유로 공사비 증액이나 계약변경 또는 해약을 요구할 수 없다.
안전관리 및 산업재해	일반조건 6. 내용 45)	현장 작업 중 경미한 부상은 '을'의 책임 하에 발생비용 및 민・형사상의 모든 책임을 진다.
	일반조건 6. 안전관리 8) ②	(안전위해요소의 배제 및 시정) '을'은 현장을 관리하면서 '을'이 전적으로 책임지는 공정이니 작업과정에서 야기될 수 있는 안전위해요소의 제거에 모든 책임을 지며 안전에 위해를 줄 수 있다고 '갑'이 판단하여 이의 시정지시를

254) 본 판결은 상고하지 않아 확정되었다.

		‘갑’이 요청하였을 경우 ‘을’의 비용으로 이를 시정조치하여야 한다.
	일반조건 6. 안전관리 8) ③	(공동안전관리 및 단독안전관리) ‘갑’의 안전관리는 ‘을’만의 단독공정이 아닌 제3자와 공유되는 부분에 대한 안전관리(이하 공동관리)에 국한되며, ‘을’의 작업원이 사용하는 안전모의 착용, 안전벨트의 착용, 특비계나 발판비계의 사용, 용접기의 사용, 방독면, 방진마스크, 보안경, 안전장갑, 안전화의 착용 또는 ‘을’의 단독공정에 사용되는 안전설비 등은 ‘을’의 단독 안전관리라 칭하고 이의 유지, 관리, 작업원에 대한 교육을 전적으로 ‘을’이 책임진다.
	일반조건 6. 안전관리 9)	안전관리는 전적으로 협력업체에서 실시하고, 안전사고 발생 시 모든 책임을 지며, 근로자의 안전수칙 불이행으로 인한 안전사고 시 공상 처리 및 민·형사상 책임처리 하여야 하며, 부득불 산재처리시만 ‘갑’이 처리하고 그 이외의 비용 일체를 협력업체에서 부담한다.
품질관리 비용	일반조건 6. 내용 29)	모든 재료의 관리시험에 소요되는 경비일체를 ‘을’의 부담으로 책임 처리한다.
설계변경에 따른 공사비 증액	본공사 참여 시 유의사항 6. 정산조건 가)	본 공사 준공 시까지 물가연동 및 설계변경에 따른 공사비 증액은 없다.
추가 작업지시	일반조건 6. 내용 19)	‘을’은 공사여건상 ‘갑’이 지시하는 아래 사항에 대한 공사의 인건비 상승 등에 관계없이 순응하여야 한다. (1) 인원증원 및 교체 (2) 돌관작업(야간작업 및 야간작업 준비 일체)
하도급대금 조정 신청권	일반조건 6. 내용 15) ②	견적단가는 준공 시까지 자재비, 인건비 상승률을 감안한 견적이므로 공사 준공 시까지 단가변동(인상)은 없다.
	본공사 참여 시 유의사항 6. 정산조건 나)	본 공사 시공 시 계약금액 5% 범위 내에서의 증액은 변경계약 없이 시공한다.

나. 하도급대금 미지급 행위

원고는 2015. 7.부터 2016. 8.까지 수급사업자 아이○건설에 이 사건 공사를 건설위탁하여 목적물 등을 인수하였지만, 별지2 기재와 같이 하도급대금 중 280,474,000원을 목적물 등의 인수일부터 60일 이내에 지급하지 아니하였다(이하 ‘하도급대금 미지급 행위’라 한다).

2. 피고 공정거래위원회의 처분

피고는 2018. 1. 17. 제2소회의 의결 제2018-050호로, 부당특약 설정 행위는 하도급법 제3조의4 제1항을, 하도급대금 미지급 행위는 하도급법 제13조 제1항을 각각 위반하였다는 이유로 별지1 기재와 같이 각 시정명령을 하였다(이하 원고가 취소를 구하는 별지1 제2항 기재 시정명령을 ‘이 사건 시정명령’, 별지1 제3항 기재 지급명령을 ‘이 사건 지급명령’이라 하고, 이 사건 시정명령과 이 사건 지급명령을 통칭하여 ‘이 사건 처분’이라 한다).

3. 원고 원사업자의 주장

가. 추가공사대금 공제 : 원고는 아이○건설과 추가공사에 관하여 합의한 적이 없고, 당초 계약금액의 5% 이내의 설계변경은 아이○건설이 부담하고 이를 초과하는 경우 확정도면에 따라 계약금액을 조정하여 공사를 진행하기로 계약하였으며, 아이○건설에 추가공사를 지시하지도 않았으므로 별지2와 같이 산정된 하도급대금 중 추가공사비 166,700,000원은 제외되어야 한다. 현장소장 이승현이 확인한 추가공사대금 166,700,000원 중 102,370,380원은

255) <표 3> 중 ‘갑’은 원고, ‘을’은 아이○건설을 지칭한다.

당초 설계된 항목 중 시공방법, 재료 단가, 자재 수량 등만 변동된 것이므로 추가공사대금 항목에 포함되지 않고, 당초 설계된 항목과 달리 추가된 공사대금 64,329,620원(166,700,000원 - 102,370,380원)도 원고와 아이○건설 사이에 최종적으로 정산된 것이라 볼 수 없다. 원고가 추가공사대금 166,700,000원을 인정하는 것처럼 아이○건설에 회신한 사실은 있지만(을 제5호증) 이는 매입 부가가치세 168,568,361원을 하도급대금에서 공제하는 것을 전제로 하거나 이를 조건으로 인정한 것에 불과하다. 설령 견해를 달리하더라도 원고는 아이○건설의 재하도급 업체에 20,000,000원을 직접 지급하기도 하였으므로 위 금액만큼 공제되어야 한다.

나. 매입 세금계산서 관련 항목 공제 : 아이○건설은 매입 부가가치세 항목에 해당하는 168,568,361원 상당의 자재를 이 사건 공사에 실제로 투입하지 않았고, 원고가 이에 대한 증빙 자료를 요청하였음에도 제출하지 않고 있다. 따라서 원고는 매입 부가가치세 항목에 해당하는 168,568,361원을 아이○건설에 지급할 의무가 없다.

다. 하자보수청구권과 동시이행 : 설령 원고가 아이○건설에 이 사건 지급명령에서 정한 금액을 지급할 의무가 있다고 하더라도, 원고는 아이○건설에 이 사건 공사의 하자를 원인으로 한 하자보수청구권이 있고 이는 아이○건설의 원고에 대한 하도급대금 채권과 동시이행의 관계에 있으므로 이 사건 지급명령과 같이 원고에게 하도급대금과 이에 대한 지연이자를 일방적으로 지급하도록 명할 수 없다.

4. 법원의 판단

가. 인정 사실

1) 원고는 이 사건 공사의 하도급계약 체결 전인 2015. 1. 28. 현장설명을 하면서 아래표("15) 견적방법")와 같이 원고가 제공하는 견적서 양식을 사용하도록 하였다. 원고가 제공한 견적서 양식의 매입 부가가치세 등 항목에는 재료비 등에 일정 비율을 적용한 금액을 산정하게 되어 있었다.

> 15) 견 적 방 법 : 견적은 현장설명서, 설계도면, 시방서 및 현장여건을 확인한 후 견적한다.
> ① 견적서 : 재료비, 노무비, 경비를 구분하여 견적하며, 필히 전산 내역을 다운받아 다운양식 으로만 (자체양식 사용하지 말것) 작성한다
> 산업안전보건관리비, 고용보험료, 공과잡비를 포함한다
> ② 견적단가는 자재비, 인건비 상승율을 감안한 견적이므로 공사 준공시까지 단가변동(단가인상)은 없다
> 3 당 현장은 일부 국민주택규모의 면세현장임[아파트 면세분에 대한 매인세 10%는 입찰 단가에 포함하여 견적 바람(면세 69.47%, 과세 30.53%)]

2) 원고와 아이○건설은 2016. 8. 10. 이 사건 공사와 관련하여 총 계약금액을 2,339,000,000원으로 하되 추가공사에 대하여는 추후 정산하기로 합의하였다(이하 '1차 정산합의'라 한다).

3) 원고 소속의 이 사건 공사 현장소장 이승현은 2016. 9. 20. 아이○건설에 이 사건 공사의 총 계약금액 2,339,000,000원 중 물량 증가에 따라 추가공사비 166,700,000원이 증액되었음을 확인하는 문서를 작성하여 주었고(이하 '이 사건 확인서'라 한다), 이 사건 확인서에 첨부된 종합정산내역서에 추가공사대금 166,700,000원의 세부 내역이 기재되어 있다.

4) 아이○건설이 원고에게 이 사건 확인서를 근거로 하도급대금 지급과 정산을 요청하자, 원

고는 2016. 10. 19. 아이○건설에 아래와 같이 회신하였다(이하 '이 사건 회신'이라 한다).

○ 이 사건 확인서에 첨부된 종합정산내역서의 계약금액 2,339,000,000원 중 아이○건설이 매입세금계산서를 발행하여 주지 않은 매입세금 168,568,361원을 공제한 2,170,431,639원이 되고, 이 사건 확인서는 공사를 내역서와 동일하게 시공하였다는 확인서의 추가금액 166,700,000원을 확인한 것이며, 정산금액은 2,337,131,639원이 될 것입니다. ○ 나아가 2,337,131,639원에서 아이○건설이 안전관리비 및 각종 보험료를 공제하지 않기 위해서는 원고에게 증빙서류를 제출하여 주어야 할 것이며, 증빙서류를 제출하지 않을 때에는 그에 해당되는 금액이 정산금액에서 삭감될 수 있다는 것을 통지하며, 아이○건설은 매입세금계산서 금액을 공제한 종합정산내역서를 정확하게 작성하여 원고에게 제출하여 주시기 바랍니다.

나. 추가공사대금 공제 주장에 관한 판단

1) 원고의 주장은 이유 없다. 위 인정 사실과 앞서 든 증거들에 변론 전체의 취지를 더하여 알 수 있는 아래의 사정을 종합하면, 원고는 이 사건 처분이 전제하는 바와 같이 추가공사대금 166,700,000원을 포함하여 산정한 하도급대금을 지급할 의무가 인정되고, 이와 다른 취지의 원고의 이 부분 주장은 이유 없다.

○ 원고와 아이○건설은 총 계약금액 2,339,000,000원에 추후 정산할 추가공사대금이 있음을 전제로 1차 정산합의를 하였다. 원고의 주장처럼 원고가 아이○건설에 추가공사를 지시하거나 합의하지 않았고, 당초 계약금액의 5% 이내의 설계변경은 아이○건설이 부담하여야 하며, 5%를 초과하는 경우 거쳐야 하는 확정도면에 따른 계약금액 조정절차를 거치지 않은 사정이 있다고 하더라도, 원고와 아이○건설이 추가공사대금이 있다면 이를 정산하기로 합의한 이상 추가공사대금이 공제되어야 한다고 볼 수 없다.

○ 더욱이 원고는 이 사건 확인서와 이 사건 회신을 통해 이 사건 공사에 관한 추가공사대금이 166,700,000원임을 아이○건설에 거듭 확인하여 주었다. 이처럼 원고가 아이○건설에 이 사건 공사의 추가공사대금 166,700,000원을 지급할 의무가 있음을 승인한 이상 원고가 주장하는 절차적 사유의 당부에 관하여 더 나아가 살필 필요 없이 원고의 166,700,000원의 추가공사대금 지급의무는 여전히 인정된다.

○ 원고가 이 사건 회신을 통하여 아이○건설에 매입 세금계산서에 해당하는 금액의 증빙서류 제공을 요구하였지만, 이 사건 회신이 문언상 매입 부가가치세 168,568,361원을 하도급대금에서 공제하는 것을 전제한 것이라거나 매입 부가가치세 공제를 조건으로 추가공사대금 166,700,000원을 인정한 것이라고 보기 어렵고, 원고의 주장처럼 해석되어야 한다고 볼 만한 다른 사정도 찾아볼 수 없다.

○ 원고는 추가공사대금 중 20,000,000원을 아이○건설의 재하도급 업체에 직접 지급한 사실이 있다고 주장하나, 이를 인정할 증거가 없다. 설령 원고의 주장과 같은 직접 지급 사실이 인정된다고 하더라도, 이 사건 확인서에 첨부된 종합정산내역서에 이미 여러 재하도급 업체에 대한 직불금을 포함하여 계산되어 있는데 위 20,000,000원이 위와 같이 정산된 금액과 별도의 직불금인지에 관하여 아무런 주장·입증이 없다.

다. 매입 세금계산서 관련 대금 공제 주장에 관한 판단

위 인정 사실과 앞서 든 증거들, 을 제9호증의 1 내지 12의 각 기재에 변론 전체의 취지를 더하여 알 수 있는 아래의 사정을 종합하면, 원고의 주장처럼 아이○건설이 재료비 등에 관한 매입 세금계산서 관련 자료를 원고에게 제출하지 않았다고 하더라도 이 사건 추가공사대금을 포함한 전체 하도급대금 중 매입 세금계산서 미제출 항목에 해당하는 금액이 공제되어야 한다고 볼 수 없으므로, 이와 다른 취지의 원고의 이 부분 주장도 받아들일 수 없다.

○ 원고가 아이○건설에 교부한 견적서에는 재료비의 일정 비율(6.947%)을 적용한 금액을 매입 세금계산서 항목으로 별도로 산정하게 되어 있었다. 이에 따라 아이○건설은 매입세, 부가가치세 등 매입 세금계산서 관련 항목을 별도로 계상하여 하도급대금에 포함하였다.

○ 원고가 아이○건설에 제공한 현장설명서에도 이 사건 공사와 관련한 자재 매입 시 매입세 10%를 입찰 단가에 포함하여 견적하도록 기재되어 있었다.

○ 매입 세금계산서 항목의 이 사건 하도급대금 포함 여부는 원고와 아이○건설 사이의 하도급 계약 내용에 따라 정하여야 하는데, 원고와 아이○건설은 매입 세금계산서 항목을 별도로 산정한 견적을 토대로 하도급대금을 정하여 계약을 체결하였고, 이에 따라 이 사건 공사의 총 계약금액 2,339,000,000원에도 재료 구입에 따른 매입 부가가치세 117,820,891원이 포함되었으며, 이 사건 확인서도 같은 방식으로 산정된 168,568,361원이 포함되어 산정되었다.

○ 이 사건 공사는 조세특례제한법에 따라 부가가치세가 면제되는 국민주택의 신축공사이므로 처음부터 아이○건설이 매입 세금계산서 발행을 예정하였다고 볼 수 없다. 매입 세금계산서 항목은 재료 등 지출 비용에 대하여 일정 비율로 산정되는 것이므로 계약에 따른 공사물량 등의 확인을 마친 후 실제 지출한 비용의 세금계산서 등 증빙 자료가 제출되지 않았다는 사유를 들어 그 지급을 거절할 수 있다고 보기 어렵다. 원고와 아이○건설 사이의 하도급 계약이나 현장설명서에서 매입 세금계산서 또는 매입 부가가치세 항목을 추후 증빙 자료가 제출된 경우에만 인정하여 정산한다는 조항도 찾아볼 수 없다.

○ 아이○건설은 이 사건 공사와 관련하여 원고에게 수차례 매입 부가가치세를 포함하여 기성금을 청구하였는데, 원고는 이 사건 회신 전까지 위와 같은 기성금 청구에 관하여 별다른 이의를 제기한 바 없다.

라. 원고의 하자보수청구권과 동시이행항변권에 관한 판단

갑 제10, 11호증의 각 기재에 변론 전체의 취지를 종합하면, 원고가 2018. 5. 21. 아이○건설에 140,701,000원 상당의 하자보수를 청구하였고, 이에 대하여 아이○건설이 2018. 5. 23. 원고에게 입주민과 협의 후 방문 일정을 통보하여 주면 방문하여 협의 후 조속히 처리하겠다는 취지로 회신한 사실은 인정된다.

그러나 원고가 이 사건 처분 후에야 비로소 위와 같이 수급사업자에게 하자보수를 청구한 점, 하도급법 제9조가 원사업자는 정당한 사유가 있는 경우를 제외하고는 수급사업자로부터 공사의 준공 또는 기성 부분을 통지받은 날부터 10일 이내에 검사 결과를 수급사업자에게 서면으로 통지하여야 하며 이 기간 내에 통지하지 않는 경우에는 검사에 합격한 것으로 본다고 규정하고 있는데 원고는 위 법정지급기일 내에 수급사업자에게 공사이행 부분의 완료를 통지하지 않았을 뿐 아니라 이 사건 확인서 작성 및 이 사건 회신 당시에도 하자를 주장하지 않았던 점 등을 함께 고려하면, 갑 제9, 10, 11호증의 각 기재만으로 원고에게 이 사건 확인서와 이 사건 회신에 따라 정산되는 금액과 별도의 하자보수청구권이 있다고 인정하기 부족하고, 달리 이를 인정할 증거가 없다. 설령 견해를 달리하여 하자보수청구권이 인정된다고 하더라도, 이 사건 처분 시까지 원고가 수급사업자에 대한 하자보수청구권의 존재를 이유로 동시이행항변권을 주장하였다거나 행사하였다고 볼 증거가 없으므로 이 사건 지급명령의 효력에 영향을 미치지 못한다. 따라서 원고의 이 부분 주장도 받아들일 수 없다. ■

5) 건설하도급에 있어서 원사업자의 부당특약 설정행위라고 보아 하도급법 위반을 인정한 사례

원사업자가 수급사업자에게 건설위탁을 하면서 현장설명서 계약일반조건 및 계약특수조건에 설정한 내용(임시야적장 확보에 따른 비용, 인허가비용, 시공 관련 인허가비용, 시험 및 검사비용, 원사업자 지시에 따른 야간작업, 장비투입, 시험시공 등 비용을 수급사업자에게 전가하는 특약)이 부당한 특약으로서 위법하다는 판결이 있다(**서울고등법원 2019. 1. 31. 선고 2018누46386 시정명령등취소 판결**).

[참조 판결]

–서울고등법원 2019. 1. 31. 선고 2018누46386[256] [시정명령등취소]–

[대○산업 사례]

【판시이유】

1. 인정사실

특약 설정 행위

원고는 2014. 3. 18. 한○건설에 하남현장 관련 토공사 등을 건설위탁하면서 현장설명서 계약일반조건 및 계약특수조건에 아래와 같이 <u>① 임시 야적장 확보에 따르는 제반비용 및 인·허가, 민원해결 등을 수급사업자에게 부담시키는 계약조건, ② 시공에 관련된 인·허가 수속 및 그 비용을 수급사업자에게 부담시키는 계약조건, ③ 발주처 및 원사업자가 요청하는 모든 시험 및 검사의 비용을 수급사업자에게 부담시키는 계약조건, ④ 원사업자의 지시에 따른 야간작업, 조기 작업 등에 소요되는 비용을 견적단가에 포함되는 것으로 간주하는 계약조건, ⑤ 원사업자의 지시에 따른 장비투입 및 그에 따른 추가비용을 수급사업자에게 부담시키는 계약조건, ⑥ 발주처의 요구에 따른 시험시공 등으로 발생한 비용을 수급사업자에게 부담시키는 계약조건, ⑦ 지급자재의 하차비용 및 현장 내 관리비용 등을 수급사업자에게 부담시키는 계약조건, ⑧ 각종 폐기물처리에 소요되는 비용을 견적에 포함하도록 한 계약조건</u>을 각각 설정하였다(이하 이를 통칭하여 '특약 설정 행위'라 하고, 개별 계약조건은 위 순번을 기준으로 '○ 조건'이라 한다).

256) 본 판결은 상고되었으나 심리불속행 기각되어 확정되었다(대법원 2019두37165 2019.6.19.자 심리불속행기각).

이 사건 현장설명서 계약조건 내역

조항	내용[257]
7.계약특수조건 5)시공에 관한 사항	(10) 임시 야적장 확보에 따른 제반비용 및 인허가, 민원해결은 을의 책임과 비용으로 부담한다.
	(42) 지급자재의 하차비용 및 현장 내 관리비용은 을의 부담으로 하며 자재 분실 시 모든 책임은 을에게 귀속 된다.
6.계약일반조건 가.일반사항	(5) 인·허가 수속 및 민원의 처리 ①시공에 관련된 인허가 수속은 을의 부담으로 하며 별도 규정이 없는 한 을은 대관청 관계, 허가, 인가, 등록 및 검사를 득하여야 한다.
7.계약특수조건 5)시공에 관한 사항	(32) 각종 폐기물 처리는 적법한 절차에 의하여 을이 책임지고 처리하며 처리비용은 견적에 포함 한다.
	(33) 발주처 및 갑이 요청하는 모든 시험 및 검사는 시방서의 조건에 맞도록 공인기관의 시험(국내, 국외)을 을의 비용으로 을이 시행한다.
7.계약특수조건 5)시공에 관한 사항	(26) 공사 수행상 부득이 하다고 판단되는 경우 갑의 지시에 따라 야간작업, 조기작업, 공휴일 작업 또는 작업시간대를 조정하여 시행할 수 있으며 이에 따른 소요되는 비용은 당초 견적단가에 포함된 것으로 한다.
	(36) 현장여건에 따른 장비투입 횟수 및 대수는 갑의 지시에 따라 투입하여야 하며, 그에 따른 제비용은 을의 부담으로 한다.
	(44) 발주처에서 요구하는 시험시공에 소요되는 비용은 횟수에 상관없이 (재시공 등) 견적에 포함되어 있다.

2. 피고 공정거래위원회의 처분

피고는 특약 설정 행위 중 **① 내지 ⑥ 조건을 설정한 행위**는 하도급법 제3조의4 제1, 2항을 위반하였다는 이유로 2018. 4. 11. 원고에 대하여 의결 제2018-125호로 시정명령을 하였다

3. 원고 원사업자의 주장

피고가 부당한 특약이라고 판단한 각 계약조건 중 일부는 그 구체적인 내용에 비추어 보면 수급사업자에게 부당하게 비용을 전가하는 약정이라고 보기 어려우므로 하도급법에서 규정하고 있는 부당한 특약에 해당하지 않는다. 설령 부당한 특약에 해당한다고 하더라도, 위 특약 설정 행위로 인하여 수급사업자인 한○건설에 부당하게 비용이 전가되는 등 실질적인 피해가 발생한 사실이 없으므로, 특약 설정 행위에 대한 시정명령은 그 필요성이 없음에도 부과된 것으로서 재량권을 일탈·남용한 위법이 있다.

4. 법원의 판단

가) 하도급법 제3조의4는 '원사업자는 수급사업자의 이익을 부당하게 침해하거나 제한하는 계약조건(이하 '부당한 특약'이라 한다)을 설정하여서는 아니 된다'고 규정하면서 부당한 특약을 설정하는 행위 자체를 금지하고 있으나, **부당한 특약의 효력의 유무, 부당한 특약에 따른 비용 전가 가능성을 전제로 하고 있지 않다**. 위 규정은, 하도급거래에서 원사업자가 거래상 우월한 지위를 이용하여 수급사업자를 상대로 불리한 특수조건 등을 설정하여 수급사업자의 부담을 가중시키는 등의 행위를 방지하여 상대적으로 불리한 위치에 있는 수급사업자를 보호하고, 나아가 하도급거래에 관한 분쟁을 사전에 예방하거나 합리적으로 해결하기 위한 것이다.

나) 위 인정 사실과 앞서 든 증거들에 변론 전체의 취지를 종합하면, 아래에서 개별적으로

257) '갑'은 원사업자인 원고를, '을'은 수급사업자인 한○건설을 의미한다.

살펴보는 바와 같이 원고가 하남현장설명서 계약조건에 포함한 ①~⑥ 조건은 모두 하도급법 제3조의4 제1항의 부당한 특약에 해당하고, 원고가 주장하는 사유만으로는 위와 같은 부당한 특약 설정행위가 하도급법 위반이 아니라고 할 수 없다. 위 특약 조항으로 인하여 실제로 한○건설에 부당하게 비용이 전가된 사실이 없다고 하더라도 원고의 위 행위는 반복될 우려가 있고, 부당한 특약을 설정하는 행위 자체를 금지하는 위 조항의 취지를 고려할 때 원고의 특약 설정 행위에 대한 시정명령의 필요성이 없다고 볼 수도 없다. 따라서 원고의 이 부분 주장은 모두 이유 없다.

○ ① 조건은 **임시 야적장 확보는 하남현장 공사계약 서면인 계약서, 설계도, 시방서에는 기재되어 있지 아니한 사항으로서 현장설명서를 통해서만 요구된 사항**이고, 그에 따라 발생하는 제반 비용은 물론 인·허가와 민원해결 등에 소요되는 비용을 수급사업자에게 부담시키는 약정이므로 하도급법 제3조의4 제2항 제1호의 부당한 특약에 해당한다. 원고는 하남현장의 특성상 야적장 확보를 위한 제반비용 지출을 애당초 예상할 수 없으므로 ① 조건은 사실상 적용되지 않는 조항이라는 취지로 주장하나, 특약이 명시적으로 기재되어 있는 이상 한○건설로서는 원고의 계약이행 주장에 대하여 위 조건은 적용되지 않는 조항이라고 주장하거나 소송에서 다투기 어려우므로 ① 조건은 수급사업자에게 부당하게 비용을 전가하는 약정이라고 볼 수 있고, **그 적용 여부와 관계없이 위와 같은 약정을 설정한 행위 자체로 하도급법 위반**에 해당한다.

○ **② 조건**의 경우, 비산먼지 발생사업 신고,[258] 소음·진동 관리를 위한 특정 공사의 신고[259] 등 시공에 관련된 각종 인·허가 사항을 규율하는 관련 법령들은 발주자 또는 원사업자를 신고의무자로 특정하고 있음에도 해당 업무를 수급사업자에게 대행하도록 하면서 그에 소요되는 비용까지 전가하고 있으므로 하도급법 제3조의4 제2항 제4호와 하도급법 시행령 제6조의2 제1호 가목에 해당한다. 원고는 수급사업자가 대행할 수 없는 사항까지 수급사업자가 처리하도록 한 것은 아니라는 취지로 주장하나, ② 조건이 특약에 포함된 이상 수급사업자가 대행할 수 없는 사항에 관하여 수급사업자는 언제나 계약 불이행 상태가 될 수밖에 없으므로 위와 같은 **특약을 설정한 행위 자체로 하도급법 위반**이라고 볼 수 있다.

○ **③ 조건**의 경우, 건설공사의 품질시험·성능검사 등 품질관리에 소요되는 비용은 관련 법령[260]에 따라 발주자가 부담하여야 하는 것임에도 품질관리에 소요되는 모든 시험 및 검사 비용을 수급사업자에게 전가하고 있으므로 하도급법 제3조의4 제2항 제4호 및 하도급법 시행령 제6조의2 제1호 가목에 해당한다. 원고는 비용을 일차적으로 수급사업자가 지급하도록 한 것일 뿐 최종적으로 원고가 비용을 정산하였으므로 부당한 특약이 아니라는 취지로 주장하나, 원고는 위 조항으로 언제든 수급사업자에게 비용을 전가할 수 있고 수급사업자가 일차

258) 대기환경보전법 제43조 제1항은 비산먼지를 발생시키는 사업으로서 대통령령으로 정하는 사업을 하려는 자에게 신고 및 비산먼지 조치의무를 규정하고 있고, 같은 법 시행규칙 제58조에서 비산먼지 발생 사업을 하려는 자란 건설업을 도급에 의하여 시행하는 경우에는 발주자로부터 최초로 공사를 도급받은 자로 규정하고 있다.

259) 소음·진동관리법 제22조 제1항은 생활소음·진동이 발생하는 공사로서 환경부령으로 정하는 특정공사를 시행하려는 자에게 신고의무를 규정하고 있고, 같은 법 시행규칙 제21조 제2항에서 특정공사를 시행하려는 자란 도급에 의하여 공사를 시행하는 경우 발주자로부터 최초로 공사를 도급받은 자로 규정하고 있다.

260) 건설기술진흥법 제56조(품질관리 비용의 계상 및 집행) ① 건설공사의 발주자는 건설공사 계약을 체결할 때에는 건설공사의 품질관리에 필요한 비용(이하 "품질관리비"라 한다)을 국토교통부령으로 정하는 바에 따라 공사금액에 계상하여야 한다.

적으로 부담한다 하더라도 그 비용의 내용이나 범위 등이 정해져 있지 않아 수급사업자로서는 자신의 부담 범위 등을 예측할 수 없으므로 ③ 조건은 수급사업자에게 부당하게 비용을 전가하는 약정이라고 볼 수 있다.

○ **④ 조건**은 수급사업자의 책임의 유무와 범위 등을 고려하지 않고 추가 작업 수행에 소요된 비용을 견적에 포함된 것으로 간주하여 수급사업자에게 아무런 귀책사유가 없는 경우에도 별도의 정산을 할 수 없도록 하고 있고, **⑤ 조건**의 경우에도 수급사업자의 책임의 유무와 범위 등을 고려하지 않고 추가 장비투입에 따른 비용을 모두 수급사업자에게 부담시키고 있으므로, 위 두 조건 모두 하도급법 제3조의4 제2항 제4호 및 하도급법 시행령 제6조의2 제1호 다목에 해당한다. 원고는 수급사업자에게 귀책사유가 존재하는 경우에 한하여 수급사업자가 비용을 부담하도록 하는 약정이므로 부당한 특약이 아니라는 취지로 주장하나, 위 각 조건의 해석상 수급사업자에게 귀책사유가 있는 경우에 한하여 적용된다고 볼 만한 근거가 없고, 오히려 원고의 자의적 해석이 가능하여 수급사업자는 원고의 지시에 따라 언제든 추가 작업이나 추가 장비투입에 따른 비용을 부담할 수 있으므로 위 ④, ⑤ 조건은 모두 수급사업자에게 부당하게 비용을 전가하는 약정이라고 볼 수 있다.

○ **⑥ 조건**의 경우, 원고가 발주처로부터 요구받은 시험시공을 수급사업자에게 수행하도록 하면서 시공 횟수, 재시공 여부 등의 제한 없이 그에 소요되는 비용을 견적에 포함된 것으로 간주하여 수급사업자에게 추가적인 비용을 부담시키는 조항이므로 법 제3조의4 제2항 제4호 및 하도급법 시행령 제6조의2 제1호 다목에 해당한다. 원고는 위 조건에 따라 수급사업자가 처리한 시험시공은 본 공사에 계약되어 있는 시공 물량의 일부를 처리한 것이지 추가적인 작업이 아니고, 수급사업자로 하여금 비용을 부담하게 하는 것은 수급사업자의 귀책사유가 전제되는 것이므로 부당한 특약이 아니라는 취지로 주장한다. 그러나 위 조건을 원고의 주장과 같이 해석할 근거가 없고, 원고에 비하여 열위한 지위에 있는 수급사업자가 원고에 대하여 위와 같이 주장할 수도 없으므로 위 ⑥ 조건은 수급사업자에게 부당하게 비용을 전가하는 약정이라고 봄이 타당하다. ■

6) 건설하도급에 있어서 원사업자가 수급사업자에 대한 ‘민원처리비 전가 및 돌관작업비 포함’ 등의 내용이 부당특약 설정행위라고 보아 하도급법 위반을 인정한 사례

원사업자가 수급사업자에게 건설위탁을 하면서 ‘민원처리 등과 관련한 비용을 수급사업자에게 부담시키는 계약조건’ 및 ‘돌관작업 비용을 견적에 포함하도록 하는 계약조건’과 같이 수급사업자의 이익을 부당하게 침해하거나 제한하는 계약조건을 설정한 행위는 부당특약으로서 위법하다는 판결이 있다(서울고등법원 2020. 2. 12. 선고 2019누46406 시정명령등취소 판결).

[참조 판결]

-서울고등법원 2020. 2. 12. 선고 2019누46406[261)][시정명령등취소]-

[동○스위트 사례]

【판시이유】

1. 기초사실

가. 원고는 2014. 11. 28. 고양 삼송 동○스위트 1차 신축공사 중 형틀공사(이하 '삼송 1차 공사'라고 한다)를, 2015. 8. 21. 고양 원흥 동○스위트 신축공사 중 형틀공사(이하 '원흥 공사'라고 한다)를, 2015. 12. 15. 고양 삼송 동○스위트 2차 신축공사 중 형틀공사(이하 '삼송 2차 공사'라고 한다. 그리고 위 각 공사를 통틀어 '이 사건 각 공사'라고 한다)를 수행하는 수급사업자 선정을 위한 현장설명회를 각 개최하였다(이하 이 사건 각 공사와 관련된 각 현장설명회를 통틀어 '이 사건 현장설명회'라고 한다).

나. 원고는 이 사건 현장설명회에 참석한 협력업체 관계자에게 아래 각 내용이 기재된 현장설명서와 특기시방서를 함께 교부하였고, 그 현장설명서와 특기시방서는 이 사건 각 공사계약 제2조 제1항에 따라 계약 내용의 일부를 이룬다.

[이 사건 현장설명서] 11. 민원처리 관련사항 1) 공사진행에 있어 현장 주변 입주민, 통행인의 생명, 재산, 신체에 대한 피해, 불편이 없도록 주의하여야 하며, **모든 민원에 대한 처리비용 및 민, 형사상 책임을 진다**. 4) 주위 건축물 및 기타 제3자에게 피해가 있을 때는 즉시 응급조치를 취함과 동시에 **차후 처리에 대한 비용은 일체 "을"이 부담한다**(이하 '제1특약'이라 한다). [이 사건 특기시방서] 1. 공사(견적)범위 2) 현장 내 콘크리트 타설을 위한 형틀 조립 및 해체 일체 포함하며 비계설치 및 해체 일체 포함하며 특히 다음 사항은 견적내역 ITEM이 없더라도 견적금액에 포함하여 산출한다. (9) 현장 도착 및 반출시 해당 공종 지급자재 및 지입자재 상차, 하차비, **돌관작업비**, 갱폼, AL폼 하차, 반납상차: 인건비, 지게차 포함("을"이 부담한다.[262])) (이하 '제2특약'이라 한다)

3) 그 후 원고는 2014. 12. 31.부터 2016. 1. 21.까지 수급사업자 황○건설에 이 사건 각 공사를 건설 위탁하였다.

2. 피고 공정거래위원회의 처분

피고는 2019. 5. 9. 원고에 대하여 의결 제2019-097호로 하도급법 제3조의4 제2항 제2호 및 같은 항 제4호, 동법 시행령 제6조의2 제1호 다.목의 각 부당한 특약(부당 특약 설정행위-원고는 수급사업자 황○건설과 이 사건 각 공사계약을 체결하면서, 그 계약의 일부를 이루는 현장설명서 또는 특기시방서에 황○건설의 이익을 부당하게 침해하거나 제한하는 '민원처리 등과 관련한 비용을 수급사업자에게 부담시키는 계약조건'인 **제1특약**을, '돌관작업 비용을 견적에 포함하도록 하는 계약조건'인 **제2특약**을 각 설정하였다)을 설정함으로써 하도급법 제3조의4 제1항을 위반하였다는 이유로 별지1 제1항 기재의 시정명령(이하 '제1 시정명령'이라 한다)을 하였다.

---

261) 본 판결은 상고되어 대법원에서 계속중이다(대법원 2020두36915).

262) '("을"이 부담한다)'는 부분은 삼송 2차 공사의 특기시방서에만 기재되어 있다.

3. 원고 원사업자의 주장- 처분사유 부존재

① 제1특약은 수급사업자의 귀책사유가 있는 경우에 한하여 그 민원에 대한 책임을 지도록 하는 합의이므로, 수급사업자의 이익을 부당하게 침해하거나 제한하는 계약조건이 아니다. 실제로 원고는 황○건설의 귀책사유가 없는데도 일방적으로 황○건설에 그 책임을 전가하지 않았고, 오히려 공사 중의 민원처리 비용을 모두 부담하였다.

② 제2특약의 '돌관작업비'는 이 사건 각 공사와 관련된 모든 돌관공사비가 아니라 '자재의 상하차와 관련된 돌관작업비'만을 의미하므로, 하도급법 시행령 제6조의2 제1호 다.목이 규정한 '원사업자의 지시에 따른 재작업, 추가작업 또는 보수작업'과 아무런 관련이 없고, 원고의 지시에 의하여 '추가로' 발생한 비용도 아니다. 또한 돌관작업비는 형틀공사 작업의 특성상 황○건설을 비롯한 수급사업자가 그 대략의 작업 범위, 수급사업자와 무관한 부분 등을 예측할 수 있고, 그렇게 예측한 비용을 견적에 반영함으로써 비용 부담에서 벗어날 수 있으므로, '수급사업자의 책임 없는 사유로 발생한 비용을 수급사업자에게 부담시키는 약정'이라 할 수 없다.

4. 법원의 판단 -부당 특약 설정행위 부분에 관한 판단: 제1 시정명령의 적법 여부

앞에서 인정한 여러 사실과 변론 전체의 취지에 의하여 인정되는 다음과 같은 사정을 종합하면, 제1, 2특약은 모두 수급사업자의 귀책사유 없는 사유로 발생한 비용을 수급사업자에게 전가함으로써 그 이익을 부당하게 침해하거나 제한하는 계약조건이라고 봄이 타당하다.

가) 제1특약은 '모든 민원에 대한 처리비용 및 민, 형사상 책임을 진다', '즉시 응급조치를 취함과 동시에 차후 처리에 대한 비용은 일체 "을"이 부담한다'라고 정하여, 그 문언상 일의(一意)적으로 '민원처리비용 및 민·형사상의 모든 책임', '응급 상황 발생에 따른 처리비용 일체'를 귀책사유가 누구에게 있는지 여부를 묻지 않고 수급사업자로 하여금 부담하게 하는 내용으로 해석될 뿐이다.

나) 이 사건 현장설명서 '10. 공사장 관리'의 8)항은 '공사 진행 중 수급사업자의 사유로 발생한 사고와 민원사항 및 민, 형사상의 책임은 수급사업자가 부담한다'라고 정하고 있다. 이와 비교할 때 제1특약은 책임의 원인과 범위 등에 관하여 아무런 제한을 두고 있지 않다.

다) **돌관작업**은 예정된 공정이 아닌 불측의 상황에 따른 공사이다. 수급사업자로서는 직접 현장에 투입되기 전까지 그러한 불측의 상황 발생 가능성과 그 빈도, 그로 인하여 들이게 될 비용의 범위 등을 전혀 예측할 수 없다. 이 사건 특기시방서에 '견적내역 ITEM이 없더라도 견적금액에 포함하여 산출한다'고 정해져 있기는 하나, 본래 예측조차 어려운 공사비의 견적을 기대하기 어려울 뿐 아니라, 삼송 2차 공사의 특기시방서에는 명시적으로 수급사업자가 돌관작업비를 부담하는 것으로 정하고 있다.

라) 제2특약의 돌관작업비가 자재의 상하차와 관련된 부분으로 한정된다고 하더라도, 앞서 본 바와 같이 제2특약이 돌관작업의 발생 원인을 별도로 따지지 않는 이상 그 비용은 원사업자의 일방적 지시 등에 따른 자재의 상하차와 관련된 부분도 당연히 포함하므로, 그 작업비의 범위가 '자재의 상하차'로 다소 제한되었다는 사정만으로 수급사업자의 책임 없이 발생한 비용을 전가하는 계약조건임을 부정할 수는 없다.

마) 하도급법 제3조의4 제1항은 부당한 특약을 설정하는 행위 그 자체를 금지하므로, 원고가 수급사업자에게 책임 없는 사유로 발생한 비용을 전가하는 계약조건을 정함으로써 하도급법을 위반하였다고 봄이 타당하고, 이후 원고가 민원제기 비용의 전부를 부담하였다는

등의 사정은 위반행위 이후의 사정에 불과하여 위 인정에 방해가 되지 않는다. ■

나. 공정거래위원회 심결례

[참조 사례]
- 원사업자의 사전 서면미교부행위에 대하여 과징금을 부과한 사례 -

공정거래위원회 2015. 9. 22. 의결 2014건하2816 시정조치 및 과징금[(주) 엘아이지시스템]의 불공정하도급거래행위 사례)

[주문][263]

1. 피심인은 주식회사 ○○ 등 29개 수급사업자에게 소프트웨어 및 시스템구축·개발 및 운영 등의 용역을 위탁함에 있어 정당한 사유 없이 하도급거래 공정화에 관한 법률 제3조에서 정한 사항을 기재한 서면을 수급사업자가 용역수행행위를 시작하기 전에 발급하지 아니한 것과 같은 행위를 다시 하여서는 아니 된다.
2. 피심인은 주식회사 ○○ 등 31개 수급사업자와 체결한 하도급계약서 중 발주자로부터 정상적으로 해당 용역관련 대금을 수금하지 못할 경우에는 발주자로부터 수금완료 후 동일조건으로 지급하는 내용, 수급사업자 또는 수급사업자의 고용원 등의 질병, 부상, 사망 등의 여하한 재해와 사업수행과정에서 발생하는 일체의 분쟁에 대해서 그 책임을 지는 등의 내용, 검수를 위한 제반비용을 수급사업자가 부담하는 내용의 조항을 지체 없이 삭제 또는 수정하여야 한다. 단, 동 조항의 삭제 또는 수정내용은 사전에 공정거래위원회와 협의를 거친 것이어야 한다.
3. 피심인은 주식회사 ○○ 등 27개 수급사업자에게 소프트웨어 및 시스템 구축 개발 및 운영 등의 용역을 위탁하면서 발주자로부터 선급금을 받은 날로부터 15일을 초과하여 선급금을 지급하면서 그 초과기간에 대한 지연이자를 지급하지 아니하는 것과 같은 행위를 다시 하여서는 아니 된다.
4. 피심인은 주식회사 ○○ 등 7개 수급사업자에게 소프트웨어 및 시스템 구축 개발 및 운영 등의 용역을 위탁하고 하도급대금을 만기일이 목적물수령일로부터 60일 또는 발주자로부터 기성금을 받은 날로부터 15일을 초과하는 어음으로 지급하면서 이에 대한 어음할인료를 지급하지 아니하는 것과 같은 행위를 다시 하여서는 아니 된다.
5. 피심인은 주식회사 ○○ 등 89개 수급사업자에게 소프트웨어 및 시스템 구축 개발 및 운영 등의 용역을 위탁하고, 하도급대금을 발주자로부터 받은 날로부터 15일 또는 목적물 수령일로부터 60일을 초과하여 지급하는 것과 그 초과기간에 대한 지연이자를 지급하지 아니한 것과 같은 행위를 다시 하여서는 아니 된다.
6. 피심인은 주식회사 ○○ 등 4개 수급사업자에게 정보통신공사 등을 건설위탁하면서 하도급대금 지급보증의무 면제사유가 없음에도 불구하고 하도급대금의 지급을 보증하지 아니한 것과 같은 행위를 다시 하여서는 아니 된다.

---

263) 본 사안에서는 서면미교부, 부당특약, 선금금위반, 하도급대금지급기일위반, 지급보증행위위반 등 여러 가지 하도급법 위반의 행위가 있으나, 본 장과 관련해서 이유에서는 부당 특약만 언급하기로 한다.

7. 피심인은 다음 각 호에 따라 과징금을 국고에 납부하여야 한다.

가. 과징금액 : 120,000,000원

나. 납부기한 : 과징금 납부고지서에 명시된 납부기한(60일) 이내

다. 납부장소 : 한국은행 국고수납대리점 또는 우체국

[이유]-행위사실 및 위법성 판단

• (가) 행위사실 - 나. 부당특약설정 행위

피심인은 2014년 2월부터 2014년 6월까지 ○○ 등 31개 수급사업자와 '2014년 ○○ S/W유지보수 사업관리용역' 등 총 35건에 대해 하도급계약을 체결하면서, 아래 <표 3>과 같이 계약일반조건에 ① 발주자로부터 정상적으로 해당 용역관련 대금을 수금하지 못할 경우에는 발주자로부터 수금완료 후 동일조건으로 지급하는 내용, ② 수급사업자 또는 수급사업자의 고용원 등의 질병, 부상, 사망 등의 여하한 재해와 사업수행과정에서 발생하는 일체의 분쟁에 대해서 수급사업자가 그 책임을 지는 등의 내용, ③ 검수를 위한 제반비용을 수급사업자가 부담하는 내용 등을 계약조항으로 설정하였다.

피심인은 이러한 사실을 인정하였고, 이와 같은 사실은 피심인이 작성한 '부당특약 설정에 대한 확인서 및 해당 하도급계약서'에 의하여 확인된다.(소갑 제2호증)

<표 3> 하도급계약서상 특약조항 내용

주요내용 (해당조항) 및 수급사업자수		특약조항 내용
· 대금지급 (계약일반조건 제5조 제2항 또는 제6조 제2항)	27개	② 대금지급조건이 별도로 없는 경우 용역은 계산서 청구일 기준 60일 이내 현금, 상품은 계산서 청구일 기준 90일 이내 현금으로 지급한다. 단, "갑"이 "갑"의 고객으로부터 정상적으로 수금을 하지 못할 경우에는 "갑"이 "갑"의 고객으로부터 수금완료 후 동일조건으로 지급하며, 이에 대해 "갑"과 "을"은 상호 이의제기 하지 않는다.
· 안전사고 및 재해보상 (계약일반조건제16조제1항)	27개	① "을"은 본 계약과 관련하여 발생하는 "을" 또는 "을"의 대리인, 종업원 및 고용원의 질병, 부상, 사망 등의 여하한 재해와 사업수행과정에서 발생하는 일체의 분쟁에 대해서 그 책임을 진다.
· 작업관리 및 재해보상 (계약일반조건제18조제3항)	4개	③ "수급사업자"는 본 계약과 관련하여 발생하는 "수급사업자" 또는 "수급사업자"의 대리인, 종업원 및 고용원의 질병, 부상, 사망 등의 여하한 재해와 사업수행과정에서 발생하는 일체의 분쟁에 대해서 사용자로서 그 책임을 진다.
· 수령 및 검수 (계약일반조건제30조제4항)	15개	④ "원사업자"가 산출물 검수를 실시하되, 검수를 위해 필요한 제반비용은 "수급사업자"가 부담한다.

• (나) 위법성 판단

법 제3조의4 제1항에 따르면, 원사업자가 수급사업자에게 제조·용역 등을 위탁하면서 계약서, 약정서 등 그 명칭이나 형태를 불문하고 원사업자와 수급사업자 간의 권리·의무관계에 영향을 미치는 약정을 통해 수급사업자의 이익을 부당하게 침해하거나 제한하는 것을 금지하고, 법 3조의4 제2항에는 그 사례가 예시되어 있다.

① 발주자로부터 정상적으로 해당 용역관련 대금을 수금하지 못할 경우에는 발주자로부터 수금완료 후 동일조건으로 지급하도록 하는 약정과 관련하여

원사업자는 법 제13조 제1항에 따라 목적물 등의 수령일로부터 60일 이내 또는 제3항에 따라 발주자로부터 용역수행행위의 완료에 따른 준공금 등을 받았을 때에는 지급받은 날부터 15일 이내 지급기일 중 먼저 도래하는 지급기일에 하도급대금을 수급사업자에게 지급하

여야 한다. 그러나 해당 하도급계약의 계약일반조건 제5조 제2항 또는 제6조 제2항[264]은 원사업자가 발주자로부터 용역대금을 수금하지 못할 경우 발주자로부터 수금완료 후 동일조건으로 수급사업자에게 지급하도록 규정하고 있다.

이는 수급사업자가 용역수행을 정상적으로 완료하였음에도 하도급대금을 법정지급기일이내에 지급하지 않고 발주자로부터 대금을 수령한 이후에 하도급대금을 지급할 수 있게 하는 약정으로서 법 제13조에서 규정하고 있는 원사업자의 하도급대금지급 의무를 배제함으로써 수급사업자의 이익을 현저하게 침해하는 약정으로 부당특약에 해당한다.

② 검수를 위한 제반비용을 수급사업자가 부담하도록 하는 약정과 관련하여

검수는 법 제9조 제1항에 따라 그 기준과 방법 및 검사비용 부담주체와 범위를 원사업자와 수급사업자가 협의하여 객관적이고 공정·타당하게 정하여야 한다. 그런데 피심인은 해당 하도급계약의 계약일반조건 제30조 제4항의 수령 및 검수 조항에서 원사업자가 산출물 검수를 실시하되, 검수를 위해 필요한 제반비용은 수급사업자가 부담하도록 규정하고 있어 이는 수급사업자의 이익을 부당하게 침해하는 부당특약에 해당한다.

③ 수급사업자 또는 수급사업자의 고용원 등의 질병, 부상, 사망 등의 여하한 재해와 사업수행과정에서 발생하는 일체의 분쟁에 대해서 수급사업자가 그 책임을 지도록 하는 약정과 관련하여

원사업자는 수급사업자 소속 근로자의 산업재해로 발생한 진료비, 산업재해자 및 유가족과의 합의 등에 소요되는 비용에 대해 발생 사유에 따라 그 책임에 해당하는 비용을 부담해야 한다. 그러나 해당 하도급계약의 계약일반조건 제16조 제1항 또는 제18조 제3항[265]의 재해관련 조항은 해당 계약과 관련하여 발생하는 모든 재해와 사업수행과정에서 발생하는 일체의 분쟁에 대해서 수급사업자가 책임지도록 규정하고 있다.

산업재해발생 시 그 원인과 책임에 따라 부담금액 및 주체를 결정하는 것이 정상적인 거래관행이고 합리적임에도 불구하고, 이에 대한 고려 없이 수급사업자의 책임으로 인하여 발생한 것이 아닌 경우에도 그 비용과 책임을 수급사업자에게 부당하게 부담시키는 약정이므로 부당특약에 해당된다.

이상에서 살펴본 것과 같이 피심인은 수급사업자의 권리를 제한하는 약정을 체결한바, 대금지급 및 검수관련 약정은 법 제3조의4 제1항에, 안전사고·재해보상 약정은 법 제3조의4 제2항 제2호에 해당하므로 위법하다.

[이유]-처분

- **시정조치 및 과징금부과**

피심인의 위 2. 가. 내지 라. 행위는 법 제3조 제1항, 제3조의 4 제1항, 제2항 제2호, 제6조 제1항 및 제2항, 제13조 제6항, 제13조 제1항, 제3항 및 제8항, 제13조의2 제1항의 규정에 위반되므로 시정조치에 대하여는 법 제25조 제1항의 규정을, 과징금 부과에 대하여는 법 제25조의3 제1항의 규정을 적용하여 주문과 같이 의결한다. ■

---

264) 피심인은 대금지급조건 약정을 하도급계약서의 계약일반조건 제5조 또는 제6조에 규정하였다.

265) 피심인은 재해, 분쟁 등과 관련된 비용조건에 대하여 하도급계약서에 따라 계약일반조건 제16조 제1항 또는 제18조 제3항에 규정을 하였다.

Ⅱ. 부당한 하도급대금의 결정금지

1. 관련 법령(법4조)

하도급법은 제4조 및 동법시행령 제7조에서 부당한 하도급대금결정의 금지를 규정하고 있다. 공정거래위원회는 '부당한 하도급대금결정 및 감액행위에 대한 심사지침'을 공정거래위원회예규 제331호 2019. 11. 28. 폐지·제정하여 2019. 11. 29.자부터 시행·운영하고 있다.

가. 하도급법 및 시행령

– 하도급법–

제4조(부당한 하도급대금의 결정 금지) ① 원사업자는 수급사업자에게 제조등의 위탁을 하는 경우 **부당하게** 목적물등과 같거나 유사한 것에 대하여 **일반적으로 지급되는 대가보다 낮은 수준으로 하도급대금을 결정**(이하 "부당한 하도급대금의 결정"이라 한다)하거나 하도급받도록 **강요**하여서는 아니 된다. 〈개정 2013.5.28.〉

② 다음 각 호의 어느 하나에 해당하는 원사업자의 행위는 **부당한 하도급대금의 결정으로 본다.** 〈개정 2013.5.28.〉

1. 정당한 사유 없이 **일률적인 비율**로 **단가**를 **인하**하여 하도급대금을 결정하는 행위
2. 협조요청 등 어떠한 명목으로든 **일방적으로 일정 금액을 할당한 후 그 금액을 빼고 하도급대금을 결정**하는 행위
3. 정당한 사유 없이 **특정 수급사업자를 차별 취급**하여 하도급대금을 결정하는 행위
4. 수급사업자에게 발주량 등 **거래조건에 대하여 착오를 일으키게 하거나 다른 사업자의 견적 또는 거짓 견적을 내보이는 등의 방법으로 수급사업자를 속이고 이를 이용하여 하도급대금을 결정**하는 행위
5. 원사업자가 **일방적으로 낮은 단가**에 의하여 하도급대금을 결정하는 행위
6. 수의계약(隨意契約)으로 하도급계약을 체결할 때 정당한 사유 없이 **대통령령**으로 정하는 바에 따른 **직접공사비 항목의 값을 합한 금액보다 낮은 금액**으로 하도급대금을 결정하는 행위
7. 경쟁입찰에 의하여 하도급계약을 체결할 때 정당한 사유 없이 **최저가로 입찰한 금액보다 낮은 금액**으로 하도급대금을 결정하는 행위
8. **계속적 거래계약에서 원사업자의 경영적자, 판매가격 인하 등 수급사업자의 책임으로 돌릴 수 없는 사유로 수급사업자에게 불리하게 하도급대금을 결정하는 행위**

[전문개정 2009.4.1.]

– 하도급법시행령–

제7조 (부당한 하도급대금의 결정 금지) ① 법 제4조제2항제6호에서 "대통령령으로 정하는 바

에 따른 직접공사비 항목의 값을 합한 금액"이란 원사업자의 도급내역상의 재료비, 직접노무비 및 경비의 합계를 말한다. 다만, 경비 중 원사업자와 수급사업자가 합의하여 원사업자가 부담하기로 한 비목(費目) 및 원사업자가 부담하여야 하는 법정경비는 제외한다.

② 법 제4조제2항제6호에 따른 정당한 사유는 공사현장여건, 수급사업자의 시공능력 등을 고려하여 판단하되, 다음 각 호의 어느 하나에 해당되는 경우에는 하도급대금의 결정에 정당한 사유가 있는 것으로 추정한다.

1. 수급사업자가 특허공법 등 지식재산권을 보유하여 기술력이 우수한 경우
2. 「건설산업기본법」 제31조에 따라 발주자가 하도급 계약의 적정성을 심사하여 그 계약의 내용 등이 적정한 것으로 인정한 경우

나. 심사지침

부당한 하도급대금 결정 및 감액행위에 대한 심사지침[266)]

－([시행 2019. 11. 29.] [공정거래위원회예규 제331호, 2019. 11. 28., 폐지제정])－

Ⅰ. 목적

이 심사지침은「하도급거래 공정화에 관한 법률(이하 "법"이라 한다)」제4조(부당한 하도급대금의 결정 금지) 및 법 시행령(이하 "영"이라 한다) 제7조(부당한 하도급대금 결정 금지)와 법 제11조(감액금지)의 규정의 운용과 관련하여 법령의 내용을 보다 구체적이고 명확하게 규정함과 아울러 불공정 하도급거래 행위에 해당될 수 있는 사례를 예시함으로써, 위법성을 심사하는 기준으로 삼는 한편 사업자들의 법위반 행위를 예방함에 그 목적이 있다.

이 심사지침은 원사업자의 부당한 하도급대금 결정 및 감액 행위 중에서 공통적이고 대표적인 사항을 중심으로 규정하였으므로 이 지침에 열거되지 아니한 사항이라고 하여 법 제4조 및 제11조에 위반되지 않는 것은 아니다.

Ⅱ. 용어의 정의

1. "**하도급대금의 결정**"이라 함은 원사업자가 수급사업자에게 제조(가공위탁 포함)·수리·건설 또는 용역을 위탁(이하 "제조 등의 위탁"이라 함)할 때 수급사업자가 위탁받은 것(이하 "목적물 등"이라 함)을 제조·수리·시공 또는 용역수행 하여 원사업자에게 납품·인도 또는 제공(이하 "납품 등"이라 함)하고 수령할 대가(이하 "하도급대금"이라 함)를 정하는 행위를 말한다.

2. "**하도급대금의 감액**"이라 함은 원사업자가 수급사업자에게 제조 등의 위탁을 할 때 정한 하도급대금을 그대로 지급하지 아니하고, 그 금액에서 감하여 지급하는 행위를 말한다.

3. 위 1. 및 2.에서 "**위탁을 할 때**"라 함은 원칙적으로 원사업자가 수급사업자에게 제조 등의 위탁을 하는 시점을 말한다.

다만, 하도급거래가 빈번하여 계약기간·대금결제·운송·검수·반품 등의 거래조건, 규격·재질, 제조공정 등과 관련된 일반적인 내용을 기본계약서에 담고,

단가, 수량 등 하도급대금과 관련한 내용은 특약서 또는 발주서 등으로 위임하여 별도의 특약 또는 발주내용에 의거 하도급대금이 결정되는 '**계속적 거래계약**'의 경우에는 해당 특약 또는 발주내용이 수급사업자에게 통지되는 시점을 "위탁을 할 때"로 본다.

Ⅲ. 하도급대금의 결정과 감액의 구분 및 판단기준

1. "하도금대금의 결정"과 "하도급대금의 감액"에 대한 구분은 원칙적으로 위 Ⅱ.(용어의 정의) 1. 내지 2.에 의하여 판단한다.

2. 계속적 거래계약의 경우 계약기간 중(계약기간 만료에 따른 계약기간 자동연장의 경우를 포함한다)에 이미 발주한 수량과 상관없는 새로운 수량을 발주하면서 단가를 변경하는 것은 "하도급대금의 결정"으로, 이미 발주한 수량에 대해 단가를 인하하는 것은 "하도급대금의 감액"으로 본다.

한편, 수량 없이 단가만 먼저 확정한 후 수량을 발주하는 경우 발주이후에 단가를 인하하는 것은 "하도급대금의 감액"으로 본다.

3. 신규 개발품 등과 같이 원사업자가 제조 등의 위탁을 할 때 하도급대금을 확정하지 못하여 임시단가(또는 가단가)를 정해 위탁한 뒤 나중에 대금을 확정하기로 수급사업자와 합의한 경우에는 나중에 대금을 확정하는 것을 "하도급대금의 결정"으로 본다.

Ⅳ. 부당한 하도급대금 결정 행위의 위법성에 대한 심사기준

1. 법 제4조 제1항의 규정에 의한 "부당한 하도급대금의 결정" 해당 여부 심사기준

가. <u>**법 제4조 제1항의 "부당하게" 에 대한 판단**</u>은 원칙적으로 하도급대금의 결정과 관련하여 그 내용, 수단·방법 및 절차 등이 객관적이고 합리적이며 공정·타당한지 여부 즉, 하도급대금의 결정 과정에서 원사업자가 수급사업자에게 목적물 등의 내용, 규격, 품질, 수량, 재질, 용도, 공법, 운송, 대금결제조건 등 가격결정에 필요한 자료·정보·시간 등을 성실하게 제공하였는지 여부, 수급사업자와 실질적이고 충분한 협의를 하였는지 여부와 거래상의 지위를 이용하여 수급사업자의 자율적인 의사를 제약하였는지 여부 또는 정상적인 거래관행에 어긋나거나 사회통념상 올바르지 못한 것으로 인정되는 행위나 수단 등을 사용하였는지 여부 등을 종합적으로 고려하여 판단한다.

<**부당하게**의 **예시**>

① 원사업자가 수급사업자들로부터 낮은 견적가를 받기 위해 발주수량, 규격(사양), 품질, 원재료, 결제수단·운송·반품 등의 거래 조건, 민원처리비용 부담주체 등 목적물 등의 대가결정에 영향을 미치는 주요내용이나 자료·정보 등을 수급사업자에게 **충분히 제공하지 아니하거나 사실과 다르게 제공**하는 경우

② 원사업자가 최저가 지명경쟁 입찰에 참여를 거부하거나 일정횟수 이상 낙찰되지 아니하는 수급사업자에 대해 다음 거래 시 물량감축 등의 불이익을 제공토록 하는 내용의 **협력업체 관리내규를 이용하여 지명경쟁 입찰가격을 낮게 결정**하도록 하는 경우

③ 원사업자가 **수량과 단가에 근거하여 하도급대금을 결정**하였음에도 하도급대금 합의서 작성 시 수량을 제외하고 단가만 명시(단가 합의서 작성)하여 수량을 미확정 상태로 두고 **매 발주시마다 수량을 통보**하는 방법으로 하도급대금을 결정하는 경우

④ 정당한 이유 없이 위탁할 때 **하도급대금(단가 및 수량)을 확정하지 아니하는** 경우

⑤ 원사업자가 단가결정시 부득이한 사정에 의해 예상수량으로 단가를 정하고 추후 수량을 확정하여 정산을 하는 경우 사전에 수급사업자에게 불리하지 아니한 내용으로 **수량증감에 따른 단가조정 기준을 정하지 아니하는** 경우

⑥ 원사업자가 계속적 거래관계에 있는 수급사업자에게 확정되지 아니한 초안상태의 생산량감축 계획 관련 문건을 보여주는 등의 방법으로 거래중단이나 물량감축 의사를 내비치는 등 **수급사업자의 자율적 의사를 억압하거나 제한하는 방법을 이용**하는 경우

⑦ 원사업자가 수급사업자의 거래관련 **(인감)도장을 맡아 보관**하면서 **일방적으로 이를 하도급대금 결정에 합의**한 것으로 **사용**하는 경우

⑧ 원사업자가 가격책정 모델 또는 기법을 적용하여 산출한 금액을 가격인상 근거 자료로는 활용하지 아니하고 **가격인하 근거로만 활용**하는 경우

⑨ 원사업자가 거래의존도가 높은 수급사업자에 대해 거래처 변경 시 경영상 어려움이 가중될 우려가 있는 것을 이용하여 **가격인하에 불응**할 경우 **거래처 변경 가능성을 내세워 가격을 인하**하는 경우

⑩ 임시단가(또는 가단가)를 정해 위탁한 뒤 나중에 원가계산, 견적가격 등의 산출이 가능할 때(예컨대, 제1회차 납품후) 대금을 확정하기로 수급사업자와 합의한 후 정당한 이유 없이 1회차 목적물이 납품된 후 상당한 기간을 경과하여 대금을 확정하는 경우

⑪ 신규 개발품이 아님에도 원사업자가 임시단가(또는 가단가)로 발주 받았다는 이유로 수급사업자에게 **임시단가로 위탁**한 후 **발주자가 가격을 인하**할 경우 **그 만큼을 인하**하여 단가를 확정하는 경우

⑫ 원사업자가 수급사업자에게 제조 등을 위탁할 때 정당한 이유 없이 목적물 등에 대한 단가를 정하지 아니하고 **납품받을 때 단가를 정하는** 경우

⑬ 해당 목적물에 대해 하도급대금을 낮게 결정하면서 그 차액에 상당하는 금액을 다른 목적물에 대한 하도급대금의 결정시 보전해 주기로 한 후 이를 이행하지 아니하는 경우

⑭ 수출, 할인특별판매, 경품류, 선물용, 견본용 등을 이유로 같거나 유사한 것에 대해 일반적으로 지급되는 대가나 수급사업자의 견적가를 무시하고 일방적으로 하도급대금을 결정하는 경우

⑮ 원사업자가 원도급대금에 비하여 현저히 낮은 실행예산을 작성하여 일방적으로 그 실행예산 범위 내의 금액으로 하도급대금을 결정하는 경우

<16> 원사업자가 **수급사업자의 납품관련 기술자료**(설계도서, 시방서, 특수한 공정·공법 등과 이에 대한 견적가 산출내역 등) 등을 다른 사업자에게 제공하고 그 다른 사업자가 이를 **이용**하여 제출한 견적가격 등을 근거로 하도급대금을 결정하는 경우

<17> 원사업자가 건설산업기본법·령, 국가계약법·령 또는 지방자치단체계약

법 · 령에 의거 하도급계약 금액 또는 수급사업자의 견적가를 포함한 하도급관리 계획을 발주처에 제출하여 발주 받은 후 하도급계약 금액을 **하도급관리계획상의 하도급계약 금액보다 낮은 수준으로 재조정하거나, 견적가보다 낮은** 금액으로 하도급계약을 체결하는 경우

<18> 원사업자가 발주자와의 협상 과정에서 **수급사업자의 업무량을 일방적으로 추가**시키고 **하도급대금은 증액하지 아니하는** 경우

<19> 원사업자가 **수급사업자의 제조원가 명세서 등을 제출**받아 수급사업자의 이익률이 높다는 이유를 내세워 계약 갱신 시 동일한 목적물에 대해 하도급대금을 **낮게 결정**하는 경우

<20> 설계변경 등에 따른 신규항목 등에 대한 물량 및 단가를 수급사업자의 의사와 무관하게 원사업자가 일방적으로 결정 · 작성한 변경 내역서를 제시하며, 변경 계약에 서명할 때까지 **기성금 지급을 유보**하는 등의 방법으로 수급사업자를 압박하여 **신규항목 등에 대한 하도급대금을 낮게 결정**하는 경우

<21> **기타 객관성 · 합리성이 결여되거나 공정 · 타당하지 아니한 내용, 수단 · 방법 및 절차 등으로 하도급대금을 결정하는 경우**

나. 법 제4조 제1항의 **"목적물 등과 같거나 유사한 것에 대하여 일반적으로 지급되는 대가보다 낮은 수준"**은 목적물 등과 같거나 유사한 것에 대해 정상적인 거래관계에서 일반적으로 지급되는 대가보다 낮은 수준 인지의 여부를 기준으로 판단한다.

(1) **"같거나 유사한 것"**의 판단은 목적물 등의 종류, 거래규모, 규격, 품질, 용도, 원재료, 제조공정, 공법 등을 고려하여 판단한다.

(2) **"일반적으로 지급되는 대가"**는 원칙적으로 다음의 방법으로 산출된 대가 중 순차적으로 우선 산출되는 대가를 적용한다.

① 목적물 등과 **같은 것**에 대해 **동일 또는 유사한 시기**에 정상적인 거래관계에서 다른 사업자에게 지급한 대가

② 목적물 등과 **유사한 것**에 대해 동일 또는 유사한 시기에 정상적인 거래관계에서 다른 사업자에게 지급한 대가

③ 종전에 목적물 등과 같거나 유사한 것에 대해 해당 수급사업자에게 지급한 대가가 있는 경우에는 그 대가에 **소비자물가 상승률, 원자재가격 변동률 등을 고려**하여 산출한 대가

④ 최저가 경쟁입찰에서 **최저가로 입찰한 금액**(일반적으로 지급되는 대가의 최저 수준)

⑤ **신규 개발품**과 같이 목적물 등과 같거나 유사한 것이 존재하지 아니하거나 그것을 알 수 없는 경우에는 **해당 목적물 등에 대한 제조 등의 원가**에 해당 원사업자가 거래 중에 있는 같거나 유사한 업종에 속하는 **수급사업자들의 전년도 평균 영업이익률에 상당하는 금액**을 **더**한 대가

⑥ 원사업자가 건설산업기본법 · 령, 국가계약법 · 령 또는 지방자치단체계약법 · 령에 의거 발주처에 제출하는 **하도급관리계획에 포함된 하도급계약 금액** 또는 수급사업자의 견적가격

(3) **"낮은 수준"**의 해당 여부는 원칙적으로 결정된 하도급대금과 목적물 등과 같거나 유사한 것에 대해 일반적으로 지급되는 대가와의 차액규모, 목적물 등의 수량과 해당 시장 및 전·후방 시장상황 등을 고려하여 판단한다.

최저가 경쟁입찰에서 최저가로 입찰한 금액보다 하도급대금이 낮은 경우, 계속적으로 거래해 오고 있는 수급사업자가 납품하는 목적물의 제조에 필요한 원자재 가격이나 인건비가 인상되었음에도 원사업자가 단가를 인하하는 경우 등이 이에 해당한다.

2. **법 제4조 제2항의 규정에 의한 "부당한 하도급대금의 결정" 해당 여부 심사기준**

가. **법 제4조 제2항 제1호의 "정당한 사유 없이 일률적인 비율로 단가를 인하하여 하도급대금을 결정하는 행위"**에 대한 판단기준

(1) **"정당한 사유"** 여부는 일률적인 비율로 단가를 인하해야 하는 객관적이고 합리적인 근거가 있는지 여부로 판단한다.

<정당한 사유의 예시>

① 종전 계약에 비해 수급사업자별 또는 품목별로 발주물량이 동일한 비율로 증가한 경우 그에 따른 고정비의 감소분을 반영하기 위해 객관적이고 합리적으로 산출된 근거에 따라 종전 계약금액을 기준으로 일률적인 비율로 인하하여 하도급대금을 결정하는 경우

② 종전 계약에 비해 원자재 가격이 하락하여 동일한 원자재를 사용하는 품목별로 그 하락률을 객관적이고 합리적으로 산출한 근거에 따라 종전 계약금액을 기준으로 일률적인 비율로 인하하여 하도급대금을 결정하는 경우

③ 일률적 비율에 의한 단가결정이 개별적 단가결정에 비해 수급사업자에게 유리한 경우(단, 원사업자가 이를 객관적으로 입증하는 경우에 한한다)

(2) **"일률적인 비율"**이라 함은 둘 이상의 수급사업자나 품목에 대해 수급사업자별 경영상황이나 시장상황, 목적물 등의 종류, 거래규모, 규격, 품질, 용도, 원재료, 제조공정, 공법 등의 특성이나 차이를 고려하지 아니하고 동일하거나 일정한 규칙에 따라 획일적으로 적용하는 비율을 말한다.

결정된 인하율이 수급사업자에 따라 어느 정도 편차가 있다고 하더라도, 전체적으로 동일하거나 일정한 구분에 따른 비율로 단가를 인하한 것으로 볼 수 있다면, "일률적인 비율"이 적용된 것으로 본다.

<일률적인 비율의 예시>

① 둘 이상의 수급사업자 또는 하나의 수급사업자가 납품하는 두 종류 이상의 목적물 등에 대해 종전 계약단가를 기준으로 동일한 비율로 단가를 인하하는 경우

② 수급사업자의 거래규모별, 경영상황별(영업이익 규모 등) 또는 품목별로 단가 인하비율을 정하여 수급사업자들에게 획일적으로 적용하는 경우

③ 원사업자가 목적물 등에 대한 단가를 결정하면서 수급사업자별 또는 목적물별 단가가 다름에도 불구하고 종전 계약가격 또는 견적가격 등을 기준으로 동일한 금액을 획일적으로 인하하거나 일반적으로 지급되는 대가보다 낮은 특정한 금액으로 단가를 인하하여 획일적으로 정하는 경우

<법위반 예시>

① 원사업자가 경영상 어려움을 이유로 종전 계약단가를 기준으로 일방적으로 일정률씩 획일적으로 인하하는 행위

② 수급사업자의 전년도 영업이익률이 원사업자보다 높다는 이유로 종전 계약단가를 기준으로 거래규모에 따라 일정률씩(예컨대, 100억 이상인 수급사업자들에게 7%씩, 50억~100억인 수급사업자들에게 5%씩, 50억 이하인 수급사업자들에게 3%씩) 단가를 인하하기로 정하여 획일적으로 적용하는 행위

③ 객관적이고 합리적인 산출근거없이 종전 계약단가를 기준으로 수급사업자의 납품단가 규모별로 일정률씩(예컨대, 10만원 이상 품목은 5%씩, 10만원 미만 품목은 3%씩) 인하하기로 정하여 획일적으로 적용하는 행위

④ 완성차 제조 원사업자가 신규로 다수의 부품제조 수급사업자를 선정하면서 정당한 이유 없이 수급사업자의 견적가를 기준으로 위탁품목별로 일정률씩(예컨대, 엔진제조 수급사업자에 대해서는 10%씩, 타이어제조 수급사업자에 대해서는 5%씩, 브레이크제조 수급사업자에 대해서는 3%씩) 단가를 획일적으로 인하하는 행위

⑤ 원사업자가 수급사업자들의 종전 계약가격이 A는 250원, B는 300원, C는 350원으로 각자 다름에도 불구하고 객관적이고 합리적인 산출근거 없이 200원으로 획일적으로 인하하여 결정하는 행위

⑥ 환율변동 및 원자재가격 인하 등을 정당한 사유로 제시하였으나 제시한 사유와 무관한 가공비 항목에서 납품단가를 일률적으로 인하하는 행위

⑦ 원사업자가 발주자와의 협상 과정에서 당초 수급사업자들이 수행하기로 되어있는 과업과 관련 없는 과업이 추가되면서 여기서 발생하는 비용을 보전하기 위해 이를 수급사업자들이 제시한 견적금액에서 일방적으로 일정률씩 획일적으로 인하하는 행위

나. <u>법 제4조 제2항 제2호</u>의 "<u>협조요청 등 어떠한 명목으로든 일방적으로 일정금액을 할당한 후 그 금액을 빼고 하도급대금을 결정하는 행위</u>"에 대한 판단기준

원사업자가 협조요청이나 상생협력 등의 명목여하 또는 수급사업자의 합의여부에 불문하고 일방적으로 일정금액을 할당하여 그 금액을 빼고 하도급대금을 결정하였는지 여부에 따라 위법성을 판단한다.

원사업자가 일방적으로 수급사업자별로 일정금액을 할당한 후에 수급사업자와 협의과정에서 일부 수급사업자의 경우 할당한 금액대로 반영되지 아니하였다고 하더라도 위법성이 있는 것으로 판단할 수 있다.

<법위반 예시>

① 원사업자가 환율변동, 임금상승, 물가인상, 가격경쟁 심화 등과 같은 경제

여건의 변화에 따른 수지개선 또는 이익 극대화를 위한 방안으로 구매비용 절감(원가절감) 목표를 정하여 이를 수급사업자별로 일방적으로 절감액을 할당한 후 수급사업자의 견적가격 또는 종전 단가를 기준으로 일정금액을 빼고 수급사업자들에게 협조를 요청하는 등의 방법으로 하도급대금을 결정하는 행위

② 수급사업자들에게 협조를 요청하는 방법으로 공정거래위원회의 과징금 납부명령이나 시정명령 또는 원사업자의 자진시정에 따라 이미 납부하거나 지급한 과징금, 어음할인료, 지연이자 등의 전부 또는 일부만큼 낮은 금액으로 하도급대금을 결정하는 행위

③ 원사업자가 발주자와의 협상에 의해 추가된 비용을 수급사업자들에게 전가하기 위하여 수급사업자별로 일방적으로 절감액을 할당한 후 사정변경을 이유로 그 금액을 빼고 하도급대금을 결정하는 행위

다. 법 제4조 제2항 제3호의 "정당한 사유 없이 특정 수급사업자를 차별취급하여 하도급대금을 결정하는 행위"에 대한 판단기준

"정당한 사유"에 해당되는지 여부는 수급사업자별 경영상황, 생산능력, 작업의 난이도, 거래규모, 거래의존도, 운송거리 · 납기 · 대금지급조건 등의 거래조건, 거래기간, 수급사업자의 귀책사유 존부 등 객관적이고 합리적인 차별사유에 해당되는지 여부로 판단한다.

<법위반 예시>

① 원사업자가 목적물의 종류, 사양, 대금지급 조건, 거래수량, 작업의 난이도 등이 차이가 없음에도 특정 수급사업자에 대해 자신의 경쟁사업자와 거래한다는 이유 또는 자신이 지정한 운송회사를 이용하지 않는다는 이유 등으로 하도급대금을 차별하여 결정하는 행위

라. 법 제4조 제2항 제4호의 "수급사업자에게 발주량 등 거래조건에 대하여 착오를 일으키게 하거나 다른 사업자의 견적 또는 거짓견적을 내보이는 등의 방법으로 수급사업자를 속이고 이를 이용하여 하도급대금을 결정하는 행위"에 대한 판단기준

하도급대금의 결정과정에서 수급사업자에게 착오를 일으키게 하거나 수급사업자를 속인 사실이 있는지 여부에 따라 위법성을 판단한다.

수급사업자를 속인 사실의 여부는 거래의 종류 및 상황, 상대방인 수급사업자의 업종, 규모, 거래 경험, 원사업자와 수급사업자의 거래상 지위 등 행위 당시의 구체적 사정을 고려하여 개별적으로 판단한다.

<법위반 예시>

① 원사업자가 확정되지 아니한 초안 상태의 생산량 증대계획 또는 신규 수주계획 문건 등을 수급사업자에게 보여주면서 마치 종전계약보다 발주량을 대폭 늘려 줄 것처럼, 또는 그와 같이 수주가 이루어 질 것처럼 언질을 주어 하도급대금을 낮게 결정한 후 실제로는 발주량을 늘려주지 않는 행위

② 다른 사업자의 견적서를 위 · 변조하거나 허위로 작성하여 그것을 보여주는 방법으로 하도급대금을 결정하는 행위
③ 해당 단가 인하분을 타 품목이나 타 공사 등을 위탁할 때 보전해 줄 것처럼 하면서 단가를 인하 한 후 그것을 이행하지 아니하는 행위
④ 원사업자가 하도급대금 결정을 위한 협의과정에서 하도급대금을 30일 이내에 현금으로 지급하기로 한 다른 수급사업자의 계약조건과 동일한 지급조건인 것처럼 내비춰 단가를 낮게 책정 한 후 실제로는 만기 6개월의 어음으로 지급하는 행위

마. **법 제4조 제2항 제5호**의 "**원사업자가 일방적으로 낮은 단가에 의하여 하도급대금을 결정하는 행위**"에 대한 판단기준

"일방적으로"는 원사업자가 하도급대금을 결정하는 과정에서 수급사업자와 실질적이고 충분한 협의를 거쳐 하도급대금을 결정하였는지 여부 및 이 과정에서 수급사업자가 의사표시의 자율성을 제약받지 아니한 상태였는지 여부를 기준으로 판단한다.

"낮은 단가" 즉, 결정된 단가의 부당성 여부는 원칙적으로 객관적이고 타당한 산출근거에 의하여 단가를 낮게 결정한 것인지 여부를 기준으로 판단하되, 수급사업자 등이 제시한 견적가격(복수의 사업자들이 견적을 제시한 경우 이들의 평균 견적가격), 목적물 등과 같거나 유사한 것에 대해 일반적으로 지급되는 대가, 목적물의 수량, 해당 목적물의 시장상황 등을 고려하여 판단한다.

<법위반 예시>
① 원사업자가 종전 계약의 목적물과 동일한 것에 대해 하도급대금을 새로이 결정하면서 미리 정한 자신의 원가절감 목표액을 수급사업자들의 의사와 무관하게 할당한 후 해당 수급사업자가 제출한 견적가를 기준으로 동 수급사업자에 해당하는 할당금액을 빼고 하도급대금을 결정하는 행위
② 원사업자가 계속적인 거래관계에 있는 수급사업자에게 신규 품목에 대해 종전 가격보다 낮게 임시단가(또는 가단가)를 정하여 위탁한 후 단가를 확정하기 위한 추가적인 협의 없이 원사업자 일방의 의사결정을 통해 임시단가 그대로 하도급대금을 결정하는 행위
③ 단가를 결정하지 않은 채 위탁하여 목적물의 납품이 완료된 후 수급사업자의 가격 협상력이 낮은 상태를 이용하여 수급사업자의 제조원가보다 낮게 하도급대금(단가)을 결정하는 행위
④ 원사업자가 신개발품을 발주하면서 우선 임시단가(또는 가단가)를 정하고 추후 목적물의 최초 납품분에 대한 가격산출이 가능한 때 단가를 확정하기로 수급사업자와 합의하였으나 이후 해당 합의를 무시하고 객관적이고 합리적인 산출근거 없이 임시단가 보다 낮게 하도급대금을 결정하는 행위
⑤ 합의(서)가 존재하더라도 원사업자가 객관적 · 합리적 절차와 방법을 결여하고 원가절감, 생산성향상 등 원사업자 일방의 영업수지 개선계획에 따라 협조요청 등을 명분으로 한 통보나 강요에 의하여 하도급대금을 낮게 결정한 것으로 인정되는 행위

⑥ 합의(서)가 존재하더라도 원사업자는 소속 임직원에 대한 임금 또는 복리후생 비용 등의 인상, 임직원수의 증가, 영업이익률 증가 등 영업수지가 개선되는 등의 추세를 보이는 반면, 수급사업자는 원사업자의 계속적 또는 반복적 단가인하로 소속 임직원에 대한 임금동결, 인원감원, 영업이익률 등이 하락하거나 원자재가격의 인상 등으로 영업수지가 더욱 악화되는 추세에서 원사업자가 관례적으로 다시 단가를 인하하는 행위

바. **법 제4조 제2항 제6호**의 "**수의계약으로 하도급계약을 체결할 때 정당한 사유 없이 대통령령이 정하는 바에 따른 직접공사비 항목의 값을 합한 금액보다 낮은 금액으로 하도급대금을 결정하는 행위**"에 대한 판단기준

"**정당한 사유**"에 해당되는지 여부는 공사현장의 여건, 수급사업자의 시공능력 등을 고려하여 판단하되, 다음 각호의 하나에 해당하는 경우 영 제7조(부당한 하도급대금 결정 금지) 제2항의 규정에 의거 하도급대금의 결정에 정당한 사유가 있는 것으로 추정한다.

1. 수급사업자가 특허공법 등 지적재산권을 보유하여 기술력이 우수한 경우
2. 「건설산업기본법」 제31조의 규정에 따라 발주자가 하도급 계약의 적정성을 심사하여 그 계약의 내용 등이 적정한 것으로 인정한 경우

"대통령령이 정하는 바에 따른 직접공사비 항목의 값을 합한 금액"은 원사업자의 도급내역상의 재료비, 직접노무비 및 경비의 합계 금액을 말한다. 다만, 경비 중 원사업자와 수급사업자가 합의하여 원사업자가 부담하기로 한 비목(費目) 및 원사업자가 부담하여야 하는 법정경비를 제외한다.(영 제7조 제1항)

사. **법 제4조 제2항 제7호**의 "**경쟁입찰에 의하여 하도급계약을 체결할 때 정당한 사유 없이 최저가로 입찰한 금액보다 낮은 금액으로 하도급대금을 결정하는 행위**"에 대한 판단기준

"정당한 사유"에 해당하는지 여부는 수급사업자의 귀책사유, 원사업자의 책임으로 돌릴 수 없는 사유 또는 수급사업자에게 유리한 경우인지 여부 등 최저가 입찰금액 보다 낮게 결정할 객관적이고 합리적인 사유에 해당되는지 여부로 판단하며 원사업자가 이를 입증하여야 한다.

본 조항을 적용함에 있어 하도급대금을 결정하는 행위의 태양에는 특별한 제한이 없으며, 따라서 추가적인 협상에 의한 경우 뿐 아니라 재입찰에 의한 경우도 포함한다.

<정당한 사유의 예시>

① 최저가 경쟁입찰에서 낙찰된 수급사업자가 핵심기술인력의 갑작스런 사망 등과 같이 예상치 못한 사유로 인하여 목적물 등의 일부에 대해 제조 등을 수행할 수 없어 수급사업자가 그 부분에 대한 감액을 요청하는 경우

② 최저가 경쟁입찰에서 낙찰자가 결정된 직후 미리 예상치 못한 발주물량의 증가 등으로 인해 총 계약금액이 증가함에 따라 객관적이고 합리적인 산출근거

에 의해 단가를 최저가보다 낮게 결정하는 경우

<법위반 예시>

① 원사업자가 최저가 경쟁입찰에서 최저가로 입찰한 수급사업자에게 업계관행을 이유로 다시 대금인하 협상을 하여 최저가 입찰금액보다 낮은 가격으로 하도급대금을 결정하는 행위

② 원사업자가 최저가 경쟁입찰에서 최저가로 입찰한 수급사업자에게 입찰조건과 달리 하도급대금을 더 낮춰 줄 것을 요구하여 거절당하자, 최저가 입찰자 이외의 입찰자와 단가협상을 통해 최저가 입찰금액보다 낮은 가격으로 하도급대금을 결정하는 행위

③ 원사업자가 경쟁입찰을 실시하면서 최저 입찰가가 원사업자의 예정가격을 초과하는 경우에 재입찰을 실시한다는 점을 사전 고지하지 않았음에도 이를 이유로 최저 입찰가를 제시한 업체를 낙찰자로 선정하지 아니하고 그 업체를 포함하여 상위 2개 또는 3개 업체를 대상으로 재입찰을 실시하여 그 중 가장 낮은 가격을 제시한 업체를 낙찰자로 선정함으로써 당초 최저 입찰가보다 낮게 하도급대금을 결정하는 행위

※ 최저 입찰가가 원사업자의 **예정가격을 초과하는 경우에 재입찰을 실시한다는 점을 사전 고지**하였다고 하더라도, 예정가격에 대한 공증을 받는 등 사후에라도 낙찰자 선정에 대한 이의나 분쟁이 발생한 경우 원사업자의 예정가격을 확인할 수 있도록 하는 것이 필요하다. 또한 예정가격은 단지 원사업자 자신의 외주비를 절감하기 위한 목적이 아니라 원사업자가 실제 집행할 수 있는 예산의 최대한도 등을 고려하여 합리적으로 결정되어야 할 것이며, 예정가격의 정당성에 대해서는 **원사업자가 이를 입증**하여야 한다.

아. **법 제4조 제2항 제8호**의 "**계속적 거래계약에서 원사업자의 경영적자, 판매가격 인하 등 수급사업자의 책임으로 돌릴 수 없는 사유로 수급사업자에게 불리하게 하도급대금을 결정하는 행위**" 에 대한 판단기준

계속적 거래계약 기간 중 원사업자가 경영적자, 판매부진, 경쟁심화에 따른 판매가격 인하 등 수급사업자의 책임으로 돌릴 수 없는 사유로 새로이 인하된 하도급대금을 결정하는 경우에 그 내용이나 절차가 정상적인 거래관행에 비추어 볼 때 공정하고 타당한지 여부로 위법성을 판단한다.

"**수급사업자의 책임으로 돌릴 수 없는 사유**" 란 새로이 하도급대금을 결정하게 된 사정이 원사업자나 외부환경의 변화 등에 있고 수급사업자에게는 귀책사유가 없음을 말한다.

"**수급사업자에게 불리하게**" 는 새로이 인하된 하도급대금을 결정하는 절차 및 그 결정된 내용이 정상적인 거래관행상 공정성과 타당성이 결여되었음을 말하며, 이는 아래의 사항을 고려하여 판단한다.

· 원사업자가 새로이 하도급대금을 인하 결정하게 된 사정, 과정 및 그 결과와 관련하여 필요한 자료나 정보 등을 수급사업자에게 성실하게 제공하였는지 여부

· 원사업자가 객관적이고 합리적인 절차에 따라 수급사업자와 실질적인 협

의를 거쳤는지 여부

· 인하된 하도급대금의 환원이나 인상 등에 대해 실효성 있는 방안을 마련·제공하고 추후 이를 실행하였는지 여부

· 새로이 인하된 하도급대금을 결정한 사정과 수급사업자가 납품하는 목적물 등이 연관성이 있는지 여부

· 원사업자와 수급사업자간 부담의 분담 정도가 합리적인지 여부

결국 원사업자는 계속적 거래계약 기간 중에 수급사업자의 책임으로 돌릴 수 없지만 경영상 불가피한 사유를 이유로 이러한 이유와 직접 관련이 있는 목적물에 대해 새로이 하도급대금을 인하 결정할 수 있다. 다만, 새로이 하도급대금을 인하 결정하는 과정에서 원사업자가 수급사업자와 충분하고 실질적인 협의를 거치고 이러한 협의결과를 토대로 그 부담을 수급사업자와 합리적으로 분담하는 것이 필요하다.

예를 들면 계속적 거래계약 기간 중 원사업자가 판매가 부진한 제품에 대하여 생산중단 보다는 판매가격을 인하하기로 하고, 이후의 발주물량(해당 제품에 부속하는 목적물로 한정한다)에 대해서 수급사업자와 충분하고 실질적인 교섭을 통해 그 교섭 결과를 바탕으로 원수급사업자 간 판매가격 인하에 따른 부담을 적정 분담하는 수준에서 납품가격을 인하 결정하는 행위는 법 위반이 아니다.

위에서 "직접 관련이 있는 목적물"이란 가령 원사업자가 A, B, C 등 다수의 제품을 생산한다고 가정했을 때 A제품의 글로벌 가격경쟁이 격화되어 판매가격 인하 없이는 수출경쟁력 유지가 불가능한 경우가 발생하면 A제품에 부속되는 목적물들에 한해 단가를 인하할 수 있음을 의미한다. 한편 원사업자의 임금인상이나 노조파업 등의 경우는 이들과 직접 연관된 목적물을 특정할 수 없으므로 이를 이유로 단가를 인하하는 것은 금지된다.

<법위반 예시>

① 계속적 거래계약 기간 중 수급사업자가 납품한 목적물이 부수된 제품의 경우 판매 호조로 원사업자 경영적자의 원인이 아님에도 원사업자가 경영적자를 이유로 해당 수급사업자에 대해서도 종전에 비해 낮은 단가로 하도급대금을 결정하는 행위

② 원사업자의 임금인상이나 노조파업 등에 따른 비용 발생분을 수급사업자에게 전가하기 위하여, 계속적 거래계약 기간 중 원사업자가 종전에 비해 낮은 단가로 하도급대금을 결정하는 행위

③ 계속적 거래계약 기간 중 원사업자가 글로벌 가격경쟁 심화나 환율변동 등을 이유로 사전협의 과정 없이 종전에 비해 낮은 단가로 하도급대금을 일방적으로 결정해서 수급사업자에게 통보하는 행위

Ⅴ. **하도급대금 감액 행위**의 **위법성**에 대한 **심사기준** -생략-

Ⅵ. **유효기간**

이 지침은 「훈령·예규 등의 발령 및 관리에 관한 규정」(대통령훈령 제394호)에 따라 이 지침을 발령한 후의 법령이나 현실 여건의 변화 등을 검토하여야

하는 2022년 11월 28일까지 효력을 가진다.

부칙 <제261호, 2016.11.24>

제1조(시행일) 이 지침은 2016년 11월 29일부터 시행한다.

제2조(종전 예규의 폐지) 종전 「부당한 하도급대금 결정 및 감액 행위에 대한 심사지침」은 이를 폐지한다. ■

부칙 <제331호, 2019. 11. 28.>

제1조(시행일) 이 지침은 2019년 11월 29일부터 시행한다.

제2조(종전 예규의 폐지) 종전 「부당한 하도급대금 결정 및 감액 행위에 대한 심사지침」은 이를 폐지한다.

2. 의의 및 취지

현행 하도급법 제4조에서는 "원사업자는 수급사업자에게 제조등의 위탁을 하는 경우 **부당하게** 목적물등과 같거나 유사한 것에 대하여 일반적으로 지급되는 대가보다 **낮은** 수준으로 하도급대금을 결정하거나 하도급 받도록 강요하여서는 아니된다"라고 규정("부당한 하도급대금의 결정")하고 있다.

이 규정은 개정 전 "**부당한 방법을 이용하여**" 목적물 등과 같거나 유사한 것에 대하여 일반적으로 지급되는 대가보다 "**현저하게 낮은** 수준"으로 하도급대금을 결정이라고 규정하고 있었으나 2013. 5. 28.자 하도급법 개정을 통하여 "**부당하게**", "**낮은** 수준으로"라고 변경하여 2013. 11. 29.자로 시행되고 있다.

판례의 태도에 의할 때 '일반적으로 지급되는 대가'의 수준의 결정에 대한 일반론적인 기준은 문제가 된 행위 당사자들 사이에 있었던 종전 거래의 내용, 비교의 대상이 되는 다른 거래들('비교 대상 거래')에서 형성된 대가 수준의 정도와 편차, 비교 대상 거래의 시점, 방식, 규모, 기간과 비교 대상 거래 사업자들의 시장에서의 지위나 사업규모, 거래 당시의 물가 등 시장 상황 등을 두루 고려하여 인정한다. 그리고 이에 대한 증명책임은 시정명령 등 처분의 적법성을 주장하는 피고 공정거래위원회에게 있다(**대법원 2017. 12. 7. 선고 2016두35540 판결 등 참조**).

266) 현행 부당한 하도급대금 결정 및 감액행위에 대한 심사지침[시행 2019. 11. 29.] [공정거래위원회예규 제331호, 2019. 11. 28., 폐지제정]이 정식명칭이나 본 장에서는 감액금지에 대한 규정만을 언급하였다. 최근 본 지침은 [시행 2016.11.29] [공정거래위원회예규 제261호, 2016.11.24., 폐지제정] 이었다가 최근에 개정되었다.

다만 본 개정 이유는 '일몰기한 도래에 따른 존속기한 연장'으로서 주요내용은 "현행 지침의 존속기한을 3년 연장(2019. 11. 28. → 2022. 11. 28.)"이고 내용상의 변경은 없다.

이하에서는 하도급법령과 공정거래위원회 심사지침 규정(부당한 하도급대금 결정 및 감액 행위에 대한 심사지침)과 이에 대한 판결례를 분석하고 검토해보기로 한다.

3. 사유

현행 하도급법 제4조 제1항 및 제2항 각호의 사유별로 요건사실 및 쟁점에 대해서 검토해 보기로 한다.

가. 법적 성질 –하도급법 제4조 제1항 및 제2항

1) 하도급법 제4조 제1항 및 제2항의 관계

하도급법 제4조는 제1항에서 부당한 하도급대금의 결정 금지 원칙을 천명하여 부당한 하도급대금을 결정하는 경위 하도급법이라는 강행법규 위반임을 규정하고 있다 **(강행규정)**.

또한 같은 조 제2항에서 8개의 행위유형에 해당하는 경우에는 부당한 하도급대금 결정으로 간주하고 있다(**법령에 의한 의제**).

동조 제2항에서 8개의 행위유형을 부당한 하도급대금결정으로 간주하고 있는데 이에 대한 '법적 성질'은 동조 제2항의 행위유형에 해당하는 경우 부당한 하도급대금의 결정으로 의제한다는 것이다. 따라서 공정거래위원회에서 동조 제2항 각호에 해당함을 입증한 경우에는 별도의 부당성에 대하여 입증할 필요가 없다. 판례도 마찬가지로 동조 제2항 각호에 해당함을 입증하였다면 종래의 법규정 하에서 있었던 '현저하게 낮은 수준인지', '부당한 방법을 이용하여' 등을 입증할 필요가 없다는 태도이다[267](**대법원 2010. 4. 29. 선고 2008두14296 판결 참조**).

2) 하도급법 제4조 제2항의 각 독립된 처분사유

하도급법 제4조는 제2항의 각 사유는 각 호별로 별개의 처분사유를 구성한다(**대**

267) 대법원은 "**하도급법 제4조 제1항, 제2항 제4호의 각 규정에 의하면, 수급사업자를 기만하여 하도급대금을 결정하는 행위에 해당하면** 별도로 통상 지급되는 대가보다 현저하게 낮은 수준으로 하도급대금을 결정하였는지를 따질 필요 없이 **부당한 하도급대금의 결정으로 보아야 한다**. 따라서 이와 다른 전제에서 수급사업자를 기만하여 하도급대금을 결정한 경우에도 현저하게 낮은 수준으로 하도급대금을 결정하여야만 부당한 하도급대금의 결정에 해당한다는 원고의 이 부분 상고이유 주장은 이유 없다"라고 판시하고 있다(**대법원 2010. 4. 29. 선고 2008두14296 판결** 참조).
따라서 개정 전 하도급법 해석 하에서도 동조 제4호 뿐만 아니라 다른 각호 규정에 의하면, 정당한 사유 없이 낮은 금액으로 하도급대금을 결정하는 행위에 해당하면 별도로 부당한 방법을 이용하였는지, 통상 지급되는 대가보다 현저하게 낮은 수준으로 하도급대금을 결정하였는지 등 따질 필요 없이 부당한 하도급대금의 결정으로 보고 있었다.

법원 2017. 12. 7. 선고 2016두35540 판결 참조)[268]. 따라서 동조 제2항 각호는 적용법조와 성립요건에 차이가 있으므로 처분청인 공정거래위원회는 각 호별로 별개의 주장과 입증이 필요하다고 할 것이다[269].

나. 하도급법 제4조 제2항 각 항목별 쟁점 및 사례

실무에서 문제된 사례를 보면 동조 제2항 1호, 4호, 7호 사유가 많이 문제된다.

1) 하도급법제4조 제2항 제1호: 1. 정당한 사유 없이 일률적인 비율로 단가를 인하하여 하도급대금을 결정하는 행위이다.[270]

제1호 사유의 경우 "일률적인 비율로 단가를 인하"의 의미가 문제된다.

판례는 일률적인 비율로 단가를 인하'한다는 것은, "둘 이상의 수급사업자나 품목에 관하여 수급사업자의 경영상황, 시장상황, 목적물 등의 종류·거래규모·규격·품질·용도·원재료·제조공법·공정 등 개별적인 사정에 차이가 있는데도 동일한 비율 또는 위와 같은 차이를 반영하지 아니한 일정한 구분에 따른 비율로 단가를 인하하는 것"을 의미하고, "결정된 인하율이 수급사업자에 따라 어느 정도 편차가 있다고 하더라도, 위 기준에 비추어 **전체적으로 동일하거나 일정한 구분에 따른 비율로 단가를 인하**한 것으로 볼 수 있다면, '일률적인 비율로 단가를 인하하여 하도급대금을 결정하는 행위'에 해당한다고 보아야 한다."고 설시하고 있다(**대법원 2011. 3. 10. 선고 2009두1990 시정명령 등 판결 참조**)(**판례의 확립된 설시**).

또한 하도급법 제4조 제2항 제1호에서 정한 '정당한 사유'는 일률적인 비율로 단가를 인하하여 하도급대금을 결정하는 행위를 정당화할 객관적이고 합리적인 사정이 인정되는 경우를 의미하고, 그 증명책임은 이를 주장하는 자에게 있다고 할 것이다(**대법원 2018. 5. 15. 선고 2015두38252 시정명령 및 과징금납부명령취소 판결**).

[참조 판결]

–대법원 2011. 3. 10. 선고 2009두1990 판결 [시정명령 등]–

[현○자동차 사례]

【판시사항】

---

268) 본 판결에서 대법원은 "원심이 원고의 행위가 하도급법 제4조 제2항 제5호에 해당하지 않는다고 판단하였으면, 나아가 원고의 행위가 하도급법 제4조 제2항 제1호에 해당하는지 여부를 직권으로 심리·판단하였어야 했는데, 원심이 이러한 조치를 취하지 않은 것은 위법하다는 취지이다. 그러나 위 제5호 위반과 제1호 위반은 적용법조와 성립요건에 차이가 있어 별개의 처분사유를 구성하므로 법원에 이를 직권으로 심리할 의무가 있다고 볼 수는 없다. 따라서 원심판결에 직권심사주의 등에 관한 법리를 오해한 잘못이 없다. "라고 판시하면서 상고인 공정거래위원회의 상고를 기각 확정하였다(대법원 2017. 12. 7. 선고 2016두35540 판결).

269) 예컨대, 일률적인 비율로 단가를 인하하였다는 주장과 입증을 하면 위법성이 간주된다고 할 것이다 .

270) 실무 사례를 보면 선박 제조 분야에 일률적인 비율로 단가인하 분쟁사례를 많이 볼 수 있다.

원사업자인 자동차 제조회사가 자신에게 자동차 부품을 납품하는 55개 중소기업 수급사업자들 중 26개 수급사업자의 789개 품목에 관하여 1, 2차에 걸쳐 납품단가를 3.2~3.5% 인하한 행위가 구 '하도급거래 공정화에 관한 법률' 제4조 제2항 제1호에서 정한 부당한 하도급대금의 결정 행위에 해당한다고 보아 공정거래위원회가 시정명령 등을 내린 사안에서, 원사업자의 2차 인하행위가 '일률적인 비율로 단가를 인하하여 하도급대금을 결정하는 행위'에 해당한다고 할 수 있음에도 이와 달리 판단한 **원심판결**[271]에 법리오해의 위법이 있다고 한 사례

【판결요지】

다. 그러나 원심의 위와 같은 판단은 다음과 같은 이유로 수긍하기 어렵다.

(1) 원심판결 이유에 의하더라도, 원고에게 '클릭' 차종의 부품을 납품한 **55개 중소기업 수급사업자들 중 약 47%에 해당하는 26개 수급사업자들(이하 '이 사건 수급사업자들'이라고 한다)의 789개 품목에 관하여 2003. 3.부터 2003. 5.까지 사이에 있었던 이 사건 2차 인하로 2003년도 단가인하율이 3.2~3.5%에 이르렀음**을 알 수 있다. 즉, 2002. 12.부터 2003. 1.까지 사이에 있었던 **1차 인하로 단가가 1.8~2.0% 인하되었던 20개 수급사업자들의 430개 품목에 관하여는 이 사건 2차 인하로 단가가 1.3~1.5% 추가 인하되어 결국 2003년도 단가인하율이 합계 3.2~3.5%**에 이르게 되었고, **나머지 6개 수급사업자들의 359개 품목에 관하여는 이 사건 2차 인하로 단가가 3.4~3.5% 인하**된 것이다.

(2) 여기에 더하여 원심이 적법하게 조사한 증거들에 의하면 다음과 같은 사정을 알 수 있다.

(가) 원고는 2002. 10.경 재료비의 2% 절감 등을 내용으로 하는 '2003년도 본부 사업계획 방향'을 수립하였다. 그리고 을 제1호증에는 원고가 2003. 1.경 저수익 차종인 '클릭'의 재료비를 3.5%에 해당하는 242억 원 인하하여 수익성을 집중적으로 개선한다는 내용이 담긴 '원가절감(재료비 개선) 운영(안)'을 마련한 것으로 기재되어 있는바, 비록 위 서증은 피고의 심사관이 작성한 심사보고서에 불과한 것이나, 위 기재 부분은 원고로부터 제출받은 자료에 근거하였다는 것일 뿐만 아니라 심사관의 주관이 개입할 여지가 적은 부분으로서 사실에 부합할 가능성이 많다.

(나) 1차 인하는 개발단가를 양산단가로 환원한 것이었던 반면 이 사건 2차 인하는 생산물량 증대로 인한 고정비 감소효과를 반영한 것이었다는 원고의 주장과 달리, 원고 내부의 품의자료인 을 제3호증에는 1, 2차 인하의 사유가 '물량변동'으로 동일하게 기재되어 있다.

---

271) 본 판결의 원심법원은 부당한 하도급대금결정이 아니라고 판단하였다(**서울고등법원 2008.12.18. 선고 2008누3793 판결**). 본 판결에서는 "원고가 처음부터 '클릭' 차종의 수지개선을 위하여 납품단가를 3.5% 인하하려는 목적하에 순차적으로 1, 2차 인하를 추진하였다고 인정할 증거가 없고, 오히려 그 채용한 증거들에 의하면, 1차 인하는 신차종 생산 초기에 정상가격보다 높게 책정되었던 단가(개발단가)를 정상가격(양산단가)으로 환원한 것이었던 반면, 이 사건 2차 인하는 생산물량 증대로 인한 고정비 감소효과를 반영한 것이었다고 볼 수 있다" 또한 원심은, "원고가 수급사업자의 경영상황, 목적물의 종류·거래규모·품질·규격 등의 특성이나 차이는 전혀 고려하지 아니한 채 납품가격을 일률적으로 인하하였다고 인정할 증거가 없고, 오히려 55개 중소기업 수급사업자들 중 피고가 일률적인 납품가격 인하가 있었다고 본 회사는 26개에 불과하며 1차 인하를 판단대상에서 제외할 경우 납품가격이 3.4% 수준 인하된 회사는 6개에 불과한 점, 9개 대기업 수급사업자들에 관하여도 1, 2차 인하와 비슷한 시기에 납품가격이 3.4% 수준 인하된 점 등에 비추어, 원고가 수급사업자의 경영상황 등의 특성이나 차이를 고려하였기 때문에 납품가격 인하율이 상이하게 나타난 것으로 볼 수 있으므로, 결국 이 사건 2차 인하행위는 '정당한 이유 없이 일률적인 비율로 단가를 인하하여 하도급대금을 결정하는 행위'에 해당하지 아니한다"라고 판시하였다. 참고로 환송 후 판결은 서울고등법원 2011. 5. 25. 선고 2011누10760 판결

(다) 을 제1호증에는 이 사건 수급사업자들은 2003년도 납품물량 증가율에서 최저 10.2%, 최고 294.9%로 큰 차이를 보였고, 2002년도 영업이익률에서도 최저 -17.1%, 최고 13.1%로 현저한 차이를 보였으며, 2003년도에는 이 사건 수급사업자들 중에 영업손실을 입은 업체가 4개, 영업이익률이 0~2%에 불과한 업체가 7개, 자본잠식 상태의 업체가 7개 있었다고 기재되어 있는바, 앞서 본 바와 같이 위 서증은 피고의 심사관이 작성한 심사보고서에 불과한 것이나, 위 기재 부분도 원고로부터 제출받은 자료에 근거하였다는 것일 뿐만 아니라 심사관의 주관이 개입할 여지가 적은 부분으로서 사실에 부합할 가능성이 있다. 그리고 위와 같이 이 사건 수급사업자들 사이에 2003년도 납품 물량 증가율에서 큰 차이가 있었다면, 생산물량 증대로 인한 고정비 감소효과에도 역시 상당한 차이가 있었을 것으로 보인다.

(라) 2002. 11.까지만 하여도 이 사건 수급사업자들 중 일부가 채산성 악화 등을 이유로 단가인하를 거부하거나 인하폭 축소를 요청하고 있었다.

(3) 한편, **원심이 들고 있는 증거 및 사정들은 다음과 같이 신빙성이 의심스럽거나, 원고가 수급사업자의 경영상황, 목적물의 종류·거래규모·품질·규격 등의 특성 내지 차이를 고려하였기 때문에 단가인하율이 상이하게 나타났다고 보기에는 불충분한 것들**이다.

(가) 갑 제2 내지 19호증의 각 1은 일부 수급사업자들이 원고에게 작성하여 준 확인서들이고, 증인 최○하는 수급사업자인 주식회사 인○의 대표이사인데, 그 기재 또는 증언은 1, 2차 인하의 배경 내지 목적이 서로 다르다는 원고의 주장에 부합하는 내용이다. 그러나 위 확인서들은 거래품목 외에는 동일한 내용이고 심지어 글자체까지 동일하며, 원심이 적법하게 조사한 증거들에 의하면 위 확인서들에 기재되어 있는 하도급계약 체결시기 및 1, 2차 인하시기 중 상당 부분은 사실과 다른 점을 알 수 있는바, 여기에 수급사업자들이 원고의 확인서 작성 요구를 거절하거나 원고에게 불리한 내용의 증언을 하기는 쉽지 아니할 것으로 보이는 점을 보태어 보면, 위 확인서들의 기재와 위 증인의 증언은 그대로 믿기 어렵다.

(나) 갑 제23호증은 원고가 늦어도 2005년부터는 납품업체 선정 입찰에 참가하는 업체들로 하여금 견적서에 양산 개시 다음해부터 3년간의 연도별 단가인하율을 기재하여 제출하도록 하고 있다는 취지이나, 이 사건 2차 인하 당시에도 원고가 위와 같이 하고 있었다고 볼 자료는 제출되어 있지 아니하다.

(다) 그 밖에 원심은, 9개 대기업 수급사업자들에 관하여도 1, 2차 인하와 비슷한 시기에 단가가 3.4% 수준 인하된 점을 들고 있으나, 여기서 말하는 '대기업'이라 함은 중소기업(제조업의 경우 상시 근로자 수 300명 미만 또는 자본금 80억 원 이하)이 아니라는 의미에 불과하다. 그런데 을 제1호증에는 2003년 기준으로 원고와 그 계열회사인 기아자동차 주식회사가 국내 완성차업체들에 대한 부품 납품액의 79%를 차지하고 있었다고 기재되어 있는바, 그것이 사실이라면 수급사업자가 중소기업이 아니라고 하더라도 원고와 대등한 교섭력을 갖기는 어려웠을 것으로 보인다.

라. 위와 같은 사정들에 비추어 보면, 이 사건 수급사업자들이 경영상황과 목적물의 종류 등은 물론 납품물량 증가율까지 서로 크게 달리하는데도, 원고가 저수익 차종인 '클릭'의 재료비를 3.5% 인하하여 수익성을 개선할 계획을 세운 다음 이 사건 2차 인하를 단행함으로써 이 사건 수급사업자들 중 미리 단가를 1.8~2.0% 인하한 20개 업체에 관하여는 단가를 1.3~1.5% 추가 인하하여 인하율이 합계 3.2~3.5%에 이르게 하고, 나머지 6개 업체에 관하여는 단가를 3.4~3.5% 인하한 것으로 볼 여지가 있으며, 사실관계가 그와 같다면, 앞서 본 법리에 비추어

볼 때 원고의 이 사건 2차 인하행위는 '일률적인 비율로 단가를 인하하여 하도급대금을 결정하는 행위'에 해당한다고 할 수 있다.

따라서 원심으로서는 앞서 본 을 제1호증의 기재가 사실에 부합하는지 여부와 이 사건 수급사업자들에 관하여 그 경영상황, 목적물의 종류, 납품물량 증가율 등의 차이에도 불구하고 위와 같이 일정한 구분에 따른 비율로 단가를 인하할 만한 객관적이고 합리적인 사유가 있었는지 여부 등에 관하여 더 심리하여 보았어야 하는데도 그러한 심리를 다하지 아니한 채 그 판시한 이유만으로 이 사건 2차 인하행위가 '정당한 이유 없이 일률적인 비율로 단가를 인하하여 하도급대금을 결정하는 행위'에 해당하지 아니한다고 판단하였으니, 이러한 원심의 판단에는 부당한 하도급대금의 결정에 관한 법리를 오해한 나머지 필요한 심리를 다하지 아니하여 판결에 영향을 미친 잘못이 있다. 이 점을 지적하는 상고이유의 주장에는 정당한 이유가 있다.■

-하도급법 제4조 제2항 제1호 사례 분석-

가) 선박부품제조위탁에서 일률적인 비율로 단가를 인하행위 (부당한 하도급대금 결정 행위 인정)

[참조 판결]

-서울고등법원 2012. 6. 21. 선고 2011누30759 판결[272) [시정명령등취소청구의 소]-

1. 처분의 경위

선박제조회사인 원고가 2009. 10.부터 2010. 3.까지 수급사업자 홍○에 대한 선박제조 관련 선행탑재 및 탑재 작업의 제조 위탁을 하면서 정당한 사유 없이 종전 계약단가와 비교하여 선행탑재 작업 25%, 탑재 작업 30%씩 일률적인 비율로 단가를 인하하여 하도급대금을 결정하여 부당한 하도급대금 결정을 하였다'는 이유로 피고 공정거래위원회는 시정명령, 지급명령 및 과징금납부명령을 하였다

2. 원고의 주장

가. 원고가 홍○에 위탁한 업무인 선행탑재 작업과 탑재 작업에 대하여 비율을 달리하여 단가를 인하하였고 선행탑재 및 탑재 작업의 하위 공정의 경우에는 공정별로 대금을 결정하는 것이 현실적으로 어려우므로 이 사건 하도급대금 결정은 '일률적 비율로 단가를 인하한 경우'에 해당하지 않는다.

나. 설령 일률적인 비율로 단가를 인하한 경우에 해당하더라도 원고는 조선업계 전반에 걸친 노임단가 하락을 반영하여 단가를 인하한 것이므로 단가 인하에 '정당한 이유'가 있다.

다. 설령 이 사건 하도급대금 결정이 부당한 하도급대금 결정에 해당한다고 하더라도, 피고가 적정한 하도급대금이 얼마인지 구체적인 판단을 하지 않은 채 종전 계약단가에 따른 금액과 이 사건 하도급대금의 차액을 지급할 것을 명한 것은 재량권을 일탈·남용한 것이다.

라. 또한, 이 사건 하도급대금 결정은 조선 시황 악화, 원자재가격 상승, 수주가 및 수주실적

---

272) 본 판결은 상고되었으나 본 쟁점에 대해서는 상고기각되었다(대법원 2016.2.18. 선고 2012두15555 판결).

하락 등 외부적 요인으로 인한 경영상 위기상황에서 원가절감을 위한 내부적 노력에도 조선업계 전반에 걸친 불황을 타개할 수 없어 불가피하게 이루어진 것이고 홍○과 여러 차례 협의를 거쳐 이루어진 점 등을 고려하면, 원고의 행위에 비하여 과징금 액수가 너무 과중하여 과징금납부명령은 재량권을 일탈·남용한 것이다.

3. 판단

1) 일율적 비율로 인하한 경우 해당하는지 여부

원고는 수급사업자 홍○에게 2009. 10. 23.부터 2010. 3. 30.까지 59건의 선박 블록 조립작업 중 선행탑재 및 탑재 작업을 위탁하면서 조선경기 불황, 선가 하락, 수주물량의 급격한 감소, 원자재 가격 상승 등으로 인한 경영상 어려움을 이유로 아래 종전 계약단가와 비교하여 선행탑재 작업은 25%, 탑재 작업은 30%씩 인하하여 하도급대금을 결정하였다.

① 원고가 선행탑재 작업과 탑재 작업에 대하여 비율을 달리하여 단가를 인하하였지만, 선행탑재 작업과 탑재 작업은 각각 취부, 용접, 사상 공정으로 구분되고 원고와 홍○ 사이의 하도급계약서 상세현황에는 공정별로 그 대금이 세분된 점, ② 탑재 작업은 선박 위에서 이루어지는 작업이라서 선행탑재 작업과 비교할 때 더 어려운 작업으로 볼 수 있음에도 가격인하율은 더 높은 점에 비추어 원고의 가격 인하는 작업의 개별적인 사정을 고려한 것으로 보이지 않는 점, ③ 원고 직원은 피고 소회의에서 25%, 30% 인하한 데 구체적인 계산 근거가 있는 것은 아니고 홍○처럼 선행탑재 및 탑재 작업을 하는 사내 임가공사업자들 10여 개 업체에 대하여 선행탑재 작업은 25%, 탑재 작업은 30%씩 같은 비율로 단가를 인하하였다고 진술한 점 등을 종합하여 보면, 이 사건 하도급대금 결정은 '일률적 비율로 단가를 인하한 경우'에 해당한다고 볼 수 있다.

2) 정당한 사유 유무

① 원고와 홍○ 사이의 종전 계약 이후 이 사건 하도급대금 결정 시점 사이에 선행탑재 및 탑재 작업의 노임단가에 별다른 변동이 없었던 점, ② 원고는 조선경기 불황, 선가 하락, 수주물량의 급격한 감소, 원자재 가격 상승 등으로 인한 경영상 어려움을 이유로 노임단가 하락 여부에 관한 구체적 검토 없이 이 사건 하도급대금을 일정한 비율로 감액한 것으로 보이고, 원고 직원도 피고 소회의에서 25% 및 30%로 인하한 데 구체적인 계산 근거가 있는 것은 아니라고 진술한 점을 종합하여 보면, 원고가 일률적인 비율로 단가를 인하해야 하는 객관적이고 합리적인 근거가 있다고 볼 수 없다.■

나) 하도급법제4조 제2항 제1호 사례 : 선박 파이프를 제조위탁하면서 정당한 이유 없이 단가(제작비)를 전년 대비 일률적인 비율로 인하한 행위가 하도급법 제4조 제1항, 제2항 제1호에 정해진 '원사업자가 정당한 이유 없이 일율적인 비율로 단가를 인하하여 하도급대금을 결정하는 행위' 에 해당하여 부당한 행위라는 판결(서울고등법원 2015. 1. 16. 선고 2013누8778 판결 [시정명령 및 과징금납부명령 취소] 성○조선해양 사례).

[참조 판결]

-서울고등법원 2015. 1. 16. 선고 2013누8778[273] [시정명령 및 과징금납부명령 취소]-

[성○조선해양 사례]

[판시 이유]

1. 판단 -선박 파이프 제조위탁 부분

가) 일률적인 비율로 단가를 인하하였는지 여부

구 하도급법 제4조 제1항, 제2항 제1호의 각 규정의 내용 및 체계와 부당한 하도급대금의 결정 금지에 관한 입법 취지 등에 비추어 보면, 위 법 제4조 제2항 제1호에서 '일률적인 비율로 단가를 인하'한다는 것은, 둘 이상의 수급사업자나 품목에 관하여 수급사업자의 경영상황, 시장상황, 목적물 등의 종류·거래규모·규격·품질·용도·원재료·제조공법·공정 등 개별적인 사정에 차이가 있음에도 동일한 비율 또는 위와 같은 차이를 반영하지 아니한 일정한 구분에 따른 비율로 단가를 인하하는 것을 의미한다. 그리고 결정된 인하율이 수급사업자에 따라 어느 정도 편차가 있다고 하더라도, 위 기준에 비추어 전체적으로 동일하거나 일정한 구분에 따른 비율로 단가를 인하한 것으로 볼 수 있다면, '일률적인 비율로 단가를 인하하여 하도급대금을 결정하는 행위'에 해당한다고 보아야 한다(대법원 2011. 3. 10. 선고 2009두1990 판결 등 참조).

위 법리에 비추어 이 사건을 보건대, 위 인정 사실 및 위 각 증거에 변론 전체의 취지를 종합해 보면, 원고의 주장과 같이 6개 수급사업자들의 업무가 모두 원고로부터 선박 파이프를 구매하여 이를 절단하고 용접하는 등 동질적인 성격을 가지고 있다 하더라도, 6개 수급사업자들의 매출액이나 상시종업원 수 등 경영상황이 각각 다르고, 원고와의 거래기간도 각각 상이하며, 2009. 4.경부터 2010. 7.경까지의 거래규모도 동보의 하도급대금 총액이 약 60억 원에 이르는 반면, 삼○세기의 경우 동○의 9분의 1 수준인 약 6억 9천만 원에 불과함에도, 원고가 이러한 사정을 반영하지 아니한 채 모든 수급사업자들에 대하여 종전 계약단가 대비 2009년 10%, 2010년 20%의 각 동일한 비율로 단가를 인하하였음이 인정되므로, 원고의 이 부분 단가 인하는 구 하도급법 제4조 제2항 제1호에서 정한 '일률적인 비율로 단가를 인하'한 경우에 해당한다. 따라서 원고의 위 주장은 이유 없다.

나) 정당한 이유가 존재하는지 여부

구 하도급법 제4조 제2항 제1호에서 정하고 있는 "정당한 이유"는 일률적인 비율로 단가를 인하하여 하도급대금을 결정하는 행위에 객관적이고 합리적인 근거가 있는 경우를 의미한다 할 것인데, 원고가 주장하고 있는 사유나 이 법원에 제출된 증거들만으로는 원고가 6개 수급사업자에게 선박 파이프 제조위탁을 할 당시 수급사업자별 경영상황과 시장상황 및 거래기간과 거래규모 등을 반영하지 아니하고 굳이 일률적인 비율로 단가를 인하한 행위에 관한 객관적이고 합리적인 근거를 찾아보기 어려우므로, 원고의 위 주장도 이유 없다. ■

273) 본 판결에 대하여 상고심에서는 일률적인 비율에 의한 단가인하로 인한 부당한 하도급대금의 결정이라고 본 본 원심을 확정하였다(**대법원 2018. 5.15.자 선고 2015두38252 판결**). 다만 본 사안에서 대법원은 종전의 대법원 판례의 태도와 마찬가지로 일률적인 비율에 의한 단가 인하에 관한 시정조치로서 지급명령을 허용해서는 안된다는 종전의 태도를 견지하면서 시정명령을 인정한 원심을 파기환송하였다.

다) 하도급법제4조 제2항 제1호 사례: 휴대폰 부품제조위탁에서 일률적인 비율로 단가를 인하행위 (부당한 하도급대금 결정 행위 인정)

휴대폰 부품 제조위탁 하도급거래에 있어서 원사업자가 수급사업자들에게 휴대폰 부품 제조를 위한 금형을 제조 위탁하고 하도급대금의 단가를 6.6% 및 9.8%씩 일률적인 비율로 인하한 사안에서 공정거래위원회가 이를 부당한 하도급대금 결정 행위로 보아 발한 시정명령이 적법하다고 본 판결이 있다(**대법원 2010. 4. 8. 선고 2009두23303 판결, 원심 서울고등법원 2009. 11. 12. 선고 2008누11237 판결[시정명령등취소]**).

[참조 판결]

-서울고등법원 2009. 11. 12. 선고 2008누11237 판결[274]**[시정명령등취소]-**

[삼○전자 사례]

[판결이유]

1. 원고의 주장

문제된 충전기 부품 역시 위와 같은 개별적 협상을 거쳐 결정된 것일 뿐 업체별로 6.6% 및 9.8%의 일률적인 비율로 단가를 인하한 바 없고, 위 수치는 업체별·품목별 네고단가 인하율을 사후적으로 평균한 수치에 불과하다.

2. 판단

(가) 법 제4조 제2항 제1호는 정당한 이유 없이 일률적인 비율로 단가를 인하하여 하도급대금을 결정하는 행위를 부당한 하도급대금 결정행위로 보고 있으므로, 원고의 행위가 부당한 하도급대금 결정행위에 해당하기 위해서는 일률적인 비율로 단가를 인하하였어야 하고, 이렇게 하도급대금을 결정한 원고의 행위에 정당한 이유가 없어야 한다.

(나) 위 인정사실 및 이 사건 각 증거들에 의해 인정되는 다음과 같은 사정들, 즉 원고가 작성한 '단가네고 결과보고'(갑 제8호증)에 납품업체별로 상이한 단가인하율이 기재된 다른 품목과 달리 충전기 품목에 대하여서만 '전체 6.6%, 예상절감금액 106억 8,100만 원'으로 기재되어 있는 점, 원고 작성의 각 단가계약 품의서(갑 제10호증)에 전체 충전기 납품업체에 대한 단가인하사유가 '50% 물량증가효과로 인한 원자재 단가 이하 및 중국공장 제조 활용으로 인한 제조원가 절감 여유 발생' 등으로 모두 동일하게 기재되어 있는 점, 또한 위 품의서상 SPH-X7500 휴대폰에 적용되는 충전기에 대하여는 알에프텍의 생산 제품과 동양계전의 생산 제품의 각 단가가 모두 6,600원에서 6,120원으로 인하된 점, 알에프텍에서 작성한 견적서(을 제11호증)에 알에프텍 직원이 '충전기류 6.6% 가중평균'이라고 기재하고 이를 토대로 2002년 단가와 네고단가(2003년 적용단가)를 기재한 점, 한편 '2003년 하반기 전기물 통합네고 결과'(갑 제12호증)에 충전기의 경우 전체 업체에 대하여 9.8%의 인하율을 적용한다고 기재되어 있는 점, 단가계약품의서(갑 제11호증)상 아남인스트루먼트의 단가인하율이 9.8%로 기재되어 있고 SCH-X350 모델의 휴대폰에 대하여 에이치엔티 생산제품과 알에프텍 생산제품의 단가가 똑같이 6,270원에서 5,830원으로 인하된 점에다 유사한 종류의 충전기에 대하여는 충전기 제조업체가 다르더라도 거의 동일한 단가를 적용하는 점(을 제12호

---

274) 본 판결은 상고되었으나 심리불속행기각되어 원심이 확정되었다(대법원 2010. 4. 8. 선고 2009두23303 판결).

증)을 보태어 보면, **원고는 자신이 세운 원가절감 목표를 달성하기 위해 수급사업자별 거래규모가 현저히 다른데도 알에프텍 등 7개 사업자에 대하여 2003년 상반기와 하반기의 충전기 납품단가를 수급사업자별로 거래금액대비 일률적인 비율로 인하금액을 할당하고 이를 달성하기 위해서 부품별로 부품의 예상납품량 기준 가중평균단가를 상반기는 6.6%, 하반기는 9.8%씩 인하한 것으로 인정**된다.

(다) 또한 원고가 수급사업자들을 상대로 일률적으로 단가를 인하하려면 거래물량의 현격한 증가 등으로 인한 원자재의 가격하락 및 노임하락, 동일한 비용감소 등 일정비율로 단가를 인하할 만한 객관적이고 타당한 사유가 있어야 할 것인데, 앞선 사실 및 위 각 증거들에 의하여 인정되는 다음과 같은 사정들, 즉 원고로서는 2003년 상반기에 생산성향상을 통한 원가절감이 미비하여 상반기 전체 원가절감목표가 실현되지 못하였고 국내외 경기침체에 대응하기 위한 원가절감 캠페인 등 비상경영대책이 수립·추진되고 있었던 점, '알에프텍 '03 상반기 충전기 단가 재계약 품의서'에 의하면 원고는 2003년도 충전기분야의 6.6% 단가인하 사유로 '거래물량이 전체적으로 약 50% 증가'하였음을 들고 있으나, 실제로 충전기 거래량은 2002년에 비하여 2003년에 전체적으로는 28.3% 증가하는데 불과하였고 특히 2003년 상반기에는 2002년 하반기와 대비할 때 전체물량은 0.8%, 거래금액은 10.5%나 감소하고 있으며 개별기업별로 보면 4개 수급사업자의 거래량과 거래금액이 현저히 감소하고 있는 점, 원고 스스로도 2004. 8. 13. 내부적으로 작성한 "2차 벤더 관리방안 전사기본(案) 검토 요청 건"(을 제17호증)에서 '강제적인 단가인하 자체도 공정거래법 위반'이라고 적시하고 있는 점, 한편 위의 일률적인 단가인하 외에도 앞서 <표 3>에서 본 바와 같이 원고가 시행중인 '협력업체 평가기준'에 따라 단가인하에 비협력적이거나 목표단가에 미달할 경우 평가결과가 나쁘게 나오게 되고, 이에 따라 거래 물량이 축소되거나 거래중단조치가 있게 되는 등 수급사업자들은 불리한 지위에서 원고의 인하방침에 그대로 따를 수 밖에 없는 점 등에 비추어 보면, 원고는 수급사업자별 경영상황이나 시장상황, 그리고 목적물 등의 종류, 거래규모, 규격, 품질, 용도, 원재료 등의 특성이나 차이를 고려하지 아니한 채 일률적으로 단가를 인하한 것이어서 원고의 정당한 사유가 있다고 보기도 어렵다.

(라) 따라서 원고의 이건 행위는 부품의 거래량이나 거래업체의 경영상황 등 합리적인 원가요인을 고려하지 아니하고 원가절감을 위하여 일률적인 비율의 단가 인하를 통해 하도급대금을 결정한 행위로서 법 제4조 제2항 제1호에서 규정하고 있는 불공정하도급거래행위에 해당한다고 할 것이므로, 원고의 위 주장은 받아들일 수 없다.■

라) 하도급법제4조 제2항 제1호 사례: 선박 부품 제조위탁에서 일률적인 비율로 단가를 인하행위에 대한 차액지급 시정명령 가부(불가)

선박 부품 제조위탁에서 정당한 사유 없이 일률적인 비율로 단가를 인하하여 부당한 하도급대금 결정행위라고 본 사안(하도급법 제4조 제2항 제1호 위반행위)에서 **시정조치로서 일률적인 단가 인하의 기준이 된 가격과 실제 하도급대금의 차액의 지급을 명하는 시정명령**은 허용될 수 없다는 것이 대법원 판례의 태도이다**(대법원 2016. 2. 18. 선고 2012두15555 판결 [시정명령등취소청구의소])(대법원 2018. 5.**

15. 선고 2015두38252 판결 [시정명령 및 과징금납부명령취소])[275].

[참조 판결]

-대법원 2016. 2. 18. 선고 2012두15555 판결[276] [시정명령등취소청구의소]-

[판시 이유]

1. 처분의 경위

가. 하도급법 제25조 제1항은 제3조 제1항부터 제4항까지 및 제9항, 제4조부터 제12조까지, 제12조의2, 제12조의3, 제13조, 제13조의2, 제14조부터 제16조까지, 제16조의2 제2항 및 제17조부터 제20조까지의 규정을 위반한 발주자와 원사업자에 대한 시정조치로서 하도급대금 등의 지급, 법 위반행위의 중지, 그 밖에 해당 위반행위의 시정에 필요한 조치를 권고하거나 명할 수 있다고 규정하여, 시정조치의 대상이 되는 여러 위반행위와 이에 대한 다양한 내용의 시정조치를 하나의 규정에 포괄하여 정하고 있다.

하도급법상 시정조치는 시정하여야 하는 행위의 내용이 명확하고 구체적이어야 하며, 해당 위반행위의 내용과 정도에 비례하여야 한다(대법원 2009. 6. 11. 선고 2007두25138 판결 등 참조). 그런데 하도급법 제4조 제2항 제1호의 규정은 원사업자가 정당한 사유 없이 둘 이상의 수급사업자나 품목에 관하여 개별적인 사정에 차이가 있는데도 이를 반영하지 아니한 채 일률적인 비율로 단가를 인하하는 행태 자체를 부당한 하도급대금의 결정으로 본다는 의미이므로, **위 규정을 위반한 거래에서 일률적인 단가 인하의 기준이 된 가격을 정당한 하도급대금이라고 단정할 수는 없다**. 뿐만 아니라 **위 규정 위반행위의 성질상 원사업자와 수급사업자 사이의 정당한 하도급대금을 일률적으로 상정하기도 어렵다**.

이러한 시정조치 근거 규정의 포괄성과 하도급법 제4조 제2항 제1호 위반행위의 성질 등을 종합하여 고려하면, **하도급법 제4조 제2항 제1호 위반행위에 대한 시정조치로서 일률적인 단가 인하의 기준이 된 가격과 실제 하도급대금의 차액의 지급을 명하는 시정명령은 허용될 수 없다**고 보아야 할 것이다.

나. 그럼에도 원심은 하도급법 제4조 제2항 제1호를 위반한 원고의 행위에 대한 시정조치로서 그 위반행위의 거래에 대하여 종전의 계약단가에 따라 계산한 금액과 그 위반행위에 따른

---

275) 본 판결에 대하여 상고심((대법원 2018. 5.15.자 선고 2015두38252 판결))에서는 일율적인 비율에 의한 단가 인하로 본 원심을 확정하면서도, 종전의 대법원 판례의 태도와 마찬가지로 일률적인 비율에 의한 단가 인하에 관한 시정조치로서 차액지급명령은 부정하면서 원심을 파기환송하였다.

276) 본 판결에서 대법원은 본 쟁점에 대한 원심을 파기환송하였다(서울고등법원 2012. 6. 21. 선고, 2011누30759 판결). 참고로 원심판결에서는 "원고와 홍○ 사이의 종전 계약단가에 따라 계산한 금액이 이 사건 하도급의 적정한 대금인지 본다. 이 사건 하도급대금은 인건비가 대부분을 차지하고 있는데 앞서 본 바와 같이 종전 계약 이후 이 사건 하도급대금 결정 시까지 사이에 선행탑재 및 탑재 작업의 노임단가에 별다른 변동이 없었던 점에 비추어 볼 때, 종전 계약단가에 따라 계산한 금액이 이 사건 하도급의 적정한 대금이라고 볼 수 있다. ① 갑 6호증의 기재에 의하면 홍○이 원고에게 수급금액을 2.5% 삭감하겠다고 한 사실을 인정할 수 있으나, 이는 홍○이 원고의 사내 임가공사업자로 원고에 전적으로 거래를 의존하고 있던 상태에서 원고의 경영위기극복 동참요구에 따른 것으로 자발적인 의사로 보기 어려운 점, ② 갑 9, 10호증(가지번호 포함)의 각 기재에 의하면 홍○ 이외의 원고의 다른 수급사업자들도 수급금액을 삭감하겠다고 한 점을 인정할 수 있으나, 이 역시 원사업자인 원고의 요구에 따른 것인 점, ③ 갑 7호증의 신문기사 내용도 원사업자들의 요구에 따라 어쩔 수 없이 임금을 삭감하였기 때문에 발생한 결과로 볼 여지가 있는 점 등을 고려하면, 위 증거들이 종전 계약단가에 따라 계산한 금액을 이 사건 하도급의 적정한 대금이라고 보는 데 방해가 된다고 할 수 없다. 따라서 종전 계약단가에 따라 계산한 금액과 이 사건 하도급대금의 차액을 지급할 것을 명한 것이 재량권을 일탈·남용한 것이라고 볼 수 없다."고 판시하였다.

하도금대금의 차액에 상당하는 금액의 지급을 명하는 피고의 처분이 적법하다고 판단하였으므로, 이러한 원심의 판단에는 하도급법상 지급명령의 허용범위에 관한 법리 등을 오해하여 판결에 영향을 미친 잘못이 있다. 이 점을 지적하는 상고이유의 주장에는 정당한 이유가 있다. ■

마) 하도급법 제4조 제2항 제1호 사례: 휴대폰 부품 등 제조위탁에서 일률적인 비율로 단가 인하행위(위법)

휴대폰 부품 도장·코팅 작업을 제조위탁한 사안에서 원사업자가 수급사업자가 납품하는 품목에 대해 매 분기마다 정당한 사유 없이 34개 모델, 209개 품목에 관하여 일방적으로 일률적인 비율(2~7%)로 단가인하를 결정하는 행위는 위법한 하도급대금을 결정이라는 판결(**서울고등법원 2016. 10. 19. 선고 2015누40271 판결 [시정명령및과징금납부명령취소]**).

[참조 판결]

-서울고등법원 2016. 10. 19.선고 2015누40271 판결[277) [시정명령및과징금납부명령취소]-

[신○프레시젼 사례]

[판시 이유]

1. 처분의 경위

원고는 2009. 4. 18. '외주비를 절고에 대하여 의결 제2010-072호로 시정명령 및 과징금 납부명령을 하였다(이하 '이 사건 처분'이라 한다).

피고는 '원고는 2010. 2. 23.부터 2012. 4. 20.까지[278) 코○맥에 휴대폰 부품과 관련한 도장·코팅작업을 제조위탁하면서 코○맥이 납품하는 품목에 대해 매 분기마다 단가인하를 검토한 후, 정당한 사유 없이 34개 모델, 209개 품목에 관하여 일방적으로 일률적인 비율(2~7%)로 단가인하를 결정하였다.'는 사실을 인정하고 원고의 위와 같은 하도급대금 결정행위(이하 '이 사건 하도급대금 결정행위'라 한다)가 **정당한 사유 없이 일률적인 비율로 단가를 인하하여 하도급대금을 결정하는 행위(하도급법 제4조 제2항 제1호)** 및 합의 없이 일방적으로 낮은 단가에 의하여 하도급대금을 결정하는 행위(같은 항 제5호)에 해당한다는 이유로, 원고에게 별지 기재 시정조치 및 과징금납부명령을 하였다(이하 '이 사건 처분'이라 하

277) 본 판결에 대하여 상고기각되어 상고심에서 확정되었다(대법원 2018. 3. 13. 선고 2016두59423). 본 판결에 대하여 피고 공정거래위원회는 원고의 하도급대금 결정행위가 정당한 사유 없이 일률적인 비율로 단가를 인하하여 하도급대금을 결정하는 행위(하도급법 제4조 제2항 제1호) 및 합의 없이 일방적으로 낮은 단가에 의하여 하도급대금을 결정하는 행위(같은 항 제5호)에 해당한다는 이유로, 원고에게 시정조치 및 과징금납부명령처분을 하였으나, 본 장에서는 하도급법 제4조 제2항 제1호 사유만 검토하기로 한다.

278) 피고는 원고와 코○맥 사이의 거래는 2007. 6. 1.부터 2012. 4. 20.까지 이루어졌으나, 피고는 2013. 2. 22. 코○맥의 신고로 이 사건 행위를 인지하였고, 하도급법 제23조에서는 피고의 조사대상 거래기간을 3년으로 정하고 있으므로, 신고일로부터 3년을 역산한 2010. 2. 23.부터 마지막 거래날인 2012. 4. 20.까지를 조사대상 거래기간으로 보았다.

고, 그 중 제2항 시정명령 부분을 '이 사건 지급명령'이라 한다).

2. 원고의 주장

이 사건 하도급대금 결정행위는 일률적인 비율에 의한 단가인하가 아니고, 낮은 단가 요건 필요하므로 정당한 사유가 존재하여 하도급법 제4조 제2항 제1호에서 정한 "정당한 사유 없이 일률적인 비율로 단가를 인하하여 하도급대금을 결정하는 행위"에 해당한다고 볼 수 없다.

3. 판단

가. 일률적인 비율에 의한 단가인하가 아니라는 주장에 관하여

(가) 관련 법리

하도급법 제4조 제1항[279]은 "원사업자는 수급사업자에게 제조 등의 위탁을 하는 경우 부당한 방법을 이용하여 목적물 등과 같거나 유사한 것에 대하여 일반적으로 지급되는 대가보다 현저하게 낮은 수준으로 하도급대금을 결정(이하 "부당한 하도급대금의 결정"이라 한다)하거나 하도급받도록 강요하여서는 아니 된다."라고 규정하고 있고, 같은 조 제2항 제1호는 '정당한 이유 없이 일률적인 비율로 단가를 인하하여 하도급대금을 결정하는 행위'에 해당하면 제1항의 부당한 하도급대금의 결정으로 본다고 규정하고 있다.

위 각 규정의 내용 및 체계와 부당한 하도급대금의 결정 금지에 관한 입법 취지 등에 비추어 보면, 하도급법 제4조 제2항 제1호에서 '일률적인 비율로 단가를 인하'한다고 함은, 둘 이상의 수급사업자나 품목에 관하여 수급사업자의 경영 상황, 시장 상황, 목적물 등의 종류·거래규모·규격·품질·용도·원재료·제조공법·공정 등 개별적인 사정에 차이가 있는데도 동일한 비율 또는 위와 같은 차이를 반영하지 아니한 일정한 구분에 따른 비율로 단가를 인하하는 것을 의미한다고 할 것이고, 결정된 인하율이 수급사업자에 따라 어느 정도 편차가 있다고 하더라도, 위 기준에 비추어 전체적으로 동일하거나 일정한 구분에 따른 비율로 단가를 인하한 것으로 볼 수 있다면, '일률적인 비율로 단가를 인하하여 하도급대금을 결정하는 행위'에 해당한다고 보아야 한다(대법원 2011. 3. 10. 선고 2009두1990 판결 참조).

(나) 인정 사실

앞서 든 증거에 갑 제7 내지 10호증의 기재 및 변론 전체의 취지에 의하면 아래와 같은 사실이 인정된다.

① 원고는 2010. 2. 23.부터 2012. 4. 20.까지 코○맥에 휴대폰 부품과 관련한 도장·코팅작업을 제조위탁하면서 코○맥이 납품하는 품목에 대하여 매 분기마다 단가인하를 검토한 후 34개 모델, 209개 품목[280]에 관하여 단가를 인하하였다.

② 주요 품목별 단가인하 내역을 살펴보면, 한 개의 품목당 단가인하는 법 위반기간 동안

---

279) 위 조항은 2013. 5. 28. 법률 제11842호로 개정되면서 현저성 요건을 삭제하여 "원사업자는 수급사업자에게 제조등의 위탁을 하는 경우 부당하게 목적물등과 같거나 유사한 것에 대하여 일반적으로 지급되는 대가보다 낮은 수준으로 하도급대금을 결정(이하 "부당한 하도급대금의 결정"이라 한다)하거나 하도급받도록 강요하여서는 아니 된다."라고 개정되었다.

280) 표에 기재된 79개 모델 및 470개 품목 수는 원고와 코○맥 사이에 분기별 단가인하 검토시마다 작성된 '단가인하합의서'에 기재된 내역이므로 분기별로 동일모델, 동일품목이 중복된 경우도 있다. 1개 모델 및 품목이 여러 분기에 걸쳐 중복되어 단가인하가 이루어진 경우는 중복되지 않도록 하나로 계산하고, 단종 품목은 단가인하합의서 내용대로 실행이 되지 않은 경우를 제외할 경우 실제로 단가인하가 이루어진 모델 및 품목 수는 34개 모델, 209개 품목이다.

3~5회에 걸쳐 이루어졌고, 그 누적 인하율은 최소 10.2%에서 최고 22.8%에 이른다.

위와 같이 원고의 이 사건 하도급대금 결정행위를 통하여 원고는 코○맥과 사이에 최초 정해진 단가보다 총 138,385,430원(부가가치세 포함)이 인하된 하도급대금을 지급하였다.

(다) 판단

앞서 인정한 사실에 앞서 든 증거, 을 제3, 6호증의 각 기재 및 변론 전체의 취지에 의하여 인정되는 아래와 같은 사정을 종합하면, <u>원고가 주장하는 사정을 고려하더라도 원고의 이 사건 하도급대금 결정행위는 하도급법 제4조 제2항 제1호에서 정한 '일률적인 비율로 단가를 인하하여 하도급대금을 결정하는 행위'에 해당한다고 인정된다</u>.

① **원고는 코○맥과 거래하면서 2010. 2. 23.부터 2012. 4. 20.까지 앞서 본 바와 같이 34개 모델, 209개 품목에 관하여 모델별로 구분하여 일정한 비율에 의하여 여러 차례에 걸쳐 단가를 인하하였다. 그런데 같은 모델에 들어가는 품목이라고 하더라도 품목별로 원재료의 단가, 제조공정 등이 각각 다르므로 서로 다른 품목의 단가를일률적인 비율로 인하하려면 거래물량의 현격한 증가 등으로 인한 원자재의 가격하락 및 노임하락, 동일한 비용감소 등 일률적인 비율로 단가를 인하할만한 객관적이고 타당한 사유가 있어야 할 것인데, 원고가 단가인하를 결정함에 있어 이러한 사유가 있었다고 인정할 만한 자료가 없다.** 오히려 원고 주장에 의하더라도 원고는 같은 모델 안에 있는 개별 품목별로 단가인하 요인을 일일이 따져본 후 개별적으로 단가인하 여부 및 인하율을 계산하는 것은 시간과 비용 면에서 소모가 커서 여러 품목을 종합 평가하여 모델별로 단가인하율을 결정하였다는 것이므로, **<u>원고는 자신의 편의를 위하여 개별 품목의 차이를 고려하지 않고 모델별로 일률적인 인하율을 적용한 것</u>**이라고 보인다.

② 원고는 또한 같은 모델 내에 들어가는 부품들 가운데에도 단가를 인하하지 않은 품목이 존재하거나 품목별 인하 비율이 다른 경우도 있어 피고 주장과 같이 원고가 모델별로 구분하여 일률적으로 단가를 인하한 것이라고 볼 수 없다고도 주장한다. 그러나 앞서 본 법리에 비추어 보면 2개 이상의 품목에 관하여 종류·거래규모·규격·품질 등에 개별적인 사정의 차이가 있음에도 불구하고 이와 같은 개별적 차이를 반영하지 아니한 일정한 구분에 따른 비율로 단가를 인하하였다면 하도급법에서 정한 '일률적인 비율로 단가를 인하하여 하도급대금을 결정하는 행위'에 해당한다고 봄이 타당한데, 원고가 제출한 단가합의서(갑 제7호증)에 의하더라도 원고는 모델별로 구분하여 그 단가인하 여부 및 인하율을 결정한 것으로 보이고, 같은 모델의 품목 가운데에도 인하율이 다르게 결정된 경우는 극히 일부에 불과하여 전체적으로 보아 개별 품목의 특성이 아니라 원고가 정한 일정한 구분에 따른 비율로 단가를 인하하였다고 봄이 타당하다.

③ 원고는 코○맥이 원고에게 공급한 품목 중 단가를 인하한 것보다 단가를 동결한 것이 더 많고 오히려 단가를 인상한 경우도 있으므로, 일률적인 비율로 단가를 인하하였다고 볼 수 없다고 주장한다. 그러나 원고가 이 사건 하도급대금 결정 행위를 하면서 개별 품목의 사정을 고려하지 않고 위와 같이 일정한 구분에 따라 인하율을 일률적으로 결정하였다면 그 부분에 관하여는 일률적인 비율에 의한 단가인하에 해당하여 하도급법 제4조 제2항 제1호에 위반된다고 봄이 타당하고, 일부 모델 또는 품목에 관하여 단가가 동결되거나 인상한 경우가 있다고 하더라도 이를 달리 볼 수 없다.

④ 원고는 생산시기, 생산수량, 불량률, 인하에 따른 이익률 등을 종합적으로 고려하여 각 모델 및 품목별로 비율을 달리하여 단가 인하율을 결정하였으나, 편의상 단가인하합의서에는 같은 모델에 해당하는 품목의 인하율을 평균한 값으로 기재하였을 뿐이라고 주장한다. 그러나 이러한 원고의 주장을 뒷받침할만한 아무런 자료가 없을 뿐만 아니라 원고가 피고 조사단계에서 한 '각 품목별로 단가 기준을 달리 정하기 위해서는 원재료, 공정 등의 차이를 일일이 파악하여 분석하는 데 많은 비용이 소요되고, 이러한 이유로 수급사업자들도 단가인하 합의과정에서 각 품목별로 인하비율을 달리 정하는 것을 선호하지 않기 때문에, 편의성을 고려하여 제품 모델을 기준으로 각 품목에 대하여 일률적인 인하비율을 적용한 것'이라는 주장과도 모순된다.

나. 정당한 사유의 존재 주장에 관하여

부당한 하도급대금 결정행위의 해당성을 조각하기 위한 '정당한 사유'란 개별 품목의 특성이 모두 다름에도 일률적인 비율로 단가를 인하하도록 결정하는 것을 정당화할 객관적·합리적 사유를 말하는 것인데, 앞서 채택한 증거에 의하여 인정되는 아래와 같은 사정을 종합하여 보면 원고가 일률적인 비율로 단가를 인하한 데 대한 정당한 사유가 인정되지 않는다.

① 원고는 제품주기가 짧은 휴대폰 시장의 특성상 일정 기간이 지나면 판매가격과 판매량이 급락하여 가격 변동 요인이 생기므로 원고와 코○맥은 분기별로 단가인하를 검토하여 단가인하 요인이 인정되는 경우 인하를 결정한 것이라고 주장한다. 그러나 단가인하가 이루어진 모델 및 품목이 판매가격이나 판매량이 급락한 모델에 해당하여 이를 반영하기 위한 것이었다고 인정할 자료가 없고, 원고 주장과 같이 기간의 경과에 따라 판매량이 감소하였다면 오히려 단위제품당 생산비용이 증가하는 결과가 될 것이므로 판매량의 감소가 단가인하의 요인이 된다는 주장은 그대로 받아들이기 어렵다. 나아가 설령 이러한 사유로 인하여 단가인하 요인이 발생하였다고 하더라도 단가인하 요인이 발생한 개별 품목의 구체적 사정을 고려하지 않고 일률적인 비율에 의하여 단가를 인하하는 행위를 정당화할 객관적·합리적 사유가 된다고 볼 수 없다.

② 원고는 또한 코○맥과 합의에 의하여 단가인하가 결정된 것이므로 일률적인 비율로 단가인하가 이루어진 데 대한 정당한 사유가 있다고도 주장하나 아래서 보는 바와 같이 원고가 코○맥과 이 사건 단가인하를 결정하면서 실질적인 합의를 거쳤다고 볼 수 없다.

다. 낮은 단가 요건 필요 주장에 관하여

하도급법 제4조는 제1항에서 부당한 하도급대금의 결정을 일반적으로 금지하는 한편, 제2항에서 각 호의 행위에 해당할 경우 부당한 하도급대금 결정행위로 간주하여 부당하게 낮은 금액으로 하도급대금을 결정하는 불공정 거래행위에 대하여 효과적으로 대처하고, 공정한 하도급거래질서의 정착을 도모하고 있다(대법원 2012. 2. 23. 선고 2011두23337 판결 참조). 위와 같은 하도급법 제4조의 규정 형식과 내용, 입법 취지 등에 비추어 보면, 원사업자가 정당한 사유 없이 일률적인 비율로 단가를 인하하여 하도급대금을 결정하여 하도급법 제4조 제2항 제1호에 해당하면 하도급대금이 통상 지급되는 대가보다 낮은 수준으로 결정되었는지를 따질 필요 없이 부당한 하도급대금의 결정으로 간주되는 것이라 봄이 타당하고, 원고의 주장과 같이 제2항 각 호에 해당하더라도 낮은 대금으로 결정된 경우에만 부당한 하도급대금 결정행위에 해당한다고 볼 근거가 없다(나아가 아래서 보는 바와 같이 원고는 일률적인 비율로 단가를 인하함으써 통상 지급되는 대가보다 낮은 단가에 의하여 하도급대금은 결

정한 경우에 해당한다). 따라서 원고의 이 부분 주장도 이유 없다. ■

바) 하도급법제4조 제2항 제1호 사례: 선박 부품 제조위탁에서 일률적인 비율로 단가를 인하행위로서 위법이라는 사례

선박 부품 제조위탁에서 정당한 사유 없이 일률적인 비율로 단가를 인하하여 부당한 하도급대금 결정행위라고 본 사안(**서울고등법원 2014. 10. 17. 선고 2013누32252 판결**).

[참조 판결]

-서울고등법원 2014. 10. 17. 선고 2013누32252 판결[281]**[시정명령등취소]-**

[고○조선해양 사례]

【판시이유】

1. 처분의 경위

법 제4조 제1항, 제2항 제1호 각 규정의 내용 및 체계와 부당한 하도급대금의 결정 금지에 관한 입법 취지 등에 비추어 보면, 법 제4조 제2항 제1호에서 '일률적인 비율로 단가를 인하'한다는 것은, 둘 이상의 수급사업자나 품목에 관하여 수급사업자의 경영상황, 시장상황, 목적물 등의 종류·거래규모·규격·품질·용도·원재료·제조공법·공정 등 개별적인 사정에 차이가 있는데도 동일한 비율 또는 위와 같은 차이를 반영하지 아니한 일정한 구분에 따른 비율로 단가를 인하하는 것을 의미한다. 그리고 결정된 인하율이 수급사업자에 따라 어느 정도 편차가 있다고 하더라도, 위 기준에 비추어 전체적으로 동일하거나 일정한 구분에 따른 비율로 단가를 인하한 것으로 볼 수 있다면, '일률적인 비율로 단가를 인하하여 하도급대금을 결정하는 행위'에 해당한다고 보아야 한다(대법원 2011. 3. 10. 선고 2009두1990 판결 참조).

위 법리에 비추어 이 사건을 보건대, 위 인정 사실 및 위 각 증거에 변론 전체의 취지를 종합하여 알 수 있는 다음과 같은 사정, 즉 ① 원고가 원가 절감을 목적으로 위에서 본 바와 같이 대○산업해양 등 3개 수급사업자들의 소조립과 중·대조립 공정의 각 유형별 단가를 2009년 단가 대비 10% 또는 15 ~ 15.7%라는 거의 동일한 비율로 인하한 점, ② 그럼에도 불구하고 원고가 제출한 증거들만으로는 위와 같은 단가 인하 시 3개 수급사업자별 세부 공정내용(소조립 위주 또는 중·대조립 위주), 작업량, 거래금액, 매출액, 수급사업자별 경영상황, 시장상황 등이 하도급대금 결정에 반영되었다는 사실을 인정하기에 부족한 점, ③ 원고는 소조립과 중·대조립은 조립이라는 단일 공정으로 소조립과 중·대조립에 대하여 별도의 단가를 책정하는 것이 아니라 조립단가 책정 후 작업의 난이도 등을 감안하여 소조립과 중·대조립의 단가를 각 17%와 83%로 배분방식으로 단가를 책정하는 등 객관적이고 합리적 근거를 가지고 단가를 인하한 것이라고 주장하므로 살피건대, 원고의 위 주장에 따르더라도 단가를 배분함으로써 작업의 난이도는 어느 정도 반영이 되는 것으로 보이나, 위에서 본 나머지 요소들은 여전히 반영되었다고 보기 어려운 점, ④ 발주자인 현○중공업이 단가를 인하하였다는 사정만으로 일률적인 비율로 단가를 인하할 정당한 사유가 있다고 보기 어려운 점, ⑤ 피고가

281) 상고포기되어 확정되었다.

3개 수급사업자들과 진지하고도 충분한 협의를 거쳐 생산성 향상 등의 요소를 반영하였다고 볼 만한 증거가 부족한 점, ⑥ 피고가 단가 인하율 수치가 동일한 일부 유형만을 자의적으로 발굴한 것이 아니고, 원고는 위에서 본 바와 같이 3개 수급사업자들의 조립 공정 전반에 대한 단가를 인하한 점 등에 비추어 보면, 원고가 정당한 사유 없이 일률적인 비율로 단가를 인하하여 하도급대금을 결정하였다고 봄이 상당하다. 따라서 원고의 위 주장은 이유 없다.■

사) 하도급법제4조 제2항 제1호 사례: 선박엔진 부품 제조위탁 후 일률적인 비율로 단가를 인하행위로 하도급대금 결정이 위법이라는 사례

선박 부품 제조위탁에서 정당한 사유 없이 일률적인 비율로 단가를 인하하여 부당한 하도급대금 결정행위라고 본 사안(서울고등법원 2018. 5. 11. 선고 2017누33963 판결).

[참조 판결]

-서울고등법원 2018. 5. 11. 선고 2017누33963 판결[282][시정명령등취소]-

[인○정공 사례]

【판시이유】

1. 처분의 경위

원고는 수급사업자인 디○프와 2015. 3.경 '2015년 구매기본계약'을 체결하면서 표4 기재와 같이 일률적인 비율로 단가를 인하하였고, 2015. 4.부터 2015. 12.까지 인하된 단가로 계산한 하도급대금을 지급하였다. 원고의 위와 같은 하도급대금 인하 및 인하된 대금 지급행위(이하 '이 사건 제2 결정행위'라고 한다)는 정당한 사유 없이 일률적인 비율로 하도급대금을 결정하는 행위(하도급법 제4조 제1항, 제2항 제1호)에 해당한다는 이유로 피고 공정거래위원회는 2016. 12. 20.자로 의결 제2016-359호로 원고에게 시정명령 및 과징금납부명령을 하였다.

-표4 (단가인하 세부내역) (일부)-

구분(품목)		중량 (KG)	기존 단가 (A)	인하 단가		최종 인하율 (1-B/A)
				당초 안	계약단가(B)	
5S35ME-B	B/P	10,735	5,453,000	4,907,700	5,071,290	7.0%
	F/B	9,956	5,675,300	5,107,770	5,278,029	7.0%
6S35ME-B	B/P	11,970	5,733,440	5,160,096	5,332,099	7.0%
	F/B	11,250	6,061,000	5,454,900	5,636,730	7.0%
5S35MK	B/P	9,842	5,063,500	4,557,150	4,709,055	7.0%
6L35MK	B/P	8,365	5,188,140	4,669,326	4,824,970	7.0%
6S35MK	B/P	10,890	5,188,140	4,669,326	4,824,970	7.0%
7S35MK	B/P	12,166	6,029,460	5,426,514	5,607,398	7.0%
8S35MK	B/P	13,200	6,870,780	6,183,702	6,389,825	7.0%

282) 본 사안은 상고하지 않고 확정되었다.

구분(품목)		중량 (KG)	기존 단가 (A)	인하 단가		최종 인하율 (1-B/A)
				당초 안	계약단가(B)	
14RTX96C-B	B/P(F)	103,600	17,802,853	15,132,425	16,022,568	10.0%
	B/P(A)	120,600	23,041,933	19,585,643	20,737,740	10.0%
	C/L(F)	107,300	22,289,711	18,946,255	20,060,740	10.0%
	C/L(A)	106,600	22,144,181	18,822,554	19,929,763	10.0%

2. 인정사실

가) 원고는 2009년경부터 2014년경까지 발주자인 현대중공업, 에스티엑스중공업 등의 요청에 따라 현대중공업, 에스티엑스중공업 등에 공급하는 베드 플레이트, 프레임 박스 등의 납품 단가를 인하하였고, 2015. 1.경에도 현대중공업에 공급하는 위 제품들의 납품단가를 전년도 대비 6.9% ~ 11.4%(평균 8.1%), 에스티엑스중공업에 공급하는 위 제품들의 납품단가를 1.0% ~ 24.9%(평균 6.9%) 각 인하하였다.

나) 원고는 2015. 1. 28. 베드 플레이트 및 프레임 박스를 제작하는 수급사업자 디○프, 하나테크, 우리테크, 경명이엔지에 대한 2015년 납품단가와 관련하여 '60MC·58T 이하는 2014년 계약가 대비 단가 10% 인하, 70MC·62U 이상은 2014년 계약가 대비 단가 15% 인하한다.'는 내용의 2015년 원가절감 추진계획을 수립하였다. 원고는 위 4개 수급사업자들을 상대로 위 계획에 따라 전년 대비 단가가 60MC 이하 10%, 70MC 이상 15% 각 인하된 제작단가표를 첨부하여 '2015년 제작생산팀 저속제작단가 관련 회신요청의 건'이라는 제목의 공문을 위 수급사업자들에게 발송하면서 2015. 2. 3.까지 회신을 요청하였다.

다) 수급사업자 하나테크, 우리테크 등은 2015. 1. 30. 원고에게 '2014년 단가 대비 60MC 이하는 SUB 동결, A'SSY 2% 인하, 70MC 이상은 SUB 2%, A'SSY 4% 인하'라는 내용의 의견서를 제출하였다. 그리고 수급사업자 경명이엔지는 원고에게 'SUB는 관리운영상 포기, ASS'Y는 60MC 이상 5% 인하, 70MC 이상 7% 인하, 62T 이하 동결, 62T 이상 5% 인하'라는 내용의 의견서를 제출하였다.

라) 원고는 2015. 2. 16. 위 4개 수급사업자들에게 최초 단가 인하안을 일부 수정하여 아래와 같은 내용의 공문을 발송하였다.

제목: 2015년 2ST 제관품 사내제작 계약체결의 건

2. 2015년 2ST BP&FB 제작품 사내제작 관련하여 아래와 같이 계약체결코저 통보하오니 검토하시어 계약체결 기한 내 체결될 수 있도록 협조를 부탁드립니다.

- 아 래 -

1) 2015년 사내제작 단가인하요율(2014년 계약단가 대비)

TYPE		SUB	ASS'Y	비고
MAN	60MC 이하	5%	7%	
	70MC 이상		10%	
WCH	72T 이하	5%	7%	
	82T 이상		10%	

2) 단가인하 배경

<table><tr><td>2014년 ~ 2015년 엔진 MAKER인 현대중공업, 에스티엑스중공업, 두산엔진의 제작비 인하요구가 10%를 상회하고 있어, 당사로서는 협력업체와 상생을 위한 수주물량 확보를 위해 사내제작비 및 사외 구매품의 단가인하를 추진 중에 있음
3) 귀사의 적극적인 협조와 검토를 부탁드립니다.
4) 계약요청일자: 2015년 2월 24일(화)</td></tr></table>

마) 원고는 2015. 3. 1. 표4 기재와 같이 베드 플레이트 및 프레임 박스의 2015년 단가를 2014년 단가 대비 '60MC 이하는 7%, 70MC 이상은 10%'의 비율로 인하(7G80ME-C 베드 플레이트의 경우 29.0% 인하)하는 내용 등으로 디○프와 '2015년 구매기본계약'을 체결하였다. 별지 4 기재와 같이 69개 품목에 대하여 7.0%의 인하율이, 75개 품목에 대하여 10.0%의 인하율이, 1개 품목에 대하여 29.0%의 인하율이 각 적용되었다.

바) 원고가 2015. 3. 18. 작성한 '2015년 원가절감 추진실적 집계표(제작생산팀)'에는 '위 4개 수급사업자들에 대하여 2015년 단가를 2014년 단가 대비 SUB는 전기종 5%, ASS'Y는 50MC 이하 7%, 60MC 이상 10%를 각 인하하였다.'는 내용 등이 기재되어 있다.

사) 디○프의 대표이사인 이**는 2016. 7. 28. 이 사건 제2 결정행위와 관련하여 '㉮ 원고는 일방적으로 작성한 단가표와 문서에 인하율을 제시하였으나, 그 외 단가인하에 대한 근거자료, 인하율 산정 내역자료 등을 디○프 등 수급사업자들에게 제시하지 않았다, ㉯ 원고는 디○프 등 수급사업자들로부터 의견을 한 차례 제출받은 이후 수급사업자들과 단가인하와 관련하여 협의를 하지 않았다. 제품 중에는 단가를 동결 또는 인상해야 하는 것도 있었음에도 무조건 인하하였다, ㉰ 원고는 60MC 이하, 70MC 이상, SUB 작업 3가지로 나누어서 동일한 비율로 단가를 인하하였는데, 이렇게 3가지 유형으로 단순하게 나눌 수 없다.'는 내용의 확인서를 제출하였다.

3. 판단

가) 일율적 비율로 인하한 경우 해당하는지 여부 (긍정)

위 인정사실에 의하여 인정할 수 있는 아래와 같은 사정들에 비추어 보면, 이 사건 제2 결정행위는 일률적 비율(규격 60MC 이하 7%, 70MC 이상 10%)로 단가를 인하한 행위에 해당한다.

① 이 사건 제2 결정행위에 의하여 단가가 인하된 145개 품목들은 구분(품목), 기존단가 및 중량이 모두 다르다.

② 그럼에도 원고는 2015. 1. 28. 디○프 등 4개 수급사업자들에게 단가 인하를 요구할 때나 2015. 2. 16. 위 4개 수급사업자들에게 수정된 인하안을 통보할 때뿐만 아니라 2015. 3. 1. 디○프와 '2015년 구매기본계약'을 체결할 때 모두 규격이 60MC 이하, 70MC 이상이라는 단일 기준에 따라 품목을 분류한 후 그 분류에 따라 동일한 인하율을 적용하였다(다만 원고는 디○프와 '2015년 구매기본계약'을 체결하면서 7G80ME-C 베드 플레이트는 전년도 대비 29%의 단가를 인하하였다).

③ 원고는 위 4개 수급사업자들에게 동일한 분류기준 및 인하율에 따라 2015년 단가를 인하할 것을 요구하였고, 이에 대하여 디○프, 하나테크, 우리테크는 동결부터 4% 인하까지, 경영이엔지는 동결부터 7% 인하까지 각기 경영 형편에 따라 단가에 관한 의견을 제시하였음에도, 원고는 이를 전혀 받아들이지 않은 채 디○프 외 나머지 3개 수급사업자들과도 디

○프와 동일한 분류기준 및 인하율에 따라 2015년 단가를 인하하는 내용의 '2015년 구매기본계약'을 각 체결한 것으로 보인다.

나) 정당한 사유 유무 (부정)

① 앞에서 든 증거들에 의하여 인정할 수 있는 아래와 같은 사실 및 사정들에 비추어 보면, 원고가 일률적 비율로 단가를 인하한 데 정당한 사유가 인정되지 않는다.

① 이 사건 제2 결정행위의 대상인 145개 품목의 구분(품목), 기존단가 및 중량이 모두 상이함에도 원고는 개별 품목의 특성을 구체적으로 고려하지 않고 규격 60MC 이하, 70MC 이상이라는 단일 기준에 의하여 품목을 분류한 후, 분류에 따라 동일한 인하율을 적용하였다. 원고는 위와 같은 분류기준 및 인하율을 정한 구체적인 근거를 제시하지 못하고 있으며, 디○프 대표이사인 이**도 '원고는 60MC 이하, 70MC 이상, SUB 작업 3가지로 나누어서 동일한 비율로 단가를 인하하였는데, 이렇게 3가지 유형으로 단순하게 나눌 수 없다.'는 의견을 피력하였다. 원고는 개별 품목의 특성이 아니라 주로 자신의 편의를 위해서 자신이 정한 분류기준 및 일률적 비율에 따라 단가를 인하한 것으로 보인다. 그리고 현대중공업, 에스티엑스중공업 등 발주처들이 납품 단가를 인하하였다는 사정은 디○프 등 4개 수급사업자에 대하여 단일 기준에 의하여 품목을 분류한 후 일정한 비율로 단가를 인하할 정당한 사유라고 보기 어렵다.

② 위 4개 수급사업자들은 거래 기간, 거래 규모, 인건비 지출 상황, 신규 설비 도입 등에 따른 생산성 향상의 정도, 발주량 증가에 따른 고정비용 감소 여부 등 경영 상황이 다를 것이며, 경명이엔지는 디○프 등 나머지 3개 수급사업자들과 다른 인하안을 제시하였다. 그럼에도 원고는 위 사정들을 고려하지 않고 위 4개 수급사업자들에게 동일한 분류 기준 및 인하율을 적용한 것으로 보인다.

③ 원고가 2015. 2. 16. 통보한 인하율에 따라 2015년의 단가가 결정된 점 등 2015년 단가 결정 과정 및 이**가 제출한 확인서의 내용 등에 비추어 볼 때, 단가인하의 기준에서 합리적인 사유를 찾아보기 어렵고, 원고와 디○프 등 수급사업자들이 단가 인하의 기준에 관하여 실질적인 합의를 거쳤다고 보이지도 않는다..■

아) 하도급법제4조 제2항 제1호 사례: 포장용 유리용기 제조업 원사업자가 금형 제조위탁을 한 사안에서 일정한 사유를 들어서 일률적인 비율로 단가를 인하행위로 하도급대금 결정이 위법으로 볼 수 없다는 사례

원자재 가격 하락 등 단가인하 사유가 있는 업체에 한하여 원자재의 가격하락을 반영하여 품목별로 다른 비율을 적용하여 단가를 인하하였고, 동일한 품목이라도 업체별로 개별 합의를 거쳐 다른 비율을 적용하거나 결제조건을 달리 정하였다고 보아 일률적인 비율로 단가를 인하로 인한 부당한 하도급대금 결정이라고 볼 수 없다는 사안(**서울고등법원 2018. 12. 13. 선고 2018누43417 판결**).

–서울고등법원 2018. 12. 13. 선고 2018누43417 판결[283]**[과징금납부명령취소]–**

283) 본 사안은 상고되었으나 심리불속행으로 대법원에서 확정되었다(대법원 2019.04.24. 심리불속행기각 확정

[삼○글라스 사례]

【판시이유】

1. 기초사실 -품목별 단가인하 행위

원고는 2014. 3. 25. 포장부자재 및 금형에 대해 단가인하를 계획하고 2014. 4.부터 2014. 9.까지 아래 [표 3]과 같이 용신플러스 등 10개 수급사업자에 대하여 품목군마다 동일한 인하율을 적용하여 단가를 인하하였다(이하 '1차 단가인하'라 한다).

원고는 2016. 10. 17. 포장부자재에 대해 단가인하를 계획하고 같은 해 10월부터 2017년 3월까지의 기간 동안 아래 [표 4]와 같이 용신플러스 등 4개 수급사업자에 대하여 품목군마다 동일한 인하율을 적용하여 단가를 인하하였다(이하 '2차 단가인하'라 하며, 1차 단가인하와 통틀어 '이 사건 단가인하행위'라 한다).

2. 피고 공정거래위원회의 처분

피고는 이 사건 단가인하행위는 하도급법 제4조 제1항을 위반하였다는 이유로 2018. 3. 20. 원고에 대하여 전원회의 의결 제2018-096호로 별지 1 기재 제1, 2항의 시정명령과 제3항의 과징금납부명령을 하였다[284].

3. 원고 원사업자의 주장

원고는 모든 하도급 업체의 단가를 일률적으로 인하한 것이 아니라, 원자재 가격 하락 등 단가인하 사유가 있는 업체에 한하여 품목별로 다른 비율을 적용하여 단가를 인하하였고, 동일한 품목이라도 업체별로 개별 합의를 거쳐 다른 비율을 적용하거나 결제조건을 달리 정하였다. 따라서 원고가 '둘 이상의 품목' 또는 '둘 이상의 사업자'에 대하여 일률적인 비율로 단가를 인하하였다고 할 수 없고, 원고의 이 사건 단가인하행위에는 정당한 사유가 존재한다.

4. 법원의 판단

가. 인정 사실

① 2014. 4.을 기준으로 총 31개 수급사업자가 원고에게 금형, 쿡웨어, 임가공, CAP, C/T BOX, IN BOX, 속지·스티커, 벌집간지, 포장재 등을 제조하여 납품하고 있었다. 원고는 31개 수급사업자 중 금형, CAP, C/T BOX, IN BOX, 속지·스티커, 벌집간지 등의 품목을 제조하는 14개 회사를 대상으로 1차 단가인하를 하였고, 그 후 C/T BOX, IN BOX, 속지·스티커 등의 품목을 제조하는 5개 회사를 대상으로 다시 2차 단가인하를 하였다.

② 이 사건 단가인하행위의 대상이 된 품목 중 금형은 스틸(철강)을, CAP은 PP(수입 프로필렌)를, 속지·스티커는 펄프를 각 원자재로 하여 제품을 생산하고, C/T BOX, IN BOX, 벌집간지는 폐골판지를 원자재로 한다.

2019두31716).

284) 1. 원고는 주식회사 지티엔엠 등 10개 수급사업자에게 금형 등을 제조위탁하면서 정당한 사유 없이 품목군마다 일률적인 비율로 단가를 인하하는 것과 같이 부당하게 하도급대금을 결정하는 행위를 다시 하여서는 아니 된다.

2. 원고는 주식회사 지티엔엠 등 15개 수급사업자에게 금형 등을 제조위탁한 후 하도급대금을 어음대체결제수단으로 지급하면서 목적물 등의 수령일로부터 60일이 지난 날 이후부터 하도급대금 상환기일까지의 기간에 대한 어음대체결제수수료를 지급하지 아니한 것과 같은 행위를 다시 하여서는 아니 된다.

3. 원고는 다음 각 호에 따라 과징금을 국고에 납부하여야 한다.

가. 납부금액: 1,572,000,000원

나. 납부기한: 과징금 납부고지서에 명시된 납부기한(60일) 이내

다. 납부장소: 한국은행 국고수납대리점 또는 우체국

③ 원고는 이 사건 단가인하행위 당시 아래와 같이 품목을 기준으로 다른 비율을 적용하여 단가를 인하하였고, 동일한 품목군 내에서도 업체별로 단가인하율을 다르게 적용하기도 하였다.

④ 원고는 2014. 3. 25. 1차 단가인하, 2016. 10. 17. 2차 단가인하와 관련하여 내부 기안서를 작성하였다.

나. 법원 판단

위 인정 사실과 앞서 든 증거들 및 변론 전체의 취지를 더하여 알 수 있는 아래의 사정들을 위 법리에 비추어 살펴보면, 이 사건 단가인하행위가 하도급법 제4조 제2항 제1호의 '정당한 사유 없이 일률적인 비율로 단가를 인하하여 하도급대금을 결정하는 행위'로서 '부당한 하도급대금의 결정'에 해당한다고 보기 어렵다. 따라서 원고의 이 부분 주장은 이유 있다.

① 원고는 자신과 거래하는 수급사업자와 원자재 가격하락 등 단가인하 사유가 있는 경우에 단가를 인하하였다. 1차 단가인하 당시에는 스틸, PP, 폐골판지, 펄프 등의 가격하락을 반영하여 이를 원자재로 하는 금형, CAP, C/T BOX, IN BOX, 속지·스티커, 벌집간지 등의 품목들의 단가가 인하되었고, 2차 단가인하 당시에는 폐골판지, 펄프의 가격하락을 반영하여 C/T BOX, IN BOX, 속지·스티커 등 품목들의 단가가 인하되었다. 실제로 피고도 원고의 관련 수급사업자 31개 회사 중 일률적인 납품가격 인하가 있었다며 처분의 전제로 삼은 것은 1차 단가인하 당시 10개, 2차 단가인하 당시 4개에 불과하다.

② 같은 원자재를 사용하는 업체라 하더라도 품목이 달라 원자재 비율이나 가공방법 등이 다른 경우에는 단가인하율도 다르게 적용되었다. C/T BOX와 IN BOX 모두 원자재인 폐골판지의 가격하락에 따라 이 사건 단가인하행위의 대상이 되었지만, C/T BOX가 IN BOX보다 원가비중이 높으므로 1차 단가인하 시 7%, 2차 단가인하 시 5%의 인하율이 적용되었고, IN BOX는 1차 단가인하 시 5%, 2차 단가인하 시 2%의 인하율이 적용되었다.

③ 원고는 동일한 품목 내에서도 업체별로 다른 단가인하율을 적용하기도 하였다. 1차 단가인하 당시 CAP를 납품하던 관련 수급사업자로 리샘, 금명산업, 대아씨앤아이, 이안플라텍, 일진전자 등이 있었는데, 리샘, 금명산업, 대아씨앤아이에는 6%의 단가인하율이 적용되었으나, 원고가 금형비를 제공하였던 이안플라텍에는 3%의 단가인하율이 적용되었고(갑 제5호증, 을 제14호증), 일진전자는 거래규모가 작고 원고와 거래기간이 짧다는 이유로 단가인하 대상에서 제외되었다. 또한, C/T BOX를 납품하던 용신플러스, 태성제이앤씨도 1차 단가인하 시에는 7%, 2차 단가인하 시에는 5%의 단가인하율이 적용되었으나, 같은 품목을 납품하던 신안포장산업에는 골판지 원단 등을 자체생산하고 있다는 이유로(갑 제5호증, 을 제15호증) 1차 단가인하 시에는 5%의 단가인하율이 적용되었고, 2차 단가인하 시에는 단가인하대상에서 제외되었다. 이처럼 같은 품목 내에서 별도 단가인하율이 적용된 이안플라텍, 신안포장산업 등 업체들을 제외하고 2개 이상의 수급사업자에게 적용된 단가인하율 수치가 동일한 유형만을 추출하여 일률적인 단가인하라 단정할 수 없다.

④ 피고는 금형, CAP, C/T BOX 등은 '품목'이 아니라 '품목군'이므로 동일한 금형 품목에 대하여 6%의 비율을 적용한 것은 실질적으로 금형 품목군 안에 있는 수십 개의 품목에 대하여 일률적인 비율을 적용한 것이라고 주장한다. 그러나 동일한 품목 내에서 다시 각 관련 수급사업자가 공급하는 세부 품목으로 나뉘는 것은 제품 규격에 일부 차이가 있기 때문이고 규격이 달라진다고 하여 기본적인 원자재 비율과 제조공정 등이 달라지는 것은 아니다. 피고

의 주장처럼 동일한 품목의 제품을 다시 규격 등을 기준으로 세분화하여 단가인하율을 다르게 적용하여야 한다고 볼 수는 없다. 원고는 실제로 관련 수급사업자들이 원고에게 원자재 가격상승을 이유로 단가인상을 요청할 경우에도 규격 등을 기준으로 품목을 세분화하지 않고 일률적인 비율을 적용하여 왔다(갑 제22호증).

⑤ 2개 이상의 품목에 관하여 종류·거래 규모·품질 등 개별적인 사정에 차이가 있음에도 불구하고 이러한 개별적 차이를 반영하지 않은 채 단일한 비율로 단가를 인하하였다면 하도급법이 금지하는 '일률적인 비율로 단가를 인하하여 하도급대금을 결정하는 행위'에 해당할 것이다. 그러나 매출액이나 거래규모 등에 있어서 큰 차이가 없고, 제품의 제조 공정이나 원자재가 동일하며, 원자재 가격하락이라는 공통된 단가인하 요인이 발생하였음에도, 같은 품목을 취급하는 수급사업자마다 다른 단가인하율을 산정하여야만 한다면 오히려 동일한 품목을 취급하는 수급사업자들을 합리적 이유 없이 차별하여 다른 단가인하율을 적용하는 것이므로 하도급법 제4조 제2항 제3호의 '정당한 사유 없이 특정 수급사업자를 차별 취급하여 하도급대금을 결정하는 행위'에 해당할 수 있다.

⑥ 피고의 '부당한 하도급대금 결정 및 감액행위에 대한 심사지침' Ⅳ.2.가.(1)은, 종전 계약에 비해 원자재 가격이 하락하여 동일한 원자재를 사용하는 품목별로 그 하락률을 객관적이고 합리적으로 산출한 근거에 따라 종전 계약금액을 기준으로 일률적인 비율로 인하하여 하도급대금을 결정하는 경우에는 정당한 사유가 인정되는 것으로 규정하고 있다. 원고가 원자재의 가격하락을 반영하여 품목별로 단가인하율을 별도로 적용한 사실은 앞서 본 바와 같고, 원고는 위와 같이 분류기준과 인하율을 정한 구체적인 근거를 제시하고 있으므로 이 사건 단가인하행위에는 위 심사지침이 예시한 정당한 사유가 있다고 보인다.

⑦ 이 사건 단가인하행위 후에도 관련 수급사업자들은 전반적으로 안정적 수익구조를 유지하고 있고, 이 사건 단가인하행위 전후를 살펴보더라도 관련 수급사업자들의 영업이익률에 유의미한 변동을 찾아볼 수 없다(갑 제16호증). 관련 수급사업자들은 이 사건 단가인하행위가 하도급법을 위반하였다는 이유로 신고한 바 없고, 원자재 가격하락을 이유로 원고와 개별 협의를 거쳐 자유 의사에 따라 단가인하율을 결정하였다는 취지의 사실확인서를 제출하고 있다(갑 제6, 7호증). 비록 위와 같은 행위가 원고와 원만한 거래관계를 유지할 필요성이 강한 수급사업자로서 불가피한 측면이 있는 상황에서 이루어진 것이라 하더라도, 수급사업자를 원사업자와 대등한 지위에서 균형 있게 발전하도록 보호하는 것도 하도급법의 목적인 점, 실제 일부 수급사업자들은 별도의 단가인하율을 적용받거나 단가인하대상에서 제외되었던 점 등을 함께 살펴보면, 원고와 관련된 수급사업자들이 단가인하율 산정과 관련하여 그 의사에 반하여 부당하게 단가에 합의하였다고 단정하기 어렵고, 원고와 관련 수급사업자들 사이에 단가인하 합의에 관한 문서 등을 작성하지 않았다고 하여 이와 달리 보기 어렵다.

⑧ 이 사건 단가인하행위와 관련된 원고의 내부 기안서에 '손익개선'을 위하여 단가를 조정하고, 단가인하로 예상되는 절감액, 해당 납품사 전체물량 일괄 할인 등의 기재가 있었다고 하더라도, 영리활동을 하는 원고의 손익개선 목적만으로 부당한 하도급대금 감액의 목적이 있었다고 단정할 수 없는 점, 예상절감액 분석은 통상적인 거래에도 가능한 것인 점, '해당 납품사 전체물량 일괄 할인'도 특정 수급사업자와 개별 협상을 거쳐 일정 품목에 대하여 일괄하여 할인할 수 있는 점, 앞서 든 각 단가인하의 구체적 사정 등을 함께 고려하면, 이 사건 단가인하행위가 원자재 가격하락과 무관하게 일률적으로 이루어졌다고 단정할 수 없다.■

2) 하도급법제4조 제2항 제2호: 2. 협조요청 등 어떠한 명목으로든 일방적으로 일정 금액을 할당한 후 그 금액을 빼고 하도급대금을 결정하는 행위

3) 하도급법제4조 제2항 제3호: 3. 정당한 사유 없이 특정 수급사업자를 차별 취급하여 하도급대금을 결정하는 행위

4) 하도급법제4조 제2항 제4호: 4. 수급사업자에게 발주량 등 거래조건에 대하여 착오를 일으키게 하거나 다른 사업자의 견적 또는 거짓 견적을 내보이는 등의 방법으로 수급사업자를 속이고 이를 이용하여 하도급대금을 결정하는 행위

구 하도급법 제4조 제2항 제4호에서 금지하는 '수급사업자를 속이고 이를 이용하여 하도급대금을 결정하는 행위'에서 '속이는' 행위란, 하도급거래에서 지켜야 할 신의와 성실의 의무를 저버리는 행위로서 수급사업자로 하여금 착오를 일으키게 하는 것을 말하고, '속이는' 행위에 해당하는지 그 의도는 원사업자가 자인하지 않는 이상 하도급대금 결정 전후 원사업자의 재력, 환경, 거래상 지위, 하도급대금의 인하 배경과 과정 및 내용, 거래의 이행과정 등과 같은 객관적인 사정 등을 종합하여 판단할 수밖에 없다(구 하도급법상 '기만'의 의미에 관한 대법원 2010. 4. 29. 선고 2008두14296 판결 등 참조).

거래조건의 착오 내지 속이는 행위를 통한 하도급대금결정 관련하여 2009. 4. 1. 법률 제9616호로 개정되기 전의 규정은 '기만'을 요건[285]으로 하고 있었다. 개정 전과 후의 현행 법률상 '속이고'와 '기만'의 차이가 문제된다. 단어의 어감으로는 '기만'이 '속인다'와 비교할 때 보다 강력한 느낌을 주는 것이므로 개정법에 의하면 종전과 더 폭넓게 하도급법 위반을 적용하겠다는 의지로 해석된다고 할 것이다. 따라서 법적으로 보면 착오와 유사한 정도의 '속이기' 의 의미를 가진다고 해석되므로 결국 '속인다'는 의미를 '사기'에 있어서의 '기망' 정도로 엄격하게 해석되어서는 안되고 외관적으로 볼 때 속을 수 있는 것이라면 부당한 하도급대금결정이라고 보아야 할 것이다.

어떤 행위가 수급사업자를 착오에 빠지게 하는 속이는 행위에 해당하는가의 여부는 거래의 종류 및 상황, 상대방인 수급사업자의 업종, 규모, 거래 경험, 원수급자와

285) 구 하도급거래 공정화에 관한 법률(2009. 4. 1. 법률 제9616호로 개정되기 전의 것) 제4조 제2항 제4호
4. 수급사업자에게 발주량 등 거래조건에 대하여 착오를 일으키게 하거나 다른 사업자의 견적 또는 거짓 견적을 내보이는 등의 방법으로 수급사업자를 기만하고 이를 이용하여 하도급대금을 결정하는 행위

수급사업자의 거래상 지위 등 행위 당시의 구체적 사정을 고려하여 개별적으로 판단해야 한다(**대법원 2010. 4. 29. 선고 2008두14296 판결 등 참조**).

-하도급법제4조 제2항 제4호 사례 (1)-

수익성이 낮은 부품단가의 인하를 인하하는 대신 다른 부품단가를 인상하여 손실정산을 약속 한 후 보전을 전혀 또는 일부만 해준 사안 (부당한 하도급대금 결정 행위 인정)

-대법원 2010. 4. 29. 선고 2008두14296 판결[286] **[시정명령 등]-**
[기○자동차 사례]

【판시사항】

부당한 하도급대금 결정에 관한 구 하도급거래 공정화에 관한 **법률 제4조 제2항 제4호의 '기만'의 의미** 및 **어떤 행위가 수급사업자를 착오에 빠지게 한 기만행위에 해당하는지 여부의 판단 기준**

【판결요지】

부당한 하도급 결정에 관한 구 하도급거래 공정화에 관한 법률(2009. 4. 1. 법률 제9616호로 개정되기 전의 것) 제4조 제2항 제4호에서의 '**기만**'이란 하도급거래에서 지켜야 할 신의와 성실의 의무를 저버리는 행위로서 수급사업자로 하여금 착오를 일으키게 하는 것을 말하고, 어떤 행위가 수급사업자를 착오에 빠지게 한 기만행위에 해당하는가의 여부는 **거래의 종류 및 상황, 상대방인 수급사업자의 업종, 규모, 거래 경험, 원수급자와 수급사업자의 거래상 지위 등 행위 당시의 구체적 사정을 고려하여 개별적으로 판단**해야 한다. 그리고 기만의 의도는 원사업자가 자인하지 않는 이상 하도급대금 결정 전후 원사업자의 재력, 환경, 거래상 지위, 하도급대금의 인하 배경과 과정 및 내용, 거래의 이행과정 등과 같은 객관적인 사정 등을 종합하여 판단할 수밖에 없다.

【판시이유】

원심판결 이유 및 원심이 적법하게 채택한 증거에 의하면, 원고는 북미지역 수출 전략 차종인 리오와 옵티마의 수익성이 카니발과 쏘렌토 등 다른 차종에 비하여 낮은 것으로 나타나자 리오와 옵티마의 수익성을 제고하기 위하여 부품 납품단가의 인하를 추진하기로 하고, 2003년 5월에서 6월경 이 사건 32개 부품업체들(34개 부품업체들 중 이 사건 2개 회사를 제외한 것이다)에게 리오와 옵티마 차종 부품의 납품단가를 인하하는 대신 손실이 발생하지 않도록 추후 카니발과 쏘렌토 차종 부품의 납품단가를 인상함으로써 정산하여 주겠다고 구두로 약속한 사실, 이에 이 사건 32개 부품업체들은 위와 같이 하여 인하된 납품대금 전액을 원고가 상당한 기간 내에 다른 차종에 대한 납품대금 인상을 통하여 보전해 줄 것으로 믿고 2003년 6월에서 7월경 리오와 옵티마 차종 부품의 납품단가를 0.9%에서 29.9% 인하함에 동의한 사실, 그런데, 원고는 이 사건 납품대금 인하 과정에서 문서로 내부결재를 밟는 절차를 거치지도 않았고, 납품단가 인상을 통한 손실보전 등 사후조치는 비용이 발생하는 행위임에도 이에 관하여 구체적

286) 원심(서울고등법원 2008. 7. 16. 선고 2008누3809 판결).

인 계획을 수립한 적도 없는 사실, 그 후 원고는 이 사건 납품단가 인하 무렵부터 약 2년 6개월이 경과되었음에도 이 사건 32개 부품업체들 중 7개 업체들(9개 부품업체들 중 이 사건 2개 회사를 제외한 것이다)에 대해서는 인하된 납품대금을 전혀 보전해 주지 않았고 나머지 25개 업체들에 대해서는 인하된 납품대금 중 일부만 보전해 주어, 정산되지 않은 금액이 합계 약 18억 원에 이르는 사실, 인하된 납품대금 중 보전되지 아니한 비율이 위 7개 업체들에 대해서는 100%이고 위 25개 업체들에 대해서는 4개 업체들을 제외하고는 20% 이상으로서 최대 91%에 달하는 사실, 원고와 그 계열사인 현대자동차 주식회사는 2004년 기준으로, 국내 자동차산업의 생산에서 77.84%, 시장점유율에서 73.84%를 차지하여 시장지배적 사업자의 지위에 있고, 국내 자동차 부품산업에서도 전체 완성차 납품거래 금액 중 79.0%를 차지하고 있어, 원고는 이 사건 부품업체들에 대하여 상당히 우월한 거래상 지위를 가지고 있는 사실, 원고에게는 인하된 납품대금을 보전해 줄 경제적 능력은 있었던 것으로 보임에도 상당한 기간이 지나도록 그 전액을 보전해 주지 아니한 사실 등을 알 수 있다.

이러한 점에 비추어 보면, **원고는 이 사건 32개 부품업체들에 대하여 인하된 납품대금 전액을 보전해 줄 의사가 없었음에도 이를 보전해 줄 것처럼 위 부품업체들을 기만하였다고 봄이 상당하므로, 이 사건 납품단가 인하행위는 수급사업자를 기만하고 이를 이용하여 하도급대금을 결정한 부당한 하도급대금의 결정**으로 봄이 상당하다. ■

-하도급법 제4조 제2항 제4호 '착오' 사례 (2)-

공압기기 부품의 제조를 위탁하면서 발주량에 관하여 착오를 일으키게 하는 방법으로 부당하게 하도급대금을 결정한 사안

-서울고등법원 2013. 11. 14. 선고 2013누7171 판결[287] [시정명령및과징금납부명령취소]-

[한국에스○○공압 사례]

[판시 이유]

1. 원고의 주장

원고가 재○산업으로부터 아래 <표 1> 기재 CKQ063-33-KC0858 등 3개 부품(이하 '3개 부품'이라 한다)에 대하여 대량 발주를 전제로 인하된 단가로 견적을 받았다가 그 후 소량만을 발주하기는 하였으나, 이는 원고로부터 공압기기 완성품을 구매하는 삼성전자 등 원청사가 예기치 않게 완성품에 대한 발주량을 축소하여 부득이 재○산업으로부터 그 부품의 수량을 축소하여 발주한 것으로서, 원고가 의도적으로 재○산업을 속이거나 착오에 빠뜨려 낮은 단가의 견적서를 받으려는 의사가 있었던 것이 아니었고, 재○산업 또한 원고와 거래하면서 위와 같이 대량 발주를 예정하였다가 소량만을 발주하거나 소량 발주를 예정하였다가 대량으로 발주하는 등의 다양한 거래관계가 존재하였던 관계로 이를 충분히 인식하였다 할 것이므로 착오에 빠진 사실도 없다.

---

287) 본 판결은 상고되었으나 심리불속행 기각되어 확정되었다(대법원 2013두35198 2014. 4.10.자 심리불속행기각 판결).

2. 인정 사실

(가) 원고가 수급사업자인 재○산업에게 아래 <표 1> 기재와 같이 과거부터 '종전 단가'란 기재 금액으로 공급받고 있던 3개 부품의 제조를 위탁하면서 1회당 '다량 견적내역의 수량'란 기재 상당의 다량(多量) 발주를 이유로 단가 인하를 요구하였고, 이에 따라 재○산업으로부터 '다량 견적내역의 견적 일자'란 기재 일자에 '발주내역의 발주 단가'란 기재 금액의 새로운 견적서를 제출받는 방법으로 납품단가를 인하하였다.

[표1] (단위: 원, 개, 부가세 별도)

품 명	종전단가	다량 견적내역			발 주 내 역			단가 인하내역	
		견적일자	수량	견적단가	발주단가	총발주수량	납품금액	단가인하액	인하총액
CKQ063-33-KC0858	95,000	2010. 3. 10	180	90,000	90,000	476	42,840,000	5,000	2,380,000
C1S140-20-KD0024	92,000	2010. 1. 11.	40	89,000	89,000	2	178,000	3,000	6,000
C2J006-58-KUO808	17,500	2009. 10. .20.	126	13,500	13,500	70	945,000	4,000	280,000
합 계							43,963,000		2,666,000

(나) 재○산업은 아래 <표 2> 기재와 같이 다량 발주를 이유로 한 원고의 단가인하 요구에 따라 종전단가 대비 22.8%~3.2%를 인하하였으나, 그 후 실제로 원고는 재○산업에게 '발주내역의 1회당 평균 발주수량'란 기재와 같이 1회 발주한 부품별 평균수량이 2개~52.8개에 불과할 정도로 소량만을 발주하였다.

[표2] (단위: 원, 개)

품 번	종전단가	인하단가	인하율	발 주 내 역			재견적수량
				총발주횟수	총발주수량	1회당평균발주수량	
CKQ063-33-KC0858	95,000	90,000	5.2%	9회	476	52.8	180
C1S140-20-KD0024	92,000	89,000	3.2%	1회	2	2	40
C2J006-58-KU0808	17,500	13,500	22.8%	5회	70	14	126
합 계				15회	548	36.5(평균)	

(다) 결국 원고가 재○산업에게 3개 부품에 대하여 다량 발주를 이유로 단가를 인하하게 한 후 실제로는 소량만을 발주하고도, 위와 같이 인하된 단가로 하도급대금을 지급함으로써 단가인하한 총액은 위 <표 1>의 '단가 인하내역의 인하총액'란 기재 합계액에 부가세를 합한 2,932,600원(2,666,000원+부가세 266,600원)이다.

3. 판단

위 인정사실 및 앞서 든 증거에 변론 전체의 취지를 종합하여 인정되는 다음의 사정들 즉,

① 원고는 3개 부품 중 C1S140-20-KD0024에 대하여는 1회 40개를 발주하는 것으로 예정하고도, 실제로는 1회 2개만을, C2J006-58-KU0808에 대하여는 1회 126개를 발주하는 것으로 예정하고도, 실제로는 1회 14개만을 각 발주하는 등으로 예정 수량에 훨씬 못 미치는 수량만을 발주하였는데, 위와 같은 대폭적인 수량의 축소 발주는 일반적으로 사정변경이 발생할 수 있음을 감안하더라도, 극히 예외적인 점, ② 만일 원청사가 원고에게 다량의 완성품을 구매하기로 하였다가 그 후 이를 대폭 축소함으로써 부득이 원고로서도 재○산업으로부터 소량의 부품만을 구매할 수밖에 없었다면, 원고로서는 원청사에 이를 항의하거나 완성품 대금의 증액을 적극적으로 요구하고, 원청사로부터 차액을 지급받아 이를 재○산업에 지급하였어야 할 것으로 보이나, 이를 인정할 만한 아무런 증거가 없는 점, ③ 재○산업이 원고의 요구에 따라 다량 발주를 전제로 한 낮은 단가의 견적서를 제출할 당시 추후 소량만이 발주될 수 있음을 인식하고 있었다고 볼 만한 아무런 증거가 없고, 오히려 다량 발주를 예정하였다가 소량만을 발주하는 행태가 흔히 발생하는 거래관계라면, 원고가 재○산업에게 위와 같이 특별히 다량 발주를 이유로 단가 인하를 요구하지는 아니하였을 것으로 보이는 점 등을 종합하여 보면, 원고가 재○산업으로부터 이 사건 3개 부품에 대하여 다량 발주를 이유로 단가를 인하 받고도, 소량만을 발주한 행위는 재○산업에게 발주량에 대하여 착오를 일으키게 하고 이를 이용하여 하도급대금을 결정하는 행위에 해당하므로, 이와 다른 전제에 선 이 부분 원고의 주장은 받아들이지 아니한다[또한 원고는, 하도급법 제4조 제2항의 각 규정은 제1항과 관련한 추정규정으로서, 허위의 다량 발주를 기화로 인하된 단가가 시가 보다 현저하게 낮은 수준으로 볼 수 없는 경우에는 추정이 복멸되는데, 재○산업의 대표인 김정길은 원고의 직원들에게 지속적으로 금품을 제공하여 부품의 납품단가를 부당하게 고액으로 형성하도록 하였으므로 위와 같이 인하된 단가도 시가에 비추어 낮은 단가로 볼 수 없다 할 것이어서, 발주량에 대하여 착오를 일으키게 하여 하도급대금을 결정한 것이 부당한 하도급대금의 결정으로 볼 수 없다는 취지로 주장하나, 하도급법 제4조 제2항은 각 호의 행위에 대하여 '부당한 하도급대금의 결정으로 본다'라고 규정하고 있는 점, 같은 조 5호 내지 7호는 '낮은 단가' 또는 '낮은 금액'이 그 요건임을 명시함에 반해, 제4호는 그와 같은 요건을 명시하고 있는 점 등에 비추어 위 조항이 추정규정인 것으로 단정할 수 없고, 나아가 다량 발주를 기화로 인하된 이 사건 3개 부품의 가액이, 아래 2.다.(3)(나)항에 비추어 시가를 상회하는 높은 단가로 보이지 아니하므로, 이 부분 원고의 주장도 이유 없다].■

-하도급법 제4조 제2항 제4호 '기만' 사례 (3)-

종합건설회사가 전문건설회사와 공사비 정산 과정에서 다른 사업장 공사를 수의계약 등으로 줄 것으로 기만하는 방법으로 하도급대금 정산금액을 낮게 결정하는 위법한 행위라는 사안(서울고등법원 2019. 7. 18. 선고 2018누55663 판결)

[참조 판결]

-서울고등법원 2019. 7. 18. 선고 2018누55663 판결[288] [시정명령 등 취소]-

288) 본 판결은 상고되었으나 심리불속행 기각되어 확정되었다(대법원 2019두50434 2019. 11. 28.자 심리불속행기

[금○주택 사례]

[판시 이유]

【판시이유】

1. 기초사실-하도급계약 체결

원고는 2013. 2. 26. 참가인과의 부산 지사동 K 아파트 신축공사 중 조경 및 시설물 공사(이하 '이 사건 공사'라고 하고, 아파트 전체공사를 가리킬 때에는 '이 사건 전체 공사' 라고 한다)를 계약기간 2013. 2. 27.부터 2013. 10. 31.까지, 계약금액 2,672,609,000원(부가가치세 포함)에 위탁하는 내용의 하도급계약을 체결하였는데(이하 '이 사건 하도급계약'이라 한다), 그중 주요 부분은 아래 표의 기재와 같다.

5. 대금의 지급

다. 설계변경, 경제상황변동 등에 따른 대금조정 및 지급

(1) 계약 일반조건 제19조 [설계변경으로 인한 계약금액의 조정]

(2) 계약 일반조건 제20조 [물가변동으로 인한 계약금액의 조정]에 의함

8. 하자보수보증금률 : 계약금액의 5%

민간건설공사 표준도급계약 일반조건

제19조 [설계변경으로 인한 계약금액의 조정]

① 설계서의 내용이 공사현장의 상태와 일치하지 않거나 불분명, 누락, 오류가 있을 때 또는 시공에 관하여 예기하지 못한 상태가 발생되거나 사업계획의 변경 등으로 인하여 추가 시설물의 설치가 필요한 때에는 원고는 설계를 변경하여야 한다.

② 제1항의 설계변경으로 인하여 공사량의 증감이 발생한 때에는 다음 각 호의 기준에 의하여 계약금액을 조정하며, 필요한 경우 공사기간을 연장하거나 단축한다.

1. 증감된 공사의 단가는 제8조의 규정에 의한 산출내역서상의 단가를 기준으로 상호 협의하여 결정한다.
2. 산출내역서에 포함되어 있지 아니한 신규비목의 단가는 설계변경 당시를 기준으로 산정한 단가로 한다.
3. 증감된 공사에 대한 일반관리비 및 이윤 등은 산출내역서상의 율을 적용한다.

제21조 [기타 계약내용의 변동으로 인한 계약금액의 조정]

① 제19조 및 제20조에 의한 경우 이외에 계약내용의 변경으로 계약금액을 조정하여야 할 필요가 있는 경우에는 그 변경된 내용에 따라 계약금액을 조정하며, 이 경우 증감된 공사에 대한 일반관리비 및 이윤 등은 산출내역서상의 율을 적용한다.

② 제1항과 관련하여 참가인은 제19조 및 제20조에 규정된 계약금액 조정사유 이외에 계약체결 후 계약조건의 미숙지 등을 이유로 계약금액의 변경을 요구하거나 시공을 거부할 수 없다.

2. 피고 공정거래위원회의 처분

피고는 2018. 5. 17. 의결 제2018-206호로 원고에게 이 사건 공사의 대금 정산 과정에서 다른 공사를 수의계약 등으로 줄 것처럼 속이는 방법으로 정산금액을 낮게 결정(이하 '이 사

각 판결).

건 하도급대금을 낮게 결정한 행위'라 한다)하였다는 이유로 구 하도급거래 공정화에 관한 법률(2014. 5. 28. 법률 제12709호로 개정되기 전의 것, 이하 '구 하도급법'이라 한다) 제4조 제2항 제4호, 제25조 제1항, 제25조의3 제1항에 의하여 원고에게 시정명령 및 과징금 납부명령을 하였다(이하 '이 사건 시정명령', '이 사건 과징금납부명령'이라 하고, 이들을 통틀어 '이 사건 처분'이라 한다).

3. 원고 원사업자의 주장 -이 사건 하도급대금을 낮게 결정한 행위에 관하여

원고는 참가인의 추가 공사대금의 증액 요청에 관하여 이를 승낙하거나 합의한 사실이 없다. 즉 참가인은 당초 이 사건 공사 완료 후 원고에게 일차적으로 공사대금을 계약 당시보다 총 313,814,000원 증액해 달라고 요청하였으나, 원고가 이를 승낙하지 않자 다시 금액을 낮추어 240,221,000원의 증액을 요청하였다. 이와 같이 계속된 참가인의 간절하고 집요한 요청에 따라 원고의 현장직원(이○녕)이 위와 같이 참가인이 작성한 내용의 결재안을 그대로 본사에 올린 것에 불과하다. 그런데 원고가 검토한 결과 참가인이 증액을 요청한 금액은 전혀 타당하지 아니하여 참가인과 다시 충분한 협의를 거쳐 객관적 자료에 기하여 입증되는 4,800만 원만을 증액하기로 결정한 것이다. 원고는 다른 공사에 관하여 수의계약을 체결할 것처럼 참가인을 속인 사실이 없고 오히려 참가인이 먼저 그와 같은 계약을 체결해달라고 요청하였으나 이를 거절하였을 뿐이다.

4. 법원의 판단

가. 인정 사실

① 원고의 본사기술부팀장인 장○필은 2013. 9. 26. 오전과 오후 두 차례에 걸쳐 참가인 소속 황○석 전무와 통화를 하였다. 이때 황○석은 이 사건 공사 현장에서 공사비가 추가로 공사 한 건 더 하는 정도로 많이 들었는데 그만큼 공사비 정산을 더 하여 달라고 요청하였고, 이에 장○필은 '현장에서 추가된 것도 있는데 한계가 있다. 추가로 발주하는 현장의 조경 예산에 5,000만 원 정도를 올릴 계획이고, 이를 참가인에게 밀어주게 되면 그 금액만큼 가게 된다'는 취지로 이야기하였다.

② 이 사건 전체 공사는 2013. 11. 19. 완공되었다. 참가인은 준공 이후인 2013년 11월 말 무렵부터 원고에게 공사대금을 당초 계약금액보다 총 313,814,000원 증액해 달라고 요청하였는데, 원고 본사의 공무담당 이○녕 차장은 2013. 12. 26. 황○석에게 '추가 공사내역 중 애매한 부분은 공사대금을 깎아주는 등의 방식으로 양보해 달라'는 취지로 전화를 통하여 이야기하고, 2013. 12. 27. 이 사건 전체 공사의 공사대금을 정산하는 내용의 '지사현장 정산 [案]'(을가 제3호증)을 작성하였다. 위 문서의 '공종별 정산집계표'에는 참가인이 수행한 이 사건 공사에 관하여 계약금액 2,672,609,000원, 정산 요청 2,972,609,000원, 정산금액 2,912,830,000원으로 기재되어 계약대비 240,221,000원의 차액(=2,912,830,000원-2,672,609,000원)이 발생하였음이 기재되어 있고, 비고란에는 "램프 포장공사 변경(2,400만 원 증액, 기보고), 조명등 변경(24,000,000원 증액, 기보고), 식재 변경분 반영(8,400만 원 증액), 토심확보 위한 플랜트 신설 변경(5,000만 원 증액), 포장면적증가, 조경배선수량증가 등(5,800만 원 증액)"이라고 기재되어 있다. 이○녕은 2014. 1. 8. 참가인에게 위와 같이 증액된 정산대금이 240,221,000원으로 기재된 정산내역 검토자료(을가 제4호증), 정산각서(을가 제5호증)가 첨부된 이메일(을가 제6호증)을 발송하였고, 그 무렵 원고에게도 같은 금액으로 정산승인을 요청하였다.

③ 그러나 원고는 2014년 1월 중순경 내부적으로 이 사건 공사대금을 계약 당시보다 총 4,800만 원만 증액하기로 결정하였고, 참가인에게 정산대금이 4,800만 원으로 기재된 정산각서, 변경내역서(을가 제17호증) 등을 송부한 뒤 위와 같은 내용으로 작성된 정산합의서에 날인할 것을 요구하였다. 위 정산합의서는 그 작성명의인이 참가인으로 되어 있고, '참가인은 이 사건 공사를 완공하고 모든 금액상의 문제가 완전 정산되었으므로 차후 이 사건 공사와 관련된 문제를 일체 제기하지 않겠다'는 내용이 포함되어 있었다.

④ 참가인은 위 정산합의서 등을 보고나서 2014. 2. 19. 및 같은 해 2. 21. 이메일 등을 통하여 원고에게 '원고는 참가인과 부산 명지동(2), 화성 동탄(1) 등 시공 중이거나 착공 예정인 조경공사를 수의계약 체결'한다거나 '원고는 부산 명지동(2), 화성 동탄(1) 등 시공 중이거나 착공 예정인 조경공사를 경쟁입찰을 통한 최저가 협의 후 참가인과 수의계약 체결'한다는 등의 직접적인 내용이 포함되도록 문구 수정을 제안하였다. 이에 이○녕은 2014. 3. 3. 참가인에게 정산합의서상 해당 내용을 '원고는 추후 참가인과 명지 1, 2차 및 동탄 현장에 관하여 하도급계약을 체결하는 경우, 참가인의 조경공사업으로 시공실적을 인정'하는 정도로 수정할 것을 제안하였고, 이에 대하여 황○석이 반발하자 '어차피 앞에 선행되어야 할 부분에 대해서는 말로 다 정리를 한다고 그랬지 않느냐. 일단 도장 찍는 부분에 대해서는 이렇게 해놓고 나중에 면담할 때 같은 값이면 참가인에게 달라고 이야기하지 않았느냐'는 취지의 이야기를 하였고, 이때 황○석은 이○녕의 상사이자 원고의 상무인 김○기와 통화를 하거나 만날 것을 예정하고 있었던 것으로 보인다(갑 제11호증, 을가 제12호증의 1).

⑤ 2014. 3. 10. 김○기는 참가인이 여전히 위 정산합의서에 날인을 거부하고 있는 상황에서 황○석과 통화를 하게 되었다. 김○기는 황○석에게 위 정산합의서에 날인할 것을 요구하면서 '명지 1차 현장의 계획 설계가 다 나온 상태이니 이 차장에게 설계안 달라고 해서 열흘 후 실시설계가 나오기 전 바꿀 수 있으면 바꾸도록 하고, 명지 1차 현장만 잘해도 충분히 만회되겠다'는 취지로 이야기하였다(을가 제7호증, 을가 제15호증의 1).

⑥ 위와 같이 김○기와 통화를 한 2014. 3. 10. 이후 정확한 날짜를 알 수 없는 시점에 원고와 참가인은 증액대금을 4,800만 원으로 하는 내용의 공사계약변경합의서를 작성하였는데, 다만 그 작성일자는 2014. 2. 3.로 소급하였다(을나 제1호증, 을나 제16호증과 같다).

⑦ 이○녕은 2014. 6. 3. 참가인에게 (부산) 명지 1차 현장 조경종합계획도 등을 첨부하여 이메일(을나 제10호증)로 실제 송부하였다.

⑧ 참가인은 이후 원고가 수행하는 부산 명지지구 K 아파트 신축공사 중 조경공사에 관한 입찰에 참여하였으나 원고와의 위 공사에 관한 하도급계약을 체결하지는 못하였다.

⑨ 원고는 피고 조사 단계에서 주식회사 경○엔지니어링에 이 사건 공사의 실제 시공 상태를 조사하여 공사비를 산출하는 내용의 용역을 의뢰하였는데, 이에 대하여 위 회사는 2015년 4월 무렵 원고에게 실제 공사결과에 따른 대금은 2,744,486,115원으로 산정된다고 보고하였다(을나 제6호증의 1부터 18까지). 다만 위 대금 2,744,486,115원은 하자보수비용 61,472,912원이 공제되어 산정되었다.

⑩ 원고는 2015. 3. 12. 피고에게 '조경공사 추가공사금액 검토'라는 제목 하에 참가인이 주장하는 추가 공사내역 및 금액에 관한 검토의견을 개진하면서 참가인 주장 추가 공사금액은 총 240,221,000원, 이 사건 공사 설계자인 윤○혜 교수가 인정하는 추가공사금액은 총 19,372,821원, 원고 현장 인정금액은 총 104,542,100원이라는 내용의 '조경공사 추가공사

금액 검토'라는 서면(을가 제20호증)을 작성하여 제출하였다. 또한 원고는 2017. 7. 4. 피고에게 '이 사건 공사와 관련하여 참가인에게 이 사건 추가공사를 위탁하면서 그 위탁 전에 별도의 서면을 발급하지 않은 사실이 있음을 확인한다'는 내용의 확인서(을가 제2호증)를 작성하여 제출하였다.

⑪ 한편 원고는 이 사건 공사 계속 중 ⓐ 외부램프바닥 마감재를 '고압블럭'에서 '인조화강석 블록 및 화강석 혹두기'로 변경하고 그에 대하여 공사대금 2,400만 원을 증액하는 내용의 원고 내부 결재문서인 '협조전'을 작성하여 결재를 마치고, ⓑ 조명등을 변경하고 그에 대하여 공사대금 2,400만 원을 증액하는 내용의 '검토보고안'을 작성하여 원고 대표이사에게 보고하였다.

나. 법원 판단

위 인정사실 및 앞서 든 증거들과 갑 제5, 33, 36호증, 을가 제17호증의 각 기재에 변론 전체의 취지를 종합하여 알 수 있는 아래와 같은 사정들을 종합하면, 원고는 다른 공사에 관하여 참가인과 하도급계약을 체결할 구체적이고도 명확한 의사가 없었음에도 이를 체결할 것처럼 참가인을 속이고 이를 이용하여 원고가 요구하는 이 사건 공사 정산대금을 참가인이 받아들이도록 함으로써 부당하게 하도급대금을 낮게 결정하였다고 봄이 타당하다. 따라서 원고의 이 부분 주장은 이유 없다.

가) 이 사건 하도급계약 일반조건 제19조 제2항에 따르면 원고의 설계변경으로 인하여 공사량의 증감이 발생한 때에는 계약금액을 조정하여야 하고, 제21조 제1항에 따르면 설계변경(제19조)이나 물가변동(제20조)에 의한 경우 이외에 계약내용의 변경으로 계약금액을 조정하여야 할 필요가 있는 경우 그 변경된 내용에 따라 계약금액을 조정하여야 한다. 따라서 원고는 이 사건 하도급계약의 내용이 변경된 경우 원칙적으로 그 계약금액을 조정하여야 하는데, 아래와 같은 사정들을 종합하여 보면 이 사건 공사의 추가·변경으로 인하여 조정하여야 하는 공사대금은 최종 정산대금인 4,800만 원을 상당히 초과한다고 보인다.

(1) 원고의 직원 이○녕은 참가인의 이 사건 공사에 관한 313,814,000원만큼의 추가공사대금 지급 요청에 대하여 참가인과 협의를 거쳐 정산대금이 240,221,000원인 내부 검토자료(을가 제3호증)를 작성하여 본사에 결재를 요청하고 같은 내용의 변경내역서, 정산각서를 작성하여 참가인에게 송부하였다.

원고는, 참가인이 원고 직원 이○녕에게 240,221,000원을 증액하도록 본사에 승인요청 결재안을 올려달라고 반복적으로 요청함에 따라 이○녕으로서는 실제로는 해당 금액만큼 정산승인이 나지 않을 것을 알면서도 호의를 베푼다는 생각으로 2014. 1. 8. 원고 본사에 정산대금이 240,221,000원인 변경내역서, 정산각서 등을 송부하여 승인요청을 하였다고 주장한다. 그러나 원고와 참가인의 사업 종류 및 규모의 차이를 고려하였을 때 원사업자인 원고 직원이 타당성이 전혀 없음에도 오로지 하도급업체인 참가인의 요청에 따라 본사에게 정산대금 승인 결재안을 송부하였다는 주장 및 그에 부합하는 듯한 갑 제14, 38호증의 각 기재, 증인 이○녕의 일부 증언은 상식적으로 받아들이기는 어려운 일이다. 참가인이 최초 약 3억원의 증액을 요구하였던 점, 그 이후 참가인에게 양보를 요청하는 이○녕의 발언 내용과 그 취지 등에 비추어 보았을 때 참가인의 1차 증액 요청에 대하여 이○녕이 일정 부분 검토를 거쳐 일차적으로 정산대금을 240,221,000원으로 도출하고 그 정산내역서를 참가인에게 보냄과 동시에 본사에 정산요청을 하였다고 보는 것이 자연스럽다. 원고의 다른 직원들 역시 관련 형사 사건에서 '240,221,000원은 확정된 금액은 아니고 금강 현장에서 일차로 검토한 금액이다(이○녕, 갑 제33호증 25/30면)', '원고의 현장소장 내지 그 대리인과 참가인이 협의를 거쳐 240,221,000원으로 결정하였다. 참가인이 일방적으로 결정할 수 있는 것은 아니고 현장에서 근무하는 원고 직원과 협의를 거쳐 올리는 것이다(김○기, 갑 제34호증 10/22면)'라고 진술하였다.

(2) 주식회사 경○엔지니어링은 이 사건 공사 완공 후 실제 공사결과에 따른 대금은 하자보수비용 61,472,912원을 공제한 2,744,486,115원이라고 보고하였으나, 하수급인의 하도급인에 대한 공사대금채권과 하도급인의 하수급인에 대한 하자보수청구권은 별개의 채권이므로, 하자보수비용을 공제하고 남은 공사대금을 실제 공사대금이라고 볼 수는 없다. 원고와 참가인 사이에 작성된 공사계약변경합의서(을나 제1호증)상에도 원고가 참가인에게 별도로 하자보수를 청구할 수 있음을 전제로 하자보수보증금률, 하자보수책임기간이 기재되어 있다. 따라서 위 회사가 실사한 실제 공사대금은 2,805,959,027원(=2,744,486,115원+61,472,912원)이라 봄이 타당하고, 이는 이 사건 하도급계약 당시 계약금액인 2,672,609,000원보다 133,350,027원이 증가한 것으로 원고와 참가인이 최종 합의한 정산대금인 4,800만 원을 상당히 초과한다.

(3) 원고 스스로도 2015. 3. 12. 피고에게 '조경공사 추가공사금액 검토'라는 제목 하에 참가인이 주장하는 추가 공사내역 및 금액에 관한 검토의견을 개진하면서 원고 현장이 인정하는 추가 공사대금은 총 104,542,100원이라는 내용의 확인서를 작성하여 제출하였고, 이 역시 4,800만 원을 상당히 초과한다.

(4) 원고는, 이 사건 공사와 관련하여 참가인과 식재 변경에 대해서 추가 공사대금을 지급하지 않겠다는 합의가 있었으므로 식재 변경으로 인한 공사대금 증액은 인정할 수 없다는 취지로 주장한다. 그러나 위 주장에 부합하는 듯한 갑 제37호증의 기재 및 갑 제5호증의 일부 기재는 이 사건 공사 완공 후 임의로 작성된 것이어서 믿기 어렵고, 이 사건 공사의 설계를 담당한 윤○혜는 이 사건 공사 중 가시나무, 동백나무, 굴거리나무를 상향된 규격의 품종으로 변경하자는 참가인의 제안에 대하여만 공사비가 증가하지 않는 한도 내에서 상향이 가능하다고 지시하였을 뿐이며(갑 제5호증 18/18면 참조), 원고와 참가인 사이에 그 밖의 식재 변경에 대해서 추가 공사대금을 지급하지 않겠다는 합의가 있었음을 인정할 아무런 증거가 없다. 오히려 윤○혜는 참가인의 수목 변경 의견에 대하여 2013. 5. 7. '추가로 조경공사비가 들어간다면 본사 장○필차장님과 상의해주시기 바랍니다'라고 회신한 사실, 원고 직원 이○녕이 작성한 '지사현장 정산 [案]'에도 식재 변경으로 인하여 공사대금 중 8,400만 원이 증액된다는 취지로 기재되어 있는 사실이 인정되므로, 이 사건 공사에서 설계안과 다른 식재를 사용하는 경우 원고와 참가인이 협의하여 공사대금에 관하여 결정하기로 하였다고 봄이 상당하다.

나) 앞서 살핀 바와 같이 원고는 하도급법 제3조에 따라 참가인에게 이 사건 하도급계약 내역에 없는 건설을 위탁하거나, 계약내역을 변경하는 위탁을 하는 경우 변경된 공사대금 및 그 지급방법 등을 기재한 서면을 발급하여야 하는데 이를 이행하지 않았다. 이 사건 하도급계약에 의하면 계약 내용이 변동되는 경우 계약금액을 조정하여야 하므로, 원사업자인 원고로서는 사전에 추가·변경된 계약 내용이 담긴 서면을 작성하지 못하였더라도 적어도 참가인으로부터 공사내용의 추가·변경으로 인한 공사대금 증액을 요구받은 이상 참가인과의 사

이에 계약 내용의 변경이 있었는지, 실제로 참가인이 계약 내용의 변경에 따라 추가·변경 공사를 이행하였는지, 참가인이 요청한 공사대금이 적정한지 등의 검토를 거쳐 참가인과 협의 하에 추가 공사대금을 결정하여야 한다고 보인다. 그러나 원고가 현장 직원으로부터 240,221,000원의 증액을 요청하는 내용의 '지사현장 정산 [案]'을 보고받은 뒤 최종적으로 정산대금을 4,800만 원으로 결정함에 있어 그와 같은 협의를 거쳤다거나 객관적이고 상당한 추가공사 내역이 얼마인지 그 적정 금액을 검토하였음을 인정할 아무런 자료가 없다. 오히려 원고는 외부바닥재포장공사 변경 및 조명등 변경에 관하여만 추가공사대금을 지급하기로 하였고, 그 외의 부분은 원고가 참가인에게 추가 내지 변경 공사를 위탁하였음에도 불구하고 공사대금에 관하여 본사와 사전에 협의되지 아니하였다는 이유만으로 그에 관하여 아무런 확인을 하지 아니한 채 공사대금을 지급하지 아니하기로 하였다고 보인다(갑 제34호증 11/22면, 갑 제36호증 18, 21/35면 참조).

다) 앞서 증거로 제출된 각 녹취록에 나타난 원고의 임·직원들과 참가인 황○석 전무와의 대화 내용을 종합하여 전체적으로 살펴보면, 각자의 입장에서 오는 다소의 차이가 있기는 하나, 원고의 임·직원들은 참가인에게 말로 이 사건 추가공사대금을 원고가 요구하는 대로 정산하는 대신 원고가 참가인에게 이 사건 공사 완공 이후 진행하는 다른 공사에 관하여 참가인과 하도급계약을 체결하거나 적어도 그에 관한 협의를 진행할 것을 전제로 이야기하였음은 부정할 수 없는 사실로 보인다. 그런데 참가인이 이 사건 공사 대금 정산합의서에 명시적으로 해당 내용을 기재할 것을 요구하자 이를 거절하기 시작한 것으로 보이고, 오직 호의만으로 참가인에게 원고가 신규로 진행하는 명지 1차 현장 조경종합계획도를 송부하였다는 등의 원고의 주장은 잘 납득이 가지 않는다. 앞서 본 바와 같이 참가인이 최종적으로 합의한 이 사건 공사 정산대금 4,800만 원은 실제 참가인이 수행한 공사에 대하여 일반적으로 지급되는 대가보다 훨씬 낮은 수준으로 결정되었다고 보이는데, 참가인이 그럼에도 불구하고 그와 같은 합의에 이르게 된 것은 원고의 위와 같은 언질로 인하여 이후 원고로부터 별도의 공사를 하도급 받아 그 공사대금으로 이 사건 공사에서의 손해(정당한 공사대금과 정산대금 간 차액)를 보전할 수 있으리라 믿었기 때문으로 보인다. 원고의 임·직원인 김○기와 이○녕에게 실제로 그와 같은 합의를 할 권한이 없다는 원고의 주장은, 설령 그들에게 그와 같이 직접적이고 구체적인 권한이 없었다고 하더라도 앞서와 같이 원고에게 그 책임을 인정하는 판단에는 방해가 되지는 않는다.

결국 원고의 이 사건 하도급대금을 낮게 결정한 행위는 구 하도급법에 위반한 행위로서 이에 대한 피고의 이 사건 처분은 정당하다.■

5) 하도급법 제4조 제2항 제5호: "5. 원사업자가 일방적으로 낮은 단가에 의하여 하도급대금을 결정하는 행위" [289]

하도급법 제4조 제2항 제5호가 정하는 '합의 없이 일방적으로 낮은 단가에 의하

289) 본 조항은 개정 전 법률([시행2013.11.29] [법률 제11842호, 2013.5.28., 일부개정] 전의 것)에는 "5. 원사업자가 **수급사업자와의 합의 없이** 일방적으로 낮은 단가에 의하여 하도급대금을 결정하는 행위"라고 규정하여 "합의없이"라는 문구가 있었고 따라서 원사업자가 수급사업자에게 낮은 단가계약에 서명을 요구하는 등 형식적 적법성을 갖추는 행태를 방지하고자 이를 삭제하였다.

여 하도급대금을 결정하는 행위'라 함은 원사업자가 거래상 우월적 지위에 있음을 기화로 수급사업자의 실질적인 동의나 승낙이 없는데도 단가 등을 낮게 정하는 방식으로 일방적으로 하도급대금을 결정하는 행위를 말한다(대법원 2018. 3. 13. 선고 2016두59423 판결 참조).

'단가가 낮은지 여부'는 위탁 목적물 등과 같거나 유사한 것에 대하여 일반적으로 지급되는 대가보다 낮은 수준인지를 기준으로 판단한다. **'일반적으로 지급되는 대가'**의 수준은, 문제가 된 행위 당사자들 사이에 있었던 종전 거래의 내용, 비교의 대상이 되는 다른 거래들(이하 '비교 대상 거래'라고 한다)에서 형성된 대가 수준의 정도와 편차, 비교 대상 거래의 시점, 방식, 규모, 기간과 비교 대상 거래 사업자들의 시장에서의 지위나 사업규모, 거래 당시의 물가 등 시장 상황 등을 두루 고려하여 인정할 수 있다.

한편 판례는 원사업자가 정당한 사유 없이 수급사업자와 합의하지 않고 일방적으로 낮은 단가로 하도급대금을 결정한 경우에는 **통상 지급되는 대가보다 '현저하게' 낮은 수준으로 하도급대금을 결정하였는지를 따질 필요 없이 부당한 하도급대금의 결정으로 본다**는 입장이다(**대법원 2018. 3. 13. 선고 2016두59423 판결 등 참조**).

그리고 이에 대한 증명책임은 시정명령 등 처분의 적법성을 주장하는 피고에게 있다는 것이 대법원 판례의 태도이다(**대법원 2017. 12. 7. 선고 2016두35540 판결, 대법원 2018. 5. 15. 선고 2015두38252 판결 [시정명령 및 과징금납부명령취소]등 참조**).

–하도급법제4조 제2항 제5호 사례 –

가) 휴대폰 부품 도장·코팅 작업을 위탁한 사안에서 원사업자가 합의없이 일방적으로 낮은 단가에 의하여 하도급대금을 결정하여 위법하다는 판결(서울고등법원 2016. 10. 19. 선고 2015누40271 판결 [시정명령및과징금납부명령취소]).

[참조 판결]

–서울고등법원 2016. 10. 19.선고 2015누40271 판결[290] [시정명령및과징금납부명

290) 본 판결에 대하여 상고기각되어 상고심에서 확정되었다(**대법원 2018. 3. 13. 선고 2016두59423 판결**). 본 판결에 대하여 피고 공정거래위원회는 원고의 하도급대금 결정행위가 정당한 사유 없이 일률적인 비율로 단가를 인하하여 하도급대금을 결정하는 행위(하도급법 제4조 제2항 제1호) 및 합의 없이 일방적으로 낮은 단가에 의하여 하도급대금을 결정하는 행위(같은 항 제5호)에 해당한다는 이유로, 원고에게 시정조치 및 과징금납부명령 처분을 하였으나, 앞에서 하도급법 제4조 제2항 제1호 사유에 대해서는 검토하였으므로 여기서는 제5호 사유만 검토하기로 한다.

본 사건과 같은 동종 사건으로는 대법원 2018. 3. 13.선고 2016두59430 시정명령 및 과징금납부명령취소 판결 및 원심 서울고등법원 2016. 10. 19. 선고 2016누201 판결이다.

령취소]-

[신○프레시젼 사례]

[판시 이유]

1. 처분의 경위

원고는 2009. 4. 18. '외주비를 절고에 대하여 의결 제2010-072호로 시정명령 및 과징금 납부명령을 하였다(이하 '이 사건 처분'이라 한다).

피고는 '원고는 2010. 2. 23.부터 2012. 4. 20.까지[291] 코○맥에 휴대폰 부품과 관련한 도장·코팅작업을 제조위탁하면서 코○맥이 납품하는 품목에 대해 매 분기마다 단가인하를 검토한 후, 정당한 사유 없이 34개 모델, 209개 품목에 관하여 일방적으로 일률적인 비율(2~7%)로 단가인하를 결정하였다.'는 사실을 인정하고 원고의 위와 같은 하도급대금 결정행위(이하 '이 사건 하도급대금 결정행위'라 한다)가 정당한 사유 없이 일률적인 비율로 단가를 인하하여 하도급대금을 결정하는 행위(하도급법 제4조 제2항 제1호) 및 **합의 없이 일방적으로 낮은 단가에 의하여 하도급대금을 결정하는 행위(같은 항 제5호)**에 해당한다는 이유로, 원고에게 별지 기재 시정조치 및 과징금납부명령을 하였다(이하 '이 사건 처분'이라 하고, 그 중 제2항 시정명령 부분을 '이 사건 지급명령'이라 한다).

2. 원고의 주장

이 사건 하도급대금 결정행위는 자율적 합의에 의한 단가 결정이고, 낮은 단가에 의하여 하도급대금을 결정하지 않았으므로 하도급법 제4조 제2항 제5호에서 정한 "합의 없이 일방적으로 낮은 단가에 의하여 하도급대금을 결정하는 행위"에 해당한다고 볼 수 없다.

3. 판단

1) **자율적 합의에 의한 단가 결정 주장에 관하여**

하도급법 제4조 제2항 제5호는 원사업자가 수급사업자와 합의 없이 일방적으로 낮은 단가에 의하여 하도급대금을 결정하는 행위의 경우 부당한 하도급대금의 결정으로 간주한다고 정하고 있는바[292], 이때 "합의없이 일방적으로"인지 여부는 원사업자가 하도급대금을 결정하는 과정에서 수급사업자에게 목적물의 종류, 수량, 규격(사양), 품질, 원재료 등 대가결정에 영향을 미치는 주요 내용이나 자료·정보 등을 충분하고 성실하게 제공하는 등 충분한 협의를 거쳤는지 여부, 수급사업자가 합의 과정에서 의사표시의 자율성을 제약받지 아니한 상태였는지 여부 등을 고려하여 판단하여야 한다. 또한 하도급법은 공정한 하도급 거래질서를 확립하여 원사업자와 수급사업자가 대등한 지위에서 상호보완하며 균형 있게 발전할 수 있도록 함을 목적으로 함에 비추어 보면 **하도급대금 결정에 관한 형식적 합의서가 존재한다고 하더라도 실질적인 합의를 거친 것이 아니라면 자율적 합의에 의한 단가 결정으로 인정할 수는 없다**고 할 것이다.

살피건대, 원고가 들고 있는 단가인하 합의서(갑 제7호증)에 의하면 코○맥이 위 합의서에 날인 것으로 보이므로 단가인하 결정에 있어 합의의 형식을 갖춘 것으로 보인다. 그러나

291) 피고는 원고와 코○맥 사이의 거래는 2007. 6. 1.부터 2012. 4. 20.까지 이루어졌으나, 피고는 2013. 2. 22. 코○맥의 신고로 이 사건 행위를 인지하였고, 하도급법 제23조에서는 피고의 조사대상 거래기간을 3년으로 정하고 있으므로, 신고일로부터 3년을 역산한 2010. 2. 23.부터 마지막 거래날인 2012. 4. 20.까지를 조사대상 거래기간으로 보았다.

292) 이후 위 조항은 2013. 5. 28. 법률 제11842호로 개정되면서 "합의 없이" 부분이 삭제되었다.

앞서 본 증거에 갑 제5, 6호증, 을 제2, 4호증의 각 기재 및 변론 전체의 취지에 의하여 인정되는 다음과 같은 사정을 종합하여 보면, 원고는 일방적으로 이 사건 하도급대금 결정을 하고 형식적으로 단가인하 합의서를 작성하였다고 인정되고, 원고가 주장하는 사정을 모두 고려하더라도 원고가 이 사건 하도급대금 결정을 하면서 코○맥과 실질적인 합의를 하였다고 볼 수 없다.

① 원고는, 원고가 일방적으로 코○맥과의 거래를 중단할 수 없는 구조였고 원고의 코○맥에 대한 의존도가 높아 코○맥에 일방적으로 거래 조건을 요구할 수 있는 우월적 지위에 있었던 것이 아니므로 원고가 우월적 지위에서 일방적으로 단가를 결정한 것이 아니라고 주장한다. 그러나 코○맥의 원고에 대한 거래 의존도는 **위반행위 기간 동안 최소 77.9%(2011년)에서 최고 95.6%(2010년)에 달하여 코○맥은 원고에게 거래를 절대적으로 의존**하고 있었던 점, 반면 원고는 코○맥을 포함하여 여러 수급사업자들과 거래하고 있었고, 원고는 이들에 대한 평가 결과에 따라 수급사업자간의 물동량 배분을 변동시키거나 낮은 등급의 평가를 누적하여 받는 수급사업자와는 거래를 중단하기로 정하는 등 수급사업자들은 원고와 거래를 지속하기 위해서는 원고의 요구를 들어줄 수밖에 없었을 것으로 보이는 점, 2011년 기준 원고의 매출액은 코○맥의 약 34배이고 상시고용종업원수는 약 12배에 달하여 그 규모에 있어서도 대등한 관계라고 보기 어려운 점 등에 비추어 보면 원고의 주장과 같이 원고와 수급사업자인 코○맥이 대등한 관계에 있었다고 보기 어렵다.

② 원고는 원고와 코○맥 사이에 작성된 단가인하 합의서(갑 제7호증)를 들어 이 사건 하도급대급은 원고와 코○맥이 상호 협의를 통해 결정한 것이라고 주장한다. 그러나 원고의 영업부장인 양준규는 피고 조사과정에서 위 단가인하 합의서의 작성 과정에 관하여 '원고의 영업담당자가 단가인하 합의서 작성을 완료하면 코○맥측에 연락을 하여 코○맥측 담당자가 와서 날인을 하는 방법으로 단가인하 합의서가 작성되었다.'는 취지로 진술한 점, 원고와 코○맥이 단가인하 합의서 작성에 앞서 실질적으로 단가인하의 사유와 정도 등을 토대로 하여 상호 협의를 했다고 인정되지 않는 점, 앞서 본 단가인하 횟수와 인하금액에 비추어 그 내용이 **일방적으로 코○맥에게 불리한 점 등을 종합**해 보면 **위 단가인하 합의서의 내용은 원고와 코○맥이 실질적 협의를 통하여 결정한 것이 아니라 원고가 일방적으로 먼저 작성한 후 이에 코○맥에 날인을 요구하는 방법으로 작성된 것**으로 보이고, 이에 더하여 앞서 본 바와 같이 **원고가 코○맥에 대하여 우월한 지위에 있었던 점에 비추어 보면 코○맥이 원고의 날인 요구를 거절하는 것은 사실상 어려웠을 것**으로 보인다.

③ 양준규는 원고가 이 사건 하도급대금 결정을 하면서 코○맥에 예상물동량, 공정불량 데이터만 제시하였을 뿐 단가 결정에 영향을 미치는 요소 등에 관한 자료·정보 등을 제공한 사실은 없다고 진술하였고, 코○맥도 피고 조사과정에서 단가인하와 관련하여 원고로부터 어떠한 자료도 받은 사실이 없다고 밝혔다. 이에 비추어 보면 원고가 단가결정을 하였으나 수급사업자인 코○맥은 어떠한 근거로 단가가 결정되는지에 관한 충분한 정보를 제공받지 못하였으므로 실질적 합의를 할 만한 상황도 아니었다.

④ 원고는, 원고의 직원인 장○민과 코○맥의 직원이었던 이○주, 권○영과의 대화 내용을 들어 원고와 코○맥 사이에 단가 결정 과정에서 실질적 합의가 있었고 오히려 코○맥이 원하는 대로 단가를 결정하였다고 주장한다. 그러나 위 이○주와 권○영이 어느 시기에 원고와 코○맥 사이 단가 결정 업무에 어떻게 관여하였는지를 알 수 없어 위 대화에서 위 이○

주, 권○영이 'KF 300, 295 등 품목의 경우 코○맥이 단가를 잘 받았다.'거나 '원고와 단가 결정을 위한 합의과정을 진행하였다.'고 진술하고 있더라도 이러한 사정만으로 이 사건 처분사유가 된 부당한 하도급대금 결정행위가 없었다거나 원고와 코○맥이 앞서 본 바와 같은 형식적 합의가 아니라 실질적으로 대등한 입장에서 합의를 하였다고 인정되지 않는다.

2) 낮은 단가에 의하여 하도급대금을 결정하지 않았다는 주장에 관하여

(가) 먼저, 원고는 하도급법 제4조 제2항 제5호에 의하여 부당한 하도급대금 결정행위로 간주되기 위해서는 동일하거나 유사한 품목에 대하여 정상적 거래관계에서 다른 사업자에게 지급되는 대가와 비교할 때 부당하게 낮은 단가로 결정되었음이 증명되어야 한다고 주장하는 데 대하여 피고는 위 제5호는 유사 품목의 단가 등에 비추어 인정되는 정당한 단가와 비교할 때 낮은 단가일 것을 기준으로 하는 것이 아니라 원사업자가 일방적으로 원래 거래하던 단가보다 낮은 단가를 결정한 경우 부당한 하도급대금의 결정으로 간주한다는 것이라고 주장한다.

살피건대, 아래와 같은 관련 조항의 개정 연혁 및 그 취지 등에 비추어 보면, 원사업자가 **일방적으로 객관적이고 타당한 이유 없이 수급사업자의 의사에 반하여 이전에 거래하였던 단가보다 낮은 단가로 결정**하는 경우 하도급법 제4조 제2항 제5호에 위반된다고 봄이 상당하다.

① 하도급법 제4조 제1항은 '일반적으로 지급되는 대가보다 현저하게 낮은 수준'으로 하도급대금을 결정하는 행위 등을 부당한 하도급대금 결정행위로 본다고 규정하였으나 2013. 5. 28. 법률 11842호로 개정되면서 '현저하게' 요건을 삭제하여 '일반적으로 지급되는 대가보다 낮은 수준'만을 요건으로 하는 것으로 개정되었음은 앞서 본 바와 같고, 제2항에 의하면 제2항 각 호의 행위에 해당하면 제1항에서 정한 요건이 입증되지 않았더라도 부당한 하도급대금 결정행위로 간주한다는 것이므로, 제2항 각 호는 제1항에 비하여 입증책임이 완화된 내용을 규정하고 있다고 할 것이다. 따라서 제2항 제5호의 '일방적으로 낮은 단가로 하도급대금을 결정하는 행위'는 제1항에서 요하는 '일반적으로 지급되는 대가보다 낮은 수준'이라는 요건을 충족할 것을 다시 확인하여 피고가 입증할 것을 요구하는 규정이라고 해석하는 것보다, 원사업자가 일방적으로 합리적 이유 없이 수급사업자의 의사에 반하여 기존에 정하여 거래하던 단가보다 낮은 단가를 결정하는 행위를 부당한 하도금대금의 결정으로 본다는 의미로 해석하는 것이 법규정 체계에 부합한다.

② 하도급법 제4조 제2항 제5호는 개정 전에는 '원사업자가 일방적으로 부당하게 낮은 단가에 의하여 하도급대금을 결정하는 행위'를 부당한 하도급대금의 결정으로 본다고 규정하고 있었는데 2005. 3. 31. 법률 제7488호로 '부당하게'를 삭제하고 '원사업자가 수급사업자와의 합의 없이 일방적으로 낮은 단가에 의하여 하도급대금을 결정하는 행위'로 개정되었다. 그런데 위와 같이 개정된 취지는 기존 법률이 '부당하게 낮은 단가'를 요건으로 하고 있어 부당한 하도급대금 결정행위로 간주되는 대상이 한정적일 뿐 아니라 부당성 요건의 증명이 쉽지 않아 현실에서 원사업자의 일방적 단가 결정에 따른 낮은 하도급대금 결정행위가 빈번히 문제되고 있음에도 이에 대한 효과적인 규제가 이루어지지 못하고 있음을 고려하여, '부당성' 요건을 삭제함으로써 규제대상을 확장하고 증명책임을 완화하여 규제의 실효성을 높이고자 한 것이다. 위와 같은 법률 개정 연혁 및 취지에 비추어 보면 하도급법 제4조 제2항 제5호는 원사업자가 일방적으로 낮은 단가를 결정하는 행태를 규제하기 위한 것이고, 부당

하게 낮은 단가, 즉 정당한 단가라는 기준보다 낮을 것을 요건으로 한다고 보이지 않는다. 즉 위와 같은 명시적 법 개정에도 불구하고 개정 전의 '부당성'의 요건이 그대로 필요하다고 해석하기는 어렵다.

③ 피고의 '부당한 하도급대금 결정 및 감액 행위에 대한 심사지침'(2011. 6. 30. 피고 예규 제114호로 개정된 것)은 하도급법 제4조 제1항의 '현저하게 낮은 수준'의 해당 여부는 원칙적으로 목적물 등과 동종 또는 유사한 것에 대해 통상 지급되는 대가와의 차액규모, 목적물의 수량, 차액이 수급사업자에게 미치는 부담의 정도 및 시장상황 등을 고려하여 판단한다고 정하고 있는 반면[심사지침 IV. 1. 다.], 같은 조 제2항 제5호의 '낮은 단가'인지 여부는 원칙적으로 객관적이고 타당한 산출근거에 의하여 단가를 낮게 결정한 것인지 여부를 기준으로 판단하되, 수급사업자 등이 제시한 견적가격, 목적물 등과 동종 또는 유사한 것에 대해 통상 지급되는 대가, 목적물의 수량, 당해 목적물의 시장 상황 등을 고려하여 판단할 수 있다고 정하면서, 제5호 위반의 예시로 원사업자가 계속적인 거래관계에 있는 수급사업자들과 재계약시 자신의 임금인상 및 환율변동에 따른 비용을 수급사업자에게 전가시키기 위하여 종전 계약에 비해 낮은 단가에 합의하도록 유도하거나 강요하여 하도급대금을 결정하는 행위, 또는 원사업자가 신개발품을 발주하면서 우선 임시단가를 정하고 추후 목적물의 최초 납품분에 대한 가격산출이 가능한 때 단가를 확정하기로 수급사업자와 합의한 후 객관적이고 합리적인 산출 근거 없이 임시단가보다 낮게 하도급대금을 결정하는 행위 등을 들고 있다[심사지침 IV. 2. 마.]. 이에 따르면 원사업자가 수급사업자와 사이에 계속적으로 거래를 하면서 객관적이고 합리적인 이유 없이 기존에 제반 사정을 참작하여 거래하던 가격보다 일방적으로 낮은 단가로 결정하는 경우 하도급법 제4조 제2항 제5호에서 정한 '낮은 단가'에 해당한다고 보인다.

④ 한편 원고는 하도급법 제4조 제2항 각 호에 해당하더라도 같은 조 제1항에 준하는 정도의 행위라고 볼 수 있어야 부당한 하도급대금의 결정으로 간주될 수 있으므로, 제2항 제5호의 경우에 제1항에서 규정한 것과 같이 '현저성'을 요건으로 한다고도 주장한다. 그러나 하도급법 제4조 제2항 각 호의 행위에 해당하는 경우 제1항의 부당한 하도급대금의 결정으로 간주되는 것이고 별도로 제1항의 요건도 충족시켜야 하는 것이라고 볼 수 없음은 앞서 본 바와 같으므로, 하도급법 제4조 제2항 제5호에 해당하는지 여부를 판단함에 있어 현저하게 낮은 단가일 것이 요구된다고 볼 수 없다.

(나) 원고가 위반행위 기간동안 매 분기마다 단가인하를 검토하여 일부 품목에 대하여 2%에서 7%까지 단가인하를 결정함으로써 총 209개 품목에 관하여 코○맥과 원래 거래하던 단가보다 낮은 단가로 결정을 하였고, 그 과정에서 원고는 코○맥과의 실질적 협의 없이 일방적으로 단가를 결정하였음은 앞서 본 바와 같다.

한편 원고는 휴대폰 시장의 특성, 모델별·품목별 생산시기 및 수량, 재료비 단가 및 그 소모량과 생산량, 생산성 향상 등을 종합적으로 고려하여 단가인하 여부 및 인하율을 결정한 것이라고 주장하면서도, 이 사건 조사과정에서 피고가 '원고는 단가인하의 사유로 지속적인 원가절감의 일환을 주장하고 있는바, 인하 당시 재료비, 노무비, 경비 등 생산요소별 원가절감 내역 및 적용방식에 관한 자료를 제출해달라'고 요구하였음에도 이에 대하여 '자료 없음'이라고 답하였을 뿐 아무런 자료를 제출하지 아니하였고, 이후에도 단가인하과정에서 실제 단가인하 요인이 존재하였고 이를 어떠한 방식으로 반영하여 인하 여부 및 인하율이 결정된 것인지에 관하여 아무런 자료를 제출하지 못하고 있다. 이러한 점에 앞서 본 원고가 단가인하를 한 방식과 비율 등을 종합하여 보면, 원고의 단가인하는 객관적이고 합리적인 근거가 있다고 인정되지 않는다.

따라서 원고가 위와 같이 합리적 이유 없이 원래 거래하던 단가보다 일방적으로 낮은 단가를 결정한 행위는 하도급법 제4조 제2항 제5호에 의한 부당한 하도급대금의 결정 행위에 해당한다.

(다) 설령 원고의 주장과 같이 위 조항에서 의미하는 '낮은 단가'가 같거나 유사한 제품에 대하여 유사한 시기에 지급되는 대가보다 낮은 단가, 또는 유사 품목이나 시장상황 등에 비추어 정당하다고 인정되는 단가보다 부당하게 낮은 단가를 의미하는 것이라고 하더라도, 앞서 든 증거 및 갑 제12, 13, 15호증의 기재에 의하여 인정되는 아래와 같은 사정에 비추어 보면 원고는 코○맥에 같거나 유사한 제품에 대하여 지급되는 일반적 대가보다 낮은 단가 또는 정당한 단가보다 낮은 단가를 지급하였다고 인정되므로, 원고의 이 부분 주장은 어느 모로 살펴보나 받아들이기 어렵다.

① 원고는 코○맥과 거래를 하면서 생산성 및 자체 원가분석 등 엄격한 절차를 통하여 최초 단가를 결정하였는바 이러한 최초 단가결정이 정당한 단가나 같은 제품의 일반적 단가를 근거로 하여 결정되었다고 보일뿐이지 코○맥에게 특별히 유리하게 결정되었다고 볼만한 아무런 사정이 발견되지 않는다. 오히려 앞서 본 바와 같이 원고는 코○맥과 관계에서 우월한 지위에 있었고, 원고가 피고 조사과정에서 제출한 자료에 의하면 최초 단가 결정시 코○맥이 원한 견적가와 원고의 검토가는 크게 차이가 나는데, 합의 결과 결정된 최초 단가는 원고의 검토가에 가깝게 결정되었다. 이처럼 피고가 비록 정당한 단가의 금액을 구체적으로 품목별로 산정하여 그 액수까지 입증하지는 못하고 있지만, 최초 단가 자체가 이미 정당한 단가나 제품의 일반적 단가보다 낮아 원고에게 유리하거나, 최소한 정당한 단가나 제품의 일반적 단가와 유사한 수준에서 결정되었음을 알 수 있다. 그런데 원고는 다시 위반 기간 동안 209개 품목에 관하여 정당한 이유 없이 위와 같은 최초 단가에서 품목당 1~5회에 걸쳐 2~7% 단가를 인하하여 누적 인하율이 최소 10.2%에서 최고 22.8%에 달한다. 이처럼 정당한 단가나 제품의 일반적 단가와 유사한 수준의 최초 단가에서 객관적이고 합리적 이유 없이 일방적으로 10.2% ~ 22.8%의 비율로 단가가 인하되었다면 이는 '낮은 단가'에 해당한다.

② 원고는 피고 조사과정에서 피고가 '최초 단가보다 인하된 코○맥의 단가가 원고의 다른 수급사업자나 동종업계 유사한 목적물과 비교하였을 때 그 수준이 낮지 않다는 것을 입증할만한 자료가 있으면 제출할 것'을 요구하였음에도 아무런 자료를 제출하지 않았다.

③ 원고는 이 법원에 이르러 협력업체간 동일품목 또는 유사품목 단가비교표(갑 제12, 13, 15호증) 등을 근거로 코○맥과 사이에 결정한 단가가 유사한 다른 업체보다 부당하게 낮은 가격이 아니라고 주장한다. 그러나 위 단가비교표는 원고가 작성한 것으로 단가인하가 이루어진 209개 품목 중 일부 품목만을 임의로 선정하여 원고가 이와 동일 또는 유사하다고 주장하는 품목의 다른 수급업체의 단가를 비교한 것인데, 원고가 유사하다고 주장하는 품목이 실제로 단가 비교가 적절한 유사한 품목인지, 실제로 원고가 다른 수급업체와 원고가 주장하는 단가로 거래하였는지, 원고가 비교대상으로 들고 있는 수급업체의 단가가 적절한 수준에서 결정된 것인지 또는 그 역시 일반적인 수준보다 낮은 단가로 결정된 것인지 여부 등

을 알 수 없으므로, 위 단가비교표만으로 앞서 인정한 사실과 달리 코○맥의 경우 단가인하가 이루어졌다고 하여도 다른 업체와 유사하거나 오히려 높은 수준이라고 인정할 수 없다.■

나) 하도급법제4조 제2항 제5호 사례 : 선박의 건조·판매회사가 내부적으로 정한 생산성 향상률을 적용하여 산정한 기성시수를 기초로 하도급대금을 결정한 행위가 하도급법 4조 2항 5호에 정해진 '원사업자가 수급사업자와의 합의 없이 일방적으로 낮은 단가에 의하여 하도급대금을 결정하는 행위'에 해당하지 않는다는 판결(서울고등법원 2016. 2. 5. 선고 2014누40007 판결 [시정명령 등 취소 청구의 소]).

-서울고등법원 2016. 2. 5. 선고 2014누40007 판결[293] [시정명령 등 취소 청구의 소]-

[대○조선해양 사례]

[판시 이유]

1. 처분의 경위

가. 원고는 선박의 건조, 판매 등을 목적으로 하는 회사로 2008. 1. 1.부터 2009. 12. 31.까지 중소기업자인 선조산업 등 수급사업자 89개 업체에 선박부품 등의 임가공을 위탁하였다

나. 원고와 수급사업자들 사이의 하도급거래의 형태

(1) 시수계약과 물량계약

원고의 선박건조를 원고의 선박건조를 위한 하도급거래는 크게 원고의 조달팀 산하조직에서 이루어지는 '구매조달 하도급거래'와 협력사 운영팀의 주관 하에 이루어지는 '임가공 하도급거래'로 구분된다. 그중 임가공 하도급거래는 사업자가 업으로서 제공하는 노무를 다른 사업자에게 위탁하는 것으로서, 원고가 선박건조에 필요한 제반 생산시설물과 자재 전부를 수급사업자에 제공하고 수급사업자는 오로지 노동력만을 투입하는 형태의 거래이다. 이러한 임가공 하도급거래를 위한 계약은 하도급대금의 산정방식에 따라 시수계약과 물량계약으로 구분된다.

시수(時數, Man Hour, M/H)란 일정한 작업의 완성에 소요되는 시간의 수를 의미하고, 시수계약은 호선(선박건조를 위해 각 선박에 부여된 일련의 인식번호체계를 말한다.)별, 공종(선박건조를 위한 가공, 조립, 탑재, 도장, 발판 등의 공사종목을 말한다.)별 혹은 작업단위별로 사전에 산정한 시수와 시간당 임률에 따라 하도급대금을 확정하는 계약을 말한다. <u>시수계약</u>은 먼저 원고의 생산팀이 호선·공종별 작업환경 및 시수물량을 산정하고 이를 바탕으로 원고의 협력사운영팀에 시공을 의뢰하면, 위 협력사운영팀이 시공의뢰서를 검토한 후 이 사건 수급사업자 등 협력사와 계약을 체결하는 방식으로 진행된다.

<u>**물량계약**</u>이란 호선·공종별 전체 물량(Total Base) 또는 특정 구역별 물량을 사전에 일괄적으로 견적·협의하여 하도급대금을 확정하는 계약을 말한다. 물량계약은 생산팀이 협력사운영팀에 시공을 의뢰하면, 협력사운영팀이 협력사들에게 견적을 의뢰하여 이를 접수, 검토한 후 협력사들과 협의하여 계약을 체결하는 방식으로 진행된다.

---

293) 본 판결에 대하여 상고심에서 상고기각되어 확정되었다(대법원 2017. 12. 7. 선고 2016두35540 판결).

이 사건 하도급계약은 모두 시수계약으로 이루어졌는바, 아래에서는 이 사건과 관련된 시수계약에 관하여 살펴본다.

(2) 시수계약에 따른 이 사건 하도급거래의 절차

원고는 수급사업자들과 먼저 매년 1월 1일부터 1년간을 계약기간으로 하여 해당 하도급거래의 기본적인 사항을 정하는 내용의 '공사하도급 기본거래계약'을 체결하고, 그 기본거래계약에 따라 세부공종별 시간당 임률, 즉 임률단가를 정하는 '단가계약'을 체결한 다음, 다시 매월 시공의뢰번호, 공사번호, 주야구분, 작업내용, 시공유형, 단위, 물량, 금액, 공사기간 등을 정하는 내용의 '외주작업계약'을 체결한다.

원고는 외주작업계약 체결 후 매주 단계별로 전산시스템을 통하여 수급사업자에게 주간 작업지시서(Work Order, W/O)를 보내고, 해당 작업이 완료되면 위 단가계약에 따라 당월 기성분에 대하여 수급사업자와의 사이에 월별 정산합의를 거쳐 하도급대금을 지급한다.

(3) 시수계약의 하도급대금 산정방식

시수계약에 의한 하도급거래의 대금은 수급사업자가 수행한 작업내용에 대한 기성시수에 단가계약에서 합의된 임률단가를 곱하는 방식(하도급대금 = 기성시수 × 임률단가)으로 산정된다.

그 요소로서 임률단가는, 원고가 매년 3~4월 무렵 직영노동조합과 단체협약에 따라 결정되는 임금인상률을 기준으로 세부공종별 임률단가 기준안을 작성한 다음 이 기준안 이내에서 각 수급사업자에게 개별적으로 세부공종별 임률단가 변경안을 제시하고, 이를 기초로 원고와 수급사업자가 세부공종별 임률단가를 합의·결정하여 단가계약을 체결하는 방법으로 결정된다.

한편 기성시수는, ① 먼저 설계도면의 정보를 토대로 추출한 요소작업단위별 '물량', 요소작업단위별 작업을 완성하는데 소요되는 단위시간으로서 일종의 표준품셈에 해당하는 '원(原)단위', 설비 및 작업환경의 차이를 보정하는 요인인 '작업장 요인(작업장 Factor)'을 고려하여 '보통의 숙련도를 가진 작업자(직영 평균근속근로자)가 작업내용(물량 등)을 정해진 공법, 조건, 설비 등을 이용하여 정상적인 속도로 완성하는 데 걸리는 시간'을 의미하는 '표준시수'를 산정하고, ② 그 표준시수에 원고가 정한 생산성향상률 및 프로젝트 요인(Project Factor, 선주의 과도한 검사 등 요청으로 인한 작업시수 증가 요인을 의미하는 '선주 요인'과 건조 경험이 없는 새로운 선박에 대한 도면 개정 등으로 인한 작업시수 증가 요인을 의미하는 '신규 요인'을 말한다.)을 적용하여 '목표시수'를 산정한 후, ③ 다시 '목표시수'에 3개월 전 생산성향상률을 적용하는 방법으로 생산성향상률을 보정하여 산정한다. 원고의 하도급대금 산정방법을 계산식으로 정리하면 다음과 같다.

○ 하도급대금 = 기성시수 × 임률단가
▹ 기성시수 = 목표시수 × 생산성향상률 보정(3개월 전 생산성향상률 적용)
▹ 목표시수 = 표준시수 × 생산성향상률 × 프로젝트 요인
▹ 표준시수 = 물량 × 원(原단)위 × 작업장 요인
▹ 임률단가 = 원고와 수급자가 협의하여 결정 (별도의 단가계약 체결)

다. 이 사건 하도급거래에서 생산성향상률의 적용

이 사건 처분에서 문제삼은 하도급거래는 원고가 2008. 1.부터 2009. 12.까지의 기간 동안 이 사건 수급사업자들에 대하여 선박건조와 관련된 조립 등 임가공을 위탁한 부분으로, 원고는 이 기간에 대하여 내부적으로 생산성향상률을 2008년 평균 6.0%, 2009년 평균 7.0%로 결정한 다음, 이를 다시 세부공정별·월별로 배분하여 산정한 생산성지수를 하도급 계약 및 대금정산에 적용하였다.

생산성향상률은 생산인력 1인이 수행할 수 있는 작업량의 증가율, 즉 생산인력 1인이 1 시수 당 얼마나 작업을 더 수행해낼 수 있는지를 나타내는 수치이다. 생산성지수는 일정한 작업에 대한 표준시수를 100으로 볼 때 해당 작업에 대하여 월별 생산성향상률을 적용할 경우 표준시수가 감소한 정도를 보여주는 지수이다. 원고가 2008년 및 2009년에 적용한 세부 공정별 생산성향상률과 월별 평균 생산성지수는 다음과 같다.

공종별 생산성향상률(단위: %)

공 종	2008년	2009년
평균 (최소~최대)	6.0 (5.4~6.5)	7.0 (6.2~8.0)
가공	5.4	6.2
조립	5.6	6.5
선행도장	6.2	7.0
후행도장	6.5	7.3
선행의장	6.1	7.1
관철	6.4	7.4
전기	6.4	7.4
탑재	5.9	6.9
발판	5.9	6.8
보은	6.1	7.1
LNGC생산	6.1	8.0
기계	6.1	7.9
시운전	5.8	7.4
생산기타	5.4	6.2

월별 평균 생산성지수

2008년												평균
1월	2월	3월	4월	5월	6월	7월	8월	9월	10월	11월	12월	
96.6	96.1	95.7	95.2	94.3	94.3	94.3	94.3	94.3	92.6	92.2	91.7	94.3
2009년												평균
1월	2월	3월	4월	5월	6월	7월	8월	9월	10월	11월	12월	
90.5	90.0	89.6	89.1	88.1	88.1	88.1	88.1	88.1	86.2	85.8	85.4	88.1

라. 피고의 처분

피고는 2013. 12. 3. 의결 제2013-195호로, 원고가 내부적으로 정한 생산성향상률을 적용하여 산정한 기성시수를 기초로 하도급대금을 결정한 행위가 **하도급법 4조 2항 5호**에 정해진 '원사업자가 수급사업자와의 합의 없이 일방적으로 낮은 단가에 의하여 하도급대금을 결정하는 행위'에 해당함을 전제로, 원고의 하도급대금결정행위가 **하도급법 4조 1항에 위반**하였다고 보아 원고에 대하여 ① 이 사건 수급사업자들과 하도급거래를 함에 있어서 부당한 방법을 이용하여 목적물 등과 같거나 유사한 것에 대하여 일반적으로 지급되는 대가보다 현저하게 낮은 수준으로 하도급대금을 결정하여서는 아니 되고, ② 원고의 위반행위로 인하여 발생한 하도급대금 인하액(생산성향상률을 적용하지 아니하였을 경우 결정되었을 하도급대금과 원고가 생산성향상률을 적용하여 결정한 하도급대금 사이의 차액) 합계 43,647,071,638원 및 이에 따른 부가가치세를 이 사건 수급사업자들에게 지급하고, ③ 원고가 피고로부터 시정명령을 받았다는 사실을 거래하는 모든 수급사업자에게 서면으로 통지하여야 한다는 내용의 시정명령 및 지급명령과 함께 ④ 합계 26,747,000,000원에 달하는 과징금의 납부명령을 하였다(이하 '이 사건 처분'이라 한다.).

2. 원고의 주장

이 사건 하도급거래에서 **'시수'**는 업무량 산정의 기초가 되는 것으로서 하도급법 4조 2항 5호에 정하는 '단가'에 해당하지 아니하고, 또한 이 사건 하도급거래에 적용된 시수는 원고와 이 사건 수급사업자들의 합의에 따라 결정되었다. 나아가 원고가 수급사업자들에게 지급한 하도급대금은 동종 및 유사업계의 통상적인 지급대가를 기준으로 볼 때 '낮은' 단가에 해당하지도 않는다. 따라서 원고의 하도급대금 결정행위는 하도급법 4조 2항 5호에 해당하지 아니하므로 이를 전제로 한 피고의 처분은 취소되어야 한다.

3. 판단

(1) 원고의 행위가 하도급법 4조 2항 5호에 해당하는지 여부

(가) 논의의 전제

무릇 법령의 해석은 조문의 문언이 갖는 범위 안에서 가능한 복수의 의미 중 하나를 선택하는 행위로서, 문언의 언어적 의미가 그 한계를 정한 가운데 그 의미를 선택하는 기준으로 입법자가 부여한 의미를 원칙으로 삼아야 하는 것이다. 따라서 법령의 해석에는 그 사용된 문언의 통상적인 의미에 충실하면서 그 입법의 취지와 목적, 제정 및 개정의 경위, 연혁, 법질서 전체와의 조화, 다른 법령과의 관계 등을 함께 고려하여야 한다.

한편, 하도급법은 원사업자와 수급사업자의 사적 경제활동 내지 경제현상을 규율대상으로 하는 것으로, 그러한 사적 경제활동에 대해서는 1차적으로 사법에 의하여 규율되고 있으므로 하도급법에서 특별한 정의 등이 되어 있지 아니하다면 그 의미내용도 먼저 사법에 의하여 해석되어야 한다. 사적자치의 원칙이 존재하는 이상 해당 사업자는 어떠한 법적수단, 법적형식을 사용할 것인지에 관하여 선택의 자유가 있다고 할 것인데, 다만 이들이 하도급법이 예견하지 아니한 법적수단, 형식을 선택함으로써 통상의 거래계에서 사용되는 법적수단, 형식에 대응하기 위해 마련된 하도급법상의 규제를 면하거나 배제하게 되는 경우에는 그러한 법적수단이나 형식의 선택행위는 규제회피행위로서 유효성이 문제로 될 수 있다. 이러한 규제위반이 범죄로 되는 때에는 죄형법정주의의 관점에서, 사적 주체들이 선택한 그와 같은 법적수단, 형식이 사법상으로는 유효한 것을 전제로 하면서도 하도급법상으로는 이를 유효하게 취급하지 아니하고 동일한 경제목적의 달성을 위해 거래계에서 통상 사용되는 법적수단, 형식에 대응하는 하도급법상의 규제요건을 충족한 것으로 취급하기 위해서는 이를 허용하는 법률상의 근거가 필요하다고 보아야 한다.

또한, 침익적 행정처분의 근거가 되는 행정법규는 엄격하게 해석·적용하여야 하고 행정처분

의 상대방에게 불리한 방향으로 지나치게 확장해석하거나 유추해석하여서는 안 되며, 그 입법 취지와 목적 등을 고려한 목적론적 해석이 전적으로 배제되는 것은 아니라 하더라도 그 해석이 문언의 통상적인 의미를 벗어나서는 아니된다(대법원 2008. 2. 28. 선고 2007두13791, 13807 판결, 대법원 2013. 12 .12. 선고 2011두3388 판결 등 참조).

(나) 이 사건 해당 조문의 의의, 구조

하도급법 4조는 이를 위반한 경우 하도급법 25조, 25조의3에 따른 시정조치 및 과징금 납부명령의 대상이 되어 침익적 행정처분의 근거가 되는 행정법규일 뿐 아니라, 그 위반 시 하도급법 29조, 30조의2에 의하여 원사업자 및 법인 대표자 등의 개인에 대하여 '하도급대금의 2배에 상당하는 금액 이하의 벌금'에 처하도록 하여 그 자체로 행정형벌의 구성요건에 해당한다.

한편, 하도급법 4조는 1항에서 원사업자가 현저하게 낮은 수준으로 하도급대금을 정하는 부당한 하도급대금의 결정행위를 금지하면서, 2항의 각 호에서 7가지의 구체적인 행위를 규정하여 그에 해당하는 원사업자의 행위를 '부당한 하도급대금의 결정'으로 간주하고 있다. 위 2항 각 호는 부당한 하도급대금의 결정인 것이 명백한 행위들을 열거하여 그 행위에 대한 입증만으로써 1항에서 정하는 추상적 개념인 '현저하게 낮은 수준의 하도급대금'의 입증에 갈음할 수 있게 한 것이므로, 2항 각 호에서 정하고 있는 행위의 의미를 지나치게 확장·유추해석하여 그 자체로 부당함 내지 현저하게 낮은 수준의 하도급대금이 결정된 것이 명백하다고 보기 어려운 행위까지도 포섭하는 것은 타당하지 아니하다.

(다) 구체적 검토

하도급법 4조 2항 5호는 '원사업자가 일방적으로 낮은 단가에 의하여 하도급대금을 결정하는 행위를 한 경우에는 부당한 하도급대금의 결정이 있는 것으로 본다.'고 정하고 있다. 그런데 앞서 본 사실들에 의하여 인정되는 다음과 같은 사정들을 종합하면 <u>원고가 내부적으로 생산성향상률을 정하여 이 사건 하도급대금의 결정 요소인 '기성시수'에 반영하였다고 하더라도, 원고가 일방적으로 '단가'를 결정한 것으로는 볼 수 없으므로 원고의 행위가 하도급법 4조 2항 5호에 해당한다고 할 수 없다</u>.

1) '단가'란 사전상으로 '물건 한 단위의 가격'을 말하고, 일반적인 물품거래의 경우뿐만 아니라 제조위탁이나 수리위탁의 경우에도 그 대금은 위탁대상인 물건의 개수('수량')에 물건 한 단위의 가격 곧 '단가'를 곱하여 결정된다. 국가를 당사자로 하는 계약에 관한 법률 22조, 지방자치단체를 당사자로 하는 계약에 관한 법률 25조, 방위사업법 46조 등에서 '단가계약'의 용어가 사용되고 있고, 이는 수량을 미리 정할 수 없는 경우에 단가계약을 체결함으로써 일단 단가를 정하여 두었다가 수량이 확정됨으로써 총액도 확정되는 의미를 갖는다.

2) 이 사건 하도급거래는 원사업자가 목적물의 제조에 필요한 제반 생산시설 및 자재를 제공하고 수급사업자는 단지 노동력만을 투입하는 임가공노무제공위탁계약에 해당하고, 그에 관하여 대금을 확정하기 위해서는 정산이 필요한 시수계약의 형태로 하도급계약이 체결된 것은 앞서 본 바와 같다.

시수계약에서 '시수'란 '수급사업자가 일정한 작업의 완성을 위하여 노동력을 얼마나 오랜 시간 투입하여야 하는지를 나타내는 수치'이므로, 이는 원고가 업으로서 노무제공을 수급사업자에게 위탁함에 따라 수급사업자가 원고에게 제공하는 노동력의 양을 시간의 단위로 나타낸 것에 해당한다. 그렇다면 시수계약에서 '시수'는 제조위탁이나 수리위탁의 수량에 해당하고, 이를 단위로 한 가격인 '임률단가'가 그 단위가격에 해당한다고 보아야 한다(노무제공을 위탁의 목적으로 하는 시수계약에서는 동일한 대상의 작업이라도 생산성에 의하여 투입되는 노동의 양 내지 그에 소요되는 시수가 달라지므로, 대상 작업의 양 자체가 물량에 해당하는 것은 아니다.).

3) 이 사건 처분에서 원고가 일방적으로 결정하였다고 하는 생산성향상률이란 원고의 설계개선, 공법개선, 작업장비·공구 등의 개선, 공정관리 방법의 개선 및 노동인력의 숙련도 등으로 인하여 생산인력 1인이 시수 당 수행할 수 있는 작업량이 증가된 비율을 말하는데, 생산성향상률은 결국 이 사건 하도급거래에 필요한 노동력의 양, 즉 물량을 결정하는 요소에 해당할 뿐 단가를 결정하는 요소에 해당한다고 보기는 어렵다.

4) 다만, '시수'는 수량에 해당하여 전체 하도급대금(수량 × 단가)을 결정하는 데 영향을 미치는 하나의 요인임은 분명하나, 하도급법 4조 2항의 각 호에 의하면 가격과 관련한 용어로서 '단가', '금액', '대금'이라는 각기 다른 용어를 구별하여 사용하고 있는 이상 시수가 하도급대금을 결정하는 요소에 해당한다는 것만으로 이를 단가의 용어에 포섭하여 원고의 행위가 하도급법 4조 2항 5호에 해당한다고 볼 수는 없다.

5) 설령 피고의 주장대로 조선업종에서 시수(공수, 표준품셈)가 단가의 요소를 이루는 것으로 인식되므로 이를 법률문언상 단가에 해당하는 것으로 볼 수 있다고 하더라도, 다음과 같은 이유로 시수에 영향을 미치는 생산성향상률을 원고가 일방적으로 결정하였다는 것만으로는 원고의 행위가 하도급법 4조 2항 5호에 해당된다고 보기 어렵다. 즉, 이 사건 하도급법 4조 2항 5호가 '원사업자가 일방적으로 낮은 단가에 의하여 하도급대금을 결정'하면 이를 곧 부당한 하도급대금의 결정으로 간주하는 이유는, 통상의 단가거래의 경우 평가적 요소는 오로지 '단가'에만 있는 것이므로 원사업자가 '단가'를 결정하면 전적으로 원사업자 일방에 의하여 거래대금이 결정되는 것이 명백하기 때문이라고 할 것이다. 그러나 이 사건 하도급거래에 관하여는 통상의 단가거래의 경우와 달리 표준시수, 생산성향상률(및 이를 반영한 기성시수), 임률단가 등 여러 가지의 평가적 요소가 상호 관련되어 하도급대금이 결정되고, 그중 문제된 생산성향상률을 제외한 나머지 요소들은 원고와 수급사업자들 사이의 상호이해 내지 합의에 의하여 결정된 이상(특히, 원고는 임률단가에 관하여 수급사업자들과 개별적으로 합의한 후 세부공정별로 그 단가를 결정하였다.) 원고의 행위가 하도급법 4조 2항 5호에 해당한다고 단정하기 어렵다.

(2) 원고의 행위가 하도급법 4조 1항에 위반되는지 여부

(가) 원고의 행위가 하도급법 4조 2항 5호에 해당한다고 볼 수 없다면, 피고의 이 사건 처분이 적법하기 위해서는 원고의 행위가 하도급법 4조 1항에서 정하고 있는 '부당한 하도급대금의 결정'에 해당한다는 것을 증명하여야 한다.

(나) 갑21, 갑29, 갑39의1, 2, 갑40~55, 을20, 증인 이○호, 장○주, 최○행 및 변론 전체의 취지에 의하여 인정되는 다음과 같은 사실들을 종합하면, 원고가 이 사건 하도급거래의 대금 결정과 관련하여 앞서 본 바와 같이 내부적으로 정한 생산성향상률을 적용하였다는 사정만으로는 이 사건 수급사업자들에게 지급된 하도급대금이 '목적물 등과 같거나 유사한 것에 대하여 일반적으로 지급되는 대가보다 낮은 수준'이라고 단정하기에 부족하고, 달리 이를 인정할 만한 증거가 없다.

1) 원고는 2004년 무렵부터 2009년 무렵까지 설비투자에 약 1조 7,928억 원을 지출하

는 등 선박건조 작업의 생산성향상을 위한 투자 및 개발에 노력하여 왔다고 주장하는데, 원고의 투자를 통해 설계개선, 공법개선, 작업장비와 공구의 개선, 공정관리 방법의 개선 등이 이루어져 온 것은 사실인 것으로 보인다. 또한 이 사건 하도급거래가 이루어진 2008년 및 2009년에 원고와 하도급계약을 체결한 수급사업자 주광산업 주식회사의 대표이사 장○주는 증인으로 출석하여 원고와 수급사업자들의 노력으로 실질적인 생산성향상의 효과가 있었다는 취지의 진술을 하였는데, 설비투자나 노동숙련도가 더하여짐으로써 생산성이 향상된다는 것이나 그에 따라 동일한 작업의 대상이라도 소요되는 시수가 줄어든다는 것은 상식적으로 충분히 수긍할 수 있다.

2) 원고는 내부적으로 정한 생산성향상률을 적용하여 기성시수를 낮추는 반면, 이 사건 수급사업자들을 포함한 원고의 사내협력업체에 대한 임률단가를 지속적으로 인상하여 왔다. 원고의 사내협력업체에 대한 임률단가는 2007년에 12.5%, 2008년에 1월 및 7월 두 차례에 걸쳐 각각 0.1% 및 7.0% 인상되었고, 2010년에는 4월 및 7월 두 차례에 걸쳐 각각 2.1% 및 3.4% 인상되었다. 2009년에는 임률단가가 인상되지 아니하였으나 이는 2008년 미국 리먼브라더스 투자은행의 파산으로 야기된 세계금융위기의 여파로 인한 것으로 2009년에는 국내 모든 조선업체들이 임률단가를 인상하지 아니하였다.

3) 원고는 매년 말 사업계획설명회를 통하여 수급사업자들의 대표들에게 다음 사업연도의 기본계약에 반영할 생산성향상률을 미리 공표하였다. 수급사업자들은 기본계약 이후에 체결되는 단가계약의 협의과정에서 원고가 제시한 당해 연도의 생산성향상률을 반영한 주장을 할 수 있었을 것으로 보인다(증인 최○행의 증언에 의하면 이 사건 89개 수급사업자 대표들 중 59명은 원고의 직원으로 평균 20년 상당 근무한 사람들이고 나머지의 경우도 경쟁업체에서 장기간 근무한 경력이 있는 사람들이었다. 이들이 2008년에 정해진 평균 생산성향상률 6.0%의 반영 경험에 비추어 2009년의 7.0%의 영향력이 어느 정도 될 것인지 예측하여 임률단가의 협의에 반영하는 것이 불가능하였을 것으로 보이지 않는다.).

4) 원고가 일단 내부적으로 정해진 생산성향상률에 대하여 '경영목표'의 측면에서 변경을 허락하지 않은 것은 사실이나, 수급사업자들의 요청을 검토하여 당초 목표한 생산성향상률의 달성이 어렵다고 인정될 경우 사후적으로 표준시수(내지 그 전제로서 '원단위시수')를 보정해 줌으로써 결국 하도급대금을 결정하는 기성시수의 산정에 수급사업자들의 의사를 반영한 사실이 인정된다(을20 및 증인 이○호).

5) 원고가 사내협력업체에게 지급한 하도급대금 중 보조금과 복리 후생에 관한 지원금 등을 제외한 대금을 다시 생산인력 1인에게 지급된 월별로 금액으로 계산한 1인당 기성금액은 아래 표에서 보는 바와 같이 피고가 이 사건 처분으로 문제삼지 않은 2007년의 3,054,000원에서 2008년 3,740,000원, 2009년 3,764,000원, 2010년 4,063,000원으로 꾸준히 증가하여 왔다. 또한 원고의 2008년 및 2009년 1인당 기성금액은 원고와 유사한 규모의 선박건조업자인 삼성중공업 주식회사나 현대중공업 주식회사의 1인당 기성금액에 비하여도 그보다 높거나 유사한 수준에 해당한다.

1인당 기성금액 비교표

구분	호선공사 월별 인당기성금 (단위: 원)			
	2007년	2008년	2009년	2010년
원고	3,054,000	3,740,000	3,764,000	4,063,000
삼성중공업 ㈜	3,061,000	3,836,000	3,680,000	3,745,000
현대중공업 ㈜	3,081,000	3,227,000	3,246,000	3,046,000

(3) 소결

결국, 원고의 이 사건 하도급거래의 대금결정행위는 하도급법 4조 2항 5호에 해당하지 아니할 뿐 아니라 하도급법 4조 1항에서 금지하는 부당한 하도급대금의 결정에도 해당되지 아니한다. 이와 전제를 달리하는 피고의 이 사건 처분은 원고의 나머지 주장에 관하여 살펴볼 필요 없이 위법하다.

4. 결론

그렇다면 피고가 2013. 12. 3. 제2소회의 의결 제2013-195호로 원고에 대하여 한 별지1 기재 시정명령 및 과징금납부명령은 위법하여 모두 취소되어야 할 것이므로 원고의 청구를 받아들이기로 하여 주문과 같이 판결한다.■

다) 하도급법제4조 제2항 제5호 사례 : 선박의 건조·판매회사가 ① 선박블록조립 관련 종전 계약시 사용하였던 시수(時數, Man Hour, M/H) 대비 103,184M/H만큼 시수를 낮추는 행위 및 임률인상 부분을 고려하여 낮은 단가인지를 판단하여야 하므로 시수를 낮추는 행위만을 가지고는 하도급법 제4조 제1항, 제2항 5호에 정해진 '원사업자가 수급사업자와의 합의 없이 일방적으로 낮은 단가에 의하여 하도급대금을 결정하는 행위' 로 볼 수 없다는 판결(서울고등법원 2015. 1. 16. 선고 2013누8778 판결 [시정명령 및 과징금납부명령 취소])[294].

본 사례에서 상고심 대법원은 "**원고(원사업자)가 널리 하도급대금액에 영향을 줄 수 있는 요소 중 물량과 무관한 것으로서 임가공 용역의 대가 산정과 관련된 구성요**

294) 본 판결과 같은 당사자의 유사한 쟁점에 대한 판결로는 **서울고등법원 2017. 11. 30.자 선고 2014누3619 판결**이 있다. 2014누3619 사안에서도 피고 공정거래위원회는 수급사업자들에게 선박블록 조립 등 하도급계약을 체결하면서 이 사건 수급사업자들과 합의 없이 일방적으로 총 148개 블록에 대하여 동일한 선종의 최초 계약시에 적용하였던 시수 대비 14,211M/H만큼 시수를 낮게 결정함으로써 총 하도급대금 307,558,000원의 하도급대금을 인하하는 방법으로 **부당하게 하도급대금을 결정**하였다는 이유로, 하도급법 제3조 제1항, 제4조 제2항 제5호 등에 의하여 원사업자에게 시정명령, 지급명령, 교육이수명령 및 과징금 3,100만 원의 납부명령을 내린 사안이다. 재판부는 "원고가 이 사건 수급사업자들에게 선박블록 제조 등을 위탁하면서 체결한 각 개별계약에서 시수를 인하하는 대신 임률을 지속적으로 인상해 주었는바, 피고로서는 시수 인하가 객관적이고 타당한 근거에 기반한 것인지 여부와 함께 위와 같이 정해진 하도급대금이 종전의 계약금액에 비해 현저히 낮은 수준에 해당하는지 여부도 아울러 판단하였어야 한다(즉 임률 인상 부분도 함께 고려하였어야 한다). 그럼에도 불구하고 임률은 물가상승률 등을 반영해 어차피 인상해 주어야 한다는 잘못된 전제하에 원고의 임률 인상 부분을 도외시하고 위와 같이 정해진 하도급대금이 종전의 계약금액에 비해 현저히 낮은 수준인지 여부를 검토하지 아니한 채, 오로지 시수 인하 부분만을 주목하여 이 사건 하도급대금 결정행위가 부당하다고 본 것은 합리적이라 보기 어렵다."라고 설시하여 원고의 청구를 인용하였다.

소 중 일부의 가격을 낮추었다고 하더라도 그 결과 하도급대금이 '일반적으로 지급되는 수준' 보다 낮아져야 하도급법 제4조 제2항 제5호가 정한 '낮은 단가에 의하여 하도급대금을 결정하는 행위' 에 해당한다."고 판시하였다(대법원 2018. 5. 15. 선고 2015두38252 판결 [시정명령 및 과징금납부명령취소])[295].

[참조 판결]

-서울고등법원 2015. 1. 16. 선고 2013누8778 [시정명령 및 과징금납부명령 취소]-

[성○조선해양 사례]

[판시 이유]

1. 판단 -선박 블록조립 제조위탁 부분

먼저, 원고가 시수를 인하함으로써 '낮은 단가'에 의해 하도급대금이 결정되었는지 여부에 관하여 본다.

구 하도급법 제4조 제1항은 '원사업자는 수급사업자에게 제조 등의 위탁을 하는 경우 부당한 방법을 이용하여 목적물 등과 같거나 유사한 것에 대하여 일반적으로 지급되는 대가보다 현저하게 낮은 수준으로 하도급대금을 결정하거나 하도급받도록 강요하여서는 아니 된다'라고 규정하고 있고, 같은 조 제2항은 '다음 각 호의 어느 하나에 해당하는 원사업자의 행위는 부당한 하도급대금의 결정으로 본다'라고 규정하면서, 그 제5호로 '원사업자가 수급사업자와의 합의 없이 일방적으로 낮은 단가에 의하여 하도급대금을 결정하는 행위'를 들고 있다.

위 규정을 종합해 보면, 원사업자가 수급사업자에게 제조 등을 위탁할 때 우월한 경제적 지위를 이용하여 수급사업자의 자발적 동의에 의하지 않고 일반적으로 지급되는 대가보다 현저히 낮은 수준으로 하도급대금을 결정하는 경우에는 이를 부당한 하도급대금 결정행위로 보아야 할 것이다.

이 사건 선박 블록조립 제조위탁의 경우 그 하도급대금이 '시수 × 임률'로 정해지고 시수와 임률이 당사자 사이의 합의에 따라 각각의 근거에 기반하여 별개로 정해질 수 있음은 당사자 사이에 다툼이 없는바, 이에 따라 당사자들이 시수를 낮추는 만큼 임률을 높이는 계약을 체결한다든지 또는 그 반대의 경우 등 여러 상황이 존재할 수 있으므로, 단지 하도급대금의 결정요소 중 어느 한 요소만이 낮아졌다는 사정을 중시하여 그 하도급대금 결정행위가 부당하다고 판단하는 것은 합리적이라 보기 어렵고, 개별 요소의 인하 근거가 객관적이고 타당하지 아니할 뿐만 아니라, 일반적으로 지급되는 대가에 비해 '시수 × 임률'로 정해지는 하도급대금도 현저하게[296] 낮은 수준이라고 인정될 때에 부당한 하도급대금 결정행위가 있었

295) 본 사안의 상고심 법원은 "원사업자가 정당한 사유 없이 수급사업자와 합의하지 않고 일방적으로 낮은 단가로 하도급대금을 결정한 경우에는 통상 지급되는 대가보다 '현저하게' 낮은 수준으로 하도급대금을 결정하였는지를 따질 필요 없이 부당한 하도급대금의 결정으로 보아야 한다 (대법원 2018. 3. 13. 선고 2016두59423 판결 등 참조)"라고 판시하면서 원심이 설시한 "통상 지급되는 대가보다 '현저하게' 낮은 수준으로 하도급대금을 결정해야만 부당한 하도급대금의 결정에 해당한다는 취지로 판단한 것은 잘못이라고 설시하였다. 다만 결과적으로 처분이 위법하다는 점에서는 원심과 대법원이 결론을 같이하였다(대법원 2018. 5. 15. 선고 2015두38252).

296) 구 하도급법이 2013. 5. 28. 법률 제11842호로 개정되면서 '현저하게' 부분이 삭제되었다.

다고 봄이 상당하다.

이러한 법리에 비추어 이 사건을 보건대, 위 인정 사실과 위 각 증거에 변론 전체의 취지를 종합하면, 국내 조선업계는 2008년 촉발된 세계적인 금융위기로 인하여 현재까지 수익성 악화 등으로 어려움을 겪고 있는 사실, 원고는 위에서 본 바와 같이 종전 계약에 비하여 시수를 인하하였으나, 대신 국내 조선업 경기가 크게 위축된 상황에서 피고가 인정하는 바에 의하더라도 2008년 9.1%, 2010년 6.8%의 임률을 인상해 준 사실을 인정할 수 있는바, 이처럼 원고가 수급사업자에게 호선별로 제조위탁을 하면서 시수를 인하하는 대신 임률을 인상해 주었다면, 피고로서는 시수 인하가 객관적이고 타당한 근거에 기반한 것인지 여부와 함께 위와 같이 정해진 하도급대금이 종전의 계약금액에 비해 현저히 낮은 수준에 해당하는지 여부도 아울러 판단하였어야 함에도(즉 임률 인상 부분도 함께 고려하였어야 함에도), 임률은 물가상승률 등을 반영해 어차피 인상해 주어야 한다는 잘못된 전제하에 원고의 임률 인상 부분을 도외시하고 위와 같이 정해진 하도급대금이 종전의 계약금액에 비해 현저히 낮은 수준인지 여부를 검토하지 아니한 채, 오로지 시수 인하 부분만을 주목하여 이 사건 선박 블록조립 부분의 하도급대금 결정행위가 부당하다고 본 것은 합리적이라 보기 어렵다. 따라서 피고가 제출한 증거들만으로는 '인하된 시수 × 인상된 임률' 등으로 정해진 이 부분 하도급대금이 종전의 계약금액에 비해 현저히 낮은 수준에 해당하는지 여부를 알 수 없으므로[297], 이 부분 시정명령과 2,302,728,000원의 지급명령 및 이 사건 과징금납부명령은 원고의 나머지 주장에 관하여 더 나아가 판단할 필요도 없이 위법하다(이 사건 과징금납부명령 중 선박블록조립 제조위탁 관련 과징금 액수를 정확히 산출하기 어려우므로 그 전부를 취소한다). 따라서 원고의 이 부분 주장은 이유 있다.■

−대법원 2018. 5. 15. 선고 2015두38252 판결 [시정명령 및 과징금납부명령취소]−

[판시 이유]

가. 하도급법 제4조 제2항 제5호의 「낮은 단가」의 의미

(1) '단가가 낮은지 여부'는 위탁 목적물 등과 같거나 유사한 것에 대하여 일반적으로 지급되는 대가보다 낮은 수준인지를 기준으로 판단한다. '일반적으로 지급되는 대가'의 수준은, 문제가 된 행위 당사자들 사이에 있었던 종전 거래의 내용, 비교의 대상이 되는 다른 거래들(이하 '비교 대상 거래'라고 한다)에서 형성된 대가 수준의 정도와 편차, 비교 대상 거래의 시점, 방식, 규모, 기간과 비교 대상 거래 사업자들의 시장에서의 지위나 사업규모, 거래 당시의 물가 등 시장 상황 등을 두루 고려하여 인정할 수 있다. 그리고 이에 대한 증명책임은 시정명령 등 처분의 적법성을 주장하는 피고에게 있다(대법원 2017. 12. 7. 선고 2016두35540 판결 등 참조).

(2) 한편 원고가 널리 하도급대금액에 영향을 줄 수 있는 요소 중 물량과 무관한 것으로서 임가공 용역의 대가 산정과 관련된 구성요소 중 일부의 가격을 낮추었다고 하더라도 그 결과 하도급대금이 '일반적으로 지급되는 수준'보다 낮아져야 하도급법 제4조 제2항 제5호가 정

---

297) 위 2.나.1)항의 표에서 본 시수 인하에 따른 18개 수급사업자별 하도급대금 인하 내역 및 피고가 2014. 11. 25. 제출한 참고서면의 별지(호선별 하도급대금 인하액)에 의하면, '현저히 낮은 수준'에 해당한다고 하기 어려운 경우가 보인다.

한 '낮은 단가에 의하여 하도급대금을 결정하는 행위'에 해당한다. 그 이유는 다음과 같다.

① 하도급법령은 단가의 의미에 관한 별도의 규정을 두고 있지 않다. 그런데 '단가'의 사전(辭典)적 의미는 '물건 한 단위(單位)의 가격'을 말하고, 관련 법령이나 실무에서도 '단위당 내지 단위 개체당 가격'이라는 의미로 흔히 사용된다. 결국 '단가' 개념과 '하도급대금' 개념이 명확히 구분된다고 보기 어렵고, 오히려 현실에서는 양자가 같은 개념으로 사용되는 경우도 많다.

② 하도급법 제4조는 제1항에서 '일반적으로 지급되는 대가보다 낮은 수준으로 하도급대금을 결정'하는 것을 금지하고, 제2항 각 호에서 부당 하도급대금 결정행위로 간주되는 경우를 예시하고 있다. 이와 같은 문언에 비추어 보면, 하도급법 제4조 제2항 제5호가 금지하려는 대상은 결국 '하도급대금'이 낮게 결정되는 것이다.

(3) 한편 원사업자가 정당한 사유 없이 수급사업자와 합의하지 않고 일방적으로 낮은 단가로 하도급대금을 결정한 경우에는 통상 지급되는 대가보다 '현저하게' 낮은 수준으로 하도급대금을 결정하였는지를 따질 필요 없이 부당한 하도급대금의 결정으로 보아야 한다(대법원 2018. 3. 13. 선고 2016두59423 판결 등 참조).

나. 인정사실

피고는 또한 원고에 대하여 부당한 하도급대금 결정에 따른 인하금액 총 2,302,728,000원을 지체 없이 지급하여야 한다는 지급명령을 하였다. 그 인하금액 합계는 동일한 종류의 블록에 대하여 적용한 최초 계약시수를 기준으로 이후 다음 계약에 적용한 계약시수를 비교하여 계약시수의 증가 또는 감소 여부를 파악한 후, 동일한 호선별 계약시수 감소로 판정되는 계약들만을 대상으로 하여 산정되었다. **즉, 계약시수 변동 외에 임률 인상 등 다른 요소는 고려되지 아니하였다**.

피고는 이와 같이 산출된 인하금액을 전제로 하도급대금의 산정, 기본과징금액의 산정, 조정과징금의 산정, 부과과징금의 산정 절차를 거쳐 원고에게 과징금 납부명령을 하였다.

다. 대법원 판단

원심이 통상 지급되는 대가보다 '현저하게' 낮은 수준으로 하도급대금을 결정해야만 부당한 하도급대금의 결정에 해당한다는 취지로 판단한 것은 잘못이다.

한편 앞서 본 법리에 따르면, 하도급법 제4조 제2항 제5호가 정한 '낮은 단가에 의하여 하도급대금을 결정하는 행위'에 해당하기 위해서는 하도급대금이 '일반적으로 지급되는 수준'보다 낮아져야 한다.

그런데 앞서 인정한 사실에 의하면, 피고는 '하도급대금'이 일반적으로 지급되는 수준보다 낮아졌는지 여부를 고려하지 아니한 채 계약시수 인하금액만을 기준으로 부당한 하도급대금 결정에 해당한다고 보았다. 그렇다면 위 지급명령 및 과징금 납부명령은 앞서 본 법리와 다른 전제에서 이루어진 것으로서 위법하다. ...(중략)... 결국 원심판결에 부당한 하도급대금의 결정을 인정하기 위한 전제로 통상 지급되는 대가보다 '현저하게' 낮은 수준을 요구한 잘못이 있기는 하나, 위 각 처분이 위법하다고 본 결론만은 정당하므로 위와 같은 잘못은 판결에 영향을 미치지 않았다. 따라서 피고의 상고이유 주장은 결국 이유 없다. ■

라) 하도급법제4조 제2항 제5호 사례 : 공압기기 부품의 제조를 위탁하면서 합의

없이 일방적으로 낮은 단가에 의하여 하도급대금 결정이라고 판단한 사안(서울고등법원 2013. 11. 14. 선고 2013누7171 판결 [시정명령 취소]).

-서울고등법원 2013. 11. 14. 선고 2013누7171 판결[298] [시정명령및과징금납부명령취소]-

[한국에스○○공압 사례]

[판시 이유]

1. 원고의 주장

원고는 아래 <표 3> 기재 C2A063-02-MR1060 등 4개의 부품(이하 '4개 부품'이라 한다)에 대하여 1차로 재○산업을 비롯한 2개 또는 3개의 업체로부터 견적서를 제출받아 발주를 한 후, 다시 재○산업으로부터 2차 견적서를 제출받는 방법으로, 별지 3 품목별 단가인하 세부 내역 및 인하금액 현황표(이하 '별지 3 표'라고 한다) 기재 155개 부품(이하 '155개 부품'이라 한다)에 대하여 장기거래 등을 이유로 납품단가를 인하하도록 하는 방법으로 각 부품의 납품단가를 인하하기는 하였으나, 이들 부품들은 모두 재○산업과의 합의에 의하여 단가를 인하하였을 뿐, 합의 없이 일방적으로 단가를 결정한 것은 아니고, 또한 종전에 재○산업의 대표인 김정길이 원고의 직원들에게 지속적으로 금품을 제공하여 부품의 납품단가를 부당하게 고액으로 형성하도록 하였으므로, 위와 같이 인하된 단가도 시가를 상회한다 할 것이다. 따라서 원고가 위 부품들에 대하여 합의 없이 일방적으로 낮은 단가에 의하여 하도급대금을 결정한 것으로 볼 수 없다.

2. 인정 사실

(가) **1차 발주 후 2차 견적서를 제출받는 방법에 의한 4개 부품의 하도급대금 인하**

① 원고는 아래 <표 3> 기재와 같이 4개 부품에 대하여 1차로 재○산업을 포함한 2개 또는 3개 업체로부터 견적서를 제출받아 최소 금액을 제시한 재○산업에 대하여 발주하기로 결정한 후, 다시 재○산업으로부터 2차 견적서를 제출받아 납품단가를 인하하였다.

[표3] (단위: 원, %)

<table>
<tr><td rowspan="2">품목</td><td colspan="4">1차 견적단가(2008.5.8.)</td><td colspan="2">1차 발주
(2008. 6. 17.)</td><td colspan="2">2차 견적 및 발주단가
(2008. 6. 23.)</td></tr>
<tr><td colspan="2">재○산업</td><td>N○T</td><td>이○기전</td><td colspan="2">재○산업</td><td colspan="2">재○산업</td></tr>
<tr><td rowspan="2">C2A063
-02-MR1060</td><td>2개</td><td>84,800</td><td>105,000</td><td>139,700</td><td rowspan="2">4개</td><td rowspan="2">84,800</td><td rowspan="2">68개</td><td rowspan="2">63,000</td></tr>
<tr><td>100개</td><td>66,800</td><td>79,500</td><td>139,200</td></tr>
<tr><td rowspan="2">C2A063
-52-MR1060</td><td>2개</td><td>66,600</td><td>90,500</td><td>90,200</td><td rowspan="2">4개</td><td rowspan="2">66,600</td><td rowspan="2">68개</td><td rowspan="2">50,000</td></tr>
<tr><td>100개</td><td>53,600</td><td>67,500</td><td>89,700</td></tr>
<tr><td rowspan="2">C2A063
-03-MR1060</td><td>2개</td><td>42,500</td><td>-</td><td>86,200</td><td rowspan="2">4개</td><td rowspan="2">42,500</td><td rowspan="2">68개</td><td rowspan="2">34,000</td></tr>
<tr><td>100개</td><td>36,500</td><td>-</td><td>48,700</td></tr>
<tr><td>C2A063</td><td>1개</td><td>20,300</td><td>-</td><td>64,600</td><td>2개</td><td>20,300</td><td>34개</td><td>14,600</td></tr>
</table>

298) 본 판결은 상고되었으나 심리불속행 기각되어 확정되었다(대법원 2013두35198 2014. 4.10.자 심리불속행기각 판결).

-30-MR1060	50 개	16,300	-	29,500				

② 원고가 재○산업에게 이 사건 4개 부품에 대하여 아래 <표 4> 기재와 같이 '인하시기'란 기재 일자 이후 '인하액'란 기재 금액 만큼 인하된 단가(1차 견적시 재○산업이 제출한 100개 수량에 대한 금액을 기준으로 한다)로 하도급대금을 지급함으로써 단가를 인하한 총액은 '인하총액'란 기재 합계액에 부가세를 합한 922,350원(838,500원+부가세 83,850원)이다.

[표3] (단위: 원, 부가가치세 별도)

품 목	1차 단가 (a)	2차 단가 (b)	인하액 (c=a−b)	인하 시기	입고수량 (d)	납품총액 (b×d)	인하총액 (e=c×d)
C2A063-02-MR1060	66,800	63,000	3,800	2008. 6. 25.	78	4,914,000	296,400
C2A063-52-MR1060	53,600	50,000	3,600	"	78	3,900,000	280,800
C2A063-03-MR1060	36,500	34,000	2,500	"	78	2,652,000	195,000
C2A063-30-MR1060	16,300	14,600	1,700	"	39	569,400	66,300
합 계					273	12,035,400	838,500

(나) 장기거래 제품의 하도급대금 인하

원고는 재○산업에게 장기거래 등을 이유로 155개 부품에 대하여 별지 3 표 기재와 같이 '인하의 적용시기'란 기재 일자 이후 '인하액'란 기재 금액 만큼 단가(기존 단가 대비 1.7%~46.7%를 인하)를 인하하도록 하였고, 이에 따라 이 사건 155개 부품에 대하여 단가가 인하된 총액은 '인하금액'란 기재 합계액에 부가세를 합한 40,529,610원(36,845,100원+부가세 3,684,510원)이다.

3. 판단

(가) 합의 없이 일방적으로 하도급대금을 결정한 것인지 여부

위 인정사실, 앞서 든 증거, 갑 제6호증 및 을 제1 내지 4호증의 각 기재, 변론 전체의 취지에 의하여 인정되는 다음의 사정들을 종합하여 보면, 위 4개 부품 및 155개 부품에 대한 위와 같은 단가인하는 원고 및 재○산업 사이의 진정한 합의에 의한 것이 아니라(설령 형식적으로 합의가 있었다 하더라도, 이는 재○산업의 진의에 기한 합의로 볼 수 없다) 원고가 재○산업과의 합의 없이 일방적으로 하도급대금을 인하한 것으로 봄이 상당하므로, 이 부분 원고의 주장도 이유 없다.

① 4개 부품에 대하여는, 원고가 이미 1차로 재○산업을 포함한 2개 또는 3개 업체로부터 견적서를 제출받아 그 중 재○산업이 가장 최저가를 제시하여 발주업체로 결정하였는데, 그 후 원고의 직원 이관동은 2008. 6. 23. 재○산업에게 위 1차 결정 당시 보다 수량을 축소함에도(물량이 감소하는 경우 고정비용이 증가하므로 단가는 상승하여야 할 것임에도), 아무런 자료나 근거도 제시하지 않은 채 그것도 빠른 회신을 요청하면서 대금을 인하하는 내용의 '발주 전 최종 가격조정 검토 요청서'를 발송하였고, 이에 재○산업은 원고로부터 위 이메일을 받은 직후 특별한 검토 없이 이를 승낙하였다.

② 155개 부품에 대하여도, 원고의 직원 이관동 등은 별지 3 표의 '인하의 적용시기'란 기재 일자 무렵에 재○산업에게 이메일 등으로 구체적인 인하 품목, 인하 비율에 따른 인하액 등을 적시하면서 단가인하를 요청하였고, 재○산업은 그 즉시 특별한 검토 없이 이를 승낙한 것으로 보인다(원고가 2008. 3.경 재○산업에게 보낸 이메일에는 "네고단가를 하기와 같이 '결정'하오니 검토 후 네고된 단가로 재견적 부탁드립니다"라고 기재하여 단가를 일방적으로 결정하여 통지하였다).

③ 원고는 피고 조사 당시 위 4개 부품 및 155개 부품의 단가 인하과정에서 단가인하 사유를 적시하지 아니한 채 단가인하를 요청하였고, 재○산업과 어떠한 협의도 거치지 않았음은 자인하고 있다(갑 제5호증, 을 제2호증).

④ 재○산업의 전체 매출액 중 원고에 대한 비율이 2007년도는 99.4%, 2008년도는 96.1%로서 원고에 대한 의존도가 절대적이었고, 원고는 기존 업체가 단가조정 요구에 불응하자 이를 재○산업으로 교체하였던 전례가 존재하는 등의 사정에 비추어 주거래처인 원고와의 관계에서 열위적 지위에 있는 재○산업으로서는 원고의 단가인하 요구에 응하지 않을 수 없었던 것으로 보인다.

⑤ 하도급법은 공정한 하도급 거래질서를 확립하여 원사업자와 수급사업자가 대등한 지위에서 상호보완하며 균형 있게 발전할 수 있도록 함을 목적으로 함에 비추어 설령 합의가 존재한다 하더라도, 재○산업의 진의에 기하지 아니한 형식적 합의는 진정한 합의로 보기 어렵다.

(나) **낮은 단가에 의한 하도급대금인지 여부**

위 인정사실, 앞서 든 증거 및 을 제2, 4호증의 각 기재, 변론 전체의 취지를 종합하여 인정되는 다음의 사정들, ① 이 사건 4개 부품에 대하여는 이미 2개 또는 3개 업체로부터 견적서를 제출받는 등으로 경쟁 입찰절차를 거쳐 가장 낮은 가격을 제시한 재○산업이 1차로 발주자로 결정되었으므로, 위와 같은 1차 발주 당시 가격이 시가 또는 시가에 근접한 가격으로 보이는 사정, 그 후 원고의 일방적 요구에 의하여 단가가 인하되었는데, 당시는 1차 발주 당시 보다 수량도 축소되었던 사정 등에 비추어 4개 부품에 대하여 1차 발주 이후 인하된 단가는 시가 보다도 낮은 것으로 보이는 점(하도급법 제4조 제2항 제7호는 원사업자가 경쟁입찰에 의하여 하도급계약을 체결할 때 정당한 사유없이 최저가로 입찰한 금액 보다 낮은 금액으로 하도급대금을 결정하는 경우 이를 부당한 하도급대금 결정행위로 본다), ② 원고가 2008년 이후에는 신규 부품가공업체를 발굴하는 등으로 다수의 부품공급업체를 확보하였고, 또한 부품을 발주함에 있어 다수의 업체로부터 가격을 제시받은 후 가장 저렴한 업체에 발주를 하는 등으로 종전 수의계약 방식에서 경쟁 입찰방식으로 변경하였으며, 그에 따라 부품 단가가 현저하게 낮아진 사정(원고가 공정위에 제출한 '재○산업과의 거래시 단가인하 사유와 절차에 대한 소명서'에는 2008년 이후부터는 타 협력사와 비교하여 가격의 적정성을 검증하였다고 기재되어 있다), 실제로 원고는 2008. 3. 19. 기존 업체가 가격조정 요청에 불응하자 원고로 업체를 변경하거나, 2008. 5. 무렵 여러 차례에 걸쳐 외주 구매 견적비교표를 통하여 다른 업체와 단가를 비교한 후 기존의 재○산업의 견적 단가가 높다는 이유로 다른 업체로 변경하였던 사정 등에 비추어 만일 155개 부품에 대한 종전 단가가 시가 보다 고액이었다면, 우월적 지위에 있는 원고로서는 부품 공급업체를 변경하거나 이 사건과 같이 '장기거래'를 이유로 하는 것이 아니라 단가가 '고액'임을 이유로 그 인하를 요구하였을 것으로 보이는 점(원고는 155개 부품에 대하여 위와 같이 인하된 단가가 타 업체와의 가격 비교 결과 결코 가격이 낮지 않다고 주장하면서 갑 제4호증을 제출하였으나, 갑 제4호증에 의하더라도, 일부 부품은 다른 업체가 제시한 단가 보다 낮은 점, 갑 제4호증은 피고 조사 이후 또는 이 사건 소제기 이후 작성된 문서로서, 다른 업체의 부품 가격을 알 수 있는 객관적 자료가 제출되지 않은 점, 만일 원고의 주장처럼 인하된 단가도 재○산업이 타 업체 보다 높다면, 우월한 지위에 있는 원고가 거래업체를 변경하지 않았다는 것은 납득하기 어려운 사정 등에 비추어 이를 선뜻 믿기 어렵다) 등을 종합하여 보면, 이 사건 4개 부품 및 155개 부품에 대하여 위와 같이 결정된 단가는 객관적이고 타당한 산출근거에 의하여 적정하게 결정되지 아니한 채 일방적으로 낮은 단가에 의하여 정하여진 금액으로 봄이 상당하다.

라. 소결

따라서 원사업자인 원고가 수급사업자인 재○산업에 대한 이 사건 3개 부품, 4개 부품 및 155개 부품의 발주과정에서 하도급법 제4조 제2항 제4호 또는 제5호를 위반하였음을 전제로 한 피고의 이 사건 처분은 적법하다.■

마) 하도급법제4조 제2항 제5호 사례: 선박엔진 구성품 제조위탁 후 수급사업자와 합의없이 일방적으로 낮은 단가로 하도급대금 결정이 위법이라는 사례

선박 구성품 제조위탁 후 수급사업자와의 합의없이 일방적으로 낮은 단가로 하도급대금을 결정한 행위로 위법이라고 본 사안(**서울고등법원 2018. 5. 11. 선고 2017누33963 판결**).

-서울고등법원 2018. 5. 11. 선고 2017누33963 판결[299]**[시정명령등취소]-**

[인○정공 사례]

【판시이유】

1. 처분의 경위

원고는 수급사업자인 선일테크와 2012. 2.경 '2012년 구매기본계약'을 체결하면서 일방적으로 표2 기재와 같이 43개 품목의 단가를 2011년 계약 단가에 비하여 인하하였고, 2012. 7. 부터 2013. 1.까지 인하된 단가로 계산한 하도급대금을 지급하였다. 원고의 위와 같은 하도급대금 인하 및 인하된 대금 지급행위(이하 '이 사건 제1 결정행위'라고 한다)는 합의 없이 일방적으로 낮은 단가에 의하여 하도급대금을 결정하는 행위(구 하도급법 제4조 제1항, 제2항 제5호)에 해당한다는 이유로 피고 공정거래위원회는 2016. 12. 20.자로 의결 제2016-359호로 원고에게 시정명령 및 과징금납부명령을 하였다.

-표2 (단가인하 세부내역) (일부)-

구분(품목)	중량 (KG)	기존 단가 (A)	인하 단가		인하율 (1-B/A)
			당초 안	계약단가(B)	

299) 본 사안은 상고하지 않고 확정되었다.

구분(품목)		중량 (KG)	기존 단가 (A)	인하 단가		인하율 (1-B/A)
				당초 안	계약단가(B)	
5S35ME-B	B/P	10,735	5,600,000	5,453,000	5,453,000	2.6%
	F/B	9,956	6,283,000	5,675,300	5,675,300	9.7%
6S35ME-B	B/P	11,970	5,888,000	5,733,440	5,733,440	2.6%
	F/B	11,250	6,710,000	6,061,000	6,061,000	9.7%
5S35MK	B/P	9,842	5,200,000	5,063,500	5,063,500	2.6%
6L35MK	B/P	8,365	5,328,000	5,188,140	5,188,140	2.6%
6S35MK	B/P	10,890	5,328,000	5,188,140	5,188,140	2.6%
7S35MK	B/P	12,166	6,192,000	6,029,460	6,029,460	2.6%
8S35MK	B/P	13,200	7,056,000	6,870,780	6,870,780	2.6%
6S40ME-B	B/P	17,245	5,888,000	6,035,200	6,035,200	-2.5%
	F/B	15,980	6,710,000	6,380,000	6,380,000	4.9%
6S42MC	B/P	18,725	5,888,000	6,035,200	6,035,200	-2.5%
	F/B	16,285	6,710,000	6,380,000	6,380,000	4.9%
6S46MC-C	B/P	24,265	6,259,200	6,415,680	6,415,680	-2.5%
	F/B	19,891	7,102,840	6,753,520	6,753,520	4.9%
5S50MC-C	B/P	25,600	6,320,000	6,467,290	6,467,290	-2.3%
	F/B	21,500	7,320,000	7,268,510	7,268,510	0.7%
6S50MC-C	B/P	28,500	6,743,200	6,672,590	6,672,590	1.0%
	F/B	23,300	7,715,890	7,560,640	7,560,640	2.0%
7S50MC-C	B/P	31,500	7,879,200	7,368,190	7,368,190	6.5%
	F/B	26,000	8,832,190	8,631,220	8,631,220	2.3%
5S60MC-C	B/P	44,800	9,473,100	8,396,310	8,396,310	11.4%
	F/B	41,000	10,299,881	9,913,960	9,913,960	3.7%

2. 인정사실

(1) 원고는 2009년경부터 2011년경까지 원고가 발주자인 현대중공업 주식회사, 에스티엑스중공업 주식회사(이하 '주식회사' 표시 생략)의 요청에 따라 위 두 회사에 공급하는 베드플레이트, 프레임 박스의 납품 단가를 인하하였고, 2012년초에도 위 품목들의 납품단가를 현대중공업의 경우 전년도 대비 2.5% ~ 3.5%(평균 2.8%), 에스티엑스중공업의 경우 전년도 대비 1.0% ~ 8.8%(평균 2.7%) 각 인하하였다.

(2) 원고는 2011. 10. 27. 선일테크와 최초로 구매기본계약을 체결하였다. 원고는 2012. 1. 27. 선일테크를 포함하여 베드 플레이트 및 프레임 박스를 생산하는 4개 수급사업자(선일테크, 우리테크, 태주테크, 하나테크)에게 단가 인하가 필요한 품목을 정리한 단가표를 배포하였다.

(3) 선일테크는 2012. 2. 1. 원고에게 아래와 같은 내용의 의견서를 제출하였다.

제목 : 2012년도 저속 제관품 제작단가 계약 협의 (안)
2) 최근 조선경기의 불황과 물량감소로 인한 원가절감 및 품질, 생산향상이 어느 해보다 더 절실히 요구되는 2012년도의 한 해를 맞이하였습니다. 상기 저속제관 단가 NEGO 협의에 앞서 당사에서도 각종 제세공과 및 소모품비 등 체납 및

부채로 어려운 사항을 겪고 있습니다.

하지만 그동안의 노력과 품질향상으로 상기부채정리를 2012년은 안정을 도모하여 해결코져 계획을 세웠으나 모체인 대기업에서 단가 NEGO 압력을 가해옴에 따라 각 업체 소견 및 단가 NEGO 의향서를 제출하게 됨을 심히 유감스레 생각합니다.

3) 하지만 경쟁시대에 적응하기 위하여 계속 노력하지 않을 수 없는 현실을 감안하여 다음과 같이 당초 불합리한 선 조치 (안)과 최종, 모체의 NEGO 조정 (안)을 제출하오니 검토 후 선처를 바랍니다.

별첨 : 2012년도 단가 조정 (안) 1부, 저속엔진 원가산출근거 1부

제목 : 2012년도 단가 조정 (안)

구분	기종	품목	전년도 금액 (소모품 10% 포함)	2012년도 조정안 금액	비고
선 조치 조치(안)	1) 6S42MC	B/P	6,476,800	7,124,000 (10%) 인상	선미 4단 용접 : 1,000,000 당초 가격 불합리
	2) 6S90ME	B/P	31,562,784	23,672,000 (25%) 인하	당초 가격 불합리
		F/B	27,054,385	21,643,488 (20%) 인하	당초 가격 불합리
	3) LINE QC 및 가공 후 M/T A/S 비용공제를 업체 자율적 해결, 독립성 유지토록 선처				
업체 조정 조치(안)	1) 50MC 이하 전년도 금액 동결 (원가 산출 근거 참조) 2) 나머지 NEGO 금액은 모체 NEGO 금액의 1/2 분담하여 조정 결정에 의의가 없습니다.				

(4) 원고는 2012. 2. 4. 선일테크에게 '2012년 구매기본계약 변경요청의 건'이라는 제목의 문서를 발송하면서 같은 해 2. 6.까지 이에 대한 의견을 회신해 줄 것을 요청하였다. 여기에 첨부된 제작단가표에는 '5S35ME-B 베드 플레이트' 등 161개 품목에 대한 단가가 기재되어 있으며, 위 161개 품목에는 표2 기재 49개 품목이 포함되어 있고, 표2 기재 단가와 위 제작단가표의 단가는 동일하다. 위 제작단가표 중 43개 품목(표2 기재의 43개 인하 품목과 동일)의 단가는 2011년 단가보다 인하되었고, 6개 품목(표2 기재의 6개 인상 품목과 동일)의 단가는 2011년 단가보다 인상되었다. 이어 원고는 선일테크와 위 제작단가표의 단가를 그대로 반영하여 2012. 2. 1.자로 기재된 '2012년 구매기본계약'을 체결하였다.

(5) 원고 이사 한**은 2016. 5. 25. 피고에게 '원고가 2012. 2. 표 2 기재와 같이 49개 품목의 단가를 조정하여 인상 건 포함하여 평균 12.8%의 단가를 인하하였으며, 이에 따라 표3 기재와 같이 9,019,000원(부가세 미포함)의 하도급대금을 인하하였다. 그리고 단가가 인상된 품목 중 4개 품목은 기존 단가가 너무 낮아 수급사업자들이 지속적으로 불만을 제기하여 단가를 현실화한 것이다.'는 내용의 확인서를 제출하였다.

(6) 선일테크의 실제 사업주인 이**는 2016. 7. 28. 이 사건 제1 결정행위와 관련하여 '㉮ 원고가 일방적으로 작성한 단가표를 제공하였고, 그 외 단가인하에 대한 근거자료, 인하율 산정 내역자료 등을 선일테크에게 제시하지 않았다, ㉯ 원고는 선일테크 등 수급사업

자들로부터 의견을 한 차례 제출받았으나 그 이후 수급사업자들과 단가인하와 관련하여 어떠한 협의를 하지 않았다, ㉰ 당시 신규 설비도입 등의 사유로 생산성이 향상되었거나, 제작비용이 감소될 만한 사정은 전혀 없었다, ㉱ 선일테크는 원고의 단가인하에도 불구하고 2012년도 근로자 임금을 동결하였고, 그 이후에는 임금을 계속 인상해주었다, ㉲ 2012년도 수주 물량은 2011년도 수주 물량과 비교하여 비슷하였거나 감소하였는데, 원고의 단가 인하로 어려움이 가중되었다.'는 내용의 확인서를 제출하였다.

3. 판단

가) 수급사업자와 합의없이 일방적으로 하도급대금을 결정하였는지 여부 (긍정)

① 선일테크는 원고에게 **전적으로 거래를 의존**하고 있었고, 원고의 2011년 매출액(84,718,000,000원)은 선일테크의 2010년 매출액(457,000,000원)의 약 185배에 달하는 등 원고와 선일테크는 **대등한 관계가 아니다**. 원고의 선일테크에 대한 **우월한 지위**를 고려하면, 선일테크로서는 원고의 단가 인하 결정을 거부하기 어려웠을 것이다.

② 원고와 선일테크는 2011. 10. 27. 최초 하도급계약을 체결하였다. 원고는 최초 계약 체결 시부터 약 3개월밖에 경과하지 않은 2012. 1. 27.경 하도급대금 인하를 요청하였다.

③ 선일테크가 2012. 2. 1. 원고에게 제출한 의견은 단가 결정에 반영되지 않았고, 선일테크는 원고로부터 어떠한 근거로 2012년도 단가가 결정되었는지에 관한 자료를 제공받지 못하였다. 선일테크는 원고에게 2012. 2. 1.자 의견서를 제출한 것을 제외하고 단가인하와 관련하여 원고와 협의할 기회를 부여받지 못한 것으로 보인다.

④ 반면 원고가 2012. 2. 4. 선일테크에게 발송한 '2012년 구매기본계약 변경요청의 건'이라는 제목의 문서에 첨부된 제작단가표는, 그후 원고와 선일테크가 체결한 '2012년 구매기본계약'에 그대로 반영되었다. 그 결과 2011년 대비 단가가 인하된 품목은 43개인 반면 단가가 인상된 품목은 6개에 불과하며, 더욱이 단가가 인상된 품목 6개 중 4개는 기존 단가가 너무 낮아 수급사업자들이 지속적으로 불만을 제기하여 단가를 현실화한 경우였다.

나) 일반적으로 지급되는 수준보다 낮은 수준의 하도급대금의 결정 (긍정)

① 앞에서 본 바와 같이 원고는 49개 품목에 대한 2012년도 단가를 조정하면서 '50MC 이하 전년도 금액 동결, 나머지는 NEGO 금액의 1/2 분담'이라는 선일테크의 2012. 2. 1.자 의견을 전혀 받아들이지 않은 채 일방적으로 43개 품목의 단가를 품목별로 인하하여 결과적으로 인상 건 포함 인상 건 포함하여 평균 12.8%의 단가 인하라는 결과를 가져왔다.

② 위 평균 인하율 12.8%는 원고가 발주자인 현대중공업 및 에스티엑스중공업과 사이에 정한 도급단가 인하율(전년도 대비 각각 평균 2.8%와 2.7%의 인하)보다 훨씬 높은 수준이다.

③ 원고가 2011. 10. 27.경 선일테크와 최초로 하도급계약(2011년 구매기본계약)을 체결하면서 정한 단가가 일반적인 거래 단가보다 상당히 높다고 볼 특별한 사정이 없고, 원고와 선일테크 사이에 일반적인 거래 단가보다 상당히 높은 수준의 단가로 계약할 만한 관계에 있었다고 볼 자료도 없다.

④ 최초 하도급계약을 체결한 때로부터 약 3개월 동안 선박엔진용 베드 플레이트 및 프레임박스 제조 관련 업계에서 신규 설비도입 등으로 생산성이 향상되거나 인건비가 감소하는 등 제작비용이 감소하였다는 사실을 인정할 증거도 없다.■

6) 하도급법제4조 제2항 제6호: 6. 수의계약(隨意契約)으로 하도급계약을 체결할 때 정당한 사유 없이 대통령령으로 정하는 바에 따른 직접공사비 항목의 값을 합한 금액보다 낮은 금액으로 하도급대금을 결정하는 행위

하도급법 제4조 제2항 제6호의 요건사실이 '**수의계약**'임을 전제로 하여야 하는데, 사안의 계약형태가 '지명경쟁입찰'로 해석된다는 이유로 원사업자에 대한 처분이 위법하다고 본 판결이 있다(**서울고등법원 2017. 12. 20. 선고 2017누33147 판결[시정명령 및 과징금납부명령 취소]**).

-서울고등법원 2017. 12. 20. 선고 2017누33147 판결[300][시정명령 및 과징금납부명령 취소]-

[유○건설 사례]

[판결이유]

1. 처분의 경위

원고가 하도급계약을 체결하면서 정당한 사유 없이 이 사건 원도급 공사의 재료비, 직접노무비 및 경비의 합계 금액보다 낮은 금액으로 하도급대금을 결정하였으므로 하도급법 제4조 제2항 제6호에 위반한다는 이유로 각 시정명령 및 과징금납부명령을 하였다

2. 판단

피고가 제출한 증거들을 종합하여 보아도 이 사건 하도급계약이 수의계약의 방식으로 체결되었다는 사실을 인정하기 부족하며 달리 이를 인정할 증거가 없다. 오히려 위 인정사실, 앞서 채택한 증거, 을 제14호증의 1의 기재 및 변론 전체의 취지에 의하여 알 수 있는 다음 각 사정을 종합하면, 이 사건 하도급계약은 지명경쟁입찰방식으로 체결되었다고 보인다.

① 원고는 영○조경의 이 사건 공사 포기에 따라 급히 후속업체를 선정해야 하는 상황에서 평소 원고와 친분이 있던 대○○조경 등 5개 업체에게 이 사건 공사에 관한 견적서 제출을 의뢰하였다.

② 원고는, 위 5개 업체에 대하여 가장 낮은 견적금액을 제시한 업체와 이 사건 하도급계약을 체결할 예정인 점 및 이 사건 공사의 발주처, 공사규모 및 개요, 견적 요청 당시까지의 공사 진행 현황, 낙찰자 선정 방법 등을 설명하였고 이메일로 내역서, 설계도면, 계약 일반조건 및 특약사항 등을 송부하였으므로, 이 사건 하도급계약과 관련한 정보를 각 업체들에게 동일하게 제공한 것으로 보인다. 위 5개의 견적서 제출 업체들 역시 원고가 제공한 위 정보 등을 기초로 동일하게 계약 조건 등을 인식한 상태에서 최저가로 견적금액을 제시한 업체가 계약자가 된다는 계약체결 방식을 인지하고 견적서를 제출하였으므로, 이 사건 하도급계약의 체결이 경쟁을 통하여 이루어진다는 점을 인식하고 있었던 것으로 보인다. 원고가 이 사건 하도급계약 체결 과정에서 현장설명회 개최, 입찰공고 등의 형식적인 입찰절차를 거치지 않았다는 것만으로 이 사건 하도급계약이 수의계약의 형태로 체결되었다고 단정할 수 없다.

③ 실제로 원고는 사전에 고지한 대로 견적서 제출업체들의 공사비를 비교하여, 가장 낮

300) 본 판결에 대하여 상고심 계속 중이다(대법원 2018두32422).

은 공사비를 제시한 대○○조경과 그가 제시한 공사비에 원고가 이 사건 최초 하도급계약에 따라 발주처에 통보한 영○조경의 직접공사비 2,009,118,806원을 기초로 산정된 78,881,194원을 간접공사비로 책정하여 더하고, 부가세를 합산한 금액인 1,439,680,000원으로 이 사건 하도급계약을 체결하였다. 원고의 김○심 주임은 위와 같은 이 사건 하도급계약 체결 이후 다른 견적서 제출 업체들에게 2013. 12.경 전화로 위 하도급계약 체결 사실을 알려준 것으로 보인다.

④ 경쟁입찰과 수의계약은 일정한 기준에 따른 경쟁의 결과로 계약상대방이 결정되는지 혹은 경쟁의 방법이 아닌 일방 당사자의 선택과 개별적 협상을 통하여 계약 상대방이 결정되는지에 그 근본적인 차이가 있는데, 위와 같은 점을 종합하면 이 사건 공사계약은 최저가 낙찰이라는 사전에 설정된 낙찰기준에 따라 원고가 지정한 5개 업체들이 자유로이 산정하여 제출한 견적서를 바탕으로 실질적인 경쟁을 통하여 대○○조경이 낙찰자로 결정된 것으로 보이고, 갑 제10호증, 을 제8호증의 1, 2의 각 기재만으로 위 인정을 뒤집기에 부족하다.

⑤ 대○○조경의 대표 한○운은 이 법원에서 서면증언을 통하여 원고의 문○호 부장이 대○○연조경에게 이 사건 공사대금을 1,378,080,000원으로 확정하여 공사를 위탁했고, 대○○조경은 다른 회사와 경쟁 없이 수의계약으로 하도급계약 체결한다는 말을 믿고 미리 협의된 금액에 맞춰 견적서를 작성해 제출하였으며, 문○호 부장이 이 사건 공사 현장에 현장대리인 파견을 독촉하여 2013. 11. 19.경부터 이미 이 사건 공사 현장에 현장대리인을 파견하였다는 취지로 진술하였다. 그러나 위와 같은 한○운의 진술은, 원고가 대○○조경과 수의계약 형식으로 계약을 체결했다면 다른 4개 업체들에게 견적 제출을 요청할 이유가 없었던 점, 대○○조경은 원고와 한○종합조경을 상대로 이 사건 하도급대금의 결정이 하도급법 제4조에 위반한 부당한 하도급대금의 결정에 해당한다고 주장하며 민사상 손해배상을 청구하는 소송을 제기(울산지방법원 2017가합20780)하여 위 소송이 진행 중에 있으므로 대○○조경은 이 사건 하도급대금의 적정 여부에 관하여 직접적인 영향을 받는 이해관계자인 점, 위 한○운의 진술내용은 원고에게 이 사건 공사에 관하여 견적을 제출한 나머지 4개 업체 대표의 증언 내용에 반하고, 나머지 4개 업체 대표들의 증언 내용은 대부분 일치하는 점, 한○운은 원고의 문○호 부장이 공사대금을 1,378,080,000원으로 하라고 하여 그 금액대로 견적서를 작성하여 보냈다고 증언하였는데 실제로 대○○조경이 제출한 견적서의 공사비는 1,230,004,594원(간접공사비, 부가가치세 제외, 포함시 1,353,000,000원)으로 그 진술 내용이 객관적 증거에 반하는 점, 피고 제출 증거만으로 대○○조경이 2011. 11. 23.경 이전에 내부적으로 이 사건 공사를 준비한 것을 넘어 원고와 합의 하에 이 사건 공사를 시작하였다고 보기 부족한 점 등을 종합하면 한○운의 위 진술 내용의 신빙성을 인정하기 어렵다.

나) 소결론

이 사건 하도급계약이 수의계약의 방식으로 체결되었다고 보기 어려우므로 하도급계약이 수의계약일 것을 요건으로 하는 하도급법 제4조 제2항 제6호에 해당한다고 할 수 없다. ■

건설위탁 원사업자가 중도포기한 공사를 건설공제조합의 시공보증인의 지위에서 현장을 인수한 상황에서 전 시공사의 도급계약 상의 직접공사비 합계약보다 더 높은 하도급대금을 결정하였다는 점 등을 들어서‘정당한 사유’가 있다고 보아 하도급법 제4

조 제2항 제6호 위반이 아니라는 판결이 있다[서울고등법원 2019. 11. 27. 선고 2018누67307 판결[과징금납부명령취소].

[참조 판결]

-서울고등법원 2019. 11. 27. 선고 2018누67307 판결[301][과징금납부명령취소]-

[태○공영 사례]

[판결이유]

1. 기초사실

동○건설 ㈜는 2014. 5. 26. 당진시 발주의 '송산2일반산업단지 용수공급 시설공사'(이하 '이 사건 공사'라 한다)를 수급하여, 그중 토공사, 상하수도공사를 홍○건설, 포장공사를 청○건설에 각각 하도급을 했다가, 2016년 1월경 이 사건 공사를 포기했다.

원고는 2016. 3. 10.경 당진시와 '원고가 이 사건 공사를 시공하기로 한다'는 계약을 체결하고, 2016. 5. 23. 홍○건설에 이 사건 공사의 잔여 부분(이하 '이 사건 잔여 공사'라 한다) 중 토공사, 포장공사, 기계공사(이하 '이 사건 토공사 부분 등'이라 한다)를 수의계약으로 하도급을 했다.

2. 피고 공정거래위원회의 처분

피고는 2018. 9. 6. 의결 제2018-277호로 원고에게 "원고는 2016. 5. 23. 홍○건설에 수의계약으로 **이 사건 토공사 부분 등을 원도급내역상의 직접공사비 항목의 값을 합한 금액(이하 '직접공사비'라 한다) 1,097,674,000원보다 103,274,000원 더 낮은 994,400,000원에 하도급**을 함으로써 하도급법 제4조 제2항 제6호를 위반했다."라는 이유로 "원고는 수급사업자인 주식회사 홍○건설에 '송산2일반산업단지 용수공급 시설공사 중 토공사'를 수의계약 방식으로 위탁하면서, 정당한 사유 없이 원사업자의 도급내역상의 직접공사비 항목의 값을 합한 금액보다 낮은 금액으로 하도급대금을 결정하는 것과 같은 행위를 다시 하여서는 아니된다."와 같은 시정명령, 과징금 납부명령(이하 '이 사건 처분'이라 한다)을 했다.

3. 원고 원사업자의 주장

이 사건 잔여 공사를 보증시공의 이행으로 이어받은 원고가 이 사건 공사 현장을 제대로 인수하여 공사하기 위해서는 먼저 당진시나 자재공급업체 등의 사실상 요구를 수용하여 동○건설 미반환의 선급금 잔금, 동○건설 등 미지급의 장비대금채무나 인건비 등 합계 3억원 이상을 지급해야 했다. 이 사건 토공사 부분 등의 하도급을 받은 홍○건설이 토공사·포장공사업 면허가 모두 없었지만, 홍○건설이 근로자 등을 이유로 수의계약을 통한 하도급을 간청하고, 원고가 이 사건 잔여 공사를 기간 내에 완성하기 위해 불가피하게 홍○건설·청○건설의 협조가 필요했다. 원고는 하도급계약 체결 당시 홍○건설을 부당하게 대우할 상황도 아니었고 그러할 의도도 없었다. 이에 원고는 홍○건설에 수의계약으로 하도급을 하면서도 그 하도급대금을 동○건설의 그것보다 높게 정했다. 그리고 그 하도급대금이 도급내역상의 직접공사비보다 낮았더라도, 위와 같은 사정 등을 종합하면, 원고가 원도급내역상의 직접공사비보다 낮게 하도급대금을 정한 것에는 정당한 사유가 있었다. 따라서 원고는 하도급법 제4조

301) 본 판결은 상고되어 심리 중이다(대법원 2019두62871 판결).

제2항 제6호를 위반하지 않았다.

4. **법원의 판단**

가. 인정사실

1) 동○건설과 홍○건설·청○건설 간의 하도급계약

동○건설은 2014. 5. 26. 건설공제조합의 시공보증 하에 당진시 발주의 이 사건 공사를 대금 5,556,125,000원, 공사기간 2014. 5. 30.부터 2017. 7. 21.까지로 정하여 수급하고, 2015년 3월경 홍○건설과 청○건설의 각 대표이사 최○수에게서 이 사건 공사의 토공사, 포장공사, 상하수도공사 부분에 관하여 견적금액 총 18억 원(= 직접공사비 1,7 50,031,433원 + 경비 49,968,567원, 부가가치세 불포함)의 견적서를 받았다. 그 견적서에서는 토공사의 경우 홍○건설이 간접노무비, 기타 경비 등을 부담하며, 포장공사의 경우 청○건설이 골재류 등 자재를 직접 구입하기로 했다. 그리고 위 견적서상의 공사내역을 기준으로 하도급대금 비율을 산정하면 아래 기재와 같다(각 금액은 부가가치세 포함 금액).

구분	도급대금	하도급대금	하도급비율
토공사	993,796,591원	674,047,000원	67.83%
포장공사	903,240,618원	739,291,136원	81.85%
상하수도공사	823,132,475원	566,661,864원	68.84%
합계	2,720,169,685원	1,980,000,000원	**72.79%**

동○건설은 2015. 6. 5. 견적서대로 토공사와 상하수도공사를 홍○건설에, 포장공사를 청○건설에 하도급을 하기로 한다는 하도급계약을 체결하고, 2015. 6. 24. 당진시에 하도급계약 통보서를 제출했다. 그 통보서에 첨부한 하도급 내역서 등의 도급대금과 하도급대금이 당초의 견적서 기재와 달랐고, 동○건설이 토공사의 간접노무비 등을 부담하고 포장공사의 골재류 등 자재를 구입하여 제공하는 것으로 기재되어 있었다. 그 첨부된 하도급내역서 등에 따르면, 이 사건 공사의 공정별로 당진시가 동○건설에 지급할 도급대금, 도급내역상의 직접공사비(갑 제11호증의 7, 13, 19), 하도급대금의 현황은 아래 기재와 같다(도급대금과 하도급대금에는 부가가치세가 포함되어 있고, 도급내역상의 직접공사비에는 부가가치세가 포함되어

구분	도급대금	도급내역상의 직접공사비	통보 하도급대금
토공사	991,476,530원	723,822,561원	817,712,500원
상하수도공사	771,419,000원	529,810,243원	634,700,000원
포장공사	556,138,000원	458,149,865원	527,587,500원
합계	2,319,033,530원	1,711,782,669원	1,980,000,000원

있지 않다).

동○건설은 2015년 8월경 홍○건설·청○건설에 선급금 합계 4,000만 원을 지급했다. 홍○건설은 견적서대로 토공사의 간접노무비 등을 직접 부담하고 포장공사에 사용되는 자재 등을 직접 구입하여 공사를 실시했다.

2) 원고의 선급금 등 대납과 이행보증시공계약 체결

동○건설이 2016년 1월경 이 사건 공사 중 일부를 시공한 상태에서 이 사건 공사를 포기하자, 당진시는 건설공제조합에 보증시공을 청구했고, 이에 건설공제조합은 보증시공 이행

업체로 원고를 선정했다. 동○건설은 2016. 1. 24. 시공보증인이던 건설공제조합의 동의하에 당진시와 이 사건 공사도급계약을 합의해지하면서 그동안 완성한 공사 금액을 1,282,800,000원으로 합의 정산했다. 그중 홍○건설·청○건설의 기성 부분은 아래 표 기재와 같다.

업체명	공종	계약금액	정산 기성내역	진행 비율
홍○건설	토공사	817,712,500원	149,525,041원	18.29%
	상하수도	634,700,000원	110,945,151원	17.48%
청○건설	포장공사	527,587,500원	95,578,254원	18.12%
계		1,980,000,000원	356,048,446원	17.98%

당진시는 2016. 1. 26.경 동○건설에 정산 후의 선급금 잔액과 그 이자조로 총 합계 160,934,600원의 반환을 청구했으나, 동○건설은 이에 응하지 않았다. 당진시는 원고에게 위와 같은 보증시공이행사로서 선급금 잔액을 반환할 것을 요구했고, 원고는 2016. 1. 29. 당진시에 위 돈을 지급했다.

원고는 이 사건 공사 중 동○건설이 직영한 부분에 장비, 인력 등을 투입한 업체 등에서 장비대금, 인건비 등의 지급을 요구받고, 2016. 2. 4.경 장비업체 등에게 장비대금, 인건비 등으로 합계 170,618,690원을 지급했다.

원고는 2016. 3. 3. 건설공제조합과 '원고가 건설공제조합의 보증이행업체로서 이 사건 잔여 공사를 보증시공하기로 한다'는 보증시공위탁계약을 체결하고, 이에 토대하여 2016. 3. 10. 당진시와 '원고가 이 사건 공사를 하기로 하고, 그 준공일자를 당초 2017. 7. 21.에서 2017. 9. 26.로 변경한다'는 공사변경계약을 체결했다. 이로써 원고는 이 사건 잔여 공사를 대금 42억 7,332만 원(=이 사건 공사대금 5,556,125,000원-기성 공사 정산금 1,282,800,000원)에 완료하여 이 사건 공사를 완성할 의무를 지게 되었다.

3) 원고와 홍○건설 사이의 하도급계약

원고는 2016년 3월경 홍○건설의 대표이사 최홍수(청○건설의 대표이사는 2016. 1. 27. 최홍수에서 김민성으로 변경되었다)에게서 근로자들을 위하여 이 사건 잔여 공사 중 토공사, 포장공사, 상하수도공사를 수의계약으로 하도급 달라는 요청을 강력하게 받았고, 2016. 3. 22.경 그 토공사, 포장공사, 상하수도공사를 포괄하여 이 사건 잔여 공사 기준으로 도급공사비 1,908,955,000원, 직접공사비 1,853,354,800원(각 부가가치세 포함)의 견적서를 받았다. 원고와 홍○건설은 여러 차례 협의를 거쳐 동○건설과 홍○건설·청○건설 사이의 하도급비율보다 높은 비율로 하도급대금을 정하기로 합의했지만, 그 당시 홍○건설이 상하수도공사업 면허만 보유하고 토공사업 면허와 포장공사업 면허를 모두 새로 발급받아야 하는 상황이어서 홍○건설의 요청에 따라 포장공사를 토공사의 부속공사로 포함하기로 합의하고, 홍○건설이 2016년 5월경 토공사업 면허를 받을 때까지 계약체결을 기다렸다.

동○건설과 홍○건설·청○건설 사이의 도급계약 체결 당시에 동○건설에서 근무하다가 2016년 3월경 원고에게로 전직한 김동희는 2016. 5. 12. 홍○건설에 도급공사비와 직접공사비가 아래 표 기재와 같은 내역서를 보냈다(도급공사비에는 부가가치세가 포함되어 있지만, 직접공사비에는 일단 부가가치세가 포함되어 있지 않다).

원고는 2016. 5. 23. 홍○건설과 수의계약 형태로 '원고가 홍○건설에 포장공사를 포함한 이

	하도급금액		
	합계	이 사건 토공사 부분 등	상하수도공사
직접공사비	1,553,443,013원	903,577,233원	649,865,780원
도급공사비	1,748,989,000원	994,400,000원	754,589,000원

사건 토공사 부분 등을 대금 994,400,000원(부가가치세 포함)에, 상하수도공사를 대금 765,589,000원(부가가치세 포함)에 하도급하기로 한다'는 하도급계약을 체결하면서 그 계약 체결 후부터 15일 이내에 토공사 관련하여 계약금액의 18.62%인 185,130,000원을, 상하수도공사 관련하여 계약금액의 22.04%인 168,718,000원을 선급금으로 지급하기로 약정하고, 그 계약서에 아래와 같은 내용의 도급·하도급 대비 내역서를 첨부했다.

	이 사건 토공사 부분 등		상하수도공사	
	도급금액	하도급금액	도급금액	하도급금액
직접공사비	997,885,959원	903,577,233원	690,207,340원	649,865,780원
도급공사비	1,349,025,964원	994,400,000원	921,992,749원	765,589,000원

원고는 이에 따라 원고는 홍○건설에 선급금 합계 353,848,000원(= 이 사건 토공사 부분 등 185,130,000원 + 상하수도공사 168,718,000원) 중 275,000,000원을 지급했다. 원고는 위 하도급 비율이 77%로 건설산업기본법 제31조에 규정된 하도급 비율 82%에 미치지 못하여 위와 같은 하도급 사실을 당진시에 보고하지 않았다.

4) 홍○건설의 공사 중단과 원고의 직접 시공

홍○건설은 원고에게서 위와 같이 지급받은 선급금 중 165,713,572원을 하청업체 미불금의 지급에 사용할 것이라고 2016년 6월경 원고에게 선급금사용계획서를 제출하기도 했지만, 2016. 7. 7. 토공사와 상하수도공사를 중단했다. 이에 원고는 2016. 9. 22. 홍○건설에 하도급계약의 해지를 통지했다. 원고는 그때까지의 기성 부분을 정산한 나머지 공사를 직영으로 시공하면서 당진시와 여러 차례 변경계약을 체결한 끝에 2019년 5월 초경 이 사건 공사를 완성했다.

다. 법원의 판단

1) 하도급대금이 원고의 도급내역상의 직접공사비보다 낮은지 여부에 관하여

이러한 인정사실과 사정을 종합하면, <u>이 사건에서 제출된 증거들만으로는 원고가 홍○건설에 이 사건 토공사 부분 등을 원고의 도급계약상의 직접공사비보다 낮은 하도급대금으로 하도급 했다고 인정하기에 부족하다</u>. 원고가 동○건설의 그것보다 높게 하도급대금을 지급했으므로 하도급법을 위반하지 않았다는 취지의 주장에는 이와 같이 다투는 취지가 포함되어 있다. 따라서 이 부분 원고 주장은 이유 있다.

① 원고의 도급계약상의 직접공사비의 판단 기준

원고는 이 사건 공사의 시공보증인인 건설공제조합에서 보증시공이행사로 선정되어 건설공제조합과 보증시공위탁계약을 체결한 후에 이에 토대하여 발주처인 당진시와 '원고가 이 사건 공사를 완성하기로 하되, 이 사건 공사의 준공일을 연장한다'는 변경계약을 체결했다. 원고는 동○건설이 당진시에서 수급했던 이 사건 공사 총 공사대금 중 기성공사대금으로 정산하고 남은 금액으로 이 사건 잔여 공사를 완성할 의무를 부담할 뿐이었다. 그 과정에서 <u>원고가 당진시에 이 사건 잔여 공사의 견적서 내지 공사대금 내역서를 제출하여 그에 기초하여</u>

공사대금을 새롭게 산정했다고 인정할 만한 사정에 관한 주장과 그 충분한 증명은 없다. 따라서 원고의 도급내역상의 직접공사비는 원고가 홍○건설과 사이의 견적서상의 직접공사비가 아니라, 동○건설와 당진시 사이의 도급내역상의 직접공사비가 기준이 된다. 이는 원고가 홍○건설과 하도급계약을 체결할 때 도급대금에 따른 직접공사비 등을 산정하여 하도급계약서에 첨부했더라도 이와 달리 볼 수 없다. 동○건설과 당진시 사이의 도급내역상의 직접공사비는 아래 표 기재와 같다(부가가치세 포함 = 도급내역상의 금액 × 1.1, 소수점 첫째 자리에서 반올림).

공사 종류	**동○건설**의 도급내역상의 직접공사비(단위: 원)		
	도급내역상의 금액	부가가치세 포함	소계
토공사	723,822,561	796,204,817	1,300,169,669
포장공사	458,149,865	503,964,852	
상하수도공사	529,810,243	582,791,267	582,791,267
총계	1,711,782,669		1,882,960,936

② 기성 완성률을 반영한 직접공사비의 추산

동○건설은 이 사건 공사를 일부 시공하다가 중간에 포기했고, 그때까지 시공한 공사금액은 아래 표 기재와 같으므로, 원고가 홍○건설에 하도급 할 당시 기준으로는 그 도급내역상의 직접공사비를 아래 표 기재와 같이 다시 추산할 수 있다.

공사 종류		기성 정산 후의 직접공사비 추산(단위: 원)			
		당초 금액	기성 정산금액	정산 후 잔액	소계
홍○건설	토공사	796,204,817	149,525,041	646,679,776	1,055,066,374
	포장공사	503,964,852	95,578,254	408,386,598	
	상하수도공사	582,791,267	110,945,151	471,846,116	471,846,116
총계		1,882,960,936	356,048,446		1,526,912,490

동○건설은 이 사건 공사를 중단할 당시의 기성 공사 완성률을 기준으로 정산 후의 직접공사비를 추산하면 아래 표 기재와 같다(기성금액 = 당초 금액 × 기성비율, 소수점 첫째 자리에서 반올림).

공사 종류		기성 정산 후의 직접공사비 추산(단위: 원)				
		당초 금액	기성비율	기성금액	잔액	소계
홍○건설	토공사	796,204,817	18.29%	145,625,861	650,578,956	1,063,225,376
	포장공사	503,964,852	18.12%	91,318,431	412,646,420	
	상하수도공사	582,791,267	17.48%	101,871,914	480,919,354	480,919,354
총계		1,882,960,936		338,816,206		1,544,144,730

③ 홍○건설과 계약 체결한 총 하도급대금

동○건설과 하도급계약을 체결할 당시의 홍○건설과 청○건설은 별도의 법인이기는 하지만 그 대표이사가 최홍수로 동일인이었고, 동○건설과 사이의 견적금액과 계약체결 금액은 서로 명확히 구분하지 않았던 것으로 보인다. 이러한 변경은 홍○건설이 토공사, 포장공사 면허가 없음에도 홍○건설에 포장공사를 함께 하도급하기 위한 편법이었다고 보인다. 원고가 홍○건설에 상하수도공사도 765,589,000원(부가가치세 포함)에 하도급을 했지만, 이 금액은 동○건설이 홍○건설에 하도급하고 당진시에 통보한 당초의 공사대금 634,700,000원(부가가치세 포함)보다 훨씬 높고, 동○건설이 당진시에서 수급 받은 이 부분 공사대금 771,419,000원(부가가치세 포함)에 육박한다. 하지만 상하수도공사의 자체 대금이 이와 같이 증가할 합리적인 이유는 별달리 엿보이지 않는다. 이런 사정에 비추어 보면, 원고가 하도급대금을 도급내역상의 직접공사비보다 더 낮게 정함으로써 하도급법을 위반한다는 점에서는 홍○건설과 체결한 계약의 총 하도급대금을 기준으로 그 위반 여부를 판단하는 것이 타당하다.

④ **원고의 도급내역상의 직접공사비와 하도급대금의 비교**

원고가 건설공제조합의 보증시공이행사로서 당진시와 당초 공사대금 중 기성 공사대금을 제외한 남은 공사대금으로 이 사건 잔여 공사를 완성하기로 했을 뿐, 이와 별개로 당진시에 이 사건 잔여 공사의 견적내역을 제출하지도 않았고, 이를 제출할 이유나 필요도 없었으며, 자신 산출의 도급공사내역을 토대로 당진시와 이 사건 잔여 공사의 대금을 별도로 정하지도 않았다.

동○건설의 도급내역상의 직접공사비에 기초하여 원고가 홍○건설에 이 사건 잔여 공사 중 토공사, 포장공사, 상하수도공사의 하도급을 할 당시 도급내역상의 직접공사비를 추산하면 그 금액은 합계 1,526,912,490원 내지 1,544,144,730원이다. 이는 원고와 홍○건설 사이의 총 하도급대금 1,759,989,000원보다 215,844,270원(=1,759,989,000원−1,544,144,730원) 내지 233,076,510원(=1,759,989,000원−1,526,912,490원)이 높다.

2) **원고에게 정당한 사유가 있었는지 여부에 관하여**

위 인정사실과 인정 근거에 의하면, 아래의 여러 사정을 추가로 알 수 있다. 이러한 인정사실과 사정을 종합하면, 설령 원고와 홍○건설 사이의 이 사건 토공사 부분 등에 관한 하도급대금이 원고의 도급내역상의 직접공사비보다 낮더라도, 원고에게는 이 사건 잔여 공사현장의 여건 등으로 말미암아 원고의 도급내역상의 직접공사비보다 낮은 하도급대금을 정할 객관적·합리적 사유가 있었다고 봄이 타당하므로, 원고에게는 정당한 사유가 있다. 따라서 이 부분 원고 주장은 이유 있다.

① **원고의 보증시공이행사로서 지위**

원고는 건설공제조합의 보증시공이행사로서 이 사건 잔여 공사의 시공을 맡았다. 그 공사대금도 당초의 총 공사대금에서 기성 공사대금을 뺀 나머지로 한정되었다. 그런데도 원고는 이와 같은 보증시공이행사의 지위에서 이 사건 잔여 공사를 시작하기 전부터 동○건설을 대신하여 선급금 잔금 반환, 동○건설의 미지급 장비대금, 인건비의 지급 조로 합계 약 3억 3,155만여 원을 지급했다. 이는 원고가 당진시에서 받은 이 사건 잔여 공사대금으로 보전되지 못하고 원고가 부담해야 할 부분이다. 이로써 원고는 실질적으로 종전보다 적은 공사대금으로 이 사건 잔여 공사를 완료해야 했다. 이처럼 원고는 본래 동○건설에 의해 형성된 하도급 계약의 구조를 그대로 따를 수밖에 없는 상황이었다. 이 사건 잔여 공사의 보증시공이행사인 원고가 홍○건설에 대하여 거래상 우월한 지위에 있었다고 보기 어렵다. 이는 홍○건설이 동○건설과 사이의 하도급내역보다 높게 원고에게 견적서를 제출했던 사실에 의해서도 뒷받침된다.

② **원고와 홍○건설 쌍방의 이익을 위한 하도급계약**

이 사건 잔여 공사를 원활히 개시·진행하는 데에는 이 사건 공사현장에서 실제로 공사했던 홍○건설·청○건설의 도움이 긴요했다고 보인다. 그래서 원고는 홍○건설·청○건설의 도움을 받아 이 사건 잔여 공사를 원활하고도 신속하게 개시·진행하기 위해, 홍○건설이 토공사와 포장공사의 면허가 없었음에도, 홍○건설의 하도급 간청을 들어주기로 하여 포장공사를 토공사에 부속시키고 토공사의 면허를 취득할 때까지 기다렸다가 계약을 체결했다.

그리고 원고는 홍○건설을 위해 동○건설보다 높은 비율의 하도급대금을 지급하는 내용으로 계약을 체결하고, 하도급대금의 15%가 넘는 돈인 275,000,000원을 선급금으로 지급했다. 그 당시 상당한 재정적 어려움을 겪고 있던 홍명건설은 대규모 자금을 차입함에 따른 이자 등의 금융비용을 절감할 수 있었다고 보인다.

③ **홍○건설·청○건설의 잔여 하도급대금보다 높은 하도급대금**

원고가 홍명건설과 하도급계약을 이 사건 토공사 부분등과 상하수도공사 부분으로 구분하여 체결했지만, 실질적으로는 그 하도급대금을 양자를 엄격히 구분해 정했다기보다 이를 전체로 하나로 결정했다고 보인다. 원고와 홍○건설 사이의 총 하도급대금은 총 1,759,989,000원으로, 보증시공위탁계약 체결 당시 기준으로 산정한 잔여 하도급대금 1,623,951,554원(= 동○건설과 홍○건설·청○건설 사이의의 하도급대금 합계1,980,000,000원 - 정산 기성대금 총 356,048,446원)보다 6,500만여 원 더 높다. 동○건설이 자신의 도급내역상의 직접공사비보다 낮게 하도급대금을 정했다는 이유로 피고로부터 시정명령이나 과징금 납부명령을 받았다고 인정할 만한 자료가 보이지 않는다. 이에 더하여 원고가 2억 원이 넘는 선급금(동○건설은 홍○건설·청○건설에 최초에 선급금으로 4,000만 원을 지급했을 뿐이다)을 지급했고, 토공사·포장공사업 면허가 없음에도 그중 토공사 면허만으로도 포장공사까지 할 수 있도록 공사내용을 조정하여 하도급계약을 체결하기로 하고 그 면허 취득 때까지 하도급계약 체결을 미루어 주었다. 이러한 사정은 원고가 장래에 이 사건 공사의 준공기일을 준수하지 못했던 정당한 사유가 전혀 되지 못한다. 그런 만큼 하도급계약 체결 지연에 따른 불이익도 원고가 고스란히 떠안았다. 이러한 행위는 원고와 홍○건설 사이의 하도급이 공정한지 여부를 판단하는 데 원고에게 유리하게 고려할 수 있는 사정이다. ■

7) 하도급법제4조 제2항 제7호: 7. 경쟁입찰에 의하여 하도급계약을 체결할 때 정당한 사유 없이 최저가로 입찰한 금액보다 낮은 금액으로 하도급대금을 결정하는 행위

하도급법 제4조 제2항 제7호는 경쟁입찰에 의하여 하도급계약을 체결할 때 '정당한 사유' 없이 최저가로 입찰한 금액보다 낮은 금액으로 하도급대금을 결정하는 행위를 통한 하도급대금결정이다.

본 규정에서 정한 행위에 해당할 경우 부당한 하도급대금 결정행위로 간주하여 부당하게 낮은 금액으로 하도급대금을 결정하는 불공정 거래행위에 대하여 효과적으로 대처하고 공정한 하도급거래질서를 정착하려는 데 입법 취지 및 목적이 있다(**대법원 2012. 2. 23. 선고 2011두23337 시정명령 등 처분취소 청구의소 판결 참조**). 따라서 경쟁 입찰에 의한 하도급계약에서 원사업자가 최저가로 입찰한 금액보다 낮은 금액으로 하도급대금을 결정한 이상 그 과정에서 부정한 방법이 사용되었는지에 관계없이 부당한 하도급대금의 결정으로 보아야 한다(**대법원 2012. 2. 23. 선고 2011두23337 판결 등 참조**)

판례의 전체적인 취지를 보면 특별한 경우를 제외하고는 **경쟁입찰에서 최저가로 입찰한자와 다시 재협상을 하거나 재입찰을 실시하여 처음의 최저가입찰가격보다 더**

낮은 가격으로 하도급계약을 하는 것은 명목(관리규약, 우선협상자 선정주장, 사전고지 등)을 불문하고 부당한 하도급대금결정으로 보고 있다.

위법성의 조각사유로서 '정당한 사유'의 의미와 관련하여 공사현장 여건, 원사업자의 책임으로 돌릴 수 없는 사유 또는 수급사업자의 귀책사유 등 최저가로 입찰한 금액보다 낮은 금액으로 하도급대금을 결정하는 것을 정당화할 객관적·합리적 사유를 말하는 것으로 원사업자가 주장·증명하여야 하고, 공정한 하도급 거래질서 확립이라는 관점에서 사안에 따라 개별적, 구체적으로 판단하여야 한다(**대법원 2012. 2. 23. 선고 2011두23337 시정명령 등 처분취소 청구의소 판결 참조**). 즉, 본조의 하도급대금결정에 대한 정당한 사유 주장입증책임은 '**원사업자**'에게 있다는 것이 판례의 태도이다.

판례의 전체적인 취지에 비추어 볼 때 '**정당한 사유**'에 대한 요건 사실을 검토해 본다면, 1. 실행예산의 객관적 합리적 산정(실행예산의 근거자료 구비)(**실체적 요건**)[302] + 2. **절차적 요건**으로서, 입찰 실시 후 낙찰자 선정에 대한 이의 제기나 분쟁이 발생할 경우 실행예산을 확인할 수 있도록 가. 실행예산 사전공고(현장설명회 서면기재)(참고로 구두설명으로는 부족하다), 나. 실행예산 별도로 공증 및 밀봉조치 등 조치를 할 것이 요구된다고 할 것이다.

즉 입찰에서 입찰예정가격을 객관적·합리적으로 산정한 후 입찰가격이 이를 넘을 경우 재입찰을 할 수 있다는 사전고지[303] 및 이러한 예정가격을 입찰 당시 밀봉하여 만일 재입찰을 하는 경우에는 입찰자가 알 수 있게 공개하는 경우에는 정당한 사유가 있을 것으로 판단된다.

또한 이러한 관점에서 공사 중단 후 잔여공사 경쟁입찰에 있어서의 불공정거래행위에 효과적으로 대처하기 위하여 기성고를 공제한 잔여 실행예산이 객관적·합리적으로 산정될 필요가 있으므로, 이 경우 원사업자는 사전고지 및 현장설명을 통하여 반드시 입찰 전 실행예산에 대한 문서로서의 고지가 필요하다고 판단된다[304].

---

302) 실행 예산 작성 절차를 보면 ① 실행단가산출서 작성, ② 해당 공종별 전문업체에 대한 견적의뢰, ③ 실행단가산출서와 견적서의 비교분석을 통한 적정단가 결정, ④ 실행예산 초안 작성, ⑤ 초안에 대한 본사에서의 검토를 거치는바 이에 대한 구체적이고 상세한 자료를 요한다고 할 것이다.

303) 서울고등법원 2019. 1. 10. 선고 2018누56659 시정명령등취소 판결에서 현장설명회에서 실행예산 초과시 유찰 가능성에 대하여 문서가 아닌 구두로 고지한 경우 정당한 사유를 부정하였다.

304) 서울고등법원 2013. 12. 26. 선고 2012누19368 시정명령취소 판결에서 "일반적으로 공사현장에서 최초 수급사업자의 공사 중단 이후 원사업자와 수급사업자 사이에 기성고를 둘러싼 분쟁이 빈번한바, 이 부분 원고의 행위 당시 원고와 정○건설 사이에 기성금 정산도 확정적으로 이루어졌다고 볼 만한 사정이 없다. 그런데 원고 주장의 잔여 실행예산(931,000,000원)과 이 사건 공사의 최저가 입찰금액(계약금액)은 약4억원이나 차이가 있는데 그러한 차이에 대한 합리적인 설명이 어려운 점(원고 주장에 따르면 그 초과 금원 상당을 발주처로부터 증액받을 수 없어 고스란히 원고 손실로 이어지는 것으로 보인다)에 비추어 원고가 제출한 증거만으로는 원고 주장의 잔여 실행예산이 객관적·합리적으로 산정된 금액이라 단정하기 어렵다."라고 설시하면서 정당한 사유를 주장하는 원고 청구를 기각하였다(본 판결은 상고되었으나 심리불속행기각되어 원심확정되었다. 대법원 2014.

[참조 판결]

-대법원 2012. 2. 23. 선고 2011두23337 판결[305] [시정명령 등 처분취소 청구의 소]-

[에스○○건설 사례]

【판시사항】

토목건축공사업을 영위하는 甲 주식회사가 하도급계약을 체결하면서 최저 입찰가를 제시한 업체를 낙찰자로 선정하지 않고 그 업체를 포함하여 상위 2~3개 업체를 대상으로 재입찰을 하여 그 중 더 낮은 가격을 제시한 업체를 낙찰자로 선정한 행위에 대하여 공정거래위원회가 하도급거래 공정화에 관한 법률 제4조 제2항 제7호 에 해당한다고 보아 시정명령 및 과징금 납부명령을 한 사안에서, 위 행위가 '부당한' 하도급대금 결정행위에 해당한다고 본 원심판단을 정당하다고 한 사례

【판결요지】

토목건축공사업을 영위하는 甲 주식회사가 하도급계약을 체결하면서 최저 입찰가를 제시한 업체를 낙찰자로 선정하지 않고 그 업체를 포함하여 상위 2~3개 업체를 대상으로 재입찰을 하여 그 중 더 낮은 가격을 제시한 업체를 낙찰자로 선정한 행위에 대하여 공정거래위원회가 하도급거래 공정화에 관한 법률(이하 '하도급법'이라고 한다) 제4조 제2항 제7호 에 해당한다고 보아 시정명령 및 과징금 납부명령을 한 사안에서, **위 조항에서 정한 '하도급대금의 결정행위'에는 재입찰에 의한 경우도 포함되고, 甲 회사가 외주비를 절감하기 위해 자체 편성한 계획공사원가의 96%를 예정가격으로 정한 후 최초 입찰에서 최저가로 입찰한 금액이 예정가격을 초과한다는 이유로 입찰 참여업체에 사전에 알리지 않고 재입찰을 한 것은 甲의 내부적 사정에 불과하여 하도급대금을 최저가 입찰금액보다 낮게 결정할 객관적이고 합리적인 사유라고 보기 어려운 점**, 정당한 사유 없이 최저가로 입찰한 금액보다 낮은 금액으로 하도급대금을 결정하는 행위에 해당하면 일반적으로 지급되는 대가보다 현저하게 낮은 수준으로 하도급대금을 결정하였는지를 별도로 따질 필요 없이 부당한 하도급대금의 결정으로 보아야 하는 점 등을 종합해 볼 때, 위 행위가 하도급법 제4조 제2항 제7호 에서 정한 '부당한' 하도급대금 결정행위에 해당한다고 본 원심판단을 정당하다고 한 사례. ■

-하도급법제4조 제2항 제7호 사례 -

가) 하도급법제4조 제2항 제7호 사례: 원사업자가 외주비 절감을 위하여 최저 입찰가를 원사업자 내부적으로 계획공사원가의 96%인 예정가격을 초과한 경우 상위 2개업체를 대상으로 재입찰 실시한다는 내부방침을 통하여 낙찰자를 선정한 경우 (위법)

판례는 건설위탁에 있어서 지명경쟁입찰 방식을 통하여 원사업자가 자신의 예정

---

5. 16. 심리불속행기각 2014두1857 판결).

305) 원심 서울고등법원 2011. 8. 25. 선고 2010누42562 판결

가격을 정해놓고 입찰가격이 예정가격을 초과한 경우 재입찰을 실시하여 최초 입찰한 금액보다 낮은 금액으로 결정한 행위는 부당한 하도급대금의 결정이라고 판시하고 있다(**대법원 2012. 2. 23. 선고 2011두23337 판결, 원심 서울고등법원 2011.8.25. 선고 2010누42562 판결[시정명령 등 취소청구의 소]**).

[참조 판결]

-서울고등법원 2011. 8. 25. 선고 2010누42562 판결306)**[시정명령등취소]-**

[에스○○건설 사례]

[판결이유]

1. 처분의 경위

원고는 2009. 4. 18. '외주비를 절감하기 위하여 2009. 5. 1. 이후 실시하는 입찰부터 최저 입찰가가 자체 편성한 계획공사원가의 96%인 예정가격을 초과할 경우에는 상위 2개 업체를 대상으로 재입찰을 실시한다'는 내부방침을 정한 후, 2009. 5. 22.부터 2009. 6. 10.까지 지명경쟁입찰 방식에 의하여 '인천 청라지구 특수구조물 건설공사 2공구 중 내부수로 교량 토공 및 구조물공사' 등 5건의 하도급공사(이하 '이 사건 공사'라 한다)에 관한 하도급계약을 체결하면서 최저 입찰가가 원고의 예정가격을 초과하였다는 이유로 최저 입찰가를 제시한 업체를 낙찰자로 선정하지 아니하고 그 업체를 포함하여 상위 2개 또는 3개 업체를 대상으로 재입찰을 실시하여 그 중 가장 낮은 가격을 제시한 업체를 낙찰자로 선정하였다.

피고(공정거래위원회)는 2009. 6. 30. 원고가 위와 같이 재입찰을 통하여 수급사업자를 선정한 것은 하도급법 제4조 제2항 제7호에서 정한 '경쟁입찰에 의하여 하도급계약을 체결할 때 정당한 사유 없이 최저가로 입찰한 금액보다 낮은 금액으로 하도급대금을 결정하는 행위'에 해당한다고 보아 원고에 대하여 의결 제2010-072호로 시정명령 및 과징금 납부명령을 하였다(이하 '이 사건 처분'이라 한다).

2. 원고의 주장

1) **추가적인 협상**을 통하여 최저가로 입찰한 금액보다 낮은 금액으로 하도급대금을 결정하는 행위만이 하도급법 제4조 제2항 제7호에서 정한 '하도급대금을 결정'하는 행위에 해당하고, 이 사건과 같이 **재입찰**을 통하여 수급사업자를 선정하는 행위는 그에 해당하지 않는다.

2) 원고는 이 사건 공사와 관련하여 최초 입찰에서의 **최저 입찰가가 원고의 예산을 초과**하였기 때문에 최저가 입찰업체와 계약을 체결하지 아니하고 재입찰을 하게 된 것이지 부당하게 하도급대금을 결정할 의도가 아니었던 점, 이 사건 공사와 관련한 도급금액 중 하도급부분에 상당하는 금액이 건설산업기본법 제31조, 건설산업기본법 시행규칙 제27조의2에서 정한 **하도급계약금액의 적정한 비율을 초과하지 않는 등** 통상 지급되는 대가보다 현저하게 낮은 수준으로 하도급대금이 결정되었다고 할 수 없는 점, **현장설명회**에서 최저 입찰가가 예정가격을 초과할 경우 재입찰이 실시될 수 있다는 점을 고지하였을 뿐만 아니라, 위와 같은 재입찰 방식은 당시 건설업계의 관행이었기 때문에 입찰참가업체들도 이를 잘 알고 있었던 점 등에 비추어, 원고의 이 사건 행위가 하도급법 제4조 제2항 제7호에 정한 행위에 해당한다고 할 수 없다.

306) 본 판결은 상고되었으나 상고기각되어 원심이 확정되었다(대법원 2012.2.23. 선고 2011두23337 판결).

3. 판단

1) 재입찰을 통한 수급사업자 선정이 '하도급대금을 결정'하는 행위인지 여부

하도급법 제4조 제1항은 "원사업자는 수급사업자에게 제조등의 위탁을 하는 경우 부당한 방법을 이용하여 목적물등과 같거나 유사한 것에 대하여 일반적으로 지급되는 대가보다 현저하게 낮은 수준으로 하도급대금을 결정(이하 "부당한 하도급대금의 결정"이라 한다)하거나 하도급받도록 강요하여서는 아니 된다."고 규정하고, 같은 조 제2항 제7호는 "경쟁입찰에 의하여 하도급계약을 체결할 때 정당한 사유 없이 최저가로 입찰한 금액보다 낮은 금액으로 하도급대금을 결정하는 행위에 해당하는 원사업자의 행위는 부당한 하도급대금의 결정으로 본다."고 규정하고 있는바, 위 각 규정에서 하도급대금을 결정하는 행위의 태양을 추가적인 협상에 의한 경우로 한정하고 있지 않은 점, 경쟁입찰을 실시하여 최저가로 입찰한 업체가 있는데도 곧바로 재입찰을 실시하여 당초의 최저가보다 낮은 금액으로 입찰한 업체를 낙찰자로 선정하게 되면 그 금액이 하도급대금이 되어 결국 추가적인 협상에 의해 최저가로 입찰한 금액보다 낮은 금액으로 하도급대금을 결정하는 것과 동일한 효과가 발생하는 점, 위와 같은 방식의 재입찰이 최저 입찰가가 예산을 초과함을 이유로 입찰절차를 취소하였다가 이후 별도의 입찰절차를 진행하여 낙찰자를 선정하는 것과 동일하다고 할 수 없는 점 등에 비추어 보면, 위 각 규정에서 정한 '하도급대금의 결정행위'에는 재입찰에 의한 경우도 포함한다고 할 것이므로, 원고의 이 부분 주장은 받아들일 수 없다.

2) 원고의 행위가 '부당한 하도급대금의 결정행위'에 해당하는지 여부

위 하도급법 제4조 제2항 제7호에서 정한 '정당한 사유'의 유무는 수급사업자의 귀책사유 또는 수급사업자에게 유리한 경우인지 여부 등 하도급대금을 최저가 입찰금액보다 낮게 결정할 객관적이고 합리적인 사유가 있는지 여부에 따라 결정하여야 한다.

이 사건에 관하여 보건대, 앞서 채택한 증거와 을 제6호증, 을 제7호증의 1, 2의 각 기재에 변론 전체의 취지를 종합하여 인정되는 아래와 같은 여러 사정을 종합하여 보면, 앞서 인정한 원고의 행위는 정당한 사유가 있다고 할 수 없어 하도급법 제4조 제2항 제7호에서 정한 '부당한 하도급대금의 결정행위'에 해당한다고 할 것이므로, 원고의 이 부분 주장도 받아들일 수 없다.

가) 원고의 내부문서인 '외주 Cost 절감방안 시행(품의)'에는 원고가 외주비 절감을 위해 계획공사원가의 96%를 예정가격으로 설정하고 있을 뿐, 예정가격이 2008년 계획공사원가의 96%라는 기재를 찾아볼 수 없고, 예정가격과 계획공사원가 또는 실행가격을 구별하여 사용하고 있는 점, 예정가격이 실제 집행할 수 있는 예산의 최대한도라면 이 사건 공사 중 싸이니티, 송파장식, 대한건축의 낙찰가가 원고의 예정가격을 초과하는데도 위 업체들을 낙찰자로 선정한 이유를 설명하기 어려운 점 등에 비추어 볼 때, **원고는 자사의 외주비를 절감하기 위해 계획공사원가의 96%를 예정가격으로 정한 후 최초 입찰에서 최저가로 입찰한 금액이 예정가격을 초과한다는 이유로 재입찰을 실시하였다**고 보인다(따라서 이에 반하는 갑 제11, 15호증의 각 기재는 믿지 아니하고, 갑 제4 내지 7호증, 갑 제16호증의 기재만으로는 위 인정을 뒤집기에 부족하다). 그런데 이는 원고의 내부적인 사정에 불과한 것이므로 하도급대금을 최저가 입찰금액보다 낮게 결정할 객관적이고 합리적인 사유라고 보기 어렵다.

나) 원고는 최초 입찰에 앞서 입찰 공고문이나 현장설명을 통해 최저가로 입찰한 금액이 원고의 예정가격을 초과할 경우 재입찰할 수 있다는 점을 입찰참여업체들에게 고지하지 아니

하였고, 입찰참여업체들이 이를 알고 있었다고 보기도 어렵다.

원고는, 현장설명을 통해 위와 같은 점을 고지하였고, 그렇지 않다고 하더라도 그와 같은 입찰방식은 당시 건설업계의 관행이어서 입찰참여업체들이 이를 알고 있었다고 주장하나, 이에 부합하는 듯한 갑 제11, 15호증의 기재와 을 제5호증의 일부 기재 및 증인 금○○의 증언은 금○○이 소속되어 있는 회사와 원고와의 관계, 증인 금○○이 원고의 예정가격목표제에 대해 알지 못하고 있는 점, 다른 입찰참여업체들은 그와 같은 고지를 받은 사실이 없다고 진술하고 있는 점 등에 비추어 모두 믿기 어렵다.

한편, 원고의 현장설명서(갑 제12호증, 갑 제14호증의 1)에는 "21) 계약금액이 '당사의 예정가격'과 현저한 차이가 있을 경우 차액보증금(보증보험증권)을 요구할 수 있다."라는 문구가 있으나, 이는 낙찰가가 원고가 추정하는 공사금액보다 현저하게 낮을 경우 부실시공이나 공사 중단 등 위험에 대비하기 위한 조항으로 보이는 점(증인 금○○의 일부증언 참조, 한편 건설산업기본법 제31조도 같은 취지의 규정으로 보인다), 위 조항 바로 뒤의 제22항에서는 "하수급인 선정방법 : 기술검토서에 대한 평가 판정이 적합하고 최저금액 입찰자를 선정하되 부실공사가 우려되는 최저금액 입찰자는 제외할 수 있다."고 규정하여 최저가로 입찰한 업체를 낙찰자로 선정한다고 되어 있을 뿐, 최저가가 예정가격보다 높은 경우 재입찰을 실시할 수 있다는 표현은 찾아볼 수 없는 점 등에 비추어 보면, 현장설명서에 '예정가격'이라는 문구가 있다는 점만으로는 원고의 위 주장을 인정하기에 부족하고, 달리 이를 인정할 증거가 없다.

다) 원고가 낙찰자를 선정하기 전에 예정가격을 공개하는 것이 담합이나 원고의 영업비밀 노출의 위험 등이 있어 적절하지 않다고 하더라도, **적어도 예정가격을 밀봉하여 미리 개찰장소에 두어 사후에라도 낙찰자 선정에 대한 이의나 분쟁이 발생할 경우 원고의 예정가격을 확인할 수 있도록 하는 것이 정상적인 거래관행이라 할 것인데(국가를 당사자로 하는 계약에 관한 법률 시행령 제7조의2 참조), 원고는 그와 같은 조치를 전혀 취하지 아니하였다.**

라) 하도급법 제4조 제1항, 제2항 제7호의 각 규정에 의하면, 정당한 사유 없이 최저가로 입찰한 금액보다 낮은 금액으로 하도급대금을 결정하는 행위에 해당하면 별도로 통상 지급되는 대가보다 현저하게 낮은 수준으로 하도급대금을 결정하였는지를 따질 필요 없이 부당한 하도급대금의 결정으로 보아야 한다. 그런데, 앞서 본 바와 같이 원고가 재입찰을 통해 결정한 하도급대금이 최초 입찰에서 최저가로 입찰한 금액보다 낮은 금액이다. 따라서 원고의 행위는 부당한 하도급대금의 결정행위에 해당한다. ■

나) 하도급법제4조 제2항 제7호 사례: 경쟁입찰에 의한 최저가 낙찰자의 입찰금액보다 다시 낮은 가격으로 하도급대금 결정 행위 (위법)

판례는 건설위탁에 있어서 원사업자가 지명경쟁입찰에 의하여 아파트 기와공사에 관한 하도급계약을 체결하면서 수급사업자의 하도급대금을 최저가로 입찰한 금액보다 낮은 금액으로 결정한 행위는 부당한 하도급대금의 결정이라고 판시하고 있다(**대법원 2009. 4. 9. 선고 2008두21829 판결, 원심 서울고등법원 2008. 10. 22. 선고 2008**

누11152 판결[시정명령 등 취소]).

[참조 판결]

-서울고등법원 2008.10.22. 선고 2008누11152 판결[307][시정명령등취소]-

[대○건설 사례]

[판결이유]

1. 처분의 경위

원고(원사업자)는 2006. 7.경 구미 형곡 1주공 재건축 아파트 신축공사 중 금속기와공사(이하 '이 사건 기와공사'라고 한다)를 발주하면서 입찰참여대상으로 4개의 수급사업자를 지명한 후 현장 설명과정을 거쳐 3회에 걸쳐 입찰을 실시하고, 2006. 8. 28.경 서영건설을 최종 낙찰자로 선정하였다. 그런데 원고는 서○건설(수급사업자)이 입찰한 금액 421,584천 원(이하 공과잡비를 제외한 직접공사비임)보다 낮은 금액인 403,928천 원으로 하도급대금을 결정하였다.

2. 원고의 주장

원고가 이 사건 기와공사에 관하여 3회에 걸쳐 입찰을 실시하였는데, 서○건설 등 4개 업체가 인근 공사현장의 계약금액보다 현저하게 높은 금액으로 응찰하면서도 입찰금액의 편차가 거의 없는 등 담합의 가능성이 농후하여 재입찰을 실시하려고 하였다. 그런데 최저가입찰자인 서○건설이 담합을 묵시적으로 인정하면서 스스로 당초 입찰금액보다 낮은 금액으로 계약체결을 제안하여, 위 1의 다. (1) 기재와 같이 하도급대금을 결정하였는바, 이는 인근 공사현장의 기와공사 대금보다 현저하게 높은 금액이다. 따라서 원고의 위 행위는 하도급법 제4조 제2항 제7호 소정의 '최저가로 입찰한 금액보다 낮은 금액으로 하도급대금을 결정함에 정당한 사유가 있는 경우'에 해당한다.

3. 판단

(가) **하도급법 제4조 제1항**은 "원사업자는 수급사업자에게 제조 등의 위탁을 하는 경우에 부당한 방법을 이용하여 목적물 등과 동종 또는 유사한 것에 대하여 통상 지급되는 대가보다 현저하게 낮은 수준으로 하도급대금을 결정(이하 '부당한 하도급대금의 결정'이라 한다)하거나 하도급받도록 강요하여서는 아니된다"고 규정하고 있고, **같은 조 제2항 제7호**는, "경쟁입찰에 의하여 하도급계약을 체결함에 있어서 정당한 사유 없이 최저가로 입찰한 금액보다 낮은 금액으로 하도급대금을 결정하는 행위는 부당한 하도급대금의 결정으로 본다"고 규정하고 있는바, 위 **'정당한 사유'의 유무**는 **수급사업자의 귀책사유 또는 수급사업자에게 유리한 경우인지 여부 등 하도급대금을 최저가 입찰금액 보다 낮게 결정할 객관적이고 합리적인 사유가 있는지 여부에 따라 결정**하여야 할 것이다.

(나) 이 사건에 관하여 보건대, ① 이 사건 기와공사는 원고가 인근 지역의 아파트공사현장에서 발주한 금속기와 공사와 그 세부공사내역, 작업여건 등이 동일할 수 없으므로, 서영건설 등 4개 입찰참여 업체들이 인근 공사현장의 계약금액보다 높은 금액으로 응찰하였다거나 입찰금액의 편차가 작다는 사정만으로 입찰가격을 담합하였다고 볼 수는 없는 점, ② 원고가 작성한 공사비 대비표(을 제12호증)에는 '입찰참여업체들의 담합'이 아닌 '방수 및 단

307) 본 판결은 상고되었으나 본 쟁점사항 관련 원심이 확정되었다(대법원 2009. 4. 9. 선고 2008두21829 판결).

열재 포함으로 입찰가격이 상승된 점'을 재입찰 이유로 들고 있는 점, ③ 최저가입찰자인 서영건설이 입찰담합을 인정하면서 자발적으로 당초 입찰금액보다 낮은 금액을 제시하였다는 원고 주장에 부합하는 아무런 자료가 없는 점, ④ 원고는 이 사건 기와공사를 지명경쟁입찰을 통하여 발주할 의무가 없으므로, 원고 주장과 같이 서영건설 등 4개 업체가 입찰가격을 담합하여 현저히 높은 가격에 응찰하였다면, 대형건설회사인 원고로서는 4개 업체를 협력업체 명단에서 제외하고 다른 업체와 수의계약을 체결하는 등의 제재조치를 취할 수 있었음에도, 원고가 입찰담합의 결과로 제시된 가격을 일부만을 감액하는 방법으로 하도급대금을 결정하였다는 것은 경험칙에 반하는 점 등 제반 사정을 종합하여 보면, 원고가 서영건설의 하도급대금을 최저가 입찰금액 보다 낮게 결정할 객관적이고 합리적인 사유가 있었다고 보기는 어렵다. 따라서 원고의 이 부분 주장은 받아들일 수 없다. ■

다) 하도급법 제4조 제2항 제7호 사례: 현장설명회에서 공사공구를 분할하여 가격 저가의 1순위업체와 차순위업체에 각 공구를 낙찰하되 1순위업체 가격을 입찰조건으로 한다는 조건을 구두로 현장설명을 한 사안 (부당한 하도급대금 결정 행위 부정)

판례는 건설위탁에 있어서 원사업자가 지명경쟁입찰에 의하여 현장설명회에서 공사공구를 분할하여 가격 저가의 1순위업체와 차순위업체에 각 공구를 낙찰하되, 1순위업체 가격을 다른 공구에 입찰조건으로 한다는 조건을 구두로 현장설명서를 한 경우에 다른 공구에 1순위업체의 가격이상으로 하도급공사가 체결하였다면 이는 부당한 하도급대금결정이 아니라는 사례가 있다(**대법원 2009. 4. 9. 선고 2008두21829 판결 [시정명령 등 취소]**).

그러나 사견으로는 이와 같은 원사업자의 낙찰대금결정은 부당한 하도급대금의 결정이라고 본 **원심판결(서울고등법원 2008. 10. 22. 선고 2008누11152 판결)이 타당하다**고 볼 것이다. 즉 원사업자가 공구를 분할하여 입찰을 하면서 ① 현장설명회에서 위와 같은 중요한 것을 서면으로 교부하지 아니하고 하도급계약서에 언급하지도 아니하면서 구두로 하였다는 점, ② 만일 공구분할을 하면서 공구별로 별도의 입찰이 아니라 한 개의 입찰을 하면서 차순위자가 다른 공구에 낙찰하되 1순위 차순위자의 입찰금액이 아닌 더 낮은 금액으로 결정하는 것이라면 이는 부당한 하도급대금결정이기 때문이다(참고로 대법원은 다른 공구에서 1순위자의 가격보다 더 높이 계약하였다면 부당한 하도급대금이 아니라는 취지로 판시하고 있으나 이는 명백히 차순위자의 입찰대금을 삭감한 것으로 보인다). 결론적으로 본 사안에서는 서울고등법원 원심판결의 결론과 설시이유가 옳다고 보며 대법원 판결의 재고를 요한다.

[참조 판결]

-대법원 2009. 4. 9. 선고 2008두21829 판결[시정명령 등 취소]-

[대○건설 사례]

【판시 이유】 이 사건 내장목공사[308]와 관련된 상고이유에 관하여

원심은 그 판결에서 들고 있는 증거들을 종합하여, 원고가 2006. 8.경 화성동탄 신도시 푸르지오 아파트 신축공사 중 내장목공사(이하 '이 사건 내장목공사'라고 한다)를 입찰에 의해 2개 공구로 분리발주하면서 각 공구에 대하여 5개 수급사업자를 지명한 후 현장설명 과정을 거쳐 2006. 8. 16. 입찰을 실시하여, 제1공구에 대하여 주식회사 왕○건설(이하 '왕○건설'이라고 한다)을, 제2공구에 대하여 주식회사 하○건설(이하 '하○건설'이라고 한다)을 각 낙찰자로 선정한 사실, 그 후 원고는 왕○건설이 제1공구에 입찰한 금액 653,000,000원보다 낮은 금액인 643,267,000원으로 하도급대금을 결정한 사실을 인정한 후, 원고의 위와 같은 하도급대금의 결정은 하도급법 제4조 제2항 제7호 소정의 최저가로 입찰한 금액보다 낮은 금액으로 하도급대금을 결정하는 행위에 해당한다고 판단하였다.

그러나 기록에 의하면, 이 사건 내장목공사 중 제1공구 공사 입찰에 참여한 4개 업체 중 하○건설이 최저가 입찰금액인 629,000,000원으로 응찰하고, 왕○건설이 차순위 최저가 입찰금액인 653,000,000원으로 응찰한 사실을 알 수 있는바, 그렇다면 제1공구 공사 입찰에 있어 '최저가로 입찰한 금액'은 하○건설의 입찰금액 629,000,000원이지 왕○건설의 입찰금액 653,000,000원이 아니므로, 원고가 왕○건설의 입찰금액보다 낮은 643,267,000원으로 하도급대금을 결정하였다 하더라도 위 하도급대금이 최저가 입찰금액인 629,000,000원보다 높은 금액인 이상, 원고의 위 하도급대금 결정이 하도급법 제4조 제2항 제7호 소정의 부당한 하도급대금의 결정에 해당한다고 볼 수 없다.

[원심 판결]

-서울고등법원 2008. 10. 22. 선고 2008누11152 판결[시정명령등취소]-

[판결이유] - 이 사건 내장목공사에 대하여

원고는, 이 사건 내장목공사를 제1, 2 공구로 분할 발주하면서 2006. 8. 9. 개최된 **현장설명회**에서 1순위 업체에게는 2공구, 차순위 업체에게는 제1공구의 공사를 각 낙찰하되, 제1공구의 공사계약금액은 1순위 업체의 입찰금액으로 하는 입찰조건에 대하여 충분히 설명해 주었다는 취지의 하○건설, 왕○건설, 덕○건설 주식회사, 주식회사 선○건설 명의의 각 확인서(갑 제6호증, 갑 제12호증의 1 내지 3)를 제출하고 있다.

그러나 ① 원고 주장과 같은 입찰조건은 제1, 2공구의 공사계약금액과 관련된 매우 중요한 사항일 것임에도, 원고의 현장설명서(을 제16호증)에 그와 같은 입찰조건을 붙였다는 기재가 전혀 없는 점, ② 만일 원고 주장과 같이 당초의 입찰조건과는 달리 제1공구의 하도급대금을 제1순위 업체인 하람건설의 입찰금액보다 증액하였다면, 이는 매우 이례적인 사항이므로 공사대금 증액 경위를 원고의 내부 결재문서에 기재하였을 것인데, 제1공구의 시행결의서(을 제17호증의 3)에는 이러한 내용이 전혀 기재되어 있지 아니한 점, ③ 원고 주장과 같은 입찰방식에서는 입찰참가자들은 공사규모가 더 큰 제2공구의 수주를 목표로 제1공구의 입찰가액을 공사 원가보다 훨씬 낮은 금액으로 응찰하게 될 것이므로, 제2순위 업체는 위와 같이 비정상적으로 낮은 금액으로 제1공구의 공사를 수주하여 부실시공을 하게 되어 매우

---

308) 참고로 본 사안에서 '기와공사'에 대해서 부당한 하도급대금결정인지 여부가 쟁점이 되었으나 대법원(대법원 2009. 4. 9. 선고 2008두21829 판결)은 부당한 하도급대금 결정이라고 본 원심을 확정하였다.

불합리한 결과를 야기할 수 있다고 보여지는 점 등 제반사정을 종합하여 보면, 피고가 이 사건 불공정 하도급거래행위 조사에 착수한 이후에 작성된 위 갑 제6호증, 갑 제12호증의 1 내지 3의 각 기재 내용은 이를 선뜻 믿기 어렵고, 달리 이 사건 내장목공사의 입찰과정에서 원고 주장과 같은 입찰조건이 있었다고 볼만한 자료는 없다. 그러므로 원고의 위 행위는 하도급법 제4조 제2항 제7호 소정의 '경쟁입찰에 의하여 하도급계약을 체결함에 있어서 정당한 사유 없이 최저가로 입찰한 금액보다 낮은 금액으로 하도급대금을 결정하는 행위에 해당한다고 할 것이고, 이에 반하는 원고의 주장은 받아들일 수 없다. ■

라) 하도급법 제4조 제2항 제7호 사례: 건설하도급위탁에서 현장설명회에서 사전에 입찰참가자들에게 이전 수급사업자의 기 시공분에 대한 정산금액을 최저가 입찰가에서 공제한 후 하도급대금을 결정한다는 점을 설명하였으므로 최저가 입찰금액보다 낮은 금액으로 하도급대금 결정한 '정당한 사유'가 있다고 본 사안 (부당한 하도급대금 결정 행위 부정)

-서울고등법원 2012. 5. 16. 선고 2011누10340 판결[309] [시정조치명령취소 청구]- [신○ 사례]

【판시 이유】

가. 인정사실

① 2007년 10월경 원고(원사업자)가 실시한 제1공구 골조공사에 대한 입찰에 원고, 길○건설외 4개업체가 참여하였고, 그 결과 최저가로 입찰한 길○건설이 낙찰자로 결정됨으로써 2007. 12. 7. 원고는 길○건설과 위 공사에 대한 하도급계약(계약금액 9,550,000,000원)을 체결하였다.

② 그 무렵부터 공사를 시작하여 아파트 5개동과 지하주차장 일부 구간에 대한 기초공사를 진행하던 길○건설은 자금압박 등으로 2008. 1. 10. 부도처리 되었고, 그로 인하여 위 공사가 중단되었다. 아파트 완공을 위해서는 위 골조공사를 빠른 시간내에 재개하여야 했던 원고로서는 조속히 후속 공사업체를 선정할 필요가 있었고, 이에 원고는 기존 입찰에 참가하였던 4개사를 상대로 2008. 1. 15. 현장설명회를 다시 개최하였다.

③ 위 현장설명회에서 원고의 직원 윤○진은 **길○건설의 시공분(이하 '기 시공분'이라 한다)에 대한 정산 작업이 완료되지 아니하였으므로 기 시공분까지 승계해서 견적하는 조건**(즉, 기 시공분의 수량을 고려하지 아니한 최초 수량)으로 견적서를 제출하되 기 시공분에 대한 정산금액은 추후에 통보하겠다고 설명하였으며, 그에 따라 입찰참가자들에게 배포한 수량내역서에도 기 시공분의 수량을 공제하지 않았다.

④ 2008. 1. 25. 실시한 입찰 결과 최저가로 입찰한 참가인이 낙찰자로 결정되었고, 참가인의 입찰견적가는 하도급계약(계약금액 9,700,000,000원)이었다. 한편 같은 달 23.경 기 시공분에 대한 정산작업이 완료되어 기성정산금이 171,000,000원으로 확정되었다.

⑤ 길○건설 근로자들의 노임 직불요구와 채권자들의 가압류 등으로 인하여 원고는 2008.

309) 본 판결은 상고되었으나 상고기각되어 원심이 확정되었다(대법원 2012.10.11. 선고 2012두14385 판결).

2. 5.부터 같은 달 14.경까지 근로자들에게 노임 합계 114,545,000원을 지급하고 잔액 56,455,000원은 가압류채권자 등을 위하여 공탁한 후, 같은 달 15. 참가인과 위 낙찰금액(9,700,000,000원)에서 정산금액(171,000,000원)을 공제한 9,529,000,000원으로 하도급계약을 체결하였다.

나. 판단

위 인정 사실과 같이 원고가 사전에 입찰참가자들에게 종전 수급사업자인 길탑건설의 기 시공분에 대한 정산금액을 최저가 입찰가에서 공제한 후 하도급대금을 결정한다는 점을 설명하였고, 그에 따라 확정된 정산금액을 최저가 입찰가에서 공제한 금액으로 하도급대금을 결정한 이상 최저가로 입찰한 금액보다 낮은 금액으로 하도급대금을 결정할 정당한 사유가 있다고 봄이 상당하므로 원고의 이 부분 주장은 이유 있다.■

마) 하도급법제4조 제2항 제7호 사례: 최저가 지명경쟁입찰의 최저가 낙찰자를 다시 가격협상을 거쳐 낮은 가격으로 하여 계약한 행위 (위법)

건설하도급위탁거래에 있어서 원사업자가 **최저가경쟁입찰방식으로 수급사업자를 선정하면서 낙찰자 수급사업자들과 다시 가격협상을 거쳐 2.3%~22.8% 낮은 가격으로 하도급대금을 결정**한 것은 정당한 사유없이 최저가로 입찰한 금액보다 낮은 금액으로 하도급대금을 결정하여 하도급법 제4조 제2항 제7호의 부당하게 하도급대금을 결정한 행위에 해당된다는 사례(**대법원 2016. 3. 10. 선고 2013두19622 판결, 원심 서울고등법원 2013. 8. 23. 선고 2012누26380 판결[시정명령 및 과징금납부명령취소]**).

-서울고등법원 2013. 8. 23. 선고 2012누26380 판결 [시정명령 및 과징금납부명령취소]-

[(주)동○ 사례]

[판결이유]

1. **인정사실**

① 원고는 2009. 4. 15.부터 2011. 5. 11.까지 '도시계획도로 3-3호선 개설공사 중 포장공사' 등 총 8건의 공사에 관하여 최저가 경쟁입찰 형식에 의한 낙찰자인 흥○건설 등 7개 수급사업자와 다시 가격협상을 거쳐서 하도급계약을 체결하며(이하 '제1하도급계약'이라고 한다), 당초 낙찰 가격보다 최소 3.1% 내지 최대 21.6% 낮은 가격으로 하도급대금을 결정하였다.

② 또한 원고는 2009. 5. 29.부터 2011. 6. 22.까지 '충무로 확장공사 중 육교가설 공사' 등 총 11건의 공사에 관하여 최저가 경쟁입찰 형식에 의한 낙찰자가 추가 가격협상에 응하지 아니하자 이를 수용하는 다른 입찰 참여업체 또는 해당 입찰에 참여하지 아니한 제3의 업체인 성○건설사업 등 11개 수급사업자와 하도급계약을 체결하며(이하 '제2하도급계약'이라고 하고, 위 제1하도급계약과 합하여 '이 사건 하도급계약'이라고 한다), 당초 낙찰 가격보

다 최소 2.3% 내지 최대 22.8% 낮은 가격으로 하도급대금을 결정하였다.

2. **원고의 주장**

① 위 19건의 공사계약은 수의계약으로 체결되었고 원고가 실시한 입찰(이하 '이 사건 입찰'이라고 한다)은 수의계약 체결을 위하여 우선협상대상자를 선정하기 위한 것에 불과하므로 하도급법 제4조 제2항 제7호 소정의 '경쟁입찰'에 해당하지 않고, ② 설령 경쟁입찰에 해당한다고 하더라도 원고의 행위는 수급사업자들의 담합 가능성을 줄이고 발주물량의 변경 등에 대비한 것이며, 수급사업자들에게 추가협상을 통하여 하도급대금이 결정된다는 사실을 사전에 고지하여 그 기대이익이 훼손되지 않도록 하였으므로 원고의 행위에는 정당한 사유가 있다.

3. **판단**

1) **'경쟁입찰'이 실시되었는지 여부**

원고가 현장설명회에서 최저가로 입찰금액을 제출한 협력업체와 협의하여 최종적으로 계약체결 여부를 결정하겠다고 고지하였고, 원고가 수급사업자들에게 배포한 현장설명서 중 "입찰방법 및 일시"란에도 "날인 및 밀봉제출-미준수시 실격처리", "방법 : 최저가 입찰업체 우선협상 대상" 등이 기재되어 있으며, 이에 따라 실시된 입찰에서 복수의 업체가 입찰금액이 기재된 입찰서를 제출하여 원고가 이를 기초로 입찰결과표를 작성하여 그 중 최저가 입찰업체와 협상을 하여 하도급계약을 체결한 사실이 인정된다. 이와 같이 이 사건 입찰에서 현장설명회를 통하여 입찰에 관한 사항이 공지된 후 복수의 업체가 밀봉된 입찰서를 제출하여 경쟁을 통하여 낙찰을 받은 이상 이 사건 입찰은 그 형식 및 내용의 측면에서 하도급법 제4조 제2항 제7호 소정의 하도급계약 체결을 목적으로 한 '경쟁입찰'에 해당한다.

2) **원고에게 정당한 사유가 있는지 여부**

① 이 사건 입찰 후 발주물량이나 자재단가의 변경 등 사정변경이 없었음에도 원고는 최저 입찰가격보다 낮은 가격으로 계약을 체결하기 위하여 입찰을 통하여 우선협상대상자를 선정한 후 추가협상을 하였던 것으로 보이는바, 이러한 경우에도 원고로서는 최소한 입찰예정가격을 객관적·합리적으로 산정한 후 입찰가격이 이를 상당히 초과할 경우에는 불가피하게 추가협상이 있을 수 있음을 사전에 공고하였어야 할 것임에도 이러한 조치를 취하지 않았다.

② 처음부터 입찰예정가격을 산정하지 않아 추가협상이 필요한지를 전혀 예측할 수 없는 상태에서 현장설명서를 배포하며 구두로 추가협상이 있을 수 있다고 고지한 경우에도 하도급법 제4조 제2항 제7호 소정의 '정당한 사유'가 있는 것으로 본다면, 원사업자가 객관적·합리적인 사유 없이 추가협상의 가능성을 구두로 고지함으로써 하도급법 제4조 제2항 제7호의 제한을 임의로 회피할 수 있게 되고 그 결과 최저가로 입찰한 수급사업자는 원사업자의 부당한 가격인하 요구를 거부하기 어렵게 되어, 경쟁입찰 과정에서의 부당한 하도급대금 결정행위 간주 규정을 두어 불공정거래행위에 효과적으로 대처하고 공정한 하도급거래질서를 정착시키려는 위 규정에 중대한 공백이 생기게 된다.■

바) 하도급법제4조 제2항 제7호 사례: 하도급법 제4조 제2항 제7호 위반의 사안

에서 최저가 입찰금액과 하도급 계약금액의 차액에 대한 지급을 명하는 시정명령 (적법)

건설하도급에 있어서 원사업자가 경쟁입찰방식으로 수급사업자를 선정하면서 정당한 사유없이 최저가로 입찰한 금액보다 낮은 금액으로 하도급대금을 결정하여 하도급법 제4조 제2항 제7호의 부당하게 하도급대금을 결정한 행위에 해당되고, 이러한 경우에 공정거래위원회의 법위반한 원사업자에 대한 '최저가 입찰금액과 하도급계약금액과의 차액을 지체 없이 지급하여야 한다'는 시정명령이 적법하다는 판결이 있다 (대법원 2012. 11. 15. 선고 2012두13924 판결, 원심 서울고등법원 2012. 5. 17. 선고 2011누36687 판결[시정명령취소청구의소]).

[참조 판결]

-서울고등법원 2012. 5. 17. 선고 2011누36687 판결 [시정명령취소청구의소]-

[대○ 사례]

[판결이유]

1. 원고의 주장

① 최초 입찰과 재입찰은 함께 전체로서 하나의 입찰절차를 구성하고, 한편 입찰참가자가 재입찰에서 당연히 최초 입찰보다 더 낮은 금액을 제출해야 하는 것은 아니다. 따라서 최저가 입찰금액을 제시한 광용건설과 그 제시된 입찰금액으로 하도급대금을 결정한 것은 최저가 입찰금액보다 낮은 금액으로 하도급대금을 결정한 경우가 아니다.

② 원고가 입찰담합을 방지하기 위하여 '외주협력회사 관리규정'을 둔 것이고, 한편 원고에게 부당하게 낮은 금액으로 하도급대금을 결정하기 위한 의도가 있었던 것이 아니므로, 이 사건 하도급대금의 결정행위에는 정당한 사유가 있다.

④ 하도급법 제4조 제1항에는 '부당한 하도급대금의 결정을 하여서는 아니된다.'라고만 규정하고 있을 뿐 최저가 입찰금액으로 하도급대금을 지급하여야 한다는 등의 어떠한 작위의무도 규정하고 있지 않으므로, 시정조치로서 금전지급을 명하는 것은 허용되지 않는다. 한편 이 사건의 경우 최저가 입찰금액이 곧바로 하도급대금으로 확정되는 것이 아니므로 위반행위가 없었을 경우의 하도급대금을 산정할 수 없고, 따라서 그와 하도급법위반행위로 인한 결과의 차액을 산정할 수도 없다. 그럼에도 그 최초 입찰금액과 재입찰금액의 차액의 지급을 명한 이 사건 처분은 위반행위의 시정에 필요한 범위를 넘어서는 것으로서 비례의 원칙에 위반된다.

2. 판단

1) **재입찰의 실시**가 **하도급대금을 "결정하는" 것**인지 여부[위 ① 주장]

하도급법 제4조 제1항, 제2항 제7호는 하도급대금을 '결정하는' 행위를 '추가 협상'에 의한 경우로 한정하고 있지 않은 점, 재입찰을 실시하게 되면 최초 최저가 입찰자로서는 다른 공동입찰자와의 관계에서 사실상 당초의 입찰금액보다 더 낮은 금액으로 입찰할 수밖에 없는 점, 재입찰을 실시하여 당초의 최저가보다 낮은 금액으로 입찰한 업체를 낙찰자로 선정하게 되면 그 금액이 하도급대금이 되어 결국 추가적인 협상에 의해 최저가로 입찰한 금액보다 낮은 금액으로 하도급대금을 결정하는 것과 동일한 효과가 발생하는 점 등에 비추어 보면, 위 각 규정에서 정한 '하도급대금의 결정행위'에는 재입찰에 의한 경우도 포함한다. 원고의 이 부분 주장은 받아들일 수 없다.

2) 원고에게 정당한 사유가 있는지 여부[위 ② 주장]

원고는 광○건설의 입찰금액이 자신이 미리 정한 이 사건 공사의 예정금액보다 낮았음에도, 입찰참가자들에게 미리 고지하지도 않은 내부규정인 외주협력회사 관리규정을 내세워 광○건설이 황○건설과 추가로 입찰에 응하도록 하였다. 재입찰의 근거가 된 위 관리규정은 원고의 내부적인 규정으로서 미리 고지 받지 못하여 이를 알지 못한 수급사업자의 책임으로 돌릴 수 있는 것이 아니고 오히려 입찰참가자들에게 이를 미리 고지하지 아니한 원고의 잘못으로 보이고, 이에 더하여 최저 입찰가 기준으로 다른 입찰참가업체의 입찰가가 3% 이내의 범위에 있다는 이유만으로 그 입찰업체들 사이에 담합의 가능성이 있다고 단정할 수 없는 점을 고려하면, 원고에게 정당한 사유가 있었다고 보기 어렵다.

5) 금전지급을 명하는 시정조치가 가능한지 여부[위 ④ 주장]

하도급법 제25조 제1항은 공정거래위원회는 제4조(부당한 하도급대금의 결정금지) 규정에 위반한 발주자 및 원사업자에 대하여 하도급대금 등의 지급, 법 위반행위의 중지 기타 당해 위반행위의 시정에 필요한 조치를 권고하거나 명할 수 있다고 규정하고 있으므로, 피고로서는 부당한 하도급대금 결정의 경우 원사업자에 대하여 하도급대금 등의 지급을 명하는 시정명령을 할 수 있다(2008두14296 판결 참조). 원고의 이 부분 주장은 이유 없다.

한편, 원고의 재입찰이 없었다면 광○건설은 원고와 당초의 입찰가를 공사금액으로 하는 계약을 체결하였을 것이므로, 위반행위가 없었을 경우의 하도급대금을 산정할 수 없다는 전제에서 이 사건 처분이 비례의 원칙에 위배된다는 주장은 받아들일 수 없다.■

사) 하도급법 제4조 제2항 제7호 사례: 건설위탁에서 하도급법 제4조 제2항 제7호 위반이 문제된 사안에서 하도급대금의 위법성을 조각할 만한 '정당한 사유'가 존재하지 않는다고 판시한 사례

[참조 판결]

-서울고등법원 2014. 9. 5. 선고 2013누33002 판결[310] [시정명령등취소]-

[대○건설 사례]

[판결이유]

1. 원고의 주장

전체공사비는 줄어들었지만 수급사업자의 이익에 직접적 영향을 미치는 직접공사비가 증가함으로써 경○제철에게 더 유리하게 변경되었고, 그 과정에서 경○제철이 임의로 적용한 단가를 합리적으로 조정한 점 등 제반 사정을 종합하여 보면 원고의 하도급대금 결정행위에 정당한 사유가 있다.

2. 인정사실

310) 본 판결은 상고되지 않고 확정되었다.

원고는 2009. 12. 11. 서울특별시가 발주한 '서울 상암동 평화의 공원 야외전시장 내 에너지제로하우스 건립공사'를 도급받았다. 원고는 2010. 1. 28. 위 공사 중 철골공사의 하도급 업체를 선정하기 위하여 6개 업체를 지명하여 2010. 2. 3. 지명경쟁입찰을 실시하였는데, 경○제철이 최저가 금액인 3,603,600,000원을 입찰가로 제출하였고, 이 금액은 원고가 입찰 전 산정한 이 사건 공사의 입찰예정가격 3,673,503,000원의 범위 내였다.

그런데 원고 소속 건축부 김○수 부장은 입찰 다음 날인 2010. 2. 4. 입찰가 기준 2 순위인 주식회사 영○엔지니어링에 입찰금액 인하를 요구하였으나 받아들여지지 않자, 같은 날 입찰가 기준 3순위인 한○중공업 주식회사에 입찰금액 인하를 요구하여 최초 입찰금액보다 374,000,000원이 낮은 3,674,000,000원으로 금액을 협의하였으며, 같은 날 1순위인 경○제철에게도 입찰금액의 인하를 요구하여 최초 입찰금액보다 28,600,000원이 낮은 3,575,000,000원으로 금액을 조정하였다.

이와 같이 금액을 조정한 후 원고는 2010. 2. 4. 경○제철과 위와 같이 감액된 계약금액으로 이 사건 하도급계약을 체결하였는데, 세부적으로 직접공사비[311] 중 재료비, 노무비는 감소한 반면 경비는 증가하여 직접공사비 총액은 최초 입찰금액 3,143,153,000원보다 11,000,000원 증가한 3,154,153,000원으로 결정되었고, 간접공사비[312]는 최초 입찰금액인 132,847,000원보다 37,000,000원이 감소한 95,847,000원으로 결정되었다.[313]

3. 판단

하도급법 제4조 제2항 제7호에서 정한 부당한 하도급대금 결정행위의 해당성을 조각하기 위한 '정당한 사유'란 공사현장 여건, 원사업자의 책임으로 돌릴 수 없는 사유 또는 수급사업자의 귀책사유 등 최저가로 입찰한 금액보다 낮은 금액으로 하도급대금을 결정하는 것을 정당화할 객관적·합리적 사유를 말하는 것으로, 원사업자가 이를 주장·증명하여야 하고, 공정한 하도급거래질서 확립이라는 관점에서 사안에 따라 개별적, 구체적으로 판단하여야 할 것이다(대법원 2012. 2. 23. 선고 2011두23337 판결 등 참조).

이러한 법리에 비추어 보건대, 앞서 든 각 증거 및 을 제9 내지 11호증(가지번호 포함)의 각 기재에 의하여 인정되는 아래와 같은 제반 사정들을 종합하면 원고는 최저 가 입찰가격보다 낮은 가격으로 계약을 체결하기 위하여 입찰을 통하여 우선협상대상자를 선정한 후 추가협상을 하였고, 그 과정에 정당한 사유가 있었다고 보기는 어려우므로, 원고의 이 부분 주장도 이유 없다.

① 하도급법 제2조 제1항은 '하도급대금'을 '수급사업자가 위탁받은 것을 용역수행하여 원사업자에게 납품 등을 한 것에 대한 대가'라고만 규정하고 있을 뿐 직접공사비와 간접공사비를 구분하지 않고 있으므로 하도급대금을 직접공사비로 제한할 수는 없다. 원고의 주장과 같이 직접공사비만으로 하도급대금이 감액되었는지를 판단한다면 원사업자가 간접공사비 감액을 통하여 전체 하도급대금을 부당하게 감액할 소지가 있어, 부당하게 낮은 금액으로 하도급대금을 결정하는 불공정거래행위에 대하여 효과적으로 대처하고 공정한 하도급거래질서를

311) 재료비, 노무비, 직접공사경비 등 계약목적물의 시공에 직접적으로 소요되는 비용을 말한다.

312) 보험료, 안전관리비, 기타 비용 등 공사의 시공을 위하여 공통적으로 소요되는 법정경비 및 부수적인 비용을 말하며, 직접공사비 총액에 비용별로 일정요율을 곱하여 산정한다.

313) 직접공사비가 11,000,000원 증가한 반면, 간접공사비는 37,000,000원이 감소한 결과 공급가액은 26,000,000원이 감소하였고, 여기에 부가가치세 2,600,000원을 감안하면 계약금액은 28,600,000원이 감소하였다.

정착시키려는 하도급법의 입법취지에 어긋나게 된다.

② 직접공사비가 증가하였더라도 간접공사비 및 전체 하도급대금이 감소하였다면 실질적으로 수급사업자의 이익[314]이 감소한 것으로 볼 수 있고, 향후 이와 같이 낮게 책정된 재료비와 노무비를 기준으로 하도급대금이 다시 결정될 우려가 있는 점 등을 종합하면 실질적으로 수급사업자에게 불이익이 발생하였던 것으로 보아야 한다.

③ 원고는 직접공사비와 간접공사비의 구분 없이 하도급대금 총액을 줄이기 위하여 여러 업체와 협의를 진행하였고, 특히 경○제철의 입찰금액 3,603,600,000원이 원고가 사전에 산정한 입찰예정가격 3,673,503,000원의 범위 내였고 입찰을 전후하여 입찰예정가격을 조정할 사정변경이 발생하지 않았음에도, 계약금액을 인하할 목적으로 입찰 다음 날 입찰참가업체 중 입찰금액이 낮은 3개 업체만을 대상으로 협의를 하였다. 또한 원도급계약에 비하여 합리적 사유 없이 경비가 증가하고 각 항목별 비중도 달라졌음에도[315] 원고 내부 공사품의서에는 총액만 기재되어 있을 뿐 금액 조정사유가 구체적으로 기재되어 있지 않고,[316] 이 사건 하도급계약 체결 이전까지 공사 항목별 금액이 수정된 견적서도 제출되지 않았다. 이러한 경위에 비추어 보면 원고는 하도급금액 인하를 통하여 자신의 이익을 늘리기 위하여 최저가로 입찰한 금액보다 낮은 금액으로 하도급대금을 결정하였던 것으로 볼 수 있고, 달리 객관적이고 합리적인 사정이 있었던 것으로 보이지 않는다.■

아) 하도급법제4조 제2항 제7호 사례: 제조위탁에서 하도급법 제4조 제2항 제7호 위반이 문제된 사안에서 부당한 하도급대금결정을 부정한 사례

–서울고등법원 2009. 12. 17. 선고 2009누9675 판결[317] [시정명령 등 취소]–

[현○엘리베이터 사례]

[판결이유]

1. 처분의 경위

피고는 2009. 3. 23. 원고에 대하여 원고가 ① '기아자동차 감마블럭 소재 자동창고의 컨베이어 전기제어공사' 위탁과 관련하여 수급사업자를 선정하기 위하여 지명경쟁입찰을 실시한 후 최저가 입찰업체인 삼○에프에이전기를 대상으로 추가로 가격협상을 하여 최저가로 입찰한 금액보다 낮은 금액으로 하도급대금을 결정한 것은 하도급법 제4조 제2항 제7호에서 정한 부당하게 하도급대금을 결정한 행위에 해당한다는 이유로, 별지 처분의 내용 기재와 같은 시정명령 및 과징금납부명령을 하였다.

2. 원고의 주장

원고는 수급사업자 및 하도급단가를 결정하기 위한 입찰에서 입찰참여업체 중 2개사가 같

314) 이윤은 직접공사비, 간접공사비 및 일반관리비(직접공사비와 간접공사비의 합계액에 일반관리비율을 곱하여 산정한다)의 합계액에 이윤율을 곱하여 계산한다.

315) 원고가 수주한 원도급계약상 직접공사비는 재료비 75.3%, 노무비 24.2%, 경비 0.5%로 구성되어 있는 반면, 최저가입찰에 참가한 6개 업체 평균 직접공사비 항목별 비율은 재료비 59%, 노무비 27%, 경비 14%이다.

316) 원고 내부 품의서(을 제4호증) '비고'란에 '간접비 조절'이라고만 기재되어 있을 뿐 구체적인 내역이 없다.

317) 본 판결은 상고되었으나 심리불속행 기각되어 원심이 확정되었다(대법원 2010. 5. 27. 심리불속행기각 2010두2654 판결).

은 금액으로 입찰함에 따라 부득이 재입찰을 실시하여 상대적으로 작은 금액으로 입찰한 삼◯에프에이전기와 사이에 그 입찰금액에 따라 하도급대금을 결정한 것일 뿐인데도, 피고는 이러한 사실관계를 잘못 이해하여 위와 같이 부당한 하도급대금 결정행위로 보고 이 사건 처분을 하였다.

3. 판단

위 인정사실에 의하면 수급사업자 선정을 위하여 원고가 시행한 지명경쟁입찰에서 3차 입찰까지 시행된 결과 '삼◯에프에이전기'가 예정가격보다 낮은 최저금액인 94,000,000원을 투찰하여 낙찰된 것일뿐{갑 제6호증의 1(구매품의서)에 기재된 "최종 NEGO가"란 추가 협상금액이 아닌 3차 입찰의 투찰금액을 의미하는 것으로 보인다}, 앞서 본 바와 같이 당초 입찰에서 최저 입찰금액을 투찰하였던 위 '삼◯에프에이전기' 외에 다른 업체도 재입찰에 똑같이 참여하여 동일한 금액으로 투찰하였던 점, **원고는 입찰의 조건으로 예정가격 범위 내에서 최저금액 입찰자를 낙찰자로 선정하기로 공고**한 것이어서 입찰참가자들이 위 예정가격을 낙찰금액의 상한선으로 고려하였을 뿐 낙찰금액 내지 하도급대금 자체로 인식하였으리라 보기는 어려운 점, '삼◯에프에이전기'의 최종 낙찰가격인 94,000,000원은 예정가격보다 불과 1,000,000원이 적어 통상 지급되는 대가보다 현저하게 낮다고 보기 어려운 점 등에 비추어 보면, 원고가 최저가 입찰업체인 위 '삼◯에프에이전기'와 사이에 추가 가격협상을 하여 최저 입찰금액보다 더 낮은 하도급금액을 결정한 것이라고 보기 어려우므로, 이를 두고 하도급법 제4조 제2항 제7호에서 정한 부당하게 하도급대금을 결정한 행위에 해당한다고 볼 수는 없다.■

자) 하도급법제4조 제2항 제7호 사례: 건설위탁에서 전자경쟁입찰 방식으로 진행하면서 전자상거래이용약관 및 입찰유의서 등 공지를 통하여 최저가 입찰금액보다 낮음 금액으로 결정하여 하도급법 제4조 제2항 제7호 위반이라는 사례

10개 수급사업자와 경쟁입찰의 방식을 통해 11건의 하도급 계약을 체결하면서, 정당한 사유 없이 최저가로 입찰한 금액보다 낮은 금액으로 하도급대금을 결정하였다고 판단한 판결이 있다(**서울고등법원 2018. 11. 16. 선고 2017누46556 판결**).

[참조 판결]

-서울고등법원 2018. 11. 16. 선고 2017누46556 판결[318]**[시정명령 및 과징금 납부명령취소]-**

[포◯코아이씨티 사례]

【판시이유】

1) 인정사실 -하도급대금 결정 행위

원고(원사업자)는 2014. 7. 11.부터 2015. 6. 17.까지 아래 <표 4>의 기재와 같은 '광양 5고로 DCS H/W 1식' 등 11건의 하도급계약의 체결을 전자 경쟁입찰 방식으로 진행하면서,

---

318) 본 판결은 상고되었으나, 심리불속행기각으로 확정되었다(대법원 2018두66807 2019. 3. 28.자 심리불속행기각 판결).

각 계약 건의 예산에 해당하는 설계금액을 산정하고, 소싱그룹의 평균 낙찰률, 예비투찰자들의 견적가격, 최근 구입가 등 여러 가격을 조사하여 그중 가장 낮은 금액으로 조사금액을 산정한 후 조사금액과 같거나 조사금액보다 0.9%~4.4% 더 낮은 금액으로 기준가격[319]을 결정하였다. 그리고 원고는 전자상거래이용약관 및 입찰유의서 등을 통해 원고가 정한 기준가격 이하이면서 최저가격을 투찰한 입찰자를 낙찰자로 선정함을 원칙으로 한다는 사실 및 낙찰자가 없을 경우 차수를 변경하여 재입찰을 진행한다는 사실을 사전에 공지하였고, 반면 최초 설정한 기준가격이 재입찰 과정에서 변경될 수 있다는 사실 등은 공지하지 아니하였다.

원고는 위와 같은 기준에 따라 경쟁입찰을 실시하여 최저 입찰가가 기준가격보다 높을 경우 유찰시키고, 재입찰 과정에서 표4-2 기재와 같이 기준가격을 조정한 후,[320] 표 5 기재와 같이 재입찰을 실시하여 낙찰자를 선정하거나 몇 차례의 유찰에도 기준가격보다 낮은 입찰가가 나오지 않으면 최종 입찰시 최저가를 제시한 업체와 수의계약의 방식(이하 '유찰수의'라 한다)으로 하도급계약을 체결함으로써 아래 <표 4>의 기재와 같이 최초 입찰가보다 5,000,000원~416,250,000원 낮게 계약금액을 결정하였다(이하 '이 사건 하도급 대금 결정 행위'라 한다).

<표 4> 경쟁입찰 관련 체약체결 현황

입찰명	최초 입찰결과		하도급계약 체결			차액 (c=a-b)
	업체명	최저가(a)	업체명	계약일	계약금액(b)	
광양 5고로 DCS H/W 1식	주주 엔지니어링	130,500	주주 엔지니어링	2014. 7. 25.	122,000	8,500
광양 2연주 2정정 Tong 크레인 Sensor류 1식	제일 시스템	407,000	제일 시스템	2014. 11. 11.	402,000	5,000
광양 2연주 2정정 Tong 크레인 계측기류 1식	제위드	416,715	제위드	2014. 11. 13.	410,000	6,715
광)3CGL 노후설비 개체 DCS교체 Ignition Control Panel 구매	SUN 엔지니어링	81,200	동광 이엔지	2015. 4. 13.	67,200	14,000
포항 STS4 제강 용선 직장입 계측 시스템 구매	명신	363,000	명신	2015. 4. 22.	350,000	13,000
포항 STS 1냉연 BAL SeamWelder PLC시스템 개선	시스템 컨트롤	181,500	시스템 컨트롤	2014. 7. 11.	175,000	6,500
중국 보산강철 PLC System 1식	태인 시스템	77,000	하이포스	2014. 8. 1.	68,000	9,000
보산강철 무인크레인 PLC S/W 개발 용역 1식	새텍	279,000	새텍	2014. 8. 12.	268,600	10,400
광) 원료 Sampler PLC S/W 개발용역 1식	제일 시스템	154,000	제일 시스템	2014. 10. 17.	144,000	10,000

319) 이 사건 기준가격은 발주자인 원고가 계약체결 전 낙찰자 및 계약금액의 결정 기준으로 삼기위해 정해둔 예정가격을 의미한다.

320) **원고는 입찰진행 중에는 기준가격을 공개하지 아니하다가 최종 낙찰자 등이 선정된 후에 구매시스템을 통해서 최종 기준가격을 조회할 수 있도록 하여 입찰 참여업체들이 유찰시 기준가격의 변동사실을 알 수 없었다.**

태국 CGL 신설 고,저압반 구매	청인	1,715,000	청인	2015. 1. 8.	1,589,000	126,000
남양주 화도 도뮤토 기계설비 및 기계소방 공사1식	진호실업	5,411,250	티지이엔씨	2015. 6. 17.	4,995,000	416,250
합계					8,590,800	625,365

<표 4-2> 기준가격 변동현황

연번	계약명	설계금액(실행예산)[321]	조사금액[322]	기준가격[323]	1차			2-2차[324]				3-1차			
					입찰일	1-1차 최저입찰금액	1-2차 최저입찰금액	입찰일	최저입찰금액	조사금액	기준가격	입찰일	최저입찰금액	조사금액	기준가격
1	광양 5고로 DCS H/W 1식	133	124	120	2014-07-16	131	125	2014-07-22	122	123	120	2014-07-24	122	122	122
2	광양 2연주 2정정 Tong 크레인 Sensor류 1식	427	394	390	2014-10-31	407	406	2014-11-06	402	392	390	2014-11-07	402	402	402
3	광양 2연주 2정정 Tong 크레인 계측기류 1식	434	398	380	2014-10-31	417	414	2014-11-07	410	407	400	2014-11-11	410	410	410
4	광)3CGL 노후설비 개체 DCS교체 Ignition Control Panel 구매	83	72	70	2015-04-06	81	81	2015-04-10	67	57	57	2015-04-10	67	67	67
5	포항 STS4제강 용선 직장입 계측 시스템 구매	365	336	330	2015-04-10	363	356	2015-04-17	350	334	330	2015-04-21	350	350	350
6	포항 STS 1냉연 BAL SeamWelder PLC시스템 개선	185	162	162	2014-07-03	182	180	2014-07-08	175	175	175				
7	중국 보산강철 PLC System 1식	89	67	66	2014-07-23	77	77	2014-07-30	68	70	69				
8	보산강철 무인크레인 PLC S/W 개발 용역 1식	288	260	260	2014-07-31	279	279	2014-08-11	269	269	269				
9	광) 원료 Sampler PLC S/W 개발용역 1식	156	141	141	2014-10-08	154	153	2014-10-16	144	144	144				
10	태국 CGL 신설 고,저압반 구매	1,895	1,413	1,400	2014-12-29	1,715	1,690	2014-12-31	1,589	1,690	1,690				
11	남양주 화도 도뮤토 기계설비 및 기계소방 공사1식	5,550	5,000	5,000	2015-06-05	5,411	5,356	2015-06-15	4,995	4,995	4,995				

321) 사업부서에서 수립한 금액으로 동 계약 건을 집행하는 데 있어 소요되는 예산이다.

322) 기준가격 결정의 기초자료가 되는 금액으로 원고의 구매담당자가 계약 건에 대하여 설계금액과 별도로 최근 구입가, 공급사 견적단가, 사업부서 설계단가, 해당 계약 건의 소싱그룹 평균 낙찰률을 적용한 단가 중 최저가를 적용하여 산출한 금액이다.

323) 원고가 낙찰자를 선정하는 기준이 되는 금액으로 원고의 구매담당자가 조사금액을 산정하여 품의를 올리면 결

2) **피고 공정거래위원회의 처분**

이 사건 하도급대금 결정 행위는 정당한 사유 없이 최초 입찰 시 최저가로 입찰한 금액보다 더 낮은 금액으로 하도급대금을 결정하는 행위로 하도급법 제4조 제2항 제7호에 해당하므로 하도급법 제4조 제1항에 위반되어 위법하다고 판단하고, 이에 대하여 하도급법 제25조 제1항에 따라 재발방지명령를 부과하고, 이 사건 하도급대금 결정 행위에 대하여는 수급사업자들의 피해를 구제하기 위하여 지급명령을 부과하였다(이를 통틀어 '이 사건 시정조치'라고 하고, 이 사건 시정조치 중 위 지급명령 부분을 특정할 때는 '이 사건 지급명령'이라 한다).

3) **법원의 판단**

앞서 본 인정사실, 갑 제1호증, 을 제9 내지 16호증의 각 기재에 변론 전체의 취지를 더하여 인정할 수 있는 아래와 같은 사실 내지 사정들에 비추어 보면, 원고가 주장하는 사정들을 고려하더라도, 이 사건 하도급대금 결정 행위는 하도급법 제4조 제2항 제7호 소정의 부당한 하도급대금 결정 행위에 해당한다고 봄이 타당하다. 따라서 원고의 이 부분 주장은 이유 없다.

(1) 하도급법 제4조 제2항 제7호의 규정 형식과 입법 목적 및 취지를 고려할 때, **위 제7호의 '정당한 사유'가 인정되기 위해서는 기준가격은 단지 원고의 비용을 절감하기 위한 목적이 아니라 원고가 실제 집행할 수 있는 예산의 최대한도 등을 고려하여 합리적으로 결정되어야** 할 것이며, 기준가격의 정당성에 대해서는 원사업자인 원고가 이를 증명하여야 할 것이다.

(2) ① 이 사건 하도급대금 결정행위의 대상인 11개의 계약에 관한 최초 입찰 시와 최종 입찰(유찰수의를 포함한다) 시의 간격이 2일 ~ 11일에 불과하고, 최초 입찰 시부터 최종 입찰 시까지 최소 2회에서 최대 4회의 입찰이 실시된 점, ② 재입찰 시 최초 입찰에 참여하지 않았던 수급사업자들이 참여하기도 하였으나, 최초 입찰에 참여하였던 수급사업자들이 대부분 재입찰에 참여하는 등 참여 수급사업자의 변동 폭이 크다고 보기 어려운 점, ③ 위 11개 계약의 최초 입찰과 최종 입찰의 기준가격이 상이한바, 최초 입찰과 최종 입찰의 시간적 간격과 최종 입찰 전에 실시되었던 입찰들이 유찰되었다는 사정 외에 기준가격이 변동될 사정이 없다고 보이는 사정을 고려할 때 위 입찰에서 핵심적인 요소인 기준가격은 기존에 실시된 유찰된 입찰의 영향을 받았다고 봄이 상당한 점에 비추어 볼 때, **재입찰은 최초 입찰과 연속된 일련의 과정으로 이루어진 입찰로 봄이 상당하고, 최초 입찰과 완전히 별개의 새로운 입찰로 보기 어렵다.**

(3) ① 원고는 소싱그룹의 평균 낙찰률, 예비투찰자들의 견적가격, 최근 구입가 등 여러 가격을 조사하여 그중 가장 낮은 금액으로 조사금액을 산정한 후 조사금액과 같거나 조사금액보다 0.9%~4.4% 더 낮은 금액으로 기준가격을 결정하였던 점, ② 국가를 당사자로 하는 계약에 관한 법률 시행령에서는 재입찰 시 가격을 변경할 수 없도록 규정하고 있는데(위 시행령 제20조, 제27조 참조), 앞서 본 바와 같이 위 11개 계약에 관한 재입찰은 최초 입찰과 연속된 일련의 과정으로 이루어진 입찰이고 최종 입찰 전에 실시되었던 입찰들이 유찰되었다는 사정 외 달리 기준가격이 변동될 사유가 없음에도 최초 입찰과 최종 입찰의 기

재권자는 조사금액을 참고하여 가격을 결정하고 결재권자가 결정한 금액이 기준가격이 된다.

324) 6번부터 11번까지는 2-1차에 낙찰자를 선정하였으나, 편의상 2-2차란에 기재하였다.

준가격은 변동되었으며, 원고는 입찰에 참여한 수급사업자들에게 기준가격이 변동될 수 있음을 고지하지 않았던 점, ③ 특히 유찰수의 경우 기준가격은 유찰수의 전 마지막으로 실시된 입찰의 최저입찰금액과 동일한 점, ④ 원고는 '남양주 화도 도뮤토 기계설비 및 기계소방 공사1식' 계약 관련 최초입찰에 대하여 참여 수급사업자들의 담합이 있었음을 증명하지 못하고 있고, 단순히 입찰금액의 편차가 적다는 등의 사정만으로 담합이 있었다고 단정하기 어려운 점 등에 비추어 등에 비추어 보면, 이 사건 하도급대금 결정 행위와 관련하여 하도급법 제4조 제1항 제7호의 '정당한 사유'가 인정된다고 볼 수 없다. ■

차) 하도급법제4조 제2항 제7호 사례: 건설위탁에서 최저가경쟁입찰 방식으로 제안견적서를 받은 후 원사업자가 자신의 실행예산을 초과한다는 이유로 추가가격협상을 통하여 낮은 금액으로 하도급대금을 결정하여 하도급법 제4조 제2항 제7호 위반이라는 사례

-서울고등법원 2019. 1. 10.선고 2018누56659 판결[325][시정명령 등 취소]-
[금○기업 사례]

【판시이유】

1. 기초사실 -하도급계약 체결 및 대금 결정 행위

가. 원고(원사업자)는 2015. 4. 28.부터 2016. 5. 4.까지의 기간 동안 아래 '이 사건 각 입찰 후 추가 가격협상을 통한 금액 인하 내역'의 기재와 같이 '덕적도-소야도간 연도교 건설공사' 등 5건의 공사(이하 '이 사건 공사'라 한다)를 위탁하기 위하여, 내부 협력업체 또는 발주처의 추천을 받은 사업자 중 시공 전문 자격을 보유한 회사들을 대상으로 현장설명회를 실시한 후, 제안금액이 기재된 견적서를 제출받아 이 중 최저가격을 제출한 자를 수급사업자로 선정하는 방식으로 최저가 경쟁입찰을 실시하였다(이하 '이 사건 각 입찰'이라 한다).

나. 이 사건 각 입찰의 실시 결과 입찰 참여업체들의 입찰금액이 원고가 책정한 실행예산[326]을 초과하자, 원고는 이 사건 각 입찰을 모두 유찰시키고 최저가로 입찰한 1순위 또는 1~2순위 업체들과 개별적으로 추가적인 가격협상을 함으로써 최저가로 입찰한 금액보다 낮은 금액으로 하도급대금을 결정하였는데, 그 상세 내역은 아래와 같다(이하 '이 사건 하도급대금 결정행위'라 한다).

2. 피고 공정거래위원회의 처분

피고는 이 사건 하도급대금 결정행위가 하도급법 제4조 제1항을 위반하였다는 이유로, 2018. 6. 18. 원고에 대하여 의결 제2018-221호로 시정명령[327]과 과징금납부명령(이하

---

325) 본 판결은 상고되었으나, 심리불속행기각으로 확정되었다(대법원 2019두34258 2019.5.9.자 심리불속행기각 판결).

326) 원수급인이 수급사업자에게 공사를 위탁하기 위하여 견적서, 기존 유사 공사수행 금액 등을 기준으로 선정한 자신의 입찰예정금액을 말하고, 실행가 또는 실행금액이라고도 한다.

327) 1. 원고는 주식회사 동국 등 5개 수급사업자와 경쟁입찰의 방식을 통하여 5건의 하도급 계약을 체결하면서, 정당한 사유 없이 최저가로 입찰한 금액보다 낮은 금액으로 하도급대금을 결정하는 것과 같은 행위를 다시 하여서는 아니 된다.
2. 원고는 주식회사 동국 등 5개 수급사업자에 대하여 정당한 사유 없이 최저가로 입찰한 금액보다 낮은 금액

'이 사건 과징금납부명령'이라 한다)을 하였다(위 시정명령과 이 사건 과징금납부명령을 통틀어 '이 사건 처분'이라 한다).

3. 원고 원사업자의 주장

가. **원고는 이 사건 각 입찰의 현장설명회에서 최저입찰가가 실행예산을 초과하면 유찰된다는 점을 미리 고지**하였다. 또한 **원고는 이 사건 각 입찰 당시 실행단가산출서와 해당 공종별 전문업체에게 의뢰한 견적서를 비교분석하여 적정단가를 결정한 후, 이를 토대로 실행예산 초안을 작성하여 본사의 최종적인 검토까지 거치는 등 합리적인 기준과 방법에 의하여 실행예산을 산정하였으며, 이에 따라 실제로 산정된 실행예산 금액은 발주처로부터 도급받은 금액을 훨씬 초과하여 결정되었으므로 실행예산의 객관적인 합리성이 충분히 인정**된다. 이처럼 원고는 적정한 금액을 실행예산으로 산정하였으므로 사후적으로 실행예산 금액을 조정하려는 의사가 없었음이 명백하여 실행예산에 대한 밀봉 등의 조치를 취할 필요가 없었고, 실제로 원고는 입찰 후 최저입찰가를 확인하여 사후적으로 실행예산을 낮추거나 추가 협상과정에서 실행예산을 낮추는 등의 행위를 하지 아니하였다. 또한 이 사건 공사에 대한 하도급대금의 최종결정은 수급사업자들의 자율적인 의사에 의하여 결정되었다. 이러한 사정들을 종합하면 이 사건 하도급대금 결정행위는 정당한 사유가 존재하여 하도급법 제4조 제2항 제7호에 해당하지 아니하므로 하도급법 제4조 제1항에 위반된다고 볼 수 없다.

나. 이 사건 공사에 대한 하도급대금은 당초 원고가 희망하였던 실행예산 금액과는 상당한 차이가 있는 반면, 수급사업자들이 투찰하였던 최저입찰가에 거의 근접하는 금액으로 결정되었으므로 수급사업자들의 의사가 전적으로 반영되었다고 보아야 한다. 따라서 이 사건 하도급대금 결정행위의 위법성은 거의 없거나 현저히 낮고, 그로 인한 수급사업자의 피해 및 파급효과가 크지 않으며, 원고가 이 사건 하도급대금 결정행위로 인하여 얻은 부당이득 또한 실질적으로 없거나 미미하므로 과징금 부과의 필요성이 없다. 그럼에도 피고는 위와 같은 사정을 고려하지 않고 과징금을 부과하였고, 그 액수 또한 위와 같은 사정에 비추어 볼 때 심히 과다하므로, 이 사건 과징금납부명령은 재량권을 일탈·남용하여 위법하다.

4. 법원의 판단 -하도급법 위반행위의 성립 여부

가. 하도급법 제4조 제2항 제7호가 정한 부당한 하도급대금 결정행위에 해당하는 것을 조각하기 위한 '**정당한 사유**'란 공사현장 여건, 원사업자의 책임으로 돌릴 수 없는 사유 또는 수급사업자의 귀책사유 등 최저가로 입찰한 금액보다 낮은 금액으로 하도급대금을 결정하는 것을 정당화할 객관적·합리적 사유를 말하는 것으로, 원사업자가 이를 주장·증명하여야 하고, 공정한 하도급거래질서 확립이라는 관점에서 사안에 따라 개별적, 구체적으로 판단하여야 한다(대법원 2012. 2. 23. 선고 2011두23337 판결 등 참조).

나. 다음 각 사실은 당사자 사이에 다툼이 없거나 앞서 든 증거들과 갑 제4호증, 갑 제5호증, 을 제10호증의 각 기재(가지번호 있는 것은 가지번호 포함, 이하 같다)에 변론 전체의 취지를 종합하여 인정할 수 있다.

1) 원고는 경쟁입찰을 위하여 실행예산을 산정하였는데, 1~2개 협력업체로부터 견적서를 제출받아 가장 저렴한 업체의 금액을 기준으로 실행예산을 산정하였다. 원고의 내부 규정인

으로 하도급대금을 결정함으로써 발생한 차액 및 이에 대한 부가가치세를 각 수급사업자에게 지체 없이 지급하여야 한다.

'하도급업체 선정 규정 매뉴얼'에는 '입찰금액이 당사 여건에 맞지 않을 경우 유찰 처리를 원칙으로 한다'라고 규정하고 있다.

2) 원고는 이 사건 각 입찰을 실시하면서 최저가 입찰금액이 실행예산을 초과할 경우 유찰처리한다는 사실을 현장설명서 등에 명시하지는 않고 **구두**로만 고지하였고, **입찰 실시 후 낙찰자 선정에 대한 이의 제기나 분쟁이 발생할 경우 실행예산을 확인할 수 있도록 실행예산을 별도로 공증 받는 등의 조치를 하지는 않았다**.

3) 원고의 하도급계약 관련 업무 및 외주관리 등의 업무를 수행하고 있는 담당 직원은 피고의 조사과정에서 '협력업체(반석건설, 동국 등 2개 업체)에 견적을 요청하고, 요청금액 중 가장 저렴한 업체의 금액을 실행예산으로 산정하는데, 실행예산은 하도급대금 산정의 기준이 되나 절대적인 금액은 아니고 참고용으로만 활용한다'는 취지로 진술하였고, 실행예산 산정 시 동국에 견적을 요청하였음에도 견적금액과 실행예산에 차이가 나는 이유에 대하여 '실행예산 산정 당시에는 실제 공사 시 장비 조립, 인부 사정 등의 사정을 알 수 없어 일반적으로 실제 견적서 제출 시와는 차이가 발생한다', '실행예산 통보 시 원고에 손해가 발생할 수 있기 때문에 철저하게 통제하고 있으며, 현장설명회 당시에도 실행예산을 통보하지 않고 다만 유찰된 이후 단가인하 협상 과정에서 실행예산을 통보하고 있다'는 취지로 진술하였다.

4) 또한 원고의 위 담당 직원은 피고의 조사과정에서 이 사건 공사의 하도급대금이 발주처로부터 도급받은 금액을 초과하는 이유에 대하여 '이 사건 공사의 경우 RCD 공정 표준품셈 자체가 설계가 대비 낙찰률이 작으나 타 공종 공사에서 손해가 발생하는 부분을 상쇄할 수 있고, 도급공사대금은 공사를 진행하는 과정에서 증액받기도 한다'는 취지로 진술하였다.

나. 위 각 인정 사실 등에서 알 수 있는 아래 사정들을 위 법리에 비추어 살펴보면, 이 사건 하도급대금 결정행위에 정당한 사유가 있었다고 보기는 어려우므로 이는 하도급법 제4조 제2항 제7호 소정의 부당한 하도급대금 결정행위에 해당한다고 봄이 타당하다. 따라서 원고의 이 부분 주장은 이유 없다.

1) 원고는 이 사건 각 입찰 후 발주물량이나 자재단가 등 공사현장 여건에 있어 아무런 사정변경이 없었음에도 입찰에 참여한 업체들의 입찰금액이 실행예산을 초과한다는 이유로 입찰을 유찰시킨 후, 1~2순위 업체들과 추가적인 협상을 거쳐 최저가로 입찰한 금액보다 낮은 금액으로 하도급대금을 결정하였다. 이는 원칙적으로 하도급법 제4조 제2항 제7호가 규정하는 부당한 하도급대금 결정행위에 해당한다.

2) 원고는 이와 관련하여 입찰가격이 실행예산을 초과할 경우 유찰처리하는 것이 일반적인 거래관행이라는 취지로 주장하나, 이를 인정할 아무런 증거가 없다. 국가를 당사자로 하는 계약에 관한 법률 시행령 제42조 제1항에서 예정가격 이하로서 최저가격으로 입찰한 자의 순서로 낙찰자를 정할 수 있도록 규정하고 있으나, 이는 발주자인 국가가 입찰을 진행하는 경우 사전에 예정가격을 공개하는 특수성 등을 고려한 규정으로, 발주자인 원고가 사기업에 해당하는 이 사건 각 입찰의 경우 위 법령 규정이 적용될 여지가 없고(원고의 경우 예정가격에 해당하는 실행예산을 공개한 바도 없다), 그와 같은 사정만으로 그러한 거래관행이 입증된다고 보기도 어렵다.

3) 하도급법 제4조 제2항 제7호의 규정과 그 입법 취지에 비추어 볼 때, 이 사건과 같은 경우 원고로서는 **최소한 발주물량, 자재단가 및 원고가 실제로 집행할 수 있는 예산의 최대한도 등을 고려하여 실행예산을 객관적·합리적으로 산정**한 후 **입찰가격이 이를 초과할 경우**

불가피하게 추가협상이 있을 수 있음을 사전에 공고하는 등 필요한 조치를 다한 경우에 한하여 하도급법 제4조 제2항 제7호 소정의 '정당한 사유'가 존재하는 것으로 평가할 수 있고, 위 '정당한 사유'의 존재는 원사업자인 원고가 이를 증명할 책임이 있다.

4) 그런데 이 사건에서 원고는 그 주장에 의하더라도 이 사건 각 입찰의 현장설명회에서 '최저입찰가가 실행예산을 초과할 경우 유찰처리한다'고 구두로 고지하였을 뿐으로 위와 같은 내용을 현장설명서에 명시적으로 기재하거나 이를 포함하는 이 사건 각 입찰의 공고가 이루어지지도 아니하였을 뿐 아니라, 실행예산을 밀봉하여 미리 개찰장소에 두거나 공증을 받는 등의 행위를 통하여 사후에라도 낙찰자 선정에 대한 이의나 분쟁이 발생할 경우 원고의 실행예산을 확인할 수 있도록 하는 조치를 취하지 아니하였다.

5) 나아가 유찰처리 여부를 결정하는 기준인 실행예산이 이 사건 각 입찰 이전에 객관적·합리적으로 산정되었는지에 관하여 보건대, 원고는 총 5건에 해당하는 이 사건 공사 중 '잠진도-무의도간 연도교 건설공사' 2건 및 '수택지구 우수저류시설 설치공사' 1건에 관한 실행예산의 근거자료(을 제7호증)만을 제출하고 있을 뿐 나머지 공사에 대해서는 아무런 근거자료를 제출하지 못하였고, 위 제출된 자료도 원고가 발주처로부터 도급받은 전체 공사에 대하여 개괄적으로 실행예산 금액을 산정한 내역에 불과하여 이 사건 공사에 관한 원고의 실행예산과 금액 자체가 다르며, 해당 자료로부터 이 사건 공사의 각 실행예산이 어떻게 산정되었는지 그 산정근거를 추측하기도 어렵다. 이와 관련한 원고의 주장에 의하더라도 ① 실행단가산출서 작성, ② 해당 공종별 전문업체에 대한 견적의뢰, ③ 실행단가산출서와 견적서의 비교분석을 통한 적정단가 결정, ④ 실행예산 초안 작성, ⑤ 초안에 대한 본사 검토에 해당하는 각 단계를 순차적으로 거쳐 실행예산을 작성하였다는 것인데, 위와 같은 단계를 거치면서 그에 상응하는 상당한 근거자료가 원고 내부적으로 충분히 확보되었을 것으로 보이고, 한편 원고는 2016년도 기준으로 상시고용종업원수 177명, 순이익 2,745,000,000원에 이르는 상당한 규모의 회사인 데다가 이 사건 각 입찰의 진행에 있어서 실행예산 금액이 가지는 중요성의 정도가 적지 아니함에도 불구하고, 총 5건에 달하는 이 사건 공사의 실행예산에 대하여 이 사건 각 입찰 전에 작성되어 보관중인 근거자료로는 내부 기안 문서인 을 제3호증과 총 3페이지의 분량에 불과한 을 제7호증만이 제출된 점 등에 비추어 보면, 위와 같은 단계를 거쳐 합리적인 방법과 기준으로 실행예산 금액을 산정하였다는 원고의 주장은 믿기 어렵다.

6) 이에 대하여 원고는 자료들을 현장에서 분실하였기 때문에 이 사건 공사 중 일부에 대해서만 근거자료를 제출하게 되었을 뿐이고, 원고가 실행예산과 관련하여 재작성한 근거자료들의 기재에 비추어 보면 실행예산의 객관적 합리성이 인정된다고 주장한다. 그러나 원고측 업무담당자의 진술에 의하더라도, 실행예산의 산정방법에 관하여 반석건설, 동국 등 2개 협력업체에 견적을 요청하고, 요청금액 중 저렴한 업체의 금액을 실행예산으로 산정하였으며, 실행예산 산정 당시에는 공사현장에서의 구체적인 사정을 알 수 없으므로 일반적으로 실행예산 산정 시 협력업체들이 제출한 견적금액과 실행예산에 차이가 발생한다는 것이다. 또한 원고가 제출한 갑 제6호증 내지 갑 제9호증은 이 사건 각 입찰 후 원고 측이 사후적으로 작성한 것인 데다가 그 산정근거가 된 자료가 어떤 것인지, 작성명의인이 누구인지도 불분명하여 객관적인 신빙성을 확인할 수 없으므로 위 증거들 및 원고가 주장하는 사정만으로는 실행예산 금액이 객관적·합리적으로 작성되었다는 점을 인정하기 어렵다.

7) 원고의 경우 발주처로부터 도급받은 전체 공사대금이 추후 증액될 여지가 있고, 설령 일부 공종 공사에서 손해가 발생하더라도 타 공종 공사에서 손해를 상쇄할 수 있다는 판단 하에, 이 사건 공사를 포함하는 수택지구 우수저류시설 설치공사에 대한 입찰에서 발주처가 제공한 낮은 수준의 설계금액에 통상적인 도급비율을 적용하여 산정한 가액으로 입찰하여 낙찰받은 것으로 보이는데(원고는 이와 관련하여 발주처가 비정상적으로 낮게 산정한 설계금액을 제공하였다고 주장하고, 이는 낙찰 이후 이 사건 공사의 실행예산 산정을 위한 공사내역을 세부적으로 검토하는 과정에서도 확인하였다는 취지로 주장하였는바, 이에 의하면 원고는 자신의 사업적 판단 하에 낮은 수준의 입찰가격으로 응찰함으로써 그와 같은 공사금액으로 공사를 시행하겠다는 의사를 스스로 표시하였다는 점에서 동국 등 5개 사업자와 다르다), 원고로부터 위 수택지구 우수저류시설 설치공사 중 일부 공종인 이 사건 공사를 하도급받은 동국 등 5개 사업자는 일부 공종의 해당 공사만을 수행하는 등으로 타 공종 공사에서 손해를 상쇄하는 등의 방식으로 손해를 전보할 수 있는 가능성이 없는 점 등까지를 고려하면, <u>원고가 내부적으로 산정한 실행예산 금액이 발주처로부터 도급받은 금액을 초과하여 결정되었다는 사정만으로는 실행예산의 객관적인 합리성이 인정된다고 보기는 어렵다</u>. 오히려 위와 같은 사정은 원고로 하여금 이 사건 각 입찰을 유찰시킨 후 추가적인 협상을 통하여 하도급대금의 감액을 시도할 동기나 유인으로 작용하였을 것으로 보일 뿐이다. 또한 낙찰자가 선정되기 전에 실행예산 금액을 공개할 경우 담합이나 손해발생 등의 우려가 있어 사전공개가 곤란하다는 사정을 감안하더라도, 적어도 <u>원고는 실행예산에 대한 밀봉 등의 조치를 취함으로써 분쟁 예방 등의 차원에서 사전에 정하여진 실행예산 금액을 사후에라도 객관적으로 확인할 수 있도록 하여야 함에도 이러한 조치를 전혀 취하지 않았다</u>.

8) 최저가 경쟁입찰에 의하여 정상적으로 체결되는 하도급계약에서의 하도급대금은 특별한 사정이 없는 한 최저가 입찰금액으로 보는 것이 합리적인 점, 최저가로 입찰하여 낙찰받은 하수급업자라면 누구라도 추가적인 가격인하를 원하지 않을 것이 자명한데, 하수급업자인 동국 등 5개 사업자가 거래상 우월적 지위에 있는 원수급인인 원고의 가격인하 요구를 거부하기 어려웠을 것으로 보이는 점, 실제로 원고는 내부 검토보고서에서 1, 2순위 업체들과 실행예산 금액 내에 시행이 가능한지 여부를 수차례 협의하였다고 기재하고 있는 점 등에 비추어 보면, 이 사건 공사에 대한 하도급대금이 수급사업자들의 자율적인 의사에 의하여 결정된 것이라고 보기 어렵다. 설령 <u>수급사업자들이 자율적인 의사에 의하여 사후에 가격인하에 동의하였다고 하더라도 수급사업자들의 주관적인 동의 여부가 원사업자인 원고의 책임으로 돌릴 수 없는 사유 내지는 수급사업자의 귀책사유 등 최저가로 입찰한 금액보다 낮은 금액으로 하도급대금을 결정하는 것을 정당화할 객관적·합리적 사유에 해당한다고 보기 어렵다</u>. ■

카) <u>하도급법제4조 제2항 제7호 사례</u>: 건설위탁에서 현장설명회에 참석한 여러 협력업체로부터 견적서를 제출받고, 이후 협상 대상자로 선정한 복수의 업체 중의 한 건설회사와 제출된 최저 견적금액보다 낮은 금액으로 하도급계약을 체결하여 하도급대금을 결정하여 하도급법 제4조 제2항 제7호 위반이라는 사례

－서울고등법원 2020. 2. 12. 선고 2019누46406 판결[328] [시정명령등취소]－
[동○스위트 사례]

【판시이유】

1. 기초사실

가. 원고는 2014. 11. 28. 고양 삼송 동○스위트 1차 신축공사 중 형틀공사(이하 '삼송 1차 공사'라고 한다)를, 2015. 8. 21. 고양 원흥 동○스위트 신축공사 중 형틀공사(이하 '원흥공사'라고 한다)를, 2015. 12. 15. 고양 삼송 동○스위트 2차 신축공사 중 형틀공사(이하 '삼송 2차 공사'라고 한다. 그리고 위 각 공사를 통틀어 '이 사건 각 공사'라고 한다)를 수행하는 수급사업자 선정을 위한 현장설명회를 각 개최하였다(이하 이 사건 각 공사와 관련된 각 현장설명회를 통틀어 '이 사건 현장설명회'라고 한다).

나. 원고는 이 사건 현장설명회에 참석한 협력업체 관계자에게 현장설명서와 특기시방서를 함께 교부하였고, 그 현장설명서와 특기시방서는 이 사건 각 공사계약 제2조 제1항에 따라 계약 내용의 일부를 이룬다.

3) 그 후 원고는 2014. 12. 31.부터 2016. 1. 21.까지 수급사업자 황○건설에 이 사건 각 공사를 건설 위탁하였다.

2. 피고 공정거래위원회의 처분

피고는 2019. 5. 9. 원고에 대하여 의결 제2019-097호로 수급사업자 황○건설과 부당하게 하도급대금을 결정함(원고는 이 사건 현장설명회에 참석한 여러 협력업체로부터 견적서를 제출받고, 이후 협상 대상자로 선정한 복수의 업체 중 황○건설과 각 공사와 관련하여 제출된 최저 견적금액보다 낮은 금액으로 하도급계약을 체결함으로써 경쟁입찰에 의하여 하도급계약을 체결할 때 정당한 이유 없이 일반적으로 지급되는 대가보다 낮은 수준으로 하도급대금을 결정하였다.)으로써 하도급법 제4조 제1항을 위반하였다는 이유로 이유로 별지1 제2항 기재의 시정명령(이하 '제2 시정명령'이라 한다)을 하였다.

3. 원고 원사업자의 주장- 처분사유 부존재

가. 원고는 이 사건 각 공사계약과 관련하여 낙찰자 선정기준을 제시한 바 없이 '견적', '협의' 등의 용어를 사용하였고, 이 사건 현장설명회에서 최저가 견적가격을 제출한 협력업체와 무조건 계약을 체결하지 않고, 실적과 규모 등의 다른 사정까지 종합하여 '협의'를 거쳐 계약상대방을 결정한다는 취지로 고지하였다. 또한 이 사건 현장설명회에 참석한 협력업체 측도 이 사건 각 공사가 수의계약으로 체결된다는 점을 충분히 인식하고 견적서를 제출하였으며, 실제로 황○건설이 최저가 견적가격을 제시하지 않았음에도 계약을 체결하였다. 따라서 이 사건 각 공사계약은 경쟁입찰이 아닌 수의계약으로 체결되었으므로, 입찰에 의한 계약체결을 전제로 한 이 부분 처분은 위법하다.

나. 설령 이 사건 각 공사계약이 경쟁입찰에 의하여 체결되었더라도, 이 사건 현장설명회에 참석한 협력업체는 추가적인 계약금액 협상이 예정됨을 넉넉히 짐작하였고, 이러한 사정을 염두에 두고 각 견적가격을 제출하였으므로, 원고가 추가 가격협상을 통하여 최저가 견적가격보다 낮은 금액으로 계약을 체결하였다 하여 그 기대와 신뢰를 저버렸다고 볼 수 없다. 또한 최저가 견적가격이 각 공사의 예정가격을 현저히 상회하여 추가적인 가격협상을 통하

328) 본 판결은 상고되어 대법원에서 계속 중이다(대법원 2020두36915).

여 적정 수준의 계약금액을 협의할 필요도 있었다. 따라서 원고가 하도급대금을 낮은 수준으로 결정한 데에 정당한 사유가 있다.

4. 법원의 판단 –부당한 하도급대금결정행위 부분에 관한 판단: 제2 시정명령의 적법 여부

가. 관련 법리

1) 하도급법 제4조 제2항 제7호에 의하면, 경쟁입찰에 의하여 하도급계약을 체결할 때 정당한 사유 없이 최저가로 입찰한 금액보다 낮은 금액으로 하도급대금을 결정하는 원사업자의 행위는 부당한 하도급대금의 결정으로 보게 되어 있다. 이는 위 규정에서 정한 행위에 해당할 경우 부당한 하도급대금 결정행위로 간주하여 부당하게 낮은 금액으로 하도급대금을 결정하는 불공정 거래행위에 효과적으로 대처하고, 공정한 하도급거래질서를 정착하려는 데 그 입법 취지 및 목적이 있다. ..(중략)....

'입찰'이란, 경쟁계약에서 경쟁에 참가한 다수인으로 하여금 문서로써 계약의 내용을 표시하게 하여 가장 유리한 청약자를 상대방으로 계약을 체결하는 것을 의미한다. 그러므로 하도급법 제4조 제2항 제7호의 **'경쟁입찰'인지 여부**는, '입찰', '협의' 등의 용어에 구애받지 않고, 사전에 낙찰자의 선정기준과 계약의 주요 내용이 정해져 있는 상태인지, 그 선정기준과 계약의 주요 내용이 설명회 등과 같은 공개된 장소에서 문서로써 복수의 상대방에게 표시되었는지, 청약자가 계약상대방으로 선정되기 위한 가격경쟁 요소가 있는지 등의 사정을 종합적으로 고려하여 실질에 따라 판단하여야 한다.

2) 부당한 하도급대금 결정행위에 해당하는 것을 조각하기 위한 '**정당한 사유**'란 공사현장 여건, 원사업자의 책임으로 돌릴 수 없는 사유 또는 수급사업자의 귀책사유 등 최저가로 입찰한 금액보다 낮은 금액으로 하도급대금을 결정하는 것을 정당화할 객관적·합리적 사유를 말하는 것으로, 원사업자가 이를 주장·증명하여야 하고, 공정한 하도급거래질서 확립이라는 관점에서 사안에 따라 개별적, 구체적으로 판단하여야 한다(위 대법원 2013두19622 판결 등 참조).

나. 인정사실

1) 원고의 이 사건 현장설명회 개최 등

가) 원고는 이 사건 현장설명회에 기존에 거래하던 업체 또는 현장소장이 특별히 추천하는 업체를 초대하였고, 설명회에 참석한 업체 관계자에게 아래와 같은 내용[331]이 기재된 이 사건 현장설명서를 교부하였다.

4. 견적에 관한 사항 1) 견적방법: 현장설명 참가업체로 한다.[329] 2) 계약방법: 견적에 의한 최저가 업체를 우선 계약대상자로 협의한다. **5. 견적내역서 작성시 포함하여야 할 사항 및 유의 사항** 5) 계약자 계약조건 가. 공사비 (기성금) 지불방법 (내용 생략) 나. 공사 계약보증금 공사금액의 10%로 한다(계약 후 7일 이내에 서울보증보험 증권을 제출하여야 한다.) 다. 하자보증금: 공사금액의 5%로 한다. 라. 하자보증기간: 준공후 3년으로 한다. 마. 지체상금: 1일 공사금액의 2/1000로 한다. (중략) **8. 견적제출방법: 봉투봉인 우편접수**[330]

나) 또한 원고는 이 사건 현장설명회에 참여한 업체에 스스로 작성한 각 공사의 건물 바닥 연면적 수량만이 기재된 산출내역서 등을 배포하였고, 이에 그 참여 업체는 연면적 수량만을 기초로 하여 산출내역에 단가를 기재하는 방식으로 공사대금을 산정한 다음, 이를 원고가 배포한 산출내역서에 기재하여 제출하였다.

다) 원고는 이 사건 각 공사와 유사한 기존의 다른 공사의 세대 및 면적당 단가, 계약금액 등을 참고하여 각 공사의 예정가격을 정하였다. 그 각 예정가격은 삼송 1차 공사 8,299,000,000원, 원흥 공사 13,305,000,000원, 삼송 2차 공사 7,844,000,000원이다. 다만 원고는 이 사건 현장설명회에 참여한 업체 측에 자체적으로 작성한 위 각 예정가격을 사전 또는 사후에 별도로 통보하지 않았고, 업체들이 견적가격을 제출할 때까지도 '개별 협의 및 시공실적, 신용도, 현장 소재지, 예정가격과의 근접성 등을 종합적으로 고려해서 최종적으로 계약을 체결한다'는 취지의 공지도 따로 하지 않았다.

2) **원고의 계약체결 협의 진행**

가) 원고는 이 사건 현장설명회에 참석한 업체로부터 밀봉 상태의 우편 또는 인편을 통하여 직접 견적서를 받은 다음, 해당 공사현장과 유사한 다른 공사의 계약금액(예정가격) 및 그 공사의 견적서 제출업체별 견적가격, 면적당 단가, 철근 및 콘크리트 재료비 등을 비교한 '외주발주품의서'를 작성하였다.

나) 그 후 원고는 외주발주품의서를 참고하여 이 사건 각 공사에 최저가 견적가격을 적어낸 업체 외에 다른 업체와도 계약체결을 위한 협의를 진행하였다.

다) 삼송 1차 공사의 경우, 원고는 견적가격을 제출한 14개 업체 중 5개 업체와 협의를 진행하였는데, 그중 3개 업체는 최저가 가격을 써낸 순서였고, 나머지 2개 업체는 7번째, 8번째 낮은 가격을 제출한 업체였다(황○건설은 8번째 낮은 가격을 제출하였다).

라) 원흥 공사의 경우, 원고는 견적가격을 제출한 6개 업체 중 3개 업체와 협의를 진행하였는데, 그중 2개 업체는 최저가 가격을 써낸 순서였고, 나머지 1개 업체는 최고가를 제출한 업체였다(황○건설은 2번째 낮은 가격을 제출하였다).

마) 삼송 2차 공사의 경우, 원고는 3번째로 낮은 가격을 제출한 황○건설을 우선 계약대상자로 선정하고 협의를 진행하였다(황○건설은 3번째 낮은 가격을 제출하였다).

바) 원고 소속의 김** 회장, 조** 상무는 황○건설의 대표이사 이**과 서너 차례 원고 사무실에서 만나 이 사건 각 공사의 계약금액에 관하여 협상하였고, 그 협상 결과 각 공사의 최저가 견적가격보다 낮은 가격으로 계약을 체결하기로 합의하였다.

3) **원고의 이 사건 각 공사계약 체결**

가) 원고는 추가 가격협상을 통하여 황○건설에 이 사건 각 공사를 각 건설 위탁하였다. 이 사건 각 공사의 최저가 견적가격, 실제 체결된 계약금액 등은 아래 표와 같다.

나) 이후 원고는 2017. 6. 30. 고양 2차 공사에 관하여 공사기간을 2017. 8. 20.으로 연장하고, 계약금액을 2억 원 증액하는 변경계약을 체결하였다.

---

329) 원흥 공사와 삼송 2차 공사의 각 현장설명서에는 "(당사의 여건에 따라 변경될 수 있음)"이라는 문구가 추가로 기재되어 있었다.

330) 본 항목은 삼송 2차 공사의 현장설명서에만 기재된 내용이다.

331) 각 공사별 현장설명서의 목차 번호 등은 다르다. 이하에서는 삼송 1차 공사의 현장설명서를 기준으로 기재한다.

공사명	입찰내역		하도급 계약내역			인하내역	
	최저가 제출업체	최저가 (a)	계약일자	수급 사업자	계약금액 (b)	금액 (a-b)	인하비율 ((a-b)/a)
삼송1차 공사	용진토건	9,892	2014.12.31.	황○건설	9,250	642	6.4%
원흥 공사	경보	13,909	2015.10.8.	황○건설	13,100	809	5.8%
삼송2차 공사	대평종건	8,278	2016.1.21.	황○건설	8,100	178	2.1%
합계	-	32,079	-	-	30,450	1,629	-

4) **황○건설의 원고에 대한 신고 후 피고의 조사과정**

가) 황○건설의 대표이사 이**은 2017년 7월경 피고에 원고의 하도급대금 결정과 관련하여 아래와 같은 내용으로 신고하였다.

> [부당한 하도급대금 결정(하도급법 제4조)]
> 원고는 투찰결과에 따라 유찰시 참가업체에 유찰을 통보하고 재차 현장설명회, 재입찰의 방식으로 업체를 선정하여야 함에도 황○건설을 서너 차례 불러 수의시담을 하면서 타 업체의 견적 또는 거짓 견적을 내보이는 등의 방법으로 부당하게 하도급대금을 결정하였다.

나) 원고 소속의 조** 상무는 2018. 4. 10. 피고 조사과정에서 '공무부에 등록된 협력업체를 대상으로 현장설명을 한다. 현장설명회에서 최저가 업체를 우선 협상 대상자로 한다고 고지한다. 이후 현장설명에 참여한 업체로부터 밀봉한 우편으로 견적서를 받아 개봉한다. 이후 업체별, 금액별로 정리하고 타 공사현장과 해당 금액을 비교, 분석한다. 수급사업자의 견적서 기재 금액과 실적 사항, 신용도 등을 종합적으로 고려하여 3~4개 업체를 선정한 후, 추가적인 협의를 진행하고 그 과정을 통해 최종 계약업체가 결정된다. 최저 견적가격보다 낮은 계약금액으로 계약을 체결한 이유는 이미 시공한 타 현장을 가지고 원가를 분석할 때, 그 견적가격보다 금액이 증가하지는 않으리라 예상하였기 때문이다'는 취지로 진술하였다.

다) 원고 소속 장**, 정** 상무이사는 피고 조사과정에서 '현장설명회에 참석한 업체는 견적서를 밀봉하여 원고에 제출하므로, 서로의 견적가격을 알 수 없고, 원고는 그 밖에 이 사건 각 공사와 관련하여 견적서를 제출한 업체 간에 서로의 견적가격을 알 수 있게 하지 않았다'는 내용의 확인서를 작성하여 제출하였다.

라) 또한 이 사건 현장설명회에 참석한 바 있는 삼*건설, 일*건업, 황○건설, 원*건업, 산*개발, 서*건설, 오*건설산업, 원*건설의 각 관계자는 피고에 '이 사건 현장설명회에 참석하였고, 각 공사가 통상적인 최저가 경쟁입찰 방식으로 계약상대방을 선정한다고 판단하여 투찰하였다'는 내용의 '공사 입찰 참여 확인서'를 각 작성하여 제출하였다.

5) **피고의 원고에 대한 고발과 검사의 공소제기**

가) 피고는 원고를 고발하기로 의결하였고, 검사는 그 고발 사건에 관하여 수사를 시작하였다. 원흥 공사의 현장설명회에 참석한 용**건설 대표이사 성*길은 수사과정에서 '최저가 공사금액으로 투찰한 공사업체가 최종적으로 낙찰된다고 고지하였다. 낙찰자가 원고와 계약을 체결할 때 공사금액을 조금 조정할 수는 있다. 왜냐하면 최저가로 낙찰받은 업체의 공사 마진율에 따라 일정 범위는 조정이 가능하기 때문이다. "협의한다."는 것은 낙찰자를 상대로

마진율에 손해가 가지 않는 정도에서 공사대금을 조율할 수 있다는 의미이다'라고 진술하였다. 삼송 2차 공사의 현장설명회에 직접 참석한 오*건설의 대표이사 이*훈도 같은 취지로 진술하였다.

나) 이 사건 현장설명회에 모두 직접 참석한 경보의 관리부장 박*민은 수사과정에서 '이 사건 현장설명회에서 배포된 자료의 내용에 따르면 최저가 경쟁입찰 방식이다. 그러나 원고가 업체를 선정하는 방식은 전혀 다른 것으로 알고 있다. 현장설명회 자리에서 원고 직원으로부터 "최저가 견적업체가 반드시 계약을 하는 것이 아니며 원고의 업체 선정기준을 고려하여 대상 업체를 선정한 후, 협의를 거쳐 계약체결을 진행한다."는 설명을 들었다'는 취지로 진술하였다.

다) 부산지방검찰청 소속 김** 검사는 2019. 11. 22. '원고는 이 사건 각 공사에 관하여 정당한 사유 없이 최저가로 입찰한 금액보다 낮은 금액으로 하도급대금을 결정하였다'는 공소사실로 기소하였다.

다. 판단

위 인정 사실과 변론 전체의 취지에 의하여 인정되는 다음과 같은 사정을 앞서 본 법리에 비추어 살펴보면, 원고는 경쟁입찰에 의하여 이 사건 각 공사계약을 체결하면서 최저가 견적가격보다 낮은 금액으로 계약금액을 정하였다고 봄이 타당하고, 갑 제18호증의 기재만으로는 이러한 인정에 방해가 되지 않으며, 나아가 원고가 내세우는 사정과 제출된 증거만으로는 이를 정당화할 객관적·합리적 사유를 인정하기에 부족하다. 따라서 원고의 이 부분 주장은 이유 없다.

1) 원고는 이 사건 현장설명회 개최 이전에 각 공사의 공사비 지급방법, 계약보증금의 액수, 하자보증금 및 그 기간, 지체상금, 공사기간 등과 같은 계약의 주요 내용뿐 아니라, '최저가 견적가격'을 써낸 업체를 계약대상자로 우선적으로 정하고 계약체결을 위한 협의를 진행한다는 낙찰자 결정방식을 정하고, 이를 문서인 이 사건 현장설명서로써 현장설명회에 참석한 협력업체 관계자에게 배부하였다.

2) 특히 원고는 현장설명회에 참석한 업체 측에 각 공사의 연면적 수량만이 기재된 산출내역서 등을 배부하고, 그에 따른 견적서의 제출을 요구하였다. 따라서 협력업체는 계약의 일반 조건이 이미 정해진 상태에서 원고 제공의 연면적 수량만을 기초로 그 산출내역에 단가를 기재하는 방식으로 공사대금을 산정할 수밖에 없었고, 그 결과 견적서 그 자체가 가격입찰서의 실질을 지니게 된다.

3) 이 사건 각 공사계약을 체결하고자 하는 협력업체는 다른 경쟁업체가 자신의 견적가격을 알 수 없도록 견적서를 봉투에 밀봉하여 제출하였다. 각 협력업체의 규모, 실적 등은 업계에서 공유되는 정보에 해당할 여지가 높으므로, 각자 원고에 제출한 '견적가격'이 우선적인 협의 대상자로 선정되는 핵심적인 경쟁 요소였다. 당시 현장설명회에 참석하고 견적서를 제출한 각 협력업체 관계자의 진술이 이러한 점을 뒷받침한다.

4) 원고는 내부적으로 작성한 외주발주품의서를 통하여 이 사건 각 공사의 예정가격, 각 협력업체 제출의 견적가격, 면적당 단가, 철근 및 콘크리트 재료비 등을 일목요연하게 정리·비교하였고, 이를 기초로 복수의 계약대상자를 선정한 후 계약체결을 위한 협의를 진행하였다[332]. 이에 비추어 보면, 위 외주발주품의서의 실질은 통상적인 입찰에서 입찰자 내부적으로 마련한 입찰결과표 등과 유사하다고 볼 수 있다.

5) 원고는 이 사건 각 공사에 관하여, 최저가 견적가격을 제출한 업체는 물론 그렇지 아니한 황○건설 등과도 협의하였고, 최종적으로 황○건설과 이 사건 각 공사계약을 체결하였다. 그러나 원고가 현장설명회에서 최저가 견적가격을 제출한 업체를 우선 계약대상자로 정할 것임을 고지하였음은 앞에서 본 바와 같고, 이에 따라 참여 업체들은 자신의 비용과 이윤을 고려하여 감내할 수 있는 최저가 견적가격을 제출하였으며, 원고는 그 최저가 견적가격을 하도급대금 인하의 지렛대로 삼아 그보다 낮은 금액으로 하도급대금을 결정하였다. 이처럼 계약상대방 선정기준이 최저가 견적가격임이 사전에 고지되었고, 이에 따라 복수 업체의 가격경쟁에 의하여 최저가 견적가격이 제시되고 그 최저가 견적가격이 하도급대금 결정 내지 인하의 기준이 된 이상 이는 경쟁입찰에 의하여 하도급계약을 체결하는 때로 봄이 타당하며, 원고가 최저가 견적가격 제출자가 아닌 원고를 계약상대방으로 결정하였다는 사정만으로는 이 사건 각 공사계약이 수의계약에 의하여 체결되었다고 볼 수 없다.

6) 원고는 자체적으로 마련한 예정가격을 사전에 협력업체 측에 고지하는 등으로 알리지 않았다. 그로 인하여 협력업체로서는 특별한 사정이 없는 한 추가적인 가격협상을 예상할 수 없었고, 설령 추가 협상이 진행되더라도 당초 제출한 견적가격에서 마진율을 조정하는 정도에 그칠 것으로 예상하였다. 나아가 그 예정가격은 원고의 경제적 영역에서 산정한 수치에 불과하므로, 최저가 견적가격이 예정가격 이상이어서 그와 유사한 수준으로 계약금액을 낮출 필요성이 원사업자의 책임으로 돌릴 수 없는 사유 또는 수급사업자의 귀책사유 등에 의하여 발생하였다고 볼 수 없다. ■

8) <u>하도급법제4조 제2항 제8호:</u> 8. 계속적 거래계약에서 원사업자의 경영적자, 판매가격 인하 등 수급사업자의 책임으로 돌릴 수 없는 사유로 수급사업자에게 불리하게 하도급대금을 결정하는 행위

4. 하도급법 제4조 위반행위와 시정조치로서의 금전지급명령

가. 문제의 제기

하도급법 제4조와 관련하여 원사업자가 정당한 사유 없이 하도급법 제4조 위반행위로서 부당한 하도급대금 결정행위에 해당하는 경우 공정거래위원회가 원사업자에 대하여 시정조치로서 금전지급을 명하는 것이 현행법의 해석상 허용되는지가 문제된

332) 원고는 이 사건 각 공사의 견적서 수령 후로부터 약 4개월이 지난 뒤에 외주발주품의서를 작성하였으므로, 외주발주품의서를 바탕으로 계약 협의 대상자를 정하지 않았다는 취지로도 주장하나(원고 제출 2019. 12. 17.자 준비서면 31쪽 중단 부분), 삼송 1차 공사의 현장설명회는 2014년 11월경에 있었음에도 그와 관련된 외주발주품의서의 작성일은 "2014. 4. 29."인 점(을 제6호증 5면 참조) 등에 비추어, 그 작성일 기재는 그대로 믿기 어렵고, 이는 외주발주품의서의 작성일을 착오한 데에 따른 주장으로 보인다.

다.

예컨대, 동조 제2항 제1호위반의 경우 일률적인 비율로 단가를 인하하는 경우에 원래의 인하 전 금액[333]이 정당한 하도급대금으로 보아서 그 차액만큼의 하도급대금 미지급으로 보아 시정조치를 하거나, 동조 제2항 제7호위반의 경우 경쟁입찰에 의하여 하도급계약을 체결할 때 정당한 사유 없이 최저가로 입찰한 금액보다 낮은 금액으로 하도급대금을 결정하는 하였을 경우 최저가 입찰액을 정당한 하도급대금으로 보아서 그 차액만큼의 하도급대금미지급으로 보아 시정조치를 할 수 있는지 여부이다.

나. 견해의 대립

이에 대해서는 견해의 대립이 있다. 즉 첫째, ① 현행법의 해석상 하도급법 제4조 제1항에는 '부당한 하도급대금의 결정을 하여서는 아니된다' 라고만 규정[334]하고 있을 뿐 정당한 하도급대금을 지급하여야 한다고 규정하고 있지 않은 점, ② 제7호의 사안의 경우에도 최저가 입찰금액이 곧바로 하도급대금으로 의제되어 확정되는 것은 아니라는 점 등을 볼 때 현행 하도급법상의 문리해석상 민사대금을 의제하여 시정명령을 하는 것은 어렵다는 견해로서, 이에 따를 때 문리해석상 시정조치로서 금전지급을 명하는 것은 허용되지 않는다는 견해이다(**소극설**).

그러나 ① 하도급법은 공정한 하도급거래질서의 확립 및 원사업자와 수급사업자의 대등한 지위 보장에 그 목적이 있고(하도급법 제1조), ② 얼마든지 부당한 하도급대금결정을 하는 경우 정당한 하도급대금을 결정 할 수 있고 이것이 합리적이라는 점(예컨대, 일률적인 비율로 단가인하를 하는 경우 단가 인하 전의 기준으로 계약금액의 산출이 가능하고[1호], 최저가 경쟁입찰에 의하여 정상적으로 체결되는 하도급계약에서의 하도급대금은 특별한 사정이 없는 한 최저가 입찰금액으로 보는 것이 합리적인 점[7호]), ③ 지급명령을 통하여 수급사업자를 구제하더라도 다른 하도급법 위반사업자에 비하여 과도하게 계약체결의 자유를 침해한다고 보기는 어려운 점 (예컨대, 공정한 경쟁입찰을 거쳐 하도급대금이 결정되었음에도 불구하고 원사업자가 추가적인 협상을 통하여 당초의 입찰가를 합의에 의하여 배제한 후 다시 하도급계약금액을 정할 수 있도록 한다면 수급사업자는 당초의 입찰금액과 최종적인 하도급계약금액의 차액 상당의 불이익을 입게 되므로 이를 보전하여 수급사업자를 보호할 필요가 있고,

333) 여러 번 일률적인 비율로 단가가 인하된 경우 직전인지 아니면 최초의 계약단가인지에 대해서도 애매할 수 있을 것이나 기본적으로 최초 일율적 비율로 단가 인하된 경우의 직전 계약이 기준이 된다고 볼 것이다.

334) 예컨대, "원사업자는 최저가 입찰금액으로 하도급대금을 지급하여야 한다" 또는 "원사업자는 일률적으로 단가 인하된 하도급계약금액과 인하 전 하도급계약금액의 차이를 지급하여야 한다"는 등의 어떠한 작위의무도 규정하고 있지 않다.

또한 수급사업자가 채무존재확인청구나 손해배상청구 등을 통하여 구제받기 위하여 원사업자의 지급의무 및 귀책사유 등을 입증하여야 하는바 이러한 구제방법만으로는 수급사업자의 이익을 보호하기에 미흡하다)에 비추어 적극설을 지지하고자 한다(**적극설**).

다. 판례의 태도

판례는 하도급법 제4조 제2항 **제1호** 위반이 문제가 된 행위에서는 **시정조치**로서 **일률적인 단가 인하의 기준이 된 가격과 실제 하도급대금의 차액의 지급을 명하는 시정명령**은 허용될 수 없다는 태도이다(**대법원 2016. 2. 18. 선고 2012두15555 판결 [시정명령등취소청구의소]**)[335].

그러나 판례는 하도급법 제4조 제2항 **제4호**가 문제된 사안에서 "하도급법 제25조 제1항은 공정거래위원회는 제4조(부당한 하도급대금의 결정금지) 규정에 위반한 발주자 및 원사업자에 대하여 하도급대금 등의 지급, 법 위반행위의 중지 기타 당해 위반행위의 시정에 필요한 조치를 권고하거나 명할 수 있다고 규정하고 있으므로, 피고로서는 기만에 의한 부당한 하도급대금 결정의 경우 원사업자에 대하여 하도급대금 등의 지급을 명하는 시정명령을 할 수 있다고 보아야 하는바, 같은 취지의 원심 판단은 정당하고, 시정명령에 관한 법리오해 등의 위법이 없다." 고 판시하여, 기망으로 인하여 미정산금액에 대하여 지연이자를 가산한 공정거래위원회의 시정명령이 적법하다는 원심을 확정하였다(**대법원 2010. 4. 29. 선고 2008두14296 판결, 원심 서울고등법원 2008. 7. 16. 선고 2008누3809 판결 [시정명령등취소청구의소]**).

또한 판례는 하도급법 제4조 제2항 **제7호**가 문제된 사안에서 "원고의 위와 같은 행위는 경쟁입찰 방식으로 수급사업자를 선정하면서 정당한 사유 없이 최저가로 입찰한 금액보다 낮은 금액으로 하도급대금을 결정하는 행위로서 구 하도급거래 공정화에 관한 법률(2009. 4. 1. 법률 제9616호로 개정되기 전의 것, 이하 '구 하도급법' 이라 한다) 제4조 제2항 제7호의 부당하게 하도급대금을 결정한 행위에 해당된다고 하여, 같은 사유로 피고가 원고에 대하여 '최저가 입찰금액과 하도급계약금액과의 차액 210,029,000원을 광○건설에게 지체 없이 지급하여야 한다' 는 내용의 시정명령을 한 이 사건 처분은 적법하다"한 원심[336]을 확정하였다(**대법원 2012.11. 15. 선고 2012두13924 판결[시정명령 취소청구의소]**).

335) 이와 동일한 결론에서 판결 :서울고등법원 2016. 10. 19. 선고 2016누201 판결

336) 서울고등법원 2012.5.17. 선고 2011누36687 판결

라. 검토 및 입법론

위에서 살펴본 바와 같이 판례의 태도는 각호의 사유에 따라 적용을 달리하고 있고 전체로는 어느 하나로 일관되어 있지 않다. 즉 판례는 동조 제2항 1호의 경우에는 불허하는 입장이고, 동조 제2항 제4호, 제7호에서는 시정명령이 적법하다는 정도로 입장을 정리 할 수 있다[337].

궁극적으로는 입법론으로 해결해야 한다고 생각된다. 하도급법을 개정하여 동조에 위반한 원사업자에 대한 시정명령으로서 차액지급을 할 수 있는 근거를 마련하여야 할 것이다.

마. 보론 -부당한 하도급대금결정행위로 인한 지급명령의 법적 성격

1) 문제 소재

부당한 하도급대금결정행위로 인한 지급명령의 법적 성격 즉, 하도급대금의 지급을 명하는 것인지(**하도급대금설**) 아니면 하도급법위반에 따른 손해배상채권으로 보는 것인지(**손해배상청구권설**)가 문제된다. 이에 따라 소멸시효의 진행 시점이 달라질 수 있을 것이다.

2) 검토

요컨대, 부당한 하도급대금 결정행위로 인한 지급명령은 사법상의 효력을 부인하여 의제하는 것은 아니고 하도급계약에 포함되지 아니한 금원의 지급을 명하는 것으로 그 대상이 되는 채권은 하도급계약에 따른 채권이 아니라, 하도급법 위반에 따른 손해배상청구권으로 보는 것이 타당하다고 할 것이다. 따라서 그 법적 성격은 불법행위로 인한 손해배상청구권이므로 이에 관하여는 민법 제766조 제1항의 단기소멸시효가 적용된다(대법원 2014. 9. 4. 선고 2013다215843 판결 참조).

이러한 견해에서 '소멸시효의 기산점'을 살펴본다면, 법리적으로 불법행위로 인한 손해배상청구권의 단기 소멸시효 기산점이 되는 민법 제766조 제1항의 '손해 및 가해자를 안 날'이란 손해의 발생, 위법한 가해행위의 존재, 가해행위와 손해의 발생 사이에 상당인과관계가 있다는 사실 등 불법행위의 요건사실에 대하여 현실적이고도 구체적으로 인식하였을 때를 의미하고, 피해자 등이 언제 불법행위 요건사실을 현실적이고도 구체적으로 인식하였다고 볼 것인지는 개별적 사건에서 여러 객관적 사정을 참

---

337) 그런데 하도급법 제4조 제2항 제1호가 문제된 대법원 2012두15555판결은 전원합의체 판결도 아니고 또한 하도급법 제4조 제2항 각호 전체에 대하여 시정명령을 불허한 판시의 내용도 아니다.

작하고 손해배상청구가 사실상 가능하게 된 상황을 고려하여 합리적으로 인정하여야 한다(대법원 2011. 11. 10. 선고 2011다54686 판결 및 위 2013다215843 판결 등 참조).

요컨대, 수급사업자는 최소한 공정거래위원회의 지급명령 처분이 있기 전까지는 원사업자의 하도급법 위반으로 인한 손해의 발생을 현실적이고도 구체적으로 인식하였다고 보기 어려우므로 그 **기산점**[338]은 **'공정거래위원회의 지급명령 처분시점'**을 기준으로 소멸시효가 진행한다고 볼 것이다.

5. 관련 사례 –공정거래위원회 심결례

1) 정당한 사유 없이 도급내역상의 직접공사비 항목의 값을 합한 금액보다 낮은 금액으로 하도급대금을 결정한 불공정 하도급금액 결정 사례

– 원사업자의 사전 부당한 하도급결정행위 등에 대하여 과징금을 부과한 사례–
공정거래위원회 201. 4. 8. 의결 2013전사0590 시정조치 및 과징금[케이티씨건설(주)의 불공정하도급거래행위 사례)

[주문]

1. 피심인은 ○○건설 주식회사에게 '○○고등학교 기숙사 증축공사 중 금속창호 공사'를 건설위탁하면서 목적물 수령일로부터 60일 이내에 하도급대금을 지급하지 아니하거나 60일을 초과하여 하도급대금을 지급하면서 지연이자를 지급하지 아니한 것과 같은 행위를 다시 하여서는 아니 된다.
2. 피심인은 ○○건설 주식회사에게 '○○고등학교 기숙사 증축공사 중 금속창호 공사'를 건설위탁한 후, 발주자로부터 선급금을 지급받은 날로부터 15일 이내에 선급금을 지급하지 아니한 것과 같은 행위를 다시 하여서는 아니 된다.
3. 피심인은 ○○건설 주식회사에게 '○○고등학교 기숙사 증축공사 중 금속창호 공사' 건설위탁과 관련하여 수의계약으로 하도급계약을 체결하면서 **정당한 사유 없이 도급내역상의 직접공사비 항목의 값을 합한 금액보다 낮은 금액으로 하도급대금을 결정**한 것과 같이 부당하게 하도급대금을 결정하는 행위를 다시 하여서는 아니 된다.
4. 피심인은 ○○건설 주식회사와 '○○고등학교 기숙사 증축공사 중 금속창호 공사'를 수의계약으로 하도급계약을 체결하면서 정당한 사유 없이 **도급내역 상의 직접공사비 항목의 값을 합한 금액보다 낮게 하도급대금을 결정**하여 발생한 차액 105,843천 원(부가가치세 포함)을 선명건설 주식회사에 지체 없이 지급하여야 한다.
5. 피심인은 다음 각 호에 따라 과징금을 국고에 납부하여야 한다.

---

338) 다만, 하도급대금설의 입장에서의 채권의 소멸시효의 기산점은 '제조위탁이 완료되어 수급사업자가 원사업자에 대하여 채권을 행사할 수 있는 때'부터가 될 것이다.

가. 과징금액 : 16,000,000원
나. 납부기한 : 과징금 납부고지서에 명시된 납부기한(60일) 이내
다. 납부장소 : 한국은행 국고수납대리점 또는 우체국

[이유]-행위사실 및 위법성 판단

• (가) 행위사실 **다. 부당한 하도급대금 결정 행위**

피심인은 신고인으로부터 이 사건 공사에 대한 견적서를 제출받아 2012. 10. 5. 신고인과 하도급계약을 체결하면서 아래 <표 3>의 내용과 같이 도급내역상 직접공사비 항목[339]인 331,221천 원보다 96,221천 원이 낮은 235,000천 원으로 하도급대금을 결정하였다. 이와 같은 사실은 수의계약을 통한 하도급계약 내역(소갑 제9호증) 및 공사원가대비표(소갑 제10호증)를 통해 인정된다.

<표 3> 수의계약을 통한 하도급계약 내역 (단위 : 천 원, 부가세 제외)

도급 계약		도급내역상 직접공사비				하도급 계약		차액 (b-c)	하도급 비율 (c/a)
일자	금액[340](a)	재료비	직접노무비	경비	합계(b)	일자	금액(c)		
2012.3.29.	447,455	220,201	106,855	4,165	331,221	2012.10.5.	235,000	96,221	52.5%

• **(나) 위법성 판단**

피심인은 신고인으로부터만 견적서를 제출 받아 이를 검토한 후 2012. 10. 5. 신고인과 계약을 체결하였으므로 이와 같은 계약방식은 수의계약에 해당하며, 자신의 도급내역상 직접공사비 항목의 값을 합한 금액보다 96,221천원이 낮은 금액으로 하도급대금을 결정하였다.

또한 신고인이 이 사건 공사와 관련하여 특허공법 등 지식재산권을 보유하고 있지 아니하여 기술력이 우수하다고 볼만한 객관적인 자료가 없고 발주자가 '건설산업기본법' 제31조의 규정에 따라 이 사건 하도급계약의 적정성을 심사한 사실도 없기 때문에[341] 직접공사비 항목의 값을 합한 금액보다 낮게 하도급대금을 결정한 피심인의 행위에 정당한 사유가 있다고 보기 어렵다.

따라서 피심인은 수의계약의 방법으로 수급사업자와 하도급계약을 체결하면서 정당한 사유 없이 하도급대금을 원사업자의 도급내역상의 직접공사비 항목의 값을 합한 금액보다 낮은 금액으로 하도급대금을 결정한 점이 인정되므로 피심인의 이러한 행위는 법 제4조 제2항 제6호에 위반된다.

[이유]-처분

---

339) 재료비, 직접노무비, 경비의 값을 합한 금액을 의미한다.

340) 이는 도급금액 중 하도급부분에 상당하는 금액으로, 하도급 하고자 하는 공사 부분에 대하여 도급금액 산출내역서상의 계약단가를 기준으로 산출한 금액에 일반관리비, 이윤을 포함한 금액이다.

341) 피심인은 2012. 5. 29.경 이 사건 공사를 실제 시공하지 아니할 사건 외 (유)아이케이산업과 계약금액 411,950천 원(부가세 포함, 하도급률 83.59%)에 형식적인 하도급계약을 체결하고 같은 해 6. 28. 발주자에게 하도급계약 통보서를 제출하였다. 따라서 발주자는 이 사건 공사의 하도급률이 82% 이상이므로 별도의 적정성 심사를 하지 아니하였다(소갑 제11호증). 이후 피심인은 2012. 10. 5. 신고인에게 발주자에게 하도급계약 통보 등을 하지 않는 조건으로 이 사건 공사를 계약금액 285,500천 원(부가세 포함, 하도급률 52.45%)에 건설위탁하였다. 한편, 충청남도지사는 2013. 4. 15. 피심인의 하도급 통지의무 불이행 행위(신고인과 하도급계약을 체결한 사실을 발주자에게 통지하지 아니한 행위)에 대하여 피심인에게 과태료 처분을 하였다.(소갑 제12호증).

• (가) **시정조치 및 과징금부과**

피심인의 하도급대금 및 지연이자 미지급 행위, 선급금 미지급 행위, 부당한 하도급 대금 결정행위에 대하여 향후 재발방지를 위하여 시정명령을 하고, 아울러 피심인의 법위반 금액의 합이 331,221천 원으로 3억 원을 초과하고 부당한 하도급대금 결정행위의 경우 법위반 금액이 96,221천 원으로 3천만 원을 초과하므로 법 제25조의3, 법 시행령 제13조 및 [별표 2], 하도급법 위반사업자에 대한 과징금 부과기준에 관한 고시(2012. 8. 20. 공정거래위원회 고시 제2012-43호로 개정된 것을 말한다. 이하 '과징금고시'라 한다)에 따라 과징금을 부과한다.

피심인의 위 2. 가. 내지 다. 행위는 법 제4조 제2항 제6호, 제6조 제1항, 제13조 제1항 및 제8항의 규정에 위반되므로 시정조치에 대하여는 법 제25조 제1항의 규정을, 과징금 부과에 대하여는 법 제25조의3 제1항의 규정을 적용하여 주문과 같이 의결한다. ■

2) 수급사업자에게 발주량 등 거래조건에 대하여 착오를 일으키게 하거나 재견적을 통하여 단가인하 또는 단가협의에 필요한 정보 제공없이 일방적으로 정하여 통보하는 등의 방법으로 하도급대금을 결정하는 부당한 하도급대금의 결정 사례((법 제4조 제2항 제4호, 제5호)

– 원사업자의 수급사업자를 기만하고 부당한 하도급결정행위 등에 대하여 과징금을 부과한 사례 –

공정거래위원회 2013. 1. 29. 의결 2011서2099 시정조치 및 차액지급명령[한국에스엠씨공압(주)의 불공정하도급거래행위 사례)]

[주문]

1. 피심인은 수급사업자에게 발주량에 대하여 착오를 일으키게 하는 등의 방법으로 부당하게 하도급대금을 결정하는 행위를 다시 하여서는 아니 된다.
2. 피심인은 정당한 사유 없이 재견적을 통하여 단가인하를 하거나 혹은 수급사업자에게 단가협의에 필요한 정보를 제공하지 않고 단가인하율이나 인하단가를 일방적으로 정하여 통보함으로써 단가를 인하하는 방법으로 수급사업자와 합의 없이 일방적으로 부당하게 하도급대금을 결정하는 행위를 다시 하여서는 아니 된다.
3. 피심인은 수급사업자 ○○산업의 납품단가를 부당하게 결정함으로써 <별지 1>과 같이 발생된 종전 단가와의 차액 44,384,560원(부가세 포함)을 ○○산업에게 지체없이 지급하여야 한다.

[이유]–행위사실 및 위법성 판단

<u>가. 발주량에 대하여 착오를 일으키게 하여 하도급대금을 결정하는 행위</u>

• (가) 행위사실

피심인은 수급사업자 ○○산업에게 자신이 제조하는 공압실린더 부품 등의 제조를 위탁하면서 아래 <표 2>와 같이 3개 품목에 대하여 다량발주를 이유로 ○○산업으로부터 견적서를 제출받아 납품단가를 종전단가 대비 22.8%~3.2% 인하하였으나, 아래 <표 3>과 같이 실제 1회 발주한 품목별 평균수량은 2개~52.8개 정도로 소량 발주만 하였다.

이에 따라 피심인이 다량발주를 이유로 단가를 인하하여 하도급대금을 ○○산업에게 지급함으로써 단가인하한 총액은 2,666,000원이다.

<표 2> 다량발주 견적 후 소량발주 관련 단가인하 실행내역 (단위: 원, 개, 부가세 별도)

품 번	종전	다량 견적내역			발 주 내 역			단가 인하내역	
	단가	견적일자	수량	견적단가	발주단가	총 발주수량	납품금액	단가인하액	인하금액
CKQ063-33-KC0858	95,000	2010.3.10	180	90,000	90,000	476	42,840,000	5,000	2,380,000
C1S140-20-KD0024	92,000	2010.1.11	40	89,000	89,000	2	178,000	3,000	6,000
C2J006-58-KUO8O8	17,500	2009.10.20	126	13,500	13,500	70 342)	945,000	4,000	280,000
합 계	3개 품목						43,963,000		2,666,000

*자료출처: 소갑 제1호증

<표 3> 단가 인하 후 발주수량 내역 (단위: 원, 개)

품 번	종전단가	인하단가	인하율	발 주 내 역			재견적수량
				총 발주횟수	총 발주수량	1회당평균 발주수량	
CKQ063-33-KC0858	95,000	90,000	5.2%	9회	476	52.8	180
C1S140-20-KD0024	92,000	89,000	3.2%	1회	2	2	40
C2J006-58-KU0808	17,500	13,500	22.8%	5회	70	14	126
합 계	3개			15회	548	36.5(평균)	

- **(나) 위법성 판단**

법 제4조 제2항 제4호에 의하면, 수급사업자에게 발주량 등 거래조건에 대하여 착오를 일으키게 하거나 다른 사업자의 견적 또는 거짓견적을 내보이는 등의 방법으로 수급사업자를 기만하고 이를 이용하여 하도급대금을 결정하는 행위는 부당한 하도급대금의 결정행위에 해당한다.

피심인은 수급사업자와 기존에 거래하고 있던 품목에 대하여 다량발주를 이유로 수급사업자로부터 견적서를 다시 제출 받아 단가를 낮게 결정을 한 후, 실제로는 피심인이 제시한 수량보다 다량발주를 이유로 견적을 받은 3개 품목에 대하여 견적서의 수량대로 발주한 횟수는 1회에 불과할 정도로 적게 발주를 하였다.

또한 당초 견적과 달리 소량으로 발주를 하였음을 이유로 이들 품목에 대하여 종전단가로 정산을 한 사실도 없으므로, 피심인의 위와 같은 행위는 수급사업자에게 발주량 등에 대

342) 발주내역 중 2009.10.20. 발주한 수량 126개는 다량발주에 따른 단가로 발주한 것이므로 총 발주수량에서 제외하였고, 2010.7.9. 발주한 수량 31개는 단가를 인상(13,500원→17,500원)하여 발주한 것이므로 총 발주수량에서 제외하였다.

하여 착오를 일으키게 하고 이를 이용하여 부당하게 하도급대금을 결정한 행위에 해당한다.

따라서 피심인의 행위는 법 제4조 제2항 제4호의 수급사업자에게 발주량 등 거래조건에 대하여 착오를 일으키게 하여 하도급대금을 결정하는 행위에 해당한다.

나. 합의 없이 일방적으로 낮은 단가에 의하여 하도급대금을 결정한 행위

1) 행위사실

① 피심인은 아래 <표 4>와 같이 4개 품목에 대하여 1차로 ○○산업을 포함한 3개 업체로부터 견적서를 제출(이 중 2개 품목에 대하여는 ○○산업을 포함한 2개 업체로부터 견적서를 제출)받아 발주를 한 후, ○○산업으로부터만 2차 견적서를 제출받아 다시 납품단가를 인하하였다. 이에 따라 피심인이 인하된 단가로 하도급대금을 ○○산업에게 지급함으로써 단가인하한 총액은 922,350원이다.

<표 4> 납품단가 재견적 내역 (단위: 원, %)

품목	1차 견적단가(2008.5.8.)				1차 발주 (2008.6.17.)		2차 견적 및 발주단가(2008.6.23.)	
	○○산업		○○○	○○○○	○○산업		○○산업	
C2A063-02-MR1060	2개	84,800	105,000	139,700	4개	84,800	68개	63,000
	100개	66,800	79,500	139,200				
C2A063-52-MR1060	2개	66,600	90,500	90,200	4개	66,600	68개	50,000
	100개	53,600	67,500	89,700				
C2A063-03-MR1060	2개	42,500	-	86,200	4개	42,500	68개	34,000
	100개	36,500	-	48,700				
C2A063-30-MR1060	1개	20,300	-	64,600	2개	20,300	34개	14,600
	50개	16,300	-	29,500				

<표 5> 납품단가 재견적 관련 단가인하 실행 내역 (단위: 원, 부가세 별도)

품 목	1차 단가[343] (a)	2차 단가 (b)	인하액 (c=a-b)	인하 시기	입고수량 (d)	납품총액 (b×d)	인하총액 (e=c×d)
C2A063-02-MR1060	66,800	63,000	3,800	2008.6.25	78	4,914,000	296,400
C2A063-52-MR1060	53,600	50,000	3,600	2008.6.25	78	3,900,000	280,800
C2A063-03-MR1060	36,500	34,000	2,500	2008.6.25	78	2,652,000	195,000
C2A063-30-MR1060	16,300	14,600	1,700	2008.6.25	39	569,400	66,300
합 계(4개 품목)					273	12,035,400	838,500

343) 1차 견적 시 ○○산업은 2개-84,800원, 100개-66,800원으로 견적서를 제출하였는바, 피심인과 ○○산업 모두 거래수량에 대한 명확한 기준을 제시하지 않은 점 및 2차 견적 및 발주 수량을 고려하여 이 중 100개(C2A063-30-MR10600의 경우 50개)에 해당하는 단가를 1차 단가로 보고 2차 단가와의 차액을 산정하였다.

이러한 사실은 단가인하 품목의 인하가 및 입고수량(소갑제4호증), 외주구매 견적비교표(소갑제6호증), 재견적 관련 견적서 및 가격조정 요청메일 자료(소갑제7호증)에 의하여 인정된다.

② 피심인은 ○○산업에게 장기거래 등을 이유로 <별지 2>와 같이 155개 품목에 대하여 기존 단가 대비 1.7%~46.7%를 인하하였고 그 단가인하한 총액은 36,845,100원이다.

이러한 사실은 단가인하요청 메일 및 견적서(소갑제8호증)에 의하여 인정된다.

(3) 위법성 판단

(가) 위법성 성립요건

법 제4조 제2항 제5호에 의하면, "**합의 없이 일방적으로**"는 원사업자가 하도급대금을 결정하는 과정에서 수급사업자에게 목적물의 종류, 수량, 규격(사양), 품질, 원재료, 대금결제·납기·운송·반품조건 등 목적물 등의 대가결정에 영향을 미치는 주요내용이나 자료 등을 충분하고 성실하게 제공하는 등 충분한 협의를 거쳤는지 여부, 수급사업자가 합의과정에서 의사표시의 자율성을 제약받지 아니한 상태였는지 여부를 기준으로 판단하며, **하도급대금 결정에 대한 합의(서)가 존재하더라도 합의의 진정성이 인정되지 아니하는 경우에는 위법한 것으로 본다**.

또한 "낮은 단가"인지의 여부는 원칙적으로 객관적이고 타당한 산출근거에 의하여 단가를 낮게 결정한 것인지 여부를 기준으로 판단하되, 수급사업자 등이 제시한 견적가격(복수의 사업자들이 견적을 제시한 경우 이들의 평균 견적가격), 목적물 등과 동종 또는 유사한 것에 대해 통상 지급되는 대가, 목적물의 수량, 당해 목적물의 시장상황 등을 고려하여 판단할 수 있다.

(나) 위법성 요건 해당 여부

(1) 합의 없이 일방적으로 단가를 인하하였는지 여부

피심인은 다음과 같은 점을 고려할 때 수급사업자와 합의 없이 일방적으로 단가를 인하하여 부당하게 하도급대금을 결정하였다고 판단된다.

첫째, 피심인은 C2A063-02-MR1060 등 4개 품목에 대하여 1차로 ○○산업을 포함한 여러 업체로부터 견적서를 제출받아 이 중 최저 가격을 제출한 ○○산업에게 그 1차 견적가격으로 발주를 하였음에도, 수일 후에 정당한 사유를 제시하지 않은 채 1차 견적단가에 비하여 10.4%~5.6% 인하된 조정가를 일방적으로 통보하고 다시 ○○산업으로부터 조정가와 같은 2차 견적서를 제출받는 방식으로 단가인하를 하였다.

피심인은 이와 같이 재견적을 실시하면서 ○○산업에게 다시 단가를 인하해야 하는 정당한 사유도 제시하지 않았으며, 1차 견적 단가 시 ○○산업이 제출한 최저 단가에도 미치지 못하는 단가 및 수량으로 2차 발주를 한 점[344]으로 볼 때, 이와 같은 피심인의 행위는 수급사업자와의 합의 없이 하도급대금을 결정한 행위라고 할 수 있다.

둘째, 피심인은 C2Q032-05-JC2698 등 155개 품목에 대하여 단가인하 품목 및 단가인하율 또는 인하단가를 정하여 이를 일방적으로 ○○산업에게 메일로 통보하였으며, 아래 메

344) 2차 견적 및 발주수량이 1차 발주수량에 비하여 증가한 것은 사실이나, 2차 견적을 통하여 4개 품목 모두 1차 견적 내역 시 최저단가보다 더 낮은 단가 및 수량으로 결정되었다. 예를 들어 C2A063-02-MR1060의 경우 당초 1차 견적 시 ○○산업이 제출한 내역이 2개-84,800원, 100개-66,800원인데 반해 2차 견적 및 발주 내역은 이보다 낮은 63개-63,000원으로 결정되었다.

일 내용에서도 볼 수 있듯이 대부분 품목에 대하여 구체적으로 인하사유가 발생한 사실을 적시하지 않은 바, 정당한 단가 인하 사유가 발생함에 따라 수급사업자와 합의를 통하여 결정한 절차라고 보기는 어렵다.

셋째, 피심인은 단가인하 가능여부를 충분히 검토할 시간적인 여유도 주지 않은 채 메일로 단가인하율 또는 조정단가를 통보하고 대부분 당일 날 견적서를 제출받은 사실[345]로 볼 때, 수급사업자의 자율적인 의사가 상당히 제한된 상태에서 단가인하가 결정된 것이라고 할 수 있다.

넷째, 정상적인 하도급거래에서 단가인하는 생산성 향상, 원재료비의 인하 등 합리적인 사유가 발생하여야 함에도, 피심인이 단가인하 사유로 든 장기거래, 지속적 발주 등은 합리적인 사유로 볼 수 없고, 또한 피심인이 ○○산업으로부터 납품받는 품목은 대부분 소량 · 부정기적으로 발주 및 납품이 이루어지므로(소갑제13호증 참조) 생산성 향상에 의한 인하사유가 발생되었다고도 보기 어렵다.

다섯째, ○○산업은 매출액 중 상당 부분을 피심인에게 의존하고 있으며, 단가인하 요구에 응하지 않을 경우 해당 품목의 거래처가 변경되는 불이익을 당할 우려가 있으므로 피심인의 단가인하 요구에 응할 수밖에 없는 바, 따라서 진정한 합의에 의하여 단가인하를 결정한 것으로 볼 수는 없다.

<u>(2) 낮은 단가에 의하여 하도급대금을 결정하였는지 여부</u>

피심인은 다음과 같은 점을 고려할 때 부당하게 낮은 단가에 의하여 하도급대금을 결정하였다고 판단된다.

첫째, 피심인은 C2A063-02-MR1060 등 4개 품목에 대하여 정당한 사유 없이 짧은 시간 내에 재견적을 통하여 2차에 걸쳐 단가를 인하한 점, 최종 발주 수량이 수급사업자가 제시한 1차 견적서 상 수량에 미치지 못하는 점, 1차 견적 시 복수의 수급사업자가 제출한 견적가격 중에서 ○○산업이 가장 낮은 가격을 제시하였음에도 2차 견적을 통하여 그보다 낮은 가격으로 정한 점 등을 고려할 때 피심인은 부당하게 낮은 단가로 하도급대금을 결정하였다고 판단된다.

둘째, 피심인은 C2Q032-05-JC2698 등 155개 품목에 대하여 주로 장기거래를 이유로 단가를 인하하였는데, 이는 결국 종전 계약의 목적물과 동일한 품목에 대하여 예상 물량 증가, 노무비 인하, 원자재 인하 등 단가인하 요인이 없었음에도 자신의 경영개선 및 원가절감을 이유로 종전단가 보다 낮게 단가를 결정한 것이라고 할 수 있다.

이는 아래 <표 6>, <표 7>, <표 8>에서도 알 수 있듯이 유압 및 공압 실린더의 생산자물가지수가 2005년도 이후 지속적으로 상승된 사실과 제조부문 생산직 직종별 평균임금이 지속적으로 상승된 사실, 원자재가격 또한 2005년도 이후 지속적으로 상승된 사실[346]에서도

345) 소갑제8호증에 의하면, ○○산업이 피심인의 단가인하 요청 메일을 받은 당일 날 대부분의 견적서를 제출한 사실, 피심인이 2009. 3. 2. 12시에 인하요청을 하면서 당일 오후 3시까지 제출하도록 요청한 사실이 있으며, 소갑제7호증에 의하면 2008. 6. 23. 발주전 최종 가격조정 검토를 ○○산업에게 요청을 하고 1시간 만에 수급사업자와 가격합의를 하였다고 보고한 사실이 있는 점으로 볼 때, 피심인은 통상적으로 짧은 기간 내에 인하 여부를 제출하도록 ○○산업에게 요구를 한 것으로 판단된다.

346) 155개 품목 중 약 65.8%의 종전단가는 2005년도에 결정되었고 피심인이 주로 단가인하한 시점이 2008년도인 점을 감안할 때 2005년도 대비 2008년도는 원자재 단가가 인상됨에 따라 오히려 단가인상요인이 있다고 할 수 있다.

정당한 단가인하 요인이 발생한 것이라고 볼 수 없다.

셋째, 피심인이 단가인하를 결정하면서 종전단가 보다 낮게 설정한 이유를 뒷받침할 만한 객관적이고 타당한 근거자료를 ○○산업에게 제시하고 충분한 협의를 통하여 합의를 하고 단가를 인하여야 하나, 피심인은 아무런 자료 없이 단가인하를 요청하였으며,

일부 품목의 경우 소재비, 도금비, 가공비 등 산출내역을 통보하였지만, 이는 항목별 산출 근거를 구체적으로 제시하지 않고 항목별 원가만 기재하여 일방적으로 통보한 것이므로 가격 협의를 위한 구체적인 자료를 ○○산업에게 제공하였다고 보기는 어렵다고 판단된다.

라. **피심인 주장에 대한 판단**

1) **합의에 따른 단가인하인지 여부**

피심인은, ○○산업에게 단가인하 협조요청을 하면 ○○산업이 단가 인하 여부, 단가 인하폭 등을 스스로 결정하여 견적서를 제출하였고 단가인하에 응하지 않았다고 불이익을 주거나 거래처를 변경한 경우가 없었고 따라서 ○○산업도 자율적으로 단가인하 요구에 응한 것이므로 이 사건 단가인하는 합의에 의한 것이라고 주장한다.

살피건대, ○○산업이 피심인의 단가인하 요구에 응하지 않고 종전단가를 제출하거나 혹은 요구한 인하금액보다 낮은 금액의 단가를 제출한 경우도 있어 외형상 합의가 있다고 볼 수도 있으나, 다음과 같은 점을 종합적으로 고려하여 볼 때, 단가인하에 대한 합의의 진정성을 인정하기 어렵다고 판단된다.

첫째, **피심인은 단가인하 사유 및 절차에 대한 소명자료에서 원가절감방침에 따라 개별 발주건 별로 구두로 인하요청을 하지만 협의는 특별히 하지 않는다**고 밝힌 바 있다(소갑 제12호증 피심인 단가인하 사유 및 절차 소명자료 참조).

둘째, 하도급거래 특성상 납품 단가결정에 대한 주도권은 원사업자에게 있는바, **인하된 단가의 수용여부를 묻는 그 자체가 수급사업자에게는 상당한 압박감으로 작용한다는 점, ○○산업의 피심인에 대한 거래 의존도가 연도별로 99.4%~73.4%에 이르고 있어 ○○산업이 현실적으로 피심인의 요구를 거절하기 어려운 점 등을 고려**하여 볼 때, ○○산업이 자율적인 의사를 반영하여 단가인하 견적서를 제출하였다고 보기는 어렵다.

셋째, ○○산업의 당기순이익과 영업이익율이 2006년도를 기준으로 2007년도와 2008년도에 지속적으로 하락하고 있는 점을 고려하여 볼 때, ○○산업이 자발적으로 종전단가 보다 낮은 단가로 부품을 납품하기로 합의하였다고 보기는 어렵다.

넷째, 단가 조정에 불응하는 업체로부터 ○○산업으로 납품업체를 변경한 사례[347], 단가인하를 위하여 ○○산업을 포함하여 다수 업체들로부터 견적서를 다시 받은 후 ○○산업 보다 낮은 단가를 제출한 업체로 납품업체를 변경한 사례[348] 등이 있는 점에 비추어 볼 때, 단가인하 요구에 불응하여도 아무런 불이익이 없으므로, ○○산업이 자율적으로 단가조정에 응하였다는 주장은 이유 없다.

2) **기존 거래단가의 비적정성 여부**

347) 2008. 3. 19. 외주구매 견적비교표(소갑제15호증)의 특이사항으로 "○○○○-Repeat품의 가격조정 요청불가에 따른 타사 대비 견적진행"으로 기재되어 있으며, 이 사례에서는 ○○○○에서 ○○산업으로 납품업체 변경이 이루어졌다.

348) 2008. 5. 22., 2008. 5. 26., 2008. 6. 3. 외주구매견적비교표(소갑제15호증)에 의하면 ○○산업의 견적단가가 높다는 이유로 기존거래업체에서 다른 업체로 거래처를 변경하기로 결정한 사실이 확인된다.

피심인은, ○○산업이 2005년부터 2008년까지 피심인의 직원들을 매수하여 금전을 제공하고 단가를 결정하였으므로, 이는 비정상적으로 높게 결정된 단가이고 실제 일부 품목은 타사와 비교할 때 수배 이상의 높은 단가로 책정된 경우도 많이 있으며, 결과적으로 2008년도부터 2010년도까지 기간 중 이루어진 단가인하는 정상가격으로 돌아간 것이라고 주장한다.

그러나 ○○산업이 피심인의 직원들에게 금전을 제공하여 ○○산업의 납품단가가 높게 결정되었음을 입증할 수 있는 증거는 객관적으로 확인되지 않으며, 피심인이 제시한 타사의 납품단가가 수량 등 ○○산업과 동일한 조건 하에 결정된 가격임을 확인할 수 있는 객관적인 자료가 없으므로 ○○산업과의 거래단가가 비정상적으로 높은 단가라는 피심인의 주장은 이유 없다.

3. 결론

피심인의 위 2. 가. 및 나.의 행위는 각각 법 제4조 제2항 제4호 및 제5호에 해당되므로 법 제25조 제1항을 적용하여 주문과 같이 의결한다.■

3) 수급사업자에게 일율적인 비율로 납품단가인하 등 수급사업자에게 합의없이 일방적으로 낮은 단가로 하도급대금을 결정한 부당한 하도급대금의 결정 사례((법 제4조 제2항 제4호).

- 원사업자의 일률적 비율로 납품단가인하 등 부당한 하도급결정행위 등에 대하여 과징금을 부과한 사례-

공정거래위원회 2014. 10. 6. 의결 2013서제1646 시정조치 및 과징금부과처분[(주)신영프레시젼)의 불공정하도급거래행위 사례][349)]

[주문]

1. 피심인은 한◯◯에게 휴대폰 부품과 관련한 도장·코팅작업을 제조위탁하면서 정당한 사유 없이 일률적인 비율로 납품단가를 인하하거나 수급사업자와 합의 없이 일방적으로 낮은 단가로 하도급대금을 결정하는 것과 같은 행위를 다시 하여서는 아니 된다.
2. 피심인은 한◯◯에게 휴대폰 부품과 관련한 도장·코팅작업을 제조위탁하면서 정당한 사유 없이 일률적인 비율로 납품단가를 인하하거나 수급사업자와 합의 없이 일방적으로 낮은 단가로 하도급대금을 결정하여 발생한 종전단가와의 차액인 138,385,430원을 코◯◯에게 지체 없이 지급하여야 한다.
3. 피심인은 다음 각 호에 따라 과징금을 국고에 납부하여야 한다.
   가. 과징금액 : 120,000,000원
   나. 납부기한 : 과징금 납부고지서에 명시된 납부기한(60일) 이내
   다. 납부장소 : 한국은행 국고수납대리점 또는 우체국

[이유]-행위사실 및 위법성 판단

---

349) 본 처분에 대하여 원사업자는 행정소송을 하였고, 서울고등법원 판결에서 부당한 하도급대금이라는 행위의 위법성은 인정하되 다만, 차액에 대한 시정명령은 불가하므로 이를 기초로 한 과징금부과도 위법하다고 판시하였고 현재 대법원에 상고되었으나 상고기각되어 상고심에서 확정되었다(서울고등법원 2016. 10. 19. 선고, 2015누40271 판결 및 대법원 2018. 3. 13. 선고 2016두59423).

가. 일률적인 비율에 의한 단가인하 행위

• (가) 행위사실

피심인은 2010. 2. 23.부터 2012. 4. 20.까지[350] 코○○에게 GD310 등 34개 모델, GD310 CAP SD CARD BL 등 209개 품목[351]의 휴대폰 부품과 관련한 도장·코팅작업을 제조위탁하면서 코○○이 납품하는 품목에 대해 매 분기마다 단가인하를 검토한 후, **종전단가보다 일률적인 비율(2~7%)로 인하한 단가를 적용**하여 하도급대금을 결정하였다. 이러한 사실은 아래 <표 4>와 같이 피심인이 제출한 **단가인하합의서**(소갑 제1호증)를 통하여 인정된다.[352]

<표 4> 분기별 납품단가 인하내역

연도 및 분기		인하율, 인하모델 및 인하품목		모델수	품목수
2010	1/4	2%인하 3%인하 4%인하	LV7500 등 4개 모델, SIDEKEY 등 19개 품목 SV300 등 11개 모델, DECO HINGE L 등 69개 품목 VX8700 등 2개 모델 , LOCKER 등 8개 품목	17	96
	2/4	2%인하 3%인하	VX10K 등 2개 모델, DECO FOLDER UPPER 등 12개 품목 VX11K 1개 모델, LOWER 등 2개 품목	3	14
	3/4	2%인하 4%인하 5%인하 7%인하	L01B 1개 모델, DECO LOWER DUMMY 등 17개 품목 GT350 등 2개 모델, VOLUME 등 16개 품목 SU210'S 등 4개 모델, CAP RECEPTACLE 등 39개 품목 GM600 1개 모델, FRONT 등 3개 품목	8	75
2011	1/4	5%인하	KF300 등 18개 모델 , UPPER 등 122개 품목	18	122
	2/4	3%인하 5%인하	GT350 1개 모델, BUTTON LOCK 등 10개 품목 MS690 등 3개 모델, REAR 등 15개 품목	4	25
	3/4	3%인하 5%인하	GM600 1개 모델, FRONT 등 3개 품목 GU295/GU290 등 8개 모델, UPPER 등 45개 품목	9	48
	4/4	5%인하 6%인하 7%인하	GU295/GU290 등 8개 모델, UPPER 등 40개 품목 MS690 1개 모델, REAR 등 5개 품목 LU6200 1개 모델, BUTTON SIDE 등 3개 품목	10	48
2012	1/4	3%인하 4%인하 5%인하	E30 1개 모델, BUTTON SIDE VOLUME 5개 품목 MS840 등 2개 모델 , FRONT 등 4개 품목 GU295/GU290 등 7개 모델, UPPER 등 33개 품목	10	42
합 계				79	470

* 인정근거 : 피심인이 제출한 단가인하합의서(소갑 제1호증)

피심인이 위와 같은 방법으로 납품단가를 결정함에 따라 코○○은 최초단가 또는 종전단가보다 총 138,385,430원(부가가치세 포함)이 인하된 하도급대금을 수령하였다. 그 현황

350) 피심인과 코○○사이의 거래는 2007. 6. 1.~2012. 4. 20.까지 이루어졌으나, 이 사건은 2013. 2. 22. 코○○의 신고로 인지되었다. 법 제23조는 공정거래위원회 조사대상 거래기간을 3년으로 정하고 있으므로, 신고일로부터 3년을 역으로 계산한 2010. 2. 23.부터 마지막 거래날인 2012. 4. 20.까지가 조사대상 거래기간이 된다.

351) 아래 <표 4>의 79개 모델 및 470개 품목 수는 '단가인하합의서'에 기재된 내역이므로 분기별로 동일모델, 동일품목이 중복된 경우도 있다. 1개 모델 및 품목이 여러 분기에 걸쳐 중복되어 단가인하가 이루어진 경우는 중복되지 않도록 하나로 계산하였고, 또한 단종 품목은 단가인하합의서 내용대로 실행이 되지 않은 경우도 있어 이들을 제외할 경우 실제로 단가인하가 이루어진 모델 및 품목 수는 34개 모델, 209개 품목이다.

352) 실제 제품단종이 예상되어 생산을 하지 아니한 일부 품목을 제외하고는 단가인하합의서에 기재된 대로 대부분 단가인하가 이루어졌다.

은 <별지>와 같다.

특히, 주요 품목별 납품단가 인하내역을 살펴보면, **한 개의 품목당 단가인하는 법 위반 기간 동안 3~5회**[353]에 걸쳐 이루어졌고, **그 누적 인하율도 최고 22.8%**에 달한다.

<표 5> 주요 품목별 납품단가 인하내역 (단위 : 원, 개, 부가세 제외)

품 목	초기단가(B)	인하 내역				누적 인하금액 총액
		인하 횟수(분기)	누적 거래량	누적인하금액 총액[354](A)	누적 인하율(%) (A÷B×100)	
GU295 BATTERY COVER BK	280	5	754,740	64	22.8	3,730,486
GU295 COVER FRONT BK	920	5	714,905	202	21.9	7,585,255
GU295 COVER REAR BK	280	5	801,510	64	22.8	4,039,414
GU295 COVER UPPER BK	280	5	765,228	64	22.8	3,968,937
MS690 BATTERY COVER C/GD	320	3	531,849	47	14.6	7,910,999
MS690 COVER REAR C/GD	370	4	575,164	73	19.7	8,580,602
VX11K DECO FRONT BK	184	1	1,073,297	18	9.7	2,205,682
위 주요 7개 품목 계	-					38,021,375
기타 202개 품목 계	-					87,783,565
합 계 (209개 전 품목)	-					125,804,940[355]

2) 관련 법 규정 및 법리

가) 법 규정

하도급거래 공정화에 관한 법률[356] 법 제4조(부당한 하도급대금의 결정 금지)

나) 관련 법리

법 제4조 제2항 제1호는 원사업자가 정당한 사유없이 일률적인 비율로 단가를 인하하는 것을 부당한 하도급대금 결정행위의 하나로 규정하고 있다.

'**일률적인 비율로 단가를 인하**'한다는 것은 2개 이상의 수급사업자나 품목에 관하여 수급사업자의 경영상황, 시장상황, 목적물 등의 종류·거래규모·규격·품질 등에 개별적인 사정의 차이가 있음에도 불구하고 동일한 비율 또는 이와 같은 차이를 반영하지 아니한 일정한 구분에 따른 비율로 단가를 인하하는 것을 의미하며, 결정된 인하율이 수급사업자에 따라 어느 정도 편차가 있다 하더라도, 위 기준에 비추어 전체적으로 동일하거나 일정한 구분에 따른 비율로 단가를 인하한 것으로 볼 수 있다면, 일률적인 비율로 단가를 인하하여 하도급대금을 결정하는 행위에 해당한다고 보아야 한다.[357]

또한, '**정당한 사유**'라 함은 종전 계약에 비해 수급사업자별 또는 품목별로 발주물량이 동일한 비율로 증가한 경우 그에 따른 고정비의 감소분을 반영하기 위해 객관적이고 합리적으로 산출된 근거에 따라 종전 계약금액을 기준으로 일률적인 비율로 인하하거나, 원자재 가격이 하락하여 동일한 원자재를 사용하는 수급사업자별 또는 품목별로 그 하락율을 기준으로 일률적인 비율로 인하하는 등, **원사업자가 일률적인 비율로 단가를 인하한 사실에 대하여 객관적이고 합리적인 근거가 있었는지 여부**에 따라 판단한다.

353) 이 사건 이전에 거래 되었던 VX9900 DECO NAVI BK등 6개 품목의 경우 2007.10.부터 2009.12.까지 총 9회에 걸쳐 인하를 하였고, 누적 인하율은 초기 단가 대비 37.2%에 이른다.

354) 법위반 기간 중 최초단가에서부터 분기별 인하금액을 합한 금액이다.

355) 누적 단가인하 총액에 부가가치세 10%를 포함할 경우 단가인하총액은 138,385,430원이 된다.

356) 2009. 4. 1. 법률 제9616호로 개정된 것을 말한다.

357) 대법원 2011. 3. 10. 선고 2009두1990 판결 참조

3) 피심인의 위 2. 가. 행위의 위법 여부

가) 일률적인 비율로 단가를 인하하였는지 여부

피심인의 위 2. 가. 행위는 다음과 같은 사실에 비추어 볼 때, 다수의 거래품목에 대해 일률적인 비율로 단가를 인하한 행위에 해당된다.

첫째, 피심인과 코○○은 34개 모델, 209개 품목에 대해 거래를 하였지만, 이들 209개 품목은 거래물량, 단가, 거래 시기 등이 각각 다른 상황이었다. 그러나 피심인은 이들 개별 품목의 특성이나 차이를 고려하여 납품단가를 결정하는 것이 아니라 위 <표 4>에서 본 바와 같이 임의적으로 2~7% 인하율을 설정하고 이를 실행하였으므로 이는 각 품목의 단가 인하율을 일률적으로 결정한 행위에 해당한다.

둘째, 피심인은 위와 같이 209개 품목에 대하여 2~7% 인하율을 설정한 기준 및 근거에 대해 객관적인 증거자료를 제시하지 못할 뿐만 아니라 피심인의 전 대표이사 허*과 영업부장 양○○가 아래 <표 6>에서와 같이 '향후 물동량과 공정불량 데이터'를 통해 단가인하를 하였다고 진술한 점을 보더라도, 피심인이 매 분기별로 단가를 인하함에 있어서 객관적이고 합리적인 근거 없이 임의적으로 납품단가를 인하하였음을 알 수 있다.[358)]

셋째, 설사 피심인의 단가인하율이 품목별로 2~7%로 차이가 있었다 하더라도 위 <표 4>에서 본 바와 같이 2011년 1/4분기의 경우 18개 모델, 122개 전품목에 대하여 일률적으로 5%의 비율로 단가를 인하하였으며, 나머지 분기의 경우에도 품목의 특성이나 차이를 고려하지 아니하고 전체적으로 일정 비율로 단가를 인하하였으므로 이는 일률적인 비율로 단가를 인하한 행위에 해당한다.

나) 정당한 사유가 있었는지 여부

일률적인 비율로 단가를 인하한 행위에 대해 정당한 사유가 있는지 여부는 거래물량의 현격한 증가, 원자재의 가격 하락, 노임하락 및 동일한 비용감소 등 일정비율로 단가를 인하할 만한 객관적이고 합리적인 근거가 있었는지 여부를 가지고 판단하여야 하고 이에 대한 입증은 원사업자가 하여야 한다.[359)]

피심인은 단가인하 사유를 '지속적인 원가절감 활동의 결과'라는 점을 들고 있으나, 이는 다음과 같은 사항 등을 감안할 때 일률적 단가인하에 대한 정당한 사유라고 보기는 곤란하다.

첫째, 피심인은 매 분기별로 지속적으로 단가인하를 하면서도 단가인하와 관련한 객관적이고 합리적인 근거를 작성·제시하지 못하였다. 또한 피심인이 주장하는 '지속적인 원가절감 활동의 결과'라는 것도 단순 의견에 불과할 뿐 실체가 없다고 할 것이다.

특히, <표 6>에서 본 바와 같이 단가인하 합의시 코○○에게 제공한 자료에 대해 묻는 질문에서도 '향후 예상물량과 공정불량 데이터' 이외에 다른 자료를 제공한 사실이 없다고 스스로 진술한 점을 보더라도 이 사건 단가인하는 '지속적인 원가절감'과는 관련이 없다고 할 것이다.

둘째, 피심인은 자신의 생산성 향상 등의 노력[360)]이 수급사업자에게 영향을 미쳐 이를

---

358) 피심인은 단가인하율을 통상 2~7%로 정한 기준 및 근거에 대하여 재료비 단가 및 그 소모량과 생산량, 시간당 기계임율, 가공임률, 생산성 향상 등을 근거로 정하였다고 언급은 하였으나, 이에 대해 입증을 하지 못하고 있다. 수급사업자인 코○○도 단가인하와 관련하여 피심인으로부터 어떠한 자료도 받은 사실이 없다고 밝혔다.

359) 서울고등법원 2009. 11. 12. 선고 2008누11237 참조

반영하는 차원에서 단가인하를 하였다고 하나, 이 또한 근거자료를 제시하지 못하였으며,[361] 이와 같은 사실은 아래 <표 7>에서 보는 바와 같이 피심인의 전 대표이사 허*과 영업부장 양○○의 진술내용을 통해서도 인정할 수 있다.

셋째, 피심인의 발주량 추이를 볼 때, 거래물량의 현격한 증가 등 단가를 인하할 요인이 있었다고 볼만한 사정 또한 없었다. 예컨대, 아래 <표 8>에서 보는 바와 같이 납품단가 누적 인하율(22.8%)과 인하횟수(5회)가 가장 큰 GU295 BATTERY COVER BK 품목의 경우 거래량이 322,179개(1차 인하)에서 42,589개(5차 인하)로 지속적으로 크게 줄어들고 있음에도 인하율과 인하금액은 거의 같은 수준을 유지하고 있으며, 이와 같은 사실은 위 <표 5>의 인하 횟수가 3회 이상인 대량거래품목 대부분이 거의 동일한 양상을 보였다.

<표 8> GU295 BATTERY COVER BK 품목 거래량 추이와 인하율 비교

차수	1차 인하	2차 인하	3차 인하	4차 인하	5차 인하	합계
거래량	322,179	240,665	106,677	42,630	42,589	211,327,200
인하금액(원)	12	14	13	13	12	64
인하율(%)	4.3	5.2	5.1	5.3	5.2	22.8%

피심인의 이러한 단가인하 형태는 생산량이 증가하면 고정비용이 감소하여 단가인하 요인이 발생하는 일반적인 단가인하 모습과는 상반되는 것으로, 이는 피심인의 단가 인하 방식이 고정비용의 감소와 같은 객관적이고 타당한 요인에 의한 것이 아니라 일정한 비율을 정해 놓고 이에 따라 기계적으로 단가 인하를 감행한 것이라고 밖에 볼 수 없다.[362]

넷째, 피심인이 작성한 '협력업체 실태조사'에 따르면 코○○의 원가구조는 노무비가 생산비용의 상당부분(2011년 기준 40%[363])을 차지하고, 나머지는 재료비(40%)와 경비(20%) 등 고정비용으로 충당되고 있었다. 사실상 인건비 외에는 원가절감을 할 만한 요소가 거의 없는 상황이었으나, 이 또한 노임단가의 하락, 물가하락 등 객관적인 인하 사유가 없어[364] 이마저도 절감할 수 있는 부분이 아니었다.[365]

4) 소결

---

360) 피심인은 제조공정의 표준화로 인해 제품 불량률이 현저하게 감소되었다고 주장하나, 최초단가 결정시 이미 불량률을 감안하여 단가를 결정하였다는 점, 단지 일부 품목의 제품불량률 개선이 다수 품목의 단가인하 사유가 될 수 없다는 점 등에서 피심인의 주장은 이유없다.

361) 2014. 5. 19. 피심인은 재료비, 노무비, 경비 등 생산요소별 원감절감 내역 및 원가절감금액의 단가인하율적용에 있어 어떤 방식으로 반영하였는지, 이에 관한 자료가 있을 경우 제출하여 달라는 공정거래위원회의 자료제출 요구에 대하여 '자료 없음'으로 답하였다.

362) 그로 인해 피심인은 2010~2012년 당기순이익이 약 30~32억원으로 안정적인 수익구조를 유지한 반면 코○○은 경영상 어려움 등으로 폐업을 하게 되었다. 한편, 피심인은 코○○의 폐업은 불투명한 회계처리 및 방만한 경영 등에 따른 것이며 자신의 단가인하와는 무관하다고 하나, 이 사건은 코○○의 폐업을 문제삼는 것이 아니라 피심인이 부당하게 하도급단가를 인하하였는지 여부에 대해 판단한다.

363) 2012년 우리나라 제조업에서 인건비가 차지하는 비중은 평균 20% 정도이다(자료 US Bureau of Labor Statistics, International Labor Comparisons, August 2013)

364) 「에스티엑스조선해양(주)의 불공정하도급거래행위에 대한 건(공정거래위원회 2011. 8. 10. 제2소회의 의결 제2011-142호)」과 관련한 행정소송에서 법원은 '조선경기 불황, 선가하락 등으로 인한 경영상 어려움을 이유로 노임단가 하락 여부에 대한 구체적 검토 없이…(중략)…일률적인 비율로 단가를 인하해야 하는 객관적이고 합리적인 근거가 있다고 볼 수 없다'(**서울고등법원 2012. 6. 21. 선고 2011누30795판결**)고 판시하였다.

365) 실제 이 사건이 발생할 당시 국내 생활물가지수를 보면 2009년 2.1%, 2010년 3.4%, 2011년 4.4% 각각 상승하였고, 같은 기간 임금총액 상승률도 2009년 2.2%, 2010년 6.4%, 각각 상승한 점에 비추어 볼 때 인건비 절감을 통한 원가절감이 사실상 불가능한 상황이었던 것으로 보인다.

피심인이 정당한 사유 없이 다수의 거래품목에 대해 일률적인 비율로 납품단가를 인하한 행위는 법 제4조 제2항 제1호에 위반된다.

나. 합의 없이 낮은 단가로 하도급대금을 결정하는 행위

1) 인정사실

피심인은 2010. 2. 23.부터 2012. 4. 20.까지 코○○에게 GD310 등 34개 모델, GD310 CAP SD CARD BL 등 209개 품목의 휴대폰 부품과 관련한 도장·코팅작업을 제조위탁하면서 코○○이 납품하는 품목에 대해 매 분기마다 단가인하를 검토한 후, 자신이 직접 작성하고 코○○으로 하여금 날인하게 하는 '단가인하 합의서'를 제출하도록 하였고, 이를 근거로 그 다음 분기부터 종전단가 보다 낮은 단가를 적용하여 하도급대금을 결정하였다.

이러한 사실은 피심인 진술내용(소갑 제2호증) 및 단가인하합의서(소갑 제1호증)를 통하여 인정된다.

2) 관련 법 규정 및 법리

가) 하도급법(2009. 4. 1. 법률 제9616호로 개정된 것)제4조(부당한 하도급대금의 결정 금지)

나) 관련 법리

법 제4조 제2항 제5호의 규정은 '원사업자가 수급사업자와의 합의 없이 일방적으로 낮은 단가에 의하여 하도급대금을 결정하는 행위'를 부당한 하도급대금의 결정행위로 본다. 따라서 부당한 하도급대금 결정행위가 성립하기 위해서는 ① 원사업자가 수급사업자와의 합의 없이 일방적으로 단가를 결정하고, ② 그 단가가 낮은 수준이어야 한다.

이와 관련하여 '합의 없이 일방적으로'에 대하여 원사업자가 하도급대금을 결정하는 과정에서 수급사업자에게 목적물의 종류, 수량, 규격, 품질, 원재료, 대금결제, 납기, 운송, 반품조건 등 목적물 등의 대가결정에 영향을 미치는 주요내용이나 자료·정보 등을 충분하고 성실하게 제공하는 등 충분한 협의를 거쳤는지 여부, 수급사업자가 합의과정에서 의사표시의 자율성을 제약받지 아니한 상태였는지 여부를 기준으로 판단하여야 하며, 하도급대금 결정 관련 당사자 사이의 합의서가 존재하더라도 합의의 진정성이 인정되지 아니하는 경우에는 위법한 것으로 본다.

또한, **'낮은 단가'인지의 여부**는 원칙적으로 객관적이고 타당한 산출근거에 의하여 단가를 낮게 결정한 것인지 여부를 기준으로 판단하되, 수급사업자 등이 제시한 견적가격, 목적물 등과 동종 또는 유사한 것에 대해 통상 지급되는 대가, 목적물의 수량, 당해 목적물의 시장상황 등을 고려하여 판단한다.[366]

3) 피심인의 위 2. 나. 행위의 위법 여부

가) 합의 없이 일방적으로 하도급대금을 결정하였는지 여부

진정한 합의가 성립되기 위해서는 하도급대금 결정과정에서 가격결정에 영향을 미치는 주요내용이나 자료, 정보 등을 충분하고 성실하게 제공하는 등 충분한 협의가 있어야 하고, 협의과정에서 수급사업자의 의사표시의 자율성이 제약받지 아니한 상태여야 하는 바, 다음과 같은 사항 등을 종합해 볼 때 이 사건 합의의 진정성은 인정되지 않는다.

첫째, 피심인은 코○○이 '단하인하합의서'에 서명한 행위를 두고 합의가 이루어진 것이라고 주장하나, 비록 피심인이 코○○과 합의서를 작성하는 등 합의의 형식을 갖추었다고 하

366) 부당한 하도급대금 결정 및 감액행위에 대한 심사지침 Ⅳ. 2. 마. 참조

더라도, 피심인이 단가인하 수준 및 인하횟수 등을 결정함에 있어 코○○과 실질적인 합의 없이 스스로 결정하고 구두 또는 전화로 코○○의 대표나 직원을 불러 피심인이 직접 작성한 '단가인하합의서'에 날인하게 한 것이므로 피심인의 주장은 이유없다. 위와 같은 사실은 아래 <표 9>의 진술조서에서도 확인된다.

둘째, 피심인의 단가인하 행위가 재료비 인하, 인건비 인하 등 타당한 요인에 의한 것이 아니라, 피심인이 미리 정해 놓은 분기별 단가인하 방침에 따라 법 위반기간 동안 일부 품목의 경우 많게는 5회까지 지속적·관행적으로 단가인하를 실행하였다는 사실에 비추어 보더라도 단가인하 합의에 있어 코○○의 의사가 반영된 것으로 볼 수 없다.

셋째, 코○○의 피심인에 대한 거래 의존도를 보면, 위 <표 3>에서 본 바와 같이 연도별로 최소 77.9%(2011년)에서 최고 95.6%(2010년)에 이를 만큼 피심인에게 절대적으로 거래를 의존하고 있었던 점과 향후 지속적인 거래관계 유지를 위해서는 피심인의 단가인하 요구를 사실상 거절하기는 곤란하였을 것이라는 점[367] 등을 감안할 때 진정한 합의가 있었다는 피심인의 주장은 이유없다.

나) <u>낮은 단가인지 여부</u>

피심인이 품목별로 2~7%의 단가인하를 통해 결정한 가격은 다음과 같은 사항 등을 감안할 때 낮은 단가에 해당된다고 판단된다.

첫째, 피심인은 코○○에 대한 최초 납품단가를 결정함에 있어 생산표준비교, 현장방문 실측, 동종업계 견적비교 등 엄정한 검증절차를 통해 단가를 결정하였고, 이러한 검증과정을 거쳐서 정해진 최초단가는 피심인이 작성한 '단가인하 절차도'(소갑 제3호증)에서 코○○의 '최소 수익률 보장' 수준이라고 밝혔다. 따라서 최초단가에서 더 낮은 단가를 적용하는 것은 코○○의 최소 수익률마저도 보장할 수 없게 되므로 최초단가에서 인하된 단가를 낮은 단가로 보는 것은 타당하다.

둘째, 피심인은 재료비의 인하, 작업조건의 개선에 따른 작업시간의 현저한 단축, 명백한 계산착오 등 단가인하를 할 만한 객관적이고 타당한 산출근거 없이 최초단가 또는 종전단가 대비 품목별로 2~7%의 단가를 인하였다.[368]

한편, 피심인은 최초단가 결정시 생산성 향상 및 불량률 감소에 따른 단가인하 사유를 감안하여 더 높게 단가를 책정한 것이므로 최초단가를 인하한 것 자체를 낮은 단가라 보는 것은 무리한 판단이라고 주장한다.

하지만, 피심인이 정한 최초단가는 코○○의 최소 수익률을 보장하는 수준이라는 것이 '단가인하절차도'에서 확인이 되었지만, 피심인이 단가인하 사유로 제시하는 코○○의 물량 증가나 불량률 감소 등은 오히려 입증자료가 없는 상황이므로 피심인의 주장을 전적으로 신

---

367) 이 사건 발주사인 LG전자는 코○○을 비롯한 2차 벤더업체를 등록하여 관리를 하고 있는바, 이들 2차 벤더업체가 LG전자 이외 동종업체(삼성전자, 팬택 등)의 제품을 생산할 경우 자사 제품에 대한 제조공정 등의 비밀이 누설된다는 이유로 자기의 협력업체에서 탈락시키고 있는 점에 비추어 대체 거래선을 확보하기는 사실상 불가능하며, 다른 거래선을 확보하더라도 생산설비 변경에 따른 추가투자, 샘플제작, 모기업 인증 등을 고려 시 코○○과 같은 영세업체가 감당할 수 있는 수준이 아니라는 점에서 피심인의 거래상 지위는 절대적 우위에 있음을 인정할 수밖에 없고, 코○○이 피심인과 대등한 지위에서 단가인하에 대한 협의를 한다는 것은 사실상 불가능한 것이다.

368) 2014. 5. 14. 피심인은 최초 납품단가에서 코○○의 납품 단가를 인하할 때 인하한 단가수준이 피심인의 다른 수급사업자, 또는 동종업계의 유사한 목적물과 단가비교를 하였을 때 그 수준이 낮지 않다는 것을 입증할 만한 자료가 있으면 제출하라는 공정거래위원회의 자료제출 요구에 대하여 자료는 제출하지 못하였다.

뢰하기 어렵다.

또한, 아래 <표 10>과 같이 코○○의 견적가(A)와 피심인의 검토가[369](B)를 비교할 경우, 피심인의 검토가가 매우 낮다는 것을 알 수 있는 바, 피심인이 최초단가 결정시 단가를 높게 책정하였다는 주장을 인정할 수 없다.

<표 10> 최초단가 결정시 제출한 단가내역

생산 일시	모 델 명	코○○ 견적가(A)	코○○ 합의가	피심인 검토가(B)	LG전자 판매가(C)
2010.5	GU295 COVER REAR	350.1	280	224.9	353.0
2010.5	GU295 COVER UPPER BK	350.1	280	231.1	357.8
2010.5	GU295 BATTERY COVER BK	350.1	280	223.2	353.0
2010.11	MS690 COVER REAR C/GD	482.0	370	332.5	475.3
2010.11	MS690 DECO KEY PAD C/GD	95.0	75	66.1	128.7
2010.11	MS690 BATTERY COVER C/GD	447.0	320	257.4	419.4

4) 소결

피심인이 수급사업자와 합의 없이 일방적으로 낮은 단가에 의하여 하도급대금을 결정한 행위는 법 제4조 제2항 제5호에 위반된다.

3. 처분

가. 시정조치 및 과징금 부과

피심인의 법 위반행위와 관련하여, 향후 당해 법 위반행위와 동일 또는 유사한 위반행위가 반복될 우려가 있으므로 재발방지를 위하여 향후 금지명령을 하고, 수급사업자와 관련하여서는 실효적 시정을 위한 조치로서 인하 전 금액과 일률적인 비율에 의한 인하 후 금액과의 차액인 138,385,430원을 수급사업자에게 지급할 것을 명한다.

아울러 이 사건 관련 법 위반금액이 3천만 원을 초과[370]하는 경우에 해당하므로 위반행위가 중대하다는 점을 감안하여 법 제25조의3, 같은 법 시행령 제13조 및 법 위반사업자에 대한 과징금 부과기준에 관한 고시[371](이하 '과징금고시'라 한다)에 따라 과징금을 부과한다.

4. 결론

피심인의 위 2. 가. 및 나. 행위는 법 제4조 제2항 제1호 및 제5호의 규정에 각각 위반되므로 시정조치에 대하여는 법 제25조 제1항의 규정을, 과징금 부과에 대해서는 법 제25조의3 제1항의 규정을 적용하여 주문과 같이 의결한다. ■

369) 피심인은 코○○의 견적가가 터무니없이 높기 때문에 이를 감안하여 자신의 검토가를 제시한거라고 하나, 이러한 주장도 피심인이 LG전자에 판매한 최종 판매가격(C)을 보면 코○○의 견적가가 그리 높다고만은 볼 수 없다.

370) 위반금액은 125,804천원(부가가치세 제외)이다.

371) 과징금을 부과함에 있어 피심인의 위반기간 별로 2010.2.23.~2010.12.31.까지의 행위에 대하여는 과징금고시 제2009-12호를, 2011.1.1.~2012.4.20.까지의 행위에 대하여는 과징금고시 제2010-13호를 적용한다.

Ⅲ. 물품 등의 구매 강제 금지

1. 관련 법령(법5조)

하도급법은 제5조에서 물품 등의 구매강제 금지에 대하여 규정하고 있다. 이에 대한 공정거래위원회의 '공정화지침'에 관련 규정이 있다.

> **하도급법 제5조(물품 등의 구매강제 금지)** 원사업자는 수급사업자에게 제조등의 위탁을 하는 경우에 그 목적물등에 대한 품질의 유지 · 개선 등 정당한 사유가 있는 경우 외에는 그가 지정하는 물품 · 장비 또는 역무의 공급 등을 수급사업자에게 매입 또는 사용(이용을 포함한다. 이하 같다)하도록 강요하여서는 아니 된다. [전문개정 2009.4.1.]

> **하도급거래공정화지침**– 5. 물품 등의 구매강제 금지(법 제5조)
>
> 발주자나 고객이 목적물의 제조 또는 시공의뢰 시, 특정물품 및 장비 등을 사용토록 요구하는 경우에는 부당한 물품의 구매강제행위에 해당되지 아니한다.

2. 내용

하도급법은 원사업자가 정당한 사유(목적물의 품질 유지· 개선 등) 없이 수급사업자에게 물품· 장비 등의 매입 또는 사용 강요를 금지하고 있다. 원사업자가 수급사업자가 사용하는 자재를 수급사업자의 의사에 반하여 부당하게 구입을 강제하거나 그가 지정하는 물품, 장비를 구입, 사용토록 강요하는 경우다.

예를 들어, 건설하도급에서 토공사에 필요한 포크레인을 수급사업자가 직접 임대하여 사용할 수 있는데도 원사업자가 특정 사업자의 포크레인을 구입 또는 임대하도록 강요하는 경우 등이 그 예이다.

하도급법 제5조에서 물품 등의 구매 강제 금지를 규정하고 있고, 그 예외로서 공정화지침에서 정당한 사유를 발주자, 고객이 목적물의 제조 또는 시공 의뢰 시, 특정물품 및 장비 등을 사용하도록 요구한 경우를 들고 있다.

하도급법 제5조는 "정당한 사유가 있는 경우 외에는"이라고 규정하고 있으므로, 공정거래위원회(내지 수급사업자)는 물품 등 구매를 강요하였다는 것을 입증하면, 이에 대한 정당한 사유의 존재는 원사업자가 입증책임을 진다고 할 것이다.

Ⅳ. 부당한 위탁취소 및 수령거부의 금지

1. 관련 법령(법8조)

하도급법은 제8조에서 부당한 위탁취소의 금지에 대하여 규정을 하고 있고, 이에 대하여 공정거래위원회는 '부당한 위탁취소, 수령거부 및 반품행위에 대한 심사지침'을 제정(2013. 11. 29.자부터 시행)되어 개정시행되어 현재에 이르고 있다[372].

– 하도급법 –

제8조(부당한 위탁취소의 금지 등) ① 원사업자는 제조등의 위탁을 한 후 수급사업자의 책임으로 돌릴 사유가 없는 경우에는 다음 각 호의 어느 하나에 해당하는 행위를 하여서는 아니 된다. 다만, 용역위탁 가운데 역무의 공급을 위탁한 경우에는 제2호를 적용하지 아니한다.

1. **제조등의 위탁을 임의로 취소하거나 변경**하는 행위
2. 목적물등의 납품등에 대한 **수령 또는 인수를 거부하거나 지연**하는 행위

② 원사업자는 목적물등의 납품등이 있는 때에는 역무의 공급을 위탁한 경우 외에는 그 목적물등에 대한 검사 전이라도 즉시(제7조에 따라 내국신용장을 개설한 경우에는 검사 완료 즉시) **수령증명서를 수급사업자에게 발급**하여야 한다. 다만, 건설위탁의 경우에는 검사가 끝나는 즉시 그 목적물을 인수하여야 한다.

③ 제1항제2호에서 "**수령**"이란 수급사업자가 납품등을 한 목적물등을 받아 원사업자의 사실상 지배하에 두게 되는 것을 말한다. 다만, 이전(移轉)하기 곤란한 목적물등의 경우에는 검사를 시작한 때를 수령한 때로 본다.

[전문개정 2009.4.1.]

2. 내용

가. 의의 및 취지

하도급법 제8조의 부당한 위탁취소 및 수령거부의 금지 규정의 취지는 하도급계약이 체결되었음을 전제로 하여 체결 이후 원사업자가 임의로 위탁을 취소하거나 수령을 거부하여, 수급사업자가 입게 되는 생산계획 차질·재고부담 등에 따른 막대한 손해 등을 방지함에 있다.

이하에서는 하도급법 제8조 및 심사지침의 내용을 중심으로 검토해보기로 한다.

---

372) 이로 인하여 종래 법제8조와 관련된 공정화지침 8. 부당한 수령거부의 금지 규정은 2013.11.29.자로 폐지하였다. 현재의 심사지침은 "[시행 2019. 11. 29.] [공정거래위원회예규 제332호, 2019. 11. 28., 폐지제정]"이다.

나. 내용-적용기준

본조가 적용되기 위해서는 ① 하도급계약이 체결될 것, ② 원사업자가 임의로 위탁을 취소 또는 수령을 거부할 것, ③ 수급사업자가 귀책사유가 없을 것이다.

하도급법 제8조 제1항 제1호에 정한 부당한 위탁취소의 위법성 판단 기준에 관하여 공정거래위원회가 제정한 '부당한 위탁취소, 수령거부 및 반품행위에 대한 심사지침'은 원사업자가 임의로 위탁을 취소한 것인지 여부('**임의성 판단**')에 관하여 ① 위탁취소의 사유가 해당 하도급거래 계약서에 규정되어 있고 위탁취소가 위 계약서에 따른 내용 및 절차에 따라 이루어졌는지 여부, ② 원사업자와 수급사업자간에 실질적인 협의가 있었는지 여부(이 때 실질적인 협의 여부는 위탁취소의 사유 등이 정상적인 거래관행에 어긋나거나 협의과정에서 원사업자가 사회통념상 올바르지 못한 것으로 인정되는 수단·방법을 사용한 것인지 여부 및 협의과정이 충분했는지 등을 기준으로 판단하고, 만약 원사업자의 사실상의 강요에 의하거나 수급사업자의 자유로운 의사결정이 저해된 상태에서 합의서가 작성되는 등 합의의 진정성이 인정되지 않는 경우에는 실질적인 협의가 없었던 것으로 본다), ③ 원사업자가 위탁을 취소함으로써 수급사업자가 입게 될 손실에 대하여 양 당사자가 충분한 협의를 거쳐 정당한 보상을 하고 위탁을 취소하였는지 여부를 종합적으로 고려하여 판단하도록 하고 있다. 이러한 판단기준은 개별 사안에 대하여 구체적인 대입과정을 통한 거래별, 행위별로 유형화를 통하여 축적될 것이다.

하도급법 제8조는 원사업자의 정당한 위탁취소의 근거인 정당한 사유로서 "수급사업자의 책임으로 돌릴 사유" 즉 수급사업자의 귀책사유가 있을 것을 요건으로 하고 있다.

하도급법 제8조 제1항 제1호의 내용 및 취지 등에 비추어 볼 때 위 부당한 위탁취소 등의 심사지침상의 하도급법 제8조 제1항 제1호의 위법성의 판단기준은 합리적인 것으로 보인다.

3. 부당한 위탁취소, 수령거부 및 반품행위에 대한 심사지침

-([시행 2019. 11. 29.] [공정거래위원회예규 제332호, 2019. 11. 28., 폐지제정])-

부당한 위탁취소, 수령거부 및 반품행위에 대한 심사지침

[시행 2019. 11. 29.] [공정거래위원회예규 제332호, 2019. 11. 28., 폐지제정]

Ⅰ. 목적

이 심사지침은「하도급거래 공정화에 관한 법률(이하 "법" 이라 한다)」제8조(부당한 위탁취소의 금지 등) 및 제10조(부당반품의 금지)의 규정의 운용과 관련하여 법령의 내용을 보다 구체적이고 명확하게 규정함과 아울러 불공정 하도급거래 행위에 해당될 수 있는 사례를 예시함으로써, 법 위반행위를 예방하고 법 집행기준을 명확히하여 공정한 하도급거래질서 확립에 이바지 하는데 그 목적이 있다.

이 심사지침은 원사업자의 부당한 위탁취소, 수령거부 및 반품행위 중에서 공통적이고 대표적인 사항을 중심으로 규정하였으므로 이 지침에 열거되지 아니한 사항이라고 하여 법 제8조 및 제10조에 위반되지 않는 것은 아니다.

Ⅱ. 용어의 정의

1. "**위탁의 취소**" 라 함은 원사업자가 수급사업자에게 제조(가공위탁을 포함한다. 이하 같다)·수리·건설 또는 용역의 위탁(이하 "제조 등의 위탁" 이라 한다)을 한 후 임의로 다음 각 목의 행위를 하는 것을 말한다.

가. 제조 등의 위탁을 취소(해제·해지를 포함한다. 이하 같다)하는 행위

나. 위탁을 할 때 정한 발주량, 사양 등 위탁한 내용을 변경(해제·해지를 포함한다. 이하 같다)하는 행위

2. "**수령의 거부**" 라 함은 원사업자가 제조 등의 위탁을 한 후 수급사업자가 목적물 등을 원사업자에게 납품·인도 또는 제공(이하 "납품 등" 이라 한다) 하는 시기 및 장소에서 목적물 등의 수령 또는 인수를 거부하거나 지연하는 행위를 말한다. 다만, 원사업자가 용역위탁 가운데 역무의 공급을 위탁한 경우는 제외한다.

3. "**반품**" 이라 함은 원사업자가 수급사업자로부터 목적물 등을 수령 또는 인수한 후에 형식에 상관없이 수령 또는 인수한 목적물 등을 수급사업자에게 되돌려 보내는 모든 행위를 말한다. 다만, 원사업자가 용역위탁 가운데 역무의 공급을 위탁한 경우는 제외한다.

4. 위 1. 및 2.에서 **위탁의 시점**은 원칙적으로 원사업자가 수급사업자에게 제조 등의 위탁을 하는 시점을 말한다.

다만, **계속적 거래계약**처럼 하도급거래가 빈번하여 대금결제·운송·검수·반품 등의 거래조건, 규격·재질,제조공정 등과 관련된 일반적인 내용을 기본 계약서에 담고, 납품 등의 수량·단가·시기·장소 등 직접적이고 구체적인 발주내용은 특약서 또는 발주서 등으로 위임하여 발주가 이루어지는 경우에는 해당 특약서 또는 발주서가 수급사업자에게 통지되는 시점을 원칙적으로 위탁의 시점으로 본다.

예를 들면, 계속적 거래계약에서 생산계획 수립, 위탁 및 입고 등 일련의 과정이 전산시스템인 전사적 자원관리시스템(Enterprise Resource Planning, ERP)을 통해 관리되는 경우로서 주별 또는 월별 단위의 예상물량통보(Forecast, FO), 납품 등의 수량·단가·시기·장소 등이 기재된 발주(Purchase Order, PO), 납품지시(Delivery Order, DO) 등이 순차적으로 이루어지는 경우에는 원칙적으로 발주(PO) 내용이 수급사업자에게 통지되는 시점을 위탁의 시점으로 본다. 다만, 가령 계속적 거래계약 기간 중 원사업자의 사양변경·생산계획 변경·모델단종 등을 이유로 위탁이 중단된 경우로서 해당 목적물 등의 종류 및 특성, 거래규모, 해당수급사업자의 생산능력, 제조 등의 공정 및 공법, 계속적 거래계약의 내용, 거래조건의 동일성, 해당 수급사업자와의 거래유지기간, 관련 산업의 특성 및 시장상황, 정상적인 거래관행 등을 종합적으로 고려할 때 사실상 납품 등의 수량·단가 등이 발주(PO) 시점 이전에 결정되는 것으로 인정되는 경우에는 그 시점을 위탁의 시점으로 본다.

Ⅲ. 부당한 위탁취소, 수령거부 및 반품행위에 대한 심사기준

1. 부당한 위탁취소 (법 제8조 제1항 제1호)

법제8조(부당한 위탁취소의 금지 등) ① 원사업자는 제조등의 위탁을 한 후 수급사업자의 책임으로 돌릴 사유가 없는 경우에는 다음 각 호의 어느 하나에 해당하는 행위를 하여서는 아니 된다. 다만, 용역위탁 가운데 역무의 공급을 위탁한 경우에는 제2호를 적용하지 아니한다.
1. 제조등의 위탁을 임의로 취소하거나 변경하는 행위

가. 대상행위

법 제8조 제1항 제1호의 **"부당한 위탁취소"**라 함은 원사업자가 수급사업자에게 제조 등의 위탁을 한 후 수급사업자의 책임으로 돌릴 사유가 없음에도 불구하고 임의로 제조 등의 위탁을 취소하거나 위탁을 할 때 정한 발주량 또는 사양 등 위탁한 내용을 변경하는 행위를 말한다.

나. 위법성의 판단기준

(1) 부당한 위탁취소행위의 위법성은 원사업자가 수급사업자의 책임으로 돌릴 사유가 없음에도 불구하고 제조 등의 위탁을 임의로 취소·변경(이하 "취소"라 한다)한 것인지 여부를 중심으로 판단하되, 위탁계약 체결 및 위탁취소의 경위, 위탁계약의 내용 및 취소한 위탁계약의 범위, 계약이행 상황, 위탁취소의 방법·절차 등 여러 사정을 종합적으로 고려한다.

(2) **"수급사업자의 책임으로 돌릴 사유"**란 수급사업자의 귀책사유로 인해 계약을 이행할 수 없는 경우 또는 수급사업자가 계약내용을 위반하여 계약목적을 달성할 수 없는 경우 등을 말하며 이를 예시하면 다음과 같다.

① 수급사업자에게 파산·회생절차의 신청 등 경영상의 중대한 사유가 발생하고 그로 인하여 계약내용을 정상적으로 이행할 수 없다고 인정되는 경우

② 수급사업자가 감독관청으로부터 영업취소·영업정지 등의 처분을 받은 경우로서 계약내용을 정상적으로 수행할 자격·능력이 없다고 인정되는 경우

③ 수급사업자가 특별한 이유 없이 목적물 등의 제조·수리·시공 또는 용역의 착수·착공을 거부하여 납품 등의 시기(이하 "납기"라 한다)에 완성·완공할 가능성이 없다고 인정되는 경우
④ 수급사업자가 목적물 등의 품질에 영향을 미치는 주요공정·공법 등을 임의로 변경하는 등 계약의 중요한 내용을 위반하고 그 위반으로 인하여 계약의 목적을 달성할 수 없다고 인정되는 경우

(3) **"임의로"** 위탁을 취소하는 행위는 원사업자가 수급사업자와 실질적인 협의 없이 일방적으로 위탁을 취소하는 행위를 말하며, 원사업자가 "임의로" 위탁을 취소한 것인지 여부는 다음 사항을 종합적으로 고려하여 판단한다.
① 위탁취소의 사유가 해당 하도급거래 계약서에 규정되어 있고 위탁취소가 위 계약서에 따른 내용 및 절차에 따라 이루어졌는지 여부
② 원사업자와 수급사업자간에 실질적인 협의가 있었는지 여부. 이때 실질적인 협의 여부는 위탁취소의 사유 등이 정상적인 거래관행에 어긋나거나 협의과정에서 원사업자가 사회통념상 올바르지 못한 것으로 인정되는 수단·방법을 사용한 것인지 여부 및 협의과정이 충분했는지 여부 등을 기준으로 판단한다. 만약 원사업자의 사실상의 강요에 의하거나 수급사업자의 자유로운 의사결정이 저해된 상태에서 합의서가 작성되는 등 합의의 진정성이 인정되지 않는 경우에는 실질적인 협의가 없었던 것으로 본다.
③ 원사업자가 위탁을 취소함으로써 수급사업자가 입게 될 손실에 대하여 양 당사자가 충분한 협의를 거쳐 정당한 보상을 하고 위탁을 취소하였는지 여부

다. 부당한 위탁취소행위의 예시
부당한 위탁취소행위를 예시하면 다음과 같다.
<예시 1> 원사업자의 판매량 감소·사양변경·모델단종·생산계획 변경·내부 자금사정 악화 또는 발주자로부터의 발주취소·발주중단 등 원사업자의 경영상황 또는 시장여건의 변동 등을 이유로 임의로 위탁을 취소하는 행위

(참조사례)
① 원사업자가 제조위탁한 물량의 일부만을 입고시키고 나머지 물량은 판매부진, 내부 자금사정 등을 이유로 일방적으로 취소한 경우
② 원사업자가 제조위탁을 한 후 수급사업자가 공정을 상당부분 진행한 시점(85%)에 발주자의 부도를 이유로 일방적으로 제작중단 통보를 하면서 상당기간11개월)이 지난 시점까지 제작을 진행하라는 지시를 하지 아니한 경우
③ 원사업자가 수급사업자에게 일정한 사양을 제시하며 소프트웨어 개발을 위탁한 후 발주자와의 최종 협의결과 사양이 변경되었다는 이유로 일방적으로 위탁을 변경한 경우

<예시 2> 원사업자가 제조 등의 위탁을 한 후 원사업자 자신이 직접 수행하거나 다른 수급사업자에게 대신 수행하게 하기 위해 일방적으로 위탁을 취소하는 행위

(참조사례)
① 원사업자가 제조위탁을 하고 상당기간이 지난 후 자신의 계열사인 다른 수급사업자에게 발주하기 위해 이미 발주한 제조위탁을 일방적으로 취소한 경우
② 수급사업자가 위탁받은 공사에 대한 작업을 중단하여 공사계약 해지를 통보하였으나, 수급사업자가 작업을 중단하기 전에 다른 수급사업자에게 수급사업자의 작업을 대신하도록 하였고, 수급사업자이― 작업중단에 대해 시정요구 및 이의를 제기한 사실이 없는 경우

<예시 3> 원사업자가 수급사업자에게 부당하게 하도급대금 감액 등의 요구를 하고 수급사업자가 이에 응하지 아니함을 이유로 위탁을 취소하는 행위

<예시 4> 용지보상 지연, 문화재 발굴 등 수급사업자의 책임으로 돌릴 수 없는 사유로 인해 공기가 상당기간 지연되었음에도 원사업자가 간접비 등 추가 소요비용에 대해 수급사업자가 부담을 떠안을 것을 요구하고 수급사업자가 이에 응하지 아니함을 이유로 위탁을 취소하는 행위

<예시 5> 원사업자가 공급하기로 되어 있는 원자재 또는 장비 등을 지연하여 공급하는 등 원사업자의 책임으로 인해 수급사업자가 계약내용을 이행할 수 없게 되었음에도 수급사업자에게 그 책임을 물어 위탁을 취소하는 행위

(참조사례)
① 원사업자는 수급사업자에게 아파트 철근콘크리트 공사를 위탁한 후 선행공종인 토공사와 파일공사가 상당기간(2개월) 지체되고 발주자의 자재수급이 원활히 이루어지지 아니하여 수급사업자의 체불금이 누적되어 공사진행이 어려웠음에도 불구하고 일방적으로 위탁을 해지한 경우
② 수급사업자가 선박거주구의 납기를 준수하지 아니한 것을 이유로 후속 선박거주구의 위탁계약을 취소하였으나 원사업자가 제공하도록 되어 있는 사급자재를 5개월 정도 지연하여 공급한 사실 등에 기인한 측면이 큰 경우

<예시 6> 원사업자가 수급사업자로부터 위탁내용의 확인을 요청하는 서면을 받았음에도 불구하고 위탁내용을 서면으로 확인해 주지 않고 수급사업자에게 계속 작업을 하도록 한 후 목적물 등이 위탁내용과 다르다고 하여 위탁을 취소하는 행위

<예시 7> 수급사업자가 해당 공사와 관련이 없는 다른 현장의 손해배상책임을 이행하지 아니한다는 이유로 위탁을 취소하는 행위

<예시 8> 원사업자가 수급사업자에게 금형개발을 제조위탁하면서 해당 금형으로부터 일정수량의 부품을 납품하도록 보장한다고 약정하였으나, 수급사업자의 책임으로 돌릴 사유가 없음에도 해당 부품에 대한 약정물량 중 일부만을 수령한 후 나머지에 대해서는 일방적으로 위탁을 취소하는 행위

(참조사례)
원사업자는 05년1월경 금형개발을 제조위탁하면서 수급사업자가 동 금형을 개발완료할 경우 특정 수량의 부품을 납품하도록 보장(월 20만개 이상)한다고 약정하였으나, 수급사업자가 금형개발을 완료하였음에도 불구하고 06년 4월부터 같은해 8월까지 일부 부품만을 납품 받은 후(약11만개, 월평균 2만2천개) 금형반납을 요구하였으며 수급사업자가 이에 응하지 아니하자 별도 통보없이 일반적으로 거래를 중지한 경우

<예시 9> 목적물 등의 하자발생에 대한 수급사업자의 책임을 입증할 객관적인 자료가 없음에도 원사업자가 수급사업자의 기술력 부족 등을 이유로 위탁을 취소하는 행위

<예시 10> 수급사업자의 공사진행 부진을 입증할 객관적인 자료가 없고 공사현장 근로자 또는 자재·장비업자 등 협력업체의 현장 점거농성도 정상적인 공사수행에 영향을 미치지 않을 정도의 단기간에 불과하여 납기 내에 공사를 수행할 시간적인 여유가 충분함에도 원사업자가 납기 내에 완공할 가능성이 없다는 이유로 임의로 위탁을 취소하는 행위

(참조사례)
원사업자가 하도급공사의 진행 부진, 수급사업자 근로자의 현장 점거농성 등을 이유로 위탁을 해지하였으나, 수급사업자의 공사진행이 부진하다는 객관적인 자료가 없고, 현장 농성도 지극히 짧은 기간 동안 이루어져 공사 수행에 차질을 줄 정도는 아니었으며, 공사계약 후 해지 시까지 경과한 기간보다 더 긴 잔여계약기간이 남아 있어 공사를 수행할 시간적인 여유가 있었다고 인정된 경우

<예시 11> 수급사업자가 부도당일까지 정상적으로 공사를 수행 중이었고, 부도 이후 정상적인 공사가 어려울 경우에는 수급사업자의 연대보증사가 납기 내에 잔여공사를 추진할 수 있음에도 불구하고 원사업자가 수급사업자의 부도사실 자체만으로 부도 당일 위탁을 취소하는 행위

<예시 12> 원사업자가 위탁을 취소하면서 수급사업자에게 동의·합의를 강요하는 방법 등으로 수급사업자의 형식적인 동의·합의를 받아 위탁을 취소하는 행위

(참조사례)
① ERP 시스템을 통해 납기일 종료 후 수급사업자의 동의를 거쳐 취소하였으나, 원사업자측의 생산물량 감소, 자재단종, 설계변경 등을 이유로 사실상 이미 제품생산을 완료한 시점인 납기일 종료 후에 수급사업자의 의사를 충분히 반영하지 않는 등 형식적인 동의를 받아 위탁을 취소한 경우
② 당초 정산합의서에 판넬과 가구의 납기일자를 명기하지 않았으나, 원사업자가 임의로 명기하고 날인을 강요한 후 수급사업자가 위 납기일자에 납품하지 않았다는 이유로 후속계약을 취소한 경우
③ 원사업자가 수급사업자의 거래관련 (인감)도장을 맡아 보관하면서 일방적으로 위탁취소에 합의한 것으로 사용한 경우

<예시 13> 원사업자가 수급사업자에게 제조 등의 위탁을 한 후 인사이동으로 부임한 원사업자의 새로운 담당자가 수급사업자의 책임으로 돌릴 사유가 없음에도 일방적으로 위탁을 취소하는 행위

(참조사례)
원사업자가 수급사업자에게 디자인의 작성을 위탁한 후 인사이동으로 교체되어 새로 부임한 원사업자의 담당자가 자신의 마음에 들지 않는다는 이유로 지금까지의 디자인 작성 작업을 무시하고 일방적으로 위탁을 변경한 경우

<예시 14> 정상적인 거래관행에 비추어 볼 때 수급사업자의 귀책사유로 보기 곤란한 사유를 위탁을 취소할 수 있는 계약조건으로 명시하고 이들 계약조건에 따라 위탁을 취소하는 행위

라. 부당한 위탁취소가 아닌 행위의 예시
부당한 위탁취소가 아닌 행위를 예시하면 다음과 같다.

<예시 1> 원사업자가 제조 등의 위탁을 한 후 수급사업자가 불과 며칠 만에 회생절차를 신청하고 해당 수급사업자가 자재협력업체에게 물품대금을 지속적으로 미지급한 사실이 있으며 미지급한 금액이 원사업자와의 위탁계약금액에 비해 상당히 많은 등 수급사업자의 경영관리상 문제가 있는 것으로 인정되어 원사업자가 수급사업자의 회생절차 신청 이후 서면으로 상당한 기간을 정하여 계약이행을 최고한 후 위탁을 취소(해지)하는 행위
<예시 2> 수급사업자가 상당기간 공사를 중단하여 원사업자가 수차례에 걸쳐 공사재개 및 공정만회 계획 제출을 요구하고 불이행시 계약을 해지할 수 있다는 사전 고지를 하였음에도 불구하고 수급사업자가 이를 거절하는 등 수급사업자의 자발적인 공사재개를 기대하기 어려운 사정이 있고 납기 내 공사를 완공할 가능성이 없어 위탁을 취소(해지)하는 행위
<예시 3> 원사업자의 귀책사유 없이 수급사업자 일방의 사정으로 수급사업자가 공사현장 근로자 또는 자재·장비업자 등 협력업체에 대한 임금·자재·장비대금을 미지급하고 그로 인하여 정상적으로 계약내용을 이행할 수 없다고 인정되어 원사업자가 수급사업자에게 서면으로 상당한 기간을 정하여 계약이행을 최고한 후 위탁을 취소(해지)하는 행위
<예시 4> 원사업자가 제조 등의 위탁을 한 후 다른 사업자의 신형모델 출시로 해당 목적물이 부속되는 제품의 판매부진이 현실화됨에 따라 수급사업자와 충분한 협의를 거쳐 위탁취소로 수급사업자가 입게 될 손실에 대해 적정한 보상을 하고 위탁을 취소(해지)하는 행위

2. 부당한 수령거부 (법 제8조 제1항 제2호)

법제8조(부당한 위탁취소의 금지 등) ① 원사업자는 제조등의 위탁을 한 후 수급사업자의 책임으로 돌릴 사유가 없는 경우에는 다음 각 호의 어느 하나에 해당하는 행위를 하여서는 아니 된다. 다만, 용역위탁 가운데 역무의 공급을 위탁한 경우에는 제2호를 적용하지 아니한다.
2. 목적물등의 납품등에 대한 수령 또는 인수를 거부하거나 지연하는 행위

가. 대상행위
법 제8조 제1항 제2호의 **"부당한 수령거부"**라 함은 원사업자가 수급사업자에게 제조 등의 위탁을 한 후 수급사업자의 책임으로 돌릴 사유가 없음에도 불구하고 제조 등의 위탁을 할 때 정한 납기 및 장소에서 목적물 등의 납품 등에 대한 수령 또는 인수를 거부하거나 지연하는 행위를 말한다. 다만, 원사업자가 용역위탁 가운데 역무의 공급을 위탁한 경우는 제외한다.
이때 **"수령"**이란 제조위탁·수리위탁·용역위탁에 있어 수급사업자가 납품 등을 한 목적물 등을 받아 원사업자의 사실상 지배하에 두게 되는 것을 말한다. 다만, 이전하기 곤란한 목적물 등의 경우에는 수급사업자의 납품 등에 따라 원사업자가 검사를 시작한 때를 수령한 때로 본다.
그리고 **"인수"**란 건설위탁에 있어 수급사업자의 납품 등에 따라 원사업자가 검사를 끝내는 즉시 목적물 등을 원사업자의 사실상 지배하에 두어야 하는 것을 말한다.

나. 위법성의 판단기준
(1) 부당한 수령거부 행위의 위법성은 원사업자가 수급사업자의 책임으로 돌릴 사유가 없음에도 불구하고 위탁을 할 때 정한 납기 및 장소에서 수급사업자로부터 목적물 등을 수령 또는 인수(이하 "수령"이라 한다)하는 것을 거부하거나 지연(이하 "거부"라 한다) 했는지 여부를 중심으로 판단하되, 위탁계약 체결 및 수령거부의 경위, 위탁계약의 내용, 수령거부한 목적물 등의 범위, 계약이행 내용 등 여러 사정을 종합적으로 고려한다.

(2) **"수급사업자의 책임으로 돌릴 사유"**란 부당한 위탁취소와 마찬가지로 수급사업자의 귀책사유로 인해 계약을 이행할 수 없는 경우 또는 수급사업자가 계약내용을 위반하여 계약목적을 달성할 수 없는 경우 등을 말하며 이를 예시하면 다음과 같다.
① 수급사업자가 일정한 기간이나 계절에 집중적으로 판매되는 목적물의 제조를 충분한 기간을 두고 위탁받았음에도 수급사업자가 자신이 조달하기로 한 원재료를 제때 조달하지 못하는 등 수급사업자의 사정으로 해당 기간이나 계절을 넘겨 납품하는 경우
② 수급사업자가 직접 조달한 원재료의 품질불량 등으로 납품 등을 한 목적물 등의 품질·성능 등에 하자가 있어 계약의 목적을 달성할 수 없다고 인정되는 경우
③ 목적물 등의 생산과정 또는 납품 등을 위한 운송과정에서 수급사업자가 제대로 관리를 하지 아니하여 목적물등이 오손·훼손되어 계약의 목적을 달성할 수 없다고 인정되는 경우

다. 부당한 수령거부행위의 예시

부당한 수령거부행위를 예시하면 다음과 같다.
<예시 1> 계약서면에 위탁내용이 명확하게 기재되어 있지 않는 등 위탁내용이 불명확하여 수급사업자가 납품 등을 한 목적물 등의 내용이 위탁내용과 상이한지 판단하기 곤란함에도 불구하고 수령을 거부하는 행위
<예시 2> 검사기준을 정하지 아니하고도 통상의 기준보다 높은 기준을 적용하거나, 검사기준을 정하였다고 하더라도 내용이 불분명하거나 당초계약에서 정한 검사기준보다 높은 기준을 적용하여 목적물 등이 위탁내용과 다르거나 품질·성능의 하자 등을 이유로 수령을 거부하는 행위
<예시 3> 위탁시 서면으로 납기를 정하지 아니하거나 납기를 변경하면서 이를 서면으로 명확히 하지 아니하여 수급사업자가 납기를 어겼는지 여부가 분명하지 않음에도 납기지연을 이유로 수령을 거부하는 행위
<예시 4> 원사업자가 일방적으로 납기단축을 통보한 후 납기에 목적물 등을 납품하지 않았다는 이유로 수령을 거부하는 행위

(참조사례)
위탁시 발주일로부터 6개월 후를 납기일로 정했으나, 원사업자가 갑자기 수급사업자의 사정을 고려하지 않고 일방적으로 발주일로부터 1개월 후에 납품할 것을 지시하였고 수급사업자가 위 기일에 목적물을 납품할 수 없게 되자 원사업자가 납기지연을 이유로 수급사업자가 제조한 목적물의 수령을 거부한 경우

<예시 5> 원사업자가 공급하기로 되어있는 원자재 등을 늦게 공급함으로써 납기 내 납품 등이 곤란하였음에도 납기지연을 이유로 수령을 거부하는 행위
<예시 6> 원사업자가 공급한 원재료의 품질불량 또는 원사업자의 설계오류 등으로 인해 목적물 등에 하자가 발생하였음에도 불구하고 수급사업자에게 그 책임을 물어 수령을 거부하는 행위
<예시 7> 목적물 등의 하자에 대한 책임소재가 분명하지 않음에도 원사업자가 목적물 등의 하자에 대한 책임을 수급사업자가 전적으로 부담할 것을 요구하면서 수령을 거부하는 행위
<예시 8> 원사업자가 발주자로부터의 발주취소·발주중단, 발주자·외국수입업자·고객의 클레임, 원사업자의 판매부진·생산계획 변경·사양변경 등을 이유로 위탁내용대로 제조·수리·시공 또는 용역한 목적물 등의 수령을 거부하는 행위

(참조사례)
① 수급사업자가 위탁을 받아 납품한 목적물 중 일부를 원사업자가 수주실패 또는 지연 등을 이유로 당초 납기일에 수령하지 않은 경우
② 수급사업자가 위탁받은 부품의 제조를 이미 완성하였음에도 원사업자가 생산계획이 변경되었다는 이유로 수급사업자가 생산한 부품의 수령을 거부한 경우

(참조사례)
③ 종합건설회사인 원사업자가 수급사업자에 대해 설계도면의 작성을 위탁했으나, 상가 건설계획이 변경되었다는 이유로 해당 설계도면을 수령하지 않은 경우
④ 광고회사인 원사업자가 수급사업자에 대해 TV광고의 제작을 위탁했으나, 광고주가 광고발주를 취소하자 원사업자가 이미 수급사업자의 TV광고를 제작하여 저장한 매체를 수령하지 않은 경우

<예시 9> 원사업자가 수급사업자로부터 목적물 등을 수령할 것을 요구받았음에도 보관장소 부족 등 정당하지 아니한 사유로 수령을 거부하는 행위

(참조사례)
원사업자가 수급사업자에게 제조위탁하여 완성된 물량(ATM기의 외부케이스) 1,115대 중 326대를 공장창고의 여유공간 부족 등을 이유로 주문서의 납기일자로부터 최소 24일 또는 최대 404일 지연하여 수령한 경우

<예시 10> 원사업자가 수급사업자의 부도 등에 따라 목적물 등의 안정적인 공급이 어렵다고 판단해서 이미 발주한목적물 등의 수령을 임의로 거부하는 행위
<예시 11> 원사업자가 여러 품목을 제조 위탁한 경우에 일부 품목의 불량을 이유로 다른 품목에 대해서도 수령을 거부하는 행위
<예시 12> 구두로 추가 위탁을 한 후 목적물의 일부는 수령하였으나, 나머지 목적물에 대해서는 당초 서면계약서에 따른 위탁이 아니라며 위탁사실을 부인하고 수령을 거부하는 행위

Ⅳ. 유효기간

이 지침은 「훈령·예규 등의 발령 및 관리에 관한 규정」(대통령훈령 제394호)에 따라 이 지침을 발령한 후의 법령이나 현실 여건의 변화 등을 검토하여야 하는 2022년 11월 28일까지 효력을 가진다.

부칙

제1조(시행일) 이 지침은 2019년 11월 29일부터 시행한다.

제2조(종전 예규의 폐지) 종전 「부당한 위탁취소, 수령거부 및 반품행위에 대한 심사지침」은 이를 폐지한다.■

4 관련 사례

가. 판례

가) 수급사업자가 타 업체에게 부품을 매도행위가 계약위반 사유로서 원사업자의 계약취소행위에 정당한 사유가 있다는 사례

수급사업자가 원사업자로부터 공급받은 부품을 다른 업체에 매도한 행위가 원사업자와 수급사업자의 계약위반이라는 이유로 하도급법 제8조 제1항의 수급사업자의 책임으로 돌릴 사유가 있어서 원사업자의 제조 등의 위탁을 임의로 취소하는 행위가 적법하다고 한 판결이 있다(**서울고등법원 2008. 9. 3. 선고 2008누2555 판결[시정명령취소]**).

–서울고등법원 2008. 9. 3. 선고 2008누2554 판결[373]**[시정명령취소]–**

[(주)성○ 사례]

【판결이유】

가. 처분의 경위

원고는 2004. 5. 1. 소외 회사와의 사이에 원고가 효○의 페트(PET)병 제조과정에서 발생하는 페트 웨이스트를 소외 회사에게 아래 <표 2> 기재와 같은 가격에 매도하고, 소외 회사는 원고로부터 매수한 페트 웨이스트를 분쇄·세척하는 등의 공정을 거쳐 페트 플레이크(PET flake)로 가공한 후 그 전량을 아래 <표 3> 기재와 같은 가격에 다시 원고에게 납품하며, 소외 회사는 자체적으로 수집한 폐페트(PET)병을 페트 플레이크로 가공하여 원고에게 납품하되 위 페트 플레이크에 대하여는 원고와 소외 회사 상호간에 합의된 가격에 납품하기로 하는 계약(이하 '이 사건 계약'이라 한다)을 계약기간 2004. 5. 1.부터 2005. 1. 31.까지로 정하여 체결하였다.

소외 회사는 2006. 4.말경 시중에서 폐페트(PET)병을 매수하는 데 비용이 많이 든다는 이유로 이를 원료로 하여 생산한 페트 플레이크의 납품 가격을 올려줄 것을 원고에게 요구하였다. 이에 원고는, 소외 회사가 원고로부터 매수한 페트 웨이스트 중 가장 양질의 원료인 페트프리폼을 다른 업체에 고가에 매도하고 있다고 주장하면서, 원고가 매도한 페트 웨이스트와 소외 회사가 시중에서 매수한 폐페트(PET)병을 분리가공해 줄 것을 요청하였으나, 소외 회사는 비용이 많이 든다는 이유로 분리가공 요청을 거절하였다. 이에 원고는 더 이상 소외 회사에게 페트 웨이스트를 매도하지 아니할 것임을 알리면서, 시중에서 매수한 폐페트(PET)병으로 생산한 페트 플레이크의 납품 가격을 50원/kg 인하해줄 것을 통고하고, 소외 회사가 이를 거절하자 원고는 2006. 5. 1. 페트 플레이크의 제조위탁을 중단하였다.

나. 판단

"소외 회사는 원고로부터 공급받은 페트 웨이스트를 전량 가공하여 페트 플레이크를 원고에게 납품하기로 약정하고도, 원고로부터 매월 공급받은 약 40,000kg의 페트프리폼 중 5,000kg씩의 페트프리폼을 다른 업체에 매도한 사실을 인정할 수 있는바, 원고로서는 단순히 페트 웨이스트를 매도하기 위한 것이 아니라 소외 회사에 이를 공급하여 그 가공품인 페트 플레이크를 납품받기 위하여 이 사건 계약을 체결하였으며, 또한 가장 양질의 페트 웨이스트인 페트프리폼을 원료로 하여 생산한 페트 플레이크를 전량 납품받아 양질의 원료를 안정적으로 확보하기 위하여 페트 웨이스트를 전량 가공하여 납품받기로 특약한 것으로 보이는 점, 소외 회사가 이 사건 계약 직후부터 거래를 중단할 때까지 계속적으로 페트프리폼을

373) 본 사건은 상고없이 확정되었다.

다른 업체에 매도하였고 그 양도 적지 아니한 점, 소외 회사는 원고로부터 매수한 페트프리폼을 다른 업체에 매도하고 있으면서도 시중에서 매수한 폐페트병으로 생산한 페트 플레이크의 납품 가격을 올려달라고 요구하고 있었던 점 등 제반 사정을 종합하여 보면, 가사 소외 회사가 원고로부터 공급받은 페트 웨이스트로 생산한 페트 플레이크와 시중에서 수거한 폐페트병으로 생산한 페트 플레이크를 동일한 가격에 원고에게 납품해왔다고 하더라도, 소외 회사가 위와 같이 원고로부터 공급받은 페트프리폼을 다른 업체에 매도한 행위는 이 사건 계약의 주요 내용을 위반한 것으로 볼 수 있을 것이다." ■

나) 휴대폰 부품 제조위탁을 하면서 납기일을 최장 8개월 연장한 것은 부당한 수령지연이라는 사례

휴대폰 부품 제조위탁 하도급거래에 있어서 원사업자가 수급사업자들에게 **휴대폰 부품 제조를 위탁**하면서 수급사업자에게 귀책사유가 없음에도 **부품의 수령을 납기일보다 최장 8개월까지 지연**한 사안에서 **추후에 금전보상이나 물량보전을 하였다고 하더라도** 이는 부당한 수령지연행위에 해당하여 하도급법 제8조 제1항 제2호에 해당하여 시정명령처분에 위법이 없다고 본 판결이 있다(**서울고등법원 2009. 11. 12. 선고 2008누11237 판결[시정명령등취소]**).

-서울고등법원 2009. 11. 12. 선고 2008누11237 판결[374][시정명령등취소]-

[삼○전자 사례]

[판결이유]

1. 원고의 주장

원고가 일부 불용자재에 대하여 즉시 입고처리하지 아니한 것은 사실이나, 빈번한 시장수요의 변동에 대처하기 위한 차원에서 6개 수급사업자들과 사이에 불용자재 처리 시기에 대해 서로 양해하였고, 불용자재 처리를 통해 전액 금전보상을 하거나 신규 발주로 수급사업자에 대해 새로이 물량보전을 해주어 실제 수급사업자에게 발생된 손해는 없었던 데다가 수급사업자와의 장기적인 거래관계 등을 고려하면 이를 부당한 지연수령으로 볼 수 없다.

2. 판단

(가) 법 제8조 제1항 제2호는 수급사업자의 책임으로 돌릴 사유가 없음에도 불구하고 목적물의 납품 등에 대한 수령 또는 인수를 거부하거나 지연하는 행위를 불공정하도급거래행위로 보고 있는바, 위 법 위반의 부당한 지연수령행위가 성립하기 위해서는 원고가 목적물의 납품에 대한 수령을 거부하였고 그에 대하여 수급사업자의 책임으로 돌릴 만한 사유가 없어야 한다.

(나) 그런데 원고가 2003. 1. 1.부터 2005. 5. 30.까지 사이에 46개 수급사업자들로부터 이미 생산완료한 부품의 수령을 2개월 내지 8개월까지 지연한 사실은 앞서 본 바와 같고, 한편 위 인정사실 및 이 사건 증거들에 의하여 인정되는 사정들, 즉 원고 작성의 부진재

374) 본 판결은 상고되었으나 심리불속행기각되어 원심이 확정되었다(대법원 2010. 4. 8. 선고 2009두23303 판결).

고 현황(을 제22호증)에서 나타나는 대부분의 지연수령 사유는 모델단종, 사양변경, 물량감소, 해외이전, 생산취소, 생산지연 등으로 수급사업자와는 거의 관련이 없는 것들인 점, 역시 원고가 작성한 '03년 감사인터뷰 및 대응'이라는 자료(을 제23호증)에서 수급사업자가 원고의 제조위탁으로 생산 완료한 부품의 납기가 도래하였음에도 수령을 지연함에 따라 수급사업자들의 재고 부담이 장기화되어 금융비용 손실 등의 피해가 발생하고 있다고 원고 스스로 진단하고 있는 점으로 미루어 볼 때, 설령 원고 주장과 같이 **수급사업자들의 양해를 구하였다거나 사후에 수급사업자들에게 금전보상이나 물량보전을 하였다고 하더라도, 목적물 지연수령에 대해 정당한 사유가 있다고 할 수는 없다** 할 것이다.

(다) 따라서 원고의 부품 수령의 지연은 수급사업자의 귀책사유가 없음에도 자신의 재고부담을 수급사업자에게 일방적으로 전가하는 행위로서 법 제8조 제1항 제2호를 위반한 것이라고 할 것이므로 원고의 위 주장도 받아들일 수 없다.■

다) 위탁취소에 충분한 협의와 정당보상을 인정한 사례

원사업자가 위탁을 취소함으로써 수급사업자가 입게 될 손실에 대하여 양 당사자가 충분한 협의를 거쳐 정당한 보상을 하고 위탁을 취소하였다고 볼 충분한 참작할 만한 사정이 있다고 본 사례가 있다(**서울고등법원 2016. 11. 24. 선고 2015누57200 판결[시정명령취소]**).

-서울고등법원 2016. 11. 24. 선고 2015누57200 판결[375] **[시정명령취소]-**
[씨○○○○통운(주) 사례]

【판결이유】 - 부당한 위탁취소 해당여부-

원사업자가 위탁을 취소함으로써 수급사업자가 입게 될 손실에 대하여 양 당사자가 충분한 협의를 거쳐 정당한 보상을 하고 위탁을 취소하였는지 여부와 관련하여 충분히 참작할 만한 사정이 있다고 봄이 상당하고, 이에 의하면 원고의 참가인에 대한 이 사건 하도급계약의 해제 통지가 원고의 원사업자로서의 우월한 지위를 남용하는 것으로서 일방적으로 수급사업자인 참가인의 법적 지위를 불안하게 만들어 하도급거래의 공정한 질서를 저해하는 부당한 행위로서 '부당한 위탁취소'에 해당한다고 보기는 어렵다.

(1) 앞서 본 바와 같이 현대위아는 2014. 6. 5. 원래의 입항일정으로 선박이 입항하는 것을 원고가 거부하였다는 등의 납득하기 어려운 이유로 원고에게 이 사건 도급계약의 해제 통지를 하였고, 원고는 이에 기하여 참가인에게 이 사건 하도급계약의 해제 통지를 하였는데, 현대위아의 원고에 대한 이 사건 도급계약의 해제 통지가 적법한지 여부와 관계없이 현대위아의 위 해제 통지에 의하여 원고가 현대위아로부터 사실상 이 사건 크레인을 수령할 수 없음은 명백하고, 이에 의하면 이 사건 크레인의 존재를 전제로 한 이 사건 하도급계약도 유지되기는 어려우며, 이에 관한 귀책사유는 현대위아에게 있을 뿐 원고에게 그 귀책사유를 인정할 수도 없는바, 이와 같이 원고에게 귀책사유 없이 객관적으로 유지될 수 없음이 명백

375) 본 사건은 상고되었으나 심리불속행기각되었다(대법원 2017. 3. 9. 심리불속행기각 2016두62443 판결).

한 이 사건 하도급계약의 해제를 통지하였다고 하여 이를 원고가 임의로 위탁을 취소한 것이라고 보기는 어렵다.

(2) 또한 앞서 본 이 사건의 경위에서 알 수 있는 바와 같이 이 사건 하도급계약 해제 통지의 발단은 현대위아가 이 사건 크레인의 제작을 지연하였기 때문인데, 그 후 3자간의 협의 과정에서 선박의 재배선 시에는 신규 운송계약이 별도로 체결되어야 하고 기 배선된 선박의 배선은 취소되는 것으로 3자가 양해한 것으로 보이고, 참가인도 2014. 4. 29. 원고에게 이메일로 이러한 내용을 통보하였는바, 이러한 측면에서도 이 사건 하도급계약의 해제는 불가피한 것으로 보인다.

(3) 2014. 4. 17. 현대위아가 원고에게 이 사건 크레인의 제작이 지연되므로 이 사건 크레인을 운송할 선박의 입항일정을 연기하여 달라는 내용의 협조요청 공문을 발송한 이후 2014. 6. 13. 원고가 참가인에게 이 사건 하도급계약을 해제한다는 통지를 할 때까지 원고, 현대위아, 참가인의 3자 사이에 취소료 금액은 주된 다툼의 대상이 되었는바, 위 인정 사실에 의하면, 원고는 이 사건 하도급계약의 해제에 이르기까지 현대위아와 참가인의 중간에서 이 사건 하도급계약의 해제와 관련된 참가인의 손실에 해당하는 취소료 문제를 해결하기 위하여 노력하였음에도 현대위아와 참가인의 이견을 좁히지 못했던 것으로 보인다.

(4) 또한 참가인은 2014. 4. 29. 원고에게 보낸 이메일에서 해상 운임 220만 달러의 90%에 해당하는 198만 달러의 지불을 요청하였고, 2014. 5. 14.에는 이에 관한 인보이스를 원고에게 발송하였으나, 이는 계약상 근거가 없는 것이었고, 손해액에 관한 자료도 첨부되지 않은 것이었는데, 이에 관하여 현대위아는 2014. 5. 20. 손해액에 관한 빅리프트사의 입증서류를 요청하여 2014. 5. 27. 원고는 참가인으로부터 빅리프트사 명의의 Cancellation charge 170만 달러의 인보이스를 받아 현대위아에 전달하였는바, 이는 2014. 5. 7. 빅리프트사로부터 손해배상금으로 105만 달러를 청구하는 인보이스를 받은 참가인이 2014. 5. 27. 경 위 인보이스를 위조한 것이었고, 이로 인하여 원고가 이 사건 하도급계약의 해제와 관련된 참가인의 손실을 보상하는 것은 더욱 어려워졌다.

(5) 그럼에도 불구하고 원고는 이 사건 하도급계약의 해제 후인 2014. 8. 29.에도 공문으로 참가인에게 손해액 산정에 필요한 자료를 요청하는 등 협상에 의하여 분쟁을 해결하기 위해 노력한 것으로 보인다.

따라서 피고의 이 사건 처분은 위법하다. ■

라) 원사업자가 주장하는 납기지연의 사유가 위탁취소의 정당한 사유로 볼 수 없다는 사례

등산복, 등산화 등 아웃도어 제품의 생산·유통·판매를 업으로 하는 원사업자가 등산화 및 신들 제품의 제조위탁 후 납기지연을 이유로 위탁을 취소하였는데 당사자 사이의 계약서의 해석에 비추어 위탁취소의 정당한 사유로 볼 수 없어 하도급법 제8조 제1항 제1호의 임의적 위탁취소로서 부당한 위탁취소에 해당한다는 사례가 있다(**서울고등법원 2016. 10. 20. 선고 2015누56160 판결[과징금부과처분취소]**).

-서울고등법원 2016. 10. 20. 선고 2015누56160 판결[376] [시정명령취소]-
[에코○○ 사례]

【판결이유】

가. 수급사업자인 이○스포츠의 귀책사유가 이 사건 위탁취소의 원인이 되었는지 여부

(1) 하도급계약으로 정한 납품기일은 중요한 계약조건이고, 그 위반정도에 따라 납기지연은 위탁취소의 정당한 사유가 될 수도 있다고 할 것이다. 그런데 이 사건 개별계약은 1차 납기물량 20,000켤레 중 16,000켤레의 납기일을 2012. 8. 20.로, 나머지 4,000켤레의 납기일을 2012. 8. 27.로 정하고 있고, 이○스포츠는 2012. 8. 24. 8,050켤레, 2012. 8. 30.에 4,080켤레, 2012. 9. 14.에 7,168켤레 총 19,298켤레를 원고에 납품한 사실은 앞서 본 바와 같다(이하 '이 사건 납품지연'이라고 한다). 이에 의하면 이○스포츠가 이 사건 개별계약에 정한 1차 납기를 상당히 지연하여 물품을 납품한 사실은 인정된다(그 수량도 20,000켤레에 조금 못 미치나, 원고가 이를 문제 삼지 않기로 하였다고 밝히고 있다).

이에 원고는 납기지연을 이유로 이○스포츠에게 제조 위탁한 2차 납기물량 40,000켤레에 대하여 2012. 10. 9. 이메일을 통해 위탁을 취소하였다.

(2) 한편 원고와 이○스포츠 사이에 체결된 이 사건 기본계약서 및 이 사건 개별계약서(이 사건 하도급계약서)의 관련 조항에 따르면에 따르면, 이○스포츠의 **납품 지연**이 있는 경우 **이를 제품대금에서 공제**한다든지 **원고에게 손해배상**을 하는 방법으로 해결하게 되어 있고, 계약서 문언상으로는 이 사건 납품지연만으로 곧바로 원고에게 이 사건 위탁취소 또는 이 사건 계약을 해지할 권한이 유보되어 있다고 보이지 않는다.

(3) 원고는 이○스포츠의 납품지연으로 말미암아 당초 예정되어 있었던 홈쇼핑 방송에 중대한 차질이 생기고 물품의 하자(등산화 끈 떨어짐, 방수 안 됨)가 심각하여 원고의 공신력이 손상되고 현대홈쇼핑에 위약금을 지불하는 등 손해가 막대하여 이 사건 위탁취소를 하였다고 하나, 이를 인정할 증거가 없다. 오히려 이 법원의 현대홈쇼핑에 대한 사실조회결과에 의하면 현대홈쇼핑은 원고로부터 위약금 등을 받은 사실이 없고 등산화의 품질 불량 등에 대한 특별한 클레임이 없다고 밝히고 있다. 따라서 이 사건 기본계약서 제18조에서 규정하고 있는 계약해지 사유 역시 인정되지 않는다.

(4) 또한 원고가 이후 현대홈쇼핑에서 위 물품 등을 방송 판매한 사실로 보아, 이○스포츠의 이 사건 납품지연으로 말미암아 이 사건 하도급계약의 목적을 달성할 수 없었다는 등의 사정 역시 보이지 않는다.

(5) 원고와 이○스포츠는 2012. 10. 7. 납기지연, 홈쇼핑 방송 차질로 인한 메○리아웃도

---

376) 본 사건은 상고되었으나 파기환송되어다(대법원 2016두59126). 다만 파기환송의 사유는 과징금 부분에 대한 것이므로 위탁취소에 대한 판단은 원심과 대법원이 같은 태도이다.

대법원 2018. 10. 4. 선고 2016두59126 판결 [과징금부과처분취소청구의소] [공2018하,2113]-

"구 하도급거래 공정화에 관한 법률(2013. 5. 28. 법률 제11842호로 개정되기 전의 것, 이하 '구 하도급법'이라고 한다) 제25조의3 제1항, 제2항, 독점규제 및 공정거래에 관한 법률 제55조의3 제5항, 구 하도급거래 공정화에 관한 법률 시행령(2013. 3. 23. 대통령령 제24436호로 개정되기 전의 것) 제13조 제1항 [별표 2] 제1호, 제2호의 체재, 문언 및 내용 등에 비추어 보면, 구 하도급법 제25조의3 제1항에서 규정한 과징금 산정의 기준이 되는 '하도급대금'은 '위반행위와 관련한 하도급거래의 계약금액 전액'을 의미하는 것으로 보는 것이 옳다. 하도급계약 체결 후 일부는 정상적으로 이행되고 일부 거래만 부당하게 위탁취소되었다고 하더라도, 여기에서 말하는 '하도급대금'이 전체 하도급대금에서 정상적으로 이행된 부분의 하도급대금을 제외한 부당하게 위탁취소된 부분의 하도급대금 부분에 한정된다고 볼 수는 없다. "

어의 손해발생 등을 이유로 물품대금채권 중 3,300만 원을 공제하기로 합의하여 공제되었으므로 이○스포츠의 이 사건 납품지연으로 인한 손해 등은 위 대금 공제로 전보되었다고 보인다.

(6) 한편 원고는 2012. 8. 24.자 납품 건에 대한 대금지급을 2012. 10. 11.에 완료하였고, 2012. 8. 30.자 납품에 대한 대금지급은 2012. 10. 23.에 완료하였으며, 2012. 9. 14.자 납품에 대해서는 대금지급을 하지 않다가, 앞에서 본 바와 같이 이○스포츠가 2012. 10. 18. 원고에 대한 미지급 물품대금채권을 가하물산에게 양도하고 원고와 가하물산이 법원 화해권고를 받아들임에 따라 원고가 잔여 물품대금을 지급한 것으로 인정된 바 있다. **이 사건 하도급계약서에 의하면, 이○스포츠가 납품기일을 지연하여 납품하였다고 할지라도 그로 인한 원고의 손해를 물품대금에서 공제하는 등의 조치를 취하는 것은 별론으로 하고 원고에게는 각 납품을 받은 날로부터 10-15일 이내에 물품대금지급의무가 발생하므로, 적어도 이○스포츠가 1차 납품을 완료한 2012. 9. 14.로부터 15일 이후인 2012. 9. 30.까지 1차 납품에 대한 하도급대금 459,753,470원을 지급완료하지 않은 이상 원고에게 이행지체책임이 있다고 할 것이다(민법 제387조 제1항)**. 그렇다면 이○스포츠로서는 1차 납품을 마친 후 이에 대한 하도급대금을 지급받지 못한 채 2차 납품의무를 이행하여야 한다면 공평의 관념이나 신의성실의 원칙에 비추어 부당하므로 1차 납품에 대한 하도급대금을 모두 지급받을 때까지 2차 납품을 거절할 수 있다고 할 것이어서 이○스포츠가 정해진 기일 내에 2차 납품을 하지 않은 것은 정당한 위탁취소 사유가 되지 못한다.

(7) 원고는 이○스포츠가 원고에게 알리지 않고 중국업체로 재하도급한 것이 이 사건 위탁취소의 원인인 이○스포츠의 귀책사유라고 주장하나, 개별계약서(을 제4호증) 제5항은 "제품 품질의 상태에 따라 중국선적 전 원고가 지정한 검사원의 전수검사 또는 자체검사를 결정한다."라고 기재되어 있는 사실에 비추어 볼 때 원고는 이 사건 개별계약 체결 시 중국업체가 물품을 제조한다는 점을 이미 알고 있었던 것으로 보이고, 원고의 2012. 10. 9.자 이메일에도 중국업체로의 재하도급은 전혀 문제 삼고 있지 않다.

나 원고가 임의로 위탁취소를 하였는지 여부

위 인정 사실 및 앞서 본 증거들의 기재에 변론 전체의 취지를 더하여 알 수 있는 다음과 같은 사정, 즉 원고와 이○스포츠 간에 상호 동등한 지위에서 이 사건 위탁취소가 협의된 것이 아니라 원고에 의해서 일방적으로 이○스포츠에 이메일 통보된 점, 원고가 이 사건 위탁취소를 하면서 이 사건 하도급계약서 등에 정한 최고절차를 거치지 않은 점 등을 고려하면, 원고가 임의로 이 사건 위탁취소를 하였다고 봄이 상당하다.

따라서 원고의 이 사건 위탁취소는 하도급법 제8조 제1항 제1호에 위반된다. ■

마) 수급사업자의 일부 귀책사유가 원사업자가 주장하는 위탁취소의 정당한 사유로 볼 수 없다는 사례

유무선통신업을 영위하는 원사업자가 휴대용 인터넷 단말기 및 인터넷 전화기의 제조를 위탁을 한 후 하자를 이유로 취소하였는데 위탁취소의 원인이 될 정도로 심각한 하자로 볼 수 없어서 없어 하도급법 제8조 제1항 제1호의 임의적 위탁취소로서 부당하다는 사례가 있다(서울고등법원 2016. 5. 12. 선고 2014누57180 판결 [시정명령 및 과징금납부명령취소]).

-서울고등법원 2016. 5. 12. 선고 2014누57180 판결[377][시정명령 및 과징금납부명령취소]-

[주식회사 케○○ 사례]

【판결이유】

1) 수급사업자인 참가인의 귀책사유가 이 사건 위탁취소의 원인이 되었는지 여부

가) 이 사건 제품에 계약의 목적을 달성할 수 없을 정도의 심각한 하자가 있었는지 여부

(1) 앞서 본 인정 사실에 의하면, 이 사건 제품에 어느 정도의 하자가 있었고 그 주된 책임이 이 사건 제품의 제작을 담당한 참가인에게 있음은 인정할 수 있다.

(2) 그러나 한편 위 인정 사실 및 이를 뒷받침하는 증거들에 의하여 알 수 있는 다음과 같은 제반 사정들, 즉 IT(Information Technology) 분야의 특성상 초기 도입 모델의 경우 어느 정도의 고객 불만 및 제품의 하자는 발생할 수밖에 없는데, 이 사건 제품은 특히 제품 개발 및 출시에 소요된 기간이 일반적인 경우에 비하여 매우 짧았기 때문에 그 하자의 발생 가능성은 더욱 높을 수밖에 없는 점, 또한 이 사건 제품의 하자는 상당 부분이 안드로이드 운영체제의 업그레이드와 관련된 부분으로서 유사한 내용의 하자가 갤럭시 탭에도 존재하였던 것으로 보이는바, 이러한 하자의 발생 사실이 전적으로 참가인의 책임이라고 보기는 어려운 점, 원고와 참가인은 2010. 7. 19.경부터 2011. 3. 24.경까지 약 46회에 걸쳐서 TFT 합동점검회의, 합동 기능점검, 품질점검, VOC 관련 협의 등의 절차를 진행하면서 이 사건 제품의 하자를 개선하기 위하여 노력한 점, 2011. 1. 13.경 전체 VOC의 60%를 차지하는 상위 5개의 고객불만사항이 개선완료되었고, 그 후 앞서 본 소비자분쟁조정위원회의 판단에 의하더라도 상당 부분의 하자가 개선된 것으로 보이는 점, 원고의 상무 김○욱 등과 참가인의 대표이사 이○석 등이 2011. 2.경 세 차례 회동을 갖는 과정에서 원고의 김○욱 등은 이 사건 제품의 하자에 관하여 별다른 언급을 하지 않았고, 그 무렵 원고와 참가인간에 이 사건 제품의 품질 문제가 심각하게 논의된 사실도 없으며, 원고가 참가인에게 품질문제로 계약을 재고해야겠다는 내용의 이메일이나 통지를 한 바도 없는 점, 또한 참가인의 부사장 천○문은 2011. 2. 15. 인터넷상 네이버의 이 사건 제품에 관한 사용자 카페에 공지글을 등재하여 이 사건 제품의 잔존 하자에 대한 문제해결을 약속하기도 하였던 점, 게다가 아래에서 보는 바와 같이 이 사건 연장합의가 원고의 비진의 의사표시라거나 원고와 참가인간 통정한 허위의 의사표시라고 볼 수도 없어 이 사건 제품의 납품기한은 2011. 6. 30.까지 연장된 것으로 봄이 상당한 점 등을 종합하여 보면, 이 사건 제품의 개발 당시부터 이 사건 제품의 하자는 어느 정도 예측가능한 것이었고, 이를 원고도 인식하고 있었는데, 그 후 이 사건 제품의 하자는 계속하여 개선되어 왔으며, 2011. 2.경 이후에도 계속 개선될 것이 예견된 상황이었을 뿐만 아니라 이 사건 제품의 납품기한이 연장되기까지 한 관계로 이 사건 위탁취소 당시 이 사건 제품의 하자는 거의 문제가 되지 않는 상황으로 보이는바, 이 사건 위탁취소 당시 이 사건 제품에 계약의 목적을 달성할 수 없을 정도의 심각한 하자가 있었다고 보기는 어렵고,

377) 본 사건은 상고되었으나 심리불속행기각으로 확정되었다(대법원 2016두41507 2016.09.30. 심리불속행기각).

이로 인하여 원고가 이 사건 위탁취소에 이르게 되었다고 볼 수도 없다.

나) 검수조건 미충족과 이 사건 위탁취소의 인과관계

(1) 참가인이 2011. 3. 24.경 원고로부터 Pre-Iot를 통과하였음을 통보받은 사실, 참가인이 그 후 원고에게 Iot를 개시할 것을 신청하였으나 원고는 이 사건 위탁취소로 인하여 이 사건 2차 개별계약이 해지되었음을 이유로 위 Iot 절차가 중단되었음을 통보한 사실은 앞서 본 바와 같으므로 참가인이 이 사건 2차 개별계약 본래의 납품일인 2011. 3. 31.까지 이 사건 제품에 대한 Iot 절차를 완료하지는 못하였다.

(2) 그러나 위 인정 사실과 이를 뒷받침하는 증거들 및 갑 제39호증의 1 내지 3의 각 기재에 의하여 알 수 있는 다음과 같은 사정들, 즉 이 사건 2차 개별계약서에는 검수기준에 관하여 '원고가 시행하는 검증 및 납품검사'라고만 기재되어 있어 계약서상 검수기준이 불명확하였고, 원고 제출 증거 중 앞서 본 바와 같이 믿기 어려운 증거들을 제외한 나머지 증거들만으로는 원고가 이 사건 2차 개별계약 전 참가인에게 사전 검수조건을 모두 명확히 제시하였다고 인정하기는 어려울 뿐만 아니라 앞서 본 윤○민, 김○균의 이메일 내용에 의하더라도 원고가 참가인에게 사전 검수조건을 명확히 제시하지는 않은 것으로 보이므로 이와 다른 전제에서 참가인이 원고가 사전에 명확하게 제시한 검수조건을 충족하지 못하였다고 보기는 어려운 점, 한편 원고와 참가인이 이 사건 기본계약을 통해 예정하고 있는 Pre-Iot 및 Iot 절차는 이 사건 제품의 하드웨어적인 측면이 아니라 이 사건 제품이 통신사업자인 원고가 제공하는 사업자의 망과 적절하게 연동되는가를 확인하는 과정이라고 봄이 상당한데 원고가 실제로 실시한 Pre-Iot 및 그 후에 진행될 Iot 절차에서는 위와 같은 WiFi의 연동성 및 사용성 검증 차원을 주된 목적으로 한 것이 아니라 이 사건 제품의 하드웨어적인 측면 내지 별도로 업그레이드된 운영체제의 이식 여부에 관한 검증을 우선으로 한 것으로 보이는 점, 원고가 이 사건 1차 개별계약상의 이 사건 제품에 대하여 실시한 5차례의 실질적인 RC 절차나 이 사건 제품에 대하여 CTS를 갖추어 GMS를 탑재할 것을 요구하는 등 기존의 제품 사양 이외의 것을 요구한 사정 및 원고의 조직개편으로 이 사건 제품의 담당부서인 CW본부가 해체됨으로 인하여 이 사건 제품에 관한 Iot 절차의 개시가 늦어진 것으로도 보이는 점, 원고의 위 요구사항은 통신망서비스와의 연동성을 평가하는 본래의 Pre-Iot 및 Iot 절차와 무관한 점, 또한 참가인은 위 RC 절차 이후 2011. 1. 25.경 안드로이드 운영체제가 업그레이드된 이 사건 제품에 관하여 Pre-Iot를 의뢰하였고 원고는 그 무렵부터 2011. 3. 24.까지 수차례의 Pre-Iot를 시행하였으며 2011. 3. 8. 이후에도 Pre-Iot를 시행하였는데(원고는 이 사건 위탁취소 이후에 시행된 Pre-Iot는 이미 시중에 유통된 이 사건 제품에 대한 고객불만을 해소하기 위한 것, 즉 RC 차원에서 이루어진 것일 뿐 이 사건 2차 개별계약을 계속 진행하기 위하여 한 것은 아니라고 주장하나, 원고 작성의 내부 문건에 의하여도 RC 일정과 Pre-Iot 일정은 그 시기, 방법, 내용 등에서 엄연히 구별되어 있다는 점에 비추어 볼 때 원고의 위 주장은 받아들일 수 없다.), 원고는 2011. 3. 24.경 참가인에게 이 사건 제품의 Pre-Iot를 시행한 결과 WiFi 접속 불안정 등 2%의 불합격 항목이 있는 것을 제외하고 나머지 부분은 적합하여 적합율 98%로 Pre-Iot 절차가 통과되었다고 이메일로 통보하였으므로 이를 가지고 참가인이 원고가 제시한 Pre-Iot 및 Iot 절차를 제대로 이행하지 않았다고 보기도 어려울 뿐만 아니라 2011. 3. 28. 원고 측 기술지원팀 박○만은 참가인 측에게 이 사건 제품의 프로요 제6차 신뢰성 의뢰에 대한 검증(Iot 포함)을 2011. 3. 29.부터 4. 1.까지 진

행하겠다는 내용의 이메일을 송부하였던 점, 앞서 본 바와 같이 이 사건 제품의 납품기한은 2011. 6. 30.까지 연장된 것으로 봄이 상당한 점 등을 종합하여 보면, 참가인이 이 사건 제품에 관한 검수조건을 충족하지 못하였거나 참가인의 귀책사유로 검수절차가 지연되어 이것이 이 사건 위탁취소의 원인이 되었다고 볼 수도 없다.

다) 소결

위와 같은 사정들을 피고의 부당한 위탁취소 등의 심사지침 Ⅲ.1.나.(2)항의 내용에 비추어 보면, 이 사건 위탁취소 당시 이 사건 제품에 계약의 목적을 달성할 수 없을 정도의 심각한 하자가 있었다고 보기는 어렵고, 이로 인하여 원고가 이 사건 위탁취소에 이르게 되었다고 볼 수도 없으며, 참가인이 이 사건 제품에 관한 검수조건을 충족하지 못하였거나 참가인의 귀책사유로 검수절차가 지연되어 이것이 이 사건 위탁취소의 원인이 되었다고 볼 수도 없을 뿐만 아니라 참가인이 이 사건 제품의 제조 착수를 거부하였거나 정당한 사유 없이 납기 준수를 거부한 것으로 보이지도 않는 이상, 수급사업자인 참가인의 귀책사유가 이 사건 위탁취소의 원인이 되었다고 볼 수는 없다.

2) 원고가 임의로 위탁취소를 하였는지 여부

위 인정 사실 및 앞서 본 증거들(믿지 아니하는 증거들 제외)과 을나 제63, 65호증의 각 1 내지 3, 을나 제64호증의 1, 2, 을나 제66 내지 70호증, 을나 제71호증의 1 내지 5, 을나 제72호증의 1 내지 34의 각 기재에 변론 전체의 취지를 더하여 알 수 있는 아래 사정들을 피고의 부당한 위탁취소 등의 심사지침 Ⅲ.1.나.(3)항에 비추어 보면, <u>원고와 참가인이 진정한 의사로 실질적인 협의과정을 거쳐 이 사건 2차 개별계약을 해지함에 합의하였다기보다는 원고가 일방적으로 위탁을 취소하였다</u>고 봄이 상당하다. 원고의 이 부분 주장 또한 이유 없다.

가) 앞서 본 2011. 2. 21.자 참가인의 협력업체에 대한 이메일, 2011. 3. 7.자 천○문의 원고에 대한 이메일, 2011. 5. 30.자 참가인의 공문 내용 등에 비추어 보면, 이 사건 위탁취소 무렵 참가인은 심한 유동성 위기에 처해 있었고, 이 사건 2차 개별계약의 납기일이 다가옴에 따라 금융당국으로부터 불성실공시법인으로 지정될 위험에도 처해 있는 등 심각한 경영상의 어려움에 처해 있었으며, 그 해결을 위해서는 이 사건 제품에 관한 원고의 발주나 KT 캐피탈로부터의 대출을 위한 원고의 보증 등이 필요하였는바, 당시 참가인이 원고와 대등한 입장에서 실질적인 협의를 하기는 어려운 상황이었다.

나) 이 사건 신제품 개발계약 및 이 사건 인터넷전화 단말기 개별계약의 제조위탁 금액은 합계 약 139억 원(부가세 별도)으로 이 사건 위탁취소 금액인 510억 원의 27% 정도에 불과하여 이 사건 위탁취소 당시 참가인으로서는 이 사건 2차 개별계약 대신 이 사건 신제품 개별계약과 이 사건 인터넷전화 단말기 개별계약만으로 위와 같은 회사의 위기를 극복하기는 어려웠던 것으로 보일 뿐만 아니라 이 사건 위탁취소 당시 참가인은 CPU(C110), LCD 및 모듈 등 이 사건 제품의 관련 자재를 상당 부분 확보하여 이 사건 제품의 제작준비가 되어 있었기 때문에 위탁취소에 동의할 수 있는 상황도 아니었다.

다) 2010년 및 2011년 원고에 대한 참가인의 거래의존도가 약 48%였던 점, 이 사건 기본계약상 원고가 이 사건 신제품에 대하여 우선구매권 및 제3자에게 판매 시의 사전 합의권, 일방적 자동해지권을 보유하였던 점 및 그 외에 이 사건 기본계약 및 이 사건 각 개별계약의 내용, 이 사건 제품의 검수절차, 유선통신 분야 및 이동통신 분야에서의 원고의 시장점유

율 등에 비추어 보면, 원고는 참가인에 대하여 거래상 우월한 지위에 있다고 충분히 인정할 수 있었고 이로 인하여 참가인이 위 인정 사실에서 본 바와 같은 이 사건 위탁취소에 관한 원고의 요구를 거절하기는 어려웠을 것으로도 보인다.

라) 앞서 본 바와 같이 2011. 2.경 원고 측과 참가인 측의 3차례 협상에서 원고 측은 참가인 측에게 이 사건 2차 개별계약의 납품기한을 연장함으로써 이 사건 2차 개별계약이 무효화되는 것이 아니라는 취지로 말하고 이 사건 신제품에 관한 계약을 할 것처럼 언급하는 등 참가인 측에게 이 사건 무효화조항이 별다른 의미가 없는 것으로 착오를 일으키게 하거나 참가인을 기만하였는바, 이는 앞서 본 바와 같이 이 사건 연장합의 사실이나 이 사건 위탁취소 이후의 이 사건 제품에 대한 Pre-Iot 절차의 진행, 2011. 3. 7.자 천보문의 원고에 대한 이메일(위 이메일의 "현재 문제 해소를 위한 협의 단계에서는 본 계약을 파기하고 SoIP 2만대, 태블릿 2만 대 전체 4만 대로 축소하는 수정계약을 원고가 제안하고 있다."는 내용에 비추어 볼 때, 원고의 주장처럼 이 사건 위탁취소를 참가인이 주도한 것으로는 보이지 않을 뿐만 아니라, 위 이메일의 전체 내용은 위와 같은 원고의 제안을 참가인이 받아들이기 어렵다는 취지인 것으로 보인다), 2011. 5. 30.자 참가인의 공문 내용 및 원고의 이○배 부장이 2011. 3. 4. 참가인에게 보낸 '합의서'와 이 사건 신제품 개별계약의 내용이 담긴 계약서 초안과 달리 그 작성일자를 변경한 '합의서'와 '이 사건 신제품 개별계약서' 최종본을 2011. 3. 8. 참가인에게 보낸 점, 이 사건 연장합의와 이 사건 무효화조항은 양립할 수 없는 내용인 점 등에 의하여도 뒷받침되고, 이로 인하여 참가인은 이 사건 무효화조항으로 이 사건 2차 개별계약이 취소되거나 무효화되리라고 인식하지는 못하였던 것으로 보인다.

마) 또한 원고의 주장과 같이 이 사건 제품의 하자가 극복할 수 없는 것이었고 참가인이 이 사건 제품의 검수조건을 충족하지 못하였다면 원고로서는 이 사건 2차 개별계약의 내용에 따라 적법하게 이 사건 제품을 인터넷전화 단말기로 변경 요청할 수 있었던 것으로 보이는데 그렇게 하지도 아니하였다.

바) 이 사건 기본계약 제22조의 계약해제 등에 관한 규정 내용 및 일반적인 거래관행 등에 비추어 보면, 참가인에게 이 사건 제품에 관한 검수조건 미충족, 납기 지연 등의 중대한 책임이 있어 계약의 목적을 달성할 수 없는 경우, 원고는 세부 증빙내역 등을 첨부하여 참가인의 책임을 밝힌 후 참가인에게 시정을 요구하고 미시정 시에는 계약을 해제 내지 해지하거나 손해배상 여부 등에 대하여 법적인 절차를 진행할 수 있었음에도 불구하고, 앞서 본 바와 같이 믿기 어려운 증거들 외에 원고가 제출한 증거들만으로는 원고와 참가인간에 2011. 2.경 원고 측과 참가인 측의 3차례 협의과정에서 이 사건 2차 개별계약을 무효화시키는 방안에 대하여 구체적으로 사전에 충분히 협의하였다는 정황은 찾아볼 수 없는 등 원고가 위와 같은 절차를 진행한 것으로는 보이지 아니하며, 오히려 원고의 상무 김○욱은 2013. 3. 19. 피고로부터 조사를 받을 당시 "3차례 협의과정에서는 계약연장과 물량조정에 대하여 서로간의 의견을 교환했을 뿐이고 이 사건 2차 개별계약의 효력을 상실한다는 내용은 계약서 문구를 작성하던 시점에서 논의된 것이다."라고 진술하였는바, 원고는 위와 같은 절차 없이 단지 이 사건 2차 개별계약에 부가된 하나의 조항으로 이 사건 위탁취소를 하였다.

사) 이 사건 연장합의가 이 사건 2차 개별계약의 불성실 공시로 인한 주가의 하락과 투자자의 이탈을 막기 위하여 형식적으로 체결된 것으로 비진의 의사표시이거나 통정한 허위의 의사표시에 해당하여 무효라는 원고의 주장은 그 자체로 선뜻 납득이 가지 아니할 뿐만 아

니라 앞서 본 바와 같이 믿기 어려운 증거들 외에 원고가 제출한 증거들만으로는 원고의 위 주장을 인정하기 어렵고, 오히려 앞서 본 인정 사실 및 이를 뒷받침하는 증거들에 의하여 인정되는 다음과 같은 사정들, 즉 원고는 이 사건 위탁취소가 이루어진 2011. 3. 8. 이후에도 이 사건 제품에 대한 Pre-lot 과정을 진행하였던 점, 원고의 주장처럼 참가인이 이 사건 제품 17만 대를 납기일인 2011. 3. 31.까지 납품하기는 어려운 상황이었음이 어느 정도 인정되나, 이를 가지고 참가인이 17만 대의 납품을 포기할 의사였다고 보기 어렵고 오히려 납기일을 연장하여 위 17만 대를 납품할 수 있는 실질적인 가능성을 높일 의사였다고 봄이 더 상당한 점, 이 사건 연장합의가 있기 전의 원고 측과 참가인 측의 2011. 2. 21.자 협의에서 원고 측 김○욱은 '계약에 대한 부분들은 지금 연장이 필요한 것 같다.'라는 취지로 진술하기도 하였던 점, 참가인은 결국 2011. 7. 1. 한국거래소로부터 불성실공시법인으로 지정되었는바 이 사건 연장합의의 주된 목적이 단지 3개월간의 불성실공시책임을 피하기 위한 것이라고 보기도 어려운 점 등에 비추어 보면, 이 사건 연장합의는 원고와 참가인의 의사합치에 의한 것이라고 봄이 상당하다. ■

바) 수급사업자의 귀책사유 없이 원사업자의 일방적 해지로서 위법하다는 사례

-서울고등법원 2015. 12. 3. 선고 2015누32195 판결[378] [시정명령취소]- [주식회사 진○이엔지 사례]

【판결이유】

나. 부당한 위탁취소에 대한 판단

하도급법 제8조 제1항 제1호는 '원사업자는 제조등의 위탁을 한 후 수급사업자의 책임으로 돌릴 사유가 없는 경우에는 제조등의 위탁을 임의로 취소하거나 변경하는 행위를 할 수 없다.'라고 규정하고 있는데, 원고가 2013. 6. 초순경 영진테크에게 이 사건 하도급계약의 해지를 통지한 사실은 앞에서 본 바와 같고, 을 제1 내지 4호증의 각 기재 및 변론 전체의 취지를 종합하면, 원고는 2013. 3.경 종래 원고가 운영하던 미드럭스 및 EUCD 생산라인에서 적자가 발생하자 영진테크에게 위 각 생산라인의 운영을 요청하였으나 영진테크는 이를 거부하였는데, 박광지가 운영하는 동일이엔지에서 종래 영진테크가 이 사건 하도급계약에 따라 운영하던 YF 생산라인을 포함하여 위 미드럭스 및 EUCD 생산라인을 모두 운영할 것을 제안하자 2013. 6.경 이 사건 하도급계약을 중도 해지한 사실을 인정할 수 있으므로, 원고는 영진테크의 책임으로 돌릴 사유가 없음에도 불구하고 이 사건 하도급계약을 일방적으로 해지하였다고 봄이 상당하다.

원고는 2012. 4. 5.자 계약서 제20조 제1항 제3호에 따라 영진테크와 합의하여 이 사건 하도급계약을 해지한 것이지 일방적으로 취소한 것은 아니라는 취지로 주장하나, 갑 제4호증의 기재만으로는 영진테크가 이 사건 하도급계약의 해지에 명시적 또는 묵시적으로 동의하였다고 인정하기 부족하고 달리 이를 인정할 만한 증거가 없으므로 원고의 위 주장은 이유 없다.■

---

378) 본 사건은 상고없이 확정되었다.

사) 제조위탁취소 합의의 진정성을 부정하고 수령거부로서 위법하다는 사례

합의서의 작성경위에 비추어 자발적 의사에 기한 것이 아니어서 적법한 위탁취소를 부정하고 부당한 수령거부라고 판시한 사례가 있다(**서울고등법원 2015. 12. 18. 선고 2014누69534 판결 [시정명령취소]**).

-서울고등법원 2015. 12. 18. 선고 2014누69534 판결[379] **[시정명령취소]-**
[주식회사 에이○○나노텍 사례]

【판결이유】

나. 2013. 1. 9. 원고가 수급사업자 온플렉스와 제조위탁을 취소하기로 합의하였는지 여부

2013. 1. 9. 합의서가 작성될 당시 원고는 온○렉스에게 12월까지 지급해야 하는 대금 1억 3400만 원을 지급하지 아니하였고, 이로 인하여 온○렉스는 직원들에 대한 급여를 지급하지 못하고, 협력업체에 대하여도 대금을 지급하지 못하여 자금운용이 매우 절박한 상황이었던 것으로 보인다. 이러한 상황에서 원고는 대금지급을 요구하러 온 온○렉스 대표이사 윤○기에게 '온○렉스가 위 안테나 제품의 납품에 관하여 원고에 대하여 가지는 권리를 모두 포기한다'는 취지의 온○렉스에 대하여 일방적으로 불리한 내용의 합의서를 제시하며 이에 서명하지 않을 경우 위 대금을 지급하지 않겠다고 하여 윤○기로 하여금 위 합의서에 서명하도록 하였다.

이러한 합의서의 작성 경위에 비추어 보면 원고가 제품의 수령을 정당한 사유 없이 거부함으로써 하도급법 8조 1항 2호를 위반하였음이 인정되고, 원고와 온○렉스 사이의 합의도 원고가 하도급법을 이미 위반한 상태에서 이를 면하기 위하여 작성을 강요하여 이루어진 것으로 온○렉스의 자발적 의사에 따른 것이 아니어서 이러한 사정만으로 피고의 별지 2항 기재 시정명령[380]이 위법하다고 보기 어렵다(한편, 위와 같은 합의는 당사자의 궁박으로 인하여 현저하게 공정을 잃은 법률행위로 무효이거나, 강박에 의한 의사표시로 합의서 작성 이후 온○렉스의 수령 요구 등에 의하여 취소된 것으로 볼 수 있다). 따라서 원고의 이 부분 주장도 이유 없다.■

아) 원사업자의 위탁취소가 임의적 취소로서 정당한 사유가 있다고 보기 어렵다고 판시한 사례

건설위탁에서 수급사업자에게 잘못을 돌릴 사유로 인정되기 어려워 귀책사유를 찾기 어렵고 원사업자가 임의로 위탁취소한 것으로 봐야 한다는 판결이 있다(**서울고등법원 2015. 1. 23. 선고 2014누4124 판결[시정명령처분취소]**).

---

379) 본 사건은 상고되었으나 심리불속행기각으로 확정되었다(대법원 2016두31777 2016.04.28 심리불속행기각).

380) "원고는 주식회사 온○렉스에게 제조위탁한 NFC 안테나를 주식회사 온○렉스가 납품하였음에도 불구하고 수령하지 아니하고 있는 NFC 안테나 MFP344C 모델 12만 개를 지체없이 수령하여야 한다. 다만, 불가피한 사유가 발생하여 NFC 안테나를 수령할 수 없는 경우, 주식회사 온○렉스가 NFC 안테나를 납품함으로써 통상적으로 기대할 수 있는 수익을 주식회사 온○렉스와 합의하여 주식회사 온○렉스에게 지급하여야 한다."

-서울고등법원 2015. 1. 23. 선고 2014누4124 판결[381][시정명령처분취소]-
[한○건설 사례]

【판결이유】

가. 처분의 경위

원고는 건설산업기본법에 의한 일반건설업자이고 소외 전문건설업자인 수급사업자 무○에게 원고는 무○과 사이에 공군 제38전대가 발주한 '전북 군산시 옥도면 직도 태풍피해공사 중 시설물유지관리공사(이하 '이 사건 공사'라 한다)'에 대한 하도급계약을 체결한 이후 2012. 7. 17. 무○에게 다음과 같은 이유로 이 사건 하도급계약 해지를 통지하며 이 사건 공사의 위탁을 취소하였다(이하 '이 사건 위탁취소'라 한다).

① 공정만회대책 수립과 공사추진세부계획 검토결과 미비하여 2012. 7. 14.까지 보완 및 시행하도록 하였으나 현재까지 제출하지 아니함 ② 2012. 7. 16. 현장 날씨 양호함에도 출항준비를 하지 않고 출항 회피함 ③ 공사 관련 자재대 등을 미지급하여 공사 진행 곤란함 ④ 콘크리트 타설 중단으로 준공기한 내 준공 불가능함

피고는 원고의 이 사건 위탁취소가 하도급법 제8조 제1항 제1호에서 정한 '제조 등의 위탁을 임의로 취소하는 행위'에 해당한다고 보아 2013. 12. 4. 의결 제2013-198호로 원고에 대하여 시정명령(이하 '이 사건 처분'이라고 한다)을 하였다.

나. 인정사실

1) 무○은 2012. 7. 11. 콘크리트 타설 중 같은 달 10. 발효된 폭풍주의보로 군산항으로 피항하였고, 같은 날 원고 및 무○, 발주자가 모여 이 사건 공사에 관한 공정만회 대책회의를 하였다. 원고는 2012. 7. 12. 무○에게 '공사예정공정 미진 만회대책 수립 및 시행촉구' 공문을 보냈고, 무○은 같은 달 13. 원고에게 '부진공정만회계획서(을 제7호증)'를 제출하였으며, 같은 날 원고 및 무○, 발주자가 모여 공정만회 대책회의를 열고 위 계획서에 대해 논의한 결과, 같은 달 16.까지 시공업체에서 거푸집지지 대책, 거푸집설치 상세계획서, 시간 당 콘크리트 타설량 증가방안에 대하여 보완하여 제출하기로 하였다. 이에 따라 무○의 현장책임자 양○수는 2012. 7. 15. 원고의 현장관리인 송○인에게 '콘크리트 타설 세부계획서'를 이메일로 송부하였고, 송재인은 같은 날 및 그 다음날인 16. 양○수에게 '직도 자재현황' 및 '직도 투입자재 재송신' 등 무○이 준비해야 할 자재목록을 이메일로 송부하였다(을 제6호증의 1, 2). 한편 이 사건 공사 현장인 직도에는 2012. 7. 13.부터 같은 달 15.까지 호우주의보가 발효되어 있었고, 2012. 7. 18.부터 같은 달 19.까지 태풍 카눈의 예보도 있었으며, 이러한 기상상황을 반영하여 원고가 2012. 7. 20. 발주자에게 제출한 '준공기한 연기원'은 다음과 같다.

공기연장사유	기상악화일 및 기간	연장요청기간
풍랑주의보	2012. 7. 10.	2
호우주의보	2012. 7. 13. ~ 7. 15.	4
태풍(카눈)	2012. 7. 18. ~ 7. 19.	3

2) 무○과 거래한 업체들의 대표인 유한회사 신○해운(이하 '신○해운'이라 한다)은 2012.

381) 본 사건은 상고없이 확정되었다.

7. 19. 원고에 대하여 '2012. 7. 23.까지 신○해운 등의 6월 및 7월 외상대금을 미지급할 경우 발주처 통보 등 별도의 법적 조치 및 공사 참여 거부 등의 조치를 취하겠다'는 내용의 통지를 하였다(갑 제11호증, 이하 '이 사건 통지'라 한다). 원고는 2012. 7. 24. 신○해운에게 "신○해운 등이 무○으로부터 지급받지 못한 외상대금을 158,700,000원으로 합의하고, 합의금 중 99,671,000원을 원고가 현금으로 지급하며 나머지 59,029,000원은 준공 후 발주처로부터 공사비를 수령한 후 지급하기로 한다. 단, 신○해운 등은 이 사건 공사가 원만히 완료되도록 협조한다"는 내용의 합의서를 작성하여 주었다(을 제13호증, 이하 '이 사건 합의서'라 한다). 원고는 이 사건 합의서에 따라 신○해운 등에게 외상대금 일부를 대위변제한 후 2012. 7. 10.부터 중단된 이 사건 공사를 같은 달 25.부터 직접 시행하여 잔여공사를 마쳤다.

나. 판단

1) 수급사업자인 무○에게 귀책사유가 있었는지 여부

앞서 든 각 증거, 갑 제6, 34호증, 을 제8 내지 12, 14 내지 16, 19, 21호증(가지번호 포함)의 각 기재, 증인 함○구, 양○수의 각 증언 및 변론 전체의 취지를 종합하여 인정되는 다음과 같은 제반 사정을 종합하여 보면, <u>이 사건 위탁취소에 관하여 무○에게 그 책임을 돌릴 수 있는 사유가 있었다고 보기 어려우므로</u>, 원고의 이 부분 주장은 이유 없다.

① 무○은 원고가 요청한 기한 전인 2012. 7. 15. 원고에게 '콘크리트 타설 세부계획서'를 제출하였고, 이에 대하여 원고는 다음날인 2012. 7. 16. 아무런 이의를 제기하지 않았을 뿐 아니라, 무○과의 계약이 존속한다는 전제에서 무○이 준비해야 할 자재목록을 이메일로 송부하였다. 또한 거푸집지지 대책 및 거푸집설치 상세계획서 부분도 무○이 이를 제출할 의무가 있다고 보기 어렵고, 원고도 무○에게 그 제출을 요청하지 않았던 것으로 보인다.

② 2012. 7. 16. 무렵에는 호우주의보 발효 및 태풍 카눈 예보 등 기상악화로 출항이 용이하지 않은 상태였으며, 원고도 2012. 7. 20. 발주자에게 기상악화를 사유로 공기 연장을 요청하는 등 기상악화로 준공기한 내 공사진행이 어렵다는 것을 알고 있었던 것으로 보인다. 또한 원고가 무○에게 송부한 위 '자재 투입현황 파악'에 나타난 재고량에 비추어 보면 무○이 시멘트, 골재 등의 재고량을 확보하여 두는 등 출항 준비를 하였던 것으로 볼 수 있다. 이와 같이 천재지변 등 기상악화로 인한 피해 등이 예상되는 상태에서는 일시적으로 2012. 7. 16. 기상이 호전되었더라도 무○이 무리하게 출항할 것을 기대할 수는 없고,[382] 무○이 실질적인 출항 준비까지 한 이상 무○이 2012. 7. 16.경 정당한 사유 없이 출항을 회피하거나 잠적하였다고 볼 수는 없다.

③ 무○과 신○해운 등 거래업체들 사이의 선박임대차계약상 대금지급 조건에는 월 마감 후 25일 이내 또는 이후에 대금을 결제하기로 약정되어 있고(을 제9호증의 1 내지 3), 특히 건설장비 임대차의 경우에는 다음 달 말일까지 대금을 결제하기로 약정되어 있으므로(을 제10호증), 이 사건 위탁취소일인 2012. 7. 17.에는 6, 7월 무○의 거래처에 대한 대금 변제 기한이 도래하지 않은 상태였다. <u>여기에 이 사건 통지(2012. 7. 19.) 및 이 사건 합의(2012. 7. 24.)는 모두 원고의 무○에 대한 위탁 취소 후에 발생한 사정</u>이며, 무○의 거래업체도 원고로부터 이 사건 위탁취소 후 원고가 직접 공사하기로 하였다는 연락을 받고 원고의 요청

382) 기상악화는 공사중단 및 공사기간 연장사유에 해당한다(갑 제34호증).

에 따라 이 사건 통지를 하고 무○과의 거래에서 발생한 대금을 원고로부터 지급받는 조건으로 이 사건 합의서에 동의하였다고 진술한 점[383] 등을 종합하여 보면 이 사건 위탁취소 이전에 무○의 거래업체들이 외상대금 미지급을 이유로 공사참여를 거부한 것으로 보기 어렵다.

④ 발주자의 사정으로 이 사건 원도급공사의 착공일자가 2012. 2. 24.에서 같은 해 3. 31.로 변경되었다. 무○이 담당한 강관주 보호공사는 원고의 기존 시설물 제거공사 완료 이후에 시공이 가능한데, 원고의 기존 시설물 제거공사가 당초 완료 예정일보다 1개월 지난 2012. 5. 3.에 완료되었다. 이러한 제반 경위에 비추어 보면 무○이 콘크리트 타설을 완성해야 하는 기한인 2012. 7. 5.까지 이를 끝내지 못하였다고 하여 이를 두고 귀책사유가 있다고 단정하기는 어렵다. 이러한 취지에서 콘크리트 타설공사 부진에 대한 대책을 수립하기 위하여 개최된 2012. 7. 13. 공정만회 대책회의에서 무○이 2012. 7. 17. 공사를 재개하기로 한 것에 대하여 발주자 및 원고가 별다른 이의를 제기하지 않았던 것으로 보인다. 한편 원고는 2012. 7. 11.자 공정만회 대책회의에서 발주자에게 공기연장이 가능한지 문의하여 발주자로부터 공기연장이 가능하다는 답변을 들었으며, 이에 따라 같은 달 20. 발주자에게 준공기한 연기를 요청하여 준공기일을 2012. 7. 30.에서 같은 해 8. 17.로 연장하였다. 이러한 각 사정에 비추어 보면 준공기한까지 이 사건 공사의 준공이 불가능하였다고 보기 어렵다.

2) 원고가 임의로 이 사건 위탁취소를 하였는지 여부

이 사건 하도급계약서(을 제2호증) 제25조 제1항은 '계약조건에 위반하여 그 위반으로 계약의 목적을 달성할 수 없을 경우(제1호)' 또는 '정당한 이유 없이 계약내용을 이행하지 아니하고 그 위반으로 공사를 완성하는 것이 불가능한 경우(제3호)'에 서면으로 상당한 기간을 정하여 계약의 이행을 최고한 후 그 기간 내에 계약이 이행되지 아니하는 때에는 계약의 전부 또는 일부를 해지할 수 있다고 규정하고 있다. 그런데 아래와 같은 제반 사정에 비추어 볼 때 원고는 이행최고를 하지 못할 사정이 있었다고 보기 어려움에도 원고가 임의로 이 사건 위탁취소를 하였으므로, 원고의 이 부분 주장도 받아들이기 어렵다.

① 2012. 7. 12.자 '공사예정공정 미진 만회대책 수립 및 시행촉구(갑 제17호증)'는 이 사건 공사 부진으로 인한 대책을 수립하여 줄 것을 촉구한 것일 뿐 이 사건 위탁취소를 위한 이행의 최고라고 볼 수 없다. 2012. 7. 23.자 답변서(갑 제18호증)는 이 사건 위탁취소 이후에 원고가 발송한 것이어서 이행의 최고라고 볼 수 없을 뿐 아니라, 무○의 이행을 최고하는 내용이 일부 포함되어 있더라도 같은 날 원고가 피고의 보증보험기관인 전문건설공제조합에 계약보증금 등을 청구하는 등 무○과의 계약을 유지할 의사가 없음을 명백히 한 이상 원고가 무○에게 이행을 최고할 진정한 의사가 있었던 것으로 보기는 어렵다. ② 앞서 본 위탁취소의 경위에 비추어 보면 무○이 원고에게 이 사건 하도급계약 해지를 요청하였다고 보기도 어렵다. ③ 육상 콘크리트 타설 부분만 남아 있는 상태에서 무○이 원고 및 발주자와 합의에 따라 2012. 7. 17. 공사를 재개하기로 하였던 점, 이 사건 원도급 공사기한이 연장될 수 있었고 공사 지연을 무○의 책임으로만 돌리기도 어려운 점 등에 비추어 보면 원고가 무○에게 이행최고를 하지 못할 특별한 사정이 있었던 것으로 보기도 어렵다.■

---

383) 신○해운 상무이사 나○운은 피고 조사 당시 이 사건 통지에 관하여 "무○에서 공사를 하지 않게 되었다고 원고로부터 연락이 왔다."라고 진술하였다(을 제12호증의 1). 해인수중 대리인 문○곤도 피고 조사 당시 "원고가 먼저 집으로 통지서를 보냈다."라고 진술하였다(을 제12호증의 2).

자) 계약 교섭단계로서 하도급계약 체결을 인정할 수 없어 부당위탁취소로 볼 수 없다고 판시한 사례

건설위탁에서 하도급계약의 내용과 조건 등에 대한 협의 및 교섭 후 원사업자의 대표이사가 거절했다고 보아 의사의 합치가 이루어지지 아니하여 하도급법상의 부당위탁취소로 볼 수 없다는 판결이 있다(**서울고등법원 2015. 1. 23. 선고 2014누4124 판결[시정명령처분취소]**).

-서울고등법원 2004. 11. 3. 선고 2003누14699 판결[384] [시정명령처분취소]-
[국○종합토건 사례]

【판결이유】

가. 처분의 경위

소외회사에게 책임을 돌릴 사유가 없음에도 원고의 공사대금 감액요구를 수용하지 않는다는 이유로 이미 발주한 공사를 임의로 취소한 행위는 부당하게 건설위탁을 취소하는 것으로서 하도급법 제8조 제1항의 규정에 반하는 불공정한 하도급거래행위에 해당한다'고 판단하여 시정조치처분을 하였다.

나. 원고의 주장

하도급계약을 체결하기 위하여 그 내용을 협의하던 중, 소외회사가 원고의 공사대금 감액요구를 거부함으로써 하도급계약을 체결하지 못하였고, 원고도 이로 인하여 소외회사에게 위 공사에 대한 구체적인 시공지시도 하지 않았음에도 불구하고 이를 전제로 하여 한 피고의 이 사건 처분은 위법하다.

다. 판단

1) 인정사실

(가) 원고는 2002. 6. 14. 이 사건 공사(공사기간 : 현장설명서상 2002. 8. 15.부터 2002. 10. 30.까지였으나 그 후 2002. 11. 20.경까지로 연장, 공사종류 : 온돌마루설치공사, 공사범위 : 아파트 거실, 침실, 발코니 바닥의 내역 포함사항 및 부속건물 일체의 납품 및 시공)에 대한 현장설명회를 개최하였고, 2002. 6. 25.까지 소외회사를 비롯한 4개 업체로부터 위 공사에 관한 견적서를 각 제출받아 그 중 최저가인 6억 5,000만원의 견적을 제시한 소외회사를 협상대상업체로 선정하여 여러 차례 협의를 거친 후, 같은 해 8.경 원고의 건축부 담당자와 소외회사 사이에 개략적인 공사대금의 협의가 이루어졌다.

(나) 원고는 2002. 9. 15.경부터 소외회사와 이 사건 공사에 대한 구체적인 협의를 하게 되었는데, 원고의 대표이사 김○직은 2002. 10. 1. 위 공사의 현장을 방문한 소외회사의 임직원에게 위 공사의 공기가 촉박하다는 설명과 함께 바닥 미장작업이 마무리된 각 건물동의 1층부터 20층까지에 대하여는 2002. 10. 10.부터 같은 달 30.까지 완공한 후 나머지 상부층은 같은 해 11. 하순부터 시공되어야 한다고 설명하였다.

(다) 원고의 건축부 담당자는 2002. 10. 2. 이 사건 공사계약과 관련하여 소외회사로

384) 본 사건은 상고없이 확정되었다.

하여금 공사금액을 6억 4,000만원을 한 하도급계약서에 기명날인하게 한 후 위 계약서에 대하여 내부품의를 거쳐 원고 대표이사의 결재를 받기로 하였고, 결재가 이루어지면 이를 소외회사에 통보해 주기로 하였다.

(라) 그러나, 이 사건 공사계약에 대한 내부결재 과정에서 원고의 대표이사로부터 원고의 공사예산에 비하여 공사대금이 과다하다는 이유로 최종적인 결재를 받지 못하여 공사계약서를 작성하지 못하게 되었고 이를 소외회사에게 통보하였으며, 원고는 위 공사계약업무를 건축부에서 자재부로 이관한 후 2002. 10. 10.경부터 소외회사와 위 공사대금에 관한 재협의를 하면서 소외회사에게 공사대금 중 2,000만원의 감액을 요구하였으나, 소외회사는 1,000만원의 감액을 주장하면서 원고의 요구를 거부하였다.

(마) 한편, 소외회사는 2002. 10. 7.경 이 사건 공사계약이 체결될 것으로 예상하여 주식회사 동○씨마와 사이에 위 공사의 시공에 필요한 6,748평 상당의 자재(마루판)의 납품계약을 맺었고, 2002. 10. 20.경 원고와의 대금감액에 대한 협의가 이루어지는 상태에서 위 공사의 시공에 필요한 마루접착용 본드를 공사현장에 임의로 반입하였으나, 위 공사를 시작하지는 못하였다.

(바) 그 후 원고는 2002. 10.말경 소외회사와 이 사건 공사대금의 감액에 대한 재협의가 결렬되자, 2002. 10. 31.경 성○기업 주식회사와 이 사건 공사 중 온돌마루공사계약(공사기간 : 2002. 11. 10.부터 12. 10.까지, 공사금액 : 4억 6,549만 5,988원)을, 같은 해 11. 5. 피브이씨(PVC)강화마루공사계약(공사기간 : 2002. 11. 5.부터, 공사금액 : 1억 6,334만 6,898원)을 각 체결한 후 이를 시공하도록 하였으며, 소외회사는 같은 해 11. 중순경 원고의 공사대금 2,000만원 감액요구를 수용하겠다는 의사표시를 하였으나 원고가 이를 거부하였다.

2) 판단

(가) 공사계약은 당사자의 일방이 공사를 완성할 것을 약정하고 상대방이 그 공사결과에 대하여 보수를 지급할 것을 약정하는 도급계약의 일종으로서, 공사대금과 대금 지급시기, 공사기간, 공사의 범위 등은 공사계약에 있어서 객관적으로 본질적인 사항이어서 당사자들 사이에 위와 같은 사항들에 대한 의사의 합치가 있어야만 그 계약이 성립되었다고 할 것이고, 당사자 쌍방이 공사계약서의 내용을 확인하고 상호 서명날인을 한 후 이를 각각 보관하는 것이 일반적이므로, 공사계약을 교섭하는 단계나 계약의 체결단계에서 공사대금 등에 관한 의사의 불일치로 계약서를 작성하지 못하였다면 특별한 사정이 없는 한 그 공사계약이 체결되었다거나 공사의 위탁이 있었다고 할 수 없을 것이다.

(나) 그러므로 살피건대, 위 인정사실에 의하면, 원고는 이 사건 공사에 관하여 소외회사를 협상대상자로 선정하여 공사계약의 체결을 위하여 그 내용과 조건 등에 대한 협의 및 교섭을 하였으나, 공사계약을 체결과정에서 최종적인 결정권한을 가진 원고의 대표이사에 의하여 위 공사계약을 체결하지 아니할 의사를 명백히 함으로써 이 사건 공사에 관하여 소외회사와의 공사계약 교섭 및 계약 체결단계에서 공사대금에 관한 의사가 합치가 이루어지지 아니하여 계약에 이르지 못한 것이라고 할 것이다.

다만, 원고와 소외회사의 실무자들 사이에 2002. 8.경 어느 정도의 공사대금에 대한 협의가 있었으나, 그 공사금액이 확정적인 것이거나 최종적인 것이라고 할 수 없고, 다른 계약조건에 대한 협의가 이루어지지 아니한 상태에서 한 것에 불과하여 그러한 협의만으로 이 사건 공사계약이 구두로 체결되었다고 할 수 없으며, 원고의 대표이사가 공사계약서를 작성하기 직전에 소외회사에게 공사기간의 촉박 등을 이유로 신속하게 공사를 하여야 한다고 설명하였거나 소외회사가 위 공사의 시공에 필요한 자재의 선주문 등을 하였더라도 그러한 설명은 공사계약을 전제로 공기의 준수 등을 요구한 것으로 볼 수 있으며, 위와 같은 자재의 선주문 등도 원고로부터 계약체결에 관한 통보를 받기 전에 이루어진 공사시공을 위한 준비행위에 해당하여 자기의 위험 판단과 책임에 의한 것이어서 그러한 사정만으로 원고와 소외회사 사이에 구두로 공사계약이 체결되었다거나 공사계약의 체결에 따른 시공지시가 있었다고 보기도 어렵다고 할 것이다.

또한 청약은 그에 대한 승낙에 의하여 곧바로 계약의 성립에 필요한 의사합치에 이를 수 있을 정도로 내용적으로 확정적인 의사표시라고 할 것이므로, 소외회사가 원고의 요구에 의하여 공사계약서에 자신의 서명날인을 하였다고 하더라도, 사전에 공사계약체결에 관한 권한을 가진 자들 사이에 공사대금 등 계약내용에 대한 의사의 합치가 이루어져 공사계약서의 작성이 요식적인 행위에 불과하였다고 볼 특별한 사정이 없는 한 위와 같은 행위는 공사계약의 체결의 결정권한을 가진 대표이사의 결재를 받기 위한 계약체결의 준비행위라고 할 것이므로, 소외회사의 공사계약서에 대한 서명날인행위가 원고의 공사계약체결의 청약에 대한 승낙의 의사표시에 해당한다고 할 수도 없을 것이다.

(다) 따라서, 원고와 소외회사 사이에 이 사건 공사에 관한 계약이 체결되었거나 위 공사에 관한 건설위탁이 있었다고 할 수 없고, 그 외에 위 공사에 대한 시공지시가 있었다고 보기도 어렵다고 할 것이므로(다만, 소외회사가 공사계약을 체결하는 단계에서 이 사건 공사계약의 성립을 기대하고 시공에 필요한 자재를 주문하는 등 계약의 이행행위를 준비하였으나, 계약에 이르지 못함으로써 발생한 비용 상당의 손해에 대하여, 원고에게 계약교섭의 부당한 중도파기에 의한 불법행위책임을 물을 수 있는 특별한 사정이 있는지 여부는 여기에서 판단하지 아니한다.), 이를 전제로 한 피고의 이 사건 처분은 위법하다고 할 것이다. ■

차) 일부 부당위탁취소의 경우 과징금 산정기준-계약금액 전체-

원사업자와 수급사업자 사이에 하도급계약이 체결된 후 일부 거래는 정상적으로 이행되고 일부 거래만 부당하게 위탁취소된 경우, 하도급법 제25조의3 제1항에서 규정한 과징금 산정의 기준이 되는 부당 위탁취소로 인한 '하도급대금'은 '위반행위와 관련한 하도급거래의 계약금액 전액'을 의미하는 것이라는 것이 판례의 태도이다(**대법원 2018. 10. 4. 선고 2016두59126 판결[과징금부과처분취소청구의소]**).

-대법원 2018. 10. 4. 선고 2016두59126 판결[385] [과징금부과처분취소청구의소]-

385) 본 사건에서 "사업자와 수급사업자 사이에 하도급계약이 체결된 후 일부 거래는 정상적으로 이행되고 일부 거래만 부당하게 위탁취소된 경우, 부당 위탁취소로 인한 과징금 산정기준이 되는 하도급대금은 <u>전체 하도급대금에서 정상적으로 이행된 부분의 하도급대금을 제외한 부당하게 위탁취소된 부분의 하도급대금이어야 한다</u>."라고 설시한 원심판결(서울고등법원 2016. 10. 20. 선고 2015누56160 판결)을 파기환송하였다.

[에코○바 사례]

【판결이유】

위 각 규정의 체재, 문언 및 내용 등에 비추어 보면, 하도급법 제25조의3 제1항에서 규정한 과징금 산정의 기준이 되는 '하도급대금'은 '위반행위와 관련한 하도급거래의 계약금액 전액'을 의미하는 것으로 보는 것이 옳다. 하도급계약 체결 후 일부는 정상적으로 이행되고 일부 거래만 부당하게 위탁취소되었다고 하더라도, 여기에서 말하는 '하도급대금'이 부당 위탁취소 금액 부분에 한정된다고 볼 수는 없다. 그 이유는 다음과 같다.

(1) 하도급법 제2조 제1항에 따르면, '하도급거래'란 원사업자가 수급사업자에게 제조등의 위탁을 한 경우 그 위탁을 받은 수급사업자가 위탁받은 것을 제조하여 원사업자에게 납품하고 그 대가를 받는 행위이고, '하도급대금'은 하도급거래에서 납품의 대가로 받는 것을 의미한다. 따라서 하도급법 제25조의3 제1항이 정한 '하도급대금' 및 이를 보다 구체적으로 규정한 위 [별표 2] 제1호 나.목의 '계약금액'은 해당 하도급거래에서 위탁에 따른 납품의 대가로 정해진 하도급대금 전액을 의미한다고 보는 것이 문언에 충실한 해석이다.

(2) 위 [별표 2]는 '위반금액의 비율'을 해당 법 위반사건의 하도급대금 대비 법 위반 관련 미지급금액의 비율로 한다고 규정한다[제2호 가.목 3) 나)]. 이에 따르면, 부당 위탁취소의 경우, 부당 위탁취소 금액 부분이 '위반금액'에 해당하게 된다. 이처럼 하도급대금과 위반금액은 별개의 개념으로서 하도급대금은 위반금액의 비율을 정하는 기준이 되므로, 하도급대금은 부당 위탁취소 금액과는 명백히 구별된다. 부당 위탁취소 금액을 하도급대금이라고 새긴다면, 부당 위탁취소의 경우 위반금액의 비율은 언제나 100%가 되므로, 위반금액의 비율에 따라 그 부과점수를 차등적으로 정하고 있는 시행령 [별표 2] 규정의 취지에도 맞지 않는다.

(3) 나아가 과징금 산정기준인 '하도급대금'에 부당 위탁취소 금액뿐만 아니라 정상적으로 대금이 지급된 부분까지 포함된다고 하여 책임주의에 반한다거나 합리적이지 않다고 볼 수는 없다. 과징금 산정의 기준이 되는 하도급대금의 2배는 과징금의 상한임과 동시에 과징금을 산정하는 기초에 불과하고, 여기에 위반금액의 비율 등 여러 사정을 고려하여 과징금 부과율을 정하여 과징금 부과금액을 산정하게 된다. 만일 위반금액의 비율, 위반행위의 수, 위반전력이 적다면 그 상한보다 상당히 낮은 수준에서 과징금액이 결정될 것이다. 따라서 이러한 과정을 거쳐 산정된 과징금을 두고, 정상적으로 대금이 지급된 부분에 대하여 과징금을 부과하는 것이라고 볼 수 없다.

(4) 부당 위탁취소 금액 부분이 전체 하도급대금 중 차지하는 비율이 매우 낮음에도, 최종적으로 산정된 과징금이 이러한 사정을 제대로 반영하고 있지 않는 경우도 물론 있을 수 있다. 그러나 과징금 액수와 위반금액의 규모가 상호 균형을 이루어야 할 필요가 있다고 하더라도, 법령이 일률적으로 정하고 있는 과징금 산정기준과 그 상한을 행위유형별로 달리 해석함으로써 이 문제를 해결할 것은 아니다. 이는 과징금 산정에 관하여 적절한 재량행사를 함으로써 해결할 문제이다. 이와 관련하여 하도급법 제25조의3 제2항이 준용하는 독점규제 및 공정거래에 관한 법률 제55조의3 제1항은 위반행위의 내용과 정도, 기간과 횟수 외에 위반행위로 인하여 취득한 이익의 규모 등도 아울러 참작하도록 규정하고 있고, 만약 위반금액의 규모와 부과된 과징금액이 균형을 상실할 경우에는 비례원칙에 위배되어 재량권 일탈·남용에 해당하게 된다(대법원 2010. 1. 14. 선고 2009두11843 판결 등 참조).

이러한 법리에 따라 살펴보면, 피고가 부당 위탁취소 금액 952,600,000원이 아닌 전체 하도급대금 1,428,900,000원을 기준으로 삼아 과징금을 산정한 조치는 적법하다.
그런데도 원심은 이와 달리, 피고가 전체 하도급대금을 기준으로 과징금을 산정한 조치를 위법하다고 판단하였다. 이러한 원심판결에는 부당한 위탁취소와 관련한 과징금 산정기준의 해석·적용에 관한 법리를 오해하여 판결 결과에 영향을 미친 잘못이 있다. ■

나. 공정거래위원회 심결례

- 원사업자의 수령거부 행위에 대한 시정조치 사례-
공정거래위원회 2015. 6. 1. 의결 2014구사4031 시정조치 및 반복금지명령(한국아이지모타(주)의 불공정하도급거래행위 사례)

[주문]

1. 피심인은 수급사업자인 주식회사 ○○○전선에게 전동기 부품을 제조 위탁하면서 하도급거래 공정화에 관한 법률 제3조 제1항에서 규정하는 서면을 발급하지 아니하는 것과 같은 행위를 다시 하여서는 아니 된다.
2. 피심인은 주식회사 ○○○전선에게 전동기 부품 제조를 위탁한 후, 주식회사 ○○○전선의 책임으로 돌릴만한 사유가 없음에도 불구하고 주식회사 ○○○전선이 제조하여 납품한 전동기 부품의 수령을 거부하는 것과 같은 행위를 다시 하여서는 아니 된다.
3. 피심인은 주식회사 ○○○전선에게 제조 위탁한 전동기 부품을 주식회사 ○○○전선이 납품하였음에도 불구하고 수령하지 아니하고 있는 전동기부품 N2760 1009 물품 7,000개를 지체 없이 수령하여야 한다. 다만, 불가피한 사유가 발생하여 동 물품을 수령할 수 없는 경우에는 주식회사 ○○○전선이 동 물품을 납품함으로써 통상적으로 기대할 수 있는 수익을 주식회사 ○○○전선과 합의하여 주식회사 ○○○전선에게 지급하여야 한다.

[이유]-행위사실 및 위법성 판단

• (가) 행위사실 <u>**나. 부당한 수령거부 행위**</u>

피심인은 2012. 9. 27. ~ 2013. 1. 30.의 기간 중 수급사업자인 ㈜○○○전선에게 제조 위탁한 전동기 부품 N2760 1009 품목 45,000개에 대하여 ㈜○○○전선이 목적물을 제조하여 2013. 2. 28. ~ 2013. 8. 20.의 기간 중 피심인에게 수령을 요구하였으나, 38,000개만 수령하고 나머지 7,000개는 수령을 거부한 사실이 있다.

2) 관련 법규정

하도급거래 공정화에 관한 법률[386] 제8조

• (나) 위법성 판단- (2) 수급사업자의 책임으로 돌릴 사유가 있는지 여부

피심인은 발주서 하단에 "신규 발주시 전월 발주잔량이 자동소멸 된다"는 문구가 기재된 점 및 ㈜○○○전선이 N2760 1009 품목 7,000개를 발주서에 기재된 공급예정일 내에 납품하지 아니한 점을 들어 이 사건 수령거부 행위에 정당한 사유가 있다고 주장한다. 그러나 다음 사항을 고려할 때, 피심인의 주장은 이 사건 수령거부 행위에 대한 수급사업자의 책임으

386) 2012.6.1. 법률 제11461호로 개정된 것을 말한다.

로 돌릴 만한 사유로 보기 어렵다.

우선, 피심인이 ㈜○○○전선과 거래한 전체 13개 품목 중 N2760 1009 품목을 제외하고는 신규로 발주할 때에 전월 미입고된 물량을 소멸한 사실이 없다. 특히 ㈜○○○전선과 거래한 총 13개 품목 중 10개 품목의 경우에는 2012. 12. 18. ㈜○○○전선과 미입고된 물량을 협의·확정한 후 이를 반영하여 자동 소멸 없이 모두 수령하였고, 피심인 스스로도 발주서에 기재된 자동 소멸에 관한 내용은 형식적인 것으로서 실제로는 적용하지 아니하였다고 인정한 사실 등을 모두 고려할 때, 이 사건 수령거부행위는 그동안 피심인이 ㈜○○○전선과 거래한 방식 내지 사정 등을 고려하지 아니하고 일방적으로 결정한 것으로 인정된다.

다음으로 피심인은 ㈜○○○전선에게 제조 위탁한 전동기 부품에 대한 납품기간을 통상적으로 4주로 정하였음에도 불구하고 N2760 1009 품목에 대해서는 2012. 12. 18. ~ 2013. 1. 30.의 기간 중에 이루어진 발주 4건 중 3건의 납품기간을 14일에서 21일로 짧게 정하였고, 납품지연 책임에 관한 약정이 사전에 체결된 사실이 없으며, 실제 ㈜○○○전선이 공급예정일을 준수하지 않은 경우에 있어서 이를 이유로 피심인이 지체상금을 부과하거나 수령을 거부한 사례도 없는 것으로 확인된다.

이러한 사실들을 모두 고려할 때, <u>피심인이 주장하는 목적물 수령 거부의 사유는 수급사업자에게 파산·회생절차 신청 등 경영상의 중대한 사유가 발생하여 계약내용을 정상적으로 이행할 수 없거나 수급사업자가 계약내용을 위반하여 계약목적을 달성할 수 없는 경우 등과 같은 정당한 사유에 해당된다고 볼 수 없다</u>.

4) 소결

피심인의 위 2. 나. 1)의 행위는 수급사업자인 ㈜○○○전선의 책임으로 돌릴 사유가 없음에도 불구하고, 목적물 납품에 대한 수령을 거부한 행위로 하도급법 제8조 제1항에 위반된다.

3. 처분

피심인의 위 하도급거래에 관한 서면 미발급 행위 및 부당한 수령거부 행위에 대하여 향후 이와 유사한 위반행위가 재발되지 아니하도록 하도급법 제25조 제1항에 따라 향후 금지명령을 부과한다.

아울러 피심인이 수령을 거부하고 있는 전동기 부품 N2760 1009 품목 7,000개를 수령하도록 하는 명령을 내리고, 피심인이 불가피하게 수령할 수 없는 경우에는 (주)○○○전선이 동 전동기 부품을 납품함으로써 통상적으로 기대할 수 있는 수익을 (주)○○○전선과 합의하여 ㈜○○○전선에게 지급할 것을 명령한다.

4. 결론

피심인의 위 2. 가. 및 2. 나. 의 행위는 하도급법 제3조 제1항 및 제8조 제1항에 위반되므로 하도급법 제25조 제1항을 적용하여 주문과 같이 의결한다. ■

[참조 사례]

- 원사업자의 수령증명서 미발급 행위에 대한 시정조치 사례-

공정거래위원회 2015. 6. 9. 의결 2013구사3129 시정조치 및 반복금지명령(한국아이지모타(주)의 불공정하도급거래행위 사례)

[주문]

1. 피심인은 수급사업자인 주식회사 ○○○○○산업 및 주식회사 ○○에게 워킹 빔 프레임(Walking Beam Frame) 등 산업기계설비를 제조위탁하면서 '하도급거래 공정화에 관한 법률' 제3조 제1항 및 제2항, 같은 법 시행령 제3조에서 규정하고 있는 법정기재사항이 누락된 서면을 발급하거나 서면을 지연 발급하는 것과 같은 행위를 다시 하여서는 아니 된다.
2. 피심인은 수급사업자인 주식회사 ○○○○○산업 및 주식회사 ○○에게 워킹 빔 프레임(Walking Beam Frame) 등 산업기계설비에 대한 제조를 위탁함에 있어, 목적물의 납품이 있는 때에 수령증명서를 발급하지 아니한 것과 같은 행위를 다시 하여서는 아니 된다.

[이유]-행위사실 및 위법성 판단

• (가) 행위사실 **나. 수령증명서 미발급 행위**

피심인은 2012. 5. 22. ~ 2013. 2. 8.의 기간 중 ○○○ 및 ○○에게 'W/B Frame'등 총 4건의 산업기계설비를 제조위탁하면서, 아래 <표 6>과 같이 ○○○ 및 ○○로부터 목적물을 약 270회에 걸쳐 수령하였음에도 불구하고, 하도급법 제8조 제2항에서 규정하는 수령증명서를 발급하지 아니하였다.

2) 관련 법 규정-하도급거래 공정화에 관한 법률 제8조(부당한 위탁취소의 금지 등)

3) 위법성 판단

가) 위법성 성립요건

하도급법 제8조 제2항에 따르면 원사업자는 목적물 등의 납품이 있는 때에는 그 목적물 등에 대한 검사 전이라도 즉시 수령증명서를 수급사업자에게 발급하도록 규정하고 있다.

나) 위법요건에 해당되는지 여부

피심인은 ○○○ 및 ○○로부터 위 <표 6>과 같이 약 270회에 걸쳐 목적물을 수령하면서 하도급법 제8조 제2항에서 규정하는 수령증명서를 ○○○ 및 ○○에게 발급하지 아니하였으므로, 이러한 피심인의 행위는 법 제8조 제2항의 규정에 위반된다.

이와 관련하여 피심인은 ○○○ 및 ○○가 수령증명서를 요구한 때에는 피심인 자신이 발주자 ㈜○○○건설 등으로부터 받은 수령증명서의 사본을 발급한 점을 들어, 별도로 ○○○ 및 ○○에게 수령증명서를 발급할 필요가 없다고 주장한다.

그러나 피심인이 ○○○ 및 ○○로부터 받은 목적물 중 정상 수령분을 근거로 총 계약금액을 일정 비율로 나누어 그 대가를 지급하여 왔던 점으로 볼 때, 수령증명서에는 수령 목적물에 대한 대가를 확정하기 위한 수령일, 납품중량, 기타 납품 상세내역 등이 기재되어 있어야 하나 발주자로부터 받은 수령증명서의 사본에는 이러한 내역이 기재되어 있지 아니하므로, 피심인의 위 주장은 받아들일 수 없다.■

하도급계약 체결 후 수급사업자의 귀책사유가 없음에도 불구하고 건설공사공정의 부진을 이유로 계약을 해제한 사례에서 **하도급법 제8조 위반**이라는 재결이 있다(부당한 위탁취소 사례).

[참조 사례]

- 건설공사하도급계약 체결 후 이행과정에서 수급사업자의 귀책사유없는 상태에서

부당한 이유를 들어 해제함은 부당한 위탁취소로서 하도급법 제8조 제1항 제1호 에 해당한다는 이유로 원사업자에 대하여 시정조치를 부과한 사례-
공정거래위원회 2013. 12. 4. 의결 2012광사2395 시정조치[(유)한흥건설의 불공정 하도급거래행위 사례)

[주문]

피심인은 ○○가 발주한 '태풍피해공사 중 시설물유지관리공사'를 수급사업자인 주식회사 ○○에게 건설위탁한 후, 수급사업자인 주식회사 ○○의 책임으로 돌릴 만한 사유가 없음에도 불구하고 임의로 건설위탁을 취소하는 것과 같은 행위를 다시 하여서는 아니 된다.

[이유]

- (가) 행위사실

피심인은 본 건 하도급 공사와 관련하여 공정 지연의 사유로 발주자인 ○○의 요청에 따라 2012. 7. 11. ○○ 면회실에서 피심인과 발주자 그리고 수급사업자 ○○이 모여 공정만회 대책회의를 하였고, 2012. 7. 13.에는 같은 장소에서 3자가 다시 모여 수급사업자 ○○이 이미 제출한 "부진공정만회계획서"에 대해 논의한 바 있다.

이후 피심인과 수급사업자 ○○은 발주자로부터 "부진공정만회계획서"의 세부적 내용을 보완하여 2012. 7. 16.까지 제출하도록 요청받았고, 이와 관련하여 수급사업자 ○○은 2012. 7. 15. 피심인에게 "콘크리트타설세부계획서"를 이메일로 송부하였으나, 피심인은 2012. 7. 17. 수급사업자 ○○에게 계약해지를 통지하여 이 사건 하도급 건설공사의 위탁을 취소하였다.

[이유]-위법성 판단

- (가) 관련 법 규정- 하도급법 제8조(부당한 위탁취소의 금지) 제1항 제1호

가) 피심인의 위탁 취소에 대한 수급사업자 ○○의 책임 여부

피심인은 피심인이 2012. 7. 17. 공사 위탁을 취소한 것은 수급사업자 ○○에 다음과 같은 귀책사유가 있다고 주장하므로 살펴보기로 한다.

먼저, 피심인은 수급사업자 ○○에게 공사세부계획에 대하여 2012. 7. 14. 까지 보완 및 시행하도록 하였으나 수급사업자 ○○은 2012. 7. 17.까지 제출하지 아니하였으며, 2012. 7. 16. 날씨가 양호함에도 근로자, 자재 및 설비를 선적하는 등 출항 준비를 하지 않고 출항을 회피하는 등 귀책사유가 있다는 취지로 주장한다.

그러므로 살피건대, 피심인의 현장관리인인 송○○이 수급사업자 ○○의 현장대리인인 ○○○에게 보낸 2012. 7. 15. 및 같은 달 16. 이메일에 의하면, 수급사업자 ○○은 2012. 7. 15. 피심인에게 '콘크리트타설세부계획서'를 제출하였으며 이에 대해 피심인은 7. 15. 과 7. 16. 두 차례에 걸쳐 수급사업자 ○○에게 이메일로 '직도투입준비사항'과 '직도투입자재재송신' 등 수급사업자 ○○이 준비해야 할 자재목록을 송부한 사실이 인정되므로, 수급사업자 ○○이 공사세부계획에 대하여 보완 및 시행하지 않았다는 피심인의 주장은 이유가 없다.

한편 수급사업자 ○○이 7. 13. 피심인과 발주자에게 제출한 "부진공정만회계획서"에 따르면 공사재개는 2012. 7. 17.에 하는 것으로 되어 있고, 2012. 7. 10. 수급사업자 ○○이 콘크리트 타설 도중 풍랑주의보 때문에 잠시 군산항으로 피항한 점, 피심인이 2012. 7. 15. 과 7. 16. 두 차례에 걸쳐 수급사업자 ○○에게 송부한 '자재 투입현황 파악'을 보면 시멘트,

골재, 죽통, 합판, 철근, 비계파이프, 유로폼 등의 재고량이 확보되어 있어 출항준비 시간이 많이 소요되지 아니하는 점, 여기에 더하여 피심인이 2012. 7. 20. 발주자에게 기상악화를 사유로 공기 연장을 신청한 자료인 다음 <표3>의 '준공기한 연기원(발췌)'[387]을 보면 2012. 7. 10. 풍랑주의보 및 7. 13. ~ 7. 15. 호우주의보, 7. 18. ~ 7. 19. 태풍주의보 등으로 공기연장을 요청한 점을 고려할 때, 피심인도 기상악화로 준공기한내 공사 진행이 어렵다는 것을 인정하고 있는 점을 감안하면, 위 기간에 수급사업자 ○○이 출항준비를 하지 아니하고 출항을 거부하였다며 그 위탁을 취소한 것에 정당한 사유가 있다하기 어렵다.

<표3> 준공기한 연기원(발췌)

공기연장사유	기상악화일 및 기간	연장요청기간
풍랑주의보	2012. 7. 10	2
호우주의보	2012. 7. 13 ~ 7. 15.	4
태풍(카눈)	2012. 7. 18 ~ 7. 19.	3

다시 피심인은 수급사업자 ○○과 거래한 업체들과 피심인 사이의 합의서를 근거로[388], 수급사업자 ○○이 공사 관련 업체들에게 대금을 미지급하여 피심인의 위탁계약 취소 이전에도 자재 및 설비공급을 거부하는 등 공사참여를 거부하여 더 이상 공사 진행이 어려운 상황이었다고 주장하나, 수급사업자 ○○과 거래처의 임대차 계약 상 대금지급 조건[389]을 살펴보면 월 마감 후 25일 또는 30일 내에 결제하기로 되어 있어 피심인이 공사 위탁을 취소한 2012. 7. 17.에는 6, 7월 수급사업자 ○○의 거래처에 대한 대금 변제 기한이 아직 도래하지 아니한 것으로 보이며, 위 합의서에 동의를 한 주요 업체들도 피심인이 수급사업자 ○○과의 계약해지 후 직접 공사를 하는 것으로 알고 수급사업자 ○○과의 거래에서 발생한 대금을 피심인으로부터 지급받는 조건으로 합의서에 동의하였다고 진술하고 있으므로 2012. 7. 17. 계약해지 전부터 공사 관련 업체들이 공사참여를 거부하였다는 주장은 그 신빙성이 없다.

마지막으로 피심인은, 공사예정공정에 의한 콘크리트 타설 완료일인 2012. 7. 5.이 경과되었음에도 공사 진행율이 52%밖에 되지 아니하여 준공기한인 2012. 7. 30.까지 이 사건 공사의 준공이 불가능한 상황이었으므로 피심인의 이 사건 위탁 취소에 정당한 사유가 있다는 취지로 주장하므로 살피건대, 수급사업자 ○○이 피심인으로부터 건설위탁받은 강관주 보호공사는 피심인의 기존 시설물 제거공사가 완료된 이후 시공할 수 있는데 첫째, 발주자의 사정으로 착공일자가 2012. 2. 24.에서 2012. 3. 31.로 변경된 점, 둘째, 작업일보에 따르면 피심인의 제거공사가 당초 완료 예정일인 2012. 4. 5.보다 1개월이 지난 2012. 5. 3.에 마무리되었던 점, 셋째, 2012. 7. 13. 발주자와의 회의에서 공기연장에 대한 논의가 있었고 이후 발주자로부터 공기연장이 가능하다는 답변이 있었던 점 등을 감안하면, 변경예정공정표

387) 발주자가 위의 신청원에 대해 원안대로 승인하여 준공기일이 2012. 7. 30에서 2012. 8. 17로 연장되었다.

388) 2012. 7. 24.에 작성된 수급사업자 ○○와 거래한 업체들의 대표인 (유)○○과 피심인 사이 합의서에는 (유)○○ 등이 수급사업자 ○○로부터 지급받지 못한 외상대금을 158,700천 원으로 합의하고, 합의금 중 99,671천 원을 피심인이 현금으로 지급하며 나머지 59,029천 원은 준공 후 발주처로부터 공사비를 수령 후 지급하기로 한다. 단, (유)○○ 등은 이 건 공사가 원만히 완료되도록 협조한다는 등의 내용이 규정되어 있다.

389) 선박 임대차 계약서에는 "제9조 대금 지불방법 가. 을(선박임차인)은 전조에 의거하여 산정된 사용료를 월 마감 후 25일 안에 현금지급 한다."고 규정되어 있다. 그리고 건설장비 임대차 시에는 다음 달 말일까지 지급하는 것을 구두로 약정하였다는 것을 수급사업자 ○○의 거래 상대방이 확인해 주었다.

상의 콘크리트 타설 기한이 2012. 7. 5.보다 연장되어야 할 것이고 피심인이 사실과 일치하지 않는 변경예정공정표 상의 콘크리트 타설 기한 미준수만을 주장하며 일방적으로 계약을 해지하는 것은 부당하다고 판단된다.

가사, 수급사업자 ○○이 준공기한 2012. 7. 30.까지 콘크리트 타설을 끝내지 못할 것으로 판단되더라도 피심인은 하도급계약서 제25조 제1항[390]에 따라 상당한 기간을 정하여 계약의 이행을 최고한 후 수급사업자 ○○이 이를 이행하지 아니하였을 때 계약을 해지하는 것이 타당함에도, 공사 계약기간이 아직 남아 있었고 발주자와 공기연장에 대한 논의가 진행중인 상황에서 수급사업자 ○○과 사전 협의 없이 일방적으로 계약해지를 한 피심인의 행위는 협력관계에 있는 상대방에 대한 신의칙에 반한다고 할 것이다.

이와 같은 제반 사실 및 정황을 종합적으로 감안할 때, 피심인이 2012. 7. 17. 계약해지 공문에 적시하고 있는 수급사업자 ○○의 책임은 사실과 다르므로 수급사업자 ○○의 책임으로 돌릴 사유가 없음에도 불구하고 계약을 해지한 것으로 판단된다.

나) 피심인이 위탁을 임의로 취소하였는지 여부

피심인은 구두로 수급사업자 ○○과 협의한 후 계약해지 통보를 하였다고 주장하지만 이를 뒷받침하는 객관적인 자료를 제출하지 못하고 있고, 계약해지 하루 전인 2012. 7. 16.까지 피심인의 현장관리인 송○○이 수급사업자 ○○의 현장대리인 ○○○에게 공사 관련 자료를 송부한 사실로 볼 때 피심인의 주장은 설득력이 없다.

3) 소결

피심인의 위 행위사실 기재 건설위탁 취소행위는 수급사업자 ○○의 책임으로 돌릴 사유가 없는 경우임에도 건설위탁을 임의로 취소한 행위에 해당하므로 하도급법 제8조 제1항 제1호를 위반한 것으로 인정된다.

[이유]-처분 -금지명령

피심인의 부당한 위탁취소행위로 인하여 수급사업자의 피해가 우려되므로 당해 법위반행위와 동일 또는 유사한 행위의 재발방지를 위하여 하도급법 제25조 제1항을 적용하여 향후 금지명령을 한다.

피심인의 위 2.의 행위는 하도급법 제8조의 규정에 위반되므로, 하도급법 제25조의 규정을 적용하여 주문과 같이 의결한다.■

다. 질의회신

문】 자동차부품 제조업자가 자동차부품의 가공을 수급사업자에게 위탁하였으나, 지정된 납기일에 납품하려고 하는 수급사업자에게 원사업자의 판매부진을 이유로 수령을 거부하여 한 두달 후에 납품하도록 함으로써 재고조정을 하는 경우의 위법성 여부

답】 이미 제조위탁의 목적물이 완성된 상태에서 원사업자의 사정에 의한 수령거부는 하도급법에서 금지하는 부당한 수령거부에 해당함. ■

---

390) 하도급계약서 제25조(계약해제,해지) ① 갑 또는 을은 다음 각호의 1에 해당하는 경우 서면으로 상당한 기간을 정하여 계약의 이행을 최고한 후 동 기간 내에 계약이 이행되지 아니하는 때에는 당해 계약의 전부 또는 일부를 해제 또는 해지할 수 있다.

1. 갑 또는 을이 계약조건에 위반하여 그 위반으로 계약의 목적을 달성할 수 없다고 인정될 때

문】 수급사업자가 납품계약일보다 조기 생산하고, 보관상의 어려움을 제기하여 상호협의하에 상품 보관 목적으로 조기 입고를 받은 경우 ① 하도급법상 조기 입고일을 납품기산일로 보아야 하는지 아니면 ② 계약상의 납품일을 기산일로 보아야 하는지

답】 하도급법상 납품기산일은 제8조 제3항의 규정에 비추어 보아 원사업자가 목적물을 받아 사실상 자기 지배아래 두게 되는 때를 말하고 있음. 이는 질의내용 중 조기 입고일에 해당되는 것으로 판단되며, 다만 수급사업자에게 책임을 돌릴 사유가 명백히 입증되는 경우에는 계약상 납품일을 기산일로 보아도 무방한 것으로 사료됨. ■

문】 건설공사의 표준하도급계약서상 권리의무의 양도조항에 대하여 공사를 목적으로 현장에 재료를 반입한 뒤, 인수증 및 확인서를 발급받지 않았고, 또한 세금계산서를 발행하지 않은 경우에 대하여 목적물 반입으로 간주되는지에 대한 질의

답】 하도급법에서 규정한 『목적물의 수령』이라 함은 수급사업자가 납품한 목적물을 받아 사실상 원사업자의 지배아래 두게 되는 것을 말하며, 다만 이전이 곤란한 목적물의 경우에는 검사를 개시한 때를 수령한 때로 보고 있음.

○ 따라서 수급사업자가 공사를 목적으로 현장에 재료를 반입한 후 원사업자로부터 인수증 및 확인서를 받지 않았고, 또한 세금계산서를 발행하지 않은 경우라도 상기 사실에 대한 입증이 되면 『목적물의 수령』으로 간주될 수 있을 것임. ■

V. 부당반품의 금지

1. 관련 법령(법10조)

하도급법 제10조에서는 '부당반품 금지'를 규정하고 있고, 공정거래위원회는 '부당한 위탁취소, 수령거부 및 반품행위에 대한 심사지침'을 제정(2013. 11. 29.자부터 시행)하여 2016. 11. 24.자로 개정(공정거래위원회예규 제262호)되어 현재에 이르고 있다[391].

- 하도급법-

제10조(부당반품의 금지) ① 원사업자는 수급사업자로부터 목적물등의 납품등을 받은 경우 수급사업자에게 책임을 돌릴 사유가 없으면 그 목적물등을 수급사업자에게 반품(이하 "부당반품"이라 한다)하여서는 아니 된다. 다만, 용역위탁 가운데 역무의 공급을 위탁하는 경우에는 이를 적용하지 아니한다.

② 다음 각 호의 어느 하나에 해당하는 원사업자의 행위는 부당반품으로 본다.

1. 거래 상대방으로부터의 발주취소 또는 경제상황의 변동 등을 이유로 목적물등을 반품하는 행위
2. 검사의 기준 및 방법을 불명확하게 정함으로써 목적물등을 부당하게 불합격으로 판정하여 이를 반품하는 행위
3. 원사업자가 공급한 원재료의 품질불량으로 인하여 목적물등이 불합격품으로 판정되었음에도 불구하고 이를 반품하는 행위
4. 원사업자의 원재료 공급 지연으로 인하여 납기가 지연되었음에도 불구하고 이를 이유로 목적물등을 반품하는 행위

[전문개정 2009.4.1.]

2. 내용

가. 의의 및 취지

하도급법 제10조는 수급사업자의 귀책사유가 없는 한 원사업자는 목적물 수령 후 반품하는 것을 금지하고 있다. 특히 동조는 부당반품에 대하여 간주규정의 형식으로 규정하고 있는 것이 특징이다.

---

391) 이로 인하여 종래 법제8조와 관련된 공정화지침 8. 부당한 수령거부의 금지 규정은 2013.11.29.자로 폐지하였다.

나. 주요 내용

하도급법 제10조는 반품행위를 금지 하고 있다. 하도급목적물에 하자의 존재 등 수급사업자에게 책임을 돌릴만한 사유가 없는 한 반품할 수 없고 반품하는 경우 부당반품이다. 따라서 반품의 정당한 사유 즉 수급사업자의 귀책사유의 존재에 대해서는 원사업자가 입증책임을 부담한다(**원사업자의 입증책임**).

특히 하도급법 제10조 제2항은 부당반품으로 간주하는 조항을 규정하고 있으므로 이에 해당하는 경우 불법으로 간주된다고 할 것이다(**원사업자의 반증을 통한 항변 금지**).

동 규정에 위반한 경우 시정조치(법 제25조 제1항), 과징금(법제25조의3 제1항 제3호), 또는 벌금(법제30조 제1항 제1호)에 처하게 된다. 특히 동규정의 위반은 발생한 손해의 3내 이내의 손해배상책임을 진다(법 제35조 제2항 징벌적 손해배상).

3. 부당한 위탁취소, 수령거부 및 반품행위에 대한 심사지침

-([시행 2019. 11. 29.] [공정거래위원회예규 제332호, 2019. 11. 28., 폐지제정])-

부당한 위탁취소, 수령거부 및 반품행위에 대한 심사지침

[시행 2019. 11. 29.] [공정거래위원회예규 제332호, 2019. 11. 28., 폐지제정]

Ⅰ. 목적

이 심사지침은 「하도급거래 공정화에 관한 법률(이하 "법"이라 한다)」 제8조(부당한 위탁취소의 금지 등) 및 **제10조(부당반품의 금지)**의 규정의 운용과 관련하여 법령의 내용을 보다 구체적이고 명확하게 규정함과 아울러 불공정 하도급거래 행위에 해당될 수 있는 사례를 예시함으로써, 법 위반행위를 예방하고 법 집행기준을 명확히 하여 공정한 하도급거래질서 확립에 이바지 하는데 그 목적이 있다.

이 심사지침은 원사업자의 부당한 위탁취소, 수령거부 및 반품행위 중에서 공통적이고 대표적인 사항을 중심으로 규정하였으므로 이 지침에 열거되지 아니한 사항이라고 하여 법 제8조 및 제10조에 위반되지 않는 것은 아니다.

Ⅱ. 용어의 정의

1. "**위탁의 취소**"라 함은 원사업자가 수급사업자에게 제조(가공위탁을 포함한다. 이하 같다)·수리·건설 또는 용역의 위탁(이하 "제조 등의 위탁"이라 한다)을 한 후 임의로 다음 각 목의 행위를 하는 것을 말한다.

가. 제조 등의 위탁을 취소(해제·해지를 포함한다. 이하 같다)하는 행위

나. 위탁을 할 때 정한 발주량, 사양 등 위탁한 내용을 변경(해제·해지를 포함한다. 이하 같다)하는 행위

2. "**수령의 거부**"라 함은 원사업자가 제조 등의 위탁을 한 후 수급사업자가 목적물 등을 원사업자에게 납품·인도 또는 제공(이하 "납품 등"이라 한다) 하는 시기 및 장소에서 목적물 등의 수령 또는 인수를 거부하거나 지연하는 행위를 말한다. 다만, 원사업자가 용역위탁 가운데 역무의 공급을 위탁한 경우는 제외한다.
3. "**반품**"이라 함은 원사업자가 수급사업자로부터 목적물 등을 수령 또는 인수한 후에 형식에 상관없이 수령 또는 인수한 목적물 등을 수급사업자에게 되돌려 보내는 모든 행위를 말한다. 다만, 원사업자가 용역위탁 가운데 역무의 공급을 위탁한 경우는 제외한다.
4. 위 1. 및 2.에서 **위탁의 시점**은 원칙적으로 원사업자가 수급사업자에게 제조 등의 위탁을 하는 시점을 말한다.
다만, **계속적 거래계약**처럼 하도급거래가 빈번하여 대금결제·운송·검수·반품 등의 거래조건, 규격·재질,제조공정 등과 관련된 일반적인 내용을 기본 계약서에 담고, 납품 등의 수량·단가·시기·장소 등 직접적이고 구체적인 발주내용은 특약서 또는 발주서 등으로 위임하여 발주가 이루어지는 경우에는 해당 특약서 또는 발주서가 수급사업자에게 통지되는 시점을 원칙적으로 위탁의 시점으로 본다.
예를 들면, 계속적 거래계약에서 생산계획 수립, 위탁 및 입고 등 일련의 과정이 전산시스템인 전사적 자원관리시스템(Enterprise Resource Planning, ERP)을 통해 관리되는 경우로서 주별 또는 월별 단위의 예상물량통보(Forecast, FO), 납품 등의 수량·단가·시기·장소 등이 기재된 발주(Purchase Order, PO), 납품지시(Delivery Order, DO) 등이 순차적으로 이루어지는 경우에는 원칙적으로 발주(PO) 내용이 수급사업자에게 통지되는 시점을 위탁의 시점으로 본다. 다만, 가령 계속적 거래계약 기간 중 원사업자의 사양변경·생산계획 변경·모델단종 등을 이유로 위탁이 중단된 경우로서 해당 목적물 등의 종류 및 특성, 거래규모, 해당수급사업자의 생산능력, 제조 등의 공정 및 공법, 계속적 거래계약의 내용, 거래조건의 동일성, 해당 수급사업자와의 거래유지기간, 관련 산업의 특성 및 시장상황, 정상적인 거래관행 등을 종합적으로 고려할 때 사실상 납품 등의 수량·단가 등이 발주(PO) 시점 이전에 결정되는 것으로 인정되는 경우에는 그 시점을 위탁의 시점으로 본다.

Ⅲ. 부당한 위탁취소, 수령거부 및 **반품행위**에 대한 심사기준

3. **부당반품** (법 제10조 제1항 및 제2항)

가. **대상행위**
법 제10조의 "부당반품"이라 함은 원사업자가 수급사업자로부터 목적물 등을 수령한 후에 수급사업자에게 책임을 돌릴 사유가 없음에도 불구하고 그 형식에 상관없이 수령한 목적물 등을 수급사업자에게 되돌려 보내는 행위를 총칭한다. 다만, 용역위탁 가운데 역무의 공급을 위탁한 경우는 제외한다.

나. **위법성의 판단기준**

(1) 부당반품의 위법성은 원사업자가 수급사업자에게 책임을 돌릴만한 사유가 없음에도 불구하고 목적물 등을 반품한 것인지 여부를 중심으로 판단하되 위탁계약 체결 및 반품의 경위, 반품한 목적물 등의 범위, 계약이행 내용과 위탁할 때의 반품조건, 검사방법, 반품에 따른 손실의 분담, 목적물 등의 수령부터 반품까지의 기간 등 여러 사정을 종합적으로 고려한다.

(2) "수급사업자의 책임으로 돌릴 사유"란 수급사업자의 귀책사유로 수급사업자가 납품 등을 한 목적물 등이 원사업자가 위탁한 내용과 다르거나 목적물 등에 하자 등이 있고 이로 인해 계약목적을 달성할 수 없는 경우를 말한다.

다. 부당반품 행위의 예시
부당한 반품행위를 예시하면 다음과 같다.

<예시 1> 원사업자가 수급사업자가 위탁내용대로 제조·수리·시공 또는 용역하여 납품 등을 한 목적물 등에 대해 발주자·외국수입업자 등 거래상대방으로부터의 발주취소·발주중단, 발주자·외국수입업자·고객의 클레임, 원사업자의 생산계획 변경·사양변경·모델단종·판매부진·재고증가·보관장소 부족 또는 소비위축·경제상황 변동 등 수급사업자의 책임과는 무관하여 정당성을 가지지 못하는 사유로 반품하는 행위
(법 제10조 제2항 제1호의 거래 상대방으로부터의 발주취소 또는 경제상황의 변동 등을 이유로 목적물 등을 반품하는 행위)

(참조사례)
① 불경기에 따른 소비위축으로 의류의 판매가 부진하자 이들 의류를 수급사업자에게 반품한 경우
② 원사업자가 수급사업자로부터 수령한 방송 영상물을 일정기간 계속적으로 방송할 예정이었지만, 시청률이 하락한 것을 이유로 방송을 중단하고 방송 영상물이 기록된 매체(CO-ROM, USB, 플로피디스크)를 반품한 경우

<예시 2> 검사기준·방법을 정하지 아니하거나 검사기준·방법을 정하였으나 그 내용이 불분명한 상황에서 원사업자가 통상의 기준보다 높은 검사기준을 적용하거나 일방적으로 정한 검사기준을 적용하는 등 정상적인 거래관행에 비추어 볼 때 공정·타당하지 아니한 검사기준·방법을 사용하여 목적물 등을 불합격으로 판정하고 반품하는 행위
(법 제10조 제2항 제2호의 검사의 기준 및 방법을 불명확하게 정함으로써 목적물 등을 부당하게 불합격으로 판정하여 이를 반품하는 행위)

(참조사례)
완구제품의 제조를 위탁하면서 안전규경에 대해 특별한 요청이 없어 국내 안전규격에 맞추어 제조·납품하였는데, 원사업자가 EU 안전규격에 미치지 못한다는 이유로 불합격시키고 반품한 경우

<예시 3> 검사 결과 목적물 등이 불합격품으로 판정된 이유가 수급사업자의 책임보다는 원사업자가 공급한 원자재·부자재, 건축자재 등 원재료의 품질불량으로

인한 것임에도 수급사업자에게 그 책임을 물어 반품하는 행위
(법 제10조 제2항 제3호의 원사업자가 공급한 원재료의 품질불량으로 인하여 목적물 등이 불합격품으로 판정되었음에도 불구하고 이를 반품하는 행위)

(참조사례)
원사업자가 공급한 원단의 품질 불량으로 인해 납품한 방수의류의 방수성능이 검사기준 미만일 수 밖에 없음이 확인되었음에도 이들 방수의류를 반품한 경우

<예시 4> 수급사업자의 목적물 등의 제조 등을 위해 원사업자가 자신이 공급하기로 되어 있는 원자재·부자재, 건축자재 등을 지연하여 공급함으로써 수급사업자가 납기 내 납품 등이 곤란하였음에도 수급사업자에게 그 책임을 물어 반품하는 행위
(법 제10조 제2항 제4호의 원사업자의 원재료 공급 지연으로 인하여 납기가 지연되었음에도 불구하고 이를 이유로 목적물 등을 반품하는 행위)

(참조사례)
원사업자가 밸런타인데이를 겨냥하고 초콜릿 제품의 제조를 위탁하면서 카카오 페이스트를 1.24.까지 공급하기로 하였으나 2주일 후인 2.7.에 공급함으로써 2.10. 납기를 지키지 못하고 2.13.납품하자 납기를 준수하지 않아 초콜릿 제품의 유통과 판매가 어렵다는 이유로 반품한 경우

<예시 5> 원사업자가 수급사업자 이외의 제3자에게 검사를 위탁한 경우로서 수급사업자가 제3자의 검사를 필하여 납품하였음에도 이를 반품하는 행위

(참조사례)
수급사업자가 원사업자와 위수탁계약을 할 때 정한 검사기관에서 검사를 필하고 납품을 하였음에도 원사업자가 다른 검사기관에서 다시 검사를 받고 납품할 것을 요구하면서 반품한 경우

<예시 6> 수급사업자의 납기지연이 있었으나 원사업자가 이를 용인한 객관적인 사실이 있었음에도 목적물 등을 수령한 후 납기지연을 이유로 반품 하는 행위

(참조사례)
수급사업자가 원자재의 일시적인 품귀현상으로 인하여 약정물량의 1/2에 대해 납기를 3개월 연장해 줄 것을 요청하고 원사업자가 이를 양해하여 수급사업자가 연장된 납기에 맞추어 납품하였으나 그 사이 유행이 바뀌어 완제품의 판매가 부진하자 원사업자가 당초 납기를 지키지 않았다는이유로 일방적으로 해당 수급사업자의 목적물을 반품한 경우

<예시 7> 목적물 등의 하자에 대한 책임소재가 분명하지 않음에도 원사업자가 목적물 등의 하자에 대한 책임을 수급사업자가 전적으로 부담할 것을 요구하면서 반품하는 행위

Ⅳ. 유효기간
이 지침은 「훈령·예규 등의 발령 및 관리에 관한 규정」(대통령훈령 제394호)에 따라 이 지침을 발령한 후의 법령이나 현실 여건의 변화 등을 검토하여야 하

는 2022년 11월 28일까지 효력을 가진다.

부칙

제1조(시행일) 이 지침은 2019년 11월 29일부터 시행한다.

제2조(종전 예규의 폐지) 종전 「부당한 위탁취소, 수령거부 및 반품행위에 대한 심사지침」은 이를 폐지한다.■

4. 질의 회신

문】 하도급거래의 목적물이 되는 제품이 과다하여 전수조사가 불가능함에 따라 발췌검사를 하기로 합의한 경우, 발췌검사에서 합격하여 물품을 수령한 후, 목적물 중에서 불량품이 발견되었다면 반품할 수 있는지 여부

답】 납품하는 제품의 합격여부에 대한 검사책임은 원칙적으로 원사업자에게 있는 것이므로 합격한 것으로 처리하여 일단 목적물을 수령하였다면, 반품하는 것이 엄격히 제한됨.

그러나, 목적물에 즉시 발견할 수 없는 하자가 있는 경우 등 추후 수급사업자의 제조과정 하자인 것이 명백하다면 납품 후 상당기간 내의 반품은 허용될 수도 있을 것임.

또한, 하도급계약을 체결할 때 검사방법을 발췌검사 형식으로 하기로 합의하였고 불량품에 대한 반품가능성을 명백히 유보한 경우라면, 납품 후 발견된 불량품에 대하여는 반품 이유를 명확히 하여 신속하게 반품하는 것도 가능할 것임.

한편, 무검사 합격이나 수급사업자에 검사를 전적으로 위임한 경우에는 반품이 허용되기는 어려울 것임. ■

Ⅵ. 하도급대금 감액 금지

1. 관련 법령(법11조)

하도급법은 제11조 및 동법시행령 제7조의 2 에서 감액 금지에 대하여 규정을 하고 있고, 공정거래위원회는 **'부당한 하도급대금결정 및 감액행위에 대한 심사지침'** [공정거래위원회 예규 제331호, 2019. 11. 28. 폐지·제정]을 2019. 11. 29.자부터 시행 · 운영하고 있다.

– 하도급법–

제11조(감액금지) ① **원사업자는 제조등의 위탁을 할 때 정한 하도급대금을 감액하여서는 아니 된다.** 다만, 원사업자가 정당한 사유를 입증한 경우에는 하도급대금을 감액할 수 있다. 〈개정 2011.3.29.〉

② **다음 각 호의 어느 하나에 해당하는 원사업자의 행위는 정당한 사유에 의한 행위로 보지 아니한다.** 〈개정 2011.3.29., 2013.5.28.〉

1. 위탁할 때 하도급대금을 감액할 조건 등을 명시하지 아니하고 위탁 후 협조요청 또는 거래상대방으로부터의 발주취소, 경제상황의 변동 등 불합리한 이유를 들어 하도급대금을 감액하는 행위
2. 수급사업자와 단가 인하에 관한 합의가 성립된 경우 그 합의 성립 전에 위탁한 부분에 대하여도 **합의 내용을 소급**하여 적용하는 방법으로 하도급대금을 감액하는 행위
3. 하도급대금을 현금으로 지급하거나 지급기일 전에 지급하는 것을 이유로 하도급대금을 지나치게 감액하는 행위
4. 원사업자에 대한 손해발생에 실질적 영향을 미치지 아니하는 수급사업자의 과오를 이유로 하도급대금을 감액하는 행위
5. 목적물등의 제조 · 수리 · 시공 또는 용역수행에 필요한 물품 등을 자기로부터 사게 하거나 자기의 장비 등을 사용하게 한 경우에 적정한 구매대금 또는 적정한 사용대가 이상의 금액을 하도급대금에서 공제하는 행위
6. 하도급대금 지급 시점의 물가나 자재가격 등이 납품등의 시점에 비하여 떨어진 것을 이유로 하도급대금을 감액하는 행위
7. 경영적자 또는 판매가격 인하 등 불합리한 이유로 부당하게 하도급대금을 감액하는 행위
8. 「고용보험 및 산업재해보상보험의 보험료징수 등에 관한 법률」, 「산업안전보건법」 등에 따라 원사업자가 부담하여야 하는 고용보험료, 산업안전보건관리비, 그 밖의 경비 등을 수급사업자에게 부담시키는 행위
9. 그 밖에 제1호부터 제8호까지의 규정에 준하는 것으로서 **대통령령**[392]으로 정하는 행위

③ 원사업자가 제1항 단서에 따라 하도급대금을 감액할 경우에는 감액사유와 기준 등 **대통령령**

392) 현재 본 하도급법조항에서 위임된 하위 부령인 대통령령은 제정되지 않고 있다.

령으로 정하는 사항을 적은 서면을 해당 수급사업자에게 미리 주어야 한다. 〈신설 2011.3.29.〉

④ 원사업자가 정당한 사유 없이 감액한 금액을 목적물등의 수령일부터 60일이 지난 후에 지급하는 경우에는 그 초과기간에 대하여 연 100분의 40 이내에서 「은행법」에 따른 은행이 적용하는 연체금리 등 경제사정을 고려하여 공정거래위원회가 정하여 고시하는 이율에 따른 이자를 지급하여야 한다. 〈개정 2010.5.17., 2011.3.29.〉

[전문개정 2009.4.1.]

[제목개정 2011.3.29.]

– 하도급법 시행령–

제7조의2(하도급대금 감액 시 서면 기재사항)

법 제11조 제3항에서 "감액사유와 기준 등 대통령령으로 정하는 사항"이란 다음 각 호의 사항을 말한다.

1. 감액 시 그 사유와 기준
2. 감액의 대상이 되는 목적물등의 물량
3. 감액금액
4. 공제 등 감액방법
5. 그 밖에 원사업자의 감액이 정당함을 입증할 수 있는 사항

[본조신설 2011.6.27.]

2. 내용

가. 의의 및 특징

감액금지의 규정은 종전 '부당감액금지'의 규정이었던 것을 '부당'을 삭제하고 '감액금지' 규정으로 개정하였다[393]. 즉 개정 하도급법은 일정한 행위를 부당감액행위로 판단하였던 것에서 한걸음 더 나아가 감액행위 자체는 위법하고 예외적인 경우(정당한 사유가 있고 이를 원사업자가 입증하는 경우)에 위법성을 복멸하는 구조로 법을 개정하였다.

따라서 개정 전 법률 하에서는 '위법하게 감액된 행위'를 전제로 하기 때문에 공정거래위원회가 '감액사유의 존재'만으로는 처분의 적법을 주장하지 못하고 '부당'까지 입증하도록 되어 있었으나, 개정법에 의하면 공정거래위원회는 **'감액행위'** 만을 입증하면 되고 이에 대한 **'정당한 사유'** 즉 위법하지 않다는 것은 **'원사업자'**가 입증책임을 부담한다고 할 것이다.

393) 개정 하도급법은 법률 제10475호, 2011. 3. 29.자 일부개정을 통하여 종래 '부당감액'을 '감액금지'로 개정하여 2011. 6. 30.자로 시행하고 있다.

하도급법 2011. 3. 29.자 개정 전후 법문을 비교하면 아래 표와 같다.

제11조 (부당감액의 금지) [시행 2010. 11. 18.] [법률 제10303호 2010. 5. 17. 타법개정]	제11조(감액금지) [시행 2011.6.30.] [법률 제10475호 2011. 3. 29. 일부개정]
① 원사업자는 수급사업자에게 **책임을 돌릴 사유가 없는 경우에는** 제조등의 위탁을 할 때 정한 하도급대금을 **부당하게** 감액(이하 "부당감액"이라 한다)하여서는 아니 된다. ② 다음 각 호의 어느 하나에 해당하는 원사업자의 행위는 부당감액으로 본다. 1.~8. (생략) ③ 원사업자가 부당감액한 금액을 목적물등의 수령일부터 60일이 지난 후에 지급하는 경우에는 그 초과기간에 대하여 연 100분의 40 이내에서 「은행법」에 따른 은행이 적용하는 연체금리 등 경제사정을 고려하여 공정거래위원회가 정하여 고시하는 이율에 따른 이자를 지급하여야 한다. <개정 2010.5.17.>	① 원사업자는 제조등의 위탁을 할 때 정한 하도급대금을 **감액하여서는 아니 된다**. 다만, 원사업자가 정당한 사유를 입증한 경우에는 하도급대금을 감액할 수 있다.<개정 2011.3.29.> ② 다음 각 호의 어느 하나에 해당하는 원사업자의 행위는 정당한 사유에 의한 행위로 보지 아니한다. <개정 2011.3.29.> 1.~8. (생략) 9. 그 밖에 제1호부터 제8호까지의 규정에 준하는 것으로서 대통령령으로 정하는 행위 ③ 원사업자가 제1항 단서에 따라 하도급대금을 감액할 경우에는 감액사유와 기준 등 **대통령령으로 정하는 사항을 적은 서면을 해당 수급사업자에게 미리 주어야 한다**. <신설 2011.3.29.> ④ 원사업자가 정당한 사유 없이 감액한 금액을 목적물등의 수령일부터 60일이 지난 후에 지급하는 경우에는 그 초과기간에 대하여 연 100분의 40 이내에서 「은행법」에 따른 은행이 적용하는 연체금리 등 경제사정을 고려하여 공정거래위원회가 정하여 고시하는 이율에 따른 이자를 지급하여야 한다. <개정 2010.5.17., 2011.3.29.>

나. 법적 성질 및 주요 내용

부당한 감액의 금지를 규정하고 있는 하도급법 제11조를 위반한 경우 공정거래위원회의 불이익처분을 받는다고 하더라도 이로 인하여 감액된 부분의 '**사법상 효력을 부인**'하여 하도급대금청구를 할 수 있는지 문제된다. 판례는 동조에 위반되어 공정위의 행정적 제재처분을 받는다고 하더라도 동 조항이 사법상의 합의(감액합의)의 효력을 부인하는 조항은 아니라는 입장이다(**대법원 2011. 1. 27. 선고, 2010다53457**

판결 [손해배상(기)] 등 참조)(**단속규정설**).

하도급법 제11조 제1항은 “원사업자는 제조등의 위탁을 할 때 정한 하도급대금을 감액하여서는 아니 된다. 다만, 원사업자가 정당한 사유를 입증한 경우에는 하도급대금을 감액할 수 있다.”고 규정하고 있다. 따라서 위 조항의 문언에 비추어 보면, 하도급법 제11조 제1항이 감액을 금지하고 있는 대상은 ‘제조 등의 위탁을 할 때 정한 하도급대금’으로서 이는 원사업자가 수급사업자와 사이에 제조 등의 위탁계약을 체결하면서 정한 하도급 대금 전체를 뜻하는 것으로 해석된다.

이러한 전제에서 건설위탁에서 기성고대금의 감액이 있었더라도 전체 하도급대금의 감액이 아니라면 하도급법 제11조 제1항의 부당 감액행위로 볼 수 없다는 판결이 있다(**서울고등법원 2019. 12. 11. 선고 2018누113 판결**). 원칙적으로 위 판결의 결론에는 동의하지만, 다만 사견으로는 건설위탁에 있어서 중간기성금의 정산 감액합의가 있는 경우에 전체적으로 하도급대금의 감액이 없었다고 하더라도 이는 하도급대금을 감액한 원사업자가 사후에 수급사업자에 당초 감액했었던 기성금을 지급하게 되는 결과를 초래한다는 점에서 결국 하도급법의 적용을 회피하는 탈법행위를 용인하게 될 수 있어 하도급법 제20조의 규정 취지에 반하는 결과가 초래할 수도 있을 것이므로 주의를 요한다고 할 것이다. 따라서 건설위탁에 있어서 중간기성금의 정산 감액가 있는 것이 무조건 부당감액이 아니라고 볼 것은 아니며, 감리결과에 의한 기성고율의 산정 등 객관적으로 타당한 방법에 의하여 기성고의 지급이 이루어졌다는 등의 특별한 사정이 있어야 하고 이러한 점은 ‘원사업자’가 입증책임을 진다고 할 것이다.

다. 수급사업자의 구제 방법

판례에 의할 때 감액금지 규정에 위반하여 감액된 사법상의 감액합의의 유효성을 부정할 수 없게 되므로 이에 대한 수급사업자의 구제책이 문제된다.

판례는 사법상의 감액 전 계약책임을 물을 수는 없다고 하더라도, 하도급법 제11조 제2항 각 호에 해당하는 행위를 한 원사업자가 우월적 지위를 이용하여 수급사업자의 **자발적 동의**에 의하지 않고 하도급대금을 부당하게 감액한 경우 ‘불법행위에 기한 손해배상책임’을 부담한다는 것이 판례의 태도이다(**대법원 2011. 1. 27. 선고 2010다53457 손해배상(기) 판결**).

이와 같은 판례의 태도에 의할 때 수급사업자는 감액 전의 하도급계약의 계약책임을 물어서 민사상 하도급대금의 청구는 인정되지 아니하고 다만 불법행위에 의한 손해배상청구는 가능하게 된다. 다만 불법행위 책임을 구한다고 하더라도 계약책임으로서의 하도급대금 청구가 아닌 하도급법 제11조 제4항을 근거로 한 법령에 기한 불법행위에 대한 이율을 청구할 수 있다고 하더라도 하도급대금의 지연이자와 불법행위의 지연배상의 이율의 차이가 현격하므로 단지 이론구성의 차이 만이 아니라 실질적인 차이가 발생하게 될 것이다.

[참조 판결]

-대법원 2011. 1. 27. 선고 2010다53457 판결 손해배상(기)-

[한○플랜트 사례]

【판시사항】

[2] 하도급대금의 부당감액을 금지하는 하도급거래 공정화에 관한 법률 제11조를 위반한 계약의 사법상 효력(유효)

[3] 하도급거래 공정화에 관한 법률 제11조 제2항 각 호에 해당하는 행위를 한 원사업자가 우월적 지위를 이용하여 수급사업자의 자발적 동의에 의하지 않고 하도급대금을 부당하게 감액한 경우 불법행위에 기한 손해배상책임을 지는지 여부(적극) 및 이때 하도급대금의 감액 약정이 수급사업자의 자발적인 동의에 의한 것인지 여부의 판단 기준

【판결요지】

[2] 하도급거래 공정화에 관한 법률 제11조는 그 규정에 위반된 대금감액 약정의 효력에 관하여는 아무런 규정을 두지 않는 반면 그 규정을 위반한 원사업자를 벌금형에 처하도록 하면서 그 규정 위반행위 중 일정한 경우만을 공정거래위원회에서 조사하게 하여 그 위원회로 하여금 그 결과에 따라 원사업자에게 시정조치를 명하거나 과징금을 부과하도록 규정하고 있을 뿐이므로, 위 규정은 그에 위배한 원사업자와 수급사업자 간의 계약의 사법상의 효력을 부인하는 조항이라고 볼 것은 아니다.

[3] 하도급거래 공정화에 관한 법률의 입법 목적과 입법 취지 등에 비추어 보면, 같은 법 제11조 제2항 각 호에 해당하는 행위를 한 원사업자가 우월적 지위를 이용하여 수급사업자의 자발적 동의에 의하지 않고 하도급대금을 부당하게 감액한 경우에는 그 하도급대금의 감액 약정이 민법상 유효한지 여부와 관계없이 그 자체가 하도급거래 공정화에 관한 법률 제11조를 위반한 불공정 거래행위에 해당하는 것으로서 위 규정에 의하여 보호되는 수급사업자의 권리나 이익을 침해하는 **불법행위를 구성**하고, 원사업자는 이로 인하여 수급사업자가 입은 손해를 배상할 책임이 있다. 여기서 하도급대금의 감액 약정이 수급사업자의 자발적인 동의에 의한 것인지 여부는 수급사업자에 대한 원사업자의 거래상 우월적 지위의 정도, 수급사업자의 원사업자에 대한 거래의존도, 거래관계의 지속성, 거래의 특성과 시장상황, 거래 상대방의 변경가능성, 당초의 대금과 감액된 대금의 차이, 수급사업자가 완성된 목적물을 인도한 시기와 원사업자가 대금 감액을 요구한 시기와의 시간적 간격, 대금감액의 경위, 대금감액에 의하여 수급사업자가 입은 불이익의 내용과 정도 등을 정상적인 거래관행이나 상관습 및 경험칙에 비추어 합리적으로 판단하여야 한다.

【판결이유】

원심은, 피고가 S-401호 내지 S-403호와 H-501호에 대한 각 공사대금의 지급과정에서 부당하게 공사대금을 감액하여 정산합의를 강요하였는데, 이는 모두 하도급법을 위반한 불법

행위에 해당하므로, 피고는 원고에게 실제 지급하여야 할 공사대금과 위 각 정산합의에 따라 부당감액된 공사대금의 차액 상당의 손해를 배상할 의무가 있다는 취지의 원고의 주장에 대하여, 공정거래위원회가 2008. 2. 19. 2007서제34호 '피고의 불공정하도급거래행위에 대한 건'에서 "피고는 수급사업자인 원고에게 시멘트 운반선과 다목적 운반선의 선박거주구 제조위탁과 관련하여 수급사업자에게 책임을 돌릴만한 사유가 없음에도 불구하고 S-401호에 대하여 부당하게 감액한 하도급대금 60,747,000원과 S-403호에 대하여 부당하게 감액한 하도급대금 10,990,000원 등 71,737,000원과 이 금액에 대하여 각각 2005. 1. 26., 2005. 11. 8.부터 실제 지급하는 날까지의 기간에 대해 연 25%의 이율에 의한 이자를 지체 없이 지급하여야 한다"는 내용의 의결을 한 사실 등을 인정하면서도, 피고가 하도급법에 위반하여 공정거래위원회로부터 시정명령이나 과징금을 부과받았다는 점만으로는 원고와 피고 사이에 이루어진 각 정산합의의 사법상 효력이 무효라고 볼 수 없고, 달리 피고가 정산합의과정에서 원고에 대하여 불법행위를 하였다는 점을 인정할 증거도 없다는 이유로 원고의 위 주장을 배척하였다.

그러나 앞에서 본 법리에 비추어 보면, 피고가 원고와 사이에 S-401호 내지 S-403호와 H-501호에 관하여 체결한 각 정산합의가 원고에게 책임을 돌릴 사유가 없음에도 불구하고 피고의 우월적 지위를 이용하여 원고의 자발적 동의에 의하지 않고 하도급대금을 부당하게 감액한 것이라고 인정되는 경우에는, **위 각 정산합의가 민법상 유효한지 여부 및 위 각 정산합의 과정에서 사기·강박 등의 정도에 이르는 행위가 있었는지 여부와 관계없이 그 자체가 하도급법 제11조에 위반되는 불공정 거래행위에 해당하는 것으로서 위 규정에 의하여 보호되는 원고의 권리와 이익을 침해하는 불법행위를 구성하므로, 피고는 원고에게 이로 인한 손해를 배상할 책임이 있다.**

따라서 원심으로서는 먼저 위 각 정산합의가 하도급법 제11조에 위반되는 불공정 거래행위에 해당되는지 여부를 먼저 심리·판단한 후 만일 그것이 인정되는 경우에는 피고에게 불법행위에 기한 손해배상책임을 인정하여야 할 것이다.

그런데도 원심이 이와 같은 점에 대하여 심리·판단함이 없이 그 판시와 같은 사정을 들어 원고의 위 주장을 섣불리 배척한 데에는 하도급법 제11조를 위반한 불공정 거래행위시 불법행위의 성립에 관한 법리 등을 오해한 나머지 필요한 심리를 다하지 아니하여 판결에 영향을 미친 위법이 있다. 이 점을 지적하는 상고이유의 주장은 이유 있다. ■

라. 부당감액의 판단기준과 입증책임

1) 판단기준

원사업자가 우월적 지위를 이용한 감액행위에 대하여 "수급사업자의 **자발적 동의**에 의하였는지 여부의 **판단기준**"이 문제된다.

판례는 "수급사업자에 대한 원사업자의 거래상 우월적 지위의 정도, 수급사업자의 원사업자에 대한 거래의존도, 거래관계의 지속성, 거래의 특성과 시장상황, 거래상대방의 변경가능성, 당초의 대금과 감액된 대금의 차이, 수급사업자가 완성된 목적물을 인도한 시기와 원사업자가 대금 감액을 요구한 시기와의 시간적 간격, 대금감액의 경위, 대금감액에 의하여 수급사업자가 입은 불이익의 내용과 정도 등을 정상적인 거래관행이나 상관습 및 경험칙에 비추어 합리적으로 판단"하여야 할 것이다(**대법원 2011. 1. 27. 선고 2010다53457 [손해배상(기)] 판결 등 판례의 태도**).

결국 하도급대금의 부당감액에 있어서 부당성의 유무는 하도급계약의 체결 및 대금감액의 경위, 하도급계약의 이행내용, 하도급목적물의 특성과 그 시장상황, 감액된 하도급대금의 정도 등 개별사안에서 드러난 여러 사정을 종합적으로 살펴 그것이 수급사업자에게 부당하게 불리한 감액인지 여부에 따라 판단하여야 할 것이다.

2) 입증책임과 부당감액의 간주

개정 전 판결례는 보면, 부당하게 불리한 감액인지 여부에 대하여 제재처분을 행한 공정거래위원회가 입증책임을 부담한다는 태도(**서울고등법원 2010. 9. 15. 선고 2009누39300 판결 사건 등**)[394]를 설시한 것이 있으나 개정법 이후에는 위에서 언급한 대로 이러한 태도는 바뀌어야 할 것이다.

즉 개정된 현행 하도급법 제11조의 법문의 형식을 고려할 때 기존의 하도급계약을 감액한 경우에는 '감액금지'에 해당되므로 수급사업자(처분이 이루어진 경우 공정거래위원회)는 당해 하도급계약이 감액이 되었다는 사실만 입증하면 될 것이고, 원사업자는 감액행위가 부당하지 않고 정당하다는 것을 입증해야만 하도급법의 제재를 면할 수 있다.

만일 수급사업자 내지 공정거래위원회에서 하도급법 제11조 제2항 각호의 사실을 입증한 경우에는 바로 위법한 것으로 간주되므로 행정적 제재처분을 발동할 수 있고 또한 사법상으로도 불법행위 손해배상의 원인을 입증이 되었다고 볼 수 있을 것이다.

---

394) 본 판결은 상고되었으나 심리불속행기각되어 원심이 확정되었다(대법원 2010. 4. 8. 선고 2009두23303 판결). 개정 전 법은 "① 원사업자는 수급사업자에게 책임을 돌릴 사유가 없는 경우에는 제조등의 위탁을 할 때 정한 하도급대금을 부당하게 감액(이하 "부당감액"이라 한다)하여서는 아니 된다."라고 되어 있기 때문에 원사업자에게 제재처분을 하는 처분의 적법성을 주장하는 공정거래위원회가 '**부당한 감액**'을 입증하여야만 하였으나, 개정법은 "① 원사업자는 제조등의 위탁을 할 때 정한 하도급대금을 감액하여서는 아니 된다. 다만, 원사업자가 정당한 사유를 입증한 경우에는 하도급대금을 감액할 수 있다. <개정 2011.3.29.>"로 변경되었으므로 공정거래위원회가 감액사실만 입증하면 되고 부당한 감액임을 입증할 필요는 없다고 할 것이다.

3. 감액 행위에 대한 심사지침

－([시행 2019. 11. 29.] [공정거래위원회예규 제331호, 2019. 11. 28., 폐지제정])－

부당한 하도급대금 결정 및 감액행위에 대한 심사지침[395)]

[시행 2019.11.29] [공정거래위원회예규 제331호, 2019.11.28, 폐지제정]

Ⅰ. 목적

이 심사지침은「하도급거래 공정화에 관한 법률(이하 "법"이라 한다)」제4조(부당한 하도급대금의 결정 금지) 및 법 시행령(이하 "영"이라 한다) 제7조(부당한 하도급대금 결정 금지)와 법 제11조(감액금지)의 규정의 운용과 관련하여 법령의 내용을 보다 구체적이고 명확하게 규정함과 아울러 불공정 하도급거래 행위에 해당될 수 있는 사례를 예시함으로써, 위법성을 심사하는 기준으로 삼는 한편 사업자들의 법위반 행위를 예방함에 그 목적이 있다.

이 심사지침은 원사업자의 부당한 하도급대금 결정 및 감액 행위 중에서 공통적이고 대표적인 사항을 중심으로 규정하였으므로 이 지침에 열거되지 아니한 사항이라고 하여 법 제4조 및 제11조에 위반되지 않는 것은 아니다.

Ⅱ. 용어의 정의

1. "**하도급대금의 결정**"이라 함은 원사업자가 수급사업자에게 제조(가공위탁 포함)·수리·건설 또는 용역을 위탁(이하 "제조 등의 위탁"이라 함)할 때 수급사업자가 위탁받은 것(이하 "목적물 등"이라 함)을 제조·수리·시공 또는 용역수행 하여 원사업자에게 납품·인도 또는 제공(이하 "납품 등"이라 함)하고 수령할 대가(이하 "하도급대금"이라 함)를 정하는 행위를 말한다.

2. "**하도급대금의 감액**"이라 함은 원사업자가 수급사업자에게 제조 등의 위탁을 할 때 정한 하도급대금을 그대로 지급하지 아니하고, 그 금액에서 감하여 지급하는 행위를 말한다.

3. 위 1. 및 2.에서 "**위탁을 할 때**"라 함은 원칙적으로 원사업자가 수급사업자에게 제조 등의 위탁을 하는 시점을 말한다.

다만, 하도급거래가 빈번하여 계약기간·대금결제·운송·검수·반품 등의 거래조건, 규격·재질, 제조공정 등과 관련된 일반적인 내용을 기본계약서에 담고, 단가, 수량 등 하도급대금과 관련한 내용은 특약서 또는 발주서 등으로 위임하여 별도의 특약 또는 발주내용에 의거 하도급대금이 결정되는 '**계속적 거래계약**'의 경우에는 해당 특약 또는 발주내용이 수급사업자에게 통지되는 시점을 "위탁을 할 때"로 본다.

Ⅲ. 하도급대금의 결정과 감액의 구분 및 판단기준

1. "하도금대금의 결정"과 "하도급대금의 감액"에 대한 구분은 원칙적으로 위 Ⅱ.(용어의 정의) 1. 내지 2.에 의하여 판단한다.

2. 계속적 거래계약의 경우 계약기간 중(계약기간 만료에 따른 계약기간 자동연장의 경우를 포함한다)에 이미 발주한 수량과 상관없는 새로운 수량을 발주하면서 단가를 변경하는 것은 "하도급대금의 결정"으로, 이미 발주한 수량에 대해 단가를 인하하는 것은 "하도급대금의 감액"으로 본다.

한편, 수량 없이 단가만 먼저 확정한 후 수량을 발주하는 경우 발주이후에 단가를 인하하는 것은 "하도급대금의 감액"으로 본다.

3. 신규 개발품 등과 같이 원사업자가 제조 등의 위탁을 할 때 하도급대금을 확정하지 못하여 임시단가(또는 가단가)를 정해 위탁한 뒤 나중에 대금을 확정하기로 수급사업자와 합의한 경우에는 나중에 대금을 확정하는 것을 "하도급대금의 결정"으로 본다.

Ⅳ. 부당한 하도급대금 결정 행위의 위법성에 대한 심사기준

-생략-

Ⅴ. **하도급대금 감액 행위**의 **위법성**에 대한 **심사기준**

1. 법 제11조 제1항의 규정에 의한 "감액" 해당 여부 심사기준

감액의 "정당성" 여부는 하도급계약 체결 및 감액의 경위, 계약이행 내용, 목적물의 특성과 그 시장상황, 감액된 하도급대금의 정도, 감액방법과 수단, 수급사업자의 귀책사유 등 여러 사정을 종합적으로 고려하여 판단한다.

감액은 명목이나 방법, 시점, 금액의 다소를 불문하고, 원사업자가 수급사업자의 귀책사유 등 감액의 정당한 사유를 입증하지 못하는 경우에는 법위반으로 판단한다.

<정당한 사유의 예시>

① 하도급계약 체결 후에 원사업자가 수급사업자가 제출한 하도급대금 산정자료에 중대하고 명백한 착오를 발견하여 이를 정당하게 수정하고 그 금액을 감액하는 경우

② 수급사업자가 위탁내용과 다른 목적물 또는 불량품을 납품하거나 정해진 납기일을 초과하여 납품하는 등 수급사업자의 귀책사유로 인해 원사업자가 납품된 목적물을 반품하고, 반품된 해당 목적물의 하도급대금을 감액하는 경우

③ 수급사업자가 수리가 가능한 불량품을 납품하였으나 반품을 하여 수리를 시킬 시간적 여유가 없어 원사업자가 스스로 수리하여 사용하고 그 비용을 감액하는 경우. 단, 사전에 수급사업자가 납득할 수 있는 구체적인 수리비용 산정기준이 필요하며, 감액은 이러한 산정기준에 따라 산출된 금액에 한정되어야 한다.

④ 원사업자가 수급사업자에게 무상으로 장비를 사용할 수 있도록 하였으나, 수급사업자의 장비관리 소홀로 인해 장비가 훼손되어 해당 장비에 대한 적정수리비를 하도급대금에서 공제하는 경우

<법위반 예시>

① 원사업자가 수급사업자로부터 위탁 목적물을 수령하여 자신의 물류센터에 보관하는 과정에서 폭우로 인해 유실된 수량에 해당하는 금액을 하도급대금 지

급 시 공제하는 행위
② 건설업자인 원사업자가 수급사업자로부터 교량신축공사의 목적물을 인수하여 관할 지방자치단체에 준공검사를 신청하였으나 원사업자가 제공한 설계도면의 하자에 의한 부실공사로 인해 준공검사를 득하지 못하였음에도 그것을 이유로 하도급대금을 감액하는 행위
③ 공정거래위원회의 과징금 납부명령이나 시정명령 또는 원사업자의 자진시정으로 인해 이미 납부하거나 지급한 과징금, 어음할인료, 지연이자, 하도급대금 등의 전부 또는 일부 금액을 감액하여 지급하는 행위
④ 법정 검사기간 경과 후 불량 등을 이유로 반품하고 그 만큼 감액하여 하도급대금을 지급하는 행위
⑤ 구두로 납기 등을 연기한 후 당초 서면계약서상의 납기를 준수 하지 아니한 것으로 처리하여 감액하는 행위
⑥ 당초 계약내용과 달리 간접노무비, 일반관리비, 이윤, 부가가치세 등을 감액하는 행위
⑦ 목적물을 저가로 수주하였다는 등의 이유로 당초 계약과 다르게 하도급대금을 감액하는 행위
⑧ 단가 및 물량에는 변동이 없으나 운송조건, 납품기한 등의 거래조건을 당초 계약내용과 달리 추가비용이 발생하는 내용으로 변경하고 그에 따른 추가비용을 보전해주지 아니하는 행위
⑨ 당초 계약과 달리 환차손 등을 수급사업자에게 전가시키는 행위
⑩ 원사업자가 일방적으로 결제화폐를 수급사업자에게 불리한 화폐로 변경하여 환율변동에 따른 손실을 부담지우는 행위
⑪ (삭제 : 2016.7.22.)
⑫ 수급사업자에게 무상으로 장비를 사용할 수 있도록 한 후 사전협의 없이 하도급대금에서 장비사용료를 공제하는 행위
⑬ 하도급거래 기간 중에 당초 계약 시 정하지 아니한 판매장려금이나 기타 부대비용 등을 수급사업자에게 부담시키는 행위
⑭ 원사업자가 수급사업자와 당초 합의한 표준품셈을 수급사업자에게 책임을 돌릴 사유가 없음에도 일방적으로 변경하여 적용함으로써 하도급대금을 감액하는 행위
⑮ 해당 공사의 설계변경 또는 물가변동 등에 따른 추가금액을 지급하여야 함에도 불구하고, 수급사업자가 낙찰 받은 차기 공사의 계약체결을 조건으로 수급사업자로 하여금 추가금액의 수령을 포기하도록 하는 행위
<16> 수급사업자의 요청 또는 원·수급사업자간 합의에 의해 잔여 공사분을 원사업자가 직영으로 시공한 후 지출한 비용에 대한 합당한 증빙자료도 제시하지 아니하고 하도급대금에서 잔여 공사비용을 공제하는 행위
<17> 원사업자가 철근 등 지급자재의 가공·보관을 제3자에게 위탁하고 수급사업자는 그 제3자로부터 자재를 납품받아 시공토록 하면서, 자재의 훼손, 분실 등에 대한 책임소재를 명확히 하지 아니하고 일방적으로 자재비 손실액을 하도급대금에서 감액하는 행위

2. 법 제11조 제2항의 규정에 의한 "정당한 사유에 해당하지 않는 감액" 해

당 여부 심사기준

가. 법 제11조 제2항 제1호 "위탁할 때 하도급대금을 감액할 조건 등을 명시하지 아니하고 위탁 후 협조요청 또는 거래상대방으로부터의 발주취소, 경제상황의 변동 등 불합리한 이유를 들어 하도급대금을 감액하는 행위"의 판단기준

"위탁할 때 하도급대금을 감액할 조건"을 명시한 경우에도 감액 조건이 수급사업자에게 일방적으로 불리한 것인지 여부, 객관적이고 합리적 정당성을 가지는 것인지의 여부를 기준으로 판단한다.

따라서, 수급사업자에게 일방적으로 불리하거나 객관적이고 합리적 정당성을 가지지 못하는 감액조건에 따른 감액은 위법한 것으로 판단한다.

<법위반 예시>

① 원사업자가 불경기에 따른 소비위축으로 목적물 등에 대한 판매부진을 만회하기 위해 광고·경품 등의 마케팅 비용의 지출을 늘린 후 그 비용의 일부를 하도급대금에서 공제하는 행위

② 원사업자가 자재 및 장비 등을 공급하기로 한 경우 이를 지연하여 공급하거나 일방적으로 무리한 납기·공기를 정해 놓고 이 기간 내에 납품 또는 준공하지 못함을 이유로 감액하는 행위

③ 장기·계속적 발주를 이유로 이미 확정된 하도급대금을 감액하는 행위

④ 하도급대금을 총액으로 확정하여 계약한 후 공정 또는 공종 등에 대한 구체적 산출내역 상 수급사업자의 이익률이 높게 반영되었다는 이유로 하도급대금을 감액하는 행위

⑤ 원사업자가 자신의 검수조건에 따라 수급사업자로부터 납품받은 목적물에 대해 발주자로부터 불량제품이라는 이유로 반품되자 이에 대한 책임소재를 분명하게 가리지 않고 일방적으로 그 제조공정에 관련된 수급사업자들에게 그 비용을 분담시키는 행위

나. 법 제11조 제2항 제2호 "수급사업자와 단가인하에 관한 합의가 성립된 경우 그 합의 성립 전에 위탁한 부분에 대하여도 합의내용을 소급하여 적용하는 방법으로 하도급대금을 감액하는 행위"의 판단기준

단가인하에 관한 합의가 성립된 시점 또는 그 이후에, 해당 합의 성립 전에 위탁한 부분까지 합의한 단가를 소급 적용하여 하도급대금을 감액한 사실이 있는지를 따져 법위반 여부를 판단한다.

<법위반 예시>

① 원사업자가 수급사업자와 단가인하에 관한 합의가 성립한 경우, 합의일 이전에 위탁한 목적물 등에 대하여 인하된 단가를 적용하여 하도급대금을 지급하는 행위

다. 법 제11조 제2항 제3호 "하도급대금을 현금으로 지급하거나 지급기일 전에 지급하는 것을 이유로 하도급대금을 지나치게 감액하는 행위"의 판단기준

"지나친 감액"의 해당 여부는 현금지급, 조기지급 등의 지급조건 변경이 당초 계약 시 약정한 지급수단이나 지급기일 등의 조건에 비해 수급사업자에게 유리한 것인지 여부와 감액규모, 지급조건 변경에 따른 수급사업자의 이익정도와 경영상황, 금리수준 등 금융시장상황 등을 고려하여 판단한다.

<법위반 예시>

① 하도급대금을 목적물 수령일로부터 60일째 되는 날 만기 2개월 어음으로 지급하기로 계약하였으나 원사업자가 일방적으로 현금으로 지급하면서 당시의 예금은행 가중평균 여신금리(한국은행 발표)에 해당하는 금액을 초과하여 감액하는 행위

② 하도급대금을 목적물 수령일로부터 60일째 되는 날 현금으로 지급하기로 계약한 후 원사업자가 일방적으로 30일 앞당겨 현금으로 지급하면서 당시의 예금은행 가중평균 여신금리(한국은행 발표)에 해당하는 금액을 초과하여 감액하는 행위

라. **법 제11조 제2항 제4호 "원사업자에 대한 손해발생에 실질적 영향을 미치지 아니하는 수급사업자의 과오를 이유로 하도급대금을 감액하는 행위"의 판단기준**

수급사업자의 과오가 원사업자의 손해발생에 실질적으로 영향을 미쳤는지의 여부, 즉 수급사업자의 과오와 원사업자의 손해발생 간 직접적인 인과관계가 존재하는지 여부를 기준으로 위법성을 판단한다.

<법위반 예시>

① 수급사업자가 원사업자로부터 제공받은 규격과 재질, 성능 등 모든 조건을 충족한 완제품 조립용 부품을 원사업자의 검수를 거쳐 원사업자가 지정한 장소로 운송하는 과정에서 발생한 단순한 포장지의 오·훼손을 이유로 원사업자가 하도급대금을 감액하는 행위

마. **법 제11조 제2항 제5호 "목적물 등의 제조·수리·시공 또는 용역 수행에 필요한 물품 등을 자기로부터 사게 하거나 자기의 장비 등을 사용하게 한 경우에 적정한 구매대금 또는 적정한 사용대가 이상의 금액을 하도급대금에서 공제하는 행위"의 판단기준**

"적정한 구매대금 또는 적정한 사용대가"인지 여부는 원사업자가 공제한 해당 물품·장비 등의 구매대금 또는 사용대가가 당시의 동일·유사한 물품·장비 등의 시장가격이나, 원사업자가 다른 수급사업자에게 판매하거나 사용하게 한 물품·장비 등에 대한 판매대금 또는 사용대가를 기준으로 판단한다.

<법위반 예시>

① 원사업자가 토목공사에 필요한 자기 소유의 중장비를 수급사업자에게 실비로 임대하는 조건으로 하도급계약을 체결한 후 하도급대금 지급 시에 시장가격보다 비싸게 장비임대료를 공제하는 행위

② 원사업자가 자기의 계열회사의 장비를 사용하게 하고 제 1회차 대금지급

시 아직 사용하지 아니한 기간 동안의 장비 사용료를 모두 선공제하는 행위

바. 법 제11조 제2항 제6호 "하도급대금 지급시점의 물가나 자재가격 등이 납품 등의 시점에 비하여 떨어진 것을 이유로 하도급대금을 감액하는 행위"의 판단기준

제조 등의 위탁을 할 때 정한 하도급대금은 납품 등이 이루어지기 이전에 합리적 정당성을 가지는 이유에 의한 단가 등의 변경이 없는 한 제조 등의 위탁을 할 때 정한 단가 등에 의하여 산출된 하도급대금을 지급하는 것이 타당하므로 납품 등이 이루어진 이후에 발생한 사유를 들어 감액하는 것은 원칙적으로 위법한 것으로 판단한다.

<법위반 예시>

① 목적물 등의 제조 등에 소요되는 원자재의 가격이 목적물을 발주 또는 납품할 당시까지는 변동이 없었으나, 발주 또는 납품이 이루어진 이후에 하락하였음을 이유로 하도급대금 지급 시 감액하는 행위

사. 법 제11조 제2항 제7호 "경영적자 또는 판매가격 인하 등 불합리한 이유로 부당하게 하도급대금을 감액하는 행위"의 판단기준

"불합리한 이유로 부당한" 것인지의 여부는 원사업자의 경영실책이나 가격경쟁력 상실 등 자신의 귀책사유에 따른 손실을 수급사업자에게 전가하는 경우와 같이 감액이유 및 방법이 합리적 타당성이 인정되지 아니하는 경우에 해당하는지 여부 등을 기준으로 판단한다.

<법위반 예시>

① 원사업자가 전년도의 임직원 임금인상, 신규투자 증대, 판매부진, 환율변동 등에 따른 적자폭의 증가를 이유로 당초 계약된 하도급대금을 일방적으로 감액하는 행위

② 환율변동으로 원사업자가 목적물 등에 대한 수출가격이 하락하였다는 이유로 계약조건과 달리 환차손실을 수급사업자에게 분담할 것을 협조 요청하는 방법으로 전가시키는 행위

③ 원사업자의 노사분규로 인한 경영손실을 고통분담 차원에서 수급사업자의 하도급대금에서 감액하는 행위

아. 법 제11조 제2항 제8호 "고용보험 및 산업재해보상보험의 보험료징수 등에 관한 법률, 산업안전보건법 등에 따라 원사업자가 부담하여야하는 고용보험료, 산업안전보건관리비 그 밖의 경비 등을 수급사업자에게 부담시키는 행위"의 판단기준

관계법령에 따라 보험료 등을 원사업자가 부담하도록 의무화되어 있는 것인지의 여부를 기준으로 위법성을 판단한다.

<법위반 예시>

① 원사업자가 관계법령에 따라 부담해야 할 고용보험료나 산업안전보건관리비를 수급사업자로 하여금 지급하도록 하고 이를 보전해 주지 아니하는 행위
② 원사업자가 접대비 등의 영업활동비를 목적물의 수주와 관련 있다는 이유로 수급사업자에게 부담시키는 행위

Ⅵ. 유효기간
이 지침은 「훈령 · 예규 등의 발령 및 관리에 관한 규정」(대통령훈령 제394호)에 따라 이 지침을 발령한 후의 법령이나 현실 여건의 변화 등을 검토하여야 하는 2022년 11월 28일까지 효력을 가진다.

부칙 <제261호, 2016.11.24>
제1조(시행일) 이 지침은 2016년 11월 29일부터 시행한다.
제2조(종전 예규의 폐지) 종전 「부당한 하도급대금 결정 및 감액 행위에 대한 심사지침」은 이를 폐지한다. ■
부칙 <제331호, 2019. 11. 28.>
제1조(시행일) 이 지침은 2019년 11월 29일부터 시행한다.
제2조(종전 예규의 폐지) 종전 「부당한 하도급대금 결정 및 감액 행위에 대한 심사지침」은 이를 폐지한다.

4. 관련 사례

가. 판례

1) 원사업자가 수익성이 낮은 부품단가의 인하를 인하하는 대신 다른 부품단가를 인상하여 손실보전을 약속 한 후 보전을 전혀 또는 일부만 해준 사안 (위법)

[참조 판결]
-대법원 2010. 4. 29. 선고 2008두14296 판결[396] [시정명령 등]-
[기○자동차 사례]
【판시사항】
승용 및 상용자동차 제조·판매회사가 자동차부품 생산업체들에게 수익성이 낮은 甲 차종 부품의 납품단가를 인하하는 대신 乙 차종 부품의 납품단가를 인상하여 손실을 정산하여 주

395) 현행 부당한 하도급대금 결정 및 감액행위에 대한 심사지침[시행 2019. 11. 29.] [공정거래위원회예규 제331호, 2019. 11. 28., 폐지제정]이 정식명칭이나 본 장에서는 감액금지에 대한 규정만을 언급하였다. 최근 본 지침은 [시행 2016.11.29] [공정거래위원회예규 제261호, 2016.11.24., 폐지제정] 이었다가 최근에 개정되었다.
다만 본 개정 이유는 '일몰기한 도래에 따른 존속기한 연장'으로서 주요내용은 "현행 지침의 존속기한을 3년 연장(2019. 11. 28. → 2022. 11. 28.)"이고 내용상의 변경은 없다.
396) 원심(서울고등법원 2008. 7. 16. 선고 2008누3809 판결).

기로 약속한 후, 이를 믿고 甲 차종 부품의 납품단가를 인하한 부품업체들에게 그 손실을 전혀 보전해 주지 않거나 일부만 보전해 준 행위에 대하여 공정거래위원회가 시정명령 등을 내린 사안에서, 위 납품단가 인하행위는 수급사업자를 기만하고 이를 이용하여 하도급대금을 결정한 부당한 하도급대금의 결정으로 보아야 한다고 한 사례

【상고이유를 판단】

원심판결 이유 및 원심이 적법하게 채택한 증거에 의하면, 원고는 북미지역 수출 전략 차종인 리오와 옵티마의 수익성이 카니발과 쏘렌토 등 다른 차종에 비하여 낮은 것으로 나타나자 리오와 옵티마의 수익성을 제고하기 위하여 부품 납품단가의 인하를 추진하기로 하고, 2003년 5월에서 6월경 이 사건 32개 부품업체들(34개 부품업체들 중 이 사건 2개 회사를 제외한 것이다)에게 리오와 옵티마 차종 부품의 납품단가를 인하하는 대신 손실이 발생하지 않도록 추후 카니발과 쏘렌토 차종 부품의 납품단가를 인상함으로써 정산하여 주겠다고 구두로 약속한 사실, 이에 이 사건 32개 부품업체들은 위와 같이 하여 인하된 납품대금 전액을 원고가 상당한 기간 내에 다른 차종에 대한 납품대금 인상을 통하여 보전해 줄 것으로 믿고 2003년 6월에서 7월경 리오와 옵티마 차종 부품의 납품단가를 0.9%에서 29.9% 인하함에 동의한 사실, 그런데, 원고는 이 사건 납품대금 인하 과정에서 문서로 내부결재를 밟는 절차를 거치지도 않았고, 납품단가 인상을 통한 손실보전 등 사후조치는 비용이 발생하는 행위임에도 이에 관하여 구체적인 계획을 수립한 적도 없는 사실, 그 후 원고는 이 사건 납품단가 인하 무렵부터 약 2년 6개월이 경과되었음에도 이 사건 32개 부품업체들 중 7개 업체들(9개 부품업체들 중 이 사건 2개 회사를 제외한 것이다)에 대해서는 인하된 납품대금을 전혀 보전해 주지 않았고 나머지 25개 업체들에 대해서는 인하된 납품대금 중 일부만 보전해 주어, 정산되지 않은 금액이 합계 약 18억 원에 이르는 사실, 인하된 납품대금 중 보전되지 아니한 비율이 위 7개 업체들에 대해서는 100%이고 위 25개 업체들에 대해서는 4개 업체들을 제외하고는 20% 이상으로서 최대 91%에 달하는 사실, 원고와 그 계열사인 현대자동차 주식회사는 2004년 기준으로, 국내 자동차산업의 생산에서 77.84%, 시장점유율에서 73.84%를 차지하여 시장지배적 사업자의 지위에 있고, 국내 자동차 부품산업에서도 전체 완성차 납품거래 금액 중 79.0%를 차지하고 있어, 원고는 이 사건 부품업체들에 대하여 상당히 우월한 거래상 지위를 가지고 있는 사실, 원고에게는 인하된 납품대금을 보전해 줄 경제적 능력은 있었던 것으로 보임에도 상당한 기간이 지나도록 그 전액을 보전해 주지 아니한 사실 등을 알 수 있다.

이러한 점에 비추어 보면, 원고는 이 사건 32개 부품업체들에 대하여 인하된 납품대금 전액을 보전해 줄 의사가 없었음에도 이를 보전해 줄 것처럼 위 부품업체들을 기만하였다고 봄이 상당하므로, 이 사건 납품단가 인하행위는 수급사업자를 기만하고 이를 이용하여 하도급대금을 결정한 부당한 하도급대금의 결정으로 봄이 상당하다.

결국, 원심이 인하된 납품대금을 전혀 보전해 주지 않은 위 7개 업체들에 대해 기만에 의한 부당한 하도급대금의 결정에 해당한다고 본 것은 정당하고 부당한 하도급대금 결정에 관한 법리오해 또는 채증법칙 위반 등의 위법이 없으나, 한편, 원심이 인하된 납품대금 중 일부만 보전해 준 위 25개 업체들에 대해서는 기만에 의한 부당한 하도급대금의 결정에 해당하지 않는다고 본 것에는 부당한 하도급대금 결정에 관한 법리를 오해하여 판결 결과에 영향을 미친 위법이 있다.■

2) 원사업자가 수급사업자와의 안전약정에 따라서 산재사고 발생 후 배상금을 공제한 행위는 부당감액이 아니라는 사안 (적법)

[참조 판결]

-서울고등법원 2010. 9. 15. 선고 2009누39300 판결[397] [시정명령 등 처분취소]-
[삼○건설산업 사례]

【판시이유】

가. 원고의 주장

원고는 이 사건 하수급인들과 체결한 각 안전약정에 따라 하도급대금에서 각 해당금액을 공제하였을 뿐이고, 특히 송○건설과는 산재사고 발생 후 송○건설이 원고에게 500만 원을 배상하기로 합의한 바 있으므로 원고의 행위가 하도급법에서 규정하는 부당감액이라고 할 수 없다.

나. 인정사실

(1) 원고는 이 사건 하수급인들과 각 하도급계약을 체결하면서, 이 사건 하수급인들은 현장대리인을 상주시키면서 그의 책임 아래 계약조건에 따라 공사를 시공하여야 하고, 원고는 감독원을 통하여 시공일반에 대하여 감독·입회, 계약이행에 있어서 이 사건 하수급인들의 현장대리인에 대한 지시·승낙·협의, 공사재료와 시공에 대한 검사·검사에 대한 입회 및 기성부분검사·준공검사·공사목적물의 인도에의 입회 등을 할 수 있도록 약정하였다.

(2) 원고는 위와 같이 각 하도급계약을 체결하면서 **안전관리비를 반영하여 각 하도급대금을 정하였고**, 같은 날 이와 별도로 "공사 중 발생하는 산재사고에 대하여는 이 사건 하수급인들이 모든 민·형사상의 책임을 부담하고, 원고가 이에 대하여 산재처리를 하는 경우에는 산재사고로 인한 산재보험요율 인상, PQ점수 하락, 경영평가 하락 등 원고의 불이익에 대하여 이 사건 하수급인들이 원고에게 부상자 1인당 2,000만 원, 사망자 1인당 1억 원을 지급하되, 원고가 이 사건 하수급인들에 대한 기성 공사대금 지급시 위 금액을 공제하고 지급할 수 있다"는 내용의 안전계약을 각각 체결하였다.

(3) 위 각 하도급공사 진행 중, 송○건설 소속 근로자 한○석이 2007. 4. 26. 07:15경 구세군사관학교 기숙사동 1층 뒷면에서 보밀판을 설치하던 중 서포트를 지지하는 못이 빠지면서 5미터 아래로 추락하여 골반뼈 골절 등의 상해를 입는 사고가 발생하였고, 영○토건이 고용한 일용노동자 김○지가 2008. 6. 10. 08:30경 맨홀 내 사다리설치를 위하여 해머드릴로 맨홀 옹벽에 볼트구멍을 뚫던 작업을 하던 중 해머드릴 날이 옹벽 속의 철근에 걸리면서 튀어 우측 팔에 맞는 바람에 우측 요골간부 분쇄골절상을 입는 사고가 발생하였다.

(4) 이에 원고는 이 사건 하수급인들에게 하도급대금을 지급할 당시 위 각 안전약정에 따라 각 2,000만 원을 공제하였고, 그 후 2008. 10.경 송○건설의 이의제기로 송○건설과는 500만 원만을 공제하기로 합의하였다.

다. 판단

일반적으로 하도급관계에 있어서 원수급인과 하수급인은 내부관계에서 산재사고에 대한 책임을 하수급인이 지는 것으로 미리 합의할 수 있다고 할 것인데, 위 각 안전약정이 산재사고

---

397) 본 판결은 상고되었으나 기각되어 원심이 확정되었다(대법원 2011. 1. 27.자 선고 2010두21013 판결).

에 대하여 이 사건 하수급인들에게 그들의 귀책사유가 전혀 없는 경우까지 책임을 지도록 하는 취지로는 보이지 않고, 이 사건 하수급인들의 귀책사유로 인한 산재사고로 원고가 입을 위와 같은 손해는 그 손해액 산정이 어려우므로 위와 같이 미리 그 배상액을 예정할 수도 있다 할 것이며, 민법 제398조 제2항은 손해배상의 예정액이 부당히 과다한 경우에는 법원은 적당히 감액할 수 있다고 규정하고 있어 이 사건 하수급인들 입장에서는 실제 산재사고에 있어서 위 배상예정액이 부당히 과다하다고 판단될 경우 민사소송을 통하여 이를 다툴 수 있는 여지가 있으므로 위 각 안전약정이 이 사건 하수급인들에게 일방적으로 불리하여 효력이 없다고 볼 수 없다.

따라서, **원고가 위와 같이 유효한 안전약정에 따른 감액이라고 주장**함에 대하여 **피고는 위 각 산재사고에 있어서 이 사건 하수급인들의 귀책사유가 전혀 없다는 점에 대한 아무런 입증이 없으므로**(하도급대금의 부당감액에 있어서 부당성의 유무는 하도급계약의 체결 및 대금감액의 경위, 하도급계약의 이행내용, 하도급목적물의 특성과 그 시장상황, 감액된 하도급대금의 정도 등 개별사안에서 드러난 여러 사정을 종합적으로 살펴 그것이 수급사업자에게 부당하게 불리한 감액인지 여부에 따라 판단하여야 하며, 그에 관한 입증책임은 피고에게 있다), 결국 이 사건 처분은 원고의 나머지 주장에 대하여 나아가 살펴 볼 필요 없이 위법하다 할 것이다.■

3) 원사업자가 수급사업자 사이에 발주자와의 원도급계약이 설계변경 등에 따라 계약금액이 변동되는 경우에 하도급율을 곱하여 하도급대금을 정산하기로 한 특약은 부당감액이라고 볼 수 없다는 사안 (적법)

[참조 판결]

-서울고등법원 2010. 10. 13. 선고 2009누31429 판결[398] [시정명령 등 처분취소]-

[낙○건설 사례]

【판시이유】

가. 원고의 주장

원고와 피고가 이 사건 하도급계약을 통하여 원도급 순공사비 총액에 하도급비율 85.95%을 적용하여 이 사건 하도급 공사대금을 정산하기로 약정하였는바, 발주자의 설계변경의 사유로 원도급계약의 순공사비가 2,640,558,034원으로 변경되어 원고가 이 사건 하도급 공사대금을 2,269,559,630원(= 2,640,558,034원 × 85.95%, 부가가치세 포함 금액은 2,496,515,593원이다)으로 정산한 것은 이 사건 하도급계약으로 약정한 바에 따라 감액한 것이므로 부당한 감액 행위가 아니라고 주장한다.

나. 인정사실

(1) 원고는 2007. 3. 26. 주식회사 장○티엔시(이하 '장○티엔시'라 한다)와 사이에, 원고가 발주자로부터 도급받은 서울 은평구 진관외동 479-211 일대의 토지에 진관배수지를 건설하는 공사 중 구내배관 공사 및 송·배수관로 공사로 구성된 상하수도공사를 장○티엔시에 하도

398) 본 판결은 상고되었으나 기각되어 원심이 확정되었다(대법원 2011. 1. 27.자 선고 2010두24050 판결).

급주기로 하되, 향후 설계변경으로 이 사건 하도급 공사대금을 변경하여야 하는 경우에도 원도급계약의 공사대금 중 이 사건 하도급공사에 해당하는 순공사비 총액 대비 기존요율(하도급비율 85.95%)을 적용하여 산정되는 금액으로 이 사건 하도급 공사대금을 정산하기로 약정하였다.

(2) 원고는 서울지방조달청장으로부터 도급받은 진관배수지 건설공사 중 이 사건 하도급공사 부분에 해당하는 순공사비는 3,257,639,517원(= 구내배관 공사비 66,018,140원 + 송·배수관로 공사비 3,191,621,377원)이었는데, 이에 하도급 비율 85.95%를 곱한 금액(3,257,639,517원 × 85.95% = 2,799,941,165원)과 거의 같은 2,800,000,000원(부가가치세 제외)을 이 사건 하도급 공사대금으로 정하였다.

(3) 원고는 발주자와 사이에, 설계변경 등을 이유로 2007. 12. 24. 및 2008. 9. 10. 아래 <표 2> 기재와 같이 원도급계약의 공사대금을 각 변경하기로 약정하였다.

<표 2>

도급계약 내역 변경 현황표 (순공사비 기준, 원)

공종	당초의 도급계약	2007. 12. 24. 변경	2008. 9. 10. 변경
구내배관 공사	66,018,140	66,018,140	66,018,140
송·배수관로 공사	3,191,621,377	2,981,412,380	2,560,139,894
추가공사 (안전진단비용)	0	0	14,400,000
합계	3,257,639,517	3,047,430,520	2,640,558,034

(4) 한편, 원고는 2007. 6. 15.부터 2008. 9. 16.까지 장○티엔시에게 이 사건 하도급 공사대금으로 합계 2,519,344,890원(실제 지급액에서 추가 공사대금 80,245,110원이 제외된 금액이다)을 지급하였다.

다. 판단

원사업자인 원고와 수급사업자인 주식회사 장○티엔시는 발주자의 설계변경 등에 따라 이 사건 하도급 공사대금을 정산하여야 하는 경우 이 사건 하도급공사에 해당하는 원도급계약의 순공사비 총액에 하도급금액 비율 85.95%를 곱한 금액으로 하도급대금을 정산하기로 하는 특약(이하 '이 사건 특약'이라 한다)을 하였는데, 이 사건 특약이 구 하도급거래 공정화에 관한 법률(2010. 1. 25. 법률 제9971호로 개정되기 전의 것. 이하 '법'이라 한다) **제16조 제1항**에 위배되거나 우회적인 방법으로 실질적으로 **법 제11조 제1항의 적용**을 피하려는 것으로 볼 수 없고, 이 사건 특약에 의하여 이 사건 하도급 공사대금이 부당하게 감액되었다고 인정하기 부족하다. ■

4) 수급사업자 고용보험료를 부담하기로 한 특약은 하도급법 제11조 제1항 부당감액에 해당한 위법이라는 사안 (원사업자의 부당이득반환청구 기각)

[참조 판결]

-서울동부지방법원 2017. 8. 25. 선고 2015가합107517 판결[399] [공사대금]-

399) 본 판결은 항소되었으나 확정되었다(서울고등법원 2017.8.25.선고 2017나2060636 판결 및 대법원 2019.6.19.

[쌍○건설 사례]

【판시이유】

① 갑 2호증의 기재에 의하면, 원고(수급사업자)가 이 사건 하도급계약 체결 당시 고용보험료를 부담하기로 약정(이하 '이 사건 부담약정'이라 한다)한 사실은 인정된다.

② 그러나 고용보험 및 산업재해보상보험의 보험료 징수에 관한 법률(이하 '고용보험료등징수법'이라 한다) 제9조 제1항에 의하면, 이 사건 공사에 관한 고용보험료의 납부의무는 원수급인인 피고 회사에게 있고, 하도급법 제11조 제1항에 의하면 원사업자는 정당한 사유의 입증 없이 하도급대금을 감액할 수 없는데, 고용보험료등징수법 등에 따라 원사업자가 부담하여야 하는 고용보험료 등을 수급사업자에게 부담시키는 행위는 이를 정당한 사유에 의한 행위로 보지 아니한다고 규정하고 있으며, 건설산업기본법 제38조 및 그 시행령 제34조의8에 의하면 수급인은 고용보험료등징수법에 따른 고용보험료를 하수급인에게 지급하지 아니하기로 하는 특약 등 하수급인의 계약상 이익을 부당하게 제한하는 특약을 요구하여서는 아니 된다고 규정하고 있다.

③ 위와 같은 관련 법률의 조항들 등에 비추어 보면, 이 사건 부담약정은 '원사업자인 피고 회사가 부담하여야 하는 고용보험료 등을 수급사업자인 원고에게 부담시켜 하도급대금을 감액시키는 것이거나, 고용보험료를 하수급인에게 지급하지 아니하여 하수급인의 계약상 이익을 부당하게 제한하는 내용'으로서 하도급법 및 건설산업기본법에 위반되어 그 효력을 인정할 수 없고, 이 사건 부담약정이 무효인 이상 피고 회사는 고용보험료등징수법에 따라 자신이 부담해야 할 고용보험료를 납부한 것에 불과하므로, 원고가 이를 부당이득하였다고 볼 수 없다. 피고 회사의 이 부분 주장은 이유 없다. ■

5) 원사업자가 수급사업자 사이에 목적물수령일 후 60일에 지급하면 전액을, 그 전에 지급하는 경우 연4.99%에 해당하는 금액을 할인하여 지급한다는 약정이 부당감액은 아니라는 사안 (정당한 사유 긍정, 적법)

[참조 판결]

-서울고등법원 2016. 11. 11. 선고 2016누38831 판결[400] [시정명령 및 과징금납부명령취소]-

[중○오션 사례]

【판시이유】

가. 사실관계

1) **원고의 발주자로부터 도급대금 수령방식**

원고는 이 사건 발주자인 현○중공업으로부터 도급대금을 수령하면서 2011. 6. 무렵까지 만기일이 목적물 수령일로부터 60일 이내인 외상매출채권담보대출 형식으로 받고 이를 만기일 이전에 현금으로 수령하면서 연 4.99%에 해당하는 금액을 할인료로 거래 은행에 지급하였다. 그 이후부터는 원고는 목적물 수령일로부터 15일 이내에 현금으로 수령하였다.

2019다222904 심리불속행판결).

400) 본 판결은 상고되었으나 기각되어 원심이 확정되었다(대법원 2011. 1. 27.자 선고 2010두24050 판결).

2) **하도급대금의 지급 조건과 방식**

원고는 2011. 12.부터 2014. 12.까지 선박블록 조립 등의 임가공 작업을 이 사건 수급사업자들에게 제조위탁하면서, 기성 작업분을 매월 3회로 나누어 목적물을 수령한 후, 목적물 수령일로부터 15일 이내에 현금으로 하도급대금을 지급하여 왔다.

하도급거래 지급 방식은 <표4>와 같다.

구분	작업 기간	목적물 수령 (세금계산서 발행)	기성금 지급일
1차 기성금	당월 1일 ~ 10일	당월 10일	당월 20일
2차 기성금	당월 11일 ~ 20일	당월 20일	당월 말일
3차 기성금	당월 21일 ~ 30일	당월 30일	익월 15일

나. 판단

1) 원고와 이 사건 수급사업자들이 약정한 하도급대금은 목적물 수령일로부터 60일이 되는 날에 지급할 경우 지급하기로 약정한 금액에 해당할 뿐이고, 원고가 이보다 앞선 기일에 지급할 때에도 위 돈을 지급하기로 약정하였다고 보기 어렵다. 앞서 본 바와 같이 원고는 현○중공업으로부터 2011. 6.까지는 만기일이 목적물 수령일로부터 60일 이내인 어음을 지급받았는데, 당시 어음할인율은 연 4.99%였다. 이러한 상황에서 원고가 이 사건 수급사업자들에게 손해를 보면서까지 현금으로 지급하는 대금지급조건을 제시하였다고 보기는 어렵다. 따라서 원고와 이 사건 수급사업자들 사이에는 목적물 수령일부터 60일째 되는 날 지급할 때에는 약정한 하도급대금 전액을, 이보다 앞선 기일에 현금으로 지급할 때에는 연 4.99%의 어음할인률을 공제한 금액을 지급하기로 약정한 것으로 보는 것이 합리적이다.

2) 실제 이 사건 수급사업자들은 위와 같은 할인료 상당의 금액이 공제되면 공제된 금액에 대하여 마이너스 세금계산서를 발행하여 왔는데, 이러한 점도 당초 약정한 하도급대금이 지급기일보다 이전에 현금으로 지급될 경우 그 할인율만큼 감액될 것이 예정되었다는 점을 뒷받침한다. ■

6) 하도급법 제11조 제2항 제2호 부당감액사례 : 물량증가 및 생산성향상 등을 이유로 단가인하에 합의한 후 합의 이전에 위탁한 품목에 대하여 소급적용이 문제된 사례에서 여러 점을 들어 '정당한 사유'가 있다고 판단한 사례 (적법)

[참조 판결]

-서울고등법원 2009. 12. 17. 선고 2009누9675 판결[401] [시정명령 등 취소]-

[현○엘리베이터 사례]

【판시이유】

가. 처분의 경위

피고는 2009. 3. 23. 원고에 대하여 원고가2008. 6. 16.「2008년 자재구매계획 및 입찰

401) 본 판결은 상고되었으나 심리불속행 기각되어 원심이 확정되었다(대법원 2010. 5. 27. 심리불속행기각 2010두2654 판결).

계획」에서 외주제작시 CR[402]을 통하여 가격을 2% 인하하기로 내부방침을 정하고, 2007. 1. 11. ~ 2008. 2. 12. 기간 동안 다○전자 용산점 등 77개 수급사업자와 사이에 물량증가 및 생산성향상 등을 이유로 단가인하에 합의한 후 합의 이전에 위탁한 PC BOARD 등 176개 품목 1,846건에 대해서도 인하된 단가를 평균 107일 소급적용함으로써 당초 위탁할 때 정한 하도급대금 11,704,353,000원에서 1,350,200,000원을 감액한 행위는 하도급법 제11조 제2항 제2호에서 정한 부당감액행위에 해당한다는 이유로, 별지 처분의 내용 기재와 같은 시정명령 및 과징금납부명령을 하였다.

나. 원고의 주장

원고는 수급사업자들과 하도급대금을 인하함에 있어 서로 간에 충분한 협의를 거쳐 대금인하의 소급적용에 관하여 합의를 하였고, 수급사업자들의 경영안정화를 돕기 위해 미리 납품업체 및 하도급대금을 결정한 후 납품업체가 하도급계약의 이행에 착수하기 전에 가격변동사유를 반영하여 하도급단가를 소급 인상·인하한 것이며, 하도급대금을 소급인상해준 경우가 더 많아 수급사업자들에게 실질적인 피해가 없었으므로, 원고가 부당하게 하도급대금을 감액한 것이 아니다.

다. 판단- 부당감액인지 여부

부당감액에 있어 부당성 여부는 하도급계약의 체결 및 감액의 경위, 계약이행 내용, 목적물의 특성과 그 시장상황, 감액된 하도급대금의 정도, 감액방법과 수단 등 여러 사정을 종합적으로 고려하여 그것이 수급사업자에게 부당하게 불리한 감액인지 여부를 판단하여야 할 것이고, 계약 당시 예상하지 못한 사정의 변경으로 인하여 계약 당시 결정된 하도급대금이 불합리하게 되는 사유가 발생한 경우에는 이를 반영하여 계약내용을 수정할 수 밖에 없다고 할 것이다.

그런데 앞서 인정한 사실 및 제출된 증거들에서 엿보이는 다음과 같은 사정들, 즉 ① 제조위탁 후 엘리베이터부품의 제작에 착수하기까지 매우 장기간이 소요되는 이 사건 엘리베이터 제조위탁에 관한 하도급거래의 특성상 하도급 발주일과 목적물 제작시기 사이에 상당한 시간적 간격이 발생하는 관계로 철강 등 원자재 가격의 변동이나 생산성 향상과 같은 각종 사정변경이 발생하면 이에 따라 이미 위탁 발주한 부분까지 포함하여 발주시 정한 하도급 대금을 조정할 필요성이 매우 크고, 설령 단가인하 합의를 100일 이상 소급하여 적용한다고 하더라도 위 특성에 비추어 불가피한 면이 있는 점, ② 2007년 및 2008년에는 원고가 수급사업자들과 사이에 제품 단가를 소급하여 인상한 건수 및 액수가 단가를 인하한 건수 및 액수보다 더 많아 전체로 볼 때에도 사정변경으로 인한 단가변동 협의가 수급사업자들에게 일방적으로 불리하게만 이루어진 것으로 보이지 아니하는 점, ③ 설령 발주일로부터 10일도 지나기도 전에 해당 단가를 인하한 건수가 피고 주장과 같이 200건에 이르기도 한다고 하더라도, 이는 단가인하를 위한 협상은 상당기간 진행되는 반면 그 사이에도 발주는 앞서 본 바와 같이 계속하여 수시로 이루어지기 때문에 각각의 발주건에 대하여서도 위 협상의 소급적용을 하는 결과 생긴 현상일 뿐인 점, ④ 2009. 4. 1. 하도급업법이 개정되어 하도급계약 후 사정변경이 발생한 경우 수급사업자가 단가조정을 요청할 수 있고 이 경우 원사업자는 30일 이내에 협의에 임하여야 한다는 규정이 신설된 점, ⑤ 원자재 가격의 변동을

402) CR(Cost Reduction) : 기존 거래선과 생산량 증가분 및 원가분석을 통해 거래가격 협의

감안하여 단가를 인하하더라도 실제 원자재 가격 인하시점 이전으로 소급하는 것이 아니라 수급사업자가 확보한 당해 원자재를 모두 소진한 후 새로이 원자재를 구입하는 시점 이후에 그치는 점, ⑥ 제조위탁한 목적물이 원사업자에게 입고되어 일정한 하도급대금을 지급하여야 하는 상황에서 수급사업자와 사이의 하도급금액 소급인하가 적용되어야 '하도급금액의 감액'이라고 할 수 있을 것인데, 이 사건은 원고의 발주만 이루어진 상태에서 이루어진 하도급금액의 소급인하 부분만 문제된 것이고 이 경우 소급적용 합의는 기존 발주를 취소하고 합의된 새로운 단가로 재발주한 것으로도 볼 여지도 없지 아니한 점 등의 여러 사정에 비추어 보면, 원고의 이같은 단가인하는 하도급법 제11조 제2항 제2호에서 정한 부당감액행위에 해당한다고 보기 어렵다고 할 것이다.■

7) 개정 전 하도급법 제11조 제2항 제1호 부당감액사례 : 계약체결시 감액조건을 명시하지 아니하고 후에 감액한 사안에서 정당한 사유가 있다고 판단[403)]

[참조 판결]

-서울고등법원 2004. 10. 7. 선고 2003누17773 판결[404)] [시정명령취소청구]-

[신○정공 사례]

【판시이유】

가. 처분의 경위

피고는, 원고가 금형제작 하도급대금을 66,000,000원으로 결정하여 발주하면서 포괄적이고 자의적인 하도급대금 조정 단서를 발주서에 기재하여 뉴○산업개발에게 통지하고, 그 후 원발주자인 대○산업과 협상결과 목적물의 수주가격이 저가로 책정되자 하도급대금을 48,400,000원으로 조정통보한 행위는 하도급법 제11조 제1항에서 금지하고 있는 하도급대금의 부당감액행위에 해당한다는 이유로 하도급법 제25조 제1항을 적용하여, 2003. 9. 9. 원고에게 시정명령을 하였다.

나. 원고의 주장

발주서상에 기재된 금액은 선급금 지급 등의 기준이 되는 금액으로 가결정한 것일 뿐이어서 위 금액을 확정적인 하도급 대금으로 볼 수 없으며, 원고는 추후에 원발주자인 대○사업과의 최종 금형가 협상에 따라 제조가격을 확정하기로 한 뉴○산업개발과의 합의에 따라 발주서상의 금액을 감액확정한 것이므로 부당한 대금감액이 아니다.

다. 판단- 부당감액인지 여부

㈎ 하도급법 제11조는 제1항에서 원사업자는 수급사업자에게 책임을 돌릴 사유가 없음에도 불구하고 제조 등의 위탁을 할 때 정한 하도급대금을 부당하게 감액(이하, '부당감액'이라 한다)하여서는 아니된다고 규정하면서, 제2항 제1호에서 원사업자가 위탁할 때 하도급대금을 감액할 조건 등을 명시하지 아니하고 위탁 후 협조요청 또는 거래상대방으로부터의 발

---

403) 본 판결은 개정 하도급법 시행전(하도급법 2011.6.30.자로 시행 법률 제10475호, 2011.3.29. 일부개정된 것, 종래 '부당감액'을 '감액금지'로 개정)의 사안으로서 부당감액인지 여부에 대하여 공정거래위원회가 입증책임을 부담한다는 전제하에 판시된 것이다.

404) 본 판결은 상고되었으나 심리불속행 기각되어 원심이 확정되었다(대법원 2005. 3. 11. 심리불속행기각 2004두12780 판결).

주취소, 경제상황의 변동 등 불합리한 이유를 들어 하도급대금을 감액하는 행위는 제1항의 규정에 의한 부당감액으로 본다고 규정하고 있으므로 하도급대금의 감액은 그것이 부당하게 행하여진 경우에만 금지되는 것이고, 이 경우 부당성의 유무는 하도급계약 체결 및 대금감액의 경위, 하도급계약의 이행내용, 하도급목적물의 특성과 그 시장상황, 감액된 하도급대금의 정도 등 개별사안에서 드러난 여러 사정을 종합적으로 살펴 그것이 수급사업자에게 부당하게 불리한 감액인지 여부에 따라 판단하여야 하며, 그에 관한 입증책임은 피고에게 있다고 할 것이다.

㈏ 앞서 든 증거들에 을 제8호증의 기재, 증인 모○현, 김○익의 각 증언 및 변론 전체의 취지를 종합하면, 다음의 사실을 인정할 수 있고 이에 반하는 을 제4호증의 기재, 증인 정채균의 증언은 믿지 아니하고 달리 반증이 없다.

① 뉴○산업개발은 2002. 3. 초 원고 회사의 금형반장을 지낸 모○현을 공장장으로 채용하여 그로 하여금 원고가 소외 현대자동차 주식회사(이하, '현대자동차'라 한다)의 거래업체인 대○산업으로부터 제조위탁받은 자동차부품 BRKT 금형 A~F 중 자동차부품 BRKT 금형 A, B를 제조위탁받도록 하였다.

모○현은 72,820,000원의 견적을 원고에게 제시하기는 하였으나, 2002. 3. 9.경 뉴○산업개발의 은행대출을 위하여 제조가격을 66,000,000원으로 한 계약서나 발주서의 교부를 원고에게 요청하였고, 원고가 뉴○산업개발이 견적서를 제출하지 않았고, 원발주자인 대○산업으로부터 가격결정을 받은 것도 없어 확정적인 제조가격의 기재를 요하는 계약서는 이를 작성하여 줄 수 없고 다른 업체에 제조위탁한 금액을 기준으로 제조가격을 50,000,000원으로 한 발주서를 작성하여 주겠다고 주장하자(다른 업체의 견적가 대비 발주가의 비율은 58.3%~67.6%이다.) 상호 협의한 결과 같은 달 11. 뉴○산업개발의 은행대출 및 선급금의 다액 지급을 위하여 우선 66,000,000원을 발주금액으로 한 발주서를 원고로부터 교부받고 제조가격은 추후 대○산업의 결정가에 따르기로 합의하고 '아래 결정가는 추후 대○산업과 최종 금형가 협상시 조정될 수 있음'이라고 기재한 발주서를 원고로부터 수령하였고, 2002. 4. 10. 선급금으로 위 발주금액의 40%에 해당하는 액면금 24,000,000원의 약속어음을 교부받았다.

② 그 후 뉴○산업개발은 A, B형 금형 10세트를 원고에게 납품하였는데 제품검사과정에서 위 금형 2세트에 제품불량이 발생하자 추가로 금형 2세트를 제작하여 2002. 6. 30.까지 이 사건 금형을 모두 납품하고, 추가로 제작한 금형의 대금 역시 추후 원발주자인 대○산업과 원고와의 협상에 따라 결정하기로 합의하였으며, 2002. 6. 29.부터 같은 해 7. 29.까지 사이에 원고로부터 이 사건 금형의 하도급대금으로 48,400,000원을 수령하였다.

③ 대○산업이나 현대자동차는 제작완료된 금형의 수치 및 재료를 평가하여 원가산정 데이터베이스에 자료를 입력한 후 원가 산정 프로그램에 따라 산정된 가액을 금형의 제조가액으로 결정하고 있다.

원고는 2002. 11. 25.경 대○산업으로부터 이 사건 금형의 제조가액이 39,710,000원으로 책정되었다는 통보를 받고 이를 뉴○산업개발에게 알렸으며, 뉴○산업개발의 대표이사 정채균의 부탁으로 정채균, 원고의 김○익 이사, 대○산업의 원가담당 차장이 현대자동차에 금형비의 증액을 요청하여 2002. 11. 29.경 이 사건 금형 12세트의 최종제조가액이 47,960,000원으로 증액결정되었다.

㈐ 위에서 인정한 바와 같은 이 사건 금형에 관한 발주금액은 사실상 뉴◯산업개발의 견적가의 90.6%를 인정한 것으로 다른 업체의 견적가 대비 발주금액의 비율인 58.3%~67.6%에 비하여 상당히 높게 책정되어 있고, 발주서상에 대◯산업과의 최종 가격협상에 따라 제조가격이 조정될 수 있음을 명시한 점, 제품의 불량에 따라 추가로 제조한 금형 2세트에 대한 가격결정 역시 대◯산업과의 가격협상에 따르기로 합의한 점, 현대자동차 및 대◯산업의 가격결정은 제작완료된 금형을 객관적으로 평가하여 원가산정 프로그램에 따라 산정하는 것이어서 결정될 제조가격을 어느 정도 예상할 수 있고, 이에 따라 원고는 제조가격이 확정적으로 결정되기 전에 뉴◯산업개발에게 발주금액의 73%에 달하는 하도급대금을 지급한 점, 현대자동차 및 대◯산업의 가격결정에 대하여 뉴◯산업개발이 증액협의를 요청하여 제조가격이 증액되었고 위 금액은 뉴◯산업개발의 최초 견적금액의 65.8%에 이르는 점 등을 종합적으로 고려하여 보면, 뉴◯산업개발은 이 사건 금형의 발주금액을 높게 책정받아 발주금액을 기준으로 지급하는 선급금을 많이 수령하는 대신 원고가 원발주자인 대◯산업과의 최종 제조가격 협상에 따라 제조가격이 조정될 경우 이에 따라 하도급금액도 조정하기로 합의하였다고 할 수 있어 이에 따른 원고의 하도급대금의 감액행위를 '부당한' 하도급대금의 감액이라고 할 수 없다.■

8) 선박제조위탁시 정한 하도급대금의 감액행위가 위법이라는 사례

선박엔진 구성품 제조위탁 후 정당한 사유없이 위탁시 정한 하도급대금을 감액한 것이 하도급법 제11조의 감액행위에 해당하여 위법이라고 본 사안(**서울고등법원 2018. 5. 11. 선고 2017누33963 판결**).

[참조 판결]

-서울고등법원 2018. 5. 11. 선고 2017누33963 판결[405]**[시정명령등취소]-**

[인◯정공 사례]

【판시이유】

1. 처분의 경위

원고는 표6 기재와 같이 이 사건 수급사업자들에게 위탁 시 정한 하도급대금에서 2012. 7.부터 2015. 7.까지 LINE QC[406] 운영에 따른 검사인력의 인건비 상당액을 공제한 후 나머지 대금만 지급하였다. 원고의 위와 같은 하도급대금 공제 행위(이하 '이 사건 감액행위'라고 한다)는 정당한 사유 없이 위탁 시 정한 하도급대금을 감액하는 행위(하도급법 제11조 제1항)에 해당한다는 이유로 피고 공정거래위원회는 2016. 12. 20.자로 의결 제2016-359호로 원고에게 시정명령 및 과징금납부명령을 하였다.

-표6 (단가인하 세부내역) (일부)-

2. 원고의 주장

405) 본 사안은 상고하지 않고 확정되었다.

406) 원고가 운영한 LINE QC는 제품 불량률을 줄이기 위해 원고가 채용한 검사인력을 수급사업자의 생산라인에 배치하여 제작 공정에서 불량 발생 여부를 검사하게 한 제도이다.

수급 사업자	목적물 수령		하도급대금 지급		감액 금액
	날짜	금액	날짜	금액	
선○ 테크	2012-07-31	116,194,791	2012-08-14	114,194,791	2,000,000
	2012-08-31	107,277,317	2012-09-14	105,277,317	2,000,000
	2012-09-30	100,848,712	2012-10-15	98,848,712	2,000,000
	2012-10-31	99,011,895	2012-11-14	98,011,895	1,000,000
	2012-11-30	59,421,388	2012-12-17	58,421,388	1,000,000
	2012-12-31	48,897,956	2013-01-15	47,897,956	1,000,000
	2013-01-31	56,470,458	2013-02-15	55,470,458	1,000,000
	2013-02-28	17,171,770	2013-03-14	16,171,770	1,000,000
	2013-03-31	70,131,280	2013-04-12	69,131,280	1,000,000
	2013-04-30	46,400,682	2013-05-14	45,400,682	1,000,000
	2013-05-31	43,747,535	2013-06-21	42,747,535	1,000,000

LINE QC는 수급사업자들의 귀책으로 인한 불량률을 최소화하기 위하여 도입된 제도이며, 원고는 이 사건 수급사업자들과 LINE QC 운영에 따른 검사인력의 인건비(이하 'LINE QC 인건비'라고 한다)를 이 사건 수급사업자들이 부담하기로 합의하였다. 원고가 이 사건 수급사업자들을 대신하여 2012. 7.부터 2015. 7.까지의 LINE QC 인건비를 부담하였으므로, 원고는 이 사건 수급사업자들에게 같은 금액 상당의 채권이 있다. 원고는 이 사건 수급사업자들에게 지급할 하도급대금에서 위 채권을 공제하였을 뿐이며, 원고의 행위는 하도급법 제11조에서 정한 하도급대금 감액이 아니다.

3. 인정사실

가) 원고는 2009. 6.부터 2009. 7.까지 및 2010. 7.부터 2015. 7.까지 이 사건 수급사업자들에게 제조위탁한 프레임 박스 및 베드 플레이트의 품질관리 및 검사를 위하여 LINE QC 제도를 운영하였다. 원고는 ㈜한국기술검사원을 통하여 LINE QC 운영을 위한 인력(검사원)을 직접 고용하였고, 위 검사원들은 원고의 지휘·감독 하에 업무를 수행하였다.

나) 원고는 2012년 7월부터 2015년 7월까지 아래와 같이 이 사건 수급사업자들에게 지급할 하도급대금에서 LINE QC 인건비 명목으로 합계 39,500,000원을 공제한 후 나머지 하도급대금만 지급하였다(이는 표6 기재 내역과 같다).

수급사업자	기간	목적물 수령금액	지급액	공제금액
선○테크	2012. 7. ~ 2013. 5.	765,573,784	751,573,784	14,000,000
인○기업	2013. 6. ~ 2014. 9.	1,704,492,264	1,688,492,264	16,000,000
디○프	2014. 10. ~ 2015. 7.	1,054,499,451	1,044,999,451	9,500,000
합 계		3,524,565,499	3,485,065,499	39,500,000

다) 원고와 이 사건 수급사업자들이 체결한 각 구매기본계약에는 LINE QC에 관한 규정 및 LINE QC 인건비의 부담 주체가 누구인지에 관한 규정이 없다.

라) 앞에서 본 바와 같이 선일테크가 2012. 2. 1. 원고에게 제출한 의견서(을 제3호증의 1)에는 'LINE QC 및 가공 후 M/T A/S 비용공제를 업체 자율적 해결, 독립성 유지토록 선처'라는 내용이 기재되어 있다.

마) 원고, 수급사업자 하나테크, 선일테크, 우리테크, 태주테크는 2012. 9. 22. LINE

QC 검사원을 2명에서 1명으로 감원하며, 위 검사원에 대한 인건비 월 3,900,000원을 하나테크와 선일테크가 각 1,000,000원, 우리테크와 태주테크가 각 500,000원, 원고가 900,000원씩 나누어 부담하기로 합의하였다.

바) 이 사건 수급사업자들의 실제 사업주인 이**는 2016. 5. 31. 피고에게 '㉮ 원고와 제작업체 사이에 검사 SCOPE는 원고에 있는 것으로 계약하였다, ㉯ LINE QC와 별도로 인성기업에서 품질관리 요원으로 선임된 담당자가 제품 제작완료 후 체크시트를 작성하여 검사 신청을 하면, 원고 측에서 검사를 실시한 후 최종적으로 모기업 검사를 거쳐 합격이 되면 납품을 하였다(인성기업은 모든 제품을 체크 시트를 작성하여 원고에 제출하여 검사를 받았으며, LINE QC는 체크시트를 작성할 수도 없고, 작성한 적도 없다), ㉰ 원고는 LINE QC를 시행하면서 LINE QC 인력은 원고가 일용직을 채용하여 그 임금은 제작업체에 부담시키겠다고 업체들로부터 서명을 받고 실시하였다, ㉱ LINE QC 인력은 제작이 잘못된 것을 공정 진행 중에 발견한 경우가 없었고, 원고는 모기업에 공정검사를 하고 있다는 홍보용 및 사장님 보고용으로만 활용하였다, ㉲ 시행 모순 때문에 제작업체들은 비용만 들고 효과가 없으므로 없애 달라고 수차례 건의를 하였다(회의시 수차례 건의하였고, 2012년 3월에는 문서로 제출한 바 있다), ㉳ 동종업계의 타 업체들은 제작업체가 LINE QC 비용을 부담하도록 하지 않는다.'는 내용의 확인서를 제출하였다.

사) 원고 이사 한**은 2016. 5. 24. '2012. 9. 22.자 인원조정 합의서 이외에 LINE QC 인건비 분담비율, 분담기준, 분담사유 등이 명시된 서면을 수급사업자들에게 교부한 사실이 없다. 다만, 품질관리 측면에서의 제도 운용 필요성에 대해 인성기업 등과 논의한 주간 회의록을 교부한 사실이 있다.'는 내용이 포함된 확인서를 제출하였다.

4. 판단

위 인정사실에 의하여 인정할 수 있는 아래와 같은 사정들에 비추어 보면, LINE QC 인건비는 원고가 부담할 성격의 비용으로서 이 사건 수급사업자들이 원고에 대하여 LINE QC 인건비를 지급하기로 합의하였다거나 위 인건비를 지급할 의무를 부담한다고 보기 어렵다.

① 앞에서 본 바와 같이 원고와 이 사건 수급사업자들은 대등한 관계에 있지 않은 점, 원고와 이 사건 수급사업자들이 체결한 각 구매기본계약에는 LINE QC에 관한 규정이 아예 없고, 이○규는 피고에게 '이 사건 수급사업자들은 원고에게 실효성이 없음을 이유로 LINE QC 폐지를 수차례 건의하였다.'는 취지의 확인서를 제출한 점 등에 비추어 보면, 이 사건 수급사업자들은 LINE QC 운영 및 LINE QC 인건비를 자신들이 부담하는 것에 반대하였으나 우월한 지위에 있는 원고의 요구에 의하여 어쩔 수 없이 LINE QC 인건비를 부담하였다고 보인다. 이에 반하는 범위 내에서 갑 제12, 13호증의 내용은 믿기 어렵다.

② 이 사건 수급사업자들은 자사 소속의 품질관리 요원으로 하여금 체크시트를 작성하여 자체적으로 제품을 검사하고, 체크시트를 원고에게 제출하면 원고가 제작된 제품을 검사하는 방법으로 LINE QC와 별도의 품질검사를 하고 있었다.

③ 원고는 LINE QC를 실질적으로 운영하며 LINE QC 검사원들을 직접 고용하고 지휘·감독하였다. 이 사건 수급사업자들은 LINE QC 인건비를 부담하면서도 LINE QC 운영 등에 전혀 영향을 미치지 못한 것으로 보인다.

④ 앞에서 본 바와 같이 이 사건 수급사업자들은 원고의 요구 때문에 어쩔 수 없이 LINE QC 인건비를 부담하는 상황에서, LINE QC 검사원 한 명을 감원하며 인건비 부담을 줄이는

것에 반대하지 않았던 것으로 보인다. 따라서 선일테크가 2012. 9. 22. LINE QC 검사원을 한 명으로 감원하는 데 합의하였다고 하여, 선일테크가 LINE QC 검사원 한 명의 인건비를 진정으로 부담할 의사가 있었다고 하기 어렵다.

⑤ 이 사건 수급사업자들이 완성하여 납품하는 제조위탁 목적물에 대한 검수는 원칙적으로 원사업자인 원고의 업무이다. LINE QC는 사전 제작단계에서 미리 불량 등을 점검하여 불량률을 줄이고 제조위탁 목적물에 대한 검수의 효율을 높이기 위하여 이 사건 수급사업자들의 자체 검사 과정과 별도로 원고가 도입한 것으로서 그 성격상 원고의 목적물에 대한 검수 업무의 일부이다.

LINE QC 인건비는 원고가 부담하여야 함에도 원고는 정당한 사유 없이 2012. 7.부터 2015. 7.까지 이 사건 수급사업자들에게 지급할 하도급대금에서 LINE QC 인건비 명목으로 합계 39,500,000원을 공제하는 방법으로 하도급대금을 감액하였다.

이 사건 감액행위는 하도급법 제11조 제1항을 위반하여 '제조등의 위탁을 할 때 정한 하도급대금을 감액한 행위'에 해당하며, 이에 반하는 원고의 위 주장은 이유 없다.■

9) 기계설비 건설위탁에서 기성고대금의 감액이 있었더라도 전체 하도급대금의 감액을 인정할 수 없다고 보아 하도급법 제11조 제1항의 부당 감액행위로 볼 수 없다는 사례

기계설비 건설위탁에서 기성고대금의 감액 합의가 있었더라도 전체 하도급대금의 감액을 인정할 수 없다고 보아 하도급법 제11조 제1항의 부당 감액행위로 볼 수 없다는 사례(**서울고등법원 2019. 12. 11. 선고 2018누113 판결**).

-서울고등법원 2019. 12. 11. 선고 2018누113 판결[407]**[시정명령취소]-**

[동○건설 사례]

【판시이유】

1. 처분의 경위

피고 공정거래위원회는 위 2018. 1. 15. 의결 무렵 하도급법 제26조 제2항, 하도급법 시행령 제17조 제1항 [별표 3] 제2호에 기하여, 하도급 대금의 감액에 대하여 이 사건 제2 시정명령[408] 및 이 사건 고발 중 더 중한 이 사건 고발에 따른 3점의 벌점을 부과하였다.

원고는 위 의결에 따라 고발되어 하도급법위반의 형사사건(이하 '관련 형사사건'이라 한다)으로 조사를 받았으나, 서울중앙지방검찰청은 2017. 12. 21. '이 사건 합의서 중 감액의 대상은 기성금 지급의 기준이 되는 기성율에 대한 견해 차이로 인한 순수한 의미의 '기성금' 감액일 뿐 기존 하도급계약의 공사대금을 감액하는 것이 아니므로, 하도급법 제11조 제1항의 하도급대금을 감액한 것이라 보기 어렵고 달리 이를 입증할 자료가 없다'는 이유로 혐의

407) 본 사안은 상고되어 계속 중이다(대법원 2020두31217).

408) 원고는 에○넷트시스템 주식회사에게 '흑석6 재정비촉진구역 주택재개발정비사업' 등의 현장공사와 관련하여 냉매배관, 멀티에어컨 및 세대환기공사 등을 건설위탁하고 목적물을 인수한 후 정당한 사유 없이 기성금을 감액하는 것과 같은 행위를 다시 하여서는 아니 된다.

없음(증거불충분)의 불기소처분을 하였다.

2. 인정사실

원고는 수급사업자 에○넷트시스템과 2010년부터 13개 공사 현장에 대하여 17건의 냉매배관, 멀티에어컨 및 세대환기공사 등의 하도급계약을 체결하였다(이하 '직접계약'이라 한다). 또한, 원고는 알펜시아 공사 중 시스템에어컨 및 환기유니트 공사(이하 '알펜시아 공사'라 한다) 등 7건의 공사 계약을 삼성전자 주식회사(이하 '삼성전자'라 한다)와 체결하였고, 삼성전자는 이 중 에어컨 장비 등의 설치공사 부분을 에○넷트시스템에게 다시 위탁하였다(이하 '재위탁계약'이라 한다).

에○넷트시스템은 2012. 11. 28.경 원고에게 직접계약 건 및 재위탁계약 건 중 총 11개 공사현장[409]에서 **기성금(유보금액 포함) 및 추가공사 금액** 등 **총 33억 원**의 하도급대금을 지급받지 못했다는 민원을 제기하였고, 원고는 에○넷트시스템 및 삼성전자와 함께 2012. 12. 27. **금25억 원**을 에○넷트시스템에게 지급하기로 하는 내용의 합의서를 작성(이하 '이 사건 합의'라 한다)하였다.

에○넷트시스템은 이 사건 합의 당시 기성금 1,689,082,585원(알펜시아 공사 498,520,000원 + 나머지공사 1,190,562,585원)을 요청하였다. 원고는 기성금으로 1,100,000,000원(알펜시아공사 100,000,000원 + 나머지 공사 1,000,000,000원)을 지급하고, **'연간 단가 현장 실투입 원가금액' 명목**으로 350,000,000원을 추가로 보전하여 주기로 하여 **총 1,450,000,000원을 기성공사에 대한 대가**로 지급하기로 하였다.

3. 원고의 주장

이 사건 합의는 중간 기성금 중 일부의 지급을 유보한 것에 불과하며, 원고는 이 사건 합의 이후에도 수급사업자(에○넷트시스템)에 기성고 비율에 따라 당초 건설위탁계약에서 정한 공사대금을 지급하였으므로 이 사건 합의는 하도급법 제11조 제1항의 하도급 대금 감액에 해당하지 않는다.

4. 판단

앞서 본 사실과 앞서 든 증거, 갑 제5, 8 내지 11, 14 내지 18호증, 을 제4, 25호증의 각 기재 및 변론 전체의 취지에 의하여 인정되는 다음과 같은 사정을 종합하면, 피고가 내세우는 사정과 제출된 증거만으로는 이 사건 합의로 인하여 전체 하도급대금이 감액되었다고 인정하기에 부족하고 달리 이를 인정할 증거가 없으므로, 이 사건 합의는 하도급법 제11조 제1항이 금지하는 하도급대금의 부당 감액 행위라고 보기 어렵다. 따라서 이 점을 지적하는 원고의 주장은 이유 있다.

(1) 원고와 에○넷트시스템은 이 사건 합의 당시 또는 그 이후에 직접계약의 계약금액 자체를 감액하는 계약서를 작성하거나 구두 합의를 한 바 없다. 에○넷트시스템는 이 사건 합의 이후에도 각 공사현장의 기성고가 발생할 때마다 매번 원고에 세금계산서를 발급함으로써 각 현장별로 발생한 공사대금을 청구하였고, 원고는 그 세금계산서 발급에 의하여 청구받은 각 현장별 공사대금을 대체로 전부 지급하였다. 이같이 객관적으로 드러난 원고와 에○넷트시스템 간의 공사대금 지급 내역과 달리, 이 사건 합의로써 최초에 체결한 직접계약의 전

---

409) 직접계약이 체결된 13개 현장 중 계약기간이 종료되고 하도급대금의 지급이 완료된 '용인신봉', '동국대' 및 '용산센트레빌' 등 3개 현장을 제외한 10개 현장과, 재위탁계약이 체결된 '알펜시아' 현장을 의미한다.

체 공사대금을 감액한다는 의사의 합치가 있었다고 볼 만한 증거가 부족하다.

(2) 에○넷트시스템이 2012. 10. 30. 작성한 미지급금 현황(을 제9호증)에 의하면, 에○넷트시스템은 원고에 직접계약의 계약금액에 에○넷트시스템이 추산한 기성고를 곱한 금액을 공사현장에 실제 투입한 금액으로 보고 그 금액에서 이미 수령한 기성금을 공제한 금액의 지급을 요구하였음을 알 수 있다. 따라서 이 사건 합의는 이 사건 건설위탁계약의 이행 중 원사업자와 수급사업자 간에 실제 완료된 기성고에 관한 이견을 조율하고 실제로 지급할 공사대금(기성금)을 조정하는 방법으로 보이는바, 그 과정에서 원고가 에○넷트시스템 주장의 기성고를 수용하지 않았다는 사정만으로는 이를 원고에게 지급의무가 발생한 기성금을 감액한 행위라고 단정하기도 어렵다.

(3) 이 사건 합의에 따르면, 원고는 에○넷트시스템에 '동자현장 추가/수정 공사금액'과 '동자현장 실투입 원가금액'을 합한 10억 원, '알펜시아 기성유보', '현장별 도급설계변경', '연간단가현장 실투입 원가금액'을 합한 5억 원 합계 15억 원을 지급하고, 위 각 항목에 대하여 15억 원 외의 추가금액이 없다고 정하고 있다. 또한 이 사건 합의서를 작성한 원고 직원 조성천은 원고와 에○넷트시스템 간의 민사소송의 증인으로 출석하여 '이 사건 합의는 2012년 10월 말을 기준으로 이루어졌고, 이후의 작업 또는 추가공사에 따른 공사대금은 포함되어 있지 않다'는 취지로 증언하였다. 이에 비추어 보면, 원고가 에○넷트시스템에 추가로 지급할 금액이 없다고 합의한 부분은 동자현장의 추가공사 부분과 재위탁계약 부분 중 알펜시아 공사현장 부분에 한정된다고 봄이 타당하다. 그런데 재위탁계약 부분을 하도급거래로 볼 수 없음은 앞에서 살핀 바와 같고, 동자현장의 추가공사 부분은 이 사건 처분 사유에서 제외된 부분이다.

(4) 원고는 이 사건 합의 이후에도 에○넷트시스템에 공사대금을 계속 지급하였다. 그중 각 공사현장별로 지급률이 계약금액의 약 90%에 달하거나 오히려 초과하여 지급된 곳도 있으나, 그 대금이 피고 주장과 같이 원래의 하도급계약 범위를 벗어난 추가 공사가 발생하여 그 공사대금을 지급한 것이라고 인정할 만한 증거가 부족하다. 또한 원고가 에○넷트시스템에 일부 공사현장의 공사대금을 일부 미지급하기는 하였으나, 갑 제13, 14호증의 각 기재와 변론 전체의 취지에 비추어 보면, 이는 에○넷트시스템의 공사 중단으로 인한 공사대금 정산 과정에서 일부 감액이 이루어졌거나, 원고가 공사대금 중 하자 발생으로 인한 부분을 공제하거나 유보한 것으로 보이는바, 그러한 사정만으로 원고가 이 사건 합의를 통하여 감액된 기성고 부분을 전혀 지급하지 않음으로써 종국적으로 하도급대금이 감액된 것이라고 보기도 어렵다.

(5) 에○넷트시스템 대표이사 김**은 검찰 조사에서 '원고는 기성고대로 대금을 지급하겠다는 것이 아니라 전체 공사대금을 할부로 지급하겠다는 입장이었다'는 취지로 진술한 바 있다. 이러한 진술 취지에 비추어 보더라도 직접계약에 따른 공사대금 전체의 감액은 없는 대신, 수급사업자 입장에서 실제 발생하였다고 주장하는 기성고대로의 대금 지급이 이루어지지 않은 것이므로 이를 하도급대금의 감액으로 보기는 어렵다. ■

10) 휴대폰 부품 제조위탁에서 '수급사업자와 단가 인하에 관한 합의가 성립된 경우 그 합의 성립 전에 위탁한 부분에 대하여도 합의 내용을 소급하여 적용하는 방

법으로 하도급대금을 감액하는 행위' 하도급법 제11조 제2항 제2호의 부당 감액행위로 위법이라는 판결

휴대폰 등 제조업을 영위하는 원사업자가 휴대폰 관련 부품을 위탁한 후 "단가를 인하하기로 합의하면서 합의일 전에 위탁한 부분에 대해서도 인하된 단가를 소급적용하는 방법으로 하도급대금을 감액하는 행위"가 하도급법 제11조 제2항 제2호에 해당하는 부당 감액행위라는 사례(**서울고등법원 2019. 12. 11. 선고 2018누113 판결**).

-서울고등법원 2019. 12. 11. 선고 2018누113 판결[410]**[시정명령취소]-**
[엘○전자 사례]

【판시이유】

1. 기초사실

유○텔레콤 등 24개 사업자는 휴대폰 관련 부품 등을 제조하는 중소기업자로서 원고(원사업자)로부터 휴대폰 관련 부품 등의 제조를 위탁받은 회사이다.

원고는 2014. 7.부터 2017. 3.까지 유○텔레콤 등 24개 수급사업자에게 휴대폰 부품 등을 제조 위탁한 후, 수급사업자들과 개별적으로 납품단가를 인하하기로 합의하면서 회의록, 가격 인하 협의록 등에 인하된 단가의 적용일자를 합의일보다 최소 1일에서 최대 29일 이전으로 소급하여 명시하였다. 원고는 실제로 합의일 이전에 납품되어 입고된 총 1,318개 품목에 대하여 인하된 단가를 적용하여 하도급대금 총 2,887,304,000원을 감액하였다(이하 '이 사건 감액행위'라고 한다).

원고가 24개 수급사업자에 대하여 인하된 단가를 소급적용한 내역은 아래 <표 3> 기재와 같다.

<표 3>

인하된 단가 소급적용 내 (단위: 일, 원, 부가가치세 제외)

연번	수급사업자	해당 품목(품목번호)	소급적용 기간	소급 적용 횟수	감액금액 (종전단가-인하단가)×수량
1	유성텔레콤	ACQ87691601 등 107품목	3~26	13회	123,543,153
2	진원전자	ACQ87495701 등 135품목	6~29	15회	149,051,609
3	일야	ACQ86750901 등 236품목	6~27	18회	287,409,813
4	선린전자	SSAD0034201 등 47품목	1~26	4회	206,383,291
5	피엔텔레컴	EAY63608601 등 12품목	20~25	3회	258,167,681
6	기린텔레콤	EAB63128501 등 4품목	19~21	2회	30,053,272
7	한라캐스트	MBL65719101 등 27품목	13~29	5회	599,145,460

410) 본 판결은 상고되었으나 심리불속행기각되어 원심이 확정되었다(대법원 2019두52089 2020.1.16.자 심리불속행기각 판결).

8	동도전자	SSAD0031901 등 30품목	6~20	3회	123,088,353
9	다이아벨	ACQ87482402 등 126품목	9~28	12회	184,032,696
10	파인테크닉스	ACQ88360405 등 19품목	9~22	10회	176,766,071
11	영진전기	ABM74476601 등 207품목	5~26	9회	190,136,760
12	에스티	ABM73738501 등 181품목	5~27	12회	179,874,579
13	유진하이텍	MGJ64382001 등 104품목	6~26	10회	157,616,595
14	에이치케이티	ACQ89156402 등 2품목	2	1회	746,540
15	영광정공	ACQ86772401 등 35품목	9~29	10회	129,700,376
16	크레타하이테크	MAZ64726101 등 25품목	1~26	5회	48,492,424
17	아이엠글로벌	ACQ87977601 등 20품목	1~26	2회	4,473,037
18	미성포리테크	ABH75299601 등 28품목	9~29	9회	18,543,854
19	한빛티앤아이	ABH75119602 등 19품목	5~26	9회	17,387,728
20	에이티앤씨	EAA62792901	15	1회	17,726
21	금강코엔	ADV75386101 등 2품목	2~22	2회	117,602
22	세화전자	MKC65940601 등 5품목	16~24	3회	887,848
23	육일씨엔에스	MKC64799201 등 7품목	21~25	3회	869,126
24	재민뷰텍	MKC65199701 등 4품목	18~25	3회	798,465
합 계					2,887,304,057

2. 피고 공정거래위원회의 처분

피고는 이 사건 감액행위가 하도급법 제11조 제2항 제2호에서 정한 부당감액행위에 해당한다는 이유로, 2018. 7. 2. 원고에 대하여 제2소회의 의결 제2018-225호로 시정명령과 과징금 납부명령을 하였다.

3. 원고 원사업자의 주장 (실체적 주장을 중심으로)

가. 사안과 무관한 법 규정을 잘못 적용한 위법

원고와 수급사업자들은 분기별로 납품단가를 결정하고 있으므로 전 분기의 단가는 다음 분기의 하도급거래에 적용되지 않는다. 전 분기의 단가는 다음 분기의 단가에 관한 협의가 지연될 경우 가단가로 적용될 뿐이다. 따라서 이 사건 감액행위의 실질은 분기별로 적용되는 납품단가에 관한 협의가 다소 지연될 경우 기존 단가를 가단가로 하여 우선 발주를 내고 나중에 단가합의가 완료되면 가단가로 발주된 부분에 대해서 확정된 단가를 적용하는 정산의 문제, 즉, 하도급법 제4조가 규정하는 '하도급대금의 결정' 문제이지 하도급법 제11조가 규정하는 '이미 확정된 하도급대금의 감액' 문제가 아니다. 그런데도 피고는 이 사건 감액행위를 하도급대금의 감액 문제로 보고 하도급법 제11조를 적용하여 이 사건 처분을 한 바, 이 사건 처분은 사안과 무관한 법 규정을 잘못 적용한 위법이 있다.

나. 하도급법 제11조 제2항 제2호 위반 사유의 부존재

설령 이 사건 감액행위가 '하도급대금의 감액'에 관한 문제라고 하더라도, 원고와 수급사업자들은 납품단가의 적용일을 별도로 합의할 수 있고, 이에 따라 새로운 분기 시작 전에 납품단가 적용일에 관한 합의를 먼저 하였으므로, 새로운 분기 시작 이후 합의된 납품단가를 사전에 합의한 날짜를 기준으로 적용하는 것을 합의 내용 또는 그 적용일을 소급한 것이라고 볼 수 없다. 따라서 이 사건 감액행위는 하도급법 제11조 제2항 제2호가 금지하는 '합의 내용을 소급하여 적용하는 경우'에 해당하지 않는다.

4. 법원의 판단

가. 사안과 무관한 법 규정을 잘못 적용한 위법 주장 관련

1) 관련 규정

「부당한 하도급대금 결정 및 감액행위에 대한 심사지침」(이하 '이 사건 심사지침'이라 한다)은 III. 제1호는 하도급대금의 결정과 감액에 대한 구분은 원칙적으로 위 II. 용어의 정의에 의하여 판단하되, **계속적 거래계약**의 경우 ㉠ 계약기간 중 이미 발주한 수량과 상관없는 새로운 수량을 발주하면서 단가를 변경하는 것은 '하도급대금의 **결정**'으로, ㉡ 이미 발주한 수량에 대해 단가를 인하하는 것 및 수량 없이 단가만 먼저 확정한 후 수량을 발주하는 경우 발주 이후에 단가를 인하하는 것을 '하도급대금의 **감액**'으로 보며(제2호), ㉢ 신규개발품 등과 같이 원사업자가 제조 등의 위탁을 할 때 하도급대금을 확정하지 못하여 임시단가(또는 가단가)를 정해 위탁한 뒤 나중에 대금을 확정하기로 수급사업자와 합의한 경우 나중에 대금을 확정하는 것은 '하도급대금의 **결정**'으로 본다고 규정하고 있다(제3호).

위 규정의 내용에 비추어 보면, 하도급대금의 결정과 감액은 원칙적으로 발주 당시 하도급대금이 정해져 있는지를 기준으로 구분되고, 다만 신규개발품 등과 같이 발주 당시 하도급대금을 확정하지 못한 예외적인 경우에만 임시단가로 발주한 뒤 나중에 대금을 확정하는 것을 '하도급대금의 결정'으로 봄이 타당하다.

2) 이 사건에 관한 판단

원고는 수급사업자들과 합의한 단가는 분기별로 적용되는 단가라는 전제에서 매분기의 단가협의는 하도급대금을 '결정'하는 문제이므로, 이 사건 감액행위에는 하도급법 제11조가 아닌 제4조가 적용되어야 한다는 취지로 주장한다. 그러나 아래와 같은 점에 비추어 보면, 원고와 수급사업자들 사이에는 **발주 당시 적용되는 기존 단가가 존재**하므로, 인하된 단가를 소급하여 적용하는 것은 하도급법 제11조가 규정하는 **하도급대금의 감액**에 해당한다고 보아야 한다. 이와 다른 전제에 선 원고의 이 부분 주장은 이유 없다.

가) 앞서 본 바와 같이 원고가 인하된 단가의 적용일자를 합의일보다 최소 1일에서 최대 29일 이전으로 소급하기로 합의한 다음 실제로 합의일 이전에 납품되어 입고된 총 1,318개 품목에 대하여 인하된 단가를 적용하여 하도급대금 총 2,887,304,057원을 감액한 사실은 인정된다.

계속적 거래관계에 있어 단가에 관한 합의는 이후 단가 변경 합의가 성립될 때까지는 그 효력을 유지하는 것일 일반적일 것이므로, 특별한 사정이 없는 한 위와 같이 인하된 단가를 합의일 이전으로 소급한 것은 소급된 기간 내에 공급받은 물품의 단가를 감액한 행위에 해당한다 할 것이다. 이와 달리 원고와 수급사업자들 사이에 단가에 관한 합의의 효력이 분기별로 미치도록 하는 합의가 있어 다른 분기에 들어가서는 결정된 단가가 없었고, 이후 합의에 따라 결정된 단가를 적용한 것에 불과하다는 점에 대한 증명의 부담은 원고에게 있다 할 것이다.

나) 원고는 분기별 단가 합의의 근거로 제조위탁거래기본계약서 제17조 제3항, 견적서, 회의록, 제안서, 확인서 등을 들고 있다.

① 먼저 원고가 수급사업자들과 사이에 체결한 제조위탁거래 기본계약서 제17조는, '목적물'의 단가는 양 당사자가 상호 협의를 거쳐 "개별계약"에서 정하되(제1항), 경제상황의 변동 등으로 인하여 단가 조정이 필요하게 된 경우 상호 협의를 통해 단가를 조정할 수 있으며(제2항), 제1항, 제2항에 따른 단가결정이 지체될 경우 양 당사자가 협의하여 정한 임시단가를 적용하며, 임시단가와 확정단가의 차액은 확정단가 결정시 정산(제3항)하도록 하고 있다.

위 계약서 조항은 단가 또는 납품대금 결정의 일반 원칙을 정하면서, 단가 결정이 지체될 경우 양 당사자가 협의하여 정한 임시단가를 적용한다는 규정에 불과하고, 나아가 합의에 따라 결정된 단가의 적용기간을 분기 내로 한정한다는 내용은 없다.

② 원고와 수급사업자인 유진하이텍 사이의 2014. 12. 16.자 합의에 관한 견적서(갑 제3호증의 1)에는 당해 견적서의 적용 대상 물량으로 "2015년 1월 1일 물동 적용"이라고 하여 그 시기만을 명시하고 있고, 관련 회의록(갑 제3호증의 2, 갑 제14호증의 1) 역시 "생산성 향상 등의 사유로 해당기간에 납품하는 수량에 대하여 5.2% 할인하기로 합의"하면서 그 적용시점(始點)을 "2015년 1월 1일"이라고 할 뿐 종기에 대하여는 아무런 기재가 없다. 원고와 유성텔레콤 사이의 2014. 9. 22.자 회의록(갑 제9호증의 1), 원고와 에스티 사이의 2015. 6. 26.자 회의록(갑 제11호증의 1), 2015. 7. 23.자 회의록(갑 제12호증의 1), 원고와 영진전기 사이의 2015. 1. 6.자 회의록(갑 제14호증의 2), 원고와 유진하이텍 사이의 2015. 10. 27.자 회의록(갑 제19호증), 원고와 미성포리테크 사이의 2017. 1. 24.자 회의록(갑 제25호증)의 내용 역시 동일하다.

③ 일야, 진원전자, 유성텔레콤이 작성한 각 단가인하제안서(갑 제4호증의 1 내지 3) 하단에는 각 단가 인하율 적용을 "2015년 1Q(1월 1일)부터"(갑 제4호증의 1, 2) 또는 "2016년 4Q(10월 1일)부터"(갑 제4호증의 3) 적용한다고 하고 있을 뿐이다.

④ 원고와 일야 사이의 2014. 10. 15.자 합의에 관한 견적서(갑 제5호증의 2), 원고와 영광정공 사이의 2015. 7. 20.자 및 2015. 12. 17.자 합의에 관한 견적서(갑 제5호증의 2, 갑 제22호증)의 하단에도 각 인하된 단가 적용일을 각 합의일이 속한 분기 시작일이라고 정하고 있고["4Q(10월 1일), 3Q(7월 1일), 15년 4Q(12월 1일)부터"], 원고와 일야 사이의 일야 사이의 2014. 10. 15.자 회의록 역시 적용시점만 2014. 10. 1.이라고 하고 있다.

⑤ 일부 수급사업자가 작성한 견적서[에스티가 작성한 2015. 6. 26.자, 2015. 7. 23.자 및 2015. 5. 27.자 견적서(갑 제11, 12호증의 각 2, 을 제1호증의 47쪽), 작성자 미상의 갑 제13호증의 1, 2]에는 인하된 단가 적용 대상 물량을 표시하면서 "15년 3Q 수량, 2Q 단가, 3Q 단가, 15년 2Q" 등의 문구를 사용하고 있다. 그러나 아래와 같은 사정을 종합하여 보면 위 문구 역시 적용시점(始點)을 나타내는 문구일 뿐이어서, 이러한 분기 표시만을 가지고 원고와 수급사업자들이 해당 분기에만 적용되는 분기별 단가합의를 해 왔다고 볼 수 없다.

㉮ 원고와 에스티 사이에 위 견적서 작성일과 같은 날인 2015. 6. 26.자 및 2015. 7. 23.자 회의록(갑 제11, 12호증의 각 1)에 따르면 변경된 단가의 적용시점에 관하여 각 "7월 1일부터 적용함"이라고 기재하고 있을 뿐이다.

㉯ 영진전기의 2016. 3. 18.자 견적서(을 제1호증의 43쪽)와 에스티의 2016. 3. 18.자 견적서(을 제1호증의 49쪽), 유진하이텍의 2016. 3. 18.자 견적서(을 제1호증의 53쪽)에는 각 대상 수량을 "16년 3월 수량"이라고 하고 있다. 그러나 위 문구는 위 변경된 단가를 2016. 3. 1.부터 적용한다는 취지이지 이를 2016. 3. 31.까지 적용하겠다는 취지는 아닌 것이 분명하다.

㉰ 영광정공이 작성한 2015. 12. 17.자 견적서(갑 제22호증, 을 제1호증의 61~63쪽) 하단에는 "위 단가 인하율 적용은 15년 4Q(12월 1일)부터 적용하며"라고 적혀 있다. 이는 단가 인하율 적용시점인 2015. 12. 1.이 속한 분기의 표시를 간략하게 '15년 4Q'라고 표시한 것으로, 4Q의 의미가 "10. 1.부터 12. 31.까지"의 의미로 사용되지 않았다.

㉱ 일부 회의록(갑 제15, 16, 17호증의 각 2)에는 변경 단가 적용시점을 회의일이 속한 당해 분기 시작일인 각 "2015. 7. 1. 이후" 또는 2016. 10. 1."이라고 기재하면서 상세한 단가표에 대상 수량과 관련하여 "15년 3Q 단가" 또는 "4Q" 등의 표시를 하고 있다. 이에 비추어 보더라도 견적서에 표시된 "15년 3Q 수량, 2Q 단가, 3Q 단가, 15년 2Q" 등의 표시는 시기와 종기를 해당 분기로 한정시키는 것이 아니라 단지 그 시기를 나타내는 문구에 불과한 것으로 보인다.

⑥ 원고와 미성포리테크 사이의 2017. 1. 24.자 및 2017. 3. 30.자 회의록(갑 제25호증, 을 제1호증의 66쪽), 원고와 일야 사이의 2016. 12. 7.자 회의록(을 제1호증의 25쪽), 원고와 한라캐스트 사이의 2017. 3. 30.자 회의록(을 제1호증의 30쪽), 원고와 영진전기 사이의 2016. 3. 18.자 회의록(을 제1호증의 42쪽), 원고와 에스티 사이의 2015. 5. 27.자 및 2016. 3. 18.자 회의록(을 제1호증의 46, 48쪽), 원고와 유진하이텍 사이의 2016. 3. 18.자 회의록(을 제1호증의 52쪽), 원고와 에이치케이티 사이의 2017. 3. 3.자 회의록(을 제1호증의 54쪽)에는 변동된 단가 적용시점이 적시되면서 "단가 변경 사유 발생 시 수시 단가 재조정하기로 함"이라는 문구가 추가되어 있다. 위 문구에 따르면 단가 변동 합의는 단가 변경사유가 발생하기 전에는 그대로 적용되는 것임을 엿볼 수 있다.

⑦ 원고의 수급사업자들이 이 사건 조사과정에서 작성하여 제출한 확인서(을 제8호증)는 '분기별로 해당 분기에 적용할 단가합의를 해 왔다'라는 취지의 원고의 주장과 완전히 일치한다. 그러나 이는 이 사건에 대한 피고의 조사가 개시된 이후에 작성된 것인 점, 원고와의 하도급거래 지속 여부에 따라 사업의 존폐에 영향을 받는 수급사업자들로서는 원고에게 유리한 내용의 확인서 작성을 거부하기 어려운 점 등을 고려하면, 그 기재 내용을 그대로 믿을 수 없다.

라) 원고는 매월 말일 그 달에 납품받은 수량을 정산하여 하도급대금을 확정하고 수급사업자로부터 거래명세표 및 세금계산서를 제출받아 다음달 8일에 현금 등으로 대금을 지급하는 방식으로 거래하고 있다. 이러한 월말마감제도에 따라 원고의 전산시스템은 이미 확정된 전달의 단가를 소급하여 변경하는 월간 소급이 불가능하도록 차단되어 있었으나, 월내 소급은 가능하도록 되어 있었다. 한편 원고의 주장과 같이 단가 합의의 효력이 분기 내에서만 미친다면, 합의가 지연되어 분기 시작 다음 달에 단가 합의가 이루어질 경우 분기 시작한 한 달 동안 전산시스템에 입력된 단가는 임시단가였다가 월말마감과 함께 확정단가로 자동으로 전환되는 것인지도 의문이다.

마) 원고는, 분기 1일부터 적용할 것을 전제로 그 시작 전에 협의를 시작하였으나 분기

1일을 지나 협의가 완료될 경우 합의된 단가를 사전 합의에 따라 분기 1일부터 적용할 뿐이라고 주장한다. 즉 통상 원고가 분기 시작 전 월에 수급사업자들에게 단가변경사유를 정리해 볼 것을 제안하면, 수급사업자들이 단가변경사유를 정리하여 원고에게 견적서를 제시하고, 이를 바탕으로 다음 분기 단가에 관한 협의를 진행하는데, 협의가 다음 분기 1일을 지나서야 완료되는 경우가 있어 외관상 변경단가 적용일이 소급된 것처럼 보일 뿐이라는 것이다. 그러나 이 사건 단가 인하와 관련하여 원고와 수급사업자들 사이에 그 협의가 분기 전에 시작되었다고 볼 만한 아무런 자료가 없다(원고는 소장 및 2019. 6. 18.자 준비서면의 진술을 통하여 협의가 완료된 최종 버전의 견적서, 단가 인하 제안서, 회의록만을 보관하고 있다고 하고 있다).

또한 아래에서 보는 바와 같이 일부 품목의 경우 전 분기의 단가가 별도의 합의 없이 다음 분기에 그대로 적용되기도 하였다(원고는 이러한 경우 전 분기의 단가를 그대로 적용하기로 하는 합의를 하였으나 관련 자료가 남아 있지 않을 뿐이라고 주장하나, 이를 그대로 수긍할 수는 없다). 또한 일부 품목의 경우 해당 분기에 2회 이상 단가 변동이 이루어지기도 하여, 이 사건 감액행위 중 23%(=38건/164건×100)는 분기 중에 이루어졌다. 이는 원고가 주장하는 분기별 단가합의와 모순된다.

○ 한라캐스트와의 단가 합의

PART_NO	단가인하합의일	단가인하적용일	변경 전 단가	변경 후 단가
ACQ88972803 ACQ88972813 ACQ88972811	20160429	20160401	48358.8	47488.3
	20161021	20161001	47488.3	45588.8

- 2016년 2분기에 단가 인하 합의가 이루어진 품목 ACQ88972803, CQ88972813, ACQ88972811의 경우, 2016년 3분기에도 전 분기(2016년 2분기, 이하 같다)의 단가가 그대로 유지되었다가 2016년 4분기에 비로소 단가 인하 합의가 이루어짐

○ 영광정공과의 단가 합의

PART_NO	단가인하합의일	단가인하적용일	변경 전 단가	변경 후 단가
ACQ88363101	20150720	20150701	11617.8	11118.2
	20151021	20151001	11118.2	10784.654
	20151217	20151201	10784.654	9909.8
	20160418	20160401	9909.8	9810.7
ACQ88360462	20150720	20150701	11102.1	10624.7
	20151021	20151001	10624.7	10305.959
	20151217	20151201	10305.959	9440.6
	20160418	20160401	9440.6	9346.2
ACQ88373053	20150720	20150701	12719.9	12172.9
	20151021	20151001	12172.9	11807.713
	20151217	20151201	11807.713	10905.4
	20160418	20160401	10905.4	10796.3
ACQ88397301	20150720	20150701	11668.5	11166.8
	20151217	20151201	10831.796	9956
	20160418	20160401	9956	9856.4

- 품목 ACQ88363101, ACQ88360462, ACQ88373053의 경우 2015년 4분기에 두 번의 단

가 인하 합의가 이루어짐. 위 표 기재 4개 품목은 2016년 1분기 합의 없이 전 분기의 2015. 12. 17.자 합의된 단가가 그대로 유지되었다가 2016. 2분기에 비로소 단가 인하 합의가 이루어짐

○ 아이엠글로벌과의 단가 합의

PART_NO	단가인하합의일	단가인하적용일	변경 전 단가	변경 후 단가
MAZ64483601	20150402	20150401	91.14	88.4
	20151027	20151001	88.4	86.63

- 2015년 2분기에 단가 인하 합의가 있었고, 2015년 3분기 합의 없이 위 단가가 그대로 유지되었다가 2015년 4분기에 비로소 단가 인하 합의가 이루어짐

○ 미성리포테크와의 단가 합의

PART_NO	단가인하합의일	단가인하적용일	변경전 단가	변경후 단가
MBG66123401	20160422	20160401	98.8	94.85
	20160714	20160701	94.85	92
	20170124	20170101	90.2	89.3
	20170330	20170301	89.3	84.8

- 2016년 2, 3분기에 단가 합의가 있은 후 알 수 없는 시점에 단가가 인하되었고, 이후 2017년 1분기에 두 번의 단가 합의가 이루어짐.

원고는 해당 분기에 2회 이상 단가합의가 이루어진 것에 대하여, 분기 시작일에 적용되는 단가합의는 전 분기의 판매량 및 그에 따른 공정개선 등의 시장상황을 새로운 분기의 단가에 정기적으로 반영하는 분기별 단가합의이고, 그와 무관하게 분기 중간에 이루어진 단가변경은 ㉠ 단가합의가 누락된 품목에 대한 추가 합의에 따른 것이거나, ㉡ 감가상각완료, 환율변경, 스펙변경, 설계변경, 원가절감 등 단가변경이 필요한 시점을 구체적으로 특정할 수 있는 새로운 단가변경 사유에 따른 것이라고 주장한다. 그러나 관련 견적서, 회의록 등을 살펴보면, 분기별 단가합의와 관련 없는 시기에 이루어진 단가변경 사유도 대부분 생산성향상, 수율향상 등 단가변경 사유가 발생한 시점을 구체적으로 특정할 수 없는 일반적인 것일 뿐이다. 원고의 위 주장을 그대로 수긍할 수는 없다.

나. 하도급법 제11조 제2항 제2호 위반 사유의 부존재 주장 관련

원고는 수급사업자들과 단가합의가 있기 전에 합의된 단가의 적용일을 먼저 합의하였는데, 단가 합의가 사전합의된 적용일을 경과하여 이루어진 경우 단가 적용일과 단가 합의일 사이의 공백기에 합의로 결정된 단가를 적용하는 것으로, 하도급법 제11조 제2항 제2호에 위반되지 않는다는 취지로 주장한다. 그러나 아래에서 보는 바와 같이 원고의 위 주장 또한 이유 없다.

1) 원고와 수급사업자들 사이에 사전에 단가 인하 합의일 이전으로 그 적용일을 소급하기로 합의하였다고 볼 만한 객관적인 증거가 없다.

2) 만약 원고의 위 주장이 "합의된 단가의 적용기간은 분기 내로 한정되므로, 해당 분기가 경과할 경우 적용할 단가가 없어지게 되어 편의상 직전 분기의 단가를 임시단가로 하여 거래를 하였다가 단가에 관한 합의가 새로이 성립하면 분기 1일부터 결정된 단가를 적용한

것"이라는 취지라면, 앞서 본 바와 같이 원고와 수급사업자들 사이의 단가 합의의 효력이 분기 내에만 미친다고 볼 만한 위 주장 또한 나아가 살필 필요 없이 이유 없다.

3) 원고의 위 주장이 "기 적용된 확정단가를 변경시키는 사후적인 합의의 효력을 합의 이전으로 소급시키기로 하는 사전합의가 있었다"라는 취지라면, 이러한 사전합의는 아래에서 보는 바와 같이 하도급법 제11조 제1항 및 같은 조 제2항 제2호의 입법취지를 몰각시키는 것이어서 허용될 수 없다.

다. 하도급법 제11조 제1항 단서의 적용 여부

1) 하도급법 제11조 제1항이 정당한 사유 없이 하도급대금을 감액하는 것을 금지하고 있음은 앞서 본 바와 같고, 같은 조 제2항은 '각 호의 어느 하나에 해당하는 원사업자의 행위는 정당한 사유에 의한 행위로 보지 아니한다.'라고 규정하여 정당한 사유가 없는 것으로 간주되는 행위태양을 규정하고 있다. 이 사건 감액행위는 같은 조 제2항 제2호가 규정하는 '단가 인하에 관한 합의 내용을 소급적용한 경우'에 해당하므로 하도급법 제11조 제1항이 금지하는 부당한 하도급대금의 감액에 해당한다. 이와 다른 전제에서 선 원고의 주장은 더 나아가 살필 필요 없이 이유 없다.

2) 설령 하도급법 제11조 제2항이 정당한 사유 없는 행위에 대한 간주규정이 아니라고 하더라도, 앞서 인정한 사실 및 앞서 든 증거에 의하여 인정되는 다음과 같은 사정에 비추어 보면, 이 사건 감액행위는 하도급법 제11조 제1항 단서가 정하는 정당한 사유 있는 경우에 해당한다고 볼 수 없다. 결국 원고의 이 부분 주장은 어느 모로 보나 받아들일 수 없다.

가) 하도급법 제11조 제3항에 따르면 원사업자가 정당한 사유로 하도급대금을 감액하는 경우 감액사유와 기준 등 대통령령으로 정하는 사항을 적은 서면을 수급사업자에게 미리 교부하여야 한다. 그러나 이 사건 감액행위 과정에서 원고가 수급사업자에게 위 규정에 따른 서면을 미리 교부하였다는 점을 인정할 만한 자료는 찾을 수 없다.

나) 앞서 본 바와 같이 원고가 수급사업자들과 합의 이전에 단가 인하 적용일에 관하여 사전합의를 하였다고 볼 만한 증거가 없거나 그 사전합의는 무효이다.

다) 발주일로부터 목적물 제작·납품 시까지 상당한 기간이 필요한 하도급거래의 경우 원자재의 가격 변동 등 사정으로 발주 시 정한 단가를 조정할 필요가 있을 수 있다. 그러나 이 사건 감액행위의 대상이 되는 품목은 원고의 발주일부터 수급사업자들이 이를 제작하여 납품하기까지 시간적 간격이 짧아 단가 조정의 필요성이 크지 않다. 특히 이 사건 감액행위는 원고가 이미 발주하여 수급사업자들이 제작·납품한 품목에 대하여 이루어진 것으로서 하도급거래의 안정성을 해한다는 점에서 그 위법성이 적다고 할 수 없다.

라) 원고는 동일한 품목에 대한 인하된 단가를 수급사업자마다 달라지는 실제 단가 인하 합의일을 기준으로 적용할 경우, 먼저 단가 인하에 관한 합의를 마친 수급사업자가 그보다 더 늦게 합의를 마친 수급사업자에 비하여 더 적은 하도급대금을 지급받게 되어 형평에 반한다고 주장한다. 그러나 동일한 품목에 대한 것이라고 하더라도 단가 인하의 사유는 수급사업자들마다 그 종류 및 정도가 다른데, 그 차이에 대한 고려 없이 단가 인하 적용일을 분기 시작일 또는 해당 월의 1일로 획일적으로 정하는 것을 두고 형평에 부합한다고 볼 수는 없다. ■

나. 공정거래위원회 심결례

- 원사업자의 사전 서면미교부행위에 대하여 과징금을 부과한 사례-

공정거래위원회 2015. 6. 2. 의결 2014제하1730 시정조치 및 과징금[(주)대유위니아의 불공정하도급거래행위 사례)

[주문]

3. 피심인은 다음 각 호에 따라 과징금을 국고에 납부하여야 한다.

1. 피심인은 주식회사 ○○정공 등 26개 수급사업자에게 제조 위탁한 김치냉장고 등의 부품에 대하여 단가를 합의하면서, 단가인하에 관한 합의가 성립되기 전에 위탁한 부분에 대하여도 일방적으로 합의내용을 소급하여 적용하는 방법으로 하도급대금을 감액하는 행위를 다시 하여서는 아니 된다.

2. 피심인은 다음 각 호에 따라 과징금을 국고에 납부하여야 한다.(과징금액 : 32,000,000원)

[이유]-행위사실 및 위법성 판단

• (가) 행위사실

피심인은 2010. 6. 7. ~ 2011. 11. 30. 기간 중, <별지 2> 기재와 같이 김치냉장고 등을 신모델(신상품) 또는 부분 신모델[411]로 변경하면서, (주)○○정공 등 26개 수급사업자가 납품하는 112개 품목에 대하여 생산성 증가, 가공비 재산정 등의 사유로 단가를 합의하여 변경하였으나, 그 변경한 단가의 적용일을 합의일보다 최소 52일에서 최대 242일 소급적용[412]함에 따라 하도급대금 32,976천원을 감액한 사실이 있다.

이러한 사실은 피심인이 제출한 '하도급단가 소급적용 내역'(소갑 제1호증)을 통해 확인되며, 이후 피심인은 위의 행위사실을 인정하고, 이 사건 심의일 전인 2014. 11. 14.에 소급인하금액과 이에 대한 지연이자를 해당 수급사업자에게 모두 지급하였다.

• (나) 위법성 판단

하도급거래 공정화에 관한 법률[413] 제11조(감액금지)

법 제11조 제1항 및 제2항 제2호의 규정에 의하면 원사업자는 정당한 사유없이 제조 등의 위탁을 할 때 정한 하도급대금을 감액하여서는 아니되며, 수급사업자와 단가인하에 관한 합의가 성립된 경우라도 그 합의 성립 전에 위탁한 부분에 대하여 일방적으로 합의 내용을 소급하여 적용하는 방법으로 하도급대금을 감액하는 행위는 정당한 사유에 의한 행위로 인정하지 아니하고 있다.

따라서, 위법한 감액행위가 성립하기 위해서는 ① 단가인하 합의가 성립되기 전에 위탁한 부분에 대하여 인하된 단가를 적용한 행위가 존재하고, ② 이러한 행위가 일방적으로 이루어져야 한다.

---

411) 당해 년도에 생산한 기존모델을 디자인이나 성능 등을 일부 변경시켜 출시하는 모델로 통상 신모델 출시 전에 출시되는 기존모델의 파생모델이라 할 수 있다.

412) 피심인은 신모델이나 부분 신모델에 들어가는 부품단가를 수급사업자와 협의하여 결정하고 있으며, 단가협의를 거친 후, 부품단가를 최종 확정하기 위해 단가합의서를 작성하고 있다. 동 단가합의서에는 제품명, 단가, 단가합의일 및 단가적용일이 포함되어 있는바, 단가적용일은 단가합의일 이후가 아닌 합의일 기준 52~242일 이전으로 명시되어 있고, 실제로 동 단가합의서를 근거로 합의일 이전으로 단가를 소급하여 적용하였다.(소갑 제3호증)

413) 2012. 6. 1. 법률 제11461호로 개정되기 이전의 것을 말한다.

1) 합의 성립 전에 위탁한 부분에 대하여 인하된 단가를 적용하였는지 여부

피심인과 수급사업자간 체결한 단가합의서에는 단가합의일과 단가적용일이 함께 적시되어 있는바, 합의서에 적시된 단가적용일은 단가합의일보다 최소 51일에서 최대 242일 앞선 일자로 기재되어 있고, 실제로 피심인은 수급사업자가 합의 전에 이미 납품한 부품에 대하여 기존단가가 아닌 변경된 단가로 소급하여 적용하였으므로 합의 성립 전에 위탁한 부분에 대하여 인하된 단가를 적용하였음이 인정된다.

2) 소급적용 행위가 일방적으로 이루어졌는지 여부

피심인의 위와 같은 소급적용 행위는 다음과 같은 점을 고려할 때 합의의 진정성을 인정하기 어렵다고 판단되므로 일방적으로 이루어진 것으로 판단된다.[414] 첫째, 피심인은 단가를 소급하여 적용한 사유가 대부분 신모델과 구형모델에 들어가는 부품을 구별하지 못한 상태에서, 신모델 부품에만 적용해야 하는 단가를 구형모델 부품에 까지 일률적으로 적용하였기 때문이라면서 법위반 행위임을 인정하고 자진 시정하였다. 둘째, 피심인은 단가합의서에 적시된 단가에 대해서는 생산성향상, 원가산정기준 변경 등 단가인하의 합리적인 사유를 제시하고 있음에도, 인하된 단가의 소급적용에 대해서는 정당한 사유를 제시하지 못하고 있다. 셋째, 26개 수급사업자들의 대부분은 피심인에 대한 거래의존도가 높아[415] 피심인과 거래단절시 대체 거래처를 찾기가 어려워 인하된 단가의 소급적용을 사실상 거절하기 어려운 상황에 있었다. 위와 같은 피심인의 행위는 법 제11조 제2항 제2호에 해당하여 같은 조 제1항에 위반된다.

[이유]-처분

• (가) **시정조치** 및 과징금 부과

피심인의 위 2. 가.의 행위에 대하여, 향후 당해 위반행위와 동일 또는 유사한 위반행위가 반복될 우려가 있으므로 재발방지를 위하여 향후 금지명령을 부과하고, 아울러 피심인의 법위반 행위가 법 제11조의 감액금지 규정을 위반한 행위로서 위반금액이 3천만원을 초과하여 위반행위가 중대하고 위반행위와 관련된 수급사업자가 다수인 점 등을 고려하여 법 제25조의3 및 같은 법 시행령 제13조 및 [별표 2], '하도급법 위반사업자에 대한 과징금 부과기준에 관한 고시'(이하 '과징금 고시'라 한다)[416]를 적용하여 과징금을 부과한다.

피심인의 행위는 법 제11조 제2항 제2호에 해당되어 같은 조 제1항에 위반되므로 시정조치에 대하여는 법 제25조 제1항을 적용하고, 과징금 부과에 대하여는 법 제25조의3을 적용하여 주문과 같이 의결한다. ■

---

414) 「부당한 하도급대금 결정 및 감액 행위에 대한 심사지침」(공정거래위원회지침 제103호, 2009. 8. 12.개정, 2009. 8. 21.시행) V. 2. 나.는 단가 인하에 관한 합의가 성립한 시점 또는 그 이후에 당해 합의 성립 전에 위탁한 부분에 대하여 소급 적용하기로 합의하여 감액한 경우에도 그 합의의 진정성 여부를 따져 '일방적 소급' 여부를 판단하도록 규정하고 있다.

415) 26개 수급사업자 중, 피심인과 거래의존도가 20%이상인 수급사업자 수는 16개사이다.

416) 2010. 6. 7. ~ 2010. 12. 31.까지의 행위에 대해서는 과징금고시제2009-58호(개정 2009. 8. 20.)를 적용하고, 2011. 1.~2011. 11. 30.까지의 행위에 대해서는 과징금고시제2010-13호(개정 2010. 12. 31.)를 적용한다.

Ⅶ. 물품구매대금 등의 부당결제 청구 금지

1. 관련 법령(법12조)

하도급법 제12조에서 물품구매대금 등의 부당결제청구금지에 대하여 규정을 하고 있다.

– 하도급법–

제12조 (물품구매대금 등의 부당결제 청구의 금지)

원사업자는 수급사업자에게 목적물등의 제조 · 수리 · 시공 또는 용역수행에 필요한 물품 등을 자기로부터 사게 하거나 자기의 장비 등을 사용하게 한 경우 정당한 사유 없이 다음 각 호의 어느 하나에 해당하는 행위를 하여서는 아니 된다.

1. 해당 목적물등에 대한 하도급대금의 지급기일 전에 구매대금이나 사용대가의 전부 또는 일부를 지급하게 하는 행위
2. 자기가 구입 · 사용하거나 제3자에게 공급하는 조건보다 현저하게 불리한 조건으로 구매대금이나 사용대가를 지급하게 하는 행위

[전문개정 2009.4.1.]

2. 내용

가. 의의 및 취지

본 규정은 원사업자가 수급사업자에게 재료, 장비 등 수급사업자의 용역수행에 필요한 물품을 원사업자 자신이 공급할 때 그 대금을 하도급대금과 상계하거나 지급 후에 수령하지 아니하고 선수령하는 부당한 계약행위를 금지하는 것이다.

따라서 본조의 하도급법 위반여부는 원사업자의 대금청구권과 하도급대금채무와의 상계 자체가 그 위법성의 존부가 되는 것은 아니고 하도급대금지급시기 보다 그 이전에 원사업자의 채권 행사 여부가 초점이 된다. 따라서 원사업자가 상계 또는 별도로 결제하는 경우에도 지급한 자재대금을 당해 재료를 사용하여 만든 제품에 대한 하도급대금보다 더 일찍 결제하게 하여서는 아니 된다.

나. 위반시 효과

동 규정에 위반한 경우 시정조치(법 제25조 제1항), 과징금(법제25조의3 제1항 제3호), 또는 벌금(법제30조 제1항 제1호)에 처하게 된다.

특히 동규정의 위반은 발생한 손해에 대하여 배상책임을 진다(법 제35조 제1항 징벌적 손해배상 아닌 실손해배상).

3. 질의 회신

문】 조선분야의 하도급거래와 같이 수시로 기성이 발생되는 장기계약 거래에 있어 원사업자가 수급사업자에게 제조에 필요한 물품 등을 자기로부터 사게 한 경우, 실제 투입한 물량가액 이상으로 차감하는 것(예: 제1회 기성금 지급시 전액을 차감하는 경우 포함)에 대한 하도급법 위반여부

답】 이는 원재료에 대한 가공기간을 고려하지 않은 결제방법을 채택함으로써 실질적으로 유상지급 자재에 대하여 조기 결제한 경우에 해당하므로 하도급법 위반 소지가 있음.■

문】 전문건설업자 B는 일반건설업자 A로부터 공사를 1억원에 수주 받으면서 동 하도급공사에 필요한 1천만원 상당의 물품을 A로부터 구매할 것을 요구 받았다. B는 동 물품을 사용하여 공사를 시공하고 기성실적에 따라 A에게 제1회 기성금으로 2천만원을 청구(A로부터 구매한 물품 중 이때까지 공사에 투입된 물품가격은 2백만원에 상당) 하였고 A도 동 금액을 승인하였다. 그러나 A는 승인한 2천만원에서 A가 제공한 물품대금 1천만원 전액을 차감하고 나머지 잔액만을 B에게 지급하였을 경우 A의 행위는 하도급법에 위배되는지 여부

답】 A가 B에게 물품을 구매하게 한 행위에 정당한 사유가 있는지 여부에 따라서 달라질 수 있을 것임. 정당한 사유가 없었다면 A의 행위는 하도급법 제5조(물품 등의 구매강제 금지) 규정에 위반될 것임.

또한 A가 제1회 기성금 지급시 물품대금 전액을 공제한 나머지 차액만 지급한 것은 하도급법 제12조(물품구매대금 등의 부당결제청구의 금지) 규정에 위반될 것임.■

Ⅷ. 경제적 이익의 부당요구 금지

1. 관련 법령(법12조의 2)

하도급법은 제12조의 2는 경제적 이익의 부당요구 금지에 대하여 규정을 하고 있다.

- 하도급법 -

제12조의2(경제적 이익의 부당요구 금지) 원사업자는 정당한 사유 없이 수급사업자에게 자기 또는 제3자를 위하여 금전, 물품, 용역, 그 밖의 경제적 이익을 제공하도록 하는 행위를 하여서는 아니 된다.

[전문개정 2009.4.1.]

- 하도급거래 공정화 지침 -

10-1. 경제적 이익의 부당요구 금지(법 제12조의2)

원사업자의 경제적 이익의 부당요구행위를 예시하면 다음과 같다.

가. 원사업자의 수익 또는 경영여건 악화 등 불합리한 이유로 협찬금, 장려금, 지원금 등 경제적 이익(재물 및 경제적 가치 있는 이익을 포함. 이하 같음)을 요구하는 경우

나. 하도급거래 개시 또는 다량거래 등을 조건으로 협찬금, 장려금, 지원금 등 경제적 이익을 요구하는 경우

다. 기타 수급사업자가 부담하여야 할 법률상 의무가 없음에도 협찬금, 장려금, 지원금 등 경제적 이익을 요구하는 경우

2. 내용

가. 의의 및 특징

하도급법 제12조의2의 입법 취지는 원사업자가 하도급거래를 하면서 자신의 우월적 지위를 이용하여 수급사업자에게 법률상 의무 없는 부담을 강요하는 불공정거래행위를 금지하는 데에 있다(**대법원 2010. 12. 9. 선고, 2009두2368 시정조치등취소 판결 등 참조**).

거래개시 또는 다량거래 등을 조건으로 협찬금을 요구하는 등 정당한 사유 없이 수급사업자에게 자기 또는 제3자를 위하여 금전, 물품, 용역, 그 밖의 경제적 이익을 제공하도록 하는 행위를 금지하고 있다.

종래 원사업자의 갑의 지위를 이용하여 수급사업자에게 고통분담명목 등으로 미

분양부동산이나 골프장회원권의 강제분양 등의 행위를 해왔던 잘못된 관행을 입법화한 것이다. 이하에서는 본 쟁점에 대하여 공정거래위원회와 판례의 태도를 중심으로 살펴보기로 한다.

나. 법적 성질 및 주요 내용

하도급법 제12조의2의 입법취지가 원사업자가 하도급거래를 하면서 자신의 우월적 지위를 이용하여 수급사업자에게 법률상 의무 없는 부담을 강요하는 불공정거래행위를 금지하는 데에 있으므로, 수급사업자가 원사업자의 경제적 이익 제공 요구를 수용할 수밖에 없는 조건을 내세워 하도급계약을 체결하는 행위도 위 조항의 규제대상에 포함되는 것으로 보아야 한다.

여기에서 말하는 '**경제적 이익의 제공**'에는 반드시 반대급부가 없는 **일방적인 경제적 이익**만이 아니라, 원사업자가 부담하여야 할 비용을 수급사업자에게 전가하거나 유동성을 확보하는 것 등 **간접적이고 우회적인 형태**로 수급사업자에게 경제적 부담을 지우는 것도 포함된다(**대법원 2010. 12. 9. 선고 2009두2368 시정조치등취소 판결 등**).

위 해석에 의하면, 원사업자가 당해 하도급계약에 일반적·통상적으로 포함될 것으로 예상되는 범위를 초과하여 수급사업자에게 어떠한 경제적 부담을 지우는 경우, 이는 위 규정의 규율대상에 포함된다고 보아야 할 것이다. 따라서 어떠한 경제적 부담이 하도급계약에 일반적·통상적으로 포함될 것으로 예상되는 범위에 속하는 것인지의 여부는 당해 하도급계약 및 경제적 부담의 실질적인 내용 내지 의미를 따져 결정되어야 할 것이고, 그러한 경제적 부담이 하도급계약의 내용 중에 형식적으로 포함되어 있는지의 여부에 따라 좌우될 것이 아니다(**실질설**)[417].

하도급법은 제12조의 2는 경제적 이익의 부당요구 금지에 대하여 "원사업자는 정당한 사유 없이 수급사업자에게 자기 또는 제3자를 위하여 금전, 물품, 용역, 그 밖의 경제적 이익을 제공하도록 하는 행위를 하여서는 아니 된다."라고 규정을 하고 있다. 즉, 동 조문이 경제적 이익 제공 행위 자체를 금지하는 규정의 형식을 가지고 있으므로 **"정당한 사유"에 대한 입증책임**은 '**원사업자**'에게 있음은 당연하다(**서울고등법원 2016. 5. 27. 선고 2014누67705 판결 등 참조**).

417) 만일 이를 형식적으로 해석한다면 하도급계약의 내용 중에 입찰 등 계약조건으로 사전에 협찬금, 장려금, 지원금 등 전형적으로 위 규정의 규율대상이 되는 경제적 부담이 고지되어 계약의 내용에 편입된 경우에 본 하도급 규정의 적용대상에서 제외된다는 결론에 이르는 것은 부당하기 때문이다.

다. 금지행위의 유형 분석 - 판결례-

1) 미분양 아파트 분양 또는 원사업자의 특수관계자 물건의 구매강제행위

하도급 거래조건으로 원사업자 자신의 미분양 아파트를 분양받도록 하거나 자신과 특수한 관계에 있는 회사의 수입차량을 구매한 행위에 대하여 경제적 이익의 부당요구 금지에 해당하여 위법하다(**판례의 확립된 태도**).

[참조 판결]

-대법원 2010. 12. 9. 선고 2009두2368 판결 [시정조치등취소]-

[남○건설 주식회사 사례]

【판시사항】

아파트건설업자가 39개 수급사업자들에게 건축공사를 하도급하면서 그 거래조건으로 자신의 미분양 아파트를 분양받도록 하거나 자신과 특수한 관계에 있는 회사의 수입차량을 구매하도록 한 사안에서, 위 행위는 구 하도급거래 공정화에 관한 법률 제12조의2에서 금지하는 위반행위에 해당한다고 본 원심판단은 정당하다고 한 사례

【판결요지】

원고가 이 사건 39개 수급사업자들에게 건축공사를 하도급하면서 그 거래조건으로 자신의 미분양 아파트를 분양받도록 하거나 자신과 특수한 관계에 있는 회사의 수입차량을 구매하도록 한 사실을 인정한 다음, 원고가 위와 같이 39개 수급사업자로 하여금 미분양된 아파트를 분양받는 것 및 수입차량을 구매하는 것을 조건으로 하여 하도급계약을 체결한 것은 자신 또는 제3자의 매출을 늘리고 자금운용을 원활하게 할 수 있는 경제적 이익의 요구행위로 볼 수 있고, 나아가 원고는 호남지역에서 시공능력 평가순위 3위의 대형건설업체로서 해당 지역 내에서 하도급업체들에 대하여 우월적 지위에 있었던 점, 원고는 하도급계약의 체결과 관련하여 협력업체 중 특별한 기준이 없이 해당 공종의 공사를 수행하는 데 적정하다고 판단되는 4, 5개 회사에 대하여 입찰을 위한 현장설명회에 참석할 것을 지명하고 현장설명회에 참석한 회사들이 응찰을 하여 최저가로 입찰한 회사가 낙찰을 받는 방식을 취하고 있었는데, 건축공사를 하도급받기 위해서는 원고로부터 지명을 받는 것이 필수적인 전제조건이 되는 수급사업자로서는 위와 같은 입찰 과정에서 원고가 내세운 구매조건을 사실상 거부하기 어려웠을 것으로 보이는 점, 원고가 수급사업자에게 배정한 일부 아파트에 대하여는 이후의 분양에 지장을 초래할 것을 우려해 일정기간 동안 분양권의 전매를 금지하였던 점 등 판시 사정에 비추어 볼 때, 원고의 이 사건 미분양 아파트 분양행위 및 수입차량 매도행위는 39개 수급사업자들의 진정한 의사에 반하여 이루어진 것으로서 강제성이 있었다고 보인다는 이유로, 원고의 이 사건 미분양 아파트 분양행위 및 수입차량 매도행위 등은 정당한 사유 없이 수급사업자에게 자기 또는 제3자를 위하여 금전, 물품, 용역 그 밖에 경제적 이익을 제공하도록 하는 행위로서 구 하도급법 제12조의2에서 금지하는 위반행위에 해당한다고 본 사례

-원심: 서울고등법원 2008. 12. 18. 선고 2008누15253 판결[418][시정조치등취소]-

418) 본 판결은 상고기각되어 확정되었다(대법원 2010.12.9. 선고 2009두2368 판결).

[남○건설 주식회사 사례]

【판시사항】

종합건설업자인 원사업자가 원심판단은 정당하다고 한 사례

【사실관계】

가. 원고의 아파트 미분양

시공능력평가액 순위 41위(호남지역 3위)인 종합건설회사인 원고는 2004년에 '전주 효자동 남양 i-좋은집'과 '순천 조례동 남양휴튼아파트'를 분양하였으나 분양 초기부터 40%에도 미치지 않는 분양율을 보였고, 2년이 지난 뒤인 2006년 입주시에도 '전주 효자동 남양 i-좋은집'은 25.4%인 66세대, '순천 조례동 남양휴튼아파트'는 21%인 124세대가 미분양되었다.

나. 원고의 행위

원고는 2005. 7. 1.부터 2007. 3. 30.까지 39개 수급사업자들에게 건설 또는 제조위탁하면서 하도급 거래조건으로 위와 같이 미분양 상태에 있던 '전주 효자동 남양 i-좋은집'과 '순천 조례동 남양휴튼아파트'의 분양권을 1~7세대씩 배정하거나, 주식회사 남양모터스(원고 대표자의 아들이 운영하는 회사이다)에서 수입하여 판매하는 '렉서스 차량을 배정하여 구입하도록 하였다(아파트 분양금액 또는 차량대금만큼 하도급공사대금을 공제하고 지급하는 형식이 아니라, 하도급공사대금은 현금으로 전액 지급받는 대신 그와 별도로 아파트분양금액 또는 차량대금을 납부하는 방식을 취하였다).

위와 같은 하도급거래 조건에 따라, 39개 수급사업자들은 '전주 효자동 남양 i-좋은집' 15세대와 '순천 조례동 남양휴튼아파트' 54세대 등 총 69세대의 아파트를 자신이 분양받거나 대표이사, 임직원, 임직원의 친인척, 자신의 협력업체 그리고 일반인 등 제3자에게 분양받도록 하였고, 렉서스 차량을 배정받은 회사들은 이를 자신이 구입하거나 제3자가 구매하도록 하였다.

다. 피고의 처분

피고(공정거래위원회)는 2008. 5. 13. 이 사건 행위가 하도급법 제12조의2 소정의 '정당한 사유 없이 수급사업자에게 자기 또는 제3자를 위하여 금전, 물품, 용역 그 밖에 경제적 이익을 제공하도록 하는 행위'에 해당된다고 보아 시정명령 및 과징금납부명령을 하였다(이하 '이 사건 처분'이라 한다).

【판단】

가. 원고의 행위가 강제성이 없다는 주장에 대하여

살피건대, ① 건축공사에 있어 대부분의 경우 수급사업자들은 특정한 원사업자들과 지속적으로 하도급거래 관계를 맺고 있으므로 원사업자의 영향력이 매우 크고, 특히 원고는 호남지역에서 시공능력 평가순위 3위의 대형건설업체로서 해당 지역 내에서 하도급업체들에 대하여 우월적 지위에 있는 점, ② 원고가 행한 입찰 방식은 최저가 지명경쟁입찰로서, 원고가 협력업체 중 적절하다고 판단되는 4~5개 회사에 대하여 입찰을 위한 현장설명회에 참석할 것을 지명하고, 현장설명회에 참석한 회사들이 응찰을 하여 최저가로 입찰한 회사가 낙찰을 받는 방식을 취하고 있어, 건축공사를 하도급받기 위하여는 우선 원고로부터 지명을 받는 것이 필수적인 전제조건이라 할 수 있는데, 원고는 이러한 지명 과정에 있어 특별한 기준이 없이 해당 공종의 공사를 수행하는데 적정하다고 판단되는 회사를 선택하는 방식을 취하고 있

는바(을 제1호증의 기재), 이처럼 객관적인 기준이 없이 임의로 입찰에 참가할 회사를 선택하는 입찰 과정에 비추어 볼 때 협력업체들로서는 원고가 내세운 구매조건을 거부하는 것에 적지 아니한 부담감을 가질 수밖에 없을 것으로 보이는 점, ③ 39개 수급사업자들과 같은 소규모 건설회사들은 경기의 하락과 업체의 난립으로 과당경쟁 상태에 있어 공사의 수주 자체가 회사 존립의 가장 중요한 요건이 되고 있으므로, 다소 무리한 거래조건이라 하더라도 부득이하게 이를 받아들일 수 밖에 없는 형편이었고, 따라서 원고로부터 지명을 받은 회사들은 특별한 사정이 없는 한 모두 현장설명회 및 입찰에 참가하고 있었던 점(을 제1호증의 기재), ④ 원고가 수급사업자에게 배정한 일부 아파트에 대해서는 이후의 분양에 지장을 초래할 것을 우려해 일정기간 분양권의 전매를 금지하였고, 2006. 10. 30.부터는 '전주 효자동 남양 i-좋은집'의 경우 로얄층(대개 저층과 최상층을 제외한 층)을 분양가에서 10% 할인된 가격으로 분양하고 있었음에도 같은 시기에 하도급거래를 조건으로 저층으로 분양받은 수급사업자에게는 할인을 하지 않고 당초 가격으로 분양하는 등 상대적으로 더 많은 경제적 불이익을 제공하였던 점(을 제1, 3호증의 각 기재) 등에 비추어 보면, 이 사건 행위는 39개 수급사업자들의 진정한 의사에 반하여 이루어진 것으로서 강제성이 있었다고 보이고, 갑 제3 내지 6, 8호증의 각 기재, 증인 송○준의 일부 증언 등 원고의 주장에 일부 부합하는 증거들만으로는 이러한 판단을 뒤집기에 부족하다.

나. 경제적 이익을 제공하게 한 것으로 볼 수 없다는 주장에 대하여

원고는 거액의 자금을 투자하여 건설한 아파트가 분양되지 않음으로 인하여 자금운용에 어려움을 겪고 있던 상태에서 미분양 아파트를 39개 수급사업자들에게 분양함으로써 매출을 늘리고 자금운용을 원활하게 할 수 있는 경제적 이익을 제공받았고, 자동차 구입의 경우에도 원고의 대표의 아들이 운영하는 회사의 매출을 증가시켜 제3자를 위하여 경제적 이익을 제공하도록 하였다. 한편 아파트를 분양받거나 승용차를 구입한 수급사업자들은 불필요한 자금수요가 발생함에 따라 그만큼 자금운용에 어려움을 겪게 되었고 당초 분양가보다 할인된 가격으로 전매하거나 제3자가 분양받도록 함으로써 그 차액을 부담하지 않을 수 없는 등 경제적 부담을 질 수 밖에 없었다. 따라서 39개 수급사업자들이 원고 또는 제3자에게 일정한 경제적 이익을 제공하였음이 명백하므로 이 부분 원고의 주장도 이유 없다.■

2) 미분양 아파트 분양을 조건으로 하도급계약을 체결한 행위 -위법-

[참조 판결]

-대법원 2010. 12. 9. 선고 2008두22822 판결 [시정조치등취소]-

[대○건설 사례]

【판시사항】

원사업자가 수급사업자와 <u>원사업자의 미분양된 아파트를 분양받는 조건으로 하여 하도급계약을 체결한 것</u>이 구 하도급거래 공정화에 관한 법률(2009. 4. 1. 법률 제9616호로 개정되기 전의 것) 제12조의2에서 금지하는 위반행위에 해당한다고 판단한 원심판결을 수긍한 사례

【판결요지】

【상고이유】 제1, 2점에 대하여

원심판결 이유에 의하면, 원심은 그 채택증거를 종합하여 그 판시와 같은 사실을 인정한 다음, 원고가 많은 자금을 투자하여 건설한 아파트가 제대로 분양되지 않자 이 사건 20개 수급사업자와 사이에 그와 같이 미분양된 아파트를 분양받는 것을 조건으로 하여 하도급계약을 체결한 것은 자신의 매출을 늘리고 자금운용을 원활하게 할 수 있는 경제적 이익의 요구행위에 해당하고, 나아가 이 사건 20개 수급사업자가 분양받은 아파트는 모두 실수요자들이 분양받기를 꺼리는 저층이었던 점, 원고는 하도급계약의 체결과 관련하여 등록된 협력업체 중 원고가 지명하는 회사만 입찰에 참가할 수 있는 이른바 지명입찰제도를 운영하면서 매년 협력업체에 대한 평가를 통해 우수협력업체에 대해서는 입찰 우선참가, 수의계약 등의 인센티브를 제공하는 한편, 불량협력업체에 대해서는 지명입찰 참여를 사실상 배제하고 있는데, 이 사건 미분양 아파트를 분양받은 수급사업자에 대하여는 협력업체 평가 시 인센티브를 부여하기로 하였던 점 등에 비추어 보면, 이 사건 20개 수급사업자는 원고와 하도급계약을 체결하기 위하여 어쩔 수 없이 이 사건 분양계약을 체결한 것으로 보이고, 이에 비하여 원고가 미분양 아파트를 수급사업자들에게 분양하기 이전에 분양가 인하 등 실질적 노력을 기울였다는 점 등을 인정할 증거가 없는 점 등에 비추어 볼 때, 정당한 사유가 있었다고 볼 수 없으므로, 원고의 이 사건 미분양 아파트 분양행위는 정당한 사유 없이 수급사업자에게 자기 또는 제3자를 위하여 금전, 물품, 용역 그 밖에 경제적 이익을 제공하도록 하는 행위로서 구 「하도급거래 공정화에 관한 법률」(2009. 4. 1. 법률 제9616호로 개정되기 전의 것) 제12조의2에서 금지하는 위반행위에 해당한다고 판단하였다.

기록에 의하면, 원심의 위와 같은 사실인정과 판단은 정당한 것으로 수긍이 간다.

원심판결에는 상고이유의 주장과 같은 법리오해나 심리미진 및 채증법칙 위배 등의 위법이 없다. ■

-원심: 서울고등법원 2008. 11. 5. 선고 2008누15871 판결[419] [시정조치등취소]- [대○건설 주식회사 사례]

【사실관계】

가. 원고의 아파트 미분양과 분양조건으로 한 하도급계약의 체결

원고는 광주광역시 용봉 3차 34평형 아파트 6세대, 연제동 1차 34평형 아파트 23세대 및 매곡동 36평형 아파트 15세대 등 총 49세대가 저층이라는 이유로 분양이 되지 않자, 2006. 5. 23.부터 2007. 3. 29.까지 이들 미분양 아파트를 분양받는 조건을 수락한 이 사건 20개 수급사업자와 하도급계약을 체결하였다.

나. 피고의 처분

(1) 피고는 2008. 5. 13. 의결 제2008-143호로, 원고가 이 사건 20개 수급사업자와 하도급계약을 체결하면서 위와 같이 미분양 아파트를 분양받게 한 것(이하 '이 사건 아파트 분양행위'라고 한다)은 하도급법 제12조의2에서 정한 경제적 이익의 부당한 요구행위에 해당한다는 이유로 시정명령 및 과징금 납부명령을 하였다(이하 '이 사건 처분'이라 한다).

(2) 피고는 원고에 대한 과징금을 산정함에 있어, 하도급법 시행령 제14조의2 제1항 관련 이 사건 20개 수급사업자와의 하도급계약금액 합계 59,683,623,000원의 2배인

---

419) 본 판결은 상고기각되어 확정되었다(대법원 2010. 12. 9. 선고 2008두22822 판결).

119,367,246,000원에 부과율 1%를 곱하여 기본과징금을 산정한 다음, 원고가 분양으로 얻은 이익에 비하여 과징금의 액수가 과중하다는 이유로 50%를 감경하여 596,000,000원(백만 원 미만은 버림)을 부과과징금으로 결정하였다.

【원고의 주장】 – "경제적 이익의 부당한 요구행위에 해당하지 않는다."

이 사건 아파트 분양행위는 반대급부가 없는 일방적인 이익 제공의 요구행위가 아니라 당사자 간의 합의에 의하여 미분양 아파트라는 상품을 매매한 것에 불과하다. 그리고 전반적인 건설경기 침체로 아파트 미분양사태 및 신규 건설물량의 급감현상이 나타나 원고를 포함한 지방 건설업자들이 극심한 경영상의 어려움과 유동성 부족에 시달리고 있는 상황에서 원사업자와 수급사업자가 함께 살아남기 위한 상생협력의 방안으로 추진되었고, 하도급계약 체결과정에서 미분양 아파트의 분양조건을 미리 고지하여 수급사업자들이 그 내용을 충분히 이해한 후 하도급계약을 체결하였으며, 하도급거래의 조건으로 유동성에 다소 여유가 있는 하도급업체가 원사업자의 미분양 아파트를 분양받는 것은 주택 건설업계의 일반적인 관행이었던 점 등에 비추어 보면, 원고가 이 사건 20개 수급사업자와 하도급계약을 체결하면서 위와 같이 미분양 아파트를 분양받게 한 데에는 정당한 이유가 있었다.

【판단】

㈎ 하도급법 제12조의2에서 말하는 경제적 이익이란 금전, 물품, 용역을 비롯하여 경제적 가치가 있는 모든 것을 의미한다고 할 것인데, 원고는 많은 자금을 투자하여 건설한 아파트가 제대로 분양되지 않아 자금운영에 어려움을 겪고 있는 상태에서 이 사건 20개 수급사업자에게 미분양 아파트를 분양함으로써 매출을 늘리고 자금운용을 원활하게 할 수 있는 경제적인 이익을 얻었으므로, 원고가 이 사건 20개 수급사업자로 하여금 미분양 아파트를 분양받는 것을 조건으로 하도급계약을 체결하게 한 것이 같은 법 제12조의2에서 정한 경제적 이익의 요구행위에 해당하지 않는다는 취지의 원고의 주장은 받아들일 수 없다.

㈏ 이 사건 20개 수급사업자가 분양받은 아파트는 모두 실수요자들이 분양을 꺼리는 저층이었던 점, 원고는 하도급계약의 체결과 관련하여 등록된 협력업체 중 원고가 지명하는 회사만 입찰에 참가할 수 있는 이른바 지명입찰제도를 운영하면서 매년 협력업체에 대한 평가를 통해 우수협력업체에 대해서는 입찰 우선참가, 수의계약 등의 인센티브를 제공하는 한편, 불량협력업체에 대해서는 지명입찰의 참여를 사실상 배제하고 있는데, 이 사건 미분양 아파트의 분양과 관련하여서도 이를 분양받은 수급사업자에 대하여 협력업체 평가시 인센티브를 부여하기로 하였던 점 등에 비추어 보면, 이 사건 20개 수급사업자는 독자적인 경제적 판단 하에 원고로부터 미분양 아파트를 분양받은 것은 아니라 원고와의 하도급계약 체결을 위하여 어쩔 수 없이 원고가 내세운 미분양 아파트를 분양받아야 한다는 조건을 받아들인 것으로 볼 수밖에 없다. 그에 비하여 원고가 이 사건 미분양 아파트를 수급사업자들에게 분양하기 이전에 미분양을 해소하기 위하여 분양가 인하 등의 실질적인 노력을 기울였다거나 수급사업자가 원사업자의 미분양 아파트를 분양받는 것이 주택 건설업계의 일반적인 관행이라는 점을 인정할 만한 증거는 없다. 이와 같은 사정을 종합하여 보면, 비록 원고가 장기적인 건설경기 침체로 인한 미분양사태로 경제적으로 큰 어려움을 겪고 있던 상황에서 이를 타개하기 위한 하나의 방편으로 이 사건 아파트 분양행위를 하였다고 하더라도, 이는 공정한 하도급 거래질서에 어긋나는 것으로서 그 부당성이 인정된다고 할 것이므로, 이에 반하는 원고의 주장도 받아들일 수 없다. ■

3) 건설하도급 위탁시 선급금을 지급하는 조건으로 원사업자가 대주주로 있는 법인이 소유하는 미분양 오피스텔을 구입하도록 한 행위- 위법 -

건설하도급위탁에서 수급사업자와 하도급계약을 체결하면서 선급금을 주는 조건으로 원사업자가 대주주로 있는 법인이 소유하는 미분양 오피스텔을 구입하도록 한 행위가 하도급법 제12조의2가 규정하는 '원사업자가 정당한 사유 없이 수급사업자에게 자기 또는 제3자를 위하여 금전, 물품, 용역 그 밖에 경제적 이익을 제공하도록 하는 행위'에 해당(경제적 이익 부당요구)한다는 이유로 수급사업자가 회수하지 못한 대금을 지급할 것을 명하는 공정거래위원회의 시정명령이 적법하다고 한 사안

-서울고등법원 2012. 5. 16. 선고 2011누10340 판결 [시정조치명령취소 청구][420][시정조치명령취소 청구]-

[신○ 사례]

【판시 이유】

가. 인정사실

① 원고의 1대 주주인 박○석이 대표로 있는 신안종합건설은 안양시 동안구 비산동 115에 위치한 신안메트로칸 오피스텔의 시행사 및 분양사이고, 원고는 위 오피스텔의 시공사이며, 위 오피스텔은 2005. 5. 2. 준공되었다.

② 원고는 2007. 12. 7. 참가인과 제2공구 골조공사에 대한 하도급계약(공사금액 5,920,000,000원)을 체결한 후, 2008. 1. 3. 참가인에게 위 공사의 선급금으로 213,120,000원을 송금하였고, 같은 날 참가인은 송금받은 금액 전부를 위 오피스텔 701호와 716호의 분양대금 명목으로 위 박○석의 계좌로 입금하였다.

③ 그 후 참가인의 매도의뢰를 받은 부동산중개사무소의 소개로 참가인은 2008. 1. 30. 김○열, 손○정에게 오피스텔 716호를 매도하고 84,807,470원을 지급받아 그 중 993,970원을 분양잔금 및 선수관리비로 박○석에게 송금하였고, 2008. 2. 4. 윤○기에게 오피스텔 701호를 매도하고 85,914,780원을 지급받아 그 중 1,101,280원을 분양잔금 및 선수관리비로 박○석에게 송금하였다.

④ 위와 같이 참가인으로부터 위 각 오피스텔을 매수한 후 김○열 등은 신안종합건설과 사이에 분양계약서를 작성하였는데, 다만 그 작성일자는 모두 2008. 1. 3.로 소급하여 기재하였다.

나. 판단

참가인이 제2공구 골조공사와 관련된 선급금을 지급받은 즉시 그 전액을 오피스텔 분양대금으로 지급하였을뿐 공사대금으로는 전혀 사용하지 않은 점, 준공 후 3년여가 지날 때까지도 미분양 호실이 남아있어 원고가 참가인에게 분양받을 것을 요구할 필요성이 있는 점, 참가인 명의로 분양계약서가 작성되지도 않고, 참가인이 분양대금을 지급한 후 불과 한달도 안되어 오피스텔을 매도한 점 등에 비추어참가인이 오피스텔을 분양받을 필요성이 있다고 보

420) 본 판결은 상고되었으나 상고기각되어 원심이 확정되었다(대법원 2012.10.11. 선고 2012두14385 판결).

이지도 않는 점 등 원고가 정당한 사유 없이 참가인에게 박○석을 위하여 미분양 오피스텔을 분양받도록 한 것이라고 봄이 상당하므로 이 부분 원고 주장은 이유 없다.■

4) 입찰조건에 미분양 아파트 분양 내지 골프장회원권 분양행위가 사전에 고지된 경우의 위법성

원사업자가 하도급업체 선정을 지명경쟁 입찰방식(현장선정 참여업체 선정=>현장설명회 개최=> 입찰)으로 진행하면서, 입찰 전에 하도급계약의 체결조건으로 원사업자의 계열회사의 골프회원권을 발주규모에 따라 1~4구좌씩 수급사업자가 분양받는 조건을 고지하고 또한 자신이 보유한 미분양아파트를 특별분양할 것을 고지하면서 이를 하도급계약 체결하기 전에 수급사업자에서 '확약서'를 징구한 사안에서, 판례는 이와 같은 원사업자의 행위는 분양행위를 통한 유동성이라는 경제적 이익을 받은 것으로서 분양행위를 전제로 해야만 입찰에 참여할 수 있다는 점 등을 고려할 때 정당한 이유가 인정된다고 볼 수 없어 하도급법 제12조의 2 위반된다는 이유로 시정명령 및 과징금을 부과한 공정거래위원회의 처분이 적법하다고 하였다[421].

-대법원 2016. 10. 27. 선고, 2016두45462 판결[422] [시정명령 및 과징금부과처분 취소]-

-서울고등법원 2016. 5. 27. 선고 2014누67705 판결-

[주식회사 한○ 과징금부과 사례]

【판시사항】

종합건설업자인 원사업자가 지명경쟁 입찰방식을 통하여 자신(또는 자신의 자회사)의 미분양 골프장 회원권과 미분양아파트를 수급사업자들에게 입찰 전에 하도급계약의 조건으로 고지하여 하도급계약을 체결한 사안에서 , 위 행위는 구 하도급거래 공정화에 관한 법률 제12조의2에서 금지하는 위반행위에 해당한다고 본 원심판단은 정당하다고 한 사례

【사실관계】

가. 원고의 하도급업체 선정과정

종합건설회사인 원고는 하도급업체 선정을 지명경쟁 입찰방식으로 진행하고 있는데, 이는 「① 하도급입찰 시행조건 검토 ② 현장설명 참여업체 선정 ③ 현장설명회 개최 ④ 현장설명 결과보고 ⑤ 전자입찰 실시 ⑥ 계약체결 등」의 과정으로 이루어진다. 하도급공사 계약

---

421) 본 사안의 의의는 하도급계약 체결 전에 입찰조건으로 대금지불의 조건을 내건 것도 경제적 이익의 부당요구에 해당하는 것인지에 대한 사례라는 점이다. 즉, 종전에는 하도급계약의 체결 후에 원사업자 자신의 미분양아파트 내지 골프장 회권권 등을 수급자에게 하도급대금으로 떠넘기는 것이 부당한 대물변제 내지 경제적 이익의 부당요구에 해당하여 위법하다는 것은 확립된 태도였다. 그런데 본 사안은 입찰 전에 이러한 것을 사전에 고지하고 이를 감안하여 입찰을 하는 상황이었다는 점에 다르다.

422) 본 판결은 심리불속행 판결이어서 원심의 판시사항을 중심으로 살펴보고자 한다. 다만 판결의 내용 중 중요한 쟁점과 판단사항을 중심으로 원문의 취지가 훼손되지 아니하는 범위에서 언급하고자 한다.

업체로는 현장설명 참여업체 중에서 최저가 투찰업체가 선정되므로 원고의 하도급공사(물품 납품 포함)를 수주하기 위해서는 우선 '현장설명 참여업체'로 선정되어야 한다.

나. 골프회원권 분양

(1) 원고는 2008. 4. 7. 한국토지주택공사가 발주한 ○○사업 조성공사 중 토공 및 구조물, 우·오수공사(2공구)'를 건설위탁하기 위한 견적의뢰업체(입찰초청업체)를 선정함에 있어, 원고의 계열회사인 보성레저산업이 당시 운영하던 순천 파인힐스 컨트리클럽의 골프회원권 분양을 하도급계약의 체결조건으로 하기로 하였다. 원고는 .현장설명회를 개최하면서 현장설명서를 통해 순천 파인힐스 컨트리클럽의 골프회원권 1구좌를 분양받는 것을 조건으로 견적하여야 한다는 내용을 공지하였다. 원고는 2008. 5. 19. 위 하도급공사의 최종 낙찰자로 결정된 ○신○산업과 계약금액 ○○*원 등을 내용으로 하는 하도급계약을 체결한 후, 2008. 6. 30. ○○산업에게 순천 파인힐스 컨트리클럽의 골프회원권 2구좌를 400,000,000원에 분양하였다.

(2) 원고는 2011년 무렵 자신이 발주하는 공사를 수주한 수급사업자들에게 원고 계열회사인 보성레저개발이 운영하는 해남 파인비치 골프장의 골프링크스 회원권을 발주된 공사규모에 따라 1~4개씩 분양하기로 하고, 원고 소속 직원들에게 담당공사별로 판매량을 할당하였다. 원고는 각 건설공사별로 하도급거래를 위한 견적의뢰업체(입찰초청업체) 또는 하도급업체를 선정함에 있어, 해남 파인비치 골프링크스 회원권 분양을 하도급계약의 체결조건으로 하기로 하였다. 원고는 2011. 10. 21.부터 2012. 10. 8.까지 자신이 발주한 건설공사별 현장설명회 및 입찰에 참여한 ○○그린 등 12개 사업자들)에게 하도급계약 체결을 위해서는 해남 파인비치 골프링크스 회원권을 구입하여야 한다는 내용이 기재된 확약서를 받았다. 원고는 2011. 11. 9.부터 2012. 10. 31.까지 수원광교 22블럭 한양수자인 아파트 중 조경식재 및 조경시설물공사 등의 건설 또는 제조를 위탁하는 내용으로 하도급계약을 체결하면서 ○○○○ 등 17개 수급사업자들에게 해남 파인비치 골프링크스 회원권을 개인회원 230,000,000원, 법인회원 500,000,000원에 분양하였다.

다. 원고의 수급사업자들에 대한 용인보라아파트 분양

(1) 원고는 2008. 1. 무렵, 입주예정일을 2009. 3.로 하는 용인시 소재 한양수자인 아파트(이하 '용인보라아파트'라 한다.) 입주자 모집공고를 하였는데, 전반적인 부동산시장 침체 등으로 미분양되자 이를 해소하기 위한 분양계획을 수립하였고, 그 일환으로 하도급거래의 조건으로 위 용인보라아파트의 미분양부분을 수급사업자들에게 분양하기로 하였다.

(2) 원고는 2010. 3. 16.부터 2010. 12. 2.까지 자신이 발주한 건설공사별 현장설명회 및 입찰에 참여한 ○○건설 외 11개 사업자들에게 하도급계약 체결을 위해서는 미분양된 용인보라아파트를 특별 분양조건으로 분양받아야 한다는 확약서를 받았다.

(3) 원고는 2010. 2. 18.부터 2011. 2. 14.까지 ○○건영 등 총 26개 수급사업자들에게 '수원광교신도시 한양수자인 공동주택 신축공사 중 토공 및 가시설공사' 등의 건설 또는 제조를 위탁하면서 위 미분양된 용인보라아파트 총 30세대를 분양하였다.

라. 시정명령 및 과징금납부명령

피고는 2014. 5. 9. 의결 제2014-101호로 원고가 수급사업자들에 대하여 계열회사 골프회원권을 분양하고 미분양된 용인보라아파트를 분양한 행위(이하 '이 사건 분양행위'라 한다.)가 하도급법 12조의2에 위반된다는 이유로, 시정명령에 대하여는 하도급법 25조를, 과징금에 대하여는 하도급법 25조의3 및 하도급거래 공정화에 관한 법률 시행령(이하 '하도급법 시행령'이라 한다.) 13조 및 [별표2], 그리고 2010. 1.부터 2010. 12.까지의 행위에 대해서는 구 하도급법 위반 사업자에 대한 과징금 부과기준에 관한 고시(2010. 12. 31. 공정거래위원회고시 제2010-13호로 개정되기 전의 것, 이하 '2010년 과징금고시'라 한다.)를, 2011. 1.부터 2012. 10.까지의 행위에 대해서는 구 하도급법 위반 사업자에 대한 과징금 부과기준에 관한 고시(2012. 8. 20. 공정거래위원회고시 제2012-43호로 개정되기 전의 것, 이하 '2011년 과징금고시'라 한다.)와 구 하도급법 위반 사업자에 대한 과징금 부과기준에 관한 고시(2013. 5. 22. 공정거래위원회고시 제2013-1호로 개정되기 전의 것, 이하 '2012년 과징금고시'라 한다.)를 각각 적용하여, <u>원고에 대하여 별지1 기재 시정명령과 5,264,000,000원의 과징금납부명령</u>을 하였다.

마. 원고의 이의신청 및 피고의 과징금에 대한 일부감액 재결

피고는 2014. 9. 15. 재결 제2014-029호로, 원고의 주장 중 위 과징금 재산정에 관한 일부 주장을 받아들이고 나머지 주장을 배척하였다(이하 '이 사건 이의재결'이라 한다.). 즉, 원고의 경제적 이익 산정 시 원고가 수급사업자들에게 판매한 미분양 아파트 등의 분양가에서 아파트 등의 현재가치(아파트의 경우 해당 아파트를 담보로 대출 또는 보증을 받을 수 있는 최대한도로서 아파트 가치의 70%, 골프회원권의 경우 최근 피분양자가 분양계약 후 관할 관서에 신고한 거래금액인 개인회원권 150,000,000원, 법인회원권 230,000,000원)와 증액공사비를 공제하여 산정하고, 원고가 수급사업자에게 증액하여 준 공사비가 최초 분양가에서 현재가치를 차감한 금액을 초과하는 경우에는 기본과징금 산정 시 하도급대금 및 법 위반금액에서 제외하였다. 그에 따라 하도급대금과 법위반금액이 감액되고 기간별 위반행위의 위반점수가 기간별로 동일하게 48점[기존 위반점수 중 위반금액 비율의 부과점수가 60점에서 최하 점수인 40점으로 변경되었다.]으로 감경되었으며 과징금 부과율도 기간별로 동일하게 2%로 감경되었다. 그 결과 <u>원고에 대한 과징금은 3,144,000,000원으로 감액되었다</u>. 과징금의 재산정 내역은 다음과 같다(이하 앞서의 시정명령 부분과 이 부분 재산정되어 감액된 과징금의 납부명령을 합하여 '<u>**이 사건 시정명령 및 과징금납부명령**</u>'이라 한다.).

【판단】

(1) 이 사건 분양행위가 하도급법 12조의2에 정해진 경제적 이익의 부당요구 금지에 위반되는지 여부

㈏ 원고에게 우월적 지위가 인정되는지 여부 [주장 1)]

하도급법 12조의2가 원사업자에게 우월적 지위가 인정될 것을 요건으로 하고 있지는 아니하나, 하도급법의 입법 목적과 입법 취지, 입법의 경위에 비추어 보면 원사업자로서는 하도급법 12조의2에 정해진 '정당한 사유'의 하나로서 우월적 지위가 없었음을 주장·입증할 수 있다고 할 것이다. 앞서 채택한 증거들에 의하여 인정되는 다음과 같은 사정에 의하면, 원고는 이 사건 수급사업자들에 대하여 우월적 지위에 있었던 것으로 인정된다.

1) 원고는 2012년 기준으로 토목·건축분야 시공능력평가액이 12,767억 원으로서 전국 27위에 해당하는 사업자이다. 이 사건 수급사업자들은 그 대부분인 37개 사업자들이 2011년 기준으로 시공능력평가액이 900억 원에 미치지 못하고 나머지 3개 사업자도 시공능력평가액이 4,000억 원에 미치지 못하는 등 원고에 비하여 사업능력 및 규모면에서 열등한 지위에 있는 사업자들이다. 원고가 일부 대기업 등을 상대로도 아파트 등을 분양하였던 것으로는

보이나, 피고는 이 사건 시정명령 및 과징금납부명령의 처분대상에서 대기업 등 원고에 비하여 사업능력 등이 열등한 지위에 있지 아니한 사업자들에 대한 분양행위는 제외하였다.

2) 전문건설업체들은 최근 건설경기 악화 등으로 인하여 협력업체 등록이나 연고자를 통하는 방법으로 하도급공사를 수주하는데 주력하고 있는 상황이었다. 특히 원고는 하도급업체를 선정함에 있어서 지명경쟁 입찰방식을 택하였는데, 원고로부터 공사를 수주하기 위해서는 입찰경쟁에 앞서 원고의 지명을 받아 현장설명 참여업체로 선정되어야만 하였으므로, 원고는 이 사건 수급사업자들에 대하여 매우 큰 영향력을 가졌다고 인정된다.

㈐ 원고가 이 사건 분양행위로 경제적 이익을 얻었는지 여부 [주장 2)]

다음과 같은 사정에 의하면, 원고는 이 사건 수급사업자들에게 아파트 등을 분양하여 자기 또는 계열회사의 매출을 늘리고 자금운용을 원활하게 함으로써 유동성 장애를 해소하거나 추가 유동성을 확보하는 등의 경제적 이익을 얻은 것으로 평가할 수 있다.

가) 원고가 분양한 용인보라아파트는 최초 입주예정일을 2009. 3.로 정하였으나 초기 분양이 극히 저조하였고, 분양대금의 20%를 무이자로 대출해주는 금융혜택을 주고 발코니확장·선택옵션 시공비용의 면제혜택 등을 제공하며 연장 분양을 하였으나 2013. 10.까지도 25세대가 분양되지 아니하였다.

나) 원고가 분양한 해남 파인비치 골프링크스 회원권의 경우, 원고의 계열회사인 보성레저산업이 2009. 5. 분양을 시작하였으나 2013. 11. 11. 기준으로 허가받은 정회원수 450명 중 240명 상당의 구좌만 분양되었다. 원고는 2011. 11. 당시 위 회원권 중 법인회원권을 11개 구좌나 소유하고 있었다.

다) 원고가 2009년 말 혹은 2010년 말 기준으로 법인세 차감전 순이익이자보상비율, 당좌비율 및 유동비율 등이 소속산업평균 대비 유사하거나 높았던 것으로는 보인다. 그러나 원고의 분양행위 중 용인보라아파트 분양은 2010년 무렵 이루어진 것이므로 원고의 2010년 재무상태에 대한 위 평가에는 원고가 아파트 분양행위로써 획득한 유동성이 이미 반영되었을 것으로 보이고, 원고의 2009년 무렵 유동성이 양호하였다는 사정만으로는 원고가 2010년 혹은 그 이후까지도 유동성의 확보가 필요 없는 상황에 있었다고 인정하기 부족하다.

라) 원고가 이 사건 수급사업자들로 하여금 아파트 등의 분양으로 인한 손실예상금을 견적에 반영하여 입찰하도록 한 사실은 인정되나, 앞서 본 바와 같이 수급사업자들이 분양으로 인한 손실예상금을 견적에 충분히 반영할 수 있었을 것으로는 보이지 아니하고, 설령 원고가 수급사업자들의 손실을 일부 보전해 주었다고 하더라도 원고가 아파트 등의 분양을 통하여 일단 유동성을 확보할 수 있었다는 점에는 차이가 없다.

마) 또한, 용인보라아파트 분양의 경우, 시공사인 원고와 시행사인 라데빵스가 공동매도인이었던 것으로는 보이나, 그러한 사정만으로는 원고가 용인보라아파트 분양행위로 인하여 유동성 확보라는 경제적 이익을 얻었다는 점을 부정할 수 없다.

㈑ 분양의 강제성 및 정당한 사유의 유무 [주장 3) 및 4)]

하도급법의 목적은 수급사업자를 보호함으로써 공정한 하도급거래질서를 확립하여 원사업자와 수급사업자가 대등한 지위에서 상호보완적으로 균형 있게 발전할 수 있도록 함으로써 국민경제의 발전에 이바지 하는 데 있다. 이에 비추어 하도급법 12조의2에 정해진 "정당한 사유"의 입증에 관해서는 수급사업자에게 입증의 부담을 지울 수는 없고, 원사업자가 입증책임을 부담한다고 해석함이 상당하다.

원고는 이 사건 수급사업자들로 하여금 그 진정한 의사에 반하여 원고로부터 아파트 등을 분양받도록 강제하였던 것으로 보인다. 한편, 원고가 우월적 지위를 이용하여 수급사업자들로 하여금 계약체결의 조건으로 아파트 등을 분양받도록 강제하고 그로써 원고 스스로는 유동성 확보라는 경제적 이익을 얻었으므로 원고의 이 사건 분양행위는 부당한 행위라고 할 것인데, 달리 이 사건 분양행위에 정당한 사유가 있다고 볼 만한 사정도 인정되지 아니한다. 원고의 이 부분 주장도 모두 이유 없다.

1) 원고는 2010년 **현장설명 참여업체 선발 기준**에 있어서 아파트 등의 분양계약을 지연하는 경우 평가점수를 감점하는 방안을 마련한 사실이 있고, 2011년 및 2012년 선발 기준에 있어서도 현장설명 참석 후 견적서를 제출하지 아니하는 경우 평가점수를 감점하도록 함으로써 현장설명 후 아파트 등의 수분양 조건을 받아들이지 아니하고 견적을 제출하지 아니한 수급사업자들에 대하여 **감점**을 하였던 것으로 보인다.

2) 원고의 현장설명에 참여한 수급사업자들은 원고에게 아파트 등의 분양을 조건으로 입찰에 참가한다는 내용의 확약서를 작성하여 제출하여야만 이후 입찰절차에 참여할 수 있었다. 위 **확약서**에는 분양으로 인한 손실은 수급사업자들의 부담으로 하고 추후 아무런 이의나 문제를 제기하지 아니할 것을 확약한다는 내용이 포함되어 있다. 수급사업자들이 작성한 확약서 중 일부는 현재 확인되지 아니하나, 앞서 본 여러 사정들에 의하면 원고로부터 아파트 등을 분양받은 수급사업자들은 모두 원고의 현장설명 등을 통하여 아파트 등의 분양을 전제로 해야만 추후 입찰절차에 참여할 수 있는 것으로 파악하고 있었던 것으로 보인다.

3) 용인보라아파트의 경우 미분양으로 인해 그 시세가 큰 폭으로 하락한 상태였으나, 원고는 수급사업자들에게 위 아파트를 **최초 분양가격**대로 **분양**받도록 하였다. 이들 중 일부는 분양받은 아파트를 전매하여 분양가 대비 최소 80,300,000원에서 최대 146,000,000원의 손실을 입었다.

4) 원고는 수급사업자들로 하여금 분양받을 아파트의 분양대금과 실제 시가를 비교하여 손실이 예상되는 금액을 견적금액 중 '기타경비' 등으로 추가하여 입찰에 참가하도록 하였다. 그러나 입찰에서 견적금액으로 최저가 경쟁을 해야 하는 수급사업자들로서는 분양에 따른 부담을 견적금액에 충분히 반영하지는 못하였을 것으로 보이고, 실제로 일부 수급사업자들은 견적금액 제출 시 아파트 등의 분양계약에 따른 손실예상금액을 별도로 기재하지도 못하였던 것으로 보인다.

5) 원고는 용인보라아파트의 일반분양 시에는 분양대금 중 20%를 무이자로 대여하고 잔금 70%에 관하여는 은행대출을 주선하는 등의 금융혜택을 부여하였는데도, 이 사건 수급사업자들에게는 위와 같은 금융혜택을 제공하지 않았다. 원고는 이 사건 수급사업자들로 하여금 계약금으로 분양대금의 30%를 납부하도록 하였고, 잔금도 계약 체결 후 2개월이라는 짧은 기간 내에 완납하도록 하였다. 나아가 원고는 이 사건 수급사업자들이 분양대금을 미납할 경우에는 납품을 중단하도록 하였는바, 이 사건 수급사업자들이 일반분양 대비 불이익하지 아니한 조건으로 용인보라아파트를 분양받았다고 보기도 어렵다.

6) 이 사건 수급사업자들 중 대부분은 원고로부터 분양받은 아파트를 단기간 내에 전매하거나 대출의 담보로 사용한 점에 비추어 이 사건 수급사업자들은 용인보라아파트를 실제 필요에 의하여 분양받을 유인이 있었다거나 위 아파트를 매수할 경제적인 여유가 있었던 것으로는 보이지 않는다. 원고가 이와 관련하여 제출한 증거들(갑○의○~○○ 등)에 의하더라

도 이 사건 수급사업자들 중 일부가 원고로부터 아파트 등을 분양받는 것을 조건으로 하여 하도급공사를 수급하였다는 사실을 인정할 수 있을 뿐이고, 일부 수급사업자들이 자신들의 필요에 따라 자발적으로 먼저 원고에게 아파트 등의 분양을 제안하였다는 사실을 인정할 만한 사정은 발견되지 아니한다.

7) 원고는 규모가 큰 공사계약을 대상으로 하여 아파트 등의 분양계약을 하도급계약체결의 조건으로 하였는바, 이는 대규모 공사일수록 수급사업자들이 분양조건을 수용할 유인이 컸기 때문인 것으로 보인다.

8) 원고로부터 아파트 등을 분양받은 수급사업자들 중 일부가 추후 경영난 등을 이유로 해당 분양계약을 해제하고 분양대금 등을 반환받은 사실은 인정되나, 이는 분양계약 체결 이후의 사후적 사정에 불과하므로 이러한 사정만으로 원고의 분양의 강제성을 부인하기는 어렵다.

㈒ 용인보라아파트의 수분양 명의자가 개인인 경우 하도급법 12조의2에 위반되지 아니하는지 여부 [주장 5)]

다음과 같은 사정에 의하면, 원고가 분양한 용인보라아파트를 수급사업자 명의가 아닌 개인 명의로 분양받은 경우에도 해당 분양행위는 하도급법 12조의2에 위반된다고 봄이 타당하다.

1) 원고가 이 사건 수급사업자들에게 분양한 용인보라아파트 30세대 중 10세대에 관하여는 해당 수급사업자 명의가 아니라 개인 명의로 분양되었다. 그러나 수분양자인 개인은 해당 수급사업자의 대표이사이거나 혹은 그 지인이었던 것으로 보이는바, 앞서 본 여러 사정에 비추어 보면 이 사건 골프회원권이나 아파트를 분양받은 결과 입게된 경제적 손실을 실질적으로 부담한 자는 수급사업자들이었던 것으로 추인되고, 다만 업체의 사정에 따라 수분양자의 명의를 그 대표이사 혹은 제3자 명의로 하였던 것으로 보인다(그에 반하는 증인 황규선의 일부진술은 그대로 믿기 어렵다.).

2) 원고는 수급사업자들이 용인보라아파트를 분양받는 것을 조건으로 해당 사업자들과 하도급계약을 체결하였고, 수급사업자의 대표이사 등이 개인 명의로 분양받은 경우에도 이를 해당 수급사업자가 아파트를 분양받은 것으로 취급하고 있었던 것으로 보이는바, 원고 역시 수분양자의 명의를 불문하고 실질적으로는 위 수급사업자들이 원고로부터 용인보라아파트를 분양받았다는 사실을 잘 알고 있었던 것으로 보인다.

(2) 피고의 과징금납부명령이 재량권을 일탈·남용하여 위법한지 여부

㈏ 하도급대금 산정의 위법 여부 [주장 1)]

이 사건 개인 명의로 분양된 용인보라아파트의 경우에도 이를 하도급법 12조의2에 위반하는 것으로 볼 수밖에 없다는 점은 앞서 본 바와 같다. 또한, 앞서 본 사실에 의하면, 피고는 이미 원고의 위반금액을 산정할 때 위 아파트 등의 분양가에서 아파트 등의 현재 가치와 증액 공사비를 공제하였고, 분양 보조금 명목의 증액 공사비가 최초 분양가에서 현재가치를 차감한 금액을 초과하는 경우에는 법위반금액에서 제외하는 등 수급사업자들이 사후적으로 얻은 이익까지 고려하여 원고에 대한 과징금을 산정하였다. 한편, 원고가 지적하는 일부 수급사업자들이 사후적 내지 결과적으로 피고가 이와 같이 이미 고려한 이익을 초과하는 경제적 이익을 보았다는 사실을 인정할만한 객관적인 자료가 부족한바, 과징금 산정에 원고가 주장하는 해당 분양행위와 관련된 하도급대금을 포함하여 산정한 것이 형평에 반한다고 보기는 어렵다. 따라서 원고의 이 부분 주장은 이유 없다.

㈐ 위반금액의 비율에 관한 위반점수 산정의 위법 여부 [주장 2)]

1) 하도급법 25조의3 제1항 3호에는 하도급법 12조의2를 위반한 사업자에 대하여 하도급대금의 2배를 초과하지 아니하는 범위에서 과징금을 부과할 수 있다고 정해져 있고, 하도급법 시행령 13조 1항 [별표2] 1호 가목에는 위 하도급법 25조의3에 따른 과징금의 금액은 해당 위반행위의 유형, 위반금액의 비율, 위반행위 유형의 수 및 위반 전력 등 4가지 요소를 고려하여 과징금 부과율을 정하고 그 부과율을 상한금액(하도급대금의 2배)에 곱하는 방법으로 산정하도록 규정되어 있다. 위 [별표2] 2호 가목 3)의 나)에는 위반금액의 비율은 해당 법 위반사건의 하도급대금 대비 법 위반 관련 미지급금액의 비율로 한다고 정해져 있고, 하도급법 시행령 13조 3항의 위임에 따라 과징금의 부과에 필요한 사항이 정해진 하도급법 위반사업자에 대한 과징금 부과기준에 관한 고시 II.5.사.에는 하도급법 시행령 13조 1항 [별표2] 2호 가목 3)의 나)에 정해진 '법위반관련 미지급금액'은 하도급법 12조의2 위반의 경우에는 '경제적 이익 부당수령 금액'을 말한다고 정해져 있다. 또한, 위 [별표2] 2호 가목 2)에는 하도급법 위반행위의 위반금액 비율의 위반점수를 하도급대금 대비 위반금액의 비율이 5% 이하인 경우 40점, 5% 초과 10% 이하인 경우 60점, 10% 초과 20% 이하인 경우 80점, 20% 초과인 경우 100점으로 각 산정하도록 규정되어 있다.

2) 앞서 본 사실에 의하면, 피고는 원고가 수급사업자들에게 분양한 아파트 등의 분양가에서 그 아파트 등의 일단의 현재 가치와 수분양에 따라 증액된 공사비를 공제하는 방법으로 위반금액을 산정하였으므로 <u>피고가 산정한 위반금액은 원고가 이 사건 분양행위로 얻은 경제적 이익 부당수령 금액을 기준으로 정당하게 산정된 것</u>으로 인정된다. 설령 이 사건이 원고가 부당수령한 경제적 이익의 금액을 정확히 산정하기 곤란한 경우에 해당한다 하여도 <u>원고의 경제적 이익 부당수령 금액이 존재한다고 인정하는 이상 하도급대금 대비 위반금액의 비율이 0%라고 할 수는 없고</u>, <u>결국 위반금액 비율에 따른 부과점수를 하도급대금 대비 위반금액의 비율이 그 최하 단위인 5% 이하인 경우에 부과하도록 정해진 법령상 최저점수인 40점으로 산정한 것에 어떠한 잘못이 있다고 할 수도 없다</u>. 결국 피고가 산정한 원고의 위반금액, 위반금액 비율 그리고 위반금액의 비율에 대한 부과점수는 정당하게 산정된 것으로 보지 않을 수 없다. 원고의 이 부분 주장도 이유 없다.

㈑ 이 사건 과징금납부명령이 비례·형평의 원칙에 반하는지 여부 [주장 3)]

1) 하도급법 시행령 13조 1항 [별표2] 1호에는 하도급법을 위반한 사업자에 대한 과징금은 하도급대금의 2배에 과징금 부과율을 곱하여 산정하고, 그 하도급대금은 하도급거래의 계약금액으로 한다고 정해져 있다.

2) 피고는 원고에 대한 과징금을 산정함에 있어서 원고와 이 사건 수급사업자들 사이의 하도급거래 계약금액에 위반금액 비율 등을 기준으로 정한 과징금 부과율 2%를 곱하는 방법으로 과징금을 산정하였고, 나아가 부과과징금 결정단계에서 건설경기가 지속적으로 악화된 점, 원고의 부당이득의 정도에 비하여 과징금이 과다한 점, 원고가 이 사건 수급사업자들에게 공사비 등을 일부 증액하여 준 점, 기존 유사 심결례 등과의 형평성 등을 종합적으로 고려하여 조정과징금의 50%를 감경하였다. 피고는 원고에 대한 과징금을 하도급법에 정해진 과징금 산정 기준에 따라 적법하게 산정하였고, 원고의 불법적 이득의 정도 등까지 고려하여 과징금을 감경하여 주었는바, 피고의 과징금 산정에 비례·형평의 원칙에 반하는 재량권의 일탈·남용이 있다고 볼 수 없다. 따라서 원고의 이 부분 주장도 이유 없다.

【결론】

그렇다면 원고의 이 사건 각 청구는 이유 없으므로 이를 모두 기각하고, 소송비용은 패소한 원고가 부담하기로 한다.■

5) 현장설명회에서 입찰조건에 미분양 아파트 내지 오피스텔을 분양받을 것을 조건으로 고지한 후 하도급계약을 체결-위법-

원사업자가 하도급업체 선정을 위하여 현장설명회(주로 현장 공종별로 또는 동일한 공종의 다수 현장을 묶는 방식으로 원고의 사업장에서 진행)를 개최하면서 각 설명회 마다 참여업체들에게 분양률이 저조하였던 위 아파트 및 오피스텔을 분양받는 것을 하도급계약 체결의 조건으로 제시하여 하도급계약을 체결하면서 미분양 아파트와 오피스텔을 분양한 사안에서, 판례는 하도급법 제12조의 2의 취지와 목적을 고려할 때 과징금을 부과한 행위가 비례의 원칙에 위반된다고 볼 수 없다고 하였다.

[참조 판결]

-서울고등법원 2019. 12. 19. 선고 2019누57628 판결 [과징금납부명령취소]-

[협○건설 사례]

[판결이유]

1. 기초사실

가. 원고는 토목건축공사업 등을 영위하는 중소기업자가 아닌 사업자로서 중소기업자인 신양아이엔지건설 주식회사 등 41개 사업자에게 도장공사 및 주방가구 등을 건설 또는 제조위탁을 하면서, 주로 기존의 우수 협력업체 또는 건축현장 소재지 권역에 연고를 둔 사업자를 대상으로 내부 심사를 거친 후 적격업체로 인정된 사업자를 현장설명회 참석업체로 선정하며, 이들 중 최저가로 투찰한 사업자를 하도급공사 계약대상으로 결정하였다.

원고는 2016. 1월 경 자신 또는 계열회사가 분양 중이었던 협○휴포레 아파트 및 이시아폴리스 오피스텔의 저조한 분양률을 해소하기 위한 목적으로 관련 수급사업자에게 하도급 계약금액의 규모에 따라 미분양 아파트 등을 분양하도록 하는 내용의 '협조분양'을 계획하였다.

하도급 계약금액	협조분양세대수
계약금액 ≤ 8억 원	해당없음
8억 원 < 계약금액 ≤ 12억 원	1 세대
12억 원 < 계약금액 ≤ 22억 원	2 세대
22억 원 < 계약금액 ≤ 32억 원	3 세대
32억 원 < 계약금액 ≤ 50억 원	4 세대
50억 원 < 계약금액	5 세대

나. 이후, 원고는 2016. 1. 8.부터 2017. 10. 17.까지의 기간 동안 대구 장기동 252 지상 협○휴포레 아파트 신축공사 관련 도장공사 현장설명회 등 총 61차례의 설명회를 개최하면서, 각 설명회마다 참여업체들에게 분양률이 저조하였던 위 아파트 및 오피스텔을 분양받는

것을 하도급계약 체결의 조건으로 제시하였다. 원고는 위 현장설명회에 참여한 사업자를 대상으로 견적서를 제출하도록 하였고, 2016. 2. 22.부터 2018. 1. 31.까지의 기간 동안 신양아이엔지건설 등 41개 수급사업자와 100건의 하도급계약을 체결하면서 39개 수급사업자(이하 '이 사건 수급사업자'라 한다)에게 협○휴포레 아파트 128세대 및 대구이시아폴리스 오피스텔 6세대 등 총 134세대(이하 '이 사건 미분양 아파트 등'이라 한다)를 분양하였다(이하 '이 사건 행위'라 한다).

2. 피고 공정거래위원회의 처분

피고는 이 사건 행위가 하도급법 제12조의2가 금지하는 '정당한 사유 없이 수급사업자에게 자기 또는 제3자를 위하여 경제적 이익을 제공하도록 하는 행위'에 해당한다는 이유로 2019. 6. 12. 의결 제2019-126호로 원고에 대하여 시정명령 및 과징금납부명령을 하였다.

3. 법원의 판단

하도급법 제12조의2는 원사업자가 하도급거래 관계에서 우월적 지위를 이용하여 수급사업자에게 법률상 의무 없는 부담을 강요하는 불공정 하도급거래행위를 금지함으로써 공정한 하도급거래질서를 확립하는데 그 취지가 있다. 원고는 자신의 공사비를 확보하기 위한 목적으로 거래상 우월한 지위를 이용하여 이 사건 수급사업자들에게 이 사건 미분양 아파트 등을 분양함으로써 매출을 늘리고 자금운용을 원활하게 할 수 있는 경제적 이익을 취하였다. 반면에 수급사업자들은 분양대금 상당액에 해당하는 자금의 유동성을 상실하거나, 분양률이 저조한 이 사건 아파트 등을 전매하는 과정에서 발생하는 차액 손실을 부담하는 등의 경제적 피해를 입었다. 이 사건 행위는 하도급법의 취지에 정면으로 반하는 행위이고, 피해규모 및 피해자의 수에 비추어 보면, 위법성의 정도가 가볍다고 볼 수 없다. 원고가 피해액의 상당부분을 보전하였다고 하더라도 그 제재의 필요성이 줄어든다고 보기 어렵다.

원고가 주장하는 사정들을 모두 고려하더라도 이 사건 과징금납부명령이 비례의 원칙, 평등의 원칙에 위배되어 재량권을 일탈·남용한 위법이 있다고 볼 수 없다. 따라서 원고의 주장은 이유 없다. ■

6) 검토 –경제적 이익의 부당요구 관련

판례의 경제적 이익의 부당요구 관련 태도는 원사업자가 우월적 지위를 이용하여 자신(특수관계자 포함)의 소유물(예컨대, 미분양부동산 등)의 구매를 강제하거나 하도급대금에 계상하여 행위를 하는 경우에는 설사 현장설명 행위를 통하여 이러한 조건들이 사전고지 되었다고 하더라도 다른 특별한 사정이 없는 한 위법하다는 태도이다.

3. 관련 사례- 공정거래위원회 심결례

보증기관의 계약이행보증 이외에 수급사업자의 임원들에 대한 연대보증행위 요구가 하도급법 제12조의 2 경제적 이익의 부당요구금지 규정에 해당하여 위법하다는 공정거래위원회 재결이 있다.

[참조 사례]

- 수급사업자의 임직원에게 연대보증을 요구한 행위에 대하여 시정조치를 부과한 사례-

공정거래위원회 2009. 3. 20. 의결 2008하개2326 시정조치[현대삼호중공업(주)의 불공정하도급거래행위 사례)

[주문]

피심인은 (유)한국특수산업, (주)WD중공업, (주)태형중공업, 삼강에스피(주) 등 4개 수급사업자에게 파이프 피스 도장을 제조 위탁함에 있어 보증기관의 지급보증 외에 추가로 수급사업자의 임직원을 대상으로 연대보증을 하게 하는 것과 같이 수급사업자에게 경제적 이익을 부당하게 요구하는 행위를 다시 하여서는 아니 된다.

[이유]-행위사실 및 위법성 판단

• (가) 행위사실

피심인은 사외 수급사업자인 (유)한국특수산업 등 4개사와 2007. 7. 16.부터 2008. 7. 15.까지 파이프 피스(PIPE PIECE)를 도장(피심인이 제공한 파이프 피스에 페인트 등의 칠을 하여 부식을 막고 모양을 내기 위해 하는 것)하여 납품받는 계약을 체결하고, 수급사업자에게 무상으로 파이프 피스를 지급하면서 무상 사급자재에 대한 "지급보증증권"을 받고도 수급사업자의 임직원을 대상으로 "사급자재 관련 연대보증 약정서"를 추가로 받았다.

• (나) 관련 법 규정

하도급법 제12조의2(경제적 이익의 부당요구 금지)

• (나) 위법성 판단

하도급법 제12조2의 경제적 이익의 부당요구 금지가 성립되기 위해서는 ① 정당한 사유가 없어야 하고, ② 피심인이 수급사업자에게 자기 또는 제3자를 위하여 금전, 물품, 용역 그 밖에 경제적 이익을 제공하도록 하여야 한다.

- 정당한 사유가 있는지 여부-

피심인은 수급사업자로부터 제출받은 보증기관의 "지급보증증권"은 파이프 피스(PIPE PIECE) 도장을 위해 지급되는 도료에 대한 지급보증에 불과하고, 도장을 위해 지급한 자재인 파이프 피스(PIPE PIECE)에 대한 지급보증은 수급사업자의 재정부담을 경감시켜 주고자 "보증증권"을 생략하고 그 대신 임직원들로부터 "사급자재 관련 연대보증 약정서"를 받았다고 주장한다.

또한, 피심인은 "사급자재 관련 연대보증약정서"는 수급사업자 임직원들이 자율적으로 작성하여 제출하였으며 어떠한 구속력도 없으므로 피심인이 수급사업자에게 "사급자재 관련 연대보증 약정서"를 받은 행위는 정당하다고 주장한다.

그러나, 피심인이 수급사업자들에게서 받은 "지급보증증권"의 세부적인 보증내용을 보면 피심인의 주장과 달리 지급보증은 "도료"에만 국한되는 것이 아니라 "사급자재" 전반에 대해 이루어진 것을 확인할 수 있다. 또한, 피심인은 수급사업자가 자발적으로 연대보증약정서를 작성하였다고 주장하나 민형사상 책임을 지도록 규정하고 있는 점과 피심인의 우월적 지위를 감안할 때 수급사업자가 자발적으로 약정서를 작성한 것으로 보기 어렵다.

따라서 피심인이 수급사업자로부터 도료 및 사급자재에 대해 보증기관의 "지급보증증권"을 받았음에도 불구하고 수급사업자의 대표이사와 임직원들에게 "사급자재 관련 연대보증약정서"를 추가로 징구한 행위는 정당하다고 보기 어렵다

- 경제적 이익을 제공하도록 하였는지 여부-

피심인은 사급자재에 대해 수급사업자에게 지급보증을 요구함에 있어 보증기관의 지급보증 외에 수급사업자의 임직원을 대상으로 추가로 연대보증을 하게 함으로써 피심인의 경제적 이익을 위해 수급사업자에게 이중보증을 하게 하였다

수급사업자는 피심인이 지급한 사급사재에 대하여 피심인의 요구에 따라 이미 지급보증을 하였으므로 그 외 예상치 못한 사태로 인한 손실에 대하여는 책임이 없다고 할 것이다.

따라서 피심인의 위 2. 가.의 행위는 지급보증에서 정한 사항 이외의 예상치 못한 손실에 대하여는 자신이 부담하여야 함에도 불구하고 이를 수급사업자에게 전가한 행위로서 이는 경제적 이익을 제공하도록 한 행위에 해당한다.

[이유]-처분

- (가) **시정조치**

피심인의 위 2.의 행위는 하도급법 제12조의2의 규정에 위반되므로, 하도급법 제25조 제1항의 규정을 적용하여 주문과 같이 의결한다.■

미분양 아파트를 수급사업자가 매입하는 조건으로 하도급계약을 체결한 사례에서 하도급법 제12조의 2 위반이라는 재결이 있다(앞에서 살펴본 주식회사 한양 과징금부과 사례와 동종사례).

[참조 사례]

- 수급사업자에게 원사업자의 미분양아파트를 수급사업자가 매입하는 조건으로 하도급계약을 체결한 행위에 대하여 시정조치를 부과한 사례-

공정거래위원회 2013. 1. 18. 의결 2012건하0236시정조치 [풍림산업(주)의 불공정하도급거래행위 사례)

[주문]

피심인은 수급사업자와 하도급거래를 함에 있어 자신의 미분양 아파트를 수급사업자가 매입하는 조건으로 하도급계약을 체결함으로써 수급사업자로 하여금 피심인을 위하여 경제적 이익을 제공하도록 하는 행위를 다시 하여서는 아니 된다.

[이유]

- (가) 기초사실 -

1) **피심인의 아파트 분양실태**

피심인의 2008년 10월 대전광역시 대덕구 석봉동 소재 "금강엑슬루타워 아파트 신축사업"은 분양초기에 분양률이 극히 저조하여 피심인이 2차례에 걸쳐 할인분양을 실시하였음에도 입주시점인 2012. 3월 기준 333세대(전체 공급세대수의 14%)가 미분양 되었다.

다음 <표 2>에서 알 수 있듯이 2008. 10 .23. ~ 10. 31. 기간 동안 할인분양을 하지 아니하고 정상적인 분양을 하였을 때 분양률은 "0"으로 분양자체가 이루어지지 아니하여 할인분양을 할 수밖에 없는 상황이 되었고, 40% 할인이라는 파격분양에도 불구하고 여전히 미분양 상태로 있는 아파트가 상당수가 있다.

2) **피심인의 하도급업체 선정방식**

피심인은 입찰제외 품목을 제외한 모든 하도급업체 선정을 '**지명경쟁 입찰방식**'으로 진행하고 있으며, 하도급업체 선정방식은 하도급 입찰시행 공종검토 → 현장설명 참여업체 선정 → 현장설명 → 현장설명 결과보고 → 입찰 → 계약체결의 과정으로 이루어진다.

하도급공사 계약업체는 현장설명 참여업체 중에서 최저가 투찰업체가 선정되므로 피심인의 하도급공사(물품납품 포함)를 수주하기 위해서는 우선 현장설명 참여업체로 선정되어야 한다.

현장설명 참여업체로 선정된 업체에 대해서는 원칙적으로 ① 등록 협력업체 중 우수업체, ② 등록 협력업체 ③ 필요에 따라 미등록 협력업체를 지명하는 순서로 계약체결 하고 있다.

• (나) **행위사실**

피심인은 2009. 1. 29 ~ 2010. 12. 27. 기간 동안 '익산 도로건설 공사' 등 38개 공사를 (유)○○건설 등 122개 수급사업자에게 건설·제조 위탁을 하면서, 피심인과 하도급거래를 체결하기 위한 사전절차로서 자신의 협력업체를 대상으로 **현장설명회**(2008. 10. 31 ~ 2010. 11. 3.)를 개최한바 있고, 이 설명회에서 피심인은 자신의 지명경쟁입찰에 참여하기 위해서는 피심인의 미분양 아파트(금강엑슬루타워 아파트)를 분양받는 조건임을 입찰참가 대상업체들에게 구두로 설명하였다.

피심인은 입찰(2008. 11. 6. ~ 2010. 11. 12.)을 통해 <별지 2>와 같이 (유)○○건설 등 122개[423] 수급사업자를 대상으로 하도급계약을 체결하면서 위 현장설명회에서 구두로 설명한대로 '금강엑슬루타워 아파트' 224세대[424]를 (유)○○건설 등 122개 수급사업자들이 분양받도록 하였다.

[이유]-위법성 판단

• (가) 관련 법 규정-하도급법 제12조의2(경제적 이익의 부당요구 금지)

• (나) **수급사업자의 의사에 반하여 경제적 이익을 제공하도록 하였는지 여부**

피심인은 이 사건 하도급거래를 하기 위한 조건으로 자신의 미분양아파트를 수급사업자가 분양받도록 하였는바, 이는 다음과 같은 점을 고려할 때 피심인이 수급사업자들에게 그 의사에 반하여 피심인을 위하여 경제적 이익을 제공하도록 한 것으로 판단된다.

첫째, 피심인은 토목·건축분야 시공능력평가액이 전국 25위(2009년), 24위(2010년)에 해당하는 유력 건설업체로서 사업능력 및 규모면에서 이 사건 건설업종을 영위하는 수급사업

423) (유)작○건설 등 92개 업체에 대하여는 건설위탁, (주)대○ 등 30개 업체에 대하여는 제조위탁 하였다.

424) 수급사업자 자신, 대표이사, 임직원, 임직원의 친인척 등 명의로 분양계약을 체결하였다.

자들에 비해 우월적 지위가 인정되고, 주로 주방 및 욕실가구, 아스콘, 물탱크 등을 제조·납품하는 제조업종 관련 수급사업자들에 대해서도 피심인의 우월적인 지위가 인정된다.

둘째, 피심인이 수급사업자들에게 분양받도록 한 '금강엑슬루타워' 아파트는 상대적으로 열악한 입지조건 및 아파트 분양시장의 침체 등으로 2008. 10월 최초 분양 당시 대량의 아파트 미분양사태가 발생하였으며, 이에 피심인은 2008. 11. 1. ~ 2009. 2. 22. 기간 동안 동 아파트 1,133세대(전체 2,312세대의 49%)에 대하여 25% 할인분양을 하여 동 아파트 분양권 시세는 당초 분양가보다 대폭 하락하였는바, 이러한 점을 감안할 때 최초 분양가대로 수급사업자들로 하여금 매입토록 한 행위는 피심인 자신의 자금운용을 원활하게 함과 아울러 분양가격 하락에 따른 손실을 수급사업자들에게 전가하는 경제적 이익 제공에 해당된다.

셋째, 피심인은 협력업체로 등록된 회사에 대하여 매년 평가를 통하여 평균점수 70점[경영평가(20%)+전년도 시공(납품) 평가(80%)] 이상을 획득하지 못한 업체는 원칙적으로 피심인의 지명경쟁입찰의 참여를 사실상 배제하고 있고, 수급사업자들은 건설경기의 악화 및 전문건설업 수주시장의 치열한 경쟁환경에서 안정적인 수주물량 확보가 절실하였던 점을 감안하면 수급사업자들은 피심인의 요구를 사실상 거부하기 어려운 상황에 있었고, 피심인의 아파트를 분양받은 수급사업자 중 일부는 매입가보다 25% 이상 손실을 보고 분양권을 전매한 사실[425]을 볼 때 수급사업자들의 아파트 매입은 자의에 의한 매입이 아니라는 것을 알 수 있으며, 이를 종합적으로 고려할 때 피심인의 행위는 강제성이 인정된다.

• (다)• **정당한 사유의 존재 여부**

앞서 살펴 본 바와 같이 이 사건 위반행위는 피심인이 자신의 미분양 아파트를 조기에 처분하여 경제적 이익을 얻고자 하는 의도에서 비롯된 것으로 봄이 상당하고, 이 사건 수급사업자들에게 이 사건 미분양아파트를 매입할 법적의무가 있다고 볼 만한 다른 법률관계가 존재하는 것도 아니므로, 이 사건 위반행위에 정당한 사유가 있다고 볼 수 없다.

[이유]-처분 -금지명령

피심인의 위 2.의 행위는 하도급법 제12조의2의 규정에 위반되므로, 하도급법 제25조 제1항의 규정을 적용하여 주문과 같이 의결한다.■

[참조 사례]

- 수급사업자에게 납품 수량 5% 손실분 무상입고행위는 부당한 경제적 이익 요구라는 사례-

공정거래위원회 2009. 1. 20. 의결 2008하개2671 [(주)알에프텍의 불공정하도급거래행위 사례)

[주문]

1. 피심인은 (주)한비론 등 2개 수급사업자에게 휴대폰 충전기 부품을 제조 위탁함에 있어, 이들 수급사업자에게 경제적 이익을 부당하게 요구하는 행위를 다시 하여서는 아니된다.

[이유]-행위사실 및 위법성 판단

• (가) 행위사실

425) 아파트 분양권을 매도한 38개 수급사업자 중 특히 ○○기업 등 8개 수급사업자는 아파트 분양가(매입가) 대비 25% 이상의 손실을 보고 분양권(12세대)을 전매하였다.

피심인은 아래 〈표 2〉에서 보는 바와 같이 수급사업자인 (주)한비론 등 2개사와 2007. 8. 1.부터 2008. 7. 31.까지 폴리백(POLY BAG) 등을 납품하는 단가계약을 체결하면서 수급사업자로부터 실 납품 수량 대비 5%를 손실(Loss)분으로 무상입고 하도록 함으로써 수급사업자에게 경제적 이익을 요구한 사실이 있다.

〈표 2〉 손실분 거래현황 (단위 : 원)

수급사업자명	거래기간	거 래 품목	단가	비 고
㈜한*론	2007. 8. 1~ 2008. 7.31	폴리백 (POLY BAG)	5.74	납품시 실 납품수량대비 5%를 손실분으로 무상입고
㈜한*피앤아이	2007. 8. 1~ 2008. 7.31	제품봉인라벨	28.55	납품시 실 납품수량대비 5%를 손실분으로 무상입고

- (나) 관련 법 규정 - 하도급법 제12조의2 (경제적 이익의 부당요구 금지)
- (다) 위법성 판단

1) **피심인이 수급사업자에 요구한 손실분이 정당한지 여부**

피심인은 수급사업자에게 폴리백과 라벨 등을 제조위탁을 하면서 손실(Loss)분으로 실 납품 수량 대비 5%를 무상으로 납품토록 요구한 것은 제품 생산라인에서 원자재가 인쇄불량, 찢어짐, 흑점 등으로 불량이 발생하고 발주량 대비 납품수량이 부족함에 따라 부득이 하게 더 납품하도록 하였다고 주장한다.

그러나 피심인의 주장처럼 납품된 원자재가 불량으로 판명된 경우 하자로 인한 반품조치가 가능하고 납품수량이 부족할 경우 재 입고 조치하도록 할 수 있을 뿐만 아니라, 만약 미납품시에는 정상적인 거래절차에 따라 하도급대금을 정산하면 될 것이므로 피심인이 손실분(Loss) 명목으로 실 납품 수량 대비 5%를 무상으로 추가하여 납품토록 한 행위는 정당하다고 보기 어렵다.

2) **경제적 이익의 제공요구 행위**

피심인은 단가결정시 수급사업자로부터 제출받은 견적서에 손실(Loss)분에 대한 언급이 전혀 없음에도 불구하고, 가격결정품의서를 내부결재 하면서 한*론 등 2개수급사업자로부터 실제 납품하는 수량 대비 5%를 손실(Loss)분 명목으로 추가하여 무상 납품토록 하고 있다.

이는 피심인의 입장에서는 정상적인 계약물량이외의 물량을 추가납품을 받음으로써 수급사업자에게는 경영상의 부담을 지우는 행위인 동시에 피심인에게는 경제적 이익이 제공되도록 요구한 행위로 볼 수밖에 없다

따라서, 피심인이 수급사업자에게 특별한 귀책사유가 없음에도 불구하고 실 납품수량 대비 5%를 무상으로 추가 납품하도록 한 것은 정당한 사유없이 수급사업자로 하여금 피심인에게 경제적 이익이 제공되도록 한 행위로써 하도급법 제12조의2 규정을 위반한 불공정하도급거래행위에 해당된다. ■

Ⅸ. 기술자료 제공 요구· 유용행위 금지

1. 관련 법령(법12조의 3)

하도급법령[426] 및 기술자료 제공 요구·유용행위 심사지침(공정거래위원회 예규)에서 기술자료 제공 요구 및 유용행위 금지에 대하여 규정을 하고 있다.

– 하도급법 –

제2조 (용어의 정의) ⑮ 이 법에서 "기술자료"란 합리적인 노력에 의하여 비밀로 유지된 제조·수리·시공 또는 용역수행 방법에 관한 자료, 그 밖에 영업활동에 유용하고 독립된 경제적 가치를 가지는 것으로서 대통령령으로 정하는 자료를 말한다.

제12조의3(기술자료 제공 요구 금지 등) ① **원사업자는 수급사업자의 기술자료를 본인 또는 제3자에게 제공하도록 요구하여서는 아니 된다.** 다만, **원사업자가 정당한 사유를 입증**한 경우에는 요구할 수 있다. 〈개정 2011.3.29.〉

② 원사업자는 제1항 단서에 따라 수급사업자에게 기술자료를 요구할 경우에는 요구목적, 비밀유지에 관한 사항, 권리귀속 관계, 대가 등 **대통령령**으로 정하는 사항을 해당 수급사업자와 미리 협의하여 정한 후 그 내용을 적은 서면을 해당 수급사업자에게 주어야 한다. 〈신설 2011.3.29.〉

③ 원사업자는 취득한 수급사업자의 기술자료에 관하여 부당하게 다음 각 호의 어느 하나에 해당하는 행위를 하여서는 아니 된다. 〈개정 2018. 4. 17.〉[427]

1. **자기 또는 제3자를 위하여 사용하는 행위**
2. **제3자에게 제공하는 행위**

[본조신설 2010.1.25.]

[제목개정 2011.3.29.]

제18조(부당한 경영간섭의 금지) ① 원사업자는 하도급거래량을 조절하는 방법 등을 이용하여 수급사업자의 경영에 간섭하여서는 아니 된다. 〈개정 2018. 1. 16.〉

② 다음 각 호의 어느 하나에 해당하는 원사업자의 행위는 부당한 경영간섭으로 본다. 〈신설 2018. 1. 16.〉

1. **정당한 사유 없이 수급사업자가 기술자료를 해외에 수출하는 행위를 제한하거나 기술자료의 수출을 이유로 거래를 제한하는 행위**
2. 정당한 사유 없이 수급사업자로 하여금 자기 또는 자기가 지정하는 사업자와 거래하도록 구속하는 행위

---

426) 현행법상 소위 기술탈취의 문제는 법률적으로 ① 부정경쟁방지 및 영업비밀보호에 관한 법률(약칭 부정경쟁방지법), ② 중소기업기술 보호 지원에 관한 법률(약칭 중소기업기술보호법), ③ 특허법, ④ 대·중소기업 상생협력 촉진에 관한 법률(약칭 상생협력법), ⑤ 산업기술의 유출방지 및 보호에 관한 법률(약칭 산업기술보호법)을 종합적으로 해석 고려해 보아야 한다.

427) 종래 개정 전 하도급법 제12조의3 ③항 : 원사업자는 취득한 기술자료를 자기 또는 제3자를 위하여 유용하여서는 아니 된다. 〈개정 2011.3.29.〉

3. 정당한 사유 없이 수급사업자에게 원가자료 등 공정거래위원회가 고시하는 경영상의 정보를 요구하는 행위

[전문개정 2009. 4. 1.]

제23조(조사대상 거래의 제한) ①제22조제2항에 따라 **공정거래위원회의 조사개시 대상이 되는 하도급거래**(제13조제11항이 적용되는 거래를 포함한다. 이하 이 조에서 같다)는 **그 거래가 끝난 날부터** 3년(**제12조의3을 위반하는 경우에는 그 거래가 끝난 날부터** 7년으로 한다. 이하 이 조에서 같다)이 지나지 아니한 것으로 한정한다.

제35조(손해배상 책임) ① 원사업자가 이 법의 규정을 위반함으로써 손해를 입은 자가 있는 경우에는 그 자에게 발생한 손해에 대하여 배상책임을 진다. 다만, 원사업자가 고의 또는 과실이 없음을 입증한 경우에는 그러하지 아니하다. 〈개정 2013. 5. 28.〉

② 원사업자가 제4조, 제8조제1항, 제10조, 제11조제1항・제2항, **제12조의3제3항** 및 제19조를 위반함으로써 손해를 입은 자가 있는 경우에는 그 자에게 발생한 **손해의 3배**를 넘지 아니하는 범위에서 배상책임을 진다. 다만, 원사업자가 고의 또는 과실이 없음을 입증한 경우에는 그러하지 아니하다. 〈개정 2013. 5. 28., 2018. 1. 16.〉

– 하도급법시행령 –

제2조(중소기업자의 범위 등) ⑧ 법 제2조제15항에서 "대통령령으로 정하는 자료"란 다음 각 호의 어느 하나에 해당하는 것을 말한다. 〈개정 2016.12.27.〉

1. 특허권, 실용신안권, 디자인권, 저작권 등의 지식재산권과 관련된 정보
2. 시공 또는 제품개발 등을 위한 연구자료, 연구개발보고서 등 수급사업자의 생산・영업활동에 기술적으로 유용하고 독립된 경제적 가치가 있는 정보

제7조의3(기술자료 요구 시 서면 기재사항) 법 제12조의3제2항에서 "요구목적, 비밀유지에 관한 사항, 권리귀속 관계, 대가 등 대통령령으로 정하는 사항"이란 다음 각 호의 사항을 말한다.**〈개정 2018. 10. 16.〉**[428]

1. 기술자료 제공 요구목적
2. 비밀유지방법 등 요구대상 기술자료의 비밀유지에 관한 사항
3. 요구대상 기술자료와 관련된 권리귀속 관계
4. 요구대상 기술자료의 대가 및 대가의 지급방법
5. 요구대상 기술자료의 명칭 및 범위
6. 요구일, 제공일 및 제공방법

6의2. 요구대상 기술자료의 사용기간

6의3. 반환 또는 폐기방법

---

428) 종래 개정 전 하도급법시행령 제7조의3
1. 기술자료 제공 요구목적
2. 비밀유지방법 등 요구대상 기술자료의 비밀유지에 관한 사항
3. 요구대상 기술자료와 관련된 권리귀속 관계
4. 요구대상 기술자료의 대가 및 대가의 지급방법
5. 요구대상 기술자료의 명칭 및 범위
6. 요구일, 제공일 및 제공방법
7. 그 밖에 원사업자의 기술자료 제공 요구가 정당함을 입증할 수 있는 사항
[본조신설 2011.6.27.]

6의4. 반환일 또는 폐기일
7. 그 밖에 원사업자의 기술자료 제공 요구가 정당함을 입증할 수 있는 사항
[본조신설 2011.6.27.]

2. 기술자료 제공 요구·유용행위 심사지침

–[시행 2020. 1. 10.] [공정거래위원회예규 제339호, 2020. 1. 10., 일부개정]–

여기서 '**기술자료**'란 '합리적인 노력'에 의하여 비밀로 유지되고 있는 것으로서, 가. 제조·수리·시공 또는 용역수행 방법에 관한 정보·자료, 나. 특허권, 실용신안권, 디자인권, 저작권 등의 지식재산권과 관련된 기술정보·자료로서 수급사업자의 기술개발(R&D)·생산·영업활동에 기술적으로 유용하고 독립된 경제적 가치가 있는 것, 다. 시공프로세스 매뉴얼, 장비 제원, 설계도면, 연구자료, 연구개발보고서 등 가 목 또는 나 목에 포함되지 않는 기타 사업자의 정보·자료로서 수급사업자의 기술개발(R&D)·생산·영업활동에 기술적으로 유용하고 독립된 경제적 가치가 있는 것을 말한다.

특히 여기에서의 주목해야 할 것은 소위 지적재산권법에서의 특허에 한정하는 것이 아니라 경제적 독립적으로 가치가 있는 경우라면 보호대상이 된다고 보아야 한다는 점이다.

기술자료 제공 요구 · 유용행위 심사지침

제정 2011. 7. 6. 공정거래위원회예규 제 115호
1차 개정 2013.11.29. 공정거래위원회예규 제 183호
2차 개정 2014. 7.29. 공정거래위원회예규 제 195호
3차 개정 2016.12.27. 공정거래위원회예규 제 263호
4차 개정[시행 2018. 1. 3.] [공정거래위원회예규 제292호, 2018. 1. 3., 일부개정]
5차 개정[시행 2020. 1. 10.] [공정거래위원회예규 제339호, 2020. 1. 10., 일부개정]

Ⅰ. 목적

이 심사지침은 하도급거래 공정화에 관한 법률(이하 "하도급법"이라 한다) 및 같은 법 시행령에서 금지하는 기술자료 제공 요구 및 유용행위에 대한 심사기준을 제시하여 법위반행위를 예방하고, 법 집행기준을 명확히 하여 위반사건을 신속 · 공정하게 처리하도록 함으로써 공정한 하도급거래질서 확립에 이바지하는데 그 목적이 있다.

Ⅱ. 적용범위

1. 심사지침은 하도급법 제12조의3(기술자료 제공 요구 금지 등)에서 규정하고 있는 원사업자의 수급사업자에 대한 기술자료의 제공 요구 및 유용 행위(이

하 일괄하여 지칭할 때에는 '기술자료의 제공 요구 등의 행위' 이라 한다)를 적용 대상으로 한다.

2. 이 심사지침은 다음 각 목의 경우에는 **하도급계약 체결 이전의 기술자료 제공 요구 등의 행위에 대해서도 적용**된다.

가. 하도급계약이 체결되는 과정에서 기술자료 제공 요구 등의 행위가 있었고, 그 이후 실제 하도급 계약이 체결된 경우. 대표적인 경우를 예시하면 다음과 같다.

<예시 1> 수의계약을 통하여 하도급계약이 체결되는 경우, 정당한 사유 없이 기술자료의 제공을 조건으로 하도급계약을 체결하고 그 기술자료를 제공받거나 유용하는 경우

<예시 2> 경쟁입찰을 통하여 하도급계약이 체결되는 경우, 입찰과정에서 참가자로부터 제안서 등의 기술자료를 제공받거나 유용하는 경우

나. 원사업자가 기존 거래와 관련되거나 또는 무관한 별도의 거래를 위해 수급사업자와 협의하는 과정에서 기술자료 제공 요구 등의 행위를 한 경우.(이 경우 계약 체결 여부와 무관하다) 대표적인 경우를 예시하면 다음과 같다.

<예시 1> 원사업자가 기존 거래와 관련되거나 또는 무관한 별도의 거래에 대해 수급사업자와 수의계약을 진행하는 과정에서 수급사업자의 기술자료를 제공받거나 유용하였지만 거래가 성립하지 않은 경우

<예시 2> 원사업자가 기존거래와 관련되거나 또는 무관한 별도의 거래에 대해 경쟁입찰 과정에서 제안서 등 수급사업자의 기술자료를 제공받거나 유용하였지만 거래가 성립되지 않은 경우

<예시 3> 원사업자와 수급사업자가 발주자에게 공동으로 제안서를 제출하는 과정에서 기술자료를 제공받아 유용하였지만 거래가 성립되지 않은 경우

3. 이 심사지침은 원사업자의 "기술자료의 제공 요구 등의 행위" 중에서 공통적이고 대표적인 사항을 중심으로 규정한 것이므로 이 심사지침에 특별히 규정되지 아니한 것이라고 하여 하도급법 제12조의3(기술자료 제공 요구 금지 등)에 위반되지 않는 것은 아니다.

Ⅲ. 용어의 정의

1. 이 심사지침에서 "**기술자료**"라 함은 수급사업자의 **합리적 노력**에 의하여 비밀로 유지되고 있는 것으로서 다음 각 목의 어느 하나에 해당하는 정보 · 자료를 말한다.

가. 제조 · 수리 · 시공 또는 용역수행 방법에 관한 정보 · 자료

나. 특허권, 실용신안권, 디자인권, 저작권 등의 지식재산권과 관련된 기술정보 · 자료로서 수급사업자의 기술개발(R&D) · 생산 · 영업활동에 기술적으로 유용하고 독립된 경제적 가치가 있는 것

다. 시공프로세스 매뉴얼, 장비 제원, 설계도면, 연구자료, 연구개발보고서 등 가목 또는 나 목에 포함되지 않는 기타 사업자의 정보 · 자료로서 수급사업자의 기술개발(R&D) · 생산 · 영업활동에 기술적으로 유용하고 독립된 경제적 가치가 있

는 것

2. 제1호 본문에서 "합리적 노력에 의하여 비밀로 유지" 된다 함은, 객관적으로 비밀로 유지·관리되고 있다는 사실이 인식 가능한 상태로서 다음 각 목의 사항들을 고려하여 판단한다.

가. **비밀이라고 인식될 수 있는 표시를 하거나 고지**를 하였는지 여부

<예시 1> 자료에 "대외비", "컨피덴셜(Confidential)", "극비" 등의 문구를 기재한 경우

<예시 2> 수급사업자가 임직원에게 자료를 회사 외부로 반출하여서는 아니된다고 지시 또는 명령한 경우

나. **자료에 접근할 수 있는 대상자나 접근방법을 제한**하였는지 여부

<예시 1> 임원, 해당 업무 담당자 등 특정인에게만 접근 권한을 부여한 경우

<예시 2> 암호 설정, 시정장치, 지문인식장치 등으로 접근을 제한한 경우

다. **자료에 접근한 자에게 비밀유지준수 의무를 부과**하였는지 여부

<예시 1> 임직원, 거래상대방 등과 비밀유지계약을 체결하거나 그들로부터 비밀유지 각서를 징구한 경우

<예시 2> 취업 규칙 등 사내규정으로 임직원에게 비밀유지준수 의무를 부과한 경우

3. 제2호의 각 목을 고려함에 있어서 수급사업자는 기본적으로 거래상 지위가 낮아 원사업자의 기술자료 요구에 대해 비밀유지 노력에 관한 사항을 명시적 또는 직접적으로 요구할 수 없고, 원사업자에게 기술자료가 제공되면 제3자에게 노출될 가능성이 있음을 인지하더라도 이에 응할 수밖에 없다는 현실을 고려하여야 한다.

4. 제1호 가 목에서 "**제조·수리·시공 또는 용역수행 방법에 관한 정보·자료**"라 함은 제품의 제조·수리·시공 또는 용역의 완성을 위해 사용되거나 참고되는 정보 또는 그러한 정보가 기재된 유·무형물(종이, CD, 컴퓨터 파일 등 형태에 제한이 없음)을 말한다. 이를 판단함에 있어 "제조·수리·시공 또는 용역수행 방법"은 원사업자가 수급사업자에게 위탁한 당해 업무에 관련된 것에 한정하지 아니한다.

<예시> 작업공정도, 작업표준서(지시서), 기계 운용 매뉴얼, 기계 조작 방법, 시방서, 원재료 성분표, 배합 요령 및 비율, 소프트웨어의 테스트방법, 소스코드 또는 소스코드 관련 정보, 임상시험 계획서, 임상시험 방법 등

5. 제1호 나 목 내지 다 목에서 "**기술개발(R&D)·생산·영업활동에 기술적으로 유용하고 독립된 경제적 가치가 있는 것**"이라 함은, 정보·자료의 보유자 혹은 다른 사업자가 그 정보·자료를 사용함으로써 기술개발(R&D)·생산·영업활동에 있어 기술상의 우위를 얻을 수 있거나 그 정보·자료의 취득이나 개발을 위해 상당한 비용, 시간이나 노력이 필요한 경우를 말한다. 다만, 거래의 대상이 될 수 있을 정도로 독자적인 가치를 가지는 것에 한정되지 않고, 보유함으로써 얻게 되는 이익이 상당히 있거나 보유하기 위하여 비용이 상당히 소요되는 경우

라면 이에 해당된다. 해당 정보·자료가 기술개발(R&D)·생산·영업활동에 기술적으로 유용하고 독립된 경제적 가치를 가지는 것이라고 볼 수 있는 경우를 예시하면 아래와 같다.

<예시 1> 현재 기술개발(R&D)·생산·영업활동에 사용되고 있거나 가까운 장래에 사용될 가능성이 큰 경우

<예시 2> 현실적으로 사용되고 있지 않다 하더라도 가까운 장래에 있어서 경제적 가치를 발휘할 가능성이 큰 경우(잠재적으로 유용한 정보)

<예시 3> 실패한 연구 데이터 등과 같이 그 자체로는 외부로 유출될 경우 그로 인해 큰 피해가 발생하지 않더라도 다른 사업자가 제품이나 기술을 개발함에 있어 이를 입수하여 사용하면 시행착오를 줄여 시간을 단축하는데 기여하는 등 참고할 만한 가치가 있거나 기타 생산 또는 영업활동에 도움이 될 만한 가치가 있는 정보나 자료인 경우(소극적 정보 : negative information)

<예시 4> 전체적으로는 동종 업계 종사자들 사이에 널리 사용되고 있는 정보나 자료라 하더라도 세부사항에 있어서 비공개 상태가 유지되고 있고, 그 세부사항이 외부로 유출될 경우 다른 사업자가 제품 개발에 참고할 만한 가치가 있거나 기타 생산 또는 영업활동에 도움이 될 만한 가치가 있는 정도의 정보나 자료인 경우

6. 제1호 나 목에서 **"특허권, 실용신안권, 디자인권, 저작권 등의 지식재산권과 관련된다"** 함은, <u>어떤 지식재산권의 내용 그 자체뿐만 아니라 그 지식재산권의 내용을 발명, 고안, 창작하는 전 과정 및 그 이후에 발생하였거나 참고된 것으로서 그 지식재산권의 내용과 상당한 관련</u>이 있는 것이라면 이에 해당된다. 지식재산권의 내용과 상당한 관련이 있는지 여부는 지식재산권을 보유한 수급사업자를 제외한 제3자가 당해 지식재산권의 내용을 이해하는데 또는 당해 지식재산권을 실시·사용하는데 필요한지 여부 등을 기준으로 판단한다. 그에 해당하는 기술자료를 예시하면 다음과 같다.

<예시> 공정도, 공정 설명서, 작업지시서, 설계도, 회로도, 공정 또는 설비 배치도, 운용 매뉴얼, 혼합 또는 배합 요령, 소프트웨어의 테스트방법, 소스코드 또는 소스코드 관련 정보, 임상시험 계획서, 임상시험 방법 등

Ⅳ. "기술자료 제공 요구 등"의 세부 유형 및 심사기준

1. 기술자료 제공 요구(하도급법 제12조의3 제1항 및 제2항)

제12조의3(기술자료 제공 요구 금지 등) ① 원사업자는 수급사업자의 기술자료를 본인 또는 제3자에게 제공하도록 요구하여서는 아니 된다. 다만, 원사업자가 정당한 사유를 입증한 경우에는 요구할 수 있다. <개정 2011.3.29.>
② 원사업자는 제1항 단서에 따라 수급사업자에게 기술자료를 요구할 경우에는 요구목적, 비밀유지에 관한 사항, 권리귀속 관계, 대가 등 대통령령으로 정하는 사항을 해당 수급사업자와 미리 협의하여 정한 후 그 내용을 적은 서면을 해당 수급사업자에게 주어야 한다. <신설 2011.3.29.>

가. 대상행위

하도급법 제12조의3 제1항의 **"기술자료 제공 요구"**라 함은, <u>원사업자가 수급사업자에게 자신 또는 제3자가 사용할 수 있도록 기술자료의 제출, 제시, 개</u>

시, 물리적 접근 허용(기술자료가 전자파일(File) 등의 형태일 경우 접속·열람 허용 등을 포함한다), 기술지도, 품질관리 등 그 방법을 불문하고 자신 또는 제3자가 기술자료의 내용에 접근할 수 있도록 요구하는 행위를 말한다.

나. **위법성**의 **판단기준**

(1) 원사업자가 수급사업자의 기술자료를 원사업자 또는 제3자에게 제공하도록 요구하는 행위는 원칙적으로 위법하다. 다만 원사업자가 기술자료를 요구할 정당한 사유가 있음을 입증하는 경우 위법하지 아니하다.

(2) 정당한 사유에 해당될 수 있는 경우는 제조 등의 위탁 목적을 달성하기 위해 수급사업자의 기술자료가 절차적, 기술적으로 불가피하게 필요한 경우를 의미하며 이를 예시하면 아래와 같다.

<예시 1> 원사업자와 수급사업자가 공동으로 특허를 개발하는 과정에서 그 특허출원을 위하여 필요한 기술자료를 요구하는 경우

<예시 2> 원사업자와 수급사업자가 공동으로 기술개발 약정을 체결하고 동 약정의 범위 내에서 기술개발에 필요한 기술자료를 요구하는 경우

<예시 3> 제품에 하자가 발생하여 원인규명을 위해 하자와 직접 관련된 기술자료를 요구하는 경우

(3) 위 (1)의 단서에 따른 정당한 기술자료 제공 요구라 하여도 **요구 목적 달성을 위해 필요한 최소한의 범위를 넘어서는 아니된다**. 필요한 최소한의 범위를 넘어서는 경우를 예시하면 다음과 같다.

<예시> 수급사업자가 원사업자에게 기술자료 제공시 관련 없는 내용을 삭제한 상태로 제공하는데 대하여 원사업자가 완전한 상태의 기술자료의 제공을 요구하는 경우

(4) 위 (1)의 단서에 따른 정당한 기술자료 제공 요구의 경우에도 요구 목적에 따른 제공 범위, 기술 제공 대가, 비밀준수 관련 사항, 기술의 권리 귀속 관계 등 법 시행령 제7조의3에서 규정한 사항(이하 "**서면기재사항**"이라 함)에 대해 수급사업자와 미리 협의한 후 이를 서면(표준서면 양식은 <서식 1>과 같다)으로 작성하여 교부하여야 한다. 동 협의가 공정하게 이루어졌는지 여부는 다음 사항을 종합적으로 고려하여 판단한다.

① 원사업자가 기술자료의 제공을 요구함에 있어 수급사업자의 자율적인 의사를 제약하는 등 강제성이 있거나 수급사업자를 기망하여 착오를 일으키게 하는지 여부

② 기술자료의 권리귀속 관계, 제공 및 활용범위 등을 반영한 정당한 대가에 대해 충분히 협의하였는지 여부(이 때 "정당한 대가"는 동종 또는 유사한 것에 대해 동일 또는 근접한 시기에 정상적인 거래관계에서 일반적으로 지급되는 대가인지 여부를 고려하여 판단하고, 신규 기술과 같이 동종 또는 유사한 것이 존재하지 아니하거나 그것을 알 수 없는 경우에는 기술평가전문기관의 기술가치평가에 따라 산출한 대가를 기준으로 판단한다.)

③ 기타 정상적인 거래관행에 어긋나거나 사회통념상 올바르지 못한 것으로 인

정되는 행위나 수단 등을 사용하여 기술자료를 요구하였는지 여부

(5) **정당하게 서면을 교부한 경우**를 예시하면 아래와 같다.
<예시 1> 원사업자는 정당한 사유가 존재하여 수급사업자에게 기술자료를 요구하면서 서면기재사항이 모두 기재된 기술자료 요구서를 수급사업자로부터 기술자료를 제공받기 이전에 양사의 기명날인 또는 대표자가 서명하여 발급한 경우
<예시 2> 원사업자가 수급사업자에게 기술자료를 요구하면서 정당한 사유가 있어 서면기재사항 중 일부 내용을 미리 확정하기 곤란함에 따라 그 사유와 대략적인 예정일을 기재하여 기술자료 요구서를 발급한 후 해당사항이 확정되면 그 사항이 기재된 서면을 지체 없이 발급한 경우
<예시 3> 기본계약서, 특약서 등에 서면기재사항 중 일부사항이 기재되어 있고 개별적으로 기술자료를 요구할 때 나머지 사항을 기재하여 기술자료 요구서를 발급한 경우
<예시 4> 동일한 수급사업자에게 같은 목적으로 여러 건의 기술자료 요구서를 발급해야 함에 따라 이를 통합하여 하나의 기술자료 요구서를 발급한 경우

2. 기술자료의 유용 (하도급법 제12조의3 제3항)

제12조의3(기술자료 제공 요구 금지 등)③ 원사업자는 취득한 수급사업자의 기술자료에 관하여 부당하게 다음 각 호의 어느 하나에 해당하는 행위를 하여서는 아니 된다. 〈개정 2018. 4. 17.〉
1. 자기 또는 제3자를 위하여 사용하는 행위
2. 제3자에게 제공하는 행위

가. 대상행위
하도급법 제12조의3 제3항에서 금지하고 있는 "**기술자료의 사용·제공**" 이라 함은, 원사업자가 수급사업자로부터 취득한 기술자료를 그 취득 목적 및 합의된 사용 범위(적용 분야, 지역, 기간 등)를 벗어나 자신 또는 제3자가 이익을 얻거나 수급사업자에게 손해를 입힐 목적으로 사용하거나 자신의 계열회사, 수급사업자의 경쟁사업자 등 제3자에게 제공하는 행위를 의미한다. 또한 원사업자가 하도급법 제12조의3 제1항 및 제2항의 규정에 따라 취득한 기술자료뿐만 아니라 그 외의 방법으로 열람 등을 통해 취득한 기술자료를 임의로 사용하는 행위도 대상이 된다.

나. **위법성**의 **판단기준**

(1) 부당하게 기술자료를 사용·제공하는 행위에 있어서 '**부당하게**' 에 대한 판단은 기술자료를 자기 또는 제3자를 위하여 사용하거나 제3자에게 제공함에 있어서 그 내용, 수단, 방법 및 절차 등이 객관적이고 합리적이며 공정·타당한지 여부를 종합적으로 고려하여 판단한다. 이때 법 제12조의3 제2항에 따라 기술자료 요구서가 사전에 제공된 경우에는 기술자료 요구서에 적시된 기술자료의 사용 목적과 범위를 벗어나 기술자료를 사용·제공하였는지 여부를 위주로 판단한다. 따라서, 정당한 대가를 지급한 경우에도 합의된 사용목적과 범위를 벗어나 사용하는 행위는 하도급거래의 공정성을 침해하였다고 볼 수 있다.

(2) **하도급거래의 부당성 여부**는 다음 사항을 종합적으로 고려하여 판단한다.

① 원사업자 및 제3자가 이익을 얻거나 수급사업자에게 손해를 입힐 목적과 의도로 기술자료를 사용하거나 원사업자가 제3자에게 기술자료를 제공하는 것인지 여부
② 특허법 등 관련 법령에 위반하여 기술자료를 사용하거나 사용하도록 하였는지 여부
③ 기술자료 사용의 범위가 당해 기술의 특수성 등을 고려한 통상적인 업계관행에 벗어나는지 여부
④ 기술자료 사용 · 제공과 관련하여 태양 및 범위, 사용 대가의 유무 및 금액 등에 대하여 서면을 통하여 충분한 협의를 거쳤는지 여부, 협의를 거쳤음에도 그 합의를 벗어나 사용하였는지 여부
⑤ 원사업자의 기술자료 사용 · 제공으로 수급사업자의 사업활동이 곤란하게 되는지 여부
⑥ 정상적인 거래관행에 어긋나거나 사회통념상 올바르지 못한 것으로 인정되는 행위나 수단 등을 사용하였는지 여부

다. **기술자료 사용 · 제공행위**의 예시

부당한 기술자료 사용 · 제공 행위를 예시하면 다음과 같다.

<거래이전 단계>

<예시 1> 원사업자가 최저가로 낙찰받은 수급사업자의 입찰제안서에 포함된 기술자료를 자신이 유용하거나 자신의 계열회사나 수급사업자의 경쟁회사 등 제3자에게 유출하는 경우

<예시 2> 원사업자가 거래 개시 등을 위해 수급사업자가 제시한 제품의 독창적인 디자인을 단순 열람한 후 이를 도용하여 자신이 직접 제품을 생산하거나 제3자에게 해당 디자인을 제공하여 제품을 생산토록 하는 경우

<거래 단계>

<예시 3> 원사업자가 거래를 위한 부품 승인과정에서 수급사업자로부터 공정도, 회로도 등 기술자료를 넘겨받아 납품가격을 경쟁시키기 위해 수급사업자의 경쟁회사에 그 기술을 제공하는 경우

<예시 4> 원사업자가 기술지도, 품질관리 명목으로 물품의 제조공법을 수급사업자로부터 습득한 후 자신이 직접 생산하거나 제3자에게 수급사업자의 제조공법을 전수하여 납품하도록 하는 경우

<예시 5> 원사업자가 수급사업자와 기술이전계약(기술사용계약 등 포함)을 체결하고 기술관련 자료를 제공받아 필요한 기술을 취득한 후 일방적으로 계약을 파기하거나 계약 종료 후 위 계약상의 비밀유지의무에 위반하여 그 기술을 이용하여 독자적으로 또는 제3자를 통하여 제품을 상용화하거나 무단으로 다른 기업에 기술을 공여하는 경우

<예시 6> 원사업자가 수급사업자와 공동으로 협력하여 기술개발을 하면서 수급사업자의 핵심기술을 탈취한 후 공동개발을 중단하고 자체적으로 제품을 생산하는 경우

<예시 7> 원사업자가 수급사업자로부터 취득한 기술에 대해 수급사업자가 출원을 하기 전에 원사업자가 선(先)출원하여 해당 기술에 대한 특허권, 실용신안권을 선점하거나, 수급사업자가 제공한 기술을 일부 수정하여 원사업자가 선(先)출

원하는 경우
<예시 8> 원사업자가 수급사업자가 자체적으로 개발한 기술에 대해 특허권, 실용신안권 등을 자신과 공동으로 출원하도록 하는 경우
<예시 9> 원사업자가 수급사업자의 기술자료를 사전에 정한 반환 · 폐기 기한이 도래하였거나 수급사업자가 반환 · 폐기를 요구하였음에도 불구하고 반환 · 폐기하지 않고 사용하는 경우
<예시 10> 납품단가 인하 또는 수급사업자 변경을 위해 기존 수급사업자의 기술자료를 제3자에게 제공하고 동일 또는 유사제품을 제조 · 납품하도록 하는 행위

<거래이후 단계>

<예시 11> 원사업자가 수급사업자로부터 기술자료를 제공받고 거래 종료 후 자신이 직접 생산하거나 제3자에게 전수하여 납품하도록 하는 경우

Ⅴ. **유효기간**

이 지침은 「훈령 · 예규 등의 발령 및 관리에 관한 규정」(대통령훈령 제334호)에 따라 이 지침을 발령한 후의 법령이나 현실 여건의 변화 등을 검토하여야 하는 2021년 1월 2일까지 효력을 가진다

부칙 <제115호, 2011.7.6> 이 지침은 2011년 7월 7일부터 시행한다.
부칙 <제183호, 2013.11.29> 이 지침은 2013년 11월 29일부터 시행한다.
부칙 <제195호, 2014.7.29> 이 지침은 2014년 7월 29일부터 시행한다.
부칙 <제263호, 2016.12.27.> 이 지침은 2016년 12월 27일부터 시행한다.
부칙 <제292호, 2018.1.3.> 이 지침은 2018년 1월 3일부터 시행한다.
부칙 <제339호, 2020.1.10.> 이 지침은 2020년 1월 10일부터 시행한다.

3. 타법령과의 비교·분석

가. 의의

중소기업의 기술탈취문제는 현행 하도급법 제12조의 3 및 시행령과 심사지침에 추가하여 개별 관련 법령을 함께 살펴보아야 한다.

즉 현행 관련 법령으로 ① 부정경쟁방지 및 영업비밀보호에 관한 법률(약칭 부정경쟁방지법), ② 중소기업기술 보호 지원에 관한 법률(약칭 중소기업기술보호법), ③ 특허법, ④ 대 · 중소기업 상생협력 촉진에 관한 법률(약칭 상생협력법), ⑤ 산업기술의 유출방지 및 보호에 관한 법률(약칭 산업기술보호법)을 종합적으로 검토해서 살펴보아야 한다.

나. 부정경쟁방지 및 영업비밀보호에 관한 법률(약칭 부정경쟁방지법)[429)]

제1조(목적) 이 법은 국내에 널리 알려진 타인의 상표·상호(商號) 등을 부정하게 사용하는 등의 부정경쟁행위와 타인의 영업비밀을 침해하는 행위를 방지하여 건전한 거래질서를 유지함을 목적으로 한다.

제2조(정의) 이 법에서 사용하는 용어의 뜻은 다음과 같다. <개정 2011. 12. 2., 2013. 7. 30., 2015. 1. 28., 2018. 4. 17., 2019. 1. 8.>

1. "**부정경쟁행위**"란 다음 각 목의 어느 하나에 해당하는 행위를 말한다.

차. 사업제안, 입찰, 공모 등 거래교섭 또는 거래과정에서 경제적 가치를 가지는 타인의 기술적 또는 영업상의 아이디어가 포함된 정보를 그 제공목적에 위반하여 자신 또는 제3자의 영업상 이익을 위하여 부정하게 사용하거나 타인에게 제공하여 사용하게 하는 행위. 다만, 아이디어를 제공받은 자가 제공받을 당시 이미 그 아이디어를 알고 있었거나 그 아이디어가 동종 업계에서 널리 알려진 경우에는 그러하지 아니하다.[430)]

카. 그 밖에 타인의 상당한 투자나 노력으로 만들어진 성과 등을 공정한 상거래 관행이나 경쟁질서에 반하는 방법으로 자신의 영업을 위하여 무단으로 사용함으로써 타인의 경제적 이익을 침해하는 행위

2. "**영업비밀**"이란 공공연히 알려져 있지 아니하고 독립된 경제적 가치를 가지는 것으로서, 비밀로 관리된 생산방법, 판매방법, 그 밖에 영업활동에 유용한 기술상 또는 경영상의 정보를 말한다.

3. "**영업비밀 침해행위**"란 다음 각 목의 어느 하나에 해당하는 행위를 말한다.

가. 절취(竊取), 기망(欺罔), 협박, 그 밖의 부정한 수단으로 영업비밀을 취득하는 행위(이하 "부정취득행위"라 한다) 또는 그 취득한 영업비밀을 사용하거나 공개(비밀을 유지하면서 특정인에게 알리는 것을 포함한다. 이하 같다)하는 행위

나. 영업비밀에 대하여 부정취득행위가 개입된 사실을 알거나 중대한 과실로 알지 못하고 그 영업비밀을 취득하는 행위 또는 그 취득한 영업비밀을 사용하거나 공개하는 행위

다. 영업비밀을 취득한 후에 그 영업비밀에 대하여 부정취득행위가 개입된 사실을 알거나 중대한 과실로 알지 못하고 그 영업비밀을 사용하거나 공개하는 행위

라. 계약관계 등에 따라 영업비밀을 비밀로서 유지하여야 할 의무가 있는 자가 부정한 이익을 얻거나 그 영업비밀의 보유자에게 손해를 입힐 목적으로 그 영업비밀을 사용하거나 공개하는 행위

마. 영업비밀이 라목에 따라 공개된 사실 또는 그러한 공개행위가 개입된 사실을 알거나 중대한 과실로 알지 못하고 그 영업비밀을 취득하는 행위 또는 그 취득한 영업비밀을 사용하거나 공개하는 행위

바. 영업비밀을 취득한 후에 그 영업비밀이 라목에 따라 공개된 사실 또는 그러한 공개행위가 개입된 사실을 알거나 중대한 과실로 알지 못하고 그 영업비밀을 사용하거나 공개하는 행위

제11조(영업비밀 침해에 대한 손해배상책임) 고의 또는 과실에 의한 영업비밀 침해행위로 영

---

429) [시행 2019. 7. 9.] [법률 제16204호, 2019. 1. 8., 일부개정]

430) 소위 '아이디어 탈취 금지규정'이 부정경쟁방지법에 2018.7.18.자로 신설되었다.

업비밀 보유자의 영업상 이익을 침해하여 손해를 입힌 자는 그 손해를 배상할 책임을 진다.[전문개정 2007. 12. 21.]

제14조의2(손해액의 추정 등) ⑥ 법원은 영업비밀 침해행위가 **고의적**인 것으로 인정되는 경우에는 제11조에도 불구하고 제1항부터 제5항까지의 규정에 따라 **손해로 인정된 금액의 3배를 넘지 아니하는 범위에서 배상액을 정할 수 있다.** 〈신설 2019. 1. 8.〉

최근 개정된 부정경쟁방지법 [시행 2019. 7. 9.] [법률 제16204호, 2019. 1. 8., 일부개정]의 취지를 보면, 기업의 영업비밀보호를 강화하기 위하여 보호대상이 되는 영업비밀의 요건을 완화하고, 영업비밀 침해행위에 대해 손해액의 3배의 범위에서 징벌적 손해배상제도를 도입하며, 영업비밀 침해행위의 유형을 확대하고, 영업비밀 유출에 대한 벌칙 수준을 상향하였다.

즉 첫째, **영업비밀의 요건 완화**(동법제2조제2호)로서, 일정한 요건을 갖춘 생산방법, 판매방법 및 영업활동에 유용한 기술상 또는 경영상의 정보가 합리적인 노력에 의하여 비밀로 유지되어야만영업비밀로 인정받던 것을, 합리적인 노력이 없더라도 비밀로 유지되었다면 영업비밀로 인정하고, 둘째, **징벌적 손해배상제도 도입**(제14조의2 제6항 및 제7항 신설)하여 영업비밀의 침해행위가 고의적인 것으로 인정되는 경우에는 손해로 인정된 금액의 3배 범위에서 배상액을 인정할 수 있도록 하되, 영업비밀의 침해행위가 고의적인지 여부를 판단할 때에는 침해자의 우월적 지위 여부, 고의의 정도, 침해행위의 기간 및 횟수, 침해행위로 인하여 침해자가 얻은 경제적 이득의 정도 등을 고려하도록 하여 영업비밀 침해에 따른 피해구제를 강화하였으며, 셋째, **영업비밀 침해행위 등에 대한 벌칙 강화**(제18조제1항 및 제2항)하여 부정한 이익을 얻거나 영업비밀 보유자에게 손해를 입힐 목적으로 영업비밀을 지정된 장소 밖으로 무단유출하거나영업비밀 보유자로부터 영업비밀의 삭제 또는 반환을 요구받고도이를 계속 보유하는 행위 등도 영업비밀 침해행위로서 처벌(영업비밀 침해행위에 대한 벌칙을 종전에는 원칙적으로 영업비밀을 외국에서 사용하거나 외국에서 사용될 것임을 알면서도 한 경우에는 10년 이하의 징역 또는 1억원 이하의 벌금, 그 밖의 경우에는 5년 이하의 징역 또는 5천만원 이하의 벌금으로 하던 것을, 앞으로는 각각 15년 이하의 징역 또는 15억원 이하의 벌금, 10년 이하의 징역 또는 5억원 이하의 벌금으로 상향)하도록 하고, 넷째, 영업비밀 침해 예비, 음모범에 대한 벌금 상향(제18조의3)하여 영업비밀 침해행위의 죄를 범할 목적으로 예비 또는 음모한 자에 대한 벌금액을 상향조정하였다.

하도급법과 부정경쟁방지법 양자를 비교해 본다면, 1) 조사기관의 점에서는 전자는 공정거래위원회가 후자는 경찰 검찰이라는 수사기관이 담당한다는 점에서, 2) 제재내용의 면에서 전자는 행정제재로서의 시정명령, 과징금, 검찰고발, 양벌규정, 정액과징금으로서의 최대5억원까지를 내용으로 하는데 후자는 형사처벌(해외 15년 또는 국내 5년 징역형) 또는 재산상 이득액의 10배이하의 벌금을 규정하고 있다는 점에서, 3) 전자는 3배수내 손해배상을 규정하고 있는 반면 후자는 손해액의 추정규정을 두고 있다는 점에서 구별된다고 할 것이다.

다. 중소기업기술 보호 지원에 관한 법률(약칭 중소기업기술보호법)431)

제1조(목적) 이 법은 중소기업기술 보호를 지원하기 위한 기반을 확충하고 관련 시책을 수립·추진함으로써 중소기업의 기술보호 역량과 기술경쟁력을 강화하고 국가경제의 발전에 이바지함을 목적으로 한다.

제2조(정의) 이 법에서 사용하는 용어의 뜻은 다음과 같다. <개정 2018. 6. 12.>

2. "중소기업기술"이란 중소기업 및 「중소기업 기술혁신 촉진법」 제2조제2호에 따른 중소기업자(이하 "중소기업자"라 한다)가 직접 생산하거나 생산할 예정인 제품 또는 용역의 개발·생산·보급 및 사용에 필요한 독립된 경제적 가치를 가지는 기술 또는 경영상의 정보를 말한다.

3. "**중소기업기술 침해행위**"란 다음 각 목의 어느 하나에 해당하는 행위를 말한다.

가. **공공연히 알려져 있지 아니하고 합리적인 노력에 의하여 비밀로 관리되는 중소기업기술(이하 "침해대상 중소기업기술"이라 한다)을 부정한 방법으로 취득·사용 또는 공개(비밀을 유지하면서 특정인에게 알리는 것을 포함한다. 이하 같다)하는 행위**

나. 가목에 해당하는 행위가 개입된 사실을 알고 침해대상 중소기업기술을 취득·사용 또는 공개하는 행위

다. 가목에 해당하는 행위가 개입된 사실을 중대한 과실로 알지 못하고 침해대상 중소기업기술을 취득·사용 또는 공개하는 행위

제4조(다른 법률과의 관계) 중소기업기술 보호 지원에 관하여 「산업기술의 유출방지 및 보호에 관한 법률」, 「하도급거래 공정화에 관한 법률」, 「부정경쟁방지 및 영업비밀보호에 관한 법률」, 「발명진흥법」 등 다른 법률에 특별한 규정이 있는 경우를 제외하고는 이 법이 정하는 바에 따른다. <개정 2018. 6. 12.>

제8조의2 (중소기업기술 침해행위의 신고 및 조사) ① 중소기업기술 침해행위를 당한 중소기업 및 중소기업자(이하 "중소기업자등"이라 한다)는 그 사실을 중소벤처기업부장관에게 신고하고 필요한 조치를 요청할 수 있다.

② 제1항에 따른 신고를 하려는 중소기업자등은 피해사실을 확인할 수 있는 증빙서류를 첨부하여 서면으로 중소벤처기업부장관에게 제출하여야 한다.

③ 제1항에 따른 신고를 받은 중소벤처기업부장관은 분쟁해결을 위하여 필요하다고 판단되는 경우 제23조에 따른 중소기업기술분쟁조정·중재위원회의 조정·중재를 권고할 수 있다.

---

431) [시행 2018. 12. 13.] [법률 제15692호, 2018. 6. 12., 일부개정]

④ 중소벤처기업부장관은 제1항에 따른 신고를 받은 경우 중소기업기술 침해행위 사실을 조사하기 위하여 관련 기관 또는 사업자 등에 자료제출을 요구하거나 소속 공무원으로 하여금 그 사무소・사업장, 그 밖에 필요한 장소에 출입하여 장부・서류, 시설 및 그 밖의 물건을 조사하게 할 수 있다.
⑤ 제4항에 따라 조사를 하는 공무원은 그 권한을 표시하는 증표를 지니고 이를 관계인에게 내보여야 한다.
[본조신설 2018. 6. 12.]

제8조의3 (중소기업기술 침해행위에 관한 권고 및 공표) ① 중소벤처기업부장관은 제8조의2에 따른 조사 결과 피신청인의 중소기업기술 침해행위가 있다고 판단할 상당한 근거가 있고 이미 피해가 발생하였거나 이를 방치할 경우 회복하기 어려운 피해가 발생할 우려가 있다고 인정될 때에는 30일 이내의 기간을 정하여 그 행위의 중지, 향후 재발 방지, 그 밖에 필요한 사항을 시정하도록 권고할 수 있다.
② 중소벤처기업부장관은 제8조의2제1항에 따라 신고한 중소기업자등이 제23조에 따른 중소기업기술분쟁조정・중재위원회에 조정・중재를 신청한 경우에는 해당 조정・중재 절차가 종료될 때까지 제1항에 따른 권고를 하지 아니할 수 있다.
③ 중소벤처기업부장관은 피신청인이 제1항에 따른 권고를 따르지 아니한 때에는 그 권고대상이나 내용 등을 공표할 수 있다.
④ 제1항부터 제3항까지에 따른 권고 및 공표의 절차・방법 등에 필요한 사항은 대통령령으로 정한다.
[본조신설 2018. 6. 12.]

라. 산업기술의 유출방지 및 보호에 관한 법률(약칭 산업기술보호법)432)

제1조(목적) 이 법은 산업기술의 부정한 유출을 방지하고 산업기술을 보호함으로써 국내산업의 경쟁력을 강화하고 국가의 안전보장과 국민경제의 발전에 이바지함을 목적으로 한다.
제4조(다른 법률과의 관계) 산업기술의 유출방지 및 보호에 관하여는 다른 법률에 특별한 규정이 있는 경우를 제외하고는 이 법이 정하는 바에 따른다.
제14조의2(산업기술 침해행위에 대한 금지청구권 등) ① 대상기관은 산업기술 침해행위를 하거나 하려는 자에 대하여 그 행위에 의하여 영업상의 이익이 침해되거나 침해될 우려가 있는 경우에는 법원에 그 행위의 금지 또는 예방을 청구할 수 있다.
② 대상기관이 제1항에 따른 청구를 할 때에는 침해행위를 조성한 물건의 폐기, 침해행위에 제공된 설비의 제거, 그 밖에 침해행위의 금지 또는 예방을 위하여 필요한 조치를 함께 청구할 수 있다.
③ 제1항에 따라 산업기술 침해행위의 금지 또는 예방을 청구할 수 있는 권리는 산업기술 침해행위가 계속되는 경우에 대상기관이 그 침해행위에 의하여 영업상의 이익이 침해되거나 침해될 우려가 있다는 사실 및 침해행위자를 안 날부터 3년간 행사하지 아니하면 시효의

432) [시행 2020. 2. 21.] [법률 제16476호, 2019. 8. 20., 일부개정]

완성으로 소멸한다. 그 침해행위가 시작된 날부터 10년이 지난 때에도 또한 같다.
[본조신설 2011. 7. 25.]

제15조(산업기술 침해신고 등) ①국가핵심기술 및 국가연구개발사업으로 개발한 산업기술을 보유한 대상기관의 장은 제14조 각 호의 어느 하나에 해당하는 행위가 발생할 우려가 있거나 발생한 때에는 즉시 산업통상자원부장관 및 정보수사기관의 장에게 그 사실을 신고하여야 하고, 필요한 조사 및 조치를 요청할 수 있다. 〈개정 2008. 2. 29., 2013. 3. 23., 2019. 8. 20.〉

②산업통상자원부장관 및 정보수사기관의 장은 제1항의 규정에 따른 요청을 받은 경우 또는 제14조에 따른 금지행위를 인지한 경우에는 필요한 조사 및 조치를 하여야 한다. 〈개정 2008. 2. 29., 2011. 7. 25., 2013. 3. 23., 2019. 8. 20.〉

마. 특허법[433]

제1조(목적) 이 법은 발명을 보호·장려하고 그 이용을 도모함으로써 기술의 발전을 촉진하여 산업발전에 이바지함을 목적으로 한다. [전문개정 2014. 6. 11.]

제128조(손해배상청구권 등) ① 특허권자 또는 전용실시권자는 고의 또는 과실로 자기의 특허권 또는 전용실시권을 침해한 자에 대하여 침해로 인하여 입은 손해의 배상을 청구할 수 있다. 〈신설 2016. 3. 29.〉

⑧ 법원은 타인의 특허권 또는 전용실시권을 침해한 행위가 고의적인 것으로 인정되는 경우에는 제1항에도 불구하고 제2항부터 제7항까지의 규정에 따라 손해로 인정된 금액의 3배를 넘지 아니하는 범위에서 배상액을 정할 수 있다. 〈신설 2019. 1. 8.〉[434]

⑨ 제8항에 따른 배상액을 판단할 때에는 다음 각 호의 사항을 고려하여야 한다. 〈신설 2019. 1. 8.〉

1. 침해행위를 한 자의 우월적 지위 여부
2. 고의 또는 손해 발생의 우려를 인식한 정도
3. 침해행위로 인하여 특허권자 및 전용실시권자가 입은 피해규모
4. 침해행위로 인하여 침해한 자가 얻은 경제적 이익
5. 침해행위의 기간·횟수 등
6. 침해행위에 따른 벌금
7. 침해행위를 한 자의 재산상태
8. 침해행위를 한 자의 피해구제 노력의 정도

[전문개정 2014. 6. 11.]
[제목개정 2016. 3. 29.]

바. 대·중소기업 상생협력 촉진에 관한 법률 (약칭: 상생협력법)[435]

433) [시행 2020. 3. 11.] [법률 제16804호, 2019. 12. 10., 일부개정]
434) 소위 3배 증액 조문의 규정이다.
435) [시행 2019. 7. 16.] [법률 제16290호, 2019. 1. 15., 일부개정]

제1조(목적) 이 법은 대기업과 중소기업 간 상생협력(相生協力) 관계를 공고히 하여 대기업과 중소기업의 경쟁력을 높이고 대기업과 중소기업의 양극화를 해소하여 동반성장을 달성함으로써 국민경제의 지속성장 기반을 마련함을 목적으로 한다. [전문개정 2010. 1. 27.]

제24조의2(기술자료 임치제도) ① 수탁·위탁기업[수탁·위탁기업 외에 단독 또는 공동으로 기술자료를 임치(任置)하고자 하는 기업을 포함한다]은 전문인력과 설비 등을 갖춘 기관으로서 대통령령으로 정하는 기관[이하 "수치인"(受置人)이라 한다]과 서로 합의하여 기술자료를 임치하고자 하는 기업(이하 "임치기업"이라 한다)의 기술자료를 임치할 수 있다. 〈개정 2010. 12. 7.〉

② 위탁기업은 다음 각 호의 어느 하나에 해당하는 경우에는 수치인에게 수탁기업이 임치한 기술자료를 내줄 것을 요청할 수 있다.

1. 수탁기업이 동의한 경우
2. 수탁기업이 파산선고 또는 해산결의로 그 권리가 소멸되거나 사업장을 폐쇄하여 사업을 할 수 없는 경우 등 위탁기업과 수탁기업이 협의하여 정한 기술자료 교부조건에 부합하는 경우

③ 수치인은 중소벤처기업부장관이 정하는 기술자료 교부조건에 부합하는 경우에 임치기업의 기술자료를 요청한 자에게 이를 교부한다. 〈신설 2010. 12. 7., 2017. 7. 26.〉

④ 정부는 수치인에게 예산의 범위에서 필요한 지원을 할 수 있다. 〈개정 2010. 12. 7.〉

⑤ 그 밖에 기술자료의 임치 등에 필요한 사항은 대통령령으로 정한다. 〈개정 2010. 12. 7.〉

[전문개정 2010. 1. 27.]

제25조(준수사항) ① 위탁기업은 수탁기업에 물품등의 제조를 위탁할 때 다음 각 호의 행위를 하여서는 아니 된다. 〈개정 2019. 1. 15.〉

1. 수탁기업이 책임질 사유가 없는데도 물품등의 수령을 거부하거나 납품대금을 깎는 행위
2. 납품대금을 지급기일까지 지급하지 아니하는 행위
3. 수탁기업이 납품하는 물품등과 같은 종류이거나 유사한 물품등에 대하여 통상적으로 지급되는 대가보다 현저히 낮은 가격으로 납품대금을 정하는 행위
4. 물품등의 제조를 위탁한 후 경제상황 변동 등의 이유로 발주자로부터 추가금액을 받은 위탁기업이 같은 이유로 수탁기업에 추가비용이 드는데도 받은 추가금액의 내용과 비율에 따라 납품대금을 증액하여 지급하지 아니하는 행위
5. 품질의 유지 또는 개선을 위하여 필요한 경우나 그 밖에 정당한 사유가 있는 경우를 제외하고 위탁기업이 지정하는 물품등을 강제로 구매하게 하는 행위
6. 납품대금을 지급할 때 그 납품대금의 지급기일까지 금융기관으로부터 할인을 받기 어려운 어음을 지급하는 행위
7. 물품등에 흠이 없는데도 정당한 사유 없이 발주물량을 통상적으로 발주하는 수량보다 현저히 감소시키거나 발주를 중단하는 행위
8. 납품대금을 지급하는 대신 위탁기업이 제조하는 제품을 받을 것을 요구하는 행위
9. 위탁기업이 수출용으로 수탁기업에 발주한 물품등에 대하여 정당한 사유 없이 내국신용장 개설을 기피하는 행위
10. 물품등의 제조를 의뢰한 후 그 제조된 물품등에 대한 발주를 정당한 사유 없이 기피하는 행위

11. 수탁기업이 납품한 물품에 대한 검사를 할 때 객관적 타당성이 결여된 검사기준을 정하는 행위
12. 정당한 사유 없이 기술자료 제공을 요구하는 행위
13. 기술자료의 임치를 요구한 수탁기업에 불이익을 주는 행위
13의2. **정당한 사유 없이 원가자료 등 중소벤처기업부령으로 정하는 경영상의 정보를 요구하는 행위**
14. 수탁기업이 다음 각 목의 어느 하나에 해당하는 행위를 한 것을 이유로 수탁·위탁거래의 물량을 줄이거나 수탁·위탁거래의 정지 또는 그 밖의 불이익을 주는 행위
가. 위탁기업이 제1호부터 제13호까지 및 제13호의2의 규정에 해당하는 행위를 한 경우 그 사실을 관계 기관에 고지한 행위
나. 제22조의2제1항 또는 제2항의 위탁기업에 대한 납품대금의 조정신청 또는 같은 조 제8항의 중소벤처기업부장관에 대한 분쟁 조정신청

② 위탁기업은 정당한 사유가 있어서 수탁기업에게 기술자료를 요구할 경우에는 요구목적, 비밀유지에 관한 사항, 권리귀속 관계 및 대가 등에 관한 사항을 해당 수탁기업과 미리 협의하여 정한 후 그 내용을 적은 서면을 수탁기업에게 주어야 한다. 이 경우 위탁기업은 취득한 기술자료를 정당한 권원(權原) 없이 자기 또는 제3자를 위하여 유용하여서는 아니 된다. 〈신설 2013. 8. 6., 2016. 1. 27.〉

4. 내용 - 하도급법상의 기술탈취 방지

가. 의의

하도급법 제12조의 3의 입법 취지는 원사업자가 수급사업자의 기술을 탈취하여 기업노하우를 가져감으로서 수급사업자의 성장을 방해하는 것을 방지하여 수급사업자의 성장을 후견하고 이를 통하여 하도급거래를 정상화 하는데 있다. 특히 제조하도급 영역에 있어서 이러한 사례가 발견되어 하도급법에 기술자료 제공 및 탈취행위를 금하고 원사업자와 수급사업자의 상생을 할 것을 규정한 것이다.

나. 특징 및 주요 내용

먼저 '기술자료의 개념' 정의가 필요하다. 하도급법은 종래 "이 법에서 '**기술자료**'란 **상당한 노력**에 의하여 비밀로 유지된 제조 · 수리 · 시공 또는 용역수행 방법에 관한 자료, 그 밖에 영업활동에 유용하고 독립된 경제적 가치를 가지는 것으로서 대통령령으로 정하는 자료를 말한다." 고 규정하고 있었다(법제2조 제15항). 그런데 최근 하도급법의 개정을 통하여 "상당한 노력"을 "**합리적인 노력**"으로 변경하였다(**개정 하도급법 [시행 2018. 7. 17.] [법률 제15362호 2018. 1. 16. 일부개정]**). 즉 보호대상인 수급사

업자의 기술자료의 범위를 「부정경쟁방지 및 영업비밀보호에 관한 법률」에 맞추어 '합리적인 노력'에 의하여 비밀로 유지된 자료로 확장한 것이다. 따라서 '상당한' vs. '합리적인' 노력 양자의 차이점이 중요하고 따라서 영업비밀보호법상의 요건과 효과에 대하여 살펴보아야 할 것이다. 별도 항목으로 후술한다.

하도급법에 의할 때 원사업자가 수급사업자의 기술자료를 본인 또는 제3자에게 제공하도록 요구하는 행위는 금지된다. 다만 예외적으로 원사업자가 정당한 사유를 입증한 경우 가능한데 이 또한 하도급법시행령에 사전에 요구목적, 비밀유지 사항, 권리귀속 관계, 대가지급 방법 등이 담긴 서면 교부 의무 및 협의절차를 거친 경우에 한하여 적법함을 규정하고 있다(**원사업자의 정당한 사유에 대한 입증책임 부담**).

이에 따라 원사업자는 취득한 기술자료에 대하여 자기 또는 제3자를 위한 유용이 금지되고, 만일 이를 위반하는 경우 하도급법 제35조 제2항의 손해배상책임 즉 수급사업자에게 발생한 손해의 3배 범위 내에서 손해배상 책임 부담하게 된다(**징벌적 손해배상, 하도급법 제35조 제2항**).

또한 기술탈취금지 위반의 경우 일반적인 다른 하도급법 위반의 조사시효가 3년인데 반하여 7년의 기간동안 조사시효가 확장된다[**하도급법 제23조(조사대상 거래의 제한) 규정 참조) 종래 3년이었다가 7년으로 확장됨**].

다. '합리적인 노력' 에 의하여 비밀로 유지된 자료에 대한 논의

1) 배경

이하에서는 영업비밀보호법상의 '합리적인' 노력에 대한 해석론과 판결례를 살펴보기로 한다.

배경을 보면 1) 부정경쟁방지법이 2015. 1. 28. 법률 제13081호로 일부 개정으로 인하여 동법 제2조 정의 규정에 "영업비밀" 정의가 영업비밀로 보호되기 위하여 필요한 비밀유지 관리 수준을 "상당한 노력"에서"합리적인 노력"으로 완화하였고 공포일인 2015. 1. 28. 시행 되었고 이후 2) 하도급법도 위 영업비밀보호법과 동일하게 변경(시행 2018. 7. 17.] [법률 제15362호, 2018. 1. 16., 일부개정]"되었다. 따라서 '합리적인 노력'에 의하여 비밀로 유지된 자료에 대한영업비밀보호법의 종래 해석론이 하도급법에서 검토 필요하게 되었다. 3) 이에 부정경쟁방지법은 한걸음 더 나아가 최근 개정을 통하여 "합리적인 노력 "요건도 삭제하였다(부정경쟁방지법 [시행 2019. 7. 9.] [법률 제16204호, 2019. 1. 8., 일부개정])

참고로 개정된 법률 시행 전에 취득한 영업비밀을 그 시행 후에 사용하는 경우

개정된 법률이 적용된다는 것이 판례의 태도이다(대법원 2009. 10. 15. 선고 2008도9433 판결 참조).

2) 요건 (상당한 노력 vs. 합리적인 노력)

상당한 노력과 합리적인 노력의 양자의 차이는 무엇인가? 판례에 나타난 사례를 분석해 보면 전자는 ①접근제한+②객관적 인식가능성을 주된 요건사실로 하여 1. 물리적 기술적 관리, 2. 인적 법적 관리, 3. 조직적 관리를 하고 있는지 여부를 가지고 판단하고 이에 부차적 요소로서 종업원의 수, 기업의 규모 등을 고려한다. 후자는 이에 추가하여 영업비밀 보유 기업의 규모, 해당 정보의 성질과 가치, 해당 정보에 일상적인 접근을 허용하여야 할 영업상 필요성의 존재하는지 여부, 영업비밀 보유자와 침해자사이의 신뢰관계, 과거에 영업비밀을 침해당한 전력이 있는지 여부 등에 기초하여 판단하게 된다.

최근 이와 관련하여 형사판결이기는 하지만 제1심에서 영업비밀성을 부정하여 무죄선고(의정부지방법원 고양지원 2016.6.17. 선고 2015고정1353 판결)가 된 것을 '합리적인 노력'의 해석론 하에 영업비밀성을 인정한 판결례(의정부지방법원 제1형사부2016. 9. 27. 선고 2016노1670 부정경쟁방지및영업비밀보호에관한법률위반(영업비밀누설등) 사건)가 있어서 별도로 소개하기로 한다.

3) 관련 사례-형사 판결례

-의정부지방법원 제1형사부 2016. 9. 27. 선고 2016노1670 부정경쟁방지및영업비밀보호에관한법률위반(영업비밀누설등) 판결 436)-

[쟁점] - 영업비밀 해당여부

1. 사실관계

피해자 여행사 회사는 제약업체 내지 식품업체가 해외에서 전시회 등의 행사를 개최할때 항공권 및 숙소를 제공하는 여행전문업체

피고인은 약6년간 피해자 회사의 이사로 근무하면서 단체항공권 예약, 현지 호텔 수배 및 예약, 환전, 여행자보험가입, 해외전시회 동행 및 동행시고객인솔등의 업무를 담당하였음

피고인이 피해자 회사 사무실에서 피고인이 업무용으로 사용하던 컴퓨터에 저장되어 있던 고객정보(이름,회사명,휴대폰번호,이메일주소등) 파일을 메모리디스크에 저장하였음

피고인이 회사를 퇴사한 후 00 해외전시회에 00원에 판매한다는 안내문을 작성하여 위 정보의 이메일과 단체메세지를송부하여 사용함

2. 제1심 법원의 판단 (무죄)

---

436) 본 판결은 상고되어 대법원 계속 중이다(2016노17110). 본 사안은 2016.10.25.자 상고되었는바 현안의 중요성을 감안하여 아직도 재판부에서 쟁점 논의 중이다.

"피해자 회사는 다년간 축적된 고객정보를 별도 데이터로 관리하면서 구글스프레드 시트 및 네이버주소록을 통하여 회사 직원들에게 모두 이를 공유하는 방식으로 운영하여 왔을 뿐, 직원들 중 피고인에게만 특별히 정보 접근권을 부여하거나 비밀준수의무를부과하지는 않았고, 이 사건 고객정보에 비밀임을 표시하거나 직원들에게 이것이 비밀임을 고지한 바도 없었던 사실, 이 사건 고객정보 중 상당부분은 피고인이 영업활동을 하면서 얻어 등록하거나 수정한 것이고, 등록이나 수정에 별다른 제한을 받지도 아니한 사실이 인정된다. 사정이 위와 같다면, 이 사건 고객정보가 피해자 회사의 합리적인 노력에 의하여 비밀로 유지되었다고 보기는 어렵다고 할 것이고, 달리 이와 같은 점을 인정할 증거가 없다. "

3. **제2심 항소심 법원의 판단 (유죄) - 영업비밀 인정**

가. **법리**

"비밀로 유지하기 위한 "합리적인 노력"을 기울였는지 여부는 해당 정보에 대한 접근을 제한하는 등의 조치를 통해 객관적으로 정보가 비밀로 유지·관리되고 있다는 사실이 인식 가능한 상태가 유지되고 있는지 여부(= 접근 제한 + 객관적 인식가능성)를, 해당 정보에 대한 ① 물리적, 기술적 관리, ② 인적, 법적 관리, ③ 조직적 관리가 이루어졌는지 여부에 따라 판단하되, 각 조치가 "합리적"이었는지 여부는 영업비밀 보유 기업의 규모, 해당 정보의 성질과 가치, 해당 정보에 일상적인 접근을 허용하여야 할 영업상의 필요성이 존재하는지 여부, 영업비밀 보유자와 침해자 사이의 신뢰관계의 정도, 과거에 영업비밀을 침해당한 전력이 있는지 여부 등을 종합적으로 고려해 판단해야 할 것이다."

나. **판단 - "피해자 회사는 이 사건 고객정보를 비밀로 유지하기 위한 "합리적인 노력"을 다했다."**

-비밀로 1피해자 회사는 제약업체 내지 식품업체가 해외에서 전시회 등의 행사를 개최하는 경우 항공권 및 숙소를 제공하는 여행전문업체임.

-피해자 회사는 행사와 관련된 정보(개최장소, 개최일시, 행사의 성격, 출품업체, 여행일정, 행사규모 등) 및 행사가 열리는 지역의 여행정보에 대하여는 홈페이지 등을 통해 일반인의 접근을 허용하였으나, 고객들의 성명, 소속업체, 직위, 이메일주소, Fax 번호, 휴대전화번호 등이 포함된 이 사건 고객정보는 별도 관리하면서 피해자 회사 직원들에게만 접근허용 (**합리적 구분**)

- 피해자 회사는 네이버주소록으로 작성된 정보는 법인계정으로 관리하였고, 구글 스프레드쉬트로작성된 정보는 초대기능을 활용, 피해자 회사 직원들만 초대하는 방법으로 일반인의 접근을 차단(**기술적 관리**)

- 네이버계정과 구글계정은 모두 피해자 회사의 대표인 고소인이 관리(**조직적 관리**)

- 피해자 회사는 직원 4명, 연간매출액 2억 원 정도에 불과한 소규모 회사이고, 피고인이 근무하였을 당시 피해자 회사의 직원들은 피고인을 제외하고는 전원이 대표자와 그 가족들로 구성됨(**회사 규모 및 상황**)

- 1이 사건 고객정보 가운데 구글 스프레드쉬트로작성된 것에는 고객들이 피해자 회사가 보낸 메일을 읽었는지, 참석 의사를 밝힌 적이 있는지, 실제로 참석하였는지, 참석한 경우 어떠한 행사에 참석하였는지 여부 등이 상세하게 기재되어 있었는데, 이는 사전에 고객의 수요를 예측하여 항공권이나 호텔 등을 미리 예약할 수 있게 해주는 중요한 기능을 하고 있었고, 피고인은 피해자 회사의 이사 직함으로 근무하면서 단체항공권 예약, 현지 호텔

수배 및 예약, 환전, 여행자보험가입, 해외전시회 동행 및 동행시고객인솔등의 업무를 담당하고 있었기 때문에 그와 같은 사정을 충분히 인식할 수 있었음 (**인식가능성**)

- 이 사건 고객정보에는 고객의 성명, 소속업체, 직위, 이메일주소, Fax 번호, 휴대전화번호 등 민감한 개인정보들이 포함되어 있어 이를 함부로 유출하는 경우 거래관계의 중단을 초래할 수 있음은 물론 민·형사상의 책임이 야기될 소지가 있었고, 이 사건 고객정보의 작성에 참여한 피고인으로서는 그와 같은 사정을 충분히 인식할 수 있었음(실제 이 사건 고객정보가 유출되자 고객들로부터 개인정보가 유출되었다는 항의가 제기되었음)

-피고인과 고소인이 서로 알고 지낸 기간이 25년이고, 피고인의 피해자 회사 근속기간이 10년을 초과하여 피고인과 고소인 간에는 상당한 신뢰관계가 형성됨 (**신뢰관계**)

- 피해자 회사가 피고인을 비롯한 회사 직원들에게 이 사건 고객정보에 대하여 상시 접근을 허용하였던 것은 사실이나, 이는 이 사건 고객정보가 다른 직원들의 업무와도밀접하게 관련되어 있었을 뿐만 아니라 지속적인 업데이트가 필요하였기 때문 (**업무 관련성**)

- 피고인이 퇴사한 직후 피해자 회사는 이 사건 고객정보에 대한 피고인의 접근을 차단하였으나, 피고인은 이를 예상하고 퇴사 직전 이 사건 고객정보를 다운로드받아두었기 때문에 피해자 회사는 영업비밀의 유출을 막을 수 없었음

-피해자 회사는 이 사건 발생 이전에는 영업비밀을 침해당한 적이 없었음 (**주의의무**) ■

4) 관련 사례-민사 손해배상 판결례 (하도급법 위반 기술탈취)

-특허법원 제25부 2019.9.6. 선고 2018나1305 손해배상(지) 판결437)**-**

[쟁점] - 하도급법상 기술자료 해당여부-438)

[현○자동차 사례] _ 원고청구 기각

[판결이유]

1. 기초사실

가. (당사자 지위) 원고는 미생물 및 화공약품의 제조, 판매업 등을 영위하는 법인이고, 피고는 각종 차량의 제조, 판매업 등을 영위하는 법인이다 .

나. (원피고 관계) 원고는 2003년 10월 무렵 피고의 아산 공장(도장공장을 말한다. 이하 '공장')에서 피고의 자동차 제작 공정 중 도장부스(Painting Booth)(자동차 도장을 하는 설비)에 사용되는 순환수 시스템(Circulation Water System, 이하 'CWS'라고 한다)439)의 악취 제거를 위한 기술설명회를 개최한 후 2003년 11월부터 2004년 1월까지 피고의 아산 공장에서 현장테스트를 실시하여 악취 저감에 성공하였고, 2004년경부터 2005년경까지 피고의 울산 공장에서도 추가로 현장테스트를 실시하여 악취 저감에 성공하였다. 원고는 그 무렵 피고의 6개 울산 공장440)에 도장부스의 악취 제거를 위한 수(水)처리제인 미생물처리제(제품명: 비

437) 본 사건의 1심 판결(서울중앙지방법원 2018. 1. 19. 선고 2016가합559792 판결), 본판결에 대하여 상고되어 대법원 계속 중이다(2019다270750).

438) 본 판결은 기술자료에 대한 <u>구 하도급법상의 '상당한 노력'</u> 하의 판결례 임을 밝혀 둔다

439) 자동차 도장 후의 잉여 분무도료(Over Spray Paint)를 회수할 목적으로 도장부스에 수막 형태로 공급된 물이 집수조로 이동하여 정제공정을 통해 정제된 다음, 다시 도장부스로 공급되는 과정을 반복하는 시스템

440) 총 7개의 울산 공장 중 울산 3공장을 제외한 나머지 6개 공장이다.

제이씨-3100)와 페인트킬러제(제품명: 비제이씨-1100), 응집부상제(제품명: 비제이씨-2100), 캡슐라이저(제품명: 비제이씨-4100)(이하 페인트킬러제, 응집부상제, 캡슐라이저를 통칭하여 '케미컬제'라고 한다) 등을 공급하는 계약을 피고와 체결하고, 그때부터 피고 공장에 원고의 직원이 상주하며 미생물제, 케미컬제를 약품 탱크에 용량과 농도를 조절하여 투입하며 CWS 공정의 일부를 처리하였다.

원고와 피고는 2006. 8. 14. '도장부스 수 처리 방법'에 관한 발명을 공동으로 출원하여, 2007. 8. 6. 별지 기재와 같이 특허 등록을 받았다(이하 위와 같이 등록받은 특허권을 '이 사건 특허권'이라 한다).

다. (피고의 울산 공장 악취 문제 발생) 피고의 울산 공장 악취 문제는 2011년경부터 제기되었다. 울산광역시가 2013. 3. 19. 공단 내 악취저감 등을 위한 기업체 간담회를 개최하였고, 2013. 7. 22. 환경부에 악취에 관한 민원이 접수되자, 피고는 2013년 8월 무렵 악취를 저감하기 위하여 도장부스의 수처리 공정에 관한 검토를 시작하였다.

라. (피고의 자료 요구와 원고의 자료 제공)

피고는 도장부스의 수처리 공정에 관한 검토를 위하여 아래와 같이 원고로부터 자료를 제공받았다.

1) 피고의 도장생기팀 직원인 이○재는 2013. 8. 7. 원고에게 '원고가 피고에게 공급하는 수처리제 용도'에 관한 자료를 요청하였고, 원고는 같은 날 이○재에게 컴퓨터 파일인 '수처리제용도(2공장).xlsx'를 보내주었다.

2) 이○재는 2013. 8. 7. 원고에게 수처리 공정의 전체 내용을 자세히 알고 싶다며 관련 자료를 모두 보내줄 것을 추가로 요청하였고, 원고는 2013. 8. 8. 이○재에게 컴퓨터 파일인 '도장부스 순환수 처리.pptx'를 보내주었다.

3) 피고의 도장생기팀 직원인 이○승은 2013. 11. 4. 원고에게 원고가 피고에게 공급하는 화학제품에 관한 물질안전보건자료(Material Safety Data Sheets, MSDS)를 요청하였고, 원고는 같은 날 이○승에게 그에 관한 컴퓨터 파일인 '비제이씨-4100 (캡슐라이저) MSDS.xls', '비제이씨-1100(킬링제) MSDS.xls', '비제이씨-2100(응집부상제) (MSDS).xls', '비제이씨-3100 (미생물제) MSDS.xls'를 보내주었다.

4) 이○승은 2013. 11. 13. 원고에게 '도장부스 순환수 처리약품에 대한 제품설명서'를 요청하였고, 원고는 같은 날 이○승에게 그에 관한 컴퓨터 파일인 '커스텀-OE의_악취제거_원리.doc', 'Product profile.docx', '미생물의 악취제거.pptx'를 보내주었다.

마. 원·피고의 악취 저감 계획 협의와 신규 미생물 투입 시험의 시행

1) 피고는 2013. 11. 18. 악취 발생 원인을 자체적으로 분석하여 ① 집수조 내 다량의 수분과 유기물이 부패를 유발하는 것과 ② 부스에서 사용되는 도료 및 시너에 포함된 휘발성 유기화합물(Volatile Organic Compounds, 이하 'VOC'라고 한다) 중 톨루엔, 자일렌 등이 악취의 원인이라고 판단하였다. 피고는 이에 따라 ① 부패로 인하여 발생하는 악취에 대하여는 순환수에 투입되는 미생물제의 검수 및 관리를 통하여 집수조 내 수질을 확보하고, ② VOC 중 톨루엔, 자일렌으로 인하여 발생하는 악취에 대하여는 이를 분해하는 미생물을 추가 투입하기로 하는 내용의 도장 CWS 악취저감 계획을 수립하였다.

2) 피고는 2013. 11. 22. 원고와 'CWS 악취저감 방안협의'를 주제로 회의를 하였다. 원, 피고는 위 회의에서 VOC(톨루엔) 저감을 위한 신규 미생물 추가투입 방안을 협의하였는데,

구체적으로 ① 피고가 피고의 협력사인 태○환경을 통하여 수질 및 악취검사를 한 다음 그 결과를 원고에게 통보하면, ② 원고가 위 수질 분석결과에 따라 신규 미생물 균주를 선택하여 그에 관한 시험 일정을 수립하고, 피고 울산 1공장에서 6주간 기존 미생물의 농도는 그대로 유지한 채 신규 미생물을 추가 투입하여 시험하며, ③ 그 시험결과에 따른 수질 및 대기검사를 태○환경을 통하여 주 1회씩 실시하기로 협의하였다.

3) 위 협의에 따라, 원고는 2013. 12. 12. 피고의 직원인 이○승에게 이메일을 통하여 신규 미생물 균주 선택 및 시험 일정에 관한 컴퓨터 파일인 '201312신규미생물 균주 CWS 적용시험 계획서.hwp', 'TX 랩테스트.hwp', '신규균주시험Check Sheet.xlsx'를 보냈다. 원고는 같은 날 이○승이 자신의 개인 메일로도 송부를 부탁하자 이○승 개인 메일에도 위 자료를 보냈다.

4) 원고는 2013. 12. 23.부터 2014. 2. 18.까지 피고의 울산 1공장에 신규 미생물을 투입하고, 피고의 협력사인 태○환경은 그에 따른 수질 및 대기검사를 6주 간 시행하였다(이하 위 신규 미생물 투입과 그 이후의 수질 및 대기검사 시험을 '1차 테스트'라고 한다). 그런데 위 시험 과정에서 톨루엔, 자일렌 수치는 다소 저감되는 경향이 있었으나 대기의 THC(Total Hydrocarbon, 탄화수소 화합물의 총량) 및 복합 악취 수치는 저감되지 않았다. 이에 피고의 직원인 이○승은 1차 테스트 도중인 2014. 1. 29. 원고에게 "2014. 2. 7. 회의 전까지 향후 계획을 수립해주시기 바라며 신규 미생물 투입을 계획하신다면 균주 선택을 하시고 정보를 미리 알려주시어 회의 전까지 검토할 수 있도록 부탁드립니다."라는 내용과 함께, 피고의 협력사 태○환경이 측정한 아래 표와 같은 1차 테스트 중간 결과를 첨부하여 이메일을 보냈다.

	톨루엔	자일렌	THC	악취	톨루엔	자일렌
12월 19일	5.925	94.253	189	300배	0.42	0.533
12월 26일	2.517	7.463	219.7	1000배	0.215	0.328
12월 30일	2.723	24.924	187.17	1000배	0.002	0.05
1월 9일	0.305	2.266	317.73	1000배	1.005	0.514
1월 16일	1.833	16.961	232.1	1000배	측정X	측정X
1월 23일	1.466	17.416	270	1000배	측정X	측정X
1월 27일	분석중	분석중	290	1000배	측정X	측정X

5) 원고는 위 이메일을 받고, '울산 현○자동차 1공장 테스트 협의' 문서를 작성하였다. 위 문서에는 기존 테스트에 사용하였던 신규 미생물인 커스텀 FM++[441]가 일부 악취 원인물질 분해에 다소 미흡하여 2차 테스트에서는 탄화수소 분해력이 우수한 커스텀 HC와 알콜계·알데하이드계 물질 및 독성물질에 대해서도 분해력을 갖는 커스텀 CL을 6주 동안 투입하여 테스트하기로 하는 내용과 함께 1차 투입한 신규 미생물의 종류와 2차 투입할 신규 미생물의 종류가 기재되어 있었다.

6) 원고와 피고는 2014. 2. 7. 회의를 열어 커스텀 HC, 커스텀 CL을 추가 투입해보는 시험을 진행하기로 하였고, 이에 따라 원고는 2014. 2. 19.부터 2014. 3. 14.까지 피고의 울산 1공장에 신규 미생물을 투입하였으며, 태○환경은 그에 따른 수질 및 대기검사를 5주 간

441) 영어로는 'Custom FM++'로 표기한다. 이하 제품에 영문으로 'Custom'은 한글로 커스텀이라는 표기

시행하였다(이하 위 신규 미생물 투입과 그 이후의 수질 및 대기 검사를 '2차 테스트'라고 한다). 피고의 직원 서○현은 2014. 3. 14. 원고의 요청을 받고 원고에게 위 2차 테스트에 따른 측정결과를 알려주었다.

7) 원고는 2014. 3. 20. 피고의 직원 서○현에게 1차 테스트 결과 및 2차 테스트의 중간 평가의 내용이 담긴 '1공장 신규 미생물 적용 Test 경과보고서'를 보냈고, 피고의 직원인 이○승은 2013년 말 무렵부터 2014년 초반 무렵 사이에 1차 테스트와 2차 테스트에 사용된 '커스텀 OE++', '커스텀 FM++', '커스텀 HC'의 표본을 피고 회사에서 가져왔다.

8) 원고는 2014. 6. 24. 피고와 'CWS 악취 및 환경개선'을 주제로 한 회의를 하면서 피고에게 공급하는 미생물제와 그에 부수하는 화학제품의 기능, 기제, 사용량 등을 설명하였고, 회의 다음날인 2014. 6. 25. 피고의 직원인 김미진에게 회의에서 설명한 자료인 'CWS,미생물적용,악취저감계획서-도장2부.ppt', 'CWS 순환수 미생물 처리 결과 -도장2부.ppt', 'CWS 사용약품 기능 사용요령-전체.hwp', 'CWS약품사용이력.xlsx' 파일을 이메일로 보내주었다.

바. 피고의 경북대학교와의 산학연구 계획 및 자료의 교부

1) 한편 피고는 2013. 11. 5. 악취를 해결하기 위하여 미생물제를 단순 투입하고 있으나, CWS 내 미생물 농도가 필요한 수준으로 유지되고 있는지 알 수 없다는 이유로 원고에게 알리지 않고 별도의 산학 협동연구를 통하여 VOC 분해를 위한 미생물 생장의 최적모델을 찾아내어 VOC 악취를 감소시킨다는 계획을 세웠다.

2) 위 산학연구의 담당자인 피고의 직원 이○승은 2014. 1. 6. 자신의 지도교수인 경○대학교 ○○○ 교수에게 앞서 원고로부터 제공받았던 '도장부스 순환 수처리.ppt', '비제이씨-4100 (캡슐라이저) MSDS.xls', '비제이씨-1100(킬링제) MSDS.xls', '비제이씨-2100(응집부상제) (MSDS).xls', '비제이씨-3100 (미생물제) MSDS.xls', '커스텀-OE의_악취제거_원리.doc', '미생물의 악취제거.pptx' 자료를 제공하였다.[442)]

3) 피고는 2014. 1. 16. 경○대학교 ○○○ 교수 등과 '순환수 집수조 악취저감을 위한 CWS 미생물 연속 배양 시스템 개발'을 연구 주제로 하여, CWS 집수조내 유입 도료량 점검, 일일 처리 용량 및 적정 미생물 농도 설계, 악취저감 미생물 배양기술 확보, 각 미생물의 특성 조사 및 배양기술 확보, 미생물혼합배양기술 확보, CWS 순환수를 이용한 미생물 배양기술 확보 등을 주요 연구 내용으로 하는 산학연구에 대한 사전협의를 마쳤다.

4) 피고의 연구개발 서비스를 업으로 하는 법인인 현○엔지비 주식회사는 2014. 1. 24. 경북대학교 산학협력처와 '순환수 집수조 악취저감을 위한 CWS 미생물 연속 배양 시스템 개발'을 연구과제로 하는 계약을 체결하였다.

5) 피고의 직원 이○승은 2014년 2월경 경북대학교 측에 원고의 미생물제인 '커스텀 OE++', '커스텀 FM++', '커스텀 HC'를 전달하였다.

6) 피고와 경○대학교는 2014. 2. 1.부터 2014. 11. 30.까지 '순환수 집수조 악취저감을 위한 CWS 미생물 연속 배양 시스템 개발'을 과제로 산학협동 연구를 수행하였는데, 그 연구의 결론은 다음과 같다.

- 원고가 피고에게 공급한 미생물제가 도장 재료에 포함된 톨루엔, 자일렌과 같은 휘발성 유기화합물(VOC)을 분해하는 과정에서 순환수에 부티르산(butyric acid)과 같

442) 피고 측은 위 자료 제공 당시 파일의 이름을 조금씩 변형하였던 것으로 보인다.

은 휘발성 지방산(volatile fatty acid, VFA)이 생겨난다. - VFA는 VOC와 비교하여 소량으로도 악취를 발생시킨다. - 원고가 피고에게 공급한 미생물제는 VFA로 인한 악취 저감에 효과가 없다. - 따라서 근본적인 악취 저감을 위해서는 VOC에 효과가 있는 미생물제(M1)와 VFA에 효과가 있는 미생물제(M2)를 동시에 투입해야 한다. - 새로운 미생물제(M1 + M2)의 단순 투입보다는 '미생물 배양기 → 1차 반응기(미생물 적응조) → 집수조'의 순서로 설치하면 더욱 효과가 있다.

7) 피고의 직원 이○승은 2014년 12월경 경○대학교 화학공학과에서 위 산학연구와 관련된 '자동차 도장공장 폐수의 생물학적 처리'라는 주제로 석사학위 논문을 작성하였다.

8) 위 산학협동 연구 결과를 토대로, 피고와 경○대학교 산학협력단은 2015. 1. 9. '도장설비의 악취 제거를 위한 미생물제 및 이를 이용한 악취 제거 방법'에 관한 발명을 특허 출원하여, 2016. 3. 2. 제10-1601589호로 특허 등록을 받았다. 이에 원고는 위 특허에 대한 무효심판을 제기하였고, 특허심판원은 2017. 11. 20. 진보성이 부정된다는 이유로 원고의 심판청구를 인용하는 심결을 하였다(2016당900호). 이에 피고가 이 법원에 심결취소소송을 제기하였으나 이 법원은 2019. 2. 15. 피고의 청구를 기각하였으며(2018허1226), 피고가 이에 불복하여 상고하였으나 2019. 7. 11. 대법원에서 심리불속행으로 상고가 기각되어 다음날 확정되었다(2019후10425).

사. 피고의 새로운 미생물제 사용과 그에 따른 원고와의 거래 종료

1) 피고는 2014. 11. 17. 경○대학교 산학협력단과의 산학협동 연구의 결과를 반영한 새로운 미생물제를 납품받기 위해 기술설명회를 실시하였고, 원고도 이 기술설명회에 참석하였다. 그 후 피고는 2015. 3. 20. 신규 미생물제에 관한 입찰 설명회를 개최하였고, 원고를 포함한 8개 업체가 이 설명회에 참석하였다.

2) 피고는 2015. 3. 25. 신규 미생물제 납품에 관한 입찰을 실시하였고, 원고를 포함한 7개 업체가 이 입찰에 참가하였으나 원고가 아닌 다른 업체가 낙찰자로 선정되었다. 그에 따라 울산 51공장을 제외한 나머지 5개 울산 공장에 대한 원고와 피고의 미생물제 공급 거래관계는 2015. 6. 14. 계약 기간 만료로 종료되었다. 다만 위 5개 공장에 대한 원고와 피고의 케미컬제 공급 거래 관계는 2017년 6월 무렵까지 지속되었다. 한편 울산 51공장에 대하여는 피고의 요청으로 2015년 11월 무렵까지 원, 피고 사이에 케미컬제와 미생물제를 공급하는 계약이 유지되었다가 그 무렵 종료되었다.

아. 피고의 특허권 등록료 납입대행업체의 원고에 대한 등록료 납부 포기 지시 전달

1) 피고의 특허권 등록료 납입 대행 업무를 맡은 마○프로는 원고와 피고 공동 명의로 등록된 이 사건 특허권의 등록료 납부와 관련하여 2011년 10월 무렵부터 2014년 7월 무렵까지 매년 원고에게 분담할 등록료의 지급을 안내하는 이메일을 보내면서 피고가 특허권을 유지할 의사가 있다는 내용을 원고에게 알려 왔다.[443)]

443) 구체적으로 마○프로는 ① 2011. 10. 20. "피고와 공동 출원하신 지적재산권에 대한 권리존속 여부에 대한 확인 부탁드린다. 피고 측에서는 진행한다는 답신을 접수하였습니다만, 원고 측에서도 연차료를 분담하여 진행하실지 여부에 대해 10월 24일(월)까지 답신 부탁드린다."라는 이메일을, ② 2012. 7. 30. "금번 당해 특허에 대한 연차료 납부기한이 도래하여 안내드리오니 검토 후 2012년 8월 9일까지 권리유지 여부에 대한 회신을 요청드린다. 참고로, 피고로부터는 권리유지를 지시받았다."라는 이메일을, ③ 2013. 7. 23. "금번 당해 특허에 대한 연차료 납부기한이 도래하여 안내드리오니 검토 후 2013년 8월 2일까지는 권리 유지 여부에 대한 회신을 요청드린다. 참고로, 피고로부터는 권리 유지를 지시받았다."라는 이메일을, ④ 2014. 7. 30. "해당 특허에

2) 마○프로는 2015. 7. 29. 원고에게 “이 사건 특허권의 2015년 등록료에 대하여 피고로부터 포기 지시를 받았다. 하지만 원고가 권리 유지를 해야 한다면 등록료를 납부하기 바란다.”라는 내용의 이메일을 보냈다. 원고는 이에 따라 2015. 7. 29. 이 사건 특허권의 2015년 등록료 전액인 252,000원을 납부하였다.

3) 원고는 피고에게, ① 2015. 10. 8. “이 사건 특허권의 공유 지분을 포기한다면 2015. 10. 21.까지 특허등록원부상의 권리를 정리해주기 바란다.”라는 내용의 서면을, ② 2015. 10. 28. “‘2015. 10. 21.까지 아무런 조치가 없기에 다시 한 번 최고한다. 2015. 11. 6.까지 특허등록원부를 정리해주기 바란다.”라는 내용의 서면을 각 내용증명 우편으로 발송하였다.

4) 이에 대해 피고는 원고에게, ① 2015. 10. 29. “피고는 이 사건 특허권에 관한 권리를 유지할 것이다. 2015년 등록료는 2016년 등록료에서 정산되도록 처리하겠다.”라는 내용의 이메일을 보내고, ② 2015. 11. 6. “2015. 10. 27. 전화 통화 및 2015. 10. 29. 이메일에서 밝힌 바와 같이 이 사건 특허권에 관한 권리를 계속 유지할 것이다.”라는 내용의 서면을 내용증명 우편으로 발송하였다.

2. 원고 수급사업자의 주장 - 손해배상청구에 대하여

원고는 수급사업자로서 2004년부터 원사업자인 피고에게 도장부스에 사용되는 순환수 시스템의 악취 제거를 위한 미생물제를 제공하였고, 피고 요청에 응해 악취 제거에 필요한 모든 자료를 제공해 왔으며, 피고는 원고로부터 제공받은 자료를 이용해서 악취 제거 작업을 해 왔다. 그런데 피고는 원고로부터 제공받은 기술자료를 유용해서 경북대학교 산학협력단과 공동 연구 및 공동 특허 출원·등록을 하는가 하면, 피고 직원인 이○승은 같은 기술자료를 이용해서 석사학위 논문을 작성하였고, 원고의 자료를 활용해서 만든 신규 미생물을 다른 업체에 제공하면서 원고와의 거래를 단절하였다. 이러한 피고의 행위는 구 하도급법 제12조의3 제3항에서 금지하는 원사업자의 수급사업자에 대한 기술자료 유용 행위에 해당한다.

따라서 피고는 구 하도급법 제35조 제1항, 제2항에 따라 원고에게 발생한 손해액의 3배에 해당하는 금액을 원고에게 배상하여야 하는데, 원고는 명시적 일부청구로서 그중 10억원 및 이에 대한 지연손해금을 구한다(**증액손해배상 청구**).

3. 피고 원사업자의 주장

원고가 피고 측에서 유용하였다고 주장하는 자료들은 수급사업자인 원고의 자료라고 볼 수 없거나 구 하도급법에서 보호대상으로 하는 기술자료에 해당하지 아니하고, 나아가 피고가 위 자료들을 유용하여 신규 미생물제를 개발하였다거나 피고의 직원이 학위논문을 작성하였다고 볼 수도 없으므로 피고의 행위는 구 하도급법 제12조의3 제3항에서 정한 기술자료 유용 행위에 해당하지 아니한다.

4. 법원의 판단 -원고가 주장하는 자료들이 구 하도급법상 원고의 기술자료 해당하는지 여부

가. 원고가 피고에게 제공한 자료

	자료명	증거
1	수처리제용도(2공장).xlsx	갑 제2호증의2

대한 연차료 납부 기한이 도래하여 안내 드리오니, 8월 1일까지 권리유지 여부를 검토하시어 회신 부탁드린다. 참고로, 피고로부터는 권리유지 지시를 받았다.“라는 이메일을 각 발송하였다.

2	도장부스 순환수 처리.pptx	갑 제2호증의4, 갑 제106호증의5
3	비제이씨-4100 (캡슐라이저) MSDS.xls 비제이씨-1100(킬링제) MSDS.xls 비제이씨-2100(응집부상제)(MSDS).xls 비제이씨-3100 (미생물제) MSDS.xls	갑 제3호증, 갑 제106호증의1 ~ 4
4	커스텀-OE의_악취제거_원리.doc	갑 제4호증의2
5	Product profile.docx	갑 제4호증의3
6	미생물의 악취제거.pptx	갑 제4호증의4
7	201312신규미생물 균주 CWS 적용시험 계획서.hwp	갑 제5호증의3
8	TX 랩테스트.hwp	갑 제5호증의4
9	1공장 테스트 경과보고서.hwp	갑 제7호증의2
10	CWS,미생물적용,악취저감계획서-도장2부.ppt	갑 제8호증의2
11	CWS 순환수 미생물 처리 결과-도장2부.ppt	갑 제8호증의3
12	CWS사용약품 기능 사용요령-전체.hwp CWS약품사용이력.xlsx	갑 제8호증의4
13	미생물제 커스텀 OE++, 커스텀 FM++, 커스텀 HC	갑 제47, 48, 51호증

원고는 이 사건 각 자료 이외에 2014. 2. 7. 회의에서 추가 미생물 투입 시험에 사용하였거나 사용할 신규 미생물의 종류가 기재된 '울산 현○자동차 1공장 테스트 협의' 문서(갑 제41호증)[444]도 피고에게 교부하였다고 주장하나, 갑 제40, 105, 111호증의 각 기재만으로는 피고가 이를 교부받았다는 사실을 인정하기에 부족하고 달리 이를 인정할 증거가 없다(설령 피고가 교부받았다고 하더라도 위와 같은 미생물 종류에 관한 정보가 원고에 의하여 비밀로 관리되었다고 볼 수 없고, 아래에서 보는 바와 같이 위 문서에서 말하는 신규 미생물인 커스텀 FM++, 커스텀 HC 등에 있는 미생물 종류에 관한 자료를 원고의 기술자료로 볼 수도 없다).

나. 판단- 하도급법상 기술자료에 해당하는지 여부

1) 구 하도급법상 기술자료의 판단 기준

구 하도급법 제2조 제15항은 "이 법에서 '기술자료'란 상당한 노력에 의하여 비밀로 유지된 제조·수리·시공 또는 용역 수행 방법에 관한 자료, 그 밖에 영업활동에 유용하고 독립된

444) 위 문서에 기재되었다고 주장하는 미생물의 종류는 아래 표와 같다.

<table>
<tr><th>1차투입된 신규미생물종류</th><th colspan="2">2차 투입할 신규 미생물 종류</th></tr>
<tr><td rowspan="2">Bacillus subtilis
Bacillus licheniformus
Bacillus megaterium
Arthrobacter paraffinues
Arthrobacter sp
Rhodococcus
rhodochrous</td><td><Gram negative Bacteria>
Pseudomonas sp.
Acinetobacter sp.
Alcinetobacter sp.
Flavobacterium
Xanthomonas sp.</td><td><염소계 유기화합물 분해 및 냄새제거>
Chlorobenzene Ethylbenzene
Propylbenzene TCE
Dichloroethylene Dioxane
Styrene Cyclohexane
Aldehyde계 화합물 Alcohol류
Keton계 화합물</td></tr>
<tr><td><Gram positive Bacteria>
Nocardia sp.
Mycobacterium sp.
Corynebacterium sp.
Arthrobacter sp.
Bacillus sp.</td><td><탄화수소계 화합물 분해 및 냄새제거>
Crude oil Bunker-C oil
Deisel oil Kerosene
Gasoline BTEX</td></tr>
</table>

경제적 가치를 가지는 것으로서 대통령령으로 정하는 자료를 말한다."라고 규정하고 있고, 같은 법 시행령(2016. 12. 27. 대통령령 제27702호로 개정되기 전의 것, 이하 같다.) 제2조 제8항은 "법 제2조 제15항에서 '대통령령으로 정하는 자료'란 다음 각 호의 어느 하나에 해당하는 것을 말한다. 1. 특허권, 실용신안권, 디자인권, 저작권 등의 지식재산권과 관련된 정보, 2. 그 밖에 영업활동에 유용하고 독립된 경제적 가치가 있는 기술상 또는 경영상의 정보"라고 규정하고 있다.

이때 '상당한 노력'에 의하여 비밀로 유지된다 함은, 객관적으로 비밀로 유지·관리되고 있다는 사실이 인식 가능한 상태로서 비밀이라고 인식될 수 있는 표시를 하거나 고지를 하였는지, 자료에 접근할 수 있는 대상자나 접근방법을 제한하였는지, 자료에 접근한 자에게 비밀유지준수 의무를 부과하였는지 등을 종합적으로 고려하여 판단하여야 하고, 위와 같은 사항을 고려함에 있어서 수급사업자는 기본적으로 거래상 지위가 낮아 원사업자의 기술자료 요구에 대해 비밀유지 노력에 관한 사항을 명시적 또는 직접적으로 요구할 수 없고, 원사업자에게 기술자료가 제공되면 제3자에게 노출될 가능성이 있음을 인지하더라도 이에 응할 수밖에 없다는 현실을 고려하여야 하며[445] 반드시 명시적으로 비밀유지의무를 부담하기로 약정한 경우뿐만 아니라 신뢰관계의 특성 등에 비추어 신의칙상 또는 묵시적으로 그러한 의무를 부담하기로 약정하였다고 보아야 할 경우를 포함한다.[446]

그리고 "특허권, 실용신안권, 디자인권, 저작권 등의 지식재산권과 관련된다"함은, 어떤 지식재산권의 내용 그 자체뿐만 아니라 그 지식재산권의 내용을 발명, 고안, 창작하는 전 과정 및 그 이후에 발생하였거나 참고된 것으로서 그 지식재산권의 내용과 상당한 관련이 있는 것이라면 이에 해당된다. 지식재산권의 내용과 상당한 관련이 있는지 여부는 지식재산권을 보유한 수급사업자를 제외한 제3자가 당해 지식재산권의 내용을 이해하는 데 또는 당해 지식재산권을 실시·사용하는 데 필요한지 여부 등을 기준으로 판단한다.

한편 "그 밖에 영업활동에 유용하고 독립된 경제적 가치가 있는 기술상 또는 경영상의 정보"에는 기술개발(R&D)·생산·영업활동에 기술적으로 유용하고 독립된 경제적 가치가 있는 것이 포함될 수 있는데, 이는 정보·자료의 보유자 혹은 다른 사업자가 그 정보·자료를 사용함으로써 기술개발(R&D)·생산·영업활동에 있어 기술상의 우위를 얻을 수 있거나 그 정보·자료의 취득이나 개발을 위해 상당한 비용, 시간이나 노력이 필요한 정보를 말한다. 다만, 거래의 대상이 될 수 있을 정도로 독자적인 가치를 가지는 것에 한정되지 않고, 보유함으로써 얻게 되는 이익이 상당히 있거나 보유하기 위하여 비용이 상당히 소요되는 경우라면 이에 해당된다.[447]

2) 구체적 판단[448]

가) 이 사건 제1번 자료[수처리제용도(2공장).xlsx]

갑 제2호증의 2의 기재에 의하면, 이 자료의 내용은 아래 표와 같은데, 원고가 피고에게 공급하는 미생물처리제 및 킬링제, 응집부상제의 규격, 상품명, 색상, 처리방법, 용도 및 사용 목적과 같은 기본적인 내용이 기재되어 있을 뿐이다. 또한 을 제97 내지 100호증의 각

445) 기술자료 제공 요구·유용행위 심사지침(2018. 1. 3. 공정거래위원회예규 제292호) 참조
446) 대법원 1996. 12. 23.선고 96다16605 판결 참조
447) 기술자료 제공 요구·유용행위 심사지침(2018. 1. 3. 공정거래위원회예규 제292호) 참조
448) 중요부분만 발췌한다

기재에 의하면, 킬링제, 응집부상제, 미생물처리제에 대한 일반적 용도와 사용목적은 아래와 같이 피고가 원고로부터 이 자료를 받을 당시 동종업계에 있는 자들에게 널리 알려져 누구나 접근할 수 있는 정보였던 것으로 보인다.

나) 이 사건 제2번 자료(도장부스 순환수 처리.pptx)

갑 제2호증의 4, 갑 제106호증의 5의 각 기재에 의하면, 이 자료는 수처리와 수처리제의 기본 개념, CWS 공정의 개요, CWS 공정에서의 약품처리, 미생물제의 작용효과를 개괄적으로 설명한 자료이다.

을 제97 내지 100호증의 각 기재에 의하면 순환수에서의 미생물제 및 각 화학제의 용도 및 작용 메커니즘은 널리 알려져 있었던 것으로 보이고, 갑 제24호증 및 을 제102,103호증의 각 기재에 의하면, 원고와 피고가 공유하고 있는 이 사건 특허권의 특허공보의 기재처럼 순환수에서의 약품처리에 대한 기본 개념은 이미 널리 알려져 있었다고 보이며, 피고가 2005년경 나노이앤씨로부터 받은 'CWS Technical Data'라는 제목의 자료에도 미생물제가 고분자수지의 점성을 제거하여 저분자로 분해한 이후 저분자 및 무기물을 응집시켜 부상시키며, 저분자 페인트 슬러지를 생물학적 방법으로 분해하여 물과 이산화탄소로 분해하는 전체적인 과정이 기재되어 있는 사실이 인정된다.

또한 을 제101호증의 기재 및 변론 전체의 취지에 의하면, 톨루엔, 자일렌의 산화반응에 대한 각종 학술 논문이 원고가 이 사건 제2자료를 피고에게 넘겨주기 이전에 다수 발표되어 있을 뿐만 아니라 위 물질의 화학식은 인터넷 등에서도 쉽게 찾을 수 있으므로, 톨루엔, 자일렌 등의 산화반응식은 동종업계에 널리 알려져 있었던 것으로 보인다.

다) 이 사건 제3번 자료[비제이씨-4100 (캡슐라이저) MSDS.xls, 비제이씨-1100(킬링제) MSDS.xls, 비제이씨-2100(응집부상제)(MSDS).xls, 비제이씨-3100(미생물제) MSDS.xls]

산업안전보건법 제63조에 의하면 제41조 제11항에 따라 물질안전보건자료에 적지 아니한 정보를 제공받은 자는 비밀유지의무가 있으나, 물질안전보건자료에 대하여는 별도의 비밀유지의무를 규정하고 있지 않다.

원고가 2013. 9. 4. 위 규정에 따라 피고의 직원들에게 이 사건 제3번 자료를 이메일로 송부하였을 뿐 아니라, 이 사건 제3번 자료를 피고 공장 현장의 약품창고에 비치하여둔 사실이 인정되고, 이에 대하여 원고가 피고에게 비밀유지의무를 부과하였다는 사정도 없으므로, 원고의 위 자료들이 상당한 노력에 의하여 비밀로 유지되었다고 볼 수 없다.

라) 이 사건 제4번 자료[커스텀-OE의_악취제거_원리.doc]

을 제48호증의 1, 2의 기재에 의하면, 위 자료는 커스텀바이오사의 홈페이지에 게시되어 있는 'Bioremediation of Odors'의 번역본에 불과하여 누구나 접근할 수 있는 정보에 해당하므로, 상당한 노력에 의하여 비밀로 유지되었거나 기술적으로 유용하고 독립된 가치가 있는 자료라고 볼 수는 없다.

마) 이 사건 제5번 자료[Product profile.docx]

이 사건 제5번 자료로부터 Arthrobacter sp. #1, Arthrobacter sp. #2, 'Arthrobacter sp. #3 미생물이 악취제거에 효과가 있는 사실을 알 수 있다 하더라도 이러한 점은 이미 피고가 위 자료를 원고로부터 받기 이전에 동종업계에 널리 알려져 있어 위 자료를 원고의 생산·영업활동에 기술적으로 유용하고 독립된 경제적 가치가 있는 자료라거나 상당한 노력에 의하여 비밀로 유지된 자료라고 보기 어렵다.

바) 이 사건 제6번 자료[미생물의 악취제거.pptx]

갑 제4호증의 4의 기재에 의하면, 이 자료는 원고가 판매하는 미생물제의 개요, 기능, 작용효과, 사용방법을 개략적으로 설명한 제품설명서이다. 그러나 위 자료에 있는 내용은 앞서 본 바와 같이 대부분 이미 공지된 사실로서 원고에게 어떠한 경제적 가치가 있다거나 상당한 노력에 의하여 비밀로 유지된 자료라고 보기 어렵다.

사) 이 사건 제7번 자료[201312신규미생물 균주 CWS 적용시험 계획서.hwp]

갑 제5호증의 3, 을 제1, 2호증의 각 기재에 의하면, 위 자료의 내용은 피고 공장에 시행할 신규 미생물 현장적용 시험 계획서로서, 목적, 개요, 사전 점검사항, CWS현장 적용 요약, 현장적용 일정 등 원·피고가 이미 2013. 11. 22.자 회의에서 합의한 내용 등으로만 기재되어 있을 뿐으로 그 자체로는 원고에게 어떠한 경제적 가치가 있다거나 상당한 노력에 의하여 비밀로 유지된 내용으로 보기 어렵다.

아) 이 사건 제8번 자료[TX 랩테스트.hwp]

이러한 내용은 원고가 선택한 신규 미생물이 톨루엔과 자일렌을 혼합한 용액에 투입되었을 때의 적응성을 알아보기 위한 실험실 단계의 시험 결과로서, 신규 미생물이 기존 미생물보다 톨루엔 및 자일렌에 대한 적응성이 높다는 사실만 확인한 정도에 불과하고, 톨루엔 및 자일렌의 감소 여부에 대해서는 확인되지 아니하여 실제 악취 저감의 효과가 있는지는 알 수 없으며, 구체적으로 기존 미생물은 무엇이고, 신규 미생물은 무엇인지에 관한 내용은 없으므로, 위 자료가 원고에게 어떠한 경제적 가치가 있는 자료라고 보기는 어렵다.

자) 이 사건 제9번 자료(1공장 테스트 경과보고서.hwp)

이 사건 9번 자료 중 1차, 2차 테스트 결과 부분은 원·피고가 공유하는 기술자료라고 보아야지 이를 원고의 기술자료라고 보기 어렵고, 나머지 부분도 구 하도급법상 보호되는 기술자료에 해당한다고 보기 어렵다.

① 이 사건 제9번 자료 중 1차, 2차 테스트 결과 부분

이 사건 1차, 2차 테스트는 위 실험에 원고의 독자적인 기술이 적극 활용되었다고 보이지 않고, 원고의 역할은 단지 톨루엔, 자일렌 등 VOC를 저감시키는 신규 미생물제를 정기적으로 일정한 양을 투입하였다는 것에 그치고 있다. 이에 더하여 위 1차, 2차 테스트에서 폐수 중 미생물 밀도는 시험 전 400,000cfu/ml에 비하여 42,000,000cfu/ml로 최대 100배 이상 증가하였던 사정(이 사건 제9번 자료 중 표2 : CWS 미생물 밀도 참조) 등을 고려해보면, 원고의 기술력이 1, 2차 테스트에 따른 수치를 얻는 데에 중요한 역할을 한 것으로 보이지는 아니한다. 그렇다면 원고의 시험행위를 근거로 위 각 테스트 결과가 원고에게만 귀속된다고 볼 수도 없다. ...(중략)...

② 이 사건 제9번 자료의 나머지 부분

이 사건 제9번 자료의 나머지 부분은 피고의 측정 결과에 기초하여 작성된 내용으로서 신규 미생물 투입 시험의 경과와 시험 결과에 대한 원고의 평가에 불과하여 경제적으로 독립된 가치가 있는 정보를 포함하고 있지는 아니하다. 따라서 이 사건 제9번 자료의 나머지 부분 역시 구 하도급법상 기술자료에 해당하지 않는다.

특히 '커스텀 OE++, 커스텀 FM++, 커스텀 HC가 원고의 기술자료'에 해당하는지 여부 관련하여 원고는 미국에 있는 커스텀 바이오사와 커스텀 OE++, 커스텀 FM++을 독점으로 공급하는 계약을 체결하였는데, 커스텀 OE++, 커스텀 FM++은 기존의 커스텀 OE,

커스텀 FM과 달리 원고에게 특화되어 주문제작된 제품으로, 원고는 위 미생물제를 분리 동정하여 미생물 균주에 관한 정보를 얻을 수 있고, 위 정보는 자동차 도장업계에 알려져 있지 아니하므로 위 미생물제 역시 원고의 기술자료에 해당한다고 주장한다. 그러나 앞서 인정한 사실 및 갑 제50호증, 을 제84호증의 2의 각 기재 및 영상, 변론 전체의 취지에 의하여 인정되는 다음과 같은 사정 등에 의하면 원고가 제출한 증거들만으로는 이 사건 제13번 자료가 원고의 기술자료에 해당한다고 보기 어렵고 달리 이를 인정할 증거가 없다. ...(중략)...

따라서 원고가 피고에게 제공한 자료들은 구 하도급법에 의하여 보호되는 원고의 기술자료라고 볼 수 없다. ■

라. 기술탈취 관련 규제기관 정리

기술 탈취 관련 관련 기관과 각 역할에 대하여 정리해 본다.

공정거래위원회	기술심사자문위원회 신설 및 운영(기술심사자문위원회 설치 및 운영에 관한 규정, 공정위훈령)
한국공정거래조정원	하도급 기술탈취 분쟁조정협의
중소벤쳐기업부	기술자료 거래기록 등록시스템 도입
수사기관 (검찰 경찰)	기술유출범죄, 지적재산권 침해등(경찰청 산업기술유출수사팀), 상표,영업비밀,디자인 침해(특허청, 특별사법경찰), 중대기술범죄(검찰청, 특허범죄조사부), 산업기술보호법 위반(산업부, 정보수사기관)
사법기관(법원)	민사소송 및 형사소송
중소기업기술분쟁조정중재위원회	중소기업기술 보호 지원에 관한 법률 (중소기업기술보호법) 23조

5. 관련 사례

가. 판결례

제조위탁에서 원사업자가 수급사업자에게 행산 기술자료제공 및 기술자료유용행위가 하도급법 위반으로서 위법하다는 대표적 판결이 있는바 사실관계 및 원사업자의 주장과 이에 대한 법원의 판단을 상세히 소개하기로 한다.[서울고등법원 2019.11.27. 선고 2019누32513 판결[시정명령등취소].

–서울고등법원 2019. 11. 27. 선고 2019누32513 판결[449][시정명령등취소]–

[아○스 사례]

[판결이유]

449) 본 판결은 상고되지 않고 확정되었다.

1. 기초사실

가. 원고는 가정용 전자제품 등을 제조 또는 판매하는 중소기업자로서, 그보다 연간매출액이 적은 중소기업자인 주식회사 위○테크에 전동물걸레청소기 손잡이의 제조를 위탁하였다.

나. **물걸레청소기와 그 전자제어장치의 개관**

1) 원고가 제조·판매하는 물걸레청소기는 약 5년의 개발과정을 거쳐 2011년경 출시된 상품으로, 전동모터를 이용하여 원형의 물걸레 2개를 반대 방향으로 고속 회전시키고, 여기에 다단(多段)스틱 및 손잡이를 달아 사용자가 선 자세에서 작은 힘으로도 바닥을 청소할 수 있게 도와주는 가전제품(이하 '이 사건 물걸레청소기'라고 한다)이다. 그 주요 구성품은 손잡이, 다단스틱, 회전구, 헤드(모터), 물걸레 등이다.

2) 이 사건 물걸레청소기는 주로 TV홈쇼핑(CJ오쇼핑, 롯데홈쇼핑, 우리홈쇼핑, 현대홈쇼핑 등), 온라인쇼핑몰(G마켓, CJ몰, 옥션, GS숍 등)을 통해 판매되고, 출시 이후 2017년까지 약 110만 개(약 1천억 원 상당)가 판매되었다.

3) 이 사건 물걸레청소기의 전자제어장치는 물걸레청소기에서 발생하는 각종 신호를 전자회로를 통해 분석하고, 청소기에 전원을 공급하거나 차단하는 기능을 수행한다. 구체적으로 ① 전원스위치의 ON, OFF 신호에 따라 모터를 동작시키거나 멈추게 하는 기능, ② 회로에 과전류가 흐르는 신호를 감지하여 모터를 정지시키는 기능, ③ 모터가 과열되는 신호를 감지하여 모터를 정지시키는 기능 등을 각 수행한다.

4) 전자제어장치의 구성은 하드웨어와 소프트웨어로 구분되는데, 세부적으로 하드웨어는 인쇄회로기판(Printed Circuit Board, 이하 'PCB'라고 한다)[450], 인쇄회로기판에 납땜 등의 방식으로 삽입된 마이크로칩[451], 저항기, 콘덴서 등의 회로소자로 구성되고, 소프트웨어는 회로에 전달되는 신호에 따라 어떤 동작을 수행해야 하는지에 대한 정보를 담고 있는 프로그램으로서 마이크로칩에 입력된다. 그리고 이 사건 전자제어장치의 프로그램은 헥사파일 형식[452]을 띠고 있다.

다. **원고와 위○테크 간의 하도급거래**

1) 원고는 2013년 9월경 위○테크에 이 사건 물걸레청소기의 주요부품으로서 청소기에서 발생하는 각종 신호를 전자회로를 통해 분석하고, 청소기에 전원을 공급하거나 차단하는 기능을 수행하는 전자제어장치의 제조를 위탁하였고, 한 달 뒤인 2013년 10월경부터는 청소기 손잡이(물걸레청소기 손잡이는 전자제어장치, 파워 코드, 스위치, 충격방지 고무 등 약 10개의 부품을 조립하는 방식으로 제조된다)의 제조까지 위탁하였다.

2) 위○테크는 2014년 1월경부터 원고에 전자제어장치가 장착된 손잡이를 납품하였다. 원고는 유선으로 된 이 사건 물걸레청소기를 판매하던 중 무선청소기 모델의 개발을 계획하였고, 위○테크 측에 무선청소기를 구성하는 전자회로의 설계를 요청하였다. 이에 위○테크는 2015년 2월경부터 무선청소기 전자회로의 개발에 참여하였으나, 이와 관련한 하도급 계

---

450) 전기가 흐르지 않는(절연) 기판(Board)의 표면 또는 내부에 전기가 흐르는 회로선(Circuit)을 인쇄(Print)방식으로 삽입한 것으로서 회로의 설계에 따라 기판의 모양, 두께, 회로선의 형태 등이 결정된다. 업계에서는 PCB를 부품으로 하여 제조한 장치 등을 PCB라고 부르기도 한다.

451) 집적 회로(IC)와 같은 의미로서 반도체의 일종이다.

452) 16진수(헥사) 표기방식으로 작성된 파일이다. 프로그래머가 작성한 프로그램 소스코드(사람이 인식 가능한 형태)를 전자회로에 입력하기 위해 컴파일러나 어셈블러를 통해 기계어(기계가 인식 가능한 형태)로 변환하는데, 이 중 하나의 형식이 헥사파일 형식이다.

약은 체결되지 아니하였다.

3) 원고와 위○테크는 하도급 계약서를 작성하지 않은 상태에서 하도급거래를 지속하다가 2016. 11. 23. 처음으로 하도급 계약서를 작성하였다.

4) 이 사건 하도급 계약에 따라 위○테크가 수행하는 이 사건 전자제어장치의 제조과정은 다음과 같다.

가) 원고가 위○테크에 이 사건 전자제어장치의 제조를 위탁하면서 전자제어장치가 전원을 차단하는 기준 전류 및 온도 정보 등과 같은 전자제어장치의 구체적 성능, 규격 등의 사양을 제공한다.

나) 위○테크는 전자제어장치의 사양과 함께 제조원가 등을 고려하여 전자제어장치를 구상하고, 이를 토대로 회로도[453]를 작성한다.

다) 위○테크는 작성한 회로도를 토대로 부품목록[454], 거버도면[455], 프로그램 헥사파일[456] 등을 작성한다.

라) 위○테크가 거버도면을 토대로 PCB를 제조하고, 부품목록에 따라 회로소자의 구매 및 삽입작업을 진행한 뒤 프로그램 헥사파일을 마이크로칩에 입력하면 이 사건 전자제어장치가 완성되는데, 이를 다른 부품과 함께 조립하여 손잡이를 제조한다.

마) 원고는 위○테크로부터 손잡이를 납품받아 모터, 다단스틱 등과 조립하여 이 사건 물걸레청소기를 제조한 뒤 판매한다.

라. **원고의 행위**

1) 원고는 2015. 5월 초경부터 2017. 6월 말경까지 위○테크에 전화통화, 문자메시지 등을 통하여 「이 사건 전자제어장치의 회로도, 부품목록, 거버도면, 프로그램 헥사파일 등 18개의 자료」(이하 위 각 자료를 통틀어 '이 사건 자료'라고 한다)를 제공할 것을 요구하였다. 이에 위○테크 대표이사 채○명은 2015. 5. 12.부터 2017. 6. 23.까지 이메일을 통하여 해당 자료들을 아래 표와 같이 원고의 대표 이메일, 원고의 대표이사 정○화, 이사 정철○, 부장 황○식 등의 이메일로 송부하는 방식으로 제공하였다.

제공일자	자료명	요구방법
2015. 5. 12.	전자제어장치(AN-160) 부품목록	전화
2015. 11. 2.	전자제어장치(AN-105)[457] 회로도, 거버도면 전자제어장치(AN-160) 부품목록	전화
2015. 11. 5.	전자제어장치의 프로그램 헥사파일(내수용[458])	전화

453) 회로소자의 종류, 용량 등의 정보와 회로소자를 이어주는 회로선의 형태[결선(結線)형태]가 표현된 것으로서 회로의 설계도에 해당한다. 업계에서는 회로도, 회로도면을 혼용하여 사용한다.

454) 회로의 구성부품의 목록으로서 회로소자의 종류, 용량, 제조사, 품명, 개수, 가격 등의 정보와 함께 회로소자의 삽입방법에 관한 정보를 포함하고 있다. 삽입방법에는 수삽, 자삽, SMD 등이 있다. 각각은 수동삽입, 자동삽입, Surface Mounted Device의 준말이다. 수삽은 수작업으로 회로소자를 인쇄회로기판(PCB)의 지정된 자리에 삽입하는 방법이고, 자삽은 자동화 장비를 이용하여 삽입하는 방법이다. SMD는 PCB에 구멍을 뚫지 않고, 표면에 삽입하는 방식으로 자동화 장비가 이용된다. 이때 삽입은 납땜 등에 의해 회로소자와 인쇄회로기판이 전기적으로 연결되는 과정이다. 한편, 삽입방법은 부품의 종류, 크기 및 부품 간 상호 위치 등에 따라 결정된다.

455) 인쇄회로기판(PCB)을 제조하는 과정에서 필요한 도면으로서 회로기판의 외형, 수치 및 회로선의 두께, 길이, 형태 등의 정보가 담겨있는데, 업계에서 거버파일이라고도 부른다.

456) 스위치, 과전류·과열 신호 등에 대해 어떤 동작을 수행해야 하는지에 관한 정보를 담고 있다.

제공일자	자료명	요구방법
	(2015년 11월 버전)	
2016. 4. 11.	전자제어장치(AN-170) 부품목록	전화
2016. 5. 12.	전자제어장치(AN-170) 부품목록	전화
2016. 5. 24.	전자제어장치(AN-105) 회로도	전화
2016. 7. 5.	전자제어장치(AN-180) 회로도, 부품목록, 거버도면	전화
2016. 8. 23.	전자제어장치(AN-180) 회로도, 부품목록	전화
2016. 8. 29.	전자제어장치(AN-180) 회로도, 부품목록	전화
2016. 10. 19.	전자제어장치(AN-180) 부품목록	전화
2016. 11. 29.	무선청소기 회로의 부품목록	전화
2016. 11. 30.	전자제어장치(AN-185) 회로도, 부품목록 무선청소기 회로의 회로도	전화
2016. 12. 1.	전자제어장치(AN-185) 회로도	전화
2016. 12. 2.	전자제어장치(AN-185) 부품목록	전화
2017. 4. 7.	전자제어장치의 프로그램 헥사파일(내수용) (2017년 4월 버전)	전화
2017. 4. 11.	전자제어장치의 프로그램 헥사파일(내수용) (2017년 4월 버전)전자제어장치(AN-195) 부품목록	전화
2017. 5. 18.	전자제어장치(AN-195) 부품목록, 거버도면 전자제어장치의 프로그램 헥사파일(수출용[459])) 무선청소기 회로의 부품목록	전화문자메시지(헥사파일)
2017. 5. 23.	전자제어장치(AN-195) 부품목록(가격포함)	전화
2017. 6. 23.	전자제어장치(AN-195) 부품목록(가격포함)	전화

2) 또한 원고는 2016년 11월경부터 2017년 7월경까지 이 사건 전자제어장치 등의 납품가격을 인하하거나 납품업체를 이원화 또는 변경할 목적으로 아래 표와 같이 이 사건 자료를 위○테크의 경쟁업체인 오○엔트전자 등 8개 업체에 제공하였고, 그 업체로 하여금 전자제어장치 견적가격, 유사제품의 샘플 등을 제출하도록 하였다.

구분	제공일	제공된 업체	제공 자료	제공 방식
1	2016. 11. 24.	혜○전자	전자제어장치(AN-185)의 부품목록	전자우편
2	2016. 12. 1.	이○텍	전자제어장치(AN-185)의 회로도, 부품목록	전자우편
3	2016. 12. 8.	대○에스엠티	전자제어장치(AN-185)의 회로도, 무선청소기 회로의 회로도	전자우편
4	2016. 12. 9.	삼○이테크	전자제어장치(AN-185)의 회로도, 부품목록,무선청소기 회로의 회로도, 부품목록	전자우편
5	2016. 12. 9.	월○전자기술		전자우편
6	2016. 12. 13.	이○텍		전자우편
7	2017. 4. 21.	오○엔트전자	전자제어장치(AN-195)의 부품목록, 프로그램 헥사파일(내수용)	전자우편

457) 전자제어장치는 불량률 감소, 성능 향상을 목적으로 수차례 설계변경을 거치는데, 'AN-숫자'는 위○테크가 부여한 회로도의 명칭이고, 숫자가 높을수록 최근에 개발된 것임을 의미한다.

458) 내수용 전압(220V)에 맞게 작성된 프로그램 헥사파일이다.

459) 수출용 전압(110V)에 맞게 작성된 프로그램 헥사파일이다.

구분	제공일	제공된 업체	제공 자료	제공 방식
8	2017. 5. 18.	오○엔트전자	전자제어장치의 프로그램 헥사파일(수출용)	전자우편
9	2017. 7. 12.	에○피엠	무선청소기 회로의 회로도	전자우편
10	2017. 7. 25.	티○엠에스	무선청소기 회로의 회로도	전자우편

2. 피고 공정거래위원회의 처분

1) 피고는 2018. 12. 11. 의결 제2018-364호로 원고에 대하여 아래와 같은 이유로 시정명령과 과징금납부명령을 하였다.

> 1. 원고는 정당한 사유 없이 2015. 5월 초경부터 2017. 6월 말경까지 위○테크에 전화통화, 문자메시지 등을 통하여 이 사건 자료를 제공할 것을 요구함으로써 하도급법 제12조의3 제1항을 위반하였다.
> 2. 원고는 2016년 11월경부터 2017년 7월경까지 이 사건 전자제어장치 등의 납품가격을 인하하거나, 납품업체를 이원화 또는 변경할 목적으로 이 사건 자료를 위○테크의 경쟁업체인 오○엔트전자 등 8개 업체에 제공하였고, 그 업체로 하여금 전자제어장치 견적가격, 유사제품의 샘플 등을 제출하도록 함으로써 하도급법 제12조의3 제3항을 위반하였다.

3. 원고 원사업자의 주장

가. 이 사건 자료의 '기술자료' 불해당

1) 위○테크는 이 사건 자료에 접근할 수 있는 대상자나 접근방법 등을 제한하거나, 여기에 접근하려는 자에게 비밀유지준수 의무를 부과하지 않는 등 이 사건 자료가 비밀이라고 인식될 수 있을 만한 별다른 표시나 고지 등을 한 바가 없다. 이와 관련하여 위○테크의 대표 채○명이 피고의 조사과정에서 한 진술은 신빙성이 낮고, 설령 그 진술을 그대로 믿더라도 단지 원고 측에 비밀로 유지해줄 것을 구두로 당부하였다는 것에 불과하여 **'상당한 노력'**에 의하여 비밀로 유지하였다고 볼 수도 없다.

2) 위○테크가 이 사건 자료를 개발·취득하기 위하여 '상당한' 비용, 시간, 노력 등을 들였다고 보기 어렵다. 또한 이 사건 자료의 내용은 전기공학이나 전자공학을 전공하는 대학생이라면 누구나 만들 수 있는 기초적인 것에 불과하고, 시중에 통용되는 보편적 구성의 회로여서 특별한 노력을 기울이지 않더라도 쉽게 구현할 수 있다.

3) 이와 같이 이 사건 자료는 상당한 노력에 의하여 비밀로 유지되었다고 할 수 없고, 그 자료가 영업활동에 유용하고 독립된 경제적 가치를 가진다고도 보기 어려우므로, 이 사건 자료가 하도급법이 규정한 '기술자료'에 해당한다고 볼 수 없다.

나. **기술자료 제공요구의 부존재**

1) 원고는 위○테크에 포괄적으로 이 사건 전자제어장치와 관련된 자료의 제공을 요구한 것에 불과하고, 이 사건 자료를 특정하여 제공할 것을 요구하지 않았다. 게다가 이 사건 자료 중에는 위○테크가 원고에 자발적으로 보낸 것도 포함되어 있다. 이에 비추어 볼 때 원고와 위○테크 간에 이 사건 자료 제공에 관한 묵시적인 합의가 있다고 봄이 상당하므로, 원고가 단지 위○테크에 포괄적으로 전자제어장치와 관련된 자료의 제공을 요구하였다는 사정만으로 하도급법 제12조의3 제1항을 위반하여 기술자료 제공요구를 하였다고 볼 수 없다.

2) 위○테크는 별다른 비용을 들이지 않고서 이 사건 자료를 개발·취득하였고, 이후 원

고에 약 3년 8개월 동안 약 90만 개 이상의 전자제어장치를 납품하며 약 110억 원이 넘는 대가를 지급받았다. 원고는 위○테크에 이 사건 자료의 개발비용 이상의 대가를 꾸준히 지급함으로써 실질적으로 자료의 개발·취득 비용을 지급한 것으로 볼 수 있으므로, 이 사건 자료를 보유할 권한은 위○테크가 아닌 원고에게 있다. 설령 그렇지 않더라도 원고는 위○테크와 거래를 시작하면서 이 사건 전자제어장치 납품을 위한 샘플, 회로도, 부품목록을 제공하는 등 위○테크가 이 사건 자료를 개발 또는 개선하는 과정에 상당한 기여를 하였는바, 위○테크가 이 사건 자료를 배타적으로 보유할 권한을 가지고 있다고 보기도 어렵다. 따라서 원고는 이 사건 자료를 보유할 적법한 권한에 기초하여 위○테크에 그 자료의 제공을 요구한 것이므로, 하도급법 제12조의3 제1항을 위반하였다고 볼 수 없다.

3) 또한 원고는 위○테크와 무선청소기 납품에 관한 하도급 계약을 체결한 바 없으므로, 무선청소기 부품목록, 회로도 등은 하도급법 제12조의3이 적용되는 기술자료도 아니다.

다. 기술자료 제공요구의 정당한 사유의 존재

1) 원고는 이 사건 전자제어장치가 포함된 물걸레청소기의 국내 판매 및 수출 판매 등을 위하여 국내뿐 아니라 중국, 미국, 유럽의 제품 인증 및 품질 검증을 받아야 했고, 이를 이유로 위○테크에 이 사건 자료의 제공을 요구하였다. 따라서 원고의 기술자료 제공요구는 '제조 등의 위탁 목적을 달성하기 위해 수급사업자의 기술자료가 절차적, 기술적으로 불가피하게 필요한 경우'로서 정당한 사유가 있다.

2) 원고는 하도급 계약의 목적물을 분명하게 함과 동시에 수급자인 위○테크가 이 사건 전자제어장치를 비롯한 물걸레청소기 손잡이 부분이 부품생산 규격에 맞게 제작하였는지 여부, 품질 조건을 제대로 갖추었는지 여부 등을 검수하기 위하여 부품목록, 회로도 등의 제공을 요구한 것이고, 위○테크는 이 사건 전자제어장치에 사용되는 회로도 또는 부품목록이 변경될 경우 이 사건 하도급 계약 또는 업계의 관행 등에 따라 원고에 전자제어장치에 사용되는 부품의 회로도, 부품목록 등을 제공할 의무가 있으므로, 원고가 기술자료의 제공을 요구한 데는 정당한 사유가 있다.

3) 원고와 위○테크 간에는 2013년 10월경부터, 위○테크가 개발·제작하여 납품하는 전자제어장치 부분에 대한 재료비 원가, 전자제어장치와 손잡이 부분 조립을 위해 필요한 부품 공급가격에는 이윤을 붙이지 않고, 오로지 위○테크의 원고에 대한 물걸레청소기 손잡이 부분 납품의 이윤은 '조립비'에만 책정하기로 합의하였다. 그럼에도 위○테크는 그러한 합의를 준수하지 않고 별도로 재료비 원가 등에 이윤을 책정하여 납품하였고, 이를 이유로 원고로서는 위○테크가 이윤을 과다하게 산정하고 재료비 등을 허위로 계산하는 등으로 원고를 기망하여 계약상 의무를 위반하는지 여부를 확인하기 위하여 이 사건 자료의 제공을 요구하였다. 따라서 원고의 기술자료 제공요구에는 정당한 사유가 있다.

4) 위○테크가 납품한 이 사건 전자제어장치는 불량 등 제품의 하자발생이 빈번하였고, 원고는 제품의 불량 원인을 찾고 품질을 개선하기 위하여 위○테크에 이 사건 자료의 제공을 요구하였다. 따라서 원고의 기술자료의 제공 요구는 '제품에 하자가 발생하여 원인 규명을 위해 하자와 직접 관련된 기술자료를 요구하는 경우'로서 정당한 사유가 있다.

라. 기술자료 유용행위의 부존재

1) 하도급법 제12조의3 제3항에 따라 금지되는 원사업자의 기술자료 유용행위는, 원사업자가 같은 조 제1항, 제2항을 위반하지 않고서 적법하게 취득한 기술자료 또는 수급사업자

에 대한 자료 제공요구 이외의 방법으로 취득하게 된 기술자료를 자기 또는 제3자를 위하여 유용하는 것을 의미한다. 따라서 원고가 위○테크에 이 사건 자료의 제공을 요구한 것에 정당한 사유가 인정되지 않더라도, 하도급법 제12조의3 제1항, 제2항을 위반하여 취득한 기술자료를 유용하는 행위는 법 위반행위 이후의 사정에 불과하여 제재의 대상이 된다고 볼 수 없다.

2) 원고가 이○텍, 오○엔트전자 등 다른 업체에 이 사건 자료를 전달한 이유는 위○테크가 납품한 전자제어장치의 불량 원인을 파악함과 동시에 위○테크의 기망적인 납품대금 산정을 시정하고 적정 수준의 대금을 도출하기 위한 기초자료로 활용하기 위해서였다. 따라서 원고가 이 사건 자료를 그 취득 목적 및 합의된 사용범위를 벗어나 사용하였다고 볼 수 없다.

3) 원고는 불량의 원인을 규명하고 적정 수준의 납품대금을 산정하기 위하여 이 사건 자료를 사용한 점, 원고는 위○테크와의 충분한 협의를 거쳐 전자제어장치 납품대금을 인하한 점, 이 사건 자료의 경제적 가치가 미미한 점 등에 비추어 보면, 원고의 이 사건 자료 유용으로 인하여 하도급거래의 공정성이 저해되었다고 볼 수 없다.

4. 법원의 판단

가. 인정사실

1) 위○테크의 이 사건 자료의 개발과정 및 보관 현황 등

가) 원고는 2013년경 성○전자로부터 물걸레청소기 손잡이 부분의 전자제어장치를 납품받았다가, 2013년 9월경부터 위○테크에 성○전자가 납품하던 PCB의 거버도면 등을 제공하며 이 사건 전자제어장치의 제조를 위탁하였다.

나) 위○테크 대표이사 채○명은 2013년 10월 초경 원고에 대략적인 견적을 제시하였고, 원고가 요구하는 성능의 전자제어장치 설계에 돌입하였다. 그 과정에서 위○테크는 2013. 10. 11. 블○피쉬에 아래와 같은 이 사건 전자제어장치에 사용하는 프로그램의 개발 및 PCB 공급계약을 체결하였다.

> 제3조(기밀유지)
> “갑”(위○테크)과 “을”(블○피쉬)은 본 계약과 관련된 내용을 제3자에 누설하면 아니 되며 본 계약의 이행 과정 중 알게 된 상호 기밀 사항을 제3자에게 누설하지 아니한다.
> 제4조(결과물)
> “을”은 “갑”에게 아래 항목을 제공해야 한다.
> (1) 양산용 프로그램(바이너리 파일) (2) PCB Gubber DATA
> 제5조(비용)
> 개발에 필요한 실비는 “갑”이 지원한다. 생산에 필요한 모든 부품은 “갑”이 제공한다. PCB ASS'Y 비용: 세트당 180원(향후 수량 대비 단가협의)

다) 위○테크는 이후 2013. 10. 30.경 이 사건 전자제어장치 PCB 샘플을 제작하여 원고에 제시하였고, 원고는 2013년 11월경 위○테크에 처음으로 5,000개의 전자제어장치 PCB 제조를 위탁하였다. 원고는 위○테크에 PCB 제조를 위탁하면서 PCB 제조에 필요한 부품 등을 직접 구매해 주었다가, 2014년 5월경부터는 위○테크와 사이에, ‘위○테크는 원고가 지정한 부품업체로부터 PCB 제작 및 손잡이 부분의 조립에 필요한 각 부품을 구매하여 납

품한다'는 내용으로 합의하였다.

라) 위○테크는 대표이사인 채○명과 그 배우자 및 아들이 대표이사, 이사 등의 지위에 있는 가족회사였다. 채○명은 이 사건 자료를 사업장 내의 PC 2대(그중 1대는 인터넷이 연결되어 있지 않다)에 파일 형태로만 보관하고 있었고, 별도로 인쇄물의 형태로 보관하지는 않았다. 또한 채○명은 이 사건 자료가 보관된 각 PC에 부팅 이전 단계부터 비밀번호를 설정하였고, PC가 부팅된 후에도 화면보호기를 작동하게 하여 그 해제를 위한 비밀번호를 설정해 두었으며(위 두 비밀번호는 서로 다르다), 그 각 비밀번호를 오로지 채○명을 비롯한 위○테크의 임원 3명 사이에만 공유하였다.

2) **원고의 위○테크에 대한 각 자료의 제공요구 등**

가) 원고의 이사 정○화는 2013년 11월경 위○테크 측에 회로도, 부품목록(PL), 거버도면의 제공을 요구하였고, 이에 위○테크는 2013. 11. 9. 원고에 당시 납품 중이었던 PCB의 회로도, 부품목록, 거버도면, 프로그램 헥사파일을 이메일로 제공하였다.

나) 그 후 원고는 2015년 5월경부터 2016년 10월경까지 위○테크에 중국, 미국, 유럽 등으로의 수출을 위한 제품 인증을 받기 위한다는 목적으로 PCB의 회로도, 부품목록, 거버도면, 프로그램 헥사파일 등의 제공을 구두 또는 전화로 요구하였고, 그 요구를 받은 위○테크는 2015. 5. 12.부터 2016. 10. 19.까지 총 10차례에 걸쳐 원고가 요구하는 자료를 제공하였다.

다) 원고는 판매했던 이 사건 물걸레청소기가 반품되면, 다시 위○테크에 반품하였다. 위○테크는 이에 따라 전자제어장치의 불량 원인을 찾아 성능을 개선하고자 설계를 변경하였고, 그때마다 모델명을 변경하여 2014년 10월경부터 2014년 11월경까지 AN-105을, 2015년 1월경부터 2015년 4월경까지 AN-160을, 2015년 5월경부터 2015년 12월경까지 AN-170을, 2016년 3월경부터 2016년 5월경까지 AN-180을, 2016년 6월경부터 2017년 5월경까지 AN-185를, 2017년 7월경부터는 AN-195를 각 납품하였다.

라) 한편, 원고는 이 사건 물걸레청소기의 수출을 추진하던 중 2015. 12. 23.경 중국 제품 인증(CQC) 획득의 대행기관인 CCIC로부터 중국으로의 수출을 위한 제품 인증에 필요한 서류 목록을 이메일로 송부받았다.

3) **원고와 위○테크 사이의 하도급 계약서의 작성 등**

가) 원고는 2016년 11월경 위○테크에 이 사건 전자제어장치의 PCB 원가표의 제공을 요구하였다. 이에 위○테크는 2016. 11. 23. 원고에 당시 납품 중이던 AN-185 각 부품별 가격과 구매처, 조립 부품 등이 기재된 원가표를 이메일로 전달하였다. 그런데 위○테크가 당시 전달한 원가표에는 자재비, 조립비 외에 "이윤 및 관리비 12%" 항목으로 "696원"이 책정되어 있었다.

나) 원고와 위○테크는 2016. 11. 23. 그동안 작성을 미루어왔었던 하도급 계약서를 작성하였다. 이 사건 하도급 계약의 주요 내용은 아래와 같다.

제1조(목적) 본 계약의 목적은 "갑"(원고)의 아○스 듀얼회전 물걸레청소기(이하 '제품')에 필요한 양질의 부품(이하 '부품')을 "을"(위○테크)이 직접생산 납품함(이하 '납품')으로써 "갑"의 제품 제조 생산을 원활하게 할 수 있게 하여 "갑"과 "을" 상호간의 공동 번

영함과 이익을 도모하는 데 있다.
제3조(품질 조건)
1) 부품의 품질 기준은 “갑”의 판단을 우선 한다.
2) “을”은 “갑”에게 납품하는 부품에 대하여 부품생산 규격표를 준수하여 생산한다.
3) “을”을 원자재(또는 부품)의 MSOS, ROHS 등의 품질조건을 완전히 준수하여야 한다(6개 환경유해물질 및 해외수출 규제물질 무 검출 조건이어야 한다).
4) “을”은 본조 3)항의 원자재(또는 부품)의 MSOS, ROHS 자료는 “갑”에게 보낸 이메일(2016. 11. 23.) 근거하여 이를 기준으로 책임진다.
5) 부품생산 규격표와 원자재구매처 및 MSOS, ROHS 등의 품질조건에 변동사항 발생 시 즉시 “갑”에게 통보하고 승인받아야 한다.
6) “을”은 철저한 자체 품질관리를 통하여 정상적인 품질의 부품만을 공급하여야 하며, “갑”은 필요시 “을”의 부품 및 제조 현장을 대상으로 품질관리를 점검할 수 있다.
7) “갑”은 “을”에게 불량부품의 책임 및 예방을 위하여 필요에 따라 부품의 각종 검사를 아래와 같이 요구할 수 있다.
제8조(가격)
1) “을”이 “갑”에게 공급하는 부품의 가격은 “갑”이 서명한 견적서에 의한다.
제12조(기밀유지)
1) “을”은 “갑”과의 거래에서 알게 된 “갑”의 제품생산 및 영업정보를 제3자에게 누설 및 “을”의 이익을 목적으로 활용해서는 안 된다.

다) 원고는 다음 날인 2016. 11. 24. 혜○전자 측에 이메일로 2016. 11. 23.자 AN-185의 부품목록(가격은 기재되어 있지 않다)을 보냈다.

라) 원고는 혜○전자 측에 위 부품목록을 보낸 다음 날인 2016. 11. 25. 위○테크와 아래와 같은 내용의 ‘초과지급 반환확약서’를 작성하였다. 그리고 같은 달 30일 위○테크와 이 사건 하도급 계약이 2014년 3월 이후 위○테크가 납품한 부품부터 적용한다는 부속합의서를 작성하였다.

갑(원고), 을(위○테크)
위 당사자가 아○스 듀얼회전 물걸레청소기에 공급되는 부품인 손잡이 SET(이하 ‘부품’) 발주 및 납품과 관련하여 견적단가 오류 수정 및 소급정산을 아래와 같이 확약한다.
1. 서언
을이 갑에게 납품한 부품은 이윤을 포함하고 있기 때문에 그 손잡이 SET 구성부품 중 하나인 PCB는 다른 구성부품과 같이 이윤을 제외한 재료비만 책정합니다.
2. 견적오류
그러나 을은 갑에게 부품 단가책정에 조립비(이윤)가 책정됐음에도 불구하고 부품의 구성품 중 하나인 PCB 원가에 이윤을 포함해 결제받았으며 결국 중복결제에 해당하기 때문에 반환할 것을 약정합니다.
3. 오류기간, 오류금액, 납품수량
오류기간은 2014년 3월부터 2016년 10월까지 납품한 기간에 오류가 발생했으며 오류금액은 PCB 이윤에 대한 696원/EA이고 납품수량은 743,316EA입니다.

4) 경쟁업체에 이 사건 자료의 제공

가) 원고는 위 초과지급 반환확약서 작성 이후 위○테크에 무선청소기 회로의 부품목록, 회로도, AN-185의 회로도, 부품목록 등의 제공을 요구하였고, 이에 위○테크는 원고에

2016. 11. 29. 무선청소기 회로의 부품목록을, 다음 날인 2016. 11. 30. 무선청소기 회로의 회로도, AN-185 회로도, 부품목록을 각 이메일로 보냈다.

나) 위○테크는 2012. 12. 1. 원고에 AN-185 회로도를 이메일로 보냈고, 원고는 같은 날 이렌텍 측에 AN-185, 회로도, 부품목록(2013. 11. 23. 작성된 것으로, 가격은 생략되어 있으나 부품업체명은 그대로 기재되어 있다)을 이메일로 보냈으며, 이○텍은 같은 날 이를 오○엔트전자에 그대로 발송하였다. 그리고 위○테크는 다음 날인 2016. 12. 2. 원고에 AN-185 부품목록을 재차 이메일로 보냈다.

다) 혜○전자는 2016. 12. 6. 원고에 이 사건 전자제어장치의 PCB 개당 5,218원인 AN-185 단가 견적서를 이메일로 보냈다. 그 견적서는 프로그램 헥사코드의 개발비, 입력비 등 소프트웨어 항목은 제외된 채, 회로 소자별 구매비용, 삽입방법별 비용(수삽 및 수땜 비용, 자삽 비용, SMD 비용), 관리비용, 이익 등으로 구성되어 있고, 회로소자의 제조사만 변경되어 있으며, 회로소자의 종류, 품명, 용량, 개수, 삽입방법 등은 위○테크가 제공한 부품목록의 내역을 그대로 사용하였다.

라) 원고는 2016. 12. 8. 대○에스엠티에 무선청소기 회로의 회로도, AN-185 회로도를, 2016. 12. 9. 삼○이테크, 월○전자기술에 무선청소기 회로의 회로도, 부품목록, AN-185 회로도, 부품목록을, 2016. 12. 13. 이○텍에 무선청소기 회로의 회로도, 부품목록, AN-185 회로도, 부품목록 자료를 이메일로 보냈다.

마) 그 후 대○에스엠티는 2016. 12. 14. 원고에 개당 6,819원인 무선청소기 견적서를 제출하였고, 월○전자기술은 그로부터 3일 뒤인 2016. 12. 17. 원고에 개당 4,674원(유선청소기), 6,988원(무선청소기)의 견적서를 제출하였다. 위 각 견적서 역시 혜○전자가 제출한 견적서와 마찬가지로 프로그램 헥사코드의 개발비, 입력비 등 소프트웨어 항목은 제외된 채, 회로소자의 종류, 품명, 용량, 개수, 삽입방법 등은 위○테크가 제공한 부품목록의 내역을 그대로 사용하였다.

5) **원고의 위○테크에 대한 납품대금 인하 요구**

가) 원고는 대일에스엠티 및 월드전자기술이 각 제출한 견적서의 내용을 엑셀 파일로 정리한 다음, 2016. 12. 20.경 이를 위○테크 대표이사 채○명에게 제시하며 위○테크가 납품하는 전자제어장치 PCB의 '릴레이' 구매비용 750원 및 'SMD' 용역비용 280원이 다른 업체와 비교할 때 각 290원, 160원이 높다는 이유로 견적을 제시한 다른 업체와 같은 수준으로 가격 인하를 요구하였다.

나) 이에 위○테크는 릴레이 구매비용을 230원, SMD 용역비용을 160원씩 각 감액하되, 기존에 발주된 물량의 제조를 위하여 위○테크가 부품업체로부터 미리 구입한 부품을 모두 소비하게 되는 2017년 4월경부터 위 단가를 적용하기로 하였다.

6) **원고의 타 업체에 대한 유사제품 납품 의뢰 등**

가) 원고는 2017년 4월 초경 오○엔트전자 측에 기존의 AN-185 회로도를 토대로 유럽인증(CE)을 획득할 수 있는 수준으로 전자파차단율을 높이는 등의 기능이 개선된 유사제품의 납품을 요청하였다.

나) 이후 원고는 위○테크에 당시 납품 중인 제품인 AN-195의 부품목록과 내수용 프로그램 헥사파일의 제공을 요구하였고, 이에 위○테크는 원고에 2017. 4. 7. 원고가 요청한 내수용 프로그램 헥사파일을, 같은 달 11일에 내수용 프로그램 헥사파일 및 AN-195의 부품

목록을 이메일로 보냈다.

다) 원고는 그로부터 10일 뒤인 2017. 4. 21. 오○엔트전자 책임연구원 이○득 앞으로 위○테크로부터 건네받은 AN-195 부품목록 및 프로그램 헥사파일을 전달하였는데, 그 부품목록에는 기존 AN-185 모델 회로도에서 전자파차단율을 높이기 위하여 1개 회로소자가 추가된 상태였다. 오리엔트전자는 2017. 4. 21.경 및 2017. 5. 15.경 원고에 각 전자파차단율을 높이는 등의 기능이 개선된 유사제품의 샘플을 제공하였다.

라) 원고는 그 무렵 위○테크에 AN-195 부품목록과 거버도면, 수출용 프로그램 헥사파일, 무선청소기 회로의 부품목록의 제공을 요구하였고, 위○테크는 2017. 5. 18. 원고가 요청한 각 자료를 이메일로 보냈다. 그리고 원고는 위○테크로부터 위 각 자료를 받은 후 곧바로 그중 프로그램 헥사파일을 오○엔트전자 측에 전달하였다.

마) 또한 원고는 위○테크 대표이사 채○명에게 해외 제품 인증을 대행하는 기관(UCS) 앞으로 AN-195 회로, 부품목록, 거버도면의 송부를 요청하였고, 채○명은 이에 따라 인증대행기관에 직접 위 각 자료를 이메일로 보냈다.

7) **원고의 기존 및 신규 모델 납품가격 인하 요구**

가) 원고의 전무이사 정○화는 2017. 5. 17.경 위○테크 측에 다른 업체가 전자파차단 기능을 강화한 제품에 대하여 개당 5,300원대의 견적을 냈다고 알리면서 이 사건 전자제어장치의 납품가격도 그와 유사한 수준으로 인하할 것을 요구하였다.

나) 그 후 오○엔트전자는 2017. 5. 19. 원고에 이 사건 전자제어장치 AN-185의 기존 제품 견적가격으로 개당 5,400원, 기존 제품에 전자파차단 기능을 추가한 제품에 대한 견적가격으로 개당 5,835원을 제시하였고, 그로부터 3일 뒤인 같은 달 22일에는 위○테크의 회로도 및 부품목록을 이용한 PCB 제작과 관련한 프로젝트 기획서를 제출하였다.

다) 위○테크는 2017. 5. 23. 원고의 가격 인하 요구에 응하여 전자파기능을 강화한 신규제품의 납품가격을 기존 5,835원에서 490원을 인하하기로 하였다. 그리고 같은 날 원고의 자료 제공요구에 따라 원고 측에 원가가 기재된 AN-195 부품목록을 제공하였다.

라) 그러자 원고는 '신규제품이 기존 제품에 2종류의 회로소자를 추가한 것이니 기존 제품의 납품가격도 동일하게 490원을 인하할 것'을 요구하였고, 위○테크는 2017. 5. 26. 원고의 요구에 따라 기존 제품의 납품가격도 5,415원에서 4,925원으로 약 9% 정도 가격을 인하하였다.

8) **타 업체에 대한 추가적인 자료 제공 및 원고와 위○테크 간의 거래 중단**

가) 오○엔트전자는 2017. 6. 22. 원고 측에 새로운 회로도를 작성하고, 프로그램 헥사파일도 새롭게 개발한 것을 전제로 개당 5,060원의 견적가를 제시하며, 그에 따른 제품 샘플도 제공하였다.

나) 위○테크는 원고의 부품목록 제공요구에 따라 2017. 6. 23. 원고에 재차 원가가 기재된 AN-195 부품목록을 이메일로 보냈다. 원고의 전무이사 정○화는 오리엔트전자의 견적가를 참고하여 그 무렵 채○명에게 신규제품의 납품가격을 5,835원에서 5,090원으로 약 5% 인하할 것을 요구하였고, 채○명은 그 요구에 따라 신규제품의 납품가격을 5,090원으로 정하였다.

다) 그 후 원고는 2017. 6. 28.경 위○테크 측에, 위○테크가 2013년부터 2017년 5월까지 부품업체로부터 매입한 세금계산서의 제출을 요구하였으나, 위○테크 대표이사 채○명

은 그 대신 2017. 7. 7. 원고 측에 위 기간 부품업체로부터의 부품매입 거래처원장을 제공하였다.

라) 원고는 그로부터 5일 뒤인 2017. 7. 12. 에○피엠에 무선청소기 회로의 회로도를 이메일로 보냈고, 에○피엠은 같은 달 14일 원고에 PCB 견적서를 제출하였다. 또한 원고는 같은 달 25일 티○엠에스에 무선청소기 회로의 회로도를 각 이메일로 보냈다.

마) 원고는 2017. 7. 24.경 위○테크에 '손잡이 조립용 부품 3차분 10,000대 발주에 대한 자재 납품을 요청하였으니 2017. 8. 7.부터 같은 달 12일까지 납품하기 바란다. 그리고 재차 강조하지만 위○테크가 당당하면 전혀 문제될 것이 없다'는 취지의 이메일을 보냈고, 이에 위○테크는 2017. 7. 26. 원고에 '매입 세금계산서는 드릴 수 없다. 협력업체에 결제를 해주어야 하니 6월분 대금의 결제를 부탁드린다. 그리고 원고가 요청한 내수용 2017. 4. 7. 및 수출용 2017. 5. 18. 프로그램 파일(헥사파일)은 백업용으로 제공한 자료로, 위○테크와의 협의 없이 원고 또는 제3자에게 주어서 유용하는 불미스러운 일이 발생하는 일이 없도록 주의해주세요'라는 이메일을 보냈다.

바) 위○테크는 2017년 8월경부터 원고에 대한 전자제어장치 PCB 납품을 중단하였고, 이에 원고는 2017년 10월경 위○테크와 그 대표이사인 채○명을 상대로 납품단가를 속여 납품대금을 초과 수령하였다는 이유로 초과 수령한 PCB 대금의 반환을 구하는 민사소송을 제기하였다(수원지방법원 안양지원 2017가합104502).

사) 이후 원고는 2017년 11월경부터 에스피엠으로부터 이 사건 물걸레청소기의 전자제어장치 PCB 등의 납품을 받았다. 위○테크는 2018년 1월경 피고에 원고를 하도급법 위반 등의 혐의사실로 신고하였고, 원고는 2018년 12월경 위○테크와 채○명을 상대로 제기하였던 민사소송을 취하하였다.

9) **관계자들의 진술 등 -(생략)**

10) **기술심사자문위원의 의견 등**

가) 피고는 기술자료 제공요구 및 유용행위의 심사와 관련하여 제도 개선이나 발전 방향 및 사건의 심사에 관하여 전문가의 의견을 수렴하기 위하여 피고 훈령으로 정한 '기술심사자문위원회의 설치 및 운영에 관한 규정'을 마련하고, 그에 따라 '기술심사자문위원회'를 설치하였다. 기술심사자문위원회는 25명의 외부 전문가로 구성되어, 기술자료 해당성, 기술자료의 유용 여부 등을 심의한다. 그중 전기·전자 분과는 공주대, 한국전자통신연구원, 특허법인 소속 변리사 등 총 5명으로 구성되어 있다.

나) 피고의 기술심사자문위원(전기·전자 분과) 5명은 모두 이 사건 자료가 하도급법 제12조의3 제1항의 기술자료에 해당한다는 전문적 의견을 제시하였다. 위 기술심사자문위원의 이 사건 자료의 기술성, 비공지성 등에 대한 의견은 아래 표와 같다.

■ 회로도 1. 기술성 모든 부품 간의 명확한 결선방법과 분명한 부품별 공칭값을 표기하고 있음. 회로의 동작원리나 상태를 이해하기 위한 기능블럭도와는 달리 상세한 정보를 담고 있음. 특정 청소기에 적용되는 성능, 그리고 설계되어 제작될 수 있는 제어장치의 기초

자료로서 전자제어장치 동작뿐 아니라 대량 제조를 위한 중요한 정보를 포함하고 있음.
장치의 제조에 관한 중요한 정보에 해당되고, 타 제조업자가 이 자료를 활용한다면 장치의 개발에 필요한 기술적으로 중요한 정보를 획득하는 것임.
2. 비공지성
본 회로도는 회로블록뿐 아니라, 노이즈 차폐, 과전압 방지, 모터 구동 등 여러 가지 기능블록을 포함하여 하나의 시스템으로 동작할 수 있도록 구성되어 있으므로, 불특정 다수에게 공개되어 있다고 볼 수 없음.
■ 부품목록
1. 기술성
구체적인 부품 규격, 생산방법 및 비용을 알 수 있음. 명확한 규격을 표기하고 있으므로 기술성 있음.
장치의 성능, 출력, 제품 가격, 제조사 등을 알 수 있는 근거가 포함되어 있어, 그 목록 자체만으로도 기술적 가치가 있는 경우가 많으며, 특히 부품목록이 회로도와 함께 제공되는 경우에는 자료의 기술적 가치가 더 커져서 장치 관련 사업자의 생산 또는 영업활동에 유용한 자료임.
2. 비공지성
조립방법, 구체적 부품의 형번 등은 인터넷, 교과서에 공지되어 있을 수가 없음.
특정 제품에 적용되는 성능과 동작 고려가 포함되어 선정된 부품만 모아놓은 것이므로 공개되지 않았다고 보는 것이 타당함.
■ 거버도면
1. 기술성
대량 제조를 위한 중요한 정보, 개발자의 노력이 상당히 담겨 있고, PCB의 제조에 필요한 것으로서 부품의 배치 및 장치의 효율 등에 영향을 줄 수 있는 내용이 포함되어 있음. 장치설계자의 기술적 창작품에 해당하고, 장치 제조에 응용할 수 있는 사항이 포함되어 있음.
2. 비공지성
회로도, 부품목록, 부품배치로부터 소프트웨어에서 자동 또는 수동으로 맞춤형으로 만들게 되므로 교과서 및 인터넷에 공개되어 있을 수가 없음.
■ 프로그램 헥사파일
1. 기술성
전자제어장치의 제조에 반드시 필요한 부분으로 이 소프트웨어가 없다면 전자제어장치로서 기능적 역할을 할 수 없게 됨.
대량 제조를 위한 중요한 정보, 개발자의 노력이 담겨 있음. 제작된 회로에 별도의 가공 없이 직접 활용될 수 있는 정보로서 생산영업활동에 기술적으로 유용함.
2. 비공지성
소스코드를 알 수 없으며, 16진수로 구성된 기계어로 구성되어있는 헥사코드는 컴파일러를 통해 만들어진 코드이므로 당연히 공개되어 있지 않음.

다. 판단1. -이 사건 자료의 '기술자료' 해당 여부

1) **기술자료의 정의 및 판단기준 등.**

가) 하도급법 제2조 제15항은 "기술자료"의 정의, 하도급법 시행령 제2조 제8항은 "법 제2조 제15항에서 '대통령령으로 정하는 자료'

나) 공정거래위원회가 하도급법 제12조의3이 금지하는 기술자료 제공요구 및 유용행위의 심사기준으로 마련한 '기술자료 제공요구·유용행위 심사지침'

2) **구체적 판단**

앞에서 인정한 사실과 변론 전체의 취지에 의하여 인정되는 다음과 같은 사정을 위에서 본 기술자료의 정의 및 판단기준 등에 비추어 살펴보면, 원고가 위○테크에 제공을 요구한 이 사건 자료는 하도급법 제2조 제15항이 규정한 '기술자료'에 해당한다고 봄이 타당하다.

가) **상당한 노력에 의하여 비밀로 유지되었는지**

(1) 위○테크는 이 사건 전자제어장치에 사용될 PCB 회로도, 부품목록, 헥사파일 등의 개발과정에서부터 그 개발을 통하여 만들어질 이 사건 자료가 비밀이라는 점을 분명히 고지하고, 그에 관한 계약서에도 이러한 점을 명시하였다. 이 사건 자료의 개발에 참여한 블○피쉬 역시 이 사건 전자제어장치에 사용되는 부품의 전류 및 온도 값, 회로도의 동작 방식, 거버파일, 헥사코드 등이 기밀 사항임을 인식하고, 그것에 대한 외부로부터의 접근 등의 방지를 위하여 노력하였다.

(2) 위○테크는 이 사건 자료를 사업장 내의 PC 2대에 파일 형태로만 보관하였고, 별도로 인쇄물의 형태로 보관한 바 없다. 또한 위○테크는 이 사건 자료가 보관된 위 각 PC에 부팅 이전 단계부터 비밀번호를 설정하였을 뿐만 아니라, PC가 부팅된 후에도 화면보호기를 작동하게 하여 그 해제를 위한 비밀번호를 설정하였고, 위 각 비밀번호는 위○테크의 대표이사인 채○명의 가족들끼리만 공유되었다. 이처럼 위○테크는 이 사건 자료에 접근이 가능한 대상자와 그 접근방법을 철저히 제한하는 장치를 마련해 두었다.

(3) 위○테크의 매출은 거의 원고를 상대로만 발생하였다. 이에 비추어 볼 때, 위○테크가 원고와의 거래를 시작한 2013년 10월경 이후부터 그 사업장 내에 보관한 각종 자료 중 위○테크의 회계자료 및 직원과 관련된 인사자료를 제외하고는 특별한 사정이 없는 한 이 사건 전자제어장치와 관련된 자료라고 봄이 합리적이다. 따라서 위○테크가 이 사건 자료를 별도로 구분하여 특정하지 않았다는 등의 사정만으로 그 비밀유지를 위하여 별다른 노력을 들이지 않았다고 볼 것은 아니다.

나) **영업활동에 유용하고 독립된 경제적 가치를 가지는지**

(1) 원고가 제공을 요청한 회로도는 이 사건 물걸레청소기에 적용되는 성능, 전자제어장치의 작동 원리뿐 아니라, 대량 제조를 위한 정보도 담고 있다. 회로도에 연결되는 각 소자는 별개의 기능을 하는 것이 아니라 특정한 작동 목적을 구현하기 위해 선택·배치되며, 그 각 구성이 어떠한 원리로 연결되느냐에 따라 각기 다른 기능과 결과를 나타내기도 한다. 그리고 부품목록은 구체적인 규격, 생산·조립방법 및 그에 소요되는 비용, 특정 제품에 적용되는 성능과 작동 원리를 구현하기 위하여 적합한 부품이 무엇인지 등이 나타나 있어 회로도와 함께 제공될 경우 그 기술적 가치가 더욱 크다. 특히 프로그램 헥사파일의 경우 전자제어장치의 대량 제조 및 그 작동에 필수적인 요소이고, 거버도면은 PCB의 대량 제조에 필요한 것으로서 부품의 배치, 전자제어장치의 효율 등에 영향을 미치는 사항이 포함되어 있다.

(2) 원고는 위○테크로부터 이 사건 자료를 취득한 후, 이를 다른 업체에 제공하여 이 사건 전자제어장치의 견적가격을 확인할 수 있었고, 그중 오리엔트전자로부터는 이 사건 전자제어장치와 작동 원리가 동일한 유사샘플을 받기도 하였다. 이처럼 이 사건 자료는 전자제어장치의 제조에 따른 가격을 산출하는 기초자료였고, 이 사건 전자제어장치가 구현하고자 하는 작동 원리 등이 집약되어 있다. 이에 비추어 볼 때, 오로지 이 사건 전자제어 작동 원리의 구현을 위한 이 사건 자료가 일반 공중에 널리 공개된 것으로 보기 어렵다.

(3) 이 사건 전자제어장치는 온도 등의 각종 신호를 전자회로를 통하여 분석한 후 자

동적으로 청소기 본체에 전원을 공급하거나 차단하는 기능을 수행하는 핵심 기술이다. 그 핵심 기술은 제조 및 원감 절감 등을 통해 원고의 물걸레청소기 판매 등 영업활동에 유용하고 독립된 경제적 가치가 있기 때문에 원고로서도 이 사건 하도급 계약을 통하여 위○테크에 이 사건 전자제어장치의 작동 원리 등에 대한 비밀유지의무를 부과하였다고 보인다. 위○테크는 이러한 전자제어장치의 핵심 기술을 구현하기 위하여 그에 특화된 각 부품을 회로도, 거버도면에 따라 배치하고, 16진수로 구성된 기계어로 구성된 헥사파일을 적용하여 전자제어장치의 구성품인 PCB를 개발하였다. 따라서 이 사건 전자제어장치의 작동에 기초가 되는 이 사건 자료는 그 전자제어장치와 마찬가지로 독립된 경제적 가치를 지니고 있다고 봄이 타당하고, 위○테크가 이 사건 자료를 개발하는 데에 들인 비용과 시간의 많고 적음은 이러한 판단에 아무런 장애가 되지 못한다.

라. 판단2. -기술자료 제공요구 행위의 존부

앞에서 인정한 사실과 변론 전체의 취지에 의하여 인정되는 다음과 같은 사정을 종합하면, 원고의 대표이사를 비롯한 임직원이 위○테크의 대표이사 채○명에게 구두 또는 전화연락을 통하여 이 사건 자료의 제공을 요구한 사실을 인정할 수 있고, 원고가 이 사건 자료의 소유권 기타 이와 유사한 권리를 보유하고 있다거나, 위○테크가 원고에 정당한 사유가 없음에도 이 사건 자료를 제공한다는 등의 묵시적 합의가 성립하였다고 볼 수 없다. 따라서 원고의 이 부분 주장도 이유 없다.

1) 원고의 대표이사 등은 모두 피고 조사과정에서 위○테크가 원고 측에 이 사건 자료를 보낸 이메일을 제시받으며 '구두 또는 유선으로 그 해당 자료의 제공을 요구하였다'는 취지로 각 진술하였다. 이에 비추어 보면, 원고는 수급사업자인 위○테크에 이 사건 자료의 제공을 요구하였다고 봄이 타당하고, 그 제공요구 범위가 다소 포괄적이었다는 사정만으로 이와 달리 볼 것은 아니다.

2) 위○테크는 자신의 노력과 비용을 들여 이 사건 자료를 개발·취득하였고, 원고 스스로 인정하듯이 원고가 위○테크에 이 사건 자료의 개발에 대한 대가 명목으로 별도의 금원을 지급한 바는 없다.

3) 원고는 위○테크의 이 사건 자료 개발비용을 상당히 초과한 수준으로 제품 납품 대가를 지급함으로써 이 사건 자료 역시 원고에 귀속되었다는 취지로 주장하나, 이 사건 하도급 계약에 따르면, 위○테크는 원고가 서명한 견적서에 의한 가격으로만 제품 납품의 대가를 지급받을 수 있다고만 정하고 있을 뿐이고, 달리 위○테크가 원고로부터 받는 제품 납품의 대가에 이 사건 자료의 개발비용 등이 포함되어 있다고 볼 만한 명시적인 합의 사항을 두고 있지 않다.

4) 또한 원고가 위○테크 측에 기존의 전자제어장치 납품업체였던 성○전자가 제조한 전자제어장치 및 회로도, 부품목록 등을 제공하고, 제품의 불량을 개선하기 위한 자료를 일부 제공하였다고 하더라도, 그러한 사정만으로 이 사건 자료의 소유권 기타 이와 유사한 권리가 그 제조를 위탁한 원사업자에게 있다는 등의 업계 관행이 있다고 보기 어렵고, 달리 위와 같은 원고 주장을 뒷받침하는 충분한 증거도 없다.

5) 한편, 하도급법 제2조 제1항에 의하면, "하도급거래"란 원사업자가 수급사업자에게 제조위탁 등을 하는 것을 말하고, 제12조의3은 기술자료 제공요구 및 유용행위가 금지되는 원사업자와 수급사업자 간의 관계가 '하도급 계약의 체결'을 명시적으로 규정하고 있지 않다.

위○테크가 2015년 2월경부터 원고의 제조 또는 개발 위탁에 따라 무선청소기 전자회로의 개발을 시작하였고, 원고가 2016. 11. 29.경부터 위○테크에 무선청소기 부품목록 등의 제공을 요구하였음은 앞의 인정 사실에서 본 바와 같으므로, 원고는 위 무선청소기의 부품목록, 회로도 등의 자료 역시 하도급법 제12조의3에 따라 정당한 사유 없이는 제공요구를 할 수 없다.

마. 판단3. -기술자료 제공요구에 '정당한 사유'의 존부

1) 관계 법령의 규정 내용 및 정당한 사유에 관한 판단기준

가) 하도급법 제12조의3 제1항 본문, 하도급법 제12조의3 제1항 단서

나) 이 사건 지침 Ⅳ. 1. 나.[(1)항],[(2)항], (3)항

다) 이와 같은 관계 법령의 규정 내용과 체계, 원사업자로 하여금 원칙적으로 수급사업자에 대한 기술자료 제공요구 행위를 금지하는 것은 기술탈취 등으로 인한 수급사업자의 피해를 방지하고자 하는 데에 있는 점 등에 비추어 보면, 원사업자가 수급사업자에게 기술자료의 제공을 요구할 수 있는 '정당한 사유'가 인정되기 위해서는, 수급사업자가 보유하는 기술자료의 제공 없이는 원사업자가 수급사업자에 대한 제조 등의 위탁 목적을 달성하기 어려운 관계로 그 기술자료가 불가피하게 필요하여야 하고, 그 기술자료의 제공 범위나 방법 등에 있어서도 필요최소한도에 그쳐야 하며, 이와 같은 기술자료의 요구목적 등을 수급사업자와 미리 협의한 후 수급사업자에게 이러한 사항을 기재한 서면을 제공하여야 한다고 봄이 타당하다.

2) 구체적 판단

앞에서 인정한 사실, 앞서 든 증거와 갑 제23, 25 내지 30호증의 각 기재, 변론 전체의 취지에 의하여 인정되는 다음과 같은 사정을 위 관계 규정 등에 비추어 살펴보면, 원고가 내세우는 사정과 제출된 증거만으로는 원고가 위○테크에 기술자료 제공을 요구한 것에 하도급법 제12조의3 제1항, 제2항이 규정한 정당한 사유가 있다고 보기 어렵다.

가) **제품의 인증을 위한 정당한 사유의 존부**

아래와 같은 이유로 원고의 이 사건 자료 제공요구에 제품 인증을 위한 정당한 사유가 있다고 인정하기 어렵다.

(1) 원고는 2015. 5. 12.부터 2016. 5. 24.까지 이 사건 물걸레청소기의 중국 수출을 추진하고 그 제품 인증을 취득하는 과정에서 위○테크로부터 AN-105 회로도, 거버도면, AN-160 부품목록, 프로그램 헥사파일, AN-170 부품목록의 제공을 요구하였다는 취지로 주장한다.

그러나 원고는 2015. 12. 23.경에서야 당시 인증대행기관이었던 CCIC로부터 중국 국가제품검사기관의 제품 인증을 받기 위하여 필요한 서류 목록을 전달받았으므로, 위와 같이 제품 인증에 필요한 서류 목록을 확인하기 이전에 위○테크로부터 부품목록, 회로도, 거버도면, 헥사파일 자료를 확보할 필요가 있었다고 보기 어렵다. 게다가 앞서 본 바와 같이 프로그램 헥사파일은 전자제어장치의 대량 제조 및 그 작동에 필수적인 요소이므로, 수출을 위한 제품 인증에 핵심 기술이 담겨 있는 자료까지 요구된다는 점은 이례적이고, 실제로 인증대행기관인 CCIC는 원고 측에 제품의 프로그램 헥사파일을 별도로 요구하지도 않았다(갑 제27호증의 1 이메일 참조).

그뿐 아니라 위○테크는 2015년 4월경 원고에 이 사건 전자제어장치 PCB로

AN-180을 납품하던 중이었던 것으로 보인다. 그럼에도 원고가 2015. 4. 11.에 그 이전 모델인 AN-170의 부품목록이 필요하였다고 볼 만한 사정에 관한 충분한 증명이 없다. 나아가 원고는 특별한 사정이 없음에도 2015. 5. 12. 및 같은 달 24일에 위○테크로부터 이미 받은 AN-170 부품목록과 AN-105 회로도를 재차 요구하였다.

(2) 원고는 2016. 7. 5.부터 2016. 10. 19.까지 미국으로의 수출을 위한 제품 인증(UL) 및 유럽 수출을 위한 제품 인증(CE)을 위하여 위○테크에 AN-180 부품목록, 회로도, 거버도면의 제공을 요구하였고 그에 따라 위○테크로부터 위 각 자료를 받았다고 주장하고 있으나, 원고는 2016년 9월경 미국 수출을 위한 전자파시험에 탈락하였고 그로부터 약 한 달 뒤인 2016. 10. 19.부터는 미국 제품 인증을 더는 추진하지 않았다. 또한 위○테크는 원고에 위 각 자료를 모두 이메일의 첨부파일로 보냈는데, 그럼에도 이미 원고가 확보한 위 각 자료를 재차 요구할 필요가 있었다거나, 실제로 미국 및 유럽 수출을 위한 제품 인증에 사용하고자 위○테크로부터 받은 자료를 활용하였다는 등의 사정에 관한 원고의 충분한 증명이 없다.

(3) 원고는 2016. 11. 23. 위○테크로부터 AN-185 부품목록 및 원가표 등을 이미 받았고, 그 후 같은 달 29일부터 2016. 12. 2.까지 위○테크에 무선청소기의 부품목록 및 회로도, AN-185 부품목록 및 회로도의 제공을 요구하였다. 원고가 위와 같이 위○테크로부터 받은 자료를 제품 인증을 위하여 사용하였음을 뒷받침하는 충분한 증거가 없을 뿐 아니라, 원고의 주장에 따르더라도 원고가 위○테크에 자료 요구를 한 시점부터 약 한 달 뒤인 2016. 12. 26.에서야 그 인증에 필요한 자료를 송부하였고, 그마저도 위 각 시기에 받은 자료가 아닌 AN-180과 관련된 자료였다.

(4) 원고가 2017년 4월 이후에 위○테크 측에 자료 제공을 요구하고 받은 프로그램 헥사파일, 가격표가 포함된 부품목록 등은 제품 인증을 위한 필수자료도 아니다. 더구나 위○테크 대표이사 채○명은 2017. 5. 18. 원고의 부탁에 따라 당시 원고가 추진 중이던 제품 인증을 대행하던 기관에 직접 AN-195 회로도, 부품목록, 거버도면 자료를 보내기도 하였고, 원고가 위와 같이 제품 인증을 위한 더 간편한 자료 송부 방법이 있음에도 반드시 직접 위○테크로부터 기술자료를 확보하여야만 했던 특별한 사정을 인정할 만한 증거도 없으므로, 원고의 자료 제공요구가 필요최소한도의 범위 내에 있었다고 보기도 어렵다.

나) **계약 목적물 확정 및 검사 등의 정당한 사유 존부**

(1) 위○테크는 이 사건 하도급 계약 제3조 제2항에 따라 부품생산 규격표를 준수한 제품을 생산할 의무를 부담한다. 그리고 원고는 위○테크가 PCB를 제조하고 손잡이 부분의 조립을 하는 데에 필요한 부품 공급 업체를 직접 지정하기도 하였으므로, 부품목록, 회로도, 거버도면, 프로그램 헥사파일 등이 없이도 위 하도급 계약이 정한 '부품생산 규격표'를 통하거나 원고 스스로 지정한 부품 납품업체를 통하는 등의 방법으로 위○테크가 납품하는 제품의 범위를 확인하고, 납품되는 제품의 성능을 검사할 수 있었다.

(2) 위○테크는 이 사건 전자제어장치의 성능개선 등을 위하여 AN-100부터 AN-195에 이르기까지 약 10차례에 걸쳐 모델 또는 버전을 변경하였고, 별도로 원고에 모델 또는 버전 변경 등의 사항을 통보하거나 협의를 거치지 않았으며, 원고가 이에 대하여 위○테크 측에 항의하였다고 볼 마땅한 자료가 없다. 나아가 위○테크가 이와 같은 모델 변경 등의 과정에서 이 사건 하도급 계약 제3조 제5항을 위반하여 세부적인 부품 규격과 원자재 구매처를 변경하였다는 점에 관한 원고의 충분한 증명도 없다.

(3) 또한 이 사건 하도급 계약은 모델 변경 등을 이유로 이 사건 자료를 요구할 수 있다고 명시적으로 정하고 있지 않고, 모델 변경 등이 있을 경우 그 품질 검사를 위하여 수급사업자가 원사업자에게 가격표가 포함된 부품목록, 프로그램 헥사파일, 회로도, 거버도면을 제공한다는 내용의 업계 관행이 있다고 볼 만한 증거도 없다.

다) 적정한 납품대금 산정을 위한 정당한 사유의 존부

(1) 위○테크와 원고가 2016. 11. 25. '위○테크는 원고에 대한 제품 납품의 이윤을 조립비 항목에서만 책정하기로 하였음에도 이를 어기고 별도의 이윤을 책정하였고, 위○테크는 원고에 별도의 이윤 책정에 따른 초과 이윤 상당을 반환한다'는 내용의 '초과지급 반환확약서'를 작성한 것은 사실이다. 그러나 그 사실만으로 위○테크가 위 초과지급 반환확약서 작성 이후에도 납품대금을 허위로 부풀렸다는 원고의 주장을 뒷받침하는 충분한 근거가 되기 어렵다.

(2) 원고가 위○테크의 납품대금 적정성을 확인할 필요성이 있었다고 보더라도, 납품되는 제품 가격 등의 확인과는 아무런 관계가 없는 거버도면, 회로도, 프로그램 헥사파일의 제공요구를 한 것에 정당한 사유가 있다고 보기 어렵고, 위 각 자료가 원고 주장의 납품대금 적정성을 확인하는 데에 필수적인 자료였음을 뒷받침하는 충분한 증명도 없다.

(3) 특히 원고는 PCB 부품을 납품하는 업체를 스스로 지정하였고, 이에 위○테크는 원고가 지정한 업체로부터 PCB 제조 부품 및 손잡이 조립에 사용되는 부품을 납품받았으므로, 원고로서는 납품대금의 적정성을 확인하기 위하여 부품 납품업체에 직접 관련 가격자료를 요구함으로써 납품대금의 적정성을 확인할 수 있었다.

라) 불량 원인 규명 및 품질개선을 위한 정당한 사유의 존부

(1) 원고는 다른 업체에 이 사건 전자제어장치의 샘플 등을 제공함으로써 그 전자제어장치의 불량 원인을 규명하거나 품질개선을 의뢰할 수 있었다고 보인다. 그러나 원고는 이렌텍, 대일에스엠티, 오리엔트전자 등에 단순한 제품 샘플이 아닌 회로도, 부품목록, 거버도면, 프로그램 헥사파일도 전달하였고, 실제로 그 업체로부터 회신받은 내역은 대부분 전자제어장치의 견적에 관한 사항이거나, 그 업체의 원고에 대한 납품을 전제로 하는 품질개선 방향 및 그에 따른 납품가격의 범위에 관한 정보였다.

(2) 오리엔트전자의 책임연구원 이○득은 피고 조사과정에서 '원고는 오리엔트전자 측에 제품 생산을 의뢰하면서 이 사건 자료를 제공하였다'는 취지의 확인서를 작성하였다. 이에 비추어 보더라도 원고의 위○테크로부터 획득한 이 사건 자료를 다른 업체에 제공한 주된 이유는 불량 원인 규명보다 위○테크 외의 다른 납품업체의 물색에 있었다고 봄이 타당하다.

마) 기술자료 요구목적 등에 관한 협의 및 이에 관한 서면 부재

설령 원고가 정당한 사유가 있다며 위에서 내세우는 여러 사정 중 어느 하나가 인정된다고 하더라도, 원고가 그 정당한 사유에 따른 기술자료 요구목적 등에 관하여 위○테크 측과 협의를 거쳤다거나, 이러한 사항 등을 기재한 서면을 제공하였다는 점을 확인할 수 있는 아무런 증거가 없으므로, 원고가 하도급법 제12조의3의 규정을 위반하였다는 결론에는 변함이 없다.

바. 판단4. -기술자료 유용행위의 존부

1) 관련 법리

가) 하도급법 제12조의3 제3항, 이 사건 지침 Ⅳ. 2. 가항

나) 하도급법 제12조의3 제3항은 단지 '취득한 기술자료'의 유용행위를 금지하고 있을 뿐, 달리 그 유용이 금지되는 기술자료의 범위를 제한하는 규정을 별도로 두고 있지 않은 점 등에 비추어 보면, 원사업자에 의하여 유용되는 기술자료는 원사업자가 적법하게 취득한 기술자료뿐 아니라, 하도급법 제12조의3 제1항, 제2항을 위반하여 정당한 사유 없이 제공요구를 하여 취득한 기술자료도 포함된다고 봄이 타당하다. 또한 "유용"의 사전적 의미가 "남의 것이나 다른 곳에 쓰기로 되어 있는 것을 다른 데로 돌려씀"인 점, 하도급법 제12조의3 제3항은 원사업자의 기술자료 유용에 따른 결과 발생을 그 위반행위의 요건으로 규정하고 있지 않은 점 등을 고려하면, 원사업자가 수급사업자로부터 취득한 기술자료를 그 취득 목적 등에 반하여 사용하면, 그로써 위 규정이 금지하는 '기술자료 유용행위'에 해당한다고 봄이 타당하다.

2) **구체적 판단**

앞서 인정한 사실과 앞서 든 증거, 그리고 변론 전체의 취지에 의하여 인정되는 다음과 같은 사정을 위에서 본 법리에 비추어 살펴보면, 원고는 위○테크에 기술자료의 제공을 요구하며 내세웠던 목적 등에 반하여 그 취득한 기술자료를 이렌텍, 오리엔트전자 등 다른 업체에 제공하였으므로, 이는 하도급법 제12조의3 제3항의 위반행위로 봄이 타당하다.

가) **정당한 사유 없는 기술자료의 제공요구**는 그 자체로 거래상 우월한 지위를 이용하는 행위임에 반하여, **기술자료의 유용행위**는 그 취득 경로와 무관하게 원사업자가 취득한 수급사업자의 기술자료를 부당하게 자기 또는 제3자를 위하여 사용함으로써 수급사업자에게 피해를 야기할 우려가 높다는 점에서 양자는 독립된 위반행위이고, 독자적인 제재의 필요성이 있다. 따라서 원사업자의 위법한 기술자료 제공요구 행위와 그에 따라 취득한 기술자료의 유용행위가 연속적으로 행해질 수 있다는 사정만으로 위법하게 취득한 기술자료의 유용행위가 독자적인 제재 필요성이 없는 사후행위에 지나지 않는다고 볼 것은 아니다.

나) 이 사건 자료는 제품 생산을 위한 핵심 자료로서 그 자료 개발자가 비밀로 관리하는 정보에 해당한다. 원고의 주장에 의하더라도 원고는 위○테크에 제품 인증, 불량 원인 분석의 각 목적을 주된 이유로 이 사건 자료의 제공을 요구하였다는 것인데, 그럼에도 이러한 자료가 그 개발자인 위○테크의 승낙 없이 그 목적을 벗어나 외부로 유출되어 사용될 경우 위○테크는 자신의 독자적인 비용과 노력에 따른 결과물의 사용 대가조차 지급받지 못하게 된다. 불량 원인 규명 또는 납품대금의 적정성 확보 등의 원고가 들고 있는 사정을 충분히 고려하더라도 위○테크가 원고와 사전에 이에 관한 충분한 협의 없이 단순한 제품 샘플이 아닌 제품의 핵심 기술이 집약된 이 사건 자료가 다른 업체에 제공되는 것을 용인하였다고 보기 어렵다.

다) 원고는 2016. 11. 23. 위○테크로부터 AN-185 부품목록 및 원가표를 받은 이후부터 2017. 5. 18.까지 AN-185 부품목록, 회로도, 무선청소기 회로도, AN-195 부품목록, 거버도면, 헥사파일, 가격이 포함된 부품목록 등의 제공을 순차로 요구하였고, 위○테크로부터 관련 자료를 전달받자마자 곧바로 이○텍, 대○에스엠티, 월○전자기술, 오○엔트전자 등 다른 업체에 그대로 제공하였다. 그리고 원고에 의하여 자료를 전달받은 다른 업체는 원고로부터 위 각 자료를 전달받은 날로부터 불과 약 6일 내지 20일 이내에 원고 측에 이 사건 전자제어장치 PCB와 동일한 성능을 보유한 제품의 견적가 및 유사제품 샘플을 제시하였다.

라) 원고의 전무이사 정○화는 피고 조사과정에서 '원고가 마치 납품받을 것처럼 하지

않으면 다른 업체에서 불량 원인을 진단하거나 그 개선방안을 제시하지 않는다'는 취지로 진술하였다. 실제로 원고는 프로그램 헥사파일의 제작 비용은 견적에서 제외할 것을 요구하였고, 이 사건 자료를 바탕으로 견적을 제출한 다른 업체는 모두 원고 측에 프로그램 헥사파일의 제작 비용 등을 제외한 채, 이 사건 전자제어장치 PCB 납품을 전제로 하는 내용의 견적 내용과 사용되는 부품 간의 비교 결과 등을 제시하였다. 이후 원고는 그 자료를 엑셀 파일로 일목요연하게 정리한 후 이를 위○테크 대표이사 채○명에게 보여주며 납품대금의 1차 인하를 요구하였고, 이후에도 오리엔트전자가 제출한 견적을 근거로 삼아 추가적인 가격 인하를 요구하였다. 그뿐 아니라 원고는 이 사건 자료를 제공한 업체 중 에스피엠과 2017년 11월 경부터 이 사건 물걸레청소기의 전자제어장치를 납품받기 시작하는 등 그 거래 상대방이 변경되었다.

마) 위○테크 대표이사 채○명은 피고 조사과정에서 '불량 원인을 의뢰한다는 이야기는 들었으나, 전자제어장치 샘플이 아닌 이 사건 자료를 제공할 줄은 몰랐다'는 취지로 진술하였고, 오리엔트전자 책임연구원 이○득도 피고 조사과정에서 '이번처럼 회로도와 부품목록을 제공하면서 생산을 요청하는 경우는 드물다'는 취지의 확인서를 작성·제출하였다. 더구나 채○명은 원고의 가격 인하 경위 등을 근거로 이 사건 자료가 외부에 유출되고 있다고 추측하고 2017. 7. 26.경 원고에 프로그램 헥사파일의 유용을 금지하는 내용의 이메일을 보내기도 하였다. 이에 비추어 볼 때, 위○테크가 원고의 이 사건 자료의 다른 업체에 대한 제공을 승낙하였을 가능성은 매우 희박하고, 이와 달리 위○테크가 이 사건 자료의 제3자에 대한 제공을 묵시적으로나마 승인하였을 것이라는 점을 뒷받침하는 사정이 발견되지도 않는다.■

나. 공정거래위원회 심결례

공장자동화 관련 로봇의 제작 위탁 납품시 기술자료 제작도면요구에 정당한 사유가 있으나 서면방식에 의하지 않은 요구로서 위법하다는 공정거래위원회 재결이 있다.

– 로봇 제작 도면 기술자료 요구에 정당한 사유가 있다는 사례 –
공정거래위원회 2017. 4. 25. 의결 2016제하2208 [한국화낙(주)의 불공정하도급거래행위 사례)

[주문]

피심인은 △△△ 등 15개 수급사업자에게 공장자동화(FA) 관련 로봇 등에 장착할 주변장치(부품) 등의 제작을 위탁하고 이를 납품받는 과정에서, 정당한 사유에 의해 기술 자료인 제작도면을 요구하는 경우라 하더라도 법정 기재사항을 수급사업자와 미리 협의하여 정한 후 그 내용을 적은 서면을 수급사업자에게 교부하지 아니하고 동 주변장치(부품)의 제작도면을 제공하도록 요구하는 것과 같은 행위를 다시 하여서는 아니 된다.

[이유]–행위사실 및 위법성 판단

• (가) 행위사실

피심인은 2013. 7. 1.부터 2016. 5. 31.까지의 기간 동안 △△△ 등 15개 수급사업자에게 공장자동화(FA) 관련 로봇 등에 장착할 주변 장치(부품) 등의 제작을 위탁하고 이를 납품받는 과정에서, 로봇과 그 주변 장치(부품)의 최종 수요처인 현대자동차(주) 등의 요청에 따라 동 주변 장치(부품)의 제작도면 총 127건의 제공을 해당 수급사업자에게 관련 회의 또는 전자우편 등을 통해 요구한 사실이 있다.

• (나) 관련 법 규정

하도급법 제2조 제15항 기술자료, 동법 제12조의3(기술자료 제공 요구 금지 등)

• (나) 위법성 판단

1) **피심인이 요구한 자료가 법상 기술자료에 해당되는지 여부**

피심인이 수급사업자에게 요구한 자료가 법 제2조 제15항에 규정된 기술자료에 해당되기 위해서는 ① 상당한 노력에 의하여 비밀로 유지[460]된 자료로서, ② 제조・수리・시공 또는 용역수행 방법에 관한 자료[461], 그 밖에 영업활동에 유용하고 독립된 경제적 가치를 가지는 것[462]으로서 대통령령으로 정하는 자료이어야 한다.

우선 피심인에게 제작도면을 제공한 △△△ 등의 진술에 따르면, 자사의 대외비로서 별도로 PC 등에 저장하고 관련 직원 외에는 접근을 제한하는 등 로봇 주변장치의 제작도면을 엄격히 관리하고 있는 바, 동 제작도면은 상당한 노력에 의하여 비밀로 유지된 자료에 해당된다.

또한, 동 제작도면은 위 <그림 2>, <그림 2-1>에서 보는 바와 같이 ㈜△△△ 등 수급사업자들이 설계한 로봇 주변장치의 상세 제작도면으로서, 세부 항목별 외형과 수치, 주요부분에 대한 Note 형식의 제작 방법 및 유의 사항 등이 상세하게 명시되어 있어 로봇 주변장치의 제작 방법에 관한 자료에 해당된다.

아울러, △△△ 등은 동 제작도면에 대하여 "자사의 장치(부품) 설계 경험과 노하우가 담겨있고, 이와 같은 제작도면을 설계할 수준이 되려면 현업 설계파트에서 3~5년 이상의 경력을 필요로 하며, 이를 설계하기 위해서는 상당한 노력과 비용이 발생한다"라고 진술하고 있는 바, 동 제작도면은 그 설계를 위해서는 상당한 비용, 시간, 노력이 필요한 것으로 판단되므로 수급사업자의 기술개발(R&D)・생산・영업활동에 유용하고 독립된 경제적 가치가 있

460) 「기술자료 제공 요구·유용행위 심사지침」 Ⅲ. 용어의 정의
2. 제1호 본문에서 "상당한 노력에 의하여 비밀로 유지"된다 함은, 객관적으로 비밀로 유지·관리되고 있다는 사실이 인식 가능한 상태로서 다음 각 목의 사항들을 고려하여 판단한다.
가. 비밀이라고 인식될 수 있는 표시를 하거나 고지를 하였는지 여부
나. 자료에 접근할 수 있는 대상자나 접근방법을 제한하였는지 여부
다. 자료에 접근한 자에게 비밀유지준수 의무를 부과하였는지 여부

461) 「기술자료 제공 요구·유용행위 심사지침」 Ⅲ. 용어의 정의
4. 제1호 가 목에서 "제조·수리·시공 또는 용역수행 방법에 관한 정보·자료"라 함은 제품의 제조·수리·시공 또는 용역의 완성을 위해 사용되거나 참고되는 정보 또는 그러한 정보가 기재된 유·무형물(종이, CD, 컴퓨터 파일 등 형태에 제한이 없음)을 말한다. 이를 판단함에 있어 "제조·수리·시공 또는 용역수행 방법"은 원사업자가 수급사업자에게 위탁한 당해 업무에 관련된 것에 한정하지 아니한다.

462) 「기술자료 제공 요구·유용행위 심사지침」 Ⅲ. 용어의 정의
5. 제1호 나 목 내지 다 목에서 "기술개발(R&D)·생산·영업활동에 유용하고 독립된 경제적 가치가 있는 것"이라 함은, 정보·자료의 보유자 혹은 다른 사업자가 그 정보·자료를 사용함으로써 기술개발(R&D)·생산·영업활동에 있어 영업상의 우위를 얻을 수 있거나 그 정보·자료의 취득이나 개발을 위해 상당한 비용, 시간이나 노력이 필요한 경우를 말한다. 다만, 거래의 대상이 될 수 있을 정도로 독자적인 가치를 가지는 것에 한정되지 않고, 보유함으로써 얻게 되는 이익이 상당히 있거나 보유하기 위하여 비용이 상당히 소요되는 경우라면 이에 해당된다.

는 자료에도 해당된다.

따라서, 피심인이 △△△ 등 15개 수급사업자에게 제공을 요구한 로봇 주변장치의 제작도면은 상당한 노력에 의하여 비밀로 유지된 제작 방법에 관한 자료이며, 수급사업자의 기술개발(R&D) · 생산 · 영업활동에 유용하고 독립된 경제적 가치가 있는 자료로서 법상 기술자료에 해당된다고 판단된다.

2) **기술자료 제공 요구에 정당한 사유가 있었는지 여부**

기술자료 제공 요구에 정당한 사유가 있었는지 여부는 원사업자인 피심인이 입증하여야 한다.

피심인은 로봇의 매뉴얼과 그 주변장치의 제작도면 제출이 로봇과 그 주변장치에 대한 최종 수요처의 구매조건[463]으로 되어 있는 바, 이와 같이 최종 수요처인 현대자동차(주) 등이 요구하였고, 또한 주변장치의 제작도면 제출이 로봇 및 그 주변장치의 제작 과정에서 관련 회의 등을 통해 해당 수급사업자가 사전에 인지하고 있는 사안이기도 하므로 해당 수급사업자에 대한 제작도면 제공 요구에 정당한 사유가 있다고 주장한다.

살피건대, 최종 수요처의 입장에서는 로봇과 그 주변장치는 공장자동화 관련 설비에 해당되는 것으로, 로봇과 그 주변장치가 제대로 작동하지 아니하거나 주변장치의 고장 · 마모 등으로 인한 생산라인 정지의 장기화 등을 방지하기 위해서는 로봇의 매뉴얼과 그 주변장치의 제작도면이 반드시 필요한 것으로 보여지므로, 동 매뉴얼과 제작도면의 제공이 최종 수요처의 구매조건이 될 수밖에 없다.

또한, 로봇과 그 주변장치의 제작 과정에서 피심인, 해당 수급사업자 및 최종 수요처 등이 참석하는 사전 또는 중간 점검 회의 등을 통해 주변장치의 제작도면이 제출되어야 한다는 사실을 해당 수급사업자가 인지하고 있음을 관련 회의자료 등에서 확인할 수 있다.

그러므로 피심인의 입장에서는 로봇과 그 주변장치를 판매하기 위해서는 로봇의 매뉴얼과 그 주변장치의 제작도면을 제출할 수밖에 없다는 점, 해당 수급사업자가 주변장치의 제작도면 제출을 사전에 인지하고 있었다는 점 등을 감안할 때, 피심인의 제작도면 제공 요구에는 정당한 사유가 있었다고 판단된다.

3) **기술자료 제공 요구 전에 서면을 교부하였는지 여부**

피심인은 △△△ 등 15개 수급사업자에게 로봇 주변장치의 제작을 위탁하고 이를 납품받는 과정에서 동 주변장치의 제작도면 제공을 관련 회의 또는 전자우편 등을 통해 요구하였을 뿐이며, 요구목적, 비밀유지에 관한 사항, 권리귀속 관계, 대가 등 법 제12조의3 제2항 및 같은 법 시행령 제7조의3에서 정하는 사항을 동 수급사업자들과 미리 협의하여 정한 바가 없고, 관련 서면을 동 수급사업자들에게 교부하지도 아니하였다.

그러므로 피심인은 △△△ 등 15개 수급사업자에게 로봇 주변장치의 제작도면 제공을 요구하면서 사전에 법정 서면을 교부하지 아니한 것으로 판단된다.

4) **결론**

피심인의 위 가.의 행위는 정당한 사유로 △△△ 등 15개 수급사업자에게 기술자료의 제공을 요구한 경우에 해당되는 것으로 판단되나, 사전에 동 수급사업자들에게 기술자료의

463) 최종 수요처인 현대자동차(주)가 제시한 'A엔진 크랭크 노후 로봇 교체 관련 설비사양서(소갑 제9호증)'에 의하면, 로봇 주변장치의 제작도면 등이 제출서류로 명시되어 있다.

제공 요구와 관련한 법정 서면을 교부하지 아니하였으므로 법 제12조의3 제2항에 위반되어 위법하다.

[이유]-처분 : 재발방지명령

피심인의 위 2. 가.의 행위에 대하여 법 제25조 제1항의 규정에 따라 향후 당해 법 위반행위와 동일 또는 유사한 행위가 반복될 우려가 있으므로 향후 재발방지명령을 부과한다.■

제조 배터리 라벨 제조관련 기술을 요구·유용한 행위에 대하여 하도급법 위반이라는 공정거래위원회 재결이 있다.

공정거래위원회 2015. 8. 3. 의결 2013서제3358 [(주)엘지화학의 불공정하도급거래 행위 사례)[464]

[주문]

. 피심인은 수급사업자인 주식회사 ○○○○○에게 배터리 라벨을 제조 위탁하는 등 하도급거래를 하면서 배터리 라벨 제조관련 기술자료를 자기 또는 제3자에게 제공하도록 요구하는 것과 같은 행위를 다시 하여서는 아니 된다.

[이유]-행위사실 및 위법성 판단

1) 인정사실 및 근거

피심인은 자신의 해외 자회사인 중국 남경법인으로 하여금 2012년 7월 ○○○○○와 사이에 배터리 라벨 기본구매계약을 체결하도록 하여 ○○○○○로부터 배터리 라벨을 납품받도록 하였고, 피심인 자신도 2013년 2월 ○○○○○에게 배터리 라벨을 제조 위탁하고 이를 납품받았다. 그러던 중 피심인은 원가절감 등을 위하여 소형 배터리 라벨을 '중국 남경법인 공장 내에 제조시설을 갖춰 생산하는 방안'(이하 '중국 남경법인 내재화 사업'이라 한다)을 추진하였다.

이후, 피심인은 중국 남경법인 내재화 사업을 추진하는 과정[465]에서 2013년 3월부터 2013년 10월 기간 동안, 아래 <표 9> 기재와 같이 ○○○○○의 공장을 방문하거나 전화 또는 이메일을 통해 라벨 제조원가, 라벨 제조방법, 라벨 제조 원재료 규격 및 세부사양, 라벨 제조설비 등에 관한 정보 또는 자료를 제공해 줄 것을 요구하였다.

특히, 피심인은 ○○○○○를 중국 남경법인 내재화 사업에서 배제하기로 결정한 이후인 2013. 6. 25.부터 2013. 10. 28.까지도 ○○○○○에게 배터리 라벨 제조관련 자료 또는 정보를 제공할 것을 지속적으로 요구하였다.

이와 같은 사실은 피심인 또는 ○○○○○가 제출한 ① '피심인이 ○○○○○의 공장방문을 통지한 이메일 내용 및 피심인의 내부 검토자료'(소갑 제29호, 제32호증), ② 'QC공정도

464) 본 재결의 부당감액, 하도급대금지급, 서면미발급 등 추가재결을 제외한 기술자료 관련 쟁점만 언급한다.

465) 피심인은 중국 남경법인 내재화 사업을 추진하는 과정에서 2013년 5월 사내 하도급형태로 ○○○○○의 라벨 제조기술을 도입하여 중국 남경법인의 공장 내에 라벨 제조시설을 설치·운영하기로 방침을 정하고, 2013. 5. 22.경 ○○○○○에게 라벨 제조시설을 중국 남경법인으로 이전할 것을 제안하였다. 그러나 ○○○○○가 피심인의 조건(국내 라벨 납품단가 대비 00% 인하된 금액으로 납품단가를 정하자는 조건)을 수용하기 어렵다는 의사를 전달하였고, 이에 따라 피심인은 2013. 6. 25. ○○○○○를 중국 남경법인 내재화 사업에서 배제하기로 결정하였다.(소갑 제29호증, 제31호증, 제87호증)

를 요구한 이메일 내용'(소갑 제35호증), ③ '라벨 제조공정 Loss 개선 검토 요구 및 추가 요구자료'(소갑 제43호, 제44호증), ④ '아이마크 설정방법 등에 대한 정보요구 이메일 내용'(소갑 제45호증), ⑤ 백점불량 현상 해결방법에 관한 정보를 요구하였음을 알 수 있는 '피심인의 내부검토 자료'(소갑 제46호증), ⑥ '프라이머코팅(Primer Coating)액 세부 사양정보를 요구한 이메일 내용'(소갑 제38호, 제39호증), ⑦ 'G480 및 VB480 라벨의 단면 구성정보 요구 이메일 내용'(소갑 제47호증), ⑧ '원단, 접착제, 이형지의 세부정보 요구 이메일 내용'(소갑 제52호증), ⑨ 피심인이 본딩판 및 타발목형 설계도 제공을 요구하여 'ㅇㅇㅇㅇㅇ가 피심인에게 회신한 이메일'(소갑 제54호증), ⑩ '11개 모델별 라벨 설계도 요구 이메일 내용'(소갑 제39호, 제55호, 제56호증) 등을 통해 확인된다.

구 분	정보 또는 자료	요구 일자	요구 방법
원가자료	① 라벨 제조원가	2013. 3. 28. ~6. 19.	공장방문, 전화
라벨 제조방법	② QC공정도[466]	2013. 6. 13.	이메일
	③ 라벨 제조공정 Loss 개선 방법	2013. 7. 4., 7. 10.	이메일
	④ 아이마크[467] 설정방법 등	2013. 8. 12.	이메일
	⑤ 백점불량[468] 발생 원인별 해결방법	2013. 10. 28.	공장방문
원재료 규격 및 세부사양 정보	⑥ 프라이머코팅(primer coating)액[469] 재질·성분·사양 정보	2013. 5. 13.	전화, 이메일
	⑦ 라벨 단면구성 정보	2013. 7. 2.	이메일
	⑧ 라벨 원재료 세부정보	2013. 7. 11.~ 9. 6.	이메일
라벨 제조 설비	⑨ 본딩판[470] 및 타발목형[471] 설계도	2013. 7월 하순	이메일
	⑩ 라벨 설계도(Artwork)	2013. 8. 29.~ 9. 6.	이메일

2) 관련 법 규정 및 적용 요건

법제2조 15항, 법 제12조의3(기술자료 제공 요구 금지 등)

3) 판단

가) **피심인이 요구한 정보 또는 자료가 기술자료에 해당하는지 여부**

(1) **상당한 노력에 의하여 비밀로 유지되었는지 여부**

아래와 같은 점을 종합적으로 고려할 때, 피심인이 ㅇㅇㅇㅇㅇ에게 제공 요구한 위 2.

466) QC 공정도(Quality Control flow process chart): 제조공정을 순서대로 도표화하여 나열하고, 각 공정별 관리항목과 세부적인 관리기준, 관리방법 등의 정보를 적시하여 현장의 작업자가 기술적인 관리를 행하도록 작성된 자료이다.

467) 아이마크(Eye-mark): 라벨기기가 라벨의 접착제 도포나 타발(Cutting) 등을 위한 정확한 위치를 인식(Sensing)하도록 하기 위해서 인쇄 설계도에 지정해 놓은 표시(mark)를 말한다

468) 백점불량: 인쇄면에 유색의 잉크(Ink)가 인쇄되지 않거나 뜯김으로 인하여 밑면의 백색이 표면에 노출되어 흰 점의 형태로 발생하는 불량 현상을 말한다.

469) 프라이머코팅(primer coating)액: 라벨의 원단과 전자잉크 간의 결합력을 증가시켜 주는 것으로, 프라이머코팅(primer coating)액의 재질, 성분, 사양은 라벨 제조에 있어 중요한 정보이며 피심인은 ㅇㅇㅇㅇㅇ를 중국 남경법인 내재화 사업에서 배제하기로 결정한 이후에도 지속적으로 요구하였다.(소갑 제29호증, 소갑 제39호증, 소갑 제46호증, 소갑 제48호증, 소갑 제50호증, 소갑 제53호증)

470) 본딩판: 접착제를 도포(塗布)하기 위한 판을 말한다.

471) 타발목형: 타발기 주형(鑄型)을 만들 때 사용하는 나무로 만든 모형을 말한다.

나. 1)의 정보 또는 자료는 ○○○○○가 상당한 노력에 의하여 비밀로 유지·관리된 것으로 판단된다.

첫째, ○○○○○는 피심인의 자회사인 중국 남경법인과 2012. 7월 하도급거래 기본계약을 체결하기 이전인 같은 해 5월 사내 보안관리지침을 제정하여 배터리 라벨 제품과 관련한 원가분석자료, 원자재 규격, 제조공정, 작업표준 등을 보안자료로 지정하고 자신의 기술 및 정보자산 등의 보호를 위하여 이를 외부로 유출하는 것을 통제하였다.472)(소갑 제61호증)

둘째, ○○○○○는 피심인이 자신을 중국 남경법인 내재화 사업에서 배제하기로 결정한 직후 인 2013. 6. 29. 이메일을 통해 자신의 전 직원에게 라벨 제조와 관련한 디지털 인쇄 문제점 및 해결방안, 원재료 소재, 제조공정 등에 대한 정보의 제공을 금지하고, 아울러 자신의 라벨 제조 설비 및 설비 배치, 제조공정에 대한 정보의 유출을 막기 위하여 라벨 제조 시설에 대한 외부인의 출입을 엄격히 통제하였다.(소갑 제62호, 63호증)

셋째, ○○○○○는 회사 내부규정을 통해 모든 직원에게 자기가 생산하는 제품과 관련하여 직무상 취득한 비밀을 준수하도록 하고 회사기밀의 누설을 금지하는 기본적인 의무를 부과하였으며, 직원을 채용하는 경우에도 비밀유지계약서를 별도로 징구하는 등 자료에 접근하는 자에 대하여 비밀준수 의무를 부과하였다.(소갑 제64호, 제65호증)

넷째, 2013. 2. 7. ○○○○○와 피심인이 체결한 하도급거래 기본구매약정서 제26조에는 이 건 계약(BV-4NW모델의 라벨 납품)과 관련하여 상대방으로부터 제공받거나, 업무상 알게 된 기술정보, 거래내용 등 영업비밀에 대하여 계약기간은 물론이고, 계약 해지 후에도 비밀로 보호하도록 규정하고 있는 등 계약상대방에 대하여도 자료에 접근한 자에게 비밀준수 의무를 부과하였다.(소갑 제66호증)

(2) **<u>제조방법에 관한 정보 또는 자료에 해당하는지 여부</u>**473)

피심인이 ○○○○○에게 제공 요구한 QC공정도, 아이마크 설정방법, 라벨 제조공정 Loss 개선 및 백점불량 현상 해결방법에 관한 정보 또는 자료는 다음과 같은 점을 고려할 때 라벨의 제조방법에 관한 정보 또는 자료에 해당한다.

첫째, QC공정도는 ○○○○○의 라벨 제조공정(수입검사 → 원재료 투입 → 인쇄 → Laminating → Bonding → 타발 → 제품검사 → 포장 → 출하검사)이 세부적으로 기재되어 있고, 각 공정별로 관리하여야 할 항목과 관리 기준·방법·주기, 시료 수, 기록사항 등이 구체적으로 적시되어 있는 라벨 제조방법에 관한 자료이다.(소갑 제35호증)

둘째, 아이마크(eyemark) 설정방법 등의 관련 정보는 배터리 라벨 제조과정에서 발생되는 불량 현상을 해결하거나, 배터리 라벨을 정확하게 컷팅(cutting)하기 위한 방법으로 이는 ○○○○○가 배터리 라벨을 제조하는 과정에서 수차례의 연구와 시험을 통해 직접 고안해 낸 것으로 라벨 제조방법에 관한 정보이다.

셋째, 배터리 라벨 제조공정별 Loss 개선 관련 정보는 ○○○○○가 배터리 라벨 제조

---

472) ○○○○○의 사내보안관리지침 제2조에 본 지침의 목적이 고객의 기술 및 정보자산 보호를 위한 것으로 기재되어 있으나, 여기에는 ○○○○○ 자신의 기술 및 정보자산도 포함된 것으로 봄이 타당하다.

473) 심사지침 Ⅲ. 4.에서는 "제조·수리·시공 또는 용역수행 방법에 관한 정보·자료"라 함은 제품 제조·수리·시공 또는 용역의 완성을 위해 사용되거나 참고되는 정보 또는 그러한 정보가 기재된 유·무형물(종이, CD, 컴퓨터 파일 등 형태에 제한이 없음)을 말하며, 이를 판단함에 있어 "제조·수리·시공 또는 용역수행 방법"은 원사업자가 수급사업자에게 위탁한 당해 업무에 관련된 것에 한정하지 아니한다고 규정하고 있다.

과정에서 발생하는 원자재의 손실을 최소화할 수 있는 제품·이형지의 규격 및 제품 배열 등에 대한 정보이다. 실제로 ○○○○○가 피심인에게 제공한 "각 품목별 원자재 설계 Loss" 및 "각 품목별 수율 정보"(소갑 제43호증) 등의 자료에는 이형지 및 제품의 크기, 제품배열, 공정별 불량률 등이 상세하게 적시되어 있다. 이와 같은 정보는 ○○○○○가 직접 수많은 실험과 경험을 통해 습득한 것으로 라벨 제조업체들은 이러한 정보를 활용함으로써 라벨 제조 시 원자재의 손실을 최소화할 수 있고, 이를 통해 라벨 제조의 경쟁력을 향상시킬 수 있는 라벨 제조방법에 관한 정보이다.

넷째, 피심인이 2013. 10. 28. 전화를 통해 ○○○○○에게 요구한 백점불량 현상의 해결방법 관련 정보는 배터리 라벨 제조과정에서 발생하는 고질적인 품질불량 현상 중의 하나인 백점불량 현상의 발생 원인별 해결방법에 관한 정보이며, 이와 같은 정보는 ○○○○○가 라벨 제조과정에서 수많은 시행착오를 거쳐 축적한 경험을 통해 직접 고안해 낸 것으로서 라벨의 제조방법에 관한 정보이다.

(3) <u>**특허권 등의 지식재산권과 관련된 기술정보 또는 자료로서 수급사업자의 영업활동 등에 유용하고 독립된 경제적 가치가 있는지 여부**</u>[474)]

피심인이 ○○○○○에게 요구한 프라이머코팅(Primer Coating)액 세부사양 및 배터리 라벨의 단면구성에 관한 정보는 다음과 같이 ○○○○○의 특허권[475)]과 관련된 정보 또는 자료로서 ○○○○○가 그 취득 또는 개발을 위하여 많은 비용과 시간을 들였다는 점에서 기술개발·생산·영업활동에 유용하고 독립된 경제적 가치가 있는 것으로 판단된다.

첫째, 프라이머코팅(primer coating)액은 라벨 제조 시 전자잉크와 원단과의 결합력을 향상시켜주는 물질로서 라벨의 품질을 결정하는데 매우 중요하며, 이러한 코팅액의 세부사양[476)]에 관한 정보는 ○○○○○가 보유하고 있는 특허권과 관련된 핵심정보에 해당한다. 특히, ○○○○○는 2011년 10월부터 2012년 3월까지 프라이머코팅(primer coating)액을 생산하는 업체의 엔지니어와 수차례 회의 및 시험을 통해 배터리 라벨 제조에 가장 적합한 프라이머코팅(primer coating)액을 선정하였다.

둘째, 피심인이 2013. 7. 2. 및 같은 해 7. 8. 이메일을 통해 ○○○○○에게 요구한 ○○80·○○○80모델의 라벨 단면 구성정보는 친환경 라벨지 단면의 층별 두께 등의 세부내역에 관한 것으로서 단면구성 정보 역시 라벨의 품질을 결정하는데 매우 중요할 뿐만 아니라 ○○○○○의 특허권과 관련된 것으로 기술개발·생산·영업활동에 유용하고 독립된 경제적 가

474) 심사지침 Ⅲ. 6.에서는 "특허권, 실용신안권, 디자인권, 저작권 등의 지식재산권과 관련된다"함은 어떤 지식재산권의 내용 그 자체뿐만 아니라 그 지식재산권의 내용을 발명, 고안, 창작하는 전 과정 및 그 이후에 발생하였거나 참고된 것으로서 그 지식재산권의 내용과 상당한 관련이 있는 것이라면 이에 해당되며, 지식재산권의 내용과 상당한 관련이 있는지 여부는 지식재산권을 보유한 수급사업자를 제외한 제3자가 당해 지식재산권의 내용을 이해하는데 또는 당해 지식재산권을 실시·사용하는데 필요한지 여부 등을 기준으로 판단한다고 규정하고 있다.

475) ○○○○○의 배터리 라벨 제조기술은 ○○○○○가 「친환경 라벨지 및 그 제조방법」을 발명의 명칭으로 2012. 10. 26. 국내에 특허등록(특허 제10-1196866)한 기술로 휘발성유기화합물질을 사용하지 않는 잉크를 사용하여 악취나 인체 유해물질을 방출하지 않고, 점착제로 인해 잔사(피착물에 남아있는 접착제 찌꺼기)가 발생하지 않는 친환경 라벨 제조방법이다.

476) 피심인은 2013. 5. 13.부터 같은 해 9. 6.까지 총 8차례에 걸쳐 프라이머 코팅액 사양 및 규격 등에 관한 정보의 제공을 ○○○○○에게 요구하였다. 더욱이 라벨을 제조함에 있어 프라이머 코팅(primer coating)액과 인쇄잉크가 부합하지 않을 경우 인쇄잉크의 벗겨짐 등 심각한 품질문제가 발생하기 때문에 프라이머코팅(primer coating)액의 사양에 대한 정보는 라벨 제조에 있어 핵심 정보라고 할 수 있다.

치가 있는 것으로 판단된다.

(4) 시공프로세스 매뉴얼, 설계도면, 생산원가 내역서 등의 정보 또는 자료로서 수급사업자의 영업활동 등에 유용하고 독립된 경제적 가치가 있는 것에 해당하는지의 여부[477)]

피심인이 ○○○○○에게 제공 요구한 라벨 납품원가 구성내역, 라벨 설계도는 다음과 같이 ○○○○○가 많은 비용 및 시간, 노력을 통해 취득하거나 개발하였다는 점에서 ○○○○○의 기술개발·생산·영업활동에 유용하고 독립된 경제적 가치가 있는 것으로 판단된다.

첫째, 피심인이 2013. 3. 28.부터 같은 해 6. 20.까지 수차례에 걸쳐 ○○○○○의 공장 방문 또는 전화 등을 통해 ○○○○○에게 요구한 라벨 제조 원가자료는 각 원재료별 단가, 인쇄비 등에 관한 자료로서 ○○○○○의 라벨 제조기술의 경쟁력을 평가할 수 있는 경영상 중요한 정보이다. 더욱이, ○○○○○의 경쟁사업자들이 이러한 정보를 취득하는 경우 라벨 원재료별 원가분석 등을 통해 ○○○○○보다 영업상 우위를 얻을 수 있다는 점에서 ○○○○○에게는 생산 및 영업활동에 유용하고 독립된 경제적 가치가 있는 것으로 판단된다.

둘째, 피심인이 2013. 7. 25. 이메일을 통해 ○○○○○에게 요구한 본드판과 타발목형 설계도는 ○○○○○가 인쇄설계도 외에 여러 가지 외부 요인을 반영하여 제작 또는 설계하였고, 특히 최종 본드판 및 타발목형 설계도는 ○○○○○가 수많은 시행착오를 거쳐 축적한 경험을 토대로 설계·제작한 것으로 생산 및 영업활동에 유용하고 독립된 경제적 가치가 있는 것으로 판단된다.

특히, 피심인이 본드판과 타발목형 설계도를 ○○○○○에게 요구한 것은 피심인 자신이 그러한 설계도를 작성할 능력이 없었기 때문인 것으로 판단되며, 이와 같은 사실은 피심인이 작성한 내부검토 자료를 통해 확인된다.(소갑 제46호증)

셋째, 피심인이 2013. 8. 29.부터 같은 해 9. 6. 기간 동안 요구한 AI형태[478)] 파일의 FP06 등 11개 라벨 설계도(Artwork)에는 라벨의 조색(調色)정보가 상세하게 포함되어 있는바, 이러한 조색정보는 ○○○○○가 수차례의 시행착오를 거쳐 축적한 경험을 토대로 완성한 결과물로 ○○○○○의 기술개발·생산·영업활동에 유용하고 독립된 경제적 가치가 있는 것으로 판단된다.

나) <u>기술자료를 자기 또는 제3자에게 제공하도록 요구하였는지 여부</u>

위 2. 나. 1)의 인정사실과 같이 피심인은 2013년 3월부터 같은 해 10월까지 ○○○○○의 공장을 방문하거나 이메일, 전화를 통해 ○○○○○에게 배터리 라벨 제조원가, QC 공정도 등 라벨 제조방법, 프라이머코팅(primer coating)액 재질·성분·사양 정보 등 원재료 규격 및 세부사양에 대한 정보, 본딩판 및 타발목형 설계도 등 라벨 제조설비에 관한 자료 등 배터리 라벨 제조와 관련된 기술자료의 제공을 요구하였다.

---

477) 심사지침 Ⅲ. 5.에서는 "기술개발(R&D)·생산·영업활동에 유용하고 독립된 경제적 가치가 있는 것"이라 함은, 정보·자료의 보유자 혹은 다른 사업자가 그 정보·자료를 사용함으로써 기술개발(R&D)·생산·영업활동에 있어 영업상의 우위를 얻을 수 있거나 그 정보·자료의 취득이나 개발을 위해 상당한 비용, 시간이나 노력이 필요한 경우를 말할 뿐만 아니라, 거래의 대상이 될 수 있을 정도로 독자적인 가치를 가지는 것에 한정되지 않고, 보유함으로써 얻게 되는 이익이 상당히 있거나 보유하기 위하여 비용이 상당히 소요되는 경우라면 이에 해당된다고 규정하고 있다.

478) 라벨 제조업체들은 발주자(고객사)에게 제품 승인목적의 라벨 설계도(Artwork)를 제출할 경우 라벨의 외형적인 색상, 모양, 수치만이 표시된 편집이 불가능한 PDF파일 형태로 제공하는 것이 일반적임에도, 피심인은 중국 남경법인에서 라벨을 자체 생산하기 위하여 라벨의 적층구조 및 수치(두께 등), 원·부자재의 세부사양이 표시되고 조색정보를 포함하고 있는 라벨 설계도를 AI형태의 파일로 제공할 것을 요구하였다.

다) 기술자료 제공 요구에 정당한 사유가 있는지 여부

기술자료 제공 요구 행위에 정당한 사유가 인정되는 경우란 원사업자와 수급사업자가 공동으로 기술개발 등의 약정을 체결하고 동 약정의 범위 내에서 기술개발에 필요한 자료를 요구하는 경우, 제품에 하자가 발생하여 원인규명을 위하여 하자 또는 품질관리와 직접 관련된 기술자료를 요구하는 등 제조 등의 위탁 목적을 달성하기 위하여 수급사업자의 기술자료가 절차적, 기술적으로 불가피하게 필요한 경우를 의미하며, 정당화 사유는 원사업자인 피심인이 입증하여야 한다.

그러나 피심인은 달리 정당화 사유를 입증하지 못하고 있고, 나아가 살펴보더라도 피심인은 ㅇㅇㅇㅇㅇ와 기술개발 등의 약정을 체결한 사실이 없을 뿐만 아니라, 위 2. 나. 1)의 인정사실에서 보는 바와 같이 2013. 6. 25. ㅇㅇㅇㅇㅇ를 중국 남경법인 내재화 사업에서 배제하기로 결정한 이후에도 같은 해 10. 28.까지 ㅇㅇㅇㅇㅇ에게 기술자료의 제공을 지속적으로 요구한 점, 피심인이 ㅇㅇㅇㅇㅇ에게 제공을 요구한 라벨 원가자료, 프라이머코팅액 세부사양에 관한 정보, 아이마크 설정방법 및 백점불량 발생원인별 해결방법 등에 관한 정보 내지 자료 등은 라벨의 하자나 품질관리와 직접적인 관련이 없는 점을 고려할 때 피심인의 기술자료 제공 요구 행위에 정당한 사유가 존재한다고 볼 수 없다. ■

선박엔진 등 관련 부품 제조위탁 후 원사업자의 기술자료 요구가 하도급법 제12조의3에 위배되는 불법성을 인정한 사례-

공정거래위원회 2019. 4. 4. 의결 2017제하2536 [STX엔진(주)의 불공정하도급거래 행위 사례)

[주문]

1. 피심인은 주식회사 ㅇㅇㅇㅇㅇ 등 10개 수급사업자에게 선박엔진 등과 관련한 부품 등의 제조를 위탁하고 부품 제작도면 등 기술자료를 승인도로 보관하기 위하여 해당 기술자료의 제공을 요구하면서, 기술자료의 제공요구 목적, 비밀유지에 관한 사항, 권리 귀속 관계, 대가 등 하도급거래 공정화에 관한 법률 시행령 제7조의3에서 규정하는 사항을 해당 수급사업자와 미리 협의하여 정한 후 그 내용을 적은 서면을 주지 아니하는 것과 같은 행위를 다시 하여서는 아니된다.
2. 피심인은 다음 각 호에 따라 과징금을 국고에 납부하여야 한다.

가. 과징금액 : 20,000,000원

나. 납부기한 : 과징금 납부고지서에 명시된 납부기한(60일) 이내

다. 납부장소 : 한국은행 국고수납대리점 또는 우체국

[이유]

- (가) 행위사실

피심인은 2015. 1. 1. ~ 2017. 8. 31. 기간 동안 ㅇㅇㅇㅇㅇ 등 10개 수급사업자에게 선박엔진 등과 관련한 부품의 제조를 위탁하고 이를 납품받는 과정에서, 주로 e-mail을 통해 그 부품의 제작 등과 관련한 도면(이하 '부품 제작도면'이라 한다)[479] 총 16건을 해당 수급사업자에게 제공할 것을 요구하고 이를 e-mail로 제공받아 승인도3)로 보관하면서 그 요구

목적, 비밀유지에 관한 사항, 권리귀속 관계, 대가 등을 미리 협의하여 정하지 아니하고 그 내용이 기재된 서면을 해당 수급사업자에게 주지 아니한 사실이 있다.

[이유]-위법성 판단

- 관련 법 규정-하도급법 제12조의 3(기술자료 제공 요구 금지)

1) 선박엔진 관련 부품 제작도면 등이 기술자료에 해당하는지 여부

피심인이 이 사건 수급사업자들에게 요구한 자료가 법 제2조 제15항에 규정된 기술자료에 해당되기 위해서는 ① 상당한 노력에 의하여 비밀로 유지된 자료로서 ② 제조·수리·시공 또는 용역수행 방법에 관한 자료, 그 밖에 영업활동에 유용하고 독립된 경제적 가치를 가지는 것으로서 특허권, 실용신안권, 디자인권, 저작권 등의 지식재산권과 관련된 정보이거나 그밖에 영업활동에 유용하고 독립된 경제적 가치가 있는 기술상 또는 경영상의 정보에 해당하여야 한다

가) 상당한 노력에 의하여 비밀로 유지되었는지 여부

살피건대 피심인이 이 사건 수급사업자들에게 제공을 요구한 자료들은 객관적으로 비밀로 유지·관리되고 있다는 사실이 인식 가능한 상태로서 아래와 같은 사항을 종합적으로 고려할 때 해당 수급사업자들의 상당한 노력에 의하여 비밀로 유지되었음이 인정된다.

첫째, 이 사건 일부 수급사업자들의 경우 부품 제작도면에 외부공개 금지, 저작권 및 소유권의 주체, 해당 도면의 보안유지 등을 직접 명시9)하였으므로 비밀이라고 인식될 수 있는 표시 또는 고지를 한 것으로 인정된다.[480)]

둘째, 이 사건 수급사업자들이 ① 부품 제작도면을 대외비로 별도의 서버에 보관·관리하는 점, ② 해당 도면의 열람 권한을 일부 직원들에게만 부여하고 외부반출 시 내부적인 승인절차를 거치게 한 점, ③ 'ISO 9001 인증 등 국제표준에서 정하고 있는 '도면관리절차서등에 따른 도면번호 부여, 도면 등록 및 기밀정도의 구분 등 체계적인 부품 제작도면의 관리가 이뤄진 점 등을 종합적으로 고려할 때 이 사건 자료들에 접근할 수 있는 대상자나 접근방법을 제한한 것으로 인정된다.

셋째, 피심인과 이 사건 수급사업자들이 하도급계약을 체결하면서 해당 계약에 따른 거래와 관련하여 알고 있는 사양, 자료, 지적재산권, 금형 등 상대방의 업무상·기술상의 기밀사항을 보호해야 함을 계약서에 명시한 점을 고려할 때 수급사업자들이 이 사건 자료에 접근한 자에게 비밀유지준수 의무를 부과하였다고 봄이 상당하다.

나) 제조·수리·시공 또는 용역수행 방법에 관한 자료, 그 밖에 영업활동에 유용하고 독립된 경제적 가치를 가지는 것으로서 대통령령으로 정하는 자료인지 여부

---

479) 도면이름(도면 건수) 1. 16/24 RELIEF VALVE (1), 2. MNSI. F.O DUPLEX FILTER 등 (2), 3. L21/31 AIR STARTER (1), 4. L21/31 PRE. L.O PUMP 등4) (2), 5. SILENCER 등 (2), 6. FO PURIFIER (1), 7. AIR TANK 등 (2), 8. FLOW METER UNIT (1), 9. MAIN AIR COMPRESSOR (1), 10. FO STANDBY PUMP 등 (3) 합계 16개

480) 이 사건 부품 제작도면에 비밀표시 등을 하지 않은 수급사업자들도 이하에서 살펴보는 바와 같이 해당 도면의 외부반출을 금하고, 직원들의 열람을 제한하며, 특정장소에만 보관하는 등의 비밀유지조치는 취하고 있고, 원사업자와 수급사업자의 관계 등 하도급거래의 특수성을 고려할 때 수급사업자가 거래상 우위에 있는 원사업자의 요구에 의해 도면을 제출하면서 해당 도면에 대하여 다른 사업자의 열람, 사용을 제한하는 내용을 도면에 명기하거나 관련 조치를 요구하기가 현실적으로 어려운 점 등을 고려하면 해당 도면에 직접적으로 비밀유지 표시가 없다고 하여 수급사업자가 이를 상당한 노력에 의해 비밀로 유지하지 않는다고 보는 것은 타당하지 아니하다.

(1) 제조·수리·시공 또는 용역수행 방법에 관한 자료인지 여부

제조·수리·시공 또는 용역수행 방법에 관한 정보·자료인지 여부는 제품의 제조·수리·시공 또는 용역의 완성을 위해 사용되거나 참고되는 정보 또는 그러한 정보가 기재된 유·무형물(종이, CD, 컴퓨터 파일등 형태에 제한이 없음)을 말하며, 이를 판단함에 있어 "제조·수리·시공 또는 용역수행 방법"은 원사업자가 수급사업자에게 위탁한 당해 업무에 관련된 것에 한정되지 아니한다.

우선 도면은 일반적으로 사용목적에 따라 승인도, 주문도, 견적도, 설명도 등으로 분류할 수 있고 작성내용에 따라 조립도, 공정도, 상세도, 부품도, 설치도 등으로 분류할 수 있다.

이 사건 부품 제작도면은 피심인이 승인도로 보관하기 위하여 수급사업자에게 제공을 요구한 것인데 승인도를 사용목적에 따라 분류할 경우 수급사업자가 원사업자의 승인을 얻기 위한 도면에 해당하고, 작성내용에 따라 분류할 경우 제품의 제조를 위한 조립도, 상세도, 설치도 등에 해당된다.

보다 구체적으로 살펴보면, 피심인이 수급사업자가 설계·제작한 도면을 승인하는 것은 피심인이 요구한 규격, 사양 및 기능 등이 수급사업자가 설계한 도면에 제대로 구현되었음을 수급사업자에게 확인해주는 의미이고 수급사업자에게는 해당 도면에 기재된 대로 피심인에게 제품 또는 부품을 제작하여 납품하겠다는 약속이라는 점을 고려할 때 이 사건 부품 제작도면에는 수급사업자가 피심인에게 납품하는 제품 또는 부품의 제조를 위해 사용되거나 참고가 되는 정보가 기재되어 있다.

이 사건 부품 제작도면이 제품의 제조와 관련하여 어떠한 사항을 포함하고 있는지 판단하기 위하여 해당 제작도면 16건의 구성항목을 분석한 결과, 대부분의 제작도면이 외형 및 수치, Note(제조 시 유의사항), 부품선정, 부품간 결합위치, 시험성적 또는 사양 등의 구성항목을 포함하고 있었고, 상당수의 제작도면이 부품소재, 특정 항목에 대한 상세도면 등의 구성항목까지 포함하고 있음이 확인되었으므로 이 사건 부품 제작도면은 수급사업자의 제품 제조방법 등에 대하여 원사업자인 피심인이 최종 승인을 하고 제품의 제작을 위해 사용되거나 참고되는 기술적 내용들이 집약되어 있는 제조물 제조방법에 관한 정보·자료임이 인정된다.

(2) 그 밖에 기술개발·생산·영업활동에 유용하고 독립된 경제적 가치를 가지는 자료인지 여부

기술개발(R&D)·생산·영업활동에 유용하고 독립된 경제적 가치가 있는지 여부는 정보·자료의 보유자 혹은 다른 사업자가 그 정보·자료를 사용함으로써 기술개발(R&D)·생산·영업활동에 있어 영업상의 우위를 얻을 수 있거나 그 정보·자료의 취득이나 개발을 위해 상당한 비용, 시간이나 노력이 필요한 경우를 말할 뿐만 아니라, 거래의 대상이 될 수 있을 정도로 독자적인 가치를 가지는 것에 한정되지 않고, 보유함으로써 얻게 되는 이익이 상당히 있거나 보유하기 위하여 비용이 상당히 소요되는 경우도 이에 해당된다.

구체적으로 예를 들면 그 자체로는 외부로 유출될 경우 그로 인해 큰 피해가 발생하지 않더라도 다른 사업자가 제품이나 기술을 개발함에 있어 이를 입수하여 사용하면 시행착오를 줄여 시간을 단축하는데 기여하는 등 참고할 만한 가치가 있거나 기타 생산 또는 영업활동에 도움이 될 만한 가치가 있는 정보나 자료인 경우가 이에 해당된다.

이 사건 부품 제작도면은 위 <표 4> 기재와 같이 동종품목 제조에 직접적으로 도움을 줄 수 있는 외형 및 수치, Note, 부품선정, 부품간 결합위치, 부품소재, 특정 항목에 대한 상세도면, 시험성적 또는 사양 등의 항목을 포함하고 있는 것으로 확인되었는데, 이는 해당 제품에 대하여 일반적인 수준 이상의 지식을 가지고 있는 관련자가 이 사건 부품 제작도면을 입수할 경우 제품 또는 기술개발에 시행착오를 줄여 시간과 비용을 단축하는데 기여할 수 있으므로 기술개발 등에 유용하고 독립된 경제적 가치가 있는 기술상의 정보에 해당하고, 특히 부품선정, 부품간 결합 위치, 부품소재 등을 명기하는 경우 해당 제작도면을 보다 더 기술상의 정보로 인정할 수 있다.

따라서 부품의 선택, 부품의 배열 등을 확인할 수 있는 외형(단면도 포함) 및 수치, Note, 부품선정, 부품간 결합위치, 부품소재, 특정 항목에 대한 상세도면, 시험성적 또는 사양 등의 기술상의 정보를 포함하고 있는 승인도는 독립된 경제적 가치가 있는 것으로 인정할 수 있다.

특히 이 사건 총 16건의 부품 제작도면이 각각 이러한 구성항목들을 얼마나 포함하고 있는지를 확인해 보면 이 사건 제작도면 모두가 외형 및 수치, Note, 부품선정, 부품간 결합위치, 부품소재, 특정 항목에 대한 상세도면, 시험성적 또는 사양 등의 항목을 5개 이상 포함하고 있다.

이와 관련하여 피심인의 수급사업자들도 이 사건 부품 제작도면에는 피심인이 요구하는 사양에 맞춘 해당 부품의 규격, 조립에 필요한 치수 등이 담겨있기 때문에 다른 사업자가 이를 획득할 경우 동종 제품 개발에 필요한 비용, 시간 등을 절감할 수 있다고 확인하였는 바, 기술개발 등에 유용하고 독립된 경제적 가치가 있는 기술상의 정보라고 인식하고 있음이 인정된다.

아울러 부품 제작도면은 그 구성항목으로 어떤 내용이 포함되어 있는지를 고려하지 않더라도 다수의 제품 중에서 사업자가 품질, 성능, 가격 등에서 우위에 있다고 판단하여 선택한 제품의 제조방법 등에 관한 기술정보에 해당하므로 동종 제품을 생산하는 다른 사업자가 모방하고자 하는 타깃이 된다. 국내 부품소재산업 기술개발 관련 보고서도 이러한 관점에서 부품 제작도면(승인도)을 해당 제작업체의 독자적인 기술능력을 보여주는 것이라고 평가하였다

3) 기술자료의 제공요구 전 서면을 교부하였는지 여부

피심인은 위 가.에서 살펴본 바와 같이 이 사건 10개 수급사업자에게 총 16건의 부품 제작도면의 제공을 요구하면서 그 요구목적, 비밀유지에 관한 사항, 권리귀속 관계, 대가 등에 대하여 미리 협의하여 정한 바 없고, 이를 적은 서면도 해당 수급사업자에게 교부한 사실이 없다. 피심인의 행위는 법 제12조의3 제2항에 위반되어 위법하다.

[이유]-처분 -시정조치 및 과징금부과

피심인의 위 2. 가.의 행위는 법 제12조의3 제2항에 위반되므로 시정조치에 대하여는 법 제25조 제1항의 규정을, 과징금 부과에 대하여는 법 제25조의3을 적용하여 주문 1. 내지 2항과 같이 의결한다. ■

X. 부당한 대물변제의 금지

1. 관련 법령(법17조)

하도급법은 제17조 및 동법시행령 제9조의 5 에서 부당한 대물변제 금지에 대하여 규정을 하고 있다.

- 하도급법-

제17조 (부당한 대물변제의 금지) ① **원사업자는** 하도급대금을 물품으로 지급하여서는 아니 **된다**. 다만, 다음 각 호의 어느 하나에 해당하는 사유가 있는 경우에는 그러하지 아니하다. 〈개정 2013.8.13., 2017.4.18.〉

1. 원사업자가 발행한 어음 또는 수표가 부도로 되거나 은행과의 당좌거래가 정지 또는 금지된 경우
2. 원사업자에 대한 「채무자 회생 및 파산에 관한 법률」에 따른 파산신청, 회생절차개시 또는 간이회생절차개시의 신청이 있은 경우
3. 그 밖에 원사업자가 하도급대금을 물품으로 지급할 수밖에 없다고 인정되는 **대통령령**으로 정하는 사유가 발생하고, 수급사업자의 요청이 있는 경우

② 원사업자는 제1항 단서에 따른 대물변제를 하기 전에 소유권, 담보제공 등 물품의 권리·의무 관계를 확인할 수 있는 자료를 수급사업자에게 제시하여야 한다. 〈신설 2013.8.13., 2017.4.18.〉

③ 물품의 종류에 따라 제시하여야 할 자료, 자료제시의 방법 및 절차 등 그 밖에 필요한 사항은 **대통령령**으로 정한다. 〈신설 2013.8.13.〉

[전문개정 2009.4.1.]

[시행일 : 2017.10.19.]

- 하도급법시행령-

제9조의4(대물변제 인정사유) 법 제17조제1항제3호에서 "그 밖에 원사업자가 하도급대금을 물품으로 지급할 수밖에 없다고 인정되는 대통령령으로 정하는 사유"란 「기업구조조정 촉진법」에 따라 금융채권자협의회가 원사업자에 대하여 공동관리절차 개시의 의결을 하고 그 절차가 진행중인 경우를 말한다.[본조신설 2017. 9. 29.]

[종전 제9조의4는 제9조의5로 이동 〈2017. 9. 29.〉]

제9조의5(대물변제 전에 제시하여야 하는 자료 및 제시방법 등) ① 원사업자가 법 제17조제3항에 따라 수급사업자에게 제시하여야 할 자료는 다음 각 호의 구분에 따른 자료로 한다.

1. 대물변제의 용도로 지급하려는 물품이 관련 법령에 따라 권리·의무 관계에 관한 사항을 등기 등 공부(公簿)에 등록하여야 하는 물품인 경우: **해당 공부의 등본**(사본을 포함한다)
2. 대물변제의 용도로 지급하려는 물품이 제1호 외의 물품인 경우: 해당 물품에 대한 권리·의무 관계를 적은 **공정증서**(「공증인법」에 따라 작성된 것을 말한다)

② 제1항에 따른 자료를 제시하는 방법은 다음 각 호의 어느 하나에 해당하는 방법으로 한다.

이 경우 문서로 인쇄되지 아니한 형태로 자료를 제시하는 경우에는 문서의 형태로 인쇄가 가능하도록 하는 조치를 하여야 한다.

1. 문서로 인쇄된 자료 또는 그 자료를 전자적 파일 형태로 담은 자기디스크(자기테이프, 그 밖에 이와 비슷한 방법으로 그 내용을 기록 · 보관 · 출력할 수 있는 것을 포함한다)를 직접 또는 우편으로 전달하는 방법
2. 수급사업자의 전자우편 주소로 제1항에 따른 자료가 포함된 전자적 파일을 보내는 방법. 다만, 원사업자가 전자우편의 발송 · 도달 시간의 확인이 가능한 자동수신사실 통보장치를 갖춘 컴퓨터 등을 이용한 경우로 한정한다.

③ 원사업자는 제1항에 따른 자료를 제시한 후 대물변제를 하기 전에 법 제17조제2항에 따른 물품의 권리 · 의무 관계가 변경된 경우에는 그 변경된 내용이 반영된 제1항에 따른 자료를 제2항에 따른 방법으로 수급사업자에게 지체 없이 다시 제시하여야 한다.

④ 원사업자는 제2항 및 제3항에 따라 자료를 제시한 후 지체 없이 다음 각 호의 사항을 적은 서면을 작성하여 수급사업자에게 내주고 원사업자와 수급사업자는 해당 서면을 보관하여야 한다.

1. 원사업자가 자료를 제시한 날
2. 자료의 주요 목차
3. 수급사업자가 자료를 제시받았다는 사실
4. 원사업자와 수급사업자의 상호명, 사업장 소재지 및 전화번호
5. 원사업자와 수급사업자의 서명 또는 기명날인

[본조신설 2014.2.11.]

2. 내용

가. 의의 및 취지

종전에 하도급법 제17조 1항은 "원사업자는 수급사업자의 **의사에 반하여** 하도급대금을 물품으로 지급하여서는 아니 된다." 고 규정하고 있었다가, 2017. 4. 18.자 개정으로 본 규정의 입법태도가 바뀌었다.

즉 개정 전의 규정은 "의사에 반하는 대물변제를 금지한다."는 규정으로서 이는 '특정행위를 금지'하는 '네거티브방식'의 규정(의사에 반한 대물변제만 금지)이었는데, 2017. 4. 18.자 하도급법을 개정하여 하도급법 제17조에서 모든 대물변제를 금지하고 단서 규정을 통하여 예외적으로 정당한 사유가 있는 경우에 인정하는 형식으로 개정하였다. 본 개정으로 인하여 **대물변제 자체의 위법성 추정**과 아울러 **원사업자에 대하여 대물변제의 정당성에 대한 입증책임을 부여**하는 것으로 입법이 정리되었다[481].

481) 하도급법 개정취지를 보면 "현행법에 따르면 원사업자는 수급사업자의 의사에 반하여 하도급대금을 물품으로 지급하여서는 아니 된다고 규정하고, 이를 위반하는 경우 하도급대금의 2배에 상당하는 금액 이하의 벌금에 처

또한 하도급법 제17조 제2항 및 제3항(신설 2013. 8. 13. 시행 2014. 2. 14.)의 신설 취지는 "하도급대금을 미분양아파트, 건설자재 등 대물로 변제하는 경우가 많은데 반해, 담보제공, 채권· 채무 설정 등 자산에 대한 권리 · 의무관계가 확인되지 않은 상태에서 대물로 하도급대금을 지급할 경우 수급사업자의 피해로 이어질 수 있으므로, 원사업자가 하도급대금을 대물로 변제할 경우 소유권, 담보제공 등 물품의 권리·의무 관계를 확인할 수 있는 자료를 수급사업자에게 제시"하도록 함이다.

나. 법적 성질 및 주요 내용

1) 하도급법 제17조에 위반한 계약의 사법(私法)상의 효력

판례는 개정 전 하도급법 규정 즉 의사에 반한 하도급대금지급금지 규정의 해석과 관련하여 그 위반행위에 대하여 벌금형 및 공정거래위원회의 행정적 재제 규정만 존재한다는 취지에 비추어 사법상의 효력까지 부인하는 것은 아니라는 입장이다(**대법원 2003. 5. 16. 선고 2001다27470 판결 등**)(**단속규정설**). 즉 하도급법 제17조에 위반하여 계약이 체결되었더라도 그 체결된 내용이 무효는 아니고, 그 위반으로 인하여 공정거래위원회로부터 행정적 제재를 받거나 수급사업자는 손해배상청구를 할 수 있게 된다.

그러나 사견으로는 다른 하도급법의 금지행위 위반과 달리 대물변제 위반의 경우에 하도급법에 위반한 대물변제의 효력은 사법상 무효로 보아야 할 것이다. 첫째, 강행법규로서 위반인 행위를 사법적으로는 완전 유효로 보는 것이 법의 적합성 여부 관점에서 타당하지도 않거니와 둘째, 대물변제라고 함은 다른 대물의 소유권 이전행위(부동산의 경우 등기, 동산의 점유의 이전 등)가 필요한 것인데 대물변제의 사법상의 유효성을 인정한다면 손해배상이 객관화되지 못할 우려[482]가 있게 되며, 셋째, 현행 개정법 하에서는 모든 대물변제행위가 위법이라는 입법적 결단의 점을 고려할 때 사법행위의 효력도 무효로 해석해야만 할 것이다(**사법상 행위 효력설**).

함으로써 대물변제를 원칙적으로 금지시키고 있는데, 원사업자가 하도급거래상 우월적 지위를 이용하여 수급사업자의 내심과 달리 대물변제를 원하는 것으로 의사표시를 하게 함으로써 합법적인 대물변제의 수단으로 활용되고 있는 실정을 감안하여, '수급사업자의 의사에 반하여'라는 문구를 삭제하여 하도급대금에 대한 대물변제의 여지를 원칙적으로 차단하고, 원사업자가 발행한 어음 또는 수표가 부도로 되거나 은행과의 당좌거래가 정지 또는 금지된 경우 등 제한적인 경우에만 대물변제가 가능하게 함으로써 수급사업자의 진의 아닌 의사표시에 의한 피해를 방지하려는 것이다"라는 입법취지를 밝히고 있다(하도급법 개정 [시행 2017. 10. 19.] [법률 제14814호 2017. 4. 18. 일부개정]).

482) 예를 들어 사법상 무효를 하지 않고 손해배상으로 해결하는 경우에는 부당한 대물변제를 한 후 가격이 등락에 따라서 손해배상액의 변동이 있다던가 손해의 범위가 있다가 전혀 없게 되는 문제점이 있게 된다. 만일 대물변제시의 시점을 특정하여 그 이후의 변동을 무시한다면 대물변제시의 손해가 발생한 이후 변론종결시에 대물의 가격이 오른 경우 여전히 손해를 인정해야 하는 문제점이 발생할 것이다.

-대법원 2003.5.16., 선고, 2001다27470, 판결[보증금]-

【판시사항】

하도급거래공정화에관한법률 제17조에 위반된 계약의 사법상의 효력(유효)

【판결요지】

하도급거래공정화에관한법률 제17조는 "원사업자는 수급사업자의 의사에 반하여 하도급대금을 물품으로 지급하여서는 아니된다."라고 규정하고 있고, 같은 법 제20조는 "원사업자는 하도급거래와 관련하여 우회적인 방법에 의하여 실질적으로 이 법의 적용을 면탈하려는 행위를 하여서는 아니된다."라고 규정하고 있으나, 하도급거래공정화에관한법률은 그 조항에 위반된 도급 또는 하도급약정의 효력에 관하여는 아무런 규정을 두지 않는 반면 위의 조항을 위반한 원사업자를 벌금형에 처하도록 하면서 그 조항 위반행위 중 일정한 경우만을 공정거래위원회에서 조사하게 하여 그 위원회로 하여금 그 결과에 따라 원사업자에게 시정조치를 명하거나 과징금을 부과하도록 규정하고 있을 뿐이어서 **그 조항은 그에 위배한 원사업자와 수급사업자간의 계약의 사법상의 효력을 부인하는 조항이라고 볼 것은 아니다.** ■

2) 주요 내용

개정 전 하도급법 규정 하에서 부당한 대물변제 금지를 규정하였는데 이 당시 '원사업자의 **부당**한 대물변제'의 의미에 관하여 **판례**는 열위적 지위에 있는 수급사업자가 원하지 않음에도 원사업자의 의사에 따라 하도급대금을 물품으로 지급하는 것에 동의 또는 승낙하는 경우 부당한 대물변제로 보아 반드시 무효 내지 취소에 이르는 강박일 것을 요하지 않았다(**대법원 2003. 5. 16. 선고, 2001다27470 판결 등 참조**)[483].

현행 개정법 하에서는 원사업자가 물품을 지급할 수 밖에 없는 사유(예컨대 파산 회생절차 등 법령에 의하여 정한 사유)에만 대물변제가 가능하므로, 원사업자는 ① 정당한 대물변제사유가 존재한다는 것을 전제로 하여 ② 수급사업자가 진정으로 대물변제에 합의하고 또한 ③ 동법 및 시행령에서 정한 절차와 방법을 거쳤다는 사유 및 입증책임을 해야만 적법한 대물변제가 된다고 볼 것이다.

---

483) 【하도급법 제17조 소정의 '원사업자의 부당한 대물변제'의 의미】: "하도급법 제17조는 '의사에 반하여' 하도급대금을 물품으로 지급하는 것을 금지하고 있는바, 하도급법의 제정취지가 "하도급거래에 있어서 원사업자의 부당한 행위를 억제하고 수급사업자의 열위(劣位)적 지위를 보완하여 하도급거래가 상호보완적인 협조관계에서 이루어지도록 유도"하려는 데 있음에 비추어 볼 때 열위적 지위에 있는 수급사업자가 원하지 않음에도 원사업자의 의사에 따라 하도급대금을 물품으로 지급하는 것에 동의 또는 승낙하는 경우에는 '의사에 반하여' 지급한 것에 해당한다고 할 것이고 다만, 그 경우 무효 또는 취소할 수 있는 정도의 강박에 의한 것임을 요하는 것은 아니라고 할 것이나, 당초부터 하도급대금을 물품으로 지급하는 것을 전제로 하여 하도급계약을 체결하는 것이 사적자치의 원칙상 금지되는 것은 아니고, 이러한 경우까지 하도급대금을 약정한 물품으로 지급하는 것이 '원사업자의 부당한 대물변제'에 해당하여 금지되는 것이라고는 할 수 없다."(대법원 2003. 5. 16. 선고 2001다27470 판결)

다. 관련 쟁점

1) 정당한 대물변제 합의 이후 소유권이전 등기 의무의 불이행이 있는 경우 하도급법상 지연이자의 부담여부

예컨대, 원사업자와 수급사업자 사이에 하도급대금의 일부를 아파트로 지급하기로 상호 합의하여 적법하게 약정을 하였다고 가정할 때, 이후 하도급대금의 변제기가 지났음에도 불구하고 소유권 이전등기가 지연되는 경우 원사업자가 하도급 법상 지연이자(하도급법 제13조 제8항) 배상의무를 부담하는지 여부이다.

요컨대, 대물변제 합의가 하도급법 제17조 단서의 각호에 해당하는 적법한 경우라면 하도급대금채권(금전채권)이 특정물채권으로 변경되는 민법상 **'경개(更改)계약'**이 정당하게 성립한다고 보아야 할 것이다. 따라서 특정물채무의 지연으로 인한 경우에는 하도급법상의 하도급대금 지연 채무불이행으로 인한 손해배상책임을 규정한 하도급법 제13조 제8항의 고시이율에 기한 배상책임을 부담하지는 않는다고 보인다[484]. 이러한 경우에는 일반 채무불이행으로 인한 손해발생을 주장 입증하여 청구하여야 할 것이다.

2) 건설공사 선급금 지급에 있어서 선급금에 미치지 못하는 부동산으로 대물변제로 갈음하기로 한 경우의 법적 효력

이 경우에 법원은 선급금을 액수에 미치지 못하는 부동산으로 대물지급하는 약정은 하도급법 제17조 등에 위배되고, 다만, 양도한 당시의 부동산 시가 상당액의 범위 내에서 유효하다고 한다.

[참조 판결]

-부산고등법원 2001. 4. 12. 선고 99나13515, 판결[보증금]-

【판시사항】

선급금을 부동산으로 대물지급하는 것이 하도급거래공정화에관한법률 제17조 등에 위배되는지 여부(한정 적극)

【판결요지】

공사의 선급금을 그 액수에 미치지 못하는 부동산으로 대신 지급하기로 한 것은 실질적으로는 수급사업자의 진정한 의사에 반하여 하도급대금을 물품으로 지급하기로 한 약정으로서 하도급거래공정화에관한법률 제17조 및 제20조에 위배되어 무효라고 보아야 할 것이고, 다만, 도급인이 수급인에게 **양도한 부동산의 그 당시 시가 상당액에 대하여는 선급금으로 지급**

484) 지연이자는 손해배상채무 즉 금전채무불이행에 대한 손해배상의 성격을 가지므로(민법 제397조) 특정물채권의 불이행에는 적용하기 어렵다.

된 것이라고 보는 것이 도급인이나 수급인의 그 당시의 의사에도 부합하는 것이라 볼 것이므로, 도급인과 수급인 사이의 위 약정은 그 시가 상당액에 관하여는 유효하고, 이를 초과하는 부분에 한하여 무효라고 봄이 상당하다.■

3. 관련 사례

가. 판례

판례는 선급금의 대물변제를 위해 도급인이 수급인 회사의 임직원들에게 이른바 3자간 등기명의신탁에 의한 방법으로 부동산소유권을 이전한 경우 대물변제의 효력이 발생할 수 없다고 한다.

[참조 판결]

-대법원 2003. 5. 16. 선고 2001다27470, 판결 [보증금]-

【판시사항】

선급금의 대물변제를 위해 도급인이 수급인 회사의 임직원들에게 이른바 3자간 등기명의신탁에 의한 방법으로 부동산소유권을 이전한 경우 대물변제의 효력이 발생할 수 있는지 여부(소극)

【판결요지】

대물변제가 채무소멸의 효력을 발생하려면 채무자가 본래의 이행에 갈음하여 행하는 다른 급여가 현실적인 것이어야 하며 그 경우 다른 급여가 부동산소유권의 이전인 때에는 그 부동산에 관한 물권변동의 효력이 발생하는 등기를 경료하여야 하는바, 부동산실권리자명의등기에관한법률에 의하면 이른바 3자간 등기명의신탁의 경우 같은 법에서 정한 유예기간 경과에 의하여 기존 명의신탁약정과 그에 의한 등기가 무효로 되고, 이 경우 수탁자가 제3자에게 신탁부동산에 대한 처분행위를 한 경우 3자간 등기명의신탁에 의한 소유권이전등기의 무효로써 제3자에게 대항할 수 없다고 하더라도(부동산실명법 제4조 제3항), 당초의 약정에 따른 신탁자에 대한 소유권이전등기의무가 이행된 것으로는 볼 수 없다.■

나. 공정거래위원회 심결례

건설 하도급계약 체결 후 하도급대금으로 대물(리조트)을 변제한 행위가 하도급법 17조에 위반되어 위법하다는 재결이 있다.

공정거래위원회 9509하도8795 시정명령[한보건설 (주)의 불공정하도급거래행위 사례)

[주문]

피심인은 『일산선 구파발-일산간 복선전철(8공구) 건설공사』 및 『분당택지조성공사』중 토공 및 구조물공사를 수급사업자인 대○기공건설(주)에게 건설위탁함에 있어,

1. 하도급대금을 지급하면서 수급사업자의 의사에 반하여 하도급대금을 부당하게 물품으로 지

급하는 행위를 하여서는 아니된다.

2. 피심인은 이 시정명령을 받은 날로부터 30일 이내에 위 1.의 행위를 함으로써 하도급거래공정화에관한법률에 위반되어 공정거래위원회로부터 시정명령을 받았다는 사실을 본 건 법위반공사와 관련된 모든 수급사업자에게 서면으로 통지하여야 한다. 단, 통지문안은 사전에 공정거래위원회와 협의를 거친 것이어야 한다.

[이유]

1. 피심인은 건설업법 제2조제3호의 규정에 의한 건설업자(일반건설업면허 소지, 1993년말 상시종업원수: 1,090명)로서 『일산선 구파발-일산간 복선전철(8공구) 건설공사』 및 『분당 택지 조성공사』중 토공 및 구조물공사(이하 "하도급공사"라 한다)를 대○기공건설(주)(대표이사: 손○석, 서울특별시 ○○구 ○○동 ○○ 소재)에게 건설위탁함에 있어 하도급법 제2조제2항제3호의 규정에 의한 원사업자에 해당되고, 대건기공건설(주)(토공.철콘공사업면허 소지, 1993년말 상시종업원수: 120명)는 피심인으로부터 하도급공사를 건설위탁받은 자로서 본건 하도급거래에 있어 같은법 제2조제3항제3호의 규정에 의한 수급사업자에 해당된다.

2. 피심인은 다음 <표1>에서 보는 바와 같이 대○기공건설(주)에게 하도급공사를 건설위탁함에 있어, 대○기공건설(주)에게 하도급대금을 지급하면서 130,470천원 상당의 하도급대금을 물품(해운대 리조텔)으로 지급한 사실이 있다.

3. 위 2.의 사실에 대하여 검토하건대,

가. 하도급법 제17조의 규정에 의하면 원사업자는 수급사업자의 의사에 반하여 하도급대금을 물품으로 지급하여서는 아니되도록 규정되어 있는 바,

나. 이에 의거 판단해 볼 때, 피심인은 수급사업자인 대○기공건설(주)에게 하도급대금을 지급하면서 대○기공건설(주)의 의사에 반하여 130,470천원 상당의 하도급대금을 물품(해운대 리조텔)으로 지급하였으므로 이는 불공정하도급거래행위로 인정된다.

다. 한편, 피심인은 하도급대금에 갈음하여 지급한 "해운대 리조텔"건은 대○기공건설(주)의 동의하에 이루어진 것이므로 수급사업자의 의사에 반하여 이루어진 것이 아니라고 주장하고 있으나, 동 리조텔의 분양시점이 1992년 7월로 하도급 계약시점(1992.3.)에서 불과 4개월 후였으므로 잔여시공분이 많이 남아 있던 수급사업자로서는 이를 거절하기 어려웠다는 점, 피심인도 동 리조텔 4채를 발주자로부터 대물변제로 지급받게 되어 이를 처분하여야 할 필요성이 있었다는 점, 대물변제에 있어 수급사업자의 동의사실을 명확하게 입증할 서류 또는 사실을 제시하지 못하고 있다는 점, 또한 피심인이 수급사업자의 동의가 있었다는 근거로 주장하는 1994.7.25.자 대○기공건설(주) 명의의 각서는 본건 대물변제가 이루어진 2년 후에 이루어진 것이므로 그 근거로 보기는 어렵다는 점 등을감안할 때, 피심인의 주장은 그 타당성을 인정할 수 없다 할 것이다.

4. 위 인정하는 사실 2.에 있어서의 피심인의 행위는 하도급법 제17조의 규정에 위반되므로, 같은 법 제25조 제1항 및 제4항의 규정을 적용하여 주문과 같이 의결한다. ■

XI. 부당한 경영간섭의 금지

1. 관련 법령(법18조)

하도급법은 제18조 및 하도급거래공정화지침에서 부당한 경영간섭의 금지에 대하여 규정을 하고 있다.

– 하도급법 –

제18조(부당한 경영간섭의 금지) ① 원사업자는 하도급거래량을 조절하는 방법 등을 이용하여 수급사업자의 경영에 간섭하여서는 아니 된다.

② 다음 각 호의 어느 하나에 해당하는 원사업자의 행위는 **부당한 경영간섭으로 본다**[485].

1. 정당한 사유 없이 수급사업자가 기술자료를 해외에 수출하는 행위를 제한하거나 기술자료의 수출을 이유로 거래를 제한하는 행위
2. 정당한 사유 없이 수급사업자로 하여금 자기 또는 자기가 지정하는 사업자와 거래하도록 구속하는 행위
3. 정당한 사유 없이 수급사업자에게 원가자료 등 **공정거래위원회가 고시하는 경영상의 정보**를 요구하는 행위

[전문개정 2009.4.1]

– 하도급거래공정화지침 –

17. 부당한 경영간섭의 금지 (법 제18조)

가. 원사업자의 부당한 경영간섭행위를 예시하면 다음과 같다.

(1) 수급사업자가 임직원을 선임 · 해임함에 있어 자기의 지시 또는 승인을 얻게 하거나 수급사업자의 의사에 반하여 특정인을 채용하게 하는 등의 방법으로 인사에 간섭하는 행위

(2) 수급사업자의 생산품목 · 시설규모 등을 제한하는 행위

(3) 1차 수급사업자의 재 하도급거래에 개입하여 자신의 위탁한 목적물의 품질유지 및 납기내 납품여부 등 하도급거래의 목적과 관계없이 2차수급사업자의 선정 · 계약조건설정 등 재 하도급거래내용을 제한하는 행위

(4) 수급사업자가 정상적으로 공사를 시공 중에 있음에도 불구하고 수급사업자의 의사에 반하여 현장근로자를 동원하여 공사를 시공케 하는 행위

(5) 수급사업자로 하여금 자신 또는 자신의 계열회사의 경쟁사업자와 거래하지 못하도록 하는 행위

(6) 원사업자가 수급사업자의 의사에 반하여 수급사업자의 사업장에 출입하여 원가내역, 생산과정, 투입인력, 재료배합 등을 실사하는 행위. 다만, 건설위탁의 경우 원사업자가 공사현장에 출입하는 행위는 이에 해당하지 아니한다.(개정 : 2010.10.29.)

나. 다음과 같은 행위는 부당한 경영간섭행위에 해당되지 아니한다.(개정 : 2010.10.29.)

---

485) **"공급원가 변동시"**로 개정하였다(개정 하도급법 [시행 2018. 7. 17.] [법률 제15362호 2018. 1. 16. 일부개정]).

(1) 원사업자가 수급사업자와 체결한 협약에 따라 협약체결 수급사업자에게 지원한 조건의 범위 내에서 협약체결 수급사업자로 하여금 협약체결 수급사업자의 수급사업자에게 지원하도록 하는 행위

(2) 원사업자가 수급사업자와 체결한 협약에 따라 협약체결 수급사업자의 수급사업자에 대해 협약체결 수급사업자가 지원한 실적을 점검하는 행위

-하도급법상 요구가 금지되는 경영상 정보의 종류 고시[486]-

Ⅰ. 목 적

이 고시는 하도급거래 공정화에 관한 법률 제18조제2항제3호 규정에 의하여 정당한 사유 없이 원사업자가 수급사업자에게 요구해서는 안 되는 경영상 정보의 종류를 정하는 데 그 목적이 있다.

Ⅱ. 경영상 정보의 종류

1. 수급사업자가 목적물등의 납품을 위해 투입한 재료비, 노무비 등 원가에 관한 정보(원가계산서, 원가내역서, 원가명세서, 원가산출내역서, 재료비, 노무비 등의 세부지급 내역 등)
2. 수급사업자가 다른 사업자에게 납품하는 목적물등의 매출 관련 정보(매출계산서, 거래처별 매출명세서 등)
3. 수급사업자의 경영전략 관련 정보(제품 개발·생산 계획, 판매 계획, 신규투자 계획 등에 관한 정보 등)
4. 수급사업자의 영업 관련 정보(거래처 명부, 다른 사업자에게 납품하는 목적물등의 납품조건(납품가격을 포함)에 관한 정보 등)
5. 수급사업자가 다른 사업자와의 거래에서 사용하는 전자적 정보 교환 전산망의 고유식별명칭, 비밀번호 등 해당 전산망에 접속하기 위한 정보

Ⅲ. 재검토 기한

공정거래위원회는 행정규제기본법 제8조 및 「훈령·예규 등의 발령 및 관리에 관한 규정」에 따라 이 고시에 대하여 2019년 1월 1일 기준으로 매3년이 되는 시점(매 3년째의 12월 31일까지를 말한다)마다 그 타당성을 검토하여 개선 등의 조치를 하여야 한다.

부 칙 〈제2018-12호, 2018. 7. 16.〉

이 고시는 2018년 7월 17일부터 시행한다.

2. 내용

가. 의의 및 취지

하도급법 제18조는 원사업자가 거래상 우월적 지위를 이용하여 수급사업자의 독자적인 경영활동의 자유를 침해하는 행위를 금지하고 있다[487].

486) [시행 2018. 7. 17.] [공정거래위원회고시 제2018-12호, 2018. 7. 16., 제정]

487) 본 규정은 공정거래법 제23조의 불공정거래행위의 금지 조항 제1항 제4호 (자기의 거래상의 지위를 부당하게 이용하여 상대방과 거래하는 행위)의 규제조항의 특칙으로 볼 수 있다.

예컨대, 대량발주 등의 행위를 지속하면서 원사업자와 경쟁관계에 있는 다른 사업자들과 당해 수급사업자에게 거래를 하지 말 것을 요구하는 행위가 전형적인 경우이다. 이와 같은 행위는 국가 경제에 심각한 영향을 미친다는 점에서 규제의 의의가 있다. 즉 원사업자가 수급사업자의 거래행위를 제한하는 등 경영간섭을 하면 이로 인하여 수급사업자는 특정 원사업자에 절대적으로 의존하게 되는 경제적 예속관계에 편입되게 되고 결국 수급사업자 자신들의 기술개발의 경우에도 경쟁력을 가지지 못하거나 특정회사에 전속구매를 당하거나 또는 원사업자의 뜻에 따르지 않을 경우 그 기술이 사장되어 버리는 일도 비일비재하게 된다. 따라서 이러한 하도급법의 규정은 자본주의적 시장질서의 운영에 매우 중요한 역할을 한다.

이하에서는 하도급법 제18조의 규정 및 사례를 중심으로 검토해보기로 한다.

나. 주요 내용

하도급법 제18조의 요건사실은 ① 거래상 우월적 지위를 이용하는 방법을 사용할 것, ② 이를 통하여 수급사업자의 경영활동에 간섭할 것을 요한다.

첫째, 원사업자는 하도급거래량을 조절하는 방법 등을 이용하여 라는 문구는 예시적인 문구이다. 즉 "하도급거래량을 조절하는 방법" 뿐만 아니라 거래상 우월적 지위를 이용하는 여러 가지 방법으로 수급사업자의 경영에 간섭하는 것을 금지하고 있다.

둘째, 수급사업자의 경영에 간섭하는 행위를 하는 것이어야 한다. 예를 들어, ① 수급사업자의 인사권 간섭 및 생산품목 등 제한하거나, ② 수급사업자에게 원사업자 자신의 경쟁사업자와의 거래를 제한하거나, ③ 수급사업자의 재하도급 내용(사업자 선정, 계약조건 등) 제한하는 것이 그 예이다.

하도급법은 종래 부당한 경영간섭 금지에 대한 원칙만을 규정하였다가, 하도급법 제18조 제2항을 신설하여 부당경영간섭 '간주'조항을 신설하였다. 즉 **1. 정당한 사유 없이 수급사업자가 기술자료를 해외에 수출하는 행위를 제한하거나 기술자료의 수출을 이유로 거래를 제한하는 행위, 2. 정당한 사유 없이 수급사업자로 하여금 자기 또는 자기가 지정하는 사업자와 거래하도록 구속하는 행위, 3. 정당한 사유 없이 수급사업자에게 원가자료 등 공정거래위원회가 고시하는 경영상의 정보를 요구하는 행위** 세 가지는 부당한 경영간섭으로 간주의제 하였다(**개정 하도급법 [시행 2018. 7. 17.] [법률 제15362호 2018. 1. 16. 일부개정]**).

3. 관련 사례

가. 판례

휴대폰 부품 제조위탁 하도급거래에 있어서 원사업자가 수급사업자들에게 **휴대폰 부품 제조를 위탁**하면서 **수급사업자에게 승인원(Specification Sheet)의 제출시 핵심 기술자료를 제공하도록 하고, 재하도급업자 관리를 위한 인력을 별도로 운영토록 요구하였으며 재하도급업자의 선정시 및 작업자 변경시에도 승인을 받도록 하면서 그 실적이 부진할 경우 물량감축 등의 불이익을 주는 행위**가 하도급법 제18조 부당한 경영간섭 행위에 해당하여 불공정하도급거래행위로서 시정명령이 적법하다고 본 판결이 있다(**서울고등법원 2009. 11. 12. 선고 2008누11237 판결[시정명령등취소]**).

-서울고등법원 2009. 11. 12. 선고 2008누11237 판결[488]**[시정명령등취소]-**

[삼○전자 사례]

[판결이유]

1. 원고의 주장

원사업자가 수급사업자로부터 '승인원(Specification Sheet)'을 제공받아 수급사업자가 공급하는 부품의 적합성 여부를 확인하는 것은 품질관리를 위하여 필수적인 과정이고, 승인원에는 수급사업자의 핵심기술이나 고유기술이 기재되어 있는 것이 아니며, 한편 휴대폰의 품질관리를 위해 원사업자가 수급사업자와 재하수급업자(2차 수급사업자 또는 2차 벤더)에 대한 점검과 지도를 하는 것은 당연한 일이므로, 원고는 이 과정에서 어떠한 부당한 영향력을 행사한 적도 없고, 수급사업자에게 재하수급업자 관리인력을 둘 것을 강요하거나 그 선임에 간섭한 적도 없으며, 재하수급업자에 대한 실사를 실시하도록 요구한 것은 품질유지를 위하여 필수적이고 정당한 행위이다.

2. 판단

원고가 동양○○○피에 그 승인원(갑 제20호증)을 요청한 제품인 휴대용 충전기는 수급사업자인 동양○○○가 자체적으로 개발하여 원고에게 납품하는 ODM(Original Design Manufacturing) 제품으로서 다른 부품에 비해 그 구조나 동작원리가 비교적 간단한 것으로 보이는데도 그 승인원에는 회로도, 부품의 종류와 구체적인 기능, 동작원리뿐만 아니라 원자재 구매처 및 제조공정 등 구체적인 조립방법까지 나타나 있는 점, 원고가 2004년 8월경 마련한 **'04년 2차 벤더 관리 방안'**(갑 제21호증)에는 협력업체 자체 판단에 따른 2차 벤더의 변경을 금지하고 협력업체로 하여금 2차 벤더 관리 전담 인력을 선정하여 운용하도록 하며 위 인력으로 하여금 2차 벤더를 정기적으로 방문하여 그 결과를 원고에게 월 1회 제출하도록 한 점, 원고가 2004년 11월경 마련한 **'2차 벤더 관리기준'(갑 제22호증)**에서는 변경점 신고의 경우 반드시 구매부서를 창구로 하여 승인하도록 하고 규정 미준수 업체는 1차 경고

488) 본 판결은 상고되었으나 심리불속행기각되어 원심이 확정되었다(대법원 2010. 4. 8. 선고 2009두23303 판결).

조치 후 재발시 거래축소 등의 조치를 취하며 협력업체로 하여금 2차 벤더 관리 담당 인력을 선정하게 하고 위 인력의 주요 역할까지 구체적으로 기재되어 있는 점, 2004년 12월 위 기준은 내부결재가 이루어져 2005. 1. 11. 내지 1. 13.까지 사이에 사내 전자우편을 통해 전사에 배포된 점, 원고가 제출한 '총괄별 2次 Vender 관리 세부현황'(갑 제21호증)에 '2차 Vender 현황을 별도로 File로 관리하고 있으며, 분기별로 Up-date 실시함'이라고 기재되어 있는 점, 원고는 2005. 1. 17.에도 위 2차 벤더 관리 기준과 유사한 내용을 가진 '2차 벤더 관리 방안'(을 제30호증)을 마련하기도 한 점 등에 비추어 보면, **원고의 행위는 품질유지라는 본래의 목적을 넘어 수급사업자의 재하도급 거래내용을 간섭한 행위**로서 법 제18조가 금지하는 부당한 경영간섭행위에 해당된다고 할 것이므로, 원고의 위 주장도 받아들일 수 없다.■

나. 공정거래위원회 심결례

- 수급사업자의 2차 수급사업자와의 재하도급단가결정행위가 경영부당간섭 행위라는 사례-

공정거래위원회 2009. 1. 20. 의결 2008하개2671 [(주)알에프텍의 불공정하도급거래행위 사례)

[주문]

피심인은 1차 수급사업자인 정우산업(대표 우병호)에게 휴대폰 부품인 파이프 아세이(Pipe Ass'y)를 제조 위탁함에 있어, 정우산업의 2차 수급사업자와 직접 재하도급 단가를 결정한 후 동 단가대로 거래하도록 함으로써 정우산업의 경영에 부당하게 간섭하는 행위를 다시 하여서는 아니된다.

[이유]-행위사실 및 위법성 판단

(가) 행위사실

피심인은 피심인은 2006. 12. 1.부터 2007. 12. 31.까지 수급사업자인 정우산업에게 휴대폰 충전기 제조에 필요한 부품을 제조 위탁함에 있어 수급사업자의 재하도급 업체이자 피심인의 2차 협력회사인 엘림테크와 단가를 직접 협의하여 결정한 뒤, 이를 〈그림 1〉과 〈표 3〉에서 보는 것과 같이 1차 수급사업자인 정우산업에게 피심인이 2차 수급사업자와 직접 결정한 단가대로 거래하도록 함으로써 수급사업자의 경영에 간섭한 사실이 있다.

- 그림1-

피심인 : ① 1차 수급사업자와 거래할 제품에 대해 단가결정

1차 수급사업자 및 2차수급사업자: ②피심인이 결정한 하도급단가대로 거래

피심인 및 1차 수급사업자: ③ 2차 수급사업자와 결정한 단가를 적용하여 최종납품단가 결정

(나) 관련 법 규정

하도급법 제18조 (부당한 경영간섭의 금지)

(다) 위법성 판단-**수급사업자의 재하도급거래 내용에 개입했는지 여부**

수급사업자는 원사업자와는 별개의 독립된 사업자로이므로 재 하도급거래시 단가, 물량 등에 대하여 자율적으로 결정할 권한이 있음에도 피심인은 앞서의 〈그림 1〉과 〈표 3〉에서

보는 바와 같이 수급사업자의 재하도급 단가결정에 직접개입하고 있다.

이는 하도급 납품단가 결정이 경영의 본질적인 사항임을 감안 할 때 1차 수급사업자의 2차 수급사업자에 대한 자율적인 납품가격 결정권을 부당하게 제한하는 행위로써 부당한 경영간섭행위로 인정된다.

특히 부싱 탑(Bushing Top)과 부싱 바텀(Bushing Bottom) 등은 핸드폰 충전기의 주요부품인 파이프 아세이(Pipe A'ssy)에 소요되는 부품으로, 충전기 부품 단가 결정에 있어서 주요한 부분을 차지하는 점을 고려할 때, 피심인의 이러한 행위는 파이프 아세이(Pipe A'ssy) 등의 단가를 피심인이 자기의 이익을 위해 단독으로 결정한 행위에 해당되는 것으로 부당하다고 볼 수밖에 없다.

이와 관련, 피심인은 정우산업 및 엘림테크가 모두 피심인의 1차 수급사업자에 해당되나 본 건의 경우 엘림테크가 2차 수급사업자 위치에서 1차 수급사업자인 정우산업에게 부싱 탑(Bushing Top)과 부싱 바텀(Bushing Bottom)을 공급 하고 단가를 결정함에 있어 단가합의에 쉽게 이르지 못하자, 2차 수급사업자인 엘림테크가 피심인에게 적정한 단가를 받을 수 있도록 협조 요청함에 따라 부득이 단가결정에 개입하였다고 주장한다.

그러나 피심인은 2차 수급사업자인 엘림테크로부터 부싱 탑(Bushing Top)과 부싱 바텀(Bushing Bottom)의 견적서를 2006. 12. 13.과 동년 12. 22. 두 차례에 걸쳐 제출 받았으며, 2006. 12. 26.에는 엘림테크와 경쟁사업자인 대호정밀로부터 같은 품목에 대해 비교견적을 받아 엘림테크의 단가를 최종결정하였다.

이와 같이 피심인은 부싱 탑(Bushing Top)과 부싱 바텀(Bushing Bottom)의 단가를 엘림테크와 결정한 뒤, 앞서의 〈표 3〉에서 보는 바와 같이 1차 수급사업자인 정우산업의 파이프 아세이 단가결정에 그대로 반영하였으므로 피심인의 주장은 타당하다고 볼 수 없다.

따라서 위 3. 나. 와 같이 제품에 대한 품질유지라는 본래의 활동범위를 넘어 수급사업자의 재하도급 거래내용을 간섭하는 피심인의 행위는 하도급법 제18조가 금지하는 부당한 경영간섭행위에 해당된다. ■

하도급법 사안은 아니지만 공정거래법 제23조 제1항 제4호 위반으로 거래상 지위남용행위로 인한 부당한 경영간섭에 대한 과징금부과처분 사례를 소개한다.

[참조 사례]

공정거래위원회 2016. 3. 23. 의결 2015시감1906 [인천국제공항공사의 불공정하도급거래행위 사례)

[이유]-식음료사업자의 식음료 판매가격 관련 경영간섭행위

1) **인정 사실 및 근거**

피심인은 2015. 4. 13.부터 4. 21.까지 2기 식음료사업자의 전 매장을 대상으로 판매가격 특별점검을 실시하여 사업자별로 캔음료, 국산주류, 과자류 등 동일한 식음료 품목을 동일한 가격으로 판매하는지 등을 점검하고, 판매가격이 다른 20개 제품에 대해 가격을 변경하여 서로 일치시키도록 구두 또는 서면으로 통보한 사실이 있다. 예를 들어 카스 캔맥주의 경우 ○○○○○, ▣▣▣▣는 4,000원에, ▤▤▤▤은 4,500원에 각각 판매하고 있었으나 피심인은 ▤▤▤▤의 판매가격을 조정하여 모두 4,000원에 판매되도록 하였으며, 그와 같이 가격이 조정된 품목은 캔맥주 3종류, 패트음료 2종류, 생수 등 6가지였다.

또한 피심인은 2014년 2월 경 인천공항 내 환승호텔을 운영하는 □□□□□□□□(이하 '▦▦▦'이라 함)가 객실요금을 인상하려 하자, 객실요금 인상에 따른 ▦▦▦의 추가 매출발생을 고려하여 ▦▦▦이 별도로 운영하는 한식당 '◍◍'[489]의 음식가격을 인하하는 안을 검토하고 ▦▦▦에 가격인하를 요청한 사실이 있으며, 이후 실제로 한식당 ◍◍의 식음료 판매가격이 인하되었다.

보다 구체적으로, 피심인은 ▦▦▦이 호텔 객실요금을 스탠다드 객실 2인 기준 64,000원에서 68,000원으로 등 가격을 6~7% 인상하면 그에 따라 연 매출이 약 3억 원 증가할 것으로 분석한 후, 한식당 ◍◍에서 판매하는 메뉴의 가격을 평균 13.6% 인하하려는 ▦▦▦의 안에 대해, 환승호텔 가격 인상으로 인한 매출 증가 3억 원 대비 식음료 가격 인하 폭이 1억 2천만 원으로 과소한바 한식당의 메뉴 가격을 평균 16.2% 인하하고 사업자의 적정이익을 월 1,500만 원에서 1,000만 원으로 조정하는 재검토안을 제시하였다. 이후 ▦▦▦은 한식당 ◍◍에서 판매하는 17개 메뉴의 가격을 평균 16.7% 인하하는 가격조정안을 2014. 2. 14. 피심인에게 제출하며 승인을 요청하였고, 피심인은 2014. 2. 20. 이를 승인하였다.

이와 같은 사실은 피심인의 식음료 매장 관련 특별점검 결과보고 자료(소갑 제6호증), 피심인 식음료 담당자 진술조서(소갑 제7호증), 피심인 작성 ▦▦▦ 환승호텔 및 한식당 ◍◍의 가격조정에 대한 적정성 검토 자료(소갑 제10호증), ▦▦▦의 가격인하 승인요청 및 그에 따른 피심인의 승인문서(소갑 제11호증), 식음료사업자 임대차 계약서 및 사업자 평가, 계약연장 관련 검토문서(소갑 제5호증, 8~9호증) 등을 통해 인정된다.

2) **관련 법령 및 법리**

독점규제 및 공정거래에 관한 법률 제23조 제1항 제4호[490]는 자기의 거래상지위를 부당하게 이용하여 거래상대방과 거래하는 행위를 금지하고 있으며, 법 시행령 제36조 제1항 별표1의2 제6호 라목[491]은 거래상지위 남용행위의 한 유형으로서 사업자가 거래상지위를 이용하여 거래상대방에게 불이익이 되도록 부당하게 거래조건을 설정 또는 변경하거나 거래과

---

489) 환승호텔 내 식당이 아니라, 일반 공항이용객들도 모두 이용할 수 있는 식음료 구역에 별개로 위치한 식당이다.

490) 법(2013. 8. 29. 시행, 법률 제11845호) 제23조(불공정거래행위의 금지) ① 사업자는 다음 각 호의 어느 하나에 해당하는 행위로서 공정한 거래를 저해할 우려가 있는 행위(이하 "불공정거래행위"라 한다)를 하거나, 계열회사 또는 다른 사업자로 하여금 이를 행하도록 하여서는 아니 된다.
4. 자기의 거래상의 지위를 부당하게 이용하여 상대방과 거래하는 행위

491) 법 시행령(2013. 8. 29. 시행, 대통령령 제24697호) 제36조 제1항(불공정거래행위의 지정)
① 법 제23조(불공정거래행위의 금지) 제2항의 규정에 의한 불공정거래 행위의 유형 또는 기준은 별표 1의2와 같다.
[별표 1의2] 불공정거래행위의 유형 및 기준(제36조 제1항 관련)
6. 거래상 지위의 남용
법 제23조(불공정거래행위의 금지) 제1항 제4호에서 "자기의 거래상의 지위를 부당하게 이용하여 상대방과 거래하는 행위"라 함은 다음 각 목의 1에 해당하는 행위를 말한다.
라. 불이익 제공
가목 내지 다목에 해당하는 행위 외의 방법으로 거래상대방에게 불이익이 되도록 거래조건을 설정 또는 변경하거나 그 이행과정에서 불이익을 주는 행위

정에서 부당하게 불이익을 주는 행위('불이익제공행위')를 금지하고 있다.

거래상지위 남용행위의 위법성은 사업자가 거래상대방에 대해 거래상지위를 가지고 있는지 여부, 거래내용의 공정성을 침해하는지 여부, 합리성이 있는 행위인지 여부를 종합적으로 고려하여 판단한다.

거래상지위가 인정되기 위해서는 계속적인 거래관계가 존재하고 일방 사업자의 타방 사업자에 대한 거래의존도가 상당하여야 하는바, 이 때 계속적 거래관계 는 거래관계 유지를 위해 특화된 자본설비, 인적자원, 기술 등에 대한 투자가 존재하는지 여부를, 거래의존도는 일방 사업자의 전체 매출액에서 타방 사업자에 대한 매출이 차지하는 비중을 중심으로 검토하며, 그 구체적인 수준이나 정도는 시장상황, 관련 상품 또는 서비스의 특성 등을 종합적으로 고려하여 판단한다.

거래내용의 공정성은 당해 행위를 한 목적, 거래상대방의 예측가능성, 당해 업종에서의 통상적인 거래관행, 관련 법령 등을 종합적으로 고려하여 판단하며, 합리성이 있는 행위인지 여부는 당해 행위로 인한 효율성 증대효과나 소비자후생 증대효과가 거래내용의 불공정성으로 인한 공정거래저해 효과를 현저히 상회하는지 여부, 기타 합리적인 사유가 있는 여부 등을 종합적으로 고려하여 판단하되 거래상지위 남용행위의 속성상 제한적으로 해석한다.

법 시행령 제36조 제1항 별표1의2 제6호 마목[492]은 거래상지위 남용행위의 한 유형으로서 사업자가 거래상지위를 이용하여 거래상대방의 임직원을 선임·해임함에 있어 자기의 지시 또는 승인을 얻게 하거나 거래상대방의 생산품목·시설규모·생산량·거래내용을 제한함으로써 경영활동을 간섭하는 행위를 금지하고 있다.

이때 거래상대방의 거래내용이란 생산품목·시설규모·생산량 등과 달리 구체적인 내용을 특정하기 어려운 포괄적인 의미를 가지는 것으로서 판매가격·부과수수료율·결제조건 등 거래와 관련되는 제반사항을 포함하며, 경영간섭 중 하나의 행위태양으로서 거래내용을 '제한'한다는 것은 거래상대방의 판매가격을 변경하도록 요구하거나 판매품목을 승인하고 단가를 조정하는 행위, 거래상대방의 지급대금수준과 결제조건을 계약조건에 포함시키는 행위, 거래상대방이 징수하는 수수료율을 직접 결정하거나 출하자에게 지급하는 장려금의 요율결정에 관여하는 행위 등과 같이 적어도 거래상대방의 의사에 반하여 거래내용을 결정하거나 영향력을 행사함으로써 거래상대방의 경영활동에 부당하게 관여하는 일정한 행위를 필요로 한다.[493]

3) 피심인의 제2. 나. 1)항 행위의 위법 여부

가) 피심인이 거래상대방에 대하여 거래상 지위를 가지고 있는지 여부

다음과 같은 점을 고려할 때 피심인은 거래상대방인 식음료사업자에 대하여 거래상 지위를 가지고 있는 것으로 판단된다.

첫째, 위 1. 다.항에서 살펴본 바와 같이 인천공항 내 권역별 경쟁입찰에 따라 낙찰된 식

---

492) 법 시행령 [별표 1의2] 불공정거래행위의 유형 및 기준(제36조 제1항 관련)
6. 거래상 지위의 남용
마. 경영간섭
거래상대방의 임직원을 선임·해임함에 있어 자기의 지시 또는 승인을 얻게 하거나 거래상대방의 생산품목·시설규모·생산량·거래내용을 제한함으로써 경영활동을 간섭하는 행위

493) 대법원 2011. 10. 27. 선고 2010두8478, 2011. 10. 13. 선고 2010두8522 판결 등 참조

음료사업자들은 피심인과 기본 4년의 계약을 체결하면서 인테리어 등 거액을 투자하여 피심인에게 고착화(lock-in)되는바, 투자비용의 회수 등 현실적 측면에서 피심인이 제시하는 불이익한 거래조건 등을 수용할 수밖에 없는 상황이 된다. 또한 피심인은 식음료사업자에 대한 평가제도를 운영하면서 평가결과를 3년의 옵션계약 체결의 기준으로 활용하고 있고 경우에 따라서는 이를 근거로 연장된 계약기간 중에 계약을 해지할 수 있는바, 식음료사업자의 거래계속 여부에 상당한 영향력을 행사할 수 있는 지위에 있다.

둘째, 피심인은 식음료사업자에 대한 지휘감독자의 지위에서 가격·취급품목의 승인, 매장면적·위치 변경, 사업장 출입, 장부열람, 위생검사 등 통상의 임대차 거래관계보다 훨씬 강력한 관리감독권을 보유함으로써 식음료사업자들의 사업활동에 상당한 영향력을 행사할 수 있다. 피심인이 식음료사업자들과 체결한 임대차 계약에 따르면, 식음료사업자가 시설물을 설치·변경하기 위해서는 피심인의 승인을 얻어야 하고, 피심인은 식음료사업자의 매출과 관련된 장부·대장 등을 열람하거나 제출하도록 요구할 수 있으며, 공항의 이미지 훼손 방지 등을 위해 필요한 경우 식음료사업자의 영업에 대해 점검할 수 있는 등 피심인은 다양한 측면에서 식음료사업자들에게 영향력을 행사할 수 있다[494].

셋째, 인천공항은 2014년 기준 여객수 4,551만 명의 국내 최대 공항이자 전 세계 8위에 해당하는 대형공항으로서, 2014년까지 세계공항서비스평가(ASQ, Airport Service Quality)[495]에서 10년 연속 종합 1위를 달성하는 등 국제적 인지도가 높으며, 향후에도 국제 허브공항으로서의 인프라 구축 등을 통해 이용객이 지속적으로 증가할 것으로 예상된다. 즉, 인천공항의 식음료 매장은 밀집된 공간 내 막대한 수의 유동인구가 안정적으로 이용하는 등 상권이 가지는 가치가 매우 높을 뿐 아니라, 국내외 여객에 대한 국제적 홍보효과나 브랜드 이미지 제고효과 등이 매우 큰바, 피심인을 대체하는 거래선을 찾기 쉽지 않으며 식음료사업자로서는 피심인과 계속적 거래관계를 유지하고자 하는 유인이 크다.

나) 거래내용의 공정성을 침해하는 행위인지 여부

피심인의 이 사건 행위는 첫째, 피심인 사장 지시에 따른 특별가격점검을 통해 식음료사업자들의 식음료 판매가격을 일시에 조정하도록 한 점, 둘째, 환승호텔의 객실요금 가격 인상과 연계하여 해당 사업자가 운영하는 식음료매장의 판매가격을 인하하도록 한 점 등에서 거래상대방의 의사에 반하여 식음료 판매가격을 결정하거나 영향력을 행사함으로써 거래상대방의 경영활동에 관여한 행위이다.

또한 피심인의 이 사건 행위는 다음과 같은 점을 고려할 때 거래내용의 공정성을 침해한다고 판단된다.

첫째, 식음료사업자에 대해 판매가격 특별점검을 실시하고 동일품목의 판매가격을 통일하도록 한 행위의 경우, 사업자의 자율적인 가격 결정권을 침해하는 점, 인천공항 내 식음료 매장 간 자유로운 가격 및 품질경쟁을 저해하는 점, 해당 품목은 모두 사전에 피심인에게 신

494) 피심인이 2기 식음료사업자와 체결한 임대차 계약서 제16조(영업시설물의 설치), 제17조(물품의 반입·반출), 제17조의2(판매자료의 제공), 제20조(임대목적물에의 출입), 제25조(안내 및 광고시설물), 제26조(취급품목 등), 제29조(영업활동의 점검) 및 특약 제5조(메뉴 및 가격의 변동), 제8조(연장 계약기간 중 계약해지 사유의 추가) 등 참조

495) 국제공항협회(ACI, Airports Council International)가 전 세계 267개 주요 공항을 대상으로 분기별로 실시하는 평가로서, 탑승수속이나 입국심사의 신속성, 공항이용 편의성, 상업시설 이용만족도 등 총 34개 항목에 대해 공항이용객의 설문조사를 바탕으로 평가한다.

고하거나 피심인으로부터 승인받은 판매가격대로 판매되고 있던 상품인 점, 당사자 간 체결한 임대차계약 등 계약상 근거가 없는 행위[496]일 뿐 아니라 사전에 식음료사업자와의 충분한 협의 없이 피심인 사장의 지시를 바탕으로 불시에 이루어지는 등 거래상대방이 사전에 예측하기 어려운 행위인 점 등에서 거래내용의 공정성을 침해한다.

둘째, 환승호텔을 운영하는 사업자의 한식당 음식가격을 인하하도록 한 행위의 경우, 환승호텔과 한식당 ◎◎은 단지 운영주체가 동일한 것일 뿐 계약기간, 영업장소 등이 상이함[497]에도 불구하고 환승호텔 객실요금의 인상으로 인한 매출증대를 한식당 음식가격의 인하와 연계한 점, 한식당 음식가격을 평균 13.6% 인하하는 안에 대해 피심인은 사업자의 매출 증대분, 적정이익 등을 고려하여 추가 인하하도록 하는 등 거래상대방의 적정이익에 대해 관여한 점, 계약서 상 피심인이 식음료사업자가 운영하는 별개 사업부문의 매출 및 이익 증가를 이유로 식음료 판매가격의 조정을 요구할 수 있는 근거규정은 없는 점, 환승호텔의 객실요금은 피심인이 운영하는 식음료 판매가격 신고·승인제도의 대상이 아닌 점 등에서 거래내용의 공정성을 침해한다.

다) 합리성이 있는 행위인지 여부

피심인의 이 사건 행위는 아래에 설명하는 바와 같이 그로 인한 효율성 증대효과나 소비자 후생 증대효과가 거래내용의 불공정성으로 인한 공정거래저해 효과를 현저히 상회하거나 기타 합리적인 사유가 있다고 보기 어려운바, 합리성이 있는 행위가 아니다.

소비자 후생 증대효과와 관련하여, 피심인은 인천공항의 식음료 시설이 외부 식음료 시설로부터 고립되어 있고 수요가 비교적 안정적인데 비해 공급은 제한되어 있으며 대부분 이용객은 일회성 소비를 주로 하는 등의 특성으로 인해 인천공항 내 식음료사업자들은 상대적으로 가격을 높게 책정할 유인을 갖는바, 이 사건 행위는 식음료사업자들이 터무니없이 높은 가격을 책정하는 부작용을 방지하는 등 공익적인 목적달성을 위한 것으로서 소비자 후생 증대효과가 거래내용의 불공정성으로 인한 공정거래저해 효과를 현저히 상회한다고 주장한다.

그러나 피심인은 국내외 유사 매장에서의 판매가격 등을 고려하여 인천공항 내 판매가격을 정하는 '판매가격 신고·승인제도'를 운용하고 있는바, 이를 통하여 인천공항 내 판매되는 식음료 가격의 안정, 불합리한 식음료 가격 책정에 대한 우려 해소 등 피심인이 주장하는 소비자 후생 및 공익목적은 달성할 수 있다. 뿐만 아니라 피심인이 임의대로 품목을 정하여 해당 가격을 일치시키도록 하는 것은 '판매가격 신고·승인제도'가 예정하고 있는 범위를 넘어서는 것으로서 특별한 소비자 후생 증대효과를 찾기 어렵다.

다시 말해, 피심인의 이 사건 행위의 대상이 된 식음료사업자들은 모두 사전에 피심인에게 신고하거나 승인받은 가격대로 판매하고 있었음에도 피심인은 소비자 후생 및 공익목적이라는 '판매가격 신고·승인제도'의 범위를 벗어나 판매가격을 조정하도록 하였으므로 피심인의 이 사건 행위를 통한 소비자 후생 증대효과가 거래상대방의 경영활동에 대한 부당한 관

496) 임대차계약서 제27조(고객만족도 제고노력) 제3항은 판매가격에 대한 민원 등으로 인천공항의 이미지가 훼손될 우려가 있을 경우 피심인이 식음료사업자에게 판매가격의 조정을 요구할 수 있다고 규정하고 있으나, 피심인의 이 사건 행위 당시 소비자 불만접수사항(소을 제17호증)을 검토하더라도 특별히 식음료사업자 간 동일품목의 판매가격이 상이하다는 점에 대한 민원이 급증하는 등 인천공항의 이미지 훼손에 대한 우려가 있었다고 보기는 어렵다.

497) 환승호텔은 면세지역에, 한식당은 일반구역에 위치하고 양자의 계약은 별개로 체결되었으며 계약기간 또한 환승호텔은 2017년까지인데 비해 한식당은 2015년 5월까지로 상이함

여를 통한 공정거래저해 효과를 현저히 상회한다고 볼 수 없다.

또한 피심인은 동일 품목이 동일 가격으로 판매되도록 한 바 이는 가격경쟁이 일부 제한된 인천공항의 시장특성을 고려하더라도 사업자 간 가격경쟁을 원천적으로 봉쇄하여 소비자가 더 저렴한 상품을 구매할 수 있는 기회를 차단한 것이며, 식음료사업자의 별도 사업부문에서의 매출증대를 이유로 식음료 가격을 인하하도록 함에 따라 오히려 식음료 및 서비스 품질 저하가 초래될 우려가 있는 점 등에서 소비자 후생 증대효과가 크다고 보기 어렵다.

라) **소결**

피심인의 제2. 나. 1)항 행위는 법 제23조 제1항 제4호 및 법 시행령 제36조 제1항 관련 [별표 1의2] 제6호 마목에 해당하므로 위법하다. ■

다. 질의회신

문】 산업재해보상법의 규정에 의해 정확한 산재보험료를 산출하기 위해 원사업자가 수급사업자에게 결산서, 임금대장 등 경리자료 제출을 요구하는 것은 하도급법 위반행위로 볼 수 있는지

답】 하도급업체 산재보험료의 정확한 산출을 위해 임금 지급액을 확인하는 등 수급사업자에게 자료 제출을 요구하거나 자료 확인 행위를 하는 것이 법위반이라고 볼 수는 없을 것임.■

문】 원사업자가 수급사업자에게 설계용역을 위탁하면서 설계용역 중 CG일부를 특정업체에 주도록 지시한 경우는 문제되는지

답】 사업자는 원칙적으로 수급사업자의 하도급업체 선정 등 독립적인 경영활동의 자유를 침해해서는 아니하므로, 하도급 목적 달성을 위해 특정업체 선정이 반드시 필요한 경우를 제외하고는 2차 수급사업자(재하도급업체)의 선정 · 계약조건 설정 등 재 하도급 거래내용을 제한하는 행위는 부당한 경영간섭에 해당할 소지가 있음.■

XII. 보복조치 및 탈법행위의 금지

1. 관련 법령(법19조 및 법제20조)

하도급법은 제19조 및 제20조에서 보복조치금지 및 탈법행위 금지에 대하여 규정을 하고 있다. 이에 대하여 공정거래위원회 '하도급거래 공정화 지침'(후술)의 관련 규정이 있다.

– 하도급법–

제19조(보복조치의 금지) 원사업자는 수급사업자 또는 조합이 다음 각 호의 어느 하나에 해당하는 행위를 한 것을 이유로 그 수급사업자에 대하여 **수주기회(受注機會)를 제한**하거나 **거래의 정지**, **그 밖에 불이익을 주는 행위**를 하여서는 아니 된다. 〈개정 2011.3.29., 2013.5.28., 2015.7.24.〉

1. 원사업자가 이 법을 위반하였음을 관계 기관 등에 신고한 행위
2. 제16조의2제1항 또는 제2항의 원사업자에 대한 하도급대금의 조정신청 또는 같은 조 제8항의 하도급분쟁조정협의회에 대한 조정신청

2의2. 관계 기관의 조사에 협조한 행위[498)]

3. 제22조의2제2항에 따라 하도급거래 서면실태조사를 위하여 공정거래위원회가 요구한 자료를 제출한 행위

[전문개정 2009.4.1.]

제20조(탈법행위의 금지) 원사업자는 하도급거래(제13조제11항이 적용되는 거래를 포함한다)와 관련하여 우회적인 방법에 의하여 실질적으로 이 법의 적용을 피하려는 행위를 하여서는 아니 된다. 〈개정 2015.7.24.〉

[전문개정 2009.4.1.]

2. 내용

가. 의의 및 주요 내용

하도급법 제19조는 원사업자의 하도급법 위반행위에 대하여 수급사업자가 신고행위 등 법적 조치를 하였다는 이유로 원사업자가 거래종료, 수주 정지 등 여러 가지 부당한 불이익조치를 하는 경우에 수급사업자가 이를 두려워 실질적으로 신고행위를 할 수 없게 만드는 것을 방지하기 위한 제도라고 볼 수 있다. 즉 신고 및 납품단가

498) 하도급법 개정으로 신설되었다(개정 하도급법 [시행 2018. 7. 17.] [법률 제15362호 2018. 1. 16. 일부개정]).

조정신청, 서면 실태조사와 관련하여 공정거래위원회에 자료 제출(19조 3호)(특히 3호의 경우 2016. 1. 25. 시행)을 이유로 수주기회를 제한하거나 거래정지, 기타 불이익 제공행위를 금지하고 있다.

또한 하도급법 제20조에서는 하도급거래와 관련하여 우회적인 방법으로 실질적으로 하도급법의 적용을 면탈하려는 행위를 금지하고 있다. 예컨대, 원사업자가 공정거래위원회로부터 시정조치를 받은 후 이에 따라 대금 및 지연이자 등을 지급 후에 다시 수급사업자에게 회수하거나 공제하는 행위 등을 들 수 있다.

나. 위반시 제재

첫째, 보복조치 규정에 위반한 경우 시정조치(법 제25조 제1항), 과징금(법제25조의3 제1항 제3호), 또는 3억원 이하의 벌금(법제30조 제2항 제1호)에 처하게 된다.

개정 전 하도급법은 동규정의 위반행위에 대하여 발생한 실손해의 손해배상책임을 진다(법 제35조 제1항 손해배상).

즉, 최근 공정거래위원회, 법원 및 수사기관의 조사에 협조한 행위를 금지되는 보복조치의 원인행위로 추가하였다(제19조 제2호의2 신설)[499]. 특히 개정 하도급법은 현행 3배 배상제도의 적용대상 행위에 보복조치를 추가하여 수급사업자를 폭넓게 보호하고 있다[500].

둘째, 탈법행위 규정에 위반한 자는, 시정조치(법 제25조 제1항), 과징금(법제25조의3 제1항 제3호), 또는 1억5천만원 이하의 벌금(법제30조 제2항 제1호)에 처하게 된다.

3. 하도급거래공정화지침 17-1. 및 18.

보복조치의 금지(법 제19조) 및 탈법행위의 금지(법 제20조)에 관련된 공정거래위원회의 공정지침을 소개한다.

---

499) 하도급법 개정으로 신설되었다(개정 하도급법 [시행 2018. 7. 17.] [법률 제15362호 2018. 1. 16. 일부개정]).

500) 개정 하도급법 [시행 2018. 7. 17.] [법률 제15362호 2018. 1. 16. 일부개정]).
제35조(손해배상 책임) ① (현행과 같음)
② 원사업자가 제4조, 제8조제1항, 제10조, 제11조제1항·제2항 및 제12조의3제3항 및 제19조를 위반함으로써 손해를 입은 자가 있는 경우에는 그 자에게 발생한 손해의 3배를 넘지 아니하는 범위에서 배상책임을 진다. 다만, 원사업자가 고의 또는 과실이 없음을 입증한 경우에는 그러하지 아니하다.

하도급거래공정화지침

17-1. 보복조치의 금지

가. 원사업자의 '그 밖의 불이익을 주는 행위'를 예시하면 다음과 같다.

(1) 원사업자가 기존의 생산계획 등에 따라 생산을 하여야 하는 상황이거나 발주자로부터 향후 확보할 수 있는 예상물량이 충분함에도 불구하고 법 제19조 각 호의 신고, 조정신청, 조사협조를 한 수급사업자에 대해 정당한 사유 없이 기존 하도급거래상의 물량과 비교하여 발주물량을 축소하여 불이익을 주는 행위

(2) 법 제19조 각 호의 신고, 조정신청, 조사협조를 한 수급사업자에 대해 원사업자가 정당한 사유 없이 그간 지급 · 제공하던 원재료, 자재 등의 공급을 중단하거나 회수하는 등의 방법으로 수급사업자의 사업활동을 곤란하게 하는 행위

(3) 원사업자가 동종업계 다른 원사업자들로 하여금 법 제19조 각 호의 신고, 조정신청, 조사협조를 한 수급사업자를 대상으로 거래정지, 수주기회 제한, 위 (1), (2)의 행위를 하도록 하는 행위

(4) 기타 합리성 · 객관성이 결여되거나 일반적인 거래관행상 통용되지 않는 수단 · 방법을 활용해 법 제19조 각 호의 신고, 조정신청, 조사협조를 한 수급사업자에 대해 불이익을 주는 행위

나. 수급사업자의 법 제19조 각호의 신고, 조정신청, 조사협조와 원사업자의 해당 수급사업자에 대한 수주기회 제한, 거래정지, 그 밖의 불이익을 주는 행위 간에 인과관계가 있는지 여부는 해당 수급사업자가 신고, 조정신청 등을 한 시점과 원사업자의 수주기회 제한 등의 행위가 발생한 시점간의 격차, 해당 수급사업자를 제외한 동종업계 다른 수급사업자들과 그 원사업자간의 거래내용 및 상황, 해당 수급사업자와 그 원사업자간의 거래이력, 발주자의 발주물량 축소 등의 거래여건의 변화 등 행위 당시의 구체적인 사정을 고려하여 개별적으로 판단한다.

18. 탈법행위의 금지 (법 제20조)

원사업자의 탈법행위를 예시하면 다음과 같다.

가. 공정거래위원회의 시정조치에 따라 하도급대금 등을 수급사업자에게 지급한 후 이를 회수하거나 납품대금에서 공제하는 등의 방법으로 환수하는 행위

나. 어음할인료 · 지연이자 등을 수급사업자에게 지급한 후 이에 상응하는 금액만큼 일률적으로 단가를 인하하는 행위

다. 수급사업자에게 선급금 포기각서 제출을 강요한 후 선급금을 지급하지 않는 행위(신설: 2010.7.23)

4. 관련 사례

가. 판례

1) 보복조치 사례

수급사업자가 원사업자의 법위반 사실을 신고하였음을 이유로 하도급위탁을 해지하였다고 인정한 사례

-서울고등법원 2014. 10. 17. 선고 2013누32252 판결[501][시정명령등취소]-
[고○조선해양 사례]

【판시이유】

나. 판단

이 법원의 현대중공업에 대한 사실조회회신에 의하면, 현대중공업은 2010. 11. 1. 원고에게 마지막으로 해치커버 제작을 위탁한 사실, 이에 원고가 2010. 11. 10 ~ 12. 13.까지 위 물량을 납품한 사실을 인정할 수 있고, 원고가 **2011. 11. 이전**에 추가물량이 없다는 등의 이유로 대○산업해양과의 하도급거래를 사실상 중단한 사실은 위에서 본 바와 같다. 또한 대○산업해양이 현○중공업 및 ○업은행에 진정서를 제출한 행위가 일단 명예훼손에 해당한다 하더라도, 그 목적이 원고로부터 변제받지 못한 기성고 대금을 지급받기 위한 것에 있으므로 이를 위법하다고 보기 어렵다. 따라서 원고는 대○산업해양이 공정거래위원회 등에 신고한 것에 대한 보복조치로써 하도급계약을 해지한 것으로 봄이 상당하므로, 원고의 위 주장도 이유 없다. ■

2) 탈법행위 사례

발주자로부터 현금을 수령하고 수급사업자들과는 전액어음을 지급하면서 이를 숨기기 위하여 수급사업자 계좌로 송금한 후 출금한 행위는 하도급법 제13조 제4항의 현금결제비율유지 규정 위반행위임과 동시에 하도급법 제20조 탈법행위에 해당한다는 이유로 과징금부과처분은 적법하다는 판결이 있다.

-서울고등법원 2012.4.26., 선고, 2011누38973 판결[502][과징금납부명령취소의소]-
[울○○건설 사례]

【판시이유】

가. 인정사실

501) 상고포기되어 확정되었다.
502) 상고포기되어 확정되었다.

원고(원사업자)는 '오산세교 A4블럭 아파트건설공사 3공구 조적, 미장, 타일, 견출공사' 등의 공사와 관련하여, 발주자인 한국토지주택공사로부터 공사대금을 전액 현금으로 받았으나, 수급사업자인 민○건설과 가○스톤에게는 하도급 대금을 전액 어음으로 지급하였다. 원고는 이를 은폐하기 위하여, 민○건설과 가○스톤에게 지급한 어음과 동일한 금액을 아래 입·출금 내역과 같이 2009. 2. 24.부터 2009. 12. 23.까지 민○건설과 가○스톤 명의의 계좌에 입금한 후 즉시 수표로 출금하여 자신의 계좌로 재입금하였다.

피고(공정거래위원회)는, 2011. 10. 5. 원고의 위 행위가 하도급법 제13조 제4항이 규정하고 있는 현금결제비율유지 규정(이하 '이 사건 조항'이라 한다)의 적용을 회피하려는 행위에 해당한다는 이유로, 원고에게 별지 목록 기재와 같은 과징금납부명령(이하 '이 사건 처분'이라 한다)을 부과하였다.

나. 판단

원고는 하도급대금의 지급에 관하여 현금 비율을 유지하기 위하여 민지건설, 가원스톤의 계좌에 하도급대금을 송금하였다가 다시 인출하였다. 원고의 이러한 행위는 이 사건 조항의 적용을 피하려는 행위임이 명백하고, 어음지급 등의 직접적 방법이 아닌 현금의 지급(계좌 송금)과 인출이라는 간접적인 방법을 사용하였으므로 우회적인 방법에 의한 것임이 인정된다. 따라서 원고의 위 행위는 하도급법 제20조가 규정하는 탈법행위에 해당한다. ■

나. 공정거래위원회 심결례

수급사업자가 원사업자를 하도급대금미지급을 이유로 공정거래위원회에 신고 및 국가기관에 진정하는 등 행위에 대하여, 원사업자가 수급사업자의 비방시 해제할 수 있다는 하도급계약서를 근거로 계약해지통보를 한 경우 이는 하도급법 제19조 위반이라는 재결이 있다(**보복조치 금지 사례**).

– 수급사업자가 원사업자의 하도급대금미지급을 이유로 공정거래위원회 등에 제보를 하자 원사업자가 수급사업자의 이러한 행위가 하도급계약서에 해지 규정에 해당한다고 하면서 해제를 한 경우에 이는 합리적 사유 없이 계약을 중단한 것으로서 하도급법 제19조 위반으로서 원사업자 및 원사업자의 대표이사에 대하여 과장금 및 고발조치한 사례 –

공정거래위원회 2013.11.20. 의결 2011하개18887 시정조치[고성조선해양(주)의 불공정하도급거래행위 사례) [503]

[주문]

1. 피심인은 수급사업자인 (주)○○, △△△, ×××에 컨테이너 선박용 해치커버 조립을 제조위탁하면서, 정당한 사유 없이 일률적인 비율로 단가를 인하하여 하도급대금을 결정한 것과

503) 본 사안에서는 하도급거래 관련 서류 미보존행위 위반, 부당한 하도급대금 결정 위반(일률적인 비율로 단가 인하) 및 보복조치 위반으로 제재처분을 받았으나, 본 장에서 관련성 있는 보복조치 부분만 언급하기로 한다.

같이 부당하게 하도급대금을 결정하는 행위를 다시 하여서는 아니 된다.

2. 피심인은 수급사업자가 피심인의 법 위반사실을 관계기관 등에 신고한 행위를 이유로 당해 수급사업자에 대하여 거래를 정지하거나 불이익을 주는 것과 같은 행위를 다시 하여서는 아니 된다.

3. 피심인은 □□□ 외 6개 수급사업자와 하도급거래를 함에 있어, 하도급거래에 관한 서류를 그 거래가 끝난 날부터 3년간 보존하지 않은 것과 같은 행위를 다시하여서는 아니된다.

4. 피심인은 다음 각 호(가. 과징금액(243,000,000원)나. 납부기한 : 과징금 납부고지서에 명기된 납부기한(60일) 이내)에 따라 과징금을 국고에 납부하여야 한다.

[이유]

다. 보복조치-(가) 행위사실

수급사업자인 (주)○○(대표 조○○)은 2010. 9. 28. 부당하도급대금 결정 및 하도급대금 미지급 등 피심인의 불공정하도급거래행위에 대하여 부산지방공정거래사무소에 신고하였다. 이와 관련하여 비슷한 시기인 2010년 9월부터 같은 해 10월까지 발주자, 감사원, 국민권익위원회 등에도 유사한 내용의 진정서를 수차례 제출하였다.

신고사실을 인지한 피심인은 2010. 10. 5. (주)○○ 대표 조○○을 신용훼손 및 업무방해로 경남 고성경찰서에 고소[504]하였으며, '현재 진행 중인 물량이후 추가물량이 없고 수급사업자가 제출한 공문으로 인하여 발생한 명예훼손은 기본계약서 제38조 제1항 제9호[505]에 해당된다'는 사유를 들어 2010. 10. 11. 신고인에게 계약해지예정을 통보하였다.

피심인은 2010. 10. 25. (주)○○이 제작하던 ---호선의 잔여물량에 대한 제조위탁계약을 태영산업(대표 최△△)과 체결함으로서 수급사업자인 (주)○○과의 하도급계약을 사실상 해지하였다.

[이유]-위법성 판단

- (가) 관련 법 규정- 하도급법 제19조(보복조치의 금지)
- (나) 위법성 요건 해당 여부

위 1)에서 살펴본 바와 같이 수급사업자 (주)○○은 2010년 9월에서 같은 해 10월 사이 걸쳐 피심인의 불공정하도급거래행위에 대하여 공정거래위원회에 신고하였고, 피심인의 주채권은행 및 발주자 등에 진정을 제기하였다. 이에 피심인은 2010. 10. 11. 계약해지 예정통보를 하고 같은 달 25.에 새로운 사업자와 하도급계약을 체결함으로서 사실상 수급사업자인 (주)○○과의 거래를 중단하였다.

이와 관련하여 피심인은 '추가 작업물량이 없고, 수급사업자가 산업은행 및 현대중공업에 제출한 공문으로 인해 발생한 명예훼손'을 그 사유로 들고 있다.

살피건대 피심인은 2011년에도 발주자에 해치커버를 계속 공급하기로 예정[506]되어 있었

---

504) 이 사건에 대해 서울남부지방검찰청은 2011. 4. 19. 증거불충분을 이유로 무혐의처분 하였다.

505) 피심인과 수급사업자가 2009. 1. 30. 체결한 공사하도급 기본계약서 제38조 제1항 제9호에서는 피심인 또는 수급사업자가 상대방의 기밀을 누설하거나, 상대방에 대한 비방(유인물 배포, 투서 등), 명예훼손 또는 기타 사회적 물의(시위, 폭행 등)를 일으켜 불이익을 초래한 경우에는 서면으로 상당한 기간을 정하여 상대방에게 그 이행을 최고하고, 상대방이 그 기간 내에 이행하지 아니한 때에는 이 계약 및 부속협정과 개별계약의 전부 또는 일부를 해제 또는 해지할 수 있도록 규정되었다.

506) 2008. 5. 9. 피심인과 발주자는 '공급물량예정합의서'를 작성하였는데, 동 합의서에는 ★★이 피심인으로부터 2010년에는 *톤, 2011년에는 **톤의 해치커버 블록을 공급받기로 예정하고 이를 합의하였다. 참고로, 대형 선

고, **로부터도 2010년 하반기 이후 예상 발주물량을 확보한 상태이므로 추가작업 물량이 없어 계약을 해지하였다는 피심인의 위 주장은 사실에 부합한다고 보기는 어렵다.

이에 대하여 피심인은 ★★ 등으로부터 받은 예상발주물량관련 문서는 산업은행으로부터 대출을 받기위하여 현대중공업 등으로부터 받은 자료로 실제로는 위 문서에 따른 물량을 수주하지 못하였다고 주장한다.

그러나, 피심인이 위 예상물량확인서가 허위의 자료임을 입증하지 못하고 있는 점, 일반적인 상거래 상 발주자가 허위의 문서를 피심인에게 교부했다는 사실을 상식적으로 납득하기 어려운 점, 피심인이 2011년에 ★★ 물량을 받지 못한 것은 2011년 1월에 피심인이 ***(주)에 인수되었기 때문인 점 등을 감안할 때 피심인의 주장은 이유 없다.

또한, 피심인은 수급사업자 (주)○○이 제출한 공문으로 인해 발생한 명예훼손을 거래중단의 또 하나의 사유로 들고 있으나, 수급사업자 (주)○○이 공정거래위원회에 신고한 사항과 제출한 진정의 내용은 대부분 피심인의 기성대금 미지급, 단가인하 등 불공정하도급거래행위에 대한 사항으로, 사실상 그 내용의 차이가 없고 거의 동일한 시점에 신고와 진정이 이루어진 점을 감안하면 (주)○○이 진정한 것뿐만 아니라 공정거래위원회에 신고한 것도 피심인의 계약해지 사유로 볼 수밖에 없다.

한편, 수급사업자 (주)○○의 신고 및 진정내용은 피심인으로부터 하도급대금을 지급받기 위한 것으로써 피심인의 명예훼손을 주목적으로 한 것이 아닌 것으로 판단되는 바, 원사업자가 수급사업자에 대하여 거래상 우월적 지위를 가지고 있는 하도급거래 특성상 하도급거래에서 발생하는 불공정행위에 대하여 관련기관에 도움을 청하는 것은 수급사업자의 최소한의 자기방어권임을 감안하면 공정거래위원회 신고과정에서 불가피하게 발생할 수 있는 피심인의 명예실추를 이유로 거래를 중단한 것은 공정거래위원회 신고를 이유로 불이익을 준 것으로 볼 수 밖에 없다.

결론적으로 피심인이 수급사업자 (주)○○의 공정거래위원회 신고 등을 이유로 합리적 사유 없이 거래를 중단한 행위는 법 제19조의 규정을 위반한 보복조치에 해당된다.

[이유]-처분 -시정조치 및 과징금부과

아울러 피심인은 이 사건에서 부당한 하도급대금 결정 및 보복조치를 하였고, 위반금액이 3억 원을 초과하여 위반행위가 중대하고 파급효과가 크다고 판단되므로 법 제25조의3, 영 제13조 및 [별표 2] 및 부당한 하도급대금 결정행위 및 보복조치 행위발생시 '하도급법 위반사업자에 대한 과징금 부과기준에 관한 고시'(이하 '과징금고시'라 한다) 제2009-58호[507]를 적용하여 과징금을 부과한다.

피심인의 위 2. 가.의 행위는 하도급법 제4조 제2항 제5호에 위반되는 행위이므로, 하도급법 제25조 제1항 및 제25조의3 제1항의 규정을 적용하여 주문과 같이 의결한다.■

박의 경우 건조과정이 통상 2~3년 정도 소요되는데, 수주 후 건조계획을 수립할 때 블록을 제조위탁할 업체를 미리 선정하고 이들과 물량예정합의서를 작성한다. 이를 통해 발주자는 블록을 안정적으로 공급받을 수 있게 되고, 블록 제조업체도 장기적으로 물량을 확보함으로써 회사를 안정적으로 운영할 수 있다. 확인한 결과 ★★은 2011년에도 피심인으로부터 해치커버를 공급받을 계획이었다.

507) 피심인의 서류미보존행위에 대해서는 과징금 고시 제2010-13호를 적용하여 과징금을 산정하여야 하나, 관련 자료가 부존재하여 법위반금액을 획정할 수 없어 과징금 산정이 불가하다.

제4장
발주자의 하도급대금 직접지급

Ⅰ. 서설

Ⅱ. 하도급대금 직접 지급 사유

Ⅲ. 직접지급청구에 따른 효과

Ⅳ. 직접지급의무와 공탁

Ⅴ. 관련 문제

제4장
발주자의 하도급대금 직접지급

-개요 및 특징-

본 장에서는 발주자, 원사업자, 수급사업자 3자간의 관계에 있어서 수급사업자의 발주자에 대한 하도급대금의 직접지급청구제도에 대하여 살펴본다.

본래 수급사업자의 계약관계는 원사업자와의 하도급위탁이므로 발주자와의 관계에서는 아무런 계약관계를 맺지 아니하므로 수급사업자가 발주자에 대하여는 아무런 청구권을 갖지 않는다. 그런데 이와 같이 계약관계만을 고수하는 경우 수급사업자가 자신의 의무이행을 하는 도중에 원사업자의 파산 등의 사유로 수급사업자에 대한 대금지급을 지체하는 경우 원사업자와의 채권자들이 압류 등의 행사를 하는 경우에 채권자 평등의 원칙상 수급사업자의 보호의 필요성이 대두되게 된다.

이러한 필요성으로 인하여 하도급법은 일정한 사유가 있는 경우 수급사업자의 의시표시로서 발주자에 대하여 하도급대금을 직접 청구할 수 있는 제도를 신설하였다. 본 제도는 하도급법만 아니라 건설산업기본법에도 직접청구권의 내용이 있으나 이는 하도급법이 적용되지 않는 경우에 보충적으로 적용된다고 볼 것이다.

특히 하도급법 제14조의 규정내용에 비추어 수급사업자의 직접청구권의 발생시기에 대하여 각호의 사유별로 판례를 통하여 그 법리를 검토하고자 한다. 하도급법의 내용 중에서 법리적으로 이론 구성이 필요한 쟁점이기도 하다.

Ⅰ. 서설

1. 의의 및 취지

하도급법은 일정한 요건 하에서 발주자가 수급사업자에 대한 하도급대금 직접 지급 의무를 규정하고 있다.

수급사업자가 자신의 귀책사유 없이 하도급위탁 업무를 수행하다가 원사업자의 파산 등의 사유로 공사대금을 받지 못하는 경우 소위 '흑자도산'의 상황이 도래될 수도 있는 위험에서 벗어날 수 있도록 법 정책적으로 일정한 경우에 수급사업자를 위하여 발주자에게 하도급공사대금을 직접 청구할 수 있도록 하고 있다.

2. 법적 성질 및 쟁점

가. 법적 성질 및 권리의 내용

본 직접지급규정은 일정한 사유가 충족되는 경우 이를 요건사실로 하여 수급사업자에게 발주자에 대한 직접청구권이라는 권리가 주어지는 것이다[508].

즉, 건설산업기본법 제35조 제1항 및 하도급법 제14조 제1항 등에서 하도급대금의 직접지급에 관하여 규정을 두고 있는 것은 수급인에 비하여 약자의 지위에 있는 하도급업자들을 보호하고 공사 수행에 대한 대가를 실질적으로 보장하기 위함에 그 취지와 목적이 있는 것일 뿐이지 도급인과 하수급인과의 직접적인 도급계약관계의 설정을 전제로 한 것은 아니다(**대법원 2013. 3. 28. 선고 2012다48619 판결 등 참조**)[509].

---

508) 참고 하급심 판결로는 부산고등법원 1998. 8. 28.자 선고, 98나2617, 공사대금 판결이 있다.
【판시사항】
공사계약일반조건 제21조의3 소정의 하도급대금 직불조항에 해당하는 경우, 하수급인에게 도급인에 대하여 직접 하도급공사대금의 지급을 청구할 수 있는 권리가 인정되는지 여부(적극)
【판결요지】
수급인이 파산·부도 등으로 하도급대금을 하수급인에게 지급할 수 없게 된 경우 또는 저가낙찰공사의 경우 하수급인이 시공한 부분에 상당하는 금액에 대하여는 수급인이 하수급인에게 대가 지급을 의뢰한 것으로 보아 피고는 하수급인에게 직접 지급하여야 한다고 규정한 공사계약일반조건(회계예규) 제21조의3 제1항의 규정은, 단순히 발주자가 하수급인에게 하도급공사대금을 직접 지급하는 경우에 하수급인은 이를 수령할 권한이 있음을 규정한 것에 불과하다고 볼 것이 아니라, 위 조항에서 정하는 요건에 해당하는 경우에는 하수급인에게 발주자에 대하여 직접 하도급공사대금의 지급을 청구할 수 있는 권리를 인정한 것이라고 해석함이 상당하다.

509) 따라서 수급사업자에게 직접청구권의 발생이 유효하게 되었다고 하더라도 발주자와 수급사업자 사이에 본래 발주자와 원사업자 사이에 적용되는 계약이나 준거법이 적용되는 것은 아니다. 예컨대 특별한 사정이 없는 한 발주자가 공공기관 내지 지방자치단체인 경우 직접청구권 행사로 국가계약법 내지 지방계약법이 수급사업자에

본 규정의 적용과 관련하여 **발주자의 하도급대금 직접지급의무의 범위**가 문제된다. 특별한 사정이 없는 한 발주자는 원사업자에 대한 대금지급의무의 범위 안에서만 하도급대금 직접지급의무를 부담하는 것은 당연하다(**대법원 2009. 7. 9. 선고 2008다21303 [보증금 등] 판결 참조**)[510].

즉 발주자의 수급사업자에 대한 직접 지급의무의 범위는 특별한 사정이 없는 한 발주자의 원사업자에 대한 대금지급의무를 한도로 하여 해당 수급사업자가 제조·수리·시공 또는 용역수행을 한 부분에 상당하는 하도급대금에서 발주자가 원사업자에게 이미 지급한 기성공사대금 내역 중 해당 수급사업자의 하도급공사 부분의 금액을 공제한 금액이다(**대법원 2011. 4. 28. 선고 2011다2029 [공사대금] 판결, 대법원 2011. 7. 14. 선고 2011다12194 [물품대금] 판결** 등 참조).

[참조 판결]

-대법원 2005. 7. 28. 선고 2004다64050 [공사대금] 판결-

【판시사항】

원사업자의 파산으로 수급사업자가 발주자에게 하도급대금의 직접지급을 요청한 경우, 발주자의 하도급대금 직접지급의무의 범위

【대법원의 판단】 암석굴삭 공사대금에 관한 피고의 상고이유에 대하여

구 하도급거래공정화에관한법률(2004.1.20. 법률 제7107호로 개정되기 전의 것) 제14조 제1항과 동법시행령(2004.4.19. 대통령령 제18371호로 개정되기 전의 것) 제4조 제1항 제1호에 의하면, 원사업자의 파산으로 원사업자가 하도급대금을 지급할 수 없게 된 경우로서 수급사업자가 발주자에게 하도급대금의 직접지급을 요청한 때에는 발주자는 수급사업자에게 하도급대금을 직접 지급하여야 할 의무를 부담하는 것이기는 하지만, 특별한 사정이 없는 한 발주자는 원사업자에 대한 대금지급의무의 범위 안에서만 하도급대금 직접지급의무를 부담할 뿐이라고 할 것이다.

그런데 기록에 의하면, A과 피고는 원고의 지하 터파기 공사가 완료된 후인 2000. 10. 경 암석굴삭 공사를 흙파기 공사로 설계변경한 사실을 알 수 있으므로, 발주자인 피고는 A

게 적용되는 것은 아니다.

510) **대법원 2009. 7. 9. 선고, 2008다21303 보증금 등 판결**

【판시사항】

가. 구 하도급거래 공정화에 관한 법률 제14조가 정하는 직접지급청구사유가 있어 수급사업자가 발주자에게 하도급대금의 직접지급을 요청한 경우, 발주자가 부담하는 지급의무의 범위

나. 수급사업자가 직접지급청구권을 행사하기 전에 그 기초가 되는 원사업자의 발주자에 대한 도급대금채권이 경개에 의하여 소멸되었다고 보아, 발주자가 하도급대금의 직접지급의무를 지지 않는다고 한 사례

【판결요지】

가. 구 하도급거래 공정화에 관한 법률(2004.12.31. 법률 제7315호로 개정되기 전의 것) 제14조가 정하는 직접지급청구사유가 있어 수급사업자가 발주자에게 하도급대금의 직접지급을 요청한 경우 발주자는 수급사업자에게 하도급대금을 직접 지급하여야 할 의무를 부담하는 것이기는 하지만, 특별한 사정이 없는 한 발주자는 원사업자에 대한 대금지급의무의 범위 안에서만 하도급대금 직접지급의무를 부담할 뿐이다.

나. 수급사업자가 직접지급청구권을 행사하기 전에 그 기초가 되는 원사업자의 발주자에 대한 도급대금채권이 경개에 의하여 소멸되었다고 보아 발주자가 하도급대금의 직접지급의무를 지지 않는다고 한 사례.

에 대하여 설계변경에 따른 공사대금만을 지급할 의무가 있고, 그에 따라 원고에 대하여도 위 공사대금 지급의무의 범위 안에서만 하도급대금 직접지급의무를 부담한다고 할 것인데, 피고가 설계변경에 따라 암석굴삭 수량으로 예정되어 있던 6,708㎥에 흙파기 단가인 ㎥당 350원을 적용하여 산출한 2,347,800원(수량 6,708㎥ × ㎥당 350원)을 지급하였음은 앞서 본 바와 같으므로, 특별한 사정이 없는 한 이 부분 공사와 관련된 피고의 하도급대금 직접지급의무는 이미 정산되어 더 이상 존재하지 않는다고 할 것이다.

그럼에도 불구하고, 원심은 A과 피고 사이에 설계변경을 마친 것만으로는 피고의 원고에 대한 암석굴삭 공사대금의 직접지급의무가 소멸하지 않는다는 이유로 이 부분 공사와 관련된 피고의 하도급대금 직접지급의무가 남아 있다고 판단하였으니, 이러한 원심판결에는 발주자의 하도급대금 직접지급의무에 관한 법리를 오해하여 판결에 영향을 미친 위법이 있다고 할 것이므로, 이 점을 지적하는 상고이유의 주장은 이유가 있다.

【대법원의 판단】 단지 내 잔토운반 및 되메우기 토량운반의 추가 공사대금에 관한 원·피고의 상고이유에 대하여

피고의 상고이유에 대하여

기록에 의하면, A과 피고 사이의 이 사건 도급계약 당시 단지 내 잔토운반 및 되메우기 토량운반 등의 운반거리는 계약의 내용에 편입된 사실, 한편 위 도급계약서에 첨부된 공사계약 일반조건 제23조 제1항은 "공사(公社)는 공사계약에 있어서 제20조 및 제22조의 규정(설계변경 내지 물가변동으로 인한 계약금액의 조정에 관한 규정이다.)에 의한 경우 외에 공사기간·운반거리의 변경 등 계약 내용의 변경으로 계약금액을 조정하여야 할 필요가 있는 경우에는 그 변경된 내용에 따라 실비를 초과하지 아니하는 범위 안에서 이를 조정한다."고 규정하고 있는 사실을 알 수 있는바, 사정이 이러하다면 앞서 본 바와 같은 단지 내 잔토운반 및 되메우기 토량운반의 운반거리 증가는 위 일반조건 제23조 제1항 소정의 계약금액의 조정이 필요한 계약 내용의 변경 사항에 해당한다고 할 것이므로, 이러한 상황을 용인한 피고는 운반거리의 증가에 상응하는 만큼 증액된 공사대금을 지급하여야 할 것이다.■

[참조 판결]

-대법원 2011. 4. 28. 선고 2011다2029 공사대금 판결-

【판시사항】

원사업자에게서 신축공사 중 방수공사를 하도급받은 수급사업자가 하도급거래 공정화에 관한 법률 제14조 제1항에 기하여 발주자에게 하도급대금의 직접 지급을 구하는 사안에서, 발주자가 수급사업자에게서 위 방수공사 하도급대금의 직접 지급을 요청받을 당시 원사업자에게 위 방수공사를 한 부분에 상당하는 하도급대금의 지급을 완료하였으므로 발주자는 수급사업자에게 위 하도급대금을 직접 지급할 의무가 없다고 한 사례

【판결요지】

원사업자에게서 신축공사 중 방수공사를 하도급 받은 수급사업자가 하도급거래 공정화에 관한 법률 제14조 제1항에 기하여 발주자에게 하도급대금의 직접 지급을 구하는 사안에서, 발주자가 수급사업자에게서 위 방수공사 하도급대금의 직접 지급을 요청받을 당시 원사업자에게 위 방수공사를 한 부분에 상당하는 하도급대금의 지급을 완료하였으므로 발주자는 수급

사업자에게 위 하도급대금을 직접 지급할 의무가 없음에도, 발주자는 원사업자에 대한 대금 지급의무의 범위 내에서 수급사업자가 원사업자에게서 지급받지 못한 하도급대금을 직접 지급할 의무가 있다고 본 원심판결을 파기한 사례. ■

나. 적용기준 및 위헌성 여부

그 적용범위와 관련하여 '행위시법 적용' 원칙상 개정된 하도급법 제14조의 규정이 그 개정 전 체결된 하도급계약의 하도급거래에 관하여도 적용되지는 아니한다고 할 것이다[511]. 마찬가지로 직불합의에 의한 직접지급의 경우에 하도급법이 개정된 후에 직불합의를 한 경우 개정법(직불 합의 당시 시행법)이 적용되는 것은 당연하다[512].

참고로 본 직접청구권의 규정에 대하여 위헌제청이 있었으나 헌법재판소는 본 규정이 헌법 제10조, 제11조 평등의 원칙, 제23조의 재산권 보장 규정에 반하지 않는다고 판시한바 있다(헌법재판소 2003. 5. 15. 2001헌바98 하도급법 제14조 제1항 등 위헌소원)[513].

---

511) **대법원 2002. 11. 22. 선고, 2001다35785, 공사대금 판결**

【판시사항】

개정된 하도급법 제14조의 규정이 그 개정 전 체결된 하도급계약의 하도급거래에 관하여도 적용되는지 여부(소극)

【판결요지】

1999. 2. 5. 법률 제5816호로 개정된 하도급법 부칙에서 제14조에 관하여 이미 체결된 계약에 대하여도 소급 적용한다는 등의 특별한 규정이 없는 이상, 그 개정 후의 하도급법 시행 당시에 이미 계약이 체결된 하도급계약의 하도급거래에 관하여는 그 개정 전의 하도급법이 적용되어야 한다고 해석함이 옳고, 제13조에 관하여만 경과규정을 둔 위 부칙 제2항의 반대해석으로서 제14조에 관하여는 그 개정 후의 하도급법 시행 당시 이미 하도급계약이 체결된 하도급거래에 대하여도 그 개정 후의 하도급법이 적용된다고 해석할 것은 아니다.

512) **대법원 2006. 3. 23. 선고, 2005다69199, 공사대금 판결**

【판시사항】

수급사업자와 원사업자 사이의 하도급계약이 구 하도급법 시행 당시에 체결되었으나 하도급공사대금의 직불합의가 위 법률의 개정 이후에 성립된 경우, 위 직불합의의 요건 구비 여부에 대하여 적용되어야 할 법률(=직불합의 당시 시행되던 법률)

【판결요지】

수급사업자와 원사업자 사이의 하도급계약이 구 하도급법(2004.1.20. 법률 제7107호로 개정되기 전의 것) 시행 당시에 체결되었다 하더라도 수급사업자로 하여금 발주자에 대하여 하도급대금을 직접 청구할 수 있게 하는 직불합의가 2004.1.20. 법률 제7107호로 개정된 하도급법(2004.12.31. 법률 제7315호로 개정되기 전의 것) 시행 당시에 성립되었다면, 그 직불합의가 하도급공사계약상의 공사대금 지급에 관한 것이기는 하나, 수급사업자가 발주자에 대해 하도급공사대금의 직접 지급을 구할 수 있는 권리관계는 직불합의라는 별개의 법률행위에 의해 발생하는 것이므로 특별한 규정이 없는 한 직불합의의 요건이 구비되었는지 여부에 대해서는 행위시의 법률인 신 하도급법이 적용되어야 한다.

513) **헌법재판소 2003.5.15., 2001헌바98 하도급법 제14조 제1항 등 위헌소원**

【판시사항】

나. 원사업자가 파산 등의 사유로 하도급대금을 지급할 수 없는 경우 하도급계약의 당사자가 아닌 발주자에게 하도급대금 지급의무를 부과하는 하도급거래공정화에관한법률 제14조 제1항 및 제2항이 발주자 및 원사업자의 사적 자치권을 과도하게 제한하여 헌법 제10조에 위반되는지 여부(소극)

다. 계약의 당사자가 아닌 발주자에게 하도급대금 지급의무를 부과하고 원사업자의 계약상의 도급대금채권을 소멸시키는 이 사건 법률조항이 발주자 및 원사업자의 재산권을 침해하여 헌법 제23조의 재산권보장 규정에 위반되는지 여부(소극)

Ⅱ. 하도급대금 직접지급 사유

1. 개관(관련 법령, 법제14조)

하도급법 제14조 및 동법시행령 제9조에서 발주자의 수급사업자에 대한 하도급대금 직접의무를 규정하고 있다.

- 현행 하도급법-

제14조(하도급대금의 직접 지급) ① **발주자는** 다음 각 호의 어느 하나에 해당하는 **사유가 발생한 때**에는 수급사업자가 제조·수리·시공 또는 용역수행을 한 부분에 상당하는 하도급대금을 그 **수급사업자에게 직접 지급하여야 한다**. <개정 2014.5.28.>

1. 원사업자의 지급정지·파산, 그 밖에 이와 유사한 사유가 있거나 사업에 관한 허가·인가·면허·등록 등이 취소되어 **원사업자가 하도급대금을 지급할 수 없게 된 경우**로서 수급사업자가 하도급대금의 직접 지급을 요청한 때
2. 발주자가 하도급대금을 직접 수급사업자에게 지급하기로 **발주자·원사업자 및 수급사업자** 간에 **합의한 때**[514)]

라. 하도급대금직접지급제도가 원사업자의 채권자들 중에서 하도급대금채권자인 수급사업자를 우대하고 다른 일반채권자를 차별하여 헌법 제11조의 평등원칙에 위배되는지 여부(소극)

【결정요지】

나. 하도급대금 직접지급제는 원사업자가 파산·부도 등의 사유로 하도급대금을 지급할 수 없는 사유가 발생한 경우 영세한 수급사업자로 하여금 하도급대금을 지급받을 수 있도록 함으로써 중소기업인 수급사업자를 보호하여 국민경제의 균형있는 발전을 도모하려는 것으로 그 입법목적은 정당하고 입법목적을 달성하는데 적합한 수단이다. 또한 원사업자가 하도급대금을 지급할 수 없는 경우에 발주자에게 하도급대금을 직접 지급하도록 함으로써 발주자 및 원사업자가 침해받는 계약의 자유보다는 수급사업자가 하도급대금을 지급받음으로써 얻는 사회적 이익이 더 크다고 할 것이므로 하도급대금 직접지급제가 발주자 및 원사업자의 사적 자치권(계약자유권)을 침해하여 헌법에 위반된다고 볼 수 없다.

다. 하도급대금 직불제는 대기업인 원사업자와 하도급거래관계에 있는 중소기업자를 보호함으로써 국민경제의 균형발전이라는 정당한 공익실현을 위한 것으로 재산권 제한의 정당한 근거가 있다. 또한, 이 사건 법률조항은 발주자에게는 하도급대금지급의무를, 원사업자에게는 도급대금채권의 소멸을 아무런 대가없이 일방적으로 강제하는 것이 아니라 발주자에게는 의무를 지우는 대신 원사업자에 대한 대금지급채무를 소멸시켜주고, 원사업자의 도급대금채권을 소멸시키는 대신 수급사업자에 대한 하도급대금지급채무도 소멸시켜 줌으로써 실질적으로는 채권·채무의 법률상 이전과 같은 효과를 가져오는데 불과할 뿐 기존의 채무를 초과하는 새로운 의무를 지우는 것은 아니다. 그렇다면 이 사건 법률조항이 발주자 및 원사업자의 재산권 제한의 헌법적 한계를 넘었다거나 재산권의 본질적 부분을 침해하여 헌법 제23조의 재산권보장의 원칙에 위반된다고 볼 수 없다.

라. 수급사업자의 원사업자에 대한 하도급대금채권과 발주자의 원사업자에 대한 도급채무는 수급사업자의 자재와 비용으로 완성한 완성품에 대한 궁극적인 이익을 발주자가 본다는 점에서 밀접한 상호관련성이 있는 반면 원사업자의 일반채권자의 채권과 발주자의 원사업자에 대한 도급채무는 아무런 관련이 없으므로, 원사업자의 도급채권에 관한 한 수급사업자와 일반채권자는 다르다고 할 것이다.

따라서, 영세한 하청업자를 보호하기 위하여 원사업자가 파산 등의 사유로 하도급대금을 지급할 수 없는 경우 이 사건 직접지급제가 원사업자의 채권자들 중에서 수급사업자를 우대하는 결과를 가져온다고 하더라도 이는 국민경제의 균형발전이라는 공익실현을 위한 합리적 이유가 있는 것이어서 평등원칙에 위배되지 아니한다.

514) **본 규정은 개정하도급법 ([시행 2007. 10. 20.] [법률 제8539호, 2007.7.19., 일부개정]) 이후에 제3자간 합의에 대하여 "합의한 경우"에 직접지급의무를 규정하고 있다.**

-개정 하도급법 ([시행 2007. 10. 20.] [법률 제8539호, 2007.7.19., 일부개정]-

제14조 (하도급대금의 직접지급) ①발주자는 다음 각 호의 어느 하나에 해당하는 사유가 발생한 때에는 수급사업자

3. 원사업자가 제13조제1항 또는 제3항에 따라 지급하여야 하는 하도급대금의 2회분 이상을 해당 수급사업자에게 지급하지 아니한 경우로서 수급사업자가 하도급대금의 직접 지급을 요청한 때
4. 원사업자가 제13조의2제1항 또는 제2항에 따른 하도급대금 지급보증 의무를 이행하지 아니한 경우로서 수급사업자가 하도급대금의 직접 지급을 요청한 때

② 제1항에 따른 사유가 발생한 경우 원사업자에 대한 발주자의 대금지급채무와 수급사업자에 대한 원사업자의 하도급대금 지급채무는 그 범위에서 소멸한 것으로 본다.

③ 원사업자가 발주자에게 해당 하도급 계약과 관련된 수급사업자의 임금, 자재대금 등의 지급 지체 사실을 입증할 수 있는 서류를 첨부하여 해당 하도급대금의 직접 지급 중지를 요청한 경우, 발주자는 제1항에도 불구하고 그 하도급대금을 직접 지급하지 아니할 수 있다.

④ 제1항에 따라 발주자가 해당 수급사업자에게 하도급대금을 직접 지급할 때에 발주자가 원사업자에게 이미 지급한 하도급금액은 빼고 지급한다.

⑤ 제1항에 따라 수급사업자가 발주자로부터 하도급대금을 직접 받기 위하여 기성부분의 확인 등이 필요한 경우 원사업자는 지체 없이 이에 필요한 조치를 이행하여야 한다.

⑥ 제1항에 따라 하도급대금을 직접 지급하는 경우의 지급 방법 및 절차 등에 관하여 필요한 사항은 대통령령으로 정한다.

[전문개정 2009.4.1.]

– 하도급법시행령 –

제9조(하도급대금의 직접 지급) ① 법 제14조제1항에 따른 수급사업자의 직접지급 요청은 그 의사표시가 발주자에게 도달한 때부터 효력이 발생하며, 그 의사표시가 도달되었다는 사실은 수급사업자가 증명하여야 한다.

가 제조·수리·시공 또는 용역수행한 분에 상당하는 하도급대금을 해당 수급사업자에게 직접 지급하여야 한다. <개정 2004.1.20., 2005.3.31., 2007.7.19.>

1. 원사업자의 지급정지·파산 그 밖에 이와 유사한 사유가 있거나 사업에 관한 허가·인가·면허·등록 등이 취소되어 원사업자가 하도급대금을 지급할 수 없게 된 경우로서 수급사업자가 하도급대금의 직접지급을 요청한 때
2. 발주자가 하도급대금을 직접 수급사업자에게 지급하기로 발주자·원사업자 및 수급사업자간에 합의한 때
3. 원사업자가 제13조제1항 또는 제3항의 규정에 의하여 지급하여야 하는 하도급대금의 2회분 이상을 해당 수급사업자에게 지급하지 아니한 경우로서 수급사업자가 하도급대금의 직접지급을 요청한 때
4. 원사업자가 제13조의2제1항의 규정에 의한 하도급대금 지급보증의무를 이행하지 아니한 경우로서 수급사업자가 하도급대금의 직접지급을 요청한 때

그러나 개정 전의 법에서는 합의만이 아니라 하도급대금 직접지급요청이 있어야만 하는 것으로 되어 있었다.

-개정 전 하도급법 ([시행 2004.4.21.] [법률 제7107호, 2004.1.20., 일부개정]-

제14조 (하도급대금의 직접지급) ①발주자는 다음 각호의 1에 해당하는 사유가 발생한 경우로서 수급사업자가 제조·수리 또는 시공한 분에 상당하는 하도급대금의 직접지급을 요청한 때에는 해당 수급사업자에게 직접 지급하여야 한다. <개정 2004.1.20.>

1. 원사업자의 지급정지·파산 그 밖에 이와 유사한 사유가 있거나 사업에 관한 허가·인가·면허·등록 등이 취소되어 원사업자가 하도급대금을 지급할 수 없게 된 경우
2. 발주자가 하도급대금을 직접 수급사업자에게 지급하기로 발주자·원사업자 및 수급사업자간에 합의한 경우
3. 원사업자가 제13조제1항 또는 제3항의 규정에 의하여 지급하여야 하는 하도급대금의 2회분 이상을 해당 수급사업자에게 지급하지 아니한 경우
4. 원사업자가 제13조의2제1항의 규정에 의한 하도급대금 지급보증의무를 이행하지 아니한 경우.

② 발주자는 하도급대금을 직접 지급할 때에 「민사집행법」 제248조제1항 [515]등의 공탁사유가 있는 경우에는 해당 법령에 따라 공탁(供託)할 수 있다.
③ 발주자는 원사업자에 대한 대금지급의무의 범위에서 하도급대금 직접 지급 의무를 부담한다.
④ 하도급대금의 직접 지급 요건을 갖추고, 그 수급사업자가 제조 · 수리 · 시공한 분(分)에 대한 하도급대금이 확정된 경우, 발주자는 도급계약의 내용에 따라 수급사업자에게 하도급대금을 지급하여야 한다.

2. 직접 지급 사유 (법제14조 제1항 각호 사유)

하도급법 제14조는 하도급대금의 직접 지급에 대하여 아래의 4가지 사유에 한정(열거적 소위 'positive' 방식)하여 발주자의 수급사업자에 대한 수급사업자의 제조·수리·시공 또는 용역수행을 한 부분에 상당하는 하도급대금을 지급할 의무를 규정하고 있다. 이하에서는 각 사유별로 쟁점에 대하여 살펴보기로 한다.

가. 원사업자의 지급 정지 등(1호)

-원사업자의 지급정지·파산, 그 밖에 이와 유사한 사유가 있거나 사업에 관한 허가·인가·면허·등록 등이 취소되어 원사업자가 하도급대금을 지급할 수 없게 된 경우로서 수급사업자가 하도급대금의 직접 지급을 요청한 때-

대금지급을 할 수 없게 된 사유는 지급정지·파산, 그밖에 이와 유사한 사유가 있거나 사업에 관한 허가·인가·면허·등록 등이 취소된 경우다. 이와 관련하여 몇 가지 쟁점을 살펴보자.

첫째, 직접지급요청의 사유와 관련하여 '원사업자에 대하여 회생절차가 개시'된 경우도 포함되는지가 문제된다. 결론적으로 명시적으로 규정은 없으나 판례에 비추어 볼 때 이에 포함된다. 즉 판례는 채무자회생법 제정 이전의 회사정리법 하에서 회사정리절차가 개시된 경우, 구 회사정리법 제112조(2005.3.31. 법률 제7428호 채무자회생 및 파산에 관한 법률 부칙 제2조로 폐지되기 전의 것)의 규정에 의하여, 수급사업자의 발주자에 대한 하도급대금 직접지급청구에 관한 규정인 하도급법 제14조의 적용이 배제되지 않는다고 보고 있다(**대법원 2007. 6. 28. 선고 2007다17758 판결**[516])

515) 【민사집행법 제248조 제1항】 "제3채무자는 압류에 관련된 금전채권의 전액을 공탁할 수 있다.
516) **대법원 2007. 6. 28., 선고, 2007다17758, 공사대금 판결**
【판시사항】
가. 원사업자에 대하여 회사정리절차가 개시된 경우, 구 회사정리법 제112조의 규정에 의하여, 수급사업자의

[공사대금]). 구 회사정리법 제112조는 현행 채무자회생법 제58조와 동일한 조문이므로 결국 하도급법 제14조 제1항 1호에는 '회생절차'도 포함된다.

둘째, 원사업자의 파산으로 발생한 발주자의 하도급대금 직접지급의무는 향후 원사업자의 파산폐지결정이 있었다고 하더라도 발주자의 하도급대금 직접지급의무가 소멸하는 것은 아니다(판례)[517](**대법원 2005. 7. 28. 선고 2004다64050 판결 [공사대금]**).

셋째, '지급할 수 없게 된 경우'의 기준과 의미와 관련하여, 이는 수급사업자의 직접지급 요청의 의사표시가 발주자에게 도달한 시점을 기준으로 판단하여야 하며, 여기서 '지급할 수 없게 된 경우', 즉 지급불능은 채무자가 변제능력이 부족하여 즉시 변제하여야 할 채무를 일반적·계속적으로 변제할 수 없는 객관적 상태라고 할 것이다(판례)[518](**대법원 2009. 3. 12. 선고 2008다65839 판결 [공사대금]**).

발주자에 대한 하도급대금 직접지급청구에 관한 규정인 하도급거래 공정화에 관한 법률 제14조의 적용이 배제되어야 하는지 여부(소극)

나. 하도급거래 공정화에 관한 법률 제14조에 의한 수급사업자의 발주자에 대한 하도급대금 직접지급청구가 구 회사정리법 제67조 제1항이 금지하는 '회사재산에 대한 강제집행'에 해당하는지 여부(소극)

【판결요지】

가. 하도급거래 공정화에 관한 법률 제14조 제1항 제1호 및 제2항의 규정은 원사업자의 지급정지나 파산 등으로 인해 영세한 수급사업자가 하도급대금을 지급받지 못함으로써 연쇄부도에 이르는 것을 방지하기 위한 취지에서 두게 된 것으로, 수급사업자의 자재와 비용으로 완성된 완성품에 대한 궁극적인 이익을 발주자가 보유하게 된다는 점에서 원사업자의 발주자에 대한 도급대금채권은 수급사업자의 원사업자에 대한 하도급대금채권과 밀접한 상호관련성이 있는 반면 원사업자의 일반채권자들이 원사업자에 대하여 가지는 채권은 그러한 관련성이 없다는 것에 근거하여, 원사업자의 발주자에 대한 도급대금채권 중 수급사업자의 원사업자에 대한 하도급대금채권액에 상당하는 부분에 관해서는 일반채권자들보다 수급사업자를 우대한다는 의미를 가지는 것인바, 영세한 수급사업자의 보호를 위해 원사업자가 파산한 경우에 인정되는 이러한 직접청구제도가 원사업자에 대하여 회사정리절차가 개시된 경우라 하여 배제될 이유는 없는 것이므로(특히 회사정리절차에 있어서는 채권자가 회사재산에 대하여 가지는 청산가치 이상의 변제가 보장되어야 한다는 점에서 보더라도, 수급사업자가 원사업자의 파산의 경우보다 불리하게 취급되어서는 안 된다), 원사업자에 대하여 회사정리절차가 개시된 경우 '정리채권에 관하여는 정리절차에 의하지 아니하고 변제하거나 변제받거나 기타 이를 소멸하게 할 행위(면제를 제외한다)를 하지 못한다'고 정한 구 회사정리법(2005.3.31. 법률 제7428호 채무자 회생 및 파산에 관한 법률 부칙 제2조로 폐지) 제112조의 규정에 의하여 하도급법 제14조의 적용이 배제되어야 한다고 볼 수 없다.

나. 하도급거래 공정화에 관한 법률 제14조에 의한 수급사업자의 발주자에 대한 하도급대금 직접지급청구가 구 회사정리법(2005.3.31. 법률 제7428호 채무자 회생 및 파산에 관한 법률 부칙 제2조로 폐지) 제67조 제1항이 금지하는 '회사재산에 대한 강제집행'에 해당한다고 할 수 없다.

517) **대법원 2005. 7. 28. 선고 2004다64050 [공사대금] 판결**

【판시사항】 원사업자의 파산으로 발생한 발주자의 하도급대금 직접지급의무는 파산폐지결정으로 소멸하지 않는다고 한 사례

【판결요지】 ○○○의 파산폐지결정과 관련한 피고의 상고이유에 대하여

피고는 상고이유에서, ○○○이 원심 소송계속 중에 파산폐지결정을 받은 이상 발주자인 피고의 하도급대금 직접지급의무도 소멸된다고 주장하므로 살피건대, 기록에 의하면 ○○○이 원심 소송계속 중이던 2003. 4. 25. 서울중앙지방법원으로부터 파산채권자의 동의에 의한 파산폐지결정을 받고 그 후 위 결정이 그대로 확정된 사실을 알 수 있으나, 위 하도급거래공정화에관한법률 제14조 제2항의 규정에 비추어 볼 때 위와 같은 사정으로 피고의 하도급대금 직접지급의무가 소멸된다고 볼 수 없으므로, 이 부분 상고이유의 주장은 받아들일 수 없다.

518) **대법원 2009. 3. 12. 선고, 2008다65839, 공사대금 판결**

【판시사항】 수급사업자의 발주자에 대한 하도급공사대금 직접청구권 발생 여부 판단의 기준 시점 및 원사업자가 하도급공사대금을 '지급할 수 없게 된 경우'의 의미

나. 3자간 합의(2호)

–발주자가 하도급대금을 직접 수급사업자에게 지급하기로 발주자・원사업자 및 수급사업자 간에 합의한 때 –

1) 문제의 소재

제3자 간에 합의한 경우이다. 즉 발주자가 하도급대금을 직접 수급사업자에게 지급하기로 발주자・원사업자 및 수급사업자 간에 합의한 경우이다.

이와 관련하여 중요한 쟁점은 채권의 소멸시점과 압류채권자 등과의 우선순위가 문제된다. 특히 하도급법 제14조 제1항2호의 경우는 다른 것과 규정형식이 다르기 때문이다.

즉 하도급법 제14조 제1항 1,3,4호는 모두 "직접 지급을 요청한 때"라고 되어 있어서 문리해석상 사유발생 및 그에 기한 직접지급을 요청해야만 직접지급청구권이 발생한다[519]는 것을 알 수 있다(**대법원 2017. 4. 26. 선고 2014다38678 판결[공사대금]**).

문제는 제2호의 경우에는 "직접 지급을 요청한 때"라고 되어 있지 않고 "3자간에 합의한 때"라고만 되어 있어서 합의시 바로 요건이 발생하는 것인지 아니면 다른 호의 사유처럼 합의 후 대금청구까지 행사하여야만 되는 것인지가 문제된다. 기본적으로는 합의시에 발생하는 것이고 자세한 것은 후술한다.

2) 직접지급청구권의 발생 시점

첫째, '직접지급청구권의 발생 시점'의 문제이다. 발주자·원사업자·하수급인 제3자

【판결요지】 수급사업자가 발주자에 대하여 하도급공사대금의 직접지급을 구할 수 있는 권리가 발생하는지 여부, 즉 원사업자가 지급정지·파산 그 밖에 이와 유사한 사유 등으로 하도급공사대금을 지급할 수 없게 되었는지 여부 등에 관하여는 **수급사업자의 직접지급 요청의 의사표시가 발주자에게 도달한 시점을 기준으로 판단**하여야 하며, 여기서 '지급할 수 없게 된 경우', 즉 지급불능은 채무자가 변제능력이 부족하여 즉시 변제하여야 할 채무를 일반적·계속적으로 변제할 수 없는 객관적 상태를 말한다.

519) **대법원** 2003. 9. 5. **선고** 2001다64769 **판결** [**공사대금**][집51(2)민,272;공2003.10.15.(188),2002]
【판시사항】 하도급법 제14조 소정의 하도급대금 직접 지급사유가 발생한 경우 그 전에 원사업자의 발주자에 대한 채권에 대하여 압류 또는 가압류 등으로 집행보전된 채권이 소멸하는지 여부(소극)
【판결요지】 하도급법 제14조와 같은법시행령 제4조 제1항 제1호의 규정상, 원사업자의 부도로 원사업자가 하도급대금을 지급할 수 없어 **수급사업자가 발주자에게 하도급대금의 직접지급을 요청**하면 발주자는 수급사업자에게 하도급공사대금을 직접 지급하여야 할 의무를 지는 한편 발주자의 원사업자에 대한 대금지급채무와 원사업자의 수급사업자에 대한 하도급대금 지급채무는 지급된 범위 안에서 **소멸**하게 되나, 그렇다고 하여 **그 사유발생 전에 이루어진 강제집행 또는 보전집행의 효력**을 배제하는 규정은 없으므로 그 규정들에 의한 하도급대금 **직접 지급사유가 발생하기 전**에 원사업자의 제3채권자가 원사업자의 발주자에 대한 채권에 대하여 압류 또는 가압류 등으로 채권의 집행보전이 된 경우에는 그 이후에 발생한 하도급공사대금의 직접 지급사유에도 불구하고 그 집행보전된 채권은 소멸하지 않는다.

사이에서 직불합의와 관련한 대표적이 판례인 **'대법원 2008.2.29. 선고 2007다 54108 판결'** 이 제3자 합의의 법리를 잘 나타내 주고 있다.

> 공사도급계약 및 하도급계약을 함께 체결하면서 도급인, 원수급인과 하수급인이 '공사대금은 도급인이 원수급인의 입회하에 하수급인에게 직접 지급하고, 원수급인에게는 지급하지 않는 것' 으로 약정한 경우, 크게 두가지로 나뉜다.
>
> ① **당사자들의 의사가 위 도급계약 및 하도급계약에 따른 공사가 실제로 시행 내지 완료되었는지 여부와 상관없이 원수급인의 도급인에 대한 공사대금채권 자체를 하수급인에게 이전하여 하수급인이 도급인에게 직접 그 공사대금을 청구하고 원수급인은 공사대금 청구를 하지 않기로 하는 취지**라면, 이는 실질적으로 원수급인이 도급인에 대한 공사대금채권을 하수급인에게 양도하고 그 채무자인 도급인이 이를 승낙한 것이라고 봄이 상당하다. 이러한 경우 위와 같은 채권양도에 대한 **도급인의 승낙**이 **확정일자 있는 증서**[520]에 의하여 이루어지지 않는 이상, 도급인은 위와 같은 채권양도와 그에 기한 채무의 변제를 들어서 원수급인의 위 공사대금채권에 대한 압류채권자에게 대항할 수 없다.
>
> ② 반면, **당사자들의 의사가 하수급인이 위 각 하도급계약에 기하여 실제로 공사를 시행 내지 완료한 범위 내에서는 도급인은 하수급인에게 그 공사대금을 직접 지급하기로 하고 원수급인에게 그 공사대금을 지급하지 않기로 하는 취지**라면, 압류명령의 통지가 도급인에게 도달하기 전에 하수급인이 위 공사를 실제로 시행 내지 완료하였는지 여부나 그 기성고 정도 등에 따라 도급인이 원수급인의 위 공사대금채권에 대한 압류채권자에게 하수급인의 시공 부분에 상당하는 하도급대금의 범위 내에서 대항할 수 있는지 여부 및 그 범위가 달라진다 [**대법원 2008. 2. 29. 선고 2007다 54108 판결**].

위 판례의 태도를 종합하면, 하도급법 제14조 제2항의 기본적인 취지는 같은 조 제1항의 규정 내용에 비추어 보면, '발주자가 하도급대금을 직접 수급사업자에게 지급하기로 발주자·원사업자 및 수급사업자간에 합의한 경우'에, 발주자는 합의시점에서 바로 그 하도급대금 전액을 해당 수급사업자에게 직접 지급할 의무가 발생하는 것이 아니라, **'수급사업자가 제조·수리·시공 또는 용역수행한 분에 상당하는' 하도급대금을 해당 수급사업자에게 직접 지급할 의무가 발생하는 것**이고 **그 범위**[521] **내에서 발주자의 원사업자에 대한 대금지급채무가 소멸한다**고 해석된다(**대법원 2008. 2. 29.**

520) 민법 제450조(지명채권양도의 대항요건)
① 지명채권의 양도는 양도인이 채무자에게 통지하거나 채무자가 승낙하지 아니하면 채무자 기타 제삼자에게 대항하지 못한다.
② 전항의 통지나 승낙은 확정일자 있는 증서에 의하지 아니하면 채무자 이외의 제삼자에게 대항하지 못한다.
(민법 일부개정 2016. 12. 20. [법률 제14409호, 시행 2016. 12. 20.])

521) 법원은, 제3자 직접지불합의 후 원사업자와 수급사업자 사이에 합의에 의하여 공사공법변경에 의하여 하도급공사대금이 증액된 경우 이러한 경우에까지 직불합의가 미치는 것은 아니어서 원사업자가 책임을 부담하여야 한다는 판결이 있다(공사대금증액 전 직불합의에 의하여 수급사업자가 공사한 부분에 대해서 직접청구한 부분에 대해서 발주자가 책임을 부담하고 원사업자 하도급지급채무 소멸)(**서울남부지방법원 2017. 10. 26. 선고 2016가합108183 판결 [공사대금]**).**다고 할 수는 없다.**

선고 2007다54108 판결, 대법원 2013. 9. 12. 선고 2011다6311 판결 등 대법원의 확립된 태도로서, 후자방식 '(**소위 ② '직접지급방식'**)**의 근거**라고 볼 수 있다). 즉 위 판례에서 언급한 예외적인 합의인 ① 방식(**소위 '채권양도채무자승낙방식'**)을 제외하고 대부분은 후자방식 '[**소위 ② '직접지급방식'**]으로 해석된다.

위 판례에 대한 '**공사대금채권의 소멸의 효과에 대한 이론구성**'과 관련하여, 원사업자와 수급사업자 사이에 수급사업자가 도급인에 대하여 하도급공사대금의 직접지급 청구권이 있음을 합의한 경우 하도급대금에 상당하는 원수급인의 도급인에 대한 공사대금채권의 소멸의 효과가 원수급인의 도급인에 대한 공사대금채권을 하수급인에게 양도로 인한 것은 아니라는 것이 판례의 태도(**대법원 2003. 4. 22. 선고 2001다20363 [추심금] 판결**)[522]도 이러한 측면에서 이해될 수 있겠다. 이에 따라서 후술하는 바와 같이 발주자의 원사업자에 대한 대금채무소멸 전까지는 원사업자의 공사대금채권에 대한 제3자 압류 등 강제집행[523]이 제한되는 것은 아니다[524].

---

522) **대법원 2003. 4. 22. 선고 2001다20363 추심금 판결**

【판시사항】

구 하도급법 시행 당시 원수급인이 하수급인과의 사이에 하수급인이 도급인에 대하여 하도급공사대금의 직접지급청구권이 있음을 합의한 경우, 하도급대금에 상당하는 원수급인의 도급인에 대한 공사대금채권이 하수급인에게 양도되는 것인지 여부(소극) 및 그 공사대금채권에 대한 제3자 압류 등 강제집행이 제한되는지 여부(소극)

【판결요지】

구 하도급법(1999.2.5. 법률 제5816호로 개정되기 전의 것, 이하 '구법') 시행 당시에 체결된 하도급계약에 관하여는 구법이 적용되는 것인데, 구법 제14조의 적용 하에서 하수급인이 직접 도급인에 대하여 하도급계약에 따른 하도급공사대금의 지급을 청구할 수 있는 권리가 당사자 간의 합의에 의하여 발생되었다 하더라도 그 직접지급에 관한 합의의 취지는 하수급인의 도급인에 대한 **직접지급청구권의 행사**에 따라 도급인이 하수급인에게 **하도급공사대금을 직접 지급**함으로써 원수급인의 도급인에 대한 공사대금채권과 하수급인의 원수급인에 대한 하도급공사대금채권이 동시에 정산·소멸되는 **효과**를 가져오게 한다는 것일 뿐이지, 원수급인의 도급인에 대한 공사대금채권 자체가 하수급인에게 양도되거나 이로 인하여 소멸되는 것은 아니라고 봄이 상당하므로, 하수급인에게 하도급대금에 대한 직접지급청구권이 있다는 이유만으로 그 하도급대금에 상당하는 **원수급인의** 도급인에 대한 공사대금채권에 관한 채권양도가 있다고 보거나 **그 공사대금채권에 대한 제3자의 압류 등 강제집행이 제한된다고 할 수는 없다.** ■

=> **다만 이와 같은 판례는 예전 구 하도급법하에서 직접지급청구권으로 규정되어 있지 않았던 경우의 판례임을 유의하여야 할 것이다. 즉 예전에는 "** 발주자는 수급사업자가..시공한 분에 해당되는 하도급대금을...직접 수급사업자에게 지급할 수 있다. 이 경우 발주자의 원사업자에 대한 지급채무와 원사업자의 수급사업자에 대한 하도급지급채무는 그 지급한 한도에서 소멸한 것으로 본다"**고 규정되어 있었다(2984. 12. 31. 법률 제3779호 제정되어 1985. 4.1.부터시행된 것). 따라서 판례가 " 공사대금채권에 대한 제3자의 압류 등 강제집행이 제한된다고 할 수는 없다. " 라고 설시한 것이다.**

523) 참고로 실정법상 압류금지 규정[예컨대, 건설산업기본법 제88조 및 건설산업기본법 시행령 제84조에서 건설업자가 도급받은 건설공사의 도급금액 중 당해 공사의 근로자에게 지급하여야 할 노임에 상당하는 금액에 대하여 압류를 금지하고 있다]이 있는 경우 당연히 그 규정이 적용되어 압류가 먼저되어 있다고 하더라도 제한부분에 대해서는 무효가 될 것이다. 즉, 압류가 금지된 채권에 대한 압류명령은 강행법규에 위반되어 무효라 할 것이며, 추심명령이나 전부명령의 전제가 되는 압류가 무효인 경우 그 압류에 기한 추심명령이나 전부명령은 절차법상으로는 당연무효라고 할 수 없다 하더라도 실체법상으로는 그 효력을 발생하지 아니하는 의미의 무효라고 할 것이고, 따라서 제3채무자는 압류채권자의 추심금이나 전부금 지급청구에 대하여 위와 같은 실체법상

3) 압류채권자 등과의 우선순위의 문제

직불합의를 한 수급사업자들과 '압류채권자 등과의 우선순위의 문제'이다. 통상 실무상 문제되는 것이 제3자간 직불합의 후 수급인의 채권자가 수급인의 도급인에 대한 공사대금채권을 압류하는 경우이다. 특히 발주자가 건실한 경우 수급인의 공사대금채권에 대하여 압류 및 추심 또는 전부명령을 하는 경우에 발주자(도급인)이 이미 수급사업자에게 변제한 경우 다툼이 발생한다. 이러한 경우 발주자와 수급인 채권자(압류권자와)와의 우선순위 결정이 문제된다.

만일 적법하게 압류 등으로 집행보전된 채권에 해당하는 금액에 대하여는 수급사업자에게 직접청구권이 발생하지 아니하고, 원사업자의 발주자에 대한 공사대금채권은 다른 특별한 사정이 없는 한 그 집행보전된 채권액의 한도에서는 수급사업자에게 이전되지 아니한다(**대법원 2014. 12. 24. 선고 2012다85267 판결, 대법원 2014. 11. 13. 선고 2009다67351 판결**).

앞에서 언급한 것처럼 도급인이 원수급인의 공사대금채권에 대한 압류채권자에게 대항할 수 있는지 여부에 대하여, 판례는 '채권양도의 의사'[**소위 '채권양도채무자승낙방식'**][525]인지 아니면 '직접지급의 의사'[**소위 '직접지급방식'**]인지 의사해석에 따라서 달라지게 되는데, 전자의 경우에는 도급인의 승낙일(확정일자방식)과 압류일자 양자의 효력발생 선후(송달시점)에 의하여 결정될 것이고 후자의 경우에는 수급사업자가 자신의 기성고를 하였고 이에 기하여 발주자(도급인)에게 직접지급을 요청한 날짜와 압류도달 시점과 비교하여 우선순위가 결정될 것이다.

제3자 합의의 경우 후자[**소위 '직접지급방식'**]의 경우에 '직접지급청구권 발생시점'(즉 수급사업자의 발주자에 대한 직접 지급청구권이 발생함과 아울러 발주자의 원사업자에 대한 대금지급채무가 하도급대금의 범위 안에서 소멸 시점)은 언제인지가 문제된다.

의 무효를 들어 항변할 수 있다고 할 것이다(대법원 2008. 6. 12. 선고 2008다11702 판결, 2007. 9. 6. 선고 2007다29591 판결, 1987. 3. 24. 선고 86다카1588 판결 각 참조).

이와 같은 법리에 비추어 수급인의 채권자인 원고의 채권압류 및 전부명령이 수급사업자의 하도급공사대금 청구 시점보다 먼저 도달하여 우선하는 상황에서 '노임' 부분에 대한 압류명령이 무효여서 인정하지 아니한 판결례가 있다(**서울고등법원 2003. 4. 22. 선고 2015나2075252 채권압류 및 전부명령대금 판결 참조**).

524) 하급심 판결들도 같은 태도이다(예컨대 **수원지방법원 2017. 9. 21.선고 2017나4611 판결 [물품대금사건]**).

525) 위 판례가 말하는 소위 제3자들(도급인, 원사업자, 수급사업자)의 합의에 의한 채권양도방식은 3자들끼리 합의에 의한 것이므로 채무자인 도급인의 승낙이 확정일자에 의한 방식을 요구하는 것이다.

다만, 판례의 태도가 일반적인 채권자(원사업자)의 지명채권양도방식(민법 제450조) 즉 양도인의 확정일자있는 증서(통상 내용증명)에 의한 것을 부정하는 것은 아니다. 이러한 경우에 판례는 지명채권양도방식에 의한 원사업자의 대금청구권을 수급사업자에게 양도하는 경우에는 양수인이 이를 통지하는 예외적인 경우에는 엄격하게 대리행위를 표시하였을 것을 요구하는 입장이다([**대법원 2011. 2. 24. 선고 2010다96911 판결 [운송대금][공2011상,644]**]).

가) 제3자간 직접지급 합의 당시에 이미 수급사업자의 기성공사대금채권이 발생되어 있는 경우

이러한 경우에는 직접 지급의 합의만으로 바로 직접지급청구권이 발생한다. 왜냐하면 현행 하도급법(([시행 2007. 10. 20.] [법률 제8539호, 2007.7.19., 일부개정]) 이후)에서는 제3자 합의의 경우에는 개정전법과 비교하여 '직접 지급요청'을 요건으로 하지 아니하고 "제3자간 합의한 경우"라고 분명히 되어 있기 때문이다. 현재의 판례도 같은 태도이다.

즉 현재 대법원 판례에서는 "하도급법 제14조 제1항에 따르면, 같은 항 제2호('발주자가 하도급대금을 직접 수급사업자에게 지급하기로 발주자·원사업자 및 수급사업자 간에 합의한 때')에 해당하는 경우에는 하수급인이 직접 지급을 요청하지 않아도 같은 조 제1항, 제4항, 하도급법 시행령 제9조 제3항이 정한 범위에서 직접지급청구권이 발생하나, 나머지 제1, 3, 4호에 해당하는 경우에는 수급사업자가 직접지급을 요청한 때에 비로소 위와 같은 직접지급청구권이 발생한다"(대법원 2017. 5. 11. 선고 2014두13966 판결, 대법원 2012. 5. 10. 선고 2010다24176 판결 등 참조)(소위 "발생시설"[526])[527].

참고로 ① 3자 간에 하도급대금 직접 지불의 합의된 후, ② 수급사업자가 하도급계약에 따른 공사를 시행하고, ③ 발주자에게 그 시공한 분에 상당하는 하도급대금의 직접 지급을 요청한 때라고 판시한 대법원 판결은 개정 하도급법 이전의 판결이다(대법원 2007. 11. 29. 선고 2007다50717 판결 [공사대금])[528]("요청시설"[529])의 입

526) 발생시설 즉 제3자 합의 후 수급사업자가 시공하여 기성고공사대금채권을 취득한 시점에 비록 발주자에게 청구하지 않더라도 직접청구권(채권)이 발생하는 시점으로 보는 것이 타당해 보인다. 왜냐하면 ① 요청시설의 입장에 의한다면 수급사업자가 발주자에게 청구하기 전에는 이미 공사를 하여 발생한 기성고에 대한 공사대금채권의 귀속(요청시설에 의하면 청구 전에는 원사업자에 대한 채권, 요청하면 발주자에 대한 채권성립과 소멸)이 요청전과 후로 양분되는데 이에 대한 법적 근거를 이론적으로 설명하기 어렵기 때문이다. 즉 ② 하도급법 제14조 제1항, 2항의 문리만 보면 수급사업자의 청구(지급요청)가 있거나 실제로 직불할 것을 요건으로 하지 않는다는 점이다. 오직 "동조 제2항에는 "제1항의 사유가 발생"한 경우 소멸한 것으로 간주한다고 되어 있을 뿐이 때문이다.

527) 발생시설에 입장에서, 하도급법 제24조 제1항2호는 다른 직접지급 요청을 요건으로 하지 않으므로 제3자간합의와 공사의 이행만 입증하면 직접지급청구권이 발생한다는 판결례(예컨대 서울고등법원 2017. 1. 25. 선고 2016나2007232 판결 [공사대금]). 본 판결에서 "원고가 하도급대금 직접지급합의가 이루어진 2014. 5. 20.경 이후 이 사건 공사를 하면서 기성 부분에 대한 하도급대금 직접지급청구권을 취득하고 최종적으로는 2014년 9월 말경 이 사건 공사를 완료함으로써 하도급대금 준공금의 직접지급청구권을 취득하였다고 볼 수 있다. 위 공사계약특수조건 제9조 제1항은 하도급법시행령 제9조 제1항과 같은 내용으로, 구 하도급법 제14조 제1항 각 호에 규정된 하도급대금 직접지급사유 중 수급사업자의 직접지급 요청을 요건으로 하는 경우에 관하여 그 요청의 효력 발생 시기와 그 도달 사실에 관한 증명책임의 소재를 규정한 것으로 볼 수 있을 뿐, 구 하도급법 제14조 제1항에서 수급사업자의 직접지급 요청을 요건으로 규정하지 아니한 같은 항 제2호의 직접지급합의에 관하여 수급사업자의 직접지급 요청을 요건으로 추가한 것으로 볼 수는 없다."라고 설시하고 있다.

장).

나) 제3자간 직접지급 합의를 수급사업자의 기성공사대금채권이 발생 전에 이루어진 경우

이러한 경우에는 견해의 대립은 있으나 직접지급합의만으로는 부족하고 합의 이후 기성공사를 마치는 때 직접지급청구권이 발생한다고 볼 것이다(소위 **"발생시설"**)530). 판례의 태도나 하급심 법원의 실무도 같다고 보인다.

따라서 실무상 재판과정에서는 제3자 합의 후에 시공을 한 사실 즉 시공 및 그 액수에 대한 입증 즉 "수급사업자가 자신의 공사 내용(금액 포함) 및 시점에 대한 입증이 반드시 필요하다"는 점이다. 즉 하급심 판결을 보면 ① 제3자 합의, ② 수급사업자의 하도급공사이행이라는 전제하에서 ③ 소송과정에서 전자 2개의 확실한 입증을 하는 경우 그 시점에 발주자에 대한 청구시점에 대한 직접 언급없이 직접지급청구권

---

528) **대법원 2007. 11. 29. 선고, 2007다50717 공사대금 판결**

【판시사항】

[1] 발주자·원사업자 및 수급사업자의 3자 간에 하도급대금의 직접 지불이 합의된 경우, 수급사업자의 발주자에 대한 직접 지급청구권이 발생함과 아울러 발주자의 원사업자에 대한 대금지급채무가 하도급대금의 범위 안에서 소멸하는 시점

[2] 수급사업자의 하도급공사 시행 전에 이루어진 발주자·원사업자 및 수급사업자의 3자 간 직접 지불 합의 속에 아직 시공하지 않은 부분에 대한 하도급대금의 직접 지급요청 의사표시가 미리 포함되어 있다고 볼 수 있는지 여부(소극)

【판결요지】

[1]구 하도급법(2007.7.19. 법률 제8359호로 개정되기 전의 것) 제14조 제1항의 문언상 발주자·원사업자 및 수급사업자의 3자 간에 하도급대금의 직접 지불이 합의된 경우라도 **수급사업자가 하도급계약에 따른 공사를 시행**하고 발주자에게 그 시공한 분에 상당하는 하도급대금의 직접 지급을 요청한 때에 비로소 수급사업자의 발주자에 대한 직접 지급청구권이 발생함과 아울러 발주자의 원사업자에 대한 대금지급채무가 하도급대금의 범위 안에서 소멸하는 것으로 해석하여야 하므로, 이와 달리 수급사업자의 하도급공사 시행 및 발주자에 대한 시공한 분에 상당한 하도급대금의 직접 지급요청이 있기도 전에 3자 간 직불합의만으로 즉시 발주자의 원사업자에 대한 대금지급채무가 하도급대금의 범위 안에서 소멸한다고 볼 수는 없다.

[2]수급사업자가 하도급공사를 시행하기도 전에 발주자·원사업자 및 수급사업자의 3자 간 직접 지불 합의가 먼저 이루어진 경우 그 합의 속에 아직 시공하지도 않은 부분에 상당하는 하도급대금의 직접 지급요청 의사표시가 미리 포함되어 있다고 볼 수 없다.

529) 요청시설의 입장의 논거는 직접청구요청 전에는 현실적으로 공사를 언제, 얼마를 하였는지 확정이 곤란하기 때문이라는 점일 것이다(법률관계의 명확화). 즉, 소멸 당시에 소멸되는 채권의 범위를 확정할 수 없게 되어 당사자 사이에서나 전부채권자 등 제3자의 관계에서 유효한 채권범위를 확정할 수 없게 되는 법적 불안이 발생한다. 또한 '직불합의'는 수급사업자가 기성에 상당하는 하수급대금을 안정적으로 확보하도록 하려는 목적뿐만 아니라, 발주자로서도 원사업자에 공사대금을 지급하였음에도 원사업자가 수급사업자에게 하도급대금의 지급을 지체하여 공사가 중단되는 사태를 예방할 이익이 있는 등 상호 이해관계가 일치하여 체결되는 것인데, 공사대금의 지급시기에 도달하기 전에는 발주자이든 원사업자이든 수급사업자이든 공사대금의 지급지체가 있을 수 없다.

다만, 이와 같은 개정 전 하도급법(**개정 전 하도급법 ([시행 2004.4.21.] [법률 제7107호, 2004.1.20., 일부개정] 이후 [시행 2007. 10. 20.] [법률 제8539호, 2007.7.19., 일부개정]) 사이**)하의 판례의 태도는 법률의 문언에 치중하여 해석할 수밖에 없었던 것이다.

530) 동지: 윤재윤, 건설분쟁관계법, 박영사, 2011, 414면

이 발생을 인정한다(**서울고등법원 2016. 7. 8. 선고 2015나2073690 판결 [공사대금]** 참조[531])).

실무상 제3자(당사자들) 사이에 먼저 직불합의를 하면서 일정한 시기(준공금의 경우 준공검사시)에 기성고를 확정하여 지급청구를 하면 직불하기로 약정하였다면, '**수급사업자**'는 '입증책임의 원칙'상 **공사수행으로 대금이 확정(기성고 확정)되었다는 점**, 그에 기한 **지급요청(청구)**을 해놓는게 필요하다고 할 것이다.

다. 하도급대금 지급 요청(3호)

-원사업자가 제13조제1항 또는 제3항에 따라 지급하여야 하는 하도급대금의 2회분 이상을 해당 수급사업자에게 지급하지 아니한 경우로서 수급사업자가 하도급대금의 직접 지급을 요청한 때-

하도급법 제14조 제1항 제3호에서 하도급대금의 2회분 이상을 지급하지 아니할 것을 요건으로 삼은 것은 하도급대금을 일부씩 나누어 지급하는 경우에 직접 지급을 청구할 수 있는 합리적인 기준을 설정하기 위한 것이라 할 것이다. 따라서 하도급대금 전액을 전혀 지급받지 못한 경우에도 당연히 하도급법 제14조 제1항 제3호에 해당한다고 할 것이다.

라. 건설하도급대금 지급보증의무 위반(4호)

-원사업자가 제13조의2제1항 또는 제2항에 따른 하도급대금 지급보증 의무를 이행하지 아니한 경우로서 수급사업자가 하도급대금의 직접 지급을 요청한 때-

원사업자가 제13조의2제1항 또는 제2항에 따른 하도급대금 지급보증 의무를 이행하지 아니한 경우로서 수급사업자가 하도급대금의 직접 지급을 요청한 때

마. 검토

531) 위 판결에서 "피고가 동아건설의 다른 채권자들에 의한 가압류·압류명령 등을 송달받게 되자, 동아건설에 대하여 이 사건 가압류의 청구금액 상당의 공사대금 채무가 있음을 인정하면서 122,245,625원을 공탁한 사실은 앞서 본 바와 같고, 을 제2호증의 기재에 의하면 2013. 12. 24. 이 사건 도급공사에 관하여 2013년도 준공검사가 마쳐진 사실을 인정할 수 있는바, 피고가 이 사건 가압류결정을 송달받은 2014. 1. 2. 이전에 이미 원고가 구하는 이 사건 하도급대금의 원인이 된 이 사건 하도급공사는 완료되어 있었다고 판단된다. 따라서 발주자인 피고는 이 사건 가압류결정을 송달받기 이전에 이미 수급사업자인 원고에 대하여 이 사건 레미콘대금 상당의 하도급대금을 직접 지급할 의무가 발생하였고, 그 범위 내에서 피고의 원사업자인 동아건설에 대한 대금지급채무는 소멸하였다."라고 설시하고 있다.

위 사유를 나누어 종합해 보면 1.3.4.호 사유는 수급사업자가 일정한 경우 원사업자에 대하여 직접지급을 요청한 경우이고 2.호 사유는 제3자 간에 합의를 한 경우이다.

첫째, '**직지급청구권 발생 시점**'의 문제이다. 판례의 태도에 따를 때 결국 하도급법 제14조 제1항 1,3,4호는 모두 "직접 지급을 요청한 때"라고 명문규정이 되어 있어서 사유발생 및 그에 기한 직접지급요청 행사가 있을 때 비로소 소멸의 요건이 된다(**대법원 2003. 9. 5. 선고 2001다64769 판결, 대법원 2012. 5. 10. 선고 2010다24176 판결 등 참조**)는 것을 알 수 있고 또한 동조 동항 제2호의 경우에는 "직접 지급을 요청한 때"라고 되어 있지 않고 "3자간에 합의한 때"라고만 되어 있으므로 판례는 소위'채권양도채무자승낙방식'을 제외하고 3자간의 합의(기성공사채권이 있는 경우) 내지 제3자간 합의 이후 수급사업자의 공사의 시행(합의 후 장래 공사시공)이 필요하다고 할 것이다.

둘째, 하도급법 제14조 제1항 1,3,4호는 모두 "직접 지급을 요청한 때"라고 되어 있어서 문리해석상 사유가 발생하였다는 점 및 그에 기한 직접요청을 했다는 점이 요건사실로 중요하다[532]. 직접지급요청을 했는지 인정 여부와 관련하여 판례는 "하수급인이 하도급법 제14조 제1항에서 말하는 하도급대금의 직접지급을 요청하였는지는 하수급인의 도급인에 대한 요청 내용과 방식, 하수급인이 달성하려고 하는 목적, 문제되는 직접지급사유와 하도급대금의 내역, 하도급대금의 증액 여부와 시기, 직접지급제도의 취지, 도급인·수급인·하수급인의 이해관계, 직접지급의 요청에 따르는 법적 효과와 이에 대한 예견가능성 등을 종합적으로 고려하여 판단하여야 한다."고 판시하고 있다(**대법원 2017. 4. 26. 선고 2014다38678 판결**[533], **대법원 2017. 5. 11. 선고**

532) **대법원 2003. 9. 5. 선고 2001다64769 판결** [공사대금][집51(2)민,272;공2003.10.15.(188),2002]
【판시사항】 하도급법 제14조 소정의 하도급대금 직접 지급사유가 발생한 경우 그 전에 원사업자의 발주자에 대한 채권에 대하여 압류 또는 가압류 등으로 집행보전된 채권이 소멸하는지 여부(소극)
【판결요지】 하도급법 제14조와 같은법시행령 제4조 제1항 제1호의 규정상, 원사업자의 부도로 원사업자가 하도급대금을 지급할 수 없어 **수급사업자가 발주자에게 하도급대금의 직접지급을 요청**하면 발주자는 수급사업자에게 하도급공사대금을 직접 지급하여야 할 의무를 지는 한편 발주자의 원사업자에 대한 대금지급채무와 원사업자의 수급사업자에 대한 하도급대금 지급채무는 지급된 범위 안에서 **소멸**하게 되나, 그렇다고 하여 **그 사유발생 전에 이루어진 강제집행 또는 보전집행의 효력**을 배제하는 규정은 없으므로 그 규정들에 의한 하도급대금 **직접 지급사유가 발생하기 전**에 원사업자의 제3채권자가 원사업자의 발주자에 대한 채권에 대하여 압류 또는 가압류 등으로 채권의 집행보전이 된 경우에는 그 이후에 발생한 하도급공사대금의 직접 지급사유에도 불구하고 그 집행보전된 채권은 소멸하지 않는다.

533) 본 사안에서 대법원은 "도급인인 갑 주식회사, 수급인인 을 주식회사, 하수급업체 대표인 병 주식회사 등이 을 회사의 워크아웃 신청으로 중단되었던 공사를 재개하기 위한 사업약정을 체결하면서 갑 회사가 하수급업자 등에게 하도급대금 등을 직접 지급하기로 하였고, 이에 따라 하수급인인 정 주식회사와 갑 회사, 을 회사가 직접 지급 합의서를 작성하였는데, 정 회사가 갑 회사 등을 상대로 하도급대금의 지급을 청구하는 전소를 제기하면서 직접지급 합의서에는 기재되어 있지 않은 을 회사와 변경계약한 증액대금도 함께 지급할 것을 청구하였으나, 법원이 갑 회사가 직접지급 합의서에 따른 최초의 하도급대금만을 지급할 의무가 있음을 전제로 증액대금

2014두13966 판결).

셋째, 1.3.4.호와 관련하여 지급사유가 존재하면 지급요청은 반드시 '**수급사업자**'가 해야 하고, 민법상 도달주의 원칙에 의하여 발주자에게 '**도달시점'에 효력이 발생**한다(**대법원 2009. 3. 12. 선고 2008다65839 판결**). 즉 하도급법시행령 제4조 제1항은 수급사업자의 직접지급 요청은 그 의사표시가 발주자에게 도달한 때부터 효력이 발생하고 그 의사표시가 도달되었다는 사실은 수급사업자가 증명하여야 한다고 규정하고 있을 뿐이므로, 그 의사표시를 확정일자 있는 증서에 의하는 등 특별한 방식에 의하여야 하는 것은 아니다(**대법원 2012. 5. 10. 선고 2010다24176 판결**).

넷째, '각 호 사유의 변경주장(청구원인의 변경) 가능성'의 문제이다. 소송과정에서 하도급법 제14조 제1항의 각 사유를 변경(내지 중첩) 가능한지 여부이다. 민사소송법상, 청구의 변경은 소송절차를 지연함이 현저한 경우가 아닌 한 청구의 기초에 변경이 없는 한도에서 사실심[534)]의 변론종결시까지 할 수 있고, 동일한 생활 사실 또는 동일한 경제적 이익에 관한 분쟁에서 해결 방법에 차이가 있음에 불과한 청구취지 및 청구원인의 변경은 청구의 기초에 변경이 없는 것이므로(**대법원 2012. 3. 29. 선고 2010다28338 판결 참조**), 통상적으로 하도급법 제14조 제1항의 각 사유를 변경(내지 중첩) 주장은 직접지급청구권 발생에 관한 청구기초의 동일성이 인정되고 분쟁해결 방법의 차이에 불과한 청구원인을 변경으로 해석되므로 허용된다고 할 것이다.

3. 법적 쟁점

가. 가압류·압류 및 전부명령(추심명령) 등과 직접지급청구권

1) 문제의 소재

원사업자가 수급사업자에 하도급 계약을 체결한 후에 채무를 많이 부담하는 등

의 지급약정 등에 관한 정 회사의 주장을 배척하자, 정 회사가 을 회사를 흡수합병한 무 주식회사를 상대로 증액대금의 지급을 구하는 소를 제기한 사안에서, 전소 소장에 기재된 문언의 내용, 사업약정과 직접지급 합의의 경위와 내용, 증액대금에 관한 변경계약의 경위, 전소에서 증액대금과 관련하여 당사자들이 했던 주장과 이에 관하여 법원이 심리·판단한 내용과 범위, 소제기의 경위, 전소판결에 관한 당사자들의 불복 여부, 정 회사의 진정한 의사와 갑 회사가 인식한 내용 등을 종합적으로 고찰해 보면, 정 회사는 전소에서 사업약정과 지급합의에 기하여 갑 회사가 정 회사에 지급하기로 한 하도급대금을 청구한 것이고, **그것이 동시에 증액대금에 관한 구 하도급거래 공정화에 관한 법률(2014. 5. 28. 법률 제12709호로 개정되기 전의 것)상 직접지급청구권의 발생 요건인 같은 법 제14조 제1항 제3호에 따른 직접지급의 요청에 해당한다고 보기는 어렵다**"고 판시하였다(대법원 2017. 4. 26. 선고 2014다38678 판결 [공사대금]).

534) 따라서 항소심에서 하도급법 제14조 제1항의 각 사유를 변경하더라도 항소심에서 변경된 청구와 제1심에서의 종전 청구는 다른 사정이 없는 한 실질적인 쟁점이 동일하여 청구의 기초에 변경이 없으면 그와 같은 청구의 변경도 허용된다(**인정한 사례**로는 **서울고등법원 2017. 4. 13. 선고 2015나2068803 부당이득금 판결 참조**).

재산상태의 변경이 되는 경우 원사업자에 대한 채권자 등 이해관계인들이 원사업자의 재산에 대하여 법적 조치를 강구하게 된다. 특히 원사업자의 발주자에 대한 공사대금 채권에 대하여 법적 조치(예컨대, 채권압류, 가압류 등)를 하는 경우 하도급법이 정하는 발주자의 수급사업자에 대한 직접지급사유가 중복되는 경우 법률관계가 문제된다.

2) 적용 및 검토

하도급법은 "하도급대금직접지급사유가 발생한 경우에는 원사업자에 대한 발주자의 대금지급채무와 수급사업자에 대한 원사업자의 하도급대금 지급채무는 그 범위에서 소멸한 것으로 본다."고 규정하고 있으므로(하도급법 제14조 제2항) 결국 **직접지급사유가 발생한 시점(직접청구권이 발생한 시점)과 압류 및 가압류의 효력 발생 시점(송달시점)의 선후**에 따라서 우선순위가 결정될 것이다.

첫째, 적법한 직접지급사유 발생 전에 수급사업자의 채권자들이 발주자에게 송달된 보전처분이나 강제집행처분(채권가압류 내지 채권압류)의 경우 유효하게 효력이 발생한다. ① 만일 **수급사업자의 채권자들 수인이 압류 등 조치**를 하였다면 수급사업자의 채권자들 사이에서는 우선적 효력이 없이 채권평등의 원칙이 적용되게 된다.

반면에 ② **직접지급요청한 수급사업자들이 수인인 경우**에는 완전히 달라진다. 이 경우 직접지급요청한 수급사업자들이 여러 명인 경우에는 채권자평등의 원칙이 적용되지 않는다. 즉 우선순위를 따져서 확정일자 있는 증서로서 직접지급의 요청이 발주자에게 가장먼저 도달된 직접지급요청이 우선한다[535]. 즉, 하도급법 제14조 제2항에 의하면, 위와 같은 사유가 발생한 경우 발주자의 원사업자에 대한 대금지급채무와 원사업자의 수급사업자에 대한 하도급대금지급채무는 그 범위 안에서 소멸한 것으로 보게 되므로, 어느 수급사업자가 발주자에게 하도급대금의 직접지급을 요청하더라도, 그보다 먼저 구 하도급법 제14조 제1항 각 호의 요건을 갖춘 다른 수급사업자가 있는 경우 원사업자는 그 다른 수급사업자에게 지급한 하도급대금 상당액의 채무가 소멸하였음을 주장할 수 있는 것이다(**대법원 2010. 6. 10. 선고 2009다19574 판결 참조**).

둘째, 하도급법 제14조 제2항에 의한 적법한 직접지급사유 **발생 후** 발주자에게 송달된 (가)압류는 이미 소멸한 채권을 대상(피압류채권)으로 한 것으로 직접지급하여야 하는 하도급대금 채권의 범위에서는 무효이다. 이와 같은 법리는 원사업자의 제3채권자가 자신의 채권을 제3자에게 대항력을 갖춘 민법상 지명채권양도를 한 경우에

535) 그 이유는 당연하다. 원사업자들의 채권자는 여러 명이 보전조치를 해도 평등하지만, 여러명의 수급사업가 직접지급요청을 하더라도 직접지급의 요청이 결국 발주자의 채무와 원사업자의 채무의 각 소멸의 효과가 나타나므로 먼저 도달한 것이 권리변동이 생겨버리기 때문이다.

도 마찬가지로 적용된다. 또한 무효인 압류에 기초한 추심명령이나 전부명령도 무효이다.

결국 발주자의 입장에서는 직접지급사유의 발생일과 가압류 등의 송달일과 비교하여 전자가 먼저 발생한 경우라면 압류 등과 관계없이 하도급대금을 수급사업자에게 직접지급하여야 할 것이다. 발주자가 압류 전에 원사업자에 대하여 대항할 수 있는 사유가 있는 경우에는 추심 또는 전부채권자에 대하여 대항할 수 있음은 당연하다[536]. 따라서 발주자는 이중변제의 위험 등이 있으므로 실무상 그 선후관계에 대하여 발주자는 하도급대금 지급에 있어서 엄밀한 법적 판단을 요한다고 할 것이다.

[참조 판결]

-대법원 2003. 9. 5. 선고, 2001다64769 [공사대금] 판결-

【판시사항】

하도급거래공정화에관한법률 제14조 소정의 하도급대금 직접 지급사유가 발생한 경우 그 전에 원사업자의 발주자에 대한 채권에 대하여 압류 또는 가압류 등으로 집행보전된 채권이 소멸하는지 여부(소극)

【판결요지】

하도급거래공정화에관한법률 제14조와 같은법시행령 제4조 제1항 제1호의 규정상, 원사업자의 부도로 원사업자가 하도급대금을 지급할 수 없어 수급사업자가 발주자에게 하도급대금의 직접지급을 요청하면 발주자는 수급사업자에게 하도급공사대금을 직접 지급하여야 할 의무를 지는 한편 발주자의 원사업자에 대한 대금지급채무와 원사업자의 수급사업자에 대한 하도급대금 지급채무는 지급된 범위 안에서 소멸하게 되나, 그렇다고 하여 그 사유발생 전에 이루어진 강제집행 또는 보전집행의 효력을 배제하는 규정은 없으므로 **그 규정들에 의한 하도급대금 직접 지급사유가 발생하기 전**에 원사업자의 제3채권자가 원사업자의 발주자에 대한 채권에 대하여 **압류 또는 가압류 등으로 채권의 집행보전이 된 경우에는 그 이후에 발생한 하도급공사대금의 직접 지급사유에도 불구하고 그 집행보전된 채권은 소멸하지 않는다**.■

나. 재하도급에 있어서 직접지급 의무자

하도급법 제14조의 적용과 관련하여 수급사업자(하수급인)가 재하도급을 주었을 경우에 수급사업자(하수급인)의 부도 · 파산시 재하수급인에 대한 직접지급의 의무는 누가 부담하는지가 문제된다.

이 경우 재하수급인에 대한 직접지급의 의무는 재하수급인의 발주자인 **'원사업자'**에게 있다. 왜냐하면 하도급법 제2조 제10항에서는 발주자의 개념에 대해 재하도급의 경우에는 원사업자를 발주자로 본다고 규정하고 있기 때문이다. 물론 이러한 경

536) 전부명령에 의하여 피전부채권은 동일성을 유지한 채로 집행채무자로부터 집행채권자에게 이전되고 제3채무자는 채권압류 전에 집행채무자에 대하여 가지고 있었던 항변사유로서 전부채권자에게 대항할 수 있다(대법원 1984. 8. 14. 선고 84다카545 판결, 대법원 2010. 3. 25. 선고 2007다35152 판결 등 참조).

우가 되기 위해서는 하도급계약 당사자가 하도급법상 원사업자와 수급사업자의 요건을 충족하는 등 하도급법 적용대상이 되어야 적용이 가능함은 물론이다.

따라서 수급사업자로부터 위탁을 받은 재수급사업자는 발주자에게 직접 청구할 수는 없다[537].

다. 하도급대금 직접 지급과 선급금

1) 문제의 소재

발주자가 원사업자에 대하여 선급금을 지급한 경우 원공사도급계약이 수급인의 공사중단 등 사유로 도급인이 수급인에게 지급한 선금이 기성 공사대금에서 충당될 경우에 하도급대금 직불 규정에 따라 도급인이 하수급인에게 직접 지급한 하도급공사대금이 기성 공사대금에서 공제되는지 여부이다.

2) 원칙 - 선급금으로 공사대금 충당 후 남은 공사대금 범위 내 직불의무부담

판례는 이와 관련하여 선급금은 공사대금의 일부의 성격[538]이라는 것이 확립된 입장인데, 선급금을 지급한 상태에서 위탁계약이 중도 해제·해지되어 중도 타절된 경우 정산문제가 있는데, 이 경우에는 타절 시점을 기준으로 원사업자가 아직 공제하지 못한 선급금은 미지급공사대금에서 공제된다. 즉, 판례의 태도에 의할 때 기성공사대금채권이 가압류나 압류가 된 뒤에 도급계약이 해제 또는 해지되어 선급금 반환채권이 발생한 경우에도 가압류나 압류 전에 선급금을 지급하였다면, 가압류나 압류에도 불구하고 다른 특별한 사정이 없는 한 별도의 상계 의사표시 없이도 그 때까지의 기성고에 해당하는 공사대금 중 미지급액에 당연충당되고, 가압류나 압류의 효력은 그 당연충당되고 남는 공사대금에만 미치게 되는 것이다.

따라서 하도급대금 직불청구가 있는 경우에는 하도급직불청구의 규정이 하도급관계의 의제는 아니므로 하수급인(수급사업자)가 시공한 부분은 수급인(원사업자)의 이행보조자의 지위로서 결국 수급인(원사업자)의 기성공사금액에는 이행보조자인 하수급인의 기성공사부분이 포함되는 것이다. 따라서 선급금을 지급한 후 계약의 해제 또는 해지

537) 같은 견해 : 윤재윤, 건설분쟁관계법, 박영사, 2011, 414면

538) 공사도급계약에서 선급금을 지급한 후 계약이 해제 또는 해지되는 등의 사유로 수급인이 도중에 선급금을 반환하여야 할 사유가 발생하였다면, 특별한 사정이 없는 한 별도의 상계 의사표시 없이도 그때까지의 기성고에 해당하는 공사대금 중 미지급액은 선급금으로 충당된다. 미지급 기성공사대금에 충당되고도 남는 선급금이 있다면 수급인은 이를 도급인에게 반환할 의무를 부담한다(대법원 1999. 12. 7. 선고 99다55519 판결, 대법원 2013. 8. 22. 선고 2012다94278 판결 등 참조).

가 발생한 경우 하수급인(수급사업자)의 기성공사부분에 대한 공사대금이 포함된 수급인의 기성고를 선급금에서 공제하여야 하고, 그래도 남는 공사대금이 있는 경우에 한하여 하도급대금을 하수급인(수급사업자)에게 직접 지급하여야 한다. 즉 하도급대금직불규정은 선급금으로 기성고에 대한 공사대금을 충당하고도 남는 공사대금이 있는 경우에만 그 중 하도급대금을 하수급인(수급사업자)에게 직접 지급해야 하는 것으로 해석한다 **(대법원 1997. 12. 12. 선고 97다5060 판결, 대법원 2007. 9. 20. 선고 2007다40109 판결 참조)**.

도급인과 수급인 사이의 도급계약이 해지되어 선급금의 당연충당을 위한 요건이 충족된 이상 공사대금채권에 대한 채권압류 및 전부명령[539]에도 불구하고 제3채무자인 도급인은 그 충당으로써 전부채권자에게 대항할 수 있으므로, 피전부채권은 선급금으로 충당된다**(대법원 2011. 12. 22. 선고 2011다85543 판결, 대법원 2016. 9. 30. 선고 2014다223636 판결 참조)**. 모두 같은 취지의 판결이다.

도급인(발주자)는 원사업자에 대하여 지급해야 할 공사대금이 있다는 것을 전제하여 그 범위 내에서 하수급인의 공사대금직접요청에 대하여 지불하는 것이므로 선급금을 공사대금의 일부로 보는 판례의 입장에서 나오는 결론이다.

[참조 판결]

-대법원 1997. 12. 12. 선고 97다5060 판결[540] [보증채무금] -

원고(피상고인) 수원시

피고(상고인) 건설공제조합

---

539) 대법원 1997.12.12., 선고, 97다20083, 추심금 판결

[판시사항]

하도급거래공정화에관한법률 제14조, 공사계약일반조건 제27조 제1항 소정의 하도급대금 직불 조항에 의해 하도급인의 직접 지급청구권이 인정되는 범위 및 그 범위 내의 원수급인의 도급인에 대한 공사대금채권에 대해 제3자의 압류가 금지되는지 여부(소극)

[판결요지]

공사계약일반조건에 의하여 승인 또는 통보받은 하도급의 경우에도 계약에 의한 계약 상대자의 의무는 면제되지 아니하고, 공사 도급계약에 따라 지급된 선금 잔액은 기성 부분에 대한 미지급액에 우선 충당하도록 되어 있는 경우, 하수급인에게 인정되는 하도급대금의 직접 지급청구권 또한 공사 도급계약에 따라 정산되고 남은 공사대금의 범위 내에서 인정되는 것이라고 보아야 할 것이고, 나아가 하수급인이 직접 도급인에 대하여 하도급계약상의 하도급대금채권의 지급을 청구할 수 있는 권리가 인정된다고 하더라도 그 직접청구권은 도급인과 원수급인 사이의 약정인 공사계약일반조건에 근거한 것으로 그 권리의 내용과 범위 역시 도급인과 원수급인 사이의 약정에 따라 정하여지는 것이라고 할 것인바, 공사계약일반조건이 하도급거래공정화에관한법률 제14조를 바탕으로 하고 있는 점에 비추어 볼 때 그 취지는 하수급인의 직접 지급청구권의 행사에 의하여 도급인이 하수급인에게 하도급대금을 지급함으로써 원수급인의 도급인에 대한 공사대금채권과 하수급인의 원수급인에 대한 하도급대금채권이 동시에 정산·소멸되는 효과를 가져온다는 것이지, 원수급인의 도급인에 대한 공사대금채권 자체가 하수급인에게 이전되는 것은 아니라고 봄이 상당하므로, 하수급인에게 하도급대금에 대한 직접 지급청구권이 있다는 이유만으로 그 하도급대금에 상당하는 원수급인의 도급인에 대한 공사대금채권에 대하여 제3자가 이를 압류하는 것을 저지할 수는 없다.

540) 대법원은, 원고 승소 판결을 한 원심(서울고등법원 1996. 12. 12. 선고 96나17327 판결)을 파기환송하였다.

[판시사항]

공사 도급계약에서 수급인의 공사 중단으로 도급인이 수급인에게 지급한 선금이 기성 공사대금에 충당될 경우, 하도급대금 직불 규정에 따라 도급인이 하수급인에게 직접 지급한 하도급공사대금은 기성 공사대금에서 공제되는지 여부(소극)

[판결이유]

1. 원심판결 이유에 의하면 원심이 그 판결에서 채용하고 있는 증거들을 종합하여 인정한 사실관계와 판단은 다음과 같다.

가. 원고는 1994. 12. 27.과 1995. 3. 25.의 2차에 걸쳐 소외 주식회사 보○종합건설(이하 '보○건설'이라 한다)에게 수원시 장안구 정자동 소재 동신아파트 앞 지하보도 설치공사(이하 '이 사건 공사'라 한다)를 총공사대금 906,333,000원(1차 금 300,000,000원, 2차 금 606,333,000원), 공사기간 1994. 12. 28.부터 1995. 11. 24.까지로 정하여 도급주면서 선금의 지급에 관하여는 원심판시와 같은 공사계약특수조건 제14조에서, 공사하도급에 관하여는 원심판시와 같은 공사계약일반조건 제21조의 3과 제22조에서 특별한 규정을 두었다.

보○건설은 위 계약체결 후 원고로부터 위 약정에 따른 선금을 지급받기 위하여 1995. 5. 17. 피고와의 사이에 (가) 보증금액 금 194,613,000원, 보증기간 1995. 5. 17.부터 같은 해 12. 24.까지, (나) 보증금액 금 92,099,000원, 보증기간 1995. 5. 17.부터 같은 해 7. 29.까지(위 보증기간은 1995. 7. 11. 같은 해 10. 23.까지로 연장되었다)로 하여 이 사건 공사계약과 관련하여 위 각 보증기간 내에 보○건설의 원고에 대한 선금급반환채무가 발생하고 보○건설이 원고에게 위 채무를 이행하지 않을 경우 피고가 그 지급을 보증하기로 하는 내용의 선금급 보증계약을 체결하고, 원고에게 위 각 보증서를 제출한 다음 같은 해 5. 23. 원고로부터 위 공사의 선금으로 금 271,890,000원을 지급받았다.

한편 보○건설은 1995. 5. 18. 전문건설업체인 소외 삼○건설 주식회사(이하 '삼○건설'이라 한다)에게 이 사건 공사 중 토공사 부분을 공사대금 386,980,000원, 공사기간 1995. 5. 18.부터 같은 해 11. 24.까지로 정하여 하도급주고, 같은 달 29. 공사계약일반조건 제21조 제1항의 규정에 따라 원고에게 그 사실을 통지하였다.

보○건설은 위 공사를 진행하던 중 1995. 7. 20. 부도로 인하여 공사를 중단하기에 이르렀는바, 원고는 부도발생시까지 위 선금급으로 금 17,985,000원에 상당한 공사만을 직접 시공하고, 삼○건설에게 하도급 공사대금으로 금 50,000,000원을 지급하였을 뿐 나머지 금 203,905,000원(271,890,000 - 17,985,000 - 50,000,000)은 위 공사 외의 용도로 임의 사용하였고, 보○건설이 위 선금급을 반환하지 아니하자 원고는 위 보증계약에 기하여 1995. 9. 14. 피고에게 보증인으로서 보○건설의 원고에 대한 위 선금급반환채무를 이행할 것을 청구하였다.

그후 원고는 삼○건설이 공사 하도급대금의 지급을 청구하자, 1995. 10. 10. 삼○건설에게 위 공사 총기성고에 상당한 공사대금 332,134,000원 중 보○건설이 직접 시공한 부분에 상당한 공사대금 17,985,000원과 삼○건설이 시공한 부분에 상당한 공사대금 314,149,000원에서 삼○건설이 보○건설로부터 선금으로 지급받은 금 50,000,000원을 공제한 나머지 금 264,149,000원을 직접 지급하였다.

나. 원심은 위와 같은 사실을 인정한 후 위 인정 사실에 의하면, 보○건설은 원고로부터 지급받은 선금 중 금 203,905,000원을 이 사건 공사 외의 용도에 사용함으로써 선금급 반환약

정에 따라 원고에게 이를 반환하여야 할 의무가 있다 할 것이고, 원고가 선금급보증계약의 보증기간 내에 보○건설에 그 반환을 청구하여 보○건설이 이를 반환하지 아니한 이상 피고는 보○건설의 원고에 대한 위 선금급 반환채무의 보증인으로서 원고에게 위 채무를 변제할 의무가 있다고 판단하고 있다.

나아가서 이 사건 공사계약에 의하면 선금급 반환 청구시 원고의 보○건설에 대한 공사대금채무가 남아 있는 경우 원고는 반환받을 선금을 보○건설에게 지급하여야 할 공사대금으로 우선 충당하기로 약정하였던바, 당시까지의 공사 총 기성고에 상당한 공사대금이 금 332,134,000원임은 앞서 본 바와 같으므로, 위 약정에 따라 원고가 반환받아야 할 선금 203,905,000원으로 위 기성고에 상당한 공사대금의 변제에 충당하면 원고가 보○건설로부터 반환받을 선금채권은 남아 있지 않다는 피고의 주장에 대하여 다음과 같이 판단하고 있다.

원고가 보○건설에게 선금의 반환을 청구할 경우 보○건설에 대한 미지급금이 남아 있을 때에는 위 선금으로 미지급금의 변제에 우선 충당하기로 약정하였으나, 일반적으로 공사 도급계약에 있어 하수급인이 시공한 부분에 대한 기성고 상당의 공사대금에 대하여 계약 당사자인 원수급인만이 그 지급을 구할 수 있는 것과 달리, 이 사건 공사계약에 있어서는 수급인의 파산이나 부도 등으로 원고가 하도급공사대금을 원수급인에게 지급할 수 없게 된 경우 하수급인이 시공한 부분에 상당한 공사대금에 대하여는 원고가 하수급인에게 직접 그 대금을 지급하기로 약정하였고, 보○건설이 1995. 7. 20. 부도난 이상 원고로서는 보○건설에게 하수급인이 시공한 부분에 상당한 공사대금을 지급하여서는 아니되고, 하수급인에게 직접 이를 지급하여야 할 의무가 있다 할 것이므로, 보○건설이 원고에게 반환하여야 할 선금을 산정함에 있어 원고가 보○건설에게 지급하여야 할 미지급금에 삼중건설이 시공하고 지급받지 못한 공사대금까지 포함된다고 할 수 없고, 따라서 위 선금급 반환 청구 당시 원고의 보○건설에 대한 미지급금이 남아 있다고 볼 수 없다.

2. 당사자 사이에 계약의 해석을 둘러싸고 이견이 있어 처분문서에 나타난 당사자의 의사해석이 문제되는 경우에 그 해석은 그 문언의 내용, 그와 같은 약정이 이루어진 동기와 경위, 그 약정에 의하여 달성하려는 목적, 당사자의 진정한 의사 등을 종합적으로 고찰하여 논리와 경험칙에 따라 합리적으로 해석하여야 할 것이다(대법원 1993. 8. 24. 선고 92다47236 판결, 1996. 4. 9. 선고 96다1320 판결 각 참조).

그런데 기록에 의하면, 이 사건 공사계약일반조건 제21조는 계약자는 공사를 완성한 후 제16조의 규정에 의한 검사에 합격한 때에는 소정 절차에 따라 대가 지급을 청구할 수 있고(제1항), 계약담당공무원은 원칙적으로 제1항의 청구를 받은 때에는 그 청구를 받은 날로부터 14일 이내에 그 대가를 지급하도록 하고(제2항), 제21조의3 제1항 제2호는 계약담당공무원은 계약자가 파산·부도 등으로 하도급대금을 계약자(이는 '하수급인'의 착오로 보임. 이하 같다)에게 지급할 수 없게 된 경우 하수급인이 시공한 부분에 상당하는 금액에 대하여는 계약자가 하수급인에게 제21조의 규정에 의한 대가 지급을 의뢰한 것으로 보아 당해 수급인에게 직접 지급하여야 한다고 규정하고 있음을 알아볼 수 있다.

그리고 원래 선금급은 자금 사정이 좋지 않은 수급인으로 하여금 자재 확보, 노임 지급 등에 어려움이 없이 공사를 원활하게 진행할 수 있도록 하기 위하여, 도급인이 장차 지급할 공사대금을 수급인에게 미리 지급하여 주는 선급 공사대금이라고 할 것이고, 이 사건 공사계약특수조건 제14조는 선금이 지급된 경우에는 기성 부분 대가 지급시마다 계약금액에 대한 기성 부분의 대가 상당액의 비율에 따라 산출한 금액 이상으로 정산하도록 하되(제5항), 선금을 지급한 후 계약을 해제 또는 해지하는 경우(제1호), 선금급 조건을 위배한 경우(제2호), 사고이월 등으로 반환이 불가피하다고 인정되는 경우(제3호)에는 선금급 잔액을 지체 없이 반환하여야 하고(제3항), 선금급 반환 청구시 미지급금이 있는 경우에는 이를 그 반환에 우선적으로 충당한다(제6항)고 각 규정하고 있는바, 선금은 구체적인 기성고와 관련하여 지급된 공사대금이 아니라 전체 공사와 관련하여 지급된 선급 공사대금이므로, 선금을 지급한 후 앞서 본 바와 같이 계약이 해제 또는 해지되거나 선금급 조건을 위반하는 등의 사유로 중도에 선금을 반환하게 되었다면 선금이 공사대금의 일부로 지급된 것인 이상, 하도급을 주었는지 여부를 불문하고 선금은 별도의 상계 의사표시 없이 그 때까지의 기성고에 해당하는 공사대금에 당연 충당되고 그래도 공사대금이 남는다면, 그 금액만을 지급하면 되는 것이고, 거꾸로 선금이 미지급 공사대금에 충당되고 남는다면 그 남은 선금에 관하여 도급인이 반환채권을 가지게 된다고 보는 것이 선금급의 성질에 비추어 타당하고, <u>하도급대금 직불에 관한 조항이 하수급인이 시공한 부분에 상당하는 금액에 대하여 계약자가 하수급인에게 대가 지급을 의뢰한 것으로 보아 당해 수급인에게 직접 지급하여야 한다고 규정하고 있기는 하나, 이는 이와 같이 선금급으로써 기성고에 대한 공사대금에 충당하고 남은 공사대금이 있을 경우에 그 중 하도급대금을 하수급인에게 직접 지급하여야 함을 규정한 것으로 봄이 위에서 본 법리에 비추어 볼 때 타당하다</u>고 하겠다.

원심이 인정한 사실관계에 의하면, 보○건설이 이 사건 공사를 진행하던 중 1995. 7. 20. 부도로 인하여 공사를 중단하기에 이르렀고, 그 당시까지 보○건설이 금 17,985,000원에 상당한 공사만을 시공하고, 삼중건설이 금 314,149,000원에 상당한 공사를 시공하였다는 것인바, 하수급인인 삼중건설은 이행보조자에 불과하므로 원고가 보○건설에게 지급한 선금 271,890,000원은 보○건설이 시공한 공사대금뿐만 아니라 삼중건설이 시공한 공사대금에도 별도의 상계 의사표시 없이 당연히 충당되어 잔액이 없게 되었다고 할 것이므로, 보○건설의 선금급 반환채무는 소멸하였다고 할 것이고, 그렇다면 보○건설의 선금급 반환채무를 보증한 피고로서도 아무런 보증책임이 없다고 할 것이다.

그럼에도 불구하고 원심은, 보○건설이 원고에게 반환하여야 할 선금을 산정함에 있어 원고가 보○건설에게 지급하여야 할 미지급금에 삼중건설이 시공하고 지급받지 못한 공사대금까지 포함될 수 없다는 이유로 보○건설은 원고로부터 지급받은 선금 중 금 203,905,000원을 이 사건 공사 외의 용도에 사용함으로써 이를 반환하여야 할 의무가 있고, 따라서 피고는 보○건설의 원고에 대한 선금급 반환채무의 보증인으로서 원고에게 위 채무를 변제할 의무가 있다고 판단하고 있는바, 이러한 원심의 판단에는 처분문서의 해석을 잘못하여 채증법칙을 위반함으로써 판결 결과에 영향을 미친 위법이 있다고 할 것이다. 상고이유 중 이 점을 지적하는 부분은 이유 있다.

3. 그러므로 원심판결을 파기하고, 사건을 다시 심리·판단케 하기 위하여 원심법원에 환송하기로 관여 법관의 의견이 일치되어 주문과 같이 판결한다.

대법관 박준서(재판장) 정귀호 김형선 이용훈(주심) ■

3) 예외- 정산약정이 있는 경우 즉, 직접지급 사유 발생시 선급금으로 충당되는 공사대금 내역에서 제외하는 특별한 약정이 있는 경우

그런데, 판례는 공사도급계약에 편입된 공사계약일반조건에서 도급인이 하도급대금을 직접 지급하는 사유가 발생한 경우에는 이에 해당하는 금원은 선급금 충당의 대상이 되는 기성공사대금의 내역에서 제외하기로 하는 **예외적 정산약정**인 경우에는 도급인은 미정산 선급금이 기성공사대금에 충당되었음을 이유로 하도급대금 지급의무를 면할 수 없다고 해석한다(**대법원 2010. 5. 13. 선고 2007다31211 [공사대금] 판결 참조**)541).

[참조 판결]

대법원 2010. 5. 13. 선고 2007다31211 [공사대금] 판결

[판시사항]

공사도급계약에 편입된 공사계약일반조건에서 도급인이 하도급대금을 직접 지급하는 사유가 발생한 경우에는 이에 해당하는 금원은 선급금 충당의 대상이 되는 기성공사대금의 내역에서 제외하기로 하는 예외적 정산약정을 한 것으로 보아, 도급인은 미정산 선급금이 기성공사대금에 충당되었음을 이유로 하도급대금 지급의무를 면할 수 없다고 한 사례

[판결요지]

• 공사도급계약에 편입된 공사계약일반조건 제43조 제1항에서 도급인이 하수급인에게 하도급대금을 직접 지급해야 하는 경우를 규정하고, 제44조 제5항에서 계약이 해제 또는 해지된 경우 수급인은 미정산 선급금 등을 반환하여야 하고 도급인은 위 금액과 기성공사대금을 상계할 수 있다는 내용을 규정하면서, 그 단서에서 "다만, 제43조 제1항의 규정에 의하여 하도급대가를 직접 지급하는 경우 하도급대가의 지급 후 잔액이 있을 때에는 이와 상계할 수 있다"고 규정하고 있는 사안에서, 도급인이 하도급대금을 직접 지급하는 사유가 발생한 경우에는 이에 해당하는 금원은 선급금 충당의 대상이 되는 기성공사대금의 내역에서 제외하기로 하는 예외적 정산약정을 한 것으로 보아야 하고, 위 공사계약일반조건 제44조 제5항 단서에 의하여 설정된 미정산 선급금의 충당에 대한 예외적 정산약정은 구 하도급거래 공정화에 관한 법률(2005.3.31. 법률 제7488호로 개정되기 전의 것) 제14조에 의하여 하수급인에게 하도급대금을 직접 지급할 사유가 인정되는 범위 안에서는, 도급인으로 하여금 미정산 선급금이 기성공사대금에 충당되었음을 이유로 하수급인에게 부담하는 하도급대금 지급의무를 면할 수 없다. ■

라. 수급인의 파산과 공사연대보증인과 하도급대금직접청구

수급인의 파산으로 인하여 공사의 연대보증인이 대체시공을 하는 경우에 수급사업자가 직접 공사대금을 발주자에게 청구하는 경우 공사연대보증인의 공사대금지급신청이 있어야 하는지가 문제된다. 이에 대하여 하급심 판결은 소극적인 태도를 취한 것이 있다(**부산고등법원 1998. 8. 28. 선고 98나2617 판결 [공사대금]**).

[참조 판결]

541) 이와 같은 예외적 정산약정을 인정한 사안으로는 대법원 2011. 3. 10. 선고 2009다39349 판결, 대법원 2013. 8. 22. 선고 2012다94278 판결 등이 있다.

부산고등법원 1998. 8. 28. 선고 98나2617 [공사대금] 판결

[판시사항]

수급인의 파산으로 연대보증인이 나머지 공사를 계속 시행하고 있는 경우, 하수급인이 공사계약일반조건 제21조의3에 따라 도급인에게 직접 공사대금을 청구하기 위해서는 연대보증인의 공사대금 지급신청이 있어야만 하는지 여부(소극)

[판결요지]

•공사계약일반조건 제28조 제2항, 제3항에 비추어 볼 때, 연대보증인은 어디까지나 보증이행 부분에 한하여 공사계약일반조건 제21조에 따른 대가 지급을 청구할 수 있을 뿐, 그 이전에 수급인이 시공을 담당하던 동안 이루어진 부분에 대하여 대가지급의 청구 여부를 결정할 권한은 없다고 할 것이므로, 하수급인이 연대보증인과 별도의 약정을 맺어 연대보증인의 보증이행 부분에 대하여도 하수급인의 지위에서 계속 시공하기로 하였다는 등의 **특별한 사정이 없는 한, 하수급인은 수급인이 시공을 담당하던 동안 하수급시공한 부분에 대하여는 연대보증인의 대가 지급 청구 여부와는 관계없이 직불조항에 따른 공사대금의 지급을 구할 수 있다**.■

마. 직접지급청구권의 범위(공정위 고시 이자 청구의 가부)

수급사업자가 발주자에게 하도급대금 직접지급 청구를 하는 경우에 하도급법 제13조 제7항 규정 즉 미지급하도급대금에 대한 공정거래위원회가 정하는 이율에 의한 지연이자 지급규정이 적용되는지 여부이다.

이에 대하여 판례는 소극적인 입장이다(**대법원 2005. 7. 28. 선고 2004다64050 판결**)[542]. 즉 하도급대금의 지연이자는 원사업자의 제재적인 성격을 가진 것이므로 이러한 하도급대금의 지급의무 주체가 변경된 경우 더 이상 발주자에게 이를 강요할 수 없기 때문이다.

Ⅲ. 직접지급청구에 따른 효과

하도급법은 제14조 제2항에서 직접 지급 사유가 발생한 경우에는 "원사업자에 대한 발주자의 대금지급채무와 수급사업자에 대한 원사업자의 하도급대금 지급채무는

542) **대법원 2005. 7. 28. 선고 2004다64050 공사대금 판결**
【판시사항】 구 하도급거래공정화에관한법률 제13조 제7항 규정이 발주자가 수급사업자에게 하도급대금을 직접 지급하는 경우에도 적용되는지 여부(소극)
【판결요지】 위 구 하도급거래공정화에관한법률 제13조 제7항 소정의 "원사업자가 하도급대금을 목적물의 수령일부터 60일을 초과하여 지급하는 경우에는 그 초과기간에 대하여 공정거래위원회가 정하여 고시하는 이자율에 의한 이자를 지급하여야 한다."는 규정은, 원사업자가 수급사업자에 대하여 하도급대금을 지급하는 경우에 관한 규정이어서, 이 사건과 같이 발주자인 피고가 원사업자의 파산 등으로 수급사업자에게 하도급대금을 직접 지급하는 경우에는 적용될 수 없다 는 원심의 판단은 정당하고, 거기에 상고이유에서 주장하는 바와 같은 법리오해 등의 위법이 있다고 할 수 없다.

그 범위에서 소멸한 것으로 본다."규정하고 있다.

따라서 하도급법 제14조 제1항 각 호가 정하는 **'직접지급사유'가 발생**하여 같은 조 제2항에 따라 수급사업자의 발주자에 대한 **'직접지급청구권'이 발생**한 경우, 발주자의 원사업자에 대한 대금지급채무와 원사업자의 수급사업자에 대한 하도급대금지급채무는 그 범위 안에서 소멸하게 되고, 발주자가 직접지급의무를 부담하게 되는 부분에 해당하는 원사업자의 발주자에 대한 공사대금채권은 동일성을 유지한 채 수급사업자에게 이전된다[543].

따라서 발주자는 수급사업자의 직접지급청구권이 발생하기 **전**에 원사업자에 대하여 대항할 수 있는 사유로써 수급사업자에게 대항할 수 있으나, 수급사업자의 직접지급청구권이 발생한 **후**에 원사업자에 대하여 생긴 사유로는 수급사업자에게 대항할 수 없음이 원칙이다(**대법원 2010. 6. 10. 선고 2009다19574 판결, 대법원 2015. 8. 27. 선고 2013다81224, 81231 판결 등 참조**)[544].

다시 말하면, 채무소멸의 요건과 범위와 관련하여, 하도급법 제14조 제2항의 규정 취지는 같은 조 제1항의 규정 내용에 비추어 보면, '발주자가 하도급대금을 직접 수급사업자에게 지급하기로 발주자 · 원사업자 및 수급사업자간에 합의한 경우'에, 발주자는 바로 그 하도급대금 전액을 해당 수급사업자에게 직접 지급할 의무가 발생하는 것이 아니라, '수급사업자가 제조 · 수리 · 시공 또는 용역수행한 분에 상당하는' 하도급대금을 해당 수급사업자에게 직접 지급할 의무가 발생하는 것이고 그 범위 내에서 발주자의 원사업자에 대한 대금지급채무가 소멸한다는 것이 판례이다(**대법원 2008. 2. 29. 선고 2007다54108 판결**)[545].

---

543) 따라서 직불합의 후에 직접지급 청구권이 발생한 경우 원사업자의 하도급대금지급보증을 한 보증회사의 책임도 부종성에 의하여 소멸하게 된다(**서울고등법원 2016. 7. 15. 선고 2016나2011316 하도급대금지급보증금 판결, 원심 서울중앙지방법원 2016. 1. 13. 선고 2015가합535539 판결 참고**).

544) 발주자가 원사업자에게 대금을 지급하지 아니한 상태에서 수급사업자가 발주자에게 직접지급요청을 하여 피고에게 직접지급청구권이 취득한 사안에서 이미 발주자의 원사업자에 대한 채무와 원사업자의 수급사업자에 대한 채무는 그 범위에서 소멸하고 발주자가 직접지급의무를 부담하게 되는 부분은 동일성을 유지한 채 수급사업자에 이전되었으므로 발주자는 직접지급청구권 발생 이후의 사유로서 수급사업자에게 대항할 수 없다는 판례(**대법원 2016. 12. 29. 선고 2014다47757 공사대금 판결**)가 있다. 본 사안에서 원심(서울고등법원 2014. 6. 13. 선고 2014나545 판결)을 파기환송하였다.

545) **대법원 2008. 2. 29. 선고 2007다54108 공사대금 판결**
【판시사항】
하도급거래 공정화에 관한 법률 제14조 제2항에 의하여 발주자의 원사업자에 대한 대금지급채무가 소멸하기 위한 요건 및 그 범위
【판결요지】
하도급거래 공정화에 관한 법률 제14조 제2항의 규정 취지는 같은 조 제1항의 규정 내용에 비추어 보면, '발주자가 하도급대금을 직접 수급사업자에게 지급하기로 발주자 · 원사업자 및 수급사업자간에 합의한 경우'에, 발주자는 바로 그 하도급대금 전액을 해당 수급사업자에게 직접 지급할 의무가 발생하는 것이 아니라, '수급사업자가 제조 · 수리 · 시공 또는 용역수행한 분에 상당하는' 하도급대금을 해당 수급사업자에게 직접 지급할 의

직접지급청구의 효과로서, 발주자는 일정한 경우 민법 제487조 후단[546]에 의하여 수급사업자에 대한 하도급대금지불을 '**공탁**'[547]함으로서 채무를 면할 수 있다. 발주자의 하도급대금 공탁[548]은, ① 발주자의 과실없이 직불을 청구할 수 있는 정당한 수급사업자가 권리자가 누구인지 알 수 없거나 수급사업자가 수령을 거절하는 등의 공탁사유가 발생한 경우(발주자가 직접지급사유 발생 여부에 대한 정확한 판단이 어렵다고 인정되는 경우, 하도급법이 적용되는 하도급거래 여부 및 수급사업자 해당 여부에 대한 판단이 어려워 공탁한 경우), ② 수급사업자의 제3채권자가 하도급대금채권을 압류하거나 하도급대금 직접지급채권 자체를 압류한 경우, 수급사업자가 제3자에게 발주자에 대한 공사대금채권을 양도한 경우 그리고 ③ 발주자가 원사업자에게 지급하여야 할 공사대금이 직접 지급하여야 할 하도급대금보다 많은 경우로서 직접 지급할 금액을 제외하고 집행공탁한 경우에 할 수 있다.

이와 같이 발주자가 공탁을 한 경우에 여러 직접지급청구를 한 수급사업자들과 여러 채권양수인, 압류채권자들 이해관계인은 자신이 먼저 대항력을 갖추어서 우선권리[549]를 주장하면서 전원을 공동피고로 하여 **"공탁금출급청구권확인의 소"**[550]를

무가 발생하는 것이고 그 범위 내에서 발주자의 원사업자에 대한 대금지급채무가 소멸한다고 해석함이 상당하다.

546) 민법 제487조(변제공탁의 요건, 효과) 채권자가 변제를 받지 아니하거나 받을 수 없는 때에는 변제자는 채권자를 위하여 변제의 목적물을 공탁하여 그 채무를 면할 수 있다. **변제자가 과실없이 채권자를 알 수 없는 경우에도 같다**.

이를 '**채권자 불확지 변제공탁**'이라고 할 수 있다. 채권자 불확지 공탁의 사유는 기본적으로 채무자가 선량한 관리자의 주의의무를 다하여도 채권자를 확정할 수 없는 경우인데, 채권자 불확지로 인한 변제공탁 사유는 계약당사자의 확정, 제3자를 위한 계약, 채권양도의 효력 유무, 건설산업기본법 또는 하도급법에 따른 하도급대금의 직접지급 합의의 효력 유무 등 다양한 경우에 발생할 수 있다. 또한, 채권자를 알 수 없게 된 것이 사실상의 사유 뿐만 아니라 법률상의 사유로 인한 것도 포함한다.

547) 실제 실무에서는 원사업자의 발주자에 대한 공사대금청구권이 양도되는 경우도 있고, 공사대금청구권에 대하여 다수의 압류가 경합되거나, 수인의 직접지급청구를 하는 경우가 있어 채권자를 불확지를 원인으로 하는 변제공탁과 압류경합 등을 이유로 하는 집행공탁을 한꺼번에 하는 '**혼합공탁**'의 경우가 많다. 민법 제487조 후단의 채권자 불확지 변제공탁 사유와 민사집행법 제248조 제1항의 집행공탁 사유가 함께 발생하여 채무자가 혼합공탁을 한 경우가 되겠다.

판례는 이러한 경우 집행법원으로서는 채권자 불확지의 변제공탁 사유, 예컨대 채권양도의 유·무효 등의 확정을 통하여 공탁된 금액을 수령할 본래의 채권자가 확정되지 않는 이상 배당절차를 진행할 수 없어 그때까지는 사실상 절차를 정지하여야 하므로, 집행채권자가 위 공탁금에서 그 채권액을 배당받기 위해서는 압류의 대상이 된 채권이 집행채무자에게 귀속하는 것을 증명하는 문서, 예컨대 채무자에게 공탁금출급청구권이 있다는 것을 증명하는 확인판결의 정본과 그 판결의 확정증명서나 그와 동일한 내용의 화해조서 등본, 양수인의 인감증명서를 붙인 동의서 등을 집행법원에 제출하여야 한다(대법원 2008. 1. 17. 선고 2006다56015 판결 등 참조).

548) 수급사업자들의 직불청구금액이 공동수급인들의 하도급대금유보금을 상회하고 일부 원사업자와 수급사업자와 사이에 최종합의가 되지 않은 점을 고려하여 채권자 불확지 공탁의 적법성을 인정한 판결이 있다(**인천지방법원 2016. 8. 19. 선고 2016가합51480 판결 [공사대금]**).

549) 앞서 언급한 것처럼 직접지급청구는 먼저 도달하여 요건을 갖춘 것이 우선한다(도달시점 기준). 다만 먼저 도달한 직접청구의사표시에 기한 지급금을 계산하고도 남은 경우 차순위도달자가 권리를 갖게 된다

550) 예컨대, 건설산업기본법에 의한 수인의 수급사업자들의 하도급대금직불청구와 채권양수인들 사이에 공탁금출급청구권확인 판결로는 **서울중앙지방법원 2016. 9. 30. 선고 2016나25613 공탁금출급청구권확인 판결**

제기 할 수 있다. 만일 배당받아야 할 채권자가 배당을 받지 못하고 배당받지 않을 자가 배당을 받은 경우에는 배당받지 못한 채권자는 배당이의를 하지 않았다고 하더라도 배당을 받았던 자를 상대로 부당이득반환청구권을 행사 할 수 있다(**대법원 2011. 2. 10. 선고 2010다90708 판결 등 참조**).

Ⅳ. 관련 판결례

1. 발주자(도급인)와 수급인(원사업자) 사이에 하도급대금지급 등 정산합의에 대한 판례

도급인과 수급인 사이의 정산합의, 즉 도급인이 수급인의 하수급자(수급사업자)에 대한 하도급대금지급의무를 부담하고 대신 기성고액을 수급인(원사업자)이 전부 수령하기로 정산합의를 한 경우에 판례는 수급인의 기성고채권은 합의 정산 시점에서 즉시 포기효력이 발생하고 도급인이 하수급인에 대한 채무불이행을 해제조건으로 한다고 보고 있고, 이러한 합의가 수급인의 보증인이 민법 제434조에 따른 주채무자인 수급인의 기성금청구채권에 기한 상계권을 행사하지 못하더라도 신의칙에 반하지 않는다는 것이 판례의 태도이다(**대법원 2001. 10. 26. 선고 2000다61435 판결**).

[참조 판결]

-대법원 2001. 10. 26. 선고 2000다61435 [계약이행보증금]-

【판시사항】

[1] 공사도급계약을 해지하면서 그 동안의 기성고액을 수급인이 모두 수령한 것으로 하고, 그 대신 도급인이 수급인의 하수급인들에 대한 채무를 직접 지급하기로 정산합의를 한 경우, 수급인의 기성금청구채권이 소멸하는 시점

[2] 공사도급계약을 해지하면서 그 동안의 기성고액을 수급인이 모두 수령한 것으로 하고, 그 대신 도급인이 수급인의 하수급인들에 대한 채무를 직접 지급하기로 정산합의를 함으로써 수급인의 보증인으로 하여금 민법 제434조에 따른 주채무자의 기성금청구채권에 기한 상계권을 행사하지 못하게 만든 것이 신의칙에 반하지 여부(소극)

【판결요지】

[1] 공사도급계약을 해지하면서 그 동안의 기성고액을 수급인이 모두 수령한 것으로 하고, 그 대신 도급인이 수급인의 하수급인들에 대한 채무를 직접 지급하기로 정산합의를 한 경우, 당사자의 의사는 정산합의 시점에서 확정적으로 수급인의 기성금청구채권 포기의 효력이 생기도록 하고, 다만, 도급인이 하수급인들에 대한 채무의 이행을 하지 아니하는 것을 해제조건으로 하였다고 보는 것이 합당하다 할 것이므로, 일단 정산합의 시점부터 권리포기의 효과는 발생하였다고 봄이 상당하다.

[2] 공사도급계약을 해지하면서 그 동안의 기성고액을 수급인이 모두 수령한 것으로 하고, 그 대신 도급인이 수급인의 하수급인들에 대한 채무를 직접 지급하기로 정산합의를 함으로써 수급인의 도급인에 대한 기성금청구채권이 소멸하여 수급인의 보증인이 민법 제434조에 따른 주채무자의 채권에 기한 상계권을 행사하지 못하게 된 경우, 비록 상계가 담보적 기능을 가지고 있다 할지라도 그것만으로 위 결과를 신의칙에 반하는 것으로 볼 수는 없다.■

2. 발주자가 수급인에 대한 공사대금 지급채무가 없음에도 불구하고 하수급인(수급사업자)에게 하도급대금을 직접 지급한 경우 부당이득반환청구에 대한 판례

발주자가 수급인 등에 대하여 공사대금지급채무를 부담하지 않고 있음에도 이를 부담하는 것으로 잘못 알고 하도급대금을 하수급인에게 직접 지급한 경우, 발주자는 수급인에 대하여 부당이득반환을 청구할 수 있을 뿐 하수급인에 대하여 부당이득반환청구를 할 수는 없다는 것이 판례의 태도이다.

[참조 판결]

-대법원 2008. 6. 26. 선고 2006다63884 판결 [부당이득금반환]-

【판시사항】

발주자가 수급인 등에 대하여 공사대금지급채무를 부담하지 않고 있음에도 이를 부담하는 것으로 잘못 알고 하도급대금을 하수급인에게 직접 지급한 경우, 발주자가 하수급인에 대하여 부당이득반환청구를 할 수 있는지 여부(소극)

【판결요지】

건설산업기본법 제35조 제1항은 "발주자는 다음 각 호의 1에 해당하는 경우에는 하수급인이 시공한 분에 해당하는 하도급대금을 하수급인에게 직접 지급할 수 있다. 이 경우 발주자의 수급인에 대한 대금지급채무는 하수급인에게 지급한 한도 안에서 소멸한 것으로 본다." 고 규정하고 있고, 구 하도급거래 공정화에 관한 법률(1999. 2. 5. 법률 5816호로 개정되기 전의 것, 이하 같다) 제14조는 "발주자는 수급사업자가 제조·수리 또는 시공한 분에 해당되는 하도급대금을 대통령령이 정하는 바에 의하여 직접 수급사업자에게 지급할 수 있다. 이 경우 발주자의 원사업자에 대한 대금지급채무와 원사업자의 수급사업자에 대한 하도급대금 지급채무는 그 지급한 한도에서 소멸한 것으로 본다."고 규정하고 있는바, 발주자가 위 규정들에 의하여 하도급대금을 직접 하수급인 또는 수급사업자(이하 '하수급인 등'이라 한다)에게 지급하게 되면 발주자의 수급인 또는 원사업자(이하 '수급인 등'이라 한다)에 대한 공사대금 지급채무와 수급인 등의 하수급인 등에 대한 하도급대금지급채무가 발주자가 하수급인 등에게 지급한 한도에서 함께 소멸하게 되는 점에 비추어 볼 때, 발주자의 하수급인 등에 대한 하도급대금의 지급으로써 발주자의 수급인 등에 대한 공사대금지급과 수급인 등의 하수급인 등에 대한 하도급대금지급이 함께 이루어지는 것으로 볼 수 있다. 따라서 발주자가 수급인 등에 대하여 공사대금지급채무를 부담하지 않고 있음에도 이를 부담하고 있는 것으로 잘못 알고 위 규정들에 의하여 하도급대금을 직접 하수급인 등에게 지급하였다고 하더라도, 하수급인 등이 발주자로부터 하도급대금을 지급받은 것은 수급인 등과의 하도급계약에 의한 것이어서 이를 법률상 원인 없이 하도급대금을 수령한 것이라고 볼 수 없으므로 발주자는 수급인 등에 대하여 부당이득반환청구를 할 수 있을 뿐 하수급인 등을 상대로 부당이득반환청구를 할 수는 없다.

원심은, 그 채택 증거에 의하여 판시 사실을 인정한 다음, 원고는 그와 공사도급계약관계를 맺고 있는 A 주식회사(이하 'A'이라 한다)에게 지급하여야 할 공사대금 잔액을 그 급부과정을 단축하여 A과 또 다른 계약관계(하도급계약)를 맺고 있는 피고들 및 그 피상속인들에게 직접 지급하였다고 할 것인바, 이와 같은 경우 그 급부로써 원고의 A에 대한 공사대금지급이 이루어질 뿐 아니라 A의 피고들 및 그 피상속인들에 대한 하도급공사대금의 지급도 이루어지는 것이므로, 설사 원고가 A에 지급하여야 할 공사대금이 이미 제3자에게 채권양도되어 그 부분에 관하여는 A에게 지급할 것이 없는데도 착오로 잘못 지급하게 된 것이라 하더라도 위와 같이 A이 피고들 및 그 피상속인들에게 지급하여야 할 하도급 공사대금이 남아있었던 이상, 원고로서는 A을 상대로 부당이득반환을 구하여야지 피고들을 상대로 부당이득반환을 구할 수는 없다고 판단하였다.

원심이 확정한 사실관계에 의하면, 원고가 하도급대금을 직접 하수급인인 피고들 및 그 피상속인들에게 지급한 것은 건설산업기본법 제35조 제1항 또는 구 하도급거래 공정화에 관한 법률 제14조에 의한 것으로 보이므로, 설령 원고가 A에게 지급할 것이 없는데도 착오로 하도급대금을 피고들 및 그 피상속인들에게 지급한 것이라고 하더라도 위 법리에 따라 원고로서는 A을 상대로 부당이득반환을 구할 수 있을 뿐 피고들을 상대로 부당이득반환을 구할 수는 없는바, 원심의 위 이유 설시에 다소 부적절한 점은 있지만 원고의 주장을 배척한 결론에 있어서는 정당하며, 따라서 이 부분 상고이유의 주장은 결국 이유 없다.

A의 채권자인 피고들이나 그 피상속인들이 A에 대한 하도급대금채권을 보전하기 위해 A의 채무자인 원고에 대하여 채권자대위권을 행사하여 원고로부터 정경건설에 대한 공사대금을 지급받았음을 전제로 하는 상고이유의 주장은, 원심에 이르기까지 주장한 바 없던 새로운 사실에 관한 주장이므로 원심판결에 대한 적법한 상고이유가 될 수 없다.■

3. 하도급대금 직불동의와 관련 채권양도의 효력을 부정한 사례

수급인(원사업자)(乙)와 하수급인(수급사업자)(丙) 사이에 작성된 하도급직불동의서['발주자(도급인)(甲)가 수급인(乙)에 대하여 지급할 공사대금 중 일부를 발주자(도급인)(甲)가 하수급인(수급사업자)(丙)에게 직접이 지불한다]를 하수급인(수급사업자)(丙)이 발주자(甲)에게 채권양도 통지를 한 사안에서,

대법원은 채권양도의 통지를 양도인(乙)이 하지 아니하였고 양수인(丙)이 하였다면 민법제114조 및 제115조의 해석상 하도급직불동의서가 을이 병에게 교부되었다는 사정만으로 채권양도의 대리권수여로 볼 수 없고 또한 양도통지서에 양도통지의 대리인으로서 병이 대신 발송한다는 대리행위를 추단케 하는 것으로 볼 수 없어 민법 제

115조 단서가 적용되지 않는다고 보아, 유효한 채권양도통지의 효력을 부정한 판례가 있다.

[참조 판결]

-[대법원 2011. 2. 24. 선고 2010다96911 판결[551)] [운송대금판결] -

【판시사항】

하도급인 乙이, 도급인 甲이 乙에게 지급할 의무가 있는 공사대금 중 일부를 하수급인 丙에게 직접 지급하는 것에 동의한다는 내용의 '하도급대금 직불동의서'를 작성하여 丙에게 교부하고 丙이 이를 甲에게 내용증명우편으로 발송하여 甲이 수령한 사안에서, 그 문서 발송과 수령으로 위 공사대금 중 일부에 관한 유효한 채권양도의 통지가 행하여졌다고 볼 수 없다고 한 사례

【판결요지】

하도급인 乙이, 도급인 甲이 乙에게 지급할 의무가 있는 공사대금 중 일부를 하수급인 丙에게 직접 지급하는 것에 동의한다는 내용의 '하도급대금 직불동의서'를 작성하여 丙에게 교부하고 丙이 이를 甲에게 내용증명우편으로 발송하여 甲이 수령한 사안에서, 그 서면에 "甲 귀하"라고 기재된 것은 적어도 일차적으로는 '하도급거래의 공정화에 관한 법률' 제14조 제1항 제2호에 정한 하도급대금 직접 지급의 요건을 갖추기 위하여 서면을 甲에게 보내어 甲의 동의를 얻으려는 취지이므로 그 문서가 채권양도의 합의를 포함하고 있다 하더라도 그와 같은 취지로 작성된 乙 명의의 문서가 丙에게 교부되었다는 것만으로 乙이 丙에게 채권양도의 통지까지 대리할 권한을 수여하였다고 볼 수 없고, 나아가 그 문서를 甲에게 우송하는 것이 채권양도의 통지에 해당한다고 하더라도, 그 서면 하단에 컴퓨터로 작성된 "하수급인 丙"이라는 기재 바로 앞에 "발신"이라는 수기(手記)가 있는 점은 그 문서의 작성 목적 등에 비추어 보면 오히려 그 발신이 丙을 당사자로 하여 행하여지는 것임을 추단하게 하고 그것이 乙을 대리하여 하는 의사로 행하여진 것으로 보기 어려우므로 대리인이 대리행위를 할 의사를

---

551) **원심: 의정부지방법원 2010. 10. 22. 선고 2009나2584 판결 [운송대금]**
【판결요지】"나. 채권양도 통지의 유효 여부
민법 제450조에 의한 채권양도통지는 양도인이 직접 하지 아니하고 사자를 통하여 하거나 대리인으로 하여금 하게 하여도 무방하고, 채권의 양수인도 양도인으로부터 채권양도통지 권한을 위임받아 대리인으로서 그 통지를 할 수 있다. 그리고 채권양도통지 권한을 위임받은 양수인이 양도인을 대리하여 채권양도통지를 함에 있어서는 민법 제114조 제1항의 규정에 따라 양도인 본인과 대리인을 표시하여야 하는 것이므로, 양수인이 서면으로 채권양도통지를 함에 있어 대리관계의 현명을 하지 아니한 채 양수인 명의로 된 채권양도통지서를 채무자에게 발송하여 도달되었다 하더라도 이는 효력이 없다. 다만, 대리에 있어 본인을 위한 것임을 표시하는 이른바 현명은 반드시 명시적으로만 할 필요는 없고 묵시적으로도 할 수 있는 것이고, 나아가 채권양도통지를 함에 있어 현명을 하지 아니한 경우라도 채권양도통지를 둘러싼 여러 사정에 비추어 양수인이 대리인으로서 통지한 것임을 상대방이 알았거나 알 수 있었을 때에는 민법 제115조 단서의 규정에 의하여 유효하다고 보아야 한다(대법원 2004. 2. 13. 선고 2003다43490 판결 참조).
이 사건으로 돌아와 보건대, 이 사건 직불동의서에 '최신창호 귀하'라는 내용이 기재된 사실은 앞서 본 바와 같고, 갑 제2호증의 기재에 의하면 이 사건 직불동의서를 원고가 피고에게 내용증명 우편으로 발송한 사실을 인정할 수 있으며, 위 내용증명 우편이 2007. 7. 6.경 피고에게 도달한 사실은 당사자 사이에 다툼이 없다.
위 인정사실에 의하면, 이 사건 직불동의서의 내용은 원고가 피고에게 채권양도의 통지를 하는 것을 전제로 하여 작성된 것으로서 이를 작성하여 줌으로써 신우가 원고에게 채권양도통지 권한을 준 것으로 보이고, 비록 원고가 신우를 대리하여 채권양도통지를 하였음을 표시하지 않았다 하더라도 원고로부터 그 통지를 받은 피고로서도 원고가 대리인으로서 통지한 것임을 알 수 있었던 것으로 보이므로 원고가 한 위 통지는 유효하다."

가지고 행위한 경우에만 적용되는 민법 제115조 단서는 그 발신에 관하여 적용될 여지가 없음에도, 위 문서 발송과 수령으로 공사대금 중 일부에 관한 유효한 채권양도의 통지가 행하여졌다고 본 원심의 판단에는 채권양도 통지의 대리에 관한 법리오해 등 위법이 있다. ■

4. 판결문 -선금금·압류·직접지급청구 관련 판결례-

가. 사안의 개요 및 의의

실무에서 발주자가 종합건설회사(원사업자, 원수급인)에게 건설도급계약 체결 후 발주자가 선급금을 지급하면서 건설공제조합이 이를 선급금반환지급보증을 하였고, 수급인인 종합건설회사가 하도급을 하면서 공사를 진행한 사안에서 수급사업자들의 직불청구와, 원사업자의 채권자들의 집행행위(가압류·압류·추심·전부)들이 얽힌 상태에서 원도급계약이 해지되어 지급된 선급금의 공사대금충당범위와 이에 대한 선급금지급보증인의 책임의 범위가 문제된 사안이 있다.

참고로 실무상 위 논점에 대하여 잘 정리되어 있고 또한 하급심에서 법리오해로 인하여 대법원에서 파기 환송된 사안이어서 위 쟁점들에 대하여 학습의 가치가 커 파기환송심 판결 전문을 소개하기로 한다.

- 대상 사건 -

제1심판결 창원지방법원 마산지원 2014. 5. 2. 선고 2013가합1648 판결
환송전판결 부산고등법원 2014. 12. 11. 선고 (창원)2014나20830 판결
환송 판결 대법원 2016. 9. 23. 선고 2015다201107 판결
환송후판결 부산고등법원 2017. 4. 27. 선고 (창원)2016나23895 판결

나. 판결 전문- 부산고등법원 2017. 4. 27. 선고 (창원)2016나23895 판결-

부 산 고 등 법 원

창원제1민사부

판　　　결

사　　건　　(창원)2016나23895 부당이득금반환

원고, 피항소인　의령군

대표자 군수 오○○

소송대리인 법무법인 ○○

담당변호사 ○○○

피고, 항소인　건설공제조합

서울 강남구 연주로 711 (논현동)

대표자 이사장 정○○

소송대리인 법무법인 ○○

담당변호사 ○○○

제1심판결　창원지방법원 마산지원 2014. 5. 2. 선고 2013가합1648 판결

환송전판결　부산고등법원 2014. 12. 11. 선고 (창원)2014나20830 판결

환 송 판 결　대법원 2016. 9. 23. 선고 2015다201107 판결

변 론 종 결　2017. 3. 30.

판 결 선 고2017. 4. 27.

주　　　문

1. 제1심 판결 중 피고 패소 부분을 취소하고, 그 취소 부분에 해당하는 원고의 청구를 기각한다.

2. 가. 원고는 피고에게 가지급물의 반환으로 185,344,390원 및 그 중

185,334,380원에 대하여는 2014. 5. 27.부터, 10,010원에 대하여는 2014. 5. 29.부터 각 2017. 4. 27.까지는 연 5%, 그 다음날부터 다 갚는 날까지는 연 15%의 각 비율로 계산한 돈을 지급하라.

나. 피고의 나머지 가지급물반환신청을 기각한다.

다. 위 가.항은 가집행할 수 있다.

3. 소송총비용(가지급물반환신청 비용 포함)은 원고가 부담한다.

청구취지, 항소취지 및 가지급물반환신청취지

1. 청구취지

피고는 원고에게 182,267,499원 및 이에 대하여 2010. 6. 16.부터 이 사건 소장부본 송달일까지는 연 5%, 그 다음날부터 다 갚는 날까지는 연 20%의 각 비율에 의한 금원을 지급하라.

2. 항소취지

주문 제1항과 같다.

3. 가지급물반환신청취지

원고는 피고에게 가지급물의 반환으로 185,344,390원 및 그 중 185,334,380원에 대하여는 2014. 5. 27.부터, 10,010원에 대하여는 2014. 5. 29.부터 각 이 판결 선고일까지는 연 5%, 그 다음날부터 다 갚는 날까지는 연 20%의 각 비율로 계산한 돈을 지급하라.

이 유

1.인정사실

가. 원고와 나라종합건설 주식회사(이하 '나라종건'이라 한다)의 도급계약 체결

1) 원고는 나라종건에게 지방자치단체 공사계약일반조건(2007. 9. 20. 행정자치부 예규 제250호, 이하 '공사계약일반조건'이라 한다) 등을 첨부하여 농경문화홍보전시관 건립공사 중 ① 2008. 12. 31. 1차분 공사를 대금 1,376,753,000원, 기간 2009. 1. 5.부터 2009. 6. 4.까지, ② 2009. 3. 10. 2차분 공사를 대금 2,327,675,350원, 기간 2009. 3. 10.부터 2009. 10. 1.까지로 각 정하여 도급하였다(이하 '이 사건 공사' 또는 '이 사건 도급계약'이라 한다).

2) 원고와 나라종건은 2009. 3. 10. 및 2009. 12. 30. 각 변경계약을 체결하여 공사대금을 아래 [표 1] 기재와 같이 변경하고, 준공일자를 2010. 2. 28.로 연장하였다.

[표 1] 이 사건 도급계약의 공사대금 (단위: 원)

	1차분 공사	2차분 공사	총 공사대금
당초 공사대금	1,376,753,000	2,327,675,350	3,704,428,350
변경 후 공사대금	**1,342,363,000**	**2,722,935,350**	**4,065,298,350**

나. 나라종건의 신한은행에 대한 공사대금채권 양도

나라종건은 2009. 4. 7. 주식회사 신한은행(이하 '주식회사'는 생략한다)에게 이 사건 2차분 공사대금채권 중 800,000,000원을 양도하였고, 원고는 2009. 4. 14. 확정일자 있는 증서에 의해 위 채권 양도를 승낙하였다.

다. 나라종건과 피고의 선급금보증계약 체결 및 원고의 선급금 지급

1) 피고는 2009. 4. 16. 나라종건과 사이에, 이 사건 공사 중 2차분 공사에 관하여 나라종건이 원고로부터 지급받을 선급금의 반환채무를 원고에게 보증하기로 하는 선급금보증계약을 체결하였다. 원고는 나라종건으로부터 위 선급금보증계약에 따른 선급금보증서를 교부받은 후 2009. 6. 23. 나라종건에게 이 사건 공사 중 2차분 공사에 관한 선급금으로 829,000,000원을 지급하였다.

2) 원고와 나라종건은 2009. 12. 15. 2차분 공사에 대한 기성고 정산을 하면서 기성공사대금을 741,180,000원으로 정하였고, 총 공사대금 중 기성공사대금이 차지하는 비율에 따라 선급금 중 263,971,000원[≒ 829,000,000원 × (741,180,000원 / 2,327,675,350원)]을 공사대금에 충당하였다.

라. 나라종건의 채권자들의 채권압류 등

나라종건의 채권자들은 별지 [표] 기재와 같이 나라종건의 원고에 대한 공사대금채권에 대하여 채권가압류 또는 채권압류 및 추심명령, 전부명령 결정을 받았고, 위 결정들은 2009. 1. 21.부터 원고에게 송달되었다.

마. 이 사건 도급계약의 해지 및 기성공사대금 지급내역

1) 원고는 2010. 4. 16. 나라종건의 공사지연 등을 이유로 이 사건 도급계약을 해지하였다.

2) 이에 따라 원고와 피고 등은 2010. 4. 21. 타절기성검사를 실시하여 이 사건 도급계약 해지 당시 누계 기성공사대금을 1차분 공사대금 1,342,363,000원, 2차분 공사대금 984,060,230원, 총 공사대금 2,326,423,230원으로 확정하였다. 그동안의 원고와 나라종건 사이의 선급금 충당액, 기성공사대금 실지급액 내역은 아래 [표 2] 기재와 같다.

[표 2] 기성공사대금 지급 내역(단위 : 원)

1차분 공사				2차분 공사			
순번	지급일	명목	지급액	순번	지급일	명목	지급액
1	2009. 1. 22.	선급금	900,000,000	1	2009. 12. 5.	선급금 충당	263,971,000

2	2009. 8. 7.	기성금	112,374,350	2	2009. 12. 16.	기성금	477,209,000
3	2009. 10. 1.	준공금	329,988,650				
합 계			1,342,363,000	합 계			741,180,000

바. 피고의 선급금보증금 지급

피고는 2010. 6. 10. 원고에게 선급금 잔액 328,548,770원[= 선급금 829,000,000원 - ① 2009. 12. 5.자 선급금 충당액 263,971,000원 - ② (2차분 공사에 대한 타절 기성공사대금 중 미지급액 242,880,230원 - 하수급인들의 근로자에게 직불한 체불노임 6,400,000원)]과 그 이자 16,742,480원을 합한 345,291,250원을 선급금보증금으로 지급하였다.

사. 원고의 하도급대금 직접 지급

1) 주식회사 소원기건, 주식회사 뉴텍판넬, 주식회사 남양산업, 강행규(이하 '나라종건의 하수급인들'이라 한다)는 아래 [표 3] 기재와 같이 나라종건으로부터 이 사건 공사 중 일부를 하도급받아 시공하였고, 2009. 9. 10.부터 2010. 4. 6.까지 하도급대금에 관하여 원고와 직접지급합의를 하거나 원고에게 직접지급을 요청하였다.

[표 3] 하도급계약 체결 및 직접지급합의일 등

하수급인	하도급계약일	하도급 공종	하도급대금(원)	직접지급합의일 또는 직접지급요청일
주식회사 소원기건	2009. 6. 30.	스페이스프레임 제작·설치공사	451,000,000	2009. 9. 10.
주식회사 뉴텍판넬	2009. 9. 1.	지붕판넬 조립공사	330,000,000	2009. 11. 12.
주식회사 남양산업	2009. 5.경	철골공사	594,000,000	2009. 12. 31.
강행규	2009. 10. 31.	안정망 설치공사	12,100,000	2010. 4. 6.

2) 나라종건의 하수급인들은 원고를 상대로 창원지방법원 2010가합4288, 9832(병합)호로 나라종건에 대한 공사대금을 위 하수급인들에게 직접 지급하라는 내용의 공사대금청구의 소를 제기하였고, 위 법원은 2011. 7. 14. '원고는 나라종건의 하수급인들에게 하도급대금 합계 182,367,484원과 그 지연손해금을 지급하라'는 판결을 선고하였다. 이에 대하여 원고가 부산고등법원 (창원)2011나3582, 3599(병합)호로 제기한 항소가 기각되어 위 판결이 그대로 확정되었다. 이에 따라 원고는 2012. 12. 17. 나라종건의 하수급인들에게 위 판결에 따른 하도급대금 합계 182,367,484원과 그 지연손해금을 모두 지급하였다.

【인정근거】 다툼 없는 사실, 갑 제1, 2, 5, 6, 10 내지 12, 15호증, 을 제1 내지 3, 5 내지 8, 10, 11, 13호증(가지번호 있는 것은 가지번호 포함, 이하 같다)의

각 기재, 변론 전체의 취지

2. 당사자의 주장 요지

가. 원고

1) 이 사건 도급계약이 해지된 2010. 4. 16.을 기준으로, 원고가 나라종건에게 기지급한 2차분 공사에 관한 선급금 829,000,000원 중 기성공사대금에 충당되고 남아 있던 선급금 잔액은 565,029,000원이다.

2) 그런데 원고는 이 사건 공사 타절 시점까지 나라종건에게 ① 위 '1. 인정사실'의 [표 2]에 기재된 기성공사대금 합계 2,083,543,000원(= 1차분 기성공사대금 1,342,363,000원 + 2차분 기성공사대금 741,180,000원) 이외에도 ② 나라종건이 신한은행에게 채권양도한 800,000,000원, ③ 주식회사 동아아스콘, 주식회사 도현건설(이하 '주식회사'는 생략한다)의 공사대금채권에 대한 채권압류 및 전부명령으로 이전된 213,687,838원(= 39,533,718원 + 174,154,120원)을 포함하여 합계 3,097,230,838원을 지급하였다. 즉, 원고는 나라종건의 총 기성공사대금 2,326,423,230원보다 약 770,000,000원을 초과하여 지급하였으므로, 미정산 선급금에서 충당될 미지급 기성공사대금은 존재하지 않는다. 따라서 피고는 선급금보증채무자로서 원고에게 미정산 선급금 565,029,000원에서 기지급한 328,548,770원을 제외한 나머지 선급금 236,480,230원(= 565,029,000원 - 328,548,770원)의 일부로서 182,267,499원 및 그에 대한 지연손해금을 지급할 의무가 있다.

3) 설령 이 사건 공사 타절 당시 미지급 기성공사대금이 존재하더라도, 선급금으로 충당될 미지급 기성공사대금에서 원고가 2012. 12. 17. 나라종건의 하수급인들에게 직접 지급한 하도급대금 합계 182,267,484원(실제로는 앞서 본 바와 같이 182,367,484원이나, 이 항에서는 원고의 주장대로 표기한다)을 제외하여야 한다. 따라서 피고는 선급금보증채무자로서 원고에게 미정산 선급금 565,029,245원(= 829,000,000원 - 2009. 12. 5.자 선급금 충당액 263,971,000원)에서 미지급 기성공사대금 60,612,746원(= 타절 기성공사대금 242,880,230원 - 위 하도급대금 182,267,484원)을 충당하고, 기지급한 선급금보증금 322,149,000원(실제로는 앞서 본 바와 같이 원금이 328,548,770원이나, 원고의 주장대로 표기한다)을 제외한 나머지 선급금보증금 182,267,499원(= 565,029,245원 - 60,612,746원 - 322,149,000원) 및 그에 대한 지연손해금을 지급할 의무가 있다.

나. 피고

피고가 부담하는 선급금보증금은 미정산 선급금 565,029,000원에서 타절 기성공사대금 242,880,230원 중 압류가 금지된 하수급인들에 대한 체불노임 6,400,000원을 제외한 나머지 돈을 공제한 328,548,770원[= 565,029,000원 - (242,880,230원 - 6,400,000원)]이다. 이에 따라 피고는 원고에게 위 328,548,770원을 이미 지급하였으므로, 피고의 선급금보증채무는 소멸하였다.

3. 판 단

가. 선급금보증금의 정산방법 및 선급금의 기성공사대금 당연충당

1) 공사도급계약에서 선급금을 지급한 후 계약이 해제 또는 해지되는 등의 사유로 수급인이 도중에 선급금을 반환하여야 할 사유가 발생하였다면, 특별한 사정이 없는 한 별도의 상계 의사표시 없이도 그때까지의 기성고에 해당하는 공사대금 중 미지급액은 선급금으로 충당된다. 미지급 기성공사대금에 충당되고도 남는 선급금이 있다면 수급인은 이를 도급인에게 반환할 의무를 부담한다(대법원 1999. 12. 7. 선고 99다55519 판결, 대법원 2013. 8. 22. 선고 2012다94278 판결 등 참조).

2) 그렇다면 피고는 선급금보증채무자로서 이 사건 도급계약이 해지된 2010. 4. 16.을 기준으로 '미정산 선급금 565,029,000원(= 원고가 나라종건에게 기지급한 선급금 829,000,000원 - 2009. 12. 15. 기성공사대금에 충당된 선급금 263,971,000원)'에서 아래에서 보는 바와 같은 '미지급 기성공사대금'을 공제한 나머지 선급금 잔액과 그 이자를 반환할 의무가 있다.

나. 이 사건 도급계약 해지 당시 미지급 기성공사대금 존재 여부

1) 나라종건이 신한은행에게 양도한 공사대금채권 부분

나라종건이 2009. 4. 7. 신한은행에게 이 사건 공사대금채권 중 800,000,000원을 양도한 사실은 앞서 본 바와 같다. 갑 제12호증의 기재 및 변론 전체의 취지에 의하면, 나라종건과 신한은행이 작성한 채권양도계약서에는 제5조 제1항에서 '도급인이 공사도급계약 등에 따라 우선적으로 공제할 금액(선금, 하자보수보증금, 지체상금 등)이 있는 경우에는 이를 우선 공제한다'고 정하는 한편, 제5조 제2항에서 '도급인은 공사도급계약과 관련하여 양도인에게 대항할 수 있는 사유로써 양수인에게 대항할 수 있다'고 정하고 있는 사실이 인정된다.

위와 같은 약정에 따르면, 나라종건이 신한은행에게 양도한 공사대금채권의 범위는 기성공사대금에서 선급금으로 우선 충당하고 남은 나머지 공사대금 부분이라고 할 것이고, 원고는 선급금 충당으로써 양수인인 신한은행에게 대항할 수 있다고 봄이 타당하다.

그런데 아래 라.항에서 설시하는 것과 같이 미지급 기성공사대금을 선급금으로 우선 충당하고 나면 미지급 공사대금이 남지 않게 되므로, 결국 이 사건 공사대금채권 중 신한은행에게 양도된 것은 없고, 따라서 그 양도채권액 상당액이 이 사건 공사대금으로 변제된 것으로 볼 수도 없다.

2) 채권압류 및 전부명령을 받은 공사대금채권 부분

공사도급계약에서 수수되는 선급금의 성질과 채권 압류 및 전부명령의 효력에 비추어 볼 때, 도급인과 수급인 사이의 도급계약이 해지되어 선급금의 당연충당을 위한 요건이 충족된 이상 공사대금채권에 대한 채권압류 및 전부명령에도 불구하고 제3채무자인 도급인은 그 충당으로써 전부채권자에게 대항할 수 있으므로, 피전부채권은 선급금으로 충당된다(대법원 2011. 12. 22. 선고 2011다85543 판결, 대법원 2016. 9. 30. 선고 2014다223636 판결 참조).

동아아스콘이 이 사건 공사대금채권 중 39,533,718원에 대하여 받은 채권압류 및 전부명령이 2009. 7. 2. 원고에게 송달된 사실(별지 [표]의 11번), 도현건설이 이 사건 공사대금채권 중 174,154,120원에 대하여 받은 채권압류 및 전부명령이 2009. 7. 24. 원고에게 송달된 사실(별지 [표]의 14번), 원고는 위 각 채권압류 및 전부명령을 송달받기 이전인 2009. 6. 23. 나라종건에게 2차분 공사에 관한 선급금 829,000,000원을 지급한 사실, 이 사건 도급계약이 2010. 4. 16. 해지된 사실은 위 인정사실에서 본 바와 같다.

앞서 본 법리에 의하면, 위 채권압류 및 전부명령이 송달된 이후에 이 사건 도급계약이 해지되어 선급금의 당연충당 사유가 발생한 이상 원고는 그 충당으로써 전부채권자인 동아아스콘, 도현건설에게 대항할 수 있으므로, 피전부채권 부분은 동아아스콘, 도현건설에게 이전되지 않고, 여전히 선급금 충당의 대상이 되는 미지급 기성공사대금에 해당한다.

3) 소결론

원고가 주장하는 나라종건이 신한은행에게 양도한 공사대금채권 부분, 채권압류 및 전부명령을 받은 공사대금채권 부분은 모두 선급금 충당에 앞선 공사대금 지급의 효력을 인정할 수 없으므로, 원고의 위 주장은 받아들일 수 없다.

따라서 이 사건 도급계약 해지 당시 미지급 기성공사대금은 타절기성검사 당시 확정한 총 기성공사대금 2,326,423,230원에서 위 인정사실의 [표 2] 기재와 같이 원고가 기지급한 1차분 공사대금 합계 1,342,363,000원, 2차분 공사대금 합계 741,180,000원을 제외한 나머지 242,880,230원(= 2,326,423,230원 - 1,342,363,000원 - 741,180,000원)이라고 봄이 타당하다.

다. 선급금에서 공제할 미지급 기성공사대금에서 직불 하도급대금 제외 여부

1) 관련 법리

구 하도급거래 공정화에 관한 법률(2014. 5. 28. 법률 제12709호로 개정되기 전의 것, 이하 '구 하도급법'이라 한다) 제14조 제2항의 규정 취지는 같은 조 제1항의 규정 내용에 비추어 보면, 발주자가 하도급대금을 직접 수급사업자에게 지급하기로 발주자·원사업자 및 수급사업자 간에 합의한 경우에, 발주자는 합의만으로 바로 그 하도급대금 전액을 그 수급사업자에게 직접 지급할 의무가 발생하는 것이 아니라, 수급사업자가 제조·수리·시공 또는 용역수행을 한 부분에 상당하는 하도급대금을 그 수급사업자에게 직접 지급할 의무가 발생하는 것이며, 그 범위 내에서 발주자의 원사업자에 대한 대금지급채무가 소멸한다(대법원 2013. 9. 12. 선고 2011다6311 판결 참조). 한편 구 하도급법에 직접 지급사유 발생 전에 이루어진 강제집행 또는 보전집행의 효력을 배제하는 규정은 없으므로 구 하도급법 제14조에 의한 하도급대금 직접 지급사유가 발생하기 전에 원사업자의 제3채권자가 원사업자의 발주자에 대한 채권에 대하여 압류 또는 가압류 등으로 채권의 집행 보전이 된 경우에는 그 이후에 발생한 하도급공사대금의 직접 지급사유에도 불구하고 그 집행 보전된 채권은 소멸하지 아니한다(대법원 2003. 9. 5. 선고 2001다64769 판결 참조). 또한 위와 같이 압류 등으로 집행 보전된 채권에 해당하는 금액에 대하여는 수급사업자에게 직접청구권이 발생하지 아니하고, 원사업자의 발주자에 대한 공사대금채권은 다른 특별한 사정이 없는 한 그 집행 보전된 채권액의 한도에서는 수급사업자에게 이전되지 아니한다(대법원 2014. 11. 13. 선고 2009다67351 판결 참조).

2) 판단

가) 갑 제9호증의 기재에 변론 전체의 취지를 종합하면, 이 사건 도급계약에 첨부된 공사계약일반조건 제51조 제6항은 '제50조 제1항의 규정에 의하여 하도급대가를 직접 지급하여야 하는 때에는 우선적으로 하도급대가를 지급한 후 기성부분에 대한 미지급액의 잔액이 있을 경우 선금 잔액과 상계할 수 있다'고 규정하고 있는 사실이 인정된다. 이에 의하면, 원고는 나라종건과 이 사건 도급계약을 체결하면서 원고가 하수급인들에게 하도급대금을 직접 지급하여야 하는 경우 이에 해당하는 부분은 선급금 충당의 대상이 되는 기성공사대금의 내역에서 제외하기로 하는 예외적 정산약정을 체결하였으므로, 직접지급합의를 한 하수급인들이 시공한 부분에 상당하는 하도급대금은 특별한 사정이 없는 한 선급금 충당의 대상이 되는 기성공사대금의 내역에서 제외되어야 한다.

나) 그런데 앞서 본 인정사실에 의하면, 원고가 하수급인들에게 하도급대금을 직접 지급할 의무가 발생한 것은 적어도 직접지급합의일인 2009. 9. 10. 이후로서 하수급인들의 시공분이 발생한 때인데, 그 이전에 나라종건의 채권자들이 이 사건 공사대금채권에 대하여 받은 채권가압류 또는 채권압류 및 추심명령, 전부명령이 원고에게 송달되었고, 이에 따라 집행 보전된 채권액은 합계 740,482,750원이다(압류 또는 가압류가 해제된 금액을 제외하고, 2009. 9. 10. 이전에 원고에게 송달된 별지 [표]의 8번, 11 내지 17번 기재 '(가)압류금액'을 합한 금액이다).

다) 그렇다면 미지급 기성공사대금 채권 전부가 집행 보전되었으므로, 그 이후에 하도급대금 직접 지급사유가 발생하였다고 하더라도 원고가 이를 직접 지급할 의무가 발생하지 아니하고, 나라종건의 원고에 대한 기성공사대금채권이 소멸하지 아니한다.

라) 결국 원고가 2012. 12. 17. 나라종건의 하수급인들에게 직접 지급한 하도급대금 합계 182,367,484원은 미정산 선급금 충당의 대상이 되는 미지급 기성공사대금의 내역에서 제외할 것이 아니다.

라. 피고가 부담하는 선급금보증금 액수

피고가 부담하는 선급금보증금 액수는 이 사건 도급계약이 해지된 시점을 기준으로 미지급 기성공사대금 242,880,230원에서 체불노임 6,400,000원을 제외한 나머지를 미정산 선급금 565,029,000원으로 충당하고 남은 선급금 328,548,770원[=565,029,000원 - (242,880,230원 - 6,400,000원)]이다. 그런데 피고가 이미 위 선급금 328,548,770원과 그 이자를 선급금보증금으로 지급한 사실은 앞서 본 바와 같으므로, 결국 원고의 주장은 이유 없다.

4. 가지급물반환신청에 관한 판단

앞서 본 바와 같이 제1심판결은 부당하여 취소될 수밖에 없으므로, 제1심의 가집행선고도 이 판결 선고로 인하여 실효되어야 한다.

을 제14호증의 기재에 변론 전체의 취지를 종합하면, 피고가 가집행선고부 제1심 판결에 기초하여 원고에게 2014. 5. 27. 185,334,380원, 2014. 5. 29. 10,010원, 합계 185,344,390원(= 제1심 판결 원금 175,967,484원 + 지연손해금 9,376,906원)을 지급한 사실을 인정할 수 있다.

따라서 원고는 가지급금의 반환으로 피고에게 185,344,390원 및 그 중 185,334,380원에 대하여는 위 지급일인 2014. 5. 27.부터, 10,010원에 대하여는 위 지급일인 2014. 5. 29.부터 각 이 판결 선고일인 2017. 4. 27.까지는 민법이 정한 연 5%, 그 다음날부터 다 갚는 날까지는 소송촉진 등에 관한 특례법이 정한 연 15%(피고는 20%를 주장하나, 그 중 15%를 초과하는 부분은 이유 없다)의 각 비율로 계산한 지연손해금을 지급할 의무가 있다.

5. 결 론

그렇다면 원고의 이 사건 청구는 이유 없어 이를 기각하여야 한다. 이와 결론을 달리한 제1심판결 중 피고 패소 부분은 부당하므로 이를 취소하고, 그 취소 부분에 해당하는 원고의 청구를 기각한다. 피고의 가지급물반환신청은 위 인정범위 내에서 이유 있어 이를 인용하고, 나머지 신청은 이유 없어 기각한다.

재판장 판사 강○○
판사 이○○
판사 심○○

제5장

하도급법 실효성 확보 절차

제5장
하도급법 실효성 확보 절차

-개요 및 특징-

본 장에서는 하도급법의 실효성 확보절차라는 제목으로 하도급법 위반시 가해자인 원사업자에 대한 제재절차와 피해자인 수급사업자의 구제절차를 논의하기로 한다. 이하에서는 1. 사건처리절차, 2. 하도급대금 사건관련 사전적 조정기구라고 할 수 있는 하도급분쟁조정협의회, 3. 하도급법 위반에 대한 제재로서 행정적 제재 및 형사적 제재, 4. 공정거래위원회의 행정적 제재처분에 대하여 사법적 구제절차, 5. 민사적 손해배상청구 관련된 하도급법의 특징, 6. 기타 관련 문제의 순서로 살펴보기로 한다.

하도급법조문과 실무 내용을 중심으로 실무상 쟁점에 대하여 검토하기로 한다.

Ⅰ. 사건 처리절차

1. 개요

하도급법 위반 사건에 대한 처리 및 쟁송 절차의 개괄하면, 1) **신고접수 또는 인지** => 2) **사전 착수**=> 3) **법위반행위에 대한 조사** => 4) (심사보고서 사전송부)[552] => 5) 피심인 의견제출[553] => 6) **위원회 심의[554] 및 의결** => 7) **처분**(무혐의, 경고, 시정명령, 과징금, 고발, 입찰참가자격제한 영업정지 요청, 공표명령 => 8) **공정거래위원회 내부 이의신청 또는 행정소송**(서울고등법원 1심 및 대법원)으로 요약된다.

2. 공정거래위원회 고발 및 처리절차

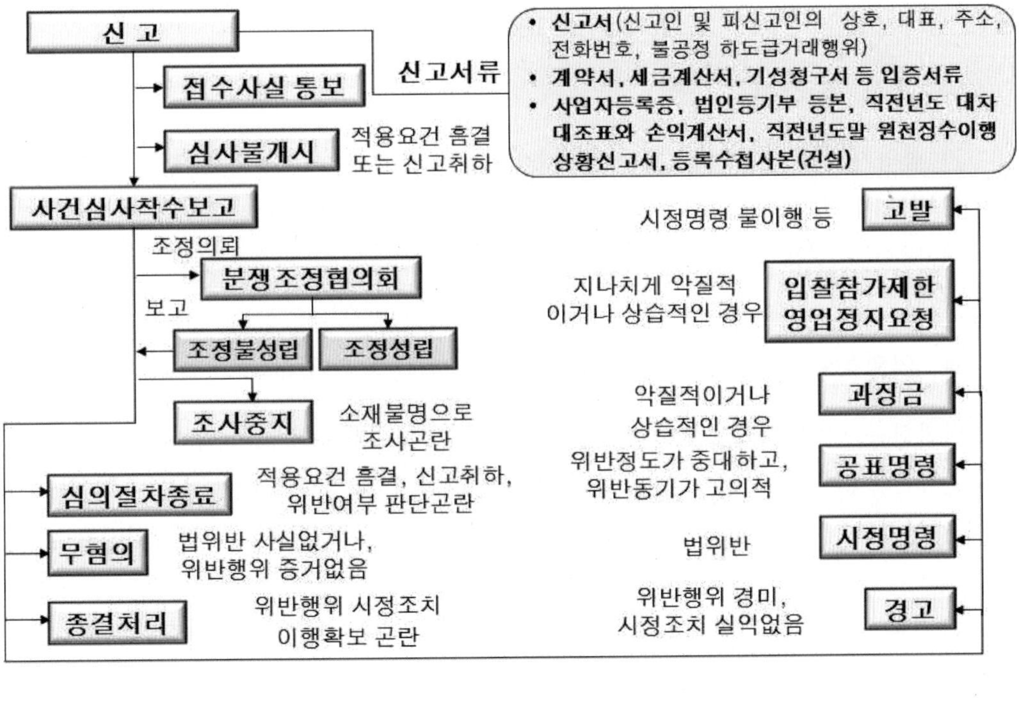

552) 조사부서에서 작성한 심사보고서가 의결과정에서 수정되거나 변경될 수 있다.
553) 피심인 방어권 보장을 위하여 2주 또는 3주 의견제출기간 부여하는 것이 일반적이다.
554) 조사부서와 피심인의 대심구조로 진행되고 공격방어권 보장을 갖는다.

3. 내용

가. 사건의 단서(인지)

형사사건이나 공정거래법 위반과 마찬가지로 하도급법 위반의 경우에도 1) 신고에 의한 경우와 2) **공정거래위원회의 인지에 의한 경우** 두가지가 있다. 특히 전자의 경우에는 누구든지 신고가능하며 반드시 이해관계가 있어야만 하는 것은 아니다.

통상 신고접수된 하도급사건은 각 지방사무소(예컨대, 서울공정거래사무소)에서, 인지사건은 세종시에 있는 공정거래위원회에서 직접 담당하게 된다. 이 단계에서 하도급법 적용대상이 아닌 것이 밝혀진 경우에는 '심사불개시' 결정을 한다.

나. 사건의 조사

장부, 서류, 전산자료 등 조사, 진술요구 등이 있고, 조사방해의 경우에는 과태료 또는 형사처벌을 받을 수도 있다(법 제18조).

다. 조사 후 조치

1) 혐의가 없는 경우와 2) 혐의가 있는 경우로 나누어, 전자는 법위반 혐의가 인정되지 아니하면 심사관의 전결로 종결하게 되고, 후자는 심사보고서를 작성하여 위원회에 안건을 상정하게 된다. 참고로 위반행위가 경미한 경우 '경고' 처분을 하면서 종료하게 된다.

라. 위원회의 상정 및 의결

위원회는 안건의 중요도에 따라서 '전원회의'와 '소회의'로 나누어져 운영되고 있다. 전자는 이의신청사건이나 소회의에서 전원회의 상정을 결정한 사건을 심리하고, 후자는 시정조치, 과징금 부과, 과태료 부과, 입찰참가자격제한 및 영업정지요청, 벌칙규정에 따른 사업자 고발 등을 심의한다.

참고로 소회의 상정대상사건(고발 사건의 경우에는 제외)에 해당하는 경우 피심의인이 심사보고서상의 법위반행위사실 및 조치의견 수락을 하는 경우(문서에 의함) 약식절차에 의하여 진행된다. 만일 불수락시[555] 정식절차가 진행되게 된다.

555) 조치의견을 불수락하는 경우 심사관이 더 중한 조치의견을 제시할 수 있는지가 쟁점이 될 수 있다. 검토컨대, 심사관의 의견이 위원회를 구속하는 것도 아니고 처분권주의 내지 변론주의에 구속되는 것도 아니므로 의견으로서 변경 가능하다고 볼 것이다. 다만 법위반사실을 추가하는 경우에는 사실상 방어권을 침해하는 결과가 되므로 이는 사전에 고지되어 의견 제출의 기회를 부여하지 않는다면 위법하다고 할 것이다. 왜냐하면 공정거래위원회 단계의 조사 및 처분이 법원의 1심과 같은 기능을 하게 되기 때문이다.

심사관은 위원회(전원회의 또는 소회의)에 심사보고서를 제출하기 전에 피심의인에게 심사보고서를 송부하고 피심의인의 의견을 문서로 심판관리관에게 제출하게 된다.

심판관리관실에서는 피심의인 및 이해관계인에게 회의를 서면통지하면서 동시에 심사보고서와 첨부자료를 송부한다. 피심의인 및 이해관계인에게 회의에 참석하여 의견진술 및 필요한 자료를 제출할 수 있다. 변호사는 대리인으로 당연히 참석할 수 있는데, 심의기일에 의견진술 등 변론을 행하게 된다. 심의의 마지막 단계에서 형사공판절차처럼 심사관에게 시정조치의 종류 및 내용에 관한 의견 진술을, 피심인에게 진술기회를 부여한다.

위원회는 1) 피심인이 법위반사실이 있다고 판단되면 경고, 시정권고 및 시정조치명령, 과징금납부명령과 공표명령을 의결할 수 있다. 또한 덧붙여서 상습법위반사업자명단 공표, 관계행정기관에 입찰참가자격제한 요청 및 영업정지요청 등을 의결 할 수 있고, 피심인과 그 임직원에 대해서도 고발의결도 할 수 있다. 2) 피심인에게 법위반이 인정되지 않는 경우에는 무혐의 종결을 한다. 또한 3) 심사불개시, 심의절차종료, 심의중지, 종결처리 또는 재심사명령을 의결할 수 있다. 다만 심의절차종료, 무혐의, 종결처리, 심의중지, 경고, 시정권고의 경우에는 심사관의 전결로 처리가 가능하다.

위원회가 의결을 마치면 20일 내에 의결서 정본을 송부하고 신고인에게 그 요지를 통지한다.

특히 공정거래위원회의 시정조치명령이나 과징금납부명령과 같은 처분의 경우에는 의결서 송달시점이 효력발생일이 되고 처분시점이 된다(**도달주의**).

4. 조사대상 거래의 제한

하도급법 위반행위에 대하여 3년이라는 조사대상 거래의 제한기간을 두고 있다.

> **제23조(조사대상 거래의 제한)** ①제22조제2항에 따라 공정거래위원회의 조사개시 대상이 되는 하도급거래(제13조제11항이 적용되는 거래를 포함한다. 이하 이 조에서 같다)는 그 거래가 끝난 날부터 3년이 지나지 아니한 것으로 한정한다. 다만, 거래가 끝난 날부터 3년 **이내에**[556] 신고되거나 제24조의4제1항제1호 또는 제2호의 **분쟁당사자에 의하여 분쟁조정이 요청된**[557] 하도급거래의 경우에는 거래가 끝난 날부터 3년이 지난 경우에도 조사를 개시

556) "**이내에 제22조제1항 전단에 따라**"로 개정하였다(개정 하도급법 [시행 2018. 7. 17.] [법률 제15362호 2018. 1. 16. 일부개정]).

557) "**분쟁당사자가 분쟁조정을 신청한**"로 개정하였다(개정 하도급법 [시행 2018. 7. 17.] [법률 제15362호 2018.

할 수 있다.

5. 신고포상금 제도

하도급법 위반행위에 대하여 '신고 포상금 제도'가 도입되었다(하도급법 제22조 제5항 내지 제8항, 2015. 7. 24. 일부개정, 2016. 1. 25. 시행). 즉, 불공정 하도급 행위에 대한 감시 강화를 위해 법 위반 행위를 신고하거나 제보하고 입증에 필요한 증거자료를 제출한 자에게 포상금 지급하는 것이다.

신고포상금 적용 대상 위반행위 유형은 소위 '4대 하도급 불공정 행위'[부당한 하도급대금 결정, 감액(법 제4조, 제11조 제1항, 제2항), 부당한 위탁 취소(법 제8조 제1항), 부당한 반품(법 제10조), 기술자료 유용(법 제12조의3 제3항)]이다.

본법의 입법목적으로는 '경제적 약자의 권익 보호'라는 국정과제와 경제혁신 3개년 계획 과제(개정 배경)에 따라 신고 포상금제 도입으로 불공정행위에 대한 감시가 강화됨에 따라 대기업 스스로 불공정 행위를 억제하는 사전예방 노력도 촉진될 것으로 기대하고 있다.

Ⅱ. 하도급분쟁조정협의회

1. 의의

가. 법적 근거

앞서 하도급 분쟁의 대부분은 미지급하도급대금이라는 점에서 하도급법의 목적이 원사업자의 처벌 자체에 있다기보다는 수급사업자에 대한 금전보상의 성격이 강한 것이 사실이다.

이와 같은 점을 고려하여 하도급법은 하도급분쟁조정협의회의 설치를 의무화하고 있다. 본래 공정거래법 제48조의2에 의하여 분쟁조정업무를 하기 위하여 '한국공정거래조정원'을 설립이 법제화 되어 있고, 한국공정거래조정원 내에 여러 분쟁조정협의회가 존재하는데 그중에서 하도급을 대상으로 하는 '하도급분쟁조정협의회'가 당사자들의 자율적인 분쟁조정을 위하여 활발히 활동 중이다.

---

1. 16. 일부개정]).

- 하도급법 -

제24조(하도급분쟁조정협의회의 설치 및 구성 등) ① 「독점규제 및 공정거래에 관한 법률」 제48조의2[558]에 따른 **한국공정거래조정원**(이하 "조정원"이라 한다)은 하도급분쟁조정협의회(이하 "협의회"라 한다)를 설치하여야 한다. <개정 2011.3.29., 2015.7.24.>

② **사업자단체**는 공정거래위원회의 승인을 받아 협의회를 설치할 수 있다. <신설 2015.7.24.>

③ 조정원에 설치하는 협의회는 위원장 1명을 포함하여 9명 이내의 위원으로 구성하되 공익을 대표하는 위원, 원사업자를 대표하는 위원과 수급사업자를 대표하는 위원이 각각 같은 수가 되도록 하고, 사업자단체에 설치하는 협의회의 위원의 수는 공정거래위원회의 승인을 받아 해당 협의회가 정한다. <개정 2015.7.24.>

④ 조정원에 설치하는 협의회의 위원장은 공익을 대표하는 위원 중에서 협의회가 선출하고, 사업자단체에 설치하는 협의회의 위원장은 위원 중에서 협의회가 선출한다. 협의회에서 선출된 위원장은 해당 협의회를 대표한다. <개정 2015.7.24.>

⑤ 조정원에 설치하는 협의회의 위원의 임기는 2년으로 하고, 사업자단체에 설치하는 협의회의 위원의 임기는 공정거래위원회의 승인을 받아 해당 협의회가 정한다. <개정 2015.7.24.>

⑥ 조정원에 설치하는 협의회의 위원은 조정원의 장이 추천하는 사람과 다음 각 호의 어느 하나에 해당하는 사람 중 공정거래위원회 위원장이 위촉하는 사람이 된다. <신설 2011.3.29., 2015.7.24.>

1. 대학에서 법률학 · 경제학 또는 경영학을 전공한 사람으로서 「고등교육법」 제2조제1호 · 제2호 또는 제5호에 따른 학교나 공인된 연구기관에서 부교수 이상의 직 또는 이에 상당하는 직에 있거나 있었던 사람
2. 판사 · 검사 직에 있거나 있었던 사람 또는 변호사의 자격이 있는 사람
3. 독점금지 및 공정거래 업무에 관한 경험이 있는 4급 이상 공무원(고위공무원단에 속하는 일반직공무원을 포함한다)의 직에 있거나 있었던 사람

⑦ 사업자단체에 설치하는 협의회의 위원은 협의회를 설치한 각 사업자단체의 장이 위촉하되 미리 공정거래위원회에 보고하여야 한다. 다만, 사업자단체가 공동으로 협의회를 설치하려는 경우에는 해당 사업자단체의 장들이 공동으로 위촉한다. <개정 2011.3.29., 2015.7.24.>

⑧ 공익을 대표하는 위원은 하도급거래에 관한 학식과 경험이 풍부한 사람 중에서 위촉하되 분쟁조정의 대상이 되는 업종에 속하는 사업을 영위하는 사람이나 해당 업종에 속하는 사

---

558) 독점규제 및 공정거래에 관한 법률 [시행 2017.10.31.] [법률 제15014호, 2017.10.31., 일부개정]
제48조의 2(한국공정거래조정원의 설립 등) ① 다음 각 호의 업무를 수행하기 위하여 한국공정거래조정원(이하 "조정원"이라 한다)을 설립한다. <개정 2012.3.21>
1. 제23조(불공정거래행위의 금지)제1항을 위반한 혐의가 있는 행위와 관련된 분쟁의 조정
2. 다른 법률에서 조정원으로 하여금 담당하게 하는 분쟁의 조정
3. 시장 또는 산업의 동향과 공정경쟁에 관한 조사 및 분석
4. 사업자의 거래 관행과 행태의 조사 및 분석
5. 그 밖에 공정거래위원회로부터 위탁받은 사업
② 조정원은 법인으로 한다.

업체의 임직원은 공익을 대표하는 위원이 될 수 없다. <개정 2011.3.29., 2015.7.24.>

⑨ 공정거래위원회 위원장은 공익을 대표하는 위원으로 위촉받은 자가 분쟁조정의 대상이 되는 업종에 속하는 사업을 영위하는 사람이나 해당 업종에 속하는 사업체의 임직원으로 된 때에는 즉시 해촉하여야 한다. <개정 2011.3.29., 2015.7.24.>

⑩ 국가는 협의회의 운영에 필요한 경비의 전부 또는 일부를 예산의 범위에서 보조할 수 있다. <신설 2014.5.28., 2015.7.24.>

[전문개정 2010.1.25.]

[제목개정 2014.5.28.]

제24조의2(위원의 제척·기피·회피) ① 위원은 다음 각 호의 어느 하나에 해당하는 경우에는 해당 조정사항의 조정에서 제척된다.

1. 위원 또는 그 배우자나 배우자이었던 자가 해당 조정사항의 분쟁당사자가 되거나 공동 권리자 또는 의무자의 관계에 있는 경우
2. 위원이 해당 조정사항의 분쟁당사자와 친족관계에 있거나 있었던 경우
3. 위원 또는 위원이 속한 법인이 분쟁당사자의 법률·경영 등에 대하여 자문이나 고문의 역할을 하고 있는 경우
4. 위원 또는 위원이 속한 법인이 해당 조정사항에 대하여 분쟁당사자의 대리인으로 관여하거나 관여하였던 경우 및 증언 또는 감정을 한 경우

② 분쟁당사자는 위원에게 협의회의 조정에 공정을 기하기 어려운 사정이 있는 때에 협의회에 해당 위원에 대한 기피신청을 할 수 있다.

③ 위원이 제1항 또는 제2항의 사유에 해당하는 경우에는 스스로 해당 조정사항의 조정에서 회피할 수 있다.

[본조신설 2010.1.25.]

제24조의3(협의회의 회의) ① 협의회의 회의는 위원 전원으로 구성되는 회의(이하 "전체회의"라 한다)와 공익을 대표하는 위원, 원사업자를 대표하는 위원, 수급사업자를 대표하는 위원 각 1인으로 구성되는 회의(이하 "소회의"라 한다)로 구분한다. 다만, 사업자단체에 설치하는 협의회는 소회의를 구성하지 아니할 수 있다.

② 소회의는 전체회의로부터 위임받은 사항에 관하여 심의·의결한다.

③ 협의회의 전체회의는 위원장이 주재하며, 재적위원 과반수의 출석으로 개의하고, 출석위원 과반수의 찬성으로 의결한다.

④ 협의회의 소회의는 공익을 대표하는 위원이 주재하며, 구성위원 전원의 출석과 출석위원 전원의 찬성으로 의결한다. 이 경우 소회의의 의결은 협의회의 의결로 보되, 회의의 결과를 전체회의에 보고하여야 한다.

⑤ 위원장이 사고로 직무를 수행할 수 없을 때에는 공익을 대표하는 위원 중에서 공정거래위원회 위원장이 지명하는 위원이 그 직무를 대행한다.

[전문개정 2016.3.29.]

제24조의4(분쟁조정의 신청 등) ① 다음 각 호의 어느 하나에 해당하는 **분쟁당사자**는 원사업자와 수급사업자 간의 하도급거래의 분쟁에 대하여 **협의회에 조정을 신청할 수 있다**. 이 경우 분쟁당사자가 각각 다른 협의회에 분쟁조정을 **신청한 때**에는 수급사업자 또는 제3호에 따른 조합이 분쟁조정을 **신청**한 협의회가 이를 담당한다.[559]

1. 원사업자
2. 수급사업자
3. 제16조의2제8항에 따른 조합

② 공정거래위원회는 원사업자와 수급사업자 간의 하도급거래의 분쟁에 대하여 협의회에 그 조정을 의뢰할 수 있다.

③ 협의회는 제1항에 따라 분쟁당사자로부터 분쟁조정을 신청받은 때에는 지체 없이 그 내용을 공정거래위원회에 보고하여야 한다.

④ 제1항에 따른 분쟁조정의 신청은 **시효중단의 효력**이 있다[560]. 다만, 신청이 취하되거나 제24조의5제3항에 따라 각하된 경우에는 그러하지 아니하다.

⑤ 제4항 본문에 따라 중단된 시효는 다음 각 호의 어느 하나에 해당하는 때부터 새로 진행한다.

1. 분쟁조정이 성립되어 조정조서를 작성한 때
2. 분쟁조정이 성립되지 아니하고 조정절차가 종료된 때

⑥ 제4항 단서의 경우에 6개월 내에 재판상의 청구, 파산절차참가, 압류 또는 가압류, 가처분을 한 때에는 시효는 최초의 분쟁조정의 신청으로 인하여 중단된 것으로 본다.

[전문개정 2018. 1. 16.]

제24조의5(조정 등) ① 협의회는 분쟁당사자에게 분쟁조정사항에 대하여 스스로 합의하도록 권고하거나 조정안을 작성하여 제시할 수 있다.

② 협의회는 해당 분쟁조정사항에 관한 사실을 확인하기 위하여 필요한 경우 조사를 하거나 분쟁당사자에게 관련 자료의 제출이나 출석을 요구할 수 있다.

③ 협의회는 다음 각 호의 어느 하나에 해당되는 경우에는 조정신청을 **각하**하여야 한다.

1. 조정신청의 내용과 직접적인 이해관계가 없는 자가 조정신청을 한 경우
2. 이 법의 적용대상이 아닌 사안에 관하여 조정신청을 한 경우
3. 조정신청이 있기 전에 공정거래위원회가 제22조제2항에 따라 조사를 개시한 사건에 대하여 조정신청을 한 경우

④ 협의회는 다음 각 호의 어느 하나에 해당되는 경우에는 **조정절차를 종료**하여야 한다.

1. 분쟁당사자가 협의회의 권고 또는 조정안을 수락하거나 스스로 조정하는 등 조정이 성립된 경우
2. 제24조의4제1항에 따른 조정의 신청을 받은 날 또는 같은 조 제2항에 따른 의뢰를 받은 날부터 60일(분쟁당사자 쌍방이 기간연장에 동의한 경우에는 90일)이 경과하여도 조정이 성립되지 아니한 경우
3. 분쟁당사자의 일방이 조정을 거부하거나 해당 분쟁조정사항에 대하여 법원에 소(訴)를 제기하는 등 조정절차를 진행할 실익이 없는 경우

⑤ 협의회는 조정신청을 각하하거나 조정절차를 종료한 경우에는 대통령령으로 정하는 바에 따라 공정거래위원회에 조정의 경위, 조정신청 각하 또는 조정절차 종료의 사유 등을 관계 서류와 함께 지체 없이 서면으로 보고하여야 하고, 분쟁당사자에게 그 사실을 통보하여야

---

559) (개정 하도급법 [시행 2018. 7. 17.] [법률 제15362호 2018. 1. 16. 일부개정]).
560) (개정 하도급법 [시행 2018. 7. 17.] [법률 제15362호 2018. 1. 16. 일부개정]).

한다.

⑥ 공정거래위원회는 분쟁조정사항에 관하여 조정절차가 종료될 때까지는 해당 분쟁의 당사자인 원사업자에게 제25조제1항에 따른 시정조치를 명하거나 제25조의5제1항에 따른 시정권고를 해서는 아니 된다. 다만, 공정거래위원회가 제22조제2항에 따라 조사 중인 사건에 대해서는 그러하지 아니하다.

[본조신설 2018. 1. 16.]

[종전 제24조의5는 제24조의6으로 이동 〈2018. 1. 16.〉]

제24조의6(조정조서의 작성과 그 효력) ① 협의회는 조정사항에 대하여 조정이 성립된 경우 조정에 참가한 위원과 분쟁당사자가 서명 또는 기명날인한 조정조서를 작성한다. 〈개정 2018. 1. 16.〉

② 협의회는 분쟁당사자가 조정절차를 개시하기 전에 조정사항을 스스로 조정하고 조정조서의 작성을 요구하는 경우에는 그 조정조서를 작성하여야 한다. 〈개정 2018. 1. 16.〉

③ 분쟁당사자는 제1항 또는 제2항에 따라 작성된 조정조서의 내용을 이행하여야 하고, 이행결과를 공정거래위원회에 제출하여야 한다. 〈신설 2016. 3. 29., 2018. 1. 16.〉

④ 공정거래위원회는 제1항 또는 제2항에 따라 조정조서가 작성되고, 분쟁당사자가 조정조서에 기재된 사항을 이행한 경우에는 제25조제1항에 따른 시정조치 및 제25조의5제1항에 따른 시정권고를 하지 아니한다. 〈신설 2016. 3. 29., 2018. 1. 16.〉

⑤ 제1항 또는 제2항에 따라 조정조서가 작성된 경우 조정조서는 **재판상 화해**와 동일한 효력을 갖는다. 〈신설 2018. 1. 16.〉

[본조신설 2010. 1. 25.]

[제24조의5에서 이동, 종전 제24조의6은 제24조의7로 이동 〈2018. 1. 16.〉]

제24조의7(협의회의 운영세칙) 이 법에서 규정한 사항 외에 협의회의 운영과 조직에 관하여 필요한 사항은 공정거래위원회의 승인을 받아 협의회가 정한다.

[본조신설 2010. 1. 25.]

[제24조의6에서 이동 〈2018. 1. 16.〉]

위와 같은 하도급분쟁조정협의회의 성격은 일종의 '조정전치주의'로서 해석될 수 있겠다. 다만 행정심판 중에서 필요적 전치와 같은 법적 성격을 갖는 것은 아니다. 공정거래위원회561), 양 당사자 또는 중소기업협동조합의 요청이 있으면 조정절차가 개시된다(**부분적 전치주의**). 자세한 기준에 대해서는 하도급거래공정화지침에서 정하고 있다.

- 하도급거래 공정화지침-

19. 하도급분쟁조정협의회 조정요청 범위(법 제24조, 제24조의2, 제24조의3, 제24조의4, 제24조의5, 제24조의6)

561) 수급사업자가 직접 하도급분쟁조정협의회에 신청한 경우 제한이 없으나, 공정거래위원회에서 협의회 측으로 위탁을 하는 경우에는 일정한 규모의 제한이 있다(공정거래위원회 신고사건 중 가. 건설 : 토건 시공능력평가 순위 50위 미만 등, 나. 제조· 수리 : 매출액 5,000억 미만, 다. 용역 : 매출액 500억 미만 이여야 한다).

가. 공정거래위원회는 다음 중 어느 하나에 해당하는 경우, 하도급분쟁조정협의회에 직권으로 조정을 의뢰할 수 있다.

(1) 조정을 통한 분쟁해결이 우선적으로 필요하다고 판단되는 경우 (단, 법 제3조, 제12조의3, 제18조, 제19조, 제20조 관련 행위만을 대상으로 하는 분쟁은 제외한다)

(2) 신고인이 서면으로 조정의사를 표명한 경우

나. '가' 에 해당하더라도 다음 중 어느 하나에 해당하는 경우에는 공정거래위원회가 직접 처리하여야 한다.

(1) 피조사인이 과거(신고접수일 기준) 1년 간 법 위반실적이 있고 과거 3년 간 부여받은 벌점의 누계가 4점 이상인 경우

(2) 피조사인이 과거(신고접수일 기준) 1년 간 법 위반행위를 한 것으로 인정되어 분쟁조정협의회로부터 조정안을 제시받은 횟수가 3회 이상인 경우

다. 신청인이 협의회에 분쟁조정을 신청한 사건에 대하여 협의회로부터 조정불성립을 통보받고 공정거래위원회에 분쟁조정신청과 동일한 내용으로 신고한 경우, 신고인이 분쟁조정기관에 제출한 조정신청서를 공정위에 대한 불공정하도급거래행위 신고서로 갈음할 수 있다. ■

나. 현황

앞서 설명한 한국공정거래조정원이 법에서 설치의무화 되어 있는 하도급분쟁조정기구이고 이에 추가하여 사업자단체가 자율적[562]으로 하도급법 제24조 제2항에 의하여 하도급분쟁조정협의회를 운영하고 있다.

현재 사업자단체에서 ① '중소기업협동조합법'에 따른 중소기업중앙회(제조하도급)(www.kbiz.or.kr), ② '건설산업기본법'에 따른 대한건설협회와 · 대한전문건설협회 공동(www.csdmc.or.kr/)(건설하도급) ③, '전기공사업법'에 따른 한국전기공사협회, ④ '정보통신공사업법'에 따른 한국정보통신공사협회, ⑤ '소방시설공사업법'에 따른 한국소방시설협회(www.ekffa.or.kr), ⑥ 한국엔지니어링협회(www.kenca.or.kr), ⑦ 한국소프트웨어산업협회(www.sw.or.kr), ⑧ 대한건축사협회(www.kira.or.kr), ⑨ 한국광고단체연합회(www.kfaa.org), ⑩ 기타 민법 제32조에 의한 공정거래위원회의 허가를 받아 설립된 단체가 있다.

참고로 종래 공정경쟁연합회에 설치되었던 하도급분쟁협의회는 폐지되었다(2014. 12. 31.자 폐지).

---

562) 하도급분쟁조정협의회 설치를 자율화 (하도급법 제24조 제1, 2항) (2015. 7. 24. 일부개정 2016. 1. 25. 시행) 하였는데, 하도급 분쟁조정협의회 의무 설치 대상에서 사업자단체 제외하고, 사업자단체는 공정위의 승인을 받아 자율적으로 분쟁조정협의회 설치 가능하다. 즉, 분쟁조정협의회 설치 여부는 법률로써 강제하는 것보다는 사업자단체가 자신의 역량, 현실적인 필요성 등을 고려해서 자율적으로 결정하도록 하는 것이 바람직하다는 점을 고려했다.

2. 조정절차

가. 의의 및 절차

2018. 1. 16.자 개정 전 하도급법에 의하면, 하도급분쟁조정협의회는 분쟁당사자로부터 분쟁조정을 요청받은 때에는 지체 없이 그 내용을 공정거래위원회에 보고하여야 하고(하도급법 제24조의4 제2항), 하도급분쟁조정협의회는 조정이 성립된 경우에는 조정에 참가한 위원과 분쟁당사자가 서명 또는 기명날인한 조정조서를 작성한 후 그 사본을 첨부하여 조정결과를 공정거래위원회에 보고하여야 하며(하도급법 제24조의4 제3항), 하도급분쟁조정협의회는 조정의 요청을 받은 날부터 60일(분쟁당사자 쌍방이 기간연장에 동의한 경우에는 90일로 한다) 이내에 조정이 성립되지 아니한 경우에는 조정경위와 관계 서류를 첨부하여 공정거래위원회에 보고하여야 한다(하도급법 제24조의4 제4항).

2018. 1. 16.자 개정 하도급법은 하도급분쟁조정협의회에 분쟁조정신청을 하는 경우에 "**시효중단의 효력**"을 인정하였다(2018. 1. 16.자 개정 하도급법 제24조의4 제4항) 다만 시효중단의 효력은 분쟁조정신청이 부적법하여 각하되거나 조정신청을 취하한 경우에는 그러하지 아니하다(단서).

나. 조정의 효력

하도급분쟁조정협의회는 조정사항에 대하여 조정이 성립된 경우 조정에 참가한 위원과 분쟁당사자가 서명 또는 기명날인한 조정조서를 작성하는데, 이 경우 분쟁당사자 간에 조정조서와 동일한 내용의 합의가 성립된 것으로 본다[하도급법 제24조의5 (조정조서의 작성과 그 효력)].

이론적으로 보면 본 절차는 재판상화해는 아니므로 민사소송법상의 화해조서로서의 집행력이 있는 문서는 아니고 단지 사인간의 '화해계약'의 성립이 되는 것이라고 해석되었다(2018. 1. 16.자 개정 전 하도급법의 해석).

그런데 최근의 2018. 1. 16.자 하도급법 제24조의 6 제5항 개정을 통하여 하도급분쟁조정협의회에서 조정조서가 작성된 경우 재판상 화해로 간주하여 법원의 집행문 부여를 통하여 수급사업자의 권리실현을 도모할 수 있게 하였다.

개정 하도급법[563]은 ① 하도급분쟁조정협의회에 대한 원·수급사업자 등 분쟁당

563) (개정 하도급법 [시행 2018. 7. 17.] [법률 제15362호 2018. 1. 16. 일부개정]).

사자의 분쟁조정신청시 하도급대금 등 관련 채권의 소멸시효 진행이 중단되도록 하고, ② 조정절차를 통하여 조서가 작성된 경우 재판상 화해의 효력을 부여하며, ③ 분쟁조정 관련 절차 규정 등을 정비(제24조의4부터 제24조의7까지)하여 강력한 분쟁조정협의에 힘을 실어주고 있다.

2018. 1. 16.자 개정 전 하도급법에 의할 때 위 합의가 이루어지고, 분쟁당사자가 그 합의된 사항을 이행한 경우에는 공정거래위원회는 하도급법 제25조제1항에 따른 시정조치 및 제25조의5제1항에 따른 시정권고를 하지 아니한다(2018. 1. 16.자 개정 전 하도급법 제24조의5 제4항)(개정법 제24조의 6 제4항).

다. 한국공정거래조정원 조정 절차

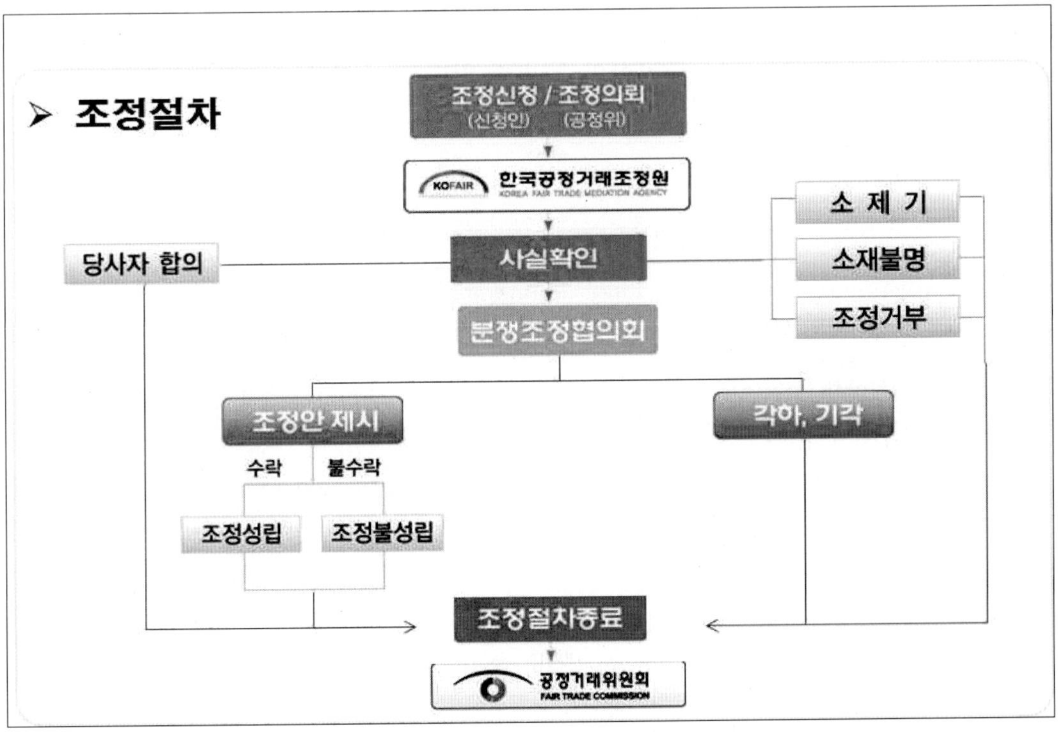

Ⅲ. 법위반 행위에 대한 제재

1. 개요

가. 의의 및 법적 성격

하도급법을 위반하는 경우 이에 대한 실효성 확보수단이 중요하다. 단지 하도급법위반에 대하여 제재없이 민사청구권의 확대(예컨대, 하도급법상의 지연이자)만을 규정한다면 위하적인 효과를 기대할 수 없기 때문이다.

현행 하도급법상 법위반에 대한 제재로서 '행정벌'의 성격을 가지고 있는데, 이에는 ① 공정거래위원회의 행정적인 제재처분과 ② 법원단계의 사법(司法)적 제재로서의 형사처벌의 두 종류가 있다. 전자는 행정질서벌의 성격을 가진 과태료를 포함하고, 후자는 행정형벌로서 벌금의 규정이 있다. 양자 모두 처벌이 이중처벌인지 여부가 문제될 수도 있으나 전자는 행정적인 제재이고 후자는 법원에 의한 형사적 제재처분이라는 점에서 다르기 때문에 이중처벌의 문제는 없다고 보인다.

나. 제재의 개요

<table>
<tr><th>행정적 제재</th><th>사법적 제재</th></tr>
<tr><td>○ 시정조치(법25조 1항) : 대금지급명령, 법위반행위중지, 특약삭제 수정, 향후 재발방지, 경고, 시정권고, 시정명령 등
○ 수명사실 공표명령(법25조 3항)
○ 상습법위반자 (법25조의 4):
* 명단공표 (시행령 제15조, 제16조) (과거3년간 법 위반 3회 이상이고 벌점 '4점' 초과)
* 입찰참가 제한요청(법26조,시행령17조)(3년간 벌점 5점 초과), 영업정지 요청(법26조,시행령17조)(3년간 벌점 10점초과)</td><td rowspan="3">(법제30조)
○ 하도급대금 2배 이하의 벌금
- 원사업자의 의무사항 및 금지사항 위반행위
○ 3억원 이하의 벌금 :보복조치(법19조)위반자,
○ 1억5천만 원 이하의 벌금
- 경영간섭, 탈법행위금지 위반자,시정명령 불이행
※ 공정거래위원장의 전속고발권
※ 원칙적 고발(법 위반 3회 이상이고 벌점 4점 초과), 양벌 규정(행위자 및 법인 처벌)(법31조)</td></tr>
<tr><td>○ 과징금 부과(법25조의3) : 하도급대금의 2배 이하</td></tr>
<tr><td>○ 과태료 부과 (법30조의2): 2억 원 이하
- 허위자료 제출 : 사업자 (단체) 1억 원 이하, 개인 1천만 원 이하
- 조사거부,방해,기피 : 사업자 (단체) 2억 원 이하, 개인 5천만 원 이하</td></tr>
</table>

다. 처분시효 제도 신설

공정거래위원회가 조사 개시 후 처분시효 제도를 신설하였다(하도급법 제22조 제

4항) (2015. 7. 24. 일부개정, 2016. 1. 25. 시행). 즉 공정거래위원회가 하도급법 위반 행위에 대해 조사를 개시한 경우, 조사개시일부터 3년(신고를 받고 조사를 개시한 경우, 신고일로부터 3년)이 경과하면 시정조치나 과징금을 부과하지 않도록 규정하였다.

개정의 취지는 신고인의 신속한 피해 구제 및 피조사인의 장기간 법률상 불안정한 지위 해소함에 있다. 다만 공정거래위원회에서 하도급법 위반행위에 대하여 조사개시일부터 3년이 경과한 경우에 그 부작위가 위법한 경우 제재를 받아야 할 것이다.

2. 행정적 제재

가. 개요

앞서 설명한 것처럼 하도급법 위반에 대한 행정적 제재는 크게 ① 시정조치, 공표명령, 명단공표 등, ② 과징금 부과, ③ 과태료 부과의 세가지의 범주로 나눌 수 있다.

- 하도급거래 공정화지침-

21. 하도급법 위반사업자에 대한 조치

가. 하도급법 위반사업자에 대한 누적벌점 관리

하도급법 위반사업자에 대한 누산벌점관리는 하도급법 시행령 제17조 제1항 및 별표 3의 규정에 의한다.(신설 2008.12.5)

나. (삭제: 2010.7.23.)

다. 상습법위반사업자 개별통지 및 관계기관 통보

(1) 공정거래위원회는 일정한 시점을 기준으로 상습법위반사업자 요건을 충족하는 사업자에 대해 당해 사업자가 상습법위반업체에 해당된다는 사실과 향후 추가로 법을 위반할 경우 과징금 부과·가중 및 형사 고발될 수 있다는 사실을 통보할 수 있다.(신설 2008.12.5)

(2) 공정거래위원회는 하도급법집행의 실효성을 제고하기 위하여 필요하다고 판단되는 경우 상습법위반사업자 명단을 관련부처(기관)에 통보하여 공정한 하도급거래질서 확립을 위한 협조를 요청할 수 있다.(신설 2008.12.5)

라. 공정거래위원회로부터 시정명령을 받은 사실 공표

법위반사업자에게 공정거래위원회로부터 시정명령을 받은 사실의 공표를 명함에 있어서는 "공정거래위원회로부터 시정명령을 받은 사실의 공표에 관한 운영지침" 을 따르되, 위반행위의 내용·정도, 위반동기 등을 종합적으로 감안하여 공표여부를 결정한다.

마. 고발요건 및 절차(법 제32조)(개정 2013.12.18.)

(1) 기술유용행위(법 제12조의3 제3항), 보복조치(법 제19조) 또는 탈법행위(법 제20조)를 한

업체로서 법 위반 정도가 중대하거나 법 위반동기가 고의적이라고 판단되는 경우에 고발함을 원칙으로 한다.

(1)-1. 부당한 하도급대금의 결정(법 제4조) 또는 감액행위(법 제11조)를 한 업체로서 법 위반 정도가 중대하다고 판단되는 경우에 사업자 뿐만 아니라 책임 있는 사업자의 대표를 고발함을 원칙으로 한다.

(2) 시정명령을 받은 사업자가 이의신청을 하지 않은 경우 이의신청기간이 경과한 날로부터 30일 이내의 기간을 정하여 1차 독촉하고, 1차 독촉기한이 경과한 후에도 이행하지 않은 경우 30일 이내의 기간을 정하여 2차 독촉을 하고 불이행시 고발함을 원칙으로 한다.

(3) 시정명령을 받은 사업자가 이의신청을 한 경우에는 이에 대한 재결서의 정본을 송달받은 날로부터 30일 이내에 이행하도록 통보한 후 불이행시 고발함을 원칙으로 한다.

(4) 법 위반사업자가 과거 3년간 하도급법 위반으로 경고 이상의 조치를 3회 이상 받은 사실이 있고 하도급법 시행령 별표3의 제1호 라목에 따른 누산점수가 4점을 초과하는 경우는 고발함을 원칙으로 한다. 이 경우 누산점수 산정을 위한 기산일은 신고사건의 경우에는 신고접수일, 직권조사의 경우에는 자료제출요청일, 출석요청일, 현장조사실시일 중 가장 빠른 날로 한다. 〈단서 삭제〉

(5) (1) 내지 (4)에도 불구하고 공정거래위원회는 법 위반혐의가 있는 행위의 증거확보를 위한 수사권 발동의 필요 여부, 하도급법 제32조제3항에 의한 검찰총장의 고발요청 여부, 당해 행위의 경미성, 위반행위의 자진시정 여부, 과거 법위반전력 등 여러 사항을 종합적으로 고려하여 고발여부를 달리 결정할 수 있다.

바. 기타 시정조치에 관하여 필요한 기준은 공정거래위원회가 제정한 공정거래위원회 회의운영 및 사건절차 등에 관한 규칙에 의한다.

사. 공정거래위원회는 조사개시일(신고사건의 경우 신고접수일, 직권조사 사건의 경우 직권조사계획 발표일 또는 조사공문 발송일 중 뒤의 날) 이전에 해당 사업자가 자체적으로 점검하여 확인한 법위반 행위에 대해 대금지급, 특약 삭제 · 수정 등 스스로 시정(수급사업자에게 피해가 발생한 경우 그 피해구제 조치 완료도 포함)한 사안에 대해서는 법 제25조, 법 제25조의3, 법 제26조 제②항, 법 제32조에 따른 조치를 배제할 수 있다.

22. 과태료의 부과방법(법 제30조의2 제1항)

과태료는 총 하도급 거래금액 중 법위반금액 비율, 기업규모, 고의성 여부 및 과거 법위반 실적 등을 감안하여 부과한다.

23. 직권실태조사 면제(개정 2014.11.19.)

공정거래위원회는 하도급거래 모범업체로 선정된 사업자에 대해 1년간(익년도) 하도급거래 직권실태조사를 면제할 수 있다.■

나. 시정조치, 공표명령, 명단공표 등

1) 시정조치, 공표명령

공정거래위원회는 하도급법 위반행위에 대하여 경고, 시정권고, 시정명령, 기타 위반행위에 대한 시정에 필요한 조치를 권고하거나 시정하도록 명령할 수 있다(하도급법 제25조 제1항). 또한 원사업자에게 시정명령을 받았다는 사실에 대한 공표를 할 것을 명령할 수 있다(하도급법 제25조 제3항).

이와 관련하여 판례는 첫째, 지급명령[564]과 같은 시정명령의 경우 미지급상태의 존속을 필요로 하고 위반결과가 존속하지 않는 경우에는 시정명령을 할 수 없다는 것이 확립된 태도이고(예컨대, **대법원 2010. 1. 14. 선고 2009두11834판결**), 둘째 위반결과가 존속하지 않는 경우 재발방지 시정명령의 경우도 인정되지 아니한다는 입장이다(예컨대, **대법원 2010. 9. 30. 선고 2008두16377 판결**).

행정처분의 공정력으로 인하여 처분의 취소소송을 제기하였다고 하더라도 집행정지가 자동적으로 되는 것은 아니므로 행정소송법상의 집행정지를 별도로 받지 아니하면 행정소송의 제기와 상관없이 시정명령을 이행하여야 한다. 시정명령불이행죄로 1억5천만원이하의 벌금형의 형사제재가 있다(법제30조 제2항 제3호).

- 하도급거래 공정화지침-

II. 용어의 정의

6. 참작사유

법 제33조의 규정에 의하여 원사업자에게 <u>시정조치</u>를 함에 있어 **수급사업자에게 책임이 있는 이유로 참작할 수 있는 경우를 예시**하면 다음과 같다.

가. 하도급대금에 관한 분쟁이 있어 <u>**의견이 일치된 부분의 대금에 대하여 원사업자가 수급사업자에게 지급하거나 공탁한 경우**</u>

나. 원사업자가 수급사업자에게 <u>**선급금에 대한 정당한 보증**</u>을 요구하였으나 이에 응하지 않거나 지연되어, 선급금을 지급하지 않거나 지연 지급하는 경우

다. 목적물을 납품 · 인도한 후 원사업자가 정당하게 <u>**수급사업자에게 요구한 하자보증의무 등을 수급사업자가 이행하지 않아 그 범위 내에서 대금지급이 지연**</u>된 경우

라. 목적물의 시공 및 제조과정에서 수급사업자의 부실시공 등 수급사업자에게 책임을 돌릴

564) 공정거래위원회가 예컨대 부당한 하도급대금의 결정의 경우 계약단가가 하도급법 위반임을 확인하고 그 시정을 요구하면서 필요한 경우 과징금 등 간접 제재를 통해 시정을 이끌어 내는 역할에 그쳐야 하는 것에도, 지급명령을 통해 실질적으로 직접 계약금액을 정해주는 지급명령 제도는 사적 영역에 대한 과도한 개입에 해당하고, 따라서 이를 규정하고 있는 구 하도급법 제25조 제1항은 헌법상 계약자유의 원칙과 과잉금지의 원칙에 반하는 위헌 조항이라는 견해도 있다(**위헌설**).

그러나, 원사업자와 수급사업자 사이에 분쟁이 발생하는 경우 통상 민법 등의 규율을 받는 것이 원칙이나, 양 당사자의 거래상 지위의 현저한 불균형으로 말미암아 민법 등이 예정하고 있는 대등한 관계를 유지하기 어렵다. 이에 따라 수급사업자가 원사업자와의 하도급거래 시 손해를 입었음을 이유로 이를 배상받기 위해서는 민법 등에 의해 원사업자의 손해배상의무와 귀책사유 등을 증명하여야 할 것인데, 이러한 구제방법만으로는 열악한 지위에 있는 수급사업자의 정당한 이익을 충분히 보호하지 못할 우려가 있다. 하도급법은 공정한 하도급거래질서를 확립하여 원사업자와 수급사업자가 대등한 지위에서 상호보완하며 균형 있게 발전할 수 있도록 함으로써 국민경제의 건전한 발전에 이바지함을 목적으로 하는바(구 하도급법 제1조), 위와 같이 수급사업자의 정당한 이익이 보호받지 못하는 경우를 대비하여 구 하도급법 제25조 제1항은 지급명령 제도를 통해 양 당사자를 대등한 지위에 두고 민사소송을 제기할 경우에 소요되는 시간과 비용을 절약하면서 분쟁을 신속히 해결하고자 하는 것이므로, 지급명령 제도가 사적 영역에 대한 행정기관의 과도한 개입에 해당하여 헌법상 계약자유의 원칙과 과잉금지의 원칙에 위배된다고 보기 어렵다(**합헌설**). 합헌설의 견해에 찬동한다.

수 있는 사유가 있음이 명백하고 객관적인 증거에 의하여 입증되어 같은 수급사업자의 귀책부분에 대하여 하도급대금을 공제 또는 지연 지급하는 경우(예 : 재판의 결과 또는 수급사업자 스스로의 인정 등으로 확인 된 경우) ■

[관련 판결례- 시정명령 관련]

선박부품제조위탁에서 정당한 사유 없이 일률적인 비율로 단가를 인하하여 부당한 하도급대금 결정행위라고 본 사안(하도급법 제4조 제2항 제1호 위반행위)에서 **시정조치로서 일률적인 단가 인하의 기준이 된 가격과 실제 하도급대금의 차액의 지급을 명하는 시정명령**은 허용될 수 없다는 것이 판례의 태도이다(**대법원 2016. 2. 18. 선고 2012두15555 판결** [시정명령등취소청구의소]).

[참조 판결]

-대법원 2016. 2. 18. 선고 2012두15555 판결[565] **[시정명령등취소청구의소]-**

[판시 이유]

가. 하도급법 제25조 제1항은 제3조 제1항부터 제4항까지 및 제9항, 제4조부터 제12조까지, 제12조의2, 제12조의3, 제13조, 제13조의2, 제14조부터 제16조까지, 제16조의2 제2항 및 제17조부터 제20조까지의 규정을 위반한 발주자와 원사업자에 대한 시정조치로서 하도급대금 등의 지급, 법 위반행위의 중지, 그 밖에 해당 위반행위의 시정에 필요한 조치를 권고하거나 명할 수 있다고 규정하여, 시정조치의 대상이 되는 여러 위반행위와 이에 대한 다양한 내용의 시정조치를 하나의 규정에 포괄하여 정하고 있다.

하도급법상 시정조치는 시정하여야 하는 행위의 내용이 명확하고 구체적이어야 하며, 해당 위반행위의 내용과 정도에 비례하여야 한다(대법원 2009. 6. 11. 선고 2007두25138 판결 등 참조). 그런데 하도급법 제4조 제2항 제1호의 규정은 원사업자가 정당한 사유 없이 둘 이상의 수급사업자나 품목에 관하여 개별적인 사정에 차이가 있는데도 이를 반영하지 아니한 채 일률적인 비율로 단가를 인하하는 행태 자체를 부당한 하도급대금의 결정으로 본다는 의미이므로, **위 규정을 위반한 거래에서 일률적인 단가 인하의 기준이 된 가격을 정당한 하**

565) 본 판결에서 대법원은 본 쟁점에 대하여 시정명령이 가능하다고 판단한 원심을 파기환송하였다(원심 서울고등법원 2012.6.21. 선고, 2011누30759 판결). 원심판결에서는 "원고와 홍○ 사이의 종전 계약단가에 따라 계산한 금액이 이 사건 하도급의 적정한 대금인지 본다. 이 사건 하도급대금은 인건비가 대부분을 차지하고 있는데 앞서 본 바와 같이 종전 계약 이후 이 사건 하도급대금 결정 시까지 사이에 선행탑재 및 탑재 작업의 노임단가에 별다른 변동이 없었던 점에 비추어 볼 때, 종전 계약단가에 따라 계산한 금액이 이 사건 하도급의 적정한 대금이라고 볼 수 있다. ① 갑 6호증의 기재에 의하면 홍○이 원고에게 수급금액을 2.5% 삭감하겠다고 한 사실을 인정할 수 있으나, 이는 홍신이 원고의 사내 임가공사업자로 원고에 전적으로 거래를 의존하고 있던 상태에서 원고의 경영위기극복 동참요구에 따른 것으로 자발적인 의사로 보기 어려운 점, ② 갑 9, 10호증(가지번호 포함)의 각 기재에 의하면 홍신 이외의 원고의 다른 수급사업자들도 수급금액을 삭감하겠다고 한 점을 인정할 수 있으나, 이 역시 원사업자인 원고의 요구에 따른 것인 점, ③ 갑 7호증의 신문기사 내용도 원사업자들의 요구에 따라 어쩔 수 없이 임금을 삭감하였기 때문에 발생한 결과로 볼 여지가 있는 점 등을 고려하면, 위 증거들이 종전 계약단가에 따라 계산한 금액을 이 사건 하도급의 적정한 대금이라고 보는 데 방해가 된다고 할 수 없다. 따라서 종전 계약단가에 따라 계산한 금액과 이 사건 하도급대금의 차액을 지급할 것을 명한 것이 재량권을 일탈·남용한 것이라고 볼 수 없다."고 판시하였다.

도급대금이라고 단정할 수는 없다. 뿐만 아니라 위 규정 위반행위의 성질상 원사업자와 수급사업자 사이의 정당한 하도급대금을 일률적으로 상정하기도 어렵다.

이러한 시정조치 근거 규정의 포괄성과 하도급법 제4조 제2항 제1호 위반행위의 성질 등을 종합하여 고려하면, **하도급법 제4조 제2항 제1호 위반행위에 대한 시정조치로서 일률적인 단가 인하의 기준이 된 가격과 실제 하도급대금의 차액의 지급을 명하는 시정명령은 허용될 수 없다**고 보아야 할 것이다.

나. 그럼에도 원심은 하도급법 제4조 제2항 제1호를 위반한 원고의 행위에 대한 시정조치로서 그 위반행위의 거래에 대하여 종전의 계약단가에 따라 계산한 금액과 그 위반행위에 따른 하도금대금의 차액에 상당하는 금액의 지급을 명하는 피고의 처분이 적법하다고 판단하였으므로, 이러한 원심의 판단에는 하도급법상 지급명령의 허용범위에 관한 법리 등을 오해하여 판결에 영향을 미친 잘못이 있다. 이 점을 지적하는 상고이유의 주장에는 정당한 이유가 있다. ■

설계용역위탁 사안에서 원사업자가 설계하도급용역대금을 미지급하였다는 이유로 시정명령을 내린 후에 수급사업자가 민사소송으로 하도급대금지급청구의소를 제기하였는데 민사법원에서의 미지급 하도급대금이 시정명령의 전제가 된 미지급 하도급금액보다 작게 인정되었다는 이유로 결국 시정명령 처분의 위법성을 인정한 판례가 있다(**대법원 2016. 9. 30. 선고 2014두2690 판결 [시정명령취소청구]**).

[참조 판결]

–대법원 2016. 9. 30. 선고 2014두2690 판결[566] [시정명령취소청구]–

[판시 이유]

수급사업자는 원고를 상대로 미지급 하도급대금의 지급을 구하는 별도의 민사소송을 제기하였고, 위 민사사건의 항소심 법원은 "이 사건 시정명령에서 하도급대금 산정에 반영하였던 필라 지역 1차 200세대에 대한 공공건물에 대해서는 수급사업자가 설계에 착수하지 않았던 것으로 보아 이를 그 산정 대상에서 제외함으로써 원고의 미지급 하도급대금을 3,962,368,078원만 인정하고, 나아가 지연손해금에 관하여 '원고는 하도급법 제13조 제3항에 따라 발주처로부터 기성금을 받은 때부터 15일을 초과한 날부터 지체책임을 진다'는 수급사업자의 주장을 배척한 다음, 원고는 수급사업자에게 위 3,962,368,078원 및 이에 대하여 위 하도급계약이 해지된 이후인 2011. 3. 1.부터 2011. 4. 29.까지는 상법에 의한 연 6%, 그 다음날부터 다 갚는 날까지는 하도급법 제13조 제1항, 제8항 등에 의한 연 20%의 각 비율에 의한 지연손해금을 지급할 의무가 있다."라는 판결을 선고한 사실 및 위 판결이 대법원에서 상고기각으로 확정된 사실 등은 이 법원에 현저하다.

위와 같은 사실관계를 앞서 본 법리에 비추어 살펴보면, 이 사건 시정명령에서 지급을 명한 하도급대금 중 확정된 민사판결에서 인정된 금액을 초과하는 부분은 애초부터 발생하지 않았다고 볼 여지가 크다. 따라서 원심으로서는 이 사건 시정명령 당시를 기준으로 원고의

566) 원심판결(서울고등법원 2013. 12. 26. 선고, 2012누28164 판결).

미지급 하도급대금 원본 액수와 그 지연손해금의 기산일, 범위 등에 대하여 좀 더 면밀히 살펴 이 사건 시정명령의 적법 여부를 판단하였어야 함에도 이에 이르지 않은 원심판결에는 앞서 본 법리를 오해하여 필요한 심리를 다하지 아니함으로써 판결에 영향을 미친 잘못이 있다. ■

2) 명단공표, 입찰참가제한 요청, 영업정지 요청

공정거래위원회는 상습 하도급법 위반자에 대해서는 명단공표[567]를 할 의무가 있고(하도급법 제25조의4), 또한 관계행정기관의 장에게 협조를 요청해야 한다(하도급법 제26조 제3항).

상습법위반자 즉 과거 3년간 법 위반 3회 이상이고 벌점 '4점' 초과하는 경우 '**명단공표**'의 대상이고(하도급법 25조의 4 및 시행령 제15조, 제16조), 과거 3년간 벌점 5점을 초과하는 경우 '**입찰참가제한요청**'(법26조, 시행령17조), 과거 3년간 벌점 10점 초과시 '**영업정지 요청**'(법26조, 시행령17조)을 하여야 한다.

[관련 판례 - 명단공표 처분 관련 -처분성 긍정-]

상습법위반사업자 명단공표행위가 비권력적 사실행위가 아니라 "국민의 구체적 권리의무에 직접적 변동을 초래하는 공법상 행위로서 항고소송의 대상이 되는 처분에 해당한다"는 것이 판례의 태도이다(**서울고등법원 2017. 5. 17.선고 2016누56594 판결 [상습법위반사업자명단공표 취소]**).

[참조 판결]

-서울고등법원 2017. 5. 17.선고 2016누56594판결[568] [상습법위반사업자명단공표 취소]-

[삼○토건 사례]

[판시 이유]

① 하도급법 제25조의4 제1항, 제3항, 제4항, 제5항, 같은 법 시행령 제15조 제1항, 제3항의 각 규정을 종합하면, 공정거래위원회 위원장은 직전연도부터 과거 3년간 이 법 위반을 이유로 공정거래위원회로부터 경고, 시정조치, 시정권고를 3회 이상 받은 사업자 중 벌점이 4점을 초과하는 사업자의 명단을 공표하여야 하는데, 그 공표여부를 심의하기 위하여 심의위원회를 두고, 심의를 거쳐 공표대상이 된 사업자에게는 명단공표대상자임을 통지하여 소명기회를 부여하고, 통지 후 1개월이 지난 후 심의위원회로 하여금 명단공표 여부를 재심의하

567) 명단공표 행위에 대하여 처분성을 인정한 판결(서울고등법원 2017. 5. 17.선고 2016누56594 상습법위반사업자명단공표 취소 사건)

568) 본 판결에 대하여 원고가 상고하였으나 심리불속행기각되어 원심이 확정되었다(대법원 2017. 10. 12. 심리불속행기각 2017두50065판결).

게 하여 공표대상자로 선정하고, 그 공표는 공정거래위원회 인터넷 홈페이지에 1년간 게시하는 방법으로 하도록 규정되어 있다.

② 이 사건 명단공표는 누구나 접속이 가능한 인터넷 홈페이지에 이루어지므로 행정권 내부에서의 행위나 사실상의 통지라고 보기 어렵고, 공표로 인하여 회사의 명예, 신용 등이 타격을 받을 것이 분명하며, 공개처분이 일회적이 아니라 1년간 그 공표의 상태가 지속되고, 공표대상이 된 사업자를 심의위원회를 거쳐 공표대상자로 선정한다는 점에서 행정청의 행위가 개입되며, 사업자는 명단공표에 이의가 있을 때 그 명단공표를 선정한 심의위원회에게 소명하여 재심의를 받도록 되어있으므로 사업자의 권리구제를 위하여 다른 구제절차가 필요하다.

③ 원고는 이 사건 명단공표로 인하여 조달청에서 집행하는 시설공사 입찰참가자격에 직접적인 불이익을 받는다. 조달청 입찰자격사전심사기준(이하 '이 사건 사전심사기준'이라 한다)에서 '최근 2년 이내에 공정거래위원장으로부터 하도급 상습위반자로 통보 받은 자'는 신인도평가에서 '-7'을 받는바, 사실상 조달청이 집행하는 시설공사의 입찰에 참가하는 것이 불가능하게 된다. 이 사건 사전심사기준은 기획재정부 계약예규인 입찰참가자격 사전심사요령(이하 '이 사건 사전심사요령'이라 한다) 제16조에 근거하고 있고, 이 사건 사전심사요령은 국가를 당사자로 하는 계약에 관한 법률(이하 '국가계약법'이라 한다) 시행령 제13조, 국가계약법 시행규칙 제23조 및 제23조의2에 근거하여 제정되었으며, 국가계약법 시행령 제13조는 국가계약법 제7조 제2항에 근거하고 있다. 즉, 입찰참가자격은 국가계약법령에 근거한 이 사건 각 사전심사기준에 따라 결정되는 법률상 지위로서, 이 사건 명단공표로 인하여 원고가 입게 되는 불이익은 단순한 사실상의 불이익에 그친다고 보기는 어렵다.

④ 피고는 위 국가계약법령이 예규시행에 필요한 사항에 대하여 세부기준을 작성한 것으로 행정청의 내부규정에 불과하다고 주장하나, 위 법령은 입찰자격에 관한 사전심사기준을 결정하고 있으므로 심사기준에 의하여 입찰이 결정되는 일반 국민들의 권리를 설정하는 등 법률상 지위를 변동시키거나 영향을 주는 것으로 볼 수 있으므로 피고의 위 주장은 타당하지 않다.

⑤ 피고는 신인도 평가에서 점수를 일부 감점당한 것일 뿐, 원고에게 입찰에서의 참가자격이 제한되는 효과가 발생하는 것이 아니라고 주장하나, 아래 표에서 원고가 평가요소 항목 8)에 해당하여 7점의 추가 감점을 받는다면 원고는 대부분의 입찰참가자격 사전심사에서 탈락할 수밖에 없는바, 사실상 그 참가 자격을 박탈하는 것이므로 피고의 위 주장은 이유 없다.

조달청 입찰참가자격사전심사기준

심사항목	평가요소	배점	등급	평점
나. 하도급 관련 사항	7) 최근 2년간 공정거래위원회 위원장으로부터 불공정하도급 거래행위로 과징금부과 처분을 받은 사실이 있는 자	-7	A. 과징금부과 처분을 받은 사실이 있는 자	-3.0
			B. 과징금부과 처분을 2회 받은 사실이 있는 자	-5.0
			C. 과징금부과 처분을 3회 이상 받은 사실이 있는 자	-7.0
	8) 최근2년 이내에 공정거래위	-7	최근2년 이내에 공정거래위원	-7.0

	원장으로부터 하도급 상습위반자로 통보 받은 자		장으로부터 하도급 상습위반자로 통보 받은 자	

⑥ 또한 피고는 사전심사기준에 그 이름이 공표 여부가 아닌 통보 여부를 평가요소로 제시하고 있으므로 피고의 공표처분이 아니라 원고의 행위가 하도급 거래 상습법위반사업자 요건을 충족한 사실 또는 통보 때문에 불이익을 입는 것이라는 취지로 주장하나, 하도급법 제25조의4 제3항, 제4항은 심의위원회에서 심의를 거쳐 공표대상이 된 사업자에게 명단공표대상자임을 통지하도록 규정하고 있고, 하도급 거래 상습법위반사업자 요건을 충족하더라도 그러한 사실의 존재에 관하여 심의를 거쳐 공표된 경우에 불이익을 받는 것이라고 보아야 할 것이어서 피고의 위 주장은 이유 없다. ■

3) 벌점 제도

하도급법 시행령 제17조 별표3에 따른 '**하도급벌점 운영제도**'가 있다.

- 하도급법 시행령 제17조 별표3 벌점의 부과기준-

1. 용어의 뜻

가. "**벌점**"이란 법 제26조제2항에 따른 입찰참가자격의 제한 요청 등의 기초자료로 사용하기 위하여 법을 위반한 사업자에게 공정거래위원회가 제2호에 따른 벌점의 부과기준에 따라 부과한 점수를 말한다.

나. "**경감점수**"란 사업자가 받은 벌점에서 제3호가목에 따른 벌점의 경감기준에 따라 경감하는 점수를 말한다.

다. "**가중점수**"란 사업자가 받은 벌점에서 제3호나목에 따라 가중하는 점수를 말한다.

라. "**누산점수**"란 직전[상습법위반사업자 명단공표의 경우에는 명단공표일이 속하는 연도 1월 1일부터, 입찰참가자격제한 요청 및 영업정지 요청의 경우에는 제2호가목에 따른 공정거래위원회의 시정조치일부터 역산(초일을 산입한다)한다. 이하 이 표에서 같다] 3년 동안 해당 사업자가 받은 모든 벌점을 더한 점수에서, 해당 사업자가 받은 모든 경감점수를 더한 점수를 빼고 모든 가중점수를 더한 점수를 더한 점수를 말한다.

마. "**현금결제비율**"이란 총 하도급대금 결제액 중에서 현금결제액(현금과 수표에 의한 결제액의 합계액을 말한다)의 비율을 말하고, "결제액"이란 해당 사건 인지일(신고서 접수일 또는 직권조사 개시일) 또는 상습법위반사업자 명단공표일 직전 사업연도의 연간 결제액을 말한다.

바. "**전자입찰비율**"은 총하도급계약금액 중 전자입찰에 의한 하도급계약금액의 비율을 말하며, 하도급계약금액은 해당 사건 인지일(신고서 접수일 또는 직권조사 개시일) 또는 상습법위반사업자 명단공표일의 직전 사업연도의 연간 하도급금액으로 한다.

사. "**직권조사 개시일**"이란 법 위반혐의와 관련한 자료제출 요청일, 당사자 또는 이해관계인에 대한 출석요청일, 현장조사 실시일 중 가장 빠른 날을 말한다.

참고 –하도급벌점 운영제도 (시행령 제 17 조, 별표 3) (개정 2016.12.27.자)						
부과 기준	경고 (서면조사 자진시정)	경고 (신고, 직권)	시정권고	시정명령	과징금	고발
	0.25 점	0.5 점	1 점	2 점	2.5 점	3.0 점
감경 기준	1. 표준하도급계약서 사용(직전 1 년)			2 점		
	2. 하도급특별교육(3 시간 이상)			0.5 점(대표자), 0.25 점(임원)		
	3. 하도급거래 우수업체 표창(위원회,행정기관)			2 점		
	4. 현금(성)결제비율(직전 1 년)			1 점(현금 100%), 0.5 점(현금 80%~)		
	5. 전자입찰비율(직전 1 년)			0.5 점(80%~)		
	6. 협약이행실적평가결과(직전 1 년)			3 점(최우수), 2 점(우수), 1 점(양호)		
	7. 원사업자가 발주자합의 직접지급(직전 1 년)			0.5 점		
	8.하도급대금지급관리시스템사용 발주자직접지급 (직전 1 년)			0.5 점		
* 벌점 경감 시 각 항목마다 1회만 경감 * 벌점 누산점수 산정 : 직전 3년간 (벌점부과점수 – 벌점경감점수) → 직전 3년 : 신고사건은 신고 접수일, 직권조사는 조사계획 발표일 또는 조사공문 발송일 중 뒤의 날, 상습 법 위반사업자 명단공표는 공표일 속하는 연도 1월 1일 기준 역산						

–하도급법시행령 벌점제도 개정안 (2020.3.26.자 보도자료) –

최근 중소기업 협동조합을 통한 하도급대금 조정신청의 확대 및 활성화를 위하여 공정거래위원회는 하도급법시행령 개정안을 발표하였다(2020.3.26.자 보도자료). 그 주요 골자는 다음과 같다.

– 다음 –

1) 벌점 경감 사유 및 경감폭 조정 · 정비(안 [별표3] 3.가.1) · 7), 현행 [별표3] 3.가.2) · 3) · 5) 삭제)

□ 현행 법령은 법 위반 사업자에게 벌점을 부과*한 후 일정 수준 이상 누적되면 입찰 참가 제한 요청 등의 제재를 할 수 있도록 하고,(법 § 26조)

* 경고 0.5점, 시정 권고 1점, 시정명령 2점, 과징금 2.5점, 고발 3점 부과(하도급대금 부당 결정·감액, 기술유용, 보복 행위는 과징금 2.6점, 고발 5.1점)

ㅇ 표준계약서 사용 등 8가지 경감 사유에 해당하는 경우 최대 3점까지 벌점을 경감할 수 있도록 하고 있다.(시행령 별표3)

□ 그러나, 벌점 경감 사유 중 **교육 이수, 표창, 전자 입찰 비율** 항목은 수급 사업자의 **권리 보호와 연관성이 높지 않고,**

ㅇ 표준계약서 사용 및 하도급 대금 직접 지급* 항목은 **그 기준이 지나 치게 엄격****하거나 **이중으로 벌점이 경감될 우려**가 있었다.

* 발주자가 하도급 업체에게 하도급 대금을 직접 지급

** 표준계약서 사용 비율이 100%인 경우에만 경감받을 수 있음.

□ 이에 개정안은 현행 벌점 경감 사유 중 **교육 이수, 표창 수상, 전자입찰 비율 항목을 삭제**하고, 표준계약서* 및 하도급 대금 직접 지급** 관련 경감 요건을 완화하거나 합리화했다.

* (현행) 사용 비율 100% 2점 → (개정) 80% 이상 2점, 50% 이상 ~ 80% 미만 1점

** (현행) 사업자 간 합의, 하도급 대금 지급 관리 시스템을 통해 직접 지급 시 각각 0.5점 → (개정) 사업자 간 합의 또는 하도급 대금 지급 관리 시스템을 통해 직접 지급한 규모 합계가 전체 하도급 대금의 50% 이상 1점, 50% 미만 0.5점

2) 피해 구제 등 관련 벌점 경감 사유 신설(안 [별표3] 3.가.3) · 5) · 6) · 8))

□ 공정위가 법 위반 행위를 조치하더라도 수급 사업자가 손해 배상을 받기 위해서는 **민사 소송 등 별도의 절차**를 거쳐야 하는 경우가 많고,

ㅇ 사업자의 행태 개선을 유도하기 위한 하도급 거래 모범 업체(중소기업 대상)* 선정 제도와 공정거래 자율준수 프로그램**이 있으나, **인센 티브가 적어 그 효과가 크지 않은 상황**이다.

* 현금 결제 비율이 100%일 것, 최근 3년간 법 위반이 없을 것 등 일정한 조건을 충족하는 업체를 선정하여 직권조사 면제 등 인센티브 제공

** 공정거래 관련 법규를 준수하기 위한 내부 준법 시스템 수립 여부, 운영 현황 등을 평가하여, 우수 업체에게 직권조사 면제 등 인센티브 제공

ㅇ 또한, 건설 위탁이 이루어지는 과정에서 경쟁 입찰 결과가 공개되지 않아 원사업자가 입찰 종료 후 추가 협상을 통해 **최저가 입찰 금액보다 낮은 금액으로 계약을 체결***하도록 하도급 업체에게 요구하는 경우가 발생하고 있다.

* 현행 하도급법(§4조②항7호)은 이러한 행위를 금지하고 있음.

□ 이에 개정안은 **피해 구제 등과 관련하여 벌점 경감 사유를 신설**했다.

ㅇ 원사업자가 수급 사업자의 **피해를 자발적으로 구제**한 경우 해당 사건 벌점의 **최대 50%를 경감**할 수 있도록 하고,

* 수급 사업자들의 피해를 모두 구제하면 해당 사건 벌점의 25%~50%, 피해를 50%이상 구제하면 벌점의 25%까지 경감할 수 있도록 하되, 구체적인 경감비율은 피해 구제의 규모, 신속성 등을 고려하여 결정함.

ㅇ 하도급 거래 모범 업체는 3점, 공정거래 자율 준수 프로그램 우수업체는 최대 2점*, 경쟁 입찰 결과(최저 입찰 금액, 낙찰 금액)를 공개하는 비중이 높은 건설업자는 최대 1점**을 경감하도록 했다.

* 최우수(AAA) 등급에 대해 2점, 우수(AA) 등급에 대해 1점 경감

** 입찰 정보 공개 비율이 80% 이상인 경우 1점, 50% 이상 ~ 80% 미만인 경

우 0.5점 경감

< 벌점 경감 사유 개선 요약 >

연번	경감사유	최대 경감점수		개정사항
		현행	개정안	
1	표준계약서 사용 우수	2	2	경감요건 완화
2	하도급대금 현금결제비율 우수	1	1	현행유지
3	건설하도급 입찰시 입찰정보공개 우수	–	1	**신설**
4	공정거래협약 이행평가 우수업체	3	3	현행유지
5	하도급거래 모범업체(중소기업 대상)	–	3	**신설**
6	자율준수 프로그램(CP) 평가 우수업체	–	2	**신설**
7	사업자간 합의를 통한 직불	0.5	1	경감항목 통합, 경감폭 확대
	하도급대금지급관리시스템을 활용한 직불	0.5		
8	수급사업자 피해를 구제	–	벌점의 50%	**신설**
	하도급법 특별교육 이수	0.5	–	삭제
	공정거래위원장 등이 수여하는 표창 수상	2		삭제
	하도급업체 선정시 전자입찰비율 우수	0.5		삭제

3) 벌점 제도 운영 관련 규정 정비(안 [별표3] 3.가 · 다)

□ 현행 시행령은 벌점 경감 사유 판단 시점을 이원화*하고 이의 신청 등 불복 절차가 진행 중인 사건**까지 포함하여 누적 벌점을 계산하고 있어 집행의 **효율성 · 일관성이 떨어진다**는 비판이 있으며,

* '사건 인지일 직전 사업연도' 또는 '시정 조치일 직전 1년'

** 공공 입찰 참가 제한 등 요청 제도와 달리 상습 법 위반 사업자 명단 공표의 경우 불복 절차가 진행중인 사건은 벌점 합산 시 제외하도록 규정(법§25의4)

ㅇ 공정위가 관계 행정 기관에 입찰 참가 제한이나 영업 정지를 요청하는 경우 **해당 벌점이 소멸되는지 여부 등이 규정되어 있지 않은** 상황이다.

ㅇ 또한, 부당 하도급 대금 결정 등으로 고발된 경우 벌점 5.1점을 부과하는 제도(원스트라이크 아웃)와 관련하여, **부과 벌점이 지나치게 크다는 비판**도 있다.

□ 이에 개정안은 벌점 경감 사유 판단 시점을 **'최근 시정 조치일의 직전 사업연도' 로 통일**하고, 불복 절차가 진행 중인 사건, 이미 입찰 참가 제한 요청 등이 이루어진 사건은 원칙적으로 누산 벌점 산정 대상에서 제외했다.

ㅇ 또한, 부당 하도급 대금 결정 등 4개 행위를 고발할 때 부과하는 벌점을 **5.1점 → 3.1점으로 하향 조정**했다. 끝.

4) 관련 판결례- '벌점 부과행위의 처분성 인정여부'

원사업자의 공정거래위원회의 벌점 부과 행위에 대하여 처분으로보고 항고소송을 구한 사건에서 처분성을 부정하면서 '각하'한 고등법원 판결이 있다(**서울고등법원** 2019. 12. 11. 선고 2018누113 [시정명령취소]).

–서울고등법원 2019. 12. 11. 선고 2018누113 판결[569] [시정명령취소]–
[동○건설 사례]
[판시 이유]

1. 원고의 주장

가. 벌점 부과의 처분성

이 사건 각 벌점 부과로 인하여 원고는 향후 입찰참가자격 제한 등 불이익을 받을 위험에 처한 점, 관련 형사사건에서 불기소처분이 내려졌음에도 피고가 직권으로 벌점을 감경하지 않는 한 원고가 이에 불복할 수 있는 별도의 구제수단이 없는 점, 개별입찰 절차에서 입찰참가자격 제한조치를 당한 때에 다투는 것은 사후적·개별적 권리구제 수단으로서 권리보호에 미흡한 점, 행정소송제도와 사법권의 목적 등에 비추어 보면, 이 사건 각 벌점 부과 자체에 처분성을 인정하여 그 위법성을 다투게 하는 것이 가장 근원적·효과적인 권리구제수단인바, 이 사건 각 벌점 부과는 피고의 처분으로 보아야 한다.

나. 이 사건 벌점 부과의 무효 사유

이 사건 관련 형사사건에서의 불기소결정에 의하여 이 사건 고발은 그 피의사실을 인정할 근거가 없음이 확인되었는바, 이는 고발하지 않아야 할 것을 고발한 것이고 벌점을 부과하여서는 아니 되는 사항에 벌점을 부과한 것이 되므로, 그 하자는 중대하고 명백하다. 또한 이 사건 소로써 이 사건 제1 시정명령이 취소되는 경우에는 벌점을 부과하여서는 아니 되는 사항에 벌점이 부과된 것이 되므로 그 하자 역시 중대·명백하다.

2. 피고의 주장

이 사건 각 벌점 부과는 행정기관 내부에서 이루어지는 행위이며 벌점 부과 상대방에게 통보되거나 공식적인 방법으로 외부에 표시되지 아니하는바, 항고소송의 대상이 되는 행정처분이라고 할 수 없으므로, 이 사건 각 벌점 부과 무효 확인 청구 부분의 소는 부적법하다(본안전 항변). 또한 설령 이 사건 각 벌점 부과를 처분으로 보더라도 그 근거가 되는 이 사건 제1 시정명령 및 이 사건 고발이 적법·타당하므로 그에 따른 이 사건 각 벌점 부과도 적법·타당하다(본안에 관한 주장).

3. 판단

관련 규정 및 기타 앞서 본 증거들에 변론 전체의 취지를 종합하여 인정되는 다음의 사정을 종합적으로 고려하면, 피고가 원고에 대하여 하도급법 제26조 제2항, 하도급법 시행령 제17조 제1항 [별표 3]의 규정에 따라 벌점을 부과하는 것은 피고의 내부 행위에 불과하고 이를 항고소송의 대상이 되는 처분이라고 보기 어렵다.

1) 벌점 부과에 관한 하도급법령의 내용과 취지

가) 관련 규정의 내용

하도급법 제26조는 "관계 행정기관의 장의 협조"라는 표제 하에 제2항에서 "공정거래위원회는 제3조 제1항부터 제4항까지 및 제9항, 제3조의4, 제4조부터 제12조까지, 제12조의2, 제12조의3, 제13조, 제13조의2, 제14조부터 제16조까지, 제16조의2 제7항 및 제17조부터 제20조까지의 규정을 위반한 원사업자 또는 수급사업자에 대하여 그 위반 및 피해의 정도를 고려하여 대통령령으로 정하는 벌점을 부과하고, 그 벌점이

569) 본 판결에 대하여 공정거래위원회가 상고하여 계속 중이다(대법원 2020두31217 계속 중).

대통령령으로 정하는 기준을 초과하는 경우에는 관계 행정기관의 장에게 입찰참가자격의 제한, 건설산업기본법 제82조 제1항 제7호에 따른 영업정지, 그 밖에 하도급거래의 공정화를 위하여 필요한 조치를 취할 것을 요청하여야 한다."라고 규정하고 있다.

그 위임을 받은 하도급법 시행령 제17조 제1항은 "법 제26조 제2항에 따라 공정거래위원회가 부과하는 벌점의 부과기준은 별표 3과 같다."라고 규정하고, 제2항은 "법 제26조 제2항에서 '대통령령으로 정하는 기준을 초과하는 경우'란 별표 3 제1호 라목에 따른 누산점수가 다음 각 호의 구분에 따른 점수를 초과하는 경우를 말한다."라고 각 규정하면서, 제1호에서 '입찰참가자격의 제한 요청'은 '5점', 제2호에서 '건설산업기본법 제82조 제1항 제7호의 사유에 따른 영업정지 요청'은 '10점'으로 각 규정하고 있다(이하 입찰참가자격의 제한 요청과 영업정지 요청을 통틀어 '입찰참가자격 제한 요청 등'이라 쓴다).[570]

하도급법 시행령 [별표 3](이하 '[별표 3]'이라 한다)은 제1호 가.목에서 "벌점"을 "법 제26조 제2항에 따른 입찰참가자격의 제한 요청 등의 기초자료로 사용하기 위하여 법을 위반한 사업자에게 공정거래위원회가 제2호에 따른 벌점의 부과기준에 따라 부과한 점수"로 정의한다. [별표 3] 제2호 "벌점의 부과기준"(이하 '[별표 3] 부과기준'이라 한다)은 가.목에서 "하도급법 위반행위가 속하는 위반 유형에 대하여 각각 시정조치 유형별 점수를 산출하고(같은 유형에 속하는 법 위반행위에 대하여 서로 다른 유형의 시정조치를 한 경우에는 가장 중한 시정조치 유형의 점수만 반영한다), 각 시정조치 유형별 점수를 더하여 정한다."라고 규정하고, 각 시정조치 유형별로 점수를 특정하여 정하는 한편, 나.목에서 위반 유형을 분류하고 있다. [별표 3] 제3호는 벌점의 경감·가중 및 누산 기준을 구체적으로 정하고 있다.

나) 관련 규정의 연혁

구 하도급법(2008. 3. 28. 법률 제9085호로 개정되기 전의 것) 제26조 제2항은 상습적 법위반 사업자에 대한 입찰참가자격의 제한 또는 영업정지 요청을 피고의 재량에 맡겨 두었다. 구 하도급거래공정화지침(2008. 12. 5. 공정거래위원회 지침으로 개정되기 전의 것) Ⅲ.의 21.호 "하도급법 위반사업자에 대한 조치" 중 가.목에서 하도급법 위반사업자에 대한 시정조치의 유형별로 벌점을 부과하여 관리한다고 정하고[571], 라.목에서 '과거 3년간 당해 업체가 받은 벌점 누계가 10점(시정명령 2회 이상 포함) 이상인 경우에는 입찰참가자격제한 요청 조치를, 벌점 누계가 15점(시정명령 3회 이상 포함)이상인 경우에는 영업정지 요청 조치를 할 수 있다'고 규정하여 입찰참가자격 제한 및 영업조치 여부를 모두 피고의 재량에 따라 정하도록 하였다. 또한 벌점 누계에서의 감점 처리 역시 일정한 요건에 따라 피고의 재량의 여지를 두었었다.

이후 하도급법이 2008. 3. 28., 동법 시행령이 2008. 9. 23. 각 개정되고[572], 하도급거래공정화지침이 2008. 12. 5. 개정되어 종전의 벌점 관련 규정이 삭제됨으로써, 종래 구 하도급거래공정화지침에 따라 임의적으로 운용되던 벌점제도가 법률과 시행령에서 규율되기에 이르렀다.

다) 관련 규정의 취지

'벌점'의 정의규정([별표 3] 제1호 가.목)에서 보는 바와 같이, 이는 입찰참가자격의 제한 요청 등의 '기초자료로 사용하기 위하여', 하도급법을 위반한 사업자에게 피고가 [별표 3] 부과기준에 따라 부과한 '점수'이다. 하도급법령은 피고가 위반행위를 이유로 시정조치를 내리는 경우 반드시 위반 유형 및 시정조치 유형별로 [별표 3] 부과기준에서 정한 점수를 벌점으로 부과하도록 정하고 있는바, 벌점의 부과 여부 및 구체적인 점수의 결정에 있어 피고의 판단이나 재량이 개입될 여지가 없다(위 각 점수가 애당초 하도급법 제26조 제2항이 위임한 범위 내인 '위반 및 피해의 정도'를 고려하여 세분화한 점수임을 고려할 때, 위 각 점수가 '최고 한도'로 해석될 여지도 없다).

상습적·반복적 하도급법 위반자에 대한 추가적 제재를 하기 위한 요건은, 위반행위나 시정조치의 횟수 내지 빈도를 기준으로 할 수도 있을 것이나, 위반행위 유형 별로 하도급거래에 미치는 악영향의 정도가 다르고, 수급사업자가 입은 피해 및 사업자의 시정노력 등에 때라 시정조치 유형도 차이가 있게 된다. 하도급법령상의 벌점은 하도급법 위반행위의 중대성을 위반 유형 및 시정조치 유형에 따라 계량화한 것으로서, '위반행위 사실' 및 '그에 따른 시정조치 사실'을 점수로 치환하여 표시한 것으로 볼 수 있다.

이처럼 하도급법 위반행위와 관련된 사항을 '벌점'의 형태로 적어두는 행위는 그것이 비록 법률과 시행령에 의하여 부과되는 것이라 하더라도 이는 '위반행위 사실' 및 '그에 따른 시정조치 사실'을 계량화·수치화하여 기재하는 것에 불과하여, 이를 공권력의 행사로서 해당 사업자의 구체적인 권리·의무에 직접적 변동을 초래하는 행위라고 보기는 어렵다. 따라서 이 때의 벌점 '부과'는 "부과(賦課)"(세금이나 부담금 따위를 매기어 부담하게 함 또는 일정한 책임이나 일을 부담하여 맡게 함)라기 보다는 "부과(附過)"(잘못이나 허물을 적어두는 것)를 뜻한다고 봄이 타당한바, 이를 그 자체로 국민에게 구체적인 의무를 발생시키는 세금 내지 개발부담금의 부과(賦課)의 경우와 같게 볼 것은 아니다.

2) 하도급법위반 사업자에 대한 벌점 부과 절차

가) 피고가 하도급법을 위반한 사업자에 대한 시정조치를 의결하는 경우, 피고의 해당 사건 담당자는 의결서를 송부함과 동시에 해당 위반 유형 및 시정조치 유형을 토대로 [별표3] 부과기준에 따른 벌점을 피고의 내부전산망인 사건처리시스템에 입력하여 등재한다. 위와 같은 벌점은 해당 사업자를 포함하여 외부에 공개되지 아니하며, 피고는 시정조치 시 해당 사업자에게 벌점을 별도로 통지하거나 의결서에 이를 기재하지 아니하여 왔다.

피고가 시정조치를 직권으로 취소하거나 시정조치를 취소하는 항고소송 판결이 확정되는 경우, 피고의 담당자는 사건처리시스템에 등재된 해당 벌점을 삭제한다. 다만 피고의 고발에 대하여 불기소처분이 내려지거나 고발된 혐의로 기소되어 형사사건에서 무죄판결이 확정되더라도 고발에 따른 벌점을 삭제하는 절차는 마련되어 있지 않은 것으로 보인다.

이와 같은 벌점 부과 절차에 비추어 보면, 벌점 부과는 시정조치에 부종하여 그 집행의 일환으로 기계적·자동적으로 이루어지는 내부 행위에 불과하다고 봄이 타당하다.

나) 하도급법위반 사업자에 대한 마지막 시정조치일을 기준으로 역산하여 직전 3년간의 누산점수가 5점을 초과하는 경우, 피고는 하도급법 제26조 제2항에 따른 입찰참가자격제한 요청을 하기 위하여 해당 사업자에게 누산점수 및 이를 구성하는 개별 벌점을 서면으로 통지하고 이에 대한 사업자의 의견 제출 기회를 부여한다. 사업자는 개별 벌점 부과의 오류, [별표 3] 제3호 가.목 기재 경감점수 해당사유의 존재 또는 가중점수 해당사유의 부존재를 주장할 수 있고, 피고는 사업자의 의견을 듣고 누산점수가 5점을 초과하는지를 판단하여 이에 해당할 경우 입찰참가자격 제한 요청 여부를 의결로써 정한다(누산점수가 10점을 초과하는 경우 피고는 건설산업기본법 제82조 제1항 제7호에 따른 영업정지 요청을 하기 위하여 같은 절차를 거친다).

3) 벌점 부과로 인한 불이익

가) 개별 벌점 부과로 인한 불이익

하도급법 위반사업자에 대한 벌점은 피고의 내부 전산처리시스템에 기록될 뿐 외부적으로 공표되지 않는바, 벌점 부과 그 자체로 바로 입찰참가자격을 상실하거나 영업정지를 당하는 등 법률상 지위나 권리의무에 변동이 발생하지는 아니한다. 또한, 벌점이 부과되더라도 그로부터 3년 내에 누산점수가 5점 내지 10점을 초과하지 아니하는 한 해당 벌점으로 인하여 받게 되는 불이익은 없다(하도급법 제25조의4에서 정한 '상습법위반사업자 명단공표'는 누산점수가 4점을 초과하는 것 외에도 과거 3년간 시정조치 또는 시정권고를 3회 이상 받을 것을 요건으로 한다).

이미 부과된 벌점이 있는 사업자로서는 하도급거래와 관련하여 다시 벌점을 받게 되면 입찰참가자격 제한 등의 제재를 받을 위험이 있고 그로 인하여 영업의 자유가 침해되거나 위축될 우려는 있을 수 있다. 그러나 이러한 위험은 개별 벌점 부과 후 3년 내에 누산점수가 일정 기준을 초과함으로써 피고가 입찰참가자격 제한 요청을 하게 되는 경우에 비로소 현실화되는 것이어서, 개별 벌점 부과만으로는 아직 구체적인 권리의무에 변동을 초래하는 법적 불안정성이 초래되었다고 평가하기 어렵다.

나) 누산점수가 일정 기준을 초과함에 따른 불이익

누산점수가 5점을 초과할 경우, 피고는 하도급법 제26조 제2항, 하도급법 시행령 제17조 제2항 제1호에 따라 관계 행정기관의 장에게 입찰참가자격의 제한을 요청하여야 한다. 그 요청을 받은 중앙관서의 장은 2년 이내의 범위에서 대통령령으로 정하는 바에 따라 입찰참가자격을 제한하여야 하며, 그 제한 사실을 즉시 다른 중앙관서의 장에게 통보하여야 한다. 이 경우 통보를 받은 다른 중앙관서의 장은 대통령령으로 정하는 바에 따라 해당 사업자의 입찰참가자격을 제한하여야 한다[국가를 당사자로 하는 계약에 관한 법률(이하 '국가계약법'이라 한다) 제27조 제1항 제5호]. 국가계약법 시행령 제76조 제2항은, 국가계약법 제27조 제1항 제5호에 해당하는 사업자 등에 대해서는 즉시 1개월 이상 2년 이하의 범위에서 입찰참가자격을 제한해야 하고, 다만 사업자 등의 대리인, 지배인 또는 그 밖의 사용인에 의하여 입찰참가자격 제한 사유가 발생한 경우로서 사업자 등이 대리인, 지배인 또는 그 밖의 사용인의 그 행위를 방지하기 위해 상당한 주의와 감독을 게을리하지 않은 경우에는 입찰참가자격을 제한하지 않는다고 규정한다.[573]

위 각 규정에 의하면, 피고로부터 특정 사업자에 대한 입찰참가자격 제한 요청을 받은 각 중앙관서의 장은 특별한 사정이 없는 한 그 요청에 기속된다고 보아야 하고[574], '입찰참가자격 제한 기간'을 정함에 있어 국가계약법 및 국가계약법 시행령 등에 따라 일정한 재량을 보유할 따름이다.

건설산업기본법 제82조 제1항 제7호는 '산업안전보건법에 따른 중대재해를 발생시킨 건설사업자에 대하여 고용노동부장관이 영업정지를 요청한 경우와 그 밖에 다른 법령에 따라 국가 또는 지방자치단체의 기관이 영업정지를 요구한 경우에는 국토교통부장관은 6개월 이내의 기간을 정하여 그 건설사업자의 영업정지를 명하거나 영업정지를 갈음하여 1억 원 이하의 과징금을 부과할 수 있다'라고 규정하고 있으나, 동법 시행령 제80조 제1항 [별표 6] "영업정지 및 과징금의 부과기준"은 제1호 다.목 1)의 나)에서 "법 제82조 제1항 제7호의 사유로 해정처분을 하는 경우"는 영업정지처분의 대상으로 규정하고 있다. 한편, 건설산업기본법 시행령 제80조 제2항 "국토교통부장관은 위반행위의 동기·내용 및 횟수, 위반행위와 관련된 공사의 특성 및 입찰방식 등을 고려하여 제1항에 따른 영업정지의 기간 또는 과징금의 금액의 2분의 1의 범위에서 이를 가중 또는 감경할 수 있다."고 규정하고 감경의 대상에서 제82조 제1항 제7호를 제외하고 있지는 않다.[575]

위 각 규정에 따르면, 피고가 건설산업기본법 제82조 제1항 제7호에 따른 영업정지를 요청할 경우, 국토교통부장관이 해당 사업자에 대하여 영업정지처분을 할 것인지 여부 및 그 기간의 정함에 있어서는 재량의 여지가 있다고 볼 것이나, 영업정지에 갈음하여 과징금처분을 선택할 여지는 없다고 보인다.

이와 같은 점에 비추어 보면, 누산점수가 일정한 기준을 초과함으로써 피고가 관계 행정기관의 장에게 입찰참가자격 제한 요청 등을 하게 될 경우 해당 사업자는 입찰참가자격 제한 처분 또는 영업정지 처분을 받을 개연성이 매우 높다고 할 것이어서, 피고가 입찰참가자격 제한 요청 등의 의결을 할 시기에 이르러 비로소 해당 사업자의 법률상 지위에 직접적인 법률적 변동이 발생한다고 봄이 타당하다.

4) 별도의 구제수단 보장의 필요성

가) 시정조치(고발을 제외한다)에 따른 개별 벌점 부과

(1) 시정조치 자체가 위법한 경우

하도급법령상의 벌점은 시정조치에 부종하여 그 집행의 일환으로 [별표 3] 부과기준에 따라 부과되는 것이므로, 시정조치에 대한 항고소송을 통해 시정조치가 취소되면 그 벌점은 당연히 그 근거를 잃고 삭제되어야 한다. 따라서 시정조치가 내려진 바로 그 때에 시정조치 자체에 대하여 항고소송을 제기하는 것이 시정조치는 물론 벌점 부과의 근본부터 다툴 수 있는 가장 유효적절한 구제수단이 된다.

시정조치의 취소를 구하는 항고소송을 제기하여 패소 확정되었거나, 항고소송을 제기하지 아니함으로써 시정조치에 대하여 불가쟁력이 발생한 이후 그 시정조치 의 하자를 들어 해당 벌점 부과만의 취소 내지 무효 확인을 구하는 것은 시정조치와 벌점 부과의 관계에 비추어 상정하기 어려울 뿐만 아니라 하도급법상 벌점제도를 무력화하는 것으로서 받아들이기 어렵다.

(2) 개별 벌점 부과 고유의 위법이 있는 경우

개별 벌점 부과에 대하여 시정조치와 별도의 고유의 위법을 상정하기는 어려우나, 피고가 개별 벌점을 부과함에 있어 위반 유형이나 시정조치 유형에 대한 판단을 그르치거나 여러 시정조치가 있을 경우 점수의 합산을 잘못하여 [별표 3] 부과기준에서 정한 것과 달리 벌점을 부과하는 등 오류가 있을 수는 있다.

살피건대, 행정청의 어떠한 행위를 처분으로 보게 되면 그 위법성을 항고소송으로 다툴 수 있게 되는 장점이 있는 반면, 행정청의 내부 행위에 불과하여 오류가 있더라도 제소기간의 제약 없이 간이한 방법으로 정정할 수 있는 것임에도, 이를 처분으로 취급하여 공정력 및 불가쟁력을 부여함으로써 오히려 권리구제를 어렵게 만드는 단점이 있을 수 있다.

따라서 이와 같은 벌점 부과의 오류는 피고에 대한 정정 신청 등 간이한 방법이나, 누산점수가 일정 기준을 초과하여 입찰참가자격 제한 요청 등 여부를 판단할 때 다툴 수 있게 함으로써 충분하고, 벌점 부과 자체를 처분으로 보아 항고소송의 대상으로 삼아야 할 이유가 될 수는 없다.

(3) 경감점수의 적용 시기

[별표 3] 제3호 가.목은 '경감점수'를 두고 있어 마치 개별 벌점 부과단계에서 경감이 가능한 것처럼도 보인다. 그러나 [별표 3] 제1호 라.목에 의하면, "누산점수"란 '먼저 모든 개별 벌점을 합산한 다음에, 그 합산한 벌점으로부터 모든 경감점수 합계를 빼고 모든 가중점수 합계를 더하여 산정'된다고 할 것인바, 경감점수는 개별 벌점 부과 시에 공제되는 것이 아니라, 누산점수를 산정할 때 모든 개별 벌점의 합계로부터 공제되는 것으로 해석된다(이를 달리 해석할 경우 경고나 시정권고를 받고 0.5점 내지 1점의 벌점이 부과될 때 그보다 높은 경감점수가 적용되어 전체 벌점이 마이너스가 되는 불합리한 경우가 발생할 수 있다). 즉 경감점수 해당사유가 있더라도 이는 별도로 관리되어야 하고 개별 벌점 부과 시 경감점수를 공제한 나머지 점수가 부과된다고 볼 수 없다.

[별표 3] 제3호에서 명백하게 '벌점부과일 직전 1년 동안'으로 명시하지 아니하는 한 '직전 1년 동안' 또는 '직전 3년 동안'의 의미는 누산점수가 5점 또는 10점을 초과하는 때로서, 마지막 시정조치일로부터 역산하여' '직전 1년 동안' 또는 '직전 3년 동안'으로 해석함이 타당하다. 따라서 경감점수 해당사유는 누산점수가 일정 기준을 초과할 때 소명의 기회를 갖는 것으로 충분하고 개별 벌점의 부과마다 이를 다툴 기회가 부여되어야 한다고 볼 수 없다.

나) 고발 및 그에 따른 벌점 부과에 관한 구제수단

(1) [별표 3] 제2호 가.목 7)은 피고의 고발 의결이 있을 경우 자동적으로 3.0점 또는 5.1점의 벌점이 부과되므로, 이와 같은 '고발' 내지 그에 대한 벌점에 대하여 사법적 통제의 필요성이 있어 보이기는 한다.[576]

그런데 하도급법 제32조 제2항은 '공정거래위원회는 제30조의 죄 중 위반정도가 객관적으로 명백하고 중대하여 하도급거래 질서를 현저히 저해한다고 인정하는 경우에는 검찰총장에게 고발하여야 한다'고 규정하고 있고, 피고가 고발요건에 해당하지 아니한다고 결정하더라도 검찰총장, 감사원장, 중소벤처기업부장관은 사회적 파급효과, 수급사업자에게 미친 피해 정도 등 다른 사정을 이유로 피고에게 고발 요청을 할 수 있고(하도급법 제32조 제3, 4항), 위와 같은 고발요청이 있는 때에는 피고 위원장은 검찰총장에 고발하여야 하는바(같은 조 제5항), 피고로서는 일정한 요건이 충족되면 자의에 의하든 타의에 의하든 반드시 고발하여야 할 의무를 부담한다.

또한 고발은 수사의 단서에 불과할 뿐 그 자체로 해당 사업자의 권리의무에 직접적인 영향을 미치는 것이 아니고, 고발을 받은 기관은 수사를 개시하여 그 결과에 따라 기소 여부를 판단할 뿐 반드시 기소하여야 할 의무를 부담하지도 아니한다(이 점에서 입찰참가자격 제한 요청 등과는 차이가 있다).

특히 하도급법 제32조 제1항은 피고의 고발을 하도급법 위반죄의 소추요건으로 규정하고 있어 피고의 고발조치는 사직 당국에 대하여 형벌권 행사를 요구하는 행정기관 상호간의 행위에 불과하여 항고소송의 대상이 되는 행정처분이라 보기 어렵다(대법원 1995. 5. 12. 선고 94누13794 판결[577] 참조).

(2) 위와 같이 피고의 고발을 처분으로 보기 어려운 이상 그 고발에 따른 벌점의 부과 역시 처분으로 보기 어렵다고 할 것이다.

나아가 피고의 고발에도 불구하고 검찰에서 불기소처분이 내려지거나, 기소되었더라도 법원에서 무죄 판결이 선고되어 확정된 경우, 피고발인인 사업자는 피고에 대하여 고발에 따라 부과된 벌점의 삭제 또는 수정을 구할 법규상·조리상 신청권이 인정될 여지도 큰 만큼, 고발에 따른 벌점의 삭제 또는 수정을 신청하여 피고가 이를 거부할 경우 그 거부처분의 취소를 구하여 장래의 불확실한 법적 상태에서 벗어날 길도 열려 있다고 볼 것이다.

그렇지 않다 하더라도, 위와 같은 사유는 아래 다)항에서 보는 바와 같이 고발에 따른 벌점을 포함하여 누산점수가 일정 기준을 초과함을 이유로 입찰참가자격 제한 요청 등 의결 시에 다투는 방법 또한 가능하다고 할 것이다.

(3) 한편, 처분의 위법 여부는 처분 당시를 기준으로 판단하여야 할 것인바, 고발 내지 고발 의결을 처분으로 보더라도 앞서 본 고발 요건 및 효과에 비추어 고발 시를 기준으로 그것이 위법하다고 판단할 만한 사정을 찾기는 어려울 것으로 보이고, 후일 불기소처분이나 무죄의 확정판결을 받았다는 사후적 사정만으로 고발 자체에 중대하고 명백한 하자가 있었다고 단정하기도 어렵다.

이러한 사정은 고발에 따른 벌점 부과의 경우에도 마찬가지인 점과 고발에 따른 벌점은 [별표 3] 부과기준에 따라 재량의 여지 없이 부과되는 점에 비추어 보면, 고발에 따른 벌점 부과를 처분으로 보아 그 취소나 무효를 다툴 수 있게 하는 것이 효과적인 구제수단이 된다고 보기도 어렵다.

다) 누산점수가 일정 기준을 초과하는 경우

(1) 누산점수가 일정 기준(5점 또는 10점)을 초과하게 되면, 당해 사업자로서는 입찰참가자격 제한 요청 등 불이익한 행정처분을 당할 불안정한 지위에 처하게 되므로, 피고의 누산점수 산정에 있어서의 위법, 개별 벌점 부과의 오류, 취소된 시정조치에 따른 벌점 삭제조치의 미이행, 피고발사건에 관한 불기소처분 또는 무죄 확정판결 등 입찰참가자격 제한 요청 등 요건이 실질적으로 충족되지 아니하였음을 다툼으로써 그 법적 불안을 해소할 수단이 필요하다. 그리고 이는 입찰참가자격 제한이나 영업정지

처분을 내리는 다른 관계 행정기관의 장을 대상으로 하는 것보다 벌점의 부과 및 관리 주체인 피고를 상대로 다투는 것이 가장 직접적이고 효과적인 구제방법이 될 수 있다.

그런데 행정처분이 외부적으로 성립하려면 행정청의 의사표시가 공식적인 방법으로 외부에 표시되어야 하므로(대법원 2017. 7. 11. 선고 2016두35120 판결 참조), 가급적 외부로 표시되는 행정청의 의사표시를 항고소송의 대상으로 포착하는 것이 바람직하다.

개별 벌점의 부과행위는 시정조치에 부종하는 내부 행위에 불과하며 피고의 의사표시가 외부에 표시되는 등 처분의 실질을 갖추지 못하였음은 앞에서 본 바와 같다. 또한 늦어도 3년 내에 최종적인 결정과 외부적인 표시가 예정되어 있는 상황에서, 외부에 표시되지 않은 행정기관 내부 행위를 항고소송의 대상인 처분으로 보아야 할 필요성은 크지 않다(대법원 2019. 6. 27. 선고 2018두49130 판결 참조). 그와 같은 점에서 피고가 입찰참가자격제한 요청 또는 영업정지 요청 여부를 판단하기 위하여 해당 사업자에게 누산점수를 통지하고 의견진술의 기회를 부여하며 최종관계 행정기관의 장에 대한 입찰참가자격 제한 또는 영업정지 요청 등을 의결하는 행위 자체를 처분으로 볼 여지가 있다[578](이를 처분으로 보아 항고소송을 허용하는 경우, 사업자는 개별 벌점 부과의 오류, 경감점수 해당사유의 존재 및 가중점수 해당사유의 부존재, 시정조치의 취소와 피고발사건의 불기소처분 또는 무죄 확정판결 등 개별 벌점이 사후적으로 그 근거를 상실하였다는 사정을 주장할 수 있을 것이다. 다만 개별 벌점 부과의 전제가 되는 시정조치에 관하여 이미 불가쟁력이 발생하였다면 당해 시정조치의 위법을 주장할 수 없고 따라서 당해 벌점 부과 자체의 위법은 주장할 수 없다고 할 것이다).

(2) 한편, 외부적 표시 여부를 기준으로 처분성을 판단하는 것은 오히려 피고로 하여금 벌점의 통지를 회피하게 만들 위험이 있다. 개별 벌점 부과행위를 '처분'으로 볼 수 없는 가장 주된 이유는, 그것이 외부적으로 표시되지 않아서라기보다, 그 행위만으로는 국민의 구체적 권리의무에 직접적 변동을 초래한다고 볼 수 없기 때문이다. 따라서 당사자에게 벌점을 통지하더라도 이는 사실의 통지에 불과할 뿐 벌점 부과의 성격에 변화가 초래된다고 보기 어렵다.

하도급법 벌점 제도의 공정하고 투명한 관리를 위하여, 피고는 시정조치 의결 시 사업자에게 부과되는 벌점을 통지하고(이는 '사실의 통지'에 불과하여 처분이 된다고 보기 어렵다), 사업자가 언제든지 자신의 벌점을 조회하고 오류의 정정 내지 일정한 경우(시정조치의 취소, 고발 협의에 대한 무죄 확정판결 등) 해당 벌점의 삭제를 요청할 수 있도록 세부 고시를 제정하여 벌점 관리절차를 정비하는 것이 바람직하다.

라. 소결론

따라서 이 사건 각 벌점 부과가 처분임을 전제로 그 무효 확인을 구하는 부분의 소는 부적법하므로 이 점을 지적하는 피고의 본안 전 항변은 이유 있는바, 더 나아가 본안에 관하여 판단하지 아니한다(설령 이를 달리 보더라도, 이 사건 제1 시정명령이 적법함은 뒤에서 보는 바와 같고, 이 사건 고발 당시 관련 사실관계는 추가적인 조사를 하지 아니하면 알 수 없는 상태였고 뒤에서 보는 바와 같은 하도급대금 감액에 관한 법리가 정립되어 있지 아니하였던 점을 고려하면, 이 사건 각 벌점 부과에 중대하고 명백한 하자가 있다고 할 수 없다).

---

570) 하도급법 시행령 제17조 제3항은 "별표 3에 따른 벌점의 부과와 감경에 필요한 세부 사항은 공정거래위원회가 정하여 고시한다."라고 규정하고 있으나, 피고의 하도급거래공정화지침은 Ⅲ.공정화지침 21.의 가.에서 "하도급법 위반사업자에 대한 누산벌점관리는 하도급법 시행령 제17조 제1항 및 [별표 3]의 규정에 의한다."라고 하여, 하도급법 시행령에 다시 의탁하고 있을 뿐 벌점의 부과와 감경에 필요한 세부 사항에 관한 고시를 지금까지도 마련하고 있지 않다.

571) 구 하도급거래공정화지침 Ⅲ.공정화지침 21. 하도급법 위반사업자에 대한 조치

다. 과징금 부과

1) 관련 법령

- 하도급법-

제25조의3(과징금) ① 공정거래위원회는 다음 각 호의 어느 하나에 해당하는 발주자·원사업자 또는 수급사업자에 대하여 수급사업자에게 제조등의 위탁을 한 하도급대금이나 발주자·원사업자로부터 제조등의 위탁을 받은 <u>하도급대금의 2배를 초과하지 아니하는 범위에서 과징금을 부과할 수 있다</u>. <개정 2010.1.25, 2011.3.29, 2013.5.28, 2013.8.13>

1. 제3조제1항부터 제4항까지의 규정을 위반한 원사업자
2. 제3조제9항을 위반하여 서류를 보존하지 아니한 자 또는 하도급거래에 관한 서류를 거짓으

<하도급법 위반사업자에 대한 벌점>

유 형	경 고(서면)	경고(신고,직권)	시정권고	시정명령	과징금	고 발
점 수	0.5	1.0	1.5	2.0	2.0	2.5

572) 위 개정으로 아래와 같이 제14조의4가 신설되었다가, 2010. 7. 21. 전부 개정으로 제17조로 자리를 옮겼고 이후 2013. 11. 27. 개정으로 입찰참가자격 제한 요청 등 기준이 현행 규정과 같이 하향되었다.
구 하도급법 시행령(2010. 7. 21. 대통령령 제22297호로 전부 개정되기 전의 것)
제14조의4(벌점 부과기준 등)
① 법 제26조제2항에 따라 공정거래위원회가 부과하는 벌점의 부과기준은 별표 3과 같다.
② 법 제26조제2항에서 "대통령령으로 정하는 기준을 초과하는 경우"란 별표 3 제1호 다목에 따른 누산점수가 다음 각 호의 구분에 따른 점수를 초과하는 경우를 말한다.
1. 입찰참가자격의 제한 요청: 10점
2. 「건설산업기본법」 제82조제1항제6호의 사유에 따른 영업정지 요청: 15점
③ 별표 3에 따른 벌점의 부과와 감경에 필요한 세부 사항은 공정거래위원회가 정하여 고시한다.

573) 종전의 구 국가계약법 시행령 제76조 제2항은 누산점수가 5점을 초과하여 입찰참가자격 제한 요청을 받은 사업자 등이 일정 요건에 해당할 경우에 즉시 1개월 이상 2년 이하의 범위에서 입찰참가자격의 제한을 규정하였으나, 2019. 9. 17. 대통령령 제30078호로 개정된 국가계약법 시행령 제76조 제2항은 구 시행령이 요구하였던 일정 요건을 삭제하고 일률적으로 1개월 이상 2년 이하의 범위에서 입찰참가자격을 제한하도록 개정되었다.

574) 국가계약법 제27조의2 제1항은 ① 부정당업자의 위반행위가 예견할 수 없음이 명백한 경제여건 변화에 기인하는 등 부정당업자의 책임이 경미한 경우 및 ② 입찰 참가자격 제한으로 유효한 경쟁입찰이 성립되지 아니하는 경우로서 각 대통령령으로 정하는 경우 입찰참가자격 제한을 갈음하여 과징금을 부과할 수 있다고 규정하고 있으나, 동법 시행령 제76조의2 제1항 단서는 위 ①에 대해 국가계약법 제27조 제1항 제5호에 해당하는 자는 명시적으로 제외하고 있고, 위 ②에 대해서는 입찰자가 2인 미만이 될 것으로 예상되는 경우로 규정하고 있다.

575) 한편, 건설산업기본법 시행령 [별표 6] 제2호 가.목의 개별 영업정지기준 13)은 법 제82조 제1항 제7호 해당 위반행위에 대하여 영업정지 기간을 정하고 있으나, 그 세부 항목을 모두 산업재해로 인하여 사망한 근로자 숫자로만 구분하고 있을 뿐이어서, 하도급법 위반 사업자에 대한 피고의 영업정지 요청 시의 처분기준을 전혀 제시하지 못하고 있다.

576) 1회의 고발만으로 입찰참가자격 제한 요청의 기준을 초과할 정도의 벌점을 부과하는 것은 비례의 원칙 내지 무죄추정의 원칙에 반하는 과도한 불이익에 해당할 여지가 있는바, 벌점 부과기준의 조정 내지 입찰참가자격 제한 요청 요건에서의 고려가 필요해 보인다.

577) 위 판결은 공정거래법 위반죄의 고발에 관한 것이나, 하도급법도 같은 조항을 두고 있으므로 하도급법의 해당 조항을 기재하였다.

578) 피고가 들고 있는 대법원 2000. 2. 11. 선고 98두5941 판결은, 특정 행정기관의 장에 대한 입찰참가자격 제한 요청 행위를 항고소송의 대상으로 한 것이어서 달리 볼 여지가 있다. 또한 위 사건에서 입찰참가자격 제한 요청의 근거 법령인 독점규제 및 공정거래에 관한 법률 제64조 제3항은 관계 행정기관의 장에 대한 협조 의뢰 여부를 피고의 재량에 맡겨 두었고, 그 요청을 받은 관계 행정기관의 장의 입찰참가자격 제한 여부 역시 재량에 맡겨져 있었으므로, 앞서 본 하도급법령 및 국가계약법 등 현행 법령과는 차이가 있다.

로 작성·발급한 원사업자나 수급사업자

3. 제3조의4, 제4조부터 제12조까지, 제12조의2, 제12조의3, 제13조 및 제13조의2를 위반한 원사업자
4. 제14조제1항을 위반한 발주자
5. 제14조제5항을 위반한 원사업자
6. 제15조, 제16조, 제16조의2제7항 및 제17조부터 제20조까지의 규정을 위반한 원사업자

② 제1항의 과징금에 관하여는 「독점규제 및 공정거래에 관한 법률」 제55조의3부터 제55조의7까지의 규정을 준용한다. [전문개정 2009.4.1.]

- 하도급법시행령 -

제13조(과징금 부과기준) ① 법 제25조의3에 따른 과징금의 금액은 별표 2의 기준을 적용하여 산정한다. ② 삭제 <2016.1.22.>

③ 이 영에서 규정한 사항 외에 과징금의 부과에 필요한 사항은 공정거래위원회가 정한다.

시행령 제13조 [별표 2] <개정 2016. 1. 22.>

-과징금의 부과기준(제13조제1항 관련)-

1. 과징금 부과 여부의 결정

가. 과징금은 위반행위의 내용 및 정도를 우선적으로 고려하고, 시장상황 등을 종합적으로 고려하여 그 부과 여부를 결정하되, 다음의 어느 하나에 해당하는 경우에는 **원칙적으로 과징금을 부과**한다.

1) **위반행위로 인하여 공정한 하도급거래질서가 크게 저해**된 경우

2) **큰 피해를 입은 수급사업자가 다수**인 경우

3) 1) 및 2)에 준하는 경우로서 공정거래위원회가 정하여 고시하는 경우

나. 법 위반행위를 한 원사업자 또는 발주자(이하 이 목에서 "원사업자등"이라 한다)가 다음의 어느 하나에 해당하는 것(이하 "미지급금"이라 한다)을 법 제22조제2항에 따른 공정거래위원회의 조사가 개시된 날 또는 공정거래위원회로부터 미지급금의 지급에 관한 요청을 받은 날부터 30일 이내에 수급사업자에게 지급한 경우에는 그 원사업자 등에 대하여 과징금을 부과하지 아니할 수 있다.

1) 법 제6조에 따른 선급금에 관한 것으로서 다음의 어느 하나에 해당하는 것

가) 법 제6조제1항을 위반하여 수급사업자에게 지급하지 아니한(그 지급의무의 내용에 따른 이행을 하지 아니한 경우를 포함한다. 이하 이 목에서 같다) 선급금

나) 법 제6조제2항을 위반하여 수급사업자에게 지급하지 아니한 이자

다) 법 제6조제3항에서 준용하는 법 제13조제6항 또는 제7항을 위반하여 수급사업자에게 지급하지 아니한 어음할인료 또는 수수료

2) 법 제13조 또는 제17조에 따른 하도급대금에 관한 것으로서 다음의 어느 하나에 해당하는 것

가) 법 제13조제1항, 제3항부터 제5항까지의 규정 또는 제17조제1항을 위반하여 수급사업자에게 지급하지 아니한 하도급대금

나) 법 제13조제6항을 위반하여 수급사업자에게 지급하지 아니한 할인료

다) 법 제13조제7항을 위반하여 수급사업자에게 지급하지 아니한 수수료

라) 법 제13조제8항을 위반하여 수급사업자에게 지급하지 아니한 이자

3) 법 제14조를 위반하여 수급사업자에게 직접 지급하지 아니한 하도급대금

4) 법 제15조에 따른 관세등의 환급금에 관한 것으로서 다음의 어느 하나에 해당하는 것

가) 법 제15조제1항 또는 제2항을 위반하여 수급사업자에게 지급하지 아니한 관세 등 환급상당액

나) 법 제15조제3항을 위반하여 수급사업자에게 지급하지 아니한 이자

2. 과징금의 산정기준

과징금은 위반행위의 내용 및 정도, 위반행위의 횟수 등과 이에 영향을 미치는 사항을 고려하여 산정하되, **가목에 따른 기본 산정금액**에 **나목에 따른 위반행위의 횟수 및 위반행위에 따라 피해를 입은 수급사업자의 수에 따른 조정**과 **다목에 따른 법 위반행위를 한 원사업자, 발주자 또는 수급사업자(이하 이 호에서 "위반사업자"라 한다)의 고의·과실 등에 따른 조정**을 거쳐 **라목에 따른 부과과징금**을 산정한다.

가. 기본 산정금액

1) 법 제25조의3제1항 각 호에 따른 위반행위의 내용 및 정도에 따라 위반행위의 중대성 정도를 "중대성이 약한 위반행위", "중대한 위반행위", "매우 중대한 위반행위"로 구분하고, 위반행위의 중대성의 정도별로 2)의 기준에 따라 산정한다.

2) 하도급대금의 2배에 위반사업자의 위반금액의 비율(해당 법 위반사건의 하도급대금 대비 미지급금, 그 밖에 이에 준하는 금액으로서 공정거래위원회가 정하여 고시하는 금액의 비율을 말한다)을 곱한 금액에 위반행위의 중대성의 정도별로 정하는 부과기준율을 곱하여 산정한다. 다만, 위반금액의 비율을 산정하기 곤란한 경우에는 5억원 이내에서 중대성의 정도를 고려하여 산정한다.

나. **위반행위의 횟수 및 위반행위에 따라 피해를 입은 수급사업자의 수에 따른 조정(이하 "1차 조정"이라 한다)**

위반행위의 횟수, 위반행위에 따라 피해를 입은 수급사업자의 수를 고려하여 기본산정기준의 100분의 50의 범위에서 공정거래위원회가 정하여 고시하는 기준에 따라 가중하거나 감경한다.

다. 위반사업자의 고의·과실 등에 따른 조정(이하 "2차 조정"이라 한다)

위반행위의 내용 및 정도, 위반행위의 횟수 등에 영향을 미치는 위반사업자의 고의·과실, 위반행위의 성격과 사정 등의 사유를 고려하여 1차 조정된 기본 산정금액의 100분의 50의 범위에서 공정거래위원회가 정하여 고시하는 기준에 따라 가중하거나 감경한다. 다만, 가중하는 경우에도 라목에 따라 부과되는 과징금의 총액은 하도급대금의 2배를 초과할 수 없다.

라. 부과과징금

1) 위반사업자의 현실적 부담능력이나 그 위반행위가 시장에 미치는 효과, 그 밖에 시장 또는 경제적 여건 및 위반행위로 인하여 취득한 이익의 규모 등을 충분히 반영하지 못하여 과중하다고 인정되는 경우에는 1차·2차 조정 절차를 거쳐 산출된 금액의 100분의 50의 범위에서 감경하여 부과과징금으로 정할 수 있다. 다만, 위반사업자의 과징금 납부능력의 현저한 부족, 위반사업자가 속한 시장·산업 여건의 현저한 변동 또는 지속적 악화, 경

제위기, 그 밖에 이에 준하는 사유로 불가피하게 100분의 50을 초과하여 감경하는 것이 타당하다고 인정되는 경우에는 100분의 50을 초과하여 감경할 수 있다.

2) 위반사업자가 채무 지급불능 또는 지급정지 상태에 있거나 부채의 총액이 자산의 총액을 초과하는 등의 사유로 인하여 위반사업자가 객관적으로 과징금을 납부할 능력이 없다고 인정되는 경우에는 과징금을 면제할 수 있다.

3) 1) 또는 2)에 따라 과징금을 감액하거나 면제하는 경우에는 공정거래위원회의 의결서에 그 이유를 명시하여야 한다.

3. 과징금 부과에 관한 세부기준

기본 산정금액의 산정 시 적용되는 부과기준율 및 위반금액의 비율을 산정하는 방법, 그 밖에 과징금의 부과에 필요한 세부적인 기준과 방법 등에 대해서는 공정거래위원회가 정하여 고시한다. ■

2) 내용

공정거래위원회는 발주자·원사업자 또는 수급사업자에 대하여 의무위반 내지 금지사항위반에 대하여 수급사업자에게 제조등의 위탁을 한 하도급대금이나 발주자·원사업자로부터 제조등의 위탁을 받은 하도급대금의 2배를 초과하지 아니하는 범위에서 과징금을 부과할 수 있다(하도급법 제25조의3).

즉, 서면발급 및 서류보전위반(법제3조), 부당특약금지(법제3조의4), 부당한 하도급대금결정(법제4조), 물품 등의 구매강제금지(법제5조), 선급금지급위반(법제6조), 내국신용장 개설의무위반(법제7조), 부당한 위탁취소금지(법제8조), 검사결과통지의무(법제9조), 부당반품금지(법제10조), 감액금지(법제11조), 부당결제청구금지(법제12조), 경제적 이익의 부당요구금지(법제12조의2), 기술자료 제공 요구 금지(법제12조의3), 하도급대금 지급의무위반(법제13조), 건설하도급보증의무(법제13조의2), 하도급대금발주자 직접지급의무 및 원사업자의 기성확인 의무위반(법제14조), 관세 등 환급액 지급의무(법제15조), 설계변경 등 하도급대금 조정의무위반(법제16조), 원재료의 가격변동에 따른 하도급대금조정협의의무위반(법제16조의2), 부당한 대물변제금지위반(법제17조), 부당한 경영간섭 금지의무위반(법제18조), 보복조치금지의무위반(법제19조), 탈법행위금지의무위반(법제20조)이 과징금 부과대상이다.

과징금에 관하여는 공정거래법 제55조의3부터 제55조의7까지의 규정을 준용한다. 따라서 ① 불복의소에 대한 서울고등법원 전속관할, ② 법위반 사건처리절차, ③ 과징금 부과시 고려사항, ④ 과징금 납부기한 연장 및 분할 납부, ⑤ 과징금연대납부의무, ⑥ 과징금 징수 및 체납처분, ⑦ 과징금 환급가산금의 규정이 하도급 과징금 부과시 적용된다.

-과징금 부과기준 (금액산정) -하도급법시행령 제13조 1항 별표2

단계	내용
1단계 기본과징금	- '하도급대금의 2배'(상한금액)에 과징금 부과율(최저 1%~최고 8%)을 곱하여 산정. (단, 부당한 하도급대금 결정 등의 경우 위반금액보다 적을 때는 위반금액) 위반행위의 유형(A), 위반금액의 비율(B), 위반행위 유형의 수(C) 및 위반 전력(前歷) (D) 등 4가지 요소를 고려하여 과징금 부과율을 결정 **점수합계(T)=위반행위의 유형의 부과점수(A)×0.4+위반금액의 비율의 부과점수(B)×0.2+위반행위의 수의 부과점수(C)×0.2+위반전력의 부과점수(D)×0.2**
2단계 조정과징금	- 기본과징금의 50% 이내에서 감경(가중) 조정 * 감경 : 위반행위 자진시정(착수 전 40%, 후 20%), 3대 가이드라인 도입·운용 (각 5%) * 가중 : 조사거부·방해 (20%), 보복· 탈법행위(20%), 법 위반 전력(20~50%)
3단계 부과과징금	- 조정과징금의 50%까지 감액 또는 면제 (위반행위의 파급효과, 과징금 납부능력 등을 종합적으로 고려)

다만, 공정거래위원회는 법에서 정한 과징금의 구체적인 부과액수의 산정을 위하여 내부적으로 '**하도급법 위반사업자에 대한 과징금 부과기준에 관한 고시**579) [시행 2016. 7. 25.] [공정거래위원회고시 제2016-10호, 2016. 7. 25. 일부개정]를 제정하여 시행하고 있는데, 이러한 고시의 법적 성격은 행정청 내부의 사무처리준칙을 규정한 것에 지나지 아니하여 대외적으로 국민이나 법원을 기속하는 효력이 없고, 당해 처분의 적법 여부는 위 처분기준만이 아니라 관계 법령의 규정 내용과 취지에 따라 판단되어야 하므로, 위 처분기준에 적합하다 하여 곧바로 당해 처분이 적법한 것이라고 할 수는 없는 것이다(**대법원 2007. 9. 20. 선고 2007두6946 판결, 대법원 2002. 9. 24. 선고 2000두1713 판결 등 참조**).

과징금 부과처분에 대한 사법심사와 관련하여, 하도급법상의 과징금 부과가 제재적 성격을 가진 것이기는 하여도 기본적으로는 하도급법 위반행위에 의하여 얻은 불법적인 경제적 이익을 박탈하기 위하여 부과되는 것이고, 하도급법이 준용하는 공정거래법 제55조의3 제1항에서도 이를 고려하여 과징금 부과에 있어 위반행위의 내용과 정도, 기간과 횟수 외에 위반행위로 인하여 취득한 이익의 규모 등도 아울러 참작하도록 규정하고 있으므로, '**과징금의 액수**'는 당해 위반행위의 구체적 태양 등에 기하여 판단되는 그 위법성의 정도뿐 아니라 그로 인한 이득액의 규모와도 상호 균형을 이루어야 하고, 이러한 균형을 상실할 경우에는 비례의 원칙에 위배되어 재량권의 일

579) 이 고시는 「하도급거래 공정화에 관한 법률(이하"법"이라 한다)」 제25조의3(과징금) 및 같은 법 시행령(이하 "시행령"이라 한다) 제13조(과징금 부과기준) 제1항·제3항 및 별표 2의 규정에 따라 과징금 부과에 관하여 필요한 사항을 정하는 것을 그 목적으로 한다(목적 조항).

탈·남용에 해당할 수가 있다(**대법원 2010. 1. 14. 선고 2009두11843 판결 참조**).

[참조 판결]

-대법원 2014. 2. 27. 선고 2012두11805 판결[580] **[과징금납부명령취소청구의소]-**

[에스○○○○오토멕 사례]

[판시 이유]

원심은 그 채택증거를 종합하여, 원고가 구 하도급거래 공정화에 관한 법률(2009. 4. 1. 법률 제9616호로 개정되기 전의 것)이 금지하는 이 사건 탈법행위 및 미지급행위를 하였다는 이유로 피고가 원고에 대하여 이 사건 과징금 납부명령을 한 사실, 피고는 이 사건 과징금 납부명령을 함에 있어서, 구 하도급거래 공정화에 관한 법률 시행령(2009. 5. 13. 대통령령 제21491호로 개정되기 전의 것) [별표 2] 2. 가. (1)항의 위반행위 유형별 부과점수를 탈법행위 유형의 부과점수인 100점으로, 위 [별표 2] 2. 가. (2)항(이하 '이 사건 시행령 조항'이라 한다)의 위반행위의 수에 따른 부과점수를 위반행위가 2개인 경우의 부과점수인 60점으로 하여 **이 사건 탈법행위**와 **미지급행위**에 대한 기본과징금을 각 산정한 사실 등을 인정하였다. 위와 같은 사실관계를 토대로 원심은, 피고가 이 사건 미지급행위에 대한 기본과징금을 산정하면서 탈법행위 유형의 부과점수를 적용한 것은 잘못이지만, 이 사건 시행령 조항의 '위반행위의 수'는 '동시에 심사대상이 된 위반행위의 수'를 의미하는 것으로 보아야 하므로 위반행위 회수별 점수 산정에 있어서는 잘못이 있다고 볼 수 없고, 위반행위 유형별 점수 산정의 잘못을 고려하여 과징금을 다시 산정하더라도 이 사건 과징금 납부명령의 과징금 액수와 동일하므로 결과적으로 이 사건 과징금 납부명령은 정당하다고 판단하였다.

원심판결 이유를 관계 법령과 기록에 비추어 살펴보면, 이 사건 시행령 조항의 '위반행위의 수'를 '당해 유형의 위반행위 수'로 제한 해석하여야 한다는 원고의 주장을 그 판시와 같은 이유로 배척한 원심의 판단은 정당한 것으로 수긍할 수 있고, 거기에 상고이유 주장과 같이 이 사건 시행령 조항의 해석에 관한 법리를 오해한 위법 등이 없다.■

3) 관련 판결례 - 과징금 부과처분의 위법성

가) 과징금 부과처분 전에 위반행위의 결과가 시정된 경우 위법성

하도급대금 미지급으로 인한 시정명령과 과징금부과처분이 동시에 된 사안에서, 과징금부과처분이 있기 전에 위반행위의 결과가 이미 시정되었다는 점을 들어 과징금 사전과정에서 고려되지 않았음을 이유로 재량권의 일탈·남용에 해당하여 처분이 위법하다는 판례가 있다(**대법원 2010. 1. 14. 선고 2009두11843 판결, 원심 서울고등법원 2009. 6. 11. 선고 2008누18030 [시정명령등취소]**).

-서울고등법원 2009. 6. 11. 선고 2008누18030 판결[581] **[시정명령등취소]-**

580) 대법원은 원사업자의 상고를 기각하여 원심을 확정하였다(원심 서울고등법원 2012. 2. 27. 선고 2011누29351 판결).

581) 본 판결에 대하여 공정거래위원회가 상고하였으나 대법원은 상고를 기각하여 원심을 확정하였다(대법원 2010.

[삼○공조 사례]

[판시 이유]

원고(원사업자)가 종전 시정명령이 있기 전에 전산재고분 하도급대금 및 그에 관하여 발생한 지연이자를 모두 지급하였으므로 종전 시정명령은 위반행위로 인한 결과가 이미 시정된 상태에서 발하여진 것으로서 위법하고, 원고가 종전 과징금 납부명령이 있기 전에 자신이 회수하였던 어음할인료를 모두 반환하였고 전산재고분 하도급대금, 하도급대금 부당감액분 및 대○공업사에 대한 하도급대금 미지급금을 모두 지급하여 상당 부분 위법상태를 자진 시정한 점이 과징금 산정과정에서 제대로 고려되지 않았던 점, 원고가 중소기업으로서 그 영업상태에서 비추어 과징금을 감내하기 어려운 점 등에 비추어 볼 때 종전 과징금 납부명령은 재량권을 일탈·남용하여 위법하다. ■

나) 분할 전 회사의 위반 행위를 이유로 분할된 회사에 대한 과징금 부과처분의 적법성

회사분할의 경우, 분할 전 위반행위를 이유로 신설회사에 대하여 과징금을 부과하는 것은 허용되지 않는다는 판례가 있다(**대법원 2007. 11. 29. 선고 2006두18928 판결 [시정조치등취소] 사례**)[582].

-대법원 2007. 11. 29. 선고 2006두18928 판결 [시정조치등취소]-

[두○인프라코어 사례]

[판결요지]

상법은 회사분할에 있어서 분할되는 회사의 채권자를 보호하기 위하여, 분할로 인하여 설립되는 신설회사와 존속회사는 분할 전의 회사채무에 관하여 연대책임을 지는 것을 원칙으로 하고 있으나(제530조의9 제1항), 한편으로는 회사분할에 있어서 당사자들의 회사분할 목적에 따른 자산 및 채무 배정의 자유를 보장하기 위하여 소정의 특별의결 정족수에 따른 결의를 거친 경우에는 신설회사가 분할되는 회사의 채무 중에서 출자한 재산에 관한 채무만을 부담할 것을 정할 수 있다고 규정하고 있고(제530조의9 제2항), 신설회사 또는 존속회사는 분할하는 회사의 권리와 의무를 분할계획서가 정하는 바에 따라서 승계하도록 규정하고 있다(제530조의10). 그런데 이때 신설회사 또는 존속회사가 승계하는 것은 분할하는 회사의 권리와 의무라 할 것인바, 분할하는 회사의 분할 전 법 위반행위를 이유로 과징금이 부과되기 전까지는 단순한 사실행위만 존재할 뿐 그 과징금과 관련하여 분할하는 회사에게 승계의 대상이 되는 어떠한 의무가 있다고 할 수 없고, 특별한 규정이 없는 한 신설회사에 대하여 분할하는 회사의 분할 전 법 위반행위를 이유로 과징금을 부과하는 것은 허용되지 않

---

1. 14. 선고 2009두11843 판결). 이후 공정거래위원회는 확정판결에 의한 재처분(제2010-50호 시정명령 및 과징금 납부명령)을 하였고 이에 대하여 원고는 또 행정소송을 제기하였으나 원고는 패소하여 확정되었다(서울고등법원 2011. 2. 10. 선고 2010누28528 판결)

582) 본 판결의 취지에 따라서 소각하 판결을 한 사례로는 서울고등법원 2008. 11. 6. 선고 2008누8439 판결, 상고심 대법원 2009. 3. 12. 선고, 2008두23092 판결).

는다.■

다) 일률적 단가인하로 인한 부당하도급대금 결정을 이유로한 차액을 기본과징금 산정기준으로 적용할 수 있는지 여부

부당한 하도급대금 결정에 대한 과징금부과 관련 '일률적인 단가인하의 기준이 된 가격' 또는 '일방적으로 낮은 단가를 결정하기 전의 가격'이 정당한 하도급대금이라고 단정할 수 없으므로[583], 일률적인 단가인하의 기준이 된 가격과 실제 하도급대금의 차액을 하도급대금의 부당결정으로 인한 차액으로 본 다음 이를 과징금의 수액 결정에 결정적인 의미를 갖는 기본산정기준으로 적용한 과징금납부명령은 위법하다는 판결이 있다(**서울고등법원 2016. 10. 19. 선고 2016누201 판결 [시정명령및과징금납부명령취소]**).

[참조 판결]

-서울고등법원 2016. 10. 19. 선고 2016누201 판결[584] [시정명령및과징금납부명령취소]-

[신○프레시젼 사례]

[판시 이유]

① 과징금고시는 IV. 1. 가., 나.에서 기본적으로 위반사업자의 하도급대금의 2배 금액에 과징금 부과율을 곱한 금액을 기본산정기준으로 산정하는 방식을 정하면서, IV. 1. 다. 및 II. 5. 가.에서 다만 하도급법 제4조에 의한 하도급대금의 부당결정으로 인한 차액이 하도급대금의 2배 금액에 일정 부과율을 곱하는 방식으로 산출한 위 금액을 초과하는 경우에는 위 차액을 기본산정기준으로 할 수 있도록 규정하였다. 피고는 앞서 살핀 제1의 다. 2) 가) 기재와 같이 과징금고시 중 IV. 1. 가., 나.에 따라 원고의 위반행위 유형, 위반금액의 비율, 위반행위의 수, 과거 위반 전력 유무 등을 고려하여 원고의 하도급대금의 2배 금액에 과징금 부과율을 곱하는 방법으로 123,845,000원을 기본산정기준으로 일단 산정하고서도 IV. 1. 다.를 다시 적용하여 하도급대금의 부당결정으로 인한 차액인 167,128,000원을 기본산정기준으로 최종 결정하였다. 그러나 앞서 본 바와 같은 여러 사정 및 판단에 비추어 볼 때 일률적인 단가인하의 기준이 된 가격 또는 일방적으로 낮은 단가를 결정하기 전의 가격이 정당한 하도급대금이라고 단정할 수 없으므로, 이 사건의 경우 일률적인 단가인하의 기준이 된 가격과 실제 하도급대금의 차액을 하도급대금의 부당결정으로 인한 차액으로 본 다음 이를 과징금의 수액 결정에 결정적인 의미를 갖는 기본산정기준으로 적용하는 것은 타당하지 않다. 따라서 피고가 과징금고시 IV. 1. 다.에 따라 167,128,000원을 기본산정기준으로 대입하

583) 하도급법 제4조 제2항 제1호 또는 제5호의 위반행위에 대한 시정조치로서 일률적인 단가인하의 기준이 된 가격과 실제 하도급대금의 차액의 지급을 명하는 시정명령은 허용될 수 없다(대법원 2016. 2. 1. 선고 2012두15555 판결 참조)는 판례의 태도에 입각한 판결이다.

584) 본 판결에 대하여 상고기각되어 상고심에서 확정되었다(대법원 2018. 3. 13. 선고 2016두59430).

여 원고에 대한 과징금을 산정한 조치는 위법하다고 봄이 상당하다.[585]

② 한편 과징금 산정을 위한 기본산정기준 산출의 전제가 되는 하도급대금 또는 위반금액은 하도급법 제25조의 3 제2항, 공정거래법 제55조의 3 제5항, 공정거래법 시행령 제61조, 과징금부과 세부기준 등에 관한 고시 II. 5. 다. (1) 등의 내용 및 취지에 비추어 볼 때 계약금액 또는 위반금액 중 부가가치세를 제외한 금액을 적용하는 것이 바람직하다. 그럼에도 피고는 이 사건 과징금을 산정함에 있어 부가가치세가 포함된 합계 167,128,310원[586]을 위반금액으로 그대로 적용하는 잘못을 하였다. 이 사건과 달리 피고는 원고를 상대로 한 제2014-218호 사건에서는 부가가치세가 제외된 위반금액을 적용하여 올바르게 과징금을 계산하였다(을 제3호증의 1). 이에 의하면 피고가 과징금 부과의 기초가 되는 사실을 오인하였거나 형평의 원칙 등에 위배하여 과징금을 산정한 위법이 인정된다고 할 것이다. ■

라) 부과과징금 산정의 재량권일탈 남용 해당 여부 사례

조정과징금과 부과과징금 산정의 위법 주장에 대하여 재량권의 일탈남용에 해당되지 않는다는 서울고등법원의 판결이 있다(**서울고등법원 2016. 5. 13. 선고 2015누440 판결 [과징금부과처분취소] 사례**).

[참조 판결]

-서울고등법원 2016. 5. 13. 선고 2015누440 판결[587] [과징금부과처분취소]-

[판시 이유]

1) 조정과징금 산정 위법 주장에 관하여

원고의 주장에 의하더라도 연체된 지연이자 및 어음대체결제 수수료와 관련하여 원고가 사후에 변제한 금액은 총 미지급금액 2,259,945,000원의 약 41%를 차지하는 926,677,945원에 불과하고, 위 변제 후에도 여전히 1,333,268,000원 상당의 금액이 변제되지 않고 있으므로, 총미지급금액의 99.7%가 회복된 하도급대금과는 회복금액 및 회복비율, 잔여 미지급액의 규모가 달라 이를 동등하게 평가할 수 없다.

따라서 피고가 조정과징금을 산정하는 과정에서 위와 같은 일부 변제사실을 이유로 기본과징금을 감경하지 않았다고 하여 그것이 비례 또는 형평의 원칙에 위반되어 위법하다고 볼 수 없으므로, 원고의 위 주장은 이유 없다.

2) 부과과징금 결정의 위법 주장에 관하여

과징금고시 IV. 3.가.의 규정 내용에 의하더라도, 피고는 위반사업자의 과징금납부능력이 현저히 부족하다고 하여 반드시 과징금을 면제하거나 최소 규모의 과징금만을 부과하여야 할 의무를 부담하는 것은 아니고, 위반사업자의 현실적 부담능력과 함께 당해 위반행위의 정도나 파급효과, 위반사업자의 귀책사유 등을 함께 고려하여 과징금 부과가 현저히 과중하다

585) 과징금고시 IV. 1. 가., 나.에 따라 기본산정기준을 계산하는 과정에서도 위 금액이 과징금 부과율을 결정하는 요소로 고려되나, 이는 위 금액이 위반행위의 경중을 판단하는 기준으로 사용된다는 점에서 수긍할 수 있다.

586) 의결서에 부가가치세가 포함된 금액이라고 명시되어 있으며, 을 제1호증의 1, 2의 기재 중 인하금액의 합계액을 보더라도 부가가치세가 포함된 금액임을 알 수 있다.

587) 본 판결에 대하여 상고없이 확정되었다.

고 판단되는 경우에 한하여 재량으로 그러한 면제 또는 감경처분을 할 수 있을 뿐이다.

살피건대 원고가 제출한 증거들(갑3-1~4)에 의하면 원고의 최근 3년간 당기 순손실 누적액이 계속 증가하고 있고,[588] 자본총액 대비 부채비율도 계속 증가하고 있는 사실[589]은 인정되나, 나아가 현재 원고의 부채가 지급불능 또는 지급정지의 상태에 있다거나 부채의 총액이 자산의 총액을 초과한다고 인정할 증거는 없고,[590] 오히려 피고 제출 증거들(을1~6)의 각 기재에 의하면, 원고가 과거 3년간 본건과 같은 하도급법 위반행위로 4회에 걸쳐 경고 이상의 조치를 받은 사실[591]이 인정되며, 여기에다가 원고의 지난 3년간 매출액 및 매출총이익의 규모,[592] 이 사건 위반행위로 인한 피해 사업체의 수(161개) 및 위반금액의 규모(32여억 원) 등을 고려해 보면, 원고가 주장하는 회생노력 등을 고려하더라도 피고가 조정과징금에서 30%만 감경하여 부과과징금을 결정하였다고 하여 그것이 재량권을 일탈·남용한 것이어서 위법하다고 할 수 없다.■

마) 비례 원칙에 위반한 과징금 부과처분을 인정한 사례

과징금부과처분의 비례의 원칙에 위반하여 위법하다는 판결이 있다(**서울고등법원 2014. 5. 15. 선고 2013누3872 판결 [과징금납부명령취소] 사례**).

-서울고등법원 2014. 5. 15. 선고 2013누3872 판결[593] [과징금납부명령]-
[코○스 사례]
[판시이유]

588) 원고는 2012년도 당기 순손실 15,150,947,550원, 2013년도 당기 순손실 19,646,158,687원, 2014년도 9월까지 당기 순손실 13,887,783,785원으로 2012년부터 2014년 9월까지 당기 순손실 누적액이 48,684,890,022원에 이르고 있다.

589) 원고는 2011년 말 부채총액 127,502,616,863원, 자본총액 69,668,5476,128원으로 부채비율이 183%였으나, 2012년 말 부채총액 127,625,886,623원, 자본총액 48,782,749,517원으로 부채비율이 261%, 2013년 말 부채총액 104,018,954,755원, 자본총액 29,159,300,867원으로 부채비율이 356%, 2014년 3분기까지 부채총액 94,372,763,266원, 자본총액 15,313,226,711원으로 부채비율이 616%로 늘어났다.

590) 원고의 최근 4년간 주요 재무지표는 아래 표와 같다. (단위: 백만 원)

구분	2011년	2012년	2013년	2014년 9월
연간매출액	203,046	189,107	142,737	78,285
매출총이익	116,209	93,144	58,723	31,686
부채총액	127,502	125,253	100,795	91,937
자산총액	197,171	180,903	137,662	116,400

591) 피고는 원고에게 ① 2011. 6. 14. 원고에게 하도급대금 및 지연이자, 어음대체결제수단 수수료 미지급 행위로 경고 조치(공정거래위원회 2011서제1345)를 하였고(벌점 0.5점), ② 2012. 12. 12. 지연이자 미지급행위로 경고 조치(공정거래위원회 2011서제2113)를 하였으며(벌점 0.5점), ③ 2012. 12. 21. 2012. 6. 7.자 미지급 하도급대금 588,543,776원을 5차례에 나누어 지급하라는 내용의 조정을 이행하지 않아 고발 조치(공정거래위원회 2012서제3278)하였고(벌점 3.0점), ④ 2013. 4. 2. 하도급대금, 지연이자 및 어음대체결제 수수료를 미지급하여 시정조치 및 과징금 부과명령(공정거래위원회 2012서제1422)을 하였다(벌점 2.5점).

592) 원고의 매출액은 2011년도 2,030억 원, 2012년도 1,891억 원, 2013년도 1,427억 원, 2014년도 9월까지 782억 원에 이르고, 원고의 매출총이익은 2011년도 1,162억 원, 2012년도 931억 원, 2013년도 587억 원, 2014년 9월까지 316억 원에 이른다.

593) 본 판결은 항소되었으나 대법원에서 심리불속행 기각되었다(대법원 2014. 9. 16.자 기각 2014두37832 판결).

갑 제1 내지 5호증(가지번호 포함), 을 제2, 3호증의 각 기재 및 변론의 전 취지 등을 종합하여 인정되는 다음 사정들을 관련 법리에 비추어 보면, 피고의 이 사건 처분은 비례의 원칙에 위배하여 재량권을 일탈·남용한 처분으로서 위법하다.

1) 하도급법은 원래 공법이 아니라 사법질서에 따라 규율되어야 할 하도급 거래를 원사업자의 계약상의 우월적 지위의 남용으로부터 경제적 약자인 수급사업자를 보호한다는 이유로 헌법 제119조 제1항의 사적 자치 원칙을 국가가 개입하여 수정한 결과라고 볼 수 있으며 기본적으로 '약자보호'라는 이념에 근거한 것이다. 따라서 일정한 규모 이상의 중소기업이 연간 매출액 또는 상시고용종업원수가 하도급을 받은 다른 수급사업자보다 많은 경우 하도급법의 규제를 받는 원사업자에 해당된다고 하더라도 주로 대·중소기업 관계에 있는 원사업자와 수급사업자가 대등한 지위에서 상호보완적 협조관계 속에서 균형 있게 발전할 수 있도록 한 법의 제정 취지를 고려해 원사업자가 거래상 우월한 지위를 남용한 것으로 보이지는 않는 경우 과징금의 산정 시 위반행위의 내용과 정도를 고려할 때 이러한 점을 참작해야 할 것이다. 또한 하도급법 위반에 대한 과징금은 기본적으로 위반행위에 의해 얻은 불법적인 경제적 이익을 박탈하기 위한 것이다. 그런데 원고는 미지급한 하도급대금 및 그 지연이자, 외상매출채권 담보대출 수수료를 이 사건 처분 전에 모두 상환하였다. 따라서 이 사건 처분의 경우 경제적 이득 박탈의 요소는 없고, 단지 의무위반에 대한 제재와 제재를 통해 장래의 법위반을 일반적으로 예방하려는 요소만이 존재하게 된다는 점도 참작해야 할 것이다.

2) 원고는 2009년을 기준으로 매출액은 약 680억 원, 자산총액은 약 920억 원 규모의 회사로서 이 사건 수급사업자들에게 불공정한 거래관행을 일방적으로 강요할 수 있는 지위에 있다고 보기 어려운 점, 이 사건 수급업자들 중 ㈜금○철강처럼 2008년 매출액이 2680억 원으로 원고보다 규모가 훨씬 큰 사업자도 있으며 매출액의 규모가 백억 원대에 이르는 사업자도 다수 있는 점, 이 사건 수급업자들 중 매출액의 상당부분이 원고로부터 발생하는 사업자도 상당수 있으나 ㈜윤○아이엔티(2009년 매출액 93억 1000만 원, 2009. 7. 1.부터 2010. 6. 30.까지 원고와의 하도급거래금액 3500만 원), ㈜금○철강(2009년 매출액 1930억 원, 2009. 7. 1.부터 2010. 6. 30.까지 원고와의 하도급거래금액 8억 6400만원), ㈜알○맥스(2009년 매출액 137억 5000만 원, 2009. 7. 1.부터 2010. 6. 30.까지 원고와의 하도급거래금액 3억 3400만 원)처럼 매출액에서 원고로부터 받은 하도급 거래금액이 차지하는 비중이 크지 않은 수급사업자도 다수 있는 점, 후자의 수급사업자들은 원고에 대한 거래의존성이 낮고 거래상대방이 다양해 대등한 지위에서 원고와 계약을 체결할 수 있고, 또 불공정한 거래에 적절히 대응할 수 있을 것으로 보이는 점, 원고의 하도급법 위반 행위는 원고에 대한 의존도의 높고 낮음을 불문하고 이루어져 거래상 지위를 남용한 행위로 보기는 어려운 점, 원고가 하도급대금 등을 미지급한 기간 동안 원고의 재무상태가 악화되었으므로 원고의 자금난에 의한 이행지체로 볼 여지도 있는 점, 사무가구 시장에서 원고는 업계 3위로 매출액이 1위 업체 매출액의 30% 정도에 불과(2009년 기준)한 점을 종합적으로 고려해 볼 때, 하도급법이 시정하려고 하는 불공정한 거래관행이 있다고 보기 어려운 측면이 있어 원고 행위의 위법성이 크다고 평가할 수 없다.

3) 비례의 원칙 위반 여부

이 사건 처분은 앞서 본 바와 같이 제재적 성격만을 가진 것으로, 제재적 행정처분의 재량권 일탈·남용 여부는 처분사유로 된 위반행위의 내용과 당해 처분행위에 의하여 달성하려는 공익목적 및 이에 따르는 제반 사정 등을 객관적으로 심리하여 공익 침해의 정도와 그 처분으로 인하여 개인이 입게 될 불이익을 비교·형량하여 판단하여야 한다.

2011. 3. 29. 법률 제10475호로 개정된 하도급법(2011. 6. 30. 시행, 이하 '개정 하도급법'이라 한다)은 제25조 제1항에서 하도급법의 규정을 위반한 원사업자 등에 대해 "향후 재발방지, 그 밖에 시정에 필요한 조치"를 권고하거나 명할 수 있다고 개정하여 원사업자가 향후 동일 또는 유사한 위반행위를 반복할 가능성이 있는 경우 이를 방지하기 위한 시정명령을 할 수 있도록 한 점, 피고는 과징금을 부과하였더라도 재무상태를 고려해 과징금을 납부할 능력이 없거나 현저히 부족하다고 인정되는 경우 과징금을 면제하기도 하였고, 피고는 비슷한 사실관계에서 조정과징금을 95% 감경하여 과징금을 부과한 사례들이[594] 있는 점을 보태어 보면, 원고가 하도급법위반 부분을 모두 자진 시정하여 위반행위로 인해 취득한 이익이 없고, 전체 하도급금액에서 법위반금액 부분과 하도급대금 미지급 부분의 비율은 각각 약 1.9%와 0.5%에 불과하며, 위반행위도 거래상 지위남용행위라기보다는 원고의 자금난과 회계처리상 착오에 기인한 단순한 채무불이행으로 볼 여지도 있는 등 위반행위의 내용 및 정도가 경미한 점을 고려해 볼 때 이 사건 과징금의 액수는 지나치게 무거워 원고의 위반행위와 과징금 액수 간에 균형을 상실하였다고 할 수 있다. ■

바) 건설공동수급체에 있어서 기본과징금 산정의 기준

원사업자에 대한 과징금 산정의 기초가 되는 '하도급대금'의 의미 및 공동이행방식의 공동수급체 구성사업자 전원을 위한 하도급계약을 체결한 공동수급체 구성사업자 중 1인이 하도급거래 공정화에 관한 법률 위반행위를 한 경우, 과징금 산정의 기초가 되는 '하도급대금'은 공동수급약정에 따른 채무부담비율에 해당하는 금액이 아닌 '하도급계약에 따라 수급사업자에게 지급하여야 할 대금' 전액이라는 것이 판례의 태도이다(**대법원 2018. 12. 13. 선고 2018두51485 판결 [시정명령등취소] 사례**).

-대법원 2018. 12. 13. 선고 2018두51485 판결 [시정명령등취소]-
[지에○건설 사례]

[판결요지]

공동이행방식의 공동수급체는 원칙적으로 민법상 조합의 성질을 가진다. 조합채무가 특히 조합원 전원을 위하여 상행위가 되는 행위로 부담하게 되었다면, 하도급계약을 체결할 때 공동수급체가 아닌 개별 구성원으로 하여금 지분비율에 따라 직접 하수급인에 대하여 채무를 부담하게 하는 약정을 한 경우와 같은 특별한 사정이 없는 한 상법 제57조 제1항에 따라 조합원들이 연대책임을 진다.

위와 같은 관계 법령과 법리를 종합하면, 원사업자에 대한 과징금 산정의 기초가 되는 '하

594) 공정거래위원회 2012. 5. 10. 의결 제2012-077호, 공정거래위원회 2012. 11. 14. 의결 제2012-257호
원고의 경우 피고는 조정과징금을 90% 감면하여 4900만원의 부과과징금을 부과하였는데, 선례와 같이 95%를 감면하게 되면 부과과징금은 그 절반인 2400만원이 된다.

도급대금'은 원칙적으로 원사업자가 하도급계약이 정하는 바에 따라 수급사업자에게 지급하여야 할 대금을 뜻한다고 보아야 한다. 나아가 공동이행방식의 공동수급체 구성사업자 중 1인이 공동수급체 구성사업자 전원을 위한 하도급계약을 체결한 경우일지라도 개별 구성원으로 하여금 지분비율에 따라 직접 하수급인에 대하여 채무를 부담하도록 약정하는 경우 등과 같은 특별한 사정이 없다면, 그 구성사업자 1인의 하도급법 위반행위에 대한 과징금 산정의 기초가 되는 '하도급대금' 역시 **'하도급계약에 따라 수급사업자에게 지급하여야 할 대금'**을 기준으로 함이 원칙이다. 이 경우 그 1인은 수급사업자에게 대금 전액을 지급할 책임이 있고, 그가 공동수급약정에 따라 최종적으로 부담하게 될 내부적 채무 비율은 공동수급체의 내부 사정에 불과하기 때문이다. ■

사) 일부 부당위탁취소의 경우 과징금 산정기준-계약금액 전체-

원사업자와 수급사업자 사이에 하도급계약이 체결된 후 일부 거래는 정상적으로 이행되고 일부 거래만 부당하게 위탁취소된 경우, 하도급법 제25조의3 제1항에서 규정한 과징금 산정의 기준이 되는 부당 위탁취소로 인한 '하도급대금'은 '위반행위와 관련한 하도급거래의 계약금액 전액'을 의미하는 것이라는 것이 판례의 태도이다(**대법원 2018. 10. 4. 선고 2016두59126 판결[과징금부과처분취소청구의소]**).

라. 과태료 부과

제30조의2(과태료) ① 다음 각 호의 어느 하나에 해당하는 자에게는 사업자 또는 사업자단체의 경우 1억원 이하, 사업자 또는 사업자단체의 임원, 종업원과 그 밖의 이해관계인의 경우 1천만원 이하의 과태료를 부과한다. 〈개정 2010.1.25.〉

1. 제27조제2항에 따라 준용되는 「독점규제 및 공정거래에 관한 법률」 제50조제1항제1호에 따른 출석처분을 위반하여 정당한 사유 없이 출석하지 아니한 자
2. 제27조제2항에 따라 준용되는 「독점규제 및 공정거래에 관한 법률」 제50조제1항제3호 또는 같은 조 제3항에 따른 보고 또는 필요한 자료나 물건의 제출을 하지 아니하거나 거짓으로 보고 또는 자료나 물건을 제출한 자
3. 삭제 〈2010.1.25.〉

② 제27조제2항에 따라 준용되는 「독점규제 및 공정거래에 관한 법률」 제50조제2항에 따른 조사를 거부·방해·기피한 자에게는 사업자 또는 사업자단체의 경우 2억원 이하, 사업자 또는 사업자단체의 임원, 종업원과 그 밖의 이해관계인의 경우 5천만원 이하의 과태료를 부과한다. 〈신설 2010.1.25.〉

③ 제22조의2제2항에 따른 자료를 제출하지 아니하거나 거짓으로 자료를 제출한 원사업자에게는 500만원 이하의 과태료를 부과한다. 〈신설 2010.1.25.〉

④ 제27조제1항에 따라 준용되는 「독점규제 및 공정거래에 관한 법률」 제43조의2에 따른 질서유지의 명령을 따르지 아니한 자에게는 100만원 이하의 과태료를 부과한다. 〈개정

2010.1.25.>

⑤ 제1항부터 제4항까지의 규정에 따른 과태료는 **대통령령으로 정하는 기준에 따라** 공정거래위원회가 부과 · 징수한다. <개정 2010.1.25., 2017.10.31.>

[전문개정 2009.4.1.]

현행 하도급법에서는 최대한 2억원의 한도를 넘지 않도록 여러 사유에 따라서 과태료를 정하고 있고, 과태료 부과징수권을 공정거래위원회에 부여하고 있다(하도급법 제30조의2).

① 사업자 또는 사업자단체의 경우 1억원 이하, 사업자 또는 사업자단체의 임원, 종업원과 그 밖의 이해관계인의 경우 1천만원 이하의 과태료를 부과하는 경우 : 공정거래위원회의 조사, 의견청취 등에 관하여는 준용되는 공정거래에 관한 법률 제50조 제1항제1호에 따른 출석처분을 위반하여 불출석한자, 동조제3호에 따른 보고 또는 필요한 자료나 물건의 제출을 하지 아니하거나 거짓으로 보고 또는 자료나 물건을 제출한 자

② 사업자 또는 사업자단체의 경우 2억원 이하, 사업자 또는 사업자단체의 임원, 종업원과 그 밖의 이해관계인의 경우 5천만원 이하의 과태료를 부과하는 경우 : 공정거래법 제50조 제2항의 조사를 거부·방해·기피한 자에게는 사업자 또는 사업자단체의 경우

③ 500만원 이하의 과태료를 부과하는 경우 : 공정거래위원회의 서면실태조사에 자료를 제출하지 아니하거나 거짓으로 자료를 제출한 원사업자

④ 100만원 이하의 과태료 : 하도급법제27조제1항에 따라 준용되는 공정거래법 제43조의2에 따른 질서유지의 명령을 따르지 아니한 자

참고로 시행령에서 정하는 과태료의 부과기준에 대한 위임근거를 마련하기 위하여 개정 하도급법은 "제1항부터 제4항까지의 규정에 따른 과태료는 **대통령령으로 정하는 기준에 따라** 공정거래위원회가 부과 · 징수한다"고 규정하였다([시행 2018. 5. 1] [법률 제15016호 2017. 10. 31 일부개정]).

3. 형사적 재재(벌칙)

가. 의의 및 특징-전속적 고발제도 및 폐지론

앞서 설명한 것처럼 하도급법의 형사책임을 묻기 위해서는 공정거래위원회의 고발이 있어야 공소를 제기할 수 있다(**전속고발권**)(하도급법 제32조 제1항).

따라서 공정거래위원장의 고발없는 공소제기는 소추요건을 결하는 것으로서 위법하여 공소기각판결의 대상이 된다(**대법원 2010. 9. 30. 선고 2008도4762판결**).

대법원 2010. 9. 30.자 선고 2008도4762 판결
[호○석유화학 사례]

[판결요지]

[1] 형벌법규의 해석에서 법규정 문언의 가능한 의미를 벗어나는 경우에는 유추해석으로서 죄형법정주의에 위반하게 되고, 이러한 유추해석금지의 원칙은 모든 형벌법규의 구성요건과 가벌성에 관한 규정에 준용되는데, 위법성 및 책임의 조각사유나 소추조건 또는 처벌조각사유인 형면제 사유에 관하여도 그 범위를 제한적으로 유추적용하게 되면 행위자의 가벌성의 범위는 확대되어 행위자에게 불리하게 되는바, 이는 가능한 문언의 의미를 넘어 범죄구성요건을 유추적용하는 것과 같은 결과가 초래되므로 죄형법정주의의 파생원칙인 유추해석금지의 원칙에 위반하여 허용될 수 없다.

[2] 독점규제 및 공정거래에 관한 법률 제71조 제1항은 " 제66조 제1항 제9호 소정의 부당한 공동행위를 한 죄는 공정거래위원회의 고발이 있어야 공소를 제기할 수 있다."고 규정함으로써 그 소추조건을 명시하고 있다. 반면에 위 법은 공정거래위원회가 같은 법 위반행위자 중 일부에 대하여만 고발을 한 경우에 그 고발의 효력이 나머지 위반행위자에게도 미치는지 여부 즉, 고발의 주관적 불가분원칙의 적용 여부에 관하여는 명시적으로 규정하고 있지 아니하고, 형사소송법도 제233조에서 친고죄에 관한 고소의 주관적 불가분원칙을 규정하고 있을 뿐 고발에 대하여 그 주관적 불가분의 원칙에 관한 규정을 두고 있지 않고, 또한 형사소송법 제233조를 준용하고 있지도 아니하다. 이와 같이 명문의 근거 규정이 없을 뿐만 아니라 소추요건이라는 성질상의 공통점 외에 그 고소·고발의 주체와 제도적 취지 등이 상이함에도, 친고죄에 관한 고소의 주관적 불가분원칙을 규정하고 있는 형사소송법 제233조가 공정거래위원회의 고발에도 유추적용된다고 해석한다면 이는 공정거래위원회의 고발이 없는 행위자에 대해서까지 형사처벌의 범위를 확장하는 것으로서, 결국 피고인에게 불리하게 형벌법규의 문언을 유추해석한 경우에 해당하므로 죄형법정주의에 반하여 허용될 수 없다.

[3] 공정거래위원회의 고발 대상에서 제외된 피고인들에 대한 독점규제 및 공정거래에 관한 법률 위반의 공소사실에 관하여, 소추요건의 결여로 그 공소의 제기가 법률의 규정에 위반하여 무효인 경우에 해당한다는 이유로 공소기각판결을 선고한 원심의 조치를 수긍한 사례. ■

이와 같은 공정거래위원회의 전속고발권은 소위 자유재량행위가 아니고 '**기속재량행위**'라고 보아야 한다. 하도급법 제32조 제2항에서 위반정도가 객관적으로 명백하고 중대하여 하도급거래 질서를 현저히 저해한다고 인정하는 경우에는 공정거래위원회의 고발의무를 부과(소위 **필수적 고발요건**)하고 있기 때문이다.

문리적으로만 해석하면 위와 같이 위반행위가 중대·명백 및 하도급거래질서를 해할 정도가 아닌 경우에 공정거래위원회가 고발 할 수도 있고 안할 수도 있는 재량이 있는 것으로 해석된다. 그러나 이와 같은 전속고발권의 재량행위성의 법률규정은 사견으로는 개정되어야 한다고 한다. 즉 하도급법 제32조 제2항의 취지를 특정 하도급법 위반행위가 필수적 고발요건에 해당하지 않는 정도의 위반행위라고 판단되는 경우 고발하지 아니할 수 있는 재량권을 부여한 것이 아니라 필수적 고발요건에 해당되는 것을 고발하지 아니한 경우 그 부작위가 위법하다고 확인한 법정신이라고 보아야 할 것이다. 따라서 하도급법 제32조의 공정거래위원회의 전속고발권은 폐지되거나 또는 "공정거래위원회는 특정 하도급법 위반행위가 발견되는 경우에는 반드시 고발하여야 한다"고 입법을 하여 필수적 고발요건에 해당하지 않는 정도의 위반행위라고 판단되더라도 고발은 의무적으로 변경되어야 할 것이다(**전속적 고발제도 폐지**)[595].

이와 같은 전속고발권 문제로 인하여 공정거래위원회가 소위 경제검찰이라고 불리우는 이유도 이러한 것에서 기인한다. 참고로 현행법 하에서는 검찰총장, 감사원장, 중소기업청장은 고발요청을 할 수 있으나 이것도 고발을 의제하는 것은 아니다.

나. 내용

앞서 설명한 대로 하도급법 제30조에서는 '**원사업자**'[596]가 의무사항 불이행 내지 금지사항을 위반한 경우 하도급대금 2배 이하의 벌금에 처한다고 규정하고 있다. 또한 보복조치(법19조)위반자는 3억원 이하의 벌금에, 경영간섭, 탈법행위금지 위반자, 시정명령 불이행자는 1억5천만 원 이하의 벌금에 처해진다.

또한 공정거래법 제50조 제1항 제2호에 따른 감정을 거짓으로 한 자는 3천만원 이하의 벌금에 처한다.

하도급법은 행위자 및 소속 법인을 같이 처벌하는 양벌 규정이 있다(하도급법 제31조) 하도급법 제31조(양벌규정) "법인의 대표자나 법인 또는 개인의 대리인, 사용인, 그 밖의 종업원이 그 법인 또는 개인의 업무에 관하여 제30조의 위반행위를 하면

595) 하도급법은 심지어 "제33조(과실상계) 원사업자의 이 법 위반행위에 관하여 수급사업자에게 책임이 있는 경우에는 이 법에 따른 시정조치·고발 또는 벌칙 적용을 할 때 이를 고려할 수 있다." 규정하고 있다.
596) 직접하도급대금지급의무를 부담하는 발주자에 대해여는 형사처벌조항이 없는 것이 특징이다.

그 행위자를 벌하는 외에 그 법인 또는 개인에게도 해당 조문의 벌금형을 과(科)한다. 다만, 법인 또는 개인이 그 위반행위를 방지하기 위하여 해당 업무에 관하여 상당한 주의와 감독을 게을리하지 아니한 경우에는 그러하지 아니하다." [전문개정 2009.4.1.]고 규정하고 있다.

다. 개정 하도급법 -[시행 2018.5.1] [법률 제15016호 2017. 10. 31. 일부개정]-

관계 공무원 등의 비밀엄수의무를 위반한 자에 대한 벌금액의 일반적 기준인 징역 1년당 1천만원의 비율로 개정함으로써 법정형의 편차를 조정하여 형사처벌의 공정성을 기하였다.

종래 "제29조(벌칙) 제27조제3항에 따라 준용되는 「독점규제 및 공정거래에 관한 법률」제62조를 위반한 자는 2년 이하의 징역 또는 1천만원 이하의 벌금에 처한다."를 개정하여 "제29조(벌칙) 제27조제3항에 따라 준용되는 「독점규제 및 공정거래에 관한 법률」제62조를 위반한 자는 2년 이하의 징역 또는 **2천만원** 이하의 벌금에 처한다."로 개정하였다.

Ⅳ. 공정거래위원회의 처분에 대한 불복

1. 의의 및 관련 법령

공정거래위원회의 원사업자에 대한 불이익처분에 대하여 이의신청과 행정소송을 통하여 다툴 수 있다. 그 절차는 공정거래위원회 내부에서 재심사의 성격을 가지는 이의신청과 법원에 사법적 구제절차인 행정소송이 있다.

- 하도급법-

제27조(「독점규제 및 공정거래에 관한 법률」의 준용) ① 이 법에 따른 공정거래위원회의 심의 · 의결에 관하여는 「독점규제 및 공정거래에 관한 법률」 제42조, 제43조, 제43조의2, 제44조, 제45조 및 제52조를 준용하고, 이 법에 따른 공정거래위원회의 처분에 대한 이의신청, 소송의 제기 및 불복의 소송의 전속관할에 관하여는 같은 법 제53조, 제53조의2, 제53조의3, 제54조, 제55조 및 제55조의2를 준용한다.

② 이 법을 시행하기 위하여 필요한 공정거래위원회의 조사, 의견청취 등에 관하여는 「독점규제 및 공정거래에 관한 법률」 제50조, 제50조의2 및 제53조의3을 준용한다. 〈개정 2016.3.29.〉

③ 다음 각 호의 자에 대하여는 「독점규제 및 공정거래에 관한 법률」 제62조를 준용한다.
1. 이 법에 따른 직무에 종사하거나 종사하였던 공정거래위원회의 위원 또는 공무원
2. 협의회에서 하도급거래에 관한 분쟁의 조정 업무를 담당하거나 담당하였던 사람
[전문개정 2009.4.1.]

2. 내용-이의신청과 행정소송

하도급법 제27조에 의하여 준용하는 공정거래법상의 공정거래위원회의 처분에 대한 이의신청, 소송의 제기 및 불복의 소송의 전속관할 규정을 준용하고 있다.

가. 이의신청-행정심판 단계

첫째 이의신청절차이다. 하도급법에 규정한 공정거래위원회의 처분에 대하여 불복이 있는 자는 그 처분의 통지를 받은 날부터 30일 이내에 그 사유를 갖추어 공정거래위원회에 이의신청을 할 수 있고, 공정거래위원회는 위 이의신청에 대하여 60일 이내(단, 부득이한 사정이 있는 경우 30일의 범위 안에서 결정으로 기간연장 가능)에 재결을 하여야 한다**[공정거래법 제53조(이의신청)]**.

시정조치명령을 받은 당사자는 이의신청을 하면서 집행정지를 공정거래위원회에 신청할 수 있다. 공정거래법 제53조의2(시정조치명령의 집행정지)는 "공정거래위원회는 이 법의 규정에 의한 시정조치명령을 받은 자가 제53조 (이의신청) 제1항의 이의신청을 제기한 경우로서 그 명령의 이행 또는 절차의 속행으로 인하여 발생할 수 있는 회복하기 어려운 손해를 예방하기 위하여 필요하다고 인정하는 때에는 당사자의 신청이나 직권에 의하여 그 명령의 이행 또는 절차의 속행에 대한 정지(이하 "執行停止"라 한다)를 결정할 수 있다."고 규정하고 있는데, 이는 행정심판법상의 집행정지 또는 행정소송법상의 집행정지 규정과 유사한 내용으로 되어 있다.

시정조치명령을 받은 당사자가 제기하는 일종의 행정심판절차로서의 '이의신청'은 그 속성상 인용이 쉽지 않다. 자신이 조사하면서 행한 처분에 대하여 자신이 반성적 고려를 하면서 뒤집기가 어렵기 때문이다. 이런 점이 이의신청이 행정청과 독립된 직근상급기관으로서의 행정심판과 비교해 볼 때 본질적으로 다른 점을 가지고 있는 것이다.

나. 사법적 구제-행정소송 (전속관할권)

문제는 시정조치명령을 받은 당사자가 공정거래위원회에 이의신청을 하거나 또는 법원에 행정소송을 제기할 수 있다. 제소기간과 관련하여 처분의 통지를 받은 날 또는 이의신청에 대한 재결서의 정본을 송달받은 날부터 30일 이내에 이를 제기하여야 한다(공정거래법 제54조).

다만, 특이한 점은 과거에 행정법원이 도입되기 전 행정소송 1심을 행정심판을 간주하고 고등법원에 행정소송을 제기하던 제도가 아직도 유지되고 있다는 점이다. 현행법상 공정거래법 제54조(소의 제기)의 규정에 의한 불복의 소는 공정거래위원회의 소재지를 관할하는 '서울고등법원'을 전속관할로 한다고 규정하고 있다[공정거래법 제55조 (불복의 소의 전속관할)]. 즉 공정거래위원회는 아직도 2심제를 채택하고 있기 때문에 공정거래위원회의 심결은 실질적으로 법원과 같은 1심의 역할을 하고 있는 것이다. 그러나 공정거래위원회의 그에 맞는 절차적 보장과 독립성의 확보 등 제도적 개선을 통하여 실질적 1심에 맞는 역할 변경을 한다고 하더라도 법원의 사법적 통제를 대신할 수 없기 때문에 행정소송 제도에 맞는 1심부터 행정법원에서 심리를 할 수 있도록 입법이 되어야 할 것이다(**3심제도의 도입**).

참고로 소송의 대상 즉 소송물과 관련하여 공정거래위원회의 원처분에 대하여 행정소송을 하는 경우에는 '공정거래위원회의 원처분'을 대상으로 하면 된다. 다만, 이의신청을 하여 재결이 이루어진 경우 이의신청을 공정거래위원회가 전부기각을 하면 원처분을 그 대상으로 하고, 일부인용이 되는 경우에는 조세소송의 소송물과 마찬가지고 일부인용하고 남은 원처분 즉 '재결로 감경된 원처분'이 행정소송의 대상으로서의 소송물이다.

그리고 이의신청 단계에서 시정명령의 위법성은 인정하면서 과징금납부명령만 다투는 경우에는 후에 30일 기간도과로 시정명령에 대한 제소기간 도과로 분리되어 확정될 수 있으므로 반드시 처분의 위법성을 다툴 때 시정조치에 대한 다툼과 과징금부과처분에 대한 다툼에 대한 명확한 입장정리기 중요하다.

법원의 실무 경향을 보면 과징금부과처분의 경우에 대해서는 금전적 부분이어서 회복불가능성을 인정하지 않고 집행정지를 인용하지 않는 경우가 많다. 다만 원사업자에 대한 지급명령에 대해서는 수급사업자의 파산등 여러 사유로 회수가능성이 어려운 경우 원사업자측에서는 적극적으로 주장·입증하여 집행정지결정을 받아낼 필요가 있다.

V. 손해배상책임

1. 의의 및 관련법령

가. 의의

원사업자가 하도급법령의 위반으로 인하여 수급사업자에게 손해를 일으킨 경우 배상책임을 지는 것은 채무불이행 내지 불법행위의 법리상 당연하다. 따라서 하도급법 제35조 제1항은 책임의 일반적 규정이라고 볼 수 있다. 다만 하도급법은 이에 추가하여 하도급법 제35조 제2항 징벌적 손해배상 조항을 2013. 5. 28. 개정, 2014. 1. 17.자로 시행되고 있다. 개정취지는 실손해배상을 전보하고 '징벌적 손해배상'의 적용대상을 확대하는데 있다.

나. 적용법령

－ 하도급법－

제35조(손해배상 책임) ① 원사업자가 이 법의 규정을 위반함으로써 손해를 입은 자가 있는 경우에는 그 자에게 발생한 손해에 대하여 배상책임을 진다. 다만, 원사업자가 고의 또는 과실이 없음을 입증한 경우에는 그러하지 아니하다. 〈개정 2013.5.28.〉

② 원사업자가 제4조, 제8조제1항, 제10조, 제11조제1항 · 제2항 및 제12조의3제3항을 위반함으로써 손해를 입은 자가 있는 경우에는 그 자에게 발생한 손해의 3배를 넘지 아니하는 범위에서 배상책임을 진다. 다만, 원사업자가 고의 또는 과실이 없음을 입증한 경우에는 그러하지 아니하다. 〈개정 2013.5.28.〉

③ 법원은 제2항의 배상액을 정할 때에는 다음 각 호의 사항을 고려하여야 한다. 〈신설 2013.5.28.〉

1. 고의 또는 손해 발생의 우려를 인식한 정도
2. 위반행위로 인하여 수급사업자와 다른 사람이 입은 피해규모
3. 위법행위로 인하여 원사업자가 취득한 경제적 이익
4. 위반행위에 따른 벌금 및 과징금
5. 위반행위의 기간 · 횟수 등
6. 원사업자의 재산상태
7. 원사업자의 피해구제 노력의 정도

④ 제1항 또는 제2항에 따라 손해배상청구의 소가 제기된 경우 「독점규제 및 공정거래에 관한 법률」 제56조의2 및 제57조를 준용한다. 〈개정 2013.5.28.〉

[본조신설 2011.3.29.]

－ 공정거래법－

第56조의2(기록의 송부등) 第56조(損害賠償責任)의 규정에 의한 손해배상청구의 소가 제기된 때에는 법원은 필요한 경우 공정거래위원회에 대하여 당해사건의 기록(사건관계인, 참고인 또는 감정인에 대한 심문조서 및 속기록 기타 裁判上 證據가 되는 일체의 것을 포함한다)의 송부를 요구할 수 있다.

[본조신설 1999.2.5.]

第57조(손해액의 인정) 이 법의 규정을 위반한 행위로 인하여 손해가 발생된 것은 인정되나, 그 손해액을 입증하기 위하여 필요한 사실을 입증하는 것이 해당 사실의 성질상 극히 곤란한 경우에는, 법원은 변론 전체의 취지와 증거조사의 결과에 기초하여 상당한 손해액을 인정할 수 있다.

[전문개정 2004.12.31]

2. 내용 -'징벌적 손해배상'

손해배상 규정 관련 내용을 요약하면, ① 원사업자가 하도급법 규정을 위반하여 손해를 입은 자가 있는 경우 그 자에게 발생한 손해에 대하여 배상 책임을 지고, ② 원사업자가 특정 행위 위반하여 손해를 입은 자가 있는 경우 그 자에게 발생한 손해의 '3배 이하'에서 배상 책임 ('징벌적 손해배상'의 성격)을 부담하게 하고 있다. 즉 하도급법제4조 (부당한 하도급대금의 결정 금지), 제8조 ①항 (부당한 위탁취소의 금지 등), 제10조 (부당반품의 금지), 제11조 ①항 및 ②항 (감액금지) 및 제12조의3 제③항 '기술자료 제공 요구 및 유용행위' 위반이 그것이다.

위 ①, ②항 적용시 관련 소송에서 원사업자가 고의 또는 과실이 없음을 입증한 경우 손해배상책임에서 제외하고 있다(**입증책임의 전환**).

손해액과 관련하여 하도급법 제35조 제4항에 의하여 준용되는 공정거래법 제57조에 의하여 하도급법 규정을 위반한 행위로 인하여 손해가 발생된 것은 인정되나, 그 손해액을 입증하기 위하여 필요한 사실을 입증하는 것이 해당 사실의 성질상 극히 곤란한 경우에는, 법원은 변론 전체의 취지와 증거조사의 결과에 기초하여 상당한 손해액을 인정할 수 있음을 규정하고 있다(**손해배상 법리의 특칙**).

참 고 문 헌

1. 단행본

길기관, 하도급분쟁의 쟁점, 진원사, 초판, 2011.

김홍석·구상모(공저), 하도급법, 화산미디어, 초판, 2010.

민주사회를 위한변호사모임 민생경제위원회, 변호사가 풀어주는 공정거래법Ⅰ, 진원사, 초판, 2014.

법률연구회, 하도급 분쟁의 소송 자료, 법률정보센터, 2012.7.

윤성철, 공공시설에 대한 하도급법제에 대한 연구, 성균관대학교 박사학위논문, 2005.2

윤성철, 국가책임법제의 개선방안에 관한 연구, 성균관대학교 석사학위논문, 2008.12.

윤성철, 도시재건축의 법적 쟁점-이론과 실무-, 육법사, 2002.

윤성철, 민간투자법제연구, 한국학술정보(주), 2006.11.

윤성철, 상가분쟁관계법, 도서출판 법과 교육, 2012.5.

윤성철, 재개발·재건축의 쟁송형태에 관한 연구, 사법연수원, 2001.2.

윤성철외 공저, 최신행정판례평석, 삼영사, 2001.

윤재윤, 건설분쟁관계법, 박영사, 2011.

정종채, 하도급법 해설과 쟁점, 2019년판, 2019, 삼일인포마인

한국공정경쟁연합회, 건설하도급 실무편람, (사) 한국공정경쟁연합회, 2010.10.

한국공정경쟁연합회, 제조하도급 실무편람, (사) 한국공정경쟁연합회, 2010.10.

2. 논문

조용호, 하도급거래공정화에관한법률에 있어서 해석상의 몇가지 문제, 대한변호사협회 인권과 정의, 1995 제232호

최복규, 부동산 대물변제 방식에 의한 선급금지급의 유효여부, 대법원판례해설 제44호, 법원도서관, 2003.5.16.)

3. 외국문헌 (일본)

(일본)

下請法の実務, 鎌田明, 公正取引協会, 2017年08月

下請の法律実務. 伊東章二· 丸橋透· 松嶋隆弘 編著, 三協法規出版, 2011年01月.

新下請法マニュアル, 鈴木満 著, 商事法務, 2009年12月

판 례 색 인

[[헌법재판소]

[대법원]

[고등법원]

[지방법원]

사 항 색 인

(ㅊ)

(ㅌ)

(ㅍ)

(ㅎ)

(A~Z)

저 자 약 력

법학박사 · 변호사 윤 성 철
(尹成喆)

[학력]
- 성남 성일고등학교 졸업
- 서울교육대학교 교육학과 졸업
- 성균관대학교 법학과 졸업
- 성균관대학교 대학원 법학과 졸업(법학석사)
- 성균관대학교 대학원 법학과 박사과정수료(공법전공)(법학박사)
- 미국 미시간대학교 경영대학원 졸업(MBA, The University of Michigan)(회계,조세)

[경력 및 이력]
- 사법시험 제40회 합격 및 사법연수원 제30기 수료
- (현) 법무법인 로베이스 대표변호사
- (현) 한국공정거래조정원 하도급분쟁조정협의회 위원
- (현) 서울지방변호사회 제95대 감사
- (현) 대한상사중재원 중재인
- (현) 동국대학교 행정대학원 부동산최고위과정 교수
- (현) 동국대학교 행정대학원 부동산석사과정 겸임교수
- (현) 광운대학교 건설법무대학원 겸임교수
- (현) LH건설하도급 및 노무관리 외부자문단 자문위원
- (현)중소벤처기업부 거래공정화자문위원회 법률위원
- 한국수력원자력 특수계약심의위원회 위원
- 국세청 국세심사위원회 위원
- 국토교통부 하자심사분쟁조정위원회 위원
- 대한변호사협회 사무총장
- 교육과학기술부 교육인적자원부 고문변호사
- 교육과학기술부 외국교육기관설립심사위원회 위원

[저서]
- 재개발·재건축 쟁송형태에 관한 연구(2001)
- 최신행정판례평석(공저) 삼영사, 2001
- 도시재건축의 법적쟁점(이론과 실무), 육법사 2002
- 공공시설에 대한 민간투자법제에 대한 연구(2004)
- 민간투자법제연구(2006.11.), 한국학술정보(주)
- 상가분쟁관계법(2012.5.) 법과교육
- 민간투자사업분쟁관계법(2014.4.), 법과교육
- 최신조세판례평석(2014.6.), 법과교육
- 하도급분쟁관계법(2018.3.), 법과교육

하도급분쟁사례해설(下都給紛爭事例解說)

-건설·제조·용역 하도급 실무 및 분쟁사례 연구-

2020. 4. 제1판 제1쇄 발행

저 자 윤성철

인지생략

발행처 도서출판 법과 교육 [Edulaw & Yun]

주 소 서울특별시 강남구 선릉로 206번지 102, 905호

등 록 2012. 2.17. 제2012-000015호

문의 전화 02-571-2696, 010-3915-2487

전자메일 yoonsc30@hanmail.net

정 가 80,000원 ISBN 978-89-968792-7-5 93360